Traduzidos dos respectivos originais, com introduções e notas explicativas, esta colecção põe o leitor em contacto com textos marcantes da história da filosofia.

Do Espírito das Leis

Título original:
De L'Esprit des Lois

[Esta tradução seguiu o texto reproduzido na edição das *Oeuvres complètes* da Pléiade, da responsabilidade de Roger Caillois.]

Tradução: Miguel Morgado

Capa: FBA

Depósito Legal nº 324774/11

Biblioteca Nacional de Portugal – Catalogação na Publicação

MONTESQUIEU, 1689-1755

Do espírito das leis. - (Textos filosóficos ; 62)
ISBN 978-972-44-1564-2

CDU 321.01

Impressão, paginação e acabamento:
PAPELMUNDE
para
EDIÇÕES 70
Dezembro de 2018

EDIÇÕES 70, uma chancela de Edições Almedina, S.A.
Avenida Engenheiro Arantes e Oliveira, 11 – 3.º C - 1900-221 Lisboa / Portugal
e-mail: geral@edicoes70.pt

www.edicoes70.pt

Montesquieu
Do Espírito das Leis

INTRODUÇÃO, TRADUÇÃO E NOTAS DE MIGUEL MORGADO

70

Abreviaturas

CGR:	*Considérations sur les causes de la grandeur des Romains et de leur décadence, Œuvres complètes,* Roger Caillois, ed. (Paris: Gallimard, 1958), vol. I;
DEL:	*Défense de l'Esprit des Lois, OC,* Roger Caillois, ed., vol. II;
ECPAE:	*Essai sur les causes que peuvent affecter les esprits et les caractères, OC,* Roger Caillois, ed., vol. II;
EL:	*De l'Esprit des Lois, OC,* Roger Caillois, ed., vol. II;
LP:	*Lettres Persanes, OC,* Roger Caillois, ed., vol. I.
NA:	*Notes sur l'Angleterre, OC,* Roger Caillois, ed., vol. I.
P:	*Mes Pensées, OC,* Roger Caillois, ed., vols. I-II;
RE:	*Considérations sur les richesses de l'Espagne, OC,* Roger Caillois, ed., vol. II ;
RMU:	*Réflexions sur la monarchie universelle, OC,* Roger Caillois, ed., vol. II.

Introdução

I

«Não se trata de fazer ler, mas de fazer pensar.»

MONTESQUIEU

A vida de Montesquieu esteve longe de ser a aventura empolgante que caracterizou a existência de outros grandes filósofos políticos como Cícero, Maquiavel ou Xenofonte. Foi a vida de um nobre francês que pacatamente passava os dias na sua bela propriedade de La Brède, onde nasceu a 18 de Janeiro de 1689, situada a uns 30 quilómetros a sueste de Bordéus, com os seus livros e trabalhando nas suas vinhas, sem se importar de envergar as vestes de um vulgar trabalhador, nem de falar o *patois* com os camponeses das redondezas. As estadias em Paris arrancavam-no a esta rotina, sobretudo na primeira metade da sua vida. Também os quase dois anos que se demorou no *Grand Tour*, passeio obrigatório da nobreza europeia nos séculos XVII e XVIII, o afastaram temporariamente do solo gascão. Foi nesse período que visitou os grandes lugares italianos, a Áustria, o Sul da Alemanha, a Holanda e, claro, que lhe permitiu a longa estada na Inglaterra, país que nunca deixou de fasciná-lo, e onde fez amigos e aproveitou para assistir a várias sessões plenárias no Parlamento.

Proveniente de uma família nobre antiga, e com alguma ascendência protestante, Montesquieu teve como padrinho de baptismo um pedinte das redondezas, tal como, curiosamente, já sucedera com Montaigne, que mais de um século antes nascera não muito longe de La Brède. Foi uma espécie de técnica pedagógica para manter viva a realidade da pobreza e da miséria no espírito de Charles-Louis e que teria continuação na educação rústica que recebeu enquanto criança. Herdou o título e a terra de La Brède da sua mãe e o baronato de Montesquieu do seu tio. Com 11 anos foi estudar para o famoso Collège de Juilly. Mais tarde, casou com a filha de um mercador abastado e nobilitado, que fez regressar a profissão de fé dos huguenotes à família de Montesquieu. Tornar-se-ia membro da recém-formada Academia de Bordéus. Mas seria em 1721 que a França e a Europa ficariam a conhecer Montesquieu como um autor político de primeira ordem com a publicação da novela epistolar *Cartas Persas*, não obstante o anonimato da edição. O sucesso e o estrondo dessa publicação, que tinha como protagonistas dois persas nobres em peregrinação pela Europa em busca das «luzes» e uma concubina de harém, acabariam por conferir a esta obra um lugar de honra na história do chamado Iluminismo.

Durante muitos anos Montesquieu foi *president à mortier* do *Parlement* de Bordéus. Herdara esta prestigiadíssima magistratura do seu tio paterno, Jean-Baptiste, que morrera sem deixar herdeiros. Ao que parece, a sua carreira como magistrado foi discreta, mas a passagem pelo *Parlement* de Bordéus deixaria marcas na sua obra literária, e que se notam tanto no profundo conhecimento da jurisprudência em geral, como no exame do regime monárquico que contém como peça fundamental da sua natureza instituições intermédias, cujo exemplo mais expressivo na experiência histórica francesa era precisamente o dos *Parlements* espalhados pelas várias regiões.

«Os *Parlements* eram antigamente as assembleias dos Príncipes, dos Oficiais da Coroa, dos Prelados, dos Senhores Maiores e das pessoas notáveis da Igreja e da nobreza para deliberar sobre os assuntos do Estado e para fazer justiça soberana aos súbditos do Rei» ([1]): assim rezava uma descrição da época. Por constituir a

---

([1]) Citação em Élie Carcassonne, *Montesquieu et le problème de la constitution française au XVIIIe siècle* (Paris: Presses Universitaires de France, 1927), p. 28.

barreira institucional mais veemente à degeneração da monarquia num despotismo, os *Parlements* estiveram desde Luís XI, e principalmente no século XVII, sob intensa pressão dos reis apostados na centralização do poder. Luís XIV foi, evidentemente, um inimigo desta antiquíssima instituição, cujas ruínas são elogiadas, não sem alguma melancolia, por Montesquieu nas *Cartas Persas* (1). Vergar a nobreza francesa implicava incontornavelmente vergar os *Parlements*. No último grande esforço feito pela monarquia francesa para recuperar o seu poder e autoridade, Luís XV, entre 1770 e 1774, retomou o ataque aos *Parlements*.

Poucos anos mais tarde, já no reinado de Luís XVI, os *Parlements* tiveram a sua vingança. Infelizmente para eles, tiveram pouco tempo para saboreá-la. A Revolução Francesa, que começou com a revolta dos aristocráticos *Parlements*, se tivermos em conta a sua constante insistência, a partir de 1787, na convocação dos meio-mortos Estados Gerais, rapidamente trataria de esmagá-los de uma vez por todas. Como um dos irmãos Lameth disse ao outro, ambos figuras destacadas da vanguarda revolucionária, referindo-se à sorte dos *Parlements* depois de 1789: «Enterrámo-los vivos». À centralização régia sucedeu uma centralização muito mais acentuada e, diga-se, sinistra da Revolução, tese cara a homens como Guizot ou Tocqueville. Em parte, foi o enorme preço que os *Parlements* pagaram pela mobilização nacional que procuraram levar a cabo durante o conflito com Luís XV, e que acabou por consistir num apelo à democracia contra a monarquia a favor da oligarquia (2).

Quando em Paris, Montesquieu frequentava os salões e as academias privadas da época. Não sem controvérsia, decorrente das críticas à monarquia francesa e à Igreja Católica contidas nas *Cartas Persas*, juntar-se-ia à Academia Francesa (tornar-se-ia também membro da Royal Society). Alguns anos mais tarde, já concluído o *Grand Tour*, Montesquieu publicaria as *Considerações sobre as causas da grandeza dos Romanos e da sua decadência*. Foi em 1734, e à semelhança das *Cartas Persas* e também do *Espírito das Leis*, Montesquieu não se atreveu a assinar a obra. Tal como as *Cartas Persas*, a obra foi impressa na Holanda (*Do Espírito das Leis* seria

(1) Nº 92.

(2) Ver François Furet, *Revolutionary France 1770-1880*, trad. inglesa Antonia Nevill (Oxford: Blackwell Publishers, 1995), pp. 17-18.

impresso em Genebra). E em todas as ocasiões o anonimato foi rapidamente desvendado. Outra constante das três grandes obras de Montesquieu foi o seu sucesso, e o livro sobre os Romanos foi um bom exemplo disso. Inspiraria historiadores e aspirantes do ofício por toda a Europa. Edward Gibbon reconheceu-o por escrito.

Depois da publicação da sua obra-prima, *Do Espírito das Leis*, em 1748, viveu mais sete anos. Foram praticamente consumidos pelos triunfos e estilhaços provocados pela obra. As vendas, os elogios, as traduções sucederam-se a uma velocidade vertiginosa. Mas as críticas também foram rápidas. Cerati correu a avisá-lo: aproximava-se «uma tempestade contra a vossa obra». Primeiro veio a crítica teológica, começando com os jesuítas. As curvas e contra-curvas de Montesquieu não foram suficientes para iludir os clérigos mais atentos. O seu anticatolicismo, não poucas vezes disfarçado de anti-islamismo, tanto no plano teológico, como no plano ético-político, o seu cepticismo metafísico, as suas armadilhas à tradição e história da Igreja, não podiam passar despercebidos a olhos intensamente treinados. Muitas vezes as acusações foram excessivas, como no caso da de espinosimo. Noutras ocasiões foram certeiras.

A seguir aos jesuítas vieram os jansenistas e a Faculdade de Teologia da Universidade de Paris. Nem a intervenção moderadora do arcebispo de Paris lhe valeu. Apesar da inclinação favorável do papa Bento XIV, *Do Espírito das Leis* seria finalmente inscrito no Índex dos livros proibidos. Além da crítica religiosa, Montesquieu sofreu também a mais do que previsível crítica dos partidários do trono. Umas três décadas mais tarde, os amigos da república popular colocá-lo-iam sob igual suspeita. A tal ponto que o seu túmulo e restos mortais não sobreviveram à Revolução. O fanatismo político detesta a verdadeira grandeza.

Diante disto, Montesquieu preparou e publicou a *Defesa do Espírito das Leis*. Desviou as acusações de heterodoxia tão rigorosamente quanto lhe era possível mantendo a coerência intelectual da obra. Mas não mais do que isso. Daí a *Defesa* ser pouco esclarecedora em certos pontos fulcrais.

Morreu em 1755.

II

Do Espírito das Leis foi talvez a mais importante e (re)conhecida obra de filosofia política do século XVIII, século que, convém não esquecer, contou com pensadores políticos tão extraordinários como Kant e Burke, Rousseau e Hume. (Diga-se que, embora seja improvável que tenha penetrado na obra de Kant, Montesquieu impressionou profundamente Burke e, por razões e com consequências diferentes, claro está, Rousseau ([1]), e cativou Hume). Produto de vinte anos de trabalho e meditação, *Do Espírito das Leis* foi um êxito editorial imediato por toda a Europa, e constituía recomendação tanto para os mais meditativos como para os simples curiosos de salão. Inspirou estadistas e revolucionários, clérigos e leigos. Foi omnipresente na época da Fundação Americana, em grande medida por intermédio do jurista inglês Blackstone e apesar dos protestos de Jefferson (que suspeitava da sua admiração por Inglaterra e pela sua leniência para com a monarquia), assim como nas assembleias revolucionárias de Paris durante a Revolução Francesa. Mesmo no horizonte da Revolução Francesa, *Do Espírito das Leis* serviu para adornar a retórica terrorista de um Saint-Just, mas também para consolidar o grupo dos *Monarchiens*, próximo de Burke e constituído, entre outros, por Malouet, Lally-Tollendal, Mounier e Clermont-Tonnerre.

Passou para as páginas e aulas de Hegel, para o pensamento restauracionista, para os primeiros fôlegos da sociologia, para a dissertação de Tocqueville sobre a democracia. Inspirou decisivamente a grande história do Império Romano de Edward Gibbon e o humanitarismo penal de Cesare Beccaria, cuja obra clássica sobre os delitos e as penas não é muito mais do que o desenvolvimento dos princípios avançados por Montesquieu nos livros VI e XII do *Espírito das Leis*. De facto, a sombra de Montesquieu projectou-se por todo o século XIX, ou não fosse Montesquieu um dos mentores das obras históricas e políticas de Constant, Staël, Guizot ou Chateaubriand.

([1]) Judith Shklar aponta Montesquieu como o autor moderno mais respeitado por Rousseau. Ver, da autora, *Montesquieu*, tradução italiana Bruno Morcavallo (Bolonha: Il Mulino, 1987), p. 249.

A observação é de difícil comprovação, tendo em conta, além das reprimendas a Montesquieu, os elogios enfáticos que Rousseau reservou a Bacon ou a Locke ou até a Descartes.

Mais importante para os nossos dias do que a mera constatação do seu sucesso histórico é o simples facto de esta obra ser «o mais englobante dos livros modernos sobre política» ([1]), ultrapassando em abrangência e alcance todos os restantes livros de filosofia política, ressalvando uns a excepção das *Leis* de Platão e outros a *Política* de Aristóteles. Daí que todas as introduções ao pensamento de Montesquieu sejam necessariamente incompletas. Em contrapartida, não faltou quem indicasse que esta ambição fora superior aos esforços do autor; que temos nas mãos uma obra indecifrável por ser confusa, confusa por ser inconsistente, e inconsistente pela fraca competência de quem a escreveu. Entre os críticos radicais seus contemporâneos contam-se nomes como o abade La Porte, Voltaire e Mably.

De facto, Montesquieu fez questão de indicar ao leitor a vastidão da obra e a sua aparente «desordem». Sendo explícita a referência, tal deveria levar o leitor a seguir cuidadosamente as orientações e os avisos que o próprio Montesquieu realçou no prefácio. Logo nas primeiras páginas pressente-se que, para compreendermos o plano geral do livro, é solicitado um esforço suplementar de atenção e disciplina. Assim, Montesquieu pediu uma simples concessão ao leitor, a de que não julgasse a obra ao primeiro golpe de vista e que contivesse o seu veredicto até concluir a leitura das derradeiras páginas. Montesquieu pedia paciência ao leitor, sobretudo ao que tivesse um intuito genuinamente filosófico. A paciência seria recompensada com a descoberta do «plano do autor».

O pensamento de Montesquieu é, pois, *sistemático*, sem que proceda de um *espírito de sistema* ([2]). Podemos presumir que Montesquieu demorou-se longamente no aperfeiçoamento desta arte da escrita se repararmos num comentário que escreveu a propósito do seu primeiro grande sucesso literário, as *Cartas Persas*. Aí, Montesquieu disse que tomara a liberdade de «juntar a filosofia, a política e a moral, ao romance, e de ligar tudo por uma *cadeia secreta e de algum modo desconhecida*» ([3]). Esta forma peculiar de

---

([1]) Harvey Mansfield, *Taming the Prince* (Londres: The Johns Hopkins University Press, 1993), p. 215. Ver *DEL*, pp. 1137-1138.

([2]) Para a distinção entre o *esprit systématique* e o *esprit de système*, ver Ernst Cassirer, *Filosofia do Iluminismo*, trad. castelhana Eugenio Ímaz (Madrid: Fondo de Cultura Económica, 1993), pp. 20-23.

([3]) *Réflexions sur les Lettres Persanes*, *OC*, vol. I, p. 129. Os itálicos são nossos.

escrever é parte integrante do desígnio que Montesquieu partilhava com uma das suas personagens das *Cartas Persas.* Montesquieu, tal como Uzbek, teve de «renunciar às doçuras de uma vida tranquila para ir procurar laboriosamente a sabedoria» ([1]).

Pouco tempo passaria sem que Montesquieu visse necessidade de responder aos leitores mais precipitados ou menos benevolentes. A crítica desferida pelo abade La Porte propiciou uma exposição menos recôndita da arquitectura da sua escrita e da sua estratégia retórica. «Quando se lê um livro, é necessário estar na disposição de acreditar que o autor viu as contradições que se imaginam, ao primeiro golpe de vista, encontrar». Este seria o primeiro passo: fazer o leitor suspeitar de flagrantes contradições. De seguida, o leitor deveria «rever os passos que parecem contraditórios, compará-los uns com os outros, compará-los com o que se lhes precede e segue, ver se seguem a mesma hipótese, se a contradição se encontra nas coisas ou somente na maneira própria de as conceber». Só após este aturado exame poderemos declarar: «Aqui está uma contradição!» ([2]). Mas por que razão escolheu Montesquieu escrever assim?

O receio das consequências da perseguição política e religiosa não era injustificado na França do século XVIII. O escritor teria todo o interesse em frustrar as investidas da censura ([3]). Contudo, D'Alembert, um dos dois coordenadores da famosa *Enciclopédia,* avançou uma outra razão para a escolha. D'Alembert sugeriu que Montesquieu teria sempre perante si dois tipos radicalmente diferentes de público leitor. Por um lado, aqueles para quem as verdades enunciadas na obra seriam «nocivas», e, por outro, os «sábios». Isto é, estaria ele convicto da desigualdade radical entre os homens no que dizia respeito às suas capacidades intelectuais.

Assim, as dificuldades da prosa de Montesquieu, ou a sua aparente desordem e inconsistência, era o resultado, dizia D'Alembert, de um «inocente artifício» que visava esconder as «verdades importantes» dos muitos sem ocultá-las aos «sábios». Uma idiossincrasia, dir-se-á. Ou até uma conjectura ociosa. Talvez. Mas

---

([1]) *CP,* nº 1.

([2]) *P,* nº 833.

([3]) Como «a verdade não tem nenhum cliente; ela só tem mártires», Montesquieu não arriscou sofrer a sorte doutros proponentes da «verdade»: «Quis muito ser o confessor da verdade; não o seu mártir» (*P,* nº 1195, 88).

convém recordar que Montesquieu lia muitos dos outros filósofos políticos como se também eles tivessem optado por esta forma de escrever. Em particular, Montesquieu referia Descartes, Hobbes e Espinosa, assim como os principais nomes do estoicismo, como autores que escondiam os seus ensinamentos mais importantes, especialmente o seu ateísmo, sob um «disfarce da verdade» (1).

No entanto, é possível admitir uma outra hipótese não coincidente com a limpidez da que foi avançada por D'Alembert. Tal hipótese pode ser formulada nos seguintes termos: Montesquieu podia até considerar que a suprema sabedoria fosse exclusiva de uns poucos, mas que todos poderiam refinar as suas paixões, corrigir os seus preconceitos, expandir os seus horizontes mentais, em suma, iluminar as suas *opiniões* – objecto decisivo, pois os homens «amam mais as suas opiniões que as coisas». Do ponto de vista político, estas distinções não são despiciendas. Na opinião de Montesquieu, os homens precisavam apenas de «um pouco de lógica e um pouco de moral» (2). O aristocratismo de Montesquieu não estava, pois, separado da esperança iluminista do século XVIII, e que reflectia as possibilidades da educação do povo. Para que o «povo» deixasse de ser refém da «canalha» era necessário que o primeiro entrasse numa «cultura diferente».

De resto, quando Montesquieu escrevia que «não é indiferente que o povo seja esclarecido», queria indicar que *alguns* dos males do mundo político e *algumas* das suas carências têm a sua origem em opiniões não examinadas, e no entanto largamente partilhadas, e que uma filosofia política devidamente popularizada poderia, pelo menos em *parte*, remediar (3). Este intuito educativo está longe do radicalismo da proposta posterior de Condorcet, para quem era quase indiscutível a asserção de ser possível instruir «toda a massa popular» no que dizia respeito à administração dos seus assuntos pessoais, ao desenvolvimento das suas capacidades, à «defesa e exercício dos seus direitos», ao julgamento sobre as «suas acções e as dos outros», assim como não era difícil ensinar o homem do povo a «não ser um estranho para com nenhum sentimento nobre e delicado que honre a natureza humana». Condorcet representava uma concepção da

---

(1) *P*, nº 615, 1456.

(2) *P*, nº 1044, 1014. Ver também nº 208.

(3) *P*, nº 187.

educação como a blindagem impenetrável que defenderia esse estimado homem contra os «preconceitos» e que recolheria toda a «força da sua razão».

Em contrapartida, em Montesquieu era também explícito o propósito de educar indirectamente o povo educando os seus educadores, o que vale por dizer os legisladores. À guisa de conclusão fundamental, Montesquieu admitiu que escrevera esta obra apenas com o único intuito de educar *o* educador por excelência. Era esse o propósito último da ciência política que Montesquieu apresentou. Se Montesquieu parece ser tão descritivo, analítico e objectivo, isso deve-se menos à putativa aspiração de fundar uma inteiramente nova ciência humana do que à simples constatação de que um príncipe não responderá a exortações à boa governação sem dominar a «ciência da política», da mesma maneira que um homem que é exortado a «resolver belos problemas de geometria» sem conhecer «as primeiras proposições de Euclides» está condenado ao fracasso ([1]). De qualquer modo, isto não denunciava a desistência de um tratamento genuinamente filosófico dos problemas políticos. Pelo contrário, a lacuna dos Modernos residia precisamente em apenas estimarem as «ciências físicas», reduzindo o bem e o mal políticos à categoria menor de sentimentos, e não de objectos do conhecimento, ao passo que, para os Gregos e Romanos, a «admiração pelos conhecimentos políticos e morais fora levada até uma espécie de culto» ([2]).

Seja como for, não é difícil discernir uma peculiar estratégia de persuasão, de resto anunciada explicitamente pelo próprio Montesquieu: «[N]ão se deve esgotar sempre totalmente um assunto de tal modo que se não deixa ao leitor nada para fazer. Não se trata de fazer ler, mas de fazer pensar» ([3]). Os leitores mais ágeis e mais imaginativos terão por eles mesmos que fornecer partes estratégicas do raciocínio, chegando porventura à conclusão induzida pelo autor. É deste modo que o autor mais eficazmente transmite o seu ensinamento, pois o leitor, ao fazer todo o trabalho intelectual por sua própria instigação, não pode senão sentir-se persuadido.

([1]) *P*, nº 200.

([2]) *P*, nº 198-199.

([3]) *EL*, XI.20.

Precipitadamente, o consagrado Buffon diria que o estilo de Montesquieu fora ditado pela sua literal cegueira, que não lhe permitia outro modo de escrita. Com efeito, Montesquieu perdeu gradualmente a vista. É um facto confirmado, assim como a necessidade que teve de ditar uma grande parte de *Do Espírito das Leis*. Mas a Buffon escapou a intenção que subjaz ao estilo, intenção que é confirmada pelo trabalho exaustivo de apuramento e revisão da obra. Através de descrições vivas e rápidas, de epigramas sugestivos, de considerações e conclusões que se condensam em fórmulas elípticas, de comparações pitorescas e de poderosas imagens finais, a prosa de Montesquieu – o chamado *style coupé* – desperta a meditação do leitor ([1]). Dessa meditação resulta o conjunto de ideias intermédias que estabelece a ligação natural entre proposições que, numa leitura fugaz, aparentam ser inconsistentes. Segundo Montesquieu, eram essas «supressões felizes» que faziam com que «todos os bons livros sejam duplos» ([2]). E talvez se possa sugerir que é esta densidade de estilo que confere a beleza literária universalmente reconhecida à obra de Montesquieu. Universalmente, talvez seja exagero. Voltaire, por exemplo, sentiu-se até ofendido. Parecia que Montesquieu queria «brincar com o seu leitor nas matérias mais graves» ([3]). É mais digno de registo o balanço de Taine: «[Montesquieu] falava como um oráculo, com sentenças e através de enigmas; corria, como se estivesse sobre brasas ardentes, sempre que tocava nas coisas do seu país e do seu tempo. Foi por isso que foi respeitado, mas manteve-se isolado, e a sua celebridade não foi uma influência» ([4]).

O recurso frequente à ironia nas *Cartas Persas*, e estruturante também em *Do Espírito das Leis*, é um bom exemplo dessa arte da escrita que Montesquieu procurava cultivar. Aliás, há quem afirme que, com as *Cartas Persas*, Montesquieu iniciou a literatura crítica e irónica, que tanta importância teria para o século XVIII. Com Montesquieu, a Europa despediu-se do século XVII numa

---

([1]) Ver Robert Shackleton, *Montesquieu. A Critical Biography* (Oxford: Oxford University Press, 1961), p. 238.

([2]) *P*, nº 802.

([3]) Voltaire, *Dictionnaire de la pensée de Voltaire par lui-même*, André Versaille, ed. (Paris: Éditions Complexe, 1994), p. 897.

([4]) Hippolyte Taine, *Les Origines de la France Contemporaine* (Paris: Librairie Hachette, 1902), t. II, p. 16.

atmosfera de «descrença», e saudou o século XVIII com uma «vaga de ironia» (1). A importância deste movimento não pode ser desvalorizada. O tratamento irónico de um hábito, por exemplo, permite demonstrar a sua falsidade ou o seu absurdo, sem que se confronte directa e cruamente os homens que por detrás dele se escondem e se protegem. No entanto, a exposição do ridículo, pelo efeitos que provoca no leitor, quase que obriga ao auto-exame. O processo é praticamente involuntário, e, contudo, terrivelmente eficaz. Mas, por conhecer o poder deste instrumento retórico, Montesquieu aplicava a ironia somente aos comportamentos sociais, à vida pública no seu aspecto moral e político. Ao contrário do que faria mais tarde um certo Romantismo, a ironia, em Montesquieu, não visava a vida interior, não pretendia alcançar a purificação da consciência subjectiva. Limitava-se a obrigar ao exame das representações políticas e sociais. Mas a ironia é intrinsecamente subversiva. É um instrumento da crítica, e da crítica da *autoridade*. Porquanto a crítica irónica estabelece imperceptivelmente «entre os espíritos inteligentes uma cumplicidade no desrespeito» (2).

Convém assinalar, porém, que Montesquieu estava consciente da dificuldade de acomodação da ordem vigente à filosofia política por si proposta. E por ordem vigente não se deve entender apenas o aparelho da monarquia absoluta francesa, mas também a ordem moral e religiosa que vigorava. Logo no início da obra, Montesquieu, pela voz de Ovídio, anunciava a originalidade do seu pensamento: *Prolem sine matre creatum*. Ora, Montesquieu estava bem ciente do perigo inerente a processos de reformas radicais e a ímpetos revolucionários, não obstante considerar que as revoluções são, por vezes, inevitáveis (3). Os tumultos sangrentos horrorizavam-no, não só pela sua brutalidade, mas também pela sua essencial esterilidade. Não deve surpreender, pois, que no prefácio da obra se revele com uma disposição prudente e moderada, o que, recorde-se, faria o desgosto de muitos revolucionários em Paris no final do século. Noutro lugar, Montesquieu

---

(1) Paul Hazard, *European Thought in the Eighteenth Century from Montesquieu to Lessing*, trad. inglesa J. Lewis May (Cleveland: Meridian Books, 1963), p. 3.

(2) Jean Starobinski, *Montesquieu* (Paris: Éditions du Seuil, 1997), pp. 53-57. Ver Platão, *República*, 388e.

(3) *P*, nº 568.

sugeria que «são as reformas perpétuas que tornam a reforma necessária» (1).

O seu cepticismo e a sua desconfiança face às mudanças gratuitas, assim como a sua repugnância pelo processo de banalização da lei que daí resultava, encontram um ponto de contacto com a filosofia política de Aristóteles. Em Aristóteles, a lei derivava grande parte da sua força vinculativa do costume ou do hábito. Ora, por definição, o hábito precisava de tempo para sedimentar padrões de comportamento. Esta lição de Aristóteles não se perdeu em Montesquieu (2). Homens houve que não deixaram de expressar a sua desilusão. Dado o radicalismo que transparecia do seu pensamento, não é de estranhar que um deles fosse Helvétius, amigo pessoal de Montesquieu, e que era, aliás, tido por este em elevada conta. Numa carta enviada após Montesquieu lhe ter enviado o manuscrito do *Espírito das Leis*, Helvétius censurou-o por ele não ter feito mais do que justificar a ordem existente. Vale a pena recordar as suas grandiloquentes palavras: «Vós dizeis: eis o mundo como ele tem sido governado e como agora é governado. E que importa isso, ó filósofo!, se não condenais, em nome do que deve ser, o que o erro é, cuja duração, por mais longa que seja, jamais será justificada?» (3). Os revolucionários posteriores acabariam por reproduzir este lamento, simbolicamente afirmado na ausência de Montesquieu do Panteão dos «preparadores» da Revolução. E nem o seu comentador crítico, Destutt de Tracy, deixaria de apontar, com evidente escárnio, que fazia parte do «seu plano falar sempre do facto e nunca discutir o direito» (4). Do outro lado do espectro político, isto é, do lado monarquista e restauracionista, também se protestou por Montesquieu se ter limitado a «procurar o espírito do que é, e não os princípios do que deve ser» (5).

---

(1) *P*, nº 48.

(2) Aristóteles, *Política*, 1307b30-35; 1269a15-20; 1268b25-1269a20. Ver, *CP*, nº 129; *P*, nº 1916; *CGR*, XVII.

(3) Note-se, contudo, que não existe consenso entre os historiadores de que a carta seja efectivamente da autoria de Helvétius. Ver ainda uma crítica semelhante desferida por Rousseau em *Émile*, *Œuvres complètes* (Paris: Gallimard, 1959-1969), vol. IV, p. 836.

(4) Destutt Tracy, *Commentaire sur l'Esprit des Lois de Montesquieu* em *Œuvres de Montesquieu* (Paris: Dalibon, 1827), vol. VIII, p. 82.

(5) Louis de Bonald, *Théorie du pouvoir politique et religieux dans la société civile*, 2 vols. (A. Le Clere: Paris, 1843), vol.I, p. 12.

Tal como para Aristóteles, a ciência e a prudência eram as virtudes do legislador, por excelência, a que Montesquieu acrescentava, e punha no lugar central, a moderação. Aqui, Montesquieu apontava o dedo acusador aos legisladores que desprezaram esta lição. Como Justiniano, estes eram repreendidos por ignorarem que «não se deve fazer mudanças numa lei sem uma razão suficiente» ([1]). Além disso, deviam resistir à tentação de fundamentar as leis exclusivamente em «ideias lógicas». Melhor ainda seria se assentassem a ordem política na «equidade natural». Muitas das vezes, esses legisladores, movidos por um «espírito de equidade», esqueciam-se de que a criação de um «novo mal» precederá a concretização das suas boas intenções. As leis deviam ser entendidas como se fossem a «consciência pública», a que a consciência dos «particulares deve-se sempre conformar». Acima de tudo, o legislador imprudente e desprovido do «espírito de moderação» ignorava que «o bem político, como o bem moral, se encontra sempre entre dois limites» ([2]). Isto significava desde logo que a moderação era sempre um exercício, não exacto, mas aproximado e circunstancial de meios-termos. Portanto, o «bem político, como o bem moral», não era único nem exclusivo, mas plural. O bem supremo, tal como o melhor governo, poderia até ser singular. Contudo, Montesquieu renunciou a procurar um ou outro. Seja como for, o tema da moderação é tão central na obra de Montesquieu que se fosse necessário resumir o extenso e complexo conteúdo do *Espírito das Leis* numa só frase talvez pudesse dizer-se que a obra expõe uma conjugação do poder – político, mas não só – com as exigências políticas e morais da moderação.

A filosofia política de Montesquieu é fundamentalmente marcada por uma extraordinária abertura à imensa complexidade do mundo humano, às possibilidades da acção humana, assim como por uma constante consciência dos seus limites. O homem é um ser condicionado na sua acção e na consciência de si mesmo, o que obriga o filósofo a atender às circunstâncias materiais da existência – geográficas, climatéricas, económicas – a par dos seus contextos religiosos, morais e históricos. Nunca o indivíduo emerge na sua obra como um *ens completum*, absoluta-

---

(1) *EL*, XXIX.16.
(2) *EL*, XXIX.1.

mente abstraído do seu essencial enraizamento no mundo. Talvez essa seja uma razão que o afaste do espírito do contratualismo, pensado por homens por quem, de resto, Montesquieu nutria a maior das considerações intelectuais, como Grócio, Pufendorf e porventura Locke. Claro que esta abordagem genérica empeça a afirmação doutrinária. Aqui, neste ponto sensível, deparamo-nos, uma vez mais, com um notável ponto de contacto com a filosofia política de um Aristóteles.

A reflexão de Montesquieu procurou abranger todos os domínios do saber. Ele efectuou experiências e retirou conclusões nos campos da física e da fisiologia. Meditou sobre estética e economia. Estudou história e geografia, direito e a inevitável literatura de viagens. Todas estas fontes de conhecimento eram necessárias para a interpretação do mundo, que na sua heterogeneidade intimidava a razão. Mas da confusão aparentemente irresolúvel dos factos, pela meditação e pela abertura à realidade concreta, era possível chegar à legalidade universal: «Todos os seres têm as suas leis» ([1]). Por outro lado, a legalidade universal implica uma forma essencial de unidade do mundo, o que, por sua vez, tem como corolário a unidade da ciência. Todas as ciências estão interligadas. Por isso, Montesquieu pretendeu descrever o mundo numa linguagem, também ela, una. Mas essa linguagem única devia contrariar a tendência perversa para as generalizações. Não se devia ser refém de «uma das grandes delícias do espírito dos homens» que consiste em fazer «proposições gerais» ([2]).

Sem negar a irredutível diversidade do mundo, o propósito último de Montesquieu era o de demonstrar que a organização política e religiosa dos povos, que as suas crenças e as suas maneiras, que as suas práticas e as suas máximas, não eram arbitrárias. Por detrás da heterogeneidade e da estranheza estavam princípios de ordem que transcendiam a vontade e as paixões humanas. Para lá dos factos díspares e incoerentes descobria-se a ordem inteligível. As leis eram exactamente relações necessárias, estruturantes de ordem, e, por isso, objectos apropriados da ciência enquanto ciência. Fundamentavam-se objectivamente. Mais do que qualquer outra coisa, as leis, no sentido abrangente do termo que Montesquieu quis dar-lhes, consistiam na expressão da

---

([1]) *EL*, I.1.
([2]) *P*, nº 1158.

razão – da razão que estruturava o universo e da razão que regulava o mundo humano. Montesquieu procurou agrupar nesta mesma definição todas as leis, tanto as que exprimiam necessidades físicas, como as que exprimiam necessidades morais, isto é, as obrigações morais, mas também as que exprimem necessidades políticas, para não falar do sentido mais comum de lei enquanto norma jurídica. Afastava-se assim das concepções voluntaristas da lei e retirava-lhes a sua putativa origem arbitrária. Assim, dissertar sobre o «espírito das leis» era como que discutir «as leis das leis» ([1]). Tratava-se de uma tarefa científica na medida em que a lei constituía o elemento primordial de inteligibilidade do mundo e de ordem no universo.

A lei era, portanto, uma relação. Exprimia um equilíbrio entre as coisas no seio de uma totalidade. Nessa medida, a lei era a razão da coisa. Daí que no léxico de Montesquieu lei pudesse designar uma realidade jurídica ou moral, mas também e sobretudo relações entre coisas, já que as leis jurídicas e morais eram também relações de equilíbrio, que inseridas num todo mais vasto se tornavam relações *necessárias*. Eram relações necessárias porque o todo era um sistema de ordem, e não podia haver ordem se as relações entre as coisas constituintes do todo fossem absolutamente contingentes. As coisas do mundo tinham uma razão de ser o que eram, e como eram, e estavam ligadas por relações de *conveniência*. Cabia ao filósofo discernir essa ordem e, portanto, a necessidade racional das relações que encontrava por toda a parte.

Neste sentido fundamental, todos os fenómenos emergiam de uma totalidade concreta e referencial que os situava, e a compreensão desses fenómenos ficaria radicalmente incompleta, se não mesmo distorcida, na ausência de uma compreensão articulada da totalidade. Numa das suas obras, Georg Lukács, ligando Hegel ao método da dialéctica marxista, escreveu que «a totalidade concreta é, pois, a categoria fundamental da realidade» ([2]). A mesma frase poderia caber numa introdução à filosofia política de Montesquieu.

Contudo, o ponto de partida desta longa investigação era o homem, ou melhor, «os homens» no plural, na sua convivência e

---

([1]) Victor Goldschmidt, *Écrits* (Paris: J. Vrin, 1984), tomo II, 48.

([2]) Georg Lukács, *História e Consciência de Classe. Estudos de dialéctica marxista*, trad. portuguesa Telma Costa (Porto: Publicações Escorpião, 1974), pp. 24-25.

nas suas práticas, nas suas acções e interacções, na sua existência social e política. Porém, e aqui afastando-se de Platão e de Aristóteles, não eram as opiniões dos homens que Montesquieu procurava examinar, mas os seus comportamentos e obras, isto é, as suas opiniões *materializadas* no mundo, e não as que apareciam no longo processo deliberativo e actos discursivos que acompanhavam a vida colectiva dos homens.

Se o projecto de Descartes consistira na conceptualização matemática do mundo fenoménico, já Montesquieu, jurista de formação, não foi seduzido pela linguagem matemática. O mundo que observava, sobre o qual meditava e que sujeitava às suas experiências era preferivelmente descrito através da «linguagem razoável das *honnêtes gens*» (1). Só esta permitia exprimir as *nuances* das coisas. E este cuidado surgia como um imperativo do bom senso. É que a linguagem matemática não se compadecia com a imperfeita acomodação das coisas do mundo às categorias pensadas, aos tipos e modelos formulados pela razão humana. A matemática admitia unicamente exactidões; o «mais ou menos» era, no entanto, o mais provável (2) ou, como diria Ortega y Gasset, «o humano escapa-se à razão físico-matemática como a água por uma cesta de vime» (3). A razão matemática era substituída pela razão narrativa. Só o *discurso*, na sua condicionalidade, na sua sensibilidade, assim como na sua ambiguidade, podia constituir, portanto, a expressão mais satisfatória da razão.

III

No *Discurso sobre a Origem da Desigualdade entre os Homens*, Rousseau atribuiu toda a confusão e obscurantismo que rodeavam as ideias modernas de direito natural, virtude e justiça, ao deficiente conhecimento da natureza humana. Para se chegar a conclusões verídicas sobre estes temas filosóficos, para poder deduzir «os princípios desta ciência», era absolutamente necessário apreender a verdadeira natureza da natureza humana.

---

(1) Starobinski, p. 14.

(2) *P*, nº 675.

(3) José Ortega y Gasset, «Historia como Sistema» in *Historia como Sistema e otros Ensaios de Filosofia* (Madrid: Alianza Editorial, 1997), p. 27.

Enquanto esse estado de ignorância quanto à natureza do homem perdurasse, seria sempre vã a tentativa de estabelecer o que a lei natural prescrevia ou o que a «voz da natureza comandava». Conclusões modernas como a necessidade de sobrepor o artifício da civilização à natureza incompleta, ou hostil, só podiam decorrer de um conceito de natureza irremediavelmente errado.

Os filósofos modernos não podiam ser acusados de ter negligenciado o problema fulcral da natureza humana. Todos eles, notou Rousseau, «sentiram a necessidade de retornar a um estado de natureza». O problema residiu no facto de «nenhum deles lá ter chegado». Mais precisamente, cada um desses filósofos «transferiu para o estado de natureza ideias que foram adquiridas na sociedade» demonstrando a sua incapacidade de fielmente retratar a natureza humana. Tomando uma construção retorcida do seu entendimento, que era na realidade o puro reflexo da sociedade civilizacional, pela natureza primitiva do homem, filósofos como Hobbes limitaram-se, na opinião de Rousseau, a descrever o «homem civil» quando, na verdade, «falavam do selvagem» ([1]).

Contudo, se recuarmos alguns anos, deparamo-nos com uma crítica semelhante, surpreendentemente colocada em termos quase equivalentes. Não que Montesquieu tenha encarado a necessidade de regressar a um estado de natureza. Também não era um contratualista. Mas, logo no início da sua obra, e no contexto específico da polémica com Hobbes, julgou indispensável «considerar o homem antes do estabelecimento das sociedades». E também ele confrontou o deficiente diagnóstico feito por Hobbes dessa condição natural. Lendo Hobbes percebia-se que ele «está a atribuir aos homens, antes do estabelecimento das sociedades, o que só pode acontecer após esse estabelecimento» ([2]). Era como se Hobbes tivesse concebido o estado de natureza directamente a partir da ficção de Daniel Defoe. Foi o Robinson Crusoe, inglês e civilizado, que chegou à Ilha do Desespero. Daí ele saber fabricar ferramentas e supor a sua utilidade mesmo antes de elas existirem. Daí ele organizar os seus haveres segundo raciocínios contabilísticos. Daí ele ter a noção de propriedade. Apesar de

---

([1]) Rousseau, *Discours sur l'origine et les fondements de l'inégalité parmi les hommes* (Paris: Gallimard, 1965), pp. 44-45.

([2]) *EL*, I.2.

Crusoe não ter roupas com que se cobrir, ninguém o confundiria com um selvagem.

Assim, o estado de guerra de todos contra todos podia, ou não, ser uma evidência do estado de coisas no nosso mundo. Mas, quer para Rousseau, quer para Montesquieu, o desejo de domínio sobre o outro e as consequentes tendências belicosas dos indivíduos não decorriam da condição de simples natureza. Aliás, parecia ser o oposto do desejo de poder sobre o outro a vigorar. No mesmo sentido, a célebre controvérsia, que acabou por resultar do confronto entre as diversas concepções de estado de natureza, entre a «bondade» ou «maldade» naturais do homem era decidida da forma mais lapidar. O homem não era «mau» na medida em que, no estado de natureza primitivo, não podia agir intencionalmente mal. Daí que não pudesse ser senão *inocente*. Além do postulado da sua inocência, o mais que se podia considerar era se ele era «inofensivo» ou, pelo contrário, «perigoso». A conotação ética destes termos tinha de ser superada por uma conotação de pendor mais assumidamente ontológico.

Montesquieu deparou-se com algumas dificuldades no tratamento filosófico da natureza. E todas elas brotaram da mesma fonte: a «flexibilidade» do homem. À primeira vista, este seria um problema inócuo, um mero jogo de palavras. Mas, como poderemos ver, esta conclusão tem sérias e profundas implicações. Houve até quem chamasse a atenção para um paralelo curioso com as actividades extra-intelectuais de Montesquieu, nomeadamente o seu trabalho nas vinhas que possuía. A vinicultura solicita um grau apurado de aperfeiçoamento ou até de manipulação da natureza que só pode provir da intervenção humana ([1]). Também a natureza humana se ajusta e adapta aos contextos em que floresce, explicando-se assim a diversidade do mundo humano. A natureza humana tem esta capacidade de criar uma segunda natureza que permite até, em casos extremos, «esquecer» a primeira. Na existência histórica concreta é sobretudo a segunda natureza que se revela através de múltiplas manifestações. Ao mesmo tempo, a flexibilidade do ser humano, por possibilitar o esquecimento da natureza primordial, permite igualmente a abertura aos horrores e às perversões que o sábio observa e,

---

([1]) Diana J. Schaub, *Erotic Liberalism: Women and Revolution in Montesquieu's Persian Letters.* (Londres: Rowman & Littlefield Publishers, 1995), p. 70.

porventura, lamenta. A segunda natureza tem de ser coerente com a primeira. O desligamento de uma em relação à outra abre a porta ao horror e à desumanidade. Não há contexto social que se possa sentir autorizado a pôr em causa o princípio da legítima autodefesa, por exemplo, ou a atentar contra o «pudor natural» ([1]).

O homem era portanto um «ser flexível». Em sociedade, o homem «adapta-se aos pensamentos e impressões dos outros». Ao homem não era negada a igual capacidade de conhecer a sua própria natureza, desde que lhe fosse «mostrada». Mas se a natureza fosse «ocultada» ao homem, então poderia perder até o «sentimento» que dela tinha. Por exemplo, os Espanhóis ter-se-iam «esquecido» dos «deveres do Homem» aquando da sanguinária conquista das Índias ([2]). Só o homem, um ser que agia sobre si próprio e que se transformava a si mesmo, podia ser visto no mundo.

Por outras palavras, a dificuldade residia em saber que a natureza humana só se revelava pelo homem e, simultaneamente, esse homem que víamos em cada momento era um ser que vivia na história. Era, em suma, um ser *histórico.* Mas Montesquieu confiava nos resultados provisórios da razão humana finita e falível. E não dispensava as lições da História. Não obstante as metamorfoses que encerra, a História ensina-nos, por exemplo, que «os homens tiveram em todos os tempos as mesmas paixões» ([3]). Em termos gerais, pode dizer-se que Montesquieu concordaria com Collingwood quando este há não muito tempo declarou que «conhecer-se a si mesmo significa saber o que se pode fazer. E como ninguém sabe o que pode fazer antes de tentar, a única indicação para aquilo que o homem pode fazer é aquilo que já fez» ([4]). Montesquieu não prescindia de uma noção de natureza humana, nem de uma ordem natural das coisas, ou pelo menos de um núcleo natural irredutível e constante que nenhuma metamorfose histórica conseguia delapidar. E esta reflexão não tinha um cariz meramente especulativo. Tinha também um alcance

([1]) Ver *EL,* I.2, n.t.

([2]) *EL,* prefácio; *P,* nº 617.

([3]) *CGR,* I.

([4]) R.G. Collingwood, *A Ideia de História,* tradução portuguesa Alberto Freire (Lisboa: Editorial Presença, 1994), p. 21.

político, que Montesquieu explicou na *Defesa do Espírito das Leis*: «Se é preciso que um legislador conheça bem a sua nação, é preciso também que conheça bem a natureza do Espírito humano» (1).

Este problema perseguiu Montesquieu até ao fim. Quando anotou algumas reflexões sobre a questão da inveja, não evitou pronunciar-se uma vez mais sobre esta tensão, dizendo, de modo muito claro, que o «progresso» da vida colectiva de um povo podia ser «tão grande que mude, por assim dizer, todo o génio da natureza humana». É isso que «faz que o homem seja tão difícil de definir» (2).

A causa da plasticidade do homem residia no facto apontado por Montesquieu de o «mundo inteligente» não ser, nem de perto, «tão bem governado» como o mundo físico. Apesar de o primeiro estar sujeito a «leis invariáveis» tal como o segundo, a verdade era que aquele não cumpria essas leis «consistentemente». As leis, enquanto «relações necessárias», exerciam-se com rigor absoluto nos dois extremos da cadeia cosmológica de Montesquieu – Deus e o mundo material – mas com muito menos rigor à medida que nos dirigíssemos para o seu centro, ou seja, o homem (3).

Note-se que existe um segundo intervalo, contido no primeiro, na cadeia cosmológica apresentada por Montesquieu logo no livro I. Este segundo intervalo tem por limites as inteligências superiores aos homens, situadas num extremo, e os animais, situados no outro. As primeiras são seres puramente inteligentes; os segundos são seres puramente sensíveis. Como o homem é uma criatura simultaneamente inteligente e sensível, ele encontra o seu lugar no meio do segundo intervalo que é desde logo o centro da cadeia cosmológica que o abrange. A inteligência que assiste os seres humanos que habitam o mundo é limitada e, por esse motivo, acaba por sujeitá-los ao «erro». Como pela sua própria natureza os seres inteligentes «agem por si mesmos», isto é, deliberam e escolhem, para isso apelando regular e frequentemente à sua «inteligência limitada», também pela mesma via, e em virtude dessa mesma limitação, desobedecem às leis naturais.

---

(1) *DEL*, p. 1027.

(2) *P*, nº 579.

(3) Bertrand Binoche, *Introduction à* De l'Esprit des Lois *de Montesquieu* (Paris: Presses Universitaires de France, 1998), pp. 36-37.

A frequência do erro ou do desvio é também explicada pela armadilha das paixões, pois a própria «vida não é senão um cortejo de paixões, que são por vezes mais fortes, por vezes mais fracas» (1).

O homem é um animal senciente. Apesar de a alma ser imaterial, ela está em comunicação com os órgãos sensoriais. Uma separação substancial entre corpo e alma era inadmissível para Montesquieu (2). Utilizando uma metáfora particularmente sugestiva, Montesquieu comparou a relação entre o corpo e a alma com a imagem de uma aranha na sua teia. O movimento da aranha era comunicado aos fios da teia, assim como os fios comunicavam os seus movimentos à aranha. Pela mesma ordem de ideias, a alma respondia aos impulsos e estímulos recebidos pelo corpo, sem que este pudesse transmitir uma sensação que a não afectasse. Mas, do mesmo modo, a aranha podia iniciar o movimento da teia. Conviria, por isso, notar que a alma não era um mero receptor de sinais provindos dos sentidos, pois cabia-lhe aceitar algumas sensações e depreciar outras, bem como, e essa era a sua «faculdade principal», «comparar» ideias (3).

É da faculdade da alma de «sentir» que provêm «as percepções, as ideias, a memória». Estas são resultado de uma invariável operação que se desenvolve a par da interactividade entre a alma e as sensações recebidas pelos órgãos apropriados (4). Na Invocação às Musas do livro XX, a própria razão é descrita como «o mais perfeito, o mais nobre e o mais requintado dos nossos sentidos», o que parece querer dizer que a razão nunca consegue abstrair-se inteiramente da sensação. Desta concepção surge uma crítica aos «desmedidos» filósofos da moral que «falam ao entendimento puro, e não àquela alma a que a união deu modificações novas por meio dos sentidos e da imaginação» (5). Por outro lado, daqui decorre mais uma recomendação de moderação. Sabendo que o coração é o berço das paixões que triunfam sobre as qualidades do espírito intelectivo, o homem deve perceber que a libertação do coração significa inevitavelmente o enfraquecimento do espírito.

---

(1) *ECPAE*, p. 50.

(2) *P*, nº 2067.

(3) *P*, nº 549; *ECPAE*, pp. 49, 54.

(4) *ECPAE*, pp. 41-42. Comparar com Descartes, *Les Passions de l'Âme* (Paris: Boivin, 1937), I, arts. 12º-13º, 20º-23º.

(5) *P*, nº 1714.

As leis naturais que Montesquieu supôs expunham o «homem natural» com as suas necessidades e inclinações. Para além do instinto de autopreservação e da noção sensível que o homem natural tinha das suas necessidades «verdadeiras», em contraposição às «comodidades» artificiais da «dominação» (1), Montesquieu definiu também o homem como ser acasalador. O homem não era um ser solitário. Através do prazer sexual, procurava naturalmente um par. O «homem natural» era desde logo um ser familiar. Aliás, houve quem visse aqui, e com pertinência, a introdução a um aspecto do pensamento de Montesquieu que, em grande medida, o distingue dos seus antecessores e também de muitos dos filósofos que vieram depois. Refiro-me, claro, a todas as considerações reservadas à família e à «questão feminina». Neste sentido, Montesquieu veio reparar a falta grave do pensamento político anterior e que consistia no esquecimento a que o papel da mulher no mundo fora votado. Toda a filosofia política que permanecesse encerrada no estudo do ser humano na sua variante exclusivamente masculina estaria em plena operação de redução e de amputação do mundo. Por esta razão, Montesquieu nunca perderia de vista as complexidades e equilíbrios do domínio familiar ou privado. Seja como for, a ligação entre os dois sexos era a efectiva génese da sociedade, e a ligação mais forte que aproximava um ser humano de outro. É preciso acrescentar, porém, que a sociedade transcendia a esfera familiar porque um outro «prazer» aproximava os homens, a saber, o «prazer que um animal sente ao aproximar-se de um outro animal da mesma espécie». Este prazer era o fundamento natural da compaixão e da «humanidade». Embora estas inspirassem os laços extra-familiares, eram também mais frágeis, vagas e ineficazes do que as ligações estritamente familiares.

Mas as necessidades permanentes são enquadradas por percepções e reacções naturais. Em primeiro lugar, o homem natural sente a sua própria fraqueza. É isso que provoca o seu sentido de inferioridade em relação a tudo o que rodeia. A experiência primordial no estado de natureza é a experiência do medo extremo e contínuo. O medo, tal como Montesquieu o descreveu, é uma reacção psicossomática a uma realidade física intimidatória, mas sobretudo à presença (tida por ameaçadora) do outro. O ser

---

(1) *P*, nº 615.

sub-racional que o homem natural é não conseguirá superar essa menoridade da razão enquanto estiver aprisionado na jaula do receio constante. Ao contrário do «homem natural» de Hobbes, o de Montesquieu não é conduzido pelo próprio medo à solução racional da sua condição. O medo é paralisante. Suspende até as mais débeis faculdades mentais. Inibe a capacidade de sentir outra coisa. Limita a imaginação rudimentar do futuro. Como se verá, o tema do medo transbordará as fronteiras do estado de natureza e invadirá o político, pervertendo-o. As reflexões sobre o medo no estado de natureza podem servir como uma genealogia do medo que subjaz a qualquer despotismo.

Forçando a comparação entre Montesquieu e Hobbes, poderia dizer-se que o desejo de autopreservação ou a paixão pela *vida*, em Montesquieu, era positiva, o que se denotava na ligação à sexualidade; já para Hobbes, tinha uma índole mais negativa, obedecendo a cada instante ao medo da *morte*. Mas não se pode omitir a gradual, mas crescente, diferenciação e complexificação do jogo passional. Se com Hobbes seguimos um caminho que nos leva do orgulho ao medo, com Montesquieu, o sentido do caminho é invertido: passamos do medo – a paixão primitiva – para o orgulho ou para a vaidade (1). Ambas as paixões decorrem do mesmo sentimento, o *amour-propre*, a paixão pela nossa própria preservação, que, com o advento da sociedade, afasta-se do primitivismo e da simplicidade do mero medo da morte, para transformar-se de múltiplas maneiras e agir por princípios muitas vezes contrários (2).

Segundo Montesquieu, as regras que se deduzem da natureza existiam indubitavelmente. Por isso, era inválido supor a inexistência de leis antes das sociedades se formarem ou a ausência de «relações de justiça». A autêntica fundamentação da justiça natural residia na «existência e sociabilidade dos seres razoáveis, e não [nas] disposições ou vontades particulares desses seres». Pensar que falar de justiça só fazia sentido após a feitura de leis humanas era como «dizer que antes de se ter traçado um círculo os seus raios não eram todos iguais» (3). Esta formulação procurava atin-

(1) Schaub, p. 28.
(2) *CGR*, XII.
(3) *EL*, I.1.

gir, uma vez mais, Hobbes e o seu proto-positivismo jurídico tal como Montesquieu o entendia ([1]).

Visava assimilar, por analogia, claro, as leis universais da justiça às verdades universais da geometria. Montesquieu criava assim uma base de recuo relativamente à realidade concreta que lhe permitia julgar práticas e instituições como naturalmente justas ou injustas. Desta forma, existiam instituições sobre as quais era possível afirmar que estavam em conformidade com as exigências da natureza humana, num sentido quase aristotélico ([2]). Montesquieu assegurava assim a continuidade entre o direito e a lei: «Uma coisa não é justa porque é lei; mas ela deve ser lei porque é justa» ([3]). A justiça era sempre «uma relação harmoniosa que se encontra realmente entre duas coisas». E essa relação é sempre a mesma, «qualquer que seja o ser que se considere» ([4]). É provável que esta ideia da justiça e da ordem como feixes de *relações* tenha sido retirada e desenvolvida a partir de Nicolas Malebranche que no *Traité de morale* enunciara a «verdade» e a «ordem» como «relações de grandeza e de perfeição reais, imutáveis, necessárias» ([5]), e constitui o fio condutor da filosofia política de Montesquieu.

Em grande medida, a sua crítica política e social deve ser vista à luz desta espécie de cordão umbilical mais ou menos robusto que funda a lei no direito. É a justiça natural, e não outras fontes, que deve recomendar, mas não obrigar incondicionalmente, as comunidades políticas, as suas práticas e instituições. Porque, como as «relações de justiça» são apenas «possíveis», a concretização da justiça nunca é automática, nem procede de um raciocínio meramente dedutivo: o consentimento das circunstâncias é crucial na tradução das recomendações do direito para leis positivas ou para a reforma das práticas sociais. Contudo, toda a injustiça é uma afronta à natureza humana e uma distorção da ordem natural. A escravatura, por exemplo, para ser refutada requer apenas uma reflexão sobre a natureza ou sobre o direito

---

([1]) *P*, nº 615.

([2]) Ver Raymond Aron, *Dix-huit Leçons sur la Société Industrielle* (Paris: Gallimard, 1962), p. 64.

([3]) *P*, nº 1906.

([4]) *CP*, nº 83.

([5]) Nicolas Malebranche, *Traité de morale, Oeuvres complètes de Malebranche*, tomo I (Paris: Sapia, 1837), I.i.14.

natural. A escravatura é deplorável porque é «o mais violento abuso que já se fez da Natureza humana» ([1]).

É certo que, como já vimos, muitos leitores leram Montesquieu como mais um justificador da pura facticidade. Porém, essa leitura parece não fazer mais do que arranhar superficialmente o pensamento de Montesquieu. Por exemplo, quando abordou o tema da tortura, Montesquieu, embora não tenha descurado os factores contextuais que tornavam plausíveis o seu uso, não deixou dúvidas quanto à superioridade da autoridade do direito e da natureza sobre a justificação historicista de tais práticas. Era a «voz da natureza» que impedia a substituição da contextualização por uma estratégia de justificação. Mais, era por um «princípio de justiça» que os homens estabeleciam a própria sociedade. A justiça era tida como o «fundamento da Sociedade», e se a maior parte das virtudes não passavam de «relações particulares», já a justiça distinguia-se por ser uma «relação geral», pois dizia respeito ao homem enquanto homem, isto é, dizia respeito ao homem «em relação a todos os homens» ([2]). Montesquieu sabia que o mundo é muitas vezes o lugar do triunfo (provisório?) da injustiça. Por vezes, a «voz» da justiça é pura e simplesmente sufocada pelo «tumulto das paixões». Mas é preciso notar que quando o homem viola a justiça nunca o faz gratuitamente, mas sempre por uma «razão de interesse». As paixões, que para serem satisfeitas e gratificadas impõem a prossecução de interesses particulares, geram inclinações que muitas vezes são contrárias a acções justas. Uma «razão de interesse» parece ser contrária a uma razão de justiça, e simultaneamente explica todos actos injustos.

Do mesmo modo que a filosofia política de Montesquieu é sempre enquadrada por um «imperativo epistemológico» ([3]), também a arte da governação nela inscrita, cujo domínio já não se compadece com princípios absolutamente rígidos, é limitada por uma *orientação* moral e política. A obra do filósofo e as leis promulgadas pelo governante «devem ser concebidas de maneira a não colidirem com a natureza das coisas». Portanto, quer o *imperativo epistemológico*, quer a *orientação* moral e política, defi-

---

([1]) *P*, nº 171.

([2]) *P*, nº 615; *ATD*, p. 110.

([3]) Simone Goyard-Fabre, *Montesquieu: la Nature, les Lois, la Liberté* (Paris: Presses Universitaires de France, 1993), p. 116.

nem-se deste modo: obedecer à natureza das coisas, ou, por outras palavras, o que *deve ser* depende, sob a forma de uma relação, daquilo que *é*.

Tanto Aristóteles como Montesquieu consideravam o regime como o fenómeno político fundamental. Esta primeira coincidência não deve distrair-nos relativamente às diferenças profundas na abordagem genérica ao problema. Por exemplo, se para Aristóteles o fim da cidade, isto é, o bem que a cidade tinha em vista, era o viver bem(1), para Montesquieu o resultado da legislação de acordo com a «natureza das coisas» era o espírito de moderação e, porventura, de liberdade, porque a possibilidade de uma apreensão definitiva e consequente apropriação do bem supremo para o homem estava sujeita a seriíssimos limites. A natureza não indicava inequivocamente a virtude ou a excelência humana, mas em larga medida, encontrava-se indeterminada ou subdeterminada. O máximo que se poderia dizer era que a humanização do homem residia na sua liberdade, isto é, a realização da natureza pelo homem não conduzia a um destino concreto, antes integrava a liberdade. Não porque a liberdade fosse um fim em si mesma, mas por ser «o bem que permite usufruir todos os outros bens» (2). Contudo, isto também queria dizer que não existia uma antinomia entre natureza e liberdade, do mesmo modo que não existia oposição entre uma ciência da natureza e uma ciência do espírito. Pelo contrário, a normatividade era definida seguindo as estruturas da realidade natural. Na «natureza das coisas» estavam inscritas as verdades que se procuravam, quer as que estavam associadas ao mundo físico, quer as que eram atribuídas ao mundo do espírito. Pertenciam, portanto, à natureza, e sem prejuízo do seu conteúdo, «todas as verdades capazes de fundar-se de maneira puramente imanente; que não necessitam de nenhuma revelação transcendente, pois são certas e luminosas por elas mesmas»(3).

Porém, apesar de toda a sua admiração pelo movimento científico moderno, Montesquieu afastou-se deliberadamente da filosofia cientista e mecanicista dos seus predecessores para recuperar a linha de compreensão da existência concreta dos homens

---

(1) Ver *Política*, 1323a15-1323b35. Ver também Platão, *Leis*, 705e-706a, 963a.

(2) *P*, nº 1797.

(3) Cassirer, p. 270.

por referência ao todo da natureza. Sem hesitações, repudiou a putativa empresa de pensar o problema humano *in intellectu*, isto é, recusou fazer do homem e da vida política dos povos uma pura abstracção. O magistrado de Bordéus optou por reflectir sobre a condição humana, e o ser que encontrou foi o homem concreto, existindo no mundo das coisas. «Comecei por examinar os *homens*...», lê-se no seu prefácio.

IV

Na época moderna da filosofia política ninguém fez mais do que Montesquieu para reabilitar a antiquíssima abordagem que consistia na apresentação de uma tipologia de regimes como alfa e ómega de uma ciência da política. Mas também é verdade que a sua tipologia rompeu em aspectos decisivos com as que a tradição legara. Contrariamente a Platão, Aristóteles ou Políbio, Montesquieu não propôs uma tipologia de regimes políticos que contemplasse duas séries de governos, em que uma incluía os tipos rectos e a outra as suas respectivas degenerações. Em alternativa, foi proposto um único conjunto de regimes de que não se pode automaticamente dizer que tenha diante dele um espelho de distorção e corrupção políticas. Todavia, é indubitável que os regimes moderados se corrompem. Ainda contrariando Aristóteles, Montesquieu, embora não desvalorizasse o tradicional critério do número de governantes, rejeitava implicitamente um outro critério central na ciência política aristotélica, a saber, a de se a acção governativa visava o interesse comum ou o interesse particular do grupo governante. Por outro lado, e desta feita explicitamente, Montesquieu recusava também abordar o problema das constituições segundo a perspectiva das intenções, ou vícios, ou virtudes, dos governantes. A dotação moral de um indivíduo era algo demasiado «acidental» ou circunstancial para atestar a natureza de um regime político.

Para Montesquieu todos os governos se resumiam a três tipos, de resto, sobejamente conhecidos: a república (democrática ou aristocrática), a monarquia e o despotismo. Montesquieu mantinha que para compreender um regime era necessário considerar tanto as suas condições jurídicas de possibilidade, em geral, e as instituições legais, em particular, que o definem, assim como o princípio de acção que o sustenta e anima. E os regimes eram uma totalidade, isto é, enquanto os regimes fossem aquilo que eram, formavam sempre uma unidade referencial composta pela sua «natureza» e pelo seu «princípio». Quando o «princípio» enfraquecia, a «natureza» definhava.

Assim, os regimes mencionados definem-se pela sua *natureza*, o aspecto estático, e «movem-se» de acordo com o seu respectivo *princípio*, o aspecto dinâmico, essencial para o estudo da filosofia política de Montesquieu, bem como para a análise da sua filosofia da história. O princípio do governo é uma paixão da alma. É a fonte de inspiração e de justificação da acção individual e colectiva num contexto político. É como se a «natureza» do governo correspondesse ao seu corpo e o «princípio» ao seu sopro de vida, à sua pulsão vital. Resta acrescentar que, tal como Platão e à semelhança da filosofia política clássica em geral, Montesquieu também entendia que a uma forma de governo correspondia um tipo humano específico.

Montesquieu derivou o «princípio» da «natureza» do governo. Em si mesmo, o «princípio» não definia a «natureza». O facto de as leis deverem ser relativas ao regime reflectia a posição de supremacia que o político ocupava relativamente aos restantes domínios da sociedade. É certo que, neste aspecto, a fidelidade à filosofia política clássica é moderada pelo facto de Montesquieu considerar que o regime político é apenas um elemento da complexa matriz de determinações a que o ser humano está sujeito. Contudo, é preciso acrescentar que o regime político é a mais poderosa dessas determinações. Neste sentido, é admissível dizer que Montesquieu recuperou a noção clássica de *politeia* ou de regime político articulada por Platão, Aristóteles ou Cícero num tempo que não era particularmente hospitaleiro para o conceito ([1]). Em termos estritamente jurídicos, apresentar a forma de governo como o determinante supremo da existência individual e colectiva significa que o direito público determina o direito privado ([2]). No entanto, a supremacia da forma de governo tem

([1]) Ver Miguel Morgado, *A Aristocracia e os seus Críticos* (Lisboa: Edições 70, 2008).

([2]) Ver *P*, nº 1770: o exame das relações entre as «leis políticas» e as «leis civis» era algo que Montesquieu considerava que nunca fora feito por ninguém.

implicações muito mais vastas e abrange, não só o conteúdo da participação política, mas também as várias dimensões da vida moral, da vida religiosa e da vida familiar.

Como cada tipo de regime tem uma natureza e um princípio próprios, as leis devem ser sempre relativas quer à respectiva natureza, quer ao princípio. À cabeça encontram-se as leis da educação, uma espécie de leis das leis sociais. De resto, Montesquieu pode ter retido de Aristóteles, por exemplo, que «de nada aproveitará uma legislação, por muito útil que seja e aprovada unanimemente por todos os cidadãos, se estes não adquirirem os hábitos nem forem educados segundo o espírito do regime estabelecido» ([1]). Daí para a fecunda intuição de Montesquieu vai apenas um passo, se bem que se trate de um passo decisivo: «cada família particular deve ser governada de acordo com o plano da grande família que as inclui a todas» ([2]). Assim, e porque as famílias constituem um «governo», as leis da educação variam conforme o tipo de governo, o que significa que o seu objecto e o seu princípio mudam de acordo com o regime.

Reconhecendo isto, Montesquieu sugeriu que os padrões de autoridade na família tanto reflectiam como estimulavam os padrões de autoridade política na sociedade. A educação formava uma parte integral do Estado por duas razões que não eram senão uma só: aquela era moldada por este, que, por sua vez, era moldado por aquela. Nas monarquias, as leis da educação apontam para a *honra*; nas repúblicas, apontam para a *virtude*; nos despotismos, para o *medo*. Podemos ver, então, que a educação se dirige às paixões e não ao intelecto. Ao contrário do que pretendia o Sócrates da *República* de Platão, a educação não se orienta para a perfeição da parte racional da alma, antes para a recomposição da sua parte passional. A educação tem como objecto geral o apuramento de uma paixão específica ou, como diria Descartes, «treiná-la» e «dirigi-la» ([3]).

A tese de Montesquieu de que cada forma de governo tem o seu próprio princípio que o põe em movimento e guia todas as suas acções é estruturante do seu pensamento político global. Com efeito, o princípio do governo, enquanto princípio de *movimento*,

---

([1]) *Política*, 1310a14-19.

([2]) *EL*, IV.1.

([3]) Descartes, I, art. 50º.

permitiu a introdução da temporalidade e dos processos históricos nas instituições do governo e na estrutura social, que a filosofia política clássica tendia a conceber, passe o exagero, como relativamente estáticos. A única dinâmica de mudança das estruturas dos regimes concebido por homens como Platão, Aristóteles, Políbio, Plutarco ou Cícero, era a degeneração, a corrupção, enfim, a mudança para pior, que permitia, por exemplo, a transformação da aristocracia numa oligarquia, e, em alguns casos, a consequente regeneração. Tudo mudanças restringidas a um ciclo eternamente recorrente denominado *anakyklosis* (Políbio). O esforço de Montesquieu foi o de tornar a análise dos regimes genuinamente dinâmica e arrancá-la a uma concepção cíclica da história, porquanto a política passava a ser, na sua própria base e natureza, constante movimento. A política passava a ser inseparável do tempo.

O princípio do governo consiste na força psicológica e moral que a sociedade exerce sobre si mesma e que o indivíduo exerce sobre si mesmo. Isso é mais evidente e intenso no caso da virtude democrática. Daí a educação ser mais enérgica nas repúblicas democráticas do que nos restantes regimes. Assim entendidos, os princípios do governo regulam as acções, quer dos governantes, quer dos governados. Mesmo o medo, princípio do governo despótico, não diz respeito apenas ao temor que o déspota inspira nos seus súbditos. O déspota também vive cercado pelo medo da vingança daqueles que ele governa, ou que oprime; não consegue libertar-se da angústia permanente provocada pela ameaça dos que secretamente ambicionam eliminá-lo para substituí-lo no poder; é forçado pela sua circunstância a desconfiar de todos. E assim é com os restantes princípios. É verdadeiramente dialéctico o movimento dos regimes políticos no seu devir histórico.

O movimento de cada regime assenta originariamente na vitalidade de uma paixão da alma. Como assim é, os preceitos puramente racionais que o filósofo possa descobrir, e o legislador traduzir em normas, têm uma aplicabilidade muito indirecta. O que vale por dizer que têm como função o fomento, o estímulo, a moderação, ou a destruição, a corrupção ou o esvaziamento, de uma paixão específica. Não têm, portanto, a missão de ordenar incondicionalmente o mundo político. Montesquieu indicou em vários momentos que estas paixões que constituem os princípios dos governos são mais poderosas do que qualquer lei, seja ela política, religiosa ou moral, porque o «dever é uma coisa fria e reflectida», mas coisas como a honra ou a virtude política são paixões vivas que se alimentam delas mesmas e afectam todas as outras ([1]).

No essencial, a política e a história assentam na acção das paixões e nos seus efeitos. Era uma metáfora popular entre os círculos letrados do século XVIII a do piloto que lamenta a calmaria e anseia pela brisa que põe o seu barco em movimento, apesar de a brisa poder arrefecer e tornar-se num vendaval. A lição era a de que as paixões enfunavam as velas do espírito. Sem as devidas cautelas, as paixões podiam ser a causa do nosso naufrágio, mas sem elas nunca poderíamos navegar. Antes do século XVIII já Pascal declarara que a «nossa natureza está no movimento; o repouso completo é a morte» ([2]). Para Montesquieu a política era sempre movimento. Tudo reforça a impressão inicial de que a filosofia política de Montesquieu é atravessada pelo primado da acção sobre a contemplação.

Foi dito que a política assentava decisivamente nas paixões porque os princípios do governo não eram apenas fontes de motivação psicológica da acção política. Constituíam também os critérios de acordo com os quais toda a vida pública era julgada. Quando estes princípios deixavam de ser tidos em consideração, quando aos olhos de governantes e governados perdiam a sua validade, quando deixavam de ser vividos e interiorizados autenticamente, assistia-se a uma espécie de transvalorização de todos os valores, mediante a qual a interpretação que a comunidade política fazia de si mesma era radicalmente alterada. Mudada esta auto-interpretação mudava também a natureza da comunidade política.

Quando os princípios permaneciam «sãos», até as más leis tinham «o efeito das [leis] boas». A isto Montesquieu acrescenta que «a força do princípio arrasta tudo consigo» ([3]). A sustentação de um regime político depende de um certo consenso na percepção ético-política dos bens e males de que uma comunidade goza e padece. A fonte psicológica desse consenso é aquilo a que Montesquieu chama *princípio.* Podemos, pois, dizer que é o elemento verdadeiramente estruturante de um regime político.

([1]) *P*, nº 219.
([2]) *Pensées*, ed. Sellier, nº 1319.
([3]) *EL*, VIII.11.

V

Embora a tipologia apresentada nos livros II-VIII de *Do Espírito das Leis* se desdobre em três (ou quatro) formas de governo, Montesquieu acabou por reduzir as distinções entre regimes a uma classificação dualista: regimes moderados, por um lado, e regimes imoderados, por outro. Há uma tendência para fazer figurar no primeiro grande grupo dos regimes moderados as repúblicas e as monarquias, embora este passo não seja inteiramente autorizado. Já o segundo agrupamento inclui garantidamente os despotismos.

No entanto, vale a pena descobrir a caracterização operada por Montesquieu destes regimes: a república democrática, a república aristocrática, a monarquia e o Estado despótico ([1]). À primeira vista, tanto a república como a monarquia estão unidas pela sujeição total e homogénea, quer dos governantes, quer dos governados, aos respectivos princípios do governo. No despotismo, cujo príncipe se situa a uma distância infinita dos seus súbditos, a diferença no objecto do medo experienciado por um e pelos outros resulta de duas ordens de existência política radicalmente distintas. O objecto das paixões que constituem os princípios dos governos moderados é concreto e uno. O medo é mais plástico e difuso. Os primeiros conduzem à acção; o segundo à paralisia. Porém, a sujeição ao princípio de governo não é idêntica nas repúblicas (democráticas) e nas monarquias. A homogeneidade de que se falou só pode ser associada aos regimes republicanos (democráticos). Os regimes monárquicos caracterizam-se por uma heterogeneidade essencial em certa medida irreconciliável com o domínio totalizante exercido pela virtude democrática.

([1]) Por razões de espaço não abordarei em detalhe a república aristocrática, o parente pobre nesta tipologia (é a forma de governo mais instável, a que não possui leis próprias da educação, etc.). A república democrática distingue-se da sua congénere aristocrática na medida em que primeira será a forma do governo em que o povo no seu todo detém o poder soberano, ao passo que a segunda refere-se ao regime que vigora quando só parte do povo partilha desse mesmo poder. Se a virtude política está presente nas duas formas de governo, na aristocracia ela não é «requerida tão absolutamente». A verdadeira «alma» da aristocracia é constituída por uma «virtude menor»: a «moderação» fundada na virtude.

O governo em que «o povo como um corpo, ou somente uma parte do povo, detém o poder soberano»: eis a definição de república ou, nos termos de Montesquieu, a sua «natureza», enquanto regime político. O princípio animador das repúblicas é a virtude. Na *Advertência do Autor*, acrescentada pelo autor em resposta às críticas que soaram após a publicação da obra, é-nos pedido que aceitemos que esta virtude não se reporta ao sentido tradicional que a moral (cristã ou tradicional) lhe emprestava. Um pouco à semelhança da semântica renascentista da *virtù*, que, sobretudo com a figura de Maquiavel, operaria uma transformação do significado tradicional associado à palavra virtude, Montesquieu deu, ou procurou dar, um novo alcance à mesma palavra. O seu impacto no século XVIII seria imenso. Rousseau reconheceu-o quando assinalou, referindo-se a Montesquieu, que foi «um famoso escritor» a estabelecer a virtude como princípio fundamental das repúblicas. Porém, rapidamente o repreendeu por ele não ter percebido que a virtude não pode limitar o seu alcance às repúblicas. Para Rousseau, era evidente que, como a «autoridade soberana» é «por todo o lado a mesma», também todo o Estado bem constituído deveria basear-se no mesmo princípio. Fica aqui bem patente a abertura de Montesquieu à heterogeneidade política em comparação com as prioridades de Rousseau. O que também vale por dizer que a legitimidade dos regimes e a sua fonte de autoridade é plural em Montesquieu, ao contrário não só de Rousseau, mas de vários outros grandes vultos da filosofia política moderna. Este é mais um dos pontos de convergência entre Montesquieu e Aristóteles, e de divergência relativamente à filosofia política do seu tempo ([1]).

Por virtude, Montesquieu entendia não mais do que uma devoção política, o «amor à pátria», o «amor à igualdade», o «amor às leis que governam». Como já vimos, é por paixão, por uma «modificação da alma», por um «sentimento», que o homem da república age. Amando o seu país, ou a igualdade, ou as leis, o cidadão une-se integralmente ao seu país, à ideia de igualdade, às leis que a sustenta. Em sentido inteiramente contrário ao do significado originário da palavra, a virtude é, pois, uma paixão democrática, ou seja, não anuncia nenhuma superioridade de

([1]) Ver *Política*, 1279a15-20; 1296b5-10. Comparar com Vico, *A Ciência Nova*, I.2, axioma nº 69.

qualquer ordem. Por se tratar de uma questão de sentimento, e não de instrução, qualquer homem, independentemente da sua condição pode nutri-la. Este é o «bom homem político» que devemos distinguir do «bom cristão».

A chamada de atenção não deve, contudo, ser vista como uma novidade, pois a separação entre o homem bom e o cidadão bom é a simples radicalização de um caminho que Aristóteles abrira. Também Aristóteles afirmara que «a virtude do cidadão deve necessariamente ser relativa ao regime» e, por outro lado, «a virtude do cidadão não pode ser idêntica à do homem bom». Fica, portanto, claro que para Aristóteles «é possível ser um bom cidadão sem possuir a virtude que é a qualidade do homem bom» ([1]). Convém, no entanto, notar que Aristóteles distingue a justiça absoluta da relativa, isto é, aquela que é relativa a determinado pressuposto do regime. A distinção só faz sentido no estudo dos regimes que se afastam em maior ou menor grau do melhor governo. No melhor dos regimes, porém, a «virtude do cidadão, do governante e a do homem bom (...) são forçosamente idênticas» ([2]). Ora, Montesquieu denunciava a busca filosófica do melhor regime em absoluto como espúria e inútil. Todavia, Montesquieu, no elogio que teceu a Trajano, parecia admitir (implicitamente) que o melhor de todos os príncipes era também o melhor homem, e que a excelência exibida na arte do mando constituía o fim, no sentido teleológico do termo, do homem e, por conseguinte, o principal critério de aferição da grandeza humana. Podemos pelo menos presumir que Montesquieu, ao contrário de Aristóteles, concebia como pedestal da virtude, não a filosofia ou a vida contemplativa, mas a acção política. Além disso, é preciso notar que esta separação adquiriu, em Montesquieu, uma intenção polémica que em Aristóteles evidentemente não existia.

Contudo, Montesquieu concedia que existia uma relação íntima e mutuamente profícua entre a virtude política e a «bondade dos costumes», o que implicava uma relação de mútuo suporte entre virtude política e virtude moral. Uma outra questão bem mais difícil é perceber se a relação entre virtude e liberdade é realmente simbiótica.

([1]) *Política*, 1276b34-35, 1276b40, 1277a10-15.

([2]) *Ibid.*, 1333b10-15, 1288a35-40.

É mais fácil agir moralmente bem nas repúblicas democráticas do que em qualquer outro regime. Porquê? Montesquieu declarava solenemente que «o amor pela pátria corrige tudo». O exercício quotidiano exigido pelo regime de efectuar a transposição de um si mesmo, fechado sobre si mesmo, para um Eu colectivo, mediante o qual exercício abandonamos as nossas tendências particulares para nos dedicarmos e agirmos em prol do que é comum e do bem geral, habitua os cidadãos a certas inclinações, que embora não sendo exactamente coincidentes com a virtude moral, são em muitos aspectos conducentes a ela. A virtude moral é mais do que a crua virtude política que oculta as suas origens. Porém, o seu cultivo é propiciado no ambiente político que tiver como princípio do governo a obrigação individual de ultrapassar os limites do si mesmo particular e pensar nos termos de um si mesmo colectivo. Este é o movimento gerador da acção moral a que se é exortado numa comunidade política em que os cidadãos agentes falam num *Nós* em substituição de um *Eu*.

Quando cessa a virtude política, toda a disposição do cidadão face ao regime se altera. É a «ambição» que ocupa o seu lugar, ou, na pior das hipóteses, a vil avareza, e que se situa no canto oposto ao da acção generosa ou *desinteressada*. Nesse momento, o amor pelas leis é substituído pelo ódio e desprezo às ordenações da comunidade. O individualismo floresce no coração de cada homem, asfixiando toda a dedicação à causa pública que havia no passado. Uma outra estrutura de governo vai, aos poucos, emergindo, já que a república não passa de uma ténue recordação de tempos idos. Sem virtude, a perspectiva subjectiva dos cidadãos das repúblicas é radicalmente invertida: o que era uma «máxima» chama-se agora «rigor»; o que era «regra», chama-se «estorvo» e a «vigilância» é agora «medo». A avareza, que sob a virtude designava o «desejo de ter», muda de significado. Daí que não surpreenda que o amor à democracia seja também o «amor à frugalidade». É que o amor à frugalidade «limita o *desejo de possuir*» (1).

No seio de um povo virtuoso, a opinião procede a uma certa repartição de censura e elogio. Discerne de um certo modo o bem do mal. Mas uma vez corrompida a virtude, a opinião acolhe outros conteúdos dignos de censura e de elogio, descobre outros

(1) *EL*, III.3, V.3.

bens e outros males. A própria virtude é negligenciada e ridicularizada. No fundo, este movimento revela também o olhar moderno sobre as repúblicas, que carrega os ombros da virtude com a opressão, simplesmente por já não saber o que aquela significa, por não se aperceber de que a mudança histórica implica a mudança semântica e, mais importante do que isso, a transformação das percepções morais e políticas. Nas belas palavras de François Guizot, o sentido autenticamente histórico avisa que «é preciso mudar de terreno e de espectáculo, à medida que o tempo muda a cena e os actores» ([1]).

Devido às características intrínsecas da virtude cívica, a educação é absolutamente crucial nas repúblicas. É até mais crucial e intensa do que nas restantes formas de governo. Se a honra goza do favor das paixões e a estas se acomoda, e se para incutir o medo bastam «ameaças e castigos», já a virtude requer um acompanhamento muito mais cuidado. E porquê? Porque a virtude é uma «renúncia a si mesmo», algo que é sempre muito «doloroso». O cidadão virtuoso renuncia a si mesmo, porque prefere continuamente o interesse público ao seu próprio interesse. Todas as «virtudes particulares» são produzidas por este amor ao bem do todo. Todas as «virtudes particulares» mais não são do que a renúncia às inclinações particulares. De facto, a vida nas repúblicas movidas pela virtude consiste na imolação diária dos afectos e interesses *particulares* e no cultivo persistente de afectos *gerais*. Possuída pela generalização dos seus afectos, a alma humana engrandece-se, mirrando progressivamente à medida que os seus interesses se particularizam. Daí que as almas dos Modernos sejam «pequenas» quando comparadas com as dos Antigos.

Como a virtude moral implica uma maior ou menor suspensão das nossas inclinações egoístas, então o lugar por excelência da virtude moral parece ser a república democrática na sua austeridade. Por outras palavras, nas repúblicas democráticas, moralidade e política são inseparáveis.

A comparação da república democrática com os mosteiros sugere que o homem de virtude encontra um certo prazer na privação de si mesmo. As repúblicas, em particular as democracias,

---

([1]) François Guizot, *Histoire de la Civilisation en Europe* (Paris: Perrin et Cie., 1904), XIV, p. 387.

mais do que terem de ser respeitadas, têm de ser *amadas*, caso contrário arriscam a sua preservação. Neste tipo de governo tudo depende do vigor e fervor desta paixão. E é à educação que é entregue a colossal tarefa de inspirá-la no coração dos homens. A pressão educativa republicana não pode ter competidores porquanto a envergadura e profundidade do seu objectivo excluem necessariamente a heterogeneidade e o pluralismo. Além disso, a dimensão dos Estados modernos coloca um outro importante obstáculo à fundação de repúblicas movidas pela virtude. Com efeito, as repúblicas só podem germinar em Estados de proporções exíguas, onde, entre outras coisas «se pode dar uma educação geral e educar todo um povo como se fosse uma família», e onde «se supõe que todos os cidadãos prestam uma atenção singular aos outros», coisa certamente impossível nos populosos Estados modernos.

Porém, em grande medida estas reflexões de Montesquieu sobre a incompatibilidade do mundo moderno com a experiência republicana procuram indicar uma fonte primordial de tensão: a que se verifica entre o «mundo» e a religião. Essa é a razão última da contradição. A convergência da vida política e da vida religiosa aparece como condição fundamental da eficácia da educação republicana. A religião «moderna», isto é, o Cristianismo quebrou essa unidade, e com ela a recuperação do horizonte republicano antigo. A renúncia de si mesmo só é possível se essa unidade for restabelecida, e nos tempos modernos tal só sucederá se a unidade for imposta pela religião, e não pela política. Porém, a apresentação de William Penn como um «verdadeiro Licurgo» tem o seu quê de irónico. Também a obra da Companhia de Jesus no Paraguai parece comprovar esta suspeita. Repúblicas e mosteiros são semelhantes pela unidade. Mas nas primeiras a unidade vem de baixo; nas segundas vem de cima. Estabelecido este paralelo, fica sugerida uma certa religiosidade dos sentimentos produzidos pela virtude política. Ou mais rigorosamente, o modo moderno de participar no vigor da virtude política é o zelo religioso.

Mas se assim for, e tendo em conta as insofismáveis reservas e, nalguns momentos, a notória hostilidade que Montesquieu nutria pelo Cristianismo, a virtude republicana tende a alimentar formas de ascetismo extremista. Ora, seguindo o espírito da obra de Montesquieu, os extremismos e fanatismos de qualquer ordem são responsáveis notórios pelos males de que as sociedades humanas padecem e pelas afrontas a que a natureza humana é tantas vezes sujeita. Por muitos que sejam os louros que coroam a virtude, existe, na sua natureza sequiosa de fervor, devoção e ardor, uma tendência que a impele a seguir o caminho sem retorno do extremismo. O cidadão virtuoso até à medula seria capaz dos mais inauditos feitos, assim como dos crimes mais hediondos, com a mesma veemência e convicção. «Quem diria? Até a virtude precisa de limites».

Por outro lado, as repúblicas democráticas deixam também transparecer o seu carácter militarista. O seu fim é a guerra. A sua virtude é necessariamente virtude militar. A sua educação consiste na preparação de guerreiros. Esparta, o paradigma da cidade grega movida pela virtude, assemelha-se a um quartel, onde se tomam as refeições como os soldados em campanha, onde a frequência do ginásio é vigiada, onde a maior reputação que se pode adquirir depende absolutamente da coragem demonstrada no campo de batalha e dos troféus de guerra, que incluem símbolos da morte de inimigos: «É preciso ver os Gregos como uma sociedade de atletas e combatentes».

Contudo, a nação guerreira amará sempre a guerra, esquecendo que «o objecto da guerra é a paz». Desprezada como sinal de estagnação e até de corrupção, a paz torna-se um mero intervalo entre guerras. Mas, ainda assim, a paz não é vítima permanente de «uma paixão violenta de adquirir», própria dos conquistadores e não das repúblicas. Apesar de tudo, as repúblicas militares não são «governos militares», que só se encontram nos despotismos ou nas aristocracias, porque não se dirigem para a conquista indefinida. São diferentes entre eles o governo militar e o regime que tem um «espírito militar». As repúblicas têm o segundo. Mais do que isso, ele é a sua «força», «o seu tesouro mais sagrado», a sua «alma». No entanto, não se confundem com o primeiro ([1]).

VI

O outro regime moderado examinado por Montesquieu é a monarquia, este sim, um tipo de governo (mais) preparado pelos,

---

([1]) *P*, nº 390, 652, 242.

e para os, tempos modernos. Além disso, Montesquieu por vezes sugeria que este era o mais moderado dos regimes. O governo monárquico é, então, aquele em que «só um governa, mas através de leis fixas e estabelecidas». Mas a sua natureza não se esgota nesta definição. À permanência de um príncipe, que é a «fonte de todo o poder político e civil», acrescenta-se a existência de «poderes intermédios, subordinados e dependentes». Os referidos poderes são simultaneamente protegidos pelas leis e o seu garante. E são tão ou mais importantes na caracterização da monarquia quanto o seu princípio. É através deles que «flui» o poder monárquico, como se se tratasse de uma operação de filtragem da vontade do soberano até chegar aos seus destinatários, os súbditos. Na realidade, na ausência de tais poderes o Estado ficaria entregue à pura vontade do príncipe, o que anularia as leis fundamentais e tornaria o regime praticamente idêntico a um despotismo. Qualquer Estado monárquico que, por algum motivo, pretenda abolir este tipo de poderes aventura-se no caminho mais rápido para o abismo despótico. A classe que personifica, corporiza e dá vida a estes poderes é a nobreza, a ponto de Montesquieu propor como máxima fundamental, «*sem monarca, não há nobreza; sem nobreza não há monarca*» ([1]).

Com esta máxima, Montesquieu também procurava resolver uma questão sempre em aberto na história da monarquia francesa, e que desde o século XVI provavelmente estava mais em aberto do que nunca. Em oposição às teses dos teóricos da soberania e da absolutização do poder do rei, apadrinhados por Bodin, a monarquia não podia esvaziar politicamente a nobreza sem se converter num despotismo. E em oposição às teses dos monarcómacos, cuja escola fora iniciada pelos huguenotes que resistiam ao esforço régio de uniformização religiosa, a predominância política da nobreza exauriria o trono, o que implicaria a morte da monarquia enquanto regime político. Em particular, Montesquieu sublinhava a importância de o príncipe numa monarquia não deter o poder judicial – já que reunia em si os poderes legislativo e executivo – e que só a independência natural da nobreza podia garantir a independência do poder judicial. De outro modo, a monarquia não se salvaria do despotismo.

([1]) *EL*, II.4.

A honra é o princípio das monarquias. Nelas registam-se grandes feitos com uma poupança intrigante de virtude, e tal facto constitui o ponto de partida de Montesquieu para o estudo do princípio destes regimes. O estudo tem os seus perigos, entre outras coisas, porque no quadro monárquico pintado por Montesquieu primam pela ausência a virtude cívica e a moral também. Porém, como substituto da virtude, a honra cumpre o seu papel de modo admirável. Pode inspirar «as mais belas acções», e se lhe juntarmos a «força das leis», o propósito do governo é tão bem assegurado como se fosse a virtude a movê-lo. Com o conceito de honra, Montesquieu descobriu uma forma de motivação política que permitia o cultivo de desejos elevados, que correspondiam noutros tempos à chama intensa da virtude antiga, sem a convocação de tanta energia humana, sem incorrer nas dores da disciplina cívica e sem destruir a subjectividade.

Seguindo o modelo proposto por Krause ([1]), na mesma noção de honra podemos vislumbrar três facetas distintas: a honra como uma qualidade de carácter; a honra como conduta enquadrada por um código de actuação; a honra como honraria, isto é, como reconhecimento público formal. Aprofundando esta conceptualização um pouco mais poderíamos ter, respectivamente: a honra como *paixão*; a honra como *moralidade*; a honra como *manifestação institucional*. A honra é uma qualidade de carácter, ou na denominação mais apropriada, uma paixão, que nos faz aspirar a viver à altura de um código de conduta, ou de uma certa moral. Mas essa aspiração vai mais longe. A honra encerra o desejo de se ser publicamente reconhecido quando a nossa actuação obedece realmente aos imperativos do código de conduta. Todavia, o código de conduta não é de autoria individual. Não remete para a criação individual de valores. É, pelo contrário, transmitido e herdado. Não decorre, pois, de um raciocínio abstracto. É um juízo que não procede directamente de uma deliberação, mas de uma «espontaneidade tradicional» ([2]).

Na verdade, esse código está profundamente enraizado na tradição, em ancestrais práticas sociais e políticas, a ponto de ser o corpo político particular a que se pertence quem lhe confere

---

([1]) Sharon Krause, *Liberalism with Honor* (Cambridge: Harvard University Press, 2002).

([2]) Binoche, p. 124.

autoridade. Se é certo que são recursos específicos da natureza humana enquanto tal que possibilitam o seu florescimento, é preciso sublinhar que a honra possui capacidade narrativa, assim como uma espacialidade própria. A contradição de um princípio do governo moderno e as suas raízes tradicionais é a mesma contradição que acompanha o compromisso instável entre o crescimento do Estado moderno e a manutenção dos princípios de organização social herdados da era feudal. Esta contradição política geral seria sintetizada pelo historiador francês François Furet: «o Antigo Regime é demasiado arcaico para o que comporta de moderno, é demasiado moderno para o que tem de arcaico» (1).

Para Montesquieu, a honra do homem estava ligada à sua condição social, à pertença a um segmento social particular. A honra era sempre relativa à existência concreta de cada homem, e não dizia respeito ao homem enquanto tal. Combinando as duas considerações, torna-se evidente que a honra supunha e mantinha uma forte desigualdade na sociedade e cultivava a distância social entre os homens. Mas se é verdade que as suas origens são corporativistas, isto é, a herança colectiva que gera a honra tem um carácter corporativo, já viver à altura dessa herança comporta uma responsabilidade e um esforço que são individualizantes na sedimentação e nas consequências.

O reconhecimento público *institucionaliza* uma nobreza ou uma classe privilegiada distinta do poder régio. O desejo de reconhecimento é expresso na ambição por distinção pessoal. A sua ambivalência traduz-se na tendência para deslizar para uma forma vazia de vaidade assim que deixa de ser guiada pelos princípios inscritos no código de honra. Em última análise, a honra é orgulho sublimado, e o factor de sublimação desta paixão ambígua encontra-se no código de conduta conferido por um meio social, por um regime, ou mais exactamente por uma tradição particular. A ambição a que o conceito de honra faz apelo está longe de ser a ambição rasteira que, com justiça ou sem ela, foi censurada às cortes dos reis de todos os lugares e de todos os tempos. Nada será feito pela honra se a ambição que a sustenta não for superior, se não almejar o extraordinário. Bem pelo

---

(1) François Furet, *Pensar a Revolução Francesa*, trad. portuguesa Rui Fernandes de Carvalho (Lisboa: Edições 70, 1983), p. 151.

contrário. Quando a honra se corrompe, um sem-número de males abate-se sobre a condição humana. Quando a honra se corrompe, o homem digno eclipsa-se por completo, e cada um não encontra senão os seus próprios interesses mesquinhos.

Ser honrado significa ser reconhecido por aquilo que se é e fez. Porém, a operação deste princípio não ocorre exactamente com esta linearidade. Não se é recompensado simplesmente por aquilo que se é. Tal coisa seria ridícula e irrelevante. O sentido é quase o inverso. É-se recompensado quando se chega àquilo que se deve ser segundo os padrões determinados pelo conteúdo do código de honra e, em última análise, pela própria natureza da honra. A honra enquanto princípio político pode ser caracterizada e descrita externamente. Mas como paixão, como mediador e catalisador dos valores legados pela tradição, ela exige um tratamento intrínseco à sua natureza. O método preferido de desencadeamento de acções é, pois, o da atracção e não o da coerção. Para isso, é usada a ambição individual e o interesse. O poder de motivação conseguido é formidável porque, como diz o protagonista das *Cartas Persas*, Uzbek, «o interesse é o maior monarca da Terra» ([1]).

Ser visto é importante para a afirmação da honra. A honra depende absolutamente da sua visibilidade aos olhos dos outros, especialmente aos olhos dos pares. Pascal fora bastante crítico desta vã busca de glória, e uma das causas da sua aversão situava-se precisamente na relação da honra com a publicidade. Segundo ele, a «busca de glória» é a «maior baixeza do homem», mas é também «o sinal da sua excelência». Em que é que se traduzia este «sinal de excelência»? Precisamente no facto de o homem, independentemente das «posses que tenha na terra, a saúde e a comodidade essencial que possua», nunca se sentirá satisfeito se não for «estimado pelos homens» ([2]).

Mas, para Montesquieu, a honra não denominava apenas a materialização da mais alta das recompensas sociais. Mais do que o mero reconhecimento, a verdadeira honra significava igualmente uma fonte de dever ou de obrigação, não tanto para com os outros, como para consigo mesmo. Enquanto fonte de deveres ou obrigações, a honra constituía já também uma fonte de

---

([1]) Nº 106.

([2]) *Pensées*, ed. Sellier, nº 308.

respeito pelos outros (homens honrados), mas sobretudo do homem honrado por si mesmo. Apesar de a honra almejar sempre a distinção pública, ela parecia ser, na sua forma autêntica, gratificante em si mesma. Mas essa gratificação não vinha de um suposto prazer equivalente ao que decorria da prática da virtude aristotélica. A honra era gratificante em si mesma porque era a origem do respeito do homem honrado por si mesmo. Ao agir honradamente ele limitava-se a pagar algo que devia a si mesmo. Esta dívida contraída por este meio era evidentemente um produto elaborado do orgulho ([1]). Era o orgulho que, afinal de contas, se gratificava.

Tal como qualquer outro princípio de governo, a honra é uma paixão. É um desejo ambicioso de distinção e de reconhecimento por actos consonantes com um código de conduta venerado. Mas a honra não dispensa totalmente a razão. Na verdade, a honra é uma paixão que precisa da orientação, da limitação e da sublimação, que só a razão pode fornecer. Daí que Krause ([2]) sugira que a acção motivada pela honra suponha uma combinação de «reverência» – por autoridades, por códigos de conduta estabelecidos e herdados – e de «reflexividade» – ou a deliberação racional relativa à concretização das exigências da honra ao sujeito da acção e às circunstâncias particulares. Ou, na formulação mais simples de Carcassonne, a honra «concilia a independência e a fidelidade» ([3]). Assim, a aliança entre a razão e o desejo subjectivo é o verdadeiro segredo do poder de motivação que a honra empresta aos cidadãos das monarquias. Se a razão é chamada a medir o padrão da honra, impedindo que o comportamento honroso se torne indistinto da acção solipsista, caprichosa ou arbitrária, o desejo virado para si mesmo, ou gerado a partir do amor de si mesmo, garante a eficácia da motivação.

Ao contrário, porém, da virtude política, a honra não necessita de muito acompanhamento e estímulo da educação. Basta-lhe que a educação reforce as suas regras supremas. A educação nas monarquias requer não tanto vigor e ingerência por parte de

([1]) Também aqui Montesquieu se afasta de Hobbes. Para o último o orgulho era uma paixão necessariamente perigosa na ordem política, pois impedia que os homens se reconhecessem como iguais.

([2]) *Ibid.*

([3]) Carcassonne, p. 81.

instituições públicas quanto contacto com o «mundo». Portanto, tudo o que a educação relativa às monarquias transmite provém da experiência concreta dos indivíduos num universo recheado de exemplos, códigos de conduta, distinções sociais, opiniões sobre o comportamento alheio, enfim, num universo que mais não é do que um palco de actuação ou de um emaranhado de relações intersubjectivas.

Contudo, e apesar do engenho que a honra revela, existe algo que é definitivamente separado nas monarquias. A relação que se detectou nas repúblicas entre bondade moral e o princípio do governo é severamente rompida nas monarquias. Mesmo nas monarquias «bem regradas», embora todos possam ser «mais ou menos bons cidadãos», o facto é que «raramente se encontrará alguém que seja um homem de bem» ([1]). Agir moralmente bem implica um acto sacrificial, ou a subordinação, em maior ou menor grau, dos nossos interesses ao bem do outro. Em Montesquieu, o acto moral íntegro partilhava sempre algo da natureza da acção generosa. Por outras palavras, supunha a renúncia a si mesmo, o ponto de partida para a virtude patriótica que vimos na análise das repúblicas democráticas da Antiguidade. Já a honra devolvia o sujeito a si mesmo. O agente constituía-se como princípio e fim da sua própria acção. Era estruturalmente incapaz da acção dita «desinteressada».

Quando notamos a separação tão abrupta e irreversível entre a virtude moral e a honra no governo monárquico, podemos sem dificuldade imaginar a reacção dos leitores da obra nos meados do século XVIII, na sua maioria presumivelmente leais à monarquia. Não deve ter sido fácil escutar um aparente amigo da monarquia pôr em causa a relação privilegiada desse regime com a vida moral. Sobretudo para quem mantinha uma fidelidade de natureza mais tradicionalista ao regime e ao seu sumo representante.

Seja como for, as acções morais levadas a cabo nas monarquias não aproximam *directamente* as pessoas entre si. Antes fomentam e aprofundam as distinções sociais e a perspectiva individual, pois é essa a única estrutura social e relacional onde a honra pode germinar. «Nas boas repúblicas, diz-se: *Nós*, e, nas

---

([1]) *EL*, III.6.

boas monarquias, diz-se: *Eu*» ([1]). Umas generalizam as acções da vida social ao passo que as outras particularizam-nas. É só *indirectamente* que os laços sociais se fortalecem.

Contudo, o retrato da robustez da honra e da monarquia que Montesquieu por vezes parece traçar acaba por se revelar enganador. De diversos modos, uns mais subtis do que outros, Montesquieu sugeriu em diversas ocasiões que, em primeiro lugar, a monarquia poderia já não corresponder ao espírito dos novos tempos (modernos), e, em segundo lugar, que não conseguiria resistir à tentação despótica. Uma dessas ocasiões à primeira vista parece ilustrar com um exemplo histórico concreto a superior utilidade da honra como princípio *moderador* do poder do príncipe, servindo de motivação para uma arriscadíssima decisão de desobediência a ordens tirânicas. Mas perfurando o véu descobre-se igualmente a fragilidade dessa motivação quando se defronta o tirano ([2]). É o caso da desobediência do visconde de Orte à ordem do rei Carlos IX para matar todos os huguenotes na trágica noite de São Bartolomeu.

Orte recusou cumprir o massacre ordenado pelo rei. O que Montesquieu parece sugerir é que Orte não agiu por amor ou respeito humanitário aos huguenotes, mas por dedicação ao seu próprio código de honra que proibia uma acção cobarde. Orte desafiou as ordens do rei não por algo que devesse às potenciais vítimas do massacre, mas por algo que «devia a si mesmo». Assim, a acção *honrosa* de Orte não devia ser vista como moralmente «boa», mas como «bela», não como uma acção «justa» mas como «grande», não como «razoável» mas como «extraordinária». Para ser um homem bom, Orte teria de ter «a intenção de sê-lo». Em última análise, a ordem tirânica de Carlos IX vitimava o orgulho de Orte antes de atingir os pobres huguenotes. Orte dispôs-se a arriscar a sua vida porque o homem honrado prefere morrer a viver na ignomínia. Com vista a produzir bons efeitos, este inflamado medo da vergonha, que é apenas o outro lado da moeda da honra, devia ser orientado pelas convenções sociais apropriadas.

Montesquieu resolvia assim, por recurso à contextualização político-social, aquilo que Descartes enunciara como o factor de

---

([1]) *P*, nº 233.

([2]) Sobre a fragilidade da honra enquanto móbil da desobediência ao príncipe tirânico, ver *EL*, IV.2, n.t..

«escravização» e de «infelicidade» da alma. Dizia Descartes: «Assim, quando o medo representa a morte como um mal extremo e que só pode ser evitado pela fuga, se por outro lado a ambição representar a infâmia dessa fuga como um mal pior que a morte, essas duas paixões agitam diversamente a vontade, a qual, obedecendo ora a uma, ora à outra, opõe-se continuamente a si mesma e dessa maneira torna a alma escrava e infeliz» (1). Também Mandeville definia o homem honrado como um ser com uma única preocupação, a preservação do princípio da honra, mesmo que para o conseguir sacrificasse os seus cargos, a sua propriedade e a própria vida. Segundo o publicista holandês, cada homem teria diante de si uma balança que teria num dos pratos o peso do medo da morte e no outro o do medo da vergonha. Seria considerado honroso o homem que se revisse na balança que, em todas as circunstâncias, cedesse ao peso do medo da vergonha (2).

Ao lidar à sua maneira com a honra, Montesquieu decidiu-se de diferente modo. O triunfo da vontade sobre o receio da morte era a condição, não da infelicidade, mas da possibilidade da grandeza humana. Afinal, a transmissão de um código de conduta, e procurar viver à altura dele, para além dos efeitos benéficos que trazia, ainda conseguia fortalecer a alma dos homens que fizessem disso a regra da sua vida. As paixões que implicavam comportamentos vergonhosos seriam subjugadas por paixões que incentivavam comportamentos honrosos. E continuando a comparação com o cepticismo de Descartes e de Mandeville, mais manifesto relativamente aos méritos da honra como móbil da acção, não deixa de ser interessante reparar que Montesquieu preferia falar em «amor à nossa conservação» ao invés de se referir ao «medo da morte». Da mesma maneira, talvez possamos concluir que, para Montesquieu e por contraposição com Descartes e Mandeville, a conduta honrosa decorre mais do amor à honra do que de uma vergonha da desonra. Em termos mais genéricos, a acção humana não se resumia ao resultado quase mecânico da soma de rejeições de males, antes procedia, mais afirmativamente, da atractividade dos bens.

---

(1) *Les Passions de l'Âme*, I, art. 48º.

(2) Bernard Mandeville, *The Fable of the Bees or Private Vices, Publick Benefits*, F. B. Kaye, ed., 2 vols. (Indianápolis: Liberty Fund, 1988), vol. II, pp. 92-96.

No entanto, a honra depende da manutenção de um equilíbrio delicado. Por um lado, depende de uma estrutura sócio-política que lhe seja propícia. Mas também depende de uma economia passional precária. No fundo, a corrupção da honra provém do triunfo da paixão que a assistia, a ambição. Esta tem um papel absolutamente necessário, mas não mais do que instrumental na prossecução da honra. Todavia, a corrupção que condena as monarquias alastra quando a ambição recusa submeter-se e adquire o controlo na hierarquia das paixões. É como se fosse sugerido que a individuação social e identitária que a honra fomenta cedo ou tarde a devorará. Em defesa da honra, assistimos à emancipação ou libertação da ambição. Mas, com o tempo, o escravo revolta-se contra o seu antigo senhor. Em parte, mas nem sempre, esta revolta é alimentada pelo fenómeno de democratização ou de igualitarização das classes sociais, ao contribuir para a erosão das ligações a ordens sociais e a tradições ancestrais, o que equivale a dizer que uma alteração na constituição acarreta a ruína do seu princípio. Contudo, o cinismo proveniente de outras origens também serve para acicatar as ambições da ambição. É fácil ver que a consequência inevitável da destruição das referências da conduta honrosa é a declaração de independência por parte da ambição. Se o indivíduo não mais se identifica com a sua ordem, com a sua «condição», e passa a ver-se como um *indivíduo* autónomo, a honra será destituída do seu ofício de bússola existencial. Nos termos uma vez mais de Krause, o que era uma mistura de reverência e reflexividade torna-se pura reflexividade. A altivez do homem (honrado) orgulhoso cede perante a mesquinhez da vaidade. Mordaz e corrosivo como sempre, Mandeville procurou convencer toda a gente de que essa era a condição da Modernidade, e que isso era muito bom ([1]).

Finalmente, teria Montesquieu, ele próprio um súbdito nobre de uma antiquíssima monarquia, um código de honra? Talvez. Um código de honra que decorresse da sua dupla cidadania – a da França monárquica e a da República das Letras. O resultado dessa combinação pode ser o que transcreveu no seu caderno de apontamentos: «Todo o cidadão está obrigado a morrer pela sua pátria; ninguém está obrigado a mentir por ela» ([2]).

([1]) Mandeville, vol. I, p. 199.

([2]) *P*, nº 1729.

VII

Aristóteles dotou o termo despotismo de uma carga política que era desconhecida até então. «Déspota» fora um termo neutro que designara o senhor do lar que governava, nesse domínio, escravos e pessoas de índole servil, como as mulheres. Aristóteles alargou o âmbito da palavra, tornando-a relativa à *polis*, e ao governo político de uma comunidade em geral, quando apresentou um tipo de monarquia conhecido por *aisimnetas* que, segundo o filósofo estagirita, era de «tipo tirânico devido ao carácter despótico». O déspota era um tirano porque tratava os seus concidadãos como escravos. Aquilo que estava de acordo com a natureza no âmbito do lar, tornava-se irreconciliável com a natureza no seio da *polis* ([1]). Já no final do século XVI, Jean Bodin retomaria esta distinção acrescentando as condições específicas de emergência de um poder deste tipo, a saber, a vitória militar ([2]). O déspota seria o governante que trataria os seus cidadãos como vencidos numa guerra de conquista. Porém, a partir de Justiniano, os imperadores bizantinos tinham *despotes* como um dos seus títulos honoríficos ([3]).

Todo o Iluminismo francês foi profundamente marcado pelo significado desta palavra (*despotisme*), cunhada na França do século XIV ([4]), inspiradora de ódio e medo. *Todo* o Iluminismo francês? Nem todo. Por exemplo, o fundador da ideia de «paz perpétua», Castel de Saint-Pierre, usava a palavra «*despoticité*», que não era coisa má, desde que «iluminada», bem pelo contrário, pois era o garante da paz, da tranquilidade e, sobretudo, da segurança. São conhecidas as loas ao «despotismo iluminado», expressão que para Montesquieu não podia ser mais do que uma flagrante contradição nos próprios termos. Como Judith Shklar observa, nas *Cartas Persas* Uzbek é a encarnação dessa contradição, e a sua experiência demonstra que, no «despotismo iluminado», o despotismo triunfa invariavelmente sobre as luzes.

([1]) *Política*, 1285a30-1285b4, 1333b25-30. Roger Boesche, *Theories of Tyranny: From Plato to Arendt* (University Park: The Pennsylvania State University Press, 1996), p. 167.

([2]) *Les six livres de la République*, II.2.

([3]) Mario Turchetti, «'Despotism' and 'Tyranny'. Unmasking a Tenacious Confusion», *European Journal of Political Theory*, 7(2), 2008, p. 165.

([4]) Ibid., p. 161.

Por outro lado, durante o reinado de Luís XIV a palavra divulgou-se entre as vozes críticas do governo do Rei-Sol para descrever a intolerância e perseguição religiosa, o espírito de conquista militar, o esvaziamento da nobreza e dos *Parlements*, a concentração de poder numa só pessoa. Embora preferindo a expressão «Estado despótico», Montesquieu foi talvez o expoente máximo da dissecação deste vocábulo político, então redescoberto. Na sua filosofia política, o despotismo correspondia à «doença política» (Goyard-Fabre), ao «mal político» absoluto (Aron).

A natureza ou estrutura jurídica do Estado despótico reduz-se ao governo de um só homem, mas distingue-se da que caracterizava as monarquias porque não reconhece leis fixas e estabelecidas, preferindo «arrastar tudo consigo» pela «vontade» e pelos «caprichos» do déspota. O princípio do governo é o medo. Tal como todos os outros regimes, o despotismo tem por objecto a ordem e a «tranquilidade». Mas por «tranquilidade», Montesquieu não entendia a paz ou a concórdia, antes identificava-a com «o silêncio dessas cidades que o inimigo está prestes a ocupar» ([1]). Essa «tranquilidade» não era senão a camuflagem da espontaneidade duramente reprimida. A força do déspota não resultava apenas do facto material indubitável que consistia na sua capacidade de tirar a vida a qualquer um dos seus súbditos, mas em termos mais gerais da sua capacidade de lhes infligir medo, ou de lhes inspirar um sentimento geral de insegurança. O medo tinha de ser instilado no coração dos súbditos de forma a abater algum espírito de ambição que restasse. A própria coragem afigurava-se como uma ameaça ao déspota. Este precisa sempre de súbditos cobardes, resignados, incapazes de ambição ou de respeito por eles mesmos.

O medo que se tem, não provém apenas da acção repressiva do déspota, como de toda uma variedade de ameaças. É um sentimento permanente e difuso de insegurança. O regime não só assenta no medo, como é forçado a gerá-lo. Ou, por outras palavras, precisamente por o governo assentar no medo é que se vê na absoluta necessidade de gerar mais medo entre os súbditos. Apesar de o despotismo ser a concretização histórica do mal político, não raras vezes Montesquieu expôs os rudimentos de uma sua

---

([1]) *EL*, V.14.

estratégia de racionalização: o déspota era, em certas ocasiões e circunstâncias, a última reserva da ordem, por mais brutal que esta fosse. Era, por vezes, a única barreira contra a anarquia pura e simples. Mas é preciso ter em atenção que a estratégia de racionalização de Montesquieu esbarra com uma dificuldade que ele próprio levantava em todos os momentos, a saber, que o despotismo e o regime do medo conduzem à desordem, ou se se quiser, a uma ordem infra-humana.

Ao déspota basta que os seus súbditos obedeçam constante e uniformemente à sua vontade. Nada é negociado, nem sequer preparado. A obediência não é orientada por um esquema complexo de incentivos e de exortações, como é o caso da monarquia, a menos que se considere a luta desesperada pela sobrevivência como um incentivo à obediência. Nenhum melhoramento é possível, nenhuma sugestão é acatada: «O homem é uma criatura que obedece a uma criatura que quer» ([1]). Isto vale tanto para o súbdito comum como para o príncipe dominador. Também ele *obedece* exclusivamente à parte desiderativa da sua alma, a que *quer*. Aquilo que o déspota quer reflecte uma obediência às suas necessidades humanas tão escrava, no seu carácter, quanto a obediência que ele exige dos seus súbditos. Uma alma que seja refém do puro e insaciável desejo, sem que nada o modere, o limite, o racionalize, é tão escrava quanto o desgraçado que vive sob o chicote. Assim como conduz os súbditos, também o medo conduz o príncipe: este receia perder os prazeres que o deliciam. Mais do que isso. Num sentido menos figurado e mais literal, o déspota está rodeado de inimigos. Receia, portanto, o despoticídio imprevisível e implacável. Escravo dos seus desejos e inseguro no gozo da satisfação dos mesmos, o déspota é simultaneamente carrasco e vítima do regime.

Tal como Montesquieu o entendia, o despotismo não era totalmente ilimitado. Embora o poder despótico se edificasse e sobrevivesse pela destruição de qualquer instituição ou vontade que se lhe pudesse opor, os elementos mais profundamente caracterizadores do «espírito geral da nação» eram, pelo menos imediatamente, inultrapassáveis. O próprio poder despótico fundava-se e assentava num «espírito geral» que não podia ignorar sem arriscar a sua sobrevivência, porque quando o poder «colide

([1]) *EL*, III.10.

com esse espírito», «colide com ele mesmo» e «imobiliza-se necessariamente». Em contrapartida, um certo «espírito geral da nação» era também responsável pela manutenção do regime despótico. Como o despotismo fosse corrupto por natureza, a sua longevidade só era assegurada por circunstâncias, tais como a religião, o clima, «a situação ou o génio do povo», que o «força a seguir alguma ordem e a submeter-se a alguma regra» ([1]). O que nos faz recordar a proposição mais tardia de Rousseau segundo a qual a liberdade «não é fruto de todos os climas». Embora não inteiramente fatalista, a consideração de Montesquieu dos factores propiciadores do despotismo levava-o a admitir implicitamente que uma grande parte do mundo estaria condenada a sofrer os seus horrores.

No seu interior, o despotismo nunca encontra recursos de limitação do poder. É, portanto, intrínseca e irremediavelmente imoderado. Porém, os elementos externos podem cooperar na perpetuação de um Estado despótico. Só averiguando o conteúdo concreto desses elementos externos é que podemos estabelecer se são adversos ao despotismo, ou se pelo contrário colaboram com o seu espírito. Montesquieu era particularmente crítico da relação entre algumas formas religiosas e a sustentação do espírito despótico. Excluindo as religiões da Ásia Oriental, a sua crítica incide sobretudo sobre o Islão, e, em menor grau, no Catolicismo. Neste sentido, a causa da prevalência da religião nos regimes despóticos deve-se ao facto de aquela mais não ser do que «um medo que se acrescenta ao medo». Montesquieu revelava neste passo a sua inclinação neo-epicurista e espinosista. Procurava assim demonstrar que a religião, ou algumas formas religiosas, constituíam também um domínio despótico que garantia o seu império através do medo, sendo, por isso, compatível com os despotismos imanentes. Mais, formas religiosas como a do Islão, que tinham como seu princípio interno o medo – o medo da ira de Deus –, integravam-se coerentemente num Estado despótico. É como se fossem duas faces da mesma moeda. Montesquieu não se afastava da filosofia do século XVIII, incluindo a mais anticlerical, quando escolhia para título de *EL*, XXIV.3, «*Que o governo moderado é mais conveniente à religião cristã e o governo despótico à maometana*».

([1]) *CGR*, XXII; *EL*, VIII.10.

Mas fica a suspeita de que nem só o Islão obedecia a esta lógica perversa, apesar de não restarem dúvidas de que o maometanismo levara essa lógica ao seu último grau de perversão. A crença não perdia o seu lugar, obviamente, mas estava sujeita à inconstância dos homens. Montesquieu parecia sugerir que a esperança e o amor não eram suficientes como princípios de acção do homem religioso, e que o medo de castigos e punições na vida que há-de vir era essencial na religiosidade dos homens. Talvez se possa dizer que esta é a perspectiva própria de um incréu.

Foi nas *Cartas Persas* que Montesquieu começou a recorrer a um harém oriental como metáfora possível da essência e efeitos do despotismo. Todo o Estado se convertia num prolongamento do harém ao serviço dos desejos sensuais do déspota. Os cidadãos desempenhavam um papel equivalente às escravas sexuais, cuja existência só era justificada pela satisfação dos desejos caprichosos do príncipe. Além disso, o príncipe contava com um grupo reduzido de vigilantes, de guardas, que mantinham a ordem de submissão. Eram homens castrados, eram os eunucos. Eram pequenos déspotas na relação com as escravas. Eram pequenos súbditos na relação de obediência com o déspota.

Considerando seriamente as possibilidades da metáfora do harém, podia dizer-se ainda que a linha que separava o domínio privado do público desaparecia. Todos desistiam de conviver num espaço público – o medo extinguia-o – e procuravam freneticamente um espaço exíguo de privacidade. Por outro lado, tudo o que pudesse ser integrado no domínio político não passava da mera extensão do espaço privado do príncipe. O espaço privado do súbdito, porém, era exíguo ao extremo, pois não ultrapassava o círculo que rodeava o indivíduo, e que era pequeno de mais para englobar sequer a família. O «respeito por um pai» ou a «ternura pelos filhos e pelas mulheres» não se interpunham entre o súbdito, que era um homem, e a ordem que recebeu. Tudo o resto era privatizado pelo príncipe em proveito de si mesmo. A inexistência, ou a radical simplicidade, de leis civis reflectia o colapso da separação entre público e privado.

E talvez não seja irrelevante o facto de Uzbek, como qualquer déspota, ter delegado o seu poder férreo em eunucos que controlavam o harém. O eunuco simbolizava a esterilidade política do poder despótico, que impedia o florescimento da grandeza humana, condenava os países à pobreza e à uniformidade, e mantinha as populações na ignorância e na mediocridade, pois «os homens são como as plantas, que não crescem bem se não são bem cultivadas» ([1]).

Para nos dar uma ideia de despotismo, Montesquieu observava que «quando os selvagens do Luisiana querem ter fruta, cortam a árvore pelo pé, e colhem a fruta» ([2]). Esta é provavelmente a mais sintética e esplêndida descrição da essência do despotismo de toda a história da filosofia política. Para além da ideia óbvia que transparece do despotismo como o regime político onde a procura irreflectida e desesperada da satisfação imediata do desejo primário é predominante, o que sobra desta imagem é uma sensação de desperdício, de definhamento das possibilidades humanas, em suma, de *esterilidade*. Ao governo despótico, ou em termos mais gerais à vida sob um governo despótico, é negada a possibilidade de estruturar ou articular uma cadeia de acontecimentos, o que quer dizer que o medo, como princípio do governo, neutraliza a natural projecção da existência humana para o futuro. Com o medo, a existência humana fica amarrada ao presente. O presente instantâneo é tudo, e o passado desaparece de uma memória acomodatícia aos imperativos do medo. Em suma, a relação dos homens com a história é rompida. Tal como Montesquieu o entendia, o medo era essencialmente paralisante e castrador. Paralisado, o homem deixava de estar projectado para o futuro. Via-se assim privado de uma dimensão maior da sua humanidade.

A desolação é uma marca indelével deste regime. Tal como na paisagem, também assim é na alma dos homens. Vivendo infeliz, cada súbdito teme mais a morte do que acarinha a vida, ao passo que nos Estados moderados teme-se mais a perda da vida, e os lamentos ouvidos não são provocados pela morte enquanto tal, mas pelo fim dos prazeres da vida. Aliás, em grande medida, o desígnio de Montesquieu de tornar a existência humana mais confortável e prazenteira justificava-se também por aqui, a saber, que o apego à vida contribuía mais para configurar a alma humana para a cidadania em Estados moderados do que o medo da morte que, segundo ele, convidava os negros elementos formadores da alma despótica.

---

(1) *CP*, nº 122.

(2) *EL*, V.13.

«Elevar o coração» era o objecto das leis da educação nas monarquias. No governo despótico, a educação assume a tarefa exactamente oposta. A lição que é dada todos os dias ensina o servilismo. Por isso, uma estrutura familiar despótica é essencial para a sustentação e reforço do governo despótico. O preço da sobrevivência é a eterna discrição. É saber, em cada momento, baixar a cabeça e desviar o olhar. É ser o que se é forçado a ser por uma estrutura geral de opressão. Paradoxalmente, a educação tem como objectivo a persistência da ignorância, e nem o déspota escapa a esta escola do nada, pois «não tem de deliberar, de duvidar, nem de raciocinar; basta querer» ([1]).

Como o conhecimento se torna perigoso e a emulação funesta, a educação é quase nula. Qualquer «ideia nova» é anátema nestes regimes. Não se deve permitir o exercício da razão e da imaginação, para salvaguarda do governo e, diga-se, em defesa da estabilidade da sociedade. Das ardósias são riscados os princípios da moral e da racionalidade.

A educação no despotismo fomenta e radicaliza a atomização da sociedade e impede o contacto entre as pessoas. Nesse sentido, e como a educação consiste sobretudo no cultivo da sociabilidade, o governo despótico necessita de uma contra-educação que promova povos «tímidos, ignorantes e abatidos». A igualdade impera, mas enquanto nas repúblicas todos os homens são iguais «porque são tudo», nos despotismos eles são iguais «porque são nada». Não espanta, pois, que o regime anseie por criar «bons escravos», mesmo que para isso tenha de criar «maus súbditos» ([2]).

Aqui deparamo-nos com uma das diferenças mais assinaláveis entre a concepção do despotismo em Montesquieu e as meditações da filosofia política clássica dedicadas às tiranias. É que se para esta última a tirania provavelmente se devia à existência de homens que eram por natureza escravos, ou decorria da formação de uma alma tirânica, já em Montesquieu era o despotismo enquanto tal que criava os escravos, porquanto nada na *natureza* permitia a redução de um homem à escravatura. É certo que, dada a relação eterna entre o homem e o (abuso do) poder, todos os homens eram potenciais déspotas. Mas só a estrutura despótica

---

([1]) *EL*, IV.3.

([2]) *EL*, V.14, VI.2, IV.3.

que limpava a política de todos entraves e limites ao abuso do poder podia actualizar essa potência.

Ao contrário da tirania, que é removida com o desaparecimento do tirano, o despotismo não é uma propriedade ou qualidade específica do líder do governo, mas da própria organização do espaço político que ele governa. Por essa razão, o despotismo não é a mera degeneração de um regime original, mas uma forma de governo autónoma. O despotismo é uma possibilidade política permanente. As monarquias e as repúblicas têm, ou tiveram, o seu tempo, quer dizer, umas e outras estão associadas a um determinado espírito histórico. As repúblicas democráticas tiveram o seu contexto histórico situado na Antiguidade grega e romana. Por sua vez, as monarquias viveram o seu período próprio entre o final da Idade Média e a chegada das experiências absolutistas que a destruíram. Tanto o espírito antigo, como o espírito «moderno», que sustentaram um e outro regime, nasceram, vicejaram e morreram no tempo. São, com toda a probabilidade, irrecuperáveis.

Ao invés, o despotismo pertence à Ásia de sempre, de todos os tempos, ou por onde o tempo histórico não passa. As repúblicas do passado longínquo e as monarquias do passado recente são ultrapassadas pela intemporalidade do despotismo, que é o mesmo no passado, no presente e no futuro. E não é difícil perceber porquê. A virtude e a honra não acompanharam o homem desde o seu princípio, desde a sua «infância». Uma e outra foram aprendidas e cultivadas. São o resultado da educação e da socialização. Mas o medo, esse está connosco desde o nascimento da humanidade. Já no estado de natureza demos pela sua presença, apoquentando o selvagem. Por outro lado, o despotismo mais não é do que uma série de negações às possibilidades do homem. As diversas representações criadas pelo homem para a sua vida política e moral vão-se esgotando ao longo dos tempos. Mas as suas negações são sempre semelhantes. Por estas razões, o despotismo perdura e sobrevive à história.

De modo a que um só possa comportar-se arbitrariamente, toda a sociedade deve funcionar de modo previsível e uniforme. Uniformidade, previsibilidade, servidão, imposição da vontade arbitrária, isolamento, medo: tudo isto dispensa a comunicação entre os homens. O despotismo é, portanto, o regime que aniquila a comunicação, a fonte e o efeito mais naturais da convivência entre seres humanos e a condição necessária para a existência de oposição política. Como não poderia deixar de ser, este tipo de governo oferece um mundo sem amizade, no sentido greco-romano da palavra. Queixava-se um eunuco que jamais conhecera «esse compromisso chamado *amizade*». Sob o despótico Tibério, «a amizade era vista como um perigo» ([1]). Mas nas repúblicas ela está omnipresente ([2]). Amputando o *logos*, aquilo que segundo Aristóteles nos distingue dos outros seres vivos, o despotismo anula a discussão sobre o útil e o prejudicial, o justo e injusto, abrindo assim a porta a um terrível niilismo que destrói necessariamente a liberdade e a grandeza.

Quando deixada no seu estado primitivo, a natureza é insuficiente para humanizar o homem. Só o seu cultivo consciente permite a moderação na política.

VIII

Se o século XVII pôs a si mesmo como tarefa a conquista do mundo natural, coube ao século XVIII empreender a conquista do mundo histórico. Para Descartes, por exemplo, o tratamento científico ou filosófico da História consistia num projecto bastante nebuloso e provavelmente inviável, pois nenhum género de conhecimento de factos poderia comparar-se em valor aos conhecimentos claros, certos e seguros da lógica, da matemática e das ciências naturais exactas. A confiança nas fontes históricas, algo sempre implícito no trabalho do historiador, constituiria a recusa de universalidade do princípio da dúvida metódica ([3]). Mais tarde, Vico queixar-se-ia-se frequentemente do bloqueio ao estudo histórico provocado pelo sucesso do cartesianismo, e no século XX Cassirer confirmaria que, em face do viés anti-histórico contido no método elaborado por Descartes, «toda a dimensão do histórico fica (...) excluída do círculo do ideal científico cartesiano» ([4]).

([1]) *CP*, nº 15; *CGR*, XIV.

([2]) Ver *P*, nº 604, 551.

([3]) Descartes, *Discours de la Méthode*, 1ª parte.

([4]) Cassirer, pp. 226-227; Collingwood, pp. 85-91; Karl Löwith, *O Sentido na História*, trad. portuguesa Maria Georgina Segurado (Lisboa: Edições 70, 1990), pp. 121-122.

Em tempos, Bolingbroke declarou que a «história é filosofia a ensinar-nos com exemplos» apropriados a «todas as situações da vida pública e privada» ([1]). Seria, então, conveniente estudar a História com um «espírito filosófico». Vico, na *Ciência Nova*, recomendou vivamente a colaboração íntima entre «filósofos» e «filólogos», de modo a finalmente vingar a validação dos resultados do pensamento humano. O propósito da «Ciência Nova» era exactamente esse: entrosar o que a razão descobre, sendo por isso «verdadeiro», com o que o passado revela, constituindo aquilo que é «certo» ou «seguro» ([2]).

Sem que isso se tivesse tornado explícito, esta viragem confessava a relativa impotência da razão humana. O estudo do homem, e a recomendação das conclusões que daí se extraíam, aliados à declaração de impotência da razão empurraram a filosofia e os filósofos para a história. Mas o objectivo era nobre. Com o devido cuidado, a história podia ser um laboratório de demonstrações válidas até para os mais cépticos. Ora, Montesquieu simultaneamente inseriu-se e ultrapassou este horizonte intelectual. Tal como o Uzbek das *Cartas Persas*, Montesquieu também sugeria que, no que dizia respeito às verdades morais, «talvez este pedaço de história te toque mais do que uma filosofia subtil». Procurava igualmente a relação entre a política e história. Se cada sociedade tinha de ser entendida na sua particularidade, então não havia como contornar a dimensão histórica da experiência dos povos. Compreender a política era, antes de mais nada, compreender a inscrição da política na história e que tinha na temporalidade o seu princípio constitutivo fundamental.

Montesquieu declarava que no decurso dos seus estudos foi levado a crer que os homens, «nessa infinita diversidade de leis e costumes», «não eram conduzidos unicamente pelas suas fantasias». Por este meio, Montesquieu revelava uma concepção autenticamente *histórica* da história humana. Tal concepção, no parecer de Collingwood, «vê todas as coisas nessa história [humana], como tendo a sua *raison d'être* e como tendo surgido com a finalidade de atender às necessidades dos homens, cujas mentes as

---

([1]) Bolingbroke citado em Hazard, p. 242. Ver também Carl Becker, *The Heavenly City of the Eighteenth-Century Philosophers*, 2ª ed. (New Haven: Yale University Press, 1932), pp. 88-118.

([2]) Vico, I.2, axioma nº 10; I.4.

criaram» ([1]). A história das nações não era um jogo de forças irracionais e cegas. O encadeamento histórico sucedia segundo uma lógica imanente, uma legalidade implícita. «Não é a fortuna que governa o mundo» ([2]). A razão primitiva que regula as relações entre as leis regulava também o fio da história e abraçava um sistema de ordem. Não era pois razoável assimilar a história à imagem de um labirinto insolúvel, nem supor que seria determinada por forças férreas inteiramente independentes do arbítrio humano, ou inteiramente ininteligíveis. Foram portanto bons motivos os que levaram Cassirer a afirmar que Montesquieu foi o primeiro dos homens do Iluminismo a tentar fundamentar uma filosofia da história ([3]).

Nas páginas que dedicou a Montesquieu, Collingwood acusou--o de «interpretar erradamente o carácter essencial» das diferenças entre nações e entre culturas. Ao fazê-lo, Montesquieu alegadamente teria anunciado as diferenças geográficas e climatéricas como único factor explicativo da evolução histórica das sociedades, ou usando os termos de Montesquieu, da formação do espírito geral de uma nação ([4]). Porém, esta acusação não é consentida pelos textos. É óbvio que Collingwood não retirou estas conclusões do nada. Decerto apoiou-se em passos da obra de Montesquieu que aparentemente favorecem tal interpretação. O mais decisivo desses passos é, sem dúvida, o seguinte: «O império do clima é o primeiro de todos os impérios» ([5]).

Talvez Montesquieu tivesse dado noutro lugar, quando abordou outro assunto, uma indicação fiável quanto à correcta interpretação da prioridade do clima. No início da obra (*EL*, I.2), Montesquieu estabeleceu que a lei que «imprim[e] em nós a ideia de um criador» seria a primeira das leis naturais pela sua importância mas não a primeira «na ordem dessas leis», o que parece querer dizer que é a mais «importante» mas surge relativamente tarde em comparação com as outras leis naturais, ou que depende de algumas aquisições prévias. Com o clima, o raciocínio mais adequado é provavelmente o inverso. Isto é, o clima é

([1]) Collingwood, p. 108.
([2]) *CGR*, XVIII.
([3]) Cassirer, p. 235.
([4]) Collingwood, p. 110.
([5]) *EL*, XIX.14, n.t..

o «primeiro dos impérios» no sentido cronológico, e não em «importância» ou em capacidade de determinação. Significa que o clima é o primeiro «império» a fazer-se sentir, e logo no estado de natureza. A sua prioridade é, portanto, cronológica e não, digamos assim, hierárquica na matriz de determinações da existência dos homens e dos povos.

Parece, então, que Collingwood preferiu ignorar a tensão, que de resto percorre quase todas as obras de Montesquieu, entre «causas morais» e «causas físicas» ([1]). As primeiras estão relacionadas com a razão e a vontade humanas, na medida em que estas concorrem para fazer o homem agir, e as segundas são compostas pelas tais influências geográficas e climatéricas. Montesquieu afirmou constantemente a contribuição de ambas, e não de uma só como Collingwood quer fazer crer, para a formação do espírito geral da nação: «Várias coisas governam os homens: o clima, a religião, as leis, as máximas do governo, os exemplos das coisas passadas, os costumes, as maneiras» ([2]). A tudo isto acrescem as indicações inequívocas de preponderância das «causas morais» sobre as «causas físicas», e as instruções de como as primeiras devem contrariar as segundas quando as influências destas são politicamente perigosas ou moralmente repelentes.

Numa pequena obra em que abordou expressamente este problema, Montesquieu dissipou todas as dúvidas: «As causas morais formam mais o carácter geral de uma nação e decidem mais da qualidade do seu espírito do que as causas físicas» ([3]). Portanto, não é rigoroso afirmar, como Collingwood arriscou, que Montesquieu «concebia a vida humana como um reflexo das condições geográficas e climáticas, do mesmo modo que a vida das plantas». Se assim fosse, então seria verdade que «as transformações históricas são meramente diferentes modos de reacção a diferentes estímulos» ([4]). Se assim fosse, toda a filosofia política de Montesquieu seria marcada pelo fatalismo que ele próprio denunciava, e não haveria lugar para qualquer espécie de acção genuinamente livre e espontânea. A ser verdadeira essa interpretação, que sentido teriam todas as reflexões de Montesquieu

---

([1]) Ver *EL*, XIV.5, n.t.
([2]) *EL*, XIX.4.
([3]) *ECPAE*, p. 60.
([4]) Collingwood, p. 110.

sobre a vontade e a liberdade na política e na história, sobre a autonomia da decisão política? Que sentido faria a afirmação inequívoca de que o princípio do governo «tem uma suprema influência sobre as leis»? Ou o que dizer da inscrição no título de *EL*, XIV.5 que «*os maus legisladores são aqueles que favoreceram os vícios do clima e os bons aqueles que se lhes opuseram*»? De resto, e numa perspectiva englobante, a atribuição de um determinismo irresistível a Montesquieu é incompatível com o lugar onde este colocava o homem na cadeia cosmológica e a relação por ele estabelecida entre o ser humano, a sua inteligência, vontade e liberdade.

É curioso notar que o caminho apontado por Collingwood como o mais indicado a incluir também as «causas físicas» no estudo da história é precisamente aquele pelo qual Montesquieu optou. Porquanto se Collingwood reconhece que «há uma relação íntima entre qualquer cultura e o seu meio natural; mas o que determina o seu carácter não são os factos desse meio, em si mesmos, e sim aquilo que o homem é capaz de obter a partir deles – e isso depende da espécie de homem que ele é» ([1]), já Montesquieu admitira que «muitas vezes a causa física tem necessidade da causa moral para agir» ([2]). Assim se vão preenchendo as indeterminações da natureza humana.

Qualquer circunstância humana é provocada, portanto, por uma diversidade de factores que compõem, com importância e intensidade distintas, uma causa geral. Tal é reconhecido explicitamente na formação do espírito geral da nação. Montesquieu aplicava o princípio da causalidade como instrumento epistemológico e como fundamento ontológico, isto é, a causalidade tornava a sucessão de acontecimentos inteligível e simultaneamente revelava o ser mais profundo do que estava no centro da sua meditação. Mas daqui não se devia concluir que as causas gerais referidas fossem totalmente exteriores ao homem, como se este estivesse a uma distância infinita do sujeito da sua própria história. Para Montesquieu, o domínio em torno do qual (quase) tudo se movimentava era a política. Era através da política que o homem se inscrevia na história.

([1]) *Ibid.*

([2]) *P*, nº 1209. Ver *CP*, nº 113, 115.

Nas primeiras décadas do século XVIII, Vico afirmara que na «densa e escura noite» que encobria a Antiguidade, uma luz orientava o caminho do historiador. O «mundo civil» era «certamente criação da humanidade» e, consequentemente, os princípios desse «mundo civil» podiam e deviam ser descobertos «nas modificações do espírito humano». A excessiva ênfase dada pelos filósofos à natureza, e o seu apelo continuado ao conhecimento desta, levara-os a afastarem-se do estudo do «mundo das nações». Mas, continuava Vico, este fora um erro filosófico gigantesco, pois na busca pelo conhecimento de si mesmo o homem devia dirigir-se ao tal «mundo civil» que ele próprio fizera. Para conhecer o seu mundo e simultaneamente compreender-se a si mesmo, o homem devia sobretudo estudar o que fazia porque, de facto, ele só sabe e conhece o que criou e fez. Em contrapartida, o mundo da natureza só era verdadeiramente inteligível para Deus pois Ele era o seu exclusivo criador. Montesquieu corroborava esta ideia quando afirmava que Deus «conhece» as leis da Criação porque foi Ele o seu autor, foi Ele quem as *fez*. Assim, a História era o domínio particularmente apto a se tornar objecto do conhecimento humano ([1]).

Em suma, o Espírito das Leis é também o Espírito da História. E, neste sentido, são imensamente reveladoras as palavras de Pierre Manent quando propõe que *Do Espírito das Leis* «é a primeira grande obra filosófica a ter como tema *tornar-se moderno, viver na história*» ([2]).

IX

A manifestação concreta da existência histórica de um povo, os seus frutos e a sua vida consistem naquilo a que Montesquieu chama *Espírito Geral da Nação.* O espírito decorre da interacção histórica dos indivíduos e, por sua vez, actua sobre eles, configurando a sua existência e a sua alma. É uma manifestação inteligível da realidade humana colectiva que se concretiza na história, e não uma ideia abstracta. É a totalidade de relações objectivas

---

([1]) Vico, I.3.

([2]) Pierre Manent, *A Cidade do Homem*, trad. portuguesa Fernanda Oliveira. (Lisboa: Instituto Piaget, 1994), p. 16.

que explicam e determinam os fenómenos humanos mais fundamentais e que podem ser generalizados na maneira de viver dos povos que resulta dessa totalidade. Mas quando se diz que o espírito geral da nação é uma realidade objectiva não se implica uma positividade imutável e eternamente estabelecida. Dir-se-ia antes que o espírito geral da nação é mais um gerúndio do que um particípio; um *faciendum* e não um *factum*. O espírito geral da nação é, em Montesquieu, uma realidade viva e prospectivamente indeterminada, não correspondendo a uma hegeliana «positividade morta». Mas muda ao ritmo dos glaciares.

Embora Montesquieu jamais confundisse a natureza com as particularidades regionais, a verdade é que o espírito geral da nação aparece como a realidade fundadora de razões «naturais» que justificam, ou que pelo menos explicam, certas leis ou certos costumes. Assim, as leis da natureza são «invariáveis» porque dependem de uma «coisa invariável», mas o mesmo não se passa com estranhos desvios em relação ao que a natureza recomenda e que permeiam, por vezes, o espírito geral de um povo. Por exemplo, o facto de várias nações permitirem casamentos repugnantes não significa que estejam sujeitas a uma irracionalidade insuperável. Apenas traduz as circunstâncias determinadas pelo espírito geral que obrigaram as leis a seguir-lhes o rasto. Todas as leis positivas, bem como os costumes, constituem-se em objectos de análise graças à sua conformidade com uma «natureza local das coisas» (na expressão de Binoche). A razão da sua existência não deixa de ser «natural» porque obedece às razões da ordem, isto é, às relações necessárias que resultam da natureza das coisas. É a este pequeno arranjo conceptual que Montesquieu se referia quando, noutro exemplo, encetava a procura da «verdadeira origem do direito de escravatura», e supunha, à partida, que esse direito «deve estar fundado na natureza das coisas» e que estava em conformidade com a «razão».

Ora, a introdução de uma «natureza local das coisas» reveste-se de uma extrema importância, pois se complica a validação política e moral de certas regras também torna inequívoca a reprovação (ou aprovação) de outras. Isto é, a uma presuntiva natureza eterna do homem junta-se uma natureza local e mutável das coisas, e uma dada prática pode obedecer a uma e violar a outra, o que pode deixar-nos entregue ao vazio da ambivalência. Mas é duplamente condenável uma qualquer prática ou regra que viole tanto a natureza geográfica e temporal das coisas, como a natureza «invariável» do homem, cuja voz deve sempre ser escutada.

O problema é que, ao acompanharmos Montesquieu nesta abordagem, corremos o risco de não alcançar o equilíbrio entre os dois pratos da balança. Montesquieu, por vezes, deixa uma «natureza» absorver a outra sem que seja clara qual a justificação de tal triunfo. Em algumas ocasiões, a voz da natureza eterna grita. Noutras vezes, para efeitos de argumentação, ela retira-se silenciosamente.

Para o espírito geral contribui não só a história do homem mas também a história natural, ou seja, os efeitos do clima, da geografia, dos elementos naturais e da sua história, cuja influência é proporcional à afinidade de um dado povo com o estado de natureza, e é também o produto da história dos esforços humanos, da sua história política, como é o caso da importância das «máximas do governo» ou das leis positivas, da religião, assim como da história dos progressos nas ciências e nas artes, e da história económica. Os efeitos reunidos das causas assinaladas, a mistura das influências históricas, formam o espírito geral da nação. A unidade do espírito geral é, pois, a síntese de uma pluralidade de determinações. Contudo, este conjunto de factores de determinação estrutura-se segundo uma hierarquia. A relevância dos elementos que compõem a história de um dado povo é directamente proporcional à influência que exerceram sobre a edificação do espírito geral da nação. Assim, o espírito geral define não só o que uma nação é mas também traça, num horizonte temporal, as suas fronteiras de possibilidade.

A partir da relação entre o espírito geral da nação e a história da mesma pode dizer-se que os acontecimentos e os contornos que caracterizam o presente testemunham de algum modo os acontecimentos e os traços do passado. O presente inclui o que o passado já foi. A mutação histórica não é tão radical ao ponto de separar completamente uma era da outra. Contudo, e isso torna-se mais nítido na análise implicitamente histórica dos regimes políticos, o presente não está estritamente vinculado ao passado. Certas «causas morais», como as que têm origem na política, na filosofia e no desenvolvimento da técnica, são substancialmente novas e por isso emprestam um carácter moderno ao génio das nações. Montesquieu transmite-nos gradualmente a ideia da «sucessão e incompatibilidade de duas humanidades distintas, a antiga e a moderna» ([1]).

Contra o «providencialismo» de Bossuet, Montesquieu escreveu uma história baseada em causas gerais, que são sempre estritamente «naturais» porque situam-se nas próprias coisas, e rejeitam a interferência divina no percurso mais ou menos necessário – mas certamente autónomo – dos assuntos humanos. Roma prosseguiu o seu caminho «independentemente das vias secretas de Deus, e que *só ele conhece*» ([2]). O devir histórico corresponde a uma certa ordem inscrita na natureza das coisas: o absurdo ou o acidental podem ser excluídos. Da natureza de um dado arranjo de coisas sairá um resultado estritamente relacionado com essa natureza e jamais será perturbado por acontecimentos laterais. O espírito das leis da História é constituído por estas «regularidades tendenciais» ([3]) apreensíveis pela razão humana. Mas isto quer dizer apenas que a ordem das coisas humanas é inteligível e não ainda, como mais tarde se faria, que a História revela ou manifesta o triunfo da Razão universal. Também não significa que pelo facto de interpretar a história mediante relações de causalidade Montesquieu iludisse a complexidade das relações históricas, ou que a história adquirisse um único percurso linear, composto por estritas categorias de causas e efeitos universais. Neste sentido, a filosofia da história de Montesquieu não indica a marcha do progresso irreversível – e tamanha afronta valeria a repreensão de Durkheim. Pelo contrário, a análise histórica é também feita por referência a horizontes de degenerescência.

Assim, o declínio atingira, não só Roma, como potencialmente todos os regimes: as repúblicas gregas, o império espanhol de Carlos V e até a monarquia francesa de Luís XIV. O problema decisivo que a história nos coloca é muito simples. Por um lado, vemos que a estabilidade de um regime depende absolutamente da constância do seu princípio; quando este soçobra aquele entra em colapso. Por outro lado, o passar do tempo implica uma evolução do espírito geral da nação. O declínio é provocado pela inevitável dissonância entre o espírito geral da nação e o princípio do governo. Se o primeiro não abraçar o segundo, e, pelo contrá-

---

([1]) Manent, p. 68.

([2]) *CGR*, XVI.

([3]) Goyard-Fabre, p. 41.

rio, na história se tornarem cada vez menos conciliáveis, então o regime terá os seus dias contados. Um regime nunca se constitui e perdura contra o espírito geral da nação. Porém, o princípio do governo também contribui para a formação do espírito geral da nação, o que quer dizer que os alicerces do próprio poder radicam neste último. A discordância entre um e outro pode surgir da corrupção do primeiro, cujo processo afastará cada vez mais a pureza política originária do espírito geral actual. Mas a intensidade do impacto do princípio do governo na formação do espírito geral da nação relativamente a outras causas não é sempre a mesma. São as circunstâncias particulares de cada nação que, em última análise, hierarquizam a importância relativa das causas, incluindo a importância relativa do princípio do governo.

Assim, a tarefa de estabelecer governos livres e moderados é muito dificultada. A liberdade e a moderação só reinarão onde o espírito geral se revelar receptivo. É certo que é necessário «preparar» os «espíritos» para as melhores leis. Mas esse é um exercício sujeito a sérias limitações. E Montesquieu não hesitava em definir como uma «tirania» aquele entusiasmo político que levava um governo a introduzir «coisas que colidem com a maneira de pensar de uma nação». Tratava-se de uma tirania de «opinião», por contraposição às tiranias «reais» que recorrem à fisicalidade da «violência do governo». Aqui não estava apenas em causa a relação estreita entre a violência simbólica e a violência física, mas também a consequência política de que da impressão subjectiva de opressão resultava desde logo uma certa forma real de opressão. E esta «tirania de opinião» era tanto mais forte quanto maiores fossem os atentados à integridade consuetudinária de um povo. Expondo o seu lado mais tradicionalista, Montesquieu insistia que não havia como negar que tal constituía um componente fundamental da felicidade dos povos, e que não havia desígnios de progresso e de emancipação que pudessem contorná-lo.

O exercício do poder não pode ser alheio ao modo como é «sentido» por aqueles que a ele estão sujeitos, ou seja, a apreciação subjectiva que os governados formam da sua própria condição também define o que é, e o que não é, a tirania. Do ponto de vista de uma metodologia política, é conveniente que o governo considere o espírito geral do povo governado como um dado, ou pelo menos como uma realidade objectiva susceptível de evoluir apenas de um modo muitíssimo gradual. O governo deve procurar acomodar-se ao espírito geral e resistir às tentações da imposição crua, incluindo por razões epistemológicas. Com efeito, o espírito geral é um feixe intrincado de elementos entrelaçados, e a perturbação de um desses elementos reflecte-se em todos os outros. Ora, é muito difícil perceber essas relações e ainda mais difícil manipulá-las com bom proveito. A tentação do legislador bem-intencionado é extirpar os vícios particulares do carácter do povo, mas talvez seja mais fácil pô-los a bom uso, canalizá-los para bons efeitos.

Montesquieu não estava obcecado com a preservação de ritos e práticas tradicionais, em si mesmas «indiferentes». Apenas procurava chamar a atenção para o facto de essas práticas, muitas delas, à primeira vista, absurdas ou irracionais, invocarem constantemente sentimentos, inclinações e pensamentos necessários para o sistema de ordem de um determinado espaço político. Seria preferível que o governo tirasse partido do espírito da nação em vez de contrariá-lo. Montesquieu procurava estabelecer limites ao alcance da lei coerciva na alteração dos costumes, não só em nome da liberdade e da felicidade dos povos, mas também da eficácia de projectos parcelares de reforma das práticas comuns.

Mas ainda que aceitando que a salvaguarda da liberdade implica alguma contenção dos impulsos reformadores dos hábitos do povo, não é menos correcto recordar que a rectificação de deficiências ou excentricidades é por vezes necessária. Por exemplo, sabe-se que «os costumes de um povo escravo são uma parte da sua servidão» e que, portanto, não são intocáveis. Em contrapartida, «os [costumes] de um povo livre são uma parte da sua liberdade» e, portanto, devem ser respeitados. Sobretudo, o governo não deve tentar mudar as maneiras através de leis. As maneiras e os costumes devem ser mudados pelas maneiras e pelos costumes – isto é, o que é estabelecido pelas maneiras e pelos costumes só pode ser mudado por novos «exemplos» –, e as leis pelas leis. Os costumes «dependem mais do espírito geral» do que as leis, que, por sua vez, emanam de uma «instituição particular» ([1]). Se o legislador institui as leis, cabe à nação em geral instituir os costumes, e dificilmente um «código de leis» pode abranger tudo o que diz respeito aos costumes. Relativamente às

([1]) *EL*, XIX.12.

leis, os costumes gozam de um «primado de imanência» ([1]) o que significa que é mais perigoso alterar os costumes do que as leis, pois estas afectam (e dependem) *mediatamente* o espírito geral, na medida em que envolvem a acção de um legislador, ao passo que os costumes desenvolvem com esse espírito da nação uma relação muito mais imediata. E como não poderia deixar de ser, a origem mais profunda dos costumes radica na própria natureza. Por outro lado, os costumes, ao contrário das leis que envolvem sempre coacção, representam constrições que raramente são percebidas pelos homens como violentas e, na maior parte das vezes, nem sequer são entendidas como *constrições.*

Pelo mundo inteiro emergem costumes mais rigorosos do que as próprias leis mas que, no entanto, apelam muito mais facilmente à obediência do que estas. Quando um regime perde a sua força, quando a sua fonte se esgota, as leis que produz já não são tidas como válidas ou vinculativas. Porque quando as leis se calam, nem por isso há silêncio; falam os costumes. Nesses momentos, aquilo que resta são apenas os costumes e as tradições da sociedade, o que muitas vezes explica a longevidade dos regimes esvaziados de vigor. Foi talvez assim com Roma, esse «navio segurado por duas âncoras na tempestade: a religião e os costumes» ([2]). Apesar de tudo, é preciso notar que essa moralidade já perdeu a sua fundação, pois a política está em plena transformação e é esta quem detém a primazia na orientação e fundamentação da totalidade da vida colectiva. Aos costumes só se pode confiar a tarefa de evitar o pior durante um período limitado porque estão finalmente entregues a si próprios, sujeitos a contingências que os podem dissolver, e é bem provável que Montesquieu lesse desse modo os seus próprios tempos, isto é, que a Europa atravessava esse período precário ([3]).

A reflexão sobre o espírito geral, e sobre os costumes, em particular, também está relacionada com o lugar do melhor regime no pensamento político de Montesquieu. Com efeito, e com ecos nítidos de Vico, o governo «mais conforme à natureza» era aquele cuja «disposição particular melhor se relaciona com a disposição do

---

([1]) Binoche, p. 165.
([2]) *EL*, VIII.13.
([3]) *EL*, VIII.8.

povo para o qual foi estabelecido» (1). Nesse sentido, a verdadeira arte da governação consistia em «convidar, quando não é preciso forçar; conduzir, quando não é preciso comandar»; esta «habilidade suprema» consistia, em última análise, em governar partindo das opiniões e hábitos que conviviam na nação.

Quase todas as nações do mundo «rolam» dentro de um «círculo», que pode devolvê-las à barbárie de onde originariamente saíram. É essa a história dos povos gregos, ou a dos romanos. Os avanços da liberdade serão eventualmente engolidos pelas conquistas do império: «existe sempre um fluxo e refluxo de império e de liberdade» (2). Atendendo ao «círculo» dentro do qual todas as nações do mundo rolam, não foi constituída uma filosofia *da* história (universal), antes uma filosofia das múltiplas histórias dos povos.

O mundo pré-moderno não podia conhecer uma História Universal. Incomunicáveis entre si, os povos antigos desconheciam-se mutuamente, facto que impossibilitava a confluência, a conjunção, a mistura, das suas histórias. Era como se existissem «mundos separados» (3). Mas algo alterou radicalmente a história do mundo. Uma alteração profunda da experiência humana veio permitir a unificação da História e garantir o que foi diagnosticado por Kant quando escreveu que os «Estados encontram-se já agora entre si numa relação tão artificial que nenhum pode reduzir a sua cultura interna sem perder poder e influência a favor dos outros» (4). Com esta mudança radical, a possibilidade de progresso emergiu por fim. A resignação diante do espectáculo recorrente da ascensão e queda dos regimes tornou-se mais uma atitude do que um corolário. A política permitia, finalmente, perfurar a circularidade da história e a partir de então passou a inscrever-se numa narrativa universal, pois passou a dispor de um fio condutor que articulava duas temporalidades heterogéneas, uma cíclica, a outra linear, esculpindo a forma do andamento histórico na imitação de uma espiral (5).

Esse elemento novo foi o *comércio.*

---

(1) *EL*, I.3.

(2) *P*, nº 1475. Ver *P*, nº 236.

(3) *CGR*, V.

(4) Kant, «Ideia de uma História Universal com um Propósito Cosmopolita» in Kant, *A Paz Perpétua e Outros Opúsculos*, trad. portuguesa Artur Morão (Lisboa: Edições 70, 1995), p. 34.

(5) Ver Binoche, pp. 83-84.

X

A discussão da liberdade começa por dizer aquilo que a liberdade não é. A liberdade não é a democracia eleitoral, não é a facilidade com que se removem tiranos, não é o direito ao porte de armas, não é, como se diria hoje, o direito dos povos à «autodeterminação». Acima de tudo, a liberdade não deve ser confundida com o «poder do povo», o que parece afastar as concepções republicanas – com a sua tendência para degenerar no que o século XIX chamaria «tirania da maioria» – dos requisitos da liberdade política ([1]). Por outro lado, percebe-se que a liberdade é invariavelmente destruída pelo seu próprio excesso. Montesquieu desconfiava da liberdade que não encontrava outro fim senão ela mesma – «A liberdade, esse bem que permite gozar dos outros bens» ([2]). A sua função é, como escreve Starobinski, transitiva ([3]). Aparece como um bem de mediação e de transição. Daí que a liberdade de modo algum consista em fazer o que se quer. A perspectiva era outra e a conclusão também: «Num Estado, isto é, numa sociedade onde há leis, a liberdade só pode consistir em poder fazer o que se deve querer, e a não ser forçado a fazer o que não se deve querer» ([4]).

Nesta definição é englobada quer a perspectiva do Estado, quer a perspectiva do cidadão. Ou, noutros termos, a perspectiva institucional-estrutural e a perspectiva psicológica, uma agindo reciprocamente sobre a outra. Ambas têm necessariamente de ser levadas em conta, de modo a que tanto a constituição como o cidadão sejam livres. Quanto à primeira, Montesquieu sabia, tal como Aristóteles, que «o viver de acordo com o estabelecido pelo regime não deve ser considerado como servidão; pelo contrário, deve ser a salvaguarda do regime» ([5]). Por outro lado, a sujeição do cidadão às leis como condição necessária da liberdade política é um pouco mais complexa.

É preciso distinguir a «independência» da *liberdade.* Ao contrário do que é implicado pelas teorias da «liberdade negativa»,

---

([1]) *EL,* XI.2.

([2]) *P,* nº 1797.

([3]) Starobinski, p. 63.

([4]) *EL,* XI.3.

([5]) *Política,* 1310a33-35.

desde Hobbes até Isaiah Berlin, a lei não representa uma restrição à liberdade. A lei funda e forma a única liberdade (política) possível. Daí que os homens que vagueavam no estado de natureza fossem «independentes», mas não eram «livres». A «liberdade pura», isto é, poder fazer aquilo que se quer sem restrições, é mais um «estado filosófico» do que propriamente um «estado civil». Foi esse o grande equívoco dos poetas e dos grandes oradores ([1]). O conceito puramente filosófico (isto é, não político) de liberdade mais não exige do que um exercício imaginado da vontade, alheado das circunstâncias, da viabilidade dos objectivos traçados por ela, da escolha limitada de meios e da presença e intersecção de outros sujeitos com outras vontades. A liberdade política, por outro lado, deve reflectir a imperfeição do homem enquanto ser inteligente mas limitado e sujeito ao erro, porque incerto e inseguro. Deve reflectir o facto primário da sociabilidade e da necessidade de coordenação da vida social.

A lei é tida como a força estabilizadora da acção dos homens. Fora da legalidade reina a licenciosidade. A lei deve determinar uma parte daquilo que o homem «deve querer», mas compete também à lei definir as fronteiras dentro das quais os homens prosseguem os seus próprios interesses e obedecem às suas próprias inclinações: ninguém deve ser forçado a fazer o que a lei não obriga, assim como ninguém deve ser proibido de fazer o que a lei autoriza. Uma constituição livre é aquela em que o único poder público *externo* capaz de moldar a vida dos cidadãos é a lei, e nada mais do que a lei. O cidadão vive numa relação recíproca entre, por um lado, o que a lei determina, e, por outro, o que a lei permite, espaço este que é preenchido pelos fins e interesses particulares de cada cidadão articulados em função das fronteiras da legalidade.

É certo que nem todas as fronteiras de legalidade são idênticas de Estado para Estado. Existem Estados, e formas de governo, que produzem fronteiras de legalidade dentro das quais o espaço de determinação individual pode ser maior ou menor. Seja como for, a capacidade individual de realização de fins é sempre concretizada sob e através das leis. Na síntese proposta por Gilbert, a liberdade política não conduz ao triunfo da particularidade, mas supõe e concerta uma combinação através da qual a comunali-

---

([1]) *P*, nº 1798, 631.

dade provém da particularidade – o comentador sugere uma «individualidade comunitária» –, e que a liberdade, permitindo naturalmente a edificação de esferas particulares, não deixa de ser uma prática pública (1). É a liberdade política que assegura a conexão entre Estado e sociedade, sem que um domínio esmague o outro. A sociedade livre não impõe a subordinação do Estado à Sociedade pela simples razão de que o contraste e a oposição dos interesses particulares só podem ser reconciliados pelo Estado, e não directamente na Sociedade.

Para que a sociedade se mantenha em liberdade, é necessário o respeito pela tradução jurídica do Estado. E para que o Estado seja preservado é necessária a sua autorização para a perpetuação da energia vital da sociedade. A percepção de uma relação de dependência entre o desenvolvimento individual e a existência, bem como a manutenção, de uma ordem constitucional-legal, gera o único sentimento de comunidade possível nos tempos modernos, nos tempos das «vastas repúblicas», onde os «interesses se particularizam» e o bem comum «é sacrificado a mil considerações» (2). Por outras palavras, a prossecução individual de interesses depende directamente de uma ordem pública que é sustentada por um sentimento comum de união política. A lei amarra os cidadãos ao Estado, mas com o objectivo de que eles possam entregar-se às suas próprias vidas: «A afirmação do indivíduo contrabalança a afirmação da comunidade regida pela lei» (3).

Mas se no mundo da contemplação a liberdade consiste na liberdade da vontade, o mesmo não se passa no mundo da acção. Aqui, a liberdade reduz-se a poder fazer o que se *deve* querer. A liberdade política é identificada com o poder do indivíduo de agir de acordo com uma vontade, não absolutamente livre, mas domada. A soberania da vontade ou a «liberdade filosófica» é a prerrogativa do homem na sua solidão contemplativa; a «liberdade política» é a única manifestação possível da liberdade quando o homem convive com os seus semelhantes em comunidade. Em certo sentido, a liberdade filosófica é a afirmação da vontade separada das exigências da acção. Montesquieu não

---

(1) Ver Alan Gilbert, «"Internal Restlessness": Individuality and Community in Montesquieu», *Political Theory*, vol. 22, nº 1, 1994, pp. 45-70. Ver também a posição bastante semelhante de Starobinski, p. 95.

(2) *EL*, VIII.16.

(3) Starobinski, p. 96.

condenava a «liberdade filosófica» ao absurdo, mas precisamente por a liberdade filosófica ser real é que era preciso neutralizá-la politicamente, na medida em que a ausência de restrições do mundo do filósofo lançaria o caos no difícil e complexo mundo dos assuntos humanos. Mas a capacidade de fazer e de agir definia o requisito básico da liberdade *política*.

Mas há mais. «A liberdade política», escreveu Montesquieu, «aquela tranquilidade de espírito que provém da opinião que cada um tem da sua segurança» ([1]). De modo a garantir essa liberdade, o governo não podia permitir que um cidadão receasse outro cidadão. Era ainda livre todo o homem que tivesse um «justo fundamento para crer que o furor de um ou de muitos não lhe retirarão a vida ou a propriedade dos seus bens» ([2]). Para que o cidadão fosse de facto livre precisava de assegurar uma percepção reconfortante da sua segurança, do seu espaço inviolável. A consciência da sua liberdade era indispensável à afirmação da própria liberdade. Ao contrário do homem vergado pelo peso do despotismo e predominantemente dominado pelo medo, para que o cidadão fosse livre, tinha de sentir-se livre ou seguro. De um certo ponto de vista, não é errado dizer que na origem do desejo de viver numa sociedade livre reside um temor. Como acertadamente conclui Shklar, «receamos uma sociedade de gente receosa» ([3]).

Apesar de todas as considerações sobre a legalidade, é evidente que a liberdade política só triunfa quando o cidadão está sujeito ao império das *boas* leis. E o que são boas leis que garantem a liberdade? Montesquieu comparava as boas leis a «essas grandes redes dentro das quais os peixes estão presos, mas crêem-se livres». Já as «más leis» podiam ser comparadas a outro tipo de redes que «apertam» de tal modo os peixes que eles imediatamente se «sentem» presos. As leis da liberdade, portanto, condicionavam efectivamente o cidadão. Mas deviam ser dotadas de um espírito que fizesse *parecer* que cada um fazia o que quer. Simultaneamente, deviam prever uma margem de manobra razoável ao indivíduo, de maneira a confirmar através da liberdade real

---

([1]) *EL*, XI.6.

([2]) *P*, nº 631.

([3]) Judith Shklar, «The Liberalism of Fear» in *Political Thought and Political Thinkers* (Chicago: The University of Chicago Press, 1998), p. 11.

de movimentos, de expressão e de acção, ainda que com limites, a ideia ou a opinião da sua liberdade (1).

Porém, alguns problemas ficam por resolver. Se é «uma experiência eterna que todo o homem que tem poder é levado a abusar dele» até que encontre limites, porque não supor um ou vários homens que pretendem abusar do poder que lhes é conferido pela lei e não encontrem nela um limite eficaz? Porque não supor um homem que tenha uma opinião positiva da sua segurança somente quando subjuga todos os outros ao seu domínio? Montesquieu sabia que estas hipóteses não eram implausíveis. Cabia, então, às leis «mortificar o orgulho da dominação» e mostrar ao superior que deve algo ao inferior (2). O usufruto e exercício da liberdade eram incompatíveis com a manifestação da alma despótica, ou pelo menos com a sua generalização.

Para além de leis que não só defendam os inferiores contra o afã de domínio dos superiores, que não só protejam os superiores da inveja, do ressentimento, da vingança dos inferiores, mas também procurem ligá-los uns aos outros, parece que a liberdade política precisa igualmente de um espírito histórico que a prepare e a acarinhe. A lei entrelaça os homens. Por contraposição à liberdade «em relação à constituição», a garantia da liberdade «na relação com o cidadão» depende não só das leis, mas também dos «costumes», das «maneiras» e dos «exemplos recebidos», em suma, de um espírito geral adequado. É aí que o espírito do comércio vem em auxílio da liberdade.

Montesquieu afirmava que quanto menos satisfizermos as nossas «paixões particulares», maior será o nosso zelo pelas «paixões gerais», isto é, por aquelas que têm um objecto geral. Isto significa que quanto menos cultivarmos a nossa afeição pela vida que nos é particular, maior será a devoção pela cidade. Mas o contrário também parece ser verdadeiro. Quanto mais nos virarmos para nós próprios, mais nos colocamos de costas para os outros. Os nossos assuntos valem mais na proporção em que os assuntos que são de todos valem menos. Ora, com o comércio o olhar do homem é posto sobre si mesmo, atenuando o ardor das «paixões gerais». Por outro lado, o comércio cria ou alarga o espaço para onde as energias da ambição e do orgulho podem

---

(1) *P*, nº 1798, 1800, 1801.

(2) *EL*, V.8, V.17.

dirigir-se e espalhar-se. Assim, uma república comerciante compatibiliza a igualdade jurídica no plano político com a desigualdade e a satisfação da ambição no domínio económico. Além disso, enquanto estão envolvidos na actividade comercial, os homens estão ocupados e distraem a sua obsessão com o desejo de domínio sobre o outro, pois a sua atenção é desviada da tentação da aquisição de poder sobre outros homens para a construção de um império cuja matéria pode ser guardada em carteiras ou em pequenos cofres. Pela mesma via efectua-se uma divisão de poderes, neste caso, entre poder político e poder económico, e assim ambos se detêm mutuamente.

Que regime garante a liberdade? O regime inglês, ou mais exactamente o da constituição da liberdade, fornece o princípio da resposta. Mas será possível dizer se as monarquias se superiorizam às repúblicas na defesa da liberdade – ou o contrário? Parece que o exemplo de Inglaterra fornece uma resposta diferente, resposta essa que compreende a solução mais viável e duradoura do problema político. A Inglaterra é, apesar das aparências, uma república disfarçada de monarquia ([1]). Isto não quer exactamente dizer que a Inglaterra fosse *simultaneamente* uma república e uma monarquia, ou que Montesquieu analisou a condição de subsistência do regime livre na Modernidade tendo por base o conceito bastante antigo de regime misto. Com efeito, a Inglaterra é mais uma república do que uma monarquia. Tem apenas o *disfarce* da monarquia, sendo, no essencial, republicana.

XI

A Inglaterra ocupa um lugar importantíssimo na reflexão de Montesquieu sobre a liberdade política. Trata-se de um regime político novo, pois é o primeiro e único na história da humanidade cuja constituição tem como objecto a liberdade política dos seus cidadãos. Nesse sentido específico, a Inglaterra enquanto regime é a mais moderna das formas de governo porque é o regime que mais encarna o espírito que «domina nos nossos dias», o dos tempos modernos, o que vale por dizer o espírito da subjectividade, da liberdade, da procura da prosperidade material ([2]).

([1]) *EL*, V.19.

([2]) *P*, nº 851. Ver nº 1228.

Livre e comerciante, a Inglaterra é ímpar na história da humanidade. Tão ímpar que não é incluída na tipologia inicial oferecida nos livros II-VIII, só sendo apresentada no livro XI sem que nos seja dito qual a sua natureza ou o seu princípio – sem que sequer nos seja dito se esse regime *tem* uma natureza e um princípio como os demais regimes políticos que a história conheceu. Se ainda poderíamos identificar a divisão dos três poderes e o bicameralismo como a natureza do regime inglês, sentimo-nos perdidos quando se trata de identificar o seu princípio. Em Inglaterra todas as paixões estão à solta: o «ódio», o «desejo», a «inveja», o «ardor de enriquecer e de se distinguir», aparecem em «toda a sua extensão» ([1]). Poderia essa livre dança das paixões ser a força motriz do regime, atendendo a que é uma alternativa à paixão unificadora que vemos nas outras formas de governo? É pelo menos possível dizer que o princípio do governo enquanto paixão unificadora e hegemónica desapareceu. A honra e a virtude foram estilhaçadas e competem em igualdade de pretensões com as restantes paixões – para ser benevolente para ambas. Talvez seja essa a condição psicológica básica do florescimento da liberdade política: a inexistência de uma paixão uniforme que dê o seu tom à sociedade.

Não é uma tarefa fácil comparar as políticas entre os regimes apresentados e a Inglaterra, provavelmente devido às profundíssimas mudanças que a própria política entretanto sofreu. Os critérios, entendimento e tipificação dos outros regimes procedem de uma linguagem e de uma lógica provavelmente inaplicáveis ao caso inédito inglês. Portanto, mais importante do que demonstrar a admiração (inequívoca, diga-se) de Montesquieu pela Inglaterra, é perceber que a experiência histórica e sobretudo o seu espírito são incontornáveis para a filosofia política. Dito de forma abrupta, a Inglaterra é a solução moderna para o problema do poder ([2]), e, em particular, constitui a solução moderna do problema republicano. A Inglaterra, o regime especificamente moderno, concilia o poder com a liberdade, o império com a moderação, o comércio com a força militar, a riqueza com a vitalidade histórica.

([1]) *EL*, XIX.27.

([2]) Peter Manicas, «Montesquieu and the State», *History of Political Thought*, vol. II, nº 2, 1981, pp. 313-347.

Convém, no entanto, manter presente que o propósito de Montesquieu não era o de oferecer uma descrição da realidade empírica da Inglaterra, antes tentar perceber a lógica inerente às instituições que aí existiam e como se conjugavam com o espírito do povo. Para conhecer a Inglaterra de Montesquieu é indispensável juntar o capítulo 6 do livro XI ao menos referenciado capítulo 27 do livro XIX. Neste último capítulo, em que são expostos os efeitos dos princípios articulados da liberdade política sobre a sociedade como um todo e sobre os seus conteúdos de vida, Montesquieu optou por usar as formas verbais no tempo condicional, intencionalmente prescindindo do presente do indicativo. Foi esse o modo literário escolhido para avisar o leitor que ali se procede a uma projecção, ou a uma operação de dedução, e não a uma simples descrição. Ficam, portanto, arrumadas as copiosas críticas que denunciaram a incompetência de Montesquieu como observador da vida pública inglesa do seu tempo. Não se deveu certamente ao acaso o facto de ter sido na América que a teoria da separação de poderes de Montesquieu encontrou a sua aplicação concreta mais rigorosa. E muito mais rigorosa do que a própria constituição inglesa em cujos princípios Montesquieu se apoiou para deduzir a dita teoria.

O que faz da constituição inglesa a constituição da liberdade? Ela garante, ou tem como objectivo assegurar a liberdade política dos seus cidadãos. Mas para que isso suceda é necessário que o cidadão não tema o poder político. Porque é que o poder político em Inglaterra não é temível para o cidadão? Porque não é «abusado». E porque não é «abusado»? Porque está limitado, não por exortações morais, não por injunções divinas, mas por si próprio. Só o poder consegue limitar o poder. Tudo o resto é impotente para limitar o que é potente. É daqui que resulta a teoria da divisão ou separação dos poderes. Parece haver, então, uma ligação robusta entre a lição da filosofia moderna relativamente à economia das paixões da alma e a limitação do poder político.

O pensamento moderno veio propor um reposicionamento das paixões na topografia do nosso cosmos interior, contestando a possibilidade avançada na Antiguidade de uma razão hegemónica, isto é, uma razão que, em determinadas circunstâncias, dominasse as paixões. A razão fora promovida, na imagem platónica, à posição do cocheiro que domina as paixões a partir das suas rédeas (1). Ao invés, os autores modernos preferiram não reprimi-las, pois não só consideravam errado tentar transformar o homem naquilo que ele não era, como também apontavam para a impossibilidade de semelhante tarefa (2). Mas, na medida em que a razão era declarada impotente por alguns dos mais emblemáticos filósofos especificamente modernos, só uma outra paixão, uma paixão salutar, poderia contrariar os efeitos funestos de uma paixão perniciosa como o orgulho, ou a vaidade – ou ainda o «medo dos poderes invisíveis» (Hobbes). Com a proclamação da impotência da razão, restava à paixão combater a paixão. Só a paixão podia limitar e conter os efeitos de outra paixão. Vemos a comunicação desta ideia a outros domínios da vida humana já elaborada, por exemplo, por Francis Bacon.

Montesquieu não inventou a separação de poderes, expressão que de resto não usou. A ideia tinha já alguma linhagem, distinta e muitíssimo mais recente do que a da ideia de governo misto, com a qual é frequentemente confundida. O ponto máximo de aproximação de Montesquieu à teoria do governo misto encontra-se num comentário passageiro à monarquia gótica francesa da era feudal. Mas no século XVII (e no século XVIII antes de Montesquieu) havia já algumas formulações da divisão de poderes que a distinguiam inteiramente das considerações herdadas da filosofia política clássica. George Lawson, John Locke, Jean Barbeyrac (3), Bolingbroke (4) constituem talvez os nomes mais

---

(1) Platão, *Fedro*, 253c-254e. Ver Michel Meyer, *O Filósofo e as Paixões* trad. portuguesa Sandra Fitas (Lisboa: Porto, 1994), p. 29.

(2) Quanto à impossibilidade de a alma «dispor inteiramente das suas paixões», ver Descartes, *Les Passions de l'Âme*, I.46º art.

(3) Sobre o importante contributo de Barbeyrac para a teoria da separação de poderes, assim como para as considerações de Pufendorf sobre o tema da soberania, ver Miguel Morgado, «Jean Barbeyrac and the Question of Sovereignty» in A. S. Dias, J. A. Raposo, J. L. Alves, L. D. d'Almeida, P. S. Mendes, Liber Amicorum *de José de Sousa e Brito. Estudos de Direito e Filosofia* (Coimbra: Almedina, 2009), pp, 611-638.

(4) Note-se que Montesquieu teve acesso a várias interpretações da constituição inglesa e dos controlos mútuos entre os poderes institucionais, assentes numa teoria do governo misto, como a de Lorde Bolingbroke, autor que Montesquieu conheceu pessoalmente. (Ver *Dissertation upon Parties, Political Writings*, David Armitage, org. [Cambridge: Cambridge University Press, 1997], cartas XVI-XVII. Ver também, no mesmo volume, *The Idea of a Patriot King*, p. 231). No entanto, optou por conduzir a sua análise interpretativa dessa constituição em termos subs-

significativos desta história ([1]). Os três últimos influenciaram certamente o célebre capítulo 6 do livro XI. De facto, o capítulo em que é desenvolvida a teoria da divisão de poderes começa por uma recapitulação quase linear da teoria lockiana, embora Montesquieu não nomeie o autor dos *Dois Tratados sobre o Governo Civil.* Mas também não restam dúvidas de que foi com a obra de Montesquieu que esta teoria passaria a constituir referência obrigatória da teoria e prática política na Europa (e na futura América independente) até se tornar numa espécie de património constitucional indiscutível do Ocidente.

Como se disse, Montesquieu começou com Locke, ou com a sua tripartição do poder político – executivo, legislativo e federativo. Mas rapidamente fundiu o primeiro e o último, propondo que o terceiro poder era, na realidade, o de julgar, ou para usar a terminologia adoptada poucas décadas mais tarde, o poder judicial, isto é, o poder que incide sobre o crime e o castigo e que dirime as contendas entre pessoas. Tal como em Locke, a divisão de poderes emergiu como resposta à teoria pura da soberania de Bodin, de Hobbes e em larga medida de Pufendorf, que reivindicava a indivisibilidade do poder supremo. Montesquieu, pelo contrário, anunciava que os três poderes existem em todos os regimes políticos. Só que nuns são absorvidos pela mesma pessoa – nos Estados despóticos –, ao passo que noutros o executivo e legislativo estão reunidos nas mãos do mesmo agente político e o judicial nas mãos de outro. Em certo sentido, esta divisão é a mais fundamental de todas no que concerne à moderação do poder, porquanto é na sede do poder judicial que ocorre o grau máximo de particularização do poder político. É aí, mais do que em qualquer outra instância, que o poder político irrompe imediatamente na vida concreta dos cidadãos. Seja como for, só na Inglaterra é que cada um dos três poderes era exercido por uma agência diferente.

---

tancialmente diferentes sem pontos de contacto com a milenar concepção da constituição mista.

([1]) Brian Tierney descobre em Hervaeus Natalis, um autor cristão papalista do início do século XIV, discípulo de Tomás de Aquino, e que chegaria a Mestre Geral da Ordem dos Dominicanos, a primeira tripartição dos poderes políticos em legislativo, executivo e judicial. Tierney, *Religion, Law, and the Growth of Constitutional Thought 1150-1650* (Cambridge: Cambridge University Press, 1982), p. 45.

Os rigoristas que proíbem o uso da expressão «separação de poderes» têm alguma razão quando sugerem o seu carácter enganador, já que Montesquieu não pretendia *separar* os poderes, isolando-os uns dos outros, mas dividi-los e religá-los. Ou, para recorrer a outra expressão com o mesmo sentido, Montesquieu pretendia efectuar uma separação *parcial* dos poderes. O mesmo vale para a divisão de funções no seio do poder legislativo que se desdobra num bicameralismo. O bicameralismo é uma face importante, e frequentemente esquecida, da teoria da separação de poderes de Montesquieu. A vontade legislativa tem um tamanho potencial transformador que impõe a limitação de si mesma por recurso à sua divisão em duas câmaras distintas, com separação dos titulares desses poderes e, porventura, de funções constitucionais próprias.

De qualquer modo, não há dúvida de que a divisão de poderes só será eficaz no seu propósito se cada um dos três poderes gozar de um estatuto paritário face aos outros dois. Não pode haver uns poderes predominantes e outros subordinados. Além disso, na sua teoria, a separação dos poderes é simultânea com o seu entrelaçamento – para usar a feliz expressão de Jacques Necker, pai da Mme. Staël e *comptrolleur-générale* de Luís XVI no período da Revolução. Assim, não custa ver que a separação de poderes tem de ser complementada por um esquema de «freios e contrapesos». Note-se porém que, embora a expressão «freios e contrapesos» já fosse usada em França início do século XVII, por exemplo, por Bernard de la Roche Flavin ([1]), ela não consta dos textos de Montesquieu. Como se sabe, no mundo anglo-saxónico recorre-se a uma outra de sentido idêntico e de origem americana, os *checks and balances.*

O entrelaçamento dos poderes, ou os freios e contrapesos, definem-se por duas faculdades que assistem os poderes (embora nem todos possam exercer ambas as faculdades, e aparentemente o poder de julgar não possua nem uma nem outra): a faculdade de «estatuir» e a faculdade de «impedir». De um lado, a capacidade de iniciativa política nos limites funcionais de cada poder, a que acresce a capacidade correctora da iniciativa do outro poder. Do outro, a capacidade de suspensão e de negação da iniciativa

---

([1]) Ver Carcassonne, p. 26. A título de curiosidade, note-se que Flavin também era presidente de um *Parlement,* mas no seu caso de Toulouse.

política do outro poder, que ficaria conhecida poucos anos mais tarde como a capacidade de *vetar*. Do ponto de vista estritamente jurídico, é deste modo que os poderes se controlam mutuamente e são religados no seu funcionamento.

É daqui que surge o primeiro equilíbrio promotor da moderação do poder. Existe uma comunicação contínua entre os poderes e uma negociação incessante entre eles. Mas importa sublinhar que este entrelaçamento parece não abranger o poder de julgar. A este é concedida uma independência absoluta. Poucas décadas mais tarde, as inovações constitucionais americanas neste domínio – com o exemplo paradigmático das faculdades do Supremo Tribunal à cabeça – quebrariam esta independência, ou separação em sentido estrito, sem com isso romper com a teoria de Montesquieu. Curiosamente, a prática do Supremo Tribunal americano a partir do início do século XIX em diante seria não muito dissemelhante a uma das funções que Montesquieu pretendia recuperar para os arcaicos *Parlements* da monarquia francesa ([1]).

Mas, como já foi assinalado, estas considerações têm de ser complementadas com o que Montesquieu nos diz no livro XIX. Aí aprendemos que existem apenas dois poderes «visíveis», o executivo e o legislativo. A acção política de ambos os poderes é, por assim dizer, mais notoriamente pública do que a do poder de julgar, de algum modo «invisível e nulo». Este pode ser despersonalizado quase até ao limite do puramente mecânico, mas os dois primeiros não. Ora, o que Montesquieu descobriu ao analisar a relação dos dois poderes visíveis com a sociedade dos cidadãos comuns foi na sua essência o *partidarismo*. Os afectos políticos da população vão dividir-se por um e por outro partido, ou poder. E esses apoios numa sociedade livre não são fixos nem rígidos. Deslocam-se segundo as paixões da população, com a ameaça da hegemonia de um poder sobre o outro, e isso é possível porque o partidarismo da sociedade moderna livre é muito diferente da cisão em facções das sociedades antigas. A transferência de apoio para o outro partido é bastante fluida porque o apoio partidário não obedece a regimes inflexíveis de lealdade nem procede de laços de «amizade». É esta oscilação pendular que modera os dois

---

([1]) M. J. C. Vile, *Constitutionalism and the Separation of Powers*, 2ª edição (Indianápolis: Liberty Fund, 1998), p. 102-103, também esbarra com esta coincidência.

poderes e preserva a liberdade. Mas é preciso acrescentar que a oscilação pendular do apoio político decorre já da igualdade, da liberdade e do fenómeno social que ficaria conhecido como individualismo – isto é, a ausência de ligações corporativas ou grupais fortes, o desaparecimento de algumas sedes de autoridade que condicionavam a vida e a opinião dos indivíduos – e que gera precisamente esses efeitos salutares. Esta dinâmica social é crucial para funcionalizar e sustentar a separação de poderes e os freios e contrapesos.

Uma teoria da separação *completa* (ou estrita) dos poderes conduziria à paralisia do governo. Todavia, a separação *parcial* dos poderes com freios e contrapesos também foi sucessivamente acusada de conduzir à «inacção». Curiosamente, Montesquieu reconheceu-o, mas acrescentou um desenvolvimento decisivo. «Mas como pelo movimento necessário das coisas [os poderes] são constrangidos a prosseguir, serão forçados a prosseguir concertadamente». O que, em última análise, regulava a acção do governo numa constituição livre era o «movimento necessário das coisas». É menos o governo que governava do que a «necessidade».

Também aqui se descobre a dinâmica da sociedade livre e se revela a disposição política geral de Montesquieu. Sendo apenas a necessidade a governar, ficam excluídos os projectos voluntaristas de transformação exorbitante da sociedade através do exercício do poder político. A acção do poder político sobre a sociedade, num regime livre, deve proceder dos ditames da necessidade, e não de planos políticos anteriores, aos quais a sociedade se deve conformar. Essa é a condição de preservação da liberdade política na sua acepção mais abrangente. Os projectos políticos perfeccionistas procedem de uma lógica política essencialmente diferente da que preside à constituição da liberdade.

XII

É ainda a Inglaterra que exemplifica a alteração histórica radical das leis da guerra. A coragem e a resistência no campo de batalha tinham sido ao longo da história próprias dos povos frugais e austeros. Era isso que Esparta e a república romana ensinavam. Em contrapartida, era ponto assente que os povos contagiados pelas riquezas e pelo luxo tornavam-se moles e cobardes, e depressa seriam esmagados pela superior virtude militar dos seus inimigos. Mas eis que esta simples relação mudou. E mudou *irreversivelmente*. Agora, parecia que a força da virtude já não podia muito contra «uma potência cuja principal força consist[a] no seu crédito e no seu comércio».

A força bélica, dependente da organização e da tecnologia, pode ser hoje adquirida, e quem tiver mais recursos económicos reunirá consequentemente um poder superior. O engenho deste novo procedimento é assombroso. Em caso de guerra, esta potência permanecerá «tranquila» dentro das suas fronteiras, pois lançará contra os seus inimigos apenas «riquezas de ficção» e será uma «espectadora tranquila dos seus mercenários, que ela perderá sem pesar e reparará sem incómodo» ([1]). Montesquieu estava obviamente a pensar em Inglaterra, mas também nos Países Baixos, que, «formados nos nossos tempos modernos pela indústria» dos seus habitantes, deram ao mundo «exércitos imensos» ([2]).

O comércio e as suas riquezas constituem, portanto, uma arma superior na defesa dos Estados, porque deles depende o desenvolvimento da ciência, da tecnologia e da organização. Quem se recusar a escutar os sinais dos tempos, pagará a sua teimosia com a sua independência política e com o seu sangue. Dadas as novas circunstâncias, poderia Constant dizer, Cartago venceria Roma. Embora em tempos a regra de associação da frugalidade à valentia e da riqueza à cobardia determinasse, de facto, a sorte militar, o certo é que hoje em dia «são as riquezas que fazem o poder» e não há nenhuma nação que «tenha vantagens que uma mais rica não possa quase sempre ter» ([3]).

Contudo, é preciso fazer ver que Montesquieu não pressupõe aprioristicamente o comércio e as riquezas como condição suficiente do desenvolvimento da ciência e da tecnologia. Em última análise, é a filosofia que actua como principal impulsionador, ou refreador, deste desenvolvimento com repercussões sociais, políticas e militares. Se um Descartes tivesse chegado ao México cem anos antes de Cortez, e tivesse ensinado filosofia moderna aos Mexicanos, nem Cortez nem Pizarro teriam conseguido destruir

---

([1]) *P*, nº 1623.

([2]) *P*, nº 180b.

([3]) Ver Constant, *De l'Esprit de Conquête*, I.2. Montesquieu, *RMU*, p. 21.

as civilizações pré-colombianas [1]. Evidentemente que além disso seria necessário verificar a hipótese de a filosofia moderna ter afinidades com a lógica do comércio e com a legitimação das riquezas.

Se para Constant a tendência aquisitiva do homem permanecia constante ao longo da história, já os processos de a concretizar foram sendo refinados para benefício da humanidade. O comércio, longe de ser uma actividade artificial, era a expressão sublimada da aquisitividade natural do homem. Em vez de recorrer à violência, reconhecia a fraqueza mútua dos homens. Evadia a esterilidade da cedência ao «impulso selvagem» (Constant), substituindo-a pelo cálculo, portador de regularidade e segurança, e pelo mútuo benefício. Mas Constant «comercializa[va] a guerra bem mais do que torna[va] belicoso o comércio» [2]. Para Montesquieu, a história não revelava a natureza comerciante do homem, assim como também não apresentava o homem como naturalmente dominador ou guerreiro. Os dois, contudo, concordavam que tanto a conquista como o comércio eram formas de aquisição [3]. Inclusivamente, o espírito geral que norteava uma e outro era comum, o «espírito de conservação e uso, e não o da destruição» [4]. Porém, Montesquieu era impermeável à possibilidade da remoção do conflito nos assuntos humanos. O comércio permanecia radicalmente inseparável do conflito. Ou mais exactamente, era, e continuava a ser, um modo mais benéfico ou humano do estabelecimento de relações de poder.

Como vimos, o *ethos* inglês não valoriza particularmente nem a honra nem a virtude. Mas, tendo em conta os propósitos da liberdade política, substitui-as razoavelmente. Prescindido de uma e de outra, a Inglaterra é «o país mais livre do mundo» porque é o que melhor soube tirar partido dessas «três grandes coisas: a religião, o comércio e a liberdade» [5]. Isto quer dizer que a Inglaterra é a nação que até à data melhor *acomodou* essas três grandes coisas umas às outras. É que nem todas as religiões

---

(1) *P*, nº 614.
(2) Manent, p. 54.
(3) *P*, nº 652. Ver Aristóteles, *Política*, 1256b20-25.
(4) *EL*, X.3.
(5) *EL*, XX.7.

poderiam formar e suportar esta tríade. Por exemplo, o islamismo era, para Montesquieu, inimigo indisfarçável da liberdade e destruidor de qualquer comércio ([1]). Só uma religião em alguma medida reconciliada com o comércio e com a liberdade política caberia nesta tríade.

Outro aspecto que caracterizava a sociedade inglesa era o seu individualismo. O interesse próprio, a irreverência perante alguns princípios e autoridades tradicionais, numa palavra, a «independência» favorecia uma atomização desconhecida das outras sociedades mais arcaicas. Numa antecipação de Tocqueville, Montesquieu descrevia os Ingleses – que como nação mais moderna seria, em breve, substituída pela americana – como um «povo recolhido», no seio do qual cada pessoa «pensa totalmente sozinha». O cidadão no seu próprio país encontra-se muitas vezes «no meio de gente desconhecida», não sendo, pois, de admirar que seja simultaneamente «altivo» e «tímido». Na Inglaterra, «nenhum cidadão depende de outro» e todos serão «mais confederados do que cidadãos».

XIII

Montesquieu tinha uma notória sensibilidade para os assuntos económicos. Mas nunca cedeu à tentação de autonomizar o domínio económico das restantes esferas da acção humana. A importância que os assuntos económicos assumem na sua obra releva do seu entendimento do domínio económico como uma parte de um todo que lhe dá sentido. Montesquieu ensinou-nos que a economia devia ser compreendida por relação com a política, com a religião, com os costumes, com a história, assim como estas deviam ser estudadas por referência à organização da produção, às modalidades do consumo, às invenções técnicas e financeiras. É certo que a economia parece, em certas ocasiões, agir sobre o espírito geral. Mas é mais rigoroso falar do económico como um instrumento através do qual alguns determinantes do espírito geral comunicam com os outros. Afinal, o comércio não consta das várias coisas que «governam os homens». Ao contrário da religião ou das «máximas do governo», por exemplo, o comér-

(1) *P*, nº 355; *EL*, XXI.16.

cio não é um factor constituinte do espírito da nação, antes um quadro geral, uma moldura que enquadra a realidade nacional no contexto de um domínio universal. O comércio, cujo carácter particular decorre, sem dúvida, das realidades locais, contextualiza a comunicação estabelecida entre essa realidade local e os restantes regimes ou espíritos gerais (1).

O económico tem por finalidade a satisfação de necessidades definidas por outras esferas da vida humana. Além das necessidades da sobrevivência fisiológica, as necessidades da vida económica são definidas pela interpretação de mandamentos religiosos, pelos imperativos políticos, pela coerência da moral pública, dos costumes, da tradição, pelos desenvolvimentos históricos da consciência subjectiva, etc. A maior ou menor eficácia do económico pode estabelecer as fronteiras de possibilidades humanas, mas, por si mesmo, este domínio nada pode determinar.

Em termos mais amplos, a sugestão deixada por Montesquieu ao longo da sua obra é que nunca até à modernidade o comércio, ou a vida económica, ocupara uma posição tão cimeira nas sociedades humanas. Os políticos de hoje, por contraposição aos de ontem, não nos falam senão de «manufacturas, de comércio, de finanças, de riquezas e até de luxo» (2). Por a modernidade ter permitido esta ascensão, tornou-se necessário ao político ser também economista. E, de certa forma, o triunfo do comércio traduz o triunfo da modernidade.

Embora não se tratasse de um entendimento universalmente partilhado em todas as suas determinações, por *commerce* compreendia-se a força motriz do desenvolvimento de mercados e subsequentemente do progresso das manufacturas. Era este o sentido aceite do desenvolvimento económico: do comércio para as manufacturas, e não o inverso. Mas *comércio* significava também a um nível mais geral uma força de promoção de relações sociais, ou, por outras palavras, um catalisador de sociabilidade. O comércio manifestava a dependência de todos os homens entre si, não só para a satisfação das necessidades ditas físicas, mas também para a comutação de ideias, opiniões e experiências.

---

(1) Paul Vernière, *Montesquieu et l'Esprit des Lois ou La Raison Impure* (Paris: Sedes, 1977), p. 86.

(2) *EL*, III.3.

Portanto, a palavra *comércio* designava essencialmente comunicação ou relação, e tinha um alcance que excedia largamente a esfera económica. *Comércio* designava mais do que a mera troca de bens materiais; referia-se também a todo um ideal de comunicação entre os homens. Era esse ideal que, em larga medida, orientava os esforços de criação de um novo espaço social de comunicação. Não por acaso eram as pontes e as estradas os novos monumentos do século XVIII, e os arquitectos e engenheiros os novos heróis sociais ([1]). Neste sentido, toda a vida social civilizada era uma sucessão ininterrupta de trocas e um fluxo constante de comunicação. Não podia existir sociedade civilizada sem comércio nesta acepção abrangente do termo.

A história do comércio é a história da comunicação entre os povos. Assim, segundo Montesquieu, era o comércio, e não a filosofia, cujo exercício solitário remetia o indivíduo para um diálogo travado consigo mesmo, nem a política, cuja tendência para deslizar para uma separação entre *nós* e *eles* acarretava frequentemente uma disposição violenta para com o outro, nem a religião, que com as suas normais aspirações prosélitas, não escapava à vontade de submissão do outro; era, pois, o comércio que convidava ao relacionamento pacífico entre as várias porções da humanidade. Só o comércio, pela necessidade de comunicação que impõe, *demonstrava* que vivíamos todos sob o mesmo céu. Ou talvez se pudesse dizer que se a religião propunha a *comunhão* dos homens, o comércio contentava-se com a sua *comunicação*.

Por conseguinte, era uma autêntica missão civilizadora a que era levada a cabo pelo comércio. Entre povos comunicantes, os indivíduos não tendiam a ver nos outros homens criaturas de uma espécie diferente, nem a associar directamente o estrangeiro (ou estranho) ao inimigo, ao ameaçador, nem talvez a associar directamente o bárbaro ao sub-humano. «O comércio fez o conhecimento dos costumes de todas as nações chegar a todo o lado: foram comparados entre si, e daí resultaram grandes bens» ([2]).

Através da comunicação dos vários costumes, operou-se a sua suavização e, além disso, a unificação das várias histórias particulares numa única história cosmopolita. O mundo podia final-

---

([1]) Ver Daniel Roche, *France in the Enlightenment*, trad. Arthur Goldhammer (Cambridge: Harvard University Press, 1993), p, 41-74.

([2]) *EL*, XX.1.

mente considerar-se uno; e a formação do «conjunto do mundo» (Braudel) não tinha a assinatura nem da política, nem da religião, mas da economia. Das tentativas de unificação por uma ou por outra via sobraram grandes males, dizia-se, e a confirmação da tendência para a eventual obsolescência de todos os projectos desse tipo. Pela via do comércio, esse feito foi alcançado com brandura e garantiu-se a sua continuação. As rotas comerciais eram as linhas com que se cosia a unificação do mundo, ou a *mundialização* das múltiplas narrativas locais.

Ao pôr os homens em contacto, ao fomentar a comparação recíproca, e simultaneamente ao desenvolver a mútua dependência entre eles, o comércio forçava a aproximação entre os povos. É por isso que Montesquieu afirmava que a generalização do comércio conduzia naturalmente à paz. Eram essas as possibilidades do comércio que, ao contrário do que a famosa e enganadora expressão *doux commerce* indica, não era brando, mas conduzia à brandura.

No entanto, foi também o século XVIII que viu nascer a teoria alternativa da pacificação do mundo, que apontava não para as relações económicas, mas para a homogeneização política do mundo como condição da paz. Já antes da *Paz Perpétua* de Kant se sugeria, não só que certas formas de governo eram mais belicosas do que outras – esse era quase um lugar-comum da reflexão política –, mas que a paz mundial dependia da republicanização do mundo, ou dos países do mundo ([1]). As duas teses não eram incompatíveis, mas sobretudo depois da Revolução Francesa a sua associação passou a ser menos frequente.

Nos nossos dias há quem se dedique ao teste empírico-estatístico de ambas as teses. Solomon Polacheck, por exemplo, confirmou a velha ideia da democracia como factor de pacificação das relações inter-estaduais. Mas sublinhou que tal se deve à propensão das democracias para desenvolver relações comerciais com os demais países. Nesse sentido, e separando uma coisa da outra, o estudo de Polacheck procurou demonstrar que o comércio é mais significativo na pacificação das relações internacionais do que a

---

([1]) Ver, por exemplo, Kant, *A Paz Perpétua*, p. 127; Edward Mansfield, *et al.*, «Democratization and War». *Foreign Affairs*, vol. 74, nº 3, 1995, pp. 79-97; Francis Fukuyama, *O Fim da História e o Último Homem*, trad. portuguesa Maria Goes (Lisboa: Gradiva, 1992), pp. 269-276.

existência de repúblicas/democracias. Por outras palavras, parceiros comerciais guerreiam-se menos do que as democracias, que já têm uma certa tendência para se proibirem de aventuras beligerantes. Quanto mais intensas forem as relações comerciais, menor será a probabilidade de haver conflitos entre esses povos (1). Claro que estes resultados devem estar sempre sujeitos a testes de robustez. Mas convém não ignorá-los na era da «globalização».

XIV

«O comércio está relacionado com a constituição». Tal significa que as práticas económicas estão directamente integradas na natureza e princípio do governo. Significa que aquilo a que entretanto se convencionou designar «sistema económico» depende, no seu funcionamento, no seu espírito, na sua lógica, nos seus princípios e resultados, da forma política. É como se Montesquieu estivesse a inverter a relação marxista de subordinação da superstrutura à infra-estrura económico-técnica. Vemos a política configurar o domínio económico. O económico não goza, no pensamento de Montesquieu, de existência independente do regime político no qual se integra. É essencialmente a partir do princípio e da sua articulação com a natureza do governo que se descobre o lugar da relação do homem com as riquezas. Por intermédio de um processo de maior ou menor abstracção, o «espírito do comércio» pode ser definido nos seus próprios termos, mas na vida concreta dos povos o comércio adapta-se aos elementos estruturantes do domínio político e, portanto, do espírito geral.

Sob o «governo de um só», o comércio baseia-se no «luxo»; sob o «governo de muitos», o comércio assenta na «economia». Comecemos pelo comércio de «luxo». Na reserva do seu caderno de pensamentos, Montesquieu explicava que «é preciso, para formar um Estado monárquico, uma nobreza rica, que tenha autoridade e privilégios sobre um povo pobre: o luxo, o dispêndio, na nobreza; a miséria, no povo» (2). O comércio de luxo era o mais

(1) Ver o artigo de Salomon Polachek, «Why Democracies Cooperate More and Fight Less: The Relationship Between International Trade and Cooperation», *Review of International Economics*, vol. 5, nº 3, 1997, pp. 306-307.

(2) *P*, nº 232.

apropriado a uma sociedade rigidamente estratificada, a todos os níveis marcadamente desigualitária, onde uns poucos vivem do trabalho alheio. O princípio que anima a monarquia, a honra, é uma forma de interesse próprio. Aí, ninguém renuncia a si mesmo, ninguém sacrifica os seus mais caros interesses. Aí, a ambição particularizada, o desejo de distinção e a vaidade reinam com poucos limites. Logo, o problema do comércio devia ser analisado de uma perspectiva completamente diferente. E para termos uma noção dessa mudança de perspectiva basta reparar que o bem do Estado republicano depende da vontade e dedicação dos cidadãos, ao passo que o bem do Estado monárquico realiza-se a despeito da acção intencional dos cidadãos.

Porque a desigualdade é um dos traços mais salientes da monarquia, é preciso que haja luxo, caso contrário, os pobres morrerão de fome. Os ecos de Mandeville parecem fazer-se escutar com nitidez: «*Whilst Luxury / Employ'd a Million of the Poor, / And odious Pride a Million more*» (1). A distribuição da riqueza neste regime, Montesquieu não se coibia de dizê-lo, implica a negação da satisfação das «necessidades físicas» de parte dos seus cidadãos. Uns são ricos *porque* outros são pobres. Ou dito de outra maneira, a riqueza de uns poucos deve-se aos seus privilégios políticos, e a nada mais. Por essa razão, a única maneira de não condenar os pobres à penúria mais aguda é devolver parte da riqueza desigualmente acumulada a quem dela precisa, através da procura por bens de luxo que têm de ser produzidos por quem precisa de trabalhar. Sem infringir a liberdade dos cidadãos, e principalmente os seus privilégios, essa riqueza só fluirá num rumo descendente com despesas sumptuárias, isto é, com o luxo.

Assim, «para que o Estado monárquico se sustente, o luxo deve ir crescendo, do trabalhador ao artesão, ao negociante, aos nobres, aos magistrados, aos grandes senhores, aos grandes colectores fiscais, aos príncipes; de outro modo, tudo estará perdido» (2). Note-se o uso subtil do singular para as três primeiras figuras, oriundas do chamado Terceiro Estado, cujos haveres são devidos ao mérito e esforço individuais, e o uso do plural para as restantes personagens, que não são mais do que castas, cujas riquezas escorrem exclusivamente dos seus privilégios de grupo.

---

(1) Mandeville, vol. I, p. 25.

(2) *EL*, VII.4.

Montesquieu era ríspido: numa monarquia, os pobres ou «morrem de fome» ou trabalham toda a vida e sem cessar para a ostentação alheia. Os contornos da preferência de Montesquieu por um mercado mais popular, mais igualitário, e a sua rejeição do «comércio de luxo» tornam-se mais vincados. E vale a pena chamar a atenção para o facto de ser nesta pouco comentada comparação entre o comércio das monarquias e o comércio republicano que se descobre a intensidade da crítica ao regime das realezas.

Com a ambição e a vaidade à solta, todos querem experimentar as delícias da vida de luxo. É um ambiente que mancha todos os indivíduos: os grandes, que são directamente corrompidos pelo luxo; e os pobres, que «invejam» ou «admiram» a ostentação dos outros. Os pobres têm diante dos seus olhos homens ricos ou outros miseráveis como eles. Odeiam automaticamente a sua miséria sem «amar ou conhecer» o que lhe põe termo.

Todas estas considerações sobre o luxo e a corrupção política emergiram de um contexto intelectual que debatera a questão acaloradamente. Poderíamos até chamar-lhe a «querela do luxo», que atingiu o seu clímax precisamente em meados do século XVIII. Quase sempre a querela do luxo era perspectivada em termos paralelos à famosa «querela entre Antigos e Modernos», isto é, o debate intelectual iniciado no século XVII sobre os méritos literários da Antiguidade Clássica em contraposição com os dos autores modernos. Rousseau, que na querela do luxo foi um partidário dos Antigos, exprimiu a sua posição com a clareza que se lhe exigia.

> Todos os Antigos viram no luxo um sinal de corrupção dos costumes e de fraqueza do governo. As leis sumptuárias são quase tão antigas quanto as próprias sociedades políticas.
>
> Foi com naturalidade que o comércio caiu no mesmo desprezo que o luxo. Os Romanos desprezavam o comércio, os Gregos entregavam-no aos estrangeiros, sendo as artes mecânicas quase inteiramente praticadas por escravos (...).
>
> Numa palavra, nos países onde o dinheiro era desprezado, todos os meios de ganhar algum dinheiro tinham algo de ignominioso ([1]).

([1]) Rousseau, *Le Luxe, le Commerce et les Arts*, *Œuvres Complètes*, Bernard Gagnebin, Marcel Raymond (orgs.), (Paris: Gallimard, 1969), vol. III, p. 517. Ver Adam Ferguson, *An Essay on the History of Civil* (Cambridge: Cambridge University Press, 1996), III.6.

A resposta a esta tomada de posição na querela podia consistir no reconhecimento de que, desde os tempos antigos, houvera um grande progresso num vasto conjunto de práticas sociais e políticas, e que portanto se tratava de um exercício fútil invocar a autoridade dos Gregos e dos Romanos. Mandeville, Hume e Voltaire, por exemplo, ofereceriam algumas das versões mais distintas desta resposta. Além disso, era possível responder à posição crítica do luxo indicando a complexidade e relativa ambivalência da atitude dos filósofos e moralistas antigos relativamente à questão do comércio. Afinal de contas, a Grécia antiga não podia ser identificada exclusivamente com a austeridade espartana. Atenas e Corinto e Rodes estavam lá para refutar essa identificação. Cícero podia servir de representante intelectual dessa ambiguidade. O efeito destas duas possibilidades polémicas era, no entanto, o mesmo: negar, ou pelo menos desvalorizar a derradeira autoridade dos Antigos nesta matéria. O abade Coyer seria alguém que partilhava de ambas as perspectivas ([1]).

De certo modo, Montesquieu também pode ser visto como um autor que reflectia ambas as perspectivas. O seu ecletismo aparentemente excessivo, confuso e insolúvel deve ser entendido à luz da preferência pela outra forma de comércio, pelo comércio republicano ou comércio de «economia». Montesquieu sublinhou o perigo político que o luxo continha. Insistiu na relação directa entre o luxo e a corrupção de regimes potencialmente moderados. Confirmou a degradação a que o luxo condenava a alma humana, como os interesses se particularizavam ao extremo, como um tipo humano duvidoso se formava que não aspirava a mais do que à satisfação dos seus desejos privados e declarava implícita e explicitamente a sua indisponibilidade para responder a solicitações ou imperativos com origem diversa.

Chegou então o momento de verificar as razões da preferência de Montesquieu pelo comércio de economia. Como vimos, a virtude cívica democrática, personificada em homens como Cincinato, Catão, *o Censor*, ou Licurgo, instaurava o governo de uma comunidade que se pretendia frugal, que desconfiava do sucesso individual pela actividade económica, orientada para o bem público em detrimento dos interesses privados, e se necessário reprimindo os interesses privados. Neste contexto, a pro-

([1]) Ver Abbé Coyer, *La Noblesse commerçante* (Paris: Duchesne, 1756).

cura e acumulação de riquezas eram inimigas da ordem política. Em Esparta, ter um ofício e ganhar dinheiro constituíam actividades dignas de escravos, não de um cidadão. Em Roma sucedia o mesmo. Nas *Leis* de Platão, o estrangeiro Ateniense sabia que um grande obstáculo à formação de uma boa cidade era a «paixão pela riqueza» que indisponibilizava o homem que caísse nas suas garras para qualquer coisa que não fosse o seu «lucro diário», pois obrigava-o a concentrar-se de «alma e coração» nesta vil tarefa ([1]).

As «paixões gerais» excitadas pelo princípio do governo, a virtude, devem absorver as «paixões particulares», como a paixão de enriquecer e a vaidade que se satisfaz no luxo. Nenhuma forma de interesse particular deve sobrepor-se à austeridade e frugalidade gerais que têm por missão reconduzir sempre os homens ao amor pela pátria e pelo bem comum. Todas as leis e todos os costumes devem cultivar o amor pela frugalidade, pois só assim se «limita o desejo de ter» nas fronteiras do «necessário» para a família de cada um e do «supérfluo» para a pátria comum. Numa «boa» democracia, a igualdade das fortunas sustenta a frugalidade, assim como a frugalidade sustenta a igualdade das fortunas. São duas coisas que não podem subsistir uma sem outra. Se o desejo de possuir for solto da jaula das leis e dos costumes é certo e natural que a desigualdade das fortunas despontará no seio das comunidades. É da essência das repúblicas prevenir este estado de coisas, pois a desigualdade de fortunas rapidamente transladará para a desigualdade política e para a dissipação da virtude.

O amor pela pátria, ou seja, a virtude de que falavam os Antigos, reduz ao extremo o campo dos interesses económicos. Ora isso quer dizer que a república movida pela virtude cívica não pode ser comerciante. Além disso, só uma república profundamente «corrompida» acolhe os amantes do luxo. Para os Antigos, «a ciência das artes que são de alguma utilidade aos homens que vivem em sociedade está subordinada à grande arte que forma e regula as sociedades» ([2]). O económico curva-se diante do político. Se esta narrativa que brota da querela do luxo for aceite,

---

([1]) Ver Plutarco, *Licurgo*, XXIV; Platão, *Leis*, 831c, 847a-b; *EL*, IV.8, *CGR*, X, XV.

([2]) *P*, nº 197.

pode dizer-se que a modernidade é também a rebelião contra o primado do político.

O que sobra daqui? Que o comércio republicano é uma contradição nos termos. Mas eis que Montesquieu abre a possibilidade de uma república se fundar no comércio. E nestes regimes, em que os indivíduos acumulam grandes fortunas, a república não estará ameaçada? Não se degradarão inevitavelmente os costumes? A resposta de Montesquieu é: *não necessariamente.* É bem possível, embora não seja absolutamente seguro, que a corrupção dos costumes se não instale porque o espírito do comércio traz consigo o «espírito da frugalidade, da economia, da moderação, do trabalho, da sabedoria, da tranquilidade, da ordem e da regra». Estas são propriedades algo próximas das do espírito republicano e, enquanto perdurarem, as riquezas que o espírito do comércio produz não têm «qualquer mau efeito». O mal para o regime só chega quando o «excesso de riquezas» atenta contra o próprio espírito do comércio. Só as desigualdades não reguladas pelo espírito do comércio podem gerar as «desordens da desigualdade», o que quer dizer que desigualdades sustentadas pelo espírito do comércio não colidem necessariamente com as igualdades republicanas.

Em concreto, isso significa que para manter o espírito do comércio é preciso que todos participem nessa actividade (isto é, comercial ou nas artes mecânicas), que esse espírito não seja contestado por nenhum outro espírito contrário que conduza os homens por outras vias. É preciso ainda que «todas as leis o favoreçam», o que em última análise remete para a necessidade universal do trabalho, isto é, que as leis criem um contexto social que devolva todos os cidadãos, ricos e pobres, à condição de trabalhadores. Aos ricos não pode ser permitido uma acumulação de riqueza suficiente que lhes permita cessar o seu trabalho. Aos pobres é necessário dar-lhes o «conforto» suficiente para que possam trabalhar como todos os outros. Por esta perspectiva, uma lei que reparta as heranças igualmente pelos herdeiros é muito positiva, pois assim os filhos serão sempre menos ricos que o seu pai e serão levados a «fugir do luxo e a trabalhar como ele» ([1]).

Estas e outras leis devem evitar que a riqueza adquira uma tal expressão política e social que o trabalho, para os homens que

---

([1]) *EL*, V.6.

possuem essa riqueza, deixe de ser necessário, ou tido como necessário. A intuição aqui expressa indica que a necessidade social de trabalhar deve abraçar os ricos também. Afinal, o ócio é um privilégio dos que não precisam de trabalhar. Em sociedades politicamente desigualitárias o ócio é um sinal importantíssimo de privilégio. Torna-se no mais visível, no mais perceptível, no mais profundo símbolo de desigualdade. Do ponto de vista do trabalho, o lazer converte-se em ócio, e este em preguiça. Ora, o comércio é o verdadeiro inimigo da preguiça. O trabalho, para o qual tudo deve conduzir numa república comerciante, constrói uma base relativamente igualitária de relações sociais. Numa república comerciante tudo tem de exortar ao trabalho, e as leis têm de garantir o retorno de um cidadão rico a «uma tal mediocridade» que ele precise de «trabalhar para conservar ou para adquirir». Esta «mediocridade» não é necessariamente de ordem material, mas de uma ordem essencialmente social ou política. Se todos estiverem sujeitos ao trabalho, incluindo os cidadãos mais ricos, então todos se sentirão, no meio do turbilhão do trabalho universal, *mais iguais*. Esta é uma das razões psicológicas, além daquelas de natureza material, que nos permitem descrever a república comerciante como uma sociedade de classe *média*, o que mais uma vez reforça a impressão de igualdade.

Lendo Montesquieu, aprendemos, num olhar retrospectivo, a reconhecer que as actuais desigualdades económicas registadas nas repúblicas comerciantes modernas são porventura menos gritantes ou menos essenciais do que as desigualdades provenientes do recurso à escravatura e dos privilégios hereditários que isentavam do trabalho as figuras proeminentes da comunidade.

Nos nossos dias, os grandes homens de negócios não se distinguem pelo abandono dos seus assuntos profissionais. É sintomático que as excepções a esta regra sejam invariavelmente encaradas como excentricidades, como recordou em tempos Joseph Schumpeter. Neste sentido muito específico, o modo de vida de ricos e pobres é bastante semelhante, e cada um é visto, com maior ou menor rigor, como parte activa de formação do seu próprio bem-estar. Numa sociedade de trabalho, a república deve garantir que ninguém esteja nas suas margens, quer no lado das verdes pastagens, quer no lado dos estéreis rochedos. Todos devem depender do seu esforço, do seu talento e da sua experiência para ganhar o sustento. Mas talvez mais decisivo para os desígnios de Montesquieu seja o facto de uma república deste tipo revelar uma característica profundamente igualitária: a possibilidade de recompensa do mérito pessoal. Ao contrapor repúblicas às monarquias, Montesquieu afirmava que nas primeiras existem «mais meios de se ter êxito pelo mérito pessoal, e, por conseguinte, menos de se ter êxito através de baixezas» (1).

Vemos todas as virtudes do comércio de economia ganharem vida na república antiga de Marselha. O que não era mais do que um exercício de abstracção no livro V adquire actualização concreta no livro XX. Nesse passo vemos a indústria, a justiça, a moderação e a frugalidade como partes integrantes dos conteúdos de vida de Marselha. Aquelas são virtudes *necessárias,* não só porque constituem o efeito do espírito do comércio, mas também porque são reacções indispensáveis à necessidade de sobreviver. As circunstâncias hostis tornam todos os homens *igualmente* fugitivos. Como acrescenta Pierre Manent, «o comércio de economia é o meio que converte a virtude num meio de um fim necessário – de uma fuga necessária» (2). Esta luta pela sobrevivência está na *origem* do comércio. A luta pela sobrevivência descreve o desejo de todos os homens e constitui um dos traços que afirmam pelo menos uma aproximação à igualdade natural de todos os seres humanos. Assim, existe um elemento que é partilhado tanto pelas *origens* do comércio, como pelos seus momentos comuns consumados com o triunfo das *origens*: a igualdade.

Com uma notável argúcia, Montesquieu discerniu uma característica distintiva e fundamental da prática do comércio, e que é muitas vezes esquecida nas inúmeras críticas das economias de mercado dos nossos dias. Montesquieu escreveu: «O comércio é a profissão das pessoas iguais» (3). Eis a chave de compreensão da relação entre o comércio e a democracia. E por democracia deve entender-se tanto a democracia antiga, mas sobretudo a democracia moderna. Porquanto numa sociedade de iguais de direito, as posições sociais deixam de ser determinadas autoritativamente, deixam de estar inscritas nas próprias instituições políticas (4). Não foi a coincidência que ditou que Montesquieu escre-

(1) *P*, nº 232.
(2) Manent, pp. 58-59.
(3) *EL*, V.8.
(4) Manent, p. 151.

vesse que o comércio é «a profissão das pessoas iguais» num capítulo dedicado às leis no governo *aristocrático*.

Uma certa igualdade, uma igualdade de direito, não só decorre da igualdade de todos os homens no que respeita ao seu desejo de fugir à violência e à humilhação, mas também encontra o seu lugar na sociedade moderna como uma condição necessária para o funcionamento da república comerciante. Pois é uma república comerciante que se converte aqui no ponto de referência, em que o valor das coisas e dos homens não está sujeito a uma determinação que transcende o domínio das interacções constantes e repetidas entre os homens. É no meio dessa igualdade fundamental, e sem a qual não existe mercado, nem república comerciante, que todas as desigualdades flutuantes – e por essência transitórias – se desenvolvem. É dentro deste enquadramento protector gerado pelas relações de igualdade entre os cidadãos que toda a actividade própria da vida comercial é levada a cabo. Por sua vez, a actividade comercial tem como consequência necessária a desigualdade na aquisição de bens materiais e no prestígio social.

A desigualdade que resulta da lógica comercial consiste no efeito espontâneo do facto de alguns indivíduos serem mais capazes, mais talentosos, mais astutos e mais bafejados pela sorte. Porém, esta desigualdade não contradiz a igualdade básica que sustenta a sociedade que acolhe o espírito do comércio. A república comerciante é o regime da igualdade e da desigualdade, no sentido em que a última resulta da primeira. A desigualdade no valor das coisas e dos homens é criada e recriada por homens que se reconhecem uns aos outros como fundamentalmente iguais, e já não como seres que julgam pertencer a «espécies» diferentes ([1]). Neste aspecto, as repúblicas comerciantes são fundamentalmente democráticas, pois, como Montesquieu prevenia, numa democracia «toda a desigualdade deve ser extraída da natureza da democracia e do próprio princípio da igualdade» ([2])

Em certo sentido, talvez fosse possível dizer, como propuseram alguns comentadores ([3]), que Montesquieu concebeu dois

---

([1]) Ver Tocqueville, *Da Democracia na América*, I.ii.v, I.II.ii.

([2]) *EL*, V.5.

([3]) Por exemplo, David Carrithers, "Democratic and Aristocratic Republics: Ancient and Modern" in *Montesquieu's Science of Politics*, David Carrithers, Michael

tipos diferentes de virtude republicana. Por um lado, a virtude que fizera cidades como Esparta mover-se e levara os seus cidadãos a servi-las e a sacrificar-se pela pátria austera, autárcica e pobre. Por outro lado, uma outra virtude mais moderna, que sustentava a república comerciante e motivava o cidadão a adquirir mais e mais fortuna, através de meios honestos e pacíficos, sem ser tentado pelo prazer imediato, nem pela ostentação que a sua fortuna sempre crescente poderia proporcionar. Enquanto o primeiro tipo de virtude se tornaria instável quando o «espírito da extrema igualdade» a assaltasse, o segundo seria ameaçado quando o «excesso de riquezas» semeasse a desigualdade ([1]). O que poria a virtude em risco não seria tanto o crescimento da riqueza, que é o efeito natural da actividade comercial ininterrupta, antes a desigualdade na sua posse. No entanto, tal leitura não tem um suporte textual aceitável. O que move a república comerciante é um outro espírito distinto do da virtude cívica. Além disso, Montesquieu avisou que só um certo tipo específico de desigualdade destruía o espírito do comércio.

Combinando o espírito do comércio com o *ethos* republicano, Montesquieu procurou conciliar o que parecia ser inconciliável. Disse que o espírito da frugalidade é trazido pelo comércio. Trata-se de um realinhamento da frugalidade, é certo. A igualdade e a frugalidade republicanas já não dependem da repressão violenta dos desejos particulares. Há uma nova igualdade que preenche os requisitos republicanos: a igualdade perante a lei e perante o poder político, e que sustenta o acesso à riqueza através do trabalho, do mérito e da oportunidade. Por sua vez, o exemplo de alguém que se notabiliza na sociedade pela acumulação de riquezas rapidamente se constitui numa poderosa exortação ao trabalho e à indústria ([2]).

Assim, é indubitável que a virtude perde a sua primazia na estruturação do espírito republicano, sobretudo quando se tem em conta os comentários sobre o espírito do comércio no início do livro XX, onde se pode ler que o comércio quase sempre traz consigo costumes brandos, ou que os costumes brandos e o

---

Mosher, Paul Rahe, orgs. (Lanham: Rowman & Littlefield Publishers, 2001), pp. 128, 132-133; Binoche, pp. 117-118.

([1]) *EL*, VIII.3, V.6.

([2]) *EL*, XX.22, V.19; *P*, nº 69; *CP*, nº 106.

comércio são simultâneos numa dada ordem política. Os costumes brandos são essencialmente diferentes, se é que não contrários, dos costumes «puros». Dizer que o comércio amacia os costumes «puros» é dizer que esvazia de algum modo o ardor da virtude política e a pureza da honra nobiliárquica, que abre os costumes que se foram cristalizando num contexto de fechamento relativamente ao estrangeiro. *Puro* significa aqui não diluído por outras influências e determinações, quer provenientes de outros costumes, quer de outras experiências. Assim, os costumes «puros» estão de modo particularmente evidente associados (não só, mas também) à virtude republicana e ao fechamento das sociedades. Com o comércio e a consequente abertura da comunidade, é a simplicidade originária da virtude ligada a uma vida austera que é «corrompida». Em certo sentido, poder-se-ia dizer que os costumes «puros» são os costumes viris, e que os «corrompidos» chegariam a ser frívolos. Por outro lado, esta consideração significa que a admiração pela vitalidade da alma que a vida de virtude política exibia é notavelmente temperada pela censura da sua rigidez, que pode levar à ferocidade, à opressão e a práticas desumanas. É por isso que se diz que os costumes são «aperfeiçoados». Conjugando com o que aprendemos sobre o espírito do comércio no livro V, percebe-se que a tranquilidade, a ordem e a regra promovem a liberdade individual, ou pelo menos a moderação política, que Montesquieu não dispensava.

Percebe-se também que a filosofia e o comércio se entreajudam na orientação do homem rumo à sua humanização ([1]). O republicanismo reformado pelo espírito do comércio parece ser a tendência histórica mais salutar dentre as que são impostas pela ascensão da condição moderna. Ou pelo menos constitui o único modo de o republicanismo sobreviver nos tempos modernos. A moderação absorve uma grande parte da energia do zelo republicano sem extinguir por inteiro o seu espírito. Este, esvaziado ou, noutras palavras, moderado, perde os seus extremos distintivos – a glória e a grandeza, por um lado; o horror moral, por outro – encontrando-se um meio-termo apropriado à vida moderna.

Se é verdade que a liberdade pode perdurar sem comércio em alguns momentos históricos, é ainda mais verdadeiro dizer

---

([1]) Comparar *EL*, XV.3 com XX.1.

que sem liberdade não há comércio. Na medida em que a prosperidade das relações comerciais pressupõe confiança e segurança, o espírito do comércio só se considera bem acolhido em regimes que promovem «aquela tranquilidade de espírito que provém da opinião que cada um tem da sua segurança» ([1]). O comércio e o governo moderado são dois caminhos que inevitavelmente se cruzam e acabam por se confundir. Invertendo os termos da discussão, pode dizer-se que o despotismo é o inimigo mortal do comércio e que o medo não pode acompanhar o espírito do comércio. Mas o comércio pode ser interpretado como uma resposta humana ao medo, à vexação, à adversidade e à ameaça da penúria.

A raiz psicológica da actividade comerciante está bem patente na experiência de Marselha. A acumulação de riquezas corresponde à necessidade de adquirir protecção. Esse desejo de protecção advém de uma ansiedade fundamental que resulta da experiência da desordem ou da fricção entre o sujeito indefeso e o ambiente humano e natural que o rodeiam. É a resposta a uma percepção de ameaça – da penúria da natureza ou dos outros homens –, é a tentativa de ordenar e de humanizar o que está em desordem e atenta contra um aspecto básico da humanidade do homem. Porém, é preciso sublinhar que o triunfo do comércio por si mesmo não gera uma ordem política livre. Essa tarefa é essencialmente política. Talvez seja por essa razão que Montesquieu escreva que o facto de os seus «bens estarem mais fora do alcance do Soberano» é que faz que as gentes comerciantes sejam mais «independentes», ao invés de as descrever como mais *livres*. Montesquieu era cauteloso. Preferiu utilizar o termo «independência», que implicava certamente a negação da servidão, mas que não correspondia inteiramente à *liberdade política*. A liberdade era própria do cidadão. A independência presidia a uma associação de fugitivos, como seres viandantes na floresta ([2]).

A rejeição da autonomia da vida económica relativamente à política tem um outro reflexo manifesto na obra de Montesquieu. O autor nunca adoptou a perspectiva do mercador, nem do agente económico, na análise dos problemas humanos. Tentou sempre aproximar-se da perspectiva do Legislador. Montes-

---

([1]) *EL*, XX.4, XXI.5, XI.6, XII.2.

([2]) *EL*, XX.5; *P*, nº 1807.

quieu reproduzia a preocupação de Cícero: «Quem é que constitui o bom partido? Serão as gentes do comércio e do campo? Não, a menos que imaginemos que se opõem à monarquia, elas para quem todos os governos são iguais desde que estejam em tranquilidade» ([1]). Ora, para Cícero assim como para Montesquieu, os governos *não* eram iguais. O conhecimento e a responsabilidade do Legislador não permitiam tamanha ilusão. A perspectiva do Legislador podia, e devia, integrar e acomodar a perspectiva do agente económico. Mas este, pela sua natureza, não seria capaz de ascender às alturas da tarefa política fundamental. A visão pura do agente económico não era suficientemente ampla para recomendar mais do que a *tranquilidade* a todo o custo.

Tanto o comércio de economia, como o comércio de luxo são *formas* de comércio. Em ambos «tudo é trocado» ([2]). O seu denominador comum é óbvio: a submissão mais ou menos equivalente do económico à sua própria racionalidade imanente. Poderíamos até dizer que essa racionalidade está condensada na noção aristotélica de *crematística* ([3]). Em contrapartida, como Larrère indica ([4]), as diferenças entre as duas formas de comércio residem nos seus respectivos fins. No caso da forma de comércio apropriada para as monarquias, o comércio é apenas um meio para um fim muito diferente, a satisfação do «orgulho, das delícias e das fantasias». Já o objecto do comércio de economia é o próprio comércio. O comércio adquire um sentido imanente na repetição incessante das mesmas práticas económicas. Estas não adquirem qualquer significância provinda de um fim externo. Ganha-se para investir. Investe-se para ganhar mais. *Os homens trabalham para trabalhar* ([5]).

Neste tipo de república, a pobreza deve ser interpretada em termos novos, fornecidos exclusivamente pelo mundo do trabalho. É do acesso ao mundo do trabalho que depende a condição económica de um homem. Excluído desse mundo ele é pobre,

---

([1]) *EL*, XVIII.1.

([2]) *P*, nº 336.

([3]) *Política*, 1256a-1260b.

([4]) Catherine Larrère, «Montesquieu on Economics and Commerce» in *Montesquieu's Science of Politics*, p. 348.

([5]) Manent, pp. 155-156.

no sentido próprio do termo ([1]). O mundo do trabalho, a que rico e pobre pertencem numa república comerciante, disponibiliza um espaço comum de actividade. Nas sociedades politicamente desigualitárias este espaço não existe. Neste aspecto crucial, o mundo comerciante é mais igualitário do que o mundo não-comerciante.

É preciso, pois, compreender o alcance da proposição segundo a qual a «opulência está nos costumes e não na riqueza enquanto tal» ([2]).

A riqueza «sumptuária», que tinha como fim a demonstração de um conteúdo de vida superior, perde o seu lugar. Todo o consumo tende agora a ser pura e simplesmente privado, e embora possa ser muito desigual e até ostentador, já não tem significado público, já não manifesta publicamente a afirmação de um modo de vida esplendoroso sobre modos de vida vulgares e *inferiores*. Não que o comércio apague a distinção entre os grandes e os plebeus. Mas o comércio contribui para iludir essa diferença. Quando os grandes, no tumulto do mercado, «não exibem qualquer distinção, quando se confundem com o povo, quando se vestem como ele, quando partilham os seus prazeres com ele, o povo esquece a sua fraqueza» ([3]). O homem rico pode permitir-se gozar de mais prazeres e conforto do que a maioria dos homens. Mas esses prazeres privados não adquirem uma representação que exceda muito o seu significado subjectivo. Permanecem *privados* e, portanto, *iguais* ([4]).

A «indústria» dos homens aparece como um justo meio entre, por um lado, a ociosidade, e, por outro, o espírito de conquista. Uma sociedade industriosa acumula as vantagens da actividade, o poder e a prosperidade ([5]). É pela manifestação dessa energia colectiva que é a «indústria» que se mantêm afastadas as garras do despotismo. Afinal, «a servidão começa sempre com o sono». A passividade e indolência associadas à ociosidade criam um vazio que será inevitavelmente preenchido pelo comando arbitrário. Mas «um povo que em nenhuma situação repousa (...)

([1]) *EL*, XXIII.29.

([2]) *CGR*, X.

([3]) *EL*, V.8.

([4]) Manent, p. 153.

([5]) Guillaume Barrera, *Les lois du monde. Enquête sur le dessein politique de Montesquieu* (Paris: Gallimard, 2009), p. 17.

dificilmente poderia adormecer» (1). O trabalho é o contrário da preguiça e o seu verdadeiro inimigo, a preguiça, esse sumidouro de «paixões e virtudes», usurpadora de «todos os projectos» e de «todas as acções» da vida dos homens (2). Para Montesquieu, o homem dominado pela preguiça é a presa mais dócil da escravatura, em parte por se diminuir na sua humanidade, em parte porque vê esvair-se o seu ânimo vital.

Montesquieu acrescentava o trabalho à lista de qualidades que cultivam a virilidade: o homem é um ser que deve trabalhar. O comércio revelava assim a sua relação de adversidade com o despotismo: sugeria permanentemente objectos ao espírito, ao desejo e à vontade, e esse era o meio mais seguro de «dar vida às nossas acções». Sobretudo nos países onde predominava o comércio de economia, eram levadas a cabo «grandes empresas» que confirmavam a confiança e o orgulho que os homens tinham em si próprios (3).

Como se viu, neste novo contexto, a carência provocada pela expansão infinita do desejo deixa de ser a definição de pobreza. Esta passa a estar ligada, mais do que a qualquer outra coisa, ao acesso ao mundo do trabalho – ou à falta dele. É, pois, o trabalho, e não a virtude, que constitui a condição de superação da pobreza. Mais do que matéria de riquezas, a pobreza é a ausência de uma experiência social, é a exclusão do mundo comum de actividade que move a república comerciante.

Assim que se reconhece na república comerciante uma totalidade com um espírito próprio, o legislador assume como tarefa política primordial o ajustamento perpétuo da sociedade à dinâmica do espírito que lhe dá corpo e vida. Isso produz a consequência óbvia do favorecimento do espírito do comércio, mas também aponta para um enquadramento político-institucional daqueles que o espírito do comércio, por assim dizer, deixa para trás. Montesquieu abordou o problema directamente, o que talvez o converta no primeiro grande filósofo político daquilo que hoje conhecemos como «Estado-Providência». Enquanto actividade social, o comércio introduz na comunidade, como preço pela prosperidade que gera, uma certa instabilidade nas

---

(1) *EL*, XIV.13.

(2) La Rochefoucauld, *Maximes*, nº 266.

(3) Ver Tocqueville, I.ii.10, II.ii.19-20.

fortunas. Nos Estados comerciantes, os homens nada têm como meio de subsistência senão a sua «arte». Cada homem está na estrita dependência da remuneração do seu trabalho. Ora, foi aqui que Montesquieu procurou justificar e legitimar instituições assistenciais, não em termos pura e simplesmente morais, mas políticos, isto é, nos termos das exigências da cidadania e nos termos do próprio espírito do comércio.

Para começar, os velhos, doentes e órfãos, cujas necessidades, num Estado comerciante não podem ser saciadas pelo seu próprio trabalho, impõem ao Estado político o dever de garantir a sua sobrevivência e o seu relativo conforto. Neste caso, não há alternativa a recorrer aos frutos do trabalho daqueles que afortunadamente são capazes de gerar riqueza. São estes que permitem o sustento dos outros que estão incapacitados de obter esses recursos por eles mesmos.

Mas Montesquieu subiu a fasquia. Considerando intolerável a indigência no meio da prosperidade, Montesquieu atribuía ao Estado o «dever» de garantir a *todos* os cidadãos uma «subsistência assegurada», a inevitável «alimentação», «vestuário conveniente», e «um género de vida que não seja contrário à saúde». O homem *e* o cidadão precisam de assistência no decorrer das suas vidas. Contudo, ao contrário de algumas correntes que preferem encaixar a defesa do «Estado-Providência» no posto da luta contra os malefícios da sociedade «burguesa», Montesquieu parece apresentar os seus «hospitais» como instituições paradigmaticamente «burguesas». A sua função, tal como o «Estado-Providência» moderno, inscreve-se directamente na formação da opinião que cada um tem da sua própria segurança, neste caso, não da segurança face ao abuso do poder político, mas contra as flutuações adversas da vida comercial. Em última análise, o «Estado-Providência» devidamente racionalizado é uma instituição tão «*burguesa*» quanto as instituições do mercado livre, pois ambas de modos diversos concorrem para o sentimento de segurança face às contingências ameaçadoras da vida.

Porém, só as riquezas trazidas pelo comércio e pelas artes permitem financiar uma protecção social deste tipo. Se é verdade que onde existem muitos «ramos» de comércio é impossível que um desses ramos não sofra e, consequentemente, não coloque os «trabalhadores numa necessidade momentânea», não é menos verdade que é a prosperidade de todos os outros ramos de comércio que gera os recursos suficientes para *temporariamente* cobrir essa necessidade. Uma nação que seja pobre não alivia o sofrimento de ninguém. A economia deve ser produtiva de modo a prover um nível material de existência aceitável e a produzir um excedente que permita o alívio da miséria individual. Ninguém pode argumentar que a vida boa se ampara entre a fome e a miséria. Para Montesquieu, não havia nada de nobre e belo na dependência da esmola ([1]).

No entanto, pensar na função destas instituições obriga também a pensar nos abusos a que estão sujeitas, e nas consequências malignas que podem produzir. O espírito do comércio requer indústria e iniciativa, qualidades que podem ser postas em causa pelo «espírito de preguiça» despertado pelo acesso fácil e permanente à protecção social do Estado. É este o perigo a evitar a todo o custo. O desafio é pois garantir que estas instituições sejam outros tantos dinamizadores da actividade da sociedade, ou do espírito do comércio, e não sugadores da sua energia. Daí que Montesquieu recomendasse o auxílio estatal *imediato*, mas *passageiro*, às vítimas dos acidentes da fortuna.

Podemos adicionar mais um factor na elaboração de um socorro estatal das vítimas da penúria. A sociedade comerciante permite que a sorte dos seus cidadãos seja díspar. Isto é, um homem pode empobrecer vendo os seus vizinhos enriquecer prodigiosamente. Em princípio, este pode ser um elemento de fractura no entendimento partilhado do bem (e do mal) comum. Não existe bem (ou mal) *comum*, pois eu vejo o meu bem ser totalmente oposto ao do meu vizinho; as nossas visões da comunidade ameaçam não ser conciliáveis. Num mundo sem virtude, os interesses disparam em direcções contrárias e o conflito interno vai sendo semeado. Se os homens já eram mais «confederados» do que cidadãos, esta nova lógica acentua o isolamento dos indivíduos. Os miseráveis não se juntam à parceria que constitui a verdadeira cidadania, não estão envolvidos por laços políticos, nem sociais, cuja força deriva da comunidade de reveses e sucessos. A sua infelicidade é inevitável já que «ninguém gosta de não contar para nada na Sociedade». Como em Nápoles, onde «cinquenta mil homens vivem só de erva, e cujos bens perfazem a

([1]) *EL*, XXIII.29; VII.1.

metade de um hábito de pano». Eles são «as pessoas mais infelizes da Terra» (1).

Sob o governo da virtude tudo seria presumivelmente diferente. «Um homem verdadeiramente virtuoso deveria ser levado a socorrer o homem mais desconhecido como o seu próprio amigo»; o seu «coração» não estaria afastado do dos seus concidadãos. Para todos os efeitos, tal não é a condição dos tempos modernos. Os cidadãos, que deveriam estar ligados por todo o tipo de elos, permanecem «isolados», com os seus interesses completamente «particularizados». Restava, portanto, a acção do Estado, enriquecido com a indústria dos seus cidadãos, para suprir a extinção da virtude (2). Segundo este entendimento, a acção que visava reduzir os riscos da vida numa sociedade comerciante era decisiva para a sobrevivência de uma sociedade desse tipo. O «Estado-Providência» carrega consigo a missão global de integrar num mundo comum os que tendem a ficar nas suas margens, de salvar a sociedade comerciante da revolta daqueles que nela só conseguem ver uma batalha eternamente perdida, e, finalmente, cumprir os dois primeiros propósitos sem destruir o espírito que a anima.

MIGUEL MORGADO

---

(1) *P*, nº 1056; *CGR*, XIV.
(2) *P*, nº 604.

Nota do Tradutor

Esta tradução seguiu o texto reproduzido na edição das *Oeuvres complètes* da Pléiade, da responsabilidade de Roger Caillois. Trata-se do texto da edição de 1757. Na edição portuguesa apenas foram feitas ligeiras alterações no sentido de actualização da pontuação.

Do Espírito das Leis foi uma obra que consolidou o uso moderno das notas de rodapé. Na presente edição as notas de Montesquieu foram numeradas. As notas e comentários do tradutor foram assinalados com asteriscos (*) e finalizadas com (N. T). Nalguns casos, as notas foram retiradas da edição de Caillois, e estão devidamente assinaladas com a referência (ed. Caillois).

DO ESPÍRITO DAS LEIS

OU DA RELAÇÃO QUE AS LEIS DEVEM TER COM
A CONSTITUIÇÃO DE CADA GOVERNO,
COM OS COSTUMES, COM O CLIMA, COM A RELIGIÃO,
COM O COMÉRCIO, ETC.

AO QUE O AUTOR ACRESCENTOU

DAS NOVAS INVESTIGAÇÕES SOBRE AS LEIS ROMANAS
RESPEITANTES ÀS SUCESSÕES, SOBRE AS LEIS FRANCESAS
E SOBRE AS LEIS FEUDAIS (*)

Prolem sine matre creatam.

(*) O subtítulo ou a explanação do título não foi da autoria do próprio Montesquieu. Foi acrescentado por Jacob Vernet, o corrector genebrino das provas do manuscrito de *Do Espírito das Leis*, que lhe chamou «a adição explicativa do título». Sabemos que Montesquieu não ficou particularmente satisfeito com os erros e abusos da primeira edição, mas não se conhece qualquer protesto explícito pela introdução do subtítulo (N. T.).

Advertência do Autor (*)

Para a compreensão dos quatro primeiros livros desta obra, é preciso observar que aquilo a que chamo a *virtude* na república é o amor à pátria, isto é, o amor à igualdade. Não é uma virtude *moral*, nem uma virtude cristã, é a virtude *política*; e esta é a mola (**) que faz mover o governo republicano, tal como a *honra* é a mola que faz mover a monarquia. Chamei, então, *virtude política* ao amor da pátria e da igualdade. Tive ideias novas; por isso, foi necessário encontrar palavras novas, ou dar novas acepções às antigas. Os que não compreenderam isto fizeram-me dizer coisas absurdas, e que seriam revoltantes em todos os países do mundo; porque, em todos os países do mundo, quer-se a moral.

2º – É preciso ter atenção à grande diferença que existe entre dizer que uma certa qualidade, modificação da alma, ou virtude, não é a mola que faz agir um governo, e dizer que ela não se encontra nesse governo. Se eu dissesse: esta roda, aquele carreto, não são a mola que faz mover este relógio, concluir-se-ia daí que não se encontram no relógio? De igual modo, não só as virtudes

---

(*) Esta advertência foi introduzida apenas na edição de 1757, correspondendo ao desejo expresso por Montesquieu de clarificar alguns objectos de controvérsia na sua obra, e que tinham multiplicado «objecções que nunca estão baseadas no sentido, mas nas palavras» (carta ao duque de Nivernais, 26 de Janeiro de 1750). A clarificação, se é que é disso que realmente se trata, visava sobretudo apaziguar as críticas de leitores defensores da monarquia francesa e de membros da Faculdade de Teologia de Paris (N. T.).

(**) «*Ressort*» no original. Exprime o significado de *força* ou de *pulsão* recorrendo à linguagem da mecânica da época (N. T.).

morais e cristãs não são excluídas da monarquia, como tão-pouco a virtude política o é. Numa palavra, a honra está na república, embora a virtude política seja a sua mola; a virtude política está na monarquia, embora a honra seja a sua mola.

Enfim, o homem de bem do qual se trata no livro III, capítulo 5, não é o homem de bem cristão, mas o homem de bem político, que possui a virtude política de que falei. É o homem que ama as leis do seu país, e que age por amor às leis do seu país. Dei uma nova luz a todas essas coisas na presente edição, fixando ainda mais as ideias; e, na maior parte das ocasiões em que me servi da palavra *virtude*, escrevi *virtude política*.

Prefácio

Se, na quantidade infinita de coisas que estão neste livro, houver alguma que, contrariamente à minha expectativa, possa ofender, pelo menos não há nenhuma que tivesse sido introduzida com má intenção. Não tenho naturalmente um espírito desaprovador. Platão agradecia ao céu por ter nascido no tempo de Sócrates; e eu dou-lhe graças por me ter feito nascer no governo em que vivo, e ter querido que eu obedecesse àqueles que me fez amar.

Peço uma graça que receio que não me seja concedida: a de que não se julgue, pela leitura de um momento, um trabalho de vinte anos (*); que se aprove ou condene o livro inteiro, e não algumas frases. Se se quiser procurar o desígnio do autor, pode-se efectivamente descobri-lo no desígnio da obra.

Comecei por examinar os homens, e acreditei que, nessa infinita diversidade de leis e de costumes (**), eles não eram conduzidos unicamente pelas suas fantasias (***).

(*) Ver *P*, nº 203 (N. T.).

(*) *Moeurs* no original. Ao longo do texto Montesquieu recorreu a *moeurs* e a *coutumes*. Ambas as palavras foram traduzidas por *costumes*. Mas vale a pena indicar assim as distinções. *Moeurs* tem um sentido moral-comportamental, tal como o alemão *Sitten*, e engloba a moralidade ou eticidade de um povo ou de um regime político, e pode até remeter para uma fonte de normas morais ou pré-morais. Em português acedemos a este sentido com as expressões quotidianas «*bons costumes*» ou «*brandos costumes*». Costumes enquanto *moeurs* designam as práticas e instituições humanas não jurídicas, ou as constrições específicamente humanas que regulam a acção humana e que dispensam a coacção penal. Por outro lado,

Coloquei os princípios, e vi os casos particulares conformarem-se-lhes como se por si mesmos; vi as histórias de todas as nações não serem mais do que as suas consequências; e vi cada lei particular ligar-se a uma outra lei, ou depender de uma outra mais geral.

Quando me virei para a Antiguidade, procurei apreender o seu espírito, para não considerar como semelhantes casos realmente diferentes; e não perder as diferenças dos casos que me pareciam ser semelhantes.

Não tirei os meus princípios dos meus preconceitos, mas da natureza das coisas.

Aqui, muitas verdades só se farão sentir depois de se ter visto o encadeamento que as liga a outras. Quanto mais se reflectir sobre os detalhes, mais se sentirá a certeza dos princípios. Não forneci todos esses detalhes. Pois quem poderia dizer tudo sem provocar um tédio mortal?

Não se encontrará aqui os traços salientes que parecem caracterizar as obras de hoje. Assim que as coisas são vistas com uma certa amplitude, as saliências desvanecem-se; normalmente, elas só nascem porque o espírito se lança por inteiro para um lado, e abandona todos os outros.

Não escrevo para censurar o que está estabelecido em qualquer país que seja. Cada nação encontrará aqui as razões das suas máximas; e naturalmente tirará daqui esta consequência, a de que só cabe propor mudanças aos que nasceram suficientemente afortunados para penetrar com um golpe de génio toda a constituição do Estado.

Não é indiferente que o povo seja esclarecido. Os preconceitos dos magistrados começaram por ser os preconceitos da nação. Em tempos de ignorância não se tem qualquer dúvida,

---

coutumes tem um sentido propriamente jurídico, decorrente do latim *consuetudine*, indicando o costume comunitário, o costume jurisprudencial, o costume com força de lei ou que institui uma fonte de normas jurídicas. É quase um sinónimo da expressão «direito consuetudinário». Nos livros dedicados a matérias mais especificamente políticas ou morais, predomina o termo *moeurs*. Nos livros mais concentrados em questões jurídicas, como é o caso dos últimos livros da obra, a palavra *coutumes* sobressai (N. T.).

(***) Ver La Rochefoucauld, *Maximes*, nº 163: «Há uma infinidade de condutas que parecem ridículas, e cujas razões ocultas são muito sábias e muito sólidas» (N. T.).

mesmo quando se fazem os maiores males; em tempos de luzes, treme-se mesmo quando se fazem os maiores bens. Sentem-se os abusos antigos, vê-se a sua correcção; mas vêem-se também os abusos da própria correcção. Deixa-se ficar o mal, se receamos o pior; deixa-se ficar o bem, quando se está em dúvida sobre o melhor (*). Consideram-se as partes apenas para julgar o todo no seu conjunto; examinam-se todas as causas para ver todos os resultados.

Se pudesse fazer que todos tivessem novas razões para amar os seus deveres, o seu príncipe, a sua pátria, as suas leis; que se pudesse sentir melhor a sua felicidade em cada país, em cada governo, em cada posto em que se encontram, julgar-me-ia o mais feliz dos mortais.

Se pudesse fazer que aqueles que mandam aumentassem os seus conhecimentos sobre o que devem prescrever, e que aqueles que obedecem encontrassem um novo prazer em obedecer, julgar-me-ia o mais feliz dos mortais.

Julgar-me-ia o mais feliz dos mortais, se pudesse levar os homens a curar-se dos seus preconceitos. Aqui, chamo preconceitos, não ao que faz que se ignorem certas coisas, mas ao que faz que se ignore a si mesmo.

É ao procurar instruir os homens que se pode praticar essa virtude geral que abrange o amor de todos. O homem, esse ser flexível, que na sociedade se dobra aos pensamentos e impressões dos outros, é igualmente capaz de conhecer a sua própria natureza quando lhe é mostrada, e de perder até o seu sentimento quando ela lhe é ocultada (**).

Comecei muitas vezes esta obra, e muitas vezes abandonei-a; em mil ocasiões lancei aos ventos (1) as folhas que escrevera; todos os dias senti as mãos paternas caírem (2); seguia o meu

(*) A disposição essencialmente moderada de Montesquieu é um dos temas que atravessa a obra, e é aqui associada a um certo antiperfeccionismo. Esta disposição é igualmente importante para moderar ou conter as consequências práticas de alguns aspectos mais radicais do seu pensamento. Ver também *P*, nº 1920, 630 – máximas XII, XIII, XIV, 1918 (N. T.).

(**) Ver *P*, nº 579 (N. T.).

(1) *Ludibria ventis* [«Joguete dos ventos». Citação de Virgílio, *Eneida*, VI, v. 75].

(2) *Bis patriae cecidere manus*... [«Por duas vezes, a mão paternal caiu...». Citação de Virgílio, *Eneida*, VI, v. 33].

objecto sem formar um desígnio; não conhecia nem as regras, nem as excepções; só encontrava a verdade para perdê-la. Mas, quando descobri os meus princípios, tudo o que procurava veio a mim; e, no decurso de vinte anos, vi a minha obra começar, crescer, avançar e terminar.

Se esta obra tiver sucesso, devê-lo-ei muito à majestade do meu assunto; contudo, não creio que estivesse inteiramente destituído de génio. Quando vi o que tantos grandes homens, em França, em Inglaterra e na Alemanha, escreveram antes de mim, fiquei admirado; mas não perdi a coragem: «E eu também sou pintor» ([1]), disse eu com Corregio.

([1]) *Ed io anche son pittore.*

Primeira parte

Livro I
Das leis em geral

Capítulo I
Das leis na sua relação com os vários seres

No seu significado mais amplo, as leis são as relações necessárias que derivam da natureza das coisas. E, nesse sentido, todos os seres têm as suas leis; a Divindade ([1]) tem as suas leis; o mundo material tem as suas leis; as inteligências superiores ao homem têm as suas leis; os animais têm as suas leis; o homem tem as suas leis ([*]).

([1]) A lei, diz Plutarco, é a rainha de todos, mortais e imortais. No tratado *Que é Necessário que um Príncipe Seja Sábio.*

([*]) À primeira vista, o termo leis aqui empregue reflecte uma relação de causalidade entre determinante e efeito. Poder-se-ia dizer que se trata de «leis» no sentido físico do termo (embora digam respeito tanto ao mundo físico como humano), na medida em que o efeito não é menos do que uma consequência necessária de uma causa inteligível. A causalidade, neste sentido, seria a condição de inteligibilidade num mundo que não é governado pela «fortuna». Se porventura a diversidade do mundo humano, por aparentar o caos e a desordem, nos assombra é porque nos esquecemos que todos os «acidentes particulares» são arrastados pelo «andamento principal» (*CGR*, XVIII). Em qualquer caso, as leis da «conservação» das coisas são sempre expressão de uma razão «primitiva», e para Montesquieu, se «o legislador da teocracia é o intérprete de Deus», então o legislador do Estado moderno deverá ser «o intérprete da Razão» (Starobinski, p. 67).

Mas a noção de «lei» é mais abrangente. Inclui o entendimento de lei como um comando emanado do legislador, aquilo a que Raymond Aron chamou «lei-comando». Não me parece que esta dualidade (lei-causa/lei-comando) manifesta na interpretação de Aron seja particularmente profícua, mas se se quiser mantê-la convém acrescentar que, embora as leis-causais tenham uma relação íntima com as leis-comandos, pois as primeiras podem dar conta das segundas, na realidade a relação não termina aí. Também as leis positivas devem, por sua vez, ser pensadas, como determinantes. Estes dois tipos de lei relacionam-se numa permanente reciprocidade e não num mero fluxo unívoco e determinista. Ou, como esclarece Goldschmidt (p. 53), são relações, não de causalidade, mas de *conveniência*. Isto não quer dizer que a decisão política ou as regras jurídicas humanamente criadas sejam coadjuvadoras de ordem, ou que correspondam infalivelmente às essenciais relações de «conservação». Pelo contrário, o homem, sendo livre e «limitado», é um ser capaz de violar as suas próprias leis. Apenas quer dizer que a decisão política não está pré-determinada e que resulta da aplicação particular da «razão humana». A margem de manobra do político e do legislador é mantida; o lugar para a decisão prudente é irredutível. Neste aspecto particular, descobre-se uma recuperação do espírito da ciência política aristotélica.

Essas relações infinitas e infinitamente recíprocas («as leis têm inúmeras relações com inúmeras coisas» – *DEL*, p. 1029) são o que Montesquieu chama «o Espírito das Leis», e constituem o verdadeiro objecto do seu estudo: «a lei de todas as leis é a sua forma relacional» (Goyard-Fabre, p. 11). As leis humanas tendem a seguir essas relações, e «como [estas] variam sem cessar, [aquelas] modificam-se continuamente». Em grande medida, ao situar num plano ontologicamente imanente o conceito de lei, Montesquieu tentou recuperar uma certa noção romana de lei, que partia de uma ideia de regra e de medida. O significado originário da *lex* romana era o de «relação íntima», «algo que liga duas coisas ou dois parceiros, que foram aproximados por circunstâncias externas». Segundo Arendt, Montesquieu usava o termo «lei» no seu sentido estritamente romano, isto é, como um *rapport* que subsiste envolvendo diferentes entidades. Não são mais do que as «relações que existem e preservam diferentes domínios do ser» (Hannah Arendt, *On Revolution* [Londres: Penguin Books, 1990], pp. 187-188; ver Hazard, pp. 154-155).

Assim, a definição de lei que é apresentada indica que as leis «são as relações necessárias que derivam da natureza das coisas», o que contradiz a tal alegada dualidade no conceito de lei. Não existem, por um lado, obrigações morais e políticas, e, por outro, correlações ou relações constantes de causa-efeito. As relações «necessárias» parecem excluir as relações do mundo especificamente humano, isto é, político e moral. Mas isso não inviabiliza a ética, bons preceitos políticos ou uma qualquer normativa, já que existem necessidades morais, tal como existem

Aqueles que dizem que *uma fatalidade cega produziu todos os efeitos que vemos no mundo* disseram um grande absurdo (*); pois o que poderia ser mais absurdo do que uma fatalidade cega que tivesse produzido seres inteligentes?

Existe, pois, uma razão primitiva; e as leis são as relações que se descobre entre ela e os diferentes seres, e as relações desses vários seres entre eles.

Deus tem uma relação com o universo, como criador e como conservador: as leis segundo as quais ele criou são aquelas segundo as quais ele conserva. Ele age segundo essas regras porque as conhece; ele conhece-as porque as fez; ele fê-las porque têm uma relação com a sua sabedoria e com o seu poder.

Como vemos que o mundo, formado pelo movimento da matéria e privado de inteligência, ainda subsiste, é preciso que os seus movimentos tenham leis invariáveis; e se se pudesse imaginar um outro mundo que não este, ou teria regras constantes ou seria destruído.

Assim, a criação, que parece ser um acto arbitrário, supõe regras tão invariáveis como a fatalidade dos ateus. Seria absurdo dizer que o Criador, sem essas regras, poderia governar o mundo, já que o mundo não subsistiria sem elas.

Essas regras consistem numa relação constantemente estabelecida. Entre um corpo em movimento e um outro corpo em movimento todos os movimentos são recebidos, aumentados, diminuídos, perdidos, segundo as relações da massa e da velocidade; cada diversidade é *uniformidade*, cada mudança é *constância*.

---

necessidades físicas. Para traçar esta distinção a obra de Samuel Clarke afigurou-se preciosa. (Ver *A demonstration of the being and attributes of God* [1705]). Ademais, nestes termos fundamentais a definição de lei aproxima-se bastante das considerações de Espinosa sobre a necessidade como decorrência da própria essência das coisas (*Ética*, I, prop. 16). Contudo, vale a pena dizer que a conceitualização das necessidades morais não parece proceder dalgum espinosimo, antes da reflexão do jusnaturalismo moderno, em particular de Grócio e de Pufendorf, provavelmente tal como estes foram interpretados por Jean Barbeyrac no princípio do século XVIII, numa polémica explícita com o espinosimo. Isto não visa negar que haja afinidades entre Montesquieu e Espinosa. Sobre este tema, ver, por exemplo, Charles Oudin, *Le spinozisme de Montesquieu: étude critique* (Paris: F. Pichon et Durand-Auzias, 1911).

De resto, após a publicação da obra abundaram as acusações de espinosismo ao autor que se concentraram neste primeiro livro de *EL* (N. T.).

(*) Não se conhece a fonte desta aparente citação (N. T.).

Os seres particulares inteligentes podem ter leis que eles próprios fizeram; mas também têm leis que não fizeram. Antes de existirem seres inteligentes, eles eram possíveis; tinham, portanto, relações possíveis, e, por conseguinte, leis possíveis. Antes de haver leis feitas, havia relações possíveis de justiça. Dizer que nada há de justo e de injusto além do que as leis positivas ordenam ou proíbem é dizer que antes de se ter traçado um círculo os seus raios não eram todos iguais (*).

É preciso, então, admitir relações de equidade anteriores à lei positiva que as estabeleceu; como, por exemplo, supondo que existissem sociedades de homens, seria justa a conformidade às suas leis; que, se houvesse seres inteligentes que tivessem recebido algum benefício de um outro ser, deveriam estar-lhe reconhecidos; que, se um ser inteligente tivesse criado um ser inteligente, o ser criado deveria permanecer na dependência em que esteve desde a sua origem; que um ser inteligente que fez algum mal a um ser inteligente merece receber o mesmo mal, e assim por diante.

Mas o mundo inteligente está longe de ser tão bem governado como o mundo físico. Pois embora aquele também tenha leis que, pela sua natureza, são invariáveis, não as cumpre com a mesma constância com que o mundo físico cumpre as suas. A razão disso é que os seres particulares inteligentes são limitados pela sua natureza, e por conseguinte estão sujeitos ao erro; e, por

---

(*) Passo que pretende criticar Hobbes (e também Espinosa). Ver *P*, nº 615 e *DEL*, p. 1123. Recorde-se que Hobbes avançara a tese de que nas condições de «simples natureza» não existe justiça nem injustiça até porque não existe o «meu» nem o «teu», ou a propriedade. Ver *Leviatã*, caps. XIII-XV.

No entanto, Oudin (pp. 150-153) observa: «Em última análise, a justiça para Montesquieu será, então, a conveniência do acto às relações que ele deve satisfazer. Não é preciso dizer que esta conveniência pode ser concebida em si, idealmente por assim dizer, como o atributo essencial do acto dito justo. (...) a ideia de justiça existe na ideia da sociedade que engloba a ideia do homem, como a igualdade dos raios do círculo apenas existe na medida em que está contida na ideia do círculo sem que seja preciso que a sociedade seja realizada, nem que o círculo seja traçado». E continua dizendo que aqui se descobrem pontos de contacto com o espinosimo que o próprio Montesquieu pretendia repudiar, não só pela alusão ao exemplo do círculo e dos raios, a que Espinosa recorria com gosto na *Ética*, mas também pela ambiguidade terminológica que abre a porta a uma interpretação espinosista da *ideia* de justiça como consequência dos atributos da substância (N. T.).

outro lado, é da sua natureza que ajam por si mesmos (*). Por isso, não cumprem as suas leis primitivas de modo constante; e até as leis que dão a si mesmos nem sempre as seguem.

Não se sabe se os animais são governados pelas leis gerais do movimento ou por um movimento particular. Seja como for, não têm uma relação com Deus mais íntima do que o resto do mundo material; e o sentimento apenas lhes serve na relação que mantêm entre eles, ou com outros seres particulares, ou com eles mesmos.

Pela atracção do prazer, conservam o seu ser particular; e, pela mesma atracção, conservam a sua espécie. Têm leis naturais porque estão unidos pelo sentimento; não têm leis positivas porque não estão unidos pelo conhecimento. Apesar de tudo, não seguem invariavelmente as suas leis naturais: as plantas, nas quais não notamos nem conhecimento nem sentimento, seguem-nas melhor.

Os animais não têm as vantagens supremas que nós temos; têm outras que nós não temos. Não têm as nossas esperanças, mas não têm os nossos receios; como nós, sofrem a morte, mas sem conhecê-la; a maioria conserva-se até melhor do que nós, e não faz um uso tão mau das suas paixões.

O homem, como ser físico, é, tal como os outros corpos, governado por leis invariáveis. Como ser inteligente, viola sem cessar as leis que Deus estabeleceu, e muda aquelas que ele próprio estabeleceu. É preciso que ele se oriente; e, no entanto, é um ser limitado; está sujeito à ignorância e ao erro, como todas as inteligências finitas; pode perder até os fracos conhecimentos que tem. Como criatura sensível, torna-se sujeito a mil paixões. Um tal ser poderia, a todo o instante, esquecer o seu criador; Deus chamou-o a si com as leis da religião. Um tal ser poderia, a todo o instante, esquecer-se de si mesmo; os filósofos relembraram-no com as leis da moral. Feito para viver em sociedade, poderia esquecer os outros; os legisladores reconduziram-no aos seus deveres com as leis políticas e civis.

(*) Liberdade e imperfeição estão assim ligadas, na medida em que «a liberdade é em nós uma imperfeição: somos livres e incertos, porque não sabemos com certeza o que nos é mais conveniente». *P*, nº 2080 (N. T.).

Capítulo II
Das leis da natureza

Antes de todas estas leis estão as leis da natureza, assim denominadas porque derivam unicamente da constituição do nosso ser. Para conhecê-las bem é preciso ter em consideração o homem antes do estabelecimento das sociedades. As leis da natureza serão aquelas que ele receberia nesse estado.

Essa lei que, ao imprimir em nós a ideia de um criador, nos leva até ele, é a primeira das leis naturais pela sua importância, mas não na ordem dessas leis. No estado de natureza, o homem teria mais a faculdade de conhecer do que conhecimentos. É óbvio que as suas primeiras ideias não seriam ideias especulativas; pensaria na conservação do seu ser antes de procurar a origem do seu ser. Um homem destes sentiria no início apenas a sua fraqueza; a sua timidez seria extrema: e se neste caso alguma experiência fosse necessária, nas florestas foram encontrados homens selvagens ([1]); tudo os faz tremer, tudo os faz fugir.

Nesse estado, todos se sentem inferiores; no limite, cada um sente-se o igual dos demais. Portanto, não procurariam atacar-se, e a paz seria a primeira lei natural.

O desejo que Hobbes atribui desde o início aos homens de se subjugarem uns aos outros não é razoável. A ideia de império e de domínio é tão composta, e depende de tantas outras ideias, que não seria essa a que se teria em primeiro lugar ([*]).

Hobbes pergunta «se os homens não se encontram naturalmente num estado de natureza, porque é que andam sempre armados? e porque é que usam chaves para fechar as suas casas?» Não se percebe que se está a atribuir aos homens, antes do estabelecimento das sociedades, o que só pode acontecer após esse estabelecimento, que lhes proporciona os motivos para se atacarem e para se defenderem.

([1]) Veja-se o selvagem que foi encontrado nas florestas de Hanôver, e que foi levado para Inglaterra no reinado de Jorge I.

([*]) «Ideia» e «ideias» neste capítulo remetem para a reflexão seiscentista desta noção. Provavelmente, Montesquieu teria em mente, mais do que qualquer outro, o conceito lockiano de «ideia» – de «ideia simples» e de «ideia composta» – apresentado nos dois primeiros livros do *Ensaio sobre o Entendimento Humano*, de 1690 (N. T.).

Ao sentimento da sua fraqueza o homem acrescentaria o sentimento das suas necessidades. Assim, uma outra lei natural seria a que lhe inspiraria a procura de alimentos.

Afirmei que o medo levaria os homens a fugir uns dos outros. Mas as marcas de um medo recíproco cedo os levariam a se aproximarem. De resto, a isso seriam levados pelo prazer que um animal sente com a aproximação de um animal da sua espécie. Além disso, esse encanto que os dois sexos inspiram um ao outro pela sua diferença aumentaria esse prazer; e o compromisso natural que sempre fazem um com o outro seria uma terceira lei (*).

Além dos sentimentos que os homens têm no princípio (**), acabam também por obter conhecimentos; assim, teriam uma segunda ligação que os outros animais não têm. Possuem, então, um novo motivo para se unirem; e o desejo de viver em sociedade é uma quarta lei natural (***).

(*) Comparar com David Hume, *A Treatise of Human Nature*, III.2.2, que se refere à aproximação entre os dois sexos como o «princípio primeiro e originário da sociedade humana». E com Aristóteles, *Ética Nicomaqueia*, 1162a16-20, em que se lê que o homem, antes de ser um animal político, é um animal acasalador, e que a família é uma comunidade mais fundamental do que a própria cidade (N. T.).

(**) Também em *DEL*, Montesquieu recapitula as suas teses começando por afirmar que o homem tem «sentimentos antes de fazer reflexões», sendo a primeira sensação o medo, seguida pela necessidade de se alimentar, etc. (*DEL*, p. 1131). Para uma distinção exaustiva entre «sentimentos» e «ideias», ver Hume, I.1.1-7, em que os termos utilizados são respectivamente *impressions* (sensações, paixões e emoções) e *ideas*. Em Hume, a ordem de aparecimento ao entendimento humano destes dois tipos de percepção coincide com a ordem proposta por Montesquieu: as ideias seguem-se aos sentimentos (ou *impressions*). Contudo, as relações apresentadas por Hume entre as duas percepções não se confundem com a perspectiva de Montesquieu (N. T.).

(***) Comparar com as inclinações naturais apresentadas por Cícero, embora Montesquieu tenha enfraquecido a sociabilidade natural que encontramos na obra do orador romano, e historicize os desenvolvimentos das inclinações naturais de um modo que Cícero não conceberia. Deste enunciado de leis naturais Montesquieu retirou consequências normativas. Por exemplo, a igualdade natural condena a escravatura. Há práticas sociais que são contrárias à natureza na medida em que violam o «pudor natural», violação que corresponde ao horror moral (ver *EL*, XV.12, XXVI.3, 8, 14, XXIII.17). Também neste aspecto particular, a que Montesquieu dedicou muita atenção, parece haver influência de Cícero, que nos *Deveres* atribuiu ao pudor, à vergonha natural (*verecundia*), um lugar estratégico na ligação entre a justiça natural como padrão geral de conduta e a descida ao particular, ao que é apropriado. Nesses passos, os Cínicos são

Capítulo III
Das leis positivas

Assim que os homens estão em sociedade, perdem o sentimento da sua fraqueza (*); a igualdade que havia entre eles desaparece e o estado de guerra começa (**).

Cada sociedade particular acaba por sentir a sua força, o que produz um estado de guerra entre nações. Em cada sociedade, os particulares começam a sentir a sua força: procuram virar a seu favor as principais vantagens dessa sociedade, o que gera um estado de guerra entre eles.

Estes dois tipos de guerra levam ao estabelecimento de leis entre os homens (***). Enquanto habitantes de um planeta tão grande, a ponto de ser necessária a existência de diferentes povos, têm leis respeitantes à relação que estes povos mantêm entre si: é o DIREITO DOS POVOS. Enquanto membros de uma sociedade que deve ser mantida, têm leis respeitantes à relação que aqueles que governam mantêm com os que são governados: é o DIREITO POLÍTICO.

O direito dos povos fundamenta-se naturalmente no seguinte princípio: que, na paz, as diferentes nações devem fazer o maior bem umas às outras, e, na guerra, o menor mal que seja possível, sem prejudicar os seus verdadeiros interesses.

O objecto da guerra é a vitória; o da vitória, a conquista; o da conquista, a conservação (****). Deste princípio e do anterior devem decorrer todas as leis que formam o direito dos povos.

---

reprovados precisamente por rejeitarem esse lugar estratégico do pudor (por exemplo, *De Officiis*, I.148). Além disso, há leis iníquas porque contradizem a «defesa natural» (ver *EL*, XXVI.3, 7) (N. T.).

(*) Ver Hume, III.2.2: «Só através da sociedade é que o homem é capaz de suprir os seus defeitos, e elevar-se à igualdade com as outras criaturas, e até adquirir alguma superioridade sobre elas» (N. T.).

(**) Ver *EL*, VIII.3 (N. T.).

(***) Se a guerra (externa e interna) é que conduz ao estabelecimento de leis, então, pelo menos neste aspecto particular, a posição de Montesquieu não estaria tão afastada da de Hobbes (nem da de Espinosa) como quis fazer crer (N. T.).

(****) Neste passo, o autor associa o «objecto» da *vitória* à guerra, quando Aristóteles o associara à *estratégia*. Ver *Política*, 1334a14-16. Em *P*, nº 390, Montesquieu optou pela formulação mais estritamente aristotélica: «o objecto da guerra é a paz» (N. T.).

Todas as nações têm um direito dos povos; e até os Iroqueses, que comem os seus prisioneiros, têm um. Enviam e recebem embaixadas; conhecem os direitos da guerra e da paz. O mal é que esse direito dos povos não se fundamenta em verdadeiros princípios.

Para além do direito dos povos, que concerne todas as sociedades, existe um direito político para cada uma delas. Uma sociedade não poderia subsistir sem um governo. A *reunião de todas as forças particulares*, diz muito bem GRAVINA (*), *forma o que se chama o* ESTADO POLÍTICO.

A força geral pode ser colocada nas mãos de *um só*, ou nas mãos de *vários*. Alguns pensaram que, tendo a natureza estabelecido o poder paternal, o governo de um só seria o mais conforme à natureza. Mas o exemplo do poder paternal não prova coisa nenhuma. Pois, se o poder do pai está relacionado com o governo de um só, após a morte do pai, o poder dos irmãos ou, após a morte dos irmãos, o dos primos direitos está relacionado com o governo de vários. O poder político abrange necessariamente a união de várias famílias.

Mais vale dizer que o governo mais conforme à natureza é aquele cuja disposição particular melhor se relaciona com a disposição do povo para o qual foi estabelecido (**).

As forças particulares não podem reunir-se sem que todas as vontades se reúnam. *A reunião dessas vontades*, diz uma vez mais muito bem GRAVINA, *é aquilo a que se chama o ESTADO CIVIL.*

(*) Giavicenzo Gravina (1664-1718): erudito napolitano, historiador do direito romano e apologeta da revolução filosófica moderna contra Aristóteles e o aristotelismo. Destacou-se como civilista e canonista. Dentre as suas várias obras, *Originum juris civilis libri três*, publicada em 1701, foi a mais influente, e marcaria não só a obra de Montesquieu, mas também a de Vico, por quem, de resto, Montesquieu nutria uma grande admiração. Aquando da sua estadia em Nápoles, Montesquieu encontrou-se com Constantino Grimaldi, à época o mais célebre dos alunos de Gravina (N. T.).

(**) Comparar com Vico, *A Cência Nova*, I.2, axioma nº 69: «Os governos devem ser conformes à natureza dos homens governados». Comparar também com Jean Bodin, *Les six livres de la République*, V.1; e com Hegel, *Princípios da Filosofia do Direito*, § 274.

Em *CP*, nº 80, Uzbek define assim o governo «mais perfeito»: «(...) é aquele que atinge o seu objectivo com o mínimo de custo; de modo que o governo que conduz os homens da maneira que mais convém ao seu pendor e à sua inclinação é o mais perfeito». Ver ainda *EL*, XIX.5 (N. T.).

A lei, em geral, é a razão humana, na medida em que governa todos os povos da terra; e as leis políticas e civis de cada nação devem ser apenas os casos particulares a que essa razão humana é aplicada.

Devem ser tão apropriadas ao povo para o qual foram feitas que seria um grande acaso se as leis de uma nação pudessem convir a outra.

É preciso que as leis se relacionem com a natureza e com o princípio do governo que está estabelecido, ou que se quer estabelecer; quer elas o formem, como é o caso das leis políticas, quer o mantenham, como é o caso das leis civis.

Devem ser relativas ao *físico* do país; ao clima gélido, tórrido ou temperado; à qualidade do terreno, à sua situação, à sua grandeza; ao modo de vida dos povos, trabalhadores, caçadores ou pastores; devem ser relativas ao grau de liberdade que a constituição pode suportar; à religião dos habitantes, às suas inclinações, às suas riquezas, ao seu número, ao seu comércio, aos seus costumes, às suas maneiras. Enfim, as leis têm relações entre si; têm relações com a sua origem, com o objectivo do legislador, com a ordem das coisas para as quais foram estabelecidas. É preciso considerá-las sob todos estes pontos de vista.

É o que me proponho a fazer nesta obra. Examinarei todas estas relações: no seu conjunto formam aquilo a que chamei o ESPÍRITO DAS LEIS.

Não separei as leis políticas das civis; pois, como não trato das leis, mas do espírito das leis, e como esse espírito consiste nas várias relações que as leis podem ter com as diferentes coisas, tive de seguir menos a ordem natural das leis do que a ordem natural dessas relações e dessas coisas.

Começarei por examinar as relações que as leis têm com a natureza e com o princípio de cada governo. E como esse princípio tem uma suprema influência sobre as leis, tratarei de conhecê-lo bem; e, uma vez que consiga estabelecê-lo, veremos as leis escorrer daí como se fosse a sua fonte. De seguida, passarei às outras relações, que parecem ser mais particulares.

Livro II
Das leis que derivam directamente da natureza do governo

Capítulo I
Da natureza dos três diferentes governos

Há três espécies de governos: o REPUBLICANO, o MONÁRQUICO e o DESPÓTICO. Para descobrir a sua natureza, basta a ideia que dela têm os homens menos instruídos. Suponho três definições, ou antes três factos: «o governo republicano é aquele em que o povo no seu conjunto, ou apenas uma parte do povo, detém o poder soberano; o monárquico é aquele em que um só governa, mas através de leis fixas e estabelecidas (*); ao passo que no despótico um homem só, sem lei nem regra, arrasta tudo com a sua vontade e com os seus caprichos» (**).

(*) Embora fosse consensual afirmar que a monarquia francesa estava sujeita a «leis fundamentais» (ver *EL*, II.4), na verdade essas leis estavam reduzidas à que regulava a sucessão do trono e a pouco mais do que um punhado de princípios vagos. De facto, Montesquieu expande claramente o alcance da constitucionalização, por assim dizer, da monarquia como regime político, em geral, e da monarquia francesa, em particular, ao sujeitar o exercício do poder régio a uma legalidade que não depende da vontade do próprio rei (N. T.).

(**) Comentadores tão lúcidos como Raymond Aron, Michael Oakeshott, Victor Goldschmidt, David W. Carrithers, Tzvetan Todorov ou Jean Starobinski ainda insistem em fazer corresponder as formas de governo apresentadas por

Eis o que chamo a natureza de cada governo. É preciso ver quais são as leis que decorrem directamente desta natureza, e que são, por conseguinte, as primeiras leis fundamentais.

Capítulo II
Do governo republicano e das leis relativas à democracia

Na república, quando o povo no seu conjunto detém o poder soberano, tem-se uma *Democracia*. Quando o poder soberano está nas mãos de uma parte do povo, a isso chama-se uma *Aristocracia*.

Na democracia, o povo é, em certos aspectos, o monarca; noutros, é o súbdito.

Não pode ser monarca senão pelos seus sufrágios, que são as suas vontades. A vontade do soberano é o próprio soberano. As leis que estabelecem o direito de sufrágio são, portanto, fundamentais neste governo. Com efeito, é tão importante neste caso regular como, por quem, para quem, e em que matérias os sufrágios devem ser atribuídos, como o é numa monarquia saber qual é o monarca, e de que maneira deve ele governar.

Montesquieu a «tipos ideais» weberianos, o que atraiçoa o espírito das tipologias de governo propostas pela filosofia política clássica e por Montesquieu, que neste aspecto particular, mas decisivo, a segue. Outros comentadores negam essa correspondência, como por exemplo Paul Vernière, Élie Carcassonne, Roger Caillois e Albert Sorel. (Ver também a carta de Montesquieu a Risteau, 19 de Maio 1751).

Efectivamente, apenas um dos momentos da ciência política de Montesquieu pode indicar a construção de um «tipo ideal», a saber, a descrição do regime inglês. Aí, Montesquieu foi levado a produzir uma descrição tipológica que parece indicar o resultado provável da consecução dos princípios constitucionais previamente definidos. Talvez por este meio se possa justificar o uso do tempo verbal do condicional em *EL*, XIX.27. Neste ponto subscreve-se a análise de Paul Rahe e de Claude Morilhat. Quanto às restantes formas de governo, Montesquieu considerava-as um instrumento de reprodução da realidade de tal modo fiável que encarava como potencialmente destruidor da sua tipologia a apresentação na literatura de viagem de um Estado – o império Chinês – que alegadamente estaria fora da órbita tipológica defendida em *EL*. Dedicou todo um capítulo a demonstrar que a China era, de facto, um despotismo. Por implicação, a fiabilidade empírica (e não «ideal») da tipologia de Montesquieu era, para este autor, irrefutável, *após ter sido testada* (ver *EL*, VIII.21).

Ainda sobre esta associação indevida dos «tipos ideais» weberianos às tipologias da filosofia política clássica e de Montesquieu, ver Miguel Morgado *A Aristocracia e os seus Críticos* (Lisboa: Edições 70, 2008), pp. 59-60 (N. T.).

Libânio [1] diz que *em Atenas um estrangeiro que se intrometesse na assembleia do povo era punido com a morte.* É que um homem desses estava a usurpar o direito de soberania.

É essencial fixar o número de cidadãos que deve formar as assembleias; sem isso, poder-se-ia não saber se o povo falara, ou apenas uma parte. Na Lacedemónia eram necessários dez mil cidadãos. Em Roma, que nasceu na pequenez para chegar à grandeza; em Roma, feita para resistir a todas as vicissitudes da fortuna; em Roma, que ora tinha quase todos os seus cidadãos fora das suas muralhas, ora toda a Itália e uma parte da terra dentro das suas muralhas, esse número não foi fixado [2]; e isso foi uma das grandes causas da sua ruína.

O povo que detém o poder soberano deve fazer por si mesmo tudo o que pode fazer bem; e o que não pode fazer bem tem de ser feito pelos seus ministros.

Os ministros não são seus se o povo não os nomear; é, então, uma máxima fundamental deste governo que o povo nomeie os seus ministros, isto é, os seus magistrados.

O povo, tal como os monarcas, e até mais do que eles, tem necessidade de ser conduzido por um conselho ou senado. Mas, para que o povo nele tenha confiança, é preciso que eleja os seus membros, quer escolhendo-os por si mesmo, como em Atenas, quer através de algum magistrado que estabeleceu para os eleger, como em algumas ocasiões se fez em Roma.

O povo é admirável para escolher aqueles a quem deve confiar uma parte da sua autoridade. Tem apenas de se basear em coisas que não pode ignorar e em factos que se impõem aos sentidos. O povo sabe muito bem que um homem foi muitas vezes para a guerra, que teve estes ou aqueles sucessos; logo, está bem capacitado para eleger um general. Sabe que um juiz é assíduo; que muita gente sai do tribunal satisfeita com ele; que não foi condenado por corrupção; o que é suficiente para eleger um pretor. Espantou-se com a magnificência ou com as riquezas de um cidadão; isso basta para que possa escolher um edil. Todas essas coisas são factos cujo conhecimento o povo adquire melhor na praça pública do que um monarca no seu palácio. Mas saberia o

---

(1) *Declamationes* 17 e 18.

(2) Ver as *Considérations sur les causes de la grandeur des Romains et de leur décadence*, cap. IX. Paris, 1755.

povo lidar com um assunto político, conhecer os lugares, as ocasiões, os momentos, e disso colher vantagens? Não, não saberia.

Se se pudesse duvidar da capacidade natural que o povo tem para discernir o mérito, bastaria lançar os olhos sobre a sequência contínua de escolhas espantosas que os Atenienses e os Romanos fizeram; o que, sem dúvida, não se poderia atribuir ao acaso.

Sabe-se que em Roma, embora o povo tivesse dado a si mesmo o direito de promover os plebeus aos cargos, não conseguia decidir-se a elegê-los; e ainda que em Atenas se pudesse, segundo a lei de Aristides, escolher magistrados dentre todas as classes, nunca sucedeu, diz Xenofonte ([1]), que o baixo povo escolhesse aqueles que podiam interessar ao seu bem-estar ou à sua glória.

Assim como a maior parte dos cidadãos, que estão suficientemente capacitados para eleger, mas não para ser eleitos; também o povo, que tem suficiente capacidade para fazer que os outros prestem contas da sua gestão, não está preparado para gerir por si mesmo ([*]).

É preciso que os afazeres políticos prossigam, e que prossigam com um certo movimento que não seja nem demasiado lento nem demasiado rápido. Mas o povo age sempre por excesso ou por defeito. Por vezes, derruba tudo com cem mil braços; outras vezes, com cem mil pés limita-se a caminhar como os insectos.

Num Estado popular divide-se o povo em determinadas classes. Os grandes legisladores destacaram-se pela maneira como fizeram essa divisão; e é dela que sempre dependeu a duração da democracia e da sua prosperidade.

Sérvio Túlio seguiu, na composição dessas classes, o espírito da aristocracia. Vemos em Tito Lívio ([2]) e em Dionísio de Halicarnasso ([3]) de que maneira ele pôs o direito de sufrágio nas mãos dos principais cidadãos. Sérvio Túlio dividira o povo de Roma em cento e três centúrias, que formavam seis classes. E, ao colocar os ricos, mas em menor número, nas primeiras centúrias, e os menos ricos, mas em maior número, nas seguintes, atirou toda a multidão dos indigentes para a última; e como cada cen-

---

([1]) Páginas 691 e 692, edição de Wechelius, do ano 1596.

([*]) Comparar com Maquiavel, *Discorsi*, I.58, onde todo este raciocínio já fora exposto (N. T.).

([2]) Liv. I.

([3]) Liv. IV, art. 15 e seguintes.

túria só tinha uma voz ([1]), eram os meios e as riquezas, mais do que as pessoas, que acabavam por ter o sufrágio.

Sólon dividiu o povo de Atenas em quatro classes. Guiado pelo espírito da democracia, não as estabeleceu para determinar aqueles que deviam eleger, mas aqueles que podiam ser eleitos; e, ao deixar a cada cidadão o direito de eleição, quis ([2]) que, em cada uma dessas quatro classes, se pudesse eleger os juízes; mas só se podia escolher os magistrados nas fileiras das três primeiras, onde estavam colocados os cidadãos abastados.

Como a divisão dos que têm o direito de sufrágio é, na república, uma lei fundamental, a maneira como se vota é uma outra lei fundamental.

O sufrágio por sorteio é da natureza da democracia; o sufrágio pela escolha é da natureza da aristocracia.

O sorteio é um modo de eleger que não aflige ninguém; deixa a cada cidadão uma esperança razoável de servir a sua pátria.

Mas, como é defeituoso por si mesmo, foi na sua regulação e na sua correcção que os grandes legisladores se superaram.

Sólon estabeleceu em Atenas que se nomearia por escolha todos os cargos militares, e que os senadores e os juízes fossem eleitos por sorteio.

Quis que se determinassem por escolha as magistraturas civis que exigissem uma grande despesa, e que as outras fossem determinadas por sorteio.

Mas, para corrigir o sorteio, estabeleceu a regra de que só poderiam ser eleitos aqueles que se candidatassem; que quem fosse eleito seria examinado por juízes ([3]), e que qualquer um podia acusá-lo de ser indigno do cargo ([4]). Isto incorporava ao mesmo tempo o sorteio e a escolha. Ao esgotar-se o tempo da sua magistratura, o magistrado teria de se submeter a um outro julgamento que incidia sobre a maneira como se comportara. As pessoas sem capacidade deviam ter bastante repugnância em dar o seu nome para o sorteio.

([1]) Ver nas *Considérations sur les causes de la grandeur des Romains et de leur décadence*, cap. IX, como esse espírito de Sérvio Túlio se conservava na República.

([2]) Dionísio de Halicarnasso, *Éloge d'Isocrate*, página 97, tomo II, edição de Wechelius. Pollux, liv. VIII, cap. x, art. 130.

([3]) Ver a oração de Demóstenes, *De falsa legat.*, e a oração contra Timarco.

([4]) Chegava-se a tirar dois bilhetes para cada lugar; um que atribuía o lugar, o outro que nomeava quem lhe devia suceder, no caso de o primeiro ser rejeitado.

A lei que fixa a maneira de atribuir os bilhetes de sufrágio é também uma lei fundamental numa democracia. É uma grande questão saber se os sufrágios devem ser públicos ou secretos. Cícero ([1]) escreve que as leis ([2]) que os tornaram secretos nos últimos tempos da república romana foram uma das grandes causas da sua queda. Como isso é praticado de forma diferente nas diversas repúblicas, eis, penso eu, o que é preciso tomar em consideração.

Não há dúvida de que, quando o povo vota, os seus votos devem ser públicos ([3]); e tal deve ser considerado uma lei fundamental da democracia. É preciso que o baixo povo seja esclarecido pelos principais cidadãos, e contido pela gravidade de certas personalidades. Assim, na república romana, ao tornarem-se os sufrágios secretos, destruiu-se tudo; já não era possível esclarecer uma populaça que se perdia. Mas os sufrágios nunca seriam demasiado secretos quando, numa aristocracia, o corpo dos nobres vota ([4]), ou numa democracia o senado ([5]); porque nestes casos trata-se apenas de prevenir os conluios.

O conluio é perigoso num senado. É perigoso no seio de um corpo de nobres. Não o é no seio do povo, cuja natureza é agir por paixão. Nos Estados onde não toma parte do governo, o povo inflamar-se-á por um actor, como o teria feito pelos assuntos públicos. A infelicidade de uma república é não ter conluios; e isso acontece quando se corrompeu o povo com dinheiro. O povo adquire o sangue-frio, afeiçoa-se ao dinheiro, mas já não se deixa afeiçoar pelos assuntos públicos. Sem se preocupar com o governo, nem com o que nele se propõe, aguarda tranquilamente o seu salário.

É ainda uma lei fundamental da democracia que só o povo faça as leis. No entanto, há mil ocasiões em que é necessário que o senado possa estatuir. Muitas vezes é até apropriado experimentar uma lei antes de a estabelecer. A constituição de Roma e a de

---

([1]) Liv. I e III das *Leis*.

([2]) Chamavam-se *leis tabulares*; dava-se a cada cidadão duas tábuas; a primeira com um A marcado, de *antiquo*; a outra com um U e um R, *uti rogas*.

([3]) Em Atenas, levantavam-se as mãos.

([4]) Como em Veneza.

([5]) Os trinta tiranos de Atenas queriam que os sufrágios dos *Areopagitas* fossem públicos, para poderem dirigi-los segundo as suas fantasias. Lísias, *Orat. Contra Agorat.*, cap. VIII.

Atenas eram muito sábias. As decisões do senado ([1]) tinham força de lei durante um ano; só se tornavam perpétuas por meio da vontade do povo.

Capítulo III
Das leis relativas à natureza da aristocracia

Na aristocracia, o poder soberano está nas mãos de um certo número de pessoas. São elas quem faz as leis e quem as faz executar; e o resto do povo está para elas, na melhor das hipóteses, como numa monarquia os súbditos estão para o monarca ([*]).

Aí, a votação não deve ser por sorteio; só teria os seus inconvenientes. Com efeito, num governo que já estabeleceu as distinções mais aflitivas, ainda que alguém fosse escolhido por sorteio, nem por isso seria menos odioso: é o nobre quem se inveja, e não o magistrado.

Quando os nobres são em grande número, é preciso um senado que regule os assuntos que o corpo dos nobres não souber decidir, e que prepare os assuntos que este pode decidir. Neste caso, pode-se dizer que a aristocracia está, em certo sentido, no senado, que a democracia está no corpo dos nobres e que o povo não é nada.

Seria uma coisa muito boa numa aristocracia, se, por alguma via indirecta, se fizesse sair o povo da sua nulidade. Por isso, em Génova o banco de São Jorge, que é administrado, em grande parte, pelos cidadãos principais dentre o povo ([2]), dá a este uma certa influência no governo, que é responsável por toda a sua prosperidade.

([1]) Ver Dionísio de Halicarnasso, liv. IV e IX.

([*]) A respeito da dualidade da forma republicana – democrática e aristocrática –, Destutt de Tracy comentou, muito justamente, que, para Montesquieu, é a variante democrática que é «essencialmente republicana». Ver *Commentaire sur l'Esprit des Lois de Montesquieu* em *Oeuvres de Montesquieu* (Paris: Dalibon, 1827), vol. VIII, pp. 43, 74-76. Em termos mais gerais, dir-se-ia que a república aristocrática é por natureza instável, oscilando entre a democracia e a monarquia. Note-se ainda que a república aristocrática é o único regime político, dentre os quatro que são apresentado nos oito primeiros livros da obra, a que Montesquieu não atribui quaisquer «leis da educação» (N. T.).

([2]) Ver o Sr. Addison, *Voyages d'Italie*, página 16.

Os senadores não devem ter o direito de substituir quem deixou lugares vagos no senado; nada seria mais propenso a perpetuar os abusos. Em Roma, que nos primeiros tempos era uma espécie de aristocracia, o senado não nomeava substitutos; os novos senadores eram nomeados ([1]) pelos censores.

Uma autoridade exorbitante, atribuída repentinamente a um cidadão numa república, forma uma monarquia, ou mais do que uma monarquia. Numa monarquia as leis sustentam a constituição, ou adaptam-se a ela; o princípio do governo freia o monarca. Mas, numa república onde um cidadão se atribui ([2]) um poder exorbitante, o abuso desse poder é maior porque as leis, que não o tinham previsto, nada fizeram para freá-lo.

A excepção a esta regra ocorre quando a constituição do Estado é tal que tem necessidade de uma magistratura que tenha um poder exorbitante. Assim foi Roma com os seus ditadores, assim é Veneza com os seus inquisidores do Estado; são magistraturas terríveis, que fazem o Estado regressar violentamente à liberdade. Mas o que faz que essas magistraturas sejam tão diferentes nestas duas repúblicas? É que Roma defendia os restos da sua aristocracia contra o povo, ao passo que Veneza se serve dos seus inquisidores do Estado para manter a sua aristocracia contra os nobres. Por essa razão, em Roma a ditadura devia durar apenas pouco tempo; porque o povo age por ímpeto, e não pelos seus desígnios. Era preciso que essa magistratura se exercesse com estrépito porque se tratava de intimidar o povo, e não de o punir; que o ditador fosse criado para lidar com um só assunto, e só tivesse autoridade ilimitada no que respeitasse a esse assunto, porque era sempre criado para fazer face a um caso imprevisto ([*]). Em Veneza, pelo contrário, é necessária uma magistratura permanente. É aí que os desígnios podem ser iniciados, acompanhados, suspensos, retomados; é aí que a ambição de um só se converte na de uma família, e a ambição de uma família se converte na de várias. É necessária uma magistratura escondida porque os crimes que ela pune, sempre enraizados, formam-se no segredo e no

---

([1]) No início eram nomeados pelos cônsules.

([2]) Foi o que arruinou a república romana. Ver as *Considérations sur les causes de la grandeur des Romains et de leur décadence*, Paris, 1755.

([*]) Comparar com Maquiavel, *Discorsi*, I.34, que Montesquieu segue de muito perto neste passo (N. T.).

silêncio. Essa magistratura deve ter uma inquisição geral porque não lhe cabe travar os males que se conhecem, mas prevenir aqueles que se desconhecem. Enfim, esta última foi estabelecida para vingar os crimes de que suspeita; e a primeira empregava mais ameaças do que punições para os crimes, mesmo quando eram confessados pelos seus autores.

Em todas as magistraturas é preciso compensar a grandeza do poder com a brevidade da sua duração. Um ano é o período que a maioria dos legisladores fixou; um período mais longo seria perigoso, um período mais curto seria contra a natureza da coisa. Quem quereria governar desse modo os seus assuntos domésticos? Em Ragusa ([1]), o chefe da república muda todos os meses; os outros oficiais, todas as semanas; o governador do castelo, todos os dias. Tal não poderia acontecer senão numa pequena república ([2]) rodeada de potências formidáveis, que facilmente corromperiam pequenos magistrados.

A melhor aristocracia é aquela em que a parte do povo que não participa no poder é tão pequena e tão pobre que a parte dominante não tem qualquer interesse em oprimi-la. Assim, quando Antipater estabeleceu em Atenas que quem não tivesse duas mil dracmas seria excluído do direito de sufrágio, formou a melhor aristocracia que era possível; porque esse censo era tão pouco apertado que excluía apenas um número reduzido de pessoas, e ninguém que gozasse de alguma consideração na cidade.

As famílias aristocráticas devem, pois, pertencer ao povo tanto quanto possível. Quanto mais uma aristocracia se aproximar da democracia, mais perfeita será; e sê-lo-á menos, à medida que se aproximar da monarquia.

A mais imperfeita de todas é aquela em que a parte do povo que obedece se encontra sob a escravidão civil da parte que comanda, como a aristocracia da Polónia, onde os camponeses são escravos da nobreza.

([1]) *Voyages* de Tournefort [Aparentemente, esta referência bibliográfica não está correcta, já que em *Relation d'un voyage du Levant*, de Joseph Pitton Tournefort, Ragusa não é mencionada. Ver a edição inglesa de Cohler, Miller e Stone (Cambridge: Cambridge University Press, 1989), p. 17 (N. T.)].

([2]) Em Luca, os magistrados são estabelecidos apenas por dois meses.

Capítulo IV
Das leis na sua relação com a natureza do governo monárquico

Os poderes intermédios, subordinados e dependentes, constituem a natureza do governo monárquico, isto é, do governo em que um só governa segundo leis fundamentais. Falei em poderes intermédios, subordinados e dependentes; com efeito, numa monarquia, o príncipe é a fonte de todo o poder político e civil. Estas leis fundamentais supõem necessariamente canais de mediação por onde o poder flui; pois se no Estado só houver a vontade momentânea e caprichosa de um só homem, nada pode ser fixo, e por conseguinte não existe nenhuma lei fundamental (*).

O poder intermédio subordinado mais natural é o da nobreza (**). De alguma forma, a nobreza entra na essência da monarquia, cuja máxima fundamental é: *sem monarca, não há nobreza; sem nobreza, não há monarca* (***). Tem-se, antes, um déspota.

(*) «Dependentes»: o adjectivo foi introduzido por cima do texto manuscrito de Montesquieu como meio de serenar preventivamente a censura monárquica. Portanto, a formulação inicial que constava do manuscrito era «Os poderes intermédios subordinados constituem (...)». Contudo, a inclusão não acrescenta muito à ideia de poderes «subordinados». Neste caso, podemos dizer que o compromisso com a censura não mudou nada de essencial no conteúdo. De resto, a «subordinação» e a «dependência» dos *Parlements* são cruciais para separar Montesquieu doutros autores ditos *parlementaires*, como Le Paige, que pretendiam, através de uma genealogia revisionista, projectar essa instituição para o lugar de um autêntico Senado capaz de bloquear definitivamente as decisões do rei e de co-participar no governo do reino, o que converteria a constituição antiga de França mais numa aristocracia do que numa monarquia. Para Montesquieu, em última análise, o *Parlement* dependia do rei; para Le Paige, o rei dependia do *Parlement*.

Além disso, Montesquieu acrescentou também no último momento o adjectivo «fundamentais» no início do terceiro período e todo o segundo período deste primeiro parágrafo (N. T.).

(**) Para esta ideia da nobreza como instância mediadora entre o rei e o povo – a nobreza é a «ordem intermédia», os nobres são «mediadores propriamente ditos» entre os comuns e o monarca –, ver Bolingbroke, *A Dissertation upon Parties, Political Writings*, David Armitage, org. (Cambridge: Cambridge University Press, 1997), Carta XIV, p. 140. Claro que as reflexões de Bolingbroke referiam-se à constituição *inglesa*, e não à francesa (N. T.).

(***) Nas suas anotações, Voltaire deteve-se nesta máxima dizendo que lhe «fazia lembrar o infortunado Carlos I» que teria dito «sem bispo, não há monarca». Registou ainda que Henrique IV teria dito à facção dos Dezasseis «sem

Em alguns Estados da Europa, há pessoas que imaginaram abolir todas as justiças dos senhores. Não viram que queriam fazer o que o parlamento de Inglaterra fez. Acabai numa monarquia com as prerrogativas dos senhores, do clero, da nobreza e das cidades; em breve tereis um Estado popular, ou então um Estado despótico (*).

Desde há vários séculos que os tribunais de um grande Estado europeu atingem sem cessar a jurisdição patrimonial dos senhores e a eclesiástica. Não queremos censurar magistrados tão sábios; mas deixamos por decidir até que ponto essa constituição pode ser assim alterada.

Não quero insistir nos privilégios dos eclesiásticos; mas queria que se fixasse de uma vez por todas a sua jurisdição. Não se trata de saber se houve razão no seu estabelecimento, mas se foi estabelecida, se faz parte das leis do país, e se por toda a parte é relativa a elas; se, entre dois poderes reconhecidamente independentes, as condições não devem ser recíprocas; e se não será a mesma coisa um bom súbdito defender a justiça do príncipe ou os limites que esta sempre prescreveu a si mesma.

Embora seja perigoso numa república, o poder do clero é conveniente numa monarquia, sobretudo nas que caminham para o despotismo. Onde estariam a Espanha e Portugal, depois da perda das suas leis, sem esse poder que sozinho freia o poder arbitrário? É uma barreira sempre boa, quando não existe outra. Pois como o despotismo causa males horrendos à natureza humana, até o mal que o limita é um bem.

Como o mar, que parece querer cobrir toda a Terra, é travado pelas ervas e pelo mais pequeno cascalho que se encontram na margem; também os monarcas, cujo poder parece ser ilimitado, são travados pelos mais pequenos obstáculos, e submetem a sua altivez natural às queixas e súplicas.

Para favorecer a liberdade, os Ingleses removeram todos os poderes intermédios que formavam a sua monarquia. Têm muita razão em conservar essa liberdade; se viessem a perdê-la, seriam um dos povos mais escravizados da Terra.

---

nobreza, não há monarca». Ver a edição de Montesquieu, *Oeuvres complètes* (Paris: Lefevre, 1835), p. 197, n. 1 (N. T.).

(*) Aviso à monarquia francesa (N. T.).

O Sr. Law (*), ignorando igualmente a constituição republicana e a monárquica, foi um dos maiores promotores do despotismo que já se viu na Europa. Além das mudanças que fez, tão

---

(*) John Law (1671-1729). Escocês de origem, foragido à lei, Law foi uma das personagens mais célebres – e mais infames – da primeira metade do século XVIII. Condenado à morte por se ter visto envolvido num duelo, Law evadiu-se da prisão na sua Escócia natal e fugiu para o Continente, onde, primeiro nos Países Baixos, e finalmente em França, daria largas ao seu talento de aventureiro, financeiro e apostador. Economista por vocação intelectual e por instinto, foi considerado por um dos grandes historiadores do pensamento económico como um dos maiores «teóricos monetários de todos os tempos» (Joseph Schumpeter, *History of Economic Analysis* [Oxford: Oxford University Press, 1994], p. 295). Chegou a *Comptrolleur-Général* do Regente Duque de Orleães, no início do século XVIII, depois de prometer resolver as crónicas dívidas régias e ainda lançar a França numa prodigiosa era de maravilhas económicas.

Law provocou um tamanho choque com o seu «sistema» em torno do Banque Royale que durante várias décadas a palavra «banco» não seria pronunciada sem a maior apreensão. Foi nesse período de ascensão e queda de Law que surgiu o termo «bolha» para descrever oscilações abruptas nos preços dos activos, ou movimentos financeiros «especulativos». Com a coroa francesa fortemente endividada na sequência do reinado de Luís XIV, e sem grandes possibilidades de cumprir os seus compromissos com os credores, Law era o único homem em França com uma resposta que prometia pagamentos e prosperidade. A sua receita consistia no desenvolvimento do mercado de capitais e do comércio ultramarino com as possessões negligenciadas do império francês. O regente, um homem com gosto pelas experiências e ideias novas, viu em Law a solução dos seus problemas. Law arquitectou o seu projecto com inteligência e ciência. Fundou primeiramente o Banque Genérale, e, em seguida, o Banque Royale e a Compagnie des Indes como instituições que serviriam de instrumento na tentativa de controlar e reformar a vida económica da maior economia nacional da época.

Simplificando, o plano era o seguinte: a Compagnie responsabilizava-se por uma parte da dívida da Coroa em troca de privilégios comerciais nas trocas realizadas nas colónias francesas além-mar, e posteriormente na cobrança de alguns impostos. Tanto os cidadãos franceses como os estrangeiros podiam trocar os seus títulos de dívida por acções da Compagnie. Por sua vez, o Banque Royale emitia o numerário com que se pagavam os impostos e que, através de vários estratagemas, passou a ser a forma preferida de dinheiro detida pelo público. O frenesim especulativo foi fortemente incentivado por Law. A exaltação com o ambiente de lucro fácil era geral, e por vezes chegava-se à violência. Dizia-se que até mulheres eram oferecidas como moeda de aquisição de acções. Os tempos de loucura vividos em Paris pelas pessoas envolvidas criaram uma atmosfera que deixava transparecer, pelos relatos de libertinagem, de cinismo, de evasão da realidade e de histeria, uma mudança nos valores morais e espirituais (ver Roche, *France in the Enlightenment*, p. 460). Na realidade, a especulação era um dos elementos constitutivos do projecto. O truque de Law era o de manter as expectativas de que futuros

bruscas, tão inusitadas, tão inauditas, queria eliminar as ordens intermédias e aniquilar os corpos políticos. Dissolveu ([1]) a monarquia com os seus quiméricos reembolsos, e parecia querer resgatar a própria constituição.

Numa monarquia, não basta que haja ordens intermédias. É também preciso um repositório das leis. Esse repositório só pode estar nos corpos políticos, que anunciam as leis quando estas são feitas e as recordam quando são esquecidas. A ignorância natural da nobreza, a sua inatenção, o seu menosprezo pelo

---

ganhos de capital seriam tão naturais como o nascer do Sol. Esta experiência proporcionou a Montesquieu ampla matéria para reflectir sobre assuntos económicos, inclusive sobre o fenómeno da especulação financeira. Os credores da Coroa eram pagos em notas emitidas pelo Banque Royale que eram rapidamente dissipadas na aquisição de acções da Compagnie. O dinheiro era assim investido, proporcionando mais empréstimos à Coroa para pagamento dos juros devidos, permitindo, por sua vez, uma maior emissão de notas que gerariam maior procura de acções. Escusado é dizer que o «Sistema» falhou. Abominado por toda a Europa, incluindo por Montesquieu, Law caíu em desgraça, exilando-se em Veneza, onde seria visitado pelo nosso autor pouco antes de morrer.

Apesar de tudo, convém esclarecer que o «sistema» de Law não era, em rigor, uma fraude pura e gigantesca, antes um plano ambicioso e elaborado para transportar a França para a modernização económica através da criação de uma máquina institucional que combinasse as finanças públicas, a multiplicação de moeda e a formação de capital para investimento na actividade produtiva. Seria, em caso de sucesso, o triunfo do racionalismo na transformação do mundo humano, a vitória do «cartesianismo social». Necker diria mais tarde que Law sacrificara «as vantagens progressivas que o Estado poderia ter recolhido» de um banco menos ambicioso pelo «esplendor fugaz de uma grande ilusão». Montesquieu poderia dizer o mesmo. A ideia básica de Law de que as verdadeiras origens da riqueza se situam no comércio e na indústria não era contestada por Montesquieu, mas a manipulação dos símbolos desta riqueza está sujeita a imprescritíveis limites, os quais tinham sido violentados pelo sonho do escocês. Segundo Montesquieu, Law convidara os Franceses a juntarem-se ao «Império da Imaginação». Quem vive num mundo de fantasias é manipulado por quem as encena, e Law foi apresentado por Montesquieu precisamente como um mago, cujo ofício de vender sacos de vento como se estivessem cheios de ouro lhe fora ensinado pela sua mãe, uma ninfa da Caledónia (*CP*, nº 142).

Em retrospectiva, e a acreditar no julgamento de Montesquieu, foi Law quem começou a cavar definitivamente a sepultura da monarquia francesa, não só por ter «promovido o despotismo», mas também, podemos acrescentar, por ter tornado politicamente proibitiva qualquer reforma do sistema fiscal-financeiro da monarquia francesa, rigidez que estaria na origem da Revolução francesa, primeiro em 1787 e finalmente em 1789 (N. T.).

([1]) Fernando, rei de Aragão, fez-se senhor das ordens; e isso bastou para alterar a constituição.

governo civil, exigem que haja um corpo que retire incessantemente as leis da poeira onde ficariam soterradas. O Conselho do príncipe (*) não é um repositório conveniente. Pela sua natureza, é o repositório da vontade momentânea do príncipe que executa, e não o repositório das leis fundamentais. De resto, o Conselho do monarca muda incessantemente; não é permanente; não poderia ser numeroso; não goza, num grau suficientemente elevado, da confiança do povo; não está, portanto, em condições de o esclarecer em tempos difíceis, nem de o fazer regressar à obediência.

Nos Estados despóticos, onde não há leis fundamentais, também não há um repositório das leis. É por isso que, nesses países, a religião tem tanta força: é que a religião forma uma espécie de repositório e de permanência; e se não for a religião, são os costumes que são venerados, em lugar das leis.

Capítulo V
Das leis relativas à natureza do Estado despótico (**)

Resulta da natureza do poder despótico que o único homem que o exerce faça com que seja exercido por um outro homem. Um homem a quem os cinco sentidos dizem incessantemente que ele é tudo, e que os outros são nada, é naturalmente preguiçoso, ignorante, voluptuoso. Abandona, portanto, os afazeres públicos (***). Mas se ele os confiasse a vários homens, haveria disputas entre eles; haveria intrigas para ser o primeiro escravo; o príncipe seria obrigado a retomar a administração. É, pois, mais simples se a abandonar a um vizir (1) que terá, desde logo, o mesmo poder que ele. Nesse Estado, o estabelecimento de um vizir é uma lei fundamental.

(*) Referência a uma instituição tradicionalmente rival dos *Parlements*, o «Conselho de Estado» (N. T.).

(**) Ao preferir o termo «despotismo» – derivado do grego *despoteia* – à palavra «tirania» de uso mais tradicional, Montesquieu seguiu uma prática que vinha reforçando-se desde a segunda metade do século XVII, em particular com o desenvolvimento do pensamento político huguenote. Sobre este assunto, ver Introdução no início deste volume (N. T.).

(***) Ver *P*, nº 225 (N. T.).

(1) Os reis do Oriente têm sempre vizires, diz o Sr. Chardin.

Diz-se que um papa (*), aquando da sua eleição, consciente da sua incapacidade, criou imediatamente dificuldades infinitas. Por fim, aceitou e entregou todos os assuntos ao seu sobrinho. Admirou-se e disse: «Nunca teria acreditado que tudo seria tão fácil». Passa-se o mesmo com os príncipes do Oriente. Quando esses príncipes são retirados da prisão, onde os eunucos lhes enfraqueceram o coração e o espírito, e muitas vezes os deixaram na ignorância até do seu Estado, para os colocar no trono, ficam de início surpreendidos; mas quando nomeiam um vizir, e se entregam no seu harém às paixões mais brutais; quando no meio de uma corte abatida seguem os seus caprichos mais estúpidos, nunca acreditariam que tudo poderia ser tão fácil.

Quanto mais o império é extenso, mais se engrandece o harém, e mais, por conseguinte, o príncipe se embriaga com prazeres. Assim, nestes Estados, quanto mais povos o príncipe tem para governar, menos pensa no governo; quanto maiores forem os afazeres públicos, menos se delibera sobre eles.

(*) Clemente V, cujo pontificado começou em 1305 e terminou em 1314 (N. T.).

Livro III
Dos princípios dos três governos

Capítulo I
Diferença entre a natureza do governo e o seu princípio

Depois de ter examinado quais são as leis relativas à natureza de cada governo, é preciso ver as que são relativas ao seu princípio.

Existe a seguinte diferença ([1]) entre a natureza do governo e o seu princípio: é que a sua natureza é o que faz o governo ser como é, e o seu princípio é o que o faz agir. A primeira é a sua estrutura particular, e o segundo as paixões que o fazem mover-se ([*]).

Ora, as leis não devem ser menos relativas ao princípio de cada governo do que à sua natureza ([**]) É preciso, pois, procurar esse princípio. É o que vou fazer neste livro.

([1]) Esta distinção é muito importante, e dela tirarei muitas consequências; é a chave de uma infinidade de leis.

([*]) Ver Descartes, *Les Passions de l'Âme*, I, art. 27º, 40º (N. T.).

([**]) Ao recapitular que as leis são relativas à totalidade da constituição política Montesquieu acompanha Aristóteles. Ver *Política*, 1282b10-11, 1289a13-15 (N. T.).

Capítulo II
Do princípio dos diversos governos

Disse que a natureza do governo republicano consiste em que nele o povo em conjunto, ou certas famílias, possuem o poder soberano; a do governo monárquico, que o príncipe detém o poder soberano, mas exercendo-o segundo leis estabelecidas; a do governo despótico, que um só homem governa segundo as suas vontades e os seus caprichos. Não preciso de mais nada para encontrar os seus três princípios; decorrem naturalmente daqui. Começarei pelo governo republicano, e falarei de início do democrático.

Capítulo III
Do princípio da democracia

Não tem de haver muita probidade para que um governo monárquico ou um governo despótico se mantenham ou se sustentem. A força das leis no primeiro, o braço do príncipe sempre levantado no segundo, regulam ou contêm tudo. Mas num Estado popular é preciso um recurso adicional que é a VIRTUDE.

O que digo é confirmado por todo o conjunto da história e é muito conforme à natureza das coisas. Pois é evidente que numa monarquia, onde aquele que faz executar as leis se julga superior às leis, é necessário menos virtude do que num governo popular, onde aquele que faz executar as leis sente que lhes está submetido e suportará o seu peso.

É evidente também que o monarca que, em virtude de maus conselhos ou por negligência, deixa de fazer executar as leis pode facilmente reparar o mal: basta mudar de Conselho ou corrigir a dita negligência. Mas quando, num governo popular, as leis deixam de ser executadas, como isso só pode resultar da corrupção da república, o Estado já está perdido.

No século passado, foi um espectáculo muitíssimo belo ver os esforços impotentes dos Ingleses para estabelecer a democracia entre eles. Como os que participavam nos assuntos públicos não tinham virtude, como a sua ambição estava inflamada pelo sucesso daquele que era mais ousado ([1]), como o espírito de uma facção

([1]) Cromwell.

só era reprimido pelo espírito de uma outra, o governo mudava incessantemente; o povo atónito procurava a democracia e não a encontrava em parte alguma. Por fim, depois de muitos movimentos, de choques e de abanões, foi necessário repousar no mesmo governo que fora proscrito.

Quando Sila quis devolver a liberdade a Roma, esta já não podia recebê-la; já não tinha mais do que um frágil resquício de virtude, e, como continuou a ter cada vez menos virtude, ao invés de despertar depois de César, Tibério, Caio, Cláudio, Nero, Domiciano, tornou-se cada vez mais escrava; todos os golpes foram desferidos contra os tiranos, nenhum contra a tirania (*).

Os políticos gregos, que viviam no governo popular, não reconheciam outra força que os pudesse sustentar além da virtude. Os de hoje só nos falam de manufacturas, de comércio, de finanças, de riquezas e até de luxo (**).

Quando essa virtude cessa, a ambição entra nos corações que podem recebê-la, e a avareza entra em todos eles. Os desejos mudam de objecto: o que se amava, já não é amado; era-se livre com as leis, quer-se ser livre contra elas; cada cidadão é como um escravo foragido da casa do seu senhor; o que era *máxima*, chama-se agora *rigor*; o que era *regra*, chama-se agora *estorvo*; o que aí era *vigilância*, chama-se agora *medo*. Agora é a frugalidade, e não o

---

(*) Comparar com Maquiavel, *Discorsi*, I.17 (N. T.)

(**) Poucos anos depois este parágrafo seria praticamente transcrito por Rousseau na sua obra *Discours sur les Sciences et les Artes* (*Oeuvres complètes*, 4 vols. [Paris: Gallimard, 1969], vol. III, p. 34). Em *P*, nº 598, Montesquieu salientava que depois do desaparecimento «desses dois grandes povos», os Gregos e os Romanos, «os homens foram reduzidos num côvado», lamentava que «o que outrora se chamava *glória, louros, triunfos, coroas*, é nos nossos dias dinheiro à vista» (nº 584), e em *EL*, IV.4, comentou que quando a «virtude estava em pleno vigor faziam-se coisas que hoje já não vemos, e que espantam as nossas pequenas almas», o que parece reforçar a impressão daqueles que o leram como um «Antigo perdido entre os Modernos». Porém, Montesquieu elucida-nos que, se «para conhecer bem os tempos modernos, é preciso conhecer bem os tempos antigos», o propósito do estudo das «coisas antigas» – e porventura a consequência da admiração que elas suscitam – não deve ser o de «mudar as coisas novas» segundo o modelo das antigas, mas o de usar bem essas mesmas «coisas novas» (*P*, nº 399). Para a posição de Montesquieu relativamente à famosa «Querela entre os Antigos e os Modernos», ver *P*, nº 399, 465, 748, 851, 451, 455. Neste último, Montesquieu parece responder a Descartes, que logo no início do *Discurso do Método* sugerira que os «palácios verdadeiramente soberbos e magníficos» erguidos pelos Antigos foram «construídos sobre areia e lama» e, por isso, não nos «ensinam o suficiente» (N. T.).

desejo de possuir, que é avareza. Outrora, o bem dos particulares constituía o tesouro público; mas agora o tesouro público torna-se no património dos particulares. A república é um despojo; e a sua força não é mais do que o poder de alguns cidadãos e a licenciosidade de todos (*).

Atenas tinha no seu seio as mesmas forças quando dominou com tanta glória como quando serviu com tanta vergonha. Tinha vinte mil cidadãos (1) quando defendeu os Gregos contra os Persas, quando disputou o império com a Lacedomónia, e quando atacou a Sicília. Tinha vinte mil cidadãos quando Demétrio Falério os contou (2) como se contam os escravos no mercado. Quando Filipe ousou dominar a Grécia, quando chegou às portas de Atenas (3), esta ainda só tinha perdido tempo. Pode-se ver em Demóstenes o trabalho que foi necessário para despertá-la: temia-se Filipe, não como o inimigo da liberdade, mas dos prazeres (4). Esta cidade, que resistira a tantas derrotas, que se viu renascer depois de tantas destruições, foi vencida em Queroneia, e foi vencida para sempre. Que importa que Filipe tenha devolvido todos os prisioneiros? Não devolveu homens. Foi sempre tão fácil triunfar sobre as forças de Atenas como foi difícil triunfar sobre a sua virtude.

Como teria podido Cartago sustentar-se? Quando Aníbal se tornou pretor e quis impedir os magistrados de pilhar a república, não foram eles acusá-lo diante dos Romanos? Infelizes, queriam ser cidadãos sem ter uma cidade e receber as suas riquezas das mãos dos seus destruidores! Pouco depois Roma exigia trezentos dos seus cidadãos como reféns; levou a que entregassem as armas e os navios, e de seguida declarou-lhes guerra. Pelas coisas que fizeram o desespero da Cartago desarmada (5),

---

(*) Comparar com Platão, *República*, 560c-d, em que Sócrates descreve o tipo humano oligárquico e a sua degeneração. Note-se ainda que segundo o Sócrates da *República*, a democracia é já um estágio (adiantado) de degeneração, enquanto neste passo o que está em causa é uma degeneração *da* república democrática (N. T).

(1) Plutarco, *Péricles*; Platão, *Crítias*.

(2) Havia vinte e um mil cidadãos, dez mil estrangeiros e quatrocentos mil escravos. Ver Ateneu, liv. VI.

(3) Atenas tinha vinte mil cidadãos. Ver Demóstenes, *Aristogeiton*.

(4) Fizeram uma lei para punir com a morte quem propusesse converter a prata destinada aos teatros aos usos da guerra.

(5) Essa guerra durou três anos.

pode-se julgar o que ela teria podido fazer com a sua virtude, quando tinha as suas armas.

Capítulo IV
Do princípio da aristocracia

Tal como é preciso que haja virtude no governo popular, o mesmo se passa no governo aristocrático. É verdade que aí a virtude não é tão absolutamente necessária.

O povo, que está para os nobres como os súbditos estão para o monarca, é contido pelas suas leis. Tem, por isso, menos necessidade de virtude do que o povo da democracia. Mas como serão contidos os nobres? Aqueles que devem fazer executar as leis contra os seus colegas sentirão no início que agem contra eles mesmos. Portanto, pela natureza da sua constituição, é preciso que haja virtude nesse corpo.

O governo aristocrático tem por si mesmo uma certa força que a democracia não tem. Os nobres formam um corpo que, pela sua prerrogativa e pelo seu interesse particular, reprime o povo ([*]): basta que haja leis para que sejam executadas nesse sentido.

Mas é tão fácil a esse corpo reprimir os outros como é difícil que ele se reprima a si mesmo ([1]). A natureza desta constituição é tal que parece que coloca sob o poder das leis as mesmas pessoas que delas isenta.

Ora, um corpo destes só pode reprimir-se de duas maneiras: ou por uma grande virtude, que faz que os nobres se tornem de algum modo iguais ao seu povo, o que pode formar uma grande república; ou por uma virtude menor, que consiste numa certa moderação que torna os nobres pelo menos iguais a eles mesmos, o que garante a sua conservação.

([*]) Comparar com a tese de Maquiavel de que em todas as cidades existem dois «humores»: o dos *Grandi* (ou nobres) que querem comandar e oprimir o povo, e o do povo que não quer ser comandado nem oprimido pelos *Grandi.* Ver *Il Principe,* cap. IX; *Discorsi,* I.5, 58; *Istorie Florentine,* II.12, III.1 (N. T.).

([1]) Os crimes públicos poderão aí ser punidos porque se trata de um assunto que interessa a todos; os crimes particulares não serão punidos porque o que interessa a todos é que não sejam punidos.

A moderação é, pois, a alma destes governos. Refiro-me à que se funda na virtude, não àquela que provém da cobardia ou da preguiça da alma.

Capítulo V
Que a virtude não é o princípio do governo monárquico

Nas monarquias, a política produz as maiores coisas com a menor virtude possível; tal como nas mais belas máquinas, a arte emprega tão poucos movimentos, forças e rodas quanto possível.

O Estado subsiste independentemente do amor pela pátria, do desejo da verdadeira glória, da renúncia a si mesmo, do sacrifício dos seus mais caros interesses, e de todas essas virtudes heróicas que encontramos nos Antigos, e das quais só ouvimos falar.

Nas monarquias, as leis tomam o lugar de todas essas virtudes, das quais não se precisa de todo; o Estado dispensa-vos delas: aqui, uma acção que se faça sem alarde é, em certo sentido, inconsequente (*).

Embora todos os crimes sejam públicos pela sua natureza, distinguem-se no entanto os crimes verdadeiramente públicos dos crimes privados, assim chamados porque ofendem mais um particular do que toda a sociedade.

Ora, nas repúblicas, os crimes privados são mais públicos, isto é, colidem mais com a constituição do Estado, do que os particulares; e, nas monarquias, os crimes públicos são mais privados, isto é, colidem mais com as fortunas particulares do que com a constituição do próprio Estado.

Rogo que ninguém se ofenda com o que eu disse; falo secundado por todas as histórias. Sei muito bem que não é raro que haja nas monarquias príncipes virtuosos; mas digo que, numa monarquia, é muito difícil que o povo o seja (1).

Leia-se o que os historiadores de todos os tempos disseram sobre a corte dos monarcas; recorde-se as conversas dos homens

---

(*) Comparar com Mandeville, vol. I, pp. 63-64, vol. II, p. 64 (N. T.)

(1) Aqui, falo de virtude política, que é a virtude moral no sentido em que se dirige ao bem geral, muito pouco das virtudes morais particulares, e não falo de todo dessa virtude relativa às verdades reveladas. Isto será visto atentamente no liv. V, cap. ii.

de todos os países sobre o carácter miserável dos cortesãos. Não se trata de coisas especulativas, mas de uma triste experiência.

A ambição na ociosidade, a baixeza no orgulho, o desejo de enriquecer sem trabalhar, a aversão pela verdade, a lisonja, a traição, a perfídia, o abandono de todos os compromissos, o desprezo pelos deveres do cidadão, o receio da virtude do príncipe, a esperança nas suas fraquezas, e, mais do que tudo isto, o ridículo perpétuo lançado sobre a virtude, formam, creio eu, o carácter da maioria dos cortesãos, assinalado em todos os lugares e em todos os tempos. Ora, é muito incomodativo que a maioria dos homens principais de um Estado sejam pessoas desonestas, e que os inferiores sejam pessoas de bem; que os primeiros sejam insidiosos, e que os segundos consintam em ser apenas os enganados.

Se no povo se encontra algum infeliz homem de bem ([1]), o cardeal de Richelieu, no seu testamento político, insinua que um monarca deve evitar tê-lo ao seu serviço ([2]). A tal ponto é verdade que a virtude não é a mola deste governo! Certamente que não se encontra excluída; mas não é a sua mola.

Capítulo VI
Como se substitui a virtude no governo monárquico

Apresso-me, e caminho a passos largos, para que se não julgue que faço uma sátira do governo monárquico. Não; se lhe falta uma mola, é porque tem uma outra: a HONRA, isto é, o preconceito de cada pessoa e de cada condição ocupa o lugar da virtude política de que falei, e representa-a por toda a parte. Pode inspirar as mais belas acções; associada à força das leis pode conduzir ao objectivo do governo tal como a própria virtude.

Assim, nas monarquias bem regradas todos serão mais ou menos bons cidadãos e raramente se encontrará alguém que seja um homem de bem; pois, para ser um homem de bem ([3]), é pre-

---

([1]) Entenda-se isto no sentido da nota anterior.

([2]) Aí diz-se que não é preciso colocar pessoas de baixa condição ao serviço do rei: são demasiado austeros e demasiado difíceis [*Testament*, cap. IV].

([3]) Esta palavra, *homem de bem*, deve ser entendida aqui apenas num sentido político. [Esta nota foi introduzida apenas na edição de 1757. Ver «Advertência do Autor», n.t.].

ciso ter a intenção de sê-lo ([1]), e amar o Estado menos por si do que por ele mesmo ([*]).

Capítulo VII
Do princípio da monarquia

O governo monárquico supõe, como dissemos, preeminências, categorias e até uma nobreza de origem. A natureza da *honra* é exigir preferências e distinções; está, portanto, por si mesma, colocada neste governo.

A ambição é perniciosa numa república. Tem bons efeitos na monarquia; dá vida a este governo; e nele tem-se esta vantagem, que aí não é perigosa, porque pode ser sempre reprimida.

Dir-se-ia que é como o sistema do universo, em que há uma força que incessantemente afasta do centro todos os corpos, e uma força de gravidade que os traz de volta. A honra faz mover todas as partes do corpo político; liga-as pela sua própria acção; e cada um trata do bem comum, julgando tratar dos seus interesses particulares ([**]).

([1]) Ver a nota 1 [de *EL*, III.5].

([*]) Ver *P*, nº 220, 1826. Comparar com David Hume, *Ensaios Morais, Políticos e Literários*, trad. portuguesa J. P. Monteiro, S. Albieri, P. Galvão (Lisboa: Imprensa Nacional Casa da Moeda, 2002), p. 28: «Mas um governo republicano e livre seria um evidente absurdo, se acaso os controlos e restrições especificamente previstos na Constituição não tivessem na realidade influência alguma, e não fizessem que todos, mesmos os maus, tivessem interesse em agir em favor do bem público» (N. T.).

([**]) Foi este o passo que, segundo Albert Hirschman [*The Passions and the Interestes* (Princeton: Princeton University Press, 1997)], fundou a ideia da «mão invisível» de Adam Smith. Todavia, é excessivo reivindicar para Montesquieu a autoria dessa tese. Encontra-se já em Pascal o protesto contra o uso da «concupiscência em benefício do bem público». Na sua opinião, isso não passava de «fingimento», de «uma falsa imagem de caridade» porque, no fundo, seria «apenas ódio» (*Pensées*, ed. Sellier, nº 243). A força do lamento de Pascal é suficiente para presumir que a ideia estava mais presente na consciência europeia do final do século XVII e do início do século XVIII do que Hirschman supôs. Contudo, pode dizer-se, com Rémi Brague, que esta é a primeira assimilação a uma referência cosmográfica da ideia de que a consecução do interesse próprio conduz ao bem geral. E esta assimilação tornar-se-ia rapidamente num recurso literário e intelectual bastante popular, a julgar pelas imitações que se seguiram. Ver, por exemplo, Helvétius, *De l'esprit* (Paris: Durand, 1758), II.2: «Se o universo físico está

É verdade que, falando filosoficamente, se trata de uma honra falsa que conduz todas as partes do Estado; mas essa honra falsa é tão útil ao público como o seria a verdadeira aos particulares que pudessem tê-la (*).

E não é já conseguir muito o obrigar os homens a fazer todas as acções difíceis, e que requerem força, sem outra recompensa além do estrépito dessas acções?

Capítulo VIII
Que a honra não é o princípio dos Estados despóticos

Não é a *honra* que é o princípio dos Estados despóticos. Neles, sendo os homens todos iguais, não se pode ser preferido a outros; sendo todos os homens escravos, não se pode ser preferido a nada.

Mais, como a honra tem as suas leis e as suas regras, e é incapaz de se vergar; como se depende do seu próprio capricho, e não do capricho de outrem, ela só pode ser encontrada nos Estados cuja constituição seja fixa e que tenham leis precisas.

Como poderia a honra ser suportada pelo déspota? A honra vangloria-se de desprezar a vida, e o déspota só tem força porque pode retirá-la. Como poderia a honra sustentar o déspota? Ela tem regras consistentes e caprichos sustentados; o déspota não tem qualquer regra e os seus caprichos destroem todos os outros.

A honra, desconhecida nos Estados despóticos, onde frequentemente nem sequer existe uma palavra para exprimi-la ([1]),

---

submetido às leis do movimento, o universo moral não o está menos à lei do interesse». Ou ainda a obra publicada em 1766 por Voltaire, *Le philosophe ignorant* (Oxford: Voltaire Foundation, 2000), questão nº 36, em que Newton é explicitamente invocado (N. T).

(*) A falsidade filosófica da honra pode estar relacionada com o carácter duvidoso dos fins ou dos bens que o orgulho procura; ou que a recta razão não regula a relação entre esses fins (ou bens) e o orgulho que sustenta a honra. Neste passo, em que à falsidade filosófica da honra é contraposta a sua utilidade política, Montesquieu seguiu Mandeville na sua crítica (filosófica) da honra, para dele se afastar aplicando a sua tese – que a moralidade e a utilidade nem sempre caminham a par – contra essa mesma crítica (política) da honra. Ver Mandeville, vol. I, p. 198: «A honra (...) é uma quimera sem verdade, nem ser, uma invenção dos moralistas e dos políticos (...)» (N. T.).

([1]) Ver Perry, p. 447.

reina nas monarquias; dá vida a todo o corpo político, às leis e até às virtudes.

Capítulo IX
Do princípio do governo despótico

Tal como é preciso que haja virtude numa república, e honra numa monarquia, é preciso que haja MEDO num governo despótico: quanto à virtude, ela não lhe é necessária, e a honra ser-lhe-ia perigosa (*).

Num despotismo, o imenso poder do príncipe passa por inteiro para aqueles em quem ele confia. As pessoas capazes de se estimarem muito a elas mesmas estariam em condições de fazer revoluções. É preciso, pois, que o medo abata toda a coragem e que extinga até o menor sentimento de ambição.

Um governo moderado pode, na medida em que o desejar, e sem perigo, relaxar as suas molas. Mantém-se mediante as suas leis e pela própria força. Mas quando, num governo despótico, o príncipe deixa por um momento de levantar o braço; quando não pode aniquilar instantaneamente aqueles que detêm os primeiros lugares ([1]), tudo está perdido. Pois quando a mola do governo, que é o medo, já não existe, deixa-se o povo sem protector.

Aparentemente, é neste sentido que os cádis defenderam que o grande senhor não estava obrigado a manter a sua palavra ou o seu juramento se isso limitasse a sua autoridade ([2]).

É preciso que o povo seja julgado pelas leis, e os grandes pela fantasia do príncipe; que a cabeça do último súbdito esteja em segurança, e a dos paxás esteja sempre exposta. Não se pode falar destes governos monstruosos sem tremer. O sufi da Pérsia, destronado nos nossos dias por Miriveis, viu o governo perecer com a conquista porque não derramara sangue suficiente ([3]).

(*) Comparar com *CGR*, XIV, em que se verifica que só a amizade é vista como perigosa para o despotismo de Tibério, enquanto a virtude não passa de uma «afectação que podia fazer lembrar, no espírito dos povos, a felicidade dos tempos precedentes», e, por conseguinte, só indirectamente hostil ao despotismo (N. T.).

([1]) Como muitas vezes sucede nas aristocracias militares.

([2]) Ricaut, *De l'Empire ottoman*, [liv. I, cap. ii].

([3]) Ver a história dessa revolução da autoria do padre Ducerceau.

A história diz-nos que as horríveis crueldades de Domiciano assustaram os governadores, ao ponto de o povo se ter restabelecido um pouco durante o seu reinado ([1]). É assim que uma torrente, que devasta tudo de um lado, deixa no outro campos onde a vista alcança ao longe alguns prados.

Capítulo X
Diferença da obediência nos governos moderados e nos governos despóticos

Nos Estados despóticos a natureza do governo exige uma obediência extrema; e a vontade do príncipe, uma vez conhecida, deve produzir o seu efeito tão infalivelmente como uma bola lançada contra outra deve produzir o seu.

Não há conciliações, modificações, acomodamentos, termos, alternativas, negociações, protestos; nada de igual ou de melhor a propor; o homem é uma criatura que obedece a uma criatura que quer.

Do mesmo modo que se não pode apresentar os seus receios perante um acontecimento futuro, também não se pode escusar os seus insucessos com o capricho da fortuna. Aqui, a parte que cabe aos homens, como aos animais, é o instinto, a obediência, o castigo.

De nada serve contrapor os sentimentos naturais, o respeito por um pai, a ternura pelos filhos e pelas mulheres, as leis da honra, o estado de saúde; a ordem foi recebida, e isso basta.

Na Pérsia, quando o rei condena alguém, deixa de se poder falar-lhe nesse assunto, nem pedir clemência. Mesmo que ele estivesse embriagado, ou fora de si, ainda assim seria preciso executar a ordem ([2]); se assim não fosse, ele estaria em contradição, e a lei não pode contradizer-se. Esta foi sempre a maneira de pensar que aí vigorou. Como a ordem que Assuero deu de exterminar os Judeus não pudesse ser revogada, tomou-se a decisão de lhes dar a permissão de se defenderem.

([1]) [Suetónio, *Domiciano*, cap. VIII]. O seu governo era militar; que é uma das espécies do governo despótico.

([2]) Ver Chardin.

No entanto, há uma coisa que por vezes se pode contrapor à vontade do príncipe ([1]): é a religião. Se o príncipe o ordenar, abandonamos o pai e até o matamos. Mas não se bebe vinho, mesmo que ele assim queira e ordene. As leis da religião fazem parte de um preceito superior, porque são dadas por cima da cabeça do príncipe, assim como das dos súbditos. Mas quanto ao direito natural, o mesmo não se passa; não se supõe que o príncipe seja um homem.

Nos Estados monárquicos e moderados, o poder é limitado pela sua mola; quero dizer, a honra, que reina como um monarca sobre o príncipe e sobre o povo. Não se irá citar-lhe as leis da religião; um cortesão cairia no ridículo: citar-lhe-ão incessantemente as leis da honra. Daí resultam modificações necessárias na obediência; a honra está naturalmente sujeita a bizarrias e a obediência acompanha-as a todas.

Embora a maneira de obedecer seja diferente nestes dois governos, o poder é, apesar de tudo, o mesmo. Seja para que lado que o monarca se vire, leva a melhor e precipita a balança, e é obedecido. A diferença reside inteiramente no facto de que, na monarquia, o príncipe tem luzes, e os ministros são infinitamente mais hábeis e mais experimentados nos assuntos públicos do que no Estado despótico.

Capítulo XI
Reflexão sobre tudo isto

Tais são os princípios dos três governos. O que não significa que, numa determinada república, se seja virtuoso; antes que se deveria sê-lo. Isso também não prova que, numa determinada monarquia, se tenha honra, e que, num Estado despótico particular, se tenha medo; mas sim que seria necessário tê-los. Sem o que o governo seria imperfeito.

([1]) *Ibid.*

Livro IV

Que as leis da educação devem ser relativas aos princípios do governo

Capítulo I
Das leis da educação

As leis da educação são as primeiras que recebemos (*). E, como elas nos preparam para sermos cidadãos (**), cada família particular deve ser governada segundo o plano da grande família que as abrange a todas (***).

Se o povo em geral tem um princípio, as partes que o compõem, isto é, as famílias, também o terão. As leis da educação serão, então, diferentes em cada tipo de governo (****). Nas monarquias, terão por objecto a honra; nas repúblicas, a virtude; no despotismo, o medo.

(*) Ver *ECPAE*, p. 54 (N. T.).

(**) Comparar com Aristóteles, *Política*, 1310a14-19 (N. T.).

(***) Ver *CP*, nº 86. Ver também Aristóteles, 1260b10-20, 1263b35-40, 1337a8-15 (N. T.).

(****) Ver Descartes, *Les Passions de l'Âme*, I, art. 50º (N. T.).

Capítulo II
Da educação nas monarquias

Nas monarquias, não é nas escolas públicas onde as crianças são instruídas que se recebe a educação principal; é quando se entra no mundo que, de alguma forma, a educação começa. É a escola do que se chama *honra*, esse mestre universal que nos deve conduzir em todos os lugares.

É aí que se vê e se ouve sempre dizer três coisas: «que é preciso pôr uma certa nobreza nas virtudes, uma certa franqueza nos costumes, e uma certa polidez nas maneiras».

As virtudes que nos são mostradas nas monarquias são sempre menos o que se deve aos outros do que o que se deve a si mesmo. Não são tanto o que nos chama para junto dos nossos concidadãos, antes o que nos distingue deles.

Nas monarquias não se julgam as acções dos homens como boas, mas como belas; não como justas, mas como grandes; não como razoáveis, mas como extraordinárias.

Desde que a honra possa encontrar aqui alguma coisa de nobre, converte-se no juiz que as torna legítimas ou no sofista que as justifica.

A honra permite os galanteios quando estão unidos à ideia dos sentimentos do coração, ou à ideia de conquista; e é essa a verdadeira razão por que os costumes nunca são tão puros nas monarquias como nos governos republicanos.

Permite a astúcia quando esta está associada à ideia de grandeza de espírito ou de grandeza dos afazeres públicos, como na política, cujas subtilezas não a ofendem.

Só proíbe a adulação quando esta está separada da ideia de uma grande fortuna e quando se encontra associada apenas ao sentimento da sua própria baixeza.

A respeito dos costumes disse que a educação das monarquias deve introduzir neles uma certa franqueza. Quer-se, portanto, a verdade nos discursos. Mas será por amor à verdade? De forma alguma. Quer-se a verdade porque um homem que está acostumado a dizê-la aparenta ser ousado e livre. Com efeito, um tal homem parece depender apenas das coisas, e não da maneira como o outro as recebe. É o que faz que nas monarquias tanto se recomende esta espécie de franqueza como se despreze a franqueza do povo, que só tem por objecto a verdade e a simplicidade.

Finalmente, a educação nas monarquias exige uma certa polidez nas maneiras. Os homens, nascidos para viverem juntos, também nascem para agradar uns aos outros; e aquele que não respeitasse as maneiras apropriadas, chocando todos aqueles com quem vivesse, desacreditar-se-ia até ao ponto em que se tornaria incapaz de fazer qualquer bem.

Mas não é de uma fonte assim tão pura que a polidez está acostumada a recolher a sua origem. A polidez nasce da ânsia de distinção. É por orgulho que somos polidos: sentimo-nos lisonjeados por termos maneiras que demonstram que não pertencemos aos comuns, e que não vivemos com esse tipo de gente que foi ignorado em todas as épocas.

Nas monarquias a polidez está naturalizada na corte. Um homem excessivamente grande torna todos os outros pequenos. Daí os respeitos que se deve a toda a gente; daí nasce a polidez, que lisonjeia tanto os que são polidos como aqueles para com quem se é polido; porque a polidez torna patente que se pertence à corte, ou que se é digno de lhe pertencer.

O ar da corte consiste em abandonar a grandeza própria em favor de uma grandeza emprestada. Esta lisonjeia mais um cortesão do que a sua própria grandeza. Confere uma certa modéstia soberba que se espalha por muito longe, mas cujo orgulho diminui insensivelmente, na proporção da distância a que se está da fonte dessa grandeza.

Na corte encontra-se uma delicadeza do gosto em todas as coisas, que provém do uso contínuo das superfluidades de uma grande fortuna, da variedade, e sobretudo da lassidão dos prazeres, da multiplicidade, até da confusão das fantasias, que, quando são agradáveis, são aí sempre bem recebidas.

É a todas estas coisas que a educação se dirige para fazer o que se chama o homem de bem, que tem todas as qualidades e todas as virtudes que se exige neste governo.

Aí, a honra, insinuando-se em tudo, penetra todas as formas de pensar e todas as maneiras de sentir, e até chega a dirigir os princípios.

Esta honra bizarra faz que as virtudes não sejam senão aquilo que ela quer e como elas as quer. Por sua iniciativa, põe regras a tudo o que nos é prescrito; estende ou limita os nossos deveres segundo os seus caprichos, independentemente de esses deveres terem a sua fonte na religião, na política ou na moral.

Não há nada na monarquia que as leis, a religião e a honra prescrevam tanto como a obediência às vontades do príncipe. Mas esta honra dita-nos que o príncipe nunca nos deve prescrever uma acção que nos desonre, porque nos tornaria incapazes de servi-lo.

Crillon recusou-se a assassinar o duque de Guise, mas ofereceu-se a Henrique III para se bater contra ele. Depois da noite de São Bartolomeu, quando Carlos IX escreveu a todos os governadores para que mandassem massacrar os huguenotes, o visconde de Orte, que era comandante em Baiona, escreveu ao rei (1): «Sire, entre os habitantes e os homens de guerra só encontrei bons cidadãos, soldados bravos, e nem um carrasco; assim, eles e eu suplicamos a Vossa Majestade que dê uso aos nossos braços e às nossas vidas em coisas factíveis». Esta grande e generosa coragem considerava uma cobardia uma coisa impossível (*).

---

(1) Ver a *História* de d'Aubigné.

(*) Surpreendentemente, neste episódio pode estar implícita uma crítica ferocíssima da corrupção da monarquia francesa e dos limites da honra. Como aponta Destutt de Tracy em *La Politique de Montesquieu ou Introduction a l'Esprit des Lois* (Paris: Th. Desoer, 1820), p. 20, aquando da emissão das ordens do rei quase todos os outros intendentes – com a excepção de «um ou dois» – se curvaram e obedeceram cobardemente ao comando assassino. Além disso, Montesquieu tornou a resposta de Orte ao rei muito mais heróica do que na realidade foi. Como se não bastasse, o exemplo imediatamente anterior também deixa a honra em maus lençóis, visto que, se Crillon não assassinou cobardemente o duque de Guise, o facto é que este acabaria por ser assassinado por ordens régias. Em suma, nos episódios históricos que Montesquieu escolheu para ilustrar o poder da honra, descobrem-se assim, e de um modo indirecto, as limitações deste princípio do governo. Quando a honra caduca, a monarquia desagua no oceano do despotismo. E talvez mais do que isso: a honra nunca poderá ser um moderador sistémico de um príncipe apostado numa acção tirânica.

Quanto ao efeito da honra, ou neste caso da ameaça de desonra, sobre a conduta dos homens, ver Descartes (*Les Passions de l'Âme,* III, art. 205º): «A vergonha, ao contrário, é uma espécie de tristeza, fundamentada também no amor por nós mesmos, e que provém da opinião ou do temor que temos de ser censurados». Mais pertinente para o episódio de Orte em que a ameaça de desonra determina a conduta em situações de risco considerável, ver Mandeville, vol. I, p. 64, para a descrição de como, apesar de o bem e o mal associados à honra e à desonra serem «imaginários», existir «uma realidade» na vergonha, o que significa que esta, como paixão, pode efectivamente esmagar a nossa felicidade. A vergonha acaba por ser uma «triste reflexão sobre a nossa própria indignidade». Mandeville, um pouco mais adiante na obra (vol. I, p. 210), escreveu: «A coragem que é útil para o Corpo Político, e que é geralmente chamada bravura, é artificial e consiste num

Não há nada que a honra prescreva mais à nobreza do que servir o príncipe na guerra. Com efeito, trata-se da profissão preeminente, porque, pelos seus riscos, os seus sucessos e até os seus infortúnios, conduz à grandeza. Mas, ao impor esta lei, a honra quer ser o seu árbitro; e, se a honra for ofendida, exige ou permite que nos retiremos para casa.

A honra quer que se possa aspirar indiferentemente aos cargos ou recusá-los; coloca esta liberdade acima da própria fortuna.

A honra tem, pois, as suas regras supremas, e a educação é obrigada a se lhes conformar ([1]). As principais são: que nos é permitido fazer caso da nossa fortuna, mas é-nos soberanamente proibido fazer qualquer caso da nossa vida.

A segunda é que, assim que tivermos ocupado uma categoria, não devemos fazer nem suportar nada que mostre que somos inferiores a essa categoria.

A terceira, que as coisas que a honra proíbe são mais rigorosamente proibidas quando as leis não concorrem em proscrevê-las; e que as leis que a honra exige são mais fortemente exigidas quando as leis as não requerem.

Capítulo III
Da educação no governo despótico

Como a educação nas monarquias apenas trabalha para elevar o coração, nos Estados despóticos ela só procura apoucá-lo. Neles, é preciso que a educação seja servil. Será um bem, mesmo para quem está no comando, ter tido tal educação, já que ninguém é tirano sem ser ao mesmo tempo escravo.

A obediência extrema supõe a ignorância daquele que obedece; supõe até a ignorância de quem comanda; ele não tem de deliberar, de duvidar, nem de raciocinar; basta querer.

Nos Estados despóticos, cada família ([*]) é um império separado. A educação, que consiste principalmente em viver com os

---

horror superlativo à vergonha», o que sucede no homem de «orgulho exaltado» (N. T.).

([1]) Aqui fala-se do que é, e não do que deveria ser. A honra é um preconceito que a religião tanto trabalha para destruir como para regular.

([*]) *Maison* no original (N. T.).

outros, é aí bastante limitada; reduz-se a introduzir o medo no coração e a transmitir ao espírito o conhecimento de alguns princípios religiosos muito simples. O saber seria perigoso, a emulação funesta; e, quanto às virtudes, Aristóteles recusa-se a acreditar que exista alguma apropriada a escravos ([1]); tal limitaria efectivamente a educação neste governo.

Portanto, nos Estados despóticos a educação é de certa forma nula. É preciso tirar tudo de modo a se dar alguma coisa; e começar por fazer um mau súbdito para fazer um bom escravo.

Ah! Porque é que a educação se dedicaria a formar um bom cidadão que participasse da infelicidade pública? Se ele amasse o Estado, seria tentado a afrouxar as molas do governo; se não fosse bem sucedido, estaria perdido; se fosse bem sucedido, correria o risco de se perder a si mesmo, ao príncipe e ao império.

Capítulo IV
Diferença dos efeitos da educação nos Antigos e entre nós

A maioria dos povos antigos vivia em governos que tinham a virtude como princípio; e, quando essa virtude estava em pleno vigor, faziam-se coisas que hoje já não vemos e que espantam as nossas pequenas almas.

A sua educação tinha uma outra vantagem sobre a nossa: nunca era desmentida. Epaminondas, no último ano da sua vida, dizia, escutava, via, fazia as mesmas coisas que na idade em que começara a ser instruído.

Hoje, recebemos três educações diferentes ou contrárias: a dos nossos pais, a dos nossos mestres, a do mundo. O que nos é dito na última educação vira do avesso todas as ideias das duas primeiras. Isso decorre, em parte, do contraste que existe para nós entre os compromissos da religião e os do mundo; algo que os Antigos não conheciam.

([1]) *Política*, liv. I, [cap. III].

Capítulo V
Da educação no governo republicano

É no governo republicano que todo o poder da educação é necessário. O medo dos governos despóticos nasce de si mesmo no meio das ameaças e dos castigos; a honra das monarquias é favorecida pelas paixões, e, por sua vez, favorece-as; mas a virtude política é uma renúncia a si mesmo, o que é sempre algo muito doloroso (*).

Pode definir-se esta virtude como amor às leis e à pátria. Esse amor, ao exigir uma preferência contínua do interesse público em detrimento do interesse próprio, produz todas as virtudes particulares; elas não são mais do que essa preferência (**).

Esse amor está singularmente apegado às democracias. Só nelas é que o governo é confiado a cada cidadão. Ora, o governo é como todas as coisas do mundo: para conservá-lo é preciso amá-lo.

Nunca se ouviu dizer que os reis não amassem a monarquia, nem que os déspotas detestassem o despotismo.

Tudo depende, então, de estabelecer na república esse amor; e a educação deve concentrar-se em inspirá-lo. Mas há um meio seguro para que as crianças possam tê-lo: que os pais também o tenham.

Normalmente, temos a capacidade de transmitir os nossos conhecimentos aos nossos filhos; temos uma capacidade ainda maior de lhes transmitir as nossas paixões.

Se tal não acontece é porque o que foi feito na casa paternal é destruído pelas impressões do exterior.

Não é a nova geração que degenera; esta só se perde quando os homens crescidos já estão corrompidos.

(*) No seu comentário muito crítico a *Do Espírito das Leis*, Destutt de Tracy a este propósito associou a virtude republicana – no seu entender, distorcida por Montesquieu –, que consiste na «renúncia a si mesmo», ao «fanatismo», fenómeno, de resto, «passageiro». Ver *Commentaire sur l'Esprit des Lois*, p. 36. Todavia, Plutarco falando dos Espartanos dizia que cada um deles «pertencia inteiramente ao seu país, e não a si mesmo (...)». *Vidas Paralelas, Licurgo*, xxiv (N. T.).

(**) Ver como a associação entre *Self-Denial* e virtude em Mandeville (vol. I, pp. 152-154) é invocada para revelar a «hipocrisia» resultante da incapacidade humana da renúncia efectiva às inclinações individuais (N. T.).

Capítulo VI
De algumas instituições dos Gregos

Os Gregos antigos, persuadidos da necessidade dos povos que viviam sob um governo popular de serem educados para a virtude, criaram, para inspirá-la, instituições singulares. Quando vedes, na vida de Licurgo, as leis que ele deu aos Lacedemónios, acreditaríeis estar a ler a história dos Severambos. As leis de Creta eram o original das leis da Lacedemónia; e as de Platão eram a sua correcção (*).

Peço que se preste um pouco de atenção ao alcance do génio destes legisladores que, ao contrariarem todos os usos aceites, ao confundirem todas as virtudes, mostraram a sua sabedoria ao universo. Licurgo, misturando o roubo com o espírito de justiça, a mais dura escravatura com a liberdade extrema, os sentimentos mais atrozes com a maior moderação, deu estabilidade à cidade. Parecia que lhe retirava todos os seus recursos, as artes, o comércio, o dinheiro, as muralhas; aí havia ambição, sem esperança de melhorar a sua situação; havia sentimentos naturais, e não se era nem filho, nem marido, nem pai; o próprio pudor é retirado à castidade. Foi por estes caminhos que Esparta foi conduzida à grandeza e à glória; mas com uma tal infalibilidade das suas instituições que nada se obteria dela vencendo-lhe batalhas, sem que com isso não se lhe subtraísse a sua polícia (1) (**).

(*) Sobre a interpretação de pendor algo laconófilo levada a cabo por Montesquieu da filosofia política de Platão, ver *P*, nº 1811, 1904 (N. T.).

(1) Filopemen forçou os Lacedemónios a abandonar a maneira de alimentar os seus filhos, sabendo bem que se não o fizesse eles teriam sempre uma grande alma e o coração altivo. Plutarco, *Vida de Filopemen*. Ver Tito Lívio, liv. XXXVIII.

(**) «*Police*» no original. Esta é uma palavra de difícil tradução. Optámos por «*polícia*» não só para reflectir o arcaísmo próprio do termo, mas também para seguir o excelente conselho de Adam Smith, que avisava que a palavra era de origem francesa e descendia directamente do vocábulo grego *politeia*, que significa literalmente «constituição», ou com maior abrangência, regime político. Dizia Smith, nas *Lectures on Jurisprudence*, que, na sua acepção moderna, *police* designava «a regulamentação dos sectores inferiores do governo, nomeadamente, a limpeza, a segurança, o baixo custo ou a abundância dos géneros». Uma alternativa de tradução seria talvez «administração», ou uma palavra sua derivada. Até porque se aproxima do seu significado mas não o reproduz com exactidão. Por exemplo, vemos nos *Princípios da Filosofia do Direito* de Hegel (ex.: § 188), o recurso a *Polizei* para designar esse mesmo significado, que provavelmente Hegel retirou de

Creta e a Lacónia foram governadas por estas leis. A Lacedemónia foi a última a ceder aos Macedónios, e Creta (1) foi a última presa dos Romanos. Os Samnitas tiveram estas mesmas instituições, e foram para os Romanos o motivo de vinte e quatro triunfos (2).

O que víamos de extraordinário nas instituições da Grécia, vimo-lo nas borras e na corrupção dos nossos tempos modernos (3). Um legislador, um homem de bem, formou um povo para quem a probidade parecia tão natural como a bravura para os Espartanos. O Sr. Penn (*) é um verdadeiro Licurgo; e, apesar de o primeiro ter tido a paz por objecto, quando o outro tinha a guerra, assemelham-se no caminho singular em que colocaram os seus povos, no ascendente que tiveram sobre homens livres, nos preconceitos que venceram, nas paixões que vergaram.

O Paraguai pode fornecer-nos um outro exemplo. Quis-se converter o Paraguai num crime da *Companhia* (**), que considera o prazer de comandar como o único bem da vida; mas será sempre belo governar os homens tornando-os mais felizes (4).

É glorioso para a Companhia ter sido a primeira a mostrar naquelas paragens a ideia da religião associada à da humanidade. Ao reparar as devastações dos Espanhóis, começou a curar uma das maiores feridas que a espécie humana jamais sofreu.

Um sentimento delicado que esta Companhia tem por tudo a que chama honra, o seu zelo por uma religião que humilha bem mais os que a escutam do que aqueles que a pregam, permitiu-lhe

---

Do Espírito das Leis. Police indica as instituições, regras, práticas do Estado, quando este procura salvaguardar o bem-estar dos indivíduos, regular a sua conduta quotidiana e assegurar o equilíbrio entre o interesse público e o interesse particular. Para uma explicação do próprio Montesquieu sobre o significado e alcance da «polícia», ver *EL*, XXVI.24 (N. T.).

(1) Creta defendeu as suas leis e a sua liberdade durante três anos. Ver os livros XCVIII, XCIX e C de Tito Lívio, no *Epítome* de Florus. Ofereceu mais resistência do que os maiores reis.

(2) Florus, liv. I, [cap. XVI].

(3) *In fece Romuli*, Cícero, [*Cartas a Ático*, II, 1].

(*) William Penn (1644-1718), o célebre fundador inglês *quaker* da colónia da Pensilvânia (N. T.).

(**) *Société* no original: designação francesa da *Companhia* de Jesus, ou os Jesuítas (N. T.).

(4) Os índios do Paraguai não dependem de um senhor particular, pagam apenas um quinto de tributo e têm armas de fogo para se defender.

empreender grandes coisas; e foi bem sucedida. Retirou dos bosques povos dispersos; deu-lhes uma subsistência garantida; vestiu-os. E, mesmo que com isso não tivesse feito mais do que aumentar a indústria entre os homens, já teria feito muito.

Aqueles que quiserem criar instituições semelhantes, estabelecerão a comunidade dos bens da República de Platão, o respeito pelos deuses que ele exigia, a separação dos estrangeiros para a conservação dos costumes, e farão que o comércio seja feito pela cidade, e não pelos cidadãos; produzirão as nossas artes sem o nosso luxo, e as nossas necessidades sem os nossos desejos.

Proscreverão o dinheiro, cujo efeito é o de engrossar a fortuna dos homens para além dos limites que a natureza colocou, aprender a conservar inutilmente o que em vão se acumulou, multiplicar até ao infinito os desejos, e acrescentar à natureza, que nos deu meios tão limitados de inflamar as nossas paixões e de nos corrompermos uns aos outros.

«Os Epidamnianos ([1]), ao sentir que os seus costumes se corrompiam por causa da comunicação estabelecida com os bárbaros, elegeram um magistrado para fazer todo o comércio em nome da cidade e para a cidade». Deste modo, o comércio não corrompe a constituição, e a constituição não priva a sociedade das vantagens do comércio.

Capítulo VII

Em que caso estas instituições singulares podem ser boas

Estes tipos de instituições podem convir às repúblicas porque a virtude política é o seu princípio; mas para conduzir à honra nas monarquias, ou para inspirar o medo nos Estados despóticos, não são precisos tantos cuidados.

De resto, só podem ter lugar num Estado pequeno ([2]), onde se pode dar uma educação geral e educar todo um povo como se fosse uma família ([*]).

([1]) Plutarco, *Quaestiones Graecae,* [cap. XXIX].

([2]) Como eram as cidades da Grécia.

([*]) A relação estreita entre a república e o território (e a população) exíguo é colhida da literatura política grega. No entanto, ainda se pode ver no intensíssimo debate político americano nas duas últimas décadas do século XVIII que a autoridade de Montesquieu era ponto incontornável no confronto entre o par-

As leis de Minos, de Licurgo e de Platão supõem que todos os cidadãos dedicam uma atenção singular uns aos outros. Não se pode prometer tal coisa na confusão, nas negligências, na extensão dos afazeres de um povo numeroso.

Como se disse, é preciso banir o dinheiro dessas instituições. Mas, nas sociedades vastas, o número, a variedade, os obstáculos, a importância dos negócios, a facilidade das compras, a lentidão das trocas, exigem uma medida comum. Para transportar o poder por toda a parte, ou para defendê-lo em todos os lugares, é preciso ter aquilo a que os homens, por toda a parte, associaram o poder.

Capítulo VIII
Explicação de um paradoxo dos Antigos relativo aos costumes

Políbio, o judicioso Políbio, diz-nos que a música era necessária para suavizar os costumes dos Árcades, que habitavam um país onde o ar é melancólico e frio; que os habitantes da Cinétia, que negligenciavam a música, superavam em crueldade todos os gregos, e que não havia cidade onde se tivesse visto tantos crimes. Platão não receia dizer que não se pode fazer mudanças na música sem provocar mudanças na constituição do Estado. Aristóteles, que parece ter escrito a *Política* apenas para opor os seus sentimentos aos de Platão, apesar disso concorda com ele no que respeita ao poder da música sobre os costumes. Teofrasto, Plu-

tido dito *Federalista*, que se batia pelo governo «nacional» ou «consolidado», e o partido dito *Antifederalista*, que se batia pela (preservação) da soberania dos estados. A par de Montesquieu contribuiu enormemente para estruturar este debate a tese de David Hume que considerava já como perfeitamente plausível e superiormente viável a república de grande extensão. Hume, «Ideia de uma República Perfeita», *Ensaios Morais, Políticos e Literários*, p. 450: «Terminaremos este assunto apontando a falsidade da opinião vulgar segundo a qual os grandes Estados, como a França ou a Grã-Bretanha, jamais poderão ser transformados em repúblicas, pois tal forma de governo só pode ser aplicada a cidades ou pequenos territórios. Parece provável dar-se o contrário. Embora a instituição de um governo republicano seja mais difícil num país muito extenso do que numa cidade, depois de consumada essa instituição torna-se mais fácil, no primeiro caso, conservá-la firme e uniforme, sem tumultos nem facções». Ver também Publius, *The Federalist Papers*, nº 8-10, 17, 24; *Letters from the Federal Farmer*, cartas nº 1-2 (N. T.).

tarco ([1]), Estrabão ([2]), todos os Antigos pensavam do mesmo modo. Não se trata de uma opinião proferida sem reflexão; trata-se de um dos princípios da sua política ([3]). Era assim que eles davam leis; era assim que queriam que as cidades fossem governadas.

Creio que posso explicar isto. É preciso ter em mente que, nas cidades gregas, sobretudo naquelas que tinham a guerra como principal objecto, todos os trabalhos e todas as profissões que podiam conduzir ao ganho de dinheiro eram considerados indignos de um homem livre. «A maioria das artes, diz Xenofonte ([4]), corrompe o corpo dos que as exercem; obrigam a que estejamos sentados à sombra, ou perto do fogo; não se tem tempo nem para os amigos, nem para a república». Só com a corrupção de algumas democracias é que os artesãos conseguiram ser cidadãos. É o que Aristóteles ([5]) nos ensina; e sustenta que uma boa república jamais lhes atribuirá o direito de cidadania ([6]).

A agricultura era também uma profissão servil, e normalmente era algum povo vencido quem a exercia: os hilotas, no caso dos Lacedemónios; os periecos, no caso dos Cretenses; os penestas, no caso dos Tessálios; e outros ([7]) povos escravos noutras repúblicas.

Finalmente, todo o pequeno comércio ([8]) era infame junto dos Gregos. Significava que um cidadão prestaria serviços a um

---

([1]) *Vida de Pelópidas.*

([2]) Liv. I.

([3]) Platão, liv. IV das *Leis*, diz que as prefeituras da música e da ginástica constituem os cargos mais importantes da cidade; e, na *República*, liv. III, «Dâmon vos dirá, *diz ele*, quais são os sons mais capazes de fazer nascer a baixeza da alma, a insolência e as virtudes contrárias».

([4]) Liv. V, *Memorabilia.*

([5]) *Política*, liv. III, cap. iv.

([6]) Diofanto, diz Aristóteles, *Política*, [liv. III], cap. vii, estabeleceu em tempos em Atenas que os artesãos seriam escravos do público.

([7]) Também Platão e Aristóteles querem que sejam os escravos a cultivar a terra (*Leis*, liv. VII; *Política*, liv. VII, cap. x). É verdade que a agricultura não era exercida por escravos em todos os lugares; pelo contrário, como diz Aristóteles [(*Política*, liv. VI, cap. iv)], as melhores repúblicas eram aquelas onde os cidadãos praticavam a agricultura. Mas isso só acontecia com a corrupção dos antigos governos que se tornavam democráticos; pois, nos primeiros tempos, as cidades da Grécia viviam na aristocracia.

([8]) *Cauponatio.*

escravo, a um locatário, a um estrangeiro: esta ideia colidia com o espírito da liberdade grega. Também Platão (1) quer, nas *Leis*, que se puna um cidadão que se dedique ao comércio.

Portanto, nas repúblicas gregas vivia-se uma situação bastante enredada. Não queriam que os cidadãos trabalhassem no comércio, na agricultura, nem nas artes; tão-pouco queriam que permanecessem ociosos (2). Encontravam ocupação nos exercícios que dependiam da ginástica e naqueles que estavam relacionados com a guerra (3). As instituições não lhes davam outras. É preciso ver os Gregos como uma sociedade de atletas e de combatentes (*). Ora, esses exercícios tão apropriados para formar pessoas duras e selvagens (4) tinham de ser temperados por outros que pudessem suavizar os costumes. A música, que entra no espírito pelos órgãos do corpo, era muito apropriada para esse efeito. Trata-se de um meio-termo entre os exercícios do corpo que tornam os homens duros, e as ciências da especulação que os tornam selvagens (**). Não se pode dizer que a música inspirava a virtude; tal seria inconcebível. Mas impedia o efeito da ferocidade da instituição, e fazia que a alma tivesse na educação uma parte que, de outro modo, não teria tido.

Suponho que haja entre nós uma sociedade de pessoas tão apaixonadas pela caça que não tenha qualquer outra ocupação; contrairiam seguramente uma certa rudeza. Se estas mesmas pessoas viessem também a adquirir gosto pela música, cedo se detec-

---

(1) Liv. XI.

(2) Aristóteles, *Política*, liv. X.

(3) *Ars corporum exercendorum, gymnastica, variis certaminibus terendorum paedotribica*. Aristóteles, *Política*, liv. VIII, cap. iii.

(*) «*É preciso ver os gregos como uma sociedade de atletas e de combatentes*»: aparentemente, Montesquieu persistia em apreciar a cidade grega, em larga medida, segundo a perspectiva do exemplo espartano. Ver Plutarco, *Vidas Paralelas*, Licurgo, x, xxiv; Platão, *Leis*, 829e-832b, 626a-628c; Aristóteles, *Política*, 1333b10-15, 1334a5-10 (N. T.).

(4) Aristóteles diz que os filhos dos Lacedemónios, que iniciavam estes exercícios desde a mais tenra idade, contraíam por esse meio uma ferocidade excessiva.

(**) «(...) *e as ciências da especulação que os tornam selvagens*»: ver, a este respeito, o passo de Cícero, em *De officiis*, I.153, que é provavelmente a inspiração de Montesquieu para o tema da relação entre a filosofia e a cidade. A sabedoria é uma virtude, talvez a primeira virtude, mas, sobretudo numa óptica republicana, não deve ser autorizada a actualizar a sua propensão para escapar aos limites da cidade (N. T.).

tariam diferenças entre as suas maneiras e os seus costumes. Enfim, os exercícios dos Gregos excitavam neles apenas um género de paixões, a rudeza, a cólera, a crueldade. A música excita-as a todas, e pode fazer que a alma sinta a doçura, a compaixão, a ternura, o doce prazer. Os nossos autores de moral, que, entre nós, tanto proscrevem os teatros, fazem-nos sentir suficientemente o poder que a música tem sobre as nossas almas.

Se só se desse tambores e árias de trompete às sociedades de que falei, não seria verdade que elas atingiriam menos a sua finalidade do que se lhes tivesse sido dada uma música terna? Os Antigos tinham razão, portanto, quando, em certas circunstâncias, preferiam para os seus costumes um modo musical a outro.

Mas, dir-se-á, porquê preferir a música? É que, de todos os prazeres dos sentidos, não há mais nenhum outro que corrompa menos a alma. Ruborescemos quando lemos em Plutarco ([1]) que os Tebanos, para suavizar os costumes dos seus jovens, estabeleceram pelas leis um amor que deveria ser proscrito por todas as nações do mundo.

([1]) *Vida de Pelópidas*, [cap. x].

Livro V
Que as leis feitas pelo legislador devem ser relativas ao princípio do governo

Capítulo I
Ideia deste livro

Acabámos de ver que as leis da educação devem ser relativas ao princípio de cada governo. O mesmo se passa com as leis que o legislador dá à sociedade como um todo. Essa relação das leis com este princípio estica todas as molas do governo; e, por sua vez, este princípio recebe daí uma nova força. É assim que, nos movimentos físicos, a acção é sempre seguida de uma reacção.

Vamos examinar esta relação em cada governo; e começaremos pelo Estado republicano, que tem a virtude por princípio.

Capítulo II
O que é a virtude no Estado político

A virtude, numa república, é uma coisa muito simples: é o amor à república; é um sentimento, e não o resultado de conhecimentos; o último homem do Estado pode ter esse sentimento tal como o primeiro. Quando o povo adquire boas máximas, atém-se a elas por mais tempo do que aqueles a quem se chama homens de bem. É raro que a corrupção comece pelo povo.

Da mediocridade das suas luzes o povo frequentemente gerou uma ligação mais forte por aquilo que está estabelecido.

O amor à pátria conduz à bondade dos costumes, e a bondade dos costumes leva ao amor à pátria. Quanto menos podemos satisfazer as nossas paixões particulares, mais nos entregamos às gerais. Porque é que os monges amam tanto a sua ordem? Justamente pela mesma razão que faz que ela lhes seja insuportável. A sua regra priva-os de todas as coisas sobre as quais as paixões comuns se apoiam; resta então essa paixão pela própria regra que os aflige. Quanto mais a regra é austera, isto é, quanto mais restringe as suas inclinações, mais força dá às inclinações em que não toca (*).

Capítulo III
O que é o amor à república numa democracia

Numa democracia, o amor à república é o amor à democracia; o amor à democracia é o amor à igualdade.

O amor à democracia é também o amor à frugalidade. Numa democracia, cada um deve ter a mesma felicidade e as mesmas vantagens, e deve gozar dos mesmos prazeres, e formar as mesmas esperanças; algo que só se pode esperar da frugalidade geral.

Numa democracia, o amor à igualdade limita a ambição ao único desejo, à única felicidade de prestar à pátria serviços maiores do que os outros cidadãos (**). Estes não podem todos prestar serviços iguais à pátria; mas devem todos prestar-lhe igualmente serviço. Ao nascerem contraem uma dívida imensa para com ela de que nunca se podem desobrigar.

(*) Ver *EL*, XXV.4: «É da natureza do entendimento humano no domínio da religião amarmos tudo o que supõe um esforço, tal como, em matéria de moral, amarmos especulativamente tudo o que tem o carácter da severidade». Compare-se a analogia da república com o mosteiro com a referência mais tardia de Benjamin Constant a Esparta como um «convento guerreiro» (*De l'Esprit de Conquête et de l'Usurpation*, 3ª edição [Paris: H. Nicolle, 1814], II.7) (N. T.).

(**) O Estrangeiro Ateniense das *Leis* de Platão afirma que, ao lidar com o Estado e com os seus concidadãos, o melhor cidadão é o que prefere distinguir-se pela sua reputação de serviço às leis do seu país, em vez de procurar obter um prémio em Olímpia ou ser reconhecido como um grande guerreiro (729d-e) (N. T.).

Assim, as distinções em democracia nascem do princípio da igualdade, mesmo quando a igualdade parece ter sido extinta por serviços bem sucedidos ou por talentos superiores.

O amor à frugalidade limita o desejo de possuir à atenção reclamada pelo que é necessário para a família e até pelo que é supérfluo para a pátria. As riquezas conferem um poder que um cidadão não pode usar para si mesmo, pois não seria igual. Disponibiliza delícias que o cidadão também não deve gozar porque contradiriam do mesmo modo a igualdade.

Assim, ao estabelecerem a frugalidade doméstica, as boas democracias abriram a porta às despesas públicas como se fez em Atenas e em Roma. A magnificência e a abundância brotavam da própria frugalidade; e, tal como a religião requer que se tenha as mãos puras para fazer oferendas aos deuses, as leis queriam costumes frugais para que se pudesse ofertar à pátria.

O bom senso e a felicidade dos particulares consistem em grande medida na mediocridade dos seus talentos e das suas fortunas. Uma república onde as leis tiverem formado muitas pessoas medíocres é composta por pessoas sábias e será governada sabiamente; é composta por pessoas felizes e será muito feliz.

Capítulo IV
Como se inspira o amor à igualdade e à frugalidade

O amor à igualdade e à frugalidade são extremamente exaltados pelas próprias igualdade e frugalidade, quando se vive numa sociedade em que as leis estabeleceram uma e outra.

Nas monarquias e nos Estados despóticos ninguém aspira à igualdade; tal nem sequer passa pela cabeça; aí, cada um procura a superioridade. As pessoas das condições mais baixas só desejam abandonar essas condições para serem os senhores dos outros.

O mesmo sucede com a frugalidade. Para amá-la é preciso gozá-la. Não serão aqueles que são corrompidos pelas delícias que amarão a vida frugal; e, se isso fosse natural ou comum, Alcibíades não teria sido o objecto da admiração do universo (*).

(*) Alcibíades: uma grande personalidade política e militar da Atenas da segunda metade do século V a. C. Amigo de Sócrates, que lhe salvara a vida durante um revés militar, era reconhecido pela sua extraordinária beleza, vaidade

Também não serão aqueles que invejam ou que admiram o luxo dos outros que amarão a frugalidade: as pessoas que apenas têm diante dos seus olhos homens ricos, ou homens miseráveis como elas, detestam a sua miséria, sem amar ou conhecer o que põe termo à miséria.

É, portanto, uma máxima muito verdadeira a que diz que, para que se ame a igualdade e a frugalidade numa república, é preciso que as leis as tenham estabelecido.

Capítulo V
Como as leis estabelecem a igualdade na democracia

Alguns legisladores antigos, como Licurgo e Rómulo, distribuíram equitativamente as terras. Isso só poderia acontecer no momento da fundação de uma república nova; ou quando a lei antiga estivesse tão corrompida, e os espíritos tivessem uma tal disposição, que os pobres se julgassem forçados a procurar tal remédio, e os ricos forçados a suportá-lo.

Se, quando o legislador opera uma tal distribuição, não fizer leis que a sustente, não será mais do que uma constituição passageira; a desigualdade entrará pelo lado que as leis não tiverem defendido, e a república estará perdida.

É preciso, então, que se regule, com esta finalidade, os dotes das mulheres, as doações, as sucessões, os testamentos, enfim, todas as maneiras de fazer contratos. Pois se fosse permitido dar o seu bem a quem se quisesse e como se quisesse, cada vontade particular acossaria a disposição da lei fundamental.

Sólon, que permitia em Atenas que se legassem os bens a quem se quisesse por testamento, desde que não houvesse filhos ([1]), contradizia as leis antigas, que ordenavam que os bens permanecessem na família do testador ([2]). Contradizia as suas próprias leis; porquanto, ao suprimir as dívidas, teria procurado a igualdade.

---

e estilo faustoso de vida. Quando a célebre expedição à Sicília teve um fim desventuroso, viu-se exilado para a frugal e austera Esparta, donde acabaria também por ser exilado. Alcibíades fora o «objecto da admiração do universo» porque fora capaz de viver na abundância e no fausto em Atenas, assim como na pobreza e austeridade de Esparta (N. T.).

([1]) Plutarco, *Vida de Sólon.*

([2]) *Ibid.*

Era uma boa lei para a democracia, a que proibia que houvesse duas heranças ([1]). Tinha a sua origem na distribuição igual das terras e das porções dadas a cada cidadão. A lei não queria que um mesmo homem possuísse várias porções.

A lei que ordenava que o parente mais próximo casasse com a herdeira nasceu de uma fonte semelhante. Entre os Judeus a lei foi criada depois de uma distribuição semelhante. Platão ([2]), que funda as suas leis sobre essa distribuição, também a adopta; e era uma lei ateniense.

Havia em Atenas uma lei cujo espírito, tanto quanto eu saiba, ninguém compreendeu. Era permitido desposar a irmã consanguínea, e não a irmã uterina ([3]). Este uso tinha a sua origem nas repúblicas, cujo espírito era evitar dar duas porções de terra e por conseguinte duas heranças a uma mesma pessoa. Quando um homem casava com a irmã do lado do seu pai, só podia receber uma herança, que era a do seu pai; mas, quando casava com a sua irmã uterina, podia acontecer que o pai desta irmã, não tendo filhos varões, lhe deixasse a sua sucessão; e que, por conseguinte, o seu irmão que com ela casara recebesse duas heranças.

Que não me contraponham com o que diz Fílon ([4]), a saber, que embora em Atenas se pudesse casar com a irmã consanguínea, e não com a irmã uterina, já na Lacedemónia se podia casar com a irmã uterina, e não com a irmã consanguínea. Pois encontro em Estrabão ([5]) que, na Lacedemónia, quando uma irmã casava com o seu irmão, tinha como dote a metade da porção do irmão. É evidente que esta segunda lei foi feita para prevenir as más consequências da primeira. Para impedir que os bens da família da irmã passassem para a do irmão, dava-se à irmã a metade dos bens do irmão como dote.

([1]) Filolau de Corinto determinou que em Atenas o número das porções de terra e das heranças fosse sempre o mesmo. Aristóteles, *Política*, liv. II, cap. xii.

([2]) *República*, liv. VIII.

([3]) Cornélio Nepos, *in praefat.* Este foi um uso dos primeiros tempos. Também Abraão diz de Sara: «*Ela é a minha irmã, filha do meu pai, e não da minha mãe*». As mesmas razões levaram a que se estabelecesse a mesma lei entre povos diferentes.

([4]) *De specialibus legibus quae pertinent ad praecepta Decalogi.*

([5]) Liv. X.

Séneca ([1]), falando de Silano que desposara a sua irmã, diz que em Atenas a permissão era restrita, e que era geral em Alexandria. No governo de um só não se levantaria a questão de manter a distribuição dos bens.

Para manter essa distribuição das terras numa democracia, era uma boa lei a que queria que um pai que tivesse vários filhos escolhesse um deles para herdar a sua porção ([2]), e entregasse os restantes em adopção a alguém que não tivesse filhos, de modo a que o número de cidadãos pudesse manter-se sempre igual ao das porções.

Fáleas da Calcedónia ([3]) imaginara uma forma de tornar as fortunas iguais numa república onde elas não o eram. Queria que os ricos dessem dotes aos pobres, e que não os recebessem; e que os pobres recebessem dinheiro pelas suas filhas, e não o dessem. Mas não conheço qualquer república que se tenha adaptado a tal regra. Esta coloca os cidadãos em condições cujas diferenças são tão gritantes que eles odiariam a própria igualdade que se estava a tentar introduzir. Por vezes é bom que as leis não pareçam caminhar tão directamente para o fim a que se propõem.

Apesar de, numa democracia, a verdadeira igualdade ser a alma do Estado, no entanto ela é tão difícil de estabelecer que uma exactidão extrema a este respeito nem sempre é conveniente. É suficiente que se estabeleça um censo ([4]) que reduza ou fixe as diferenças num certo ponto; após o qual cabe às leis particulares igualizar, por assim dizer, as desigualdades mediante os encargos que impõem aos ricos e o auxílio que prestam aos pobres. Apenas as riquezas medíocres podem efectuar ou sofrer este tipo de compensações; pois todas as fortunas imoderadas vêem como uma injúria tudo o que se não lhes atribui em termos de poder e de honra.

([1]) *Athenis dimidium licet, Alexandria totum* [«Em Atenas, o casamento com a meia-irmã era permitido; em Alexandria, era permitido com a irmã uterina»]. Séneca, *De morte Claudii.*

([2]) Platão adopta uma lei parecida, liv. V das *Leis.*

([3]) Aristóteles, *Política,* liv. II, cap. vii.

([4]) Sólon estabeleceu quatro classes: a primeira, constituída por aqueles que tinham quinhentas minas de rendimento, quer em cereal quer em frutos líquidos; a segunda, constituída por aqueles que tinham trezentas de rendimento e podiam manter um cavalo; a terceira, constituída por aqueles que só tinham duzentas de rendimento; a quarta, constituída por todos os que viviam do trabalho dos seus braços. Plutarco, *Vida de Sólon.*

Numa democracia, toda a desigualdade deve ser extraída da natureza da democracia e do próprio princípio da igualdade. Por exemplo, pode-se recear que pessoas que tenham necessidade de um trabalho contínuo para viver sejam muito empobrecidas por uma magistratura, ou que negligenciem as suas funções; que os artesãos se tornem arrogantes; que um número excessivo de libertos se torne mais poderoso do que os cidadãos antigos. Nestes casos, a igualdade entre os cidadãos ([1]) pode ser suprimida numa democracia em benefício da utilidade da democracia. Mas a igualdade que se suprime é apenas aparente. Porquanto um homem arruinado por uma magistratura estaria numa condição pior do que os outros cidadãos; e esse mesmo homem, que estaria obrigado a negligenciar as suas funções, colocaria os outros cidadãos numa condição pior do que a sua; e assim por diante.

Capítulo VI

Como as leis devem manter a frugalidade na democracia

Não basta que numa boa democracia as porções de terra sejam iguais; é preciso que sejam pequenas, como entre os Romanos. «Deus nos valha», dizia Cúrio aos seus soldados ([2]), «que um cidadão considere escassa a terra que é suficiente para alimentar um homem».

Tal como a igualdade das fortunas mantém a frugalidade, também a frugalidade mantém a igualdade das fortunas. Estas coisas, embora diferentes, são tais que não podem subsistir uma sem a outra; cada uma delas é a causa e o efeito; se uma se retira da democracia, a outra segue-a sempre.

É verdade que, quando a democracia está fundada no comércio, pode muito bem acontecer que os particulares tenham grandes riquezas e que os costumes não estejam corrompidos. É que o espírito do comércio traz consigo o espírito da frugalidade, da economia, da moderação, do trabalho, da sabedoria, da tranquilidade, da ordem e da regra. Assim, enquanto esse espírito subsistir, as riquezas que ele produz não produzem qualquer mau

---

([1]) Sólon excluiu dos cargos todos os que pertenciam ao quarto censo.

([2]) Eles exigiam uma porção maior da terra conquistada. Plutarco, *Moralia, Regum et imperatorum apophthegmata.*

efeito. O mal acontece quando o excesso de riquezas destrói esse espírito do comércio; vê-se subitamente nascer as desordens da desigualdade, que ainda não se tinham feito sentir.

Para preservar o espírito do comércio, é preciso que os principais cidadãos o pratiquem; que esse espírito reine sozinho e não seja contrariado por nenhum outro; que todas as leis o favoreçam; que essas mesmas leis, através das suas disposições, dividam as fortunas à medida que o comércio as engorda, e coloquem cada cidadão pobre numa situação de suficiente conforto, para que trabalhem como os outros, e cada cidadão rico numa tal mediocridade que tenha necessidade de trabalhar para conservar ou para adquirir.

Numa república comerciante é uma lei muito boa a que entrega a todos os filhos uma porção igual da herança dos seus pais. Deste modo, seja qual for a fortuna que o pai tenha feito, os seus filhos, sempre menos ricos do que ele, são levados a fugir do luxo e a trabalhar como ele. Falo apenas das repúblicas comerciantes; pois, quanto àquelas que não o são, o legislador tem de estabelecer muitas outras regulamentações ([1]).

Havia na Grécia dois tipos de repúblicas: umas eram militares, como a Lacedemónia; outras eram comerciantes, como Atenas. Numas queria-se que os cidadãos fossem ociosos; nas outras procurava-se difundir o amor ao trabalho. Sólon converteu a ociosidade num crime, e quis que cada cidadão prestasse contas do modo como ganhava a vida ([*]). Com efeito, numa boa democracia, onde só se deve gastar para adquirir o que é necessário, todos devem tê-lo; pois, de outro modo, de quem o receberiam?

Capítulo VII
Outros meios de favorecer o princípio da democracia

Não se pode efectuar uma distribuição igual das terras em todas as democracias. Há circunstâncias que tornam um tal arranjo impraticável, perigoso, em choque até com a constituição.

([1]) Aí, os dotes das mulheres devem ser muito limitados.

([*]) Comparar com Rousseau, *Discours sur l'économie politique*, vol. III, p. 262 (N. T.).

Nem sempre se é obrigado a tomar medidas extremas. Se vemos que numa democracia essa distribuição, que deve preservar os costumes, não lhe convém, então é preciso recorrer a outros meios.

Se se estabelece um corpo fixo que seja por si mesmo a regra dos costumes, um senado cujas portas sejam abertas pela idade, pela virtude, pela gravidade, pelos serviços prestados; os senadores, expostos aos olhares do povo como simulacros dos deuses, inspirarão sentimentos que serão levados para o seio de todas as famílias.

Sobretudo, é preciso que esse senado esteja ligado às instituições antigas e garanta que o povo e os magistrados nunca delas se desviem.

Há muito a ganhar, em matéria de costumes, na conservação dos costumes antigos. Como os povos corrompidos raramente fazem grandes coisas, já que não estabeleceram sociedades, nem fundaram cidades, nem fizeram leis, e, pelo contrário, como os que tinham costumes simples e austeros levaram a cabo a maioria das fundações, então recordar aos homens as máximas antigas é normalmente reconduzi-los à virtude.

Mais, se houve alguma revolução e se deu ao Estado uma forma nova, isso só pôde fazer-se com aflições e trabalhos infinitos, e raramente com ócio e com costumes corrompidos. Até aqueles que fizeram a revolução quiseram que ela fosse saboreada, e não teriam conseguido fazê-lo sem boas leis. Portanto, as instituições antigas são normalmente correctivas e as novas são abusos. No decurso de um longo governo, caminha-se para o mal por uma inclinação imperceptível e só com um esforço regressamos ao bem.

Pôs-se a dúvida de os membros do senado de que falámos deverem ser vitalícios ou escolhidos por um certo tempo. Sem dúvida que deveriam ser escolhidos vitaliciamente, como se praticava em Roma ([1]), na Lacedemónia ([2]) e até em Atenas. Pois é preciso não confundir o que se chamava senado em Atenas, que

([1]) Em Roma, os magistrados eram anuais e os senadores eram vitalícios.

([2]) Licurgo, diz Xenofonte, *Da Constituição dos Lacedemónios*, [cap. x, §§ 1 e 2], queria «que se elegessem os senadores dentre os velhos, para que não fossem negligenciados nem sequer no final da vida; e, ao estabelecê-los como juízes da coragem dos jovens, tornou a velhice dos primeiros mais honrosa do que a força dos segundos».

era um corpo que mudava de três em três meses, com o Areópago, cujos membros eram estabelecidos para toda a vida, como modelos perpétuos.

Máxima geral. Num senado feito para ser a regra e, por assim dizer, o repositório dos costumes, os senadores devem ser eleitos vitaliciamente. Num senado feito para preparar os assuntos públicos, os senadores podem mudar.

O espírito, diz Aristóteles, envelhece como o corpo. Esta reflexão só é boa quando se aplica a um único magistrado, e não pode ser aplicada a uma assembleia de senadores.

Além do Areópago, havia em Atenas guardiões dos costumes e guardiões das leis ([1]). Na Lacedemónia, todos os velhos eram censores. Em Roma, dois dos magistrados particulares eram os censores. Tal como o senado vigia o povo, é preciso que os censores tenham os olhos postos no povo e no senado. É preciso que restabeleçam na república tudo o que foi corrompido, que apontem a indolência, julguem as negligências e corrijam as falhas, tal como as leis punem os crimes.

A lei romana que pretendia que a acusação do adúltero fosse pública era admirável na manutenção da pureza dos costumes; intimidava as mulheres e intimidava igualmente aqueles que deviam vigiá-las.

Nada conserva melhor os costumes do que uma extrema subordinação dos jovens face aos velhos. Uns e outros serão contidos, aqueles pelo respeito que terão pelos velhos e estes pelo respeito que terão por eles mesmos.

Nada dá mais força às leis do que a subordinação extrema dos cidadãos face aos magistrados. «A grande diferença que Licurgo colocou entre a Lacedemónia e as outras cidades», diz Xenofonte ([2]), «consiste sobretudo em ter feito que os cidadãos obedeçam às leis; quando os magistrados os chamam, eles correm. Mas, em Atenas, um homem rico ficaria desesperado se o considerassem dependente do magistrado».

A autoridade paternal é também muito útil para conservar os costumes. Já dissemos que, numa república, não existe uma força tão repressora como nos outros governos. É preciso, pois, que as

---

([1]) O próprio Areópago estava submetido à censura.

([2]) *Constituição da Lacedemónia*, [cap. viii].

leis procurem complementá-la. Fazem-no através da autoridade paternal.

Em Roma, os pais tinham direito de vida e de morte sobre os seus filhos ([1]). Na Lacedemónia, cada pai tinha o direito de corrigir o filho de outrem.

Em Roma, o poder paternal perdeu-se com a república. Nas monarquias, onde não são necessários costumes tão puros, pretende-se que cada um viva sob o poder dos magistrados.

As leis de Roma, que tinham acostumado os jovens à dependência, estabeleciam uma longa menoridade. Talvez tenhamos errado ao adoptar esse uso: numa monarquia não há necessidade de tanta constrição.

Esta mesma subordinação na república poderia exigir que o pai permanecesse, enquanto vivesse, o senhor dos bens dos seus filhos, como foi regra em Roma. Mas isso não é do espírito da monarquia.

Capítulo VIII

Como as leis se devem relacionar com o princípio do governo na aristocracia

Se, na aristocracia, o povo é virtuoso, gozará mais ou menos da felicidade do governo popular, e o Estado tornar-se-á poderoso. Mas, como é raro que onde as fortunas dos homens são tão desiguais haja muita virtude, é preciso que as leis tendam a transmitir, tanto quanto possam, um espírito de moderação, e procurem restabelecer a igualdade que a constituição do Estado necessariamente suprime.

O espírito de moderação é o que se chama a virtude na aristocracia; toma o lugar ocupado pelo espírito da igualdade no Estado popular.

Se o fausto e o esplendor que rodeiam os reis são parte do seu poder, a modéstia e a simplicidade das maneiras fazem a força

---

([1]) Podemos ver na história romana as vantagens que se criavam para a república com o uso deste poder. Falarei apenas do tempo em que havia mais corrupção. Aulo Fúlvio tinha-se posto a caminho para ir ao encontro de Catilina; o seu pai chamou-o e matou-o. Salústio, *De bello Catilina*, [cap. xxxix]. Vários outros cidadãos fizeram o mesmo. Cássio Dio, liv. XXXVII, [cap. xxxvi].

dos nobres aristocráticos ([1]). Quando não exibem qualquer distinção, quando se confundem com o povo, quando se vestem como ele, quando partilham os seus prazeres com ele, o povo esquece a sua fraqueza ([*]).

Cada governo tem a sua natureza e o seu princípio. Portanto, não é preciso que a aristocracia assuma a natureza e o princípio da monarquia; seria isso que sucederia se os nobres tivessem algumas prerrogativas pessoais e particulares distintas das do seu corpo. Os privilégios devem ser reservados para o senado, e o simples respeito para os senadores.

Há duas fontes principais de desordens nos Estados aristocráticos: a desigualdade extrema entre os que governam e os que são governados; e a mesma desigualdade entre os diferentes membros do corpo que governa. Dessas duas desigualdades resultam ódios e invejas que as leis devem prevenir ou travar.

A primeira desigualdade ocorre principalmente quando os privilégios dos homens principais só são honrosos porque são vergonhosos para o povo. Tal foi a lei em Roma que proibia os patrícios de se unirem em matrimónio com os plebeus ([2]); o que não teve outro efeito senão o de tornar, por um lado, os patrícios mais soberbos, e, por outro, mais odiosos. Vejam-se as vantagens que daí tiraram os tribunos nos seus discursos.

Essa desigualdade encontrar-se-á também quando a condição dos cidadãos é diferente em relação aos subsídios; o que ocorre de quatro maneiras: quando os nobres se atribuem o privilégio de não ter de pagá-los; quando cometem fraudes para se isentarem deles ([3]); quando os tomam para si, sob o pretexto de retribuições ou de honorários pelos cargos que exercem; finalmente,

---

([1]) Nos nossos dias, os Venezianos, que, em muitos aspectos, se conduziram muito sabiamente, decidiram numa contenda entre um nobre veneziano e um gentil-homem da terra firme sobre a precedência numa igreja que, fora de Veneza, um nobre veneziano não tinha preeminência sobre outro cidadão.

([*]) Ver a corroboração de William Hazeland desta reflexão em *A View of the Manner in Which Trade and Civil Liberty Support Each Other* [1756] in *Commerce, Culture, and Liberty: Readings on Capitalism before Adam Smith,* org. Henry C. Clark (Indianápolis: Liberty Fund, 2003), p. 411 (N. T.).

([2]) A lei foi colocada pelos decênviros nas duas últimas tábuas. Ver Dionísio de Halicarnasso, liv. X.

([3]) Como em algumas aristocracias dos nossos dias: nada enfraquece tanto o Estado.

quando tornam o povo tributário e partilham entre eles os impostos que lhe cobram. Este último caso é raro; numa situação semelhante, a aristocracia é o mais duro de todos os governos.

Enquanto Roma se inclinava para a aristocracia, evitava muito bem estes inconvenientes. Os magistrados nunca recolhiam honorários pelas suas magistraturas. Os homens principais da República eram taxados como os outros; chegaram até a ser mais taxados do que os outros; e por vezes eram os únicos a sê-lo. Finalmente, longe de partilhar entre eles as receitas do Estado, tudo o que podiam tirar do tesouro público, tudo o que a fortuna lhes enviava em termos de riquezas, eles distribuíam pelo povo para que as suas honras lhes fossem perdoadas ([1]).

É uma máxima fundamental que as distribuições feitas pelo povo têm efeitos tão perniciosos numa democracia como têm bons efeitos num governo aristocrático. As primeiras levam à perda do espírito de cidadania, as outras reconduzem-nos a ele.

Se as receitas não forem distribuídas pelo povo, é necessário fazer-lhe ver que elas são bem administradas. Mostrar-lhe significa, de alguma maneira, permitir que o povo delas usufrua. Essa corrente de ouro que se estendia em Veneza, as riquezas exibidas em Roma durante os triunfos, os tesouros que o templo de Saturno guardava, eram verdadeiramente as riquezas do povo.

É sobretudo essencial, numa aristocracia, que os nobres não cobrem tributos. Em Roma, a primeira ordem do Estado não se metia nisso; encarregou-se disso a segunda, e mesmo assim geraram-se grandes inconvenientes. Numa aristocracia em que os nobres cobrassem os tributos, todos os particulares estariam sujeitos à discricionariedade dos homens políticos; não haveria tribunal superior que os corrigisse. Os nobres nomeados para eliminar os abusos gostariam mais de usufruir desses abusos. Os nobres seriam como os príncipes dos Estados despóticos, os quais confiscam os bens de quem lhes apetece.

Em breve os lucros que ali se ganhassem seriam vistos como um património que a avareza aumentaria segundo a sua fantasia. A cobrança de impostos ([*]) entraria em colapso e as receitas

---

([1]) Ver em Estrabão, liv. XIV, como os Rodenses se conduziam neste aspecto.

([*]) *Fermes* no original. No século XVIII era usual que a arrecadação de impostos estivesse a cargo – em França, os *fermiers-géneraux* – de pessoas que compravam esse direito. A Coroa recebia uma quantia previamente estipulada e, durante um

públicas reduzir-se-iam a nada. É assim que alguns Estados, sem terem sofrido um choque que se pudesse notar, caem numa fraqueza que surpreende os vizinhos e espanta os próprios cidadãos.

É preciso que as leis lhes proíbam também o comércio: os mercadores que possuíssem tamanho estatuto criariam todo o tipo de monopólios. O comércio é a profissão das pessoas iguais; e, dentre os Estados despóticos, os mais miseráveis são aqueles onde o príncipe é mercador.

As leis de Veneza ([1]) proíbem aos nobres o comércio que poderia dar-lhes, mesmo inocentemente, riquezas exorbitantes.

As leis devem empregar os meios mais eficazes para que os nobres façam justiça ao povo. Se não estabelecerem um tribuno, é preciso que sejam elas mesmas um tribuno.

Toda a espécie de refúgio da execução das leis arruína a aristocracia; e a tirania fica muito próxima.

As leis devem mortificar, em todos os momentos, o orgulho da dominação. É preciso que haja, por um certo período ou para sempre, um magistrado que faça tremer os nobres, como os éforos na Lacedemónia e os inquisidores do Estado em Veneza, magistraturas que não estão sujeitas a quaisquer formalidades. Este governo necessita de recursos bastante violentos. Uma boca

---

período determinado, os cobradores de impostos guardariam a totalidade do imposto arrecadado. De acordo com esta modalidade de cobrança de impostos, a cobrança era feita por pessoas que, de um modo ou de outro – nomeação de recompensa, compra, hereditariedade, etc. –, tinham adquirido o privilégio associado a essa actividade. Assim, o cobrador de impostos não era um funcionário nem um magistrado da Coroa, ou do Estado, se se quiser. Guardava para si pelo menos uma parte do imposto arrecadado, até porque já pagara à Coroa, ou ao Estado, um montante fixado previamente, e que representava o ganho das autoridades. Montesquieu, entre outros, era crítico desta prática. Ver *EL*, XIII.19-20.

Na França do *Ancien Régime*, os *fermier-généraux* estavam organizados numa companhia geral, que só seria dissolvida em 1790 com a Revolução Francesa. O seu poder administrativo e político – era como um Estado dentro do Estado, com uma força policial própria com prerrogativas de busca domiciliar, por exemplo –, associado à opacidade do seu funcionamento e, claro, à saliência do privilégio que a sustentava, era o alvo do ódio praticamente universal da sociedade francesa. Com a Revolução Francesa, essa execração universal viria à superfície da forma mais violenta (N. T.).

([1]) Amelot de la Houssaye, *Du gouvernement de Venise*, parte III. A lei Cláudia proibía os senadores de ter navios no mar que transportassem mais de quarenta barris. Tito Lívio, liv. XXI, [cap. lxiii].

de pedra (1) abre-se para qualquer delator em Veneza; dir-se-ia que é a boca da tirania.

Estas magistraturas tirânicas numa aristocracia estão relacionadas com a censura na democracia, que, pela sua natureza, não é menos independente. Com efeito, os censores não devem ser inquiridos sobre as coisas que fizeram durante a sua censura; é preciso dar-lhes confiança, nunca desencorajamento. Os Romanos eram admiráveis; podia-se pedir a todos os magistrados (2) que prestassem contas da sua conduta, excepto aos censores (3).

Há duas coisas que são perniciosas numa aristocracia: a pobreza extrema dos nobres e as suas riquezas exorbitantes. Para prevenir a sua pobreza, é preciso sobretudo obrigá-los a pagar atempadamente as suas dívidas. Para moderar as suas riquezas são necessárias disposições sábias e imperceptíveis; não confiscações, nem leis agrárias, nem abolições de dívidas, que causam males infinitos.

As leis devem eliminar o direito de primogenitura entre os nobres (4), de modo a que, pela partilha contínua das sucessões, as fortunas regressem sempre à igualdade.

Não são necessárias substituições, nem remições dos herdeiros, nem morgadios, nem adopções. Todos os meios inventados para perpetuar a grandeza das famílias nos Estados monárquicos não podem ser usados numa aristocracia (5).

Quando as leis igualizaram as famílias, resta-lhes manter a união entre elas. Os diferendos entre os nobres devem ser prontamente decididos; sem isso, as contendas entre as pessoas tornam-se contendas entre famílias. Os árbitros podem terminar os processos ou impedi-los de nascer.

Enfim, não é preciso que as leis favoreçam as distinções que a vaidade introduz entre as famílias, sob o pretexto de que são mais

---

(1) Os delatores colocam dentro dela os seus bilhetes.

(2) Ver Tito Lívio, liv. XLIX. Um censor não podia sequer ser incomodado por outro censor. Cada um tomava as suas notas sem consultar o seu colega; e quando se agiu de forma diferente, a censura foi, por assim dizer, derrubada.

(3) Em Atenas, os lojistas, que pediam contas a todos os magistrados, não prestavam contas a ninguém.

(4) Foi isso que se estabeleceu em Veneza. Amelot de la Houssaye, p. 30 e 31.

(5) Aparentemente, o objecto de algumas aristocracias é menos o de conservar o Estado do que aquilo a que elas chamam a sua Nobreza.

nobres ou mais antigas; tal deve ser inserido na categoria das mesquinhezes dos particulares.

Basta olhar para a Lacedemónia: veremos como os éforos souberam mortificar as fraquezas dos reis, as dos grandes e as do povo.

Capítulo IX
Como as leis são relativas ao seu princípio numa monarquia

Sendo a honra o princípio deste governo, as leis devem relacionar-se com ela. É preciso que as leis trabalhem para sustentar essa Nobreza para quem a honra é, por assim dizer, o filho e o pai.

É preciso que elas a tornem hereditária, não para que seja o limite entre o poder do príncipe e a fraqueza do povo, mas para que seja a ligação entre os dois.

As substituições, que conservam os bens nas famílias, serão muito úteis nesse governo, apesar de não serem convenientes nos outros.

As remições dos herdeiros devolverão às famílias nobres as terras que a prodigalidade de um parente alienou.

As terras nobres terão privilégios, como as pessoas. Não se pode separar a dignidade do monarca da do reino; também não se pode separar a dignidade do nobre da do seu feudo.

Todas estas prerrogativas serão exclusivas da Nobreza, e não serão transmitidas ao povo, se não se quiser contrariar o princípio do governo, se não se quiser diminuir a força da Nobreza e a do povo.

As substituições obstruem o comércio; as remições dos herdeiros criam uma infinidade de processos necessários; e todas as terras do reino que são vendidas permanecem, de uma forma ou de outra, sem senhorio, pelo menos durante um ano. As prerrogativas vinculadas a feudos conferem um poder muito pesado para aqueles que as detêm. São inconvenientes particulares à Nobreza, que desaparecem diante da utilidade geral que ela garante. Mas, quando são transmitidos ao povo, contrariam-se inutilmente todos os princípios.

Nas monarquias pode-se permitir que se deixe a maior parte dos bens a um dos seus filhos; essa permissão só é boa aí.

É preciso que as leis favoreçam todo o comércio ([1]) que a constituição desse governo pode promover; com vista a que os súbditos possam, sem se arruinarem, satisfazer as necessidades sempre recorrentes do príncipe e da corte.

É preciso que coloquem uma certa ordem na maneira de levantar tributos, para que a maneira não seja mais pesada do que os próprios encargos.

De início, o peso dos encargos produz o trabalho; o trabalho produz a prostração; o cansaço, o espírito de preguiça.

Capítulo X
Da prontidão da execução na monarquia

O governo monárquico tem uma grande vantagem sobre o republicano: como os assuntos são conduzidos por um só, há mais prontidão na execução. Mas, como essa prontidão poderia degenerar em precipitação, aqui as leis introduzirão uma certa lentidão. Não devem apenas favorecer a natureza de cada constituição, mas também remediar os abusos que podem resultar dessa mesma natureza.

O cardeal Richelieu ([2]) quer que, nas monarquias, se evite os estorvos das companhias, que a tudo acrescentam dificuldades. Quando este homem não tinha o despotismo no coração, tinha-o na cabeça.

Os corpos que são repositórios das leis nunca obedecem melhor do que quando arrastam o passo e trazem para os assuntos do príncipe essa reflexão que dificilmente se pode esperar da carência de luzes da corte no que toca às leis do Estado, nem da precipitação dos seus Conselhos ([3]).

O que teria sucedido à mais bela monarquia do mundo se os magistrados, com as suas lentidões, com as suas queixas, com as suas preces, não tivessem travado o curso até das virtudes do rei, quando estes monarcas, consultando apenas a sua grande alma,

---

([1]) A constituição só o permite ao povo. Veja-se a terceira lei no código *De comm. et mercatoribus*, que está cheia de bom senso.

([2]) *Testamento Político.*

([3]) *Barbaris cunctatio servilis: statim exequi regium videtur* [«Para os bárbaros retardar é servil; a execução imediata é própria de um rei»]. Tácito, *Anais*, liv. V, [cap. xxxii].

quisessem recompensar desmedidamente serviços prestados com uma coragem e com uma fidelidade igualmente desmedidas? (*)

Capítulo XI
Da excelência do governo monárquico

O governo monárquico tem uma grande vantagem sobre o despótico. Como é da sua natureza que haja sob o príncipe várias ordens que dependem da constituição, o Estado é mais fixo, a constituição mais inabalável, a pessoa daqueles que governam mais garantida.

Cícero (1) crê que o estabelecimento dos tribunos de Roma foi a salvação da república. «Com efeito», diz ele, «a força do povo que não tem chefe é mais terrível. Um chefe sente que o assunto depende dele, pensa nele; mas o povo, na sua impetuosidade, não conhece o perigo para onde se lança». Pode-se aplicar esta reflexão a um Estado despótico, que é um povo sem tribunos; e a uma monarquia, onde o povo, de certo modo, tem tribunos.

Com efeito, vê-se por toda a parte que, nos movimentos do governo despótico, o povo, conduzido por si mesmo, leva sempre as coisas tão longe quanto estas podem ir; todas as desordens que o povo comete são extremas; ao passo que nas monarquias as coisas só muito raramente são levadas ao excesso. Os chefes receiam por eles mesmos; têm medo de ser abandonados; os poderes intermédios dependentes (2) não querem que o povo tenha demasiado destaque. É raro que as ordens do Estado sejam inteiramente corruptas. O príncipe depende dessas ordens; e os sediciosos, que não têm nem a vontade nem a esperança de derrubar o Estado, não podem nem querem derrubar o príncipe.

Nestas circunstâncias, as pessoas que possuem sabedoria e autoridade intervêm; tempera-se, arruma-se, corrige-se as coisas; as leis retomam o seu vigor e fazem-se escutar.

(*) Referência muito provável à monarquia francesa e ao papel constitucional que os *Parlements* nela desempenhavam (N. T.).

(1) Liv. III das *Leis*.

(2) Ver acima a primeira nota do livro II, cap. iv.

Assim, todas as nossas histórias estão cheias de guerras civis sem revoluções; as dos Estados despóticos estão cheias de revoluções sem guerras civis.

Aqueles que escreveram a história das guerras civis de alguns Estados, até aqueles que as fomentaram, provaram de forma suficiente quão pouco os príncipes devem suspeitar da autoridade que deixam a certas ordens em troca do seu serviço; porque mesmo quando se desorientaram elas só suspiraram pelas leis e pelo seu dever, e retardaram mais a fogosidade e a impetuosidade dos facciosos do que puderam servi-la ([1]).

O cardeal de Richelieu, talvez pensando que aviltara excessivamente as ordens do Estado, recorre, para sustentá-lo, às virtudes do príncipe e dos seus ministros ([2]); e exige deles tantas coisas que na verdade só um anjo poderia possuir tanta atenção, tantas luzes, tanta firmeza, tantos conhecimentos; e dificilmente se pode apregoar que, daqui até à dissolução das monarquias, possa haver um príncipe e ministros assim.

Tal como os povos que vivem sob uma boa polícia são mais felizes do que os que, sem regra nem chefes, erram nas florestas; também os monarcas que vivem sob as leis fundamentais do seu Estado são mais felizes do que os príncipes despóticos, que nada têm que possa regrar o coração dos seus povos, nem o seu.

Capítulo XII
Continuação do mesmo assunto

Que não se procure magnanimidade nos Estados despóticos; o príncipe não poderia dar uma grandeza que ele próprio não possui. Nele não há glória.

É nas monarquias que se vê os súbditos à volta do príncipe para dele receber os seus raios; é aí que cada um, por ter, por assim dizer, um espaço maior, pode exercer essas virtudes que conferem à alma, não a independência, mas a grandeza.

([1]) *Memórias* do cardeal de Retz e outras histórias.
([2]) *Testamento Político.*

Capítulo XIII
Ideia do despotismo

Quando os selvagens do Luisiana querem ter fruta, cortam a árvore pelo pé, e colhem a fruta ([1]). Eis o governo despótico ([*]).

Capítulo XIV
Como as leis são relativas ao princípio do governo despótico

O governo despótico tem como princípio o medo. Mas para povos tímidos, ignorantes, abatidos, não são necessárias muitas leis.

Tudo aí deve decorrer de duas ou três ideias; portanto, não são necessárias ideias novas. Quando se instrui um animal, toma-se muito cuidado para não deixá-lo mudar de senhor, de lição e de andamento; imprime-se no seu cérebro dois ou três movimentos e mais nada.

Quando o príncipe está confinado, não pode abandonar a sua estadia na voluptuosidade sem desanimar todos aqueles que aí o mantêm. Não podem aceitar que a sua pessoa e o seu poder passem para outras mãos. Assim, o príncipe raramente faz a guerra pessoalmente, e mal ousa fazê-la por meio dos seus tenentes.

Um príncipe assim, acostumado no seu palácio a não encontrar qualquer resistência, fica indignado com quem lha faz de armas na mão; portanto, é normalmente conduzido pela cólera ou pela vingança. De resto, ele não pode ter uma ideia da verdadeira glória. As guerras devem, então, ser travadas em todo o seu furor natural, e o direito dos povos será aí menos extenso do que alhures.

Um tal príncipe tem tantos defeitos que é preciso recear expor à luz do dia a sua estupidez natural. Ele está escondido, e ignora-se o estado em que se encontra. Felizmente, os homens

---

([1]) *Lettres édifiantes et curieuses*, compêndio XI, p. 315.

([*]) «Eis o governo despótico»: no manuscrito de La Brède, este capítulo concluía do seguinte modo: «Eis a imagem dos príncipes despóticos». Ver Barckhausen, *Montesquieu. Ses idées et ses oeuvres d'après les papiers de la Brède* (Paris: Hachette, 1907), p. 235. (N. T.).

deste país são de tal índole que só necessitam de um nome que os governe.

Carlos XII, quando estava em Bender, ao encontrar alguma resistência por parte do senado da Suécia, escreveu que lhes enviaria uma das suas botas para o comandar. Essa bota teria comandado como um rei despótico.

Se o príncipe for feito prisioneiro, considera-se que está morto, e um outro sobe ao trono. Os tratados que o prisioneiro faz são nulos; o seu sucessor não os ratificará. Com efeito, como ele é as leis, o Estado e o príncipe, e que assim que deixa de ser príncipe não é mais nada, se não fosse considerado morto, o Estado seria destruído.

Uma das coisas que mais determinaram os Turcos a fazer a sua paz separada com Pedro I foi que os Moscovitas disseram ao vizir que na Suécia tinham colocado um outro rei no trono ([1]).

A conservação do Estado não é senão a conservação do príncipe, ou antes do palácio em que ele está encerrado. Tudo o que não ameaça directamente esse palácio ou a capital não causa qualquer impressão em espíritos ignorantes, orgulhosos e preconceituosos; e, quanto ao encadeamento dos acontecimentos, não conseguem segui-lo, prevê-lo ou sequer pensar nele. No Estado despótico, a política, as suas molas e as suas leis devem ser limitadas; e o governo político é tão simples como o governo civil ([2]).

Tudo se reduz a conciliar o governo político e civil com o governo doméstico, os oficiais do Estado com os do harém.

Um Estado destes estará na sua melhor situação quando se puder considerar como o único do mundo; quando estiver rodeado de desertos e separado dos povos a que chamará bárbaros. Não podendo contar com a milícia, será bom para esse Estado que destrua uma parte de si mesmo.

Como o princípio do governo despótico é o medo, o seu objecto é a tranquilidade; mas não se trata de uma paz, é o silêncio daquelas cidades que o inimigo está prestes a ocupar ([*]).

([1]) Continuação de Pufendorf, *Histoire universelle*, sobre o tratado da Suécia, cap. x.

([2]) Segundo o Sr. Chardin, na Pérsia não existe conselho de Estado.

([*]) No *Contrato Social*, publicado em 1762, Rousseau quase que transcreveria este passo em I.4 (N. T.).

Como a força não está no Estado, mas no exército que o fundou, seria necessário conservar esse exército para defender o Estado; mas o exército é tremendo para o príncipe. Como conciliar, então, a segurança do Estado com a segurança da pessoa?

Peço-vos que observeis a indústria com o que o governo moscovita procura sair do despotismo, que lhe é mais pesado do que aos próprios povos. Foram dissolvidos os grandes corpos de tropas; diminuíram as penas dos crimes; estabeleceram tribunais; começaram a conhecer as leis; instruíram os povos. Mas há casos particulares que talvez o farão regressar à infelicidade de que queria fugir.

Nesses Estados, a religião tem mais influência do que em qualquer outro; é um medo que se acrescenta ao medo. Nos impérios maometanos é da religião que os povos tiram em parte o respeito espantoso que têm pelo seu príncipe.

É a religião que corrige um pouco a constituição turca. Os súbditos, que não estão ligados à glória e à grandeza do Estado pela honra, estão-no pela força e pelo princípio da religião.

De todos os governos despóticos, nenhum é mais opressivo para si mesmo do que aquele em que o príncipe se declara proprietário de todas as terras e o herdeiro de todos os seus súbditos. Daí resulta sempre o abandono da cultura das terras; e, se além disso o príncipe for mercador, todo o tipo de indústria é arruinado.

Nesses Estados, nada é consertado, nada é melhorado ([1]). As casas são construídas para durarem apenas o período de uma vida, não se cavam fossos, não se plantam árvores; tira-se tudo da terra, nada lhe é devolvido; tudo está por cultivar, tudo é deserto.

Pensais que as leis que suprimem a propriedade da terra e a sucessão dos bens diminuirão a avareza e a cupidez dos grandes? Não: elas inflamarão essa cupidez e essa avareza. Ser-se-á levado a fazer mil vexações porque se julgará que a única coisa que se possui é o ouro ou a prata que se puder roubar ou esconder.

Para que nem tudo esteja perdido, é bom que a avidez do príncipe seja moderada por algum costume. Assim, na Turquia, o príncipe normalmente contenta-se com arrecadar três por cento das sucessões ([2]) das pessoas do povo. Mas, como o grande senhor

---

([1]) Ver Ricaut, *État de l'empire ottoman* [edição de 1678, in-12], p. 196.

([2]) Ver, sobre as sucessões dos Turcos, *Lacédémone ancienne et moderne*. Ver também Ricaut, *De l'empire ottoman*.

dá a maior parte das terras à sua milícia, e dela dispõe segundo o seu capricho; como se apodera de todas as sucessões dos oficiais do império; como, quando um homem morre sem filhos varões, o grande senhor assume a propriedade, ficando as filhas apenas com o seu usufruto, a maioria dos bens do Estado acaba por ser possuída de uma maneira precária.

Segundo a lei de Bantam, o rei apropria-se da herança, e até da mulher, dos filhos e da casa ([1]). É-se obrigado, para contornar a disposição mais cruel desta lei, a casar os filhos com oito, nove ou dez anos, e por vezes mais jovens, para que não se encontrem na situação de serem uma parte infeliz da herança do seu pai.

Nos Estados em que não há leis fundamentais ([*]), a sucessão no império não poderia ser fixa. Nesses Estados, o príncipe elege dentre a sua família ou fora dela a quem pertencerá a coroa. Seria vão estabelecer o primogénito como o sucessor; o príncipe poderia sempre escolher outro. O sucessor é declarado pelo próprio príncipe, ou pelos seus ministros, ou por uma guerra civil. Assim, este Estado tem mais uma razão de dissolução do que uma monarquia.

Porque cada príncipe da família real tem uma igual capacidade de ser eleito, sucede que aquele que sobe ao trono manda imediatamente estrangular os seus irmãos, como na Turquia; ou manda cegá-los, como na Pérsia; ou enlouquece-os, como entre o Mongol; ou, se estas precauções não são tomadas, como em Marrocos, sempre que o trono vaga segue-se uma horrível guerra civil.

Segundo as constituições da Moscóvia ([2]), o czar pode escolher quem ele quiser para seu sucessor, seja dentre a sua família, seja alguém de fora da sua família. O estabelecimento de uma tal sucessão causa mil revoluções, e torna o trono tão vacilante como torna arbitrária a sucessão. Como a ordem de sucessão é uma das coisas mais importantes que o povo deve conhecer, a melhor é a que for mais óbvia, como o nascimento, e uma certa ordem de nascimento. Uma tal disposição trava as intrigas, asfixia a ambi-

---

([1]) *Recueil des voyages qui ont servi à l'établissement de la Compagnie des Indes*, t. I. A lei de Pegu é menos cruel; se há filhos, o rei só herda dois terços. *Ibid.*, t. III, p. 1.

([*]) «As leis não são mais do que a vontade momentânea do Príncipe». *P*, nº 1821 (N. T.).

([2]) Ver as diferentes constituições, sobretudo a de 1722.

ção; já não se cativa o espírito de um príncipe fraco, e deixa de se pôr os moribundos a falar.

Quando a sucessão é estabelecida por uma lei fundamental, um só príncipe é o sucessor, e os seus irmãos não têm qualquer direito real ou aparente de lhe disputar a coroa. Não se pode presumir nem fazer valer uma vontade particular do pai. Já não se coloca, pois, a questão de prender ou de mandar matar o irmão do rei ou qualquer outro súbdito.

Mas nos Estados despóticos, onde os irmãos do príncipe são igualmente seus escravos e seus rivais, manda a prudência que sejam tomadas precauções contra as suas pessoas, sobretudo nos países maometanos, onde a religião considera a vitória ou o sucesso como um julgamento de Deus; de modo que ninguém é soberano de direito, mas apenas de facto.

A ambição é muito mais inflamada nos Estados em que os príncipes de sangue percebem que serão presos ou mortos se não subirem ao trono, do que entre nós onde os príncipes de sangue gozam de uma condição que, mesmo não sendo tão satisfatória para a ambição, é talvez mais satisfatória para os desejos moderados.

Os príncipes dos Estados despóticos sempre abusaram do casamento. Normalmente, tomam várias mulheres, sobretudo naquela parte do mundo onde o despotismo está, por assim dizer, naturalizado, e que é a Ásia. Têm tantos filhos que não podem ter afeição por eles, nem estes pelos seus irmãos.

A família reinante assemelha-se ao Estado: é demasiado fraca, e o seu chefe demasiado forte; parece ser extensa, e reduz-se a nada. Artaxerxes ([1]) mandou matar todos os seus filhos por terem conspirado contra ele. Não é verosímil que cinquenta filhos conspirem contra o seu pai; e ainda menos que conspirem porque ele não quis ceder a sua concubina ao seu primogénito. É mais simples crer que se tratou de alguma intriga desses haréns do Oriente, desses lugares onde o artifício, a maldade, o ardil, reinam no silêncio, e são cobertos por uma noite densa; onde um velho príncipe, que todos os dias se torna mais imbecil, é o primeiro prisioneiro do palácio.

Depois de tudo o que acabámos de dizer, pareceria que a natureza humana se sublevaria incessantemente contra o governo

---

([1]) Ver Justino.

despótico. Mas, apesar do amor dos homens pela liberdade, apesar do seu ódio contra a violência, a maioria dos povos está-lhe sujeito. Isso é fácil de compreender. Para formar um governo moderado, é preciso combinar os poderes, regrá-los, temperá-los, fazê-los agir; dar, por assim dizer, lastro a um deles para o pôr em condições de resistir a outro; é uma obra-prima da legislação, que o acaso raramente produz, e que raramente se deixa a prudência produzir. Pelo contrário, um governo despótico salta, por assim dizer, aos olhos; é em tudo uniforme. Como só são necessárias paixões para o estabelecer, todos são suficientemente bons para o fazer.

Capítulo XV
Continuação do mesmo assunto

Nos climas quentes, onde normalmente o despotismo reina, as paixões fazem-se sentir mais cedo, e são também mais cedo enfraquecidas ([1]); aí, o espírito envelhece mais rapidamente; os perigos da dissipação dos bens são menores; não é tão fácil distinguir-se, há menos comércio entre os jovens, que estão fechados em casa; casa-se mais cedo. Pode-se, portanto, ser maior de idade mais cedo do que nos nossos climas da Europa. Na Turquia, a maioridade começa aos quinze anos ([2]).

A cessão dos bens não pode ter lugar aqui. Num governo em que ninguém tem a sua fortuna assegurada, empresta-se mais à pessoa do que aos bens.

A cessão dos bens entra naturalmente nos governos moderados ([3]), e sobretudo nas repúblicas, por causa da maior confiança que se deve ter na probidade dos cidadãos, e da brandura que deve inspirar uma forma de governo que cada um parece ter dado a si mesmo.

Se na república romana os legisladores tivessem estabelecido a cessão dos bens ([4]), não se teria caído em tantas sedições e dis-

---

([1]) Ver o livro [XIV] das leis, na relação que têm com a natureza do clima.

([2]) La Guilletière, *Lacédémone ancienne et nouvelle*, p. 463.

([3]) O mesmo se passa com as moratórias nas bancarrotas de boa-fé.

([4]) Só foi estabelecida pela lei Júlia, *De cessione bonorum*. Evitava-se a prisão e a cessão ignominiosa dos bens.

córdias civis, e não se teriam sofrido os perigos dos males nem os perigos dos remédios.

A pobreza e a incerteza das fortunas, nos Estados despóticos, naturalizam a usura; cada um aumenta o preço do seu dinheiro na proporção do perigo que corre ao emprestá-lo. A miséria provém de todas as partes nesses países infelizes; tudo aí é suprimido, até o recurso ao empréstimo.

Daqui se segue que um mercador não poderá fazer um grande comércio; vive no dia-a-dia. Se se sobrecarregasse com muitas mercadorias, perderia mais com os juros que desembolsaria para as pagar do que ganharia com as mercadorias. Também as leis sobre o comércio quase não existem; reduzem-se à simples polícia (*).

O governo não pode ser injusto sem ter mãos que cometam as suas injustiças; ora, é impossível que essas mãos não sejam empregues para se servirem a elas mesmas. Logo, o peculato é natural nos Estados despóticos.

Por esse crime ser o crime normal nos Estados despóticos, as confiscações são úteis. Por essa via, consola-se o povo; o dinheiro que se retira é um tributo considerável que o príncipe dificilmente levantaria sobre súbditos esmagados. Neste país nem há sequer uma família que queiram preservar.

Nos Estados moderados, tudo se passa de forma completamente diferente. As confiscações tornariam a propriedade dos bens incerta; destituíram crianças inocentes; destruiriam uma família, quando o que estava em causa era apenas punir um culpado. Nas repúblicas, fariam o mal de eliminar a igualdade que é a sua alma, ao privarem um cidadão das suas necessidades físicas (1).

Uma lei romana (2) pretende que só se confisque no caso do crime mais grave de lesa-majestade. Muitas vezes seria bastante sensato seguir o espírito desta lei, e de limitar as confiscações a certos crimes. Nos países onde um costume local dispôs dos bens *próprios* (**), Bodin (3) diz muito bem que se deve confiscar apenas os *adquiridos* (***).

(*) *Police* no original (N. T.).

(1) Parece-me que na república de Atenas gostavam excessivamente das confiscações.

(2) Authentica, *Bona damnatorum*. Cod., *De bon.* [*proscript. seu*] *danm.*

(**) *Próprios*, isto é, herdados (ed. Caillois) (N. T.).

(3) [*Les six livres de la République*], liv. V, cap. 3.

(***) *Adquiridos*, isto é, adquiridos com o casamento (ed. Caillois) (N. T.).

Capítulo XVI
Da comunicação do poder

No governo despótico, o poder passa por inteiro para as mãos daquele a quem foi confiado. O vizir é o próprio déspota; e cada oficial particular é o vizir. No governo monárquico, o poder aplica-se menos imediatamente; o monarca, ao exercê-lo, tempera-o ([1]). Faz uma tal distribuição da sua autoridade que nunca dá uma parte sem reter uma parte maior.

Assim, nos Estados monárquicos, os governadores particulares das cidades não são tão dependentes do governador da província que não sejam ainda mais dependentes do príncipe; e os oficiais particulares dos corpos militares não são tão dependentes do general que não sejam ainda mais dependentes do príncipe.

Na maior parte dos Estados monárquicos, foi sabiamente estabelecido que aqueles que têm um comando um pouco mais extenso não estejam adstritos a nenhum corpo de milícia; de maneira que, não tendo o comando senão por uma vontade particular do príncipe, podendo ser usados ou não, estão de certo modo no serviço, e de certo modo fora dele.

Isso é incompatível com o governo despótico. Pois se aqueles que não têm um emprego actual, não obstante gozassem de prerrogativas e de títulos, haveria no Estado homens grandes por si mesmos, o que colidiria com a natureza desse governo.

Se o governador de uma cidade fosse independente do paxá, teria de haver todos os dias intervenções para os acomodar; o que é absurdo num governo despótico. E, além disso, se um governador particular pudesse não obedecer, como é que o paxá poderia responder pela sua província com a sua cabeça?

Nesse governo a autoridade não pode ser equilibrada; nem a do menor magistrado, nem a do déspota. Nos países moderados, a lei é sábia em toda a parte, conhecida em toda a parte, e os magistrados mais subalternos podem segui-la. Mas no despotismo, onde a lei não é senão a vontade do príncipe, mesmo que este fosse sábio, como poderia um magistrado seguir uma vontade que não conhece? Tem de seguir a sua.

([1]) *Ut esse Phoebi dulcius lúmen solet Jamjam cadentis...* [«Assim como a luz de Febo é mais doce /Quando se está a pôr». Séneca, *Troianas*, acto V, cena 1 (ed. Caillois)].

Mas há mais: é que sendo a lei apenas o que o príncipe quer, e só podendo o príncipe querer o que conhece, certamente que é preciso que haja uma infinidade de pessoas que queiram por ele e como ele.

Enfim, como a lei é a vontade momentânea do príncipe, é necessário que aqueles que querem por ele queiram subitamente como ele.

Capítulo XVII
Dos presentes

Nos países despóticos, é um costume não abordarmos quem esteja acima de nós sem lhe oferecermos um presente, nem mesmo os reis. O imperador dos Mongóis ([1]) não aceita pedidos dos seus súbditos sem receber alguma coisa. Estes príncipes chegam até a corromper os seus próprios perdões.

Assim deve ser num governo onde ninguém é cidadão; num governo em que vigora a ideia de que o superior nada deve ao inferior; num governo em que os homens só se crêem ligados pelos castigos que uns exercem sobre os outros; num governo onde há poucos assuntos públicos, e onde raramente há necessidade de nos apresentarmos diante de um grande, de lhe fazer pedidos, e ainda menos de queixas.

Numa república, os presentes são uma coisa odiosa, porque a virtude dispensa-os. Numa monarquia, a honra é um motivo mais forte do que os presentes. Mas, no Estado despótico, onde não há honra nem virtude, só se pode estar determinado a agir na esperança nas comodidades da vida.

É de acordo com ideias da república que Platão ([2]) queria que quem recebesse presentes para cumprir o seu dever fosse punido com a morte. «Não se pode aceitar presentes», dizia ele, «nem para as coisas boas, nem para as más».

A lei romana ([3]) que permitia aos magistrados aceitar pequenos presentes ([4]), desde que não excedessem os cem escudos no

---

([1]) *Recueil des voyages qui ont servi à l'établissement de la Compagnie des Indes*, t. I, p. 80.

([2]) Liv. XII das *Leis*.

([3]) L. 5, [§ 2, *Dig., ad leg. Jul. repet*].

([4]) *Munuscula.*

ano inteiro, era uma má lei. Aqueles a quem nada se dá, nada desejam; aqueles a quem se dá um pouco, em breve desejarão um pouco mais, e, a seguir, muito. De resto, é mais fácil incriminar quem não deve aceitar nada mas aceita alguma coisa, do que quem aceita mais, quando deveria aceitar menos, e que sempre encontra, por isso, pretextos, desculpas, causas e razões plausíveis.

Capítulo XVIII
Das recompensas que o soberano dá

Nos governos despóticos, onde, como dissemos, só se está determinado a agir na esperança nas comodidades da vida, o príncipe que recompensa apenas tem dinheiro para dar. Numa monarquia onde a honra reina sozinha, o príncipe apenas recompensaria com distinções, se as distinções que a honra estabelece não estivessem sempre associadas a um luxo que forçosamente produz necessidades. Neste caso, o príncipe recompensa, pois, com honras que conduzem à fortuna. Mas numa república onde reina a virtude, motivo que se basta a si mesmo e que exclui todos os outros, o Estado só recompensa com testemunhos dessa virtude.

É uma regra geral que as grandes recompensas numa monarquia e numa república são um sinal da sua decadência, porque demonstram que os seus princípios estão corrompidos; que, por um lado, a ideia de honra já não tem tanta força; que, por outro, a qualidade dos cidadãos enfraqueceu.

Os imperadores romanos mais malvados foram aqueles que mais deram: por exemplo, Calígula, Cláudio, Nero, Otão, Vitélio, Cómodo, Heliogábalo e Caracala. Os melhores, como Augusto, Vespasiano, Antonino Pio, Marco Aurélio e Pertinax, foram poupados. Sob os bons imperadores, o Estado retomava os seus princípios; o tesouro da honra fazia as vezes dos outros tesouros.

Capítulo XIX
Novas consequências dos princípios dos três governos

Não posso decidir-me a terminar este livro sem fazer mais algumas aplicações dos meus três princípios.

PRIMEIRA QUESTÃO. Devem as leis forçar um cidadão a aceitar os cargos públicos? Digo que devem no governo republicano e que não devem no monárquico. No primeiro, as magistraturas são testemunhos de virtude, de depósitos que a pátria confia a um cidadão, que só deve viver, agir e pensar para ela; não pode, portanto, recusá-los ([1]). No segundo, as magistraturas são testemunhos de honra; ora, tal é a bizarria da honra, que lhe agrada só aceitar um cargo público quando quer e como quer.

O falecido rei da Sardenha ([2]) punia quem recusava as dignidades e os cargos do seu Estado; sem o saber, seguia as ideias republicanas. De resto, a sua maneira de governar prova suficientemente que tal não era a sua intenção.

SEGUNDA QUESTÃO. Será uma boa máxima que um cidadão possa ser obrigado a aceitar, no exército, um lugar inferior àquele que ocupou? Era frequente ver, entre os Romanos, o capitão servir, no ano seguinte, sob o seu tenente ([3]). É que, nas repúblicas, a virtude exige que se faça ao Estado um sacrifício contínuo de si mesmo e das suas repugnâncias. Mas, nas monarquias, a honra, verdadeira ou falsa, não pode sofrer aquilo a que chama degradação.

Nos governos despóticos, onde se abusa igualmente da honra, dos postos e das categorias, faz-se indiferentemente do príncipe um ordenança, e de um ordenança um príncipe.

TERCEIRA QUESTÃO. Deve-se reunir os cargos civis e militares numa mesma pessoa? É preciso uni-los na república, e separá-los na monarquia. Nas repúblicas, seria bastante perigoso fazer da profissão das armas um estado particular, distinto daquele que tem as funções civis; e, nas monarquias, não seria menos perigoso dar as duas funções à mesma pessoa.

Na república pega-se em armas apenas na qualidade de defensor das leis e da pátria; é porque se é cidadão que alguém se

---

([1]) Platão, na *República*, liv. VIII, coloca estas recusas entre as marcas de corrupção da república. Nas *Leis*, liv. VI, quer que sejam punidas com uma multa. Em Veneza, são punidas com o exílio.

([2]) Vítor Amadeo [Vittorio Amadeo II (1666-1732), duque da Sabóia e rei da Sardenha entre 1720 e 1730 (N. T.)].

([3]) Quando alguns centuriões apelaram ao povo para pedir os cargos que tinham tido, um centurião disse: «É justo, meus companheiros, que considereis honrosos todos os postos em que defendeis a república». Tito Lívio, liv. XLII [cap. xxxiv].

torna, por um tempo determinado, soldado. Se houvesse dois estados distintos, fazer-se-ia sentir a quem pegou em armas e se julga cidadão que não passa de um soldado.

Nas monarquias, os militares só têm por objectivo a glória, ou pelo menos a honra ou a fortuna. É muito importante evitar dar os cargos civis a tais homens; pelo contrário, é preciso que sejam contidos pelos magistrados civis, e que as mesmas pessoas não tenham ao mesmo tempo a confiança do povo e a força para dela abusar ([1]).

Repare-se como, numa nação em que a república se esconde sob a forma da monarquia ([*]), se teme um estado particular dos militares, e como o guerreiro permanece sempre cidadão, ou mesmo magistrado, para que estas qualidades sejam uma garantia dada à pátria e que nunca se esqueçam dela.

Esta divisão das magistraturas em civis e militares, feita pelos Romanos após a perda da república, não foi uma coisa arbitrária. Foi uma consequência da mudança da constituição de Roma; era da natureza do governo monárquico; e aquilo que só começou com Augusto ([2]), os imperadores seguintes ([3]) foram obrigados a completar para temperar o governo militar.

Foi isto que Procópio, concorrente de Valêncio ao império, não conseguiu perceber quando, ao dar a Hormisdas, príncipe de sangue real da Pérsia, a dignidade de procônsul ([4]), atribuiu a essa magistratura o comando dos exércitos que antes lhe perten-

---

([1]) *Ne imperium ad optimos nobilium transferretur, senatum militiâ vetuit Gallienus, etiam adire exercitum* [«Para evitar que o poder fosse transferido para os melhores dentre os nobres, Galieno proibiu o senado de prestar serviço militar e até de ser admitido no exército»]. Aurélio Victor, *De Viris Illustribus.*

([*]) A Inglaterra, presume-se. Ver *EL*, XI.6, XIX.27. Talvez Montesquieu se tenha inspirado na expressão de Henri de Boulainvilliers, «república coroada», também usada para descrever a Inglaterra do pós-1688. Ver Jonathan Israel, *Radical Englightenment. Philosophy and the Making of Modernity 1650-1750* (Oxford: Oxford University Press, 2001), p. 75. A categorização de Montesquieu é muito menos ambivalente do que a de David Hume, para quem o regime inglês não era «inteiramente monárquico nem inteiramente republicano». *Ensaios Morais, Políticos e Literários*, p. 23 (N. T.).

([2]) Augusto retirou aos senadores, procônsules e governadores, o direito de porte de armas. Dio, liv. XXXIII.

([3]) Constantino. Ver Zósimo, liv. II.

([4]) Amiano Marcelino, liv. XXVI. *More veterum, et bella recturo* [«De acordo com os costumes antigos e com as regras da guerra»].

ciam; a menos que tivesse razões particulares. Um homem que aspire à soberania procura menos o que é útil ao Estado do que aquilo que o é para a sua causa.

QUARTA QUESTÃO. É conveniente que os cargos sejam venais? Não devem sê-lo nos Estados despóticos, onde é preciso que os súbditos sejam colocados ou retirados num instante pelo príncipe.

Esta venalidade é boa nos Estados monárquicos porque vai fazer, como uma vocação de família, o que não se quereria fazer pela virtude; porque destina cada um ao seu dever e torna as ordens do Estado mais permanentes. Suídas diz muito bem que Anastácio fizera do império uma espécie de aristocracia ao vender todas as magistraturas.

Platão ([1]) não podia suportar esta venalidade. «É como se», diz ele, «num navio, alguém fosse nomeado piloto ou marinheiro a troco do seu dinheiro. Será possível que a regra seja má para qualquer outro emprego que se possa ter na vida, e boa apenas para governar uma república?» Mas Platão fala de uma república fundada na virtude; e nós falamos de uma monarquia. Ora, numa monarquia, onde, mesmo se os cargos não fossem vendidos segundo um regulamento público, acabariam por ser vendidos de qualquer forma pela indigência e pela avidez dos cortesãos, o acaso fornecerá súbditos melhores do que a escolha do príncipe. Finalmente, a maneira de progredir pelas riquezas inspira e entretém a indústria, coisa de que esta espécie de governo bem precisa ([2]).

QUINTA QUESTÃO. Em que governo são necessários censores? São necessários numa república, onde o princípio do governo é a virtude. Não são só os crimes que destroem a virtude, mas também as negligências, as falhas, uma certa tepidez no amor pela pátria, os exemplos perigosos, as sementes da corrupção; o que não colide com as leis, mas as ilude; o que as não destrói, mas as enfraquece. Tudo isso deve ser corrigido pelos censores.

Fica-se espantado com a punição desse Areopagita que matou um pardal que, perseguido por um gavião, se refugiara no seu seio. É-se surpreendido com o facto de o Areópago ter mandado matar uma criança que arrancara os olhos ao seu pássaro. Note-se

([1]) *República*, liv. VIII.

([2]) Preguiça da Espanha; aí todos os empregos são dados.

que não se trata de uma condenação por um crime, mas de um julgamento dos costumes numa república alicerçada nos costumes.

Nas monarquias, os censores não são necessários; as monarquias baseiam-se na honra, e é da natureza da honra ter o universo inteiro como censor. Todos os homens falhos em honra estão submetidos às admoestações até mesmo daqueles que não a têm (*).

Aí, os censores seriam estragados pelos próprios homens que deveriam corrigir. Não seriam bons na oposição à corrupção de uma monarquia; mas a corrupção da monarquia seria demasiado forte para eles.

É manifesto que os governos despóticos não precisam de censores. O exemplo da China parece quebrar esta regra; mas veremos, no seguimento desta obra (**), as razões singulares do seu estabelecimento nesse país.

(*) Aqui, Montesquieu abre a particularidade que define a origem da honra – falamos sempre de códigos de conduta que são transmitidos no seio de uma tradição particular, quer esta seja particular a um estrato social ou a um espaço geográfico – à universalidade. A origem particular das regras da honra é conciliada com a universalidade do seu sentido, que se reflecte na censura universal da desonra (N. T.).

(**) Ver *EL*, VIII.21, XIX.16-20 (N.T.).

Livro VI
Consequências dos princípios dos vários governos em relação à simplicidade das leis civis e criminais, à forma dos julgamentos e ao estabelecimento das penas

Capítulo I
Da simplicidade das leis civis nos vários governos

O governo monárquico não comporta leis tão simples quanto o despótico. São necessários tribunais. Esses tribunais tomam decisões; estas devem ser conservadas; devem ser apreendidas, para que se julgue hoje como se julgou ontem, e para que a propriedade e a vida dos cidadãos sejam garantidas e fixas como a própria constituição do Estado.

Numa monarquia, a administração de uma justiça que não decide apenas da vida e dos bens, mas também da honra, requer investigações escrupulosas. A subtileza do juiz cresce à medida que aumenta o seu depósito (*), e à medida que se pronuncia sobre interesses maiores.

(*) Referência ao carácter de certos corpos intermédios, como os *Parlements*, que são *repositórios* das leis (N. T.).

Não nos devemos espantar, pois, quando encontramos nas leis destes Estados tantas regras, restrições, extensões, que multiplicam os casos particulares e parecem fazer da própria razão uma arte.

A diferença de estatuto, de origem, de condição, que está estabelecida no governo monárquico acarreta muitas vezes distinções na natureza dos bens; e leis relativas à constituição desse Estado podem aumentar o número dessas distinções. Assim, entre nós, os bens são próprios, adquiridos ou conquistados; dotais, parafernais; paternais e maternais; móveis de várias espécies; livres, substituídos; de linhagem ou não; nobres em alódio ou comuns; rendas fundiárias ou constituídas por um preço em dinheiro. Cada tipo de bem está sujeito a regras particulares; para poder dispor de cada bem é preciso cumpri-las; o que afasta ainda mais da simplicidade.

Nos nossos governos os feudos tornaram-se hereditários. Foi preciso que a Nobreza possuísse um certo bem, isto é, que o feudo tivesse uma certa consistência, para que o proprietário do feudo estivesse em condições de servir o príncipe. Isso provocou muitas variações. Por exemplo, há países onde não se pôde dividir os feudos entre os irmãos; noutros, os irmãos mais novos puderam obter uma subsistência maior.

O monarca, que conhece cada uma das suas províncias, pode estabelecer várias leis, ou permitir diferentes costumes. Mas o déspota nada conhece, e não pode dar atenção a nada; precisa de uma abordagem geral; governa com uma vontade rígida que é a mesma em todos os lugares; tudo se aplana aos seus pés.

À medida que os julgamentos dos tribunais se multiplicam nas monarquias, a jurisprudência encarrega-se de tomar decisões que por vezes se contradizem: ou porque os juízes que se sucedem pensam diferentemente; ou porque os mesmos assuntos são ora bem, ora mal defendidos; ou, finalmente, por uma infinidade de abusos que perpassam por tudo o que está nas mãos dos homens. Trata-se de um mal necessário, que o legislador corrige de tempos a tempos, e que é contrário até ao espírito dos governos moderados. Pois quando se é obrigado a recorrer aos tribunais, é preciso que tal provenha da natureza da constituição, e não das contradições e da incerteza das leis.

Nos governos em que há necessariamente distinções entre as pessoas tem de haver privilégios. Isso diminui ainda mais a simplicidade e cria mil excepções.

Um dos privilégios menos onerosos para a sociedade, e sobretudo para quem o atribui, é o de se poder pleitear perante um tribunal particular em vez de um outro. Eis que surgem novos processos; isto é, os que procuram saber em que tribunal se deve pleitear.

Os povos dos Estados despóticos são um caso bem diferente. Não sei sobre que matérias o legislador poderia estatuir, ou o magistrado julgar, nesses países. Segue-se do facto de as terras pertencerem ao príncipe que quase não há leis civis respeitantes à propriedade das terras. Segue-se do direito que o soberano tem de herdar que também não existem leis sucessórias. Como em alguns países os negócios são exclusivos do déspota, todos os tipos de leis sobre o comércio se tornam inúteis. Como os casamentos que aí se celebram sejam com raparigas escravas, praticamente não existem leis civis respeitantes aos dotes e aos benefícios das mulheres. Resulta ainda desta prodigiosa multidão de escravos que quase não há pessoas que tenham uma vontade própria, e que, por conseguinte, devem responder pela sua conduta perante um juiz. A maioria das acções morais, que não passam das vontades do pai, do marido, do senhor, são reguladas por estes, e não pelos magistrados.

Quase me esquecia de dizer que aquilo a que chamamos honra é muito pouco conhecido nestes Estados, e todos os processos que digam respeito a esta honra, que é um assunto tão importante entre nós, não têm lugar aí. O despotismo basta-se a si mesmo; tudo é vazio à sua volta. É por isso que, quando os viajantes nos descrevem os países onde o despotismo reina, raramente nos falam de leis civis ([1]).

Todas as ocasiões de disputa e de processo são, portanto, suprimidas. É em parte por isso que os queixosos são tão maltratados: a injustiça do seu pedido aparece à luz do dia, não sendo escondida, mitigada ou protegida por uma infinidade de leis.

([1]) No Mazulipatão não se conseguiu descobrir se havia leis civis. Ver o *Recueil des voyages qui ont servi à l'établissement de la Compagnie des Indes*, t. IV, parte I, p. 391. Nos julgamentos, os Indianos orientam-se apenas por alguns costumes. O *Veda* e outros livros semelhantes não contêm leis civis, mas somente preceitos religiosos. Ver *Lettres édifiantes*, décimo quarto compêndio.

Capítulo II
Da simplicidade das leis criminais nos vários governos

Ouve-se constantemente dizer que seria preciso que a justiça fosse feita em toda a parte como na Turquia. Será que só o mais ignorante de todos os povos viu com clareza a coisa que no mundo mais importa aos homens saber?

Se examinardes as formalidades da justiça na perspectiva dos obstáculos enfrentadas por um cidadão que queira ver devolvidos os seus bens, ou que queira obter satisfações por um qualquer ultraje, sem dúvida que encontrareis formalidades a mais. Se as considerardes na relação que elas têm com a liberdade e a segurança dos cidadãos, encontrareis muitas vezes formalidades a menos; e vereis que os obstáculos, as despesas, as demoras, e mesmo os perigos da justiça são o preço que cada cidadão paga pela sua liberdade.

Na Turquia, onde se presta muito pouca atenção à fortuna, à vida, à honra dos súbditos, todas as contendas, de uma forma ou de outra, terminam prontamente. A maneira como são concluídas é indiferente, desde que terminem. Assim que o paxá é informado, dá a ordem de distribuir, segundo o seu capricho, bastonadas na planta dos pés dos queixosos e manda-os para casa.

Seria muito perigoso ter as paixões típicas dos queixosos: estas paixões supõem um desejo ardente de que se faça justiça, um ódio, uma acção no espírito, uma constância em prosseguir. Tudo isso deve ser evitado num governo onde não pode haver outro sentimento senão o do medo, e onde tudo conduz de modo abrupto e imprevisível a revoluções. Cada um deve saber que o magistrado não pode ouvir falar dele, e que a sua segurança depende da sua nulidade.

Mas, nos Estados moderados, onde a cabeça do menor cidadão é considerável, só se lhe retira a sua honra e os seus bens após um longo exame; só é privado da sua vida quando é a própria pátria que a ataca; e quando esta o ataca, dá-lhe todos os meios possíveis de se defender.

Assim, quando um homem se torna mais absoluto ([1]), trata primeiro de simplificar as leis. Nesses Estados, são mais os inconvenientes particulares do que a liberdade dos súbditos, com a

([1]) César, Cromwell, e tantos outros.

qual não está minimamente preocupado, que começam por impressioná-lo.

Vê-se que nas repúblicas são necessárias pelo menos tantas formalidades como nas monarquias. Num e noutro governo, elas aumentam na razão da importância que se atribui à honra, à fortuna, à vida, à liberdade dos cidadãos.

Os homens são todos iguais no governo republicano; são iguais no governo despótico. No primeiro, porque são tudo; no segundo, porque são nada (*).

Capítulo III
Em que governos e em que casos se deve julgar de acordo com um texto preciso da lei

Quanto mais o governo se aproxima da república, mais a maneira de julgar se torna fixa; e era um vício da república da Lacedemónia que os éforos julgassem arbitrariamente, sem que houvesse leis para os dirigir. Em Roma, os primeiros cônsules julgavam como os éforos; sentiram-se os inconvenientes, e fizeram-se leis precisas.

Nos Estados despóticos, não há lei: o juiz é ele mesmo a sua própria regra. Nos Estados monárquicos há uma lei. E quando a lei é precisa, o juiz segue-a; quando não é precisa, procura o seu espírito. No governo republicano é da natureza da constituição que os juízes sigam a letra da lei. Não há cidadão contra o qual se possa interpretar uma lei, quando se trata dos seus bens, da sua honra, ou da sua vida.

Em Roma, os juízes sentenciavam apenas que o acusado era culpado de um certo crime, e a pena encontrava-se na lei, como se pode ver nas várias leis que foram feitas. No mesmo sentido, em Inglaterra, os jurados decidem se o acusado é culpado, ou não, do facto que foi trazido até eles; e, se for declarado culpado, o juiz pronuncia a pena que a lei inflige por este acto. E, para isso, só precisa de ter olhos (**).

(*) Ver *P*, nº 231; *CP*, nº 21 (N. T.).

(**) Ver *EL*, XI.6 (N. T.).

Capítulo IV
Da maneira de formar os julgamentos

Daqui seguem-se as diferentes maneiras de formar os julgamentos. Nas monarquias, os juízes assumem o modo dos árbitros; deliberam em conjunto, comunicam os seus pensamentos, conciliam-se; modificam a sua opinião para torná-la mais conforme à de outro; as opiniões menos numerosas são reunidas nas duas que têm mais apoios. Tal não é da natureza da república. Em Roma e nas cidades gregas, os juízes não comunicavam. Cada um dava a sua opinião de uma destas três maneiras: *eu absolvo, eu condeno, não me parece evidente* ([1]). É que o povo julgava ou pensava-se que julgava. Mas o povo não é jurisconsulto; todas as modificações e temperamentos dos árbitros não são feitos para ele; é preciso apresentar-lhe um único objecto, um facto e um único facto, e que ele se limite a ver se deve condenar, absolver ou adiar o julgamento.

Os Romanos, seguindo o exemplo dos Gregos, introduziram fórmulas de acções ([2]), e estabeleceram a necessidade de dirigir cada caso pela acção que lhe era própria. Isso era necessário para a sua maneira de julgar: era preciso fixar o estado da questão para que o povo o tivesse sempre diante dos olhos. De outra forma, no decurso de um caso importante, esse estado da questão mudaria continuamente e tornar-se-ia irreconhecível.

Daí seguia-se que os juízes, entre os Romanos, só aceitavam o pedido preciso, sem nada aumentar, diminuir ou modificar. Mas os pretores imaginaram outras fórmulas de acções que se chamavam de *boa-fé* ([3]), em que a maneira de sentenciar estava mais à disposição do juiz. Isto era mais conforme ao espírito da monarquia. Assim, os jurisconsultos franceses dizem: *Em França, todas as acções são de boa-fé* ([4]).

([1]) *Non liquet.*

([2]) *Quas actiones ne populus prout vellet institueret, certas solemnesque esse voluerunt* [«Essas acções legais foram instituídas tal como o povo quis, pois queria que fossem simultaneamente solenes e precisas»]. *Leg.* 2. § 6, Digest., *de orig. jur.*

([3]) Em que eram incluídas estas palavras: *ex bonâ fide.*

([4]) Em França, condena-se a pagar as custas até aquele de quem se exige mais do que deve, a menos que tenha oferecido e consignado o que deve.

Capítulo V
Em que governo o soberano pode ser juiz

Maquiavel ([1]) atribui a perda da liberdade de Florença ao facto de o povo não julgar como um corpo só, como acontecia em Roma, os crimes de lesa-majestade cometidos contra si. Para esses crimes foram estabelecidos oito juízes: *Mas,* diz Maquiavel, *poucos são corrompidos por poucos.* Adoptaria de bom grado a máxima desse grande homem ([*]), mas como nestes casos o interesse polí-

---

([1]) *Discurso Sobre a Primeira Década de Tito Lívio,* liv. I, cap. vii.

([*]) A influência de Maquiavel na obra de Montesquieu é considerável. Pensando nas *Considerações sobre as Causas da Grandeza dos Romanos e sua Decadência,* Barthélemy Saint-Hilaire, no prefácio que compôs para a sua tradução da *Política* de Aristóteles [(Paris: Dumont, 1848), p. cxxxi], escreveu que essa obra era «simultaneamente uma recapitulação e um desenvolvimento de Políbio e de Maquiavel. Políbio abriu o caminho; Maquiavel alargou-o grandemente tomando como quadro as Décadas de Tito Lívio; Montesquieu limitou-se a seguir um e outro, aplicando com mais método e regularidade, a toda a história de Roma, as concepções que este último limitara à segunda guerra contra Cartago (...)».

O comentário é exagerado, mas não deixa de ser elucidativo. De qualquer modo, a grandeza de Maquiavel só podia ser reconhecida no âmbito de uma discordância com o autor. Nos pontos de contacto entre o pensamento dos dois autores, a referência ao florentino foi normalmente evitada. Convém recordar que no século XVIII, o nome de Maquiavel ainda era ignominioso, um pouco à semelhança dos de Hobbes e Espinosa. (Em *DEL* [p. 1123], Montesquieu fez questão de se declarar inimigo feroz de Hobbes e de Espinosa por estes ameaçarem «toda a moral e religião»).

A literatura do «antimaquiavelismo» assumiu grande importância em França logo no século XVI, e estaria no centro do debate político sob o governo de Catarina de Médicis e de Henrique III e durante as guerras religiosas que tiveram lugar no final desse século. Innocent Gentillet pode ser visto como o fundador dessa corrente do «antimaquiavelismo» francês e que seria em grande medida responsável pela atribuição ao florentino da reputação póstuma de amigo das tiranias. Para alguns, Jean Bodin também se incluía nesta corrente que chegaria até ao *Anti-Maquiavel* da autoria de Frederico II da Prússia, aparentemente com a colaboração de Voltaire, e publicado em 1740. Porém, é mais plausível que Bodin, ao atacar Maquiavel como um «ateu» e «cortesão de tiranos», estivesse, por um lado, a denunciar o «*maquiavelismo católico*» de Catarina de Médicis, e, por outro, a proteger-se precisamente das consequências que adviriam de alguma afinidade inconveniente. E não são poucas nem insignificantes as afinidades com Maquiavel que se encontram na sua obra.

No entanto, é importante perceber que Montesquieu discordava profundamente de Maquiavel em várias matérias. Tome-se, a título de exemplo, o erro que o pensador francês detectava no florentino de este não distinguir correctamente

tico força, por assim dizer, o interesse civil (pois é sempre um inconveniente que o povo julgue por si mesmo as suas ofensas), é preciso, para remediar isso, que as leis zelem, na medida do possível, pela segurança dos particulares

Segundo esta ideia, os legisladores de Roma faziam duas coisas: permitiam que os acusados se exilassem ([1]) antes do julgamento ([2]), e queriam que os bens dos condenados fossem consagrados para que o povo não levasse a cabo a sua confiscação. No livro XI, examinar-se-ão outras limitações que se colocam ao poder que o povo tem de julgar.

Sólon soube prevenir correctamente o abuso que o povo poderia cometer do seu poder no julgamento dos crimes: quis que o Areópago revisse o processo; que, se acreditasse que o acusado havia sido injustamente absolvido ([3]), o acusasse de novo diante do povo; que, se o considerasse injustamente condenado ([4]), suspendesse a execução, e fizesse que o povo julgasse novamente o processo. Lei admirável, que submetia o povo à censura da magistratura que mais respeitava, e à sua própria censura também!

Seria bom introduzir alguma lentidão em processos deste tipo, sobretudo a partir do momento em que o acusado for feito prisioneiro, para que o povo possa acalmar-se e julgar de sangue frio.

Nos Estados despóticos, o príncipe pode julgar por si mesmo. Não o pode fazer nas monarquias: a constituição seria destruída, os poderes intermédios dependentes seriam aniquilados. Ver-se-iam cessar todas as formalidades dos julgamentos; o medo apoderar-se-ia de todos os espíritos; ver-se-ia a palidez em todos os rostos; quanto mais confiança, mais honra, mais amor, mais segurança, mais monarquia.

---

a forma de governo monárquica de um Estado despótico, para não mencionar o repúdio de Montesquieu da aceitação por parte de Maquiavel de métodos despóticos como conaturais à acção política enquanto tal. Dito de uma forma simples, para Montesquieu um príncipe «sem moral» é pura e simplesmente um «monstro» (*P*, nº 634). Numa palavra, Maquiavel representa o contrário da moderação que Montesquieu pretende cultivar (N. T.).

([1]) Isso é bem explicado na oração de Cícero, *Pro Caecina*, no final [cap. c].

([2]) Era uma lei de Atenas, como aparece em Demóstenes. Sócrates recusou recorrer a ela.

([3]) Demóstenes, *Da Coroa*, p. 494, edição de Francoforte, do ano 1604.

([4]) Ver Filóstrato, *Vida dos Sofistas*, liv. I; *Vida de Ésquines*.

Eis outras reflexões. Nos Estados monárquicos, o príncipe é a parte que persegue os acusados e faz que sejam punidos ou absolvidos; se ele próprio julgasse, seria juiz e parte.

Nesses mesmos Estados, muitas vezes o príncipe apropria-se das confiscações: se julgasse os crimes, seria mais uma vez juiz e parte.

Mais, perderia o mais belo atributo da sua soberania, que é o de fazer graça e mercê ([1]); seria insensato que fizesse e desfizesse os seus julgamentos; não quereria estar em contradição consigo mesmo. Além disso, tal confundiria todas as ideias, não se saberia se um homem seria absolvido ou se receberia a sua graça e mercê.

Quando Luís XIII quis ser juiz no processo do duque de la Valette ([2]), e para tal chamou ao seu gabinete alguns oficiais do *Parlement* ([*]) e alguns conselheiros de Estado; como o rei os forçasse a opinar sobre o decreto de detenção, o presidente de Bellièvre disse: «Que via neste caso uma coisa estranha, um príncipe opinar sobre o processo de um dos seus súbditos; que aos reis só estavam reservadas as graças e mercês, e que deixavam as condenações nas mãos dos seus oficiais. E Vossa Majestade veria de bom grado no banco dos réus diante Dela um homem que, em resultado do seu julgamento, seria enviado para a morte daí por uma hora! Que a face do príncipe, que faz as graças e mercês, não pode suportar uma coisa destas; que a só a sua visão levantava os interditos das igrejas; que se devia estar sempre satisfeito quando se deixa a presença do príncipe». Quando se julgavam os fundamentos do caso, o mesmo presidente disse o que achava: «Trata-se de um julgamento sem exemplo, para não dizer que é contrário a todos os exemplos do passado até hoje, que um rei de França tenha condenado, na qualidade de juiz e com o seu veredicto, um gentil-homem à morte ([3])».

Os julgamentos feitos pelo príncipe seriam uma fonte inesgotável de injustiças e de abusos; os cortesãos extorquiriam, com

---

([1]) Platão [*Carta VIII*] não pensa que os reis, que são, diz ele, padres, possam assistir a um julgamento em que haja condenações à morte, ao exílio ou à prisão.

([2]) Ver a relação do processo contra o Sr. Duque de la Valette. Foi impresso para as *Memórias* de Montrésor, t. II, p. 62.

([*]) *Parlement*: sobre esta peculiar instituição da antiga monarquia francesa, ver Introdução do Tradutor, sec. I (N. T.).

([3]) Mais tarde isso seria mudado. Ver a mesma relação [t. II, p. 236].

a sua importunidade, os seus julgamentos. Alguns imperadores romanos tiveram a fúria de julgar; nenhum reinado espantou mais o universo com as suas injustiças.

«Cláudio», diz Tácito (1), «ao ter reivindicado para si o julgamento dos processos e as funções dos magistrados, deu ocasião a todo o tipo de rapinas». Também Nero, que chegou ao império depois de Cláudio, querendo conciliar os espíritos, declarava: «Que evitaria cuidadosamente ser o juiz de todos os processos, para que os acusadores e os acusados, dentro dos muros de um palácio, não fossem expostos ao poder iníquo de alguns libertos (2)».

«Durante o reinado de Arcádio», diz Zósimo (*) (3), «a nação dos caluniadores expandiu-se, cercou a corte e infectou-a. Quando um homem era morto, supunha-se que não tinha deixado filhos (4); os seus bens eram doados com um rescrito. Pois, como o príncipe era estranhamente estúpido, e a imperatriz excessivamente empreendedora, ela servia a avareza insaciável das suas domésticas e das suas confidentes; de modo que, para as pessoas moderadas, não havia nada mais desejável do que a morte».

«Havia outrora», diz Procópio (5), «muito pouca gente na corte; mas, sob Justiniano, como os juízes deixaram de ter a liberdade de fazer justiça, os seus tribunais estavam desertos, ao passo que o palácio do príncipe ressoava com o clamor das partes que aí pleiteavam as suas causas». Toda a gente sabia como aí se vendiam os julgamentos e até as leis.

As leis são os olhos do príncipe; através delas vê o que não poderia ver sem elas. O príncipe quer desempenhar a função dos tribunais? Então, não trabalha para si, mas em prol dos seus sedutores contra si.

---

(1) *Anais*, liv. XI [cap. v].

(2) *Ibid.*, liv. XIII [cap. iv].

(*) Historiador grego do século V d. C., autor de *História Nova*. Nessa obra, Zósimo viu na ascensão do cristianismo, em geral, e na figura de Constantino, em particular, causas da decadência do império romano (N. T.).

(3) *Historiae*, liv. V.

(4) A mesma desordem sob Teodósio, *o Jovem*.

(5) *História secreta*.

Capítulo VI
Que, na monarquia, os ministros não devem julgar

Na monarquia, é também um grande inconveniente que os ministros do príncipe julguem eles mesmos os contenciosos. Vemos ainda hoje Estados onde há inúmeros juízes para decidir os processos fiscais, e onde os ministros, o que é incrível!, não obstante querem julgá-los. As reflexões chegam aos magotes; avançarei apenas a seguinte.

Pela natureza das coisas, há uma espécie de contradição entre o Conselho do monarca e os seus tribunais. O Conselho dos reis deve ser composto por poucas pessoas, e os tribunais de judicatura exigem muitas outras. A razão disto é que, no primeiro, os assuntos devem ser abordados com uma certa paixão e devem ser prosseguidos da mesma maneira; o que só se pode esperar de quatro ou cinco homens que fazem disso o seu trabalho. Pelo contrário, é preciso que os tribunais de judicatura tenham sangue-frio, e que em todos os casos sejam, de algum modo, indiferentes.

Capítulo VII
Do magistrado único

Um tal magistrado só pode existir num governo despótico. Na história romana, vemos até que ponto um juiz único pode abusar do seu poder. Como é que Ápio, no seu tribunal, não teria desprezado as leis, quando violou até aquela que ele mesmo fizera ([1])? Tito Lívio fala-nos desta distinção iníqua do decênviro. Este induzira um homem a reclamar diante dele que Virgínia era sua escrava; os parentes de Virgínia pediram-lhe que em virtude da sua lei ela lhes fosse entregue até ao julgamento definitivo. Ele declarou que a sua lei tinha sido feita tendo em vista apenas o benefício do pai, e como Virginius estava ausente, a lei não podia ser aplicada ([2]).

([1]) Ver a lei 2, § 24, *Digesto, De origine juris.*

([2]) *Quod pater puellae abesset, locum injuria esse ratus* [«Como o pai da rapariga estava ausente, ele viu aí uma oportunidade para cometer uma injustiça»]. Tito Lívio, década I, liv. III [cap. xliv].

Capítulo VIII
Das acusações nos diversos governos

Em Roma [1] permitia-se que um cidadão acusasse outro. Isso estava de acordo com o espírito da república, onde cada cidadão deve ter pelo bem público um zelo ilimitado; onde se supõe que cada cidadão tem todos os direitos da pátria nas suas mãos. Sob os imperadores, as máximas da república eram observadas; e, no início, assistiu-se ao aparecimento de um tipo de homens funestos, um bando de delatores. Quem tivesse muitos vícios e muitos talentos, uma alma muito baixa e um espírito ambicioso, procurava um criminoso cuja condenação pudesse agradar ao príncipe; era a via para alcançar as honrarias e a fortuna [2], coisa que nunca vemos entre nós.

Hoje em dia temos uma lei admirável: a que determina que o príncipe, instituído para fazer executar as leis, designe um oficial em cada tribunal para perseguir, em seu nome, todos os crimes. De modo que a função dos delatores é desconhecida entre nós; e se este vingador público fosse suspeito de abusar do seu ministério, seria obrigado a nomear o seu denunciante.

Nas *Leis* de Platão [3], aqueles que descuram avisar os magistrados, ou lhes prestar auxílio, devem ser punidos. Isso não seria conveniente hoje em dia. A parte pública vela pelos cidadãos; ela age, e eles ficam tranquilos.

Capítulo IX
Da severidade das penas nos diversos governos

A severidade das penas é mais conveniente ao governo despótico, cujo princípio é o terror, do que à monarquia e à república, que têm como mola a honra e a virtude.

Nos Estados moderados, o amor à pátria, a vergonha e o medo da desaprovação, são motivos repressores, que podem evitar bastantes crimes. A maior pena por uma má acção será a de ser condenado por ela. As leis civis corrigirão tudo mais facilmente, e não terão necessidade de tanta força.

---

(1) E em muitas outras cidades.

(2) Ver, em Tácito, as recompensas atribuídas a esses delatores. [*Anais*, liv. IV, cap. xxx].

(3) Liv. IX.

Nesses Estados, um bom legislador cuidará menos de punir os crimes do que de preveni-los; aplicar-se-á mais a dar bons costumes do que a infligir suplícios.

É uma constatação perpétua dos autores chineses ([1]) que, no seu império, quanto mais se assistia ao aumento dos suplícios, mais a revolução se aproximava. É que aumentavam-se os suplícios à medida que os costumes se perdiam.

Seria fácil demonstrar que, em todos ou quase todos os Estados da Europa, as penas diminuiram ou aumentaram à medida que se estava mais próximo ou mais afastado da liberdade.

Nos países despóticos é-se tão infeliz que se receia mais a morte do que se lamenta a perda da vida; nesses países os suplícios devem, pois, ser mais rigorosos. Nos Estados moderados, receia-se mais perder a vida do que se teme a morte em si mesma; os suplícios que pura e simplesmente suprimem a vida são, portanto, suficientes.

Os homens extremamente felizes, e os homens extremamente infelizes, são igualmente atreitos à dureza; veja-se o caso dos monges e dos conquistadores. Só a mediocridade e a mistura de boa e má fortuna proporcionam a brandura e a compaixão.

O que se vê nos homens em particular encontramos nas diferentes nações. Entre os povos selvagens que levam uma vida muito dura, e entre os povos dos governos despóticos onde apenas um homem é exorbitantemente favorecido pela fortuna, enquanto todos os restantes são por ela ultrajados, é-se igualmente cruel. A brandura reina nos governos moderados.

Quando lemos nas histórias os exemplos da justiça atroz dos sultões, sentimos, com uma espécie de dor, os males da natureza humana.

Nos governos moderados, para um bom legislador tudo pode servir para converter em penas. Não é bastante extraordinário que em Esparta uma das principais penas consistia em não se poder emprestar a sua mulher a outrem, e em não receber a mulher de outrem, e de nunca poder estar em casa sem ser com virgens? Numa palavra, tudo o que a lei chama pena é efectivamente uma pena.

([1]) Mostrarei mais adiante que a China, neste aspecto, deve ser incluída entre as repúblicas ou entre as monarquias.

Capítulo X
Das antigas leis francesas

É nas antigas leis francesas que encontramos certamente o espírito da monarquia. Nos casos em que se trata de penas pecuniárias, os não nobres são menos punidos do que os nobres (1). Passa-se exactamente o contrário com os crimes (2); o nobre perde a honra e a voz de resposta no tribunal, ao passo que o vilão, que não tem honra, é punido no seu corpo.

Capítulo XI
Que quando o povo é virtuoso são precisas poucas leis

O povo romano era probo. Essa probidade tinha tanta força que muitas vezes o legislador só precisava de mostrar o bem para que o povo o seguisse. Parecia que em lugar de ordenações era-lhe suficiente dar conselhos.

As penas das leis régias e as das leis das Doze Tábuas foram quase todas suprimidas na república, no seguimento da lei Valeriana (3) ou como consequência da lei Pórcia (4). Ninguém notou que a república tivesse ficado mais mal regrada, nem que daí resultasse qualquer dano para a polícia.

Essa lei Valeriana, que proibia aos magistrados qualquer via de facto contra um cidadão que tivesse apelado ao povo, apenas infligia a quem a infringisse a pena de ser reputado como mau (5).

---

(1) «Por desrespeito a uma decisão, os não nobres estão sujeitos a uma multa de quarenta soldos, e os nobres de sessenta libras». *Somme rurale*, liv. II, p. 198, edição gótica do ano de 1512; e Beaumanoir, cap. 61, p. 309.

(2) Ver o *Conseil* de Pierre Desfontaines, cap. xiii, sobretudo o artigo 22.

(3) A lei foi feita por Valério Publícola, logo após a expulsão dos reis; foi renovada por duas vezes, sempre por magistrados da mesma família, como diz Tito Lívio, liv. X, [cap. ix]. Não estava em questão dar-lhe mais força, antes aperfeiçoar as suas disposições. *Diligentius sanctum*, diz Tito Lívio, *ibid.*

(4) *Lex Porcia pro tergo civium lata* [«A lei Pórcia foi feita para proteger os cidadãos»]. Foi feita no ano 454 da fundação de Roma.

(5) *Nihil ultra quam improbe factum adjecit* [«Nada mais acrescentava além de imputar a maldade do acto»]. Tito Lívio, [*ibid*].

Capítulo XII
Do poder das penas

A experiência fez notar que, nos países onde as penas são brandas, o espírito do cidadão é afectado por elas como o é noutros lugares pelas grandes.

Sente-se um inconveniente num Estado; um governo violento quer logo corrigi-lo; e em lugar de considerar a execução das leis antigas, estabelece uma pena cruel que imediatamente trava o mal ali. Mas desgasta-se a mola do governo: a imaginação habitua-se a esta grande pena, como se habituou à menor; e como diminui o medo com esta, cedo se é forçado a estabelecer a outra para todos os casos. Em alguns Estados, os roubos nas grandes estradas eram comuns; quis-se travá-los; inventou-se o suplício da roda, que os suspendeu durante algum tempo. Desde então tem-se roubado nas grandes estradas como dantes.

Nos nossos tempos a deserção tem sido muito frequente; estabeleceram a pena de morte contra os desertores, e a deserção não diminuiu. A razão disto é muito natural. Um soldado, todos os dias acostumado a arriscar a sua vida, despreza, ou convence-se de que despreza, o perigo. Todos os dias está acostumado a recear a vergonha. Seria preciso, pois, manter uma pena ([1]) que o fizesse trazer uma marca corporal para o resto da vida. Pretenderam aumentar a pena, quando na realidade diminuíram-na.

Não se deve conduzir os homens pelas vias extremas; deve-se usar os meios que a natureza nos deu para os conduzir. Quem examinar a causa de todos os laxismos, verá que advém da impunidade dos crimes, e não da moderação das penas.

Sigamos a natureza, que deu aos homens a vergonha como flagelo, e que a maior parte da pena seja a infâmia de a sofrer.

Se encontrarmos países onde a vergonha não seja uma consequência do suplício, trata-se de uma decorrência da tirania que infligiu as mesmas penas aos celerados e às pessoas de bem.

E se virdes outros países onde os homens só são restringidos por suplícios cruéis, notai também que tal advém em grande medida da violência do governo que utilizou esses suplícios para transgressões ligeiras.

([1]) O nariz era rachado, as orelhas cortadas.

Muitas vezes um legislador que quer corrigir um mal apenas toma em consideração essa correcção; os seus olhos estão abertos para esse objecto, e fechados para os inconvenientes. Assim que o mal é corrigido, só se vê a dureza do legislador; mas o vício que essa dureza produziu permanece no Estado; os espíritos são corrompidos; acostumaram-se ao despotismo.

Depois de Lisandro ([1]) ter vencido os Atenienses, os prisioneiros foram julgados; acusaram os Atenienses de terem atirado ao mar todos os cativos de duas galeras, e de terem decidido, em plena assembleia, cortar as mãos de todos os prisioneiros que fossem feitos. Foram todos chacinados, excepto Adimanto, que se opusera a esse decreto. Antes de mandar matá-lo, Lisandro repreendeu Filócles por ter depravado os espíritos e dado lições de crueldade por toda a Grécia.

«Depois dos Argivos», diz Plutarco ([2]), «terem enviado para a morte mil e quinhentos dos seus cidadãos, os Atenienses encomendaram sacrifícios expiatórios para que aprouvesse aos deuses retirar do coração dos atenienses um pensamento tão cruel».

Há dois géneros de corrupção: um, quando o povo não cumpre as leis; o outro, quando o povo é corrompido pelas leis; o mal é incurável porque está no próprio remédio.

Capítulo XIII
Impotência das leis japonesas

As penas desmedidas podem corromper o próprio despotismo. Vejamos o caso do Japão.

No Japão punem com a morte quase todos os crimes ([3]) porque a desobediência a um tão grande imperador como o do Japão é um crime enorme. Não se trata de corrigir o culpado, mas de vingar o príncipe. Estas ideias são tiradas da servidão, e decorrem sobretudo do facto de, como o imperador é proprietário de todos os bens, quase todos os crimes atingirem directamente os seus interesses.

([1]) Xenofonte, *História* [*Hellenica*], liv. II, [cap. ii, §§ 20-22].

([2]) *Obras Morais* [*Moralia*]. *Dos que têm a seu cargo os assuntos do Estado* [*Praecepta gerendae republicae*], [cap. xiv].

([3]) Ver Kempfer.

As mentiras ditas aos magistrados [1] são punidas com a morte; coisa contrária à defesa natural.

O que não tem aparência de crime é severamente punido; por exemplo, um homem que arrisca dinheiro no jogo é punido com a morte.

É verdade que o carácter espantoso desse povo obstinado, caprichoso, determinado, bizarro, e que enfrenta todos os perigos e todos os infortúnios, parece, à primeira vista, absolver os legisladores da atrocidade das suas leis. Mas estas pessoas que naturalmente desprezam a morte e que rasgam o ventre pela menor fantasia serão corrigidas ou detidas pela visão contínua de suplícios? Ou não será que se habituam a eles?

Os relatos dizem-nos, acerca da educação dos Japoneses, que é preciso tratar as crianças com brandura, porque se obstinam contra as penas; que os escravos não devem ser tratados com excessiva rudeza, porque assumem imediatamente uma postura defensiva. Pelo espírito que deve reinar no governo doméstico, não poderemos julgar o espírito que deve conduzir o governo político e civil?

Um legislador sábio teria procurado conciliar os espíritos através de uma justa combinação de penas e de recompensas; através das máximas da filosofia, da moral e da religião, adequadas a este carácter; através da justa aplicação das regras da honra; através do suplício da vergonha; através da fruição de uma felicidade constante e de uma branda tranquilidade; e se o legislador receasse que os espíritos, acostumados a só se refrearem com penas cruéis, não pudessem sê-lo com outras mais brandas, agiria [2] de uma maneira surda e insensível; para os casos particulares mais agraciáveis, moderaria a pena do crime até conseguir modificá-la para todos os casos.

Mas o despotismo não conhece estes recursos, não caminha por estas vias. Pode abusar de si mesmo, mas é tudo o que pode fazer. No Japão fez um esforço e tornou-se mais cruel do que ele mesmo.

---

[1] *Recueil des voyages qui ont servi à l'établissement de la Compagnie des Indes*, t. III, parte II, p. 428.

[2] Considere-se isto como uma máxima da prática para os casos em que os espíritos foram deteriorados por penas demasiado rigorosas.

As almas que por toda a parte estão amedrontadas e que se tornam mais atrozes só podem ser conduzidas por uma atrocidade ainda maior.

Eis a origem, eis o espírito das leis do Japão. Mas as leis tiveram mais furor do que força. Conseguiram destruir o cristianismo; mas esforços tão inauditos são uma prova da sua impotência. Quiseram estabelecer uma boa polícia e a sua fraqueza tornou-se ainda mais clara.

É preciso ler o relato da entrevista do imperador e do dairo em Meaco ([1]). O número de pessoas que aí foram asfixiadas, ou mortas por rufiões, foi incrível; raptaram raparigas e rapazes; foram encontrados nos dias seguintes expostos nos lugares públicos, completamente nus, a horas indevidas, fechados em sacos de pano, para que não soubessem por que lugares tinham passado; roubou-se tudo o que se quis; rasgou-se o ventre aos cavalos para fazer cair quem os montava; derrubaram-se viaturas para pilhar as damas. Os holandeses, a quem disseram que não podiam passar a noite sobre os patíbulos sem serem assassinados, deles desceram, etc.

Passarei rapidamente para um outro aspecto. O imperador, dado a prazeres infames, não se casava. Corria o risco de morrer sem descendentes. O dairo envia-lhe duas raparigas muito belas. Casou-se com uma por respeito, mas não teve qualquer comércio com ela. A sua ama mandou chamar as mais belas mulheres do império; tudo era inútil; a filha de um armeiro espantou o seu gosto ([2]); decidiu-se, e teve um filho dela. As damas da corte, indignadas por ele ter preferido uma pessoa de tão baixo nascimento, estrangularam a criança. Este crime foi ocultado ao imperador. Ele teria derramado uma torrente de sangue. A atrocidade das leis impede, portanto, a sua execução. Quando a pena é desmedida, muitas vezes é-se obrigado a preferir a impunidade.

([1]) *Recueil des voyages qui ont servi à l'établissement de la Compagnie des Indes*, t. V, p. 2.

([1]) *Ibid.*

Capítulo XIV
Do espírito do senado de Roma

Sob o consulado de Acilius Glabrio e de Pisão, fez-se a lei Acilia ([1]) para acabar com as intrigas. Dio diz ([2]) que o senado incitou os cônsules a proporem-na, porque o tribuno C. Cornélio tinha decidido estabelecer penas terríveis contra esse crime que o povo estava bastante inclinado a cometer. O senado pensava que penas imoderadas iriam aterrorizar os espíritos, mas que teriam o efeito de que se não encontraria ninguém para acusar nem para condenar; em vez disso, se fossem propostas penas módicas, haveria juízes e acusadores.

Capítulo XV
Das leis dos Romanos a respeito das penas

Sinto-me seguro nas minhas máximas quando tenho os Romanos comigo; e creio que as penas estão ligadas à natureza do governo quando vejo esse grande povo mudar a este respeito de leis civis, à medida que mudava de leis políticas.

As leis régias, feitas para um povo composto por fugitivos, escravos e salteadores, eram muito severas. O espírito da república teria exigido que os decênviros não incluíssem essas leis nas suas Doze Tábuas; mas as pessoas que aspiravam à tirania não se preocupavam em seguir o espírito da república.

Tito Lívio ([3]) diz, sobre o suplício de Métius Suffétius, ditador de Alba, que foi condenado por Tullus Hostílius a ser dilacerado por duas quadrigas, que este foi o primeiro e o último suplício em que se testemunhou que se perdera a memória da humanidade. Engana-se; a lei das Doze Tábuas está cheia de disposições muito cruéis ([4]).

([1]) Os culpados eram condenados a uma multa; deixavam de poder ser admitidos na ordem dos senadores e nomeados para qualquer magistratura. Dio, liv. XXXVI, [cap. xxi].

([2]) *Ibid.*

([3]) Liv. I, [cap. xxviii].

([4]) Nelas encontramos o suplício do fogo, penas quase sempre capitais, o roubo punido com a morte, etc.

Aquela que melhor revela o desígnio do decênviros é a pena capital pronunciada contra os autores de libelos e contra os poetas. Tal não faz parte do génio da república, onde o povo gosta de ver os grandes serem humilhados. Mas as pessoas que queriam derrubar a liberdade receavam os escritos que pudessem relembrar o espírito da liberdade ([1]).

Após a expulsão dos decênviros, quase todas as leis que tinham fixado as penas foram suprimidas. Não foram expressamente revogadas; mas, como a lei Pórcia proibia a condenação à morte de um cidadão romano, deixaram de ter aplicação.

É a esse tempo que se pode atribuir aquilo que Tito Lívio diz dos Romanos, que jamais houve um povo que amasse mais a moderação das penas.

Se se acrescentar à brandura das penas o direito que o acusado tinha de se retirar antes do julgamento, ver-se-á com clareza que os Romanos seguiram esse espírito que eu disse ser natural à república.

Sila, que confundia a tirania, a anarquia e a liberdade, fez as leis Cornelianas. Parecia que os seus regulamentos eram feitos apenas para estabelecer crimes. Assim, qualificando uma infinidade de acções com o nome de homicídio, encontrou homicidas por toda a parte; e, através de uma prática que acabou por ser excessivamente seguida, armou armadilhas, semeou espinhos, abriu abismos no caminho de todos os cidadãos.

Quase todas as leis de Sila estipulavam apenas a interdição da água e do fogo. César acrescentou a confiscação dos bens ([2]) porque, como os ricos tinham guardado no exílio o seu património, eram mais audazes ao cometerem crimes.

Os imperadores, ao estabelecerem um governo militar, depressa sentiram que este não era menos terrível contra eles do que contra os súbditos; procuraram temperá-lo; julgavam que precisavam das dignidades e do respeito que se tinha por elas.

([1]) Sila, animado pelo mesmo espírito que os decênviros, aumentou, como eles, as penas contra os escritores satíricos.

([2]) *Poenas facinorum auxit, cum locupletes eo facilius scelere se obligarent, quod integris patrimoniis exularent* [«Aumentou as penas dos crimes, porque aqueles que possuíam riquezas eram mais propensos a cometê-los, já que, se fossem considerados culpados, seriam exilados mas o seu património ficaria a salvo»]. Suetónio, in *Julio Caesare*, [cap. lxii].

Aproximaram-se um pouco da monarquia e dividiram as penas em três classes ([1]): as que diziam respeito às primeiras pessoas do Estado ([2]), e que eram assaz brandas; as que eram infligidas às pessoas de uma categoria inferior ([3]), e que eram mais severas; finalmente, as que só lidavam com as condições baixas ([4]), e que eram as mais rigorosas.

O feroz e insensato Maximino irritava, por assim dizer, o governo militar que deveria ter suavizado. O senado tomou conhecimento, diz Capitolino ([5]), que alguns tinham sido crucificados, outros expostos aos animais selvagens, ou fechados dentro de peles de animais recentemente mortos, sem qualquer consideração pelas dignidades. Parecia querer exercer a disciplina militar, sendo esse o modelo segundo o qual pretendia regular os assuntos civis.

Nas *Considerações Sobre a Grandeza dos Romanos e sua Decadência* ([6]), poder-se-á ver como Constantino converteu o despotismo militar num despotismo militar e civil, e se aproximou da monarquia. Aí, pode-se acompanhar as diversas revoluções desse Estado, e ver como se passou do rigor à indolência, e da indolência à impunidade.

Capítulo XVI
Da justa proporção das penas com o crime

É essencial que as penas estejam harmonizadas, porque é mais essencial evitar um grande crime do que um crime menor, evitar o que ataca mais a sociedade do que o que a choca menos.

«Um impostor ([7]), que dizia ser Constantino Ducas, provocou uma grande sublevação em Constantinopla. Foi preso e condenado ao chicote; mas, por ter acusado pessoas consideráveis, foi condenado, como caluniador, à fogueira». É singular que se

---

([1]) Ver a lei 3, § 5 [*Legis, Dig.*, XLVIII, 8], *ad legem Cornel. de sicariis*, e muitas outras, no *Digesto* e no *Código*.

([2]) *Sublimiores.*

([3]) *Medios.*

([4]) *Infimos.* Leg. 3, § [5], *legis, ad leg. Cornel. de sicariis.*

([5]) *Jul. Cap., Maximini duo,* [cap. viii].

([6]) [Cap. xvii].

([7]) *História* de Nicéforo, patriarca de Constantinopla.

tenha chegado assim à proporção das penas do crime de lesa-majestade com o da calúnia.

Tal faz lembrar as palavras de Carlos II, rei de Inglaterra. Enquanto passava, viu um homem no pelourinho; perguntou porque é que ele ali estava. Disseram-lhe, «*Sire*, porque escreveu libelos contra os vossos ministros». – «Grande tolo!», disse o rei. «porque não os escreveu contra mim? Nada lhe teriam feito».

«Setenta pessoas conspiraram contra o imperador Basílio ([1]); ele mandou fustigá-las; queimaram-lhes os cabelos e as barbas. Quando um cervo apanhou o cinto do imperador com os seus chifres, alguém do seu séquito puxou da espada, cortou o cinto e libertou-o; o imperador mandou que lhe cortassem a cabeça por ter, disse ele, levantado a espada contra ele». Quem poderia pensar que estes dois julgamentos foram pronunciados sob o mesmo príncipe?

Entre nós, é um grande mal que a mesma pena seja infligida a quem rouba nas estradas e a quem rouba e assassina. É patente que, em nome da segurança pública, seria preciso que houvesse alguma diferença nas penas.

Na China, os ladrões cruéis são cortados em bocados ([2]), os outros não: esta diferença faz que se roube, mas não se assassine.

Na Moscóvia, onde a pena para os ladrões e para os assassinos é a mesma, assassina-se ([3]) sempre. Diz-se por lá que os mortos não revelam nada.

Quando não há diferença nas penas, é preciso que haja diferença na esperança de obter perdão. Em Inglaterra, não se assassina porque os ladrões têm a esperança de ser transportados para as colónias, mas não os assassinos.

As cartas de indulto são um grande recurso dos governos moderados. Este poder que o príncipe tem de perdoar, quando executado com sabedoria, pode ter efeitos admiráveis. O princípio do governo despótico, um governo que não perdoa, e que nunca é perdoado, priva-o destas vantagens.

([1]) *História* de Nicéforo.

([2]) Du Halde, t. I, p. 6.

([3]) *État présent de la grande Russie*, por Perry.

Capítulo XVII
Da tortura ou interrogatório(*) *contra os criminosos*

Porque os homens são maus, a lei é obrigada a supô-los melhores do que são. Assim, o depoimento de duas testemunhas basta para a punição de todos os crimes. A lei acredita nelas como se falassem pela boca da verdade. Julga-se também que todos os filhos concebidos durante o casamento são legítimos; a lei confia na mãe como se ela fosse o próprio pudor. Mas a lei não é forçada a usar a tortura em interrogatórios (**) contra os criminosos. Nos nossos dias vemos uma nação (1) muito bem administrada rejeitá-la sem inconvenientes. Pela sua natureza, não é, portanto, necessária (2).

Houve tanta gente hábil e tantos homens de génio a escrever contra esta prática que não me atrevo a falar depois deles. Ia dizer que a prática poderia ser conveniente em governos despóticos, onde tudo o que inspira o medo entra nos recursos do governo; ia dizer que os escravos entre os Gregos e os Romanos... Mas ouço a voz da natureza a gritar contra mim.

(*) *Interrogatório*: *question* no original. A palavra *question* remete para a prática da *question préparatoire* e da *question préalable*. Eram ambas técnicas violentas – tormentos – de interrogatório, tendo a primeira o objectivo de obter uma confissão do crime antes da determinação da culpa, ao passo que a segunda visava extrair informações sobre os cúmplices do acusado, numa fase em que a sua culpa já fora determinada. Na maioria das ocasiões, a *question préalable* antecedia imediatamente a execução do acusado. Ambas seriam abolidas no reinado de Luís XVI de França, respectivamente em 1780 e em 1788 (N. T.).

(**) Ver n.t. anterior (N. T.).

(1) A nação inglesa.

(2) Os cidadãos de Atenas não podiam ser submetidos à tortura em interrogatórios (Lísias, *Orat. in Argorat.*), excepto no caso de crime de lesa-majestade. Aplicava-se a tortura trinta dias após a condenação. (Curius Fortunatus, *Rhetor. scol.*, liv. II). Não havia *question préparatoire*. Quanto aos Romanos, a lei 3 e 4 *ad. leg. Juliam majest.* [*Código*, liv. IX, título VIII] mostra que o nascimento, a dignidade, a profissão da milícia garantiam protecção contra a tortura em interrogatórios se não estivesse em causa um crime de lesa-majestade. Veja-se as sábias restrições que as leis dos Visigodos aplicaram a esta prática.

Capítulo XVIII
Das penas pecuniárias e das penas corporais

Os nossos pais, os Germanos, admitiam pouco mais do que as penas pecuniárias. Esses homens guerreiros e livres consideravam que o seu sangue só devia ser derramado de armas na mão. Os Japoneses ([1]), pelo contrário, rejeitam esse tipo de penas, com o pretexto de que os ricos evitariam a punição. Mas será que os ricos não receiam perder os seus bens? As penas pecuniárias não poderiam ser proporcionais às fortunas? E, finalmente, não se pode ajuntar a infâmia a essas penas?

Um bom legislador adopta um justo meio; nem sempre determina penas pecuniárias; nem sempre inflige penas corporais.

Capítulo XIX
Da lei de talião

Os Estados despóticos, que gostam das leis simples, usam muito a lei de talião ([2]). Por vezes, os Estados moderados aceitam-na; mas com esta diferença, os primeiros aplicam-na rigorosamente e os outros quase sempre temperam-na.

A lei das Doze Tábuas admitia ambas; só condenava ao talião quando não se conseguia satisfazer o queixoso ([3]). Após a condenação podia-se pagar os prejuízos e os danos ([4]), e a pena corporal convertia-se em pena pecuniária ([5]).

Capítulo XX
Da punição dos pais pelos seus filhos

Na China os pais são punidos pelas faltas dos seus filhos. Era o costume no Peru ([6]). Isto também provém das ideias despóticas.

([1]) Ver Kempfer.

([2]) Está estabelecida no Alcorão. Ver o capítulo *Da vaca*.

([3]) *Si membrum rupit, ni cum eo pacit, talio esto* [«Se um membro foi partido, a menos que se chegue a um acordo, haverá retaliação»]. Aulo Gélio, liv. XX, cap. i.

([4]) *Ibid.*

([5]) Ver também a lei dos Visigodos, liv. VI, tit. Iv, §§ 3 e 5.

([6]) Ver Garcilasso, *História das Guerras Civis dos Espanhóis*.

Pode-se muito bem dizer que na China o pai é punido por não ter feito uso desse poder paternal que a natureza estabeleceu, e que as próprias leis aumentaram; tal supõe sempre que não há honra entre os Chineses. Entre nós, os pais cujos filhos são condenados ao suplício, e os filhos (1) cujos pais sofreram a mesma sorte, são tão punidos pela vergonha quanto o seriam na China com a perda da vida.

Capítulo XXI
Da clemência do príncipe

A clemência é a qualidade distintiva dos monarcas. Na república, onde se tem a virtude como princípio, ela é menos necessária. No Estado despótico, onde reina o medo, é menos usada, porque é preciso conter os grandes do Estado por meio de exemplos de severidade. Nas monarquias, onde se é governado pela honra, que com frequência exige o que a lei proíbe, ela é mais necessária. Aí, a desgraça é um equivalente da pena; as próprias formalidades dos julgamentos são punições. É aí que a vergonha surge de todos os lados para formar géneros particulares de pena.

Nas monarquias, os grandes são tão fortemente punidos pela desgraça, pela perda muitas vezes imaginária da sua fortuna, do seu crédito, dos seus hábitos, dos seus prazeres, que o rigor contra eles é inútil; apenas pode servir para suprimir nos súbditos o amor que têm pela pessoa do príncipe e o respeito que devem ter pelas posições.

Como a instabilidade dos grandes é da natureza do governo despótico, a sua segurança pertence à natureza da monarquia.

Os monarcas têm tanto a ganhar com a clemência, é acompanhada de tanto amor, eles colhem dela tanta glória, que é quase sempre uma felicidade para eles ter a ocasião de a exercer; e nos nossos países é possível quase sempre exercê-la.

Talvez haja disputas por uma parte da autoridade, quase nunca por toda a autoridade; e se por vezes eles combatem pela coroa, não combatem pela vida.

---

(1) Em lugar de os punir, dizia Platão, eles têm de ser louvados por não se assemelharem ao seu pai. Liv. IX das *Leis*.

Mas, dir-se-á, quando se deve punir? Quando se deve perdoar? É algo que mais cabalmente se faz sentir do que se prescreve. Quando a clemência tem perigos, esses perigos são muito visíveis; distinguimo-los facilmente dessa fraqueza que leva o príncipe ao desprezo e até à impotência de punir.

O imperador Maurício ([1]) tomou a decisão de nunca derramar o sangue dos seus súbditos. Anastácio ([2]) não punia os crimes. Isaac, *o Anjo*, jurava que, no seu reinado, não mandaria matar ninguém ([*]). Os imperadores gregos tinham esquecido que não era em vão que detinham a espada.

([1]) Evrage, *História*.

([2]) Fragmento de Suídas em Const. Porfirogeneta.

([*]) Maurício, Anastácio, Isaac, *o Anjo*: imperadores bizantinos de diferentes épocas (N. T.).

Livro VII
Consequências dos diferentes princípios dos três governos em relação às leis sumptuárias, ao luxo e à condição das mulheres

Capítulo I
Do luxo

O luxo é sempre proporcional à desigualdade das fortunas. Se, num Estado, as riquezas são igualmente partilhadas, não haverá luxo; pois o luxo baseia-se nas comodidades que se obtem com o trabalho dos outros.

Para que as riquezas se mantenham igualmente partilhadas, é preciso que a lei apenas atribua a cada um o fisicamente necessário. Se possuírem mais do que isso, uns gastarão, outros adquirirão, e a desigualdade será estabelecida.

Supondo que o fisicamente necessário é igual uma determinada soma, o luxo dos que apenas tiverem o necessário será igual a zero; aquele que tiver o dobro terá um luxo igual a um; o que tiver o dobro do bem deste último terá um luxo igual a três; quando tiver o dobro deste terá um luxo igual a sete; de modo que, supondo sempre que o particular seguinte terá o dobro do anterior, o luxo crescerá na proporção do dobro mais uma unidade, segundo a seguinte progressão: 0, 1, 3, 7, 15, 31, 63, 127 (*).

Na república de Platão ([1]), o luxo podia ser calculado com exactidão. Havia quatro tipos de censo estabelecidos. O primeiro era precisamente o termo em que findava a pobreza; o segundo era o dobro, o terceiro o triplo, o quarto o quádruplo do primeiro. No primeiro censo, o luxo era igual a zero; era igual a um no segundo, a dois no terceiro, a três no quarto; e assim sucessivamente, acompanhando a proporção aritmética.

Considerando o luxo dos diversos povos uns em relação aos outros, vemos que o luxo existe em cada Estado na razão composta da desigualdade das fortunas que se verifica entre os cidadãos, e da desigualdade das riquezas dos diversos Estados. Por exemplo, na Polónia as fortunas são de uma desigualdade extrema; mas a pobreza do todo impede que haja tanto luxo como num Estado mais rico.

(*) Fazendo do luxo uma função da desigualdade, Montesquieu tentava escapar às definições essencialistas da noção, isto é, a delimitação do que em concreto constituía uma necessidade em contraposição a uma superfluidade. Mandeville fora um dos ferozes críticos das noções essencialistas de luxo (vol. I, pp. 107-123). Partindo de uma definição extremamente rigorosa de luxos – tudo o que não é «imediatamente necessário à subsistência do Homem como Criatura viva» –, Mandeville pretendia demonstrar que ou tudo era luxo, ou que nada podia ser considerado luxo. Mandeville ridicularizou esta mesma definição, na sua opinião, a única consistente, concluindo pela não existência dessa distinção aribitrária. Também nesta discussão se fez notar a influência do historicismo nascente no século XVIII. Vários começaram a pôr em causa a validade de uma distinção entre luxo e necessidade por meio de uma argumentação que indicava a historicidade das necessidades humanas. Através da demonstração histórica de que os luxos de ontem constituíam as necessidades de hoje. A fronteira entre a necessidade e a superficialidade deslocava-se com o tempo. Assim se reduziam os protestos moralistas contra os luxos quotidianos a um anacronismo insípido. Melon e Voltaire foram dois dos mais ilustes defensores da relatividade histórica das noções de luxo e necessidade.

Para Montesquieu, embora a distinção entre necessidades e superfluidades não fosse inteiramente destituída de sentido, tornava-se inoperacional e obsoleta com o triunfo do comércio. Considere-se estas duas reflexões: «é da natureza do comércio tornar úteis as coisas supérfluas, e necessárias as coisas úteis» (*EL*, XX.23) e «as riquezas não trazem confortos apenas mais necessidades» (correspondência de Montesquieu citada por Boesche, p. 193) (N. T.).

([1]) O primeiro censo era o hereditário baseado na porção de terra; e Platão não queria que se pudesse possuir mais do triplo do montante hereditário sob a forma de outros bens. Ver as suas *Leis*, V.

O luxo é também proporcional à grandeza das cidades, sobretudo da capital; de modo que o luxo existe na razão composta das riquezas do Estado, da desigualdade das fortunas dos particulares e do número de homens que se reúnem em determinados lugares.

Quanto maior for o número de homens reunidos, mais eles serão vaidosos e mais sentirão nascer em si o desejo de se distinguirem exteriormente através de pequenas coisas ([1]). Se estiverem em tão grande número que a maioria seja desconhecida uns dos outros, o desejo de distinção redobrará, porque haverá uma maior esperança de o conseguir. O luxo dá esta esperança; cada um assume as marcas da condição que precede a sua. Mas à força de se quererem distinguir, todos se tornam iguais, e já ninguém se distingue. Como todos querem fazer-se notar, ninguém é notado.

Daqui resulta uma incomodidade geral. Os que são excelentes numa profissão põem o preço que querem na sua arte; os talentos mais pequenos seguem este exemplo; deixa de haver harmonia entre as necessidades e os meios. Quando sou forçado a pleitear, é necessário que possa pagar a um advogado; quando estou doente, é preciso que consiga obter um médico.

Algumas pessoas pensaram que, ao reunir tanta gente numa capital, se diminuiria o comércio, porque os homens deixavam de estar a uma certa distância uns dos outros. Não creio que assim seja; quando se está reunido há mais desejos, mais necessidades, mais fantasias.

Capítulo II
Das leis sumptuárias na democracia

Acabei de dizer que, nas repúblicas onde as riquezas são igualmente partilhadas, não pode haver luxo; e, como se viu no livro quinto ([2]) que essa igualdade de distribuição fazia a excelência de uma república, segue-se que quanto menos luxo houver numa república, mais ela será perfeita. Não havia luxo entre os primeiros Romanos; não havia luxo entre os Lacedemónios; e nas

---

([1]) Numa grande cidade, diz o autor da *Fábula das Abelhas*, t. I, p. 133, as pessoas vestem-se acima da sua qualidade para serem estimadas pela multidão como mais do que aquilo que são. Para um espírito débil trata-se de um prazer, quase tão grande como o da satisfação dos seus desejos.

([2]) Caps. iii e iv.

repúblicas onde a igualdade não está inteiramente perdida, o espírito do comércio, do trabalho e da virtude faz que cada um seja capaz e queira viver dos seus próprios bens, e que por conseguinte haja pouco luxo.

As leis que estabelecem uma nova divisão dos campos, exigidas com tanta insistência em algumas repúblicas, eram salutares pela sua própria natureza. Só são perigosas como uma acção súbita. Ao retirar de um só golpe as riquezas a uns, e ao aumentar da mesma forma as riquezas dos outros, essas leis provocam em cada família uma revolução, e devem produzir uma revolução geral no Estado.

À medida que o luxo se estabelece numa república, o espírito vira-se para o interesse particular. Para pessoas a quem nada mais é preciso além do necessário, resta apenas desejar a glória da pátria e a sua própria glória. Mas uma alma corrompida pelo luxo tem muitos outros desejos. Cedo se torna inimiga das leis que a incomodam. O luxo que a guarnição de Régio começou a conhecer fez que degolasse todos os habitantes da cidade (*).

Assim que os Romanos foram corrompidos, os seus desejos tornaram-se imensos. Podemos julgá-lo pelo preço que atribuíram às coisas. Uma ânfora de vinho de Falerno ([1]) vendia-se por cem dinheiros romanos; um barril de carne salgada do Ponto custava quatrocentos; um bom cozinheiro, quatro talentos; os rapazes não tinham preço. Quando, por uma impetuosidade geral ([2]), todos se entregavam à volúpia, o que acontecia à virtude?

Capítulo III
Das leis sumptuárias na aristocracia

A aristocracia mal constituída tem a seguinte infelicidade: os nobres possuem as riquezas, e no entanto não devem gastá-las;

(*) Sobre o conflito entre o luxo e a virtude, ver a fábula dos Trogloditas em *CP*, nº 11-14, e continuada em *P*, nº 120. A fábula dos Trogloditas é contada por Uzbek ao seu amigo Mirza após este ter pedido o seu esclarecimento acerca de uma disputa moral fundamental, a saber, «se os homens encontram a felicidade nos prazeres e na satisfação dos sentidos, ou na prática da virtude» (N. T.).

([1]) Fragmento do livro XXXVI de Diodoro, relatado por Const. Porfirog., *Extracto das virtudes e dos vícios.*

([2]) *Cum maximus omnium impetus ad luxuriam esset* [«Como todos se lançaram no maior dos luxos»]. *Ibid.*

o luxo contrário ao espírito de moderação deve daí ser banido. Portanto, na aristocracia existem apenas pessoas muito pobres que não podem receber, e pessoas muito ricas que não podem gastar.

Em Veneza, as leis forçam os nobres à modéstia. Estão de tal modo acostumados à poupança que só as cortesãs conseguem levá-los a dar dinheiro. Esta via é escolhida para manter a indústria; as mulheres mais desprezíveis gastam sem perigo, ao passo que os seus tributários levam a vida mais obscura do mundo.

As boas repúblicas gregas tinham, a este respeito, instituições admiráveis. Os ricos empregavam o seu dinheiro em festas, em coros de música, em carruagens, em cavalos de corrida, em magistraturas onerosas. As riquezas constituíam um fardo tão grande quanto a pobreza.

Capítulo IV
Das leis sumptuárias nas monarquias

«Os Suões, nação germânica, honram as riquezas», diz Tácito ([1]); «o que os faz viver sob o governo de um só». Isso significa que o luxo adequa-se singularmente às monarquias e que estas não precisam de leis sumptuárias.

Como, pela constituição das monarquias, as riquezas estão desigualmente distribuídas, é necessário que haja luxo. Se os ricos não gastarem muito, os pobres morrerão de fome. Chega a ser necessário que os ricos gastem na proporção da desigualdade das fortunas, e que, como dissemos, o luxo aumente nessa proporção. As riquezas particulares só aumentaram porque retiraram a uma parte dos cidadãos o fisicamente necessário; portanto, é preciso que este lhes seja devolvido.

Assim, para que o Estado monárquico se sustente, o luxo deve ir crescendo, do trabalhador ao artesão, ao negociante, aos nobres, aos magistrados, aos grandes senhores, aos grandes colectores fiscais, aos príncipes; de outro modo, tudo estará perdido.

No senado de Roma, composto por magistrados graves, por jurisconsultos e por homens completamente absorvidos pela ideia dos primeiros tempos, propuseram, sob Augusto, a correc-

---

([1]) *De moribus Germanorum*, [cap. xliv].

ção dos costumes e do luxo das mulheres. É curioso ver em Dio (1) com que arte ele iludiu os pedidos importunos desses senadores. É que ele estava a fundar, e a dissolver, uma república.

Sob Tibério, os edis propuseram no senado o restabelecimento das antigas leis sumptuárias (2). Esse príncipe, que era iluminado, opôs-se a isso: «O Estado não poderia subsistir», dizia ele, «na situação em que estão as coisas. Como poderia Roma viver? Como poderiam as províncias viver? Éramos frugais quando éramos cidadãos de uma pequena cidade; hoje em dia consumimos as riquezas de todo o universo; pomos os senhores e os escravos a trabalhar para nós». Tibério percebeu bem que as leis sumptuárias já não eram necessárias.

Sob o mesmo imperador, quando propuseram no senado que se proibissem os governadores de levar as suas mulheres para as províncias, por causa dos desarranjos que elas aí provocavam, a proposta foi rejeitada. Foi dito «que os exemplos da dureza dos antigos tinham sido substituídos por uma forma de viver mais agradável (3)». Percebia-se que outros costumes eram necessários.

O luxo é, pois, necessário nos Estados monárquicos; é-o também nos Estados despóticos. Nos primeiros, trata-se de um uso que se faz da liberdade que se possui; nos outros, trata-se de um abuso das vantagens da servidão. Como quando um escravo que é escolhido pelo seu senhor para tiranizar os outros escravos, incerto quanto a gozar a fortuna de cada dia no dia seguinte, não tem outra felicidade senão a de saciar o orgulho, os desejos e as volúpias de cada dia.

Tudo isto leva a uma reflexão. As repúblicas acabam pelo luxo; as monarquias pela pobreza (4).

---

(1) Cássio Dio, liv. LIV, [cap. xvi].

(2) Tácito, *Anais*, liv. III, [cap. xxxiv].

(3) *Multa duritiei veterum melius et laetius mutata* [«Muita da dureza dos antigos foi convertida num modo melhor e mais agradável»]. Tácito, *Anais*, liv. III, [xxxiv].

(4) *Opulentia paritura mox egestatem* [«A opulência em breve dá lugar à pobreza»]. Florus, liv. III, [cap. xii].

Capítulo V
Em que casos as leis sumptuárias são úteis numa monarquia

Foi no espírito da república, ou de alguns casos particulares, que em meados do século XIII se fizeram leis sumptuárias em Aragão. Jaime I ordenou que nem o rei nem nenhum dos seus súbditos pudessem comer mais do que dois tipos de carnes em cada refeição, e que cada uma delas fosse preparada de uma única maneira, a menos que fosse caça que o próprio tivesse caçado (1).

Nos nossos dias, na Suécia, também foram feitas leis sumptuárias; mas têm um objectivo diferente das de Aragão.

Um Estado pode fazer leis sumptuárias com o objectivo de uma frugalidade absoluta; é o espírito das leis sumptuárias das repúblicas; e a natureza da coisa permite ver que esse foi o objectivo das leis de Aragão.

As leis sumptuárias podem também ter como objectivo uma frugalidade relativa, quando um Estado, ao sentir que as mercadorias estrangeiras de um preço demasiado alto exigiriam uma tal exportação de mercadorias nacionais que, assim, ficaria mais privado das suas necessidades do que as satisfaria com as primeiras, proíbe absolutamente a sua entrada; e esse é o espírito das leis que nos nossos dias foram feitas na Suécia (2). São as únicas leis sumptuárias que convêm às monarquias.

Em geral, quanto mais pobre é um Estado, mais se arruína com o seu luxo relativo; e, por conseguinte, mais necessita de leis sumptuárias relativas. Quanto mais rico é um Estado, mais o seu luxo relativo o enriquece; e é muito importante que evite fazer leis sumptuárias relativas. Explicaremos melhor isto no livro sobre o comércio (3). Aqui só o luxo absoluto é tratado.

---

(1) Constituição de Jaime I, do ano de 1234, art. 6, em *Marca Hispanica*, p. 1429.

(2) Proibiram os vinhos requintados e outras mercadorias preciosas.

(3) Ver t. II, liv. XX, cap. xx.

Capítulo VI
Do luxo na China

Há razões particulares que solicitam leis sumptuárias em alguns Estados. O povo, pela força do clima, pode tornar-se tão numeroso, e por outro lado os seus meios de subsistência podem ser tão incertos, que é bom que o povo inteiro se dedique ao cultivo das terras. Nesses Estados o luxo é perigoso e as leis sumptuárias devem ser rigorosas. Assim, para saber se é preciso encorajar o luxo ou proscrevê-lo, deve-se desde logo olhar para a relação que existe entre o número de habitantes e a facilidade de os manter vivos. Em Inglaterra, o solo produz muito mais cereal do que é necessário para alimentar os que cultivam as terras e os que fornecem o vestuário; logo, há lugar para as artes frívolas e, por conseguinte, para o luxo. Em França cresce trigo suficiente para a alimentação dos trabalhadores e dos que estão empregados nas manufacturas. Além disso, o comércio com os estrangeiros pode trazer tantas coisas necessárias em troca das coisas frívolas que não se deve recear o luxo.

Pelo contrário, na China as mulheres são tão fecundas, e o género humano multiplica-se a um tal ponto, que as terras, por mais cultivadas que sejam, mal chegam para a alimentação dos habitantes. Aí, o luxo é, pois, pernicioso, e o espírito de trabalho e de economia é tão necessário como em qualquer república ([1]). É preciso que adiram às artes necessárias e que fujam das artes da volúpia.

Eis o espírito das belas ordenações dos imperadores chineses. «Os nossos antigos», diz um imperador da família dos Tang ([2]), «tinham como máxima que, se houvesse um homem que não trabalhasse, uma mulher que não estivesse ocupada a fiar, alguém sofreria de frio ou de fome no império...» E sobre este princípio mandou destruir uma infinidade de mosteiros de bonzos.

O terceiro imperador da vigésima primeira dinastia ([3]), a quem tinham dado pedras preciosas encontradas numa mina,

---

([1]) Na China o luxo foi sempre travado.

([2]) Numa ordenação descrita pelo Padre du Halde, tomo II, p. 497.

([3]) *Histoire de la Chine*, vigésima primeira dinastia, na obra do Padre du Halde, t. I.

mandou-a fechar, não querendo fatigar o seu povo com trabalhos por uma coisa que não podia nem alimentá-lo nem vesti-lo.

«O nosso luxo é tão grande», diz Kiayventi ([1]), «que o povo orna com bordados os sapatos dos rapazes e das raparigas que é obrigado a vender». Com tantos homens ocupados a fazer vestimentas para um só, como poderia não haver gente sem roupas? Por cada trabalhador, há dez homens que comem o produto das terras: como poderia não haver gente sem alimento?

Capítulo VII
Consequência fatal do luxo na China

Vemos na história da China que teve vinte e duas dinastias que se sucederam; quer dizer que passou por vinte e duas revoluções gerais, sem contar com uma infinidade de revoluções particulares. As três primeiras dinastias duraram muito tempo porque foram sabiamente governadas, e porque o império era menos extenso do que viria a ser mais tarde. Mas pode dizer-se em geral que todas estas dinastias começaram bastante bem. A virtude, a atenção, a vigilância, são necessárias para a China; estavam presentes no começo das dinastias e estavam ausentes no seu final. Com efeito, era natural que os imperadores, criados nas fadigas da guerra, que conseguiram destronar uma família imersa nas delícias, conservassem a virtude que tinham constatado ser tão útil e receassem as volúpias que tinham visto ser tão funestas. Mas, depois dos três ou quatro primeiros príncipes, a corrupção, o luxo, a ociosidade, as delícias, apoderam-se dos sucessores; trancam-se no palácio, os seus espíritos enfraquecem, as suas vidas encurtam-se, a família declina; os grandes elevam-se, os eunucos ganham confiança, só se põem crianças no trono; o palácio torna-se inimigo do império; as pessoas ociosas que o habitam arruínam o povo que trabalha, o imperador é morto ou destruído por um usurpador, que funda uma família, cujo terceiro ou quarto sucessor vai para o mesmo palácio trancar-se uma vez mais.

([1]) Num discurso relatado pelo Padre du Halde, t. II, p. 418.

Capítulo VIII
Da continência pública

Há tantas imperfeições associadas à perda da virtude entre as mulheres, toda a sua alma fica tão degradada, e quando este ponto principal é suprimido provoca a queda de tantos outros, que se pode considerar, num Estado popular, a incontinência pública como a última das desgraças, e como a certeza de uma mudança na constituição.

Assim, os bons legisladores exigiram das mulheres uma certa gravidade nos costumes. Proscreveram das suas repúblicas não apenas o vício, mas até a aparência do vício. Baniram até esse comércio de galanteio que a ociosidade produz, que faz as mulheres corromperem-se mesmo antes de serem corrompidas, que dá um preço a todas as ninharias, e rebaixa o que é importante, e que faz que as pessoas se comportem somente segundo as máximas do ridículo, que as mulheres tão bem sabem estabelecer.

Capítulo IX
Da condição das mulheres nos diversos governos

As mulheres têm pouca modéstia nas monarquias porque, como a distinção das posições as chama à corte, elas recebem aí esse espírito de liberdade que é quase o único que é tolerado. Cada uma serve-se dos seus encantos e das suas paixões para fazer avançar a sua fortuna; e como a sua fraqueza não lhes permite o orgulho, mas a vaidade, o luxo reina sempre na corte entre elas.

Nos Estados despóticos, as mulheres não introduzem o luxo; mas são elas mesmas um objecto de luxo. Devem ser extremamente escravas. Todas seguem o espírito do governo e levam para casa aquilo que vêem ser estabelecido em redor. Como as leis são severas nos Estados despóticos e executadas imediatamente, receia-se que a liberdade das mulheres crie problemas. As suas zangas, as suas indiscrições, as suas repugnâncias, as suas inclinações, os seus ciúmes, os seus arrufos, essa arte que as pequenas almas têm de interessar as grandes, não deixariam de ter consequências.

De mais a mais, como nesses Estados os príncipes brincam com a natureza humana, eles têm várias mulheres, e mil considerações os obrigam a trancá-las.

Nas repúblicas, as mulheres são livres pelas leis e cativas pelos costumes; o luxo é-lhes proibido, e com ele a corrupção e os vícios.

Nas cidades gregas, onde não se vivia sob essa religião que estabelece que, mesmo entre os homens, a pureza dos costumes é uma parte da virtude; nas cidades gregas, onde um vício cego reinava de maneira desenfreada, onde o amor só conhecia uma forma que não se ousa dizer, enquanto a simples amizade se retirara para o casamento ([1]); a virtude, a simplicidade, a castidade das mulheres eram tais que nunca se viu um povo que tivesse a este respeito uma política melhor ([2]).

Capítulo X
Do tribunal doméstico entre os Romanos

Os Romanos não tinham, como os Gregos, magistrados especiais para inspeccionar a conduta das mulheres. Os censores não prestavam mais atenção às mulheres do que ao resto da república. A instituição do tribunal doméstico ([3]) substituía a magistratura estabelecida entre os Gregos ([4]).

O marido reunia os parentes da mulher e julgava-a na sua presença ([5]). Esse tribunal preservava os costumes na república. Mas esses mesmos costumes preservavam esse tribunal. Este devia julgar não apenas a violação das leis, mas também a violação dos

([1]) Quanto ao verdadeiro amor, diz Plutarco, as mulheres não tomam parte nele. *Oeuvres morales* [*Moralia*], tratado *do Amor*, p. 600. Falava como o seu século. Ver Xenofonte, no diálogo intitulado *Hierão.*

([2]) Em Atenas havia um magistrado particular que zelava pela conduta das mulheres.

([3]) Rómulo instituiu este tribunal, como aparece em Dionísio de Halicarnasso, liv. II, p. 96.

([4]) Ver em Tito Lívio, liv. XXXIX, o uso que se fazia desse tribunal, aquando da conjuração das bacantes: às assembleias que corrompiam os costumes das mulheres e dos jovens chamava-se conjurações contra a república.

([5]) Segundo Dionísio de Halicarnasso, liv. II, parece que através da instituição de Rómulo, o marido, nos casos comuns, julgava sozinho na presença dos parentes da mulher; e que nos grandes crimes julgava-a juntamente com cinco dentre eles. Também Ulpiano, no título VI, §§ 9, 12 e 13, distingue, nos julgamentos dos costumes, aqueles a que chama graves daqueloutros que o eram menos, *mores graviores, mores leviores.*

costumes. Ora, para julgar a violação dos costumes, é preciso tê-los.

As penas deste tribunal tinham de ser arbitrárias, e foram-no realmente; pois tudo o que diz respeito aos costumes, tudo o que diz respeito às regras da modéstia, não pode ser subsumido num código de leis. É fácil regrar pelas leis o que é devido aos outros; é difícil abranger desse modo tudo o que é devido a si mesmo.

O tribunal doméstico ocupava-se da conduta geral das mulheres. Mas havia um crime que, além da animadversão deste tribunal, estava também sujeito a uma acusação pública: o adultério; fosse porque, numa república, uma tamanha violação dos costumes interessasse ao governo; fosse porque o desregramento da mulher criasse a suspeita do desregramento do marido; fosse enfim porque se receasse que as pessoas de bem gostavam mais de esconder este crime do que de puni-lo, de ignorá-lo do que de vingá-lo.

Capítulo XI
Como as instituições mudaram em Roma com o governo

Como o tribunal doméstico supunha os costumes, a acusação pública supunha-os também; e isso levou a que as duas coisas tombassem com os costumes, e acabassem juntamente com a república (1).

O estabelecimento das questões perpétuas, isto é, da partilha da jurisdição entre os pretores, e o hábito que cada vez mais se foi introduzindo de serem esses mesmos pretores (2) a julgar todos os casos, enfraqueceram o uso do tribunal doméstico; o que se torna aparente pela surpresa dos historiadores, que consideram os julgamentos que Tibério pronunciou através deste tribunal como factos singulares e como uma renovação da prática antiga.

---

(1) *Judicio de moribus (quod antea quidem in antiquis legibus positum erat, non autem frequentabatur) penitus abolito* [«Os julgamentos de acordo com o costume (que anteriormente tiveram o seu lugar nas leis antigas, embora não fossem usados com frequência), são agora completamente abolidos»]. Leg. XI, Cod. [Liv. V, tit. Xvii], *De repud.*

(2) *Judicia extraordinaria.*

O estabelecimento da monarquia e a mudança dos costumes também levaram ao fim da acusação pública. Receava-se que um homem desonesto, ressentido com o menosprezo de uma mulher, indignado com a sua rejeição, furioso até com a sua virtude, pudesse formar o desígnio de arruiná-la. A lei Júlia ordenou que só se pudesse acusar uma mulher de adultério depois de se ter acusado o seu marido de favorecer os seus desregramentos; o que conteve bastante esta acusação e a aniquilou, por assim dizer ([1]).

Sisto V parecia querer renovar a acusação pública([2]). Mas basta apenas um pouco de reflexão para ver que essa lei, numa monarquia tal como a dele, estava ainda mais deslocada do que em qualquer outra.

Capítulo XII
Da tutela das mulheres entre os Romanos

As instituições dos Romanos punham as mulheres sob uma tutela perpétua, a menos que elas estivessem sob a autoridade de um marido ([3]). Essa tutela era concedida ao parente mais próximo do lado masculino; e parece que, a julgar por uma expressão vulgar ([4]), elas ficavam muito incomodadas. Isso era bom para a república e não era necessário numa monarquia ([5]).

Segundo os vários códigos de leis dos bárbaros, parece que as mulheres, entre os primeiros Germanos, também estavam sujeitas a uma tutela perpétua ([6]). Este uso passou para as monarquias que eles fundaram; mas não perdurou.

([1]) Constantino suprimiu-a inteiramente: «É uma coisa indigna», dizia ele, «que casamentos tranquilos sejam perturbados pela audácia de estranhos».

([2]) Sisto V ordenou que um marido que se não queixasse dos deboches da sua mulher fosse punido com a morte. Ver Leti, [*Vida de Sisto V*].

([3]) *Nisi convenissent in manum viri* [«Excepto pelo casamento quando ela vem para as mãos do marido»]..

([4]) *Ne sis mihi patruus oro* [«Peço-te que não sejas mesmo um tio paterno para mim»].

([5]) A lei Papiana ordenava, sob Augusto, que as mulheres que tivessem três filhos ficassem isentas dessa tutela.

([6]) Entre os Germanos, essa tutela chamava-se *Mundeburdium*.

Capítulo XIII
Das penas estabelecidas pelos imperadores contra os deboches das mulheres

A lei Júlia estabelecia uma pena contra o adultério. Mas esta lei, e as que se fizeram depois dela, estiveram longe de ser um sinal da marca da bondade dos costumes, acabando, pelo contrário, por ser um sinal da sua depravação.

O sistema político como um todo em relação às mulheres mudou na monarquia. Já não se tratava de estabelecer entre elas a pureza dos costumes, mas de punir os seus crimes. Só se faziam novas leis para punir esses crimes porque as violações, que não correspondiam a esses crimes, já não eram castigadas.

O terrível descomedimento dos costumes obrigava os imperadores a fazer leis para travar até um certo ponto o despudor; mas a sua intenção não era corrigir os costumes em geral. Os factos positivos, relatados pelos historiadores, são mais comprovativos disso mesmo do que todas as leis poderiam ser do contrário. Em Dio pode ver-se a conduta de Augusto a este respeito, e como iludiu, durante a sua pretoria e durante a sua censura, os pedidos que lhe foram feitos ([1]).

Nos historiadores encontramos juízos rígidos, proferidos, sob Augusto e sob Tibério, contra o despudor de algumas senhoras romanas; mas ao nos revelarem o espírito desses reinados, revelam-nos o espírito desses julgamentos.

Augusto e Tibério pensavam principalmente em punir os deboches dos seus parentes. Não puniam os desregramentos dos costumes, mas um certo crime de impiedade ou de lesa-majestade ([2]) que tinham inventado, útil para impor o respeito, útil

---

([1]) Quando trouxeram perante Augusto um jovem que tivera um mau comércio com a sua mulher antes de se casarem, ele hesitou durante muito tempo, não se atrevendo nem a aprovar nem a punir essas coisas. Por fim, recompondo o seu espírito, disse: «As sedições foram a causa de grandes males; esqueçamo-las». (Dio, liv. LIV, [cap. xvi]). Como os senadores lhe tinham pedido que regulamentasse os costumes das mulheres, ele iludiu esse pedido dizendo-lhes que corrigissem as suas mulheres, tal como ele corrigia a sua. Ao que os senadores lhe rogaram que ele lhes dissesse como é que lidava com a sua mulher (uma questão, segundo me parece, bastante indiscreta).

([2]) *Culpam inter viros et feminas vulgatam, gravi nomine laesarum religionum, ac violata majestatis appellando, clementiam majorum suasqe ipse leges egrediebatur* [«Ao

para se vingarem. Foi por isso que os autores romanos protestaram tão fortemente contra essa tirania.

A pena da lei Júlia era leve ([1]). Os imperadores queriam que, nos julgamentos, a pena da lei que tinham feito fosse agravada. Esse foi o alvo das invectivas dos historiadores. Não examinavam se as mulheres mereciam ser punidas, mas se tinham violado a lei para poder puni-las.

Uma das principais tiranias de Tibério ([2]) foi o abuso que fez das leis antigas. Quando quis punir uma senhora romana além da pena disposta pela lei Júlia, restabeleceu contra ela o tribunal doméstico ([3]).

Estas disposições a respeito das mulheres visavam apenas as famílias dos senadores, e não as do povo. Queriam pretextos para as acusações contra os grandes; e a má conduta das mulheres podia fornecê-los em abundância.

Enfim, o que eu disse, que a bondade dos costumes não é o princípio do governo de um só, nunca se verificou tão bem como sob estes primeiros imperadores; e se disso houvesse dúvidas bastaria ler Tácito, Suetónio, Juvenal e Marcial.

Capítulo XIV
Leis sumptuárias entre os Romanos

Falámos da incontinência pública porque estava associada ao luxo; a incontinência pública é sempre seguida pelo luxo, e segue

---

chamar ao que é uma falta comum entre homens e mulheres com os graves nomes de sacrilégio e de traição, espezinhou a clemência dos nossos antepassados e das suas próprias leis»]. Tácito, *Anais*, liv. III, [cap. xxiv].

([1]) Esta lei é relatada no *Digesto*; mas a pena não foi incluída. Julga-se que se limitava ao exílio por banimento porque a pena para o incesto era apenas a deportação. L. *Si quis viduam, ff. De quest.*

([2]) *Proprium id Tiberio fuit, scelera nuper reperta priscis verbis obtegere* [«Era próprio de Tibério ocultar os crimes recém-inventados com palavras veneráveis»]. Tácito, [*Anais*, liv. IV, cap. xix].

([3]) *Adulterii graviorem panam deprecatus, ut, exemplo majorum, propinquis suis ultra ducentesimum lapidem removeretur, suasit. Adultero Manlio Italia atque Africa interdictum est* [«Por ela, Tibério afastou a pena mais severa do adultério e, seguindo o costume ancestral, recomendou que ela fosse levada pelos seus parentes para lá do duocentésimo marco. Tanto a Itália como a África foram interditadas ao adúltero Manlius»]. Tácito, *Anais*, liv. II, [cap. i].

sempre o luxo. Se deixardes em liberdade os movimentos do coração, como é que podereis conter as fraquezas do espírito?

Em Roma, além das instituições gerais, os censores mandaram os magistrados fazer várias leis particulares para manter as mulheres na frugalidade. As leis *Faniana*, *Liciniana* e *Oppiana* tiveram esse objectivo. É preciso ver em Tito Lívio ([1]) como o senado foi agitado quando elas exigiram a revogação da lei *Oppiana*. Valério Máximo marca a época do luxo entre os Romanos a partir da revogação desta lei.

Capítulo XV
Dos dotes e das vantagens nupciais nas diversas constituições

Os dotes devem ser consideráveis nas monarquias, de modo a que os maridos possam sustentar o seu estatuto e o luxo estabelecido. Devem ser medíocres nas repúblicas, onde o luxo não deve reinar ([2]). Devem ser quase nulos nos Estados despóticos, onde as mulheres são, de algum modo, escravas.

A comunhão dos bens, introduzida pelas leis francesas entre o marido e a mulher, é muito conveniente no governo monárquico, porque faz que as mulheres se interessem pelos assuntos domésticos, e trá-las de volta, como que contra elas mesmas, ao cuidado com o seu lar. A comunhão dos bens é menos conveniente numa república, onde as mulheres têm mais virtude. Seria absurda nos Estados despóticos, onde quase sempre as mulheres são elas mesmas uma parte da propriedade do senhor.

Como as mulheres, pela sua condição, são suficientemente conduzidas para o casamento, os ganhos que a lei lhes dá sobre os bens do seu marido são inúteis. Mas seriam muito perniciosos numa república porque as riquezas pessoais das esposas produzem o luxo. Nos Estados despóticos, os ganhos das núpcias devem ser a sua subsistência, e nada mais.

([1]) *Década IV*, liv. IV.

([2]) Marselha foi a mais sábia das repúblicas do seu tempo; os dotes não podiam exceder cem escudos em prata e cinco em hábitos, diz Estrabão, liv. IV.

Capítulo XVI
Belo costume dos Samnitas

Os Samnitas tinham um costume que, numa pequena república, e sobretudo na situação em que estava a deles, devia produzir efeitos admiráveis. Reuniam todos os jovens e julgavam-nos. O que fosse declarado o melhor de todos tomava para sua mulher a rapariga que quisesse; o que tivesse o segundo maior número de sufrágios escolhia a seguir; e assim sucessivamente ([1]). Era admirável que, na apreciação dos bens dos rapazes, apenas se tomasse em consideração as belas qualidades e os serviços prestados à pátria. O que fosse mais rico nestes tipos de bens escolhia uma rapariga dentre toda a nação. O amor, a beleza, a castidade, a virtude, o nascimento, as próprias riquezas, tudo isso era, por assim dizer, o dote da virtude. Seria difícil imaginar uma recompensa mais nobre, maior, menos dispendiosa para um pequeno Estado, mais capaz de actuar sobre um e outro sexo.

Os Samnitas descendiam dos Lacedemónios; e Platão, cujas instituições não são mais do que o aperfeiçoamento das leis de Licurgo ([*]), criou uma lei mais ou menos parecida ([2]).

Capítulo XVII
Da administração das mulheres

É contra a razão e contra a natureza que as mulheres sejam senhoras da casa, como estava estabelecido entre os Egípcios; mas não o é que elas governem um império. No primeiro caso, a condição de fraqueza em que elas estão não lhes permite a preeminência; no segundo, a sua própria fraqueza dá-lhes mais doçura e moderação; o que, mais do que as virtudes duras e ferozes, pode proporcionar um bom governo.

Nas Índias o governo das mulheres resulta muito bem; e está estabelecido que, se os homens não provêm de uma mãe do mesmo sangue, são as filhas que têm uma mãe de sangue real que

---

([1]) Fragmento de Nicolau de Damasco, tirado de Stobeu, no *Compêndio* de Constantino Porfirogeneta.

([*]) Ver *EL*, IV.6, n.t. (N. T.).

([2]) Platão até lhes permite que se vejam mais frequentemente.

sucedem ao trono (1). Dão-lhes um certo número de pessoas para as ajudar a carregar o peso do governo. Segundo o Sr. Smith (2), o governo das mulheres em África também resulta muito bem. Se acrescentarmos o exemplo da Moscóvia e da Inglaterra, veremos que foram igualmente bem sucedidos tanto num governo moderado, como num governo despótico.

(1) *Lettres édifiantes*, 14º Compêndio.

(2) *Voyage de Guinée*, segunda parte, p. 165 da tradução; sobre o reino de Angona na Costa do Ouro.

Livro VIII
Da corrupção dos princípios dos três governos

Capítulo I
Ideia geral deste livro

A corrupção de cada governo começa quase sempre pela corrupção dos princípios.

Capítulo II
Da corrupção do princípio da democracia

O princípio da democracia corrompe-se, não só quando se perde o espírito da igualdade, mas também quando se adquire o espírito da igualdade extrema, e cada um quer ser igual aos que escolheu para o comandar. Pois então o povo, já não conseguindo suportar sequer o poder que confiou, tudo quer fazer por si mesmo, deliberar pelo senado, executar pelos magistrados e desapossar todos os juízes.

Nessa altura deixa de poder haver virtude na república. O povo quer desempenhar as funções dos magistrados; portanto, estes deixam de ser respeitados. As deliberações do senado deixam de ter peso; deixa de se ter consideração pelos senadores e, por conseguinte, pelos velhos. E se não há respeito pelos velhos, também não haverá pelos pais; os maridos deixam de merecer deferência, e os senhores submissão. Todos acabarão por amar esta libertinagem; o embaraço do comando fatigará tanto como o da obediência. As mulheres, as crianças, os escravos não se submeterão a ninguém. Deixará de haver costumes, amor da ordem e, por fim, virtude.

No *Banquete* de Xenofonte vê-se um quadro bem ingénuo de uma república onde o povo abusou da igualdade. Cada conviva, na sua vez, apresenta a razão por que está contente consigo mesmo: «Estou contente comigo mesmo», diz Cármides, «por causa da minha pobreza. Quando era rico, era obrigado a cortejar os caluniadores, sabendo bem que estava mais em estado de receber um mal da parte deles do que eles de mim; a república exigia-me sempre mais uma nova maquia; não podia ausentar-me. Desde que sou pobre, adquiri autoridade; ninguém me ameaça, eu ameaço os outros; posso partir ou ficar. Agora os ricos levantam-se dos seus lugares e cedem-me o passo. Sou um rei, era um escravo; pagava um tributo à república, hoje em dia ela alimenta-me; já não receio perder, espero adquirir».

O povo cai neste infortúnio quando aqueles a quem se confiou, ao quererem esconder a sua própria corrupção, procuram corrompê-lo. Para que o povo não veja a sua ambição, só lhe falam da sua grandeza; para que o povo não se aperceba da avareza deles, inflamam incessantemente a sua.

A corrupção aumentará entre os corruptores, e aumentará entre aqueles que já estão corrompidos. O povo distribuirá entre si todos os dinheiros públicos; e, como juntará a gestão dos assuntos públicos à sua preguiça, quererá juntar os divertimentos do luxo à sua pobreza. Mas, com a sua preguiça e o seu luxo, só o tesouro público poderá ser um objecto para ele.

Não nos devemos admirar se virmos os sufrágios ser vendidos por dinheiro. Não se pode dar muito ao povo sem lhe tirar mais ainda; mas, para tirar ao povo, é preciso derrubar o Estado. Quanto mais o povo parecer retirar vantagens da sua liberdade, mais se aproximará do momento em que deve perdê-la. Formam-se pequenos tiranos que têm todos os vícios de um só. Rapidamente o que resta de liberdade torna-se insuportável; um só tirano se levanta; e o povo perde tudo, até as vantagens da sua corrupção.

A democracia tem, pois, dois excessos a evitar: o espírito da desigualdade, que a leva à aristocracia, ou ao governo de um só;

e o espírito da igualdade extrema, que a conduz ao despotismo de um só, assim como o despotismo de um só finda com a conquista.

É verdade que os que corromperam as repúblicas gregas nem sempre se tornaram tiranos. É que eles dedicavam-se mais à eloquência do que à arte militar; além disso, havia no coração de todos os Gregos um ódio implacável contra os que derrubavam o governo republicano; o que fazia que a anarquia degenerasse em devastação, em lugar de se converter em tirania.

Mas Siracusa, que estava localizada no meio de um grande número de pequenas oligarquias convertidas em tiranias ([1]); Siracusa, que tinha um senado ([2]) que quase nunca é mencionado na história, sofreu desgraças que a corrupção comum não provoca. Esta cidade, sempre na licenciosidade ([3]) ou na opressão, igualmente atormentada pela sua liberdade e pela sua servidão, recebendo sempre uma e outra como uma tempestade, e, apesar do seu poder no exterior, sempre determinada a uma revolução por causa da mais pequena força estrangeira, tinha no seu seio um povo imenso que nunca teve outra escolha senão a alternativa cruel de se atribuir um tirano ou de ele mesmo o ser.

Capítulo III
Do espírito da igualdade extrema

Assim como o céu está afastado da terra, também o verdadeiro espírito de igualdade o está do espírito da igualdade extrema. O primeiro não consiste em fazer que todos comandem, nem que ninguém seja comandado, mas em obedecer e comandar os seus iguais. Não procura não ter senhor, antes ter como senhores os seus iguais.

([1]) Ver Plutarco, nas Vidas de *Timoleon* e de *Díon*.

([2]) O senado dos seiscentos, de que fala Diodoro, liv. XIX, [cap. v].

([3]) Depois de escorraçarem os tiranos, fizeram cidadãos dos estrangeiros e dos soldados mercenários, o que causou guerras civis. Aristóteles, *Política*, liv. V, cap. iii. Como o povo fora a causa da vitória sobre os Atenienses, a república foi mudada. *Ibid.*, cap. iv. A paixão de dois jovens magistrados, em que um roubou um jovem rapaz ao outro, e este debochou a mulher do primeiro, fez mudar a forma desta república. *Ibid.*, liv. VII, cap. iv.

No estado de natureza, os homens nascem efectivamente na igualdade; mas não poderiam nela permanecer. A sociedade faz que a percam, e só retornam à igualdade através das leis.

A diferença entre a democracia regrada e a que não o é reside no facto de que, na primeira, só se é igual como cidadão, ao passo que na segunda se é igual também como magistrado, como senador, como juiz, como pai, como marido, como senhor.

O lugar natural da virtude é junto da liberdade; mas não está mais próxima da liberdade extrema do que da servidão.

Capítulo IV
Causa particular da corrupção do povo

Os grandes sucessos, sobretudo aqueles para os quais o povo contribui muito, dão-lhe um tal orgulho que deixa de ser possível conduzi-lo. Invejoso dos magistrados, torna-se também invejoso da magistratura; inimigo dos que governam, cedo se torna o inimigo da constituição. Foi assim que a vitória de Salamina sobre os Persas corrompeu a república de Atenas (1); foi assim que a derrota dos Atenienses foi a perdição da república de Siracusa (2).

A república de Marselha nunca sofreu estas grandes passagens do rebaixamento à grandeza; por isso, governou-se sempre com sabedoria; por isso, conservou os seus princípios.

Capítulo V
Da corrupção do princípio da aristocracia

A aristocracia corrompe-se quando o poder dos nobres se torna arbitrário: deixa de poder haver virtude naqueles que governam e naqueles que são governados.

Quando as famílias reinantes cumprem as leis, trata-se de uma monarquia que tem vários monarcas, e que é muito boa pela sua natureza; quase todos esses monarcas estão amarrados pelas leis. Mas quando não as cumprem, trata-se de um Estado despótico que tem vários déspotas.

---

(1) Aristóteles, *Política*, liv. V, cap. iv.

(2) *Ibid.*

Neste caso a república apenas subsiste para os nobres e somente entre eles. Ela está no corpo que governa, e o Estado despótico está no corpo que é governado; o que cria os dois corpos mais desunidos do mundo.

A extrema corrupção existe quando os nobres se tornam hereditários ([1]); dificilmente podem continuar a ser moderados. Se forem em pequeno número, o seu poder é maior, mas a sua segurança diminui; se forem em maior número, o seu poder é menor, e a sua segurança maior; de modo que à medida que o poder cresce, diminui a segurança, incluindo do déspota, sobre cuja cabeça está o excesso do poder e do perigo.

O grande número de nobres na aristocracia hereditária tornará, portanto, o governo menos violento; mas como haverá pouca virtude, cair-se-á num espírito de negligência, de preguiça, de abandono, que levará a que o Estado não tenha mais força nem mola ([2]).

Uma aristocracia pode manter a força do seu princípio se as leis forem tais que façam sentir mais nitidamente aos nobres os perigos e as fadigas do comando do que as suas delícias; e se o Estado estiver numa tal situação que tenha algo a temer; e se a segurança provier do interior e a incerteza do exterior.

Como uma certa confiança faz a glória e a segurança de uma monarquia, é preciso, pelo contrário, que uma república tema alguma coisa ([3]). O medo dos Persas mantinha as leis dos Gregos. Cartago e Roma intimidavam-se uma à outra, e fortaleceram-se. Coisa singular! Quanto mais estes Estados têm segurança, mais estão sujeitos, como águas demasiado tranquilas, a se corromperem.

([1]) A aristocracia converte-se em oligarquia.

([2]) Veneza é uma das repúblicas que melhor corrigiu, por intermédio das suas leis, os inconvenientes da aristocracia hereditária.

([3]) Justino atribui à morte de Epaminondas a extinção da virtude em Atenas. Como já não havia emulação, gastaram os seus rendimentos em festas, *frequentius coenam quam castra visentes* [«estavam mais vezes sentados à mesa do que no acampamento»]. Foi então que os Macedónios saíram da obscuridade. Liv. VI, [cap. ix].

Capítulo VI
Da corrupção do princípio da monarquia

Assim como as democracias se perdem quando o povo desapossa o senado, os magistrados e os juízes das suas funções, as monarquias corrompem-se quando pouco a pouco se vão removendo as prerrogativas dos corpos ou os privilégios das cidades. No primeiro caso, caminha-se para o despotismo de todos; no outro, caminha-se para o despotismo de um só (*).

«O que perdeu as dinastias de Tsin e de Suí», diz um autor chinês, «foi que em lugar de se limitarem, como os antigos, a uma inspecção geral, a única digna do soberano, os príncipes quiseram governar tudo imediatamente por eles mesmos (1)». O autor chinês dá-nos aqui a causa da corrupção de quase todas as monarquias.

A monarquia perde-se quando um príncipe julga que exibe melhor o seu poder ao mudar a ordem das coisas do que ao segui-la; quando suprime as funções naturais de uns para as entregar arbitrariamente a outros, quando está mais enamorado das suas fantasias do que das suas vontades.

A monarquia perde-se quando o príncipe, referindo tudo unicamente a si, reduz o Estado à sua capital, a capital à sua corte, e a corte à sua pessoa (**).

Finalmente, perde-se quando um príncipe conhece mal a sua autoridade, a sua situação, o amor dos seus povos; e quando não compreende que um monarca deve considerar-se seguro, tal como um déspota deve considerar-se em perigo.

(*) Com a expressão «despotismo de todos», Montesquieu não contradiz as teses de *EL*, II.1, em que a natureza do despotismo é associada ao governo de um homem só. Em parte, Montesquieu aproxima-se das tipologias da filosofia política clássica que geralmente indicavam uma pluralidade de formas degeneradas de governo e que variavam também com o número de governantes. Mas Montesquieu admite que essa pluralidade não deve migrar para a definição da natureza do Estado despótico porque os «despotismos de todos» e os despotismos de «alguns» são essencialmente instáveis e acabam por cristalizar-se no despotismo de um só governante. Ver *P*, nº 235-236 (N. T.).

(1) *Compilation d'ouvrages faits sous les Ming*, relatadas pelo Padre du Halde.

(**) É difícil não ver neste parágrafo uma crítica à monarquia, ou talvez, mais rigorosamente, ao despotismo de Luís XIV de França (N. T.).

Capítulo VII
Continuação do mesmo assunto

O princípio da monarquia corrompe-se quando as primeiras dignidades são as marcas da primeira servidão, quando se retira aos grandes o respeito dos povos e são convertidos em vis instrumentos do poder arbitrário.

Corrompe-se ainda mais quando a honra foi posta em contradição com as honrarias, e quando alguém se pode cobrir simultaneamente de infâmia ([1]) e de dignidades.

Corrompe-se quando o príncipe converte a sua justiça em severidade; quando põe, como os imperadores romanos, uma cabeça de Medusa no seu peito ([2]); quando assume aquele ar ameaçador e terrível que Cómodo mandava figurar nas suas estátuas ([3]).

O princípio da monarquia corrompe-se quando as almas singularmente cobardes se envaidecem com a grandeza que a sua servidão poderia ter; e quando crêem que o que faz que tudo se deva ao príncipe, faz que nada se deva à sua pátria.

Mas se é verdade (como se tem visto em todos os tempos) que à medida que o poder do monarca se torna imenso, a sua segurança diminui; corromper esse poder ao ponto de o levar a mudar de natureza não será um crime de lesa-majestade contra ele?

Capítulo VIII
Perigo da corrupção do princípio do governo monárquico

Não há inconveniente quando o Estado passa de um governo moderado para outro governo moderado, como da república

---

([1]) No reinado de Tibério erigiram-se estátuas e atribuíram-se ornamentos triunfais aos delatores; o que aviltou de tal modo essas honrarias que aqueles que as tinham merecido desdenharam-nas. Fragmento de Dio, liv. LVIII, [cap. xiv], tirado do *Extracto das Virtudes e dos Vícios* de Const. Porfirogeneta. Ver em Tácito como Nero, aquando da descoberta e punição de uma presuntiva conjura, deu a Petrónio Turpilianus, a Nerva, a Tigellinus, os ornamentos triunfais. *Anais*, XIV, [cap. lxxii]. Ver também como os generais desdenharam fazer a guerra porque desprezavam as honrarias que dela advinham. *Pervulgatis triumphi insignibus.* Tácito, *Anais*, liv. XIII, [liii].

([2]) Nesse Estado, o príncipe sabia muito bem qual era o princípio do seu governo.

([3]) Herodiano.

para a monarquia, ou da monarquia para a república; mas quando cai e se precipita do governo moderado para o despotismo.

A maioria dos povos da Europa ainda é governada pelos costumes. Mas se, por um longo abuso do poder, se por intermédio de uma grande conquista, o despotismo se estabelecesse num certo ponto, não haveria costumes nem clima que resistissem; e, nesta bela parte do mundo, a natureza humana sofreria, pelo menos por um certo tempo, os insultos que lhe fazem nas outras três.

Capítulo IX
Quanto a nobreza é levada a defender o trono

A nobreza inglesa foi enterrada com Carlos I debaixo dos destroços do torno; e, antes disso, quando Filipe II fez chegar aos ouvidos dos Franceses a palavra liberdade, a coroa foi sempre sustentada por essa nobreza que está vinculada à honra de obedecer a um rei, mas que considera como a soberana infâmia partilhar o poder com o povo.

Vimos a casa da Áustria trabalhar sem descanso na opressão da nobreza húngara. Ignorava o valor que um dia ela teria para si. Procurava nesses povos o dinheiro que eles não tinham; não via os homens que ali estavam. Quando tantos príncipes partilhavam entre eles os seus Estados, todas as peças da sua monarquia, imóveis e sem acção, caíram, por assim dizer, umas sobre as outras. A única vida que restava estava nessa nobreza, que se indignou, esqueceu tudo para combater, e acreditou que a sua glória consistia em morrer e perdoar.

Capítulo X
Da corrupção do princípio do governo despótico

O princípio do governo despótico corrompe-se sem cessar porque é corrupto pela sua natureza. Os outros governos morrem porque acidentes particulares violam o seu princípio; este governo morre por causa do seu vício interior, a menos que algumas causas acidentais impeçam o seu princípio de se corromper. Portanto, só se mantém quando as circunstâncias que surgem do clima, da religião, da localização ou do génio do povo, o forçam a seguir alguma ordem e a submeter-se a alguma regra. Estas coisas forçam a sua natureza sem mudá-la; a sua ferocidade fica; está amansada por algum tempo.

Capítulo XI

Efeitos naturais da bondade e da corrupção dos princípios

Uma vez corrompidos os princípios do governo, as melhores leis tornam-se más, e viram-se contra o Estado; quando os seus princípios são sadios, as más leis têm o efeito das boas; a força do princípio arrasta tudo consigo.

Os Cretenses, para manter os primeiros magistrados na dependência das leis, empregavam um meio bastante singular: o da *insurreição*. Uma parte dos cidadãos sublevava-se ([1]), punha os magistrados em fuga e obrigava-os a regressar à condição privada. Considerava-se que isto se tratava de uma consequência da lei. Uma tal instituição, que estabelecia a sedição para impedir o abuso do poder, parecia ser capaz de derrubar qualquer república que existisse; não destruiu a república de Creta. Eis porquê ([2]):

Quando os Antigos queriam falar do povo que mais amava a pátria, citavam os Cretenses. *A pátria*, dizia Platão ([3]), *nome tão terno para os Cretenses.* Designavam-na por um nome que exprime o amor de uma mãe pelos seus filhos ([4]). Ora, o amor pela pátria corrige tudo.

As leis da Polónia também têm a sua *insurreição.* Mas os inconvenientes que dela resultam permitem ver que só o povo de Creta estava em condições de empregar com sucesso um tal remédio.

Os exercícios de ginástica estabelecidos entre os Gregos não dependiam menos da bondade do princípio do governo. «Foram os Lacedemónios e os Cretenses», diz Platão ([5]), «que abriram essas academias famosas, que lhes deram uma categoria tão dis-

---

([1]) Aristóteles, *Política*, liv. II, cap. x.

([2]) Reuniam sempre primeiro contra os inimigos do exterior, a isto se chamava *sincretismo.* Plutarco, *Moralia*, p. 88.

([3]) *República*, liv. IX.

([4]) Plutarco, *Moralia*, no tratado: *Se um Velho Deve Envolver-se nos Assuntos Públicos.*

([5]) *República*, liv. V.

tinta. No início o pudor alarmou-se; mas acabou por ceder à utilidade pública». No tempo de Platão, estas instituições eram admiráveis ([1]); estavam relacionadas com um grande objecto, que era a arte militar. Mas, quando os Gregos deixaram de ter virtude, essas instituições destruíram a própria arte militar; já ninguém descia à arena para se formar, mas para se corromper ([2]).

Plutarco diz-nos ([3]) que, no seu tempo, os Romanos pensavam que esses jogos tinham sido a principal causa da servidão em que os Gregos tinham caído. Pelo contrário, a servidão dos Gregos é que corrompera esses exercícios. No tempo de Plutarco ([4]), os parques em que se combatia a nu, e os jogos de luta, tornavam os jovens cobardes, e levavam-nos a um amor infame e apenas fazia deles saltimbancos; mas no tempo de Epaminondas, o exercício da luta trouxe a vitória aos Tebanos na batalha de Leuctra ([5]).

Há poucas leis que não sejam boas quando o Estado não perdeu os seus princípios; e, como dizia Epicuro ao falar das riquezas: «Não é o licor que está corrompido, é a vasa».

Capítulo XII
Continuação do mesmo assunto

Em Roma, os juízes eram escolhidos dentre a ordem dos senadores. Os Gracos transportaram esta prerrogativa para os cavaleiros. Drusus atribuiu-a aos senadores e aos cavaleiros; Sila, apenas aos senadores; Cotta, aos senadores, aos cavaleiros e aos

---

([1]) A ginástica dividia-se em duas partes, a dança e a luta. Em Creta viam-se as danças armadas dos Curetas; na Lacedemónia, as de Castor e de Pólux; em Atenas, as danças armadas de Pallas, muito apropriadas para quem ainda não tinha idade para ir à guerra. A luta é a imagem da guerra, diz Platão, *Das Leis*, liv. VII. Ele louva a antiguidade por ter estabelecido apenas duas danças: a pacífica e a pírrica. Ver como esta última dança se aplicava à arte militar. Platão, *ibid.*

([2]) … … *Aut libidinosae*
Ledaeas Lacedemonis palestras.
(Marcial, liv. IV, epig. 55)
… … [«Ou as libidinosas /Arenas dos Lacedemónios que são amadas por Leda»]

([3]) *Moralia*, no tratado: *Questões Sobre as Coisas Romanas.* [Questão xl].

([4]) *Ibid.*

([5]) Plutarco, *Moralia*, *Conversas à Mesa*, liv. II [Questão v].

tesoureiros da poupança. César excluiu estes últimos. António criou decúrias de senadores, de cavaleiros e de centuriões.

Quando uma república está corrompida, só se consegue remediar algum dos males que nascem suprimindo a corrupção e revocando os seus princípios (*): qualquer outra correcção é inútil ou constitui um novo mal. Enquanto Roma conservou os seus princípios, os julgamentos puderam estar nas mãos dos senadores sem haver abusos; mas quando se corrompeu, fosse qual fosse o corpo para onde os julgamentos fossem transportados, para os senadores, para os cavaleiros, para os tesoureiros da poupança, para dois destes corpos, para os três em conjunto, para qualquer outro corpo que existisse, o resultado foi sempre mau. Os cavaleiros não tinham mais virtude do que os senadores, os tesoureiros da poupança não tinham mais do que os cavaleiros, e estes tinham tão pouca virtude como os centuriões.

Quando o povo de Roma garantiu a participação nas magistraturas patrícias, era natural que se pensasse que os seus bajuladores iriam ser os árbitros do governo. Não: viu-se este povo, que tornara as magistraturas comuns aos plebeus, eleger sempre patrícios. Por ser virtuoso, era magnânimo; por ser livre, desdenhava o poder. Mas quando perdeu os seus princípios, quanto mais poder tinha, menos cuidados tinha; até que finalmente, ao tornar-se no seu próprio tirano e no seu próprio escravo, perdeu a força da liberdade para cair na fraqueza da licenciosidade.

(*) Comparar com Maquiavel, *Discorsi*, III.1. Esta fórmula particular de terapêutica republicana – retornar aos princípios – é, evidentemente, da autoria de Maquiavel, e seria reproduzida por Algernon Sidney e por Bolingbroke. Mas em Montesquieu o seu conteúdo é algo diferente, e essa diferença também é marcada pela moderação. Além disso, pode inferir-se do silêncio de Montesquieu que esta terapêutica é exclusivamente republicana, isto é, não está disponível ou não tem eficácia na forma de governo monárquica. Nos *Pensées*, Montesquieu sugeriu que os males que afligem as monarquias decadentes «nunca acabam», o que parece querer dizer que são insuperáveis (*P*, nº 631). Deve dizer-se que neste aspecto o contraste com Maquiavel é notório. Maquiavel recomendava esta terapêutica às repúblicas, às monarquias e até à Igreja de Roma (N. T.).

Capítulo XIII
Efeito do juramento num povo virtuoso

Nunca houve um povo, diz Tito Lívio ([1]), em que a dissolução se tenha introduzido mais tarde do que entre os Romanos, e em que a moderação e a pobreza tivessem sido honradas por mais tempo.

O juramento teve tanta força para este povo que nada o ligava tanto às leis. Para cumprir um juramento, muitas vezes fizeram o que nunca teriam feito pela glória nem pela pátria.

Quando Quíncio Cincinato, cônsul, quis formar um exército na cidade contra os Équos e os Volscos, os tribunos opuseram-se. «Muito bem», disse ele, «que todos aqueles que prestaram juramento ao cônsul do ano anterior marchem sob as minhas insígnias ([2])». Os tribunos protestaram em vão que já ninguém estava vinculado a esse juramento; que, quando foi feito, Quíncio era um homem privado; o povo foi mais religioso do que os que queriam conduzi-lo; não deu ouvidos nem às distinções, nem às interpretações dos tribunos.

Quando o mesmo povo quis retirar-se para o Monte Sagrado, sentiu-se constrangido pelo juramento que fizera diante dos cônsules de os acompanhar na guerra ([3]). Formou desígnios de os matar; fizeram-no saber que o juramento nem por isso deixaria de vigorar. Pode-se julgar a ideia que o povo tinha da violação do juramento pelo crime que queria cometer.

Depois da batalha de Canas, o povo, assustado, quis retirar-se para a Sicília: Cipião fê-lo jurar que permaneceria em Roma; o medo de violar o seu juramento sobrepôs-se a todos os outros medos. Roma era um navio segurado por duas âncoras na tempestade: a religião e os costumes.

Capítulo XIV
Como a mais pequena mudança na constituição acarreta a ruína dos princípios

Aristóteles fala-nos da república de Cartago como de uma república muito bem regrada. Políbio diz-nos que na segunda

---

([1]) Liv. I, [Prefácio].

([2]) Tito Lívio, liv. III, [cap. xx].

([3]) Tito Lívio, liv. II, [cap. xxxii].

guerra púnica ([1]) havia em Cartago este inconveniente, que o senado perdera quase toda a sua autoridade. Tito Lívio ensina-nos que quando Aníbal regressou a Cartago, encontrou os magistrados e os cidadãos principais a desviar os fundos públicos em seu benefício, e a abusar do seu poder. A virtude dos magistrados caiu, pois, com a autoridade do senado; tudo decorreu do mesmo princípio.

São conhecidos os prodígios da censura entre os Romanos. Houve um tempo em que se tornou opressiva; mas mantiveram-na porque havia mais luxo do que corrupção. Clódio ([*]) enfraqueceu-a; e com este enfraquecimento, a corrupção tornou-se então maior do que o luxo; e a censura ([2]) aboliu-se a si mesma, por assim dizer. Perturbada, exigida, retomada, abandonada, foi inteiramente interrompida até ao tempo que se tornou inútil, quero dizer os reinados de Augusto e de Cláudio ([**]).

Capítulo XV
Meios muito eficazes para a conservação dos três princípios

Só poderei fazer-me entender quando os quatro capítulos seguintes forem lidos.

Capítulo XVI
Propriedades distintivas da república

É da natureza de uma república que tenha apenas um pequeno território; sem isso, dificilmente pode subsistir ([***]). Numa grande república, há grandes fortunas, e por conseguinte pouca moderação nos espíritos. Há depósitos excessivamente

([1]) Cerca de cem anos mais tarde.

([*]) *Claudius* no original. Trata-se de Públio Clódio Pulcro, contemporâneo de Cícero. O seu nome era originariamente Claudius mas no decurso da sua carreira política, e com o intuito de conquistar o afecto da plebe romana, e de se tornar num dos *populares,* ou amigos do povo, alterou-o para *Clodius* (N. T.).

([2]) Ver Dio, liv. XXXVIII; a vida de Cícero em Plutarco; Cícero a Ático, liv. IV, cartas x e xv; Ascónio, sobre Cícero, *De divinatione.*

([**]) Cláudio: imperador romano no primeiro século da nossa era (N. T.).

([***]) Sobre este assunto, ver *EL,* IV.7, n.t. (N. T.).

grandes para serem colocados nas mãos de um cidadão; os interesses particularizam-se; um homem primeiro sente que pode ser feliz, grande, glorioso, sem a sua pátria; e rapidamente que só pode ser grande sobre as ruínas da sua pátria.

Numa grande república, o bem comum é sacrificado a mil considerações; está subordinado a excepções; depende de acidentes. Numa pequena república, o bem público é mais bem sentido, mais bem conhecido, está mais próximo de cada cidadão; os abusos são menos extensivos, e por conseguinte menos protegidos.

O que fez a Lacedemónia subsistir por tanto tempo foi que, após todas as suas guerras, permaneceu sempre com o mesmo território que era o seu. O único objecto da Lacedemónia era a liberdade; a única vantagem da sua liberdade era a glória.

Era do espírito das repúblicas gregas o contentarem-se com as suas terras, assim como com as suas leis. Atenas foi possuída pela ambição, e transmitiu-a à Lacedemónia: mas fê-lo mais para comandar povos livres do que para governar escravos; mais para estar à cabeça da união do que para rompê-la. Tudo foi perdido quando uma monarquia se ergueu; governo cujo espírito está mais virado para o engrandecimento.

Sem circunstâncias particulares ([1]), é difícil que qualquer outro governo além do republicano possa subsistir numa única cidade. Um príncipe de um Estado tão pequeno procuraria naturalmente oprimir, porque teria um grande poder e poucos meios para dele gozar, ou para fazer que fosse respeitado: logo, pisaria muito os seus povos. Por outro lado, um tal príncipe seria facilmente oprimido por uma força estrangeira, ou até por uma força doméstica; o povo poderia em todos os instantes agregar-se e reunir-se contra ele. Ora, quando um príncipe de uma cidade é escorraçado da sua cidade, o processo terminou; se há várias cidades, o processo apenas começou ([*]).

([1]) Como quando um pequeno soberano se mantém entre dois grandes Estados graças à sua inveja mútua; mas só existe precariamente.

([*]) É difícil determinar a que tipo de república Montesquieu se refere neste capítulo, se repúblicas democráticas ou aristocráticas (N. T.)

Capítulo XVII
Propriedades distintivas da monarquia

Um Estado monárquico deve ser de uma grandeza medíocre. Se for pequeno, formar-se-á uma república; se for extenso, os principais do Estado, grandes por eles mesmos, não estando debaixo do olhar do príncipe, com a sua corte fora da corte, e, além disso, seguros pelas leis e pelos costumes das execuções imediatas, poderão deixar de obedecer; não recearão uma punição demasiado lenta e demasiado distante

Assim, mal Carlos Magno acabara de fundar o seu império e já era necessário dividi-lo; fosse porque os governadores das províncias não obedeciam; fosse porque, para fazê-los obedecer melhor, era necessário dividir o império em vários reinos.

Depois da morte de Alexandre o seu império foi dividido. De que modo teriam esses grandes da Grécia e da Macedónia, livres, ou pelo menos chefes dos conquistadores espalhados por essa vasta conquista, podido obedecer?

Depois da morte de Átila o seu império foi dissolvido: tantos reis que já não eram contidos não podiam retomar os seus grilhões.

O pronto estabelecimento do poder sem limites é o remédio que, nestes casos, pode prevenir a dissolução: novo infortúnio após o do engrandecimento!

Os rios correm para se misturar no mar; as monarquias vão-se perder no despotismo (*).

(*) Sobre esta proposição geral, ver *CP*, nº 102, onde Uzbek declara que a monarquia é «um estado violento». Porquê «violento»? Porque «degenera *sempre* no despotismo ou na república» (os itálicos não constam do original; ver também *CP*, nº 90).

A ilustração mais clara de como a monarquia desliza para o despotismo é dada pelo exemplo histórico da monarquia francesa do século XVII e XVIII. Este regime foi satirizado por Montesquieu nas *CP*, onde se sucedem os paralelismos entre o despotismo persa e a monarquia do Rei Sol e dos seus descendentes. O sistema de analogias entre um regime e outro culmina na carta nº 37, na qual são sugeridas as afinidades entre Luís XIV e a *politique orientale*. Não surpreende, portanto, que os viajantes persas compreendessem melhor a conduta do rei do *Grand Siècle* do que a conduta dos demais personagens que foram encontrando no seu périplo. Todavia, vale a pena acrescentar que este não era um desenvolvimento circunscrito à França de Luís XIV e da Regência. A Espanha (e Portugal) há muito que sucumbira ao abismo do despotismo. Os dois países assemelhavam-se na

Capítulo XVIII
Que a monarquia de Espanha era um caso particular

Que não se cite o exemplo de Espanha; ela prova bem o que digo. Para manter a América, a Espanha fez aquilo que o próprio despotismo não faz: destruiu os seus habitantes. Para conservar a sua colónia, tinha de mantê-la na sua dependência até para a subsistência.

Tentou o despotismo nos Países Baixos; e, assim que abandonou a tentativa, aumentaram os seus embaraços. Por um lado, os Valões não queriam ser governados pelos Espanhóis; e por outro, os soldados espanhóis não queriam obedecer aos oficiais valões ([1]).

A Espanha só se manteve em Itália à força de enriquecê-la e de se arruinar; pois aqueles que se queriam desfazer do rei de Espanha nem por isso estavam na disposição de renunciar ao seu dinheiro.

Capítulo XIX
Propriedades distintivas do governo despótico

Um grande império supõe uma autoridade despótica por parte daquele que governa. É preciso que a prontidão das resoluções colmate a distância dos lugares para onde são enviadas; que o medo impeça a negligência do governador ou do magistrado distante; que a lei esteja numa só cabeça; e que mude sem cessar, como os acidentes, que se multiplicam sempre no Estado, na proporção da sua grandeza ([*]).

---

destruição dos poderes intermédios que limitavam o poder régio e num imobilismo político que condenava a nação à miséria, à ignorância e à estagnação. Na sua obra Montesquieu procurou alertar para a perigosa aproximação da França ao despotismo, quer na sua versão oriental, quer, mais verosimilmente, na vertente espanhola (N. T.).

([1]) Ver a *História das Províncias Unidas*, do Sr. Le Clerc.

([*]) Este capítulo corresponde exactamente ao segundo parágrafo do cap. VIII de uma outra obra de Montesquieu intitulada *Réflexions sur la monarchie universelle en Europe* (ed. Caillois) (N. T.).

Capítulo XX
Consequência dos capítulos anteriores

Que se a propriedade natural dos pequenos Estados é a de serem governados como uma república; a dos medíocres, a de estarem submetidos a um monarca; a dos grandes impérios, a de serem dominados por um déspota; segue-se que, para conservar os princípios do governo estabelecido, é necessário manter o Estado na grandeza que já possuía; e que esse Estado mudará de espírito à medida que se estreitarem ou alargarem os seus limites (*).

Capítulo XXI
Do império da China

Antes de terminar este livro, responderei a uma objecção que se pode fazer a tudo o que disse até aqui. Os nossos missionários falam-nos do vasto império da China como de um governo admirável, que mistura no seu princípio o medo, a honra e a virtude. Apresentei, portanto, uma distinção vã, quando estabeleci os princípios dos três governos.

Ignoro o que seja essa honra de que se fala em povos com os quais nada se consegue fazer a não ser à bastonada (1).

Além disso, os nossos comerciantes estão longe de nos darem uma ideia dessa virtude de que nos falam os nossos missionários: podemos consultá-los sobre o banditismo dos mandarins (2). Invoco também como testemunha o grande homem *mylord* (**) Anson.

De resto, as cartas do Padre Parennin sobre o processo que o imperador moveu contra os príncipes neófitos de sangue (3) que lhe tinham desagradado fazem-nos ver um plano de tirania constantemente prosseguido, e injúrias feitas à natureza humana de modo regrado, isto é, a sangue-frio.

(*) Comparar com Platão, *República*, 423b (N. T.).

(1) É o bastão que governa a China, diz o Padre Du Halde. [*Desc. de la Chine*, t. II, p. 134].

(2) Ver, entre outros, a relação de Lange.

(**) Em inglês no original (N. T.).

(3) Da família de Sourniama. *Lettres édifiantes*, 18ª compilação.

Temos ainda as cartas do Sr. de Mairan e do mesmo Padre Parennin sobre o governo da China. Após perguntas e respostas muito sensatas, a aura de maravilha desvanece-se.

Não será possível que os missionários tenham sido enganados por uma aparência de ordem; que tenham ficado impressionados por esse exercício contínuo da vontade de um só homem, pelo qual eles próprios são governados, e de que tanto gostam a ponto de o encontrar nas cortes dos reis das Índias? Pois ao irem para lá só para fazerem grandes mudanças, é-lhes mais fácil convencer os príncipes de que tudo podem fazer do que persuadir os povos de que tudo podem sofrer ([1]).

Por fim, há muitas vezes qualquer coisa de verdadeiro nos próprios erros. Circunstâncias particulares, e talvez únicas, podem fazer que o governo da China não seja tão corrompido quanto devesse ser. Causas, a maioria delas tiradas do físico do clima, puderam forçar as causas morais nesse país e criado várias espécies de prodígios.

O clima da China é tal que favorece prodigiosamente a propagação da espécie humana ([*]). Na China, as mulheres possuem uma fecundidade tão grande que não se vê nada semelhante na terra. A tirania mais cruel não trava o progresso da propagação. O príncipe não pode dizer como o faraó: *Oprimamo-los com sabedoria.* Estaria antes reduzido a formar o desejo de Nero, que o género humano tivesse uma só cabeça ([**]). Apesar da tirania, a China, pela força do clima, sempre se povoará e triunfará sobre a tirania.

A China, como todos os países onde cresce o arroz ([2]), está sujeita a fomes frequentes. Quando o povo morre de fome, dispersa-se para procurar subsistência; formam-se em toda a parte bandos de três, quatro ou cinco ladrões. A maior parte é logo exterminada; outros vão engrossando e são também exterminados. Mas, num número tão grande de províncias, e tão distantes

---

([1]) Ver no P.e du Halde como os missionários se serviram da autoridade de Canhi para calar os mandarins, que diziam sempre que, segundo as leis do país, um culto estrangeiro não podia ser estabelecido no império.

([*]) Em *CP*, nº 120 são também mencionadas «causas morais» para este facto (N. T.).

([**]) Na verdade, e segundo Suetónio (a fonte a que provavelmente Montesquieu recorreu), este dito é de Calígula. Ver Suetónio, *Caio*, IV, § 30 (N. T.).

([2]) Ver abaixo, liv. XXIII, cap. xiv.

entre elas, pode acontecer que alguma trupe faça fortuna. Mantém-se, fortalece-se, converte-se num pequeno exército, vai direito à capital, e o seu chefe sobe ao trono (*).

Tal é a natureza da coisa que o mau governo é aí imediatamente punido. A desordem nasce subitamente porque este povo prodigioso carece de subsistência. O que, noutros países, torna tão difícil recuperar dos abusos é que os efeitos não se fazem sentir; o príncipe não é advertido de uma maneira pronta e estrepitosa como o é na China.

Não sentirá, como os nossos príncipes, que, se governar mal, será menos feliz na outra vida, e menos poderoso e menos rico nesta. Saberá que, se o seu governo não for bom, perderá o império e a vida.

Como, apesar das exposições de crianças, o povo aumenta sempre na China ([1]), é necessário um trabalho infatigável para fazer as terras produzir o suficiente para a subsistência. Tal exige uma grande atenção da parte do governo. Está, em todos os instantes, interessado em que todos possam trabalhar sem medo de serem frustrados pelo seu esforço. Deve ser menos um governo civil do que um governo doméstico.

Eis o que produziu os regulamentos de que tanto se fala. Quiseram fazer as leis reinar juntamente com o despotismo; mas o que se junta ao despotismo deixa de ter força. Em vão este despotismo, pressionado pelos seus infortúnios, quis agrilhoar-se; armou-se com os seus grilhões e tornou-se ainda mais terrível.

A China é, pois, um Estado despótico, cujo princípio é o medo. Talvez nas primeiras dinastias, com o império não tão extenso, o governo declinasse um pouco deste espírito. Mas hoje em dia não é assim.

(*) Este parágrafo reproduz o cap. XXII das *RMU* (ed. Caillois) (N. T.).

([1]) Ver as memórias de um Tsongtou, para um esclarecimento. *Lettres édif.*, 21ª compilação.

Segunda parte

Livro IX
Das leis na relação que têm com a força defensiva

Capítulo I
Como as repúblicas providenciam a sua segurança

Se uma república for pequena, é destruída por uma força estrangeira; se for grande, destrói-se por um vício interior.

Este duplo inconveniente infecta igualmente as democracias e as aristocracias, quer sejas boas, quer sejam más. O mal está na própria coisa; não há nenhuma forma de remediá-lo.

Assim, é muito provável que os homens tivessem sido finalmente obrigados a viver sempre sob o governo de um só, se não tivessem imaginado um tipo de constituição que tem todas as vantagens internas do governo republicano e a força externa do governo monárquico. Falo da república federativa (*).

(*) Em 1748, *fédératif* era um neologismo sem precedentes conhecidos. Shackleton atribuiu a Montesquieu a sua autoria neste passo e acrescentou que *confédératif* só aparece antes de Montesquieu numa tradução francesa dos *Dois Tratados* de John Locke. Ver Shackleton, p. 276 (N. T.).

Esta forma de governo é uma convenção pela qual os vários Corpos políticos consentem em tornar-se cidadãos de um Estado maior que querem formar. É uma sociedade de sociedades, que formam uma sociedade nova, que pode engrandecer-se através de novos associados que a ela se unem.

Foram estas associações que fizeram florescer durante tanto tempo o corpo da Grécia. Com elas, os Romanos atacaram o universo, e só com elas o universo se defendeu deles; e quando Roma chegou ao cume da sua grandeza, foi com associações feitas atrás do Danúbio e do Reno, associações que o pavor formou, que os bárbaros puderam resistir-lhe.

É assim que a Holanda ([1]), a Alemanha, as Ligas suíças, são consideradas na Europa como repúblicas eternas ([*]).

As associações das cidades eram outrora mais necessárias do que são hoje em dia. Uma cidade sem poder corria perigos maiores. A conquista fazia-a perder, não só o poder executor e o legislativo, como hoje em dia, mas também tudo o que existe de propriedade entre os homens ([2]).

Esta espécie de república, capaz de resistir à força exterior, pode manter-se na sua grandeza sem que o interior se corrompa: a forma dessa sociedade previne todos os inconvenientes.

Quem quisesse usurpar, dificilmente poderia ser igualmente acreditado em todos os Estados confederados. Se ele se tornasse demasiado poderoso num dos Estados, alarmaria todos os outros; se subjugasse uma parte, aquela que ainda fosse livre poderia resistir-lhe com as forças independentes das que ele tivesse usurpado, e derrotá-lo antes de conseguir estabelecer-se.

Se ocorre alguma sedição num dos membros confederados, os outros podem pacificá-la. Se alguns abusos se introduzem nalguma parte, são corrigidos pelas partes sãs. Este Estado pode perecer num lado sem perecer noutro; a confederação pode ser dissolvida e os confederados permanecer soberanos.

([1]) A Holanda formou-se com cerca de cinquenta repúblicas, todas diferentes umas das outras. *Estado das Províncias Unidas,* pelo Sr. Janisson.

([*]) Na edição de 1717 do *Projet pour rendre la paix perpetuelle en Europe* ou *Projet pour rendre la paix perpetuelle entre les souverains chrétiens* (Utrecht: Antoine Schouten, 1717), Saint-Pierre enumera precisamente estes exemplos como os mais acabados de confederações de «arbitragem permanente». Mas atribuiu a identificação desses exemplos a Henrique IV (por intermédio de Sully) (N. T.).

([2]) Liberdade civil, bens, mulheres, filhos, templos e até as sepulturas.

Composto por pequenas repúblicas, goza da bondade do governo interior de cada uma delas; e quanto ao exterior, tem, pela força da associação, todas as vantagens das grandes monarquias.

Capítulo II
Que a constituição federativa deve ser composta por Estados da mesma natureza, sobretudo por Estados republicanos

Os Cananeus foram destruídos porque eram pequenas monarquias que não estavam confederadas, e que não se defenderam em comum. É que a natureza das pequenas monarquias não é a confederação.

A república federativa da Alemanha é composta por cidades livres e por pequenos Estados submetidos a príncipes. A experiência mostra que é mais imperfeita do que a da Holanda e da Suíça.

O espírito da monarquia é a guerra e o engrandecimento; o espírito da república é a paz e a moderação. Estes dois tipos de governos só de uma maneira forçada podem subsistir numa república federativa.

Assim, vemos na história romana que quando os Veios escolheram um rei, todas as pequenas repúblicas da Toscana os abandonaram. Tudo ficou perdido na Grécia quando os reis da Macedónia obtiveram um lugar entre os Anfictiões.

A república federativa da Alemanha, composta por príncipes e por cidades livres, subsiste porque tem um chefe, que é de algum modo o magistrado da união, e de algum modo o monarca.

Capítulo III
Outras coisas solicitadas na república federativa

Na república da Holanda, uma província não pode fazer uma aliança sem o consentimento das outras. Esta lei é muito boa, e mesmo necessária na república federativa. Está ausente na constituição germânica, na qual preveniria todos os infortúnios que podem suceder a todos os membros pela imprudência, pela ambição ou avareza de um só. Uma república que está unida por uma confederação política entregou-se por inteiro, e não tem mais nada a entregar.

É difícil que os Estados que se associam tenham a mesma extensão e que tenham um poder igual. A república dos Lícios ([1]) era uma associação de vinte e três cidades; as grandes tinham três votos no conselho comum; as medíocres, dois; as pequenas, um. A república da Holanda é composta por sete províncias, grandes ou pequenas, cada uma com um voto.

As cidades da Lícia ([2]) pagavam os encargos na proporção dos sufrágios. As províncias da Holanda não podem seguir essa proporção; têm de seguir a proporção do seu poder.

Na Lícia ([3]), os juízes e os magistrados das cidades eram eleitos pelo conselho comum e segundo a proporção que referimos. Na república da Holanda, não são eleitos pelo conselho comum e cada cidade nomeia os seus magistrados. Se fosse preciso propor um modelo de uma bela república federativa escolheria a república da Lícia.

Capítulo IV
Como os Estados despóticos providenciam a sua segurança

Assim como as repúblicas providenciam a sua segurança unindo-se, os Estados despóticos fazem-no separando-se e mantendo-se, por assim dizer, sós. Sacrificam uma parte do país, arrasam as fronteiras e tornam-nas desertas; o corpo do império torna-se inacessível.

Na geometria é aceite que quanto mais extensos são os corpos, mais pequena é, em termos relativos, a sua circunferência. Esta prática de devastar as fronteiras é, pois, mais tolerável nos grandes Estados do que nos medíocres.

Este Estado faz contra si mesmo todo o mal que um cruel inimigo poderia fazer, mas um inimigo que não poderia ser detido.

O Estado despótico conserva-se por um outro tipo de separação, que se faz colocando as províncias distantes nas mãos de

---

([1]) Estrabão, liv. XIV.
([2]) *Ibid.*
([3]) *Ibid.*

um príncipe que seja seu feudatário. O Mongol, a Pérsia, os imperadores da China têm os seus feudatários; e os Turcos ficaram numa posição muito boa ao colocarem os Tártaros, os Moldavos, os Valáquios e, outrora, os Transilvanos, entre eles e os seus inimigos.

Capítulo V
Como a monarquia providencia a sua segurança

A monarquia não se destrói a si mesma como o Estado despótico; mas um Estado de uma grandeza medíocre poderia ser rapidamente invadido. Tem, portanto, praças-fortes que defendem as suas fronteiras e exércitos para defender as suas praças-fortes. O terreno mais pequeno é disputado com arte, com coragem, com obstinação. Os Estados despóticos fazem invasões entre eles; só as monarquias fazem a guerra.

As praças-fortes pertencem às monarquias; os Estados despóticos temem possuí-las. Não ousam confiar em ninguém; porque ninguém nos Estados despóticos ama o Estado nem o príncipe.

Capítulo VI
Da força defensiva dos Estados em geral

Para que um Estado esteja na sua maior força, é preciso que a sua grandeza seja tal que haja uma relação entre a velocidade com que se pode executar uma empresa contra ele e a prontidão que pode empregar para torná-la vã. Como quem ataca pode subitamente aparecer em toda a parte, quem defende tem de poder mostrar-se também em toda a parte; e, por conseguinte, a extensão do Estado tem de ser medíocre para que seja proporcional ao grau de velocidade que a natureza deu aos homens para se transportarem de um lugar para o outro.

A França e a Espanha têm precisamente a grandeza requerida. As forças comunicam-se tão bem que são levadas imediatamente para onde são necessárias; os exércitos agrupam-se e passam rapidamente de uma fronteira para a outra; e não se receia nenhuma das coisas que necessitam de um certo tempo para serem executadas.

Em França, por uma felicidade admirável, a capital encontra-se mais próxima das diferentes fronteiras justamente na proporção da sua fraqueza; e nela o príncipe vê melhor cada uma das partes do seu país à medida que está mais exposta.

Mas quando um vasto Estado, tal como a Pérsia, é atacado, são necessários vários meses para que as tropas dispersas possam reunir-se; e não se pode forçar a sua marcha durante tanto tempo como se faz durante quinze dias. Se o exército que está na fronteira é batido, certamente se dispersará, porque as suas retaguardas não estão próximas. O exército vitorioso, que não encontra resistência, avança em longas jornadas, aparece diante da capital e monta o cerco, quando os governadores das províncias acabam de ser solicitados a enviar socorro. Aqueles que julgam que a revolução está próxima apressam-na não lhe obedecendo. Porquanto as pessoas, fiéis unicamente porque o castigo está próximo, deixam de o ser assim que este fica distante; trabalham para os seus interesses particulares. O império dissolve-se, a capital é tomada, e o conquistador disputa as províncias com os governadores.

O verdadeiro poder de um príncipe não consiste tanto na facilidade que tem de conquistar, antes na dificuldade que tem de atacar; e, se me é permitido falar assim, na imutabilidade da sua condição. Mas o engrandecimento dos Estados faz que mostrem novos lados por onde podem ser tomados (*).

Portanto, assim como os monarcas devem ter sabedoria para aumentar o seu poder, também não devem ter menos prudência para limitá-lo. Enquanto põem um fim aos inconvenientes da pequenez, é preciso que vigiem sempre os inconvenientes da grandeza.

Capítulo VII
Reflexões

Os inimigos de um grande príncipe que reinou durante tanto tempo (**) acusaram-no mil vezes, mais por causa, creio eu, dos seus medos do que pelas suas razões, de ter formado e conduzido

(*) Os três primeiros parágrados deste capítulo são uma transcrição do cap. XX das *RMU*. O quarto parágrafo corresponde ao cap. XXI e o quinto reproduz o primeiro parágrafo do cap. XIX da mesma obra (ed. Caillois) (N. T.).

(**) Trata-se de Luís XIV de França (N. T.).

o projecto da monarquia universal. Se tivesse sido bem sucedido, nada teria sido mais fatal para a Europa, para os seus antigos súbditos, para ele, para a sua família. O céu, que sabe quais são as verdadeiras vantagens, serviu-o melhor com derrotas do que o teria feito com vitórias. Em lugar de torná-lo no único rei da Europa, favoreceu-o mais ao torná-lo no mais poderoso de todos.

A sua nação que, nos países estrangeiros, só é tocada por aquilo que abandonou; que, ao partir de sua casa, consideram a glória como o bem soberano, e nos países distantes, como um obstáculo ao seu regresso; que indispõe até com as suas boas qualidades, porque parece juntar-lhes o desprezo; que pode suportar os ferimentos, os perigos, as fadigas, mas não a perda dos seus prazeres; para quem não há nada que ame tanto como a sua alegria, e se consola da perda de uma batalha cantando os feitos do general, jamais teria ido até ao fim de uma empresa que não pode falhar num país sem falhar em todos os outros, nem falhar num momento sem falhar para sempre (*).

Capítulo VIII
Casos em que a força defensiva de um Estado é inferior à sua força ofensiva

Dizia o Senhor de Coucy ao rei Carlos V que «os Ingleses nunca são tão fracos nem tão fáceis de vencer como quando estão em casa». Era isso que se dizia dos Romanos; foi o que os Cartagineses experimentaram; é o que acontecerá a qualquer potência que tiver enviado os seus exércitos para longe para reunir pela força da disciplina e do poder militar aqueles que estão divididos no seu país por interesses políticos ou civis. O Estado está fraco por causa do mal que permanece, e foi ainda mais enfraquecido pelo remédio.

A máxima do Senhor de Coucy é uma excepção à regra geral que dita que não se travem guerras longínquas. E esta excepção confirma bem a regra porque só ocorre contra aqueles que a violaram.

(*) Este capítulo transcreve o primeiro e o terceiro parágrafos do cap. XVII das *RMU* (ed. Caillois) (N. T.).

Capítulo IX
Da força relativa dos Estados

Toda a grandeza, toda a força, todo o poder é relativo. É preciso ter muito cuidado, não se vá, ao procurar aumentar a grandeza real, diminuir a grandeza relativa.

Por volta de meados do reinado de Luís XIV, a França estava no ponto mais alto da sua grandeza relativa. A Alemanha ainda não tinha os grandes monarcas que teve desde então. A Itália estava na mesma situação. A Escócia e a Inglaterra ainda não formavam uma só monarquia. Aragão ainda não formava uma só monarquia com Castela; as partes separadas da Espanha estavam assim enfraquecidas e, por sua vez, tinham-na enfraquecido. A Moscóvia não era mais conhecida na Europa do que a Crimeia.

Capítulo X
Da fraqueza dos Estados vizinhos

Quando se tem como vizinho um Estado que está em decadência, deve-se ter o cuidado de não apressar a sua ruína, porque se está, a este respeito, na situação mais feliz em que se pode estar; não havendo nada tão cómodo para um príncipe como estar perto de outro que recebe todos os golpes e todos os ultrajes da fortuna. E é raro que com a conquista de um Estado como esse se aumente tanto em poder real como se perde em poder relativo.

Livro X
Das leis na relação que têm com a força ofensiva

Capítulo I
Da força ofensiva

A força ofensiva é regrada pelo direito dos povos, que é a lei política das nações consideradas na relação que têm umas com as outras.

Capítulo II
Da guerra

A vida dos Estados é como a dos homens. Estes têm o direito de matar no caso da defesa natural; aqueles têm o direito de fazer a guerra para a sua própria conservação (*).

No caso da defesa natural, tenho o direito de matar porque a minha vida pertence-me, tal como a vida de quem me ataca lhe pertence. De igual modo, um Estado faz a guerra porque a sua conservação é tão justa como qualquer outra conservação.

Entre cidadãos, o direito de defesa natural não implica a necessidade de atacar. Em vez de atacar, só têm de recorrer aos

(*) Ver Grócio, *De jure belli ac pacis,* I.ii.1.1 (N. T.).

tribunais. Portanto, só podem exercer o direito dessa defesa nos casos momentâneos em que estariam perdidos se aguardassem o socorro das leis. Mas, entre sociedades, o direito de defesa natural implica por vezes a necessidade de atacar, quando um povo percebe que uma paz mais longa colocaria um outro povo em condições de o destruir, e que o ataque é nesse momento o único meio de impedir essa destruição (*).

Daqui segue-se que as pequenas sociedades têm mais frequentemente o direito de fazer a guerra do que as grandes, porque estão mais frequentemente numa situação de recear serem destruídas.

O direito da guerra decorre, pois, da necessidade e do justo estrito (**). Se aqueles que dirigem a consciência ou os conselhos dos príncipes não sustentam isto, tudo está perdido; e enquanto se fundamentarem nos princípios arbitrários da glória, da conveniência, da utilidade, vagas de sangue inundarão a terra.

Sobretudo que não se fale da glória do príncipe; a sua glória seria o seu orgulho; trata-se de uma paixão e não de um direito legítimo.

É verdade que a reputação do seu poder poderia aumentar as forças do seu Estado; mas a reputação da sua justiça aumentá-las-ia da mesma forma.

Capítulo III
Do direito de conquista

Do direito da guerra decorre o direito da conquista, que é a sua consequência; deve, portanto, seguir-lhe o espírito.

(*) O moralista Voltaire leu neste parágrafo «os grandes princípios do maquiavelismo». Na realidade, trata-se da formulação da tese já bastante vetusta conhecida nos nossos dias por «guerra preventiva» (N. T.).

(**) Entenda-se aqui «justo» como substantivo e não como adjectivo, ou melhor, como um adjectivo substantivado. O termo assim apresentado era corrente na linguagem jurídica herdeira do direito romano. No fundo, corresponde literalmente à recuperação do latino justum, isto é, a conclusão de um acto de justiça, ou a coisa justa, que se distingue tanto do jus como da justitia. Para estas distinções, ver por todos Tomás de Aquino, Summa Theologica, II-II, q. 57, art. 1, em que jus é o objecto da justiça e por isso é justum. E como o próprio justum corresponde ao término de um acto de justiça – Tomás de Aquino escreve que ao objecto de justiça também se chama justum –, jus e justum acabam por quase ser sinónimos (N. T.).

Quando um povo é conquistado, o direito que o conquistador tem sobre ele obedece a quatro tipos de leis: a lei da natureza, que faz que tudo tenda para a conservação das espécies; a lei da luz natural, que quer que façamos aos outros o que queremos que eles nos façam; a lei que forma as sociedades políticas, que são tais que a natureza não lhes limitou a duração; por fim, a lei tirada da própria coisa. A conquista é uma aquisição; o espírito de aquisição traz consigo o espírito da conservação e do uso, e não o da destruição (*).

Um Estado que conquistou outro trata-o de uma das quatro maneiras seguintes: continua a governá-lo segundo as suas leis, e assume apenas o exercício do governo político e civil; ou dá-lhe um novo governo político e civil; ou destrói a sua sociedade, e dispersa-a; ou, finalmente, extermina todos os cidadãos.

A primeira maneira é conforme ao direito dos povos que seguimos nos nossos dias; a quarta é mais conforme ao direito dos povos dos Romanos; sobre este ponto, deixo que outros julguem até que ponto nós hoje nos tornámos melhores. É preciso prestar aqui homenagem aos nossos tempos modernos, à razão actual, à religião dos nossos dias, à nossa filosofia, aos nossos costumes.

Quando os autores do nosso direito público, baseando-se nas histórias antigas, abandonaram os casos rígidos, cometeram grandes erros. Caíram no arbitrário; supuseram que os conquistadores têm um direito, não sei qual, de matar: o que lhes fez tirar consequências terríveis como este princípio, e estabelecer máximas que os próprios conquistadores, quando tinham o mínimo bom senso, nunca adoptaram. É certo que, quando a conquista é consumada, o conquistador deixa de ter o direito de matar, já que deixa de estar em causa a defesa natural, bem como a sua própria conservação.

O que os levou a pensar assim foi que acreditaram que o conquistador tinha o direito de destruir a sociedade. Donde concluíram que ele tinha o direito de destruir os homens que a compõem; o que é uma consequência falsamente retirada de um falso princípio. Pois da aniquilação da sociedade não se seguiria que os homens que a formam devessem ser também aniquilados.

(*) Este argumento é a versão polida e moderada da recomendação de Maquiavel, tal como é exposta no *Príncipe*, cap. III, onde se pode ler que o desejo de adquirir não pode ser censurado a menos que ponha em causa a capacidade de conservação (N. T.).

A sociedade é a união dos homens, e não os homens; o cidadão pode perecer e o homem permanecer.

Do direito de matar na conquista, os políticos retiraram o direito de reduzir à servidão; mas a consequência está tão mal fundamentada quanto o princípio.

Só se tem o direito de reduzir à servidão quando esta é necessária para a conservação da conquista. O objecto da conquista é a conservação; a servidão nunca é o objecto da conquista. Mas pode acontecer que seja um meio necessário para chegar à conservação.

Neste caso, é contra a natureza da coisa que essa servidão seja eterna. É preciso que o povo escravo possa tornar-se súbdito. A escravatura na conquista é uma coisa acidental. Quando, depois de um certo intervalo de tempo, todas as partes do Estado conquistador se interligaram com as do Estado conquistado, através dos costumes, dos casamentos, das leis, das associações e de uma certa conformidade de espírito, a servidão deve cessar. Pois os direitos do conquistador apenas se fundam no facto de estas coisas não existirem, e de que há um tal distanciamento entre as duas nações que não podem confiar uma na outra.

Assim, o conquistador que reduz o povo à servidão deve sempre reservar os meios (e estes meios são inumeráveis) que lhe permitam sair dela.

Não falo aqui de coisas vagas. Os nossos pais, que conquistaram o império romano, agiram assim. Suavizaram as leis que fizeram no meio do fogo, da acção, da impetuosidade, do orgulho da vitória; as suas leis eram duras, eles tornaram-nas imparciais. Os Borgonheses, os Godos e os Lombardos queriam que os Romanos continuassem a ser o povo vencido; as leis de Eurico, de Gondebaldo e de Rotário fizeram do Bárbaro e do Romano concidadãos ([1]).

Carlos Magno, para domar os Saxões, privou-os do seu estatuto de pessoas livres ([*]) e da propriedade dos bens. Luís, *o Pio*, emancipou-os ([2]). Não fez nada de melhor em todo o seu reinado. O tempo e a servidão tinham suavizado os seus costumes; foram-lhes sempre fiéis ([**]).

([1]) Ver o código das leis dos bárbaros, e o livro XXVIII mais abaixo.

([*]) «*Ingénuité*» no original (N. T.).

([2]) Ver o autor incerto da vida de Luís, *o Pio*, na *Compilação* de Duchesne, t. II, p. 296.

([**]) Parágrafo omisso nas primeiras edições de *EL* (ed. Caillois) (N. T.).

Capítulo IV
Algumas vantagens do povo conquistado

Em vez de tirar do direito de conquista consequências tão fatais, os políticos teriam feito melhor se falassem das vantagens que esse direito pode por vezes conferir ao povo vencido. Teriam sido mais sensíveis a estas vantagens se o nosso direito dos povos fosse seguido com rigor e se tivesse sido estabelecido em toda a terra.

Os Estados que são conquistados não estão normalmente no auge da força da sua instituição. A corrupção penetrou; as leis deixaram de ser executadas; o governo tornou-se opressor. Quem pode duvidar que um Estado destes não ganharia e não colheria algumas vantagens da própria conquista, se esta não fosse destrutiva! Um governo que atingiu o ponto em que já não pode ser reformado, o que perderia em ser refundado? Um conquistador que invade um povo onde, por mil astúcias e mil artifícios, o rico praticou imperceptivelmente uma infinidade de meios de usurpação; onde o desafortunado que geme, vendo o que julga serem abusos converter-se em leis, é oprimido, e crê que está errado por se sentir assim; um conquistador, digo eu, pode desencaminhar tudo, e a tirania surda é a primeira coisa que sofre a violência.

Por exemplo, viram-se Estados oprimidos pelos cobradores de impostos serem aliviados pelo conquistador, que não tinha nem os compromissos nem as necessidades que o príncipe legítimo tinha. Os abusos foram corrigidos; mesmo sem que o conquistador os tenha corrigido.

Por vezes, a frugalidade da nação conquistadora coloca-a em condições de deixar aos vencidos o necessário que lhes era negado sob o príncipe legítimo.

Uma conquista pode destruir os preconceitos nocivos, e pôr, se me é permitido falar assim, uma nação sob um génio melhor.

Que bem os Espanhóis não poderiam ter feito aos Mexicanos? Tinham uma religião branda para lhes dar; levaram-lhes uma superstição furiosa. Poderiam ter libertado os escravos; converteram os homens livres em escravos. Poderiam tê-los esclarecido acerca dos abusos dos sacrifícios humanos; em vez disso, exterminaram-nos. Nunca mais terminaria se quisesse contar todos os bens que não fizeram e todos os males que fizeram.

Cabe a um conquistador reparar uma parte dos males que provocou. Defino assim o direito de conquista: um direito necessário, legítimo e infeliz, que deixa sempre por pagar uma dívida imensa a ser saldada com a natureza humana.

Capítulo V
Gélon, rei de Siracusa

O mais belo tratado de paz mencionado pela história é, creio eu, o que Gélon concluiu com os Cartagineses. Determinou que estes abolissem o costume de imolar as suas crianças ([1]). Coisa admirável! Depois de ter derrotado trezentos mil Cartagineses, exigiu uma condição que só era útil para eles, ou melhor, estipulou-a para o género humano.

Os Bactrianos davam os seus pais já velhos de comer a grandes cães. Alexandre proibiu-os ([2]); e esse foi um triunfo que obteve contra a superstição ([*]).

Capítulo VI
Duma república que conquista

É contrário à natureza da coisa que, numa constituição federativa, um Estado confederado conquiste outro, como vimos nos nossos dias com os Suíços ([3]). Nas repúblicas federativas mistas, em que a associação envolve pequenas repúblicas e pequenas monarquias, isso choca menos.

É também contrário à natureza da coisa que uma república democrática conquiste cidades que não podem entrar na esfera da democracia. O povo conquistado tem de poder gozar os privilégios da soberania, como os Romanos estabeleceram no início. Deve-se limitar a conquista ao número de cidadãos que se fixou para a democracia.

([1]) Ver a *Compilação* do Sr. de Barbeyrac [*Histoire des anciens traités*, Amsterdão, 1739], art. 112.

([2]) Estrabão, liv. XI.

([*]) Parágrafo omisso nas primeiras edições (ed. Caillois) (N. T.).

([3]) Pelo Toquemburgo.

Se uma democracia conquista um povo para governá-lo como súbdito, põe em risco a sua própria liberdade, porque confiará um poder excessivamente grande aos magistrados que enviar para o Estado conquistado.

Se Aníbal tivesse tomado Roma, em que perigos a república de Cartago não teria incorrido? Ele, que causou tantas revoluções após a sua derrota ([1]), o que não teria feito na sua cidade após a sua vitória?

Hanão nunca teria conseguido persuadir o senado a não enviar socorro a Aníbal se apenas tivesse deixado falar a sua inveja. Esse senado, que Aristóteles nos diz ter sido tão sábio (coisa que a prosperidade dessa república prova muito bem), não podia ter sido determinado senão por razões sensatas. Teria de se ser muito estúpido para não perceber que um exército, a trezentas léguas de distância, tinha perdas necessárias que tinham de ser reparadas.

O partido de Hanão queria que Aníbal fosse entregue aos Romanos ([2]). Nessa altura, não podiam temer os Romanos; portanto, temiam Aníbal.

Diz-se que não se podia acreditar nos sucessos de Aníbal; mas como duvidar deles? Os Cartagineses, espalhados por toda a terra, ignorariam o que se passava em Itália? É porque não o ignoravam que não queriam enviar socorro a Aníbal.

Hanão tornou-se mais firme após Trébia, após Trasimeno, depois de Canas: não é a sua incredulidade que aumenta, é o seu medo.

Capítulo VII
Continuação do mesmo assunto

Há ainda um outro inconveniente associado às conquistas feitas pelas democracias. O seu governo é sempre odioso para os Estados submetidos. É monárquico por uma ficção; mas, na verdade, é mais duro que o monárquico, como a experiência de todos os tempos e de todos os países tem mostrado ([*]).

([1]) Esteve à cabeça de uma facção.

([2]) Hanão queria entregar Aníbal aos Romanos, como Catão queria entregar César aos Gauleses.

([*]) Comparar com Maquiavel, *Discorsi*, III.2, onde se anuncia pela primeira vez esta tese (N. T.).

Os povos conquistados estão numa triste condição; não gozam nem das vantagens da república nem das da monarquia.

O que disse do Estado popular pode ser aplicado à aristocracia.

Capítulo VIII
Continuação do mesmo assunto

Daí que quando uma república mantém algum povo na sua dependência, é preciso que procure reparar os inconvenientes que nascem da natureza da coisa, dando-lhe um bom direito político e boas leis civis.

Uma república da Itália mantinha alguns insulares na sua obediência ([*]); mas o seu direito político e civil que os abrangia era vicioso. Recordamo-nos daquele acto de amnistia que estipulava que já não seriam condenados a penas aflitivas ([**]) *segundo a consciência informada do governante* ([1]). Vimos muitas vezes os povos pedir privilégios; aqui o soberano concede o direito de todas as nações.

Capítulo IX
De uma monarquia que conquista à sua volta

Se uma monarquia puder agir por muito tempo antes de o engrandecimento enfraquecê-la, tornar-se-á formidável e a sua força durará enquanto for pressionada pelas monarquias vizinhas.

([*]) Sabemos pelos rascunhos anteriores à versão publicada que Montesquieu se refere à relação entre a república italiana de Génova e a Córsega, uma das suas colónias no Mediterrâneo (N. T.).

([**]) «*Penas aflitivas*»: penas corporais – o cárcere ou a morte (N. T.).

([1]) De 18 de Outubro de 1738, impresso em Génova, por Franchelli. *Vietamo al nostro governatore in detta isola, di condannare in avenire solamente* ex informatâ conscientiâ *persona alcuna nazionale in pena efflittiva. Potrà ben si far arrestare ed incarcerare le personne che gli saranno sospette; salvo di renderne poi à noi sollecitamente* [«Proibimos o nosso governador da dita ilha de condenar a penas aflitivas qualquer pessoa com base apenas na sua informação privada. Poderá certamente deter e encarcerar as pessoas que lhe forem suspeitas, contanto que nos forneça uma justificação célere»], art. VI. Ver também a *Gazette* de Amsterdão de 23 de Dezembro de 1738.

Portanto, apenas deve conquistar enquanto se mantém nos limites naturais ao seu governo. A prudência dita que se detenha assim que ultrapassa estes limites.

Neste tipo de conquista, é preciso deixar as coisas que foram encontradas: os mesmos tribunais, as mesmas leis, os mesmos costumes, os mesmos privilégios. Nada deve ser mudado à excepção do exército e do nome do soberano.

Quando a monarquia estende os seus limites com a conquista de algumas províncias vizinhas, tem de tratá-las com uma grande brandura.

Numa monarquia que durante muito tempo trabalhou para conquistar, as províncias do seu antigo domínio serão normalmente muito maltratadas. Têm de sofrer tanto os novos abusos como os antigos; e muitas vezes uma vasta capital, que tudo engole, despovoa-as. Ora se, depois de ter conquistado o que está à volta deste domínio, os povos vencidos fossem tratados como foram os antigos súbditos, o Estado estaria perdido; o que as províncias enviariam em tributos para a capital já não regressaria a elas; as fronteiras seriam arruinadas, e por conseguinte fragilizadas; os povos estariam-lhes mal afeiçoados; a subsistência dos exércitos, que têm de permanecer e actuar nas fronteiras, seria mais precária.

Tal é o estado necessário de uma monarquia conquistadora; um luxo horrível na capital, a miséria nas províncias que estão a alguma distância, a abundância nas extremidades. Passa-se o mesmo que no nosso planeta, o fogo está no centro, a verdura à superfície, uma terra árida, fria e estéril entre os dois.

Capítulo X
De uma monarquia que conquista uma outra monarquia

Por vezes uma monarquia conquista outra. Quanto mais pequena esta for, mais bem contida será com fortalezas; quando maior for, mais bem conservada será com colónias.

Capítulo XI
Dos costumes do povo vencido

Nestas conquistas, não basta deixar à nação vencida as suas leis; é talvez mais necessário deixar-lhe os seus costumes, porque um povo conhece, ama e defende sempre mais os seus costumes do que as suas leis.

Os Franceses foram escorraçados nove vezes da Itália, por causa, dizem os historiadores ([1]), da sua insolência relativamente às mulheres e às raparigas. É demais para uma nação ter de sofrer a arrogância do vencedor, e também a sua incontinência, e também a sua indiscrição, sem dúvida mais importuna porque multiplica os ultrajes até ao infinito.

Capítulo XII
Duma lei de Ciro

Não considero uma boa lei aquela que Ciro fez para que os Lídios só pudessem exercer profissões vis, ou profissões infames. Atende-se ao que é mais urgente; pensa-se nas revoltas, e não nas invasões. Mas as invasões rapidamente chegarão; os dois povos unem-se; corrompem-se um ao outro. Gostaria mais de manter pelas leis a rudeza do povo vencedor do que alimentar com elas a moleza do povo vencido.

Aristodemus, tirano de Cumes ([2]), procurava desvigorar a coragem da juventude. Queria que os rapazes deixassem crescer os seus cabelos, como as raparigas; que os ornamentassem com flores, e vestissem roupas de diferentes cores até aos calcanhares; que, quando fossem a casa dos seus mestres de dança e de música, as mulheres lhes levassem sombrinhas, perfumes e leques; que, no banho, elas lhes dessem pentes e espelhos. Esta educação durava até à idade de vinte anos. Isto só convém a um pequeno tirano, que arrisca a sua soberania para defender a sua vida.

Capítulo XIII
Carlos XII

Este príncipe, que só usava as suas forças, determinou a sua queda ao formar desígnios que apenas podiam ser executados travando uma longa guerra; algo que o seu reino não podia suportar.

([1]) Conferir a *História do Universo*, pelo Sr. Pufendorf.

([2]) Dionísio de Halicarnasso, liv. VII.

Não era um Estado que estava em decadência que ele se esforçou por derrubar, mas um império nascente. Os Moscovitas serviram-se da guerra que ele lhes fez como de uma escola. A cada derrota aproximavam-se mais da vitória; e, ao perderem no exterior, aprendiam a defender-se no interior.

Carlos julgava-se o senhor do mundo nos desertos da Polónia, por onde errava, e nos quais a Suécia se dispersava, enquanto o seu principal inimigo se fortificava contra ele, o cercava, se estabelecia no mar Báltico, destruía ou capturava a Livónia.

A Suécia assemelhava-se a um rio cujas águas tinham sido cortadas na fonte, enquanto o seu curso era desviado.

Não foi Pultava que arruinou Carlos; se não tivesse sido destruído nesse lugar, teria sido num outro. Os acidentes da fortuna são facilmente reparados; não se podem adornar os acontecimentos que nascem continuamente da natureza das coisas.

Mas nunca a natureza nem a fortuna foram tão fortes contra ele como ele próprio.

Não se deixava regrar pela disposição actual das coisas, mas por um certo modelo que adoptara; também este foi muito mal seguido. Ele não era Alexandre; mas teria sido o melhor soldado de Alexandre.

O projecto de Alexandre só foi bem-sucedido porque era sensato. Os insucessos dos Persas nas invasões da Grécia, as conquistas de Agesilau e a retirada dos Dez Mil tinham dado a conhecer com exactidão a superioridade dos Gregos na sua maneira de combater e no género de armas usadas; e sabia-se perfeitamente que os Persas eram demasiado grandes para se corrigirem.

Os Persas já não podiam enfraquecer a Grécia semeando divisões; esta estava agora reunida sob um só chefe, que não podia ter melhor meio para lhe esconder a sua servidão do que deslumbrá-la com a destruição dos seus inimigos eternos e com a esperança da conquista da Ásia.

Um império cultivado pela nação mais industriosa do mundo, que trabalhava as terras segundo um princípio religioso, fértil e abundante em todas as coisas, dava a um inimigo todo o tipo de facilidades para nele subsistir.

Pelo orgulho desses reis, sempre vãmente mortificados pelas suas derrotas, podia julgar-se que precipitaram a sua queda travando sempre batalhas, e que a lisonja nunca permitiria que pudessem duvidar da sua grandeza.

E não só o projecto era sábio, como foi sabiamente executado. Alexandre, na rapidez das suas acções, até na fogosidade das suas paixões, era conduzido por, para ousar servir-me deste termo, uma chispa de razão, e que aqueles que quiseram fazer um romance da sua história, e que tinham o espírito mais deformado do que ele, não conseguiram esconder de nós. Falemos disto com mais à vontade.

Capítulo XIV
Alexandre

Só partiu depois de ter assegurado a Macedónia contra os povos bárbaros que eram seus vizinhos, e de ter acabado de vergar os Gregos; só usou este abatimento para a execução da sua empresa; tornou impotente a inveja dos Lacedemónios; atacou as províncias marítimas; fez o seu exército de terra seguir a costa do mar, para que não estivesse separado da sua frota; serviu-se admiravelmente bem da disciplina contra o número; não lhe faltaram mantimentos; e se é verdade que a vitória lhe dava tudo, ele também fez tudo para arrebatar a vitória.

No início da sua empresa, isto é, num tempo em que um revés podia derrubá-lo, deixou poucas coisas ao acaso; quando a fortuna o colocou acima dos acontecimentos, a temeridade foi por vezes um dos seus meios. Quando, antes da sua partida, marcha contra os Tribalianos e os Ilírios, podeis ver uma guerra ([1]) como a que César travou mais tarde nas Gálias. Quando está de regresso à Grécia ([2]) é como que a contragosto que captura e destrói Tebas: acampado nas proximidades da cidade, aguarda que os Tebanos queiram fazer a paz; são eles próprios que precipitam a sua ruína. Quando se trata de combater ([3]) as forças marítimas dos Persas, Parmenion é quem tem audácia; Alexandre é quem tem a sabedoria. Com a sua indústria, separou os Persas da costa do mar, e forçou-os a abandonar a sua marinha, que era superior. Tiro era, por princípio, fiel aos Persas, que não podiam dispensar o seu comércio e a sua marinha; Alexandre destruiu-a. Tomou o

---

([1]) Ver Arriano, *De exped. Alex*, liv. I.
([2]) *Ibid.*
([3]) *Ibid.*

Egipto que Dario deixara desguarnecido de tropas enquanto reunia exércitos inumeráveis num outro universo.

A passagem do Granico tornou Alexandre senhor das colónias gregas; a batalha de Isso deu-lhe Tiro e o Egipto; a batalha de Arbela deu-lhe a terra inteira.

Depois da batalha de Isso, deixa fugir Dario, e só se ocupa da consolidação e a organização das suas conquistas; depois da batalha de Arbela, persegue Dario tão de perto ([1]) que não lhe deixa qualquer refúgio no seu império. Dario apenas entra nas suas cidades e nas suas províncias para voltar a sair: as marchas de Alexandre são tão rápidas que se acreditaria que o império do universo é o prémio de uma corrida, como nos jogos da Grécia, mais do que o prémio da vitória ([*]).

Foi assim que fez as suas conquistas; vejamos como as conservou.

Resistiu aos que queriam que ele tratasse ([2]) os Gregos como senhores, e os Persas como escravos; pensava apenas em unir as duas nações e em apagar as distinções do povo conquistador e do povo vencido. Após a conquista, abandonou todos os preconceitos que serviram para levá-la a cabo. Adoptou os costumes dos Persas, para não os apoquentar com a obrigação de adoptar os costumes dos Gregos. Foi por isso que teve tanto respeito pela mulher e pela mãe de Dario, e que mostrou tanta continência. Quem é este conquistador que é chorado por todos os povos que subjugou? Quem é este usurpador, pela morte do qual a família que ele destronou derrama lágrimas? Este aspecto da sua vida, dizem-nos os historiadores, não pode ser reivindicado por mais nenhum conquistador.

Nada fortalece mais uma conquista do que a união dos dois povos por intermédio dos casamentos. Alexandre desposou mulheres da nação que vencera; quis que os homens da sua corte ([3]) fizessem o mesmo; o resto dos Macedónios seguiu o seu exemplo. Os Francos e os Borgonheses ([4]) permitiram estes casamentos; os

---

([1]) Ver Arriano, *De exped. Alex.*, liv. III.

([*]) Este parágrafo e os dois anteriores não aparecem nas primeiras edições (ed. Caillois) (N. T.).

([2]) Era esse o conselho de Aristóteles. Plutarco, *Moralia, De Alexandri Magni fortuna aut virtute.*

([3]) Ver Arriano, *De exped. Alex.*, liv. VII.

([4]) Ver a lei dos Borgonheses, título XII, art. v.

Visigodos proibiram-nos (1) em Espanha, e seguidamente permitiram-nos; os Lombardos não só os permitiram, como até os favoreceram (2). Quando os Romanos quiseram enfraquecer a Macedónia, determinaram que não poderia haver uniões matrimoniais entre os povos de províncias diferentes.

Alexandre, que procurava unir os dois povos, pensou estabelecer na Pérsia um grande número de colónias gregas. Construiu uma infinidade de cidades e cimentou tão bem todas as partes do novo império que, depois da sua morte, na agitação e confusão das mais horríveis guerras civis, depois de os Gregos, por assim dizer, se aniquilarem a eles mesmos, nenhuma província da Pérsia se revoltou.

Para não esgotar (3) a Grécia e a Macedónia, enviou para Alexandria uma colónia de judeus: não se importava com os costumes que esses povos tinham, desde que lhe fossem fiéis.

Aos povos vencidos não deixou apenas os seus costumes; deixou-lhes também as suas leis civis, e muitas vezes deixou-lhes até os reis e os governadores que encontrara. Pôs os Macedónios (4) à cabeça das tropas e os habitantes do país invadido à cabeça do governo, pois preferia correr o risco de alguma infidelidade particular (o que por vezes lhe aconteceu) do que o de uma revolta geral. Respeitou as tradições antigas e todos os monumentos da glória ou da vaidade dos povos. Os reis da Pérsia tinham destruído os templos dos Gregos, dos Babilónios e dos Egípcios; Alexandre restabeleceu-os (5); foram poucas as nações que se lhe submeteram sobre cujos altares não fizesse sacrifícios. Parecia que só conquistara para ser o monarca particular de cada nação e o primeiro cidadão de cada cidade. Os Romanos conquistaram tudo para tudo destruir; ele queria tudo conquistar para tudo conservar; e, em todos os países que percorreu, as suas primeiras ideias, os seus primeiros desígnios foram sempre de fazer

---

(1) Ver a lei dos Visigodos, liv. III, título v, § 1, que revoga a lei antiga, que tomava em maior consideração, diz-se aí, a diferença das nações do que a diferença das condições.

(2) Ver a lei dos Lombardos, liv. II, título vii, §§ 1 e 2.

(3) Os reis da Síria, abandonando o plano dos fundadores do império, quiseram obrigar os Judeus a adoptar os costumes dos Gregos; o que abalou terrivelmente o seu Estado.

(4) Ver Arriano, *De exped. Alex.*, liv. III e outros.

(5) Ver Arriano, *ibid.*

alguma coisa que pudesse aumentar a sua prosperidade e o seu poder. Encontrou os primeiros meios na grandeza do seu génio; os segundos, na frugalidade e na sua economia particular ([1]); os terceiros, na sua imensa prodigalidade pelas grandes coisas. A sua mão fechava-se para as despesas privadas; abria-se para as despesas públicas. Quando era preciso regrar a sua casa, ele era um macedónio; quando era preciso pagar as dívidas dos soldados, atribuir uma parte da sua conquista aos Gregos, fazer a fortuna de cada homem do seu exército, era Alexandre.

Cometeu duas más acções: incendiou Persépolis e matou Clito. Tornou ambas célebres com o seu arrependimento, de modo que as suas acções criminosas foram esquecidas, para ser recordado o seu respeito pela virtude; de modo que ambas as acções foram mais consideradas como infelicidades do que como coisas que lhe fossem características; de modo que a posteridade encontra a beleza da sua alma quase ao lado dos seus acessos de cólera e das suas fraquezas; de modo que tinham de se condoer dele, e que já não era possível odiá-lo.

Vou compará-lo a César. Quando César quis imitar os reis da Ásia, desesperou os Romanos por uma coisa de pura ostentação; quando Alexandre quis imitar os reis da Ásia, fez uma coisa que entrava no plano da sua conquista ([*]).

Capítulo XV
Novos meios de conservar a conquista

Quando um monarca conquista um grande Estado, há uma prática admirável, igualmente adequada para moderar o despotismo e para conservar a conquista; os conquistadores da China deram-lhe uso.

Para não desesperar o povo vencido, e não tornar o vencedor mais arrogante, para impedir que o governo se torne militar, e para conter os dois povos no dever, a família tártara que reina actualmente na China determinou que todos os corpos de tropas nas províncias seriam compostos por metade de chineses e

---

([1]) Ver Arriano, *De exped. Alex.*, liv. VII.

([*]) Os três últimos parágrafos deste capítulo não aparecem nas primeiras edições (ed. Caillois) (N. T.)

metade de tártaros, para que a inveja entre as duas nações as contivesse no dever. Os tribunais são também metade chineses, metade tártaros. Isso produz vários bons efeitos: 1º as duas nações contêm-se uma à outra; 2º ambas detêm o poder militar e civil, e uma não é arrasada pela outra; 3º a nação conquistadora pode espalhar-se por toda a parte sem se enfraquecer e se arruinar; torna-se capaz de resistir às guerras civis e estrangeiras. É uma instituição tão sensata que foi a falta de uma semelhante que perdeu quase todos os conquistadores da Terra.

Capítulo XVI
De um Estado despótico que conquista

Uma conquista imensa supõe o despotismo. Neste caso, o exército espalhado pelas províncias não é suficiente. Tem de haver sempre à volta do príncipe um corpo particularmente confiável, sempre pronto a lançar-se contra a parte do império que poderia agitar-se. Essa milícia deve conter as outras e fazer tremer todos aqueles a quem se está obrigado a entregar alguma autoridade no império. À volta do imperador da China há um enorme corpo de tártaros sempre prontos para o que for preciso. No Mongol, nos Turcos, no Japão, existe um corpo a soldo do príncipe, independentemente daquele que é sustentado com a renda das terras. Estas forças particulares garantem o respeito pelas gerais.

Capítulo XVII
Continuação do mesmo assunto

Dissemos que os Estados que o monarca despótico conquista devem ser feudatários. Os historiadores extenuam-se em elogios da generosidade dos conquistadores que entregaram a coroa aos príncipes que foram vencidos. Os Romanos, que por toda a parte faziam reis para terem instrumentos de servidão (1), eram, por-

(1) [Tácito, *Agrícola*, cap. xiv. *Vetere ac jam pridem recepta populi romani consuetudine,*] *ut haberent instrumenta servitutis et reges* [«Até os reis eram considerados instrumentos de servidão»].

tanto, bastante generosos. Uma acção deste tipo é um acto necessário. Se o conquistador guarda para si o Estado conquistado, os governadores que enviar não conseguirão conter os súbditos, nem ele próprio conseguirá conter os seus governadores. Será forçado a desguarnecer de tropas o seu antigo património para garantir o novo. Todos os infortúnios dos dois Estados serão comuns; a guerra civil de um será a guerra civil do outro. Se, pelo contrário, o conquistador entregar o trono ao príncipe legítimo, terá um aliado necessário que, com as forças que lhe serão próprias, aumentará as suas. Vimos recentemente o xá Nadir conquistar os tesouros do Mongol e deixar-lhe o Industão.

Livro XI
Das leis que formam a liberdade política na sua relação com a constituição

Capítulo I
Ideia geral

Distingo as leis que formam a liberdade política na sua relação com a constituição daquelas que a formam na sua relação com o cidadão. As primeiras serão o assunto deste livro; tratarei das segundas no livro seguinte.

Capítulo II
Diversos significados atribuídos à palavra liberdade

Não há palavra que tenha recebido mais significados diferentes, e que tenha impressionado os espíritos de tantas maneiras, como a palavra liberdade. Uns tomaram-na pela facilidade de depor aquele a quem tinham dado um poder tirânico; outros, pela faculdade de eleger aquele a quem devem obedecer; outros, pelo direito de estarem armados e de poderem exercer a violência; aqueloutros, pelo privilégio de serem governados apenas por um homem da sua nação, ou pelas suas próprias leis (1). Um

(1) Cícero diz: «Copiei o édito de Cévola, que permite aos Gregos terminarem os seus diferendos segundo as suas leis; o que faz que se considerem povos livres» [*Ad. Att.*, VI, i].

certo povo durante muito tempo tomou a liberdade pela usança de se possuir uma longa barba (1). Alguns associaram este nome a uma forma de governo, e excluíram as outras. Os que saborearam o governo republicano colocaram-na nesse governo; os que usufruíram do governo monárquico colocaram-na na monarquia (2) (*). Por fim, cada um chamou liberdade ao governo que era conforme aos seus costumes ou às suas inclinações; e como numa república nem sempre se tem diante dos olhos, e de uma maneira tão presente, os instrumentos dos males de que se queixam; e como até as leis parecem falar mais e os executores da lei falar menos; normalmente colocam-na nas repúblicas e excluem-na das monarquias. Enfim, como nas democracias o povo parece mais ou menos fazer o que quer, colocou-se a liberdade nestes tipos de governo; e confundiu-se o poder do povo com a liberdade do povo.

Capítulo III
O que é a liberdade

É verdade que nas democracias o povo parece fazer o que quer; mas a liberdade política não consiste em fazer o que se quer. Num Estado, isto é, numa sociedade onde há leis, a liberdade só pode consistir em poder fazer o que se deve querer, e a não ser forçado a fazer o que não se deve querer.

Tem de se ter em mente o que é a independência e o que é a liberdade. A liberdade é o direito de fazer tudo o que as leis permitem; e se um cidadão pudesse fazer o que elas proíbem, já não haveria liberdade porque os outros também teriam esse mesmo poder.

---

(1) Os Moscovitas não podiam suportar que o czar Pedro tivesse ordenado o seu corte.

(2) Os Capadócios recusaram o Estado republicano que os Romanos lhes ofereceram.

(*) Ver *P*, nº 631: «(...) é preciso concluir que a liberdade política concerne as monarquias moderadas tanto quanto as repúblicas, e não está mais distante do trono do que de um senado» (N. T.).

Capítulo IV
Continuação do mesmo assunto

A democracia e a aristocracia não são Estados livres pela sua natureza. A liberdade política só se encontra nos governos moderados. Mas nem sempre ela existe nos Estados moderados; só existe quando o poder não é abusado; mas é uma experiência eterna que todo o homem que tem poder é levado a abusar dele (*); vai até encontrar limites. Quem diria! até a virtude precisa de limites (**).

Para que se não possa abusar do poder, é preciso que, pela disposição das coisas, o poder trave o poder. Uma constituição pode ser tal que ninguém será forçado a fazer coisas que a lei não obriga, e a não fazer as que a lei permite (***).

(*) Várias décadas antes, Jean Barbeyrac, o grande tradutor e comentador de Grócio, Cumberland e Pufendorf do século XVIII, já usara uma formulação muito semelhante que provavelmente inspirou Montesquieu. Na sua edição da obra de Pufendorf, *Les devoirs de l'homme et du citoyen*, publicada em 1741 (mas não nas anteriores), Barbeyrac escreveu no comentário à discussão levada a cabo por Pufendorf acerca das «partes da soberania», isto é, da validade ou invalidade da divisão de poderes, que «como a *experiência mostra que facilmente se abusa de um Poder extenso*, os inconvenientes que nascem da divisão de alguns dos direitos da Soberania serão sempre muito menores do que aqueles a que ficamos expostos com a regularidade de que fala o nosso Autor [isto é, Pufendorf]». Ver Barbeyrac [Pufendorf], *Les devoirs de l'homme et du citoyen* (Londres: Jean Nourse, 1741), II.vii.9, nota 1, p. 80. Numa palavra, a expressão aqui sublinhada foi escrita no contexto da discussão sobre a divisão dos poderes, que Pufendorf rejeitava e que Barbeyrac propunha, e que corresponde exactamente ao contexto da obra de Montesquieu em que a mesma discussão surge. Tanto Barbeyrac como Montesquieu puseram em relação as mesmas considerações: divisão de poderes/liberdade/abuso de poder como uma inclinação humana. A esta consonância, que não é uma coincidência, não é alheio o facto de Barbeyrac ter sido assumidamente um discípulo de John Locke (N. T.).

(**) Comparar com Descartes, *Les passion de l'âme*, II, art. 144º, onde se pode ler que «não poderíamos ter um desejo excessivamente ardente pela virtude» (N. T.).

(***) Comparar com o art. 5º da *Declaração dos Direitos do Homem e do Cidadão* de 1789: «(...) Tudo o que não é proibido pela Lei não pode ser impedido, e ninguém pode ser forçado a fazer o que ela não ordena» (N. T.).

Capítulo V
Do objecto dos diversos Estados

Embora os Estados tenham em geral um mesmo objecto, que é preservar-se, cada Estado tem, porém, um objecto que lhe é particular. O engrandecimento era o objecto de Roma (*); a guerra, o da Lacedemónia; a religião, o das leis judaicas; o comércio, o de Marselha; a tranquilidade pública, o das leis da China ([1]); a navegação, o das leis dos habitantes de Rodes; a liberdade natural era o objecto da polícia dos selvagens; em geral, as delícias do príncipe constituem o objecto dos Estados despóticos; a sua glória e a do Estado, o das monarquias; a independência de cada particular é o objecto das leis da Polónia; e o que daí resulta é a opressão de todos (**) ([2]).

Também há uma nação no mundo que tem como objecto directo da sua constituição a liberdade política. Vamos examinar os princípios sobre os quais ela a fundamenta. Se forem bons, a liberdade aparecerá aí como num espelho.

Para descobrir a liberdade política na constituição, não são necessários tantos trabalhos. Se podemos vê-la onde ela está, se a encontrámos, porquê procurá-la? (***)

(*) Ver *CGR*, I, onde se pode ler que o «princípio do governo» romano era a guerra perpétua. O engrandecimento aparecia como que a consequência da resposta à necessidade de sobreviver num mundo de vizinhos predadores. O tema do engrandecimento como objeto do regime romano, sobretudo após a expulsão dos reis, é explicitamente abordado no cap. IX da mesma obra (N. T.).

([1]) Objecto natural de um Estado que não tem inimigos no exterior, ou que crê que os travou com barreiras.

(**) Em *P*, nº 319, Montesquieu colocou o mesmo problema em termos algo diferentes. O que é sublinhado não é tanto o objecto da constituição, mas dos seus «legisladores». Assim, Licurgo esforçou-se por tornar os seus cidadãos «mais guerreiros». Platão e Thomas More procuraram fazer deles «homens de bem». Sólon quis torná-los «mais iguais». Os «legisladores judeus» quiseram torná-los «mais religiosos», assim como os cartagineses pretendiam torná-los «mais ricos». Por fim, os legisladores romanos pretendiam fazer cidadãos «mais magnânimos» (N. T.).

([2]) Inconveniente do *Liberum veto.*

(***) No caderno escrito aquando da sua estadia em Inglaterra Montesquieu declarou: «A Inglaterra é actualmente o país mais livre em todo o mundo, sem exceptuar qualquer república». *NA*, p. 884 (N. T.).

Capítulo VI
Da constituição da Inglaterra(*)

Em cada Estado existem três tipos de poderes: o poder legislativo, o poder executor das coisas que dependem do direito dos povos, e o poder executor das que dependem do direito civil (**).

Com o primeiro, o príncipe ou o magistrado faz as leis por um tempo ou para sempre, e corrige ou revoga as que foram feitas. Com o segundo, faz a paz ou a guerra, envia ou recebe embaixadas, estabelece a segurança, previne as invasões. Com o terceiro, pune os crimes, ou julga os diferendos dos particulares. A este último chamar-se-á o poder de julgar, e ao outro simplesmente o poder executor do Estado.

A liberdade política num cidadão é aquela tranquilidade de espírito que provém da opinião que cada um tem da sua segurança; e para que haja esta liberdade é preciso que o governo seja tal que um cidadão não possa recear um outro cidadão.

Quando na mesma pessoa, ou no mesmo corpo de magistratura, o poder legislativo está reunido juntamente com o poder executor, não há liberdade; porque se pode recear que o mesmo monarca ou o mesmo senado façam leis tirânicas para as executar tiranicamente.

(*) Ver James Madison, *The Federalist Papers*, nº 47: «A Constituição britânica era para Montesquieu o que Homero tem sido para os escritores didácticos em matéria de poesia épica. Tal como os últimos consideraram a obra do bardo imortal como o modelo perfeito do qual deveriam ser derivados os princípios e regras da arte épica, e pelos quais se deveriam avaliar todas as obras semelhantes, assim este grande crítico político parece ter visto a Constituição de Inglaterra como o padrão, ou para usar a sua própria expressão, o espelho da liberdade política; e ter proclamado, sob a forma de verdades elementares, os vários princípios característicos desse sistema particular.» (trad. Soromenho-Marques, J. C. S. Duarte, Colibri, 2003) (N. T.).

(**) Este parágrafo é profundamente devedor da exposição da tripartição dos poderes em John Locke, *Dois Tratados do Governo Civil*, trad. portuguesa Miguel Morgado (Lisboa: Edições 70, 2006), II.131, 143-148. Porém, com o desenvolvimento da sua própria teoria da tripartição dos poderes, Montesquieu acabou por se afastar de Locke nalguns pontos importantes, entre os quais não é menor a substituição do poder «federativo» de Locke pelo poder «de julgar» – o poder «executivo» de Locke converte-se no «poder de julgar» de Montesquieu, e o poder «federativo» do primeiro no poder «executor» do segundo (N. T).

Também não há liberdade se o poder de julgar não estiver separado (*) do poder legislativo e o do executor. Se estivesse unido ao poder legislativo, o poder sobre a vida e a liberdade dos cidadãos seria arbitrário, pois o juiz seria legislador. Se estivesse unido ao poder executor, o juiz poderia ter a força de um opressor.

Tudo estaria perdido se o mesmo homem, ou o mesmo corpo dos principais cidadãos, ou dos nobres, ou do povo, exercesse estes três poderes: o de fazer as leis, o de executar as resoluções públicas e o de julgar os crimes ou os diferendos dos particulares.

Na maioria dos reinos da Europa, o governo é moderado porque o príncipe, que detém os dois primeiros poderes, deixa aos seus súbditos o exercício do terceiro. Entre os Turcos, onde estes três poderes estão reunidos na pessoa do sultão, reina um horrível despotismo.

Nas repúblicas da Itália, onde estes três poderes estão reunidos, encontramos menos liberdade do que nas nossas monarquias. Assim, para se manter, o governo tem necessidade de meios tão violentos como o governo dos Turcos; atente-se nos inquisidores do Estado ([1]) e o tronco para onde os delatores podem, a qualquer momento, atirar um bilhete com a sua acusação.

Veja-se a situação de um cidadão nessas repúblicas. O mesmo corpo de magistratura tem, como executor das leis, todo o poder que lhe é dado como legislador. Pode devastar o Estado com as suas vontades gerais, e, como também detém o poder de julgar, pode destruir cada um dos cidadãos com as suas vontades particulares.

Aí, todo o poder é uno; e ainda que não exista a pompa exterior que revela um príncipe despótico, o poder faz-se sentir em todos instantes.

Assim, os príncipes que quiseram tornar-se despóticos começaram sempre por reunir na sua pessoa todas as magistraturas; e vários reis da Europa começaram por reunir todos os grandes cargos do seu Estado.

Estou convicto de que a pura aristocracia hereditária das repúblicas da Itália não constitui uma réplica exacta do despotismo da

---

(*) Montesquieu não usou a expressão «separação de poderes». Este é o ponto mais próximo que o texto está dessa famosa expressão (N. T.).

([1]) Em Veneza.

Ásia. A multidão de magistrados suaviza por vezes a magistratura; nem todos os nobres concorrem sempre para os mesmos desígnios; são formados diferentes tribunais que se temperam. Assim, em Veneza, o grande conselho detém a legislação; o *pregadi*, a execução; os *Quarantia*, o poder de julgar. Mas o mal é que estes diferentes tribunais são compostos por magistrados do mesmo corpo; o que os converte praticamente num mesmo poder.

O poder de julgar não deve ser dado a um senado permanente, mas exercido por pessoas retiradas do corpo do povo ([1]), em algumas épocas do ano, da maneira prescrita pela lei, para formar um tribunal que dura enquanto a necessidade o solicitar.

Deste modo, o poder de julgar, tão terrível entre os homens, ao não estar associado nem a um certo estado, nem a uma certa profissão, torna-se, por assim dizer, invisível e nulo. Não se tem continuamente os juízes diante dos olhos; e receia-se a magistratura, e não os magistrados.

É preciso até que, nas grandes acusações, o criminoso, em cooperação com a lei, escolha os seus juízes; ou pelo menos que possa recusar um número tão grande que se possa considerar os que restarem como sendo da sua escolha.

Os dois outros poderes poderiam antes ser dados a magistrados ou a corpos permanentes porque não são exercidos sobre nenhum particular; sendo um deles não mais do que a vontade geral do Estado, e o outro a execução dessa vontade geral.

Mas, se os tribunais não devem ser fixos, já os julgamentos devem sê-lo, e a um tal ponto que nunca sejam outra coisa senão um texto preciso da lei. Se fossem uma opinião particular do juiz viver-se-ia na sociedade sem saber precisamente que compromissos foram contraídos.

É preciso até que os juízes sejam da condição do acusado, ou seus pares, para que ele não possa imaginar que caiu nas mãos de gente inclinada a lhe fazer violência.

Se o poder legislativo deixa ao executor o direito de imprisionar cidadãos que podem dar caução da sua conduta, deixa de haver liberdade, a menos que os cidadãos sejam detidos para responderem, sem demoras, a uma acusação que a lei tornou capital; neste caso, são realmente livres porque não estão submetidos senão ao poder da lei.

([1]) Como em Atenas.

Mas, se o poder legislativo se julgar em perigo em virtude de uma qualquer conjura secreta contra o Estado, ou de algum estratagema com os inimigos externos, poderia, durante um período curto e limitado, permitir ao poder executor que prendesse os cidadãos suspeitos, os quais apenas estariam a perder a sua liberdade por um certo tempo para a conservarem para sempre.

E esse é o único meio conforme à razão de substituir a tirânica magistratura dos Éforos e os Inquisidores do Estado de Veneza, que também são despóticos.

Como, num Estado livre, cada homem que se considera ter uma alma livre deve ser governado por si mesmo, o povo no seu conjunto tem de possuir o poder legislativo. Mas como tal é impossível nos grandes Estados e está sujeito a muitos inconvenientes nos pequenos, o povo tem de fazer através dos seus representantes tudo o que não pode fazer por si mesmo.

Conhecemos muito melhor as necessidades da nossa cidade do que as das outras cidades; e julgamos melhor a capacidade dos nossos vizinhos do que a dos nossos restantes compatriotas. Portanto, não é necessário que os membros do corpo legislativo sejam retirados em geral do corpo da nação; mas convém que, em cada lugar principal, os habitantes escolham o seu representante.

A grande vantagem dos representantes é a de serem capazes de discutir os assuntos. O povo não tem de todo essa capacidade; o que constitui um dos grandes inconvenientes da democracia.

Não é necessário que os representantes, que receberam daqueles que os escolheram uma instrução geral, recebam também deles instruções particulares sobre cada assunto, como é praticado nas dietas da Alemanha. É verdade que, dessa maneira, a palavra dos deputados exprimiria melhor a voz da nação; mas produziria atrasos infinitos, converteria cada deputado no senhor de todos os outros, e nas ocasiões mais prementes toda a força da nação poderia ser retida por um capricho.

Diz muito bem o Sr. Sidney (*) que, quando os deputados representam um conjunto popular, como na Holanda, devem

---

(*) Algernon Sidney (1623-1683): político e publicista inglês. Autor de *Discourses concerning Government*, obra que só seria publicada quinze anos após a sua morte. Sidney foi executado por traição às ordens do juiz Jeffreys, o homem que, depois da revelação de uma alegada conspiração contra o rei Carlos II, e contra o seu irmão e herdeiro do trono, o duque de Iorque, conhecida como *Rye House*

prestar contas aos que os comissionaram; é diferente quando são deputados pelos burgos, como em Inglaterra.

Todos os cidadãos, nos vários distritos, devem ter o direito de dar a sua voz para escolher o representante; exceptuando os que estão num tal estado de baixeza que se considera não terem vontade própria.

Havia um grande vício na maioria das repúblicas antigas: era que o povo tinha o direito de tomar resoluções activas, e que exigem alguma execução, coisa de que é inteiramente incapaz. O povo não deve entrar no governo senão para escolher os seus representantes, o que está, de facto, ao seu alcance. Pois se há pouca gente que conheça o grau exacto da capacidade dos homens, no entanto cada um é capaz de saber, em geral, se aquele que escolheu é mais esclarecido do que a maioria dos restantes.

O corpo representante também não deve ser escolhido para tomar resoluções activas, coisa que não saberá fazer bem; mas para fazer leis, ou para verificar se foram bem executadas as leis que ele fez, coisa que pode fazer muito bem, e que na verdade só ele pode fazer bem.

Há sempre num Estado pessoas distintas pelo nascimento, pelas riquezas ou pelas honrarias; mas se estivessem confundidas no meio do povo, e se tivessem apenas uma voz como os outros, a liberdade comum seria a sua escravidão e não teriam qualquer interesse em defendê-la porque a maioria das resoluções seria contra eles. A parte que lhes cabe na legislação deve, pois, ser proporcionada às outras vantagens que têm no Estado: o que sucederá se formarem um corpo que tem o direito de frear as empresas do povo, como o povo tem o direito de frear as deles.

Assim, o poder legislativo será confiado ao corpo dos nobres e ao corpo que será escolhido para representar o povo, cada um com as suas assembleias e deliberações separadas, e com opiniões e interesses distintos.

Dos três poderes de que falámos, o de julgar é de algum modo nulo. Restam apenas dois; e como têm necessidade de um

---

Plot, liderou a repressão e a punição dos envolvidos. Sidney tinha simpatias republicanas, e criticou a monarquia recorrendo a uma síntese do republicanismo antigo e das correntes liberais do pensamento moderno. Depois da Revolução de 1688, a obra de Sidney seria bastante influente, tanto em Inglaterra como no continente, a começar pela sua crítica do patriarcalismo (N. T.).

poder regulador para os temperar, a parte do corpo legislativo que é composta por nobres é muito apropriada para ter este efeito.

O corpo dos nobres deve ser hereditário. Em primeiro lugar, ele é-o pela sua natureza; e, além disso, é preciso que tenha um interesse muito grande na conservação das suas prerrogativas, odiosas por elas mesmas, e que, num Estado livre, devem sempre estar em perigo.

Mas como um poder hereditário poderia ser conduzido a seguir os seus interesses particulares e a esquecer os do povo, é preciso que nas coisas em que se tem um interesse soberano na sua corrupção, como nas leis que dizem respeito ao levantamento de dinheiro, esse poder só tome parte na legislação através da sua faculdade de impedir, e não pela sua faculdade de estatuir (*).

Chamo *faculdade de estatuir* ao direito de ordenar por si mesmo, ou de corrigir o que foi ordenado por outrem. Chamo *faculdade de impedir* ao direito de anular uma resolução tomada por outrem; o que constituía o poder dos tribunos de Roma. E embora quem tenha a faculdade de impedir possa ter também o direito de aprovar, esta aprovação não é mais do que uma declaração de que não usará à sua faculdade de impedir, e decorre desta faculdade.

O poder executor deve estar nas mãos de um monarca porque esta parte do governo, que quase sempre tem necessidade de uma acção imediata, é mais bem administrada por um do que por vários; ao invés do que depende do poder legislativo, que é muitas vezes mais bem ordenada por vários do que por um só.

Se não houvesse monarca, e o poder executor fosse confiado a um certo número de pessoas retiradas do corpo legislativo, dei-

(*) A teoria da divisão de poderes inclui, portanto, a divisão do poder legislativo por uma câmara baixa, constituída por representantes eleitos do povo, e por uma câmara alta, constituída por Pares hereditários. Embora Montesquieu só tenha atribuído a esta última câmara a faculdade de impedir, e não a de estatuir, estes parágrafos sobre a câmara hereditária teriam uma enorme influência não só durante os dois primeiros anos da Revolução Francesa, mas sobretudo no período da Restauração. Para alguns a autoridade de Montesquieu era fundamental para demonstrar que a existência constitucional da nobreza era essencial para impedir o despotismo – democrático ou monárquico. Para outros, a análise de Montesquieu deixara de ser relevante para a realidade social da França pós-revolucionária. Em grande medida, e simplificando gravemente os termos do debate, pode dizer-se que esta era uma questão que separava a «esquerda» da «direita» na França da primeira metade do século XIX (N. T.).

xaria de haver liberdade porque os dois poderes estariam unidos; as mesmas pessoas por vezes pertenceriam a ambos os poderes, e poderiam sempre chegar a tomar parte quer num, quer noutro.

Se o corpo legislativo durante um período considerável não fosse reunido, deixaria de haver liberdade. Pois uma de duas coisas aconteceria: ou deixaria de haver resoluções legislativas, e o Estado cairia na anarquia; ou essas resoluções seriam tomadas pelo poder executor, e este tornar-se-ia absoluto.

Seria inútil que o corpo legislativo estivesse sempre reunido. Isso seria incómodo para os representantes, e de resto ocuparia excessivamente o poder executor, que já não pensaria em executar, mas em defender as suas prerrogativas e o direito que tem de executar.

De mais a mais, se o corpo legislativo estivesse continuamente reunido, poderia suceder que só se substituiriam os deputados que morressem por novos deputados; e, neste caso, uma vez corrompido o poder legislativo, o mal não teria remédio. Quando vários corpos legislativos se sucedem uns aos outros, o povo, quando tem uma má opinião do corpo legislativo actual, coloca, com razão, as suas esperanças naquele que vier depois. Mas se fosse sempre o mesmo corpo, o povo, ao vê-lo corrompido, não esperaria mais nada das suas leis; ficaria furioso, ou cairia na indolência (*).

O corpo legislativo não deve convocar-se a si mesmo; porquanto se considera que um corpo só tem vontade quando está reunido; e, se não fosse convocado por unanimidade, não se conseguiria dizer qual a parte que constituiria verdadeiramente o corpo legislativo: se a que estivesse reunida, ou a que não estivesse. Se tivesse o direito de se prorrogar a si mesmo, poderia acontecer que nunca se prorrogasse; o que seria perigoso no caso em que se quisesse atentar contra o poder executor. De resto, há períodos mais convenientes do que outros para a reunião do corpo legislativo: logo, é preciso que seja o poder executor a regular, atendendo às circunstâncias que forem do seu conhecimento, o momento e a duração destas assembleias.

(*) Ver a discussão deste tema pelo visconde de Bolingbroke, *A Dissertation upon Parties*, carta XI. Durante a sua estada em Inglaterra, Montesquieu conheceu e privou com Bolingbroke. Naturalmente, conhecia bem a sua obra escrita. Porém, havia muito em Bolingbroke que desagradava a Montesquieu e a relação de amizade acabaria por findar (N. T.).

Se o poder executor não tem o direito de frear as iniciativas do corpo legislativo, este será despótico; pois, como poderá atribuir a si mesmo todo o poder que puder imaginar, aniquilará todos os outros poderes.

Mas o poder legislativo não tem de possuir reciprocamente a faculdade de frear o poder executor. Pois como a execução tem os seus limites pela sua natureza, é inútil restringi-la; além disso, o poder executor é sempre exercido sobre coisas momentâneas. E o poder dos tribunos de Roma era vicioso, na medida em que limitava não só a legislação, mas também a execução, o que era a causa de grandes males.

Mas se, num Estado livre, o poder legislativo não deve ter o direito de frear o poder executor, tem, no entanto, o direito, e deve ter a faculdade, de examinar de que maneira as leis que criou foram executadas; e esta é a vantagem que este governo tem sobre o de Creta e o da Lacedemónia, onde os cosmos e os éforos não prestavam contas da sua administração.

Mas, seja que exame for, o corpo legislativo não deve ter o poder de julgar a pessoa, e por conseguinte a conduta, daquele que executa. A sua pessoa deve ser sagrada, porque sendo necessária ao Estado para que o corpo legislativo não se torne tirânico, a partir do momento em que fosse acusada ou julgada não haveria mais liberdade.

Neste caso, o Estado não seria uma monarquia, mas uma república não livre. Mas como quem executa não pode executar mal sem ter maus conselheiros, e que, enquanto ministros, odeiam as leis, não obstante estas os favorecerem enquanto homens, os conselheiros podem ser processados e punidos (*). E esta é a vantagem deste governo sobre o de Cnido, onde a lei, como não permitia chamar a julgamento os *amymones* (1), mesmo depois de terminada a sua adminsitração (2), o povo nunca podia pedir contas das injustiças que lhe tinham sido feitas.

(*) Consequência jurídico-política da velha máxima constitucional inglesa *The King can do no wrong*. Esta não é, porém, a única consequência jurídico-política que foi, de facto, tirada dessa mesma máxima no decurso da história de Inglaterra (N. T.).

(1) Estes eram os magistrados que o povo elegia todos os anos. Ver Estêvão de Bizâncio. [Sobre os *amymones*, ver Bodin, I.8; Grócio, I.iii.8 (N. T.)].

(2) Era possível acusar os magistrados romanos depois de terminada a sua magistratura. Ver, em Dionísio de Halicarnasso, liv. XI, o caso do tribuno Genucius.

Apesar de em geral o poder de julgar não dever estar unido a qualquer parte do poder legislativo, isto está sujeito a três excepções, fundamentadas no interesse particular de quem deve ser julgado.

Os grandes estão sempre expostos à inveja; e se fossem julgados pelo povo poderiam ficar em perigo, e não gozariam do privilégio que o menor dos cidadãos possui, num Estado livre, de ser julgado pelos seus pares. É preciso, pois, que os nobres sejam levados a julgamento, não nos tribunais ordinários da nação, mas naquela parte do corpo legislativo composta por nobres.

Poderia acontecer que a lei, que é simultaneamente clarividente e cega, fosse em certos casos demasiado rigorosa. Mas os juízes da nação não são, como dissemos, senão a boca que pronuncia as palavras das leis; são seres inanimados que não podem moderar nem a sua força, nem o seu rigor. Portanto, é a parte do corpo legislativo que, como acabámos de dizer, constitui um tribunal necessário noutra ocasião, que também o constitui nestas circunstâncias; cabe à sua autoridade suprema moderar a lei em favor da própria lei, sentenciando com menos rigor do que ela.

Poderia ainda acontecer que algum cidadão nos assuntos públicos violasse os direitos do povo, e cometesse crimes que os magistrados estabelecidos não conseguissem, ou não quisessem punir. Mas, em geral, o poder legislativo não pode julgar; e ainda menos neste caso particular, em que esse poder representa a parte interessada, que é o povo. Só pode, pois, ser acusador. Mas perante quem fará a acusação? Irá rebaixar-se perante os tribunais da lei, que lhe são inferiores, e, para mais, compostos por gente que, sendo do povo como o poder legislativo, seria arrastada pela autoridade de um tão grande acusador? Não: para conservar a dignidade do povo e a segurança dos particulares, a parte legislativa do povo tem de fazer a acusação perante a parte legislativa dos nobres, a qual não tem nem os mesmos interesses, nem as mesmas paixões que ela.

Esta é a vantagem que este governo tem sobre a maioria das repúblicas antigas, onde havia este abuso, o de que o povo era simultaneamente o juiz e o acusador.

O poder executor, como dissemos, deve tomar parte na legislação através da sua faculdade de impedir; sem a qual estaria bastante despojado das suas prerrogativas. Mas se o poder legislativo tomar parte na execução, o poder executor estará igualmente perdido.

Se o monarca tomasse parte na legislação através da faculdade de estatuir, deixaria de haver liberdade. Mas, como no entanto é necessário que tome parte na legislação para se defender, é preciso que tome parte através da faculdade de impedir.

A causa da mudança do governo em Roma foi que o Senado, que detinha uma parte do poder executor, e os magistrados, que detinham a outra, não tinham, como o povo, a faculdade de impedir.

Eis, então, a constituição fundamental do governo de que falamos. Como o corpo legislativo é composto por duas partes, uma acorrenta a outra através da sua faculdade mútua de impedir. Ambas estarão presas pelo poder executor, que, por sua vez, também estará preso pelo poder legislativo.

Estes três poderes (*) deveriam formar um repouso ou uma inacção. Mas como pelo movimento necessário das coisas são constrangidos a prosseguir, serão forçados a prosseguir concertadamente.

Como o poder executor só participa no poder legislativo através da sua faculdade de impedir, não poderia entrar no debate dos assuntos. Nem sequer é necessário que faça propostas, porque, como pode sempre desaprovar as resoluções, pode rejeitar as decisões das propostas que gostaria que não tivessem sido feitas.

Em algumas repúblicas antigas, onde o povo em conjunto levava a cabo o debate dos assuntos, era natural que o poder executor fizesse propostas e as debatesse com ele; de outro modo, haveria uma confusão estranha nas resoluções.

Se o poder executor estatuir sobre o levantamento de dinheiros públicos sem o consentimento do legislativo, deixaria de haver liberdade porque o executor se converteria em legislativo no ponto mais importante da legislação.

Se o poder legislativo estatuir, não todos os anos, mas de uma vez por todas, sobre o levantamento dos dinheiros públicos, corre

---

(*) Note-se que «estes três poderes» referem-se às duas câmaras do poder legislativo e ao poder executivo, e não à tríade habitual dos poderes legislativo, executivo e judicial. Por implicação, a divisão ou separação de poderes envolve os *quatro* poderes – executivo, câmara baixa e câmara alta do legislativo e judicial – o que, em última análise, significa os *três* poderes, já que a câmara baixa e a câmara alta constituem duas partes do mesmo poder legislativo (N. T.).

o risco de perder a sua liberdade porque o poder executor deixará de depender dele; e quando se possui um tal direito para sempre, é assaz indiferente que esse direito provenha dele ou de outrem. O mesmo se passa se estatuir, não todos os anos, mas de uma vez por todas, sobre as forças de terra e de mar que deve confiar ao poder executor.

Para que aquele que executa não possa oprimir, é preciso que os exércitos que lhe são confiados sejam do povo, e tenham o mesmo espírito que o povo, como se passava em Roma até aos tempos de Mário. E, para que assim seja, só existem dois meios: ou que aqueles que são empregues no exército possuam bens suficientes para responder pela sua conduta diante dos outros cidadãos, e que sejam alistados apenas por um ano, como era a prática em Roma; ou, se existe um corpo de tropas permanentes, e em que os soldados sejam uma das partes mais vis da nação, é preciso que o poder legislativo possa desmobilizá-lo sempre que o desejar, que os soldados vivam com os cidadãos, e que não tenham nem um acampamento separado, nem casernas, nem lugares fortificados.

Uma vez estabelecido o exército, este não deve depender imediatamente do corpo legislativo, mas do poder executor; e tal decorre da natureza da coisa; já que as suas atribuições consistem mais em acção do que em deliberação.

Faz parte da maneira de pensar dos homens o fazer mais caso da coragem do que da timidez; da actividade do que da prudência; da força do que dos conselhos. O exército desprezará sempre um senado e respeitará os seus oficiais. Não fará caso das ordens que lhe serão enviadas por parte de um corpo composto por pessoas que considera serem tímidas e por isso indignas de comandá-lo. Assim, sempre que o exército depender unicamente do corpo legislativo, o governo tornar-se-á militar. E se alguma vez ocorreu o contrário, foi em resultado de algumas circunstâncias extraordinárias; ou porque o exército esteve sempre separado, ou porque era composto por vários corpos e cada um deles dependia da sua província particular; ou porque as capitais estavam situadas em lugares excelentes, cuja defesa era assegurada pela localização, e onde não havia tropas.

A Holanda é ainda mais segura do que Veneza; afogaria as tropas revoltadas, fá-las-ia morrer de fome. Como as tropas não estão nas cidades que lhes poderiam dar subsistência, essa subsistência é precária.

Pois se, no caso em que o exército é governado pelo corpo legislativo, circunstâncias particulares impedirem o governo de se tornar militar, cair-se-á noutros inconvenientes; de duas coisas, uma: ou o exército terá de destruir o governo, ou o governo terá de enfraquecer o exército.

E este enfraquecimento terá uma causa bem fatal: nascerá da própria fraqueza do governo.

Se quisermos ler a obra admirável de Tácito sobre *Os Costumes dos Germanos* ([1]), veremos que foi deles que os Ingleses tiraram a ideia do seu governo político. Esse belo sistema foi encontrado nos bosques ([*]).

Tal como todas as coisas humanas têm um fim, também o Estado de que falamos perderá a sua liberdade; perecerá. Roma, Lacedemónia e Cartago certamente que pereceram. Perecerá quando o poder legislativo for mais corrupto que o executor ([**]).

Não me cabe examinar se os Ingleses gozam actualmente desta liberdade, ou não. Basta-me dizer que está estabelecida pelas suas leis, e não procuro mais.

Não pretendo com isto rebaixar os outros governos, nem dizer que esta liberdade política extrema deve mortificar aqueles que só possuem uma liberdade moderada. Como poderia dizê-lo, eu que julgo que o próprio excesso da razão nem sempre é desejável, e que os homens acomodam-se quase sempre melhor aos meios do que às extremidades?

([1]) [Cap. xi]. *De minoribus rebus principes consultant, de majoribus omnes; ita tamen ut ea quoque quorum penes plebem arbitrium est apud principes pertractentur* [«Em questões menores, só os príncipes são consultados; nas questões maiores, todos o são; mas mesmo quando se trata de um assunto sujeito à escolha do povo, os príncipes examinam-no cuidadosamente em primeiro lugar»].

([*]) No opúsculo dedicado à *Constituição Alemã,* Hegel, embora sem nomear Montesquieu, aludiu a este passo, com um propósito que combina a confirmação e a correcção. «Este sistema de representação é o sistema de todos os Estados europeus modernos. Não existiu nos bosques da Germânia, mas nasceu deles; fez época na histórica universal. (...) Este sistema não existiu nos bosques da Germânia porque toda a nação tem de percorrer por si mesma os seus próprios estádios culturais antes de intervir na conexão geral do mundo (...)» (N. T.).

([**]) Na sua obra de 1753, o grande jurista William Blackstone, ele próprio profundamente influenciado por Montesquieu, repreendeu-o por este veredicto, e citou duas figuras inglesas – o Lord Treasurer de Isabel I, Burleigh, e Matthew Hale, jurista e juiz durante o reinado de Carlos II – que já tinham avançado que a morte do regime inglês só poderia provir da corrupção do parlamento. *Commentaries on the Laws of England* (Filadélfia: J.B. Lippincott Co., 1893), I.ii.3(N. T.).

Harrington (*), no seu *Oceana*, também examinou qual era o mais alto ponto de liberdade aonde se pode levar a constituição do Estado. Mas dele pode-se dizer que só procurou esta liberdade depois de a ter compreendido deficientemente, e que construiu a Calcedónia com a costa de Bizâncio diante dos olhos (**).

Capítulo VII
Das monarquias que conhecemos

As monarquias que conhecemos não têm, como aquela de que acabámos de falar, a liberdade como seu objecto directo; apenas tendem para a glória dos cidadãos, do Estado e do príncipe. Mas dessa glória resulta um espírito de liberdade que, nesses Estados, pode fazer tantas coisas grandes, e talvez contribuir tanto para a felicidade, como a própria liberdade.

Nelas, os três poderes não estão distribuídos, nem fundidos segundo o modelo da constituição de que falámos. Cada uma delas tem uma distribuição particular, em função da qual se aproximam mais ou menos da liberdade política; e se dela não se aproximasse, a monarquia degeneraria em despotismo.

(*) James Harrington (1611-1677): filósofo político inglês. A sua obra mais famosa e influente intitula-se *The Commonwealth of Oceana* e foi publicada em 1656. A sua influência, no entanto, seria muito mais notória a partir do final do século XVII até à Revolução Francesa, passando sobretudo pelo chamado Iluminismo escocês e britânico. Proponente daquilo a chamava a «prudência antiga», Harrington procurou pensar a política a partir das concepções do republicanismo antigo e de uma reflexão sobre a função e consequências da distribuição de propriedade na estrutura política e social dos povos. Em *Oceana*, além de proceder a uma análise dos regimes políticos que gozaram de existência histórica, Harrington tentou também desenhar uma ordem política que fosse uma perfeição de equilíbrio (N. T.).

(**) «(...) construiu a Calcedónia com a costa de Bizâncio diante dos olhos»: referência implícita a um episódio da história da Antiguidade relatado por Heródoto (IV.144). Megabazo, homem da confiança de Dario, discursa em Bizâncio e faz notar que a Calcedónia se situa na costa oposta do Helesponto. Mas acrescenta que a Calcedónia foi fundada dezassete anos antes de Bizâncio. Ora, conclui Megabazo, os Calcedónios devem ter trabalhado sob uma qualquer espécie de cegueira porquanto, diante da escolha dos dois lados do Helesponto, escolheram para edificar a sua cidade o lado inferior. Por outras palavras, Montesquieu acusa Harrington de uma qualquer espécie de cegueira intelectual, que o levou a esboçar utopias da liberdade, quando poderia ter examinado a constituição (ou as suas potencialidades) sob a qual vivia (N. T.).

Capítulo VIII
Porque é que os Antigos não tinham uma ideia muito clara da monarquia

Os Antigos não conheciam o governo fundado num corpo de nobreza, e ainda menos o governo fundado num corpo legislativo formado pelos representantes de uma nação (*). As repúblicas da Grécia e da Itália eram cidades que tinham cada uma o seu governo, e que reuniam os seus cidadãos no interior das suas muralhas. Antes de os Romanos terem engolido todas as repúblicas quase não havia reis em parte nenhuma, na Itália, na Gália, em Espanha, na Alemanha; tudo isso era composto por pequenos povos ou por pequenas repúblicas; até a África estava submetida a uma grande república; a Ásia Menor estava ocupada pelas colónias gregas. Não havia, pois, qualquer exemplo de deputados de cidades, nem de assembleias de estados; era preciso ir até à Pérsia para encontrar o governo de um só.

É verdade que havia repúblicas federativas; várias cidades enviavam deputados a uma assembleia. Mas afirmo que não havia monarquias baseadas nesse modelo.

Eis como se formou o primeiro plano das monarquias que conhecemos. As nações germânicas que conquistaram o império romano eram, como se sabe, muito livres. Basta consultar Tácito sobre *os costumes dos Germanos*. Os conquistadores espalharam-se pela região; viviam nos campos, e pouco nas cidades. Quando estavam na Germânia, toda a nação podia reunir-se. Quando se dispersaram na conquista, deixaram de o poder fazer. No entanto, a nação tinha de deliberar sobre os seus assuntos, como fizera antes da conquista: fê-lo através de representantes. Eis a origem do governo gótico entre nós. No início foi uma mistura de aristocracia e de monarquia. Tinha o inconveniente de o povo comum ser escravo. Era um bom governo que tinha em si a capacidade de se tornar melhor. Atribuir cartas de emancipação converteu-se em costume; e rapidamente a liberdade civil do povo, as prerrogativas da nobreza e do clero, o poder dos reis, encontraram-se em tal concertação, que não creio tenha havido sobre a Terra um

---

(*) Comparar com James Madison, ou mais prudentemente, Publius, *The Federalist Papers*, nº 63, que acaba por refinar esta conclusão geral de Montesquieu (N. T.).

governo tão bem temperado como o governo de cada parte da Europa no período em que aí perdurou. E é admirável que a corrupção do governo de um povo conquistador tenha formado a melhor espécie de governo que os homens puderam imaginar.

Capítulo IX
Maneira de pensar de Aristóteles

O embaraço de Aristóteles manifesta-se visivelmente quando lida com a monarquia ([1]). Estabeleceu cinco espécies de monarquia: não as distingue pela forma da constituição, mas por coisas acidentais, como as virtudes ou os vícios do príncipe; ou por coisas exteriores, como a usurpação da tirania, ou a sucessão à tirania ([*]).

Aristóteles classifica como monarquias tanto o império dos Persas, como o reino da Lacedemónia. Mas quem não vê que um era um Estado despótico, e que o outro era uma república?

Os Antigos, que não conheciam a distribuição dos três poderes no governo de um só, não podiam ter uma ideia séria da monarquia.

Capítulo X
Maneira de pensar de outros políticos

Para temperar o governo de um só, Arribas ([2]), rei de Épiro, só conseguia imaginar uma república. Os Molossos, não sabendo como limitar este mesmo poder, criaram dois reis ([3]). Com isso enfraqueceram o Estado mais do que o comando; queriam rivais e ficaram com inimigos.

Dois reis só eram toleráveis na Lacedemónia; não deram forma à constituição, mas eram uma parte da constituição.

([1]) *Política*, liv. III, cap. xiv.

([*]) Crítica funda não só a Aristóteles, mas a toda a filosofia política clássica. A crítica é acompanhada por muitos outros autores modernos, incluindo David Hume, *Ensaios Morais, Políticos e Literários*, pp. 27, 28, 34 (N. T.).

([2]) Ver Justino, liv. XVII, [cap. iii. *Primus leges et senatum, annuosque magistratus, et reipublicae formam composuit*].

([3]) Aristóteles, *Política*, liv. V, cap. ix.

Capítulo XI
Dos reis dos tempos heróicos dos Gregos

Entre os Gregos, nos tempos heróicos, estabeleceu-se uma espécie de monarquia que não perdurou ([1]). Os que tinham inventado as artes, feito a guerra pelo povo, reunido homens que estavam dispersos, ou que lhe tinham dado terras, obtinham o reino para si e transmitiam-no aos seus filhos. Eram reis, padres e juízes. É uma das cinco espécies de monarquia de que nos fala Aristóteles ([2]); e é a única que poderia despertar a ideia da constituição monárquica. Mas o plano desta constituição é oposto ao das nossas monarquias actuais.

Os três poderes eram distribuídos de maneira a que o povo tivesse o poder legislativo ([3]), e o rei o poder executor juntamente com o poder de julgar; ao passo que, nas monarquias que conhecemos, o príncipe detém o poder executor e legislativo, ou pelo menos uma parte do legislativo, mas não julga.

No governo dos reis dos tempos heróicos, os três poderes estavam mal distribuídos. Estas monarquias não podiam perdurar, pois assim que o povo detinha a legislação, podia, ao menor capricho, aniquilar a realeza, como fez em toda a parte.

Num povo livrre, e que detém o poder legislativo; num povo encerrado numa cidade, onde tudo o que há de odioso se torna ainda mais odioso, a obra-prima da legislação consiste em saber colocar adequadamente o poder de julgar. Mas não pode ser colocado de modo mais desadequado do que nas mãos de quem já detém o poder executor. A partir desse momento, o monarca tornou-se terrível. Mas ao mesmo tempo, como não detinha a legislação, não podia defender-se contra ela; tinha demasiado poder, e não tinha o suficiente.

Ainda não se descobrira que a verdadeira função do príncipe era a de estabelecer juízes, e não ser ele mesmo a julgar. A política contrária tornou o governo de um só insuportável. Todos estes reis foram escorraçados. Os Gregos não imaginaram a verdadeira distribuição dos três poderes no governo de um só; só o imagina-

---

([1]) Aristóteles, *Política*, liv. III, cap. xiv.

([2]) *Ibid.*

([3]) Ver o que diz Plutarco, *Vida de Teseu*, [cap. viii]. Ver também Tucídides, liv. I.

ram para o governo de muitos, e chamaram a este tipo de constituição *polícia* (1).

Capítulo XII
Do governo dos reis de Roma e como os três poderes foram distribuídos

O governo dos reis de Roma tinha alguma relação com o dos reis dos tempos heróicos dos Gregos. Caiu, como os outros, por causa do seu vício geral; apesar de em si mesmo, e na sua natureza particular, ter sido muito bom.

Para dar a conhecer este governo, distinguirei o governo dos cinco primeiros reis, o de Sérvio Túlio e o de Tarquínio.

A coroa era electiva; e sob os cinco primeiros reis, cabia ao senado a parte maior da eleição.

Após a morte do rei, o senado examinava se seria mantida a forma de governo que estava estabelecida. Se considerasse apropriado mantê-la, nomeava um magistrado (2) tirado do seu corpo, que elegia um rei; o senado devia aprovar a eleição; o povo confirmá-la; os auspícios garanti-la. Se uma destas três condições falhasse, tinha de se fazer uma outra eleição.

A constituição era monárquica, aristocrática e popular; e tal era a harmonia do poder que não se via inveja, nem disputas, nos primeiros reinados. O rei comandava os exércitos e tinha a intendência dos sacrifícios; tinha o poder de julgar os processos civis (3) e criminais (4); convocava o senado; reunia o povo em assembleia; levava-lhe certos assuntos e regrava os outros com o senado (5).

O senado tinha uma grande autoridade. Era frequente os reis escolherem senadores para julgar com eles; só levavam ao povo os assuntos que já tivessem sido deliberados (6) no senado.

---

(1) Ver Aristóteles, *Política*, liv. IV, cap. viii. [*Police* no original. É assim que Montesquieu traduz para francês o termo grego *politeia*, tal como se fez notar em *EL*, IV.6, n.t.].

(2) Dionísio de Halicarnasso, liv. II, p. 120; e liv. IV, p. 242 e 243.

(3) Ver o discurso de Tanaquil, em Tito Lívio, liv. I, década I; e o regulamento de Sérvio Túlio, em Dionísio de Halicarnasso, liv. IV, p. 229.

(4) Ver Dionísio de Halicarnasso, liv. II, p. 118; e liv. III, p. 171.

(5) Foi por meio de um senatus-consulto que Tulo Hostílio mandou destruir Alba; Dionísio de Halicarnasso, liv. III, p. 167 e 172.

(6) Dionísio de Halicarnasso, liv. IV, p. 276.

O povo tinha o direito de eleger (1) os magistrados, de dar o seu consentimento às novas leis, e, quando o rei permitia, o direito de declarar a guerra e fazer a paz. Não tinha o poder de julgar. Quando Tullus Hostilius remeteu o julgamento de Horácio para o povo, tinha razões particulares que podem ser encontradas em Dionísio de Halicarnasso (2).

A constituição mudou com (3) Sérvio Túlio. O senado participou na sua eleição; fez-se proclamar pelo povo. Prescindiu dos julgamentos (4) civis, e só reservou para si os criminais; levou directamente ao povo todos os assuntos, aliviou-o das taxas e colocou todo o fardo sobre os patrícios. Assim, à medida que enfraquecia o poder régio e a autoridade do senado, aumentava o poder do povo (5).

Tarquínio não se fez eleger nem pelo senado, nem pelo povo. Considerava Sérvio Túlio um usurpador, e tomou a coroa como um direito hereditário; exterminou a maioria dos senadores; não consultava os que restaram, nem sequer os chamava para os julgamentos (6). O seu poder aumentou; mas o que havia de odioso nesse poder tornou-se mais odioso ainda: usurpou o poder do povo; fez leis sem ele, e fê-las até contra ele (7). Teria reunido os três poderes na sua pessoa, mas o povo lembrou-se por um momento de que era legislador e Tarquínio acabou.

Capítulo XIII
Reflexões gerais sobre o Estado de Roma após a expulsão dos reis

Nunca se pode abandonar os Romanos: é assim que ainda hoje, na sua capital, deixamos os novos palácios para ir procurar

(1) *Ibid.*, liv. II. No entanto, não nomeava todos os cargos porque foi Valério Publícola quem fez a famosa lei que proibia os cidadãos de exercer qualquer cargo a menos que o tivesse obtido pelo sufrágio do povo.

(2) [*Ibid*]., liv. III, p. 159.

(3) [*Ibid*]., liv. IV.

(4) Privou-se de metade do poder régio, diz Dionísio de Halicarnasso, liv. IV, p. 229.

(5) Acreditava-se que, se não tivesse sido impedido por Tarquínio, teria estabelecido o governo popular. Dionísio de Halicarnasso, liv. IV, p. 243.

(6) [*Ibid*]., liv. IV.

(7) *Ibid.*

as ruínas; é assim que o olho que repousou sobre o esmalte dos prados gosta de ver os rochedos e as montanhas.

As famílias patrícias tiveram grandes prerrogativas desde sempre. Essas distinções, grandes durante o tempo dos reis, tornaram-se bem mais importantes após a sua expulsão. Isso causou a inveja dos plebeus que queriam rebaixá-los. As contestações feriram a constituição sem enfraquecer o governo: pois desde que os magistrados conservassem a sua autoridade, era assaz indiferente de que família estes provinham.

Uma monarquia electiva, como era Roma, supõe necessariamente um corpo aristocrático poderoso que a sustente, sem o qual ela se converte imediatamente em tirania ou num Estado popular. Mas um Estado popular não tem necessidade dessa distinção de famílias para se manter. Foi o que levou a que os patrícios, que eram partes necessárias da constituição do tempo dos reis, se tornassem numa parte supérflua no tempo dos cônsules; o povo pôde rebaixá-los sem se destruir a si mesmo, e mudar a constituição sem corrompê-la.

Quando Sérvio Túlio aviltou os patrícios, Roma tinha de passar das mãos dos reis para as do povo. Mas o povo, ao rebaixar os patrícios, não tinha de temer recair nas mãos dos reis.

Um Estado pode mudar de duas maneiras: ou porque a constituição se corrige, ou porque ela se corrompe. Se o Estado conservou os seus princípios, e a constituição muda, então ela corrige-se; se perdeu os seus princípios quando a constituição começa a mudar, então, a constituição corrompe-se.

Roma, após a expulsão dos reis, devia ser uma democracia. O povo já detinha o poder legislativo: o seu sufrágio unânime escorraçara os reis; e se não tivesse persistido nessa vontade, os Tarquínios podiam a qualquer instante regressar. Pretender que o povo quis escorraçá-los para se entregar à escravidão de algumas famílias não era razoável. A situação das coisas exigia, portanto, que Roma fosse uma democracia; e contudo não o era. O poder dos principais tinha de ser temperado e as leis tinham de se inclinar para a democracia.

Muitas vezes os Estados florescem mais na passagem insensível de uma constituição para outra do que quando estão sob uma ou outra dessas constituições. É nesse momento que todas as molas do governo estão esticadas; que todos os cidadãos têm pretensões; que se ataca ou se acarinha; e que há uma nobre emulação entre aqueles que defendem a constituição que está em declínio e aqueles que avançam a que prevalecerá.

Capítulo XIV
Como a distribuição dos três poderes começou a mudar após a expulsão dos reis

Quatro coisas principalmente colidiam com a liberdade de Roma. Só os patrícios conseguiam obter todos os empregos sagrados, políticos, civis e militares; atribuira-se ao consulado um poder exorbitante; cometiam-se ultrajes contra o povo; enfim, não se lhe deixava quase nenhuma influência nos sufrágios. Foram estes quatro abusos que o povo corrigiu.

1º Determinou que houvesse magistraturas às quais os plebeus pudessem aspirar; e aos poucos conseguiram participar em todas, com a excepção da de *entre-rei* (*).

2º O consulado foi decomposto e convertido em várias magistraturas. Foram criados os pretores (1), a quem se atribuiu o poder de julgar os assuntos privados; foram nomeados questores (2) para levar a cabo os julgamentos dos crimes públicos, foram estabelecidos os edis, a quem se entregou a polícia; criaram-se os tesoureiros (3), que tinham a seu cargo a administração dos dinheiros públicos; finalmente, através da criação dos censores, vedou-se aos cônsules essa parte do poder legislativo que regra os costumes dos cidadãos e a polícia momentânea dos diversos corpos do Estado. As principais prerrogativas que lhes restaram eram as de presidir aos grandes (4) Estados do povo, de reunir a assembleia do senado e de comandar os exércitos.

3º As leis sagradas estabeleceram os tribunos, que podiam, em todos os instantes, frear as iniciativas dos patrícios; e não

---

(*) *Entre-roi* no original: tradução literal do nome latino da magistratura *Interrex*, que durante a realeza romana correspondia a uma magistrura de regência provisória até à escolha de um novo rei, e nos tempos da república adaptou-se assumindo a responsabilidade de convocação dos *comitia* populares, na eventualidade de outros magistrados não o terem feito (N. T.).

(1) Tito Lívio, década I, liv. VI.

(2) *Quaestores parricidii*; Pompónio, leg. 2, [§ 23], ss. *de orig. jur.*

(3) Plutarco, *Vida de Publícola*, [cap. vi].

(4) *Comitiis centuriatis.*

impediam apenas as injúrias particulares, mas também as gerais.

Por fim, os plebeus aumentaram a sua influência nas decisões públicas. O povo romano estava dividido de três maneiras: por centúrias, por cúrias e por tribos; e quando votava, era reunido e formado de uma destas três maneiras.

Na primeira, os patrícios, os principais, a gente rica, o senado, o que era mais ou menos a mesma coisa, detinham quase toda a autoridade; na segunda, detinham menos autoridade; na terceira, ainda menos.

A divisão por centúrias era mais uma divisão baseada no censo e nos meios do que uma divisão de pessoas. O povo inteiro era dividido em cento e noventa e três centúrias ([1]), cada uma com um voto. Os patrícios e os principais formavam as primeiras noventa centúrias; o resto dos cidadãos estava espalhado pelas outras noventa e cinco. Os patrícios eram, pois, nessa divisão, os senhores dos sufrágios.

Na divisão por cúrias ([2]), os patrícios não tinham as mesmas vantagens. Porém, tinham algumas. Tinha de se consultar os auspícios, dos quais os patrícios eram senhores; não era possível fazer propostas ao povo que não tivessem sido anteriormente levadas ao senado e aprovadas por um senatus-consulto. Mas na divisão por tribos não se punha a questão nem dos auspícios, nem do senatus-consulto, e os patrícios não eram admitidos.

Ora o povo procurava sempre usar a divisão por cúrias nas assembleias em que era costume usar as centúrias, e em usar a divisão por tribos nas assembleias em que se usavam as cúrias; o que fez os assuntos passarem das mãos dos patrícios para as dos plebeus.

Assim, quando os plebeus obtiveram o direito de julgar os patrícios, por altura do caso de Coriolano ([3]), os plebeus quiseram levar a cabo os julgamentos nas assembleias das tribos ([4]), e não das centúrias; e quando as novas magistraturas dos edis e dos tribunos foram estabelecidas em benefício do povo ([5]), o povo

([1]) Ver sobre este assunto Tito Lívio, liv. I, [cap. xliii]; e Dionísio de Halicarnasso, liv. IV e VII.

([2]) Dionísio de Halicarnasso, liv. IX, p. 598.

([3]) Dionísio de Halicarnasso, liv. VII.

([4]) Contra o uso antigo, como se vê em Dionísio de Halicarnasso, liv. V, p. 320.

([5]) [*Ibid*]., liv. VI, p. 410 e 411.

garantiu que se reuniria dividido por cúrias para os nomear; e quando o seu poder se consolidou, garantiu (1) que eles seriam nomeados numa assembleia dividida por tribos.

Capítulo XV
Como, no Estado florescente da república, Roma perdeu subitamente a sua liberdade

No calor das disputas entre os patrícios e os plebeus, estes exigiram que fossem criadas leis fixas para que os julgamentos deixassem de ser o efeito de uma vontade caprichosa, ou de um poder arbitrário. Depois de muitas resistências, o senado anuiu. Para compor essas leis, foram nomeados os decênviros. Acreditava-se que se devia atribuir-lhes um grande poder porque tinham de fazer leis para partidos que eram quase incompatíveis. Foi suspensa a nomeação de todos os magistrados; e nos comícios, eles foram eleitos como os únicos administradores da república. Viram-se revestidos do poder consular e do poder tribunício. O primeiro dava-lhes o direito de reunir o senado; o segundo, o de reunir o povo; mas não convocaram nem o senado nem o povo. Dez homens na república, e mais ninguém, detinham todo o poder legislativo, todo o poder executor, todo o poder dos julgamentos. Roma viu-se sujeita a uma tirania tão cruel quanto a de Tarquínio. Quando Tarquínio exerceu as suas vexações, Roma indignou-se com o poder que fora usurpado; quando os decênviros exerceram as suas, Roma ficou atónita com o poder que entregara.

Mas que sistema de tirania era este, produzido por gente que só obtivera o poder político e militar devido ao seu conhecimento dos assuntos civis, e que, nas circunstâncias daquele tempo, precisava da cobardia dos cidadãos no plano interno para que os deixassem governar e da sua coragem no plano externo para os defender?

O espectáculo da morte de Virgínia, imolada pelo seu pai ao pudor e à liberdade, levou a que o poder dos decênviros desmaiasse. Cada um achava-se livre porque cada um fora ofendido: todos se tornaram cidadãos porque todos se consideravam pais.

---

(1) [*Ibid*]., liv. IX, p. 605.

O senado e o povo retomaram uma liberdade que fora confiada a tiranos ridículos.

Mais do que qualquer outro, o povo romano comovia-se com espectáculos. O do corpo ensaguentado de Lucrécia terminou com a realeza. O devedor que apareceu na praça, coberto de chagas, levou à mudança da forma da república. A visão de Virgínia conduziu à expulsão dos decênviros. Para condenar Manlio, teve de se pôr o povo onde não pudesse ver o Capitólio. As vestes ensaguentadas de César remeteram Roma para a servidão.

Capítulo XVI
Do poder legislativo na república romana

Sob os decênviros não havia direitos a disputar; mas, quando a liberdade regressou, viu-se renascerem as invejas: os privilégios que restaram aos patrícios foram-lhes retirados pelos plebeus.

Não teria havido muito mal se os plebeus se tivessem contentado com privar os patrícios das suas prerrogativas, e se não os tivessem ofendido na sua qualidade de cidadãos. Quando o povo estava reunido por cúrias ou por centúrias, era composto por senadores, por patrícios e por plebeus. Nas disputas, os plebeus ganharam o ponto ([1]) de que só eles, sem os patrícios nem o senado, poderiam fazer as leis, a que se chamou plebiscitos; e aos comícios onde eram feitas chamou-se comícios por tribos. Assim, havia casos em que os patrícios ([2]) não participavam no poder legislativo ([3]), e em que foram submetidos ao poder legislativo de um outro corpo do Estado. Foi um delírio da liberdade. O povo, para estabelecer a democracia, contrariou os próprios princípios da democracia. Parecia que um poder tão exorbitante levaria ao aniquilamento da autoridade do senado; mas Roma tinha institui-

([1]) Dionísio de Halicarnasso, liv. XI, p. 725.

([2]) Segundo as leis sagradas, os plebeus podiam fazer plebiscitos, sozinhos, e sem que os patrícios fossem admitidos na sua assembleia; Dionísio de Halicarnasso, liv. VI, p. 410; e liv. VII, p. 430.

([3]) Segundo a lei feita depois da expulsão dos decênviros, os patrícios foram submetidos aos plebiscitos, apesar de não poderem dar o seu voto. Tito Lívio, liv. III, [cap. lv], e Dionísio de Halicarnasso, liv. XI, p. 725. – E essa lei foi confirmada pela de Publius Filo, ditador no ano romano de 416, Tito Lívio, liv. VIII, [cap. xii].

ções admiráveis. Tinha sobretudo duas: por uma delas, o poder legislativo do povo era regrado; pela outra, era limitado.

Os censores, e antes deles os cônsules ([1]), formavam e criavam, por assim dizer, de cinco em cinco anos, o corpo do povo; exerciam a legislação sobre o mesmo corpo que detinha o poder legislativo. «Tibério Graco, o censor», diz Cícero, «transferiu os libertos para as tribos da cidade, não pela força da sua eloquência, mas com uma palavra e com um gesto; e se não o tivesse feito, já não teríamos esta república, que nos nossos dias sustentamos com dificuldade».

Por outro lado, o senado tinha o poder de retirar, por assim dizer, a república das mãos do povo, através da criação de um ditador, diante do qual o soberano baixava a cabeça e as leis mais populares permaneciam no silêncio ([2]).

Capítulo XVII
Do poder executor na mesma república

Se o povo foi cioso do seu poder legislativo, foi-no menos do seu poder executor. Entregou-o quase por inteiro ao senado e aos cônsules; e praticamente só reservou para si o direito de eleger os magistrados e o de confirmar os actos do senado e dos generais.

Roma, cuja paixão era a de comandar, cuja ambição era a de tudo submeter, que sempre usurpara tudo, que continuava a usurpar, estava continuamente envolvida em grandes negócios; os seus inimigos conjuravam contra ela, ou ela conjurava contra os seus inimigos.

Obrigada a conduzir-se, por um lado, com uma coragem heróica, e, por outro, com uma sabedoria consumada, o estado de coisas exigia que o senado tivesse a direcção dos assuntos. O povo disputava com o senado todos os ramos do poder legislativo porque era cioso da sua liberdade; não lhe contestava os ramos do poder executor porque era cioso da sua glória.

([1]) No ano romano de 312, os cônsules ainda faziam o censo, como aparece em Dionísio de Halicarnasso, liv. XI.

([2]) Como as que permitiam remeter para o povo as ordenações de todos os magistrados.

A participação do senado no poder executor era tão grande que Políbio ([1]) dizia que os estrangeiros pensavam todos que Roma era uma aristocracia. O senada dispunha dos dinheiros públicos e dispendia as receitas; era o árbitro das questões dos aliados; decidia da guerra e da paz, e dirigia, a este respeito, os cônsules; fixava o número de tropas romanas e das tropas aliadas, distribuía as províncias e os exércitos pelos cônsules ou pelos pretores; e, no ano em que o comando expirava, podia designar um sucessor; decretava os triunfos; recebia as embaixadas e enviava-as; nomeava os reis, recompensava-os, punia-os, julgava-os, atribuía-lhes ou retirava-lhes o título de aliados do povo romano.

Os cônsules faziam o recrutamento das tropas que deviam levar para a guerra; comandavam os exércitos de terra ou do mar, dispunham dos aliados; nas províncias tinham todo o poder da república; faziam a paz com os povos vencidos, impondo-lhes as condições ou remetendo-as para o senado.

Nos primeiros tempos, quando o povo tinha alguma participação nas questões da guerra e da paz, exercia mais o seu poder legislativo do que o seu poder executor. Fazia pouco mais do que confirmar o que os reis e, depois deles, os cônsules ou o senado tinham decidido. O povo estava tão longe de ser o árbitro da guerra que vemos muitas vezes os cônsules ou o senado fazerem-na apesar da oposição dos seus tribunos. Mas, na embriaguez das prosperidades, o povo aumentou o seu poder executor. Assim, criou ([2]) ele mesmo os tribunos das legiões que até então tinham sido nomeados pelos generais, e algum tempo antes da primeira guerra púnica determinou que só o povo tinha o direito de declarar a guerra ([3]).

([1]) Liv.VI.

([2]) No ano romano de 444. Tito Lívio, primeira década, liv. IX, [cap. xxx]. Quando a guerra contra Perseu parecia perigosa, um senatus-consulto ordenou que essa lei fosse suspensa; e o povo consentiu. Tito Lívio, quinta década, liv. II.

([3]) Arrancou-o ao senado, diz Freinshemius, segunda década, liv. VI.

Capítulo XVIII (*)
Do poder de julgar no governo de Roma

O poder de julgar foi dado ao povo, ao senado, aos magistrados, a certos juízes. Temos de ver como é que foi distribuído. Começo pelos processos civis.

Os cônsules (1) julgaram depois dos reis, como os pretores julgaram depois dos cônsules. Sérvio Túlio prescindira dos julgamentos dos processos civis; os cônsules também não os julgaram, excepto em casos muito raros (2) a que se chamou, por esta razão, *extraordinários* (3). Contentaram-se com a nomeação dos juízes e com a formação dos tribunais que deviam julgar. Aparentemente, a julgar pelo discurso de Ápio Cláudio, em Dionísio de Halicarnasso (4), desde o ano romano de 259 isso era considerado um costume estabelecido entre os Romanos; e reportá-lo a Sérvio Túlio não é recuar demasiado tempo.

Em todos os anos, o pretor formava uma lista (5) ou tabela dos que eram escolhidos para desempenhar a função de juízes durante o ano da sua magistratura. Dela se retirava um número suficiente para cada processo. A prática em Inglaterra é mais ou menos a mesma. E, o que era muito favorável à liberdade (6), é que o pretor escolhia os juízes com o consentimento (7) das partes.

(*) Inicialmente, os caps. XII-XVIII – sobre a divisão dos poderes em Roma – formavam um único capítulo. Barckhausen, *Montesquieu. Ses idées et ses oeuvres d'après les papiers de la Brède* (Paris: Hachette, 1907), pp. 231-232. Mas na primeira edição já apareciam separados (N. T.).

(1) Não se pode duvidar de que os cônsules, antes da criação dos pretores, tinham a seu cargo os julgamentos civis. Ver Tito Lívio, década I, liv. II, [cap. i], p. 19. Dionísio de Halicarnasso, liv. X, p. 627; e o mesmo livro, p. 645.

(2) Muitas vezes os tribunos julgaram sozinhos; nada os tornou mais odiosos. Dionísio de Halicarnasso, liv. XI, p. 709.

(3) *Judicia extraordinaria.* Ver os *Institutos,* liv. IV.

(4) Liv. VI, p. 360.

(5) *Album judictum.*

(6) «Os nossos antepassados não quiseram», diz Cícero, *pro Cluentio,* [cap. xliii], «que um homem, sobre o qual ambas as partes não estivessem de acordo, pudesse ser juiz, não só da reputação de um cidadão, mas também do mais pequeno caso pecuniário».

(7) Ver nos Fragmentos da lei Serviliana, da Corneliana e de outras, de que maneira essas leis atribuíam juízes para os crimes a que se propunham punir. Muitas vezes a selecção era feita pela escolha, por vezes por sorteio, ou finalmente pelo sorteio misturado com a escolha.

O grande número de recusas que se pode fazer hoje em dia em Inglaterra retoma mais ou menos este uso.

Estes juízes só decidiam questões de facto ([1]): por exemplo, se uma soma fora paga ou não; se um acto fora cometido ou não. Mas as questões de direito ([2]), como exigiam uma certa capacidade, eram levadas ao tribunal dos centúnviros ([3]).

Os reis reservaram para si o julgamento dos processos criminais, e foram os cônsules quem lhes sucedeu. Foi em consequência dessa autoridade que o cônsul Bruto mandou matar os seus filhos e todos aqueles que tinham conjurado a favor dos Tarquínios. Esse poder era exorbitante. Os cônsules, que já tinham o poder militar, levaram o seu exercício até mesmo aos assuntos públicos da cidade; e os seus procedimentos, despidos das formas da justiça, eram mais acções violentas do que julgamentos.

Tal levou à criação da lei Valeriana, que permitia o recurso ao povo de todas as ordenações dos cônsules que colocassem em perigo a vida de um cidadão. Os cônsules deixaram de poder pronunciar uma pena capital contra um cidadão romano, a não ser pela vontade do povo ([4]).

Na primeira conjura pelo regresso dos Tarquínios, viu-se o cônsul Bruto a julgar os culpados; na segunda, o senado e os comícios foram reunidos para julgar ([5]).

As leis a que se chamou *sagradas* deram tribunos aos plebeus, que formaram um corpo que teve, no início, pretensões imensas. Não se sabe qual era maior, se o cobarde atrevimento de exigir por parte dos plebeus, se a condescendência e a facilidade de aceder por parte do senado. A lei Valeriana permitira os recursos ao povo, isto é, ao povo composto por senadores, patrícios e plebeus. Os plebeus determinaram que seria diante deles que os recursos seriam levados. Em breve se pôs em questão se os plebeus poderiam julgar um patrício: foi esse o tema de uma

---

([1]) Séneca, *de benef.*, liv. III, cap. vii, *in fine.*

([2]) Ver Quintiliano, liv. IV, p. 54, in-fol., edição de Paris, 1541.

([3]) Leg. 2, [§ 24], ss. *de orig. jur.* Os magistrados chamados decênviros presidiam ao julgamento, tudo sob a direcção de um pretor.

([4]) *Quoniam de capite civis romani, injussi populi romani, non erat permissum consulibus jus dicere* [«Assim, não se permitia que os cônsules pronunciassem a pena capital contra um cidadão romano sem uma ordem do povo romano»]. Ver Pompónio, l. 2, § 6, ss. *de orig. jur.*

([5]) Dionísio de Halicarnasso, liv. V, p. 322.

contenda que surgiu com o caso de Coriolano e que terminou com esse caso. Coriolano, acusado pelos tribunais diante do povo, sustentava, contra o espírito da lei Valeriana, que por ser patrício só podia ser julgado pelos cônsules; os plebeus, contra o espírito da mesma lei, avançavam que ele só deveria ser julgado por eles, e julgaram-no.

A lei das Doze Tábuas modificou isso. Determinou que só se podia decidir da vida de um cidadão nos grandes Estados do povo (1). Assim, o corpo dos plebeus, ou, o que era a mesma coisa, os comícios por tribos, passaram a julgar apenas os crimes cuja pena não fosse mais do que uma multa pecuniária. Era necessária uma lei para infligir uma pena capital: para condenar a uma pena pecuniária bastava um plebiscito.

Esta disposição da lei das Doze Tábuas foi muito sábia. Formou uma conciliação admirável entre o corpo dos plebeus e o senado. Pois como a competência de uns e de outros dependia da grandeza da pena e da natureza do crime era necessário que agissem concertadamente.

A lei Valeriana removeu tudo o que restava em Roma do governo que estava relacionado com o dos reis gregos dos tempos heróicos. Os cônsules viram-se sem poder para punir os crimes. Embora todos os crimes sejam públicos, é preciso, no entanto, distinguir aqueles que interessam mais aos cidadãos entre eles dos que interessam mais ao Estado na relação que este tem com um cidadão. Aos primeiros chamamos privados, os segundos são os crimes públicos. O povo julgava por si mesmo os crimes públicos; e, no que dizia respeito aos privados, o povo nomeava para cada crime, e através de uma comissão particular, um questor para conduzir o processo. Era frequente o povo escolher um dos magistrados, mas por vezes escolhia um homem privado. Chamavam-lhe o questor do parricídio. É mencionado na lei das Doze Tábuas (2).

O questor nomeava aquele que se chamava o juiz da questão, que tirava o nome dos juízes à sorte, formava o tribunal e presidia, sob ele, ao julgamento (2).

---

(1) Os comícios por centúrias. Assim, Manlio Capotilino foi julgado nesses comícios. Tito Lívio, década I, liv. VI, [cap. xx], p. 68.

(2) Diz Pompónio, na lei 2, no Digesto *de orig. jur.*

(3) Ver um fragmento de Ulpiano, que relata um outro na lei Corneliana; encontramo-lo na *Colecção das leis mosaicas e romanas*, título I, *de sicariis et homocidiis.*

É bom salientar aqui a parte que cabia ao senado na nomeação do questor, para que se veja como os poderes eram, neste aspecto, equilibrados. Por vezes, o senado elegia um ditador para desempenhar a função de questor ([1]); por vezes, ordenava que o povo fosse convocado por um tribuno para que nomeasse um questor ([2]); por fim, o povo nomeava por vezes um magistrado para fazer o seu relatório ao senado sobre um certo crime, e pedir-lhe que este designasse um questor, como se pode ver no julgamento de Lúcio Cipião ([3]), em Tito Lívio ([4]).

No ano romano de 604, algumas destas comissões tornaram-se permanentes ([5]). Aos poucos todas as matérias criminais foram divididas em pequenas partes a que se chamou questões perpétuas. Vários pretores foram criados, e atribuiu-se a cada um deles algumas destas questões. Era-lhes dado, por um ano, o poder de julgar os crimes que delas dependiam, e de seguida iam governar as suas províncias.

Em Cartago, o senado dos cem era composto por juízes vitalícios ([6]). Mas em Roma os pretores eram anuais; e os juízes não chegavam a cumprir um ano porque eram escolhidos para cada caso. No capítulo VI deste livro, vimos como, em certos governos, essa disposição era favorável à liberdade.

Até à época dos Gracos, os juízes eram escolhidos dentre a ordem dos senadores. Tibério Graco ordenou que fossem escolhidos dentre a ordem dos cavaleiros: uma mudança tão considerável que o tribuno se gabou de ter, com uma só rogação, cortado os nervos da ordem dos senadores.

É preciso notar que os três poderes podiam estar bem distribuídos em relação à liberdade da constituição, apesar de não o estarem tão bem em relação à liberdade do cidadão. Em Roma, como o povo tinha a maior parte do poder legislativo, uma parte

---

([1]) Isso acontecia sobretudo nos crimes cometidos em Itália, onde o senado tinha uma inspecção principal. Ver Tito Lívio, primeira década, liv. IX, [cap. xxvi], sobre as conjuras de Cápua.

([2]) Foi o que sucedeu no caso da morte do Postúmius, no ano romano de 340. Ver Tito Lívio, [liv. IV, cap. l].

([3]) Esse julgamento foi realizado no ano romano de 567.

([4]) Liv. VIII.

([5]) Cícero, *in Bruto.*

([6]) Tal é demonstrado por Tito Lívio, [liv. XLIII, cap. xlvi], que diz que Aníbal tornou a sua magistratura anual.

do poder executor, e uma parte do poder de julgar, tratava-se de um grande poder que tinha de ser contrabalançado por um outro. O senado possuía certamente uma parte do poder executor; possuía um ramo do poder legislativo ([1]); mas isso não bastava para contrabalançar o povo. Teria de poder participar no poder de julgar; e participava quando os juízes eram escolhidos dentre os senadores. Quando os Gracos privaram os senadores do poder de julgar ([2]), o senado não pôde mais resistir ao povo. Contrariam, portanto, a liberdade da constituição para favorecer a liberdade do cidadão; mas esta perdeu-se com aquela.

Daí resultaram males infinitos. Mudou-se a constituição num tempo em que, no calor das discórdias civis, quase não havia uma constituição. Os cavaleiros deixaram de ser a ordem que unia o povo ao senado; e a corrente da constituição foi rompida.

Havia até razões particulares que deviam impedir que os julgamentos fossem transferidos para os cavaleiros. A constituição de Roma estava fundada neste princípio, o de que aqueles que tinham bens suficientes para poder responder pela sua conduta perante a república deviam ser soldados. Os cavaleiros, como eram os mais ricos, formavam a cavalaria das legiões. Quando a sua dignidade foi aumentada, deixaram de querer servir nessa milícia; teve de se formar outra cavalaria. Mário pôs todo o tipo de gente nas legiões, e a república perdeu-se ([3]).

Além disso, os cavaleiros eram os publicanos da república; eram ávidos, semeavam desgraças nas desgraças e faziam nascer necessidades públicas das necessidades públicas. Longe de dar a tal gente o poder de julgar, teria sido necessário que estivessem continuamente sob o olhar dos juízes. É preciso dizer aqui, em louvor às antigas leis francesas, que as estipulações desenhadas para os homens de negócios foram feitas com a desconfiança que se reserva aos inimigos. Quando em Roma os julgamentos foram transferidos para os publicanos, deixou de haver virtude, polícia, leis, magistraturas e magistrados.

Encontramos um quadro bastante ingénuo de tudo isto nalguns fragmentos de Diodoro de Sicília e de Dio. «Múcio Cévola»,

---

([1]) Os senatus-consultos vigoravam por um ano, mesmo que não fossem confirmados pelo povo. Dionísio de Halicarnasso, liv. IX, p. 595; e liv. XI, p 735.

([2]) No ano de 630.

([3]) *Capite censos plerosque.* Salústio, *Guerra de Jugurta,* [cap. lxxxiv].

diz Diodoro ([1]), «quis reconvocar os costumes antigos e viver dos seus próprios meios com frugalidade e integridade. Pois os seus antecessores, como tinham feito uma sociedade com os publicanos, que nessa altura detinham os julgamentos em Roma, tinham enchido a província de toda a espécie de crimes. Mas Cévola trouxe os publicanos à justiça e pôs na prisão aqueles que para ela arrastavam os outros».

Dio diz-nos ([2]) que Públio Rutilius, seu tenente, o qual não era menos odioso para os cavaleiros, foi acusado, aquando do seu regresso, de ter recebido presentes e foi condenado a uma multa. Imediatamente procedeu à cessão dos bens. A sua inocência tornou-se manifesta, dado que encontraram muito menos bens do que era acusado de ter roubado, e ele mostrou os títulos da sua propriedade. Não quis permanecer na cidade com gente como aquela.

«Os Italianos», diz ainda Diodoro ([3]), «compravam na Sicília tropas de escravos para trabalhar os seus campos e cuidar dos seus rebanhos; recusavam-lhes alimento. Estes infelizes eram obrigados a roubar nas estradas, armados com lanças e mocas, cobriam-se de peles de animais e faziam-se acompanhar por grandes cães. Toda a província foi devastada e as pessoas da região só podiam dizer que possuíam aquilo que estava no interior dos muros da cidade. Não havia procônsul nem pretor que pudesse ou quisesse opor-se a essa desordem e que ousasse punir os escravos porque eram pertença dos cavaleiros que em Roma detinham os julgamentos ([4])». No entanto, foi esta uma das causas da guerra dos escravos. Direi apenas uma palavra: uma profissão que não tem, nem pode ter, outro objecto além do ganho, uma profissão que exigia sempre, e à qual nada se exigia; uma profissão surda e inexorável, que empobrecia as riquezas e até a miséria, não devia deter os julgamentos em Roma.

([1]) Fragmento deste autor, liv. XXXVI, no compêndio de Constantino Porfirogeneta, *Das virtudes e dos vícios.*

([2]) Fragmento da sua história, tirada do *Extracto das virtudes e dos vícios.*

([3]) Fragmento do livro XXXIV, no *Extracto das virtudes e dos vícios.*

([4]) *Penes quos Romae tum judicia erant, atque ex equestri ordine solerent sortito judices eligi in causa praetorum et proconsulum, quibus post administratam provinciam dies dicta erat.* [«(Os escravos) pertenciam àqueles que faziam os julgamentos em Roma, e era no seio da ordem equestre que se sorteavam os juízes escolhidos para os casos que envolviam pretores e procônsules, que depois de terem administrado uma província eram levados a julgamento»].

Capítulo XIX
Do governo das províncias romanas

Era assim que os três poderes estavam distribuídos na cidade, mas nas províncias a situação era muito diferente. A liberdade estava no centro, e a tirania nas extremidades.

Enquanto Roma dominou apenas a Itália, os povos foram governados como confederados. Cumpriam-se as leis de cada república. Mas quando a conquista foi mais longe, quando o senado deixou de vigiar directamente as províncias, quando os magistrados que estavam em Roma deixaram de poder governar o império, tornou-se necessário enviar pretores e procônsules. Daí em diante, a harmonia dos três poderes acabou. Os que eram enviados tinham um poder que reunia o de todas as magistraturas romanas; que digo eu? reunia até o poder do senado, até o do povo ([1]). Eram magistrados despóticos, bastante adequados ao distanciamento dos lugares para onde eram enviados. Exerciam os três poderes; eram, se ouso servir-me deste termo, os paxás da república.

Dissemos noutro lugar ([2]) que os mesmos cidadãos na república tinham, pela natureza das coisas, os cargos civis e militares. Isso faz que uma república mal consiga comunicar o seu governo e reger o Estado conquistado segundo a forma da sua constituição. Com efeito, o magistrado que ela envia para governar, como detém o poder executor, civil e militar, tem também de deter o poder legislativo, pois quem faria as leis sem ele? Tem igualmente de deter o poder de julgar, pois quem julgaria independentemente dele? É preciso, portanto, que o governador por ela enviado tenha os três poderes, como acontecia nas províncias romanas.

Uma monarquia pode mais facilmente comunicar o seu governo porque os oficiais que ela envia possuem uns o poder executor civil, e outros o poder executor militar; o que não traz consigo o depotismo.

Era um privilégio de grande importância para um cidadão romano só poder ser julgado pelo povo. Sem isso, estaria sujeito nas províncias ao poder arbitrário de um procônsul ou de um

---

([1]) Assim que entravam nas províncias, faziam os seus próprios éditos.

([2]) Liv. V, cap. xix. Ver também os liv. II, III, IV e V.

propretor. A cidade (*) não sentia a tirania, que apenas era exercida sobre as nações submetidas.

Assim, no mundo romano, como na Lacedemónia, os que eram livres eram extremamente livres; e os que eram escravos eram extremamente escravos.

Enquanto os cidadãos pagavam tributos, estes eram cobrados com uma equidade muito grande. Seguia-se o que fora estabelecido por Sérvio Túlio, que distribuíra todos os cidadãos por seis classes, segundo a ordem das suas riquezas, e fixara a parte do imposto proporcionalmente à parte que cada um tinha no governo. Daí resultava que alguns toleravam a grandeza do tributo por causa da grandeza do crédito, e outros consolovam-se da pequenez do crédito com a pequenez do tributo.

Havia também uma coisa admirável: é que como a divisão de Sérvio Túlio por classes era, por assim dizer, o princípio fundamental da constituição, sucedia que a equidade, no levantamento dos tributos, decorria do princípio fundamental do governo e não podia ser suprimida sem este ser suprimido também.

Mas enquanto a cidade pagava os tributos sem dificuldades, ou não os pagava de todo (1), as províncias eram assoladas pelos cavaleiros que eram os publicanos da república. Falámos das suas vexações e toda a história está cheia delas.

«Toda a Ásia me aguarda como seu libertador», dizia Mitrídates (2); «tal foi o ódio contra os Romanos que as rapinas dos procônsules (3), as exacções dos homens de negócios e as calúnias dos julgamentos (4) excitaram».

Eis o que fez que a força das províncias nada acrescentasse à força da república, e pelo contrário só a enfraqueceu. Eis o que fez que as províncias vissem a perda da liberdade de Roma como a época do estabelecimento da sua.

(*) Isto é, Roma (N. T.).

(1) Depois da conquista da Macedónia, acabaram os impostos em Roma.

(2) Discurso tirado de Trogo Pompeu, relatado por Justino, liv. XXXVIII, [cap. iv].

(3) Ver as *Orações contra Verres.*

(4) Sabe-se que foi o tribunal de Varus que fez revoltar os Germanos.

Capítulo XX
Fim deste livro

Gostaria de procurar, em todos os governos moderados que conhecemos, qual é a distribuição dos três poderes, e assim calcular os graus de liberdade de que cada um deles pode gozar. Mas nem sempre se deve esgotar tanto um assunto que nada se deixe ao leitor para fazer. Não se trata de fazer ler, mas de fazer pensar.

Livro XII
Das leis que formam a liberdade política na sua relação com o cidadão (*)

Capítulo I
Ideia deste livro

Não basta ter tratado da liberdade política na sua relação com a constituição; é preciso mostrá-la na relação que tem com o cidadão (**).

(*) Foi este tema em geral, e este livro em particular, que inspirou Cesare Beccaria a publicar o seu famoso e influentíssimo *Dos Delitos e das Penas*, em 1766. «O imortal Montesquieu tocou ao de leve esta matéria. A indivísivel verdade forçou-me a seguir as pegadas luminosas deste grande homem, mas os pensadores para quem escrevo saberão distinguir os meus passos dos dele». Cesare Beccaria, *Dos Delitos e das Penas*, trad. José Faria Costa (Lisboa: Fundação Calouste Gulbenkian, 1998), p. 63.

A admiração de Beccaria é perfeitamente justificável assim que se percebe a essencial concordância entre o seu projecto e o de Montesquieu no que diz respeito ao direito penal. A separação entre a justiça divina (inexecutável pelos homens) e a justiça humana; a moderação das penas e a exigência de proporcionalidade entre o delito e a pena; e, finalmente, a circunscrição da matéria penal, ou a redução do conjunto de actos humanos passível de criminalização. A fundamentação deste projecto varia de Montesquieu para Beccaria. Um exemplo: Beccaria era um contratualista; Montesquieu não o era. Beccaria quis fazer de Montesquieu um utilitarista penal que ele não era (N. T.).

(**) Destutt de Tracy propôs a seguinte explicação da distinção feita por Montesquieu entre, por um lado, a «liberdade da constituição» e, por outro, a

Disse que, no primeiro caso, a liberdade política é formada por uma certa distribuição dos três poderes; mas, no segundo, é preciso considerá-la à luz de uma outra ideia. Consiste na segurança, ou na opinião que se tem da sua segurança.

Pode acontecer que a constituição seja livre e que o cidadão não o seja. O cidadão pode ser livre e a constituição não o ser. Nestes casos, a constituição seria livre de direito, e não de facto; o cidadão seria livre de facto, e não de direito.

O que forma a liberdade na sua relação com a constituição é apenas a disposição das leis, em particular das leis fundamentais. Mas, na relação com o cidadão, os costumes, as maneiras, os exemplos recebidos podem fazê-la nascer; e certas leis civis podem favorecê-la, como vamos ver neste livro.

Além disso, como na maioria dos Estados a liberdade é mais apertada, contrariada ou abatida do que a sua constituição exige, é bom falar das leis particulares, que, em cada constituição, podem ajudar ou contrariar o princípio da liberdade que cada um deles pode aceitar.

Capítulo II
Da liberdade do cidadão

A liberdade filosófica consiste no exercício da própria vontade, ou pelo menos (se tivermos de falar de todos os sistemas ([*])) na opinião de que se exerce a própria vontade. A liberdade política consiste na segurança, ou pelo menos na opinião que se tem da sua própria segurança.

«liberdade do cidadão». A perspectiva de análise do livro XI procura determinar que grau de liberdade se usufrui em cada tipo de constituição, isto é, quais os efeitos produzidos sobre a liberdade dos cidadãos que resultam das leis constitucionais e administrativas. Procura averiguar a profundidade da liberdade pública. Já o livro XII analisa a liberdade política do ponto de vista das leis que atingem directamente os cidadãos nos seus interesses privados. Passamos da dimensão pública da liberdade para a sua dimensão privada, individual e particular. Aqui, são as leis criminais e civis que ganham destaque (Tracy, pp. 143, 212-213) (N. T.).

([*]) «(...) todos os sistemas»: Montesquieu refere-se aos «sistemas» filosóficos que não admitiam a hipótese do livre-arbítrio, como, por exemplo, o de Hobbes, o de Espinosa, o de Gassendi (N. T.).

Essa segurança nunca é tão atacada como nas acusações públicas ou privadas. É, portanto, da bondade das leis criminais que depende principalmente a liberdade do cidadão.

As leis criminais não foram aperfeiçoadas de uma só vez. Mesmo nos lugares onde mais se procurou a liberdade, nem sempre ela foi encontrada. Aristóteles ([1]) diz-nos que, em Cumes, os pais do acusador podiam ser testemunhas. Sob os reis de Roma, a lei era tão imperfeita que Sérvio Túlio pronunciou a sentença contra os filhos de Ancus Márcio, acusados de terem assassinado o rei, seu sogro ([2]). Sob os primeiros reis dos Francos, Clotário fez uma lei ([3]) para que um acusado não pudesse ser condenado sem ser ouvido; o que prova que havia uma prática contrária nalgum caso particular, ou nalgum povo bárbaro. Foi Carondas que introduziu os julgamentos contra os falsos testemunhos ([4]). Quando a inocência dos cidadãos não está garantida, a liberdade também não o está.

Os conhecimentos que foram adquiridos em alguns países, e que serão adquiridos noutros, sobre as regras mais seguras que se pode ter nos julgamentos criminais, interessam mais o género humano do que qualquer outra coisa no mundo.

A liberdade só pode ser fundada sobre a prática desses conhecimentos; e, num Estado que tivesse as melhores leis possíveis a esse respeito, um homem que tivesse sido processado, e que devesse ser enforcado no dia seguinte, seria mais livre do que um paxá na Turquia.

Capítulo III
Continuação do mesmo assunto

As leis que condenam um homem à morte com base no depoimento de uma única testemunha são fatais para a liberdade. A razão exige duas; porque uma testemunha que afirma e um acusado que nega criam uma divisão; e é preciso um terceiro para chegar a uma decisão.

([1]) *Política*, liv. II, [cap. viii].

([2]) Tarquínio Prisco. Ver Dionísio de Halicarnasso, liv. IV.

([3]) Do ano de 560.

([4]) Aristóteles, *Política*, liv. II, cap. xii. Deu as suas leis a Túrio durante a octogésima quarta olimpíada.

Os Gregos ([1]) e os Romanos ([2]) exigiam um voto a mais para condenar. As nossas leis francesas requerem dois. Os Gregos reivindicavam que o seu uso fora estabelecido pelos deuses ([3]); mas o nosso é que o foi.

Capítulo IV
Que a liberdade é favorecida pela natureza das penas e pela sua proporção

Quando as leis criminais tiram cada pena da natureza particular do crime, é o triunfo da liberdade. Cessa toda a arbitrariedade; a pena não prossegue do capricho do legislador, mas da natureza da coisa; e não é o homem quem violenta o homem.

Há quatro tipos de crimes: os da primeira espécie contrariam a religião; os da segunda contrariam os costumes; os da terceira contrariam a tranquilidade; os da quarta contrariam a segurança dos cidadãos. As penas que são infligidas devem derivar da natureza de cada uma destas espécies.

Só coloco na classe dos crimes que dizem respeito à religião os que a atacam directamente, como os sacrilégios simples. Porquanto os crimes que perturbam o seu exercício são da mesma natureza daqueles que contrariam a tranquilidade dos cidadãos ou a sua segurança, e devem ser remetidos para essas classes.

Para que a pena dos sacrilégios simples seja retirada da natureza ([4]) da coisa, deve consistir na privação de todos os benefícios fornecidos pela religião: a expulsão dos templos; a privação da sociedade dos fiéis, por um período ou para sempre; a fuga da sua presença, as execrações, as detestações, as conjurações.

Nas coisas que perturbam a tranquilidade ou a segurança do Estado, as acções ocultas pertencem ao domínio da justiça humana. Mas naquelas que ferem a Divindade, onde não há acção pública, não há matéria de crime: tudo se passa entre o

---

([1]) Ver Aristides, *Orat. in Minervam.*

([2]) Dionísio de Halicarnasso, sobre o julgamento de Coriolano, liv. VII.

([3]) *Minerva calculus* [«Voto de Minerva»: ver Grócio, *De jure belli ac pacis,* II.v.18, onde se lê que esta designação fora retirada da tragédia *Orestes* (N. T.)].

([4]) São Luís fez leis tão exageradas contra quem praguejava que o Papa viu-se obrigado a admoestá-lo. Esse príncipe moderou o seu zelo e suavizou as suas leis. Veja-se as suas ordenações.

homem e Deus, que sabe a medida e o tempo das suas vinganças. Se, ao confundir as coisas, o magistrado investiga também o sacrilégio oculto, leva a cabo uma inquisição sobre um género de acção onde não é necessária; destrói a liberdade dos cidadãos, armando contra eles o zelo das consciências tímidas, e o das consciências audaciosas.

O mal provém da ideia de que é preciso vingar a Divindade. Mas tem de se fazer que a Divindade seja honrada, e jamais vingá-la. Com efeito, se fôssemos conduzidos por esta última ideia, onde terminariam os suplícios? Se as leis dos homens visam vingar um ser infinito, elas terão de se regular pela sua infinitude, e não pelas fraquezas, pelas ignorâncias, pelos caprichos da natureza humana.

Um historiador ([1]) da Provença relata um facto que ilustra muito bem o que pode produzir sobre os espíritos fracos essa ideia de vingar a Divindade. Um judeu, acusado de ter blasfemado contra a Virgem santa, foi condenado a ser esfolado. Cavaleiros mascarados, de faca na mão, subiram ao cadafalso, e afastaram o executor, para eles mesmos vingarem a honra da Virgem santa... Não quero antecipar as reflexões do leitor.

A segunda classe é a de crimes que são contra os costumes. Tais como a violação da continência pública ou particular; isto é, da polícia relativa à maneira de como se devem gozar os prazeres associados aos uso dos sentidos e da união dos corpos. As penas para esses crimes devem também ser tiradas da natureza da coisa. A privação dos benefícios que a sociedade associa à pureza dos costumes, as multas, a vergonha, ser forçado a se esconder, a infâmia pública, a expulsão da cidade e da sociedade; enfim, todas as penas que pertencem à jurisdição correcional são suficientes para reprimir a temeridade dos dois sexos. Com efeito, estas coisas estão menos fundadas sobre a maldade do que sobre o esquecimento ou o desprezo de si mesmo.

Aqui trata-se apenas de crimes que dizem respeito unicamente aos costumes, e não daqueles que contrariam também a segurança pública, tais como o rapto e o roubo, que pertencem à quarta espécie.

Os crimes da terceira classe são aqueles que contrariam a tranquilidade dos cidadãos; e as penas devem ser tiradas da natu-

---

([1]) O Padre Bougerel.

reza da coisa, e estar relacionadas com essa tranquilidade, como a prisão, o exílio, as correcções e outras penas que restabelecem os espíritos inquietos e os fazem regressar à ordem estabelecida.

Restrinjo os crimes contra a tranquilidade às coisas que constituem uma simples lesão da polícia: pois as que, perturbando a tranquilidade, atacam ao mesmo tempo a segurança, devem ser postas na quarta classe.

As penas destes últimos crimes são o que se chama suplícios. É uma espécie de talião, que faz que a sociedade recuse a segurança a um cidadão que dela privou, ou quis privar, um outro. Essa pena é retirada da natureza da coisa, extraída da razão e das fontes do bem e do mal. Um cidadão merece a morte quando violou a segurança ao ponto de tirar a vida, ou tentar tirá-la. Esta pena de morte é como o remédio da sociedade doente. Quando se viola a segurança dos bens, pode haver razões para que a pena seja capital; mas seria talvez preferível, e estaria mais conforme à natureza, que a pena dos crimes contra a segurança dos bens fosse punida com a perda dos bens; e deveria ser assim, se as fortunas fossem comuns ou iguais. Mas, como são aqueles que não possuem bens que mais prontamente atacam os dos outros, a pena corporal teve de suplementar a pecuniária.

Tudo o que digo é extraído da natureza e é muito favorável à liberdade do cidadão.

Capítulo V
De certas acusações que têm uma necessidade particular de moderação e de prudência

Máxima importante: é preciso ser muito circunspecto na perseguição à magia e à heresia. A acusação destes dois crimes pode estorvar de modo extremo a liberdade, e ser a fonte de uma infinidade de tiranias, se o legislador não souber limitá-la. Pois como não incide directamente sobre as acções de um cidadão, mas antes sobre a ideia que é feita do seu carácter, torna-se perigosa na proporção da ignorância do povo; e, nesse momento, um cidadão está sempre em perigo porque a melhor conduta do mundo, a moral mais pura, a prática de todos os deveres, não são garantias contra as suspeitas desses crimes.

Sob Manuel Coménio, o *protestator* ([1]) foi acusado de ter conspirado contra o imperador, e de se ter servido para este fim de certos segredos que tornavam os homens invisíveis. Na vida desse imperador ([2]) diz-se que Aarão foi surpreendido ao ler um livro de Salomão, cuja leitura fazia aparecer legiões de demónios. Ora, supondo que a magia é um poder que arma o inferno, e partindo daí, aquele a quem se chama um mágico é visto como o homem do mundo que mais provavelmente perturbará e derrubará a sociedade, e é-se levado a puni-lo desmedidamente.

A indignação cresce quando se atribui à magia o poder de destruir a religião. A história de Constantinopla ([3]) ensina-nos que, quando um bispo teve a revelação de que um milagre terminara por causa da magia de um particular, ele e o seu filho foram condenados à morte. De quantas coisas prodigiosas não dependia esse crime? Que não é raro haver revelações; que o bispo tivesse tido uma; que era verdadeira; que tivesse havido um milagre; que esse milagre tivesse cessado; que tivesse havido práticas de magia; que a magia pudesse arruinar a religião; que esse particular era um mágico; que, por fim, tivesse feito esse acto de magia.

O imperador Teodoro Lascaris atribuía a sua doença à magia. Os que disso foram acusados não tiveram outro remédio senão manipular um ferro quente sem se queimar. Teria sido bom, entre os Gregos, ser-se mágico para se justificar da magia. Tal era o excesso do seu idiotismo que ao crime mais incerto do mundo reuniam as provas mais incertas.

No reinado de Filipe, *o Longo*, os Judeus foram expulsos de França, acusados de terem usado leprosos para envenenar as fontes. Esta acusação absurda deve fazer que se duvide fortemente de todas as outras que se baseiam no ódio público.

Não disse aqui que não era preciso punir a heresia; digo que é preciso ser muito circunspecto ao puni-la.

([1]) Nicetas, *Vida de Manuel Coménio*, liv. IV.

([2]) *Ibid.*

([3]) *História do Imperador Maurício*, por Teofilacto, cap. xi.

Capítulo VI
Do crime contra a natureza

Deus me valha de querer diminuir o horror que se tem por um crime que a religião, a moral e a política, cada uma por si, condenam. Teria de ser proscrito mesmo que se limitasse a dar a um sexo as fraquezas do outro, e preparar uma velhice infame com uma juventude vergonhosa. O que direi deixar-lhe-á todas as suas desonras, e só se aplicará à tirania que pode abusar até do horror que se lhe deve ter.

Como a natureza deste crime é de ser cometido às escondidas, sucedeu frequentemente os legisladores punirem-no com base no depoimento de uma criança. Isto abriu uma porta bem larga à calúnia. «Justiniano», diz Procópio ([1]), «publicou uma lei contra este crime; mandou procurar aqueles que dele fossem culpados, não apenas desde que a lei estivera em vigor, mas antes. O depoimento de uma testemunha, por vezes de uma criança, por vezes de um escravo, bastava, sobretudo contra os ricos e contra os que pertenciam à facção dos Verdes ([*])».

É singular que, entre nós, três crimes, a magia, a heresia e o crime contra a natureza, sobre os quais se poderia provar que o primeiro não existe; o segundo, que é susceptível de uma infinidade de distinções, interpretações, limitações; o terceiro, que é muitas vezes obscuro; que tenham sido, todos eles, punidos com a pena do fogo.

Afirmarei que o crime contra a natureza jamais fará grandes progressos numa sociedade, a menos que o povo não esteja para ele inclinado por algum costume, como entre os Gregos, onde os jovens faziam nus todos os seus exercícios; como entre nós, onde a educação doméstica está fora de uso; como entre os Asiáticos, onde os particulares têm um grande número de mulheres que desprezam enquanto outros não podem tê-las. Que não se prepare este crime, que seja proscrito por uma polícia exacta, como

---

([1]) *História secreta.*

([*]) «Facção dos Verdes»: Já antes da era de Justiniano a cidade de Bizâncio estava dividida em duas facções, a dos Verdes e a dos Azuis. Não era infrequente os seus conflitos degenerarem em violência aberta que, por vezes, punha a cidade a ferro e fogo. Estas facções nasceram da lealdade desportiva criada no Circo romano em torno das corridas de quadrigas. Era pública a posição de Justiniano de favorecimento dos Azuis (N. T.).

todas as violações dos costumes, e veremos subitamente a natureza, ou a defender os seus direitos, ou a retomá-los. Doce, amável, encantadora, a natureza espalhou os prazeres com uma mão liberal; e, ao cobrir-nos de delícias, prepara-nos, através dos filhos que nos fazem, por assim dizer, renascer, para satisfações maiores do que essas mesmas delícias.

Capítulo VII
Do crime de lesa-majestade

As leis da China determinam que quem quer que falte ao respeito ao imperador deve ser punido com a morte. Como não definem o que é essa falta de respeito, tudo pode fornecer um pretexto para tirar a vida a quem se quiser e exterminar a família que se quiser.

Quando duas pessoas encarregues de escrever a gazeta da corte atribuíram a um facto circunstâncias que se descobriu não serem verdadeiras, foi dito que mentir numa gazeta da corte era faltar ao respeito à corte; e mandaram matá-las ([1]). Quando um príncipe do sangue inadvertidamente colocou uma nota num memorial assinada com o pincel vermelho do imperador, decidiu-se que faltara ao respeito ao imperador, o que provocou contra essa família uma das mais terríveis perseguições de que a história já falou ([2]).

Basta que o crime de lesa-majestade seja vago para que o governo degenere em despotismo. Tratarei deste assunto com mais vagar no livro *Da composição das leis.*

Capítulo VIII
Da má aplicação do nome de crime de sacrilégio e de lesa-majestade

É também um abuso violento dar o nome de crime de lesa-majestade a uma acção que não o é. Uma lei dos imperadores ([3])

([1]) O Padre du Halde, t. I, p. 43.

([2]) Cartas do Padre Parennin, nas *Lettres édifiantes.*

([3]) Graciano, Valentiniano e Teodósio. É a terceira do código [*Corpus Juris Civilis, Código*], *de crim. sacril.*

perseguia como sacrílegos aqueles que punham em questão o julgamento do príncipe, e duvidavam do mérito daqueles que ele escolhera para algum cargo ([1]). Com efeito, foram o gabinete e os favoritos que estabeleceram este crime. Uma outra lei declarava que quem atentava contra os ministros e os oficiais do príncipe era criminoso de lesa-majestade, como se tivesse atentado contra o próprio príncipe ([2]). Devemos esta lei a dois príncipes ([3]) cuja fraqueza ficou célebre na história; dois príncipes que foram conduzidos pelos seus ministros, como os rebanhos são conduzidos pelos seus pastores; dois príncipes, escravos no interior do palácio, crianças no meio do conselho, estrangeiros nos exércitos; que só conservaram o império porque o davam todos os dias. Alguns desses favoritos conspiraram contra os seus imperadores. E fizeram mais: conspiraram contra o império; chmaram os bárbaros; e quando quiseram travá-los, o Estado estava tão fraco que teve de violar a sua lei e se expor ao crime de lesa-majestade para os punir.

Porém, foi nesta lei que o relator do senhor de Cinq-Mars ([4]) se baseou, quando, ao querer provar que ele era culpado do crime de lesa-majestade por ter querido expulsar o cardeal de Richelieu dos assuntos públicos, disse: «O crime que atinge a pessoa dos ministros dos príncipes é tido, pelas constituições dos imperadores, como de peso idêntico à que toca à sua pessoa. Um ministro serve bem o seu príncipe e o seu Estado; se ele for removido, é como se o primeiro fosse privado de um braço ([5]), e o segundo de uma parte do seu poder». Se a própria servidão chegasse à Terra, não falaria de outro modo.

Uma outra lei de Valentiniano, Teodósio e Arcádio ([6]), declara os falsificadores de moeda culpados do crime de lesa-majestade. Mas não será confundir as ideias das coisas? Atribuir a um outro crime o nome de lesa-majestade não será diminuir o horror do crime de lesa-majestade?

([1]) *Sacrilegii instar est dubitare an is dignus sit quem elegerit imperator* [«Duvidar de que aquele que o Imperador escolheu será digno é equivalente a sacrilégio»], *ibid.* Esta lei serviu de modelo à de Roger, nas constituições de Nápoles, título iv.

([2]) A lei quinta, *ad. leg. Jul. maj.* [Código IX, título viii].

([3]) Arcádio e Honório.

([4]) *Memórias* de Montrésor, t. I, [p. 238, edição de Colónia, 1723].

([5]) *Nam ipsi pars corporis nostri sunt* [«Pois eles mesmos são uma parte do nosso corpo»]. A mesma lei no código *ad. leg. Jul. maj.*

([6]) É a nona do código Teod., *de falsa moneta.*

Capítulo IX
Continuação do mesmo assunto

Quando Paulino avisou o imperador Alexandre de que «se preparava para processar como criminoso de lesa-majestade um juiz que sentenciara contra as suas ordenações», o imperador respondeu-lhe que «num século como o seu, os crimes de lesa-majestade indirectos não existiam (1)».

Quando Faustiniano escreveu ao mesmo imperador que, ao jurar pela vida do príncipe que jamais perdoaria ao seu escravo, se via obrigado a perpetuar a sua cólera para não se tornar culpado do crime de lesa-majestade. O imperador respondeu-lhe: «Foram vãos os vossos terrores (2), e não conheceis as minhas máximas».

Um senatus-consulto (3) ordenou que aquele que tivesse fundido estátuas do imperador que tivessem sido rejeitadas, não seria culpado de lesa-majestade. Os imperadores Severo e Antonino escreveram a Pôncio que quem vendesse estátuas não consagradas do imperador não incorreria no crime de lesa-majestade (4). Os mesmos imperadores escreveram a Júlio Cassiano que quem arremessasse, por acaso, uma pedra contra uma estátua do imperador, não devia ser perseguido como criminoso de lesa-majestade (5). A lei Júlia exigia este tipo de modificações, pois tornara culpados de lesa-majestade, não só quem fundira as estátuas dos imperadores, mas também os que tinham cometido um acto semelhante (6), o que tornava esse crime arbitrário. Quando foram estabelecidos muitos crimes de lesa-majestade, foi necessário distinguir esses crimes. Assim, o jurisconsulto Ulpiano, depois de ter dito que a acusação do crime de lesa-majestade não

---

(1) *Etiam ex aliis causis majestatis crimina cessant meo saeculo* [«No meu tempo, acabará a acusação de lesa-majestade por múltiplas causas»]. L. i, Cód., [lib. IX, título viii], *ad. leg. Jul. maj.*

(2) *Alienam sectae meae sollicitudinem concepisti* [«Presumis as minhas inclinações com uma ansiedade desapropriada»]. L. 2, Cód., [lib. III, título IV], *ad. leg. Jul. maj.*

(3) Ver a lei 4, [§ 1], ss. *ad. leg. Jul. maj.*, [liv. XLVIII, título iv].

(4) Ver a lei 5, [§ 2], ss. *ad. leg. Jul. maj.*

(5) *Ibid.*, [§ 1].

(6) *Aliudve quid simile admiserint* [«Aqueles que puderem fazer algo de semelhante»]. Leg. 6, ss. *ad. leg. Jul. maj.*

cessava com a morte do culpado, acrescenta que tal não se estende a todos (1) os crimes de lesa-majestade estabelecidos pela lei Júlia; mas apenas àquele que envolve um atentado contra o império, ou contra a vida do imperador.

Capítulo X
Continuação do mesmo assunto

Uma lei da Inglaterra, aprovada sob Henrique VIII, declarava como culpados de alta traição todos os que predissessem a morte do rei. Esta lei era bastante vaga. O despotismo é tão terrível que se vira até contra aqueles que o exercem. Na última doença deste rei, os médicos nunca se atreveram a dizer que ele estava em perigo, e sem dúvida que agiram em conformidade (2).

Capítulo XI
Dos pensamentos

Um tal1 Mársias sonhou que cortava o pescoço a Dionísio (3). Este mandou matá-lo, dizendo que ele não teria sonhado à noite se não o pensasse durante o dia. Era uma grande tirania: pois, mesmo que o tivesse pensado, não o tentara (4). Não cabe às leis punir senão as acções exteriores.

Capítulo XII
Das palavras indiscretas

Nada torna o crime de lesa-majestade mais arbitrário do que quando as palavras indiscretas se convertem na sua matéria. Os discursos estão tão sujeitos a interpretações, há tanta diferença entre a indiscrição e a malícia, e tão pouca nas expressões que elas empregam, que a lei dificilmente pode submeter as

---

(1) Na lei última, ss, *ad. leg. Jul., de adulteriis.*

(2) Ver a *História da Reforma*, do Sr. Burnet.

(3) Plutarco, *Vida de Dionísio.*

(4) O pensamento tem de estar unido a algum tipo de acção.

palavras a uma pena capital, a menos que declare explicitamente quais as palavras que a ela estão sujeitas ([1]).

As palavras não formam um corpo de delito; elas são retidas apenas na ideia. Na maior parte das vezes as palavras nada significam por elas mesmas, mas pelo tom com que são ditas. Quando as mesmas palavras são repetidas, muitas vezes não traduzem o mesmo sentido; este sentido depende da ligação que elas têm com outras coisas. Por vezes, o silêncio exprime mais do que todos os discursos. Nada é tão equívoco quanto isto. Como é que se faz delas, então, um crime de lesa-majestade? Por toda a parte onde essa lei está estabelecida, não só deixa de haver liberdade, como nem sequer se tem a sua sombra.

No manifesto da falecida czarina contra a família d'Olgourouki ([2]), um destes príncipes é condenado à morte por ter proferido palavras indecentes relativas à sua pessoa; um outro, por ter malignamente interpretado as suas sábias disposições para o império, e por ter ofendido a sua pessoa sagrada com palavras pouco respeitosas.

Não pretendo diminuir a indignação que se deve ter contra os que querem infamar a glória do seu príncipe; mas direi que, se se quiser moderar o despotismo, uma simples punição correctiva é mais conveniente para estas ocasiões do que uma acusação de lesa-majestade, sempre terrível para a própria inocência ([3]).

As acções não são praticadas todos os dias; muita gente pode reparar nelas; uma falsa acusação sobre factos pode ser facilmente esclarecida. As palavras que são unidas a uma acção assumem a natureza dessa acção. Daí que um homem que vá à praça pública exortar os súbditos à revolta se torne culpado de lesa-majestade porque as palavras estão unidas à acção, e participam dela. Não são as palavras que são punidas, mas uma acção cometida na qual são empregues as palavras. Estas só se tornam crimes quando preparam, quando acompanham, quando seguem uma

---

([1]) *Si non tale sit delictum, in quod vel scriptura legis descendis, vel ad exemplum legis vindicandum est* [«Não deve ser punido como um delito, a menos que esteja assente na letra da lei ou estabelecido por meio de exemplos na lei»], diz Modestino na lei 7, [§ 3], ss., *ad. leg. Jul. maj.*

([2]) No ano de 1740.

([3]) *Nec lubricum língua ad paenam facile trabendum est* [«Não é de modo algum fácil interpretar as incertezas da linguagem»]. Modestino, na lei 7, [§ 3], ss. *ad leg. Jul. maj.*

acção criminosa. Viramos tudo do avesso se fizermos das palavras um crime capital, ao invés de considerá-las um sinal de um crime capital.

Os imperadores Teodósio, Arcádio e Honório escreveram a Rufino, prefeito da pretoria: «Se alguém falar mal da nossa pessoa ou do nosso governo, não queremos puni-lo ([1]); se falou por ligeireza, deve ser desprezado; se falou por loucura, deve-se ter dó dele; se foi uma injúria, deve-se perdoá-lo. Assim, deixando as coisas como estão, vós ireis trazê-las ao nosso conhecimento para que julguemos as palavras pelas pessoas, e para que pesemos bem se devemos submetê-las a julgamento, ou ignorá-las».

Capítulo XIII
Dos escritos

Os escritos contêm qualquer coisa de mais permanente do que as palavras; mas quando não preparam um crime de lesa-majestade, não podem constituir matéria de crime de lesa-majestade.

No entanto, Augusto e Tibério associaram aos escritos a pena deste crime ([2]); Augusto, por ocasião de certos escritos dirigidos contra homens e mulheres ilustres; Tibério, por causa daqueles que julgava serem dirigidos contra si. Nada foi mais fatal para a liberdade romana. Cremúcio Cordo foi acusado porque, nos seus anais, chamara a Cássio o último dos Romanos ([3]).

Os escritos satíricos são praticamente desconhecidos nos Estados despóticos, onde o abatimento por um lado e a ignorância por outro não geram nem o talento nem a vontade de escrevê-los. Na democracia não são impedidos, pela mesma razão que no governo de um só mandam proibi-los. Como são normalmente compostos contra pessoas poderosas, satisfazem na democracia a malignidade do povo que governa. Na monarquia são

---

([1]) *Si id ex levitate processerit, contemnendum est; si ex insania, miseratione dignissimum; si ab injuria, remittendum* [«Se tal decorrer da ligeireza, merece desprezo; se da insanidade, merece muita comiseração; se da injúria, deve ser perdoado»]. Leg. unicâ, Cod., *si quis imperat. maled.*

([2]) Tácito, *Anais*, liv. I, [cap. lxxii]. Isso continuou nos reinados seguintes. Ver a lei primeira do código *de famosis libellis.*

([3]) Tácito, *Anais*, liv. IV, [cap. xxxiv].

proibidos; mas são convertidos mais num assunto de polícia (*) do que de crime. Podem divertir a malignidade geral, consolar os descontentes, diminuir a inveja dos altos cargos, dar ao povo a paciência para sofrer e fazê-lo rir dos seus sofrimentos.

A aristocracia é o governo que mais proscreve as obras satíricas. Os magistrados são pequenos soberanos que não são suficientemente grandes para menosprezar as injúrias. Se na monarquia um qualquer dardo vai contra o monarca, ele está tão alto que o dardo não consegue atingi-lo. Um senhor aristocrático é atravessado de um lado ao outro. Assim, os decênviros, que formavam uma aristocracia, puniam com a morte os escritos satíricos (1).

Capítulo XIV
Violação do pudor na punição dos crimes

Há regras de pudor observadas em quase todas as nações do mundo. Seria absurdo violá-las na punição dos crimes, que deve sempre ter como objecto o restabelecimento da ordem.

Os Orientais, que expunham as mulheres a elefantes treinados para um abominável género de suplício, queriam que a lei fosse violada pela lei?

Um uso antigo dos Romanos proibia que se matassem as raparigas que não fossem núbeis. Tibério descobriu o expediente de fazer que fossem violadas pelo carrasco antes de as enviar para o suplício (2); tirano subtil e cruel, destruía os costumes morais (*) para conservar os costumes jurídicos (**).

Quando a magistratura japonesa mandou expor nas praças públicas mulheres nuas e as obrigou a andar à maneira dos animais, fez tremer o pudor (3); mas quando quis forçar uma mãe..., quando quis forçar um filho..., não consigo terminar, fez tremer a própria natureza (4).

(*) *Police* no original. Mas ver *EL*, IV.6, n.t. (N. T.).

(1) A lei das Doze Tábuas.

(2) Suetónio, *in Tiberio*, [cap. lxi].

(**) «Costumes morais»: *moeurs* no original. Ver *EL*, prefácio, n.t. (N. T.).

(***) «Costumes jurídicos»: *coutumes* no original. Ver *EL*, prefácio, n.t. (N. T.).

(3) *Recueil des voyages qui ont servi à l'établissement de la compagnie des Indes*, t. V, part. ii.

(4) *Ibid.*, p. 496.

Capítulo XV
Da emancipação do escravo para acusar o senhor

Augusto estabeleceu que os escravos daqueles que tinham conspirado contra ele seriam vendidos ao público, para que pudessem depor contra o seu senhor ([1]). Nada se deve negligenciar que possa levar à descoberta de um grande crime. É por isso que num Estado onde existem escravos é natural que possam ser informadores; mas não poderiam ser testemunhas.

Vindex denunciou a conspiração feita em favor dos Tarquínios; mas não foi testemunha contra os filhos de Bruto. Foi justo dar a liberdade a quem prestara um tão grande serviço à sua pátria; mas não se lha deu para que ele prestasse esse serviço à sua pátria.

Assim, o imperador Tácito ordenou que os escravos não fossem testemunhas contra o seu senhor, nem sequer no crime de lesa-majestade ([2]); lei que não foi incluída na compilação de Justiniano.

Capítulo XVI
Calúnia no crime de lesa-majestade

Tem de se fazer justiça aos Césares: não foram eles os primeiros a imaginar as tristes leis que fizeram. Foi Sila ([3]) quem lhes ensinou que não era necessário punir os caluniadores. Em breve chegariam até a ser recompensados ([4]).

Capítulo XVII
Da revelação das conspirações

«Se o teu irmão, ou o teu filho, ou a tua filha, ou a tua mulher bem amada, ou o teu amigo, que é como a tua alma, te disserem

---

([1]) Dio, em Xifilino, [liv. LV, cap. c].

([2]) Flávio Vopisco, na sua *Vida* [*do imperador Tácito*, cap. ix].

([3]) Sila fez uma lei de majestade, que é mencionada nas *Orações* de Cícero, *pro Cluentio*, art. 3; *in Pisonem*, art. 21; *segunda contra Verres*, art. 5; *epístolas familiares*, liv. III, carta ii. César e Augusto inseriram-nas nas leis Júlias; outros acrescentaram mais coisas.

([4]) *Et quo quis distinctior accusator, eo magis honores assequebatur, ac veluti sacrosanctus erat* [«E aquele que fosse o acusador mais distinto obteria mais honrarias; era como se fosse uma pessoa sacrossanta»]. Tácito, [*Anais*, IV, cap. Xxxvi].

em segredo: *Vamos para outros deuses*, tu os lapidarás; primeiro, a tua mão estará sobre ele, de seguida estará a de todo o povo». Esta lei do Deuteronómio ([1]) não pode ser uma lei civil para a maioria dos povos que conhecemos, porque abriria a porta a todos os crimes.

A lei que em muitos Estados ordena, sob pena de morte, que se revelem as conspirações, incluindo aquelas em que não se colaborou, é pouco menos dura. Quando é levada para o governo monárquico, é muito conveniente restringi-la.

Só deve ser aplicada no governo monárquico, em toda a sua severidade, ao crime de lesa-majestade de primeiro grau. Nesses Estados, é muito importante não confundir os diferentes graus deste crime.

No Japão, onde as leis subvertem todas as ideias da razão humana, o crime da não-revelação aplica-se aos casos mais ordinários.

Uma relação ([2]) fala-nos de duas senhoras solteiras que foram encerradas até à morte num cofre pejado de pregos; uma por ter estado envolvida numa intriga de galanteria; a outra por a não ter revelado.

Capítulo XVIII

Como é perigoso nas repúblicas punir excessivamente o crime de lesa-majestade

Quando uma república conseguiu destruir aqueles que queriam derrubá-la, é preciso pôr cobro rapidamente às vinganças, às penas e até às recompensas.

Não se podem fazer grandes punições, e por conseguinte grandes mudanças, sem pôr nas mãos de alguns cidadãos um grande poder. Mais vale, portanto, nesse caso, perdoar muito do que punir muito; exilar pouco do que exilar muito; deixar os bens do que multiplicar as confiscações. Com o pretexto da vingança da república, estabelecer-se-ia a tirania dos vingadores. Não se trata de destruir aquele que domina, mas a dominação. Tem de

---

([1]) Cap. xiii, vers. 6, 7, 8 e 9.

([2]) *Recueil des voyages qui ont servi à l'établissement de la compagnie des Indes*, p. 423, liv. V, part. II.

se entrar o mais cedo possível nesse ritmo normal do governo, em que as leis tudo protegem e não se armam contra ninguém.

Os Gregos não puseram limites às vinganças que exerceram sobre os tiranos ou sobre aqueles que eles supunham sê-lo. Mandavam matar os filhos ([1]), por vezes cinco dos parentes mais próximos ([2]). Expulsavam uma infinidade de famílias. As suas repúblicas eram abaladas por isto; o exílio ou o retorno dos exilados foram sempre épocas que marcaram a mudança da constituição.

Os Romanos eram mais sábios. Quando Cássio foi condenado por ter aspirado à tirania, colocou-se a questão de mandar matar os seus filhos: não foram condenados a qualquer pena. «Os que quiseram», diz Dionísio de Halicarnasso ([3]), «mudar essa lei no final da guerra dos Marsos e da guerra civil, e excluir dos cargos os filhos dos proscritos por Sila, são certamente criminosos».

Nas guerras de Mário e de Sila viu-se até que ponto as almas dos Romanos aos poucos se tornaram depravadas. As coisas eram tão funestas que se acreditava que nunca mais seriam revistas. Mas sob os triúnviros quis-se ser mais cruel e aparentá-lo menos. Fica-se desolado ao ver os sofismas que a crueldade empregou. Em Apiano ([4]) encontra-se a fórmula das proscrições. Nela fala-se com tanto sangue-frio, mostram-se tantos benefícios, os meios que são escolhidos são tão preferíveis a outros, os ricos estarão tão seguros, o baixo povo estará tão tranquilo, receia-se tanto pôr em perigo a vida dos cidadãos, quer-se tanto apaziguar os soldados, enfim, todos serão tão felizes que dir-se-ia que não têm outro objectivo que não o bem da república ([5]).

Roma foi inundada de sangue quando Lépido triunfou sobre a Espanha, e, por um absurdo sem exemplo, sob pena de proscrição ([6]), ordenou que todos celebrassem.

([1]) Dionísio de Halicarnasso, *Antiguidades romanas*, liv. VIII.

([2]) *Tyranno occiso, quinque ejus proximos cognatione magistratus necato* [«Morto o tirano, o magistrado matará cinco dos parentes mais próximos»]. Cícero, *De Inventione*, liv. II, [cap. xxix].

([3]) Liv. VIII, p. 547.

([4]) *Das guerras civis*, liv. IV.

([5]) *Quod Félix faustumque sit* [«Que sejam felizes e auspiciosos contigo»].

([6]) *Sacris et epulis dent hunc diem: qui secus faxit, inter proscriptos esto.* [«Que este dia seja dedicado a festejos e sacrifícios: os que não o fizerem, estarão entre os proscritos»].

Capítulo XIX
Como se suspende o uso da liberdade na república

Nos Estados onde se faz mais caso da liberdade, há leis que a violam contra um só, para preservá-la para todos. Tais são, em Inglaterra, as *bills* (*) ditas de *atingir* (1). Estão relacionadas com as leis de Atenas que estatuíam contra um particular (2), desde que fossem aprovadas com o sufrágio de seis mil cidadãos. Estão relacionadas com as leis que foram feitas em Roma contra cidadãos particulares, e a que se chamavam *privilégios* (3). Só eram feitas nos grandes Estados do povo. Mas, seja qual for a maneira como o povo as aprove, Cícero quer que sejam abolidas porque a força da lei consiste no facto de estatuir para todos (4). Contudo, admito que o uso dos povos mais livres que jamais houve sobre a Terra leva-me a crer que existem casos em que é preciso pôr, momentaneamente, um véu sobre a liberdade, como se escondem as estátuas dos deuses.

Capítulo XX
Das leis favoráveis à liberdade do cidadão na república

Nos Estados populares acontece muitas vezes as acusações serem públicas e ser permitido a qualquer homem acusar quem

(*) Em inglês no original. Montesquieu referia-se à figura jurídica do direito anglo-saxónico chamada *bill of attainder*. Ver a nota seguinte de Montesquieu (N. T.).

(1) Nos tribunais do reino, não basta que haja uma prova que convença os juízes; é preciso também que essa prova seja formal, isto é, legal: e a lei exige que haja duas testemunhas contra o acusado; uma outra prova não será suficiente. Ora, se um homem, presumível culpado do que se chama grande crime, tiver encontrado um meio de afastar as testemunhas, de maneira que seja impossível condená-lo pela lei, seria possível dirigir contra ele um *bill* particular de *atingir*; isto é, fazer uma lei singular contra a sua pessoa. Neste caso procede-se como em qualquer outra *bill*: tem de passar nas duas câmaras, e o rei tem de dar o seu consentimento; sem isso não há *bill*, isto é, não há julgamento. O acusado pode mandar os seus advogados falar contra a *bill*, e pode-se falar na câmara contra a *bill*.

(2) *Legem de singulari aliquo ne rogato, nisi sex millibus ita visum.* [«Uma lei que incida sobre um particular não deve ser proposta, a menos que seis mil a tenham ponderado»]. *Ex Andocide de mysteriis.* É o ostracismo.

(3) *De privis hominibus latae* [«Propostas para homens particulares»]. Cícero, *De leg.*, liv. III, [cap. xix].

(4) *Scitum est jussum in omnes* [«Um decreto é lei para todos»]. Cícero, *ibid.*

quiser. Isso levou ao estabelecimento das leis apropriadas para defender a inocência dos cidadãos. Em Atenas, o acusador que não tivesse para si a quinta parte dos sufrágios pagava uma multa de mil dracmas. Esquines, que acusara Ctesifonte, foi condenado por isso ([1]). Em Roma, o acusador injusto era marcado com a infâmia ([2]); a letra K era impressa na sua testa ([*]). Era montada guarda ao acusador para que não pudesse corromper os juízes ou as testemunhas ([3]).

Já falei da lei ateniense e romana que permitia ao acusado retirar-se antes do julgamento.

Capítulo XXI
Da crueldade das leis relativas aos devedores numa república

Um cidadão já adquiriu uma grande superioridade sobre outro cidadão ao emprestar-lhe dinheiro que este pediu emprestado só para gastar, e que, por conseguinte, já não o tem. O que aconteceria numa república se as leis aumentassem ainda mais essa servidão?

Em Atenas e em Roma ([4]), no início foi permitido vender os devedores que não tinham condições de pagar. Sólon corrigiu este uso em Atenas ([5]): ordenou que o corpo do devedor não respondesse pelas dívidas civis. Mas os decênviros ([6]) não reformaram da mesma maneira o uso romano, e embora tivessem o regulamento de Sólon diante dos olhos, não quiseram segui-lo. Este não é o único ponto da lei das Doze Tábuas em que se vê o desígnio dos decênviros contrariar o espírito da democracia.

([1]) Ver Filostrato, liv. I, *Vida dos sofistas, vida de Esquines.* Ver também Plutarco e Fócio.

([2]) Pela lei *Remnia.*

([*]) «(...) letra K (...)»: *k,* a primeira letra da palavra latina *calumnia* de acordo com a grafia antiga (segundo Parelle) (N. T.).

([3]) Plutarco, no tratado *Como retirar proveito dos nossos inimigos?* [*Moralia, De capienda ex inimicis utilitate*].

([4]) Muitos vendiam os seus filhos para pagar as suas dívidas. Plutarco, *Vida de Sólon.*

([5]) *Ibid.*

([6]) A história parece indicar que este uso foi estabelecido entre os Romanos antes da lei das Doze Tábuas. Tito Lívio, *Década I,* liv. II, [cap. xxiii e xxiv].

Estas leis cruéis contra os devedores puseram muitas vezes em perigo a república romana. Um homem coberto de chagas escapuliu-se da casa do seu credor e apareceu na praça (1). O povo comoveu-se com este espectáculo. Outros cidadãos que os seus credores já não se atreviam a reter abandonaram as suas celas. Fizeram-lhes promessas, e faltaram a elas: o povo retirou-se para o Monte Sagrado. O povo não obteve a revogação dessas leis, mas um magistrado para o defender. Saiu-se da anarquia, julgava-se que se caía na tirania. Manlio, para tornar-se popular, ia retirar das mãos dos credores os cidadãos que tinham reduzido à escravidão (2). Os desígnios de Manlio são frustrados; mas o mal continuava. Leis particulares deram aos devedores facilidades de pagamento (3), e, no ano romano de 428, os cônsules propuseram uma lei (4) que retirava aos credores o direito de manter os devedores em servidão nas suas casas (5). Um usurário chamado Papírio quisera corromper a pudicidade de um jovem chamado Públio que mantinha a ferros. O crime de Sexto (*) deu a Roma a liberdade política; o de Papírio deu-lhe a liberdade civil.

Foi o destino desta cidade que novos crimes confirmassem a liberdade que crimes antigos lhe tinham proporcionado. O atentado de Ápio contra Virgínia remeteu o povo para esse horror contra os tiranos que o infortúnio de Lucrécia lhe inspirara. Trinta e sete anos (6) após o crime do infame Papírio, um crime semelhante (7) levou a que o povo se retirasse para o

---

(1) Dionísio de Halicarnasso, *Antiguidades romanas*, liv. VI.

(2) Plutarco, *Vida de Fúrio Camilo*, [cap. xviii].

(3) Ver mais adiante o cap. xxii do liv. XXII.

(4) Cento e vinte anos depois da lei das Doze Tábuas. *Eo anno plebi romanae velut aliud initium libertatis factum est, quod necti desierunt* [«Para os plebeus romanos, este ano foi como um outro início da liberdade porque deixaram de poder ser escravizados por dívidas»]. Tito Lívio, liv. VIII, [cap. xxviii].

(5) *Bona debitoris, non corpus obnoxium esset* [«A propriedade dos devedores responderia pela dívida, mas não os seus corpos»]. Ibid.

(*) Referência a um outro episódio célebre da história da Roma antiga, a saber, a violação de Lucrécia às mãos de um dos Tarquínios (Sexto), e que levaria à revolta da plebe, liderada por Júnio Bruto, ao fim da monarquia e à implantação da República (N. T.).

(6) No ano romano de 465.

(7) O de Pláutio, que atentou contra a pudicidade de Vetúrio. Valério Máximo, liv. VI, [cap. i, art. ix]. Não se deve confundir estes dois acontecimentos: não são nem as mesmas pessoas, nem é o mesmo tempo.

Janículo ([1]) e fez que a lei feita para a segurança dos devedores recobrasse uma nova força.

Desde esse tempo, os credores foram mais perseguidos pelos devedores por terem violado as leis feitas contra as usuras do que estes o foram por as não terem pago.

Capítulo XXII
Das coisas que atacam a liberdade na monarquia

A coisa do mundo mais inútil para o príncipe enfraqueceu muitas vezes a liberdade nas monarquias: os comissários por vezes nomeados para julgar um particular.

O príncipe tira tão pouca utilidade dos comissários que não vale a pena mudar a ordem das coisas para isso. É moralmente garantido que ele tem mais espírito de probidade e de justiça do que os seus comissários, os quais se julgam sempre suficientemente justificados pelas suas ordens, por um obscuro interesse de Estado, pela escolha que se fez deles e pelos seus próprios temores.

Sob Henrique VIII, quando se processava um par, este era julgado por comissários tirados da câmara dos pares. Com este método mandaram matar todos os pares que quiseram.

Capítulo XXIII
Dos espiões na monarquia

São necessários espiões na monarquia? Não é essa a prática normal dos bons príncipes. Quando um homem é fiel às leis, cumpriu com o que deve ao príncipe. Pelo menos, é preciso que ele tenha a sua casa como asilo e o resto da sua conduta em segurança. A espionagem seria talvez tolerável se pudesse ser exercida por homens de bem; mas a infâmia necessária da pessoa pode fazer que a coisa seja julgada infame. Um príncipe deve lidar com os seus súbditos com candura, com franqueza, com confiança. Aquele que tem tantas inquietudes, suspeitas e receios, é um actor que desempenha o seu papel com embaraço. Quando vê que em geral as leis

---

([1]) Ver um fragmento de Dionísio de Halicarnasso, no *Extracto das virtudes e dos vícios*, o *Epítome* de Tito Lívio, liv. XI, e Freinshemius, liv. XI.

estão em vigor, que são respeitadas, pode julgar-se em segurança. O comportamento geral responde-lhe pelo comportamento de todos os particulares. Que ele não tenha qualquer receio; não conseguirá acreditar quanto as pessoas são levadas a amá-lo. Ora! porque é que não o amariam? Ele é a fonte de quase todo o bem que é feito; e quase todas as punições ficam por conta das leis. Nunca se mostra ao povo senão com um rosto sereno: até a sua glória se comunica a nós, e o seu poder sustenta-nos. Uma prova de que é amado é que se tem confiança nele, e que, quando um ministro recusa, imaginamos sempre que o príncipe teria aceite. Mesmo nas calamidades públicas não se acusa a sua pessoa; queixamo-nos de que ele nada sabe ou de que está rodeado por gente corrupta. *Se o príncipe soubesse!* diz o povo. Estas palavras são uma espécie de invocação e uma prova da confiança que se tem nele.

Capítulo XXIV
Das cartas anónimas

Os Tártaros são obrigados a pôr o seu nome nas flechas, para que se conheça a mão de onde elas partem. Quando Filipe da Macedónia foi ferido durante o cerco a uma cidade, podia ler-se no dardo: *Aster lançou este golpe mortal a Filipe* (1). Se aqueles que acusam um homem o fizessem com vista ao bem público, não o acusariam diante do príncipe, que facilmente pode estar predisposto, mas diante dos magistrados, que possuem regras que só são formidáveis para os caluniadores. Se não querem deixar as leis entre eles e o acusado, isso prova que têm razões para receá-las; e a pena menor que se lhes pode infligir é a de não acreditar neles. Só se lhes pode ser prestada atenção nos casos que não podem tolerar as lentidões da justiça comum e em que esteja em causa a segurança do príncipe. Nesse caso, pode-se acreditar que aquele que acusa fez um esforço que soltou a sua língua, e fê-la falar. Mas, noutros casos, tem de se dizer com o imperador Constâncio: «Não podemos suspeitar de quem não tem acusador apesar de não lhe faltarem inimigos (2)».

(1) Plutarco, *Moralia, Colectânea de alguma histórias romanas e gregas* [*Parallela Graeca et Romana*], t. II, p. 487.

(2) Leg. 6, Cod. Theod., *de famos. Libellis.*

Capítulo XXV
Da maneira de governar na monarquia

A autoridade régia é uma grande mola que deve mover-se facilmente e sem barulho. Os Chineses louvam um dos seus imperadores, que governava, dizem eles, como o céu, isto é, pelo seu exemplo.

Existem casos em que o poder deve agir em toda a sua extensão; existem outros em que deve agir dentro dos seus limites. O sublime da administração é bem conhecer qual é a parte do poder, grande ou pequena, que deve ser empregue nas diversas circunstâncias.

Nas nossas monarquias, toda a felicidade consiste na opinião que o povo tem da brandura do governo. Um ministro inábil quer sempre advertir-vos que vós sois escravos. Mas, se assim fosse, ele deveria tentar fazer que o ignorásseis. Não sabe dizer-vos ou escrever-vos nada a não ser que o príncipe está zangado, que está surpreendido, que irá repor a ordem. Há uma certa facilidade no comando; é preciso que o príncipe encoraje e que sejam as leis a ameaçar ([1]).

Capítulo XXVI
Que na monarquia o príncipe deve ser acessível

Isto será muito mais bem percebido por meio de contrastes.

«O czar Pedro I», diz o senhor Perry ([2]), «fez uma nova ordenação que proíbe que lhe apresentem um pedido antes de o terem apresentado duas vezes aos seus oficiais. Em caso de negação de justiça, é possível apresentar-lho uma terceira vez; mas quem estiver errado, deve perder a vida. Desde então, ninguém endereçou pedidos ao czar».

Capítulo XXVII
Dos costumes do monarca

Os costumes do príncipe contribuem tanto para a liberdade como as leis; como elas, o príncipe pode fazer dos homens ani-

---

([1]) Nerva, diz Tácito, aumentou a facilidade do império.

([2]) *Estado da grande Rússia*, p. 173, edição de Paris, 1717.

mais, e dos animais homens. Se amar as almas livres, terá súbditos; se amar as almas baixas, terá escravos. Se quiser conhecer a grande arte de reinar, que aproxime dele a honra e a virtude, que chame para si o mérito pessoal. Pode até por vezes deitar o olhar para os talentos. Não receie esses rivais a quem chamam homens de mérito; ele é seu igual, desde que os ame. Que ganhe o coração, mas não cative o espírito. Que se torne popular. Deve sentir-se lisonjeado pelo amor do menor dos seus súbditos; são todos homens. O povo pede tão pouca atenção que é justo concedê-la: a distância infinita que existe entre o soberano e o povo impede-o certamente de o incomodar. Que seja exorável às súplicas, mas que seja firme contra os pedidos; e que saiba que o seu povo beneficia com as suas recusas, tal como os seus cortesãos beneficiam com as suas graças.

Capítulo XXVIII
Das atenções que os monarcas devem aos seus súbditos

É preciso que sejam extremamente contidos na troça. Esta lisonjeia quando é moderada, porque fornece os meios de entrar na familiaridade; mas uma troça picante é-lhes bastante menos permitida do que ao último dos seus súbditos, porque eles são os únicos que ferem sempre mortalmente.

Ainda menos devem insultar marcadamente um dos seus súbditos: foram estabelecidos para perdoar, para punir; jamais para insultar.

Quando insultam os seus súbditos, tratam-nos bem mais cruelmente do que o Turco ou o Moscovita tratam os seus. Quando estes últimos insultam, eles humilham, mas não desonram; quanto aos outros, eles humilham e desonram.

Tal é o preconceito dos Asiáticos que consideram uma afronta feita pelo príncipe como o efeito de uma bondade paternal; e tal é a nossa maneira de pensar que juntamos ao sentimento cruel da afronta o desespero de nunca podermos limpá-la.

Devem ficar encantados por ter súbditos para quem a honra é mais cara do que a vida, e não é menos um motivo de fidelidade do que a coragem.

Podemos lembrar-nos dos infortúnios que aconteceram aos príncipes por terem insultado os seus súbditos; as vinganças de

Quéreas, do eunuco Narses, e do conde Juliano; enfim, da duquesa de Montpensier, que, enraivecida contra Henrique III, que revelara um dos seus defeitos secretos, apoquentou-o para o resto da sua vida.

Capítulo XXIX
Das leis civis ajustadas para pôr um pouco de liberdade no governo despótico

Embora o governo despótico, na sua natureza, seja por toda a parte o mesmo, no entanto as circunstâncias, uma opinião religiosa, um preconceito, exemplos recebidos, um modo de pensar, as maneiras, os costumes, podem introduzir diferenças consideráveis.

É bom que certas ideias estejam estabelecidas. Assim, na China, o príncipe é visto como o pai do povo; e, nos princípios do império dos Árabes, o príncipe era o seu pregador (1).

Convém que haja algum livro sagrado que sirva de regra, como o Alcorão para os Árabes, os livros de Zoroastro para os Persas, o Veda para os Indianos, os livros clássicos para os Chineses. O código religioso suplementa o código civil, e fixa a arbitrariedade.

Não é mau que, nos casos duvidosos, os juízes consultem os ministros da religião (2). Assim, na Turquia os cádis interrogam os mulás. Se o caso merece a morte, pode ser conveniente que o juiz particular, se existir, escute a opinião do governador, para que o poder civil e eclesiástico sejam também temperados pela autoridade política.

Capítulo XXX
Continuação do mesmo assunto

Foi o furor despótico que determinou que a desgraça do pai acarretaria a dos filhos e das mulheres. Estes são já desafortunados sem serem criminosos; e, de resto, o príncipe tem de deixar

(1) Os Califas.

(2) *História dos Tártaros,* 3ª parte, p. 277, nas notas.

entre o acusado e ele próprio suplicantes para suavizar a sua ira, ou para iluminar a sua justiça.

É um bom costume dos Maldivos ([1]) que quando um senhor cai em desgraça, vá todos os dias fazer a sua corte ao rei até que volte a ser agraciado; a sua presença desarma a ira do príncipe.

Há Estados despóticos ([2]) onde se pensa que falar a um príncipe em intercessão de quem caiu em desgraça é faltar ao respeito que lhe é devido. Esses príncipes parecem fazer todos os esforços para se privarem da virtude da clemência.

Arcádio e Honório, na lei ([3]) de que já tanto falei, declaram que não agraciarão os que ousarem suplicar pelos culpados. Essa lei é bastante má porque é má até no despotismo ([4]).

É muito bom o costume da Pérsia que permite a quem o queira que abandone o reino; e, embora o uso contrário tenha a sua origem no despotismo, onde os súbditos eram considerados escravos ([5]), e os que saíam escravos fugitivos, no entanto a prática da Pérsia é muito boa para o despotismo, onde o medo de que as pessoas fujam ou que partam com aquilo que devem freia ou modera as perseguições dos paxás e dos exactores.

([1]) Ver François Pyrard.

([2]) Como hoje em dia na Pérsia, segundo o relato do Sr. Chardin: esse uso é bem antigo. «Cávades», diz Procópio, «foi posto no castelo do esquecimento; existe uma lei que proíbe que se fale daqueles que aí foram encerrados, e até que se pronuncie o seu nome».

([3]) A lei 5, do Cod., *ad. leg. Jul. maj.*

([4]) Frederico copiou esta lei nas *Constituições* de Nápoles, liv. I.

([5]) Nas monarquias há normalmente uma lei que proíbe aqueles que têm cargos públicos de abandonar o reino sem a permissão do príncipe. Esta lei devia ser também estabelecida nas repúblicas. Mas naquelas que têm instituições singulares a proibição deve ser geral para que não tragam consigo os costumes estrangeiros.

Livro XIII
Das relações que o levantamento de tributos e a grandeza das receitas públicas têm com a liberdade

Capítulo I
Das receitas do Estado

As receitas do Estado são uma porção que cada cidadão dá do seu bem para obter a segurança ou o gozo agradável do resto.

Para fixar bem estas receitas, é preciso ter em consideração as necessidades do Estado e as necessidades dos cidadãos. Não se deve tirar às necessidades reais do povo para satisfazer necessidades imaginárias do Estado.

As necessidades imaginárias são as que as paixões e as fraquezas daqueles que governam procuram: o encanto de um projecto extraordinário, o desejo doentio de uma glória vã e uma certa impotência de espírito contra as fantasias. Muitas vezes, aqueles que, com um espírito inquieto, estavam na chefia dos assuntos públicos sob um príncipe pensaram que as necessidades do Estado eram as necessidades das suas pequenas almas.

Não há nada que a sabedoria e a prudência mais devam regrar do que a porção que se retira aos súbditos e a porção que se lhes deixa.

As receitas públicas não devem ser medidas pelo que o povo pode dar, mas pelo que deve dar; e se forem medidas pelo que o povo pode dar, que sejam pelo menos pelo que ele pode sempre dar.

Capítulo II
Que é raciocinar mal dizer que a grandeza dos tributos é boa por si mesma

Em certas monarquias viu-se que pequenos países isentos de tributos eram tão miseráveis como os lugares que, em seu redor, eram oprimidos com tributos. A razão principal é que o pequeno Estado cercado não pode ter indústria, artes, nem manufacturas, porque neste aspecto está restringido de mil maneiras pelo grande Estado no qual está encravado. O Estado grande que o cerca tem indústria, manufacturas e artes; e faz regulamentos que lhe proporcionam todos os benefícios. O Estado pequeno torna-se, pois, necessariamente pobre, por poucos que sejam os impostos que cobre.

No entanto, concluiu-se da pobreza desses pequenos países que seriam necessários encargos pesados para que o povo fosse industrioso. Ter-se-ia feito melhor em concluir que não são necessários. São todos os miseráveis das redondezas que se retiram para esses lugares para nada fazer; já desencorajados pelo sufoco do trabalho, fazem que a sua felicidade consista na sua preguiça.

O efeito das riquezas de um país é o de introduzir a ambição em todos os corações. O efeito da pobreza é de fazer nascer neles o desespero. A primeira é acirrada pelo trabalho; a outra consola-se com a preguiça.

A natureza é justa para os homens; recompensa-os pelas suas dores; torna-os laboriosos porque a trabalhos maiores ela associa maiores recompensas. Mas, se um poder arbitrário subtrai as recompensas da natureza, é retomado o desgosto pelo trabalho e a inacção parece ser o único bem.

Capítulo III
Dos tributos nos países onde uma parte do povo é escravo (*) *da gleba*

Por vezes, a seguir a uma conquista estabelece-se a escravatura da gleba. Neste caso, o escravo que cultiva deve ser o colono arrendatário (**) do senhor. Só uma sociedade de perda e de ganho pode reconciliar os que estão destinados a trabalhar com aqueles que estão destinados a fruir.

Capítulo IV
De uma república num caso idêntico

Quando uma república reduz uma nação a cultivar as terras por ela, não se deve aceitar que o cidadão possa aumentar o tributo do escravo. Na Lacedemónia não o permitiam; pensavam que os hilotas (1) cultivariam melhor as terras se soubessem que a sua servidão não seria agravada; julgavam que os senhores seriam melhores cidadãos se desejassem apenas o que estavam acostumados a possuir.

Capítulo V
De uma monarquia num caso idêntico

Quando, numa monarquia, a nobreza manda o povo conquistado cultivar as terras em seu proveito, é preciso também que a renda não possa aumentar (2). De resto, é bom que o príncipe se contente com o seu domínio e com o serviço militar. Mas se quiser levantar tributos em dinheiro sobre os escravos da sua nobreza, o senhor tem de ser fiador (3) do tributo, tem de pagar

(*) Montesquieu refere-se à «servidão da gleba», expressão que nos é mais familiar, em XXX.5 (N. T.).

(**) Isto é, o vínculo mediante o qual a renda era paga com uma parte da colheita (N. T.).

(1) Plutarco, [*Ditos dos Lacedemómios*].

(2) Foi por isto que Carlos Magno fez as suas belas instituições sobre esta matéria. Ver o liv. V das *Capitulares*, art. 303.

(3) É essa a prática na Alemanha.

pelos escravos, e recuperá-lo deles; e se esta regra não for cumprida, o senhor e os que cobram as receitas do príncipe vexarão o escravo e recuperarão o dinheiro junto deles, um após o outro, até que morram de miséria ou fujam para os bosques.

Capítulo VI
De um Estado despótico num caso idêntico

O que acabo de dizer é ainda mais indispensável num Estado despótico. O senhor que pode, em todos os instantes, ser espoliado das suas terras e dos seus escravos não está muito inclinado a conservá-los.

Quando quis adoptar a prática da Alemanha e cobrar os seus tributos em dinheiro, Pedro I fez um regulamento muito sábio que ainda hoje é cumprido na Rússia. O gentil-homem cobra a taxa aos camponeses e paga-a ao czar; se o número de camponeses diminuir, paga a mesma quantia; se o número aumenta, não paga mais; portanto, é do seu interesse não vexar os seus camponeses.

Capítulo VII
Dos tributos nos países onde a escravatura da gleba não está estabelecida

Quando, num Estado, todos os particulares são cidadãos e cada um possui com o seu domínio o que o príncipe possui com o seu império, pode introduzir-se impostos sobre as pessoas, sobre as terras ou sobre as mercadorias; sobre duas destas coisas, ou sobre as três em conjunto.

Quanto ao imposto sobre a pessoa, a proporção injusta seria a que seguisse exactamente a proporção dos bens. Em Atenas dividiam-se (1) os cidadãos em quatro classes. Os que retiravam dos seus bens quinhentas medidas de frutos líquidos ou secos pagavam um talento ao público; os que retiravam trezentas medidas deviam meio talento; os que tinha duzentas medidas pagavam dez minas, ou a sexta parte de um talento; os da quarta classe nada

(1) Pólux, liv. VIII, cap. x, art. 130.

deviam. A taxa era justa embora não fosse proporcional; se não seguia a proporção dos bens, seguia a proporção das necessidades. Considerava-se que cada um tinha igual necessidade física; que essa necessidade física não devia ser taxada; que o útil vinha a seguir, e que devia ser taxado, mas menos do que o supérfluo; que a grandeza da taxa sobre o supérfluo impedia o supérfluo.

Quanto à taxa sobre as terras, eram criados registos onde se inscreviam as diferentes classes das terras. Mas é muito difícil conhecer essas diferenças, e ainda mais encontrar pessoas cujo interesse não seja o de as não reconhecer. Portanto, neste caso há dois tipos de injustiça: a injustiça do homem e a injustiça da coisa. Mas se em geral a taxa não for excessiva, se se deixa ao povo um necessário abundante, essas injustiças particulares nada serão. Se, pelo contrário, só se deixa ao povo estritamente o que precisa para viver, a menor desproporção terá a maior consequência.

Que alguns cidadãos não paguem o suficiente, o mal não é grande; o seu desafogo regressa sempre ao público; quando alguns particulares pagam demasiado, a sua ruína vira-se contra o público. Se o Estado proporciona a sua fortuna à dos particulares, o desafogo dos particulares depressa fará subir a sua fortuna. Tudo depende do momento. Para enriquecer, o Estado começará por empobrecer os súbditos? Ou esperará que os súbditos o enriqueçam segundo o seu próprio pendor? Terá a primeira vantagem ou a segunda? Começará por ser rico ou acabará por sê-lo?

Os direitos sobre as mercadorias são os que as pessoas menos sentem porque não se lhes faz uma exigência formal. Podem ser tão sabiamente geridos que o povo quase ignorará que os paga. Para tal, é de grande importância que seja aquele que vende a mercadoria a pagar o direito. Ele sabe bem que não paga por si; e o comprador, que no fundo paga, confunde-o com o preço ([1]). Alguns autores disseram que Nero retirara o direito da vigésima quinta parte dos escravos que eram vendidos; no entanto, limitou-se a ordenar que seria o vendedor a pagá-lo, em lugar do

---

([1]) *Vectigal quoque quintae et vicesima venalium mancipiorum remissum specie magis quam vi; quia cum venditor pendere juberetur in partem pretii, emptoribus accrescebat* [«O imposto sobre a venda de escravos foi abrandado, mas este abrandamento foi mais enganador do que efectivo porque também se determinou que seria o vendedor a pagá-lo; isto levou ao aumento do preço para o comprador porque o imposto tornou-se parte do preço»]. Tácito, *Anais*, liv. XIII, [cap. xxxi].

comprador. Este regulamento, que deixava intacto o imposto, parecia retirá-lo.

Há dois reinos na Europa onde se introduziram impostos muito elevados sobre as bebidas: num, o cervejeiro paga sozinho os direitos; no outro, são cobrados indiferentemente a todos os súbditos que consomem. No primeiro, ninguém sente o rigor do imposto; no segundo, é considerado oneroso. Naquele, o cidadão só sente a liberdade que tem de não pagar; neste, só sente a necessidade que o obriga a fazê-lo.

Além disso, para que o cidadão pague, são necessárias buscas perpétuas na sua casa. Nada é mais contrário à liberdade; e aqueles que estabelecem estes tipos de impostos não têm a felicidade de ter descoberto, a este respeito, o melhor tipo de administração.

Capítulo VIII
Como se conserva a ilusão

Para que o preço da coisa e o direito possam confundir-se na cabeça de quem paga, é preciso que haja alguma relação entre a mercadoria e o imposto; e que, sobre um produto de pouco valor, não se aplique um direito excessivo. Há países onde o direito excede em dezassete vezes o valor da mercadoria. Deste modo, o príncipe suprime a ilusão aos seus súbditos; eles vêem que são conduzidos de uma maneira que não é razoável; o que os faz sentir a sua servidão até ao último grau.

Além disso, para que o príncipe possa cobrar um direito tão desproporcionado ao valor da coisa, é preciso que seja ele próprio a vender a mercadoria e que o povo não possa ir comprá-la alhures; o que está sujeito a mil inconvenientes.

Como neste caso a fraude é muito lucrativa, a pena natural, a que a razão exige, e que é a confiscação da mercadoria, é incapaz de travá-la; tanto mais que essa mercadoria tem normalmente um preço muito vil. É preciso, pois, recorrer a penas extravagantes, semelhantes às que são infligidas pelos crimes maiores. A proporção das penas desaparece. Pessoas que não poderiam ser consideradas más são punidas como celeradas; o que é a coisa do mundo mais contrária ao espírito do governo moderado.

Acrescento que quanto mais oportunidades o povo tem de defraudar o cobrador de impostos, mais este enriquece e mais aquele empobrece. Para travar a fraude, é preciso dar ao cobrador meios extraordinários de vexação; e tudo fica perdido.

Capítulo IX
De um mau tipo de imposto

Falaremos, de passagem, de um imposto estabelecido em alguns Estados sobre as várias cláusulas dos contratos civis. Só está protegido do cobrador de impostos quem tem grandes conhecimentos, pois estas coisas estão sujeitas a discussões subtis. Assim, o cobrador de impostos, intérprete dos regulamentos do príncipe, exerce um poder arbitrário sobre as fortunas. A experência mostrou que valeria muito mais um imposto sobre o papel em que o contrato deve ser escrito.

Capítulo X
Que a grandeza dos tributos depende da natureza do governo

Os tributos devem ser muito ligeiros no governo despótico. Doutro modo, quem quereria dar-se ao trabalho de cultivar as terras? E, o que é mais, como se pagariam avultados tributos num governo que nada supre para compensar o que o súbdito deu?

Com o poder espantoso do príncipe, e a estranha fraqueza do povo, não pode haver equívocos sobre coisa nenhuma. Os tributos devem ser tão fáceis de cobrar, e devem estar tão claramente estabelecidos, que não possam ser aumentados nem diminuídos por aqueles que os cobram. Uma porção dos frutos da terra, uma taxa por capitação, um tributo de tantos por cento sobre as mercadorias, são os únicos convenientes.

No governo despótico, é bom que os mercadores tenham uma salvaguarda criminal e que os usos façam que sejam respeitados; de outro modo, seriam demasiado fracos nas discussões que poderiam ter com os oficiais do príncipe.

Capítulo XI
Das penas fiscais

É uma coisa particular das penas fiscais que, contra a prática geral, sejam mais severas na Europa do que na Ásia. Na Europa, as mercadorias são confiscadas, por vezes até mesmo os navios e os veículos; na Ásia, não se faz nem uma coisa nem outra. É que na Europa o mercador tem juízes que podem protegê-lo da opressão; na Ásia, os juízes despóticos seriam eles mesmos os opressores. O que poderia fazer um mercador contra um paxá que resolvesse confiscar as suas mercadorias?

É a vexação que se supera a si mesma e se vê forçada a uma certa brandura. Na Turquia, só é cobrado um único direito de entrada; depois, todo o país está aberto aos mercadores. As declarações falsas não acarretam nem confiscação nem aumento dos direitos. Na China, os pacotes das pessoas que não são mercadores não são abertos ([1]). Entre os Mongóis, a fraude não é punida com a confiscação, mas com a duplicação do direito. Os príncipes ([2]) tártaros, que vivem em cidades na Ásia, não cobram quase nada pelas mercadorias que passam. E se no Japão o crime de fraude comercial é um crime capital, é porque têm razões para proibir toda a comunicação com os estrangeiros; e porque aí a fraude ([3]) é mais uma contravenção das leis feitas para a segurança do Estado do que das leis comerciais.

Capítulo XII
Relação da grandeza dos tributos com a liberdade

Regra geral: podem ser cobrados tributos mais avultados na proporção da liberdade dos súbidtos; e é-se forçado a moderá-los à medida que a servidão aumenta. Foi sempre assim, e será sempre assim. É uma regra tirada da natureza, que não varia; encontramo-la em todos os países, na Inglaterra, na Holanda e em

---

([1]) Du Halde, t. II, p. 37.

([2]) *História dos Tártaros*, part. III, p. 290.

([3]) Como queriam ter um comércio com os estrangeiros, sem comunicar com eles, escolheram duas nações: a holandesa, para o comércio da Europa, e a chinesa, para o comércio da Ásia. Mantinham os feitores e os marinheiros numa espécie de prisão e importunavam-nos até eles perderem a paciência.

todos os Estados onde a liberdade se vai degradando até à Turquia. A Suíça parece que a refuta porque aí não se pagam tributos, mas a razão particular é conhecida e chega a confirmar o que digo. Nessas montanhas estéreis, os víveres são tão caros, e o país está tão povoado, que um suíço paga quatro vezes mais à natureza do que um turco paga ao sultão.

Um povo dominador, como eram os Atenienses e os Romanos, pode libertar-se de todos os impostos, porque reina sobre nações que lhe estão sujeitas. Assim, não paga em proporção da sua liberdade; porque, neste aspecto, ele não é um povo, mas um monarca.

Mas a regra geral mantém-se sempre. Nos Estados moderados há uma compensação pelo peso dos tributos: é a liberdade. Nos Estados despóticos ([1]) há um equivalente para a liberdade: é a modicidade dos tributos.

Em certas monarquias na Europa vêem-se províncias ([2]) que, pela natureza do seu governo político, estão numa condição melhor do que as outras. Imagina-se sempre que não pagam o bastante porque, por um efeito da bondade do seu governo, poderiam pagar ainda mais; e vem sempre ao espírito retirar-lhes o mesmíssimo governo que produz esse bem que se comunica, que se espalha por um largo espaço, e do qual bem mais valeria gozar.

Capítulo XIII
Em que governos os tributos são susceptíveis de aumento

Na maioria das repúblicas os tributos podem ser aumentados porque o cidadão, que crê pagar a si mesmo, tem vontade de pagá-los e normalmente tem o poder para fazê-lo em resultado da natureza do governo.

Na monarquia, pode aumentar-se os tributos porque a moderação do governo pode proporcionar riquezas. É como que a recompensa do príncipe, por causa do respeito que ele tem pelas leis.

No Estado despótico, não podem ser aumentados porque não se pode aumentar a servidão extrema.

([1]) Na Rússia, os impostos são medíocres: foram aumentados desde que o despotismo se tornou mais moderado. Ver *A História dos Tártaros*, part. II.

([2]) Os *pays d'État* [isto é, províncias da monarquia francesa que ainda mantinham as suas assembleias representativas próprias, os Estados provinciais (N. T.)].

Capítulo XIV
Que a natureza dos tributos é relativa ao governo

O imposto por capitação é mais natural à servidão; o imposto sobre as mercadorias é mais natural à liberdade porque se relaciona de uma maneira menos directa com a pessoa.

É natural ao governo despótico que o príncipe não dê dinheiro à sua milícia, nem às pessoas da sua corte, mas que distribua terras por elas, e por conseguinte que se cobrem poucos tributos. Se o príncipe dá dinheiro, o tributo mais natural que pode cobrar é um tributo por capitação. Este tributo tem de ser muito módico, pois, como nesses Estados não se podem constituir diversas classes de contribuintes, por causa dos abusos que daí decorreriam, dadas a injustiça e a violência do governo, é preciso necessariamente que se regulem segundo a taxa que os mais miseráveis podem pagar.

O tributo natural ao governo moderado é o imposto sobre as mercadorias. Como este imposto é realmente pago pelo comprador, apesar de ser o mercador a adiantá-lo, é um empréstimo que mercador já fez ao comprador; assim, tem de se ver o negociante como o devedor geral do Estado e simultaneamente como o credor de todos os particulares. Ele adianta ao Estado os direitos que o comprador lhe pagará um dia; e pagou pelo comprador os direitos que pagou pela mercadoria. Percebe-se, então, que quanto mais o governo é moderado, mais reina o espírito de liberdade, que quanto mais as fortunas estão seguras, mas fácil é ao mercador adiantar ao Estado e emprestar ao particular direitos consideráveis. Em Inglaterra, um mecador empresta efectivamente ao Estado cinquenta ou sessenta libras esterlinas por cada tonel de vinho que recebe. Que mercador ousaria fazer uma coisa deste género num país governado como a Turquia? E, ainda que ousasse fazê-lo, como o conseguiria, com uma fortuna suspeita, incerta e arruinada?

Capítulo XV
Abuso da liberdade

As grandes vantagens da liberdade levaram ao abuso da própria liberdade. Porque o governo moderado produziu efeitos admiráveis, abandonou-se essa moderação; porque se arrecadaram grandes tributos, quis-se arrecadar tributos excessivos; e, desconsiderando a mão da liberdade que dava este presente, viraram-se para a servidão que tudo recusa.

A liberdade produziu o excesso de tributos; mas o efeito desses tributos excessivos é o de produzir por sua vez a servidão, e o efeito da servidão é o de produzir a diminuição dos tributos.

Os monarcas da Ásia praticamente só fazem éditos para em cada ano isentar de tributos alguma província do seu império ([1]): as manifestações da sua vontade são benfeitorias. Mas, na Europa, os éditos dos príncipes afligem mesmo antes de serem vistos, porque falam sempre das suas necessidades, e nunca das nossas.

De uma imperdoável negligência, que os ministros desses países colhem do governo, e muitas vezes do clima, os povos retiram o benefício de não serem incessantemente esmagados por novas exigências. As despesas não aumentam porque aí não se fazem projectos novos, e se, por acaso, são feitos, trata-se de projectos dos quais se vê o fim, e não de projectos começados. Os que governam o Estado não o atormentam porque não estão sempre a atormentar-se a eles mesmos. Mas quanto a nós é impossível que jamais tenhamos regra nas nossas finanças, porque sabemos sempre que faremos alguma coisa e nunca aquilo que faremos.

Entre nós, já não chamamos um grande ministro a quem é o sábio dispensador das receitas públicas; mas a quem é um homem industrioso e que encontra aquilo a que se chama expedientes.

Capítulo XVI
Das conquistas dos maometanos

Foram os tributos ([2]) que deram lugar a essa estranha facilidade que os maometanos encontraram nas suas conquistas. Em vez dessa contínua sucessão de vexações que a avareza subtil dos imperadores imaginara, os povos viram-se submetidos a um tributo simples, pago com facilidade, e facilmente recebido: mais felizes por obedecer a uma nação bárbara do que a um governo

---

([1]) É esse o uso dos imperadores da China.

([2]) Ver, na história, a grandeza, a bizarria e até a loucura desses tributos. Anastácio imaginou um para a respiração do ar: *ut quisque pro haustu aëris penderet* [«para que quem respirasse uma golfada de ar pagasse»].

corrupto, sob o qual sofriam todos os inconvenientes de uma liberdade que já não tinham, com todos os horrores de uma servidão presente.

Capítulo XVII
Do aumento das tropas

Uma doença nova espalhou-se pela Europa; atingiu os nossos príncipes, e fê-los manter um número desordenado de tropas. Ela tem as suas recaídas e torna-se necessariamente contagiosa: pois assim que um Estado aumenta o que chama as suas tropas, os outros aumentam subitamente as deles, de modo que nada se ganha com isso para além da ruína comum. Cada monarca mantém em estado de alerta todos os exércitos que poderia ter se os seus povos estivessem em risco de ser exterminados; e é a esse estado ([1]) de esforço de todos contra todos que se dá o nome de paz ([*]). Assim, a Europa está tão arruinada que os particulares que estivessem na situação em que estão as três potências mais opulentas desta parte do mundo não teriam de que viver. Somos pobres com as riquezas e o comércio de todo o universo; e em breve, à força de termos soldados, não teremos mais do que soldados e seremos como os Tártaros ([2]).

([1]) É verdade que é esse estado de esforço que mantém principalmente o equilíbrio porque esfalfa as grandes potências.

([*]) Embora não fosse um adepto confesso das teses então em voga da «paz perpétua», Montesquieu acolheu aqui (e este capítulo já reproduz o capítulo XVII das *RMU*) uma parte da crítica da ideia de «equilíbrio de poder» avançada com grande estrépito por Castel de Saint-Pierre (1658-1643), o progenitor da dita tese, umas décadas antes. Ver *Projet pour rendre la paix perpétuelle en Europe* (Utrecht: Antoine Schouten, 1713), e as edições sucessivas da obra em que Saint-Pierre foi aprimorando a sua grande ideia. Saint-Pierre seria também importante na divulgação de uma tese que seria cara a Montesquieu, e que este explora em *EL*, XX, a saber, o comércio como factor histórico de pacificação do mundo. De resto, é provável que ambos se conhecessem, e Montesquieu nos *Pensées* deixa transparecer a sua admiração pessoal pelo profeta da «paz perpétua». Sobre Saint-Pierre, a ideia de paz perpétua e os elementos fundamentais da mesma, ver Miguel Morgado, «Castel de Saint-Pierre: "Só ele nos fez ver onde reside a paz" in Ana Paula Garcês, Guilherme d'Oliveira Martins (orgs.), *Os Grandes Mestres da Estratégia: Estudos Sobre o Poder da Guerra e da Paz* (Coimbra: Almedina, 2009) (N. T.).

([1]) Para tal, não é preciso senão fazer valer a nova invenção das milícias estabelecidas em quase toda a Europa, e levá-las ao mesmo excesso a que se levaram as tropas regulares.

Os grandes príncipes, não contentes com a compra das tropas dos mais pequenos, procuram por toda a parte pagar alianças, isto é, quase sempre perder o seu dinheiro.

A consequência de uma tal situação é o aumento perpétuo dos tributos, e, o que previne todos os remédios no futuro, já não se conta com as receitas, mas faz-se a guerra com o próprio capital. Não é inaudito ver os Estados hipotecar as suas terras até durante a paz, e empregar, para se arruinarem, meios a que chamam extraordinários, e que o são tanto que o mais tresloucado filho de família mal consegue imaginá-los (*).

Capítulo XVIII
Da reposição dos tributos

A máxima dos grandes impérios do Oriente de devolver os tributos às províncias que sofreram bem que deveria ser trazida para os Estados monárquicos. Há realmente muitos lugares onde ela está estabelecida; mas acabrunha mais do que se não existisse, porque, como o príncipe não arrecada nem mais nem menos, todo o Estado se torna solidário. Para aliviar uma aldeia que paga mal, sobrecarrega-se uma outra que paga melhor; não se restabelece a primeira, destrói-se a segunda. O povo fica desesperado entre a necessidade de pagar, por medo das exacções, e o perigo de pagar, por medo das sobrecargas.

Um Estado bem governado deve colocar como primeiro artigo da sua despesa uma soma regulamentada para os casos fortuitos. Passa-se com o público o mesmo que se passa com os particulares, que se arruínam quando gastam exactamente as receitas das suas terras.

A respeito da responsabilidade colectiva (**) dos habitantes da mesma aldeia, diz-se (1) que era razoável porque se podia supor um conluio fraudulento da parte deles; mas onde se foi buscar a ideia, baseada em suposições, que se tem estabelecer uma coisa injusta em si mesma e ruinosa para o Estado?

(*) Os três últimos parágrafos deste capítulo reproduzem o cap. XVII das *RMU* (ed. Caillois) (N. T.).

(**) «*Solidité*» no original. As partes são todas solidárias pela mesma dívida. (N. T.).

(1) Ver o *Traité des finances des Romains*, cap. ii, impresso em Paris por Briasson, em 1740.

Capítulo XIX
O que é mais conveniente ao príncipe e ao povo: a cobrança indirecta (*) *ou directa* (**) *dos tributos?*

A cobrança directa dos impostos é a administração de um bom pai de família, que obtém os seus recursos com economia e com ordem. Com a cobrança directa, o príncipe pode apressar ou retardar o levantamento de impostos segundo as suas necessidades ou segundo as dos seus povos. Com a cobrança directa, o príncipe poupa ao Estado os lucros imensos dos cobradores de impostos, que o empobrecem de uma infinidade de maneiras. Com a cobrança directa, o príncipe poupa ao povo o espectáculo das fortunas súbitas que o aflige. Com a cobrança directa, o dinheiro arrecadado passa por poucas mãos; vai directamente para o príncipe, e por conseguinte retorna mais prontamente ao povo. Com a cobrança directa, o príncipe poupa ao povo uma infinidade de más leis que a avareza importuna dos cobradores sempre lhe exige, já que estes representam um benefício presente que implica regulamentos funestos para o futuro.

Como aquele que tem dinheiro é sempre o senhor do outro, o cobrador converte-se num déspota até para com o próprio príncipe; não é legislador, mas força-o a fazer as leis.

Confesso que por vezes é útil começar por dar aos cobradores um direito recentemente estabelecido. Há uma arte e invenções para prevenir as fraudes que o interesse dos cobradores lhes sugere, e que os funcionários não conseguiriam imaginar: ora, uma vez atribuído ao cobrador o sistema da arrecadação, pode estabelecer-se com sucesso a cobrança directa. Em Inglaterra, a administração dos impostos sobre o consumo de bens e da receita dos correios, tal como existe hoje em dia, foi retirada aos cobradores.

Nas repúblicas, as receitas do Estado provêm quase sempre da cobrança directa. O estabelecimento contrário foi um grande vício do governo de Roma (1). Nos Estados despóticos onde a

---

(**) «*La ferme*» no original. Ver *EL*, V.8, n.t. (N. T.).

(**) «*La régie*» no original. Neste caso a cobrança dos impostos estava a cargo de funcionários da coroa, ou do Estado, se se quiser, e enquanto actividade era um monopólio da coroa, ou Estado (N. T.).

(1) César foi obrigado a retirar os publicanos da província da Ásia e a estabelecer aí um outro tipo de administração, como ficamos a saber com Dio,

cobrança directa está estabelecida os povos são infinitamente mais felizes; são disso testemunhas a Pérsia e a China (1). Os mais infelizes são aqueles onde o príncipe sujeita os seus portos de mar e as suas cidades comerciais à cobrança indirecta. A história das monarquias está cheia dos males feitos pelos cobradores.

Nero, indignado com as vexações dos publicanos, concebeu o projecto impossível e magnânimo de abolir todos os impostos (2). Não imaginou a cobrança directa. Fez quatro ordenações: que as leis feitas contra os publicanos, que até então tinham permanecido secretas, seriam publicadas; que já não poderiam exigir o que por negligência não tinham pedido durante o ano; que se estabeleceria um pretor para julgar as suas pretensões, sem formalidades; que os mercadores nada pagariam pelos navios. Eis os belos dias desse imperador.

Capítulo XX
Dos cobradores

Tudo está perdido quando a profissão lucrativa dos cobradores de impostos consegue converter-se pelas suas riquezas numa profissão honrosa. Tal pode ser bom nos Estados despóticos, onde muitas vezes o seu emprego é uma parte das funções dos próprios governadores. Não é bom na república; e uma coisa semelhante destruiu a república romana. Não é melhor na monarquia; nada é mais contrário ao espírito desse governo. Um desgosto infecta todos os outros estados; a honra perde toda a sua consideração, os meios lentos e naturais de distinção deixam de produzir efeitos e o governo é atingido no seu princípio.

Em tempos passados, viram-se, de facto, fortunas escandalosas; foi uma das calamidades das guerras dos cinquenta anos: mas à época essas riquezas foram consideradas ridículas, e nós admiramo-las.

[liv. XLII, cap. vi]. E Tácito, [*Anais*, liv. I, cap. lxxvi], diz-nos que a Macedónia e a Acaia, províncias que Augusto deixara ao povo romano, e que, por conseguinte, eram governadas segundo o plano antigo, o de estar entre as que o imperador governava através dos seus oficiais.

(1) Ver Chardin, *Voyage de Perse*, t. VI.

(2) Tácito, *Anais*, liv. XIII, [cap. i].

Há um quinhão para cada profissão. O quinhão dos que arrecadam tributos é constituído pelas riquezas, e as recompensas dessas riquezas são as próprias riquezas. A glória e a honra são para a nobreza que só conhece, só vê, só sente como bem verdadeiro a honra e a glória. O respeito e a consideração são para os ministros e os magistrados que, por só encontrarem trabalho em cima de trabalho, velam noite e dia pela felicidade do império.

Terceira Parte

Livro XIV
Das leis na relação que têm com a natureza do clima (*)

Capítulo I
Ideia geral

Se for verdade que o carácter do espírito e as paixões do coração são extremamente diferentes nos diversos climas, as leis devem ser relativas tanto à diferença dessas paixões, como à diferença desses caracteres.

(*) Montesquieu prossegue uma longa tradição intelectual que procurava relacionar a política e as condições climatéricas e geográficas, e que contava nas suas fileiras com os nomes de Aristóteles, Hipócrates, Galiano e, mais próximo de Montesquieu, em termos cronológicos e de influência, Jean Bodin. Ver, por exemplo, Platão, *Leis*, 747d-e, Aristóteles, *Política*, 1237b20-33 e Bodin, *Les six livres de la République*, V.1. Bodin chegou ao ponto de dividir os povos do mundo em três grandes grupos – tal como Montesquieu também divide os países em «frios», «temperados» e «quentes» – segundo uma rigorosa escala latitudinal. Assim, até aos trinta graus acima do Equador, havia as «regiões ardentes» habitadas pelos «povos meridionais»; os trinta graus seguintes correspondiam às «regiões temperadas» habitadas pelos «povos médios»; a partir dos sessenta graus até ao Pólo havia as «regiões de frio excessivo» habitadas pelos «povos setentrionais». Esta

Capítulo II
Como os homens são diferentes nos diversos climas

O ar frio ([1]) contrai as extremidades das fibras exteriores do nosso corpo; isso faz aumentar a sua mola e favorece o retorno do sangue das extremidades ao coração. Diminui o comprimento ([2]) dessas mesmas fibras; portanto, também aumenta deste modo a sua força. O ar quente, pelo contrário, relaxa as extremidades das fibras, e alonga-as; diminui, pois, a sua força e a sua mola.

Portanto, há mais vigor nos climas frios. A acção do coração e a reacção das extremidades das fibras operam melhor, os fluidos estão em maior equilíbrio, o sangue vai mais determinado na direcção do coração e, reciprocamente, o coração tem mais potência. Esta força maior deve produzir muitos efeitos: por exemplo, mais confiança em si mesmo, isto é, mais coragem; mais conhecimento da sua superioridade, isto é, um menor desejo de vingança; melhor opinião da sua segurança, isto é, maior franqueza, menos suspeitas, intrigas ([*]), astúcia. Enfim, tal deve formar caracteres bem diferentes. Colocai um homem num lugar quente e fechado, e ele sofrerá, pelas razões que acabei de dar, um desfalecimento muito grande do coração. Se, nessas circunstâncias, lhe for proposta uma acção ousada, creio que o achareis pouco disposto para isso; a sua fraqueza presente causará um certo desencorajamento na sua alma; receará tudo porque sentirá que nada pode. Os povos dos países quentes são tímidos assim como os velhos; os dos países frios são corajosos assim como os jovens. Se prestarmos atenção às últimas ([3]) guerras, que são as que temos mais próximas do nosso olhar, e que são aquelas em que podemos ver melhor certos efeitos ligeiros, imperceptíveis ao longe, perceberemos certamente que os povos do Norte, transportados para os países do Sul ([4]), não fizeram acções tão belas como os seus compatrio-

---

divisão era seguida de considerações sobre o carácter dos povos e a organização política mais adequada. No mesmo capítulo, Bodin também expôs a sua teoria da localização geográfica, e seria imitado por Montesquieu em *EL*, livro XVIII (N. T.).

([1]) Isto é até visível: com o frio, parecemos mais magros.

([2]) Sabe-se que encolhe o ferro.

([*]) *Politique* no original (N. T.).

([3]) As guerras pela sucessão da Espanha.

([4]) Para Espanha, por exemplo.

tas, que, combatendo no seu próprio clima, puderam gozar de toda a sua coragem.

A força das fibras dos povos do Norte faz que os sucos mais grosseiros sejam tirados dos alimentos. Daqui resultam duas coisas: uma, que as partes do quilo, ou da linfa, por terem uma superfície maior, são mais apropriadas para ser aplicadas sobre as fibras e a nutri-las; a outra, que, devido à sua grossura, são menos apropriadas para dar uma certa subtileza ao suco nervoso. Estes povos terão, pois, corpos grandes e pouca vivacidade.

Os nervos que confluem de todos os lados ao tecido da nossa pele formam, cada um deles, um feixe de nervos. Normalmente, não é o nervo inteiro que se movimenta, mas uma sua parte infinitamente pequena. Nos países quentes, onde o tecido da pele está mais relaxado, as extremidades dos nervos estão abertas e expostas à mais pequena acção dos objectos mais frágeis. Nos países frios, o tecido da pele está contraído e as papilas comprimidas; os pequenos chumaços estão de alguma forma paralisados; a sensação dificilmente passa para o cérebro, a menos que seja extremamente forte, e que seja de todo o nervo em conjunto. Mas é de um número infinito de pequenas sensações que depende a imaginação, o gosto, a sensibilidade, a vivacidade.

Observei o tecido exterior de uma língua de um carneiro no lado em que parece, à vista desarmada, coberto de papilas. Com o auxílio de um microscópio, vi pequenos pêlos ou uma espécie de penugem sobre essas papilas; entre as papilas havia pirâmides que nas suas pontas formavam como que pequenos pincéis. É muito provável que essas pirâmides sejam o órgão principal do gosto.

Fiz gelar metade dessa língua, e encontrei, à vista desarmada, as papilas consideravelmente diminuídas; algumas fileiras de papilas tinham-se até enterrado nas suas bainhas. Examinei-lhes o tecido com o microscópio e deixei de ver as pirâmides. À medida que a língua degelava, as papilas, à vista desarmada, pareciam elevar-se; e, com o microscópio, os pequenos chumaços começaram a reaparecer.

Esta observação confirma o que disse, que, nos países frios, os chumaços nervosos estão menos dilatados: enterram-se nas suas bainhas, onde estão protegidos da acção dos objectos exteriores. As sensações são, pois, menos vivas.

Nos países frios haverá pouca sensibilidade para os prazeres; será maior nos países temperados; nos países quentes, será extrema.

Tal como se distinguem os climas pelos graus de latitude, também poderíamos distingui-los, por assim dizer, por graus de sensibilidade. Assisti às óperas na Inglaterra e na Itália. São as mesmas peças e os mesmos actores, mas a mesma música produz efeitos tão diferentes sobre as duas nações: uma é tão calma, a outra tão arrebatada, que parece inconcebível.

O mesmo se passará com a dor: esta é excitada em nós pelo rompimento de alguma fibra do nosso corpo. O autor da natureza determinou que essa dor seria mais forte à medida que o desarranjo fosse maior. Ora, é evidente que os grandes corpos e as fibras grosseiras dos povos do Norte são menos susceptíveis de dessarranjo do que as fibras delicadas dos povos dos países quentes; no Norte, a alma é, pois, menos sensível à dor. Para provocar alguma sensação num moscovita tem de se esfolá-lo.

Com esta delicadeza de órgãos que existe nos países quentes, a alma é soberanamente movida por tudo o que está relacionado com a união dos dois sexos. Tudo conduz a este objecto.

Nos climas do Norte, o físico do amor mal tem força para se tornar bem sensível; nos climas temperados, o amor, acompanhado de mil acessórios, torna-se agradável por coisas que a princípio parecem ser amor, e ainda não o são; nos climas mais quentes, ama-se o amor por si mesmo; ele é a causa única da felicidade; ele é a vida.

Nos países do Sul, uma máquina delicada, fraca, mas sensível, entrega-se a um amor que, num harém, nasce e acalma-se sem parar; ou então a um amor que, ao deixar as mulheres numa maior independência, está exposto a mil perturbações. Nos países do Norte, uma máquina sã e bem constituída, mas pesada, encontra os seus prazeres em tudo o que pode repor os espíritos em movimento: a caça, as viagens, a guerra, o vinho. Encontrareis nos climas do Norte povos que têm poucos vícios, bastantes virtudes, muita sinceridade e franqueza. Aproximai-vos dos países do Sul e pensareis que vos afastastes da própria moral: as paixões mais vivas multiplicarão os crimes; cada um procurará adquirir sobre os outros todas as vantagens que podem favorecer essas mesmas paixões. Nos países temperados, vereis povos inconstantes nas suas maneiras, até nos seus vícios e nas suas virtudes; aí, o clima não tem uma qualidade suficientemente determinada para fixá-los.

O calor do clima pode ser tão excessivo que o corpo fique absolutamente sem força. Nesse caso, o abatimento passará para o próprio espírito; nenhuma curiosidade, nenhuma empresa nobre, nenhum sentimento generoso; as inclinações serão todas passivas; a preguiça fará a felicidade; a maioria dos castigos serão menos difíceis de aguentar do que a acção da alma, e a servidão menos insuportável do que a força de espírito que é necessária para cada um se conduzir a si mesmo.

Capítulo III
Contradição nos caracteres de certos povos do Sul

Os Indianos ([1]) são naturalmente destituídos de coragem; mesmo os filhos ([2]) dos Europeus nascidos nas Índias perdem a coragem do seu clima. Mas como é que isso se ajusta com as suas acções atrozes, os seus costumes, as suas penitências bárbaras? Os homens submetem-se a males incríveis, as mulheres imolam-se pelo fogo: ora aí está muita força para tanta fraqueza.

A natureza, que deu a esses povos uma fraqueza que os torna tímidos, deu-lhes também uma imaginação tão viva que tudo os impressiona em excesso. Essa mesma delicadeza de órgãos que os faz temer a morte, serve também para fazê-los recear mil coisas mais do que a morte. É a própria sensibilidade que os faz fugir de todos os perigos, e enfrentá-los a todos.

Como uma boa educação é mais necessária às crianças do que àqueles de espírito maduro, também os povos desses climas têm mais necessidade de um legislador sábio do que os povos do nosso. Quanto mais se é fácil e fortemente impressionável, mais importa sê-lo de uma maneira conveniente, não aceitar preconceitos e ser conduzido pela razão.

No tempo dos Romanos, os povos do Norte da Europa viviam sem artes, sem educação, quase sem leis; e, no entanto, apenas com o bom senso associado às fibras grosseiras desses climas mantiveram-se com uma sabedoria admirável contra o poder romano, até ao momento em que saíram das suas florestas para destruí-lo.

([1]) «Cem soldados da Europa», diz Tavernier, «não terão grande dificuldade em derrotar mil soldados indianos».

([2]) Até os Persas que se estabeleceram nas Índias adquirem, na terceira geração, a indolência e a cobardia indianas. Ver Bernier, *Sur le Mongol*, t. I, p. 282.

Capítulo IV
Causa da imutabilidade da religião, dos costumes, das maneiras, das leis nos países do Oriente

Se à fraqueza de órgãos que faz que os povos do Oriente aceitem as mais fortes impressões do mundo juntardes uma certa preguiça do espírito, naturalmente ligada à do corpo, que torna esse espírito incapaz de qualquer acção, esforço, contenção, compreendereis que, uma vez aceites essas impressões, a alma já não pode mudá-las. É o que faz que as leis, os costumes ([1]) e as maneiras, mesmo os que pareciam ser indiferentes, como a forma de vestir, se mantenham hoje em dia no Oriente como eram há mil anos.

Capítulo V
Que os maus legisladores são aqueles que favoreceram os vícios do clima e os bons aqueles que se lhes opuseram

Os Indianos acreditam que o repouso e o nada são o fundamento de todas as coisas e o fim em que culminam. Consideram, pois, a inacção total como o estado mais perfeito e o objecto dos seus desejos. Dão ao ser soberano ([2]) o sobrenome de imóvel. Os Siameses acreditam que a felicidade ([3]) suprema consiste em não ser obrigado a animar uma máquina ou fazer agir um corpo.

Nestes países, onde o calor excessivo enerva e abate, o repouso é tão delicioso e o movimento tão penoso, que este sistema de metafísica parece natural; e *Fó* ([*]), legislador das Índias, seguiu o que sentia, quando pôs os homens num estado extremamente passivo; mas a sua doutrina, que nasceu da preguiça do clima, por sua vez favoreceu-a, e causou mil males.

Os legisladores da China foram mais sensatos quando, considerando os homens, não no estado tranquilo em que um dia estarão, mas na acção apropriada a fazê-los cumprir os deveres da vida, criaram uma religião, uma filosofia e leis inteiramente práticas.

([1]) Vemos num fragmento de Nicolau de Damasco, recolhido por Constantino Porfirogeneta, que era antigo no Oriente o costume de mandar estrangular um governador que desagradasse; data do tempo dos Medos.

([2]) Panamanack. Ver Kircher.

([3]) La Loubère, *Relation de Siam*, p. 446.

([*]) *Foë* no original. Fó é o nome chinês de *Amitābha* ou Buda (N. T.).

Quanto mais as causas físicas levarem os homens ao repouso, mais as causas morais (*) devem afastá-los (**).

Capítulo VI
Da cultura das terras nos climas quentes

A cultura das terras é o maior trabalho dos homens. Quanto mais o clima os levar a fugir desse trabalho, mais a religião e as leis devem incitá-los a ele. Assim, as leis das Índias, que dão as terras aos príncipes e anulam nos particulares o espírito de propriedade, aumentam os maus efeitos do clima, isto é, da preguiça natural.

Capítulo VII
Do monaquismo

O monaquismo causa nas Índias os mesmos males. Nasceu nos países quentes do Oriente, onde se é menos levado à acção do que à especulação.

Na Ásia, o número de dervixes, ou monges, parece aumentar com o calor do clima; as Índias, onde o calor é excessivo, estão repletas deles; na Europa encontramos esta mesma diferença.

Para vencer a preguiça do clima, as leis teriam de procurar eliminar todos os meios de viver sem trabalhar; mas no Sul da Europa fazem exactamente o contrário: dão aos que querem viver ociosos lugares apropriados à vida especulativa, e atribuem

(*) Para esta distinção entre «causas físicas» e «causas morais» ver David Hume, «Dos caracteres nacionais», *Ensaios Políticos, Morais, Literários*, pp. 183-198. Hume definia «causas morais» como «todas as circunstâncias que são apropriadas para funcionar na mente como motivos ou razões, e que levam um conjunto de maneiras peculiar a tornar-se habitual para nós». Já as «causas físicas» eram «aquelas qualidades do ar e do clima que se supõe afectarem imperceptivelmente o temperamento, alterando o tom e o hábito do corpo e conferindo uma compleição particular que, embora possa por vezes ser superada através da reflexão e da razão, ainda assim prevalecerá entre a generalidade dos homens e influenciará as suas maneiras» (N. T.).

(**) «*Quanto mais as causas físicas levarem os homens ao repouso, mais as causas morais devem afastá-los*»: aqui Montesquieu acompanhou de muito perto o essencial de Maquiavel, *Discorsi*, I.1 (N. T.).

a esses lugares riquezas imensas. Estas pessoas, que vivem numa abundância que lhes pesa, dão com razão o seu supérfulo ao baixo povo. Este perdeu a propriedade dos bens; aquelas compensam-no pela ociosidade de que gozam; e o baixo povo acaba por amar a sua própria miséria.

Capítulo VIII
Um bom costume na China

Os relatos ([1]) da China falam-nos da cerimónia ([2]) de abrir as terras ao cultivo que o imperador cumpre todos os anos. Com este acto público e solene quis-se incitar ([3]) os povos à lavoura.

Além disso, todos os anos o imperador é informado do trabalhador que mais se distinguiu na sua profissão; faz dele mandarim da oitava ordem.

Entre os antigos Persas ([4]), no oitavo dia do mês chamado *Chorrem ruz*, os reis abandonavam o seu fausto para comer com os lavradores. Estas instituições são admiráveis para encorajar a agricultura.

Capítulo IX
Meios de encorajar a indústria

Mostrarei, no livro XIX, que normalmente as nações preguiçosas são orgulhosas. Poder-se-ia virar o efeito contra a causa, e destruir a preguiça com o orgulho. No Sul da Europa, onde os povos são tão impressionados pelo ponto de honra, seria bom dar prémios aos lavradores que melhor cultivassem os seus campos, ou aos trabalhadores que mais longe levassem a sua indústria. Esta prática será eficaz em todos os países. Nos nossos dias, na Irlanda, serviu para estabelecer uma das mais importantes manufacturas têxteis que existem na Europa.

([1]) Do Padre du Halde, *Histoire de la Chine*, t. II, p. 72.

([2]) Vários reis das Índias fazem o mesmo. *Relation du royaume de Siam*, por La Loubère, p. 69.

([3]) Ven-Ty, terceiro imperador da terceira dinastia,

([4]) Sr. Hyde, *Religion des Perses.*

Capítulo X
Das leis relacionadas com a sobriedade dos povos

Nos países quentes, a parte aquosa do sangue dissipa-se bastante através da transpiração [1]; logo, é preciso substituí-la por um líquido idêntico. A água é de uma utilidade admirável para este propósito: os licores fortes coagulariam os glóbulos [2] do sangue que restam após a dissipação da parte aquosa.

Nos países frios, a parte aquosa do sangue é pouco exalada pela transpiração; permanece em grande abundância. Portanto, podem usar-se licores espirituosos sem que o sangue se coagule. Aí, as pessoas estão cheias de humores; os licores fortes, que dão movimento ao sangue, podem ser adequados.

A lei de Maomé que proíbe que se beba vinho é, pois, uma lei do clima da Arábia; assim, antes de Maomé, a água era a bebida comum dos Árabes. A lei [3] que proibia os Cartagineses de beber vinho era também uma lei do clima; efectivamente, o clima desses dois países é mais ou menos o mesmo.

Uma lei destas não seria boa nos países frios, onde o clima parece forçar a uma certa embriaguez da nação, bem diferente da embriaguez pessoal. A ebriedade encontra-se estabelecida por toda a terra, na proporção do frio e da humidade do clima. Passai o equador na direcção do nosso pólo e vereis a embriaguez aumentar com os graus de latitude. Passai o mesmo equador na direcção do pólo oposto e encontrareis a embriaguez caminhar para o sul [4], tal como deste lado de cá ela caminhava para o norte.

É natural que, aí onde o vinho é contrário ao clima, e por conseguinte à saúde, o seu excesso seja mais severamente punido do que nos países onde a embriaguez provoca poucos maus efei-

---

(1) O Sr. Bernier, quando viajava de Lahor para Caxemira, escreveu: «O meu corpo é uma peneira: mal engoli uma caneca de água e vejo-a esvair-se como um orvalho por todos os meus membros até à ponta dos dedos; bebo dez canecas de água por dia, e não me faz qualquer mal». *Voyage* de Bernier, t. II, p. 261.

(2) No sangue existem glóbulos vermelhos, partes fibrosas, glóbulos brancos e a água onde tudo isso nada.

(3) Platão, liv. II das *Leis*. Aristóteles, *Da lida dos assuntos domésticos*, [*Oeconomica*, liv. I, cap. v]. Eusébio, *Praeparationes evangelicae*, liv. XII, cap. xvii.

(4) Isso vê-se nos Hotentotes e nos povos da extremidade do Chile que estão mais perto do Sul.

tos na pessoa, poucos para a sociedade, e não torna os homens furiosos, mas apenas estúpidos. Assim, as leis ([1]) que puniam um homem ébrio, tanto pela falta cometida, como pela embriaguez, não eram aplicáveis senão à embriaguez pessoal, e não à embriaguez da nação. Um alemão bebe por costume, um espanhol por escolha.

Nos países quentes, o relaxamento das fibras produz uma grande transpiração dos líquidos; mas as partes sólidas dissipam-se menos. As fibras, que apenas têm uma acção muito fraca e pouca mola, quase não se desgastam; é preciso pouco suco nutritivo para repará-las. Portanto, come-se muito pouco.

As diferentes necessidades nos diferentes climas formaram as diferentes maneiras de viver; e essas diferentes maneiras de viver formaram os diversos tipos de leis. Se numa nação os homens comunicam-se muito, são necessárias certas leis; outras são necessárias para um povo cujas pessoas não comunicam.

Capítulo XI
Das leis que estão relacionadas com as doenças do clima

Heródoto ([2]) diz-nos que as leis dos Judeus sobre a lepra foram tiradas das práticas dos Egípcios. Com efeito, as mesmas doenças exigiam os mesmos remédios. Essas leis eram desconhecidas dos Gregos e dos primeiros Romanos, tal como o mal. O clima do Egipto e da Palestina tornou-as necessárias; e a facilidade com que essa doença se torna popular deve fazer-nos perceber a sabedoria e previdência dessas leis.

Nós próprios sofremos os seus efeitos. As cruzadas trouxeram-nos a lepra; as sábias regras que foram feitas impediram-na de chegar à massa do povo.

Viu-se pela lei ([3]) dos Lombardos que esta doença espalhou-se pela Itália antes das cruzadas, e mereceu a atenção dos legisladores. Rotário ordenou que um leproso, expulso da sua casa e confinado a um lugar particular, não poderia dispor dos seus

([1]) Como fez Pítaco, segundo Aristóteles, *Política*, liv. II, cap. ii. Vivia num clima onde a embriaguez não é um vício de nação.

([2]) Liv. II.

([3]) Liv. II, título I, § 3; e título xviii, § 1.

bens porque a partir do momento em que tivesse sido afastado da sua casa seria considerado morto. Para impedir toda a comunicação com os leprosos, tornaram-nos incapazes de efeitos civis (*).

Penso que esta doença foi trazida para Itália pelas conquistas dos imperadores gregos, cujos exércitos possivelmente incluíam milícias da Palestina ou do Egipto. Seja como for, os progressos da doença foram travados até ao tempo das cruzadas.

Diz-se que os soldados de Pompeu, ao regressarem da Síria, trouxeram uma doença mais ou menos semelhante à lepra. Não chegou até nós qualquer regulamento feito a esse propósito; mas aparentemente houve um porquanto esse mal foi suspenso até ao tempo dos Lombardos.

Há dois séculos que uma doença (**), desconhecida dos nossos pais, passou do novo mundo para aqui e veio para atacar a natureza humana na fonte da vida e dos prazeres. Viu-se a maioria das maiores famílias do Sul da Europa perecer por causa de um mal que se tornou tão comum que deixou de ser vergonhoso e passou a ser simplesmente funesto. Foi a sede de ouro que perpetuou a doença; as pessoas não pararam de ir para a América e trouxeram de lá sempre novos fermentos.

Por razões piedosas quiseram que fosse essa a punição pelo crime; mas a calamidade já tinha penetrado no seio do casamento e já tinha corrompido a própria infância (***).

Como cabe à sabedoria dos legisladores velar pela saúde dos cidadãos, teria sido muito sensato travar esta comunicação por meio de leis feitas segundo o plano das leis moisaicas.

A peste é um mal cujas destruições são ainda mais súbitas e mais rápidas. A sua sede principal situa-se no Egipto, donde se espalhou por todo o universo. Na maioria dos Estados da Europa fizeram-se bons regulamentos para impedir a sua penetração; e nos nossos dias concebeu-se um meio admirável de travá-la: é formada uma linha de tropas à volta do país infectado, que impede toda a comunicação.

Os Turcos ([1]), que não têm qualquer política a este respeito, vêem os cristãos na mesma cidade escapar ao perigo e só eles

---

(*) «(...) incapazes de efeitos civis [*effets civils*]»: hoje provavelmente diríamos «privados de personalidade jurídica» ou então «inimputáveis» (N. T.).

(**) A sífilis (N. T.).

(***) Este parágrafo não consta das primeiras edições (ed. Caillois) (N. T.).

([1]) Ricaut, *De l'empire ottoman* [edição de 1678, in-12], p. 284.

perecer. Compram os hábitos dos pestíferos, vestem-nos e seguem a sua vida. A doutrina de um destino rígido que tudo regra faz do magistrado um espectador tranquilo: pensa que Deus já fez tudo e que ele nada tem para fazer.

Capítulo XII
Das leis contra os que se suicidam (1)

Vemos nas histórias que os Romanos não se suicidavam sem razão; mas os Ingleses matam-se sem que se possa imaginar razão alguma que a isso os determine; matam-se no próprio seio da felicidade. Entre os Romanos, este acto era o efeito da educação; estava ligado à sua maneira de pensar e aos seus costumes. Entre os Ingleses, ele é o efeito de uma doença (2); está ligado ao estado físico da máquina (*), e é independente de qualquer outra causa.

Aparentemente, trata-se de um defeito de filtração do suco nervoso; a máquina, cujas forças motrizes se encontram sempre inactivas, cansa-se de si mesma; não é dor que a alma sente, mas uma certa dificuldade da existência. A dor é um mal local que nos leva até ao desejo de ver cessar essa dor: o peso da vida é um mal que não tem lugar particular e que nos leva ao desejo de ver esta vida acabar.

É evidente que as leis civis de alguns países tiveram razões para estigmatizar o homicídio de si mesmo; mas na Inglaterra não se pode puni-lo mais do que se punem os efeitos da demência.

Capítulo XIII
Efeitos que resultam do clima da Inglaterra

Numa nação em que uma doença do clima afecta a tal ponto a alma que poderia gerar o desgosto de todas as coisas incluindo até o da própria vida, percebe-se que o governo mais conveniente

---

(1) A acção daqueles que se suicidam é contrária à lei natural e à religião revelada [esta nota não consta das primeiras edições (N. T.)].

(2) Podia muito bem ser complicada pelo escorbuto que, sobretudo em alguns países, torna um homem bizarro e insuportável para si mesmo. *Voyage* de François Pyrard, part. II, cap. xxi.

(*) «Máquina», isto é, o corpo humano (N. T.).

para pessoas a quem tudo seria insuportável seria aquele em que elas não poderiam queixar-se de um só homem por tudo o que causasse as suas tristezas, e em que, por as leis governarem mais dos que os homens, fosse necessário derrubar as leis para mudar o Estado.

Porquanto se a mesma nação também tivesse recebido do clima um certo carácter de impaciência que lhe não permitisse suportar por muito tempo as mesmas coisas percebe-se que o governo de que acabámos de falar seria ainda o mais conveniente.

Esse carácter de impaciência não é grande por si mesmo; mas pode tornar-se muito grande se se juntar à coragem.

É diferente da ligeireza, que leva a começar coisas sem razão e a que sejam abandonadas da mesma forma. Aproxima-se mais da obstinação porque provém de um sentimento dos males que é tão vivo que não se enfraquece nem com o hábito de os sofrer.

Este carácter, numa nação livre, seria muito apropriado para desconcertar os projectos da tirania [1], que é sempre lenta e frágil no seu começo, tal como é célere e viva no seu fim; que, no início, mostra apenas uma mão para socorrer e de seguida oprime com uma infinidade de braços.

A servidão começa sempre com o sono. Mas um povo que em nenhuma situação repousa, que constantemente se apalpa para encontrar os pontos doridos, dificilmente poderia adormecer.

A política é uma lima surda, que no seu uso lentamente chega ao seu fim. Ora, os homens de que acabámos de falar não poderiam suportar as lentidões, os detalhes, o sangue-frio das negociações; nestas seriam frequentemente menos bem-sucedidos do que qualquer outra nação; perderiam, com os seus tratados, o que obtivessem com as suas armas.

Capítulo XIV
Outros efeitos do clima

Os nossos pais, os antigos Germanos, viviam num clima onde as paixões eram muito calmas. As suas leis só encontravam nas

---

(1) Tomo aqui esta expressão pelo desígnio de derrubar o poder estabelecido, e sobretudo a democracia. É o significado que lhe dão os Gregos e os Romanos.

coisas o que nelas viam, e nada mais imaginavam. E como elas julgavam os insultos feitos aos homens pela grandeza dos ferimentos, não punham um refinamento maior nas ofensas feitas às mulheres. A lei ([1]) dos Alemães a esse respeito é bastante singular. Se se descobrir a cabeça de uma mulher, pagar-se-á uma multa de seis soldos; o mesmo vale para quando se descobre uma perna até ao joelho; o dobro a partir do joelho. Parece que a lei media a grandeza dos ultrajes feitos à pessoa das mulheres como se mede uma figura geométrica; não punia o crime da imaginação, punia o dos olhos. Mas quando uma nação germânica se mudou para Espanha, o clima exigiu leis bem diferentes. As leis dos Visigodos proibiam os médicos de sangrar uma mulher livre, a menos que fosse na presença do seu pai ou da sua mãe, do seu irmão, do seu filho ou do seu tio. A imaginação dos povos acendeu-se, a dos legisladores efervesceu da mesma forma; a lei suspeitava de tudo num povo que podia de tudo suspeitar.

Estas leis prestavam, pois, uma atenção extrema aos dois sexos. Mas parece que, nas punições que previam, tencionavam mais saciar a vingança particular do que exercer a vingança pública. Assim, na maioria dos casos, reduziam os dois culpados à servidão dos pais ou do marido ofendido. Uma mulher ([2]) livre que se entregasse a um homem casado era posta em poder da mulher deste, para que dela dispusesse à sua vontade. As leis obrigavam os escravos ([3]) a amarrar e apresentar ao marido a sua mulher quando eles a tivessem surpreendido num acto de adultério; permitiam que os seus filhos ([4]) a acusassem e a tortura dos seus escravos para condená-la. Assim, serviram mais para refinar até ao excesso um certo ponto de honra do que para formar uma boa polícia. E não temos de nos espantar se o conde Juliano acreditava que um ultraje desta espécie exigia a perda da sua pátria e do seu rei. Não devemos ficar surpreendidos se os Mouros, com uma tal conformidade de costumes, encontraram tantas facilidades em se estabelecer em Espanha, em manter-se lá e em retardar a queda do seu império.

([1]) Cap. lviii, §§ 1 e 2.

([2]) Lei dos Visigodos, liv. III, título iv, § 9.

([3]) *Ibid.*, liv. III, título iv, § 6.

([4]) *Ibid.*, liv. III, título iv, § 13.

Capítulo XV
Da diferente confiança que as leis têm no povo segundo os climas

O povo japonês tem um carácter tão atroz que os legisladores e os seus magistrados não puderam ter nenhuma confiança nele. Diante dos olhos do povo só puseram juízes, ameaças e castigos; em cada caso, submeteram-no à inquisição da polícia. Estas leis que, por cada cinco chefes de família, estabelecem um deles como magistrado sobre os outros quatro; estas leis que, por um só crime, punem toda uma família ou todo um bairro; estas leis, que não encontram inocentes onde pode haver um culpado, são feitas para que todos os homens desconfiem uns dos outros, para que cada um investigue a conduta de cada qual e dela seja inspector, testemunha e juiz.

O povo das Índias pelo contrário é brando ([1]), ternurento, compassivo; por isso, os seus legisladores tiveram uma grande confiança nele. Estabeleceram poucas ([2]) penas, e as que existem são pouco severas; não são sequer rigorosamente executadas. Deram os sobrinhos aos tios, os órfãos aos tutores, como noutros lugares são dados aos seus pais; regraram as heranças segundo o mérito reconhecido do herdeiro. Parece que pensaram que cada cidadão devia contar com a bondade natural dos outros.

Dão facilmente a liberdade ([3]) aos seus escravos; casam-nos, tratam-nos como seus filhos ([4]): feliz é o clima que faz nascer a candura dos costumes e produz a brandura das leis!

([1]) Ver Bernier, t. II, p. 140.

([2]) Ver o décimo quarto compêndio das *Lettres édifiantes*, p. 403, as principais leis ou costumes dos povos da Índia da península do lado de cá do Ganges.

([3]) *Lettres édifiantes*, nono compêndio, p. 378.

([4]) Pensava que a brandura da escravatura nas Índias fizera Diodoro dizer que nesse país não havia nem senhor, nem escravo; mas Diodoro atribuiu a toda a Índia o que, segundo Estrabão, liv. XV, era específico apenas de uma nação particular.

Livro XV
Como as leis da escravatura civil se relacionam com a natureza do clima

Capítulo I
Da escravatura civil

A escravatura, propriamente dita, é o estabelecimento de um direito que torna um homem tão próprio de outro homem que este é o senhor absoluto da sua vida e dos seus bens. Não é boa por natureza: não é útil nem para o senhor, nem para o escravo. Não o é para este porque ele não pode fazer nada por virtude; nem para aquele porque contrai com os seus escravos todo o tipo de maus hábitos, acostuma-se insensivelmente a faltar a todas as virtudes morais, torna-se orgulhoso, abrupto, duro, colérico, voluptuoso, cruel (*).

Nos países despóticos, onde já existe a escravatura política, a escravatura civil é mais tolerável do que noutras paragens. Cada um deve estar bastante contente por ter a sua subsistência e a vida. Assim, a condição do escravo é pouco mais pesada do que a condição do súbdito.

Mas, no governo monárquico, onde é soberanamente importamente não abater ou aviltar a natureza humana, não pode

(*) Contrastar com a sustentação da escravatura em Aristóteles, *Política*, 1253b14-1255b40. Ver *EL*, XV.7 (N. T.).

haver escravos. Na democracia, onde todos são iguais, e na artistocracia, onde as leis devem fazer esforços para que todos sejam tão iguais quanto a natureza do governo possa permitir, o haver escravos contraria o espírito da constituição; só serve para dar aos cidadãos um poder e um luxo que não devem ter.

Capítulo II
Origem do direito da escravatura nos jurisconsultos romanos

Jamais se acreditaria que tivesse sido a piedade a estabelecer a escravatura e que para isso tivesse actuado de três maneiras ([1]).

O direito dos povos determinou que os prisioneiros fossem escravos para que não fossem mortos. O direito civil dos Romanos permitia que os devedores que podiam ser maltratados pelos seus credores se vendessem a si próprios; e o direito natural quis que os filhos que um pai escravo já não conseguia alimentar fossem escravizados tal como o seu pai.

Estas razões dos jurisconsultos não são sensatas.

1º É falso que seja permitido matar na guerra sem ser em caso de necessidade; mas, assim que um homem faz de outro seu escravo, não se pode dizer que estivesse sob a necessidade de matá-lo, já que não o fez. O único direito que a guerra pode dar sobre os cativos é o de serem aprisionados para que não possam causar mais danos. Os homicídios cometidos a sangue-frio pelos soldados, e depois do calor da acção, são rejeitados por todas as nações ([2]) do mundo.

2º Não é verdade que um homem livre possa vender-se. A venda supõe um preço: se o escravo se vendesse, todos os seus bens entrariam na propriedade do senhor; portanto, o senhor nada daria e o escravo nada receberia. Dir-se-á que possuiria um pecúlio; mas o pecúlio é acessório à pessoa. Se não lhe é permitido matar-se, porque assim se sonegaria à pátria, também não lhe é permitido vender-se. A liberdade de cada cidadão é uma parte da liberdade pública. Essa qualidade, no Estado popular, é mesmo

---

([1]) *Instit.*, de Justiniano, liv. I.

([2]) A menos que se queira mencionar aquelas nações que comem os seus prisioneiros.

uma parte da soberania. Vender a sua qualidade de cidadão é um [1] acto de uma tal extravagância que não pode ser suposto num homem. Se a liberdade tem um preço para quem a compra, ela não tem preço para quem a vende. A lei civil, que autorizou aos homens a divisão dos bens, não podia pôr entre esses bens alguns dos homens que deveriam fazer essa divisão. A lei civil, que ordena a restituição nos contratos que contêm alguma lesão, não pode deixar de ordenar a restituição num acordo que contém a mais enorme de todas as lesões.

A terceira maneira é o nascimento. Esta cai juntamente com as outras duas. Pois se um homem não podia vender-se ainda menos poderia vender o seu filho que ainda não nasceu. Se um prisioneiro de guerra não pode ser reduzido à servidão ainda menos o podem os seus filhos.

O que faz que a morte de um criminoso seja uma coisa lícita é que a lei que o pune foi feita em seu favor. Um assassino, por exemplo, gozou da lei que o condena; esta conservou-lhe a vida em todos os instantes; ele não pode, pois, reclamar contra ela. O mesmo não se passa com o escravo: a lei da escravatura nunca pôde ser-lhe útil; em todos os casos, ela foi-lhe contrária, sem nunca o favorecer. O que é contrário ao princípio fundamental de todas as sociedades.

Dir-se-á que a lei pôde ser-lhe útil porque o senhor deu-lhe alimento. Teríamos, portanto, de circunscrever a escravatura às pessoas incapazes de ganhar a sua vida. Mas não se querem esses escravos. Quanto às crianças, a natureza que deu leite às mães proveu a sua alimentação; e o resto da sua infância está tão próximo da idade em que têm a maior capacidade de se tornar úteis que não se poderia dizer que aquele que os alimenta, por ser o seu senhor, lhes desse alguma coisa.

De resto, a escravatura é tão contrária ao direito civil como ao direito natural. Que lei civil poderia impedir um escravo de fugir, ele que não está na sociedade e ao qual por conseguinte nenhuma lei civil diz respeito? Só pode ser retido por uma lei da família, isto é, pela lei do senhor.

---

(1) Falo de escravatura em sentido estrito, tal como era entre os Romanos e como está estabelecida nas nossas colónias.

Capítulo III
Outra origem do direito de escravatura

Gostaria ainda de dizer que o direito de escravatura provém do desprezo que uma nação nutre por outra, fundado na diferença dos costumes.

Lopez de Gomara [1] diz que «os Espanhóis encontraram, perto de Santa Marta, cestos onde os habitantes guardavam os seus géneros: caranguejos, lesmas, cigarras, gafanhotos. Os vencedores fizeram disto um crime dos vencidos». O autor confessa que foi nisto que se baseou o direito que converteu os Americanos em escravos dos Espanhóis; além de fumarem tabaco e de não fazerem a barba à espanhola.

Os conhecimentos tornaram os homens brandos; a razão conduz à humanidade. Só os preconceitos fazem que se renuncie a ela.

Capítulo IV
Outra origem do direito de escravatura

Gostaria ainda de dizer que a religião dá aos que a professam um direito de reduzir à servidão os que a não professam, para trabalhar mais facilmente para a sua propagação.

Foi esta maneira de pensar que encorajou os destruidores da América nos seus crimes [2]. Foi com base nesta ideia que fundaram o direito de fazer de tantos povos escravos; porquanto esses bandidos, que queriam absolutamente ser bandidos e cristãos, eram muito devotos.

Luís XIII [3] ficou extremamente aflito com a lei que convertia em escravos os negros das suas colónias; mas quando entrou bem no seu espírito que essa era a via mais segura para os converter consentiu nela.

---

(1) *Biblioth. angl.*, t. XIII, parte II, art. 3.

(2) Ver a *Histoire de la conquête du Mexique*, por Solis, e a do Peru, por Garcilaso de la Vega.

(3) O Padre Labat, *Nouveau Voyage aux îles de l'Amérique*, t. IV, p. 114, an. 1722, in-22.

Capítulo V
Da escravatura dos negros

Se tivesse de defender o direito que tivemos de converter os negros em escravos, eis o que diria:

Tendo os povos da Europa exterminado os da América, tiveram de sujeitar à escravatura os povos de África para deles se servirem no desbravamento de tantas terras.

O açúcar seria demasiado caro se não fossem os escravos a trabalhar a planta que o produz.

Aqueles de quem aqui se trata são pretos dos pés à cabeça; e têm o nariz tão achatado que é quase impossível ter pena deles.

Não se pode aceitar a ideia de que Deus, que é um ser muito sábio, tenha posto uma alma, sobretudo uma alma boa, num corpo todo preto.

É tão natural pensar que é a cor que constitui a essência da humanidade que os povos da Ásia, que geram eunucos, continuam a privar os pretos da relação que têm connosco de uma forma mais marcada.

Pode julgar-se a cor da pele pela dos cabelos, que, entre os Egípcios, os melhores filósofos do mundo, era de uma tão grande importância que mandavam matar todos os homens ruivos que lhes caíssem nas mãos.

Uma prova que os negros não possuem senso-comum é que cuidam mais de um colar de vidro do que do ouro, que nas nações policiadas tem uma tão grande importância.

É impossível supormos que estas pessoas sejam homens; porque, se os supusermos como homens, começaremos a acreditar que nós próprios não somos cristãos.

Os pequenos espíritos exageram demasiado a injustiça que se comete para com os Africanos. Pois, se fosse assim como dizem, não teria ocorrido aos príncipes da Europa, que entre eles fazem tantas convenções inúteis, fazer uma geral em favor da misericórdia e da piedade?

Capítulo VI
Verdadeira origem do direito de escravatura

É tempo de procurar a verdadeira origem do direito de escravatura. Deve estar fundado na natureza das coisas. Vejamos se há casos em que dela deriva.

Em todo o governo despótico existe uma grande facilidade em vender-se a si mesmo: a escravatura política aniquila de alguma forma a liberdade civil.

O Sr. Perry ([1]) diz que os Moscovitas se vendem com muita facilidade. Conheço bem a razão: é porque a sua liberdade nada vale.

Em Achim toda a gente tenta vender-se. Alguns dos principais senhores ([2]) não têm menos de mil escravos, que são os principais mercadores, que também possuem muitos escravos, e estes outros tantos; são herdados e faz-se tráfico com eles. Nestes Estados, os homens livres, demasiado fracos contra o governo, procuram tornar-se escravos dos que tiranizam o governo.

É essa a origem justa e conforme à razão desse direito de escravatura muito brando que se encontra em alguns países; e deve ser brando porque se baseia na escolha livre que um homem, para sua utilidade, faz de um senhor; o que forma uma convenção recíproca entre as duas partes.

Capítulo VII
Outra origem do direito de escravatura

Eis uma outra origem do direito da escravatura e até dessa escravatura cruel que se vê entre os homens.

Há países onde o calor enerva o corpo e enfraquece tanto a coragem que os homens só levam a cabo um dever penoso por medo do castigo: nestes casos a escravatura colide, pois, menos com a razão; e, como o senhor é tão cobarde face ao seu príncipe como o seu escravo face a ele, a escravatura civil é também acompanhada pela escravatura política.

([1]) *État présent de la grande Russie*, por Jean [John] Perry. Paris, 1717, in-12.

([2]) *Nouveau Voyage autour du Monde*, por Guillaume Dampierre, t. III. Amsterdão, 1711.

Aristóteles ([1]) quer provar que há escravos por natureza, e o que diz prova muito pouco. Creio que, se os houver, são aqueles de que acabei de falar.

Mas, como todos os homens nascem iguais, é preciso dizer que a escravatura é contra a natureza, embora em certos países esteja fundada numa razão natural; tem de se distinguir bem estes países daqueles onde até as razões naturais a rejeitam, como os países da Europa onde ela foi tão felizmente abolida.

Plutarco diz-nos, na vida de Numa, que no tempo de Saturno não havia senhor nem escravo. Nos nossos climas, o cristianismo recuperou essa época.

Capítulo VIII
Inutilidade da escravatura entre nós

É preciso, portanto, limitar a servidão natural a certos países particulares da Terra. Em todos os outros, parece-me que, por mais penosos que sejam os trabalhos que a sociedade exija, tudo pode ser feito por homens livres.

O que me faz pensar assim é que antes de o cristianismo ter abolido na Europa a servidão civil, os trabalhos das minas eram considerados tão penosos que se julgava que não podiam ser feitos senão por escravos ou por criminosos. Mas sabe-se que hoje em dia os homens que nelas são empregues vivem felizes ([2]). Por meio de pequenos privilégios, esta profissão foi encorajada; ao aumento do trabalho acrescentou-se o aumento do ganho; e acabou por fazê-los amar a sua condição mais do que qualquer outra que pudessem ter assumido.

Não há trabalho tão penoso que não possa ser proporcionado à força de quem o faz, desde que seja a razão, e não a avareza, a regrá-lo. Com a comodidade das máquinas que a arte inventa ou aplica pode substituir-se o trabalho forçado que noutros lugares é feito por escravos. As minas dos Turcos, no banato de Témeswar ([*]), eram mais ricas do que as da Hungria, e não pro-

---

([1]) *Política*, liv. I, cap. i.

([2]) Podemos obter informação sobre o que se passa a este respeito nas minas do Hartz, na Baixa Alemanha, e nas da Hungria.

([*]) Região de Timisoara, na actual Roménia (N. T.)

duziam tanto como elas porque os Turcos nunca imaginaram nada além dos braços dos seus escravos.

Não sei se é o espírito ou o coração que me dita este artigo. Talvez não haja clima sobre a Terra onde não se possa levar os homens livres ao trabalho. Por as leis terem sido mal feitas, apareceram homens preguiçosos; por estes homens serem preguiçosos, foram sujeitos à escravatura.

Capítulo IX
Das nações em que a liberdade civil está geralmente estabelecida

Todos os dias se ouve dizer que seria bom que houvesse escravos entre nós.

Mas para julgar isto como deve ser não se tem de examinar se os escravos seriam úteis à pequena parte rica e voluptuosa de cada nação; sem dúvida que lhe seriam úteis; mas, tomando um outro ponto de vista, não creio que nenhum daqueles que a compõem quisesse tirar à sorte para saber quem deveria formar a parte da nação que seria livre e a que seria escrava. Os que mais falam a favor da escravatura seriam os que lhe teriam maior horror, e os homens mais miseráveis também lhe teriam horror. O grito a favor da escravatura é, por isso, o grito do luxo e da volúpia, e não o do amor à felicidade pública. Quem pode duvidar que cada homem, em particular, não ficaria muito contente por ser o senhor dos bens, da honra e da vida dos outros, e que todas as suas paixões não seriam desde logo despertadas por esta ideia? Nestas coisas, se quereis saber se os desejos de cada um são legítimos, examinai os desejos de todos (*).

Capítulo X
Diversas espécies de escravatura

Há dois tipos de servidão: a real e a pessoal. A real é aquela que amarra o escravo à terra. Eram esses os escravos dos Germa-

(*) Capítulo que não constava das primeiras edições. Este texto aparece numa carta de Montesquieu a Grosley, de 1750. Montesquieu acabou por transcrever o conteúdo dessa carta para as revisões das edições iniciais de *EL* (ed. Caillois) (N. T.).

nos, segundo o relato de Tácito (1). Não tinham posto na casa; entregavam ao seu senhor uma certa quantidade de cereal, de gado ou de tecido: o objecto da sua escravatura não ia mais longe. Esta espécie de servidão está também estabelecida na Hungria, na Boémia e em vários redutos da Baixa Alemanha.

A servidão pessoal toma em consideração o ministério da casa e está mais relacionada com a pessoa do senhor.

O abuso extremo da escravatura sucede quando é, ao mesmo tempo, pessoal e real. Tal era a servidão dos hilotas entre os Lacedemónios; estavam submetidos a todos os trabalhos exteriores à casa, e a toda a sorte de insultos no interior da casa: esta *hilotia* é contrária à natureza das coisas. Os povos simples têm apenas uma escravatura real (2) porque as suas mulheres e os seus filhos fazem os trabalhos domésticos. Os povos voluptuosos têm uma escravatura pessoal porque o luxo exige o serviço dos escravos na casa. Ora a hilotia combina, nas mesmas pessoas, a escravatura estabelecida nos povos voluptuosos com a que está estabelecida nos povos simples.

Capítulo XI
O que as leis devem fazer relativamente à escravatura

Mas seja qual for a natureza da escravatura, as leis civis têm de procurar suprimir, de um lado, os seus abusos, e, do outro, os seus perigos.

Capítulo XII
Abuso da escravatura

Nos Estados maometanos (3), é-se não só senhor da vida e dos bens das mulheres escravas, mas também daquilo a que se chama a sua virtude ou a sua honra. É uma das desgraças destes países que a maior parte da nação seja feita apenas para servir a volup-

---

(1) *De Moribus German.* [cap. xxv].

(2) Não seria possível, diz Tácito, *Sobre os costumes dos Germanos*, [cap. xx], distinguir o senhor do escravo pelas delícias da vida.

(3) Ver Chardin, *Voyage de Perse.*

tuosidade da outra. Essa servidão é recompensada pela preguiça de que gozam estes escravos; o que constitui para o Estado mais outra desgraça.

É esta preguiça que torna os haréns do Oriente ([1]) lugares de delícias mesmo para aqueles contra quem são feitos. Pessoas que só receiam o trabalho podem encontrar a sua felicidade nesses lugares tranquilos. Mas por aí se vê que se colide com o próprio espírito do estabelecimento da escravatura.

A razão quer que o poder do senhor não se estenda além das coisas que estão ao seu serviço; a escravatura tem de ter como propósito a utilidade, e não a volúpia. As leis da pudicidade são de direito natural, e devem ser sentidas por todas as nações do mundo.

Se a lei que conserva a pudicidade dos escravos é boa para os Estados onde o poder ilimitado de tudo troça, quão boa será ela nas monarquias? Quão boa será ela nos Estados republicanos?

Existe uma disposição da lei ([2]) dos Lombardos que parece ser boa para todos os governos. «Se um senhor debocha a mulher do seu escravo, ambos ficarão livres». Temperamento admirável para prevenir e travar, sem excesso de rigor, a incontinência dos senhores.

Não vejo como é que os Romanos tivessem, a este respeito, uma boa polícia. Soltavam as rédeas à incontinência dos senhores; de certo modo, privaram até os seus escravos do direito de matrimónio. Era a parte mais vil da nação; mas por mais vil que fosse, era bom que tivesse bons costumes; e mais, ao negar-lhes o casamento, corrompia o casamento dos cidadãos.

Capítulo XIII
Perigo de um grande número de escravos

Um grande número de escravos produz efeitos diferentes nos vários governos. Não constitui um fardo para o governo despótico; a escravatura política, estabelecida no corpo do Estado, faz que a escravatura civil seja pouco sentida. Aqueles que se cha-

---

([1]) Ver Chardin, t. II, na sua *Description du marche d'Izagour. c.* Liv. I, título xxxii, § 5.

([2]) Liv. I, título xxxii, § 5.

mam homens livres pouco mais o são do que aqueles que não têm esse título; e como estes, na qualidade de eunucos, de libertos ou de escravos, têm nas mãos quase todos os assuntos, a condição de um homem livre e a de um escravo quase que se tocam. É, pois, quase indiferente que pouca ou muita gente viva na escravatura.

Mas, nos Estados moderados, é muito importante que não haja demasiados escravos. A liberdade política torna a liberdade civil preciosa; e quem é privado desta última é também privado da outra. Ele vê uma sociedade feliz de que nem sequer faz parte; encontra a segurança garantida para os outros, e não para ele; sente que o seu senhor tem uma alma que pode engrandecer-se, e que a sua está forçada a rebaixar-se constantemente. Nada aproxima mais a condição dos animais do que ver sempre homens livres, e não o ser. Pessoas dessas são inimigas naturais da sociedade; e um seu grande número seria perigoso.

Não temos, portanto, de nos espantar com o facto de, nos governos moderados, o Estado ter sido tão perturbado pela revolta dos escravos, e que isso aconteça tão raramente ([1]) nos Estados despóticos.

Capítulo XIV
Dos escravos armados

É menos perigoso armar os escravos numa monarquia do que nas repúblicas. Aí, um povo guerreiro, um corpo de nobreza, serão suficientes para conter os escravos armados. Na república, os homens que são cidadãos dificilmente poderão conter pessoas que, tendo as armas na mão, se acharão iguais aos cidadãos.

Os Godos que conquistaram a Espanha espalharam-se pelo país, e rapidamente se viram muito fracos. Fizeram três regulamentos consideráveis: aboliram o antigo costume que os proibia de ([2]) se aliarem aos Romanos pelo casamento; determinaram que todos os que estavam isentos ([3]) do fisco fossem à guerra, sob pena de serem reduzidos à servidão; ordenaram que cada godo

---

([1]) A revolta dos Mamelucos foi um caso particular: foi um corpo da milícia que usurpou o império.

([2]) Lei dos Visigodos, liv. III, título i, § 1.

([3]) *Ibid.*, liv. V, título, vii, § 20.

levaria para a guerra e armaria a décima (1) parte dos seus escravos. Este número era pouco considerável em comparação com os que restavam. De resto, estes escravos, levados para a guerra pelo seu senhor, não formavam um corpo separado; estavam no exército, e permaneciam, por assim dizer, na família.

Capítulo XV
Continuação do mesmo assunto

Quando toda a nação é guerreira, os escravos armados são ainda menos de recear.

Segundo a lei dos Alemães, um escravo que roubasse (2) uma coisa que tivesse sido largada estava sujeito à pena que teria sido infligida a um homem livre; mas se a furtasse (3) pela violência, não estava obrigado senão à restituição da coisa furtada. Entre os Alemães, as acções que tivessem por princípio a coragem e a força não eram odiosas. Serviam-se dos seus escravos nas suas guerras. Na maioria das repúblicas procurou-se sempre abater a coragem dos escravos; o povo alemão, confiante em si mesmo, sonhava aumentar a audácia dos escravos que eram seus; sempre armado, não temia nada deles; eram instrumentos dos seus banditismos ou da sua glória.

Capítulo XVI
Precauções a tomar no governo moderado

A humanidade que se tiver para com os escravos poderá prevenir no Estado moderado os perigos que poderiam recear do seu número excessivo. Os homens acostumam-se a tudo, e à própria servidão, desde que o senhor não seja mais duro do que a própria servidão. Os Atenienses tratavam os seus escravos com uma grande brandura. Não se vê que tenham perturbado o Estado em Atenas como fizeram estremecer o da Lacedemónia.

Não se vê que os primeiros Romanos tivessem inquietações por causa dos seus escravos. Só quando perderam por eles todos

(1) *Ibid.*, liv. IX, título ii, § 9.
(2) Lei dos Alemães, cap. v, § 3.
(3) *Ibid.*, cap. v, § 5, *per virtutem*.

os sentimentos de humanidade se viu nascerem essas guerras civis que foram comparadas às guerras púnicas (1).

As nações simples que se afeiçoam ao trabalho têm normalmente mais brandura pelos seus escravos do que aquelas que renunciaram a ele. Os primeiros Romanos viviam, trabalhavam e comiam com os seus escravos; tinham para com eles muita brandura e equidade: a maior pena que lhes infligiam consistia em fazê-los passar diante dos seus vizinhos com um pedaço de madeira com ramos às costas. Os costumes bastavam para manter a fidelidade dos escravos; as leis não eram necessárias.

Mas quando os Romanos se engradeceram os seus escravos deixaram de ser os companheiros do seu trabalho, e passaram a ser os instrumentos do seu luxo e do seu orgulho; como os costumes desapareceram, as leis tornaram-se necessárias. As leis tinham até de ser terríveis para estabelecer a segurança destes senhores cruéis que viviam no meio dos seus escravos como no meio dos seus inimigos.

Fez-se o senatus-consulto Silaniano e outras leis (2) que determinaram que, quando um senhor fosse morto, todos os escravos que estavam sob o mesmo tecto, ou num local suficientemente próximo da casa para poder ouvir a voz de um homem, seriam, sem distinção, condenados à morte. Os que, nesse caso, dessem refúgio a um escravo para salvá-lo eram punidos como assassinos (3). Mesmo aquele a quem o seu senhor tivesse ordenado (4) que o matasse, e que lhe tivesse obedecido, teria sido culpado; aquele que não impedisse que o seu senhor se matasse a si mesmo teria sido punido (5). Se um senhor tivesse sido morto numa viagem, mandavam matar (6) todos os que permanecessem com ele e aqueles que tivessem fugido. Todas estas leis eram aplicadas mesmo àqueles cuja inocência fosse provada; tinham por objecto dar aos escravos um respeito prodigioso pelo seu senhor. Não

---

(1) «A Sicília», diz Florus, «foi mais cruelmente devastada pela guerra servil do que pela guerra púnica». Liv. III, [cap. xix].

(2) Ver todo o título de *senat. consult. Sillan.*, ff.

(3) Leg. *Si quis*, § 12, ff. *de senat. consult. Sillan.*

(4) Quando António ordenou a Eros que o matasse, não se tratou apenas de lhe ordenar que o matasse, mas também de se matar a ele mesmo; porquanto, se ele lhe tivesse obedecido, seria punido como assassino do seu senhor.

(5) Leg. i, § 22, ff., *de senat. consult. Sillan.*

(6) Leg. i, § 31, ff., *ibid.*, [lib. XXIX, título v].

dependiam do governo civil, mas de um vício ou de uma imperfeição do governo civil. Não derivavam da equidade das leis civis visto que eram contrárias aos princípios das leis civis. Eram propriamente fundadas no princípio da guerra, com a diferença de que os inimigos estavam no seio do Estado. O senatus-consulto Silaniano derivava do direito dos povos, que quer que uma sociedade, mesmo que imperfeita, se conserve.

É um infortúnio para o governo quando a magistratura se vê constrangida a fazer leis tão cruéis. É porque se tornou a obediência difícil que se é obrigado a agravar a pena da desobediência, ou a suspeitar da fidelidade. Um legislador prudente previne o infortúnio de se tornar num legislador terrível. Foi porque os escravos, entre os Romanos, não puderam ter confiança na lei que a lei não podia ter confiança neles.

Capítulo XVII
Regulamentos a fazer entre o senhor e os escravos

O magistrado deve garantir que o escravo obtenha alimentação e vestuário; tal deve ser regrado pela lei.

As leis devem assegurar que eles sejam cuidados nas suas doenças e na sua velhice. Cláudio ([1]) ordenou que os escravos que tivessem sido abandonados pelos seus senhores, por estarem doentes, seriam libertados se fugissem. Essa lei assegurava a sua liberdade; seria ainda preciso que assegurasse a sua vida.

Quando a lei permite que o senhor tire a vida ao seu escravo, é um direito que ele deve exercer como juiz, e não como senhor; é preciso que a lei ordene formalidades que retirem a suspeita de uma acção violenta.

Quando em Roma deixou de ser permitido que os pais matassem os seus filhos, os magistrados infligiam ([2]) a pena que o pai queria prescrever. Um uso semelhante entre o senhor e os escravos seria razoável nos países onde os senhores têm direito de vida e de morte.

A lei de Moisés era bastante rude. «Se alguém agredir o seu escravo, e se este morrer nas suas mãos, será punido; mas se o

---

([1]) Xifilino, *in Claudio*.

([2]) Ver a lei 3 do Código *de patria potestate*, que é do imperador Alexandre [Severo].

escravo sobreviver um dia ou dois, não será punido porque é o seu dinheiro». Que povo este, para o qual a lei civil rompera com a lei natural!

Segundo uma lei dos Gregos ([1]), os escravos que fossem tratados de modo excessivamente rude pelos seus senhores podiam pedir para ser vendidos a um outro senhor. Nos últimos tempos, houve em Roma uma lei semelhante ([2]). Um senhor irritado contra o seu escravo, e um escravo irritado contra o seu senhor, deviam ser separados.

Quando um cidadão maltrata o escravo de um outro, é preciso que este possa recorrer a um juiz. As ([3]) leis de Platão e da maioria dos povos retiram aos escravos a defesa natural: tem de se lhe dar, então, a defesa civil.

Na Lacedemónia, os escravos não podiam esperar obter justiça contra os insultos nem contra as injúrias. O excesso da sua infelicidade era tal que não eram apenas escravos de um cidadão, mas também do público; pertenciam a todos e a um só. Em Roma, quando um dano era provocado a um escravo, só se tinha em consideração o interesse do senhor ([4]). Sob a acção da lei Aquilana, confundia-se o ferimento causado a um animal e o causado a um escravo; só se prestava atenção à diminuição do seu preço. Em Atenas ([5]), quem tivesse maltratado um escravo pertencente a outrem era punido severamente, por vezes até com a morte. A lei de Atenas, com razão, não queria acrescentar a perda da segurança à da liberdade.

Capítulo XVIII
Das alforrias

É bem perceptível que quando, no governo republicano, há muitos escravos, é preciso alforriar muitos deles. O mal é que, se houver demasiados escravos, eles não podem ser contidos; se

([1]) Plutarco, *Da superstição.*

([2]) Ver a constituição de Antonino Pio. *Institut.*, liv. I, título vii.

([3]) [*Leis*], liv. IX.

([4]) Muitas vezes, este era também o espírito das leis dos povos que saíram da Germânia, como se pode ver pelos seus códigos.

([5]) Demóstenes, *orat. contra Midiam*, p. 610, edição de Francoforte, do ano de 1604.

houver demasiados alforriados, não conseguem viver, e convertem-se num encargo para a república; além disso, a república pode estar igualmente em perigo por haver um número excessivo de alforriados e por haver um número excessivo de escravos. Portanto, é preciso que as leis tenham estes dois inconvenientes debaixo de olho.

As diversas leis e os senatus-consultos que se fizeram em Roma em favor e contra os escravos, ora para limitar, ora para facilitar as alforrias, tornam o seu embaraço a este respeito bem visível. Houve até alturas em que não se ousava fazer leis. Quando, sob Nero ([1]), foi pedido ao senado que fosse permitido aos patronos fazer regressar à servidão os alforriados ingratos, o imperador escreveu que tinha de julgar os casos particulares, e nada estatuir de geral.

Pouco poderei dizer acerca dos regulamentos que uma boa república deve fazer a este respeito; dependem muitíssimo das circunstâncias. Eis algumas reflexões.

Não é preciso fazer de um só golpe, e através de uma lei geral, um número considerável de alforrias. Sabe-se que, entre os Volsinianos ([2]), os alforriados, ao tornarem-se senhores dos sufrágios, fizeram uma lei abominável que lhes dava o direito de ser os primeiros a dormir com as raparigas que casassem com cidadãos livres.

Há diferentes maneiras de introduzir insensivelmente novos cidadãos na república. As leis podem favorecer o pecúlio e pôr os escravos em condições de comprar a sua liberdade. Podem impor um prazo à servidão, como fizeram as leis de Moisés, que tinham limitado a seis anos a servidão dos escravos hebreus ([3]). É fácil emancipar todos os anos um certo número de escravos entre os que, pela sua idade, pela sua saúde, pela sua indústria, terão meios de subsistência. Pode-se até suprimir o mal na sua raiz: como a grande maioria dos escravos está ligada aos diversos empregos que lhe é dada, transferir para os cidadãos livres uma parte desses empregos, por exemplo o comércio ou a navegação, significa diminuir o número de escravos.

([1]) Tácito, *Anais*, liv. XIII, [cap. xxvii].

([2]) Suplemento de Freinshemius, década II, liv. V.

([3]) Êxodo, cap. xxi.

Quando há muitos libertos, as leis civis têm de fixar o que eles devem ao seu patrono, ou então é preciso que o contrato de alforria fixe esses deveres por elas.

Percebe-se que a sua condição deve ser mais favorecida no Estado civil do que no Estado político, porque, mesmo no governo popular, o poder não deve cair nas mãos do baixo povo.

Em Roma, onde havia tantos libertos, as leis políticas eram admiráveis a este respeito. Pouco lhes era dado, e eram excluídos de quase nada. Tinham certamente alguma participação na legislação, mas quase não influenciavam as resoluções que podiam ser adoptadas. Podiam participar nos cargos e até no sacerdócio ([1]); mas esse privilégio era, de algum modo, esvaziado pelas desvantagens que tinham nas eleições. Tinham o direito de entrar para a milícia; mas, para ser soldado, era necessário um certo censo. Nada impedia os libertos ([2]) de se unirem pelo casamento às famílias livres; mas não lhes era permitido aliarem-se às famílias dos senadores. Por fim, os seus filhos eram livres, embora eles próprios não o fossem.

Capítulo XIX
Dos libertos e dos eunucos

Assim, no governo de muitos, é muitas vezes útil que a condição dos libertos seja pouco inferior à dos cidadãos livres e que as leis trabalhem para lhes retirar o desgosto pela sua condição. Mas, no governo de um só, quando o luxo e o poder arbitrário reinam, nada há a fazer a este respeito. Os libertos encontram-se quase sempre acima dos homens livres: dominam na corte do príncipe e nos palácios dos grandes; e, como estudaram as fraquezas do seu senhor, e não as suas virtudes, fazem-no reinar, não pelas suas virtudes, mas pelas suas fraquezas. Assim eram em Roma os libertos do tempo dos imperadores.

Quando os principais escravos são eunucos, sejam quais forem os privilégios que se lhes atribuam, dificilmente se pode considerá-los como libertos. Pois, como não podem ter família, eles estão, pela sua natureza, ligados a uma família; e só por uma espécie de ficção é que se pode considerá-los cidadãos.

([1]) Tácito, *Anais*, liv. [X]III, [cap. xxvii].

([2]) Discurso de Augusto, em Dio, liv. LVI.

No entanto, há países onde lhes são dadas todas as magistraturas: «Em Tonquim ([1])», diz Dampierre ([2]), «todos os mandarins civis e militares são eunucos». Não têm família; e embora sejam naturalmente avarentos, o senhor ou o príncipe no final das contas acaba por lucrar com a sua avareza.

O mesmo Dampierre ([3]) diz-nos que, neste país, os enucos não dispensam as mulheres, e casam-se. A lei que lhes permite o casamento só pode basear-se, por um lado, na consideração que aí se tem por tal gente; e, por outro, no desprezo que aí se tem pelas mulheres.

Assim, as magistraturas são confiadas a essas pessoas porque não têm família; e, por outro lado, é-lhes permitido casarem-se porque possuem as magistraturas.

É então que os sentidos que restam querem obstinadamente compensar os que foram perdidos; e que as iniciativas do desespero são uma espécie de fruição. É assim que na obra de Milton esse Espírito a quem não restam senão desejos, penetrado pela sua degradação, quer dar uso à sua própria impotência ([*]).

Vê-se, na história da China, um grande número de leis para retirar aos eunucos todos os empregos civis e militares; mas regressam sempre a eles. Parece que, no Oriente, os eunucos são um mal necessário.

([1]) Outrora também era assim na China. Os dois árabes maometanos que viajaram até à China no século IX dizem «o Eunuco» quando querem falar do governador de uma cidade.

([2]) Tomo III, p. 91.

([3]) Tomo III, p. 94.

([*]) Referência ao Satã do poema *Paradise Lost* da autoria de John Milton (1608-1674), que canta a revolta de Satã contra Deus e a Queda do Homem. Além de um dos maiores poetas de língua inglesa, Milton foi também um pensador político e esteve profundamente envolvido nas maiores controvérsias políticas do seu tempo, sobretudo no período que se seguiu à insurreição do Parlamento contra Carlos I. Chegou inclusive a assumir funções dirigentes de um departamento do Estado inglês que hoje seria decerto descrito como uma espécie de central de propaganda, durante o Protectorado de Oliver Cromwell (N. T.).

Livro XVI
Como as leis da escravatura doméstica estão relacionadas com a natureza do clima

Capítulo I
Da servidão doméstica

Os escravos são estabelecidos mais para a família do que na família. Assim, distinguirei a sua servidão daquela em que se encontram as mulheres em alguns países, e a que chamarei servidão doméstica em sentido próprio.

Capítulo II
Que nos países do Sul existe uma desigualdade natural entre os dois sexos

As mulheres são núbeis ([1]), nos climas quentes, aos oito, nove e dez anos: por isso, a infância e o casamento caminham quase

---

([1]) Maomé desposou Cadija quando ela tinha cinco anos e dormia com ela aos oito [Na verdade, Montesquieu aqui confunde Cadija com Aisha, uma outra mulher de Maomé]. Nos países quentes da Arábia e das Índias, as raparigas são núbeis aos oito anos e têm filhos no ano seguinte. Prideaux, *Vie de Mahomet.* Nos reinos de Argel, vêem-se mulheres dar à luz aos nove, dez e onze anos. Logier de Tassis, *Histoire du royaume d'Alger*, p. 61.

sempre juntos. Aos vinte são velhas: para estas mulheres, a razão nunca se encontra, portanto, com a beleza. Quando a beleza exige o império, a razão fá-la recusar; quando a razão poderia obtê-lo, a beleza já não existe. As mulheres devem ser dependentes, porquanto a razão não pode assegurar-lhes na sua velhice um império que a beleza não lhes deu nem na juventude. Logo, nos climas quentes é muito simples para um homem, quando a religião não se lhe opõe, abandonar a sua mulher para adquirir outra, e que a poligamia seja introduzida.

Nos países temperados, onde os encantos das mulheres se conservam melhor, onde se tornam núbeis mais tarde, e onde elas têm filhos numa idade mais avançada, a velhice do marido acompanha de algum modo a delas; e, como aí têm mais razão e conhecimentos quando se casam, nem que seja porque viveram mais tempo, uma espécie de igualdade entre os dois sexos foi naturalmente introduzida, e por conseguinte a lei de uma só mulher.

Nos países frios, o uso quase necessário das bebidas fortes estabelece a intemperança entre os homens. As mulheres, que têm a este respeito uma modéstia natural porque têm sempre de se defender, também têm, portanto, a vantagem da razão sobre eles.

A natureza que distinguiu os homens pela força e pela razão não colocou outro limite ao seu poder além do limite dessa força e dessa razão. Deu às mulheres os encantos e quis que o seu ascendente terminasse quando esses encantos terminassem; mas nos países quentes, os encantos só se encontram no começo, e nunca no decurso da sua vida.

Assim, a lei que apenas permite uma mulher está mais relacionada com o aspecto físico do clima da Europa do que com o aspecto físico do clima da Ásia. É uma das razões que fizeram que o maometismo tivesse tantas facilidades em se estabelecer na Ásia e tantas dificuldades em se estender pela Europa; que o cristianismo se mantivesse na Europa e tivesse sido destruído na Ásia; e que, finalmente, os maometanos fizessem tantos progressos na China e os cristãos tão poucos. As razões humanas estão sempre subordinadas a esta causa suprema, que faz tudo o que quer, e se serve de tudo o que quer ([*]).

([*]) Esta frase só foi introduzida no texto em 1757 (ed. Caillois) (N. T.).

Algumas razões particulares a Valentiniano ([1]) levaram a que ele permitisse a poligamia no império. Essa lei violenta para os nossos climas foi abolida ([2]) por Teodósio, Arcádio e Honório.

Capítulo III
Que a pluralidade de mulheres depende muito do seu sustento

Embora nos países onde a poligamia já foi estabelecida a maioria das mulheres dependa muito das riquezas do marido, no entanto não se pode dizer que as riquezas são a causa do estabelecimento da poligamia num Estado; a pobreza pode causar o mesmo efeito, como direi quando falar dos selvagens.

A poligamia é menos um luxo do que a ocasião de um grande luxo nas nações poderosas. Nos climas quentes, há menos necessidades ([3]); custa menos sustentar uma mulher e filhos. Logo, é possível ter um número maior de mulheres.

Capítulo IV
Da poligamia, as suas diversas circunstâncias ([*])

Segundo os cálculos que se fizeram em diferentes lugares na Europa, nascem mais rapazes do que raparigas ([4]). Pelo contrário, os relatos da Ásia ([5]) e de África ([6]) dizem-nos que aí nascem

---

([1]) Ver Jornandès, *De regno et tempor. succes.*, e os historiadores eclesiásticos.

([2]) Ver a lei 7 no Código *De Judaeis et caelicolis;* e as *Novellae* 18, cap. v.

([3]) No Ceilão, um homem vive com dez soldos por mês: as pessoas só comem arroz e peixe. *Recueil des voyages qui ont servi à l'établissement de la compagnie des Indes,* t. II, part. i.

([*]) Título do capítulo a partir de 1757. Até então, o título deste capítulo lia *Que a lei da poligamia é uma questão de cálculo.* A mudança de título está certamente relacionada com as críticas que se fizeram ouvir acerca destas reflexões sobre a poligamia e que incidiram sobre esse título em particular (ed. Caillois) (N. T.).

([4]) O Sr. Arbutnot descobriu que em Inglaterra o número de rapazes excede o das raparigas. Concluiu-se erradamente que o mesmo sucedia em todos os climas.

([5]) Ver Kempfer, que nos relata um censo de Meaco, em que se contam 182 072 homens e 223 573 mulheres.

([6]) Ver a *Voyage de Guinée,* do Sr. Smith, segunda parte, sobre o país de Anté.

muito mais raparigas do que rapazes. A lei que apenas permite uma mulher na Europa e a que permite várias na Ásia e em África têm portanto uma certa relação com o clima.

Nos climas frios da Ásia, nascem, tal como na Europa, mais rapazes do que raparigas. Dizem os Lamas ([1]) que esta é a razão da lei que, entre eles, permite a uma mulher ter vários maridos ([2]).

Mas não creio que haja muitos países onde a desproporção seja tão grande que exija a introdução da lei que permite que se tenha várias mulheres, ou a lei que permite que se tenha vários maridos. Isso quer apenas dizer que ter várias mulheres, ou mesmo ter vários homens, se afasta menos da natureza em alguns países do que noutros.

Admito que se aquilo que os relatos nos dizem fosse verdadeiro, que em Bantam ([3]) há dez mulheres para um homem, então seria um caso bastante particular de poligamia.

Em tudo isto eu não justifico os usos, mas dou as suas razões.

Capítulo V
Razão de uma lei do Malabar

Na costa do Malabar, na casta dos Naires ([4]), os homens só podem ter uma mulher, e, pelo contrário, uma mulher pode ter vários maridos. Creio que se pode descobrir a origem deste costume. Os Naires são a casta dos nobres, que em todas estas nações são os soldados. Na Europa, os soldados estão impedidos de se casar. No Malabar, onde o clima é mais exigente, contentaram-se com tornar o casamento tão pouco incómodo quanto possível: deu-se uma mulher a vários homens, o que diminui nessa medida o apegamento a uma família e os cuidados com a lida da casa, e deixa a essa gente o espírito militar.

([1]) Du Halde, *Mémoires de la Chine*, t. IV, p. 46.

([2]) Albuzeir-el-Hassen, um dos dois maometanos árabes que foi às Índias e à China no século IX, viu este uso como uma prostituição. É que nada colidia tanto com as ideias maometanas.

([3]) *Recueil des voyages qui ont servi à l'établissement de la compagnie des Indes*, t. I.

([4]) *Voyages* de François Pyrard, cap. XXVII, *Lettres édifiantes*, terceiro e décimo compêndios, sobre o Malleami na costa do Malabar. Tal é visto como um abuso da profissão militar; e, como diz Pyrard, uma mulher da casta dos brâmanes jamais casaria com vários maridos.

Capítulo VI
Da poligamia em si mesma

Considerando a poligamia em geral, independentemente das circunstâncias que podem torná-la um pouco tolerável, ela não é útil ao género humano, nem a nenhum dos dois sexos, seja ao que abusa, seja ao que é abusado. Também não é útil aos filhos; e um dos seus grandes inconvenientes é o de que o pai e a mãe não podem ter a mesma afeição pelos seus filhos; um pai não pode amar vinte filhos como uma mãe ama dois. É bem pior quando uma mulher tem vários maridos; pois então, o amor paternal depende apenas da opinião, em que um pai pode acreditar, se quiser, ou em que os outros podem acreditar, que certos filhos lhe pertencem.

Diz-se que o rei de Marrocos tem no seu harém mulheres brancas, mulheres negras, mulheres amarelas. Que infeliz! Mal sente falta de uma cor (*).

A posse de muitas mulheres nem sempre evita os desejos (1) pela mulher alheia; a luxúria é como a avareza: aumenta a sua sede com a aquisição dos tesouros.

No tempo de Justiniano, vários filósofos, perseguidos pelo cristianismo, retiraram-se para a Pérsia para junto de Cosroes. O que mais os impressionou, diz Agatias (2), foi que a poligamia era permitida a pessoas que nem sequer se abstinham do adultério.

A pluralidade das mulheres, quem o diria! conduz ao amor que a natureza desaprova: é que uma dissolução leva sempre a outra. Durante a revolução que ocorreu em Constantinopla, quando o sultão Achmet foi deposto, os relatos informam que, ao pilhar a casa do chiaia (**), o povo só encontrou uma única mulher. Diz-se que em Argel (3) chegou-se ao ponto de não haver mulheres na maioria dos haréns.

(*) Este parágrafo não consta das primeiras edições (ed. Caillois) (N. T.).

(1) O que faz que as mulheres no Oriente sejam escondidas com tanto cuidado.

(2) *De la vie et des actions de Justinien* [*Historiarum*], p. 403.

(**) Magistratura equivalente à de um vice-governante ou chefe local. Aparentemente, *kehaya* provém do persa *katkhuda* que designa igualmente o chefe de um determinado domínio (N. T.).

(3) Laugier de Tassy, *Histoire d'Alger*.

Capítulo VII
Da igualdade de tratamento no caso da pluralidade de mulheres

Da lei da pluralidade de mulheres decorre a da igualdade de tratamento. Maomé, que permite quatro, quer que tudo seja igual entre elas: alimentação, vestuário, dever conjugal. Esta lei também está estabelecida nas Maldivas ([1]), onde é possível desposar três mulheres.

A lei de Moisés ([2]) pretende até que se alguém casou o seu filho com uma escrava, e em seguida este casa com uma mulher livre, ele nada possa negar-lhe de vestes, alimento ou deveres conjugais. Podia dar-se mais à nova esposa; mas a primeira não podia ter menos.

Capítulo VIII
Da separação das mulheres e dos homens

É uma consequência da poligamia que, nas nações voluptuosas e ricas, haja um grande número de mulheres. A separação das mulheres e dos homens, e o seu confinamento, decorrem naturalmente deste grande número. A ordem doméstica assim o exige: um devedor insolvente procura abrigar-se das perseguições dos seus credores. Há certos climas cujo aspecto físico tem tamanha força que a moral é quase impotente. Deixai um homem com uma mulher e as tentações serão outras tantas quedas, o ataque garantido, a resistência nula. Nesses países, em vez de preceitos, são necessários ferrolhos.

Um livro clássico ([3]) da China considera um prodígio de virtude estar sozinho num apartamento isolado com uma mulher, sem lhe fazer violência.

([1]) *Voyages*, de François Pyrard, cap. xii.

([2]) Êxodo, cap. xxi, vers. 10 e 11.

([3]) «Encontrarmos num desvio um tesouro de que sejamos os donos, ou uma bela mulher solitária numa apartamento isolado; ouvirmos a voz do nosso inimigo que vai morrer, se não o socorrermos: pedra de toque admirável». Tradução de uma obra chinesa sobre a moral, em Padre du Halde, t. III, p. 151.

Capítulo IX
Ligação do governo doméstico com o político

Numa república, a condição dos cidadãos é limitada, igual, branda, moderada; tudo nela faz sentir a liberdade pública. O império sobre as mulheres não poderia ser tão bem exercido; e, quando o clima exigiu esse império, o governo de um só foi o mais conveniente. Eis uma das razões por que o governo popular sempre teve dificuldades em se estabelecer no Oriente.

Pelo contrário, a servidão das mulheres é muito conforme ao génio do governo despótico, que gosta de abusar de tudo. É por isso que em todos os tempos se viu na Ásia a servidão doméstica e o governo despótico caminharem ao mesmo passo.

Num governo onde se pretende sobretudo a tranquilidade, e onde se chama paz à subordinação extrema, as mulheres têm de ser confinadas; as suas intrigas seriam fatais para o marido. Um governo que não tem tempo para examinar a conduta dos súbditos, tem-na como suspeita simplesmente porque aparece e por se fazer notar.

Suponhamos por um momento que a ligeireza de espírito e as indiscrições, os gostos e os desgostos das nossas mulheres, as suas paixões grandes e pequenas, eram transportadas para um governo do Oriente, com a actividade e com a liberdade de que gozam entre nós: que pai de família poderia estar tranquilo por um único momento? Por toda a parte pessoas suspeitas, por toda a parte inimigos; o Estado seria abalado, ver-se-iam correr rios de sangue.

Capítulo X
Princípio da moral do Oriente

No caso da multiplicidade das mulheres, quanto mais a família deixa de ser una, mais as leis devem reunir essas partes desligadas a um centro; e quanto mais os interesses são diferentes, mais é bom que as leis os façam retornar a um só interesse.

Isso faz-se sobretudo pela clausura. As mulheres não devem apenas ser separadas dos homens pela clausura da casa, mas devem também ser separadas deles no interior desse mesma clausura, de modo que constituam como que uma família particular no seio da família. Daí deriva para as mulheres toda a prática da moral: o pudor, a castidade, a reserva, o silêncio, a paz, a dependência, o respeito, o amor, enfim uma direcção geral de sentimentos para a melhor coisa do mundo pela sua natureza, e que é o apego exclusivo à família.

As mulheres têm naturalmente que desempenhar tantos deveres que lhes são próprios, que nunca se consegue separá-las o suficiente de tudo o que poderia dar-lhes outras ideias, de tudo o que é visto como divertimento e de tudo a que se chama negócios.

Encontram-se costumes mais puros nos vários Estados do Oriente, na proporção do rigor da clausura das mulheres. Nos grandes Estados, existem necessariamente grandes senhores. Quanto mais dispõem de grandes meios, mais condições têm de manter as mulheres numa clausura estrita, e de impedi-las de reentrar na sociedade. É por isso que, nos impérios do Turco, da Pérsia, do Mongol, da China e do Japão, os costumes das mulheres são admiráveis.

Não se pode dizer a mesma coisa das Índias, que o número infinito de ilhas e a situação do terreno dividiram numa infinidade de pequenos Estados, que um grande número de causas, que não tenho tempo de aqui apresentar, tornam despóticos.

Aí, só há miseráveis que pilham e miseráveis que são pilhados. Aqueles a quem se chama os grandes não têm senão meios muito pequenos; aqueles a quem se chama gente rica mal têm para a sua subsistência. Aí, a clausura das mulheres não pode ser tão estrita; não se podem tomar precauções assim tão grandes para as conter; a corrupção dos seus costumes é inconcebível.

É aí que se vê até que ponto os vícios do clima, deixados em grande liberdade, podem levar à desordem. É aí que a natureza tem uma força, e o pudor uma fraqueza que não se consegue compreender. Em Patane (1), a lubricidade (2) das mulheres é tão grande que os homens são forçados a recorrer a certos adornos

(1) *Recueil des voyages qui ont servi à l'établissement de la compagnie des Indes,* t. II, part. II, p. 196.

(1) Nas Maldivas, os pais casam as suas filhas com dez e onze anos, porque é um grande pecado, dizem eles, deixá-las suportar a necessidade de homem. *Voyages* de François Pyrard, cap. xii. Em Bantam, assim que uma rapariga faz treze ou catorze anos, tem de se casar, se não quiser levar uma vida dissoluta. *Recueil des voyages qui ont servi à l'établissement de la compagnie des Indes,* p. 348.

para se protegerem dos seus avanços. Segundo o Sr. Smith ([1]), as coisas não são melhores nos pequenos reinos da Guiné. Parece que nesses países os dois sexos perdem até as suas próprias leis.

Capítulo XI
Da servidão doméstica independente da poligamia

Não é só a pluralidade de mulheres que exige a sua clausura em certos lugares do Oriente; é o clima. Os que lerem os horrores, os crimes, as perfídias, as atrocidades, os venenos, os assassinatos, provocados pela liberdade das mulheres em Goa e nos estabelecimentos dos Portugueses nas Índias, onde a religião só permite uma mulher, e os compararem com a inocência e a pureza dos costumes das mulheres da Turquia, da Pérsia, do Mongol, da China e do Japão, verão que muitas vezes é tão necessário separá-las dos homens quando só se tem uma como quando se tem várias.

É o clima que deve decidir estas coisas. De que serviria encerrar as mulheres nos nossos países do Norte, onde os seus costumes são naturalmente bons; onde todas as suas paixões são calmas, pouco activas, pouco refinadas; onde o amor tem um império tão regrado sobre o coração que a menor polícia basta para conduzi-las?

É-se afortunado por viver nesses climas que permitem que haja comunicação entre as pessoas; onde o sexo que tem mais encantos parece adornar a sociedade; e onde as mulheres, reservando-se para os prazeres de um só homem, servem também a diversão de todos.

Capítulo XII
Do pudor natural

Todas as nações concordam igualmente em atribuir desprezo à incontinência das mulheres: é que a natureza falou a todas as

---

([1]) *Voyage de Guinée*, segunda parte, p. 192 da tradução: «Quando as mulheres», diz ele, «encontram um homem, elas agarram-no e ameaçam denunciá-lo ao seu marido se ele as desprezar. Elas metem-se na cama de um homem, acordam-no, e se ele as recusar, elas ameaçam-no com o deixar-se apanhar em flagrante».

nações. A natureza estabeleceu a defesa e estabeleceu o ataque; e, ao pôr desejos dos dois lados, colocou num a temeridade e a vergonha no outro. Deu aos indivíduos, para se conservarem, longos períodos de tempo, e, para se perpetuarem, só lhes deu alguns momentos.

Portanto, não é verdade que a incontinência siga as leis da natureza; pelo contrário, ela viola-as. É a modéstia e a reserva que cumprem essas leis.

Além disso, é da natureza dos seres inteligentes sentirem as suas imperfeições: a natureza colocou, pois, em nós o pudor, isto é, a vergonha das nossas imperfeições.

Capítulo XIII
Do ciúme

É preciso distinguir bem, entre os vários povos, o ciúme de paixão do ciúme de costume, de hábitos, de leis. O primeiro é uma febre ardente que devora; o outro, frio, mas por vezes terrível, pode aliar-se à indiferença e ao desprezo.

O primeiro, que é um abuso do amor, nasce do próprio amor. O outro depende unicamente dos costumes, das maneiras da nação, das leis do país, da moral, e por vezes até da religião ([1]).

É quase sempre o efeito da força física do clima, e é o remédio para essa força física.

Capítulo XIV
Do governo do lar no Oriente

No Oriente é tão frequente mudar de mulheres que elas não podem deter o governo doméstico. Disso estão encarregues, portanto, os eunucos; a eles são entregues todas as chaves e são eles quem dispõe dos assuntos do lar. «Na Pérsia», diz o Sr. Chardin, «dão às mulheres os seus vestidos como se os dessem a crianças». Assim, esse cuidado que parece ser-lhes tão conveniente, esse

([1]) Maomé recomendava aos seus seguidores que guardassem as suas mulheres. Um certo imã disse, ao morrer, a mesma coisa, e Confúcio não pregou menos esta doutrina.

cuidado que, em todos os outros lugares, é o primeiro dos seus cuidados, não lhes diz respeito.

Capítulo XV
Do divórcio e do repúdio

Há uma certa diferença entre o divórcio e o repúdio; é que o divórcio se faz por um consentimento mútuo por ocasião de uma incompatibilidade mútua; ao passo que o repúdio se faz segundo a vontade e o benefício de uma das duas partes, independentemente da vontade e do benefício da outra.

É por vezes tão necessário às mulheres repudiar os seus maridos, e é-lhes sempre tão custoso fazê-lo, que é dura a lei que dá esse direito aos homens sem dá-lo às mulheres. Um marido é o senhor da casa; tem mil meios de manter ou reconduzir as suas mulheres no dever; e parece que, nas suas mãos, o repúdio não é mais do que um novo abuso do seu poder. Mas uma mulher que repudia exerce apenas um triste remédio. É sempre uma grande infelicidade para ela ser forçada a ir procurar um segundo marido quando perdeu a maior parte dos seus encantos com um outro. Uma das vantagens dos atractivos da juventude nas mulheres é que, numa idade avançada, o marido é levado à benevolência pela recordação dos seus prazeres.

É, pois, uma regra geral que, em todos os países onde a lei atribui aos homens a faculdade de repudiar, ela possa atribuí-la igualmente às mulheres. Mais: nos climas em que as mulheres vivem sob uma escravatura doméstica, parece que a lei deveria permitir às mulheres o repúdio e aos maridos apenas o divórcio.

Quando as mulheres estão num harém, o marido não pode repudiar uma delas por causa da incompatibilidade de costumes: se os costumes são incompatíveis a culpa é do marido.

O repúdio por razões da esterilidade da mulher só poderia ocorrer no caso de haver uma única mulher (1). Quando há várias mulheres, essa razão não tem para o marido qualquer importância.

---

(1) Isso não significa que o repúdio por razões de esterilidade seja permitido no cristianismo.

A lei das Maldivas (1) permite aceitar de volta uma mulher que foi repudiada. A lei do México (2) proibia essa reunião sob pena de morte. A lei do México era mais sensata do que a das Maldivas; até no momento da dissolução ela pensava na eternidade do casamento; ao passo que a lei das Maldivas parece desabonar por igual o casamento e o repúdio.

A lei do México só concedia o divórcio. Isto era uma nova razão para não permitir a reunião de pessoas que se tivessem separado voluntariamente. O repúdio parece estar mais ligado à prontidão do espírito e a alguma paixão da alma; o divórcio parece ser uma questão de conselho.

O divórcio tem normalmente uma grande utilidade política; e quanto à utilidade civil, o divórcio foi estabelecido para o marido e para a mulher, e nem sempre é favorável aos filhos.

Capítulo XVI
Do repúdio e do divórcio entre os Romanos

Rómulo permitiu que o marido repudiasse a sua mulher se esta tivesse cometido adultério, preparado veneno ou falsificado as chaves. Não atribuiu às mulheres o direito de repudiar o seu marido. Plutarco (3) chama a esta lei uma lei muito dura.

Como a lei de Atenas (4) dava à mulher, assim como ao marido, a faculdade de repudiar, e como se vê que as mulheres tinham obtido esse direito entre os primeiros Romanos, não obstante a lei de Rómulo, é evidente que essa instituição foi uma daquelas que os deputados de Roma trouxeram de Atenas e que foi colocada entre as leis das Doze Tábuas.

Cícero (5) diz que as causas do repúdio provinham da lei das Doze Tábuas. Portanto, não se pode duvidar de que essa lei tenha aumentado o número das causas de repúdio estabelecidas por Rómulo.

---

(1) *Voyage*, de François Pyrard. Ela é aceite de volta em vez de outra porque, neste caso, há menos despesas.

(2) *Histoire de sa conquête*, por Solis, página 499.

(3) *Vida de Rómulo*, [cap. xi].

(4) Era uma lei de Sólon.

(5) *Mimam res suas sibi habere jussit, ex duodecim tabulis causam additit* [«Ele ordenou à sua actriz que recolhesse a sua propriedade; fundamentou a sua causa nas Doze Tábuas»]. *Filípicas*, II, [cap. lxix]

A faculdade do divórcio foi também uma disposição, ou pelo menos uma consequência da lei das Doze Tábuas. Pois a partir do momento em que a mulher ou o marido tivessem separadamente o direito de repudiar, com mais razão podiam eles deixar-se concertadamente e por uma vontade mútua.

A lei não exigia que se apresentassem as causas do divórcio ([1]). É que, pela natureza da coisa, tem de haver causas para o repúdio, mas estas não são necessárias para o divórcio; porque quando a lei determina as causas que podem romper o casamento, a incompatibilidade mútua é a mais forte de todas.

Dionísio de Halicarnasso ([2]), Valério Máximo ([3]) e Aulo Gélio ([4]) relatam um facto que não me parece verosímil. Dizem eles que, embora houvesse em Roma a faculdade de repudiar a mulher, havia tanto respeito pelos auspícios que ninguém, durante 520 anos ([5]), exerceu esse direito até Carvílio Ruga, que repudiou a sua mulher por motivo de esterilidade. Mas basta conhecer a natureza do espírito humano para sentir que prodígio seria se a lei que dava a todo o povo um direito desses não fosse usada por ninguém. Coriolano, ao partir para o seu exílio, aconselhou ([6]) a sua mulher a casar-se com um homem mais afortunado do que ele. Acabámos de ver que a lei das Doze Tábuas e os costumes dos Romanos estenderam bastante a lei de Rómulo. Porquê estas extensões, se nunca se recorria à faculdade de repudiar? De resto, se os cidadãos tivessem um tal respeito pelos auspícios, a ponto de nunca repudiarem as suas mulheres, porque é que os legisladores de Roma tiveram um respeito menor? Como é que a lei corrompeu incessantemente os costumes?

Comparando as duas passagens de Plutarco, ver-se-á desaparecer o maravilhoso do facto em questão. A lei régia ([7]) permitia ao marido repudiar a sua mulher nos três casos de que falámos. «E a lei determinava», diz Plutarco ([8]), «que aquele que repu-

---

([1]) Justiniano mudou isso. *Novellae* 117, cap. x.

([2]) Liv. II.

([3]) Liv. II, cap. iv.

([4]) Liv. IV, cap. iii.

([5]) Segundo Dionísio de Halicarnasso e Valério Máximo; e 523, segundo Aulo Gélio. Daí que não citem os mesmos cônsules.

([6]) Ver o discurso de Vetúria, em Dionísio de Halicarnasso, liv. VIII.

([7]) Plutarco, *Vida de Rómulo.*

([8]) *Ibid.*

diasse a sua mulher noutros casos fosse obrigado a dar-lhe a metade dos seus bens, e que a outra metade fosse consagrada a Ceres». Logo, era possível repudiar a mulher em todos os casos, submetendo-se à pena. Antes de Carvílio Ruga ([1]), que, como diz ainda Plutarco ([2]), «repudiou a sua mulher por motivo de esterilidade, duzentos e trinta anos depois de Rómulo», ninguém o fez; isto é, repudiou-a setenta e um anos antes da lei das Doze Tábuas, que alargou o poder de repudiar e as causas do repúdio.

Os autores que citei dizem que Carvílio Ruga amava a sua mulher; mas que por causa da sua esterilidade os censores fizeram-no jurar que a repudiaria para que pudesse dar filhos à república; e que isso o tornou odioso aos olhos do povo. É preciso conhecer o génio do povo romano para descobrir a verdadeira causa do ódio que nutria por Carvílio. Carvílio não caiu na desgraça do povo porque repudiou a sua mulher; isso era uma coisa que não embaraçava o povo. Mas Carvílio jurara aos censores que, dada a sua esterilidade, ele a repudiaria para dar filhos à república. O povo viu isso como um jugo que os censores iam pôr sobre ele. Mostrarei, no seguimento ([3]) desta obra, as repugnâncias que o povo romano sempre teve por regras como esta. Mas donde pode ter vindo uma tal contradição entre estes autores? Eis donde: Plutarco examinou um facto, e os outros contaram uma maravilha.

([1]) Efectivamente, a causa da esterilidade não é indicada como uma causa na lei de Rómulo. Aparentemente, ele não foi sujeito à confiscação porque seguiu a ordem dos censores.

([2]) Na *Comparação de Teseu e Rómulo.*

([3]) No livro XXIII, cap. xxi.

Livro XVII
Como as leis da servidão política estão relacionadas com a natureza do clima

Capítulo I
Da servidão política

A servidão política não depende menos da natureza do clima do que a civil e a doméstica, como se mostrará.

Capítulo II
Diferença dos povos em relação à coragem

Já dissemos que o grande calor enerva a força e a coragem dos homens; e que há nos climas frios uma certa força de corpo e de espírito que torna os homens capazes de acções longas, penosas, grandes e ousadas. Isso nota-se não só de nação para nação, mas também no mesmo país, de uma parte para outra. Os povos do Norte da China são mais corajosos do que os do Sul (1); os povos do Sul da Coreia (2) não o são tanto como os do Norte.

Não é preciso, pois, ficar espantado com o facto de a cobardia dos povos dos climas quentes quase sempre os ter convertido em

(1) O Padre du Halde, t. I, p. 112.

(2) Assim o dizem os livros chineses. *Ibid.*, t. IV, p. 448.

escravos, e que a coragem dos povos dos climas frios os ter mantido livres. É um efeito que deriva da sua causa natural. Isso também é demonstrado na América; os impérios despóticos do México e do Peru situavam-se junto da linha do equador, e quase todos os pequenos povos livres se situavam e situam ainda perto dos pólos.

Capítulo III
Do clima da Ásia

Os relatos ([1]) dizem-nos «que o Norte da Ásia, esse vasto continente que vai do quadragésimo grau, ou perto disso, até ao pólo, e das fronteiras da Moscóvia até ao mar Oriental, tem um clima muito frio; que esse terreno imenso está dividido de oeste a leste por uma cadeia de montanhas que deixam a Sibéria para o norte, e a grande Tartária para o sul; que o clima da Sibéria é tão frio que, com a excepção de alguns lugares, a terra não pode ser cultivada; e que, embora os Russos possuam colónias ao longo do Irtis, nada é aí cultivado; que nessa região apenas existem alguns pequenos abetos e arbustos; que os nativos da região estão divididos em tribos miseráveis, que são como as do Canadá; que a razão dessa frieza provém, de um lado, da altitude do terreno, e, do outro, do facto de à medida que se vai do sul para o norte, as montanhas vão-se aplanando, de sorte que o vento do norte sopra por toda a parte sem encontrar obstáculos; que esse vento que torna a Nova Zembla inabitável, soprando na Sibéria, torna-a inculta; que na Europa, pelo contrário, as montanhas da Noruega e da Lapónia são avenidas admiráveis que cobrem desse vento as regiões do Norte; que isso permite que em Estocolmo, que se situa a cinquenta e nove graus de latitude, ou perto disso, o terreno produza fruta, cereal, plantas; e que junto de Abos, que se situa no sexagésimo primeiro grau, estendendo-se até ao sexagésimo terceiro e ao sexagésimo quarto, existam minas de prata e o terreno seja bastante fértil».

Nos relatos vemos ainda «que a grande Tartária, que se localiza no Sul da Sibéria, é igualmente muito fria; que nada se cultiva

---

([1]) Ver as *Voyages du Nord*, t. VIII; a *Histoire des Tarttars* e o quarto volume *de la Chine*, do Padre du Halde.

na região; que aí só se encontram pastagens para os rebanhos; que as árvores não crescem, mas apenas alguns arbustos espinhosos, como na Islândia; que, perto da China e do Mongol, existem alguns países onde cresce uma espécie de milho-miúdo, mas onde nem o trigo nem o arroz conseguem amadurecer; que são pouquíssimos os lugares na Tartária chinesa, nos 43º, 44º e 45º graus, onde não gele sete ou oito meses por ano; de modo que é tão fria como a Islândia, ainda que devesse ser mais quente do que o Sul de França; que não há cidades, à excepção de quatro ou cinco perto do mar Oriental, e outras que os Chineses, por razões políticas construíram junto da China; que no resto da grande Tartária há apenas algumas cidades na região de Boukhara, no Turquestão e no Kharezm; que a razão dessa extrema frieza provém da natureza do terreno nitroso, cheio de potássio e arenoso, e além disso da altitude do terreno. O Padre Verbiest apercebera-se que um determinado lugar a oitenta léguas ao norte da grande muralha, perto da fonte do Kavamhuram, excedia a altittude da costa do mar, perto de Pequim, em três mil passos geométricos; que esta altitude ([1]) é a causa de, apesar de quase todos os grandes rios da Ásia terem as suas fontes no país, no entanto haver escassez de água, a ponto de não poder ser habitado senão junto dos rios e dos lagos».

Postos estes factos, eis o meu raciocínio: a Ásia não tem propriamente uma zona temperada; e os lugares situados num clima muito frio tocam imediatamente os que se situam num clima muito quente, isto é, a Turquia, a Pérsia, o Mongol, a China, a Coreia e o Japão.

Pelo contrário, na Europa a zona temperada é muito extensa, embora contenha climas muito diferentes entre si, não havendo relação entre os climas da Espanha e da Itália e os da Noruega e da Suécia. Mas, como o clima na Europa se torna insensivelmente frio à medida que se vai do sul para o norte, aproximadamente na proporção da latitude de cada país, acontece que aí cada país é mais ou menos semelhante ao seu vizinho; que não existe uma diferença notável; e que, como acabei de dizer, a zona temperada é muito extensa.

Daqui resulta que na Ásia, as nações fortes e fracas opõem-se umas às outras; os povos guerreiros, bravos e activos, estão ime-

([1]) A Tartária é, portanto, uma espécie de planalto.

diatamente adjacentes aos povos efeminados, preguiçosos, tímidos: é preciso, pois, que um seja conquistado e o outro conquistador. Na Europa, pelo contrário, as nações fortes opõem-se entre si; as que se tocam têm mais ou menos a mesma coragem. É a grande razão da fraqueza da Ásia e da força da Europa, da liberdade da Europa e da servidão da Ásia: causa que não creio que tenha sido apontada antes. É o faz que na Ásia a liberdade nunca aumente; ao passo que na Europa ela aumenta ou diminui segundo as circunstâncias.

Embora a nobreza moscovita tivesse sido reduzida à servidão por um dos seus príncipes, veremos sempre vestígios de impaciência que os climas do Sul não conferem. Não vimos na Rússia o governo aristocrático estabelecido durante alguns dias? Embora um outro reino do Norte tenha perdido as suas leis, podemos contar com o clima para que não as tenha perdido de uma maneira irrevogável (*).

Capítulo IV
Uma consequência disto

O que acabámos de dizer está em conformidade com os acontecimentos da história. A Ásia foi subjugada treze vezes; onze vezes pelos povos do Norte, duas vezes pelos do Sul. Em tempos recuados, os Citas conquistaram-na por três vezes; de seguida, os Medos e os Persas uma vez cada um; os Gregos, os Árabes, os Mongóis, os Turcos, os Tártaros, os Persianos e os Aguanos. Falo apenas da alta Ásia, e não digo nada acerca das invasões feitas no resto da zona sul dessa parte do mundo, que sofreu constantemente grandíssimas revoluções.

Pelo contrário, na Europa, desde o estabelecimento das colónias gregas e fenícias, só conhecemos quatro grandes mudanças: a primeira causada pelas conquistas dos Romanos; a segunda pelas inundações dos Bárbaros que destruíram estes mesmos Romanos; a terceira com as vitórias de Carlos Magno; e a última com as invasões dos Normandos. E se isto for bem examinado,

(*) «(...) um outro reino do Norte (...)»: referência provável à ascensão da monarquia absoluta na Dinamarca no século XVII, ou na Suécia sensivelmente na mesma época (N. T.).

discernir-se-á, nas próprias mudanças, uma força geral a espalhar-se por todas as partes da Europa. Sabe-se da dificuldade que os Romanos encontraram para conquistar a Europa e da facilidade que tiveram ao invadir a Ásia. São conhecidos os transtornos que os povos do Norte tiveram para derrubar o império romano, as guerras e os trabalhos de Carlos Magno, as diversas empresas dos Normandos. Os destruidores eram incessantemente destruídos.

Capítulo V
Que quando os grandes povos do Norte da Ásia e os do Norte da Europa foram conquistados, os efeitos da conquista não foram os mesmos

Os povos do Norte da Europa conquistaram-na como homens livres; os povos do Norte da Ásia conquistaram-na como escravos, e só venceram para um senhor.

A razão é que o povo Tártaro, conquistador natural da Ásia, tornou-se escravo de si mesmo. Conquista constantemente o Sul da Ásia, forma impérios; mas a parte da nação que permanece no país encontra-se sujeita a um grande senhor, o qual, despótico no Sul, quer também sê-lo no Norte; e, com um poder arbitrário sobre os súbditos conquistados, pretende também exercê-lo sobre os súbditos conquistadores. Isso vê-se bem nos nossos dias nesse vasto país a que se chama a Tartária chinesa, que o imperador governa quase tão despoticamente quanto a própria China e que aumenta todos os dias com as suas conquistas.

Pode ver-se também na história da China que os imperadores ([1]) enviaram colónias chinesas para a Tartária. Esses chineses tornaram-se tártaros e inimigos mortais da China; mas tal não impediu que levassem para a Tartária o espírito do governo chinês.

Muitas vezes, uma parte da nação tártara que conquistou é ela mesma escorraçada; e transporta para os seus desertos um espírito de servidão que adquiriu no clima da escravatura. A história da China forneceu-nos grandes exemplos, assim como a nossa história antiga ([2]).

([1]) Como Ven-ti, quinto imperador da quinta dinastia.

([2]) Os Citas conquistaram a Ásia três vezes, e dela foram expulsos por três vezes. Justino, liv. II, [cap. iii].

Foi isto que fez com que o génio da nação tártara ou gética fosse sempre semelhante ao dos impérios da Ásia. Os povos, nestes últimos, são governados pelo bastão; os povos tártaros, por longos chicotes. O espírito da Europa foi sempre contrário a estes costumes: e, em todos os tempos, aquilo a que os povos da Ásia chamaram punição, os povos da Europa chamaram ultraje ([1]).

Quando os Tártaros destruíram o império grego, impuseram nos países conquistados a servidão e o despotismo; quando os Godos conquistaram o império romano, fundaram por toda a parte a monarquia e a liberdade.

Não sei se o famoso Rudbeck ([*]), que, na sua obra *Atlântica*, tanto elogiou a Escandinávia, falou dessa grande prerrogativa que deve pôr as nações que a habitam acima de todos os povos do mundo; é que elas foram a fonte da liberdade da Europa, isto é, de quase toda a liberdade que existe hoje em dia entre os homens.

O godo Jordanes chamou ao Norte da Europa a fábrica do género humano ([2]). Chamar-lhe-ei antes a fábrica dos instrumentos que quebraram os grilhões forjados no Sul. É aí que se formam as nações valentes, que saem dos seus países para destruir os tiranos e os escravos e para ensinar aos homens que, como a natureza os fez iguais, a razão só pode torná-los dependentes para a sua felicidade.

Capítulo VI
Nova causa física da servidão da Ásia e da liberdade da Europa

Na Ásia, sempre foram vistos grandes impérios; na Europa, nunca conseguiram subsistir. É que a Ásia que conhecemos tem

---

([1]) Isto não é de todo contrário ao que direi no livro XXIII, cap. xx, sobre a maneira de pensar dos povos germânicos sobre o bastão. Independentemente do instrumento, eles sempre consideraram uma afronta o poder ou a acção arbitrária de bater.

([*]) Olaus Rudbeck (1630-1702): físico sueco. Publicou uma obra em vários volumes, intitulada *Atlantica*, que retomava a discussão aberta por Platão no *Timeu* e no *Crítias* sobre a existência e desaparecimento da civilização da Atlântida. Para Rudbeck, a Atlântida era a antiga Suécia (N. T.).

([2]) *Humani generis officinam.*

planícies maiores; está cortada em porções maiores pelos mares; e, como se situa mais ao sul, as fontes secam com mais facilidade, as montanhas estão menos cobertas de neve, e os rios ([1]) menos caudalosos formam barreiras menores.

O poder deve, portanto, ser sempre despótico na Ásia. Pois se a servidão não fosse extrema, haveria imediatamente uma divisão que a natureza do país não pode suportar.

Na Europa, a divisão natural forma muitos Estados de extensão medíocre, nos quais o governo das leis não é incompatível com a manutenção do Estado. Pelo contrário, é tão favorável que, sem elas, esse Estado cai na decadência, e torna-se inferior a todos os outros.

Foi isso que formou um génio de liberdade, que torna cada parte muito difícil de ser subjugada e submetida a uma força estrangeira de outro modo que não pelas leis e pela utilidade do seu comércio.

Pelo contrário, reina na Ásia um espírito de servidão que nunca a abandonou; e em todas as histórias dessa região não é possível encontrar um único traço que marca uma alma livre. Jamais se verá outra coisa que não o heroísmo da servidão.

Capítulo VII
Da África e da América

Eis o que posso dizer sobre a Ásia e sobre a Europa. A África possui um clima semelhante ao do Sul da Ásia e está na mesma servidão. A América ([2]), destruída e novamente repovoada pelas nações da Europa e da África, hoje em dia quase não pode demonstrar o seu próprio génio; mas o que sabemos da sua antiga história é muito conforme aos nossos princípios.

([1]) As águas perdem-se ou evaporam-se antes de se ajuntarem, ou depois de se juntarem.

([2]) Os pequenos povos bárbaros da América são chamados *Indios bravos* pelos Espanhóis, bem mais difíceis de submeter do que os grandes impérios do México e do Peru.

Capítulo VIII
Da capital do império (*)

Uma das consequências do que acabámos de dizer é que é importante para um grandíssimo príncipe escolher bem a sede do seu império. Aquele que a colocar no Sul correrá o risco de perder o Norte; e aquele que a colocar no Norte conservará facilmente o Sul. Não falo de casos particulares. A mecânica tem certamente os seus atritos que frequentemente mudam ou travam os efeitos da teoria. A política também tem os seus.

(*) Este capítulo não constava das primeiras edições (N. T.).

Livro XVIII
Das leis na relação que têm com a natureza do terreno

Capítulo I
Como a natureza do terreno influencia as leis

A bondade das terras de um país estabelece nele naturalmente a dependência. As gentes do campo, que constituem a maior parte do povo, não são tão ciosas da sua liberdade; estão demasiado ocupadas e oneradas com os seus assuntos particulares. Os campos que estão repletos de bens receiam a pilhagem, receiam um exército. «Quem é que constitui o bom partido?», perguntava Cícero a Ático [1]. «Serão as gentes do comércio e do campo? Não, a menos que imaginemos que se opõem à monarquia, elas para quem todos os governos são iguais desde que estejam em tranquilidade».

Assim, o governo de um só encontra-se muitas vezes nos países férteis, e o governo de muitos nos países que o não são: o que é por vezes uma compensação.

A esterilidade do terreno da Ática estabeleceu aí o governo popular; e a fertilidade do da Lacedemónia estabeleceu o governo aristocrático. Pois nesses tempos não se queria na Grécia o

---

(1) Liv. VII, [vii].

governo de um só. Ora, o governo aristocrático está mais relacionado com o governo de um só.

Plutarco ([1]) diz-nos que «quando a sedição ciloniana em Atenas foi aquietada, a cidade recaiu nas suas antigas dissensões, e se dividiu em tantos partidos quantos tipos de território havia na região da Ática. As pessoas da montanha queriam à viva força o governo popular; as da planície exigiam o governo dos homens principais; os que viviam perto do mar eram por um governo que misturasse os dois».

Capítulo II
Continuação do mesmo assunto

Os países férteis são planícies onde não se pode disputar nada ao mais forte: portanto, submete-se a ele; e, quando se lhe está sujeito, o espírito da liberdade não pode regressar; os bens do campo são uma garantia da fidelidade. Mas, nos países montanhosos, pode conservar-se o que se tem, e há pouco a conservar. A liberdade, isto é, o governo de que se usufrui, é o único bem que merece defesa. A liberdade reina, pois, mais nos países montanhosos e difíceis do que naqueles que aparentemente a natureza mais favoreceu.

Os montanheses conservam um governo mais moderado porque não estão tão fortemente expostos à conquista. Defendem-se com facilidade, são atacados com dificuldade; as munições de guerra e os mantimentos são reunidos e transportados contra eles com muita despesa; o país não os providencia. É, portanto, mais difícil fazer-lhes a guerra e mais perigoso levá-la a cabo; e há menos fundamentos para todas as leis que sejam feitas para a segurança do povo.

Capítulo III
Quais são os países mais cultivados

Os países não são cultivados em razão da sua fertilidade, mas em razão da sua liberdade; e se a terra for dividida pelo pensa-

---

([1]) *Vida de Sólon*, [cap. viii].

mento, ficaremos espantados por, na maioria das vezes, ver desertos nas suas partes mais férteis, e grandes povos naquelas partes onde o terreno parece recusar tudo.

É natural que um povo abandone um país mau para procurar um país melhor, e não que abandone um bom país para procurar um pior. A maioria das invasões ocorre, portanto, nos países que a natureza fez para serem felizes; e, como nada está mais próximo da devastação do que a invasão, os melhores países são as mais das vezes os que estão mais despovoados, ao passo que a terrível região do Norte permanece sempre habitada, pela razão de ser quase inabitável.

Pelo que os historiadores nos dizem da passagem dos povos da Escandinávia para as margens do Danúbio, percebe-se que não se tratou de uma conquista, mas apenas de uma transmigração para terras desertas.

Esses climas afortunados tinham sido, portanto, despovoados por outras transmigrações, e não conhecemos as coisas trágicas que aí se passaram.

«A julgar por vários monumentos, parece», diz Aristóteles (1), «que a Sardenha é uma colónia grega. Outrora era muito rica; e Aristeu, cujo amor pela agricultura foi tão elogiado, deu-lhe as suas leis. Mas desde então a Sardenha decaiu bastante; pois quando os Cartagineses se tornaram seus senhores, destruíram tudo o que podia torná-la adequada à alimentação dos homens, e proibiram, sob pena de morte, o cultivo da terra». A Sardenha não estava restabelecida no tempo de Aristóteles; ainda hoje não se restabeleceu.

As partes mais temperadas da Pérsia, da Turquia, da Moscóvia e da Polónia não conseguiram restabelecer-se das devastações dos grandes e pequenos Tártaros.

Capítulo IV
Novos efeitos da fertilidade e da esterilidade de um país

A esterilidade das terras torna os homens industriosos, sóbrios, resistentes no trabalho, corajosos, ajustados à guerra; têm de obter da terra o que ela lhes recusa. A fertilidade de um país

(1) Ou quem escreveu o livro *de Mirabilibus.*

faculta, com o desafogo, a languidez e um certo amor pela preservação da vida.

Já foi notado que as tropas da Alemanha, recrutadas em lugares onde os camponeses são ricos, como na Saxónia, não são tão boas como as outras. As leis militares poderiam remediar este inconveniente com uma disciplina mais severa ([*]).

Capítulo V
Dos povos insulares

Os povos insulares são mais conduzidos à liberdade do que os povos do continente. As ilhas são normalmente de pequena extensão ([1]); uma parte do povo não pode ser tão bem empregue a oprimir a outra; o mar separa-os dos grandes impérios, e a mão da tirania não consegue alcançá-los; os conquistadores são travados pelo mar; os insulares não estão envolvidos na conquista, e conservam as suas leis com maior facilidade.

Capítulo VI
Dos países formados pela indústria dos homens

Os países que a indústria dos homens tornou habitáveis e que precisam, para existir, da mesma indústria, chamam para si o governo moderado. Dessa espécie há principalmente três: as duas belas províncias de Kiang-nan e de Tche-kiang na China, o Egipto e a Holanda.

Os antigos imperadores da China não eram conquistadores. A primeira coisa que faziam para se engrandecer era a que mais demonstrava a sua sabedoria. Viram sair debaixo das águas as duas mais belas províncias do império; foram feitas pelos homens. Foi a fertilidade inexprimível dessas duas províncias que deu à Europa as ideias da felicidade dessa vasta região. Mas um cuidado contínuo e necessário para proteger da destruição uma parte tão considerável do império exigia mais os costumes de um povo sábio do que os de um povo voluptuoso, exigia mais o poder legítimo

---

([*]) Comparar com Maquiavel, *Discorsi,* I.1 (N. T.).

([1]) O Japão é uma excepção devido à sua grandeza e à sua servidão.

de um monarca do que o poder tirânico de um déspota. Aí, o poder tinha de ser moderado, como outrora o foi no Egipto. Aí, o poder tinha de ser moderado, como o é na Holanda, que a natureza fez de modo a que prestasse atenção a si mesma, e não para ser abandonada à indiferença ou ao capricho.

Assim, não obstante o clima da China, sob o qual se é naturalmente conduzido à obediência servil, não obstante os horrores que acompanham a excessiva extensão de um império, os primeiros legisladores da China foram obrigados a fazer leis muito boas, e o governo foi muitas vezes obrigado a cumpri-las.

Capítulo VII
Das obras dos homens

Os homens, com os seus cuidados e com boas leis, tornaram a terra mais apropriada a ser a sua morada. Vemos os rios correr onde havia lagos e pântanos; trata-se de um bem que a natureza não gerou, mas que é mantido pela natureza. Quando os Persas ([1]) eram os senhores da Ásia, permitiam que os que desviavam a água da sua fonte para outro lugar que ainda não tivesse sido irrigado dele usufruíssem durante cinco gerações; e como muitos ribeiros nascem no monte Taurus, não se pouparam a quaisquer despesas para trazer água daí. Hoje em dia, sem se saber donde a água possa vir, encontramo-la nos seus campos e nos seus jardins.

Assim, tal como as nações destruidoras provocam males que duram além delas, há nações industriosas que fazem bens que não acabam nem mesmo quando elas acabam.

Capítulo VIII ([*])
Relação geral das leis

As leis têm uma relação muito forte com a forma como os diversos povos obtêm a sua subsistência. É preciso um código de leis mais extenso para um povo que está ligado ao comércio e ao mar do que para um povo que se contenta em cultivar as suas

---

([1]) Políbio, liv. X, [cap. xxv].

([*]) Este capítulo não consta das primeiras edições (ed. Caillois) (N. T.).

terras. É preciso um código maior para um povo deste género do que para um povo que vive dos seus rebanhos. É preciso um código maior para este último do que para um povo que vive da caça.

Capítulo IX
Do terreno da América

O que faz que haja tantas nações selvagens na América é que a terra produz por si mesma muitos frutos que as alimentam. Se na América as mulheres cultivarem à volta da cabana uma porção de terra, o milho cresce imediatamente. A caça e a pesca completam a abundância em que os homens vivem. Além disso, os animais que pastam, como os bois, os búfalos, etc., dão-se melhor aí do que os animais carnívoros. Estes tiveram sempre o império da África.

Creio que não haveria todas estas vantagens na Europa, se a terra tivesse sido deixada inculta; haveria pouco mais do que florestas, carvalhos e outras árvores estéreis.

Capítulo X
Do número de homens em relação à maneira como obtêm a sua subsistência

Quando as nações não cultivam as terras, eis em que proporção estará a quantidade de homens. Tal como o produto de um terreno inculto está para o produto de um terreno cultivado, também o número de selvagens, numa determinada região, está para o número de trabalhadores noutra; e quando o povo que cultiva as terras cultiva igualmente as artes, as proporções que daí decorrem exigiriam bastantes detalhes.

Dificilmente conseguem formar uma grande nação. Se forem pastores, necessitam de uma grande região para que possam subsistir num certo número; se forem caçadores, são ainda em menor número, e formam para viver uma nação mais pequena.

O seu país está normalmente coberto de florestas; e como os homens não abriram canais para as águas, fica repleto de pântanos onde cada grupo se acantona e forma uma pequena nação.

Capítulo XI
Dos povos selvagens e dos povos bárbaros

Existe a seguinte diferença entre os povos selvagens e os povos bárbaros. É que os primeiros constituem pequenas nações dispersas, que, por razões particulares, não podem reunir-se; ao passo que os bárbaros constituem normalmente pequenas nações que podem reunir-se. Os primeiros são normalmente povos caçadores; os segundos, povos pastorícios (*). Isso é bem visível no Norte da Ásia. Os povos da Sibéria não conseguiriam viver num mesmo grupo porque não conseguiriam alimentar-se; os Tártaros podem viver num mesmo grupo durante algum tempo porque os seus rebanhos podem ser reunidos durante algum tempo. Todas as hordas podem, portanto, reunir-se; e isso sucede quando um chefe submeteu muitas outras; depois, é preciso que elas façam uma de duas coisas: ou que se separem; ou que vão fazer uma grande conquista num império do Sul.

Capítulo XII
Do direito dos povos entre aqueles que não cultivam as terras

Estes povos, como não vivem num terreno limitado e circunscrito, terão entre si bastantes pomos de discórdia; disputarão a terra inculta, tal como entre nós os cidadãos disputam as heranças. Assim, terão ocasiões frequentes de guerra por causa da sua caça, das suas pescas, da alimentação do seu gado, do recrutamento dos seus escravos; e, como não têm território, terão tantas coisas para regrar pelo direito dos povos que terão pouco a decidir pelo direito civil.

(*) Este passo suscitaria uma demorada meditação entre os protagonistas do chamado Iluminismo escocês, que tendiam a apresentar o desenvolvimento histórico dos povos segundo os seus diferentes modos de organização económica. Em Adam Smith (*A Riqueza das Nações*, V.i.1), por exemplo, as quatro grandes fases da história da humanidade correspondiam ao tempo dos povos caçadores, ao dos povos pastores, ao dos povos lavradores e finalmente aos povos manufactureiros e comerciantes. Este último estádio do desenvolvimento das sociedades humanas era o momento da «civilização». A grande distinção histórica era, portanto, a da rudeza (ou barbárie)/civilização. Ver também Adam Ferguson, *An Essay on the History of Civil Society*, II.1-3 (N. T.).

Capítulo XIII
Das leis civis entre aqueles que não cultivam as terras

É principalmente a divisão das terras que engrossa o código civil. Nas nações onde esta divisão não tiver sido feita, haverá muito poucas leis civis.

Pode chamar-se *costumes* (*) às instituições destes povos em vez de *leis*.

Em nações como estas, os velhos, que se recordam das coisas passadas, têm uma grande autoridade; não é possível adquirir distinção através dos bens, mas através da orientação e dos conselhos.

Estes povos vagueiam e dispersam-se pelos pastos ou pelas florestas. O casamento não será tão garantido como entre nós, onde está fixado pela morada e onde a mulher está vinculada a uma casa; podem, pois, com maior facilidade mudar de mulher, possuir várias, e por vezes cruzar-se indiferentemente como os animais.

Os povos pastorícios não podem separar-se dos seus rebanhos que lhes dão a subsistência; também não conseguiriam separar-se das suas mulheres que cuidam deles. Tudo isso deve, pois, caminhar em conjunto; tanto mais que, como vivem normalmente em grandes planícies, onde são poucos os lugares protegidos, as suas mulheres, os seus filhos, os seus rebanhos, tornam-se presa dos seus inimigos.

As suas leis regrarão a partilha da pilhagem, e prestarão, como as nossas leis sálicas, uma atenção especial aos roubos.

Capítulo XIV
Do Estado político dos povos que não cultivam as terras

Estes povos gozam de uma grande liberdade; pois como não cultivam as terras, não estão presos a ela; são errantes, vagabundos; e se um chefe quisesse retirar-lhes a liberdade, imediatamente iriam procurá-la junto de um outro, ou retirar-se-iam para os bosques para aí viverem com a sua família. Entre esses povos, a liberdade do homem é tão grande que arrasta necessariamente consigo a liberdade do cidadão.

(*) *Moeurs* no original (N. T.).

Capítulo XV
Dos povos familiarizados com o uso da moeda

Quando Aristipo naufragou, nadou e alcançou a costa mais próxima, viu que tinham traçado figuras geométricas na areia. Sentiu-se comovido de alegria, porque julgava que chegara à terra de um povo grego, e não à de um povo bárbaro.

Se estiverdes sós, e por algum acidente chegardes à terra de um povo desconhecido, e se virdes uma moeda, ficai certos de que chegastes à terra de uma nação policiada.

A cultura das terras solicita o uso do dinheiro. Essa cultura supõe muitas artes e conhecimentos; e vemos sempre caminhar ao mesmo passo as artes, os conhecimentos e as necessidades. Tudo isso conduz ao estabelecimento de um sinal de valores.

As torrentes e os incêndios ([1]) fizeram-nos descobrir que as terras continham metais. Assim que delas foram separados, tornou-se fácil empregá-los.

Capítulo XVI
Das leis civis entre os povos que não estão familiarizados com o uso da moeda

Quando um povo não usa a moeda, quase só se conhecem as injustiças que advêm da violência; e as pessoas fracas, unindo-se, defendem-se contra a violência. Quase que só existem arranjos políticos. Mas entre um povo onde a moeda está estabelecida está-se sujeito às injustiças que advêm do ardil; e essas injustiças podem ser cometidas de mil maneiras. É-se forçado a ter boas leis civis; estas nascem com os novos meios e com as diferentes maneiras de ser mau.

Nos países onde não existe moeda, o assaltante só rouba coisas, e as coisas nunca são iguais. Nos países onde existe moeda, o assaltante rouba sinais, e os sinais são sempre parecidos. Nos primeiros países nada pode ser escondido porque o assaltante leva sempre consigo provas da sua condenação: tal não é assim nos outros países.

([1]) Diodoro, [liv. V, cap. xxxv], diz-nos que foi assim que os pastores encontraram o ouro dos Pirinéus.

Capítulo XVII
Das leis políticas entre os povos que não usam a moeda

O que mais assegura a liberdade dos povos que não cultivam as terras é o facto de o dinheiro lhes ser desconhecido. Os frutos da caça, da pesca, ou dos rebanhos, não podem ser reunidos numa quantidade suficientemente grande, nem ser suficientemente aprovisionados, para que um homem se encontre em condições de corromper todos os outros; ao passo que, quando se possui os sinais das riquezas, estes podem ser acumulados e distribuídos por quem se quiser.

Entre os povos que não usam a moeda, cada um tem poucas necessidades, e satisfá-las fácil e igualmente. Portanto, a igualdade é forçosa; assim, os seus chefes não são despóticos.

Capítulo XVIII
Força da superstição

Se o que os relatos nos dizem for verdade, a constituição de um povo da Luisiana chamado *Natches* é uma excepção. O seu chefe ([1]) dispõe dos bens de todos os seus súbditos e põe-nos a trabalhar segundo as suas fantasias: eles não podem recusar-lhe a sua cabeça; ele é como o Grande Senhor. Quando o herdeiro presuntivo nasce, dão-se-lhe todas as crianças de peito para o servirem durante toda a sua vida. Dir-se-ia que é o grande Sesóstris. Este chefe é tratado na sua cabana com as cerimónias que são feitas a um imperador do Japão ou da China.

Os preconceitos da superstição são superiores a todos os outros preconceitos, e as suas razões a todas as outras razões. Assim, embora os povos selvagens não conheçam naturalmente o despotismo, este povo conhece-o. Adoram o sol, e se o seu chefe não tivesse imaginado que era o irmão do sol, teriam visto nele apenas um miserável como eles.

([1]) *Lettres édifiantes*, vigésimo compêndio.

Capítulo XIX
Da liberdade dos Árabes e da servidão dos Tártaros

Os Árabes e os Tártaros são povos pastorícios. Os Árabes situam-se nos casos gerais de que falámos, e são livres; ao passo que os Tártaros (o povo mais singular da Terra) encontram-se na escravatura política (1). Já (2) apresentei algumas razões deste último facto. Aqui estão outras novas.

Eles não têm cidades, não têm florestas, têm poucos pântanos; os seus rios estão quase sempre congelados; vivem numa planície imensa; têm pastagens e rebanhos, e por conseguinte bens. Mas não têm qualquer espécie de lugar de refúgio nem de defesa. Assim que um cã é derrotado, cortam-lhe a cabeça (3); os seus filhos são tratados da mesma maneira; e todos os seus súbditos passam a pertencer ao vencedor. Não são condenados a uma escravatura civil: seriam uma sobrecarga para uma nação simples, que não possui terras para cultivar e não necessita de qualquer serviço doméstico. Portanto, eles aumentam a nação. Mas, em lugar da escravatura civil, é concebível que a escravatura política tenha sido introduzida.

Com efeito, num povo cujas várias hordas continuamente se guerreiam e se conquistam umas às outras; num país em que, com a morte do chefe, o corpo político de cada horda vencida é sempre destruído, a nação em geral dificilmente pode ser livre. Pois não tem uma única parte que não tenha sido subjugada vezes sem conta.

Os povos vencidos podem conservar alguma liberdade, quando, pela força da sua situação, estão em condições de fazer tratados após a sua derrota. Mas os Tártaros, sempre indefesos, uma vez vencidos nunca mais puderam pôr condições.

Disse no capítulo II que os habitantes das planícies cultivadas eram pouco livres. As circunstâncias levam a que os Tártaros, que habitam uma terra inculta, estejam na mesma situação.

---

(1) Quando um cã é proclamado, todo o povo grita: *Que a sua palavra lhe sirva de espada.*

(2) Liv. XVII, cap. v.

(3) Assim, não deve causar espanto que Mirivéis, ao tornar-se senhor de Ispahan, tenha mandado matar todos os príncipes de sangue.

Capítulo XX
Do direito dos povos dos Tártaros

Os Tártaros parecem ser brandos e humanos entre si, e são conquistadores muito cruéis; passam a fio de espada os habitantes das cidades que tomam. Julgam ser clementes quando os vendem ou distribuem pelos seus soldados. Destruíram a Ásia desde as Índias até ao Mediterrâneo; toda a região que constitui o Oriente da Pérsia ficou deserta.

Eis o que me parece ter produzido um tal direito dos povos. Esses povos não tinham cidades; todas as suas guerras se faziam com prontidão e com impetuosidade. Quando esperavam vencer, combatiam; engrossavam o exército dos mais fortes quando não o esperavam. Com costumes destes, achavam que era contra o seu direito dos povos que uma cidade, que não pudesse resistir-lhes, os travasse. Não consideravam as cidades como uma assembleia de habitantes, mas como lugares aptos a subtraírem-se ao seu poder. Não possuíam qualquer arte para as cercar, e quando as cercavam ficavam muito expostos; vingavam pelo sangue todo o sangue que tinham derramado.

Capítulo XXI
Lei civil dos Tártaros

O Padre du Halde diz que, entre os Tártaros, o herdeiro é sempre o último dos varões pela razão de que à medida que os mais velhos vão tendo condições de se dedicar à vida pastoral, saem da casa com uma certa quantidade de gado que o pai lhes dá e vão constituir uma nova habitação. O último dos varões que permanece na casa com o seu pai é pois o seu herdeiro natural.

Ouvi dizer que um costume semelhante era observado em alguns pequenos distritos da Inglaterra, e encontramo-lo também na Bretanha, no ducado de Rohan, onde se aplica aos proprietários que não são da nobreza. É sem dúvida uma lei pastoral proveniente de algum pequeno povo bretão, ou trazida por algum povo germânico. Por intermédio de César e de Tácito, sabe-se que estes últimos cultivavam pouco as terras.

Capítulo XXII
De uma lei civil dos povos germânicos

Explicarei aqui como esse texto particular da lei Sálica, a que normalmente se chama a lei Sálica, está ligado às instituições de um povo que não cultivava as terras, ou pelo menos que as cultivava pouco.

A lei Sálica ([1]) pretende que, quando um homem deixa filhos, os varões herdem a terra sálica em prejuízo das filhas.

Para saber o que eram as terras sálicas é preciso perceber o que eram as propriedades ou o uso das terras entre os Francos, antes de terem saído da Germânia.

O Sr. Echard demonstrou muito bem que a palavra sálica vem da palavra *sala*, que significa casa; e que por isso a terra sálica era a terra da casa. Irei mais longe, e examinarei o que era a casa, e a terra da casa, entre os Germanos.

«Eles não vivem em cidades», diz Tácito ([2]), «e não suportam que as suas casas se toquem; cada um deixa em torno da sua casa um pequeno terreno ou espaço, que está encercado e fechado». Tácito falava com exactidão. Pois várias leis dos códigos ([3]) bárbaros têm disposições diferentes contra aqueles que derrubassem essa cerca e contra aqueles que penetrassem na própria casa.

Sabemos, por Tácito e por César, que as terras que os Germanos cultivavam só lhes eram dadas por um ano; depois disso voltavam a ser públicas. A casa, e uma porção de terra dentro da cerca em redor da casa ([4]), eram o único património que possuíam. Era esse património particular que pertencia aos varões. Com efeito, porque teria pertencido às filhas? Elas passavam para uma outra casa.

([1]) Título LXII.

([2]) *Nullas Germanorum populis urbes habitari notum est, ne pati quidem inter se junctas sedes. Colunt discreti ac diversi, ut fons, ut campus, ut nemus placuit. Vicos locant, non in nostrum morem connexis et cohaerentibus aedificiis: suam quisque domum spatio circumdat.* [«É conhecido de todos que os povos da Germânia não têm cidades, e nem sequer permitem que as suas casas se ajuntem umas às outras. Vivem separados e dispersos, onde uma fonte, um campo ou uma clareira os tenha atraído. Não estabelecem as suas aldeias à nossa maneira com os edifícios ligados e ajuntados; em vez disso, cada casa é rodeada por um espaço circundante»]. *De moribus Germ.*, [cap. xvi].

([3]) A lei dos Alemães, cap. x, e a lei dos Bávaros, título X, §§ 1 e 2.

([4]) Esta cerca chama-se *curtis* nas cartas.

A terra sálica era portanto o terreno encercado que dependia da casa do germano; era a única propriedade que havia. Os Francos, após a conquista, adquiriram novas propriedades, e continuaram a chamar-lhes terras sálicas.

Quando os Francos viviam na Germânia, os seus bens eram os escravos, os rebanhos, os cavalos, as armas, etc. A casa e a pequena porção de terra que lhe estava adstrita eram naturalmente dadas aos filhos varões que aí deviam viver. Mas quando após a conquista os Francos tinham adquirido grandes terras, considerou-se que seria duro que as raparigas e os seus filhos não pudessem ficar com uma parte. Foi introduzido um uso que permitia ao pai chamar de volta a sua filha e os filhos dela. Silenciaram a lei; e estas espécies de chamamentos devem ter sido comuns já que foram criadas fórmulas para elas (1).

Dentre todas estas fórmulas, encontro uma que é singular (2). Um avô chama os seus netos para que herdem juntamente com os seus filhos e filhas. Então, o que acontecera à lei sálica? Mesmo nesses tempos, ela já não podia estar a ser cumprida; ou então o uso constante de chamar de volta as filhas tinha feito que se considerasse a sua capacidade sucessória como o caso mais comum.

Como a lei sálica não tinha por objecto uma certa preferência de um sexo em detrimento do outro, menos ainda era o seu objecto perpetuar uma família, no nome ou na transmissão da terra: tudo isso não entrava na cabeça dos Germanos. Era uma lei puramente económica, que dava a casa, e a terra dependente da casa, aos varões que deviam habitá-la, e para quem, por conseguinte, mais ela era conveniente.

Basta transcrever aqui o título dos *Alódios* (*) da lei sálica, esse texto tão famoso, de que tantos falaram e que tão poucos leram.

«1º Se um homem morre sem deixar filhos, o seu pai ou a sua mãe serão os seus sucessores. 2º Se não tiver nem pai nem mãe, o seu irmão ou a sua irmã serão os seus sucessores. 3º Se não tiver nem irmão nem irmã, a irmã da sua mãe será a sua sucessora. 4º Se a sua mãe não tiver irmãs, a irmã do seu pai será a sua

---

(1) Ver Marculfo, liv. II, *form.* 10 e 12; o *Apêndice* de Marculfo, *form.* 49, e as *fórmulas antigas,* chamadas de Sirmond, *form.* 22.

(2) *Form.* 55, no compêndio de Lindembroch.

(*) Termo jurídico que designava no direito feudal os bens reais hereditários sujeitos a um regime de propriedade absoluto, isto é, despido de vínculos ulteriores e inalienável (N. T.).

sucessora. 5º Se o seu pai não tiver irmãs, o parente mais próximo pela via masculina será o seu sucessor. 6º Nenhuma porção (1) da terra sálica será transmitida às mulheres; mas pertencerá aos varões, isto é, os filhos varões serão os sucessores do seu pai».

É evidente que os cinco primeiros artigos dizem respeito à sucessão daquele que morre sem filhos; e o sexto, à sucessão daquele que tem filhos.

Quando um homem morria sem deixar filhos, a lei determinava que um dos dois sexos só gozasse de preferência sobre o outro em certos casos. Nos dois primeiros graus de sucessão, as vantagens dos varões e das mulheres eram as mesmas; no terceiro e quarto graus as mulheres tinham preferência; e os varões tinham-na no quinto grau.

Encontro as sementes destas bizarrias em Tácito. «Os filhos(2) das irmãs», diz ele, «são tão caros ao seu tio como ao seu próprio pai. Há pessoas que consideram este laço mais estreito, e até mais sagrado; preferem-no quando recebem reféns». É por isso que os nossos primeiros historiadores (3) nos falam tanto do amor dos reis francos pela sua irmã e pelos filhos da sua irmã. Pois se os filhos das irmãs eram considerados na casa do irmão como os seus próprios filhos, era natural que os filhos considerassem a sua tia como a sua própria mãe.

A irmã da mãe era preferida à irmã do pai; isso explica-se por outros textos da lei sálica. Quando uma mulher enviuvava (4), ficava sob a tutela dos parentes do seu marido; para esta tutela a lei dava preferência aos parentes por via feminina em detrimento

---

(1) *De terrâ vero salicâ in mulierem nulla portio hereditatis transit, sed hoc virilis sexus acquirit, hoc est filii in ipsa hereditate succedunt.* [«Nenhuma porção de terras sálicas será transmitida por herança às mulheres, mas será adquirida pelo sexo masculino, isto é, os filhos serão os sucessores da herança»]. Tit. LXII, § 6.

(2) *Sororum filiees idem apud avunculum quam apud patrem honor. Quidam sanctiorem arctioremque hunc nexum sanguinis arbitrantur, et in accipiendis obsidibus magis exigunt, tanquam ii et animum firmius et domum latius teneant.* [«Os filhos das irmãs são tidos na mesma honra pelos tios como pelo pai. Com efeito, alguns julgam que este laço de sangue é mais sagrado e vinculativo, e exigem-nos mais frequentemente quando fazem reféns, julgando que terão um domínio mais firme dos seus ânimos e da sua casa»]. *De moribus Germ.*, [cap. xx].

(3) Ver em Gregório de Tours, liv. VIII, cap. xviii e xx; liv. IX, cap. xvi e xx, os furores de Gontrão a propósito dos maus-tratos dados a Ingunde, sua sobrinha, Leuvigilda; e como Childeberto, seu irmão, fez a guerra para vingá-la.

(4) Lei sálica, título XLVII.

dos parentes por via masculina. Com efeito, uma mulher que entrava numa família, ao se unir com as pessoas do seu sexo ficava mais íntima dos parentes por via feminina do que dos parentes por via masculina. Além disso, quando um (1) homem tivesse matado outro, e não tivesse com que dar satisfação da pena pecuniária em que tivesse incorrido, a lei permitia que ele cedesse os seus bens; e os parentes deviam prover o que estivesse em falta. Depois do pai, da mãe e do irmão, era a irmã da mãe quem pagava, como se esse laço tivesse qualquer coisa de mais terno. Ora, o parentesco que gerava encargos devia também gerar as vantagens.

A lei Sálica queria que a seguir à irmã do pai, o parente mais próximo por via masculino fosse o sucessor; mas se fosse parente além do quinto grau, não herdava. Assim, uma parente feminina de quinto grau teria sucedido em detrimento de um parente masculino de sexto grau: e isso vê-se na lei (2) dos Francos ripuários, intérprete fiel da lei Sálica no título dos alódios, onde ela acompanha passo a passo o mesmo título da lei Sálica.

Se o pai deixasse filhos, a lei Sálica determinava que as filhas fossem excluídas da sucessão à terra sálica, e que esta pertencesse aos filhos varões.

Seria fácil para mim provar que a lei Sálica não excluía indistintamente as filhas da terra sálica, mas apenas nos casos em que os irmãos as excluíssem. 1º Isso vê-se na própria lei Sálica, que, depois de dizer que as mulheres nada possuiriam da terra sálica, mas somente os varões, interpreta-se e restringe-se a si mesma; «isto é», diz a lei, «o filho sucederá à herança do pai».

2º O texto da lei Sálica é esclarecido pela lei dos Francos ripuários, que também tem um título (3) dos alódios muito conforme ao da lei Sálica.

3º As leis desses povos bárbaros, todos eles originários da Germânia, interpretam-se uns aos outros, tanto mais quanto todas partilham mais ou menos o mesmo espírito. A lei dos Saxões (4)

---

(1) *Ibid.*, título LXI, § 1.

(2) *Et deinceps usque ad quintum genuculum qui proximus fuerit in hereditatem succedat* [«E depois em sucessão até ao quinto grau, quem for mais próximo sucederá à herança»]. Título LVI, § 6.

(3) Título LVI.

(4) Título VII, § 1. *Pater aut mater defuncti, filio non filiae hereditatem relinquant* [«Quando o pai e a mãe morrerem, deixarão a herança ao filho, não à filha»].

determina que o pai e a mãe deixem a sua herança aos seus filhos, e não à sua filha; mas se só houver filhas, elas recebem a herança inteira.

4º Temos duas fórmulas (1) antigas que colocam o caso em que, seguindo a lei Sálica, as filhas são excluídas pelos varões; é quando elas concorrem com o seu irmão.

5º Uma outra fórmula (2) prova que a filha herdava em detrimento do neto; portanto, ela era excluída apenas pelo filho.

6º Se as filhas, segundo a lei Sálica, tinham sido geralmente excluídas da sucessão das terras, seria impossível explicar as histórias, as fórmulas e as cartas, que falam constantemente das terras e dos bens das mulheres sob a primeira raça (*).

Tem-se (3) dito erroneamente que as terras sálicas eram feudos. 1º Esse título é intitulado *Dos Alódios.* 2º No começo, os feudos eram hereditários. 3º Se as terras sálicas tivessem sido feudos, como poderia Marculfo ter tratado como ímpio o costume que excluía as mulheres de os herdar, já que os próprios varões não herdavam os feudos? 4º As cartas que são citadas para demonstrar que as terras sálicas eram feudos, apenas demonstram que eram terras francas. 5º Os feudos só foram estabelecidos após a conquista, e os usos sálicos já existiam antes de os Francos abandonarem a Germânia. 6º Não foi a lei Sálica que, ao limitar a sucessão das mulheres, formou o estabelecimento dos feudos; mas foi o estabelecimento dos feudos que pôs limites à sucessão das mulheres e às disposições da lei Sálica.

Depois do que acabámos de dizer, não seria crível que a sucessão perpétua dos varões à coroa de França pudesse provir da lei Sálica. No entanto, é indubitável que é daí que ela vem. Demonstro-o com os diversos códigos dos povos bárbaros. A lei Sálica (4) e a lei dos Borgonheses (5) não deram às filhas o direito de her-

---

– § 4. *Qui defunctus, non filios sed filias relinquerit, ad eas omnis hereditas pertineat* [«Quando morrerem sem deixar filhos, mas apenas uma filha, a herança pertencer-lhe-á por inteiro»].

(1) Em Marculfo, liv. II, *form.* 12, e no *Apêndice* de Marculfo, *form.* 49.

(2) No compêndio de Lindembroch, *form.* 55.

(*) Usando a linguagem da época, Montesquieu referia-se às dinastias governantes do reino dos Francos como a *primeira, segunda* e *terceira* «raças», respectivamente, os Merovíngios, os Carolíngios e os Capetos (N. T.).

(3) Du Cange, Pithou, etc.

(4) Título LXII.

(5) Título I, § 3; título XIV, § 1; e título LI.

dar a terra juntamente com os seus irmãos; nem tão-pouco sucederam à coroa. A lei dos Visigodos ([1]), pelo contrário, admitia que as filhas ([2]) herdassem as terras juntamente com os seus irmãos; as mulheres eram capazes de herdar a coroa. Entre esses povos, a disposição da lei civil forçava ([3]) a lei política.

Este não foi o único caso em que a lei política, entre os Francos, cedeu à lei civil. Segundo a disposição da lei Sálica, todos os irmãos herdavam igualmente a terra; e essa era também a disposição da lei dos Borgonheses. Assim, na monarquia dos Francos, e na dos Borgonheses, todos os irmãos eram sucessores da coroa, fora algumas violências, assassínios e usurpações entre os Borgonheses.

Capítulo XXIII
Da longa cabeleira dos reis francos

Os povos que não cultivam as terras não têm sequer a ideia do luxo. É preciso ver em Tácito a admirável simplicidade dos povos germanos; as artes não trabalhavam os seus ornamentos, eles encontravam-nos na natureza. Se a família do seu chefe devia ser marcada por algum sinal era nessa mesma natureza que deviam procurá-lo: os reis dos Francos, dos Borgonheses e dos Visigodos, tinham como diadema a sua longa cabeleira.

Capítulo XXIV
Dos casamentos dos reis francos

Disse anteriormente que, entre os povos que não cultivam as terras, os casamentos eram muito menos fixos, e que normalmente se tomavam várias mulheres. «Os Germanos eram quase os

---

([1]) Liv. IV, título II, § 1.

([2]) As nações germânicas, diz Tácito, *de morib. German.*, cap. xxii, tinham usos comuns; também tinham usos particulares.

([3]) Para os Ostrogodos, a coroa passou duas vezes das mulheres para os homens; uma vez de Amalasunta para a pessoa de Atalarico, e outra de Amalfredan para a pessoa de Teodato. Não era porque, entre eles, as mulheres não pudessem reinar por elas próprias: Amalasunta, depois da morte de Atalarico, reinou, e reinou mesmo depois da eleição de Teodato, e em concorrência com ele. Ver as cartas de Amalasunta e de Teodato em Cassiodoro, liv. X.

únicos ([1]) dentre todos os bárbaros que se contentavam com uma só mulher, se exceptuarmos ([2])», diz Tácito, «algumas pessoas que, não por devassidão, mas por causa da sua nobreza, possuem várias».

Isso explica por que é que os reis da primeira raça tiveram um tão grande número de mulheres. Esses casamentos eram menos testemunhos de incontinência do que atributos de dignidade: seria feri-los num ponto bastante tenro fazer-lhes perder uma tal prerrogativa ([3]). Isso explica por que é que o exemplo dos reis não foi seguido pelos súbditos.

Capítulo XXV
Childerico

«Os casamentos entre os Germanos são severos ([4])», diz Tácito, «os vícios não são um objecto de ridículo; não se chama um uso ou uma maneira de viver a corromper, ou a ser corrompido. Há poucos exemplos ([5]), numa nação tão numerosa, da violação da fé conjugal».

Isso explica a expulsão de Childerico: ele ofendia os costumes rígidos que a conquista não tivera tempo de mudar.

Capítulo XXVI
Da maioridade dos reis francos

Os povos bárbaros que não cultivam as terras não possuem um território propriamente dito, e são, como dissemos, mais governados pelo direito dos povos do que pelo direito civil. Estão,

---

([1]) *Prope soli barbarorum singulis uxoribus contenti sunt* [«Quase os únicos dentre os bárbaros, eles contentam-se com uma só mulher»]. *De moribus Germ.*, [cap. xviii].

([2]) *Exceptis admodum paucis qui, non libidine, sedo b nobilitatem, plurimis nuptiis ambiuntur* [«Exceptuando algumas poucas que são procuradas para casamentos numerosos, não pela luxúria, mas por causa da sua nobreza»]. *Ibid.*

([3]) Ver a *Crónica* de Fredegário do ano de 628.

([4]) *Severa matrimonia... Nemo illic vitia ridet; nec corrumpere et corrumpi saeculum vocatur* [«Um código severo para o casamento... Ninguém se ri do vício; ninguém diz que corromper e ser corrompido faz parte do espírito do tempo»]. *De moribus Germ.*, [cap. xix].

([5]) *Paucissima in tam numerosa gente adulteria* [«Entre um povo tão numeroso, o adultério é muito raro»]. *Ibid.*

portanto, quase sempre armados ([1]). Assim, Tácito diz que «os Germanos não resolviam nenhum assunto público ou particular sem estarem armados. Davam a sua opinião ([2]) através de um sinal que faziam com as suas armas. Assim que podiam ([3]) usá-las, eram apresentados à assembleia; punha-se-lhes nas mãos um dardo ([4]). A partir desse momento, eles abandonam a infância ([5]); eram uma parte da família, tornam-se numa parte da república».

«As águias», dizia ([6]) o rei dos Ostrogodos, «deixam de alimentar as suas crias assim que as suas penas e as suas garras estão formadas; estas já não precisam do socorro alheio quando querem ir buscar uma presa. Seria indigno que os nossos jovens que estão nos nossos exércitos fossem considerados como tendo uma idade ainda demasiado tenra para controlar os seus bens, e para regrar a conduta da sua vida. É a virtude que faz a maioridade entre os Godos».

Childeberto II tinha quinze ([7]) anos, quando Gontrão ([*]), o seu tio, o declarou maior e capaz de governar por si próprio.

Vê-se na lei dos ripuários que essa idade de quinze anos, a capacidade de possuir armas e a maioridade caminhavam juntas. Aí diz-se ([8]) que «se um ripuário morreu, ou foi morto, e deixar

---

([1]) *Nihil, neque publicae, neque privatae rei, ni si armati agunt* [«Não agem para tratar de assuntos públicos ou privados sem estar armados»]. Tácito, *De moribus Germ.*, [cap. xiii].

([2]) *Si displicuit sententia, aspernantur; sin placuit, frameas concutiunt* [«Se as opiniões desagradam, são desdenhadas; se agradam, agitam as suas lanças»]. *Ibid*, [cap. xi].

([3]) *Sed arma sumere non ante cuiquam moris quam civitas suffecturum probaverit* [«Não é costume pegar em armas antes de a cidade ter aprovado a sua competência»]. [*Ibid.*, cap. xiii].

([4]) *Tum in ipso concilio, vel principum aliquis, vel pater, vel propinquus, scuto frameaque juvenem ornant* [«Então, no próprio conselho, ou um príncipe ou o seu pai, ou um seu parente, equipa o jovem com um escudo e uma lança»]

([5]) *Haec apud illos toga, his primus juventae honos; ant hoc domus pars videntur, mox reipublicae* [«Estas armas são aquilo que a toga é para nós, a primeira honra da juventude; antes disso, ele faz parte da família; depois disso, faz parte da república»].

([6]) Teodorico, em Cassiodoro, liv. I, carta 38.

([7]) Ele mal tinha cinco anos, diz Gregório de Tours, liv. V, cap. i, quando sucedeu ao seu pai no ano de 575, isto é, tinha cinco anos. Gontrão declarou-o maior no ano de 585. Tinha então quinze anos.

([*]) Rei da Borgonha na segunda metade do século VI d.C. (N. T.).

([8]) Título LXXXI.

um filho, este não poderá acusar nem ser acusado num julgamento, a menos que tenha completado quinze anos; nessa altura responderá por si próprio, ou escolherá um campeão». O espírito tinha de estar suficientemente formado para se defender num julgamento, e o corpo suficientemente formado para se defender em combate. Entre os Borgonheses ([1]), que também recorriam ao uso do combate nas acções judiciárias, a maioridade situava-se igualmente nos quinze anos.

Agatias diz-nos que as armas dos Francos eram ligeiras. Podiam, portanto, ser maiores de idade aos quinze anos. Mais tarde, as armas tornaram-se pesadas, e já o eram bastante no tempo de Carlos Magno, a julgar pelas nossas capitulares e pelos nossos romances. Aqueles que ([2]) possuíam feudos, e que por conseguinte deviam prestar serviço militar, só eram maiores aos vinte e um anos ([3]).

Capítulo XXVII
Continuação do mesmo assunto

Vimos que entre os Germanos não se ia à assembleia antes da maioridade; era-se parte da família, e não da República. Isso fez que os filhos de Clodomiro, rei de Orleães e conquistador da Borgonha, não fossem declarados reis, porque, com a tenra idade que tinham, não podiam ser apresentados à assembleia. Ainda não eram reis, mas deviam sê-lo quando fossem capazes de possuir armas. E entretanto Clotilde, sua avó, governava o Estado ([4]). Os seus tios Clotário e Childeberto estrangularam-nos, e dividiram o seu reino. Por causa deste exemplo, daí em diante os príncipes pupilos foram declarados reis logo a seguir à morte dos seus pais. Assim, o duque Gondovaldo salvou Childeberto II da crueldade de Chilperico, e fez que fosse declarado rei ([5]) com a idade de cinco anos.

([1]) Título LXXXVII.

([2]) Não houve qualquer mudança para os que não eram nobres.

([3]) São Luís só foi maior com essa idade. Isso mudou com um édito de Carlos V, do ano de 1374.

([4]) Em Gregório de Tours, liv. III, transparece que ela escolheu dois homens da Borgonha, que era uma conquista de Clodomiro, para ascendê-los à Sé de Tours, que também pertencia ao reino de Clodomiro.

([5]) Gregório de Tours, liv. V, cap. i. *Vix lustro aetatis uno jam peracto, qui die dominicae natalis, regnare caepit* [«Apesar de mal ter cinco anos, começou a reinar no domingo de Natal»].

Mas, mesmo com essa mudança, seguia-se o primeiro espírito da nação; de maneira que nem sequer os actos eram passados em nome dos reis pupilos. Assim, havia entre os Francos uma dupla administração: uma que tinha em consideração a pessoa do rei pupilo, e uma outra que tinha em consideração o reino; e nos feudos havia uma diferença entre a tutela e a intendência.

Capítulo XXVIII (*)
Da adopção entre os Germanos

Como entre os Germanos se alcançava a maioridade quando se recebia as armas, era-se adoptado com o mesmo sinal. Assim, quando Gontrão quis declarar maior o seu sobrinho Childeberto, e além disso adoptá-lo, disse-lhe: «Pus ([1]) este dardo nas tuas mãos como um sinal de que te dei o meu reino». E virando-se para a assembleia: «Vedes que o meu filho Childeberto se tornou num homem; obedecei-lhe». Quando Teodorico, rei dos Ostrogodos, quis adoptar o rei dos Hérulos, escreveu-lhe ([2]): «É uma coisa bela entre nós poder ser adoptado pelas armas; pois os homens corajosos são os únicos que merecem tornar-se nossos filhos. Há uma tal força neste acto que aquele que é o seu objecto preferirá sempre morrer a suportar alguma coisa de vergonhoso. Por isso, pelo costume das nações, e porque vós sois um homem, nós vos adoptamos com estes escudos, estas espadas, estes cavalos, que vos enviamos».

Capítulo XXIX
Espírito sanguinário dos reis francos

Clóvis não fora o único príncipe, entre os Francos, que levara a cabo expedições nas Gálias. Vários dos seus parentes tinham levado para lá tribos particulares; e como teve os maiores sucessos, e como pôde dar estabelecimentos consideráveis àqueles que o tinham acompanhado, os Francos de todas as tribos acorreram a ele, e os outros chefes viram-se demasiado fracos para lhe resis-

(*) Este capítulo não constava das primeiras edições (N. T.).
([1]) Ver Gregório de Tours, liv. VII, cap. xxiii.
([2]) Em Cassiodoro, liv. IV, carta II.

tirem. Formou o desígnio de exterminar toda a sua casa, e conseguiu-o ([1]). Receava, diz Gregório de Tours ([2]), que os Francos adoptassem um outro chefe. Os seus filhos e os seus sucessores seguiram essa prática tanto quanto lhes foi possível. Viu-se incessantemente o irmão, o tio, o sobrinho, até mesmo o filho, o pai, conspirar contra toda a sua família. A lei separava incessantemente a monarquia; o medo, a ambição e a crueldade queriam reuni-la.

Capítulo XXX
Das assembleias da nação entre os Francos

Foi dito anteriormente que os povos que não cultivam as terras gozavam de uma grande liberdade. Os Germanos eram um desses casos. Tácito diz que eles apenas davam aos seus reis ou chefes um poder muito moderado ([3]); e César ([4]) que eles não tinham magistrado comum em tempo de paz, mas que em cada aldeia os príncipes administravam a justiça entre os seus. Assim, os Francos na Germânia não tinham rei, como Gregório de Tours ([5]) demonstra muito bem.

«Os príncipes ([6])», diz Tácito, «deliberam sobre as pequenas coisas, a nação inteira sobre as grandes; de tal modo, no entanto, que os assuntos de que o povo toma conhecimento são ainda

---

([1]) Gregório de Tours, liv. II.

([2]) *Ibid.*

([3]) *Nec regibus libera aut infinita potestas. Caeterum neque animadvertere, neque vincire, neque verberare,* etc [«Os reis não têm poder irrestrito e infinito. Além disso, não têm o poder de castigar, nem de prender, nem de chicotear, etc.»]. *De moribus Germ.,* [cap. vii].

([4]) *In pace nullus est communis magistratus; sed principes regionum atque pagorum inter suos jus dicunt* [«Em tempos de paz não existe um magistrado comum; em vez disso, os príncipes da região e dos cantões administram a justiça para o seu próprio povo»]. *De bello gall.,* liv. VI, cap. xxii.

([5]) Liv. II.

([6]) *De minoribus principes consultant, de majoribus omnes; ita tamen ut ea quorum penes plebem arbitrium est, apud principes quoque pertractentur* [«Em questões menores, só os príncipes são consultados; nas questões maiores, todos são; mas mesmo quando se trata de um assunto sujeito à escolha do povo, os príncipes examinam-no cuidadosamente em primeiro lugar»]. *De moribus Germ.,* [cap. xi].

assim levados até diante dos príncipes». Conservou-se este uso até depois da conquista, como ([1]) se pode ver em todos os registos.

Tácito ([2]) diz que os crimes capitais podiam ser levados até diante da assembleia. O mesmo se passava após a conquista, e os grandes vassalos foram aí julgados.

Capítulo XXXI
Da autoridade do clero durante a primeira raça

Entre os povos bárbaros, os padres tinham normalmente poder porque tinham simultaneamente a autoridade que a religião lhes deve conferir e o poder que entre povos deste género a superstição confere. Assim, vemos, em Tácito, que os padres tinham bastante crédito entre os Germanos, que eles introduziam uma polícia ([3]) na assembleia do povo. Só a eles era permitido ([4]) castigar, amarrar, bater: o que faziam, não por uma ordem do príncipe, nem para infligir uma pena, mas como se fosse uma inspiração da divindade, sempre presente naqueles que fazem a guerra.

Não há que ficar espantado por, desde o início da primeira raça, se ter visto os bispos tornarem-se árbitros ([5]) dos julgamentos, por terem sido vistos a aparecer nas assembleias da nação, por terem sido tão influentes nas resoluções dos reis e por lhes terem dado tantos bens.

([1]) *Lex consensu populi fit et constitutione regis* [«A lei é feita por consenso popular e pela constituição do rei»]. Capitulário de Carlos, *o Calvo, anno* 864, art. 6.

([2]) *Licet apud concilium accusare, et discrimen capitis intendere* [«No seu conselho é permitido admitir a acusação de um crime capital»]. *De moribus Germ.*, [cap. xiii].

([3]) *Silentium per sacerdotes, quibus et coercendi jus est, imperatur* [«O silêncio é ordenado pelos sacerdotes, que têm o direito de manter a ordem»]. *De moribus Germ.*, [cap. Xi].

([4]) *Nec regibus libera aut infinita potestas. Caeterum neque animadvertere, neque vincire, neque verberare, nisi sacerdotibus est permissum; non quasi in paenam, nec ducis jussu, sed velut Deo imperante, quem adesse bellatoribus credunt* [«Os reis não têm poder irrestrito e infinito. Além disso, não têm o poder de castigar, nem de prender, nem de chicotear; e isto é feito não como se fosse um castigo, nem como uma ordem de um chefe, mas como uma ordem de Deus que eles acreditam estar presente no guerreiro»]. *Ibid.*, [cap. vii].

([5]) Ver a constituição de Clotário do ano de 560, art. 6.

Livro XIX

Das leis na relação que têm com os princípios que formam o espírito geral, os costumes e as maneiras de uma nação

Capítulo I

Do assunto deste livro

Esta matéria é de uma grande extensão. Nesta multidão de ideias que se apresentam ao meu espírito, estarei mais atento à ordem das coisas do que às próprias coisas. Tenho de afastar à direita e à esquerda, tenho de desvendar e de trazer o meu tema para a luz.

Capítulo II

O quanto é necessário para as melhores leis que os espíritos estejam preparados

Para os Germanos ([1]) nada parecia mais insuportável que o tribunal de Varus. O que Justiniano constituiu ([2]) entre os Lazianos, para julgar o assassino do rei deles, pareceu-lhes uma coisa horrível e bárbara. Mitridates ([3]), invectivando contra os Roma-

---

([1]) Cortavam a língua aos advogados e diziam: *Víbora, pára de silvar.* Tácito.

([2]) Agatias, liv. IV.

([3]) Justino, liv. XXXVIII.

nos, censurou-lhes sobretudo as formalidades ([1]) da sua justiça. Os Partos não puderam suportar esse rei, o qual, tendo sido educado em Roma, se tornou afável ([2]) e acessível para toda a gente. A própria liberdade pareceu insuportável a povos que não estavam acostumados a dela usufruir. É assim que um ar puro é por vezes nocivo àqueles que viveram em países pantanosos.

Um veneziano chamado Balbi, quando estava em Pegu, foi apresentado ao rei. Quando este soube que não havia rei em Veneza, deu tamanha gargalhada que começou a tossir e só com muita dificuldade conseguiu falar com os seus cortesãos ([3]). Que legislador poderia propor o governo popular a povos como este?

Capítulo III
Da tirania

Há dois tipos de tirania: uma real, que consiste na violência do governo; e uma de opinião, que se faz sentir quando os que governam estabelecem coisas que colidem com a maneira de pensar de uma nação. Dio diz que Augusto queria fazer-se chamar Rómulo; mas ao saber que o povo receava que ele quisesse tornar-se rei, mudou de desígnio. Os primeiros Romanos não queriam um rei porque não conseguiam suportar o poder; os Romanos de então não queriam um rei para não ter de suportar as suas maneiras. Porquanto, embora César, os triúnviros, Augusto, fossem verdadeiros reis, tinham mantido todo o exterior de igualdade, e a sua vida privada continha uma espécie de oposição ao fausto dos reis dessa época; e quando eles não queriam reis, isso significava que queriam conservar as suas maneiras, e não adoptar as dos povos de África e do Oriente.

Dio ([4]) diz-nos que o povo romano indignou-se com Augusto por causa de certas leis excessivamente duras que ele fizera; mas que, assim que ele fez regressar o comediante Pílades, que as

---

([1]) *Calumnias litium* [«Litigância de má-fé»]. *Ibid.*

([2]) *Prompti aditus, nova comitas, ignotae Parthis virtutes, nova vitia* [«A facilidade com que podia ser abordado, a sua afabilidade, eram virtudes desconhecidas dos Partos e em vez disso pareceram-lhes ser novos vícios»]. Tácito, [*Ann.*, liv. II, cap. ii]

([3]) Ele descreveu a cena em 1596. *Recueil des voyages qui ont servi à l'établissement de la compagnie des Indes*, t. III, part. I, p. 33.

([4]) Liv. LIV, [cap. xvii], p. 532.

facções tinham expulsado da cidade, o descontentamento acabou. Um povo assim sentia mais vivamente a tirania quando se expulsava um palhaço do que quando lhe eram retiradas todas as suas leis.

Capítulo IV
O que é o espírito geral (*)

Várias coisas governam os homens: o clima, a religião, as leis, as máximas do governo, os exemplos das coisas passadas, os costumes, as maneiras; donde se forma um espírito geral que daqui resulta (**).

À medida que, em cada nação, uma destas causas actua com mais força, as outras cedem o mesmo tanto. A natureza e o clima dominam quase sozinhos os selvagens; as maneiras governam os Chineses; as leis tiranizam o Japão; os costumes davam outrora o tom na Lacedemónia; as máximas do governo e os costumes antigos dava-no em Roma (***).

Capítulo V
O quanto é preciso estar atento para não mudar o espírito geral de uma nação

Se houvesse no mundo uma nação (****) que tivesse um humor sociável, uma abertura de coração, uma alegria de viver, um gosto, uma facilidade de comunicar os seus pensamentos; que fosse viva, agradável, galhofeira, por vezes imprudente, muitas

(*) O conceito de «espírito geral» ou de «espírito geral da nação» seria traduzido para a filosofia da história de Hegel como *Volkgeist* ou *Geist des Volkes.* No pensamento de Herder, que preferiu a segunda expressão e a de *Geist der Nation,* ocorreu um movimento muito semelhante (N. T.).

(**) Na formulação inicial, Montesquieu enumerou assim os determinantes da existência dos povos: «Os homens são governados por cinco coisas diferentes: o clima, as maneiras, os costumes, a Religião e as leis» (*P,* nº 1903). Este passo, mais do que qualquer outro, contribuiu para fundar as interpretações do pensamento de Montesquieu que viam nele o pai da nova ciência da sociologia (N. T.).

(***) Comparar com a formulação inicial: «O clima domina quase sozinho os Selvagens; as maneiras governam os Chineses; as leis tiranizam o Japão; os costumes davam outrora o tom em Roma e na Lacedemónia; e a Religião faz tudo actualmente no Sul da Europa». *P,* nº 1903 (N. T.).

(****) Trata-se da França, evidentemente (N. T.).

vezes indiscreta; e que com isso tivesse coragem, generosidade, franqueza, um certo ponto de honra, não se deveria tentar perturbar as suas maneiras, para não perturbar as suas virtudes. Se em geral o carácter é bom, que importância têm alguns defeitos que se encontrassem?

Poder-se-ia conter as mulheres, fazer leis para corrigir os seus costumes e limitar o seu luxo; mas quem sabe se não se perderia um certo gosto que seria a fonte das riquezas da nação, e uma polidez que atrai para ela os estrangeiros?

Cabe ao legislador acompanhar o espírito da nação, quando este não é contrário aos princípios do governo; pois nada fazemos melhor do que o que fazemos livremente, e acompanhando o nosso génio natural.

Se se der um espírito pedante a uma nação naturalmente alegre, o Estado nada ganhará, nem no seu interior nem no exterior. Deixai-o fazer as coisas frívolas seriamente, e alegremente as coisas sérias.

Capítulo VI
Que não tem de se corrigir tudo

Que nos deixem como somos, dizia um gentil-homem de uma nação que se assemelha bastante àquela de que acabámos de dar uma ideia. A natureza repara tudo. Deu-nos uma vivacidade capaz de ofender e apta a levar-nos a faltar a todos os respeitos; essa mesma vivacidade é corrigida pela polidez que ela nos providencia, inspirando-nos com o gosto pelo mundo e sobretudo pelo contacto (*) com as mulheres.

Que nos deixem tal como somos. As nossas qualidades indiscretas, associadas à nossa pouca malícia, fazem que não sejam convenientes as leis que pertubariam o humor sociável entre nós.

Capítulo VII
Dos Atenienses e dos Lacedemónios

Os Atenienses, prosseguia este gentil-homem, eram um povo que tinha alguma relação com o nosso. Punha alegria nos negó-

(*) *Commerce* no original (N. T.).

cios; uma tirada divertida agradava-lhe tanto quer viesse da tribuna, quer viesse do teatro. A vivacidade que introduzia nos conselhos, levava-a também para a sua execução. O carácter dos Lacedemónios era grave, sério, seco, taciturno. Não se tirava melhor partido de um ateniense aborrecendo-o do que de um lacedemónio divertindo-o.

Capítulo VIII
Efeitos do humor sociável

Quanto mais os povos se comunicam, mais facilmente mudam de maneiras, porque cada um é mais um espectáculo para o outro; vêem-se melhor as singularidades dos indivíduos ([*]). O clima que leva a que uma nação goste de comunicar, leva também a que ela goste de mudar; e o que faz uma nação gostar de mudar leva também à formação do gosto.

A sociedade das mulheres arruína os costumes e forma o gosto: o desejo de agradar mais do que os outros estabelece os adornos; e o desejo de agradar a mais do que a si mesmo estabelece as modas. As modas são um objecto importante: à força de tornar o espírito frívolo, aumenta-se incessantemente os ramos do comércio ([1]).

Capítulo IX
Da vaidade e do orgulho das nações

A vaidade é uma mola tão boa para um governo, como o orgulho é uma mola perigosa. Para mostrá-lo basta conceber, de

(*) Comparar com Saint-Pierre, *Projet pour rendre la paix perpetuelle en Europe* (Utrecht: Antoine Schouten, 1713), vol. II, p. 128, que se cingia a uma forma particular de comunicação, e que Montesquieu também tinha aqui em mente, a saber, as trocas comerciais. Saint-Pierre sugeriu que o comércio conduz à «comparação de opiniões» diferentes, e que por esse processo dialéctico de comparações as opiniões «mais razoáveis» triunfariam. Por opiniões «mais razoáveis», Saint-Pierre entendia também as que proporcionavam a paz ou que com ela eram mais compatíveis. Note-se ainda que comparar constituía, para Montesquieu, a «principal faculdade da alma» (*ECPAF*, p. 54). Ver *EL*, XX.1 (N. T.).

(1) Ver [Bernard Mandeville], *A Fábula das Abelhas.*

um lado, os inúmeros bens que resultam da vaidade: daí o luxo, a indústria, as artes, as modas, a polidez, o gosto; e, do outro lado, os males infinitos que nascem do orgulho de certas nações: a preguiça, a pobreza, o abandono de tudo, a destruição das nações que o acaso fez cair nas suas mãos e até a destruição da própria nação. A preguiça (1) é o efeito do orgulho; o trabalho é uma consequência da vaidade: o orgulho de um espanhol levá-lo-á a não trabalhar; a vaidade de um francês levá-lo-á a saber trabalhar melhor do que os outros.

Toda a nação preguiçosa é grave; pois aqueles que não trabalham consideram-se soberanos dos que trabalham.

Examinai todas as nações e vereis que, na sua maioria, a gravidade, o orgulho e a preguiça caminham ao mesmo passo.

Os povos de Achim (2) são altivos e preguiçosos: os que não têm escravos alugam-nos, nem que seja para caminhar cem passos, e transportar duas medidas de arroz; julgam-se desonrados se forem eles próprios a transportá-las.

Há muitos lugares na terra onde se deixa crescer as unhas para mostrar que não se trabalha.

As mulheres das Índias (3) julgam que é vergonhoso para elas aprender a ler: dizem que é coisa para os escravos que cantam cânticos nos pagodes. Numa casta, elas não fiam; noutra, apenas fazem cestos e tapetes, e nem devem sequer pilar o arroz; noutras, não podem ir buscar água. Aí, o orgulho estabelece as suas regras e fá-las cumprir. Não é necessário dizer que as qualidades morais provocam efeitos diferentes conforme estejam unidas a outras. Assim, o orgulho, associado a uma vasta ambição, à grandeza das ideias, etc., produzia entre os Romanos os efeitos que se sabem (*).

---

(1) Os povos que seguem o Cã de Malacamber, os de Carnataca e de Coromandel são povos orgulhosos e preguiçosos; consomem pouco porque são miseráveis; ao passo que os Mongóis e os povos do Hindustão ocupam-se e gozam das comodidades da vida, como os Europeus. *Recueil des voyages qui ont servi à l'établissement de la compagnie des Indes*, t. I, p. 54.

(2) Ver Dampierre, t. III.

(3) *Lettres édifiantes*, décimo segundo compêndio, p. 80.

(*) Ver Mandeville, vol. I, p. 106: «Vejo a avareza e a prodigalidade na sociedade como dois venenos contrários na física [medicina], em que é certo que as qualidades nocivas, ao serem corrigidas pelos efeitos prejudiciais mútuos, podem auxiliar-se uma à outra, e muitas vezes produzem entre si um bom remédio». Ver

Capítulo X
Do carácter dos Espanhóis e do carácter dos Chineses

Os diversos caracteres das nações são misturas de virtudes e de vícios, de boas e más qualidades. As misturas felizes são aquelas das quais resultam grandes bens, e muitas vezes nem suspeitamos delas; outras há donde resultam grandes males, e das quais também não suspeitaríamos.

A boa fé dos Espanhóis foi famosa em todos os tempos. Justino (1) fala-nos da sua fidelidade no guardar os depósitos; muitas vezes sofreram a morte para os manter secretos. Essa fidelidade que outrora tinham, ainda hoje a têm. Todas as nações que comerceiam em Cádiz confiam a sua fortuna aos Espanhóis; nunca se arrependeram. Mas essa qualidade admirável, associada à sua preguiça, forma uma mistura da qual resultam efeitos que lhes são perniciosos: os povos da Europa fazem, debaixo dos seus olhos, todo o comércio da sua monarquia.

O carácter dos Chineses forma uma outra mistura, que contrasta com o carácter dos Espanhóis. A sua vida precária (2) faz que tenham uma actividade prodigiosa e um desejo tão excessivo de ganho que nenhuma nação comerciante pode fiar-se neles (3). Essa infidelidade reconhecida conservou-lhes o comércio do Japão; nenhum negociante europeu se atreveu a empreendê-lo em seu nome, por mais fácil que pudesse ser esse empreendimento através das províncias marítimas do Norte.

Capítulo XI
Reflexão

Não disse isto para diminuir em nada a distância infinita que existe entre os vícios e as virtudes: Deus me livre! Apenas quis elucidar que nem todos os vícios políticos são vícios morais, e

---

também La Rochefoucauld, máxima nº 182: «Os vícios entram na composição das virtudes como os venenos entram na composição dos remédios (...)» (ver ainda nº 11) (N. T.).

(1) Liv. XLIV, [cap. ii].

(2) Devido à natureza do clima e do terreno.

(3) O Padre du Halde, t. II.

que nem todos os vícios morais são vícios políticos (*); e é isso que aqueles que fazem leis que colidem com o espírito geral não devem ignorar.

Capítulo XII
Das maneiras e dos costumes no Estado despótico

É uma máxima capital que nunca se deve mudar os costumes e as maneiras no Estado despótico; nada seria mais prontamente seguido de uma revolução. É que, nesses Estados, não existem leis, por assim dizer; só existem costumes e maneiras; e, se os derrubais, derrubais tudo.

As leis são estabelecidas, os costumes são inspirados; estes estão mais ligados ao espírito geral, aquelas estão mais ligadas a uma instituição particular. Ora, é tão perigoso, se não for mais, arruinar o espírito geral do que mudar uma instituição particular.

Comunica-se menos nos países onde cada um, como superior e como inferior, exerce e sofre um poder arbitrário do que naqueles onde a liberdade reina em todas as condições. Portanto, muda-se menos de maneiras e de costumes. As maneiras mais fixas estão mais próximas das leis. É por isso que é preciso que um príncipe ou um legislador contrariem menos os costumes e as maneiras nesses países do que em qualquer país do mundo.

(*) Não obstante os seus protestos, aqui Montesquieu aproximava-se consideravelmente da posição de Maquiavel. Ver *Il Principe*, caps. XV-XVIII. Neste contexto preciso, Montesquieu aproximava-se também da posição de Bernard Mandeville, de quem se pode dizer que se apropriou da reflexão geral de Maquiavel e aplicou-a a um âmbito histórico mais particular, e sobretudo a uma dimensão da acção humana a que mais tarde se convencionaria chamar *economia*. Ver *EL*, XIX.8. O que parece querer dizer que o autor diminuiu precisamente «a distância infinita que existe entre os vícios e as virtudes». Recorde-se o subtítulo da obra mais famosa de Mandeville: «*Private Vices, Publick Benefits*». Porém, noutro lugar Montesquieu (*P*, nº 1015) condicionou fortemente a tese de Mandeville rectificando que não tolerava o recurso a «vícios» na formação das riquezas; ele apenas exigia que se tratassem de qualidades «indiferentes».

É preciso no entanto acrescentar que, em rigor, Mandeville nunca alegou a absoluta coincidência entre vícios privados e virtudes públicas. Os efeitos daquilo a que a moral tradicional denomina *vícios* só serão proveitosos para o todo da sociedade mediante instituições adequadas, o que quer dizer que cabe à política e a um «habilidoso político» suportar uma rede institucional que possibilite a conversão de vícios privados em benefícios públicos (N. T.).

Aí, as mulheres estão normalmente confinadas e não têm tom a dar. Nos outros países, onde elas vivem com os homens, o desejo que elas têm de agradar, e o desejo que se tem também de lhes agradar, levam que a se mude continuamente de maneiras. Os dois sexos corrompem-se, um e outro perdem a sua qualidade distinta e essencial; a arbitrariedade é posta no que era absoluto e as maneiras mudam todos os dias.

Capítulo XIII
Das maneiras entre os Chineses

Mas é na China que as maneiras são indestrutíveis. Não só as mulheres estão absolutamente separadas dos homens, como nas escolas são ensinadas tanto as maneiras como os costumes. Um homem letrado ([1]) é conhecido pelo modo fácil como faz a reverência. Estas coisas, uma vez dadas na forma de preceitos e por doutores graves, fixam-se como se fossem princípios de moral, e não mudam mais.

Capítulo XIV
Quais os meios naturais de mudar os costumes e as maneiras de uma nação

Dissemos que as leis eram instituições particulares e precisas do legislador; e que os costumes e as maneiras eram instituições da nação em geral. Daí decorre que quande se quer mudar os costumes e as maneiras, não devemos mudá-los pelas leis, pois isso pareceria demasiado tirânico; mais vale mudá-los com outros costumes e outras maneiras.

Assim, quando um príncipe quer fazer grandes mudanças na sua nação, tem de reformar pelas leis o que está estabelecido pelas leis, e mudar pelas maneiras o que está estabelecido pelas maneiras: e é uma política muito má mudar pelas leis o que deve ser mudado pelas maneiras.

A lei que obrigava os Moscovitas a cortar a barba e as suas vestes, e a violência de Pedro I, que mandava cortar até aos joe-

([1]) Diz o Padre du Halde.

lhos os longos robes dos que entravam nas cidades, eram tirânicas. Existem meios de impedir os crimes: são as penas; existem meios de mudar as maneiras: são os exemplos.

A facilidade e a prontidão com as quais essa nação é policiada mostrou, de facto, que esse príncipe tinha uma opinião excessivamente negativa dela, e que esses povos não eram animais, como ele dizia. Os meios violentos que ele empregou eram inúteis; teria igualmente atingido o seu objectivo com a brandura.

Ele próprio comprovou a facilidade com que essas mudanças ocorreram. As mulheres estavam confinadas e eram de algum modo escravas; ele chamou-as para a corte, fê-las vestir à alemã, enviou-lhes tecidos. Este sexo imediatamente apreciou uma forma de viver que tanto lisonjeava o seu gosto, a sua vaidade e as suas paixões, e fizeram os homens apreciá-la também.

O que tornou esta mudança tão fácil foi que os costumes de então eram estranhos ao clima, e tinham sido levados para lá por uma mistura de nações e pelas conquistas. Pedro I, ao dar os costumes e as maneiras da Europa a uma nação da Europa, encontrou facilidades que o próprio não esperaria. O império do clima é o primeiro de todos os impérios (*).

(*) Na enumeração dos componentes do «espírito geral da nação» em *EL*, XIX.4, o clima aparece também em primeiro lugar: «Várias coisas governam os homens: o clima, a religião, as leis, as máximas do governo, os exemplos das coisas passadas, os costumes, as maneiras (...)».

Mais do que qualquer outro passo, foi este que difundiu a interpretação de um Montesquieu determinista. Porém, a formulação não dissipa uma certa ambiguidade, em particular no uso da expressão «primeiro» entre os impérios. Destutt de Tracy (*Commentaire*, p. 291) estava provavelmente muito mais próximo da posição de Montesquieu do que supunha, quando contrapôs em jeito de crítica ao alegado determinismo do magistrado de Bordéus que «se não se duvida de que o clima influencia todas as espécies viventes, mesmo as vegetais, e por conseguinte a espécie humana, no entanto é verdade que influencia menos o homem do que qualquer outro animal. (...) quanto mais as faculdades [intelectuais] são desenvolvidas, mais as artes são multiplicadas e aperfeiçoadas, isto é, quanto mais o homem é civilizado, mais o império do clima sobre ele diminui». Sobre o primado do clima, Bonneval escreveu:

Vous connoissez l'Esprit des Lois
Que pensez-vous de cet Ouvrage?
Ce n'est qu'un confus assemblage
De Républiques et de Rois...
Sur tous cês objets d'importance,
L'Auteur nous laisse apercevoir,

Não tinha, pois, necessidade de leis para mudar os costumes e as maneiras da sua nação. Ter-lhe-ia bastado inspirar outros costumes e outras maneiras (*).

Em geral, os povos estão muito apegados aos seus costumes; bani-los violentamente é torná-los infelizes. Portanto, não é preciso mudar os costumes, mas levar os povos a serem eles mesmos a mudá-los.

Toda a pena que não deriva da necessidade é tirânica (**). A lei não é um puro acto de poder; as coisas indiferentes pela sua natureza não são do seu âmbito.

Capítulo XV
Influência do governo doméstico sobre o político

Não restam dúvidas de que a mudança dos costumes das mulheres influenciará muito o governo da Moscóvia. Tudo está extremamente ligado: o despotismo do príncipe une-se com

---

Non, une simple tolérance,
Mais une froide indifférence;
Tout lui paroît fruit du terroir...
La liberté n'est qu'un vain titre;
Le culte un pur consentement;
Et le climat seul est l'arbitre
Des Dieux et du Gouvernement (N. T.).

(*) O mesmo em *P*, nº 630, máxima IV (N. T.).

(**) A primeira parte do artº 8 da *Declaração dos Direitos do Homem e do Cidadão* de 1789 reflecte quase exactamente este passo: «A Lei só deve estabelecer penas estrita e evidentemente necessárias (...)». Quase a mesma formulação aparece na *Declaração dos Direitos do Homem e do Cidadão* de 1793, artº 15. De resto, Cesare Beccaria já citara esta frase de Montesquieu e acrescentara: «Proposição que pode tornar-se mais geral da seguinte forma: todo o acto de autoridade de um homem sobre outro homem que não derive da absoluta necessidade é tirânico. Eis, pois, sobre o que se fundamenta o direito que o soberano tem de punir os delitos: a necessidade de defender o depósito do bem-estar público das usurpações particulares. E tanto mais justas são as penas quanto mais sagrada e inviolável é a segurança e maior a liberdade que o soberano garante aos seus súbditos». Beccaria, *Dos Delitos e das Penas*, p. 64.

Não há razões para suspeitar da intenção de Beccaria de ser minimamente fiel ao «grande Montesquieu», mas é inevitável concluir que dá um cunho mais liberal, se é lícito usar o termo, à filosofia penal e política do pensador francês do que aquele que a leitura cuidada de *EL* permite, sobretudo se tivermos em conta a proposição «mais geral» aqui citada (N. T.).

naturalidade à servidão das mulheres; a liberdade das mulheres ao espírito da monarquia.

Capítulo XVI
Como alguns legisladores confundiram os princípios que governam os homens

Os costumes e as maneiras são usos que as leis não estabeleceram, ou não puderam, ou não quiseram estabelecer.

Existe a seguinte diferença entre as leis e os costumes: é que as leis regram mais as acções do cidadão e os costumes regram mais as acções do homem. Existe a seguinte diferença entre os costumes e as maneiras: é que os primeiros visam mais a conduta interior e as outras a exterior.

Por vezes, num Estado, essas coisas (1) confundem-se. Licurgo fez um mesmo código para as leis, os costumes e as maneiras; e os legisladores da China fizeram o mesmo.

Não temos de nos espantar por os legisladores da Lacedemónia e da China terem confundido as leis, os costumes e as maneiras. É que os costumes representam as leis, e as maneiras representam os costumes.

Os legisladores da China tinham como principal objecto garantir que o seu povo vivesse tranquilo. Queriam que os homens se respeitassem muito; que cada um sentisse em todos os instantes que devia muito aos outros; que não havia cidadão que não dependesse, em algum aspecto, de um outro cidadão. Deram, por isso, às regras da civilidade a maior das extensões.

Assim, entre os povos chineses, vê-se os aldeões (2) cumprirem entre eles cerimónias como as pessoas de uma condição mais elevada: meio muito apropriado para inspirar a brandura, para manter no povo a paz e a boa ordem e para suprimir todos os vícios que provêm de um espírito duro. Com efeito, a emancipação das regras da civilidade não corresponde a procurar o meio de pôr os defeitos mais à vontade?

---

(1) Moisés fez um mesmo código para as leis e para a religião. Os primeiros Romanos confundiram os costumes antigos com as leis.

(2) Ver o Padre du Halde, [*Description de la Chine*, t. II].

Nesse aspecto, a civilidade vale mais do que a polidez. A polidez lisonjeia os vícios dos outros e a civilidade impede-nos de exibir os nossos. É uma barreira que os homens colocam entre eles para impedir que se corrompam.

Licurgo, cujas instituições eram duras, não teve a civilidade como seu objecto quando formou as maneiras. Teve em vista esse espírito belicoso que queria dar ao seu povo. Sempre a corrigir, ou sempre corrigida, sempre a instruir e sempre a ser instruída, igualmente simples e rígida, esta gente praticava as virtudes entre si, em vez de mostrar apreço.

Capítulo XVII
Propriedade particular do governo da China

Os legisladores da China fizeram mais ([1]): confundiram a religião, as leis, os costumes e as maneiras. Tudo era a moral, tudo era a virtude. Os preceitos que consideravam esses quatro pontos consistiam naquilo a que se chamava os ritos. Foi no cumprimento exacto desses ritos que o governo chinês trinfou. Passava-se toda a juventude a aprendê-los, toda a vida a praticá-los. Os letrados ensinavam-nos, os magistrados pregavam-nos. E, como envolviam todas as pequenas acções da vida, enquanto se encontrou o meio de os fazer cumprir exactamente, a China foi bem governada.

Duas coisas ajudaram a gravar os ritos no coração e no espírito dos Chineses: uma foi a sua maneira de escrever extremamente complicada, que fazia que durante uma grandíssima parte da vida o espírito estivesse exclusivamente ([2]) ocupado com esses ritos, porque era necessário aprender a ler nos livros e pelos livros que os continham; a outra residia no facto de como os preceitos dos ritos nada tinham de espiritual, mas simplesmente regras de uma prática comum, era mais fácil convencer e impressionar os espíritos com eles do que com uma coisa intelectual.

Os príncipes que em lugar de governar através dos ritos governaram pela força dos suplícios quiseram obter dos suplícios o que não estava no seu poder, e que é dar costumes. Realmente,

---

([1]) Ver os Livros clássicos dos quais o Padre du Halde nos deu excertos tão belos.

([2]) Foi o que estabeleceu a emulação, a fuga à ociosidade e a estima pelo saber.

os suplícios cortarão da sociedade um cidadão que, tendo perdido os seus costumes, viole as leis; mas se toda a gente perdeu os seus costumes, os suplícios serão capazes de os recuperar? Os suplícios travarão, de facto, muitas consequências do mal geral, mas não corrigirão esse mal. Por isso, quando os princípios do governo chinês foram abandonados, quando a moral aí se perdeu, o Estado caiu na anarquia e vieram as revoluções.

Capítulo XVIII
Consequência do capítulo anterior

Daqui resulta que a China não perde as suas leis com a conquista. Como na China as maneiras, os costumes, as leis, a religião são a mesma coisa, não se pode mudar tudo de uma só vez. E como é preciso que o vencedor ou o vencido mudem, na China teve sempre de ser o vencedor a mudar. Pois como os seus costumes não eram as suas maneiras; como as suas maneiras não eram as suas leis; como as suas leis não eram a sua religião, foi mais fácil que ele se dobrasse a pouco e pouco ao povo vencido do que o contrário.

Daqui também se segue uma coisa bem triste: é que quase não é possível que o cristianismo jamais venha a estabelecer-se na China ([1]). Os votos de virgindade, as assembleias de mulheres nas igrejas, a comunicação necessária entre elas e os ministros da religião, a sua participação nos sacramentos, a confissão auricular, a extrema-unção, o casamento com uma só mulher: tudo isso subverte os costumes e as maneiras do país, e agride também com um só golpe a religião e as leis.

A religião cristã, com o estabelecimento da castidade, com um culto público, com a participação nos próprios sacramentos, parece exigir que tudo se una. Os ritos dos Chineses parecem ordenar que tudo se separe.

E, como se viu que esta separação ([2]) em geral está ligada ao espírito do despotismo, encontra-se aqui uma das razões que levam a que o governo monárquico e todo o governo moderado estejam mais bem aliados à religião cristã.

([1]) Ver as razões dadas pelos magistrados chineses, nos decretos mediante os quais proscrevem a religião cristã (*Lettres édifiantes*, compêndio XVII).

([2]) Ver o liv. IV, cap. iii, e o liv. XIX, cap. xiii.

Capítulo XIX

Como se faz essa união da religião, das leis, dos costumes e das maneiras entre os Chineses

Os legisladores da China tiveram como principal objecto do governo a tranquilidade do império. A subordinação pareceu-lhes o meio mais apropriado para mantê-la. Com essa ideia, acreditaram que deviam inspirar o respeito pelos pais, e reuniram todas as suas forças para esse efeito. Estabeleceram uma infinidade de ritos e de cerimónias para honrá-los durante a sua vida e depois da sua morte. Era impossível honrar tanto os pais mortos sem ser levado a honrá-los enquanto viviam. As cerimónias em honra dos pais mortos estavam mais relacionadas com a religião; as cerimónias em honra dos pais vivos estavam mais relacionadas com as leis, com os costumes e com as maneiras; mas eram apenas partes de um mesmo código, e esse código era muito extenso.

O respeito pelos pais estava necessariamente ligado a tudo o que os pais representavam: os velhos, os senhores, os magistrados, o imperador. Esse respeito pelos pais supunha um retorno de amor aos filhos; e, por conseguinte, o mesmo retorno de amor dos velhos aos jovens, dos magistrados aos que lhes estão sujeitos, do imperador aos seus súbditos. Tudo isso formava os ritos, e esse ritos formavam o espírito geral da nação.

Pode perceber-se a relação que pode haver entre a constituição fundamental da China e as coisas aparentemente mais indiferentes. Esse império é formado com base na ideia do governo de uma família. Se diminuirdes a autoridade paternal, ou mesmo se retirardes as cerimónias que exprimem o respeito que se tem por ela, fragilizareis o respeito pelos pais que são vistos como pais; os magistrados não terão o mesmo cuidado pelos povos, que devem ser considerados como filhos; aos poucos também a relação de amor que existe entre o príncipe e os súbditos se perderá. Omiti uma destas práticas, e abalareis o Estado. É bastante indiferente em si que todas as manhãs uma nora se levante para ir cumprir estes e aqueles deveres para com a sua sogra; mas se repararmos que estas práticas exteriores recordam incessantemente um sentimento que é necessário imprimir em todos os corações, e que de todos os corações vai formar o espírito que governa o império, veremos que é necessário que esta ou aquela acção particular seja feita.

Capítulo XX
Explicação de um paradoxo sobre os Chineses

O que há de singular é que os Chineses, cuja vida é inteiramente dirigida pelos ritos, sejam não obstante o povo mais patife da Terra. Isso transparece sobretudo no comércio, que nunca foi capaz de lhes inspirar a boa-fé que lhe é natural. Quem compra deve levar (1) consigo a sua própria balança porque cada mercador tem três balanças diferentes: uma forte para comprar, uma ligeira para vender e uma justa para os que estão acautelados. Julgo que posso explicar esta contradição.

Os legisladores da China tiveram dois propósitos: quiseram que o povo fosse submisso e tranquilo, e que fosse laborioso e industrioso. Pela natureza do clima e do terreno, leva-se uma vida precária; só se assegura a vida à força da indústria e do trabalho.

Quando todos obedecem e todos trabalham, o Estado encontra-se numa situação feliz. É a necessidade, e talvez a natureza do clima, que deram a todos os Chineses uma avidez inconcebível pelo ganho; e as leis não sonharam contê-la. Tudo foi proibido, quando se tratava de adquirir pela violência; tudo foi permitido, quando se tratava de obter pelo artifício ou pela indústria. Não comparemos, pois, a moral dos Chineses com a da Europa. Na China, cada um teve de estar atento ao que lhe era útil; se o patife cuidou dos seus interesses, aquele que é enganado devia pensar nos seus. Na Lacedemónia, era permitido roubar; na China, é permitido enganar.

Capítulo XXI
Como as leis devem ser relativas aos costumes e às maneiras (*)

Só as instituições singulares confundem assim as coisas naturalmente separadas: as leis, os costumes e as maneiras; mas embora estejam separadas, não deixam de ter entre si grandes relações.

---

(1) *Journal* de Lange em 1721 e 1722; tomo VIII das *Voyages du Nord*, p. 363.

(*) Sobre este tema – e provavelmente em parte sobre este capítulo – Hegel (*Princípios da Filosofia do Direito*, § 3) diria mais tarde: «No que diz respeito ao elemento histórico designado no início do parágrafo [acerca do conteúdo que o direito recebe do carácter nacional de um povo e do estádio do seu desenvolvimento histórico], foi Montesquieu quem apresentou a verdadeira visão histórica,

Perguntou-se a Sólon se as leis que ele dera aos Atenienses eram as melhores: «Dei-lhes», respondeu ele, «as melhores leis dentre aquelas que eles podiam suportar». Belas palavras, que deveriam ser escutadas por todos os legisladores. Quando a sabedoria divina diz ao povo judeu: «Dei-vos preceitos que não são bons», isso significa que tinham apenas uma bondade relativa; o que é a esponja de todas as dificuldades que possam ser levantadas às leis de Moisés.

Capítulo XXII
Continuação do mesmo assunto

Quando um povo tem bons costumes, as leis tornam-se simples. Platão ([1]) diz que Radamanto, que governava um povo extremamente religioso, despachava todos os processos com celeridade, aceitando apenas um juramento por caso. Mas, diz o mesmo Platão ([2]), quando um povo não é religioso, só se pode recorrer ao juramento nas ocasiões em que aquele que jura não é parte interessada, como o juiz e as testemunhas.

Capítulo XXIII
Como as leis seguem os costumes

Nos tempos em que os costumes dos Romanos eram puros, não havia uma lei específica contra o peculato. Quando esse crime começou a aparecer, foi considerado tão infame que ser condenado a restituir ([3]) o que se tirou foi visto como uma grande pena. Veja-se o julgamento de L. Cipião ([4]).

---

o ponto de vista autenticamente filosófico: considerar a legislação em geral e as suas determinações particulares, não de uma forma abstracta e isolada, mas pelo contrário como um factor dependente de uma totalidade, em ligação com todas as outras determinações que constituem o carácter de uma nação e de uma época; nessa ligação, a legislação e as suas determinações obtêm o seu verdadeiro significado assim como a sua justificação» (N. T.).

([1]) *Das leis*, livro XII.

([2]) *Das leis*, livro XII.

([3]) *In simplum* [«o valor exacto»].

([4]) Tito Lívio, liv. XXXVIII, [cap. lii].

Capítulo XXIV
Continuação do mesmo assunto

As leis que atribuem a tutela à mãe dão mais atenção à conservação da pessoa do pupilo; as que a atribuem ao herdeiro mais próximo dão mais atenção à conservação dos bens. Entre os povos cujos costumes estão corrompidos, mais vale atribuir a tutela à mãe. Entre aqueles onde as leis devem ter confiança nos costumes dos cidadãos, atribui-se a tutela ao herdeiro dos bens, ou à mãe, e por vezes a ambos.

Se reflectirmos sobre as leis romanas perceberemos que o seu espírito é conforme ao que digo. Na época em que foi feita a lei das Doze Tábuas os costumes em Roma eram admiráveis. Atribuía-se a tutela ao parente mais próximo do pupilo, pois pensava-se que quem podia ter o benefício da sucessão deveria ter também o encargo da tutela. Não se julgava que a vida do pupilo estivesse em perigo, embora ela fosse posta nas mãos daquele a quem a sua morte poderia ser útil. Mas, quando os costumes mudaram em Roma, viu-se os legisladores mudarem também na sua forma de pensar. «Se, na substituição pupilar», dizem Caio (1) e Justiniano (2), «o testador receia que o substituto arme ciladas ao pupilo, pode deixar a substituição vulgar em aberto (3), e pôr a pupilar numa parte do testamento que só se poderá abrir depois de um determinado tempo». Eis receios e precauções que eram desconhecidos dos primeiros Romanos.

Capítulo XXV
Continuação do mesmo assunto

A lei romana dava a liberdade de se fazerem doações antes do casamento; depois do casamento já não o permitia. Isso baseava-se nos costumes dos Romanos, que só eram levados a casar-se pela frugalidade, pela simplicidade e pela modéstia, mas que podiam deixar-se seduzir pelos cuidados domésticos, pelas complacências e pela felicidade de toda uma vida.

---

(1) *Instit.*, liv. II, título vi, § 2; a compilação de Ozel, Leiden, 1658.

(2) *Instit.*, liv. II, *de pupil. Substit.*, § 3.

(3) A substituição vulgar é: *Se fulano não recebe a herança, eu substituo-o por*, etc. A pupilar é: *Se fulano morre antes da sua puberdade, eu substituo-o por*, etc.

A lei dos Visigodos (1) determinava que o esposo não pudesse dar a quem devia desposar mais do que um décimo dos seus bens, e que não lhe pudesse dar nada durante o primeiro ano do casamento. Isso também provinha dos costumes do país. Os legisladores queriam travar essa jactância espanhola, que apenas leva a liberalidades excessivas em acções estrepitosas.

Os Romanos, com as suas leis, contiveram alguns dos defeitos do império mais durável do mundo, que é o da virtude; os Espanhóis, com as suas, queriam impedir o mau efeito da tirania mais frágil do mundo, que é a da beleza.

Capítulo XXVI
Continuação do mesmo assunto

A lei de Teodósio e de Valentiniano (2) tirou dos antigos costumes (3) e das maneiras dos Romanos as causas do repúdio. Incluiu entre essas causas a acção de um marido (4) que castigasse a sua mulher de uma maneira indigna de uma pessoa de bom nascimento. Esta causa foi omitida nas leis subsequentes (5): é que os costumes tinham mudado neste aspecto; os usos do Oriente tinham tomado o lugar dos da Europa. O primeiro eunuco da imperatriz, mulher de Justiniano II, ameaçou-a, conta a história, com o castigo que usava para punir as crianças nas escolas. Só costumes estabelecidos, ou costumes que procuram estabelecer-se, podem tornar uma tal coisa imaginável.

Vimos como as leis seguem os costumes; vejamos agora como os costumes seguem as leis.

---

(1) Liv. III, título I, § 5.

(2) Leg. 8, Cod. *de repudiis.*

(3) E da lei das Doze Tábuas. Ver Cícero, *segunda Filípica,* [cap. lxix].

(4) *Se verberibus, quae ingenuis aliena sunt, afficientem probaverit* [«Se for provado que ele usou chicotes, algo indigno de uma pessoa de bom nascimento»].

(5) Nas *Novellae,* CXVII, cap. xiv.

Capítulo XXVII
Como as leis podem contribuir para formar os costumes, as maneiras e o carácter de uma nação

Os costumes de um povo escravo são uma parte da sua servidão; os de um povo livre são uma parte da sua liberdade.

No livro XI falei de um povo livre; apresentei os princípios da sua constituição. Vejamos os efeitos que deviam seguir-se, o carácter que se pôde formar e as maneiras que deles resultam.

Não digo que o clima não tenha produzido, em grande medida, as leis, os costumes e as maneiras dessa nação; mas digo que os costumes e as maneiras dessa nação deveriam ter uma profunda relação com as suas leis.

Como haveria nesse Estado dois poderes visíveis, o poder legislativo e o executor, e como nele todo o cidadão teria a sua vontade própria, e faria valer a sua independência como lhe aprouvesse, a maioria das pessoas teria mais afeição por um desses poderes do que pelo outro, já que o grande número normalmente não tem equidade nem bom senso suficientes para sentir igual afeição por ambos (*).

E, como o poder executor, por dispor de todos os empregos, poderia dar grandes esperanças mas nunca receios, todos aqueles que obteriam qualquer coisa dele seriam levados a se colocar do seu lado, e poderia ser atacado por todos aqueles que dele nada esperassem.

Aí, como todas as paixões estão livres, o ódio, a inveja, o ciúme, o ardor de enriquecer e de se distinguir, apareceriam em toda a sua extensão; e se fosse de outro modo, o Estado seria como um homem abatido pela doença, que não tem paixões porque não tem forças.

O ódio que existiria entre os dois partidos perduraria porque seria sempre impotente.

(*) Se Montesquieu, analisando o governo ministerial-parlamentar ainda nos seus primórdios, associou os partidos políticos aos *poderes* políticos – o partido do poder executor, por um lado, e o partido do poder legislativo, por outro –, já Madame de Staël, escrevendo no final do século XVIII e no início do século XIX, podia associar os dois partidos da vida pública inglesa à sua realidade política efectiva. Para ela, os dois partidos são o «partido ministerial», por um lado, e o «partido da oposição», por outro. Ver *Considérations sur les principaux événements de la Révolution française* (Paris: Tallandier, 1983), p. 538 (N. T.).

Como esses partidos são compostos por homens livres, se um deles tomasse uma dianteira excessiva, o efeito da liberdade faria que esse poder fosse rebaixado, à medida que os cidadãos, como as mãos que socorrem o corpo, viriam levantar o outro.

Como cada particular, sempre independente, seguiria muito os seus caprichos e as suas fantasias, mudar-se-ia frequentemente de partido; abandonar-se-ia um partido onde se deixariam todos os seus amigos para se ligar a um outro no qual encontraria todos os seus inimigos; e muitas vezes, nessa nação, poderiam ser esquecidas as leis da amizade e as do ódio (*).

O monarca estaria na mesma situação que os particulares; e, contra as máximas normais da prudência, seria muitas vezes obrigado a dar a sua confiança aos que mais o tivessem contrariado e a desgraçar aqueles que melhor o tivessem servido, fazendo por necessidade o que os outros príncipes fazem por escolha.

Receia-se ver escapar um bem que se sente, que pouco se conhece, e que pode ser disfarçado; e o medo aumenta sempre os objectos. O povo estaria inquieto com a sua situação e julgaria estar em perigo mesmo nos momentos mais seguros.

Como aqueles que se oporiam mais vivamente ao poder executor não poderiam admitir os motivos interessados da sua oposição, aumentariam os terrores do povo, que nunca saberia com exactidão se estaria em perigo ou não. Mas até isso contribuiria para evitar os verdadeiros perigos a que o povo poderia, de seguida, estar exposto.

Mas como o corpo legislativo teria a confiança do povo, e como seria mais esclarecido do que este, poderia fazê-lo rever as más impressões que lhe tivessem sido dadas e acalmar os seus movimentos.

É a grande vantagem que este governo teria sobre as democracias antigas, nas quais o povo tinha um poder imediato; pois

---

(*) Contrastar com Madame de Staël, *Considérations sur les principaux événements de la Révolution française*, parte VI, cap. 4, onde se indica a *lealdade* e *coesão* partidária que existia em Inglaterra. Deve-se notar, porém, que esta obra Staël foi publicada em 1818, depois da Revolução, do jacobinismo, do Directório, de Napoleão, da Restauração. Embora Staël tivesse escrito estas reflexões alguns anos antes, não custa reconhecer que a sua perspectiva de análise de temas como a «lealdade partidária» era agora ponderada segundo critérios menos apertados do que aqueles implicitamente usados por Montesquieu e que parecem ser oriundos da política republicana dos tempos da Antiguidade (N. T.).

quando os oradores o agitavam, essas agitações produziam sempre o seu efeito.

Assim, quandos os terrores impressos não tivessem objecto certo, produziriam apenas clamores e injúrias vãos; e teriam até o bom efeito de esticar todas as molas do governo e tornariam todos os cidadãos atentos. Mas se nascessem por ocasião do derrube das leis fundamentais seriam surdos, funestos, atrozes, e produziriam catástrofes.

Em breve se avistaria uma calma terrível, durante a qual tudo se reuniria contra o poder violador das leis.

Se, no caso em que as inquietudes (*) não têm objecto certo, alguma potência estrangeira ameaçasse o Estado, e pusesse a sua fortuna ou a sua glória em perigo; nessa altura, tudo se reuniria em favor do poder executor, já que os pequenos interesses cederiam aos maiores.

(*) Ver *P*, nº 69, onde se pode ler que «o mundo político sustenta-se no desejo interior, *inquieto* que cada um tem de sair do lugar onde foi colocado» (os itálicos são meus). Neste capítulo, encontram-se diversas palavras variantes de inquietude (inquieto, inquietado, inquietação, etc.). É que a palavra inquietude reflecte o espírito geral inglês, do povo livre dos tempos modernos. Para uma melhor compreensão da intenção de Montesquieu ao escolher esta palavra e esta noção, convém notar que *inquietude* fora precisamente a palavra escolhida por Pierre Coste, o grande tradutor francês de Locke no século XVIII, para traduzir o crucial termo lockiano *uneasiness.* (Montesquieu conhecia pessoalmente Coste e possuía na sua biblioteca particular um exemplar da tradução francesa do *Ensaio sobre o Entendimento Humano*). No *Ensaio* de Locke, a *uneasiness* era o desconforto ou inquietação causado pela ausência de um bem desejado, e nesse sentido constituía a causa psicológica da acção dos homens. Ver Paul A. Rahe, «Forms of Government: Structure, Principle, Object, and Aim» in David W. Carrithers, Michael A. Mosher, Paul A. Rahe (orgs.), *Montesquieu's Science of Politics. Essays on The Spirit of Laws* (Lanham: Rowman & Littlefield, 2001), pp. 85-88. Já não parece razoável a sugestão de Rahe de que a «inquietude» associada ao partidarismo constituiria o «princípio do governo» inglês. A ausência textual da afirmação de um «princípio» da constituição da liberdade deve, pelo contrário, ser aceite como indicando a sua ausência real. Isto é, o regime da liberdade é-o por não depender de uma paixão uniforme e totalizante para o seu movimento político e social. Talvez por isso Montesquieu não tenha enunciado as presumíveis «leis da educação» do regime inglês. Ver a este respeito a Introdução do Tradutor à presente edição.

Ver ainda como Tocqueville se apropriou deste ensinamento de Montesquieu e o aplicou directamente ao seu estudo do homem democrático na América, também ele caracterizado pela *inquietude* no meio do bem-estar e da liberdade, *De la Démocratie en Amérique*, II.ii.13, II.ii.3, II.iii.2 (N. T.).

Porquanto, se as disputas se formassem por ocasião da violação das leis fundamentais, e se uma potência estrangeira aparecesse, haveria uma revolução que não mudaria a forma do governo, nem a sua constituição: pois as revoluções que a liberdade gera não são senão uma confirmação da liberdade.

Uma nação livre pode ter um libertador; uma nação subjugada só pode ter um outro opressor.

Pois todo o homem com suficiente força para escorraçar aquele que é já o senhor absoluto num Estado tem força suficiente para se converter ele mesmo num senhor desse tipo.

Como para gozar da liberdade é preciso que cada um possa dizer o que pensa, e que para conservá-la é preciso também que cada um possa dizer o que pensa, um cidadão, nesse Estado, diria e escreveria tudo o que as leis não o proibissem expressamente de dizer ou de escrever.

Essa nação, sempre exaltada, poderia mais facilmente ser conduzida pelas suas paixões do que pela sua razão, que nunca produz grandes efeitos no espírito dos homens; e seria fácil para aqueles que a governassem pô-la a levar a cabo iniciativas contrárias aos seus verdadeiros interesses.

Essa nação amaria prodigiosamente a sua liberdade, porque essa liberdade seria verdadeira; e poderia suceder que, para defendê-la, sacrificasse o seu bem, o seu conforto, os seus interesses; cobrasse impostos tão duros que o príncipe mais absoluto não ousaria pôr os seus súbditos a suportá-los.

Mas como teria um conhecimento correcto da necessidade de se lhes submeter, pagaria na esperança bem fundada de não pagar mais; os encargos seriam mais pesados do que o sentimento desses encargos; ao passo que há Estados onde o sentimento está infinitamente acima do mal.

Teria um crédito seguro porque emprestaria a si mesma e pagaria a si mesma. Poderia acontecer que tentasse levar a cabo empresas superiores às suas forças naturais, e faria valer contra os seus inimigos riquezas imensas de ficção, que a confiança e a natureza do seu governo tornariam reais.

Para conservar a sua liberdade, pediria emprestado aos seus súbditos; e os seus súbditos, que veriam que o seu crédito estaria perdido se ela fosse conquistada, teriam um novo motivo para fazer esforços para defender a sua liberdade.

Se essa nação habitasse uma ilha, não seria conquistadora, porque conquistas separadas a enfraqueceriam. Se o terreno dessa ilha fosse bom, ela seria ainda menos conquistadora, porque não teria necessidade da guerra para enriquecer. E, como nenhum cidadão dependeria de outro cidadão, cada um faria mais caso da sua liberdade do que da glória de alguns cidadãos, ou de um só.

Aí, os homens de guerra seriam vistos como pessoas de uma profissão que pode ser útil e muitas vezes perigosa, como pessoas cujos serviços são laboriosos para a própria nação; e as qualidades civis seriam mais tidas em consideração.

Essa nação, que a paz e a liberdade tornariam abastada, liberta dos preconceitos destruidores, seria levada a tornar-se comerciante. Se tivesse alguma dessas mercadorias primitivas (*) que servem para fazer aquelas coisas a que a mão do operário dá um grande preço, poderia criar estabelecimentos que lhe permitissem garantir o pleno usufruto desse dom do céu.

Se essa nação estivesse situada mais para norte e possuísse um grande número de produtos supérfluos; como também lhe faltaria um grande número de mercadorias que o seu clima lhe recusaria, faria um comércio necessário, mas grande, com os povos do Sul: e, escolhendo os Estados que favoreceria com um comércio vantajoso, faria tratados reciprocamente úteis com a nação que tivesse escolhido.

Num Estado onde, de um lado, a opulência seria extrema, e, do outro, os impostos excessivos, dificilmente se conseguiria viver sem indústria com uma fortuna limitada. Muita gente, com o pretexto da viagem ou da saúde, se exilaria e iria procurar a abundância nos países da própria servidão.

Uma nação comerciante tem um número prodigioso de pequenos interesses particulares; pode, portanto, estorvar e ser estorvada de uma infinidade de maneiras. Tornar-se-ia soberanamente ciosa; e afligir-se-ia mais com a prosperidade dos outros do que gozaria a sua.

E as suas leis, noutros aspectos brandas e fáceis, poderiam ser tão rígidas a respeito do comércio e da navegação que aí fossem praticados que pareceria que negociava apenas com inimigos.

(*) Isto é, matérias-primas (N. T.).

Se essa nação enviasse colónias para longe, faria-o mais para estender o seu comércio do que o seu domínio.

Como gostamos de estabelecer noutros lugares o que se encontra estabelecido na nossa casa, essa nação daria ao povo das suas colónias a forma do seu próprio governo; e como esse governo levaria consigo a prosperidade, veríamos formarem-se grandes povos nas mesmas florestas para onde enviara colonos.

Poderia suceder que outrora tivesse subjugado uma nação vizinha, que, pela sua situação, pela bondade dos seus portos, pela natureza das suas riquezas, tivesse despertado o seu ciúme: assim, ainda que lhe tivesse dado as suas próprias leis, mantê-la-ia numa grande dependência; de modo que aí os cidadãos seriam livres, e o próprio Estado seria escravo (*).

O Estado conquistado teria um governo civil muito bom, mas seria oprimido pelo direito dos povos; e ser-lhe-iam impostas leis de nação a nação que seriam de tal ordem que a sua prosperidade seria apenas precária, e não seria mais do que um depósito para um senhor.

Como a nação dominante habitaria uma grande ilha, e como possuiria um grande comércio, teria todo o tipo de facilidades para ter as forças marítimas; e como a conservação da sua liberdade exigiria que ela não possuísse nem fortes, nem fortalezas, nem exércitos terrestres, teria necessidade de um exército marítimo que a protegesse das invasões; e a sua marinha seria superior à de todas as outras potências, que, por terem necessidade de empregar as suas finanças na guerra terrestre, não teriam finanças suficientes para a guerra marítima.

O império do mar deu sempre aos povos que o possuíram uma altivez natural; porque, ao sentirem-se capazes de insultar por toda a parte, julgam que o seu poder é tão ilimitado como o Oceano.

Essa nação poderia ter uma grande influência nos assuntos dos seus vizinhos. Pois como não empregaria o seu poder para conquistar, a sua amizade seria mais procurada, e o seu ódio seria mais receado do que a inconstância do seu governo e a sua agitação interior pareceriam permitir.

Assim, esse seria o destino do poder executor, o de ser quase sempre inquietado internamente e respeitado no exterior.

(*) Referência à Irlanda (N. T.).

Se acontecesse que essa nação se tornasse em algumas ocasiões no centro das negociações da Europa, levaria para estas um pouco mais de probidade e de boa-fé do que as outras; porque como os seus ministros são frequentemente obrigados a justificar a sua conduta diante de um conselho popular, as suas negociações não poderiam ser secretas e seriam forçados a ser, a este respeito, pessoas um pouco mais honestas.

Além disso, como teriam de algum modo de responder pelos acontecimentos que uma conduta desviada poderia gerar, o mais seguro para eles seria tomar o caminho mais recto.

Se os nobres tivessem detido durante um certo período um poder imoderado na nação, e o monarca tivesse encontrado o meio de os rebaixar elevando o povo, o ponto de extrema servidão situar-se-ia entre o momento de abaixamento dos grandes e aquele em que o povo tivesse começado a sentir o seu poder.

Poderia ser que essa nação, por outrora ter estado submetida a um poder arbitrário, tivesse dele conservado, em várias ocasiões, o estilo; de modo que, sobre o fundo de um governo livre, seria vista muitas vezes a forma de um governo absoluto.

A respeito da religião, como nesse Estado cada cidadão teria a sua vontade própria, e seria por conseguinte conduzido pelas suas próprias luzes, ou pelas suas próprias fantasias, sucederia, ou que cada um tivesse muita indiferença por todos os tipos de religião, qualquer que fosse a sua espécie, o que levaria toda a gente a abraçar a religião dominante; ou que houvesse muito zelo pela religião em geral, o que levaria à multiplicação das seitas ([*]).

Não seria impossível que houvesse nessa nação pessoas que não tivessem religião, e que nem por isso quisessem ser obrigadas

---

([*]) As primeiras impressões de Montesquieu sobre a vida religiosa em Inglaterra incidiram sobre o surpreendente indiferentismo na sociedade britânica, em comparação com as restantes sociedades europeias. Nesses primeiros registos denota-se o indiferentismo religioso das elites inglesas, a relativa fraqueza da prática religiosa pública e o papel social negligenciável atribuído ao clero. Além disso, Montesquieu também assinalou o perpétuo «ridículo» a que a religião estava sujeita em Inglaterra (*NA*, pp. 875-884; *P*, nº 818). Mas neste capítulo de *EL* Montesquieu apenas avança o indiferentismo como hipótese, sendo a outra hipótese alternativa, directamente decorrente da liberdade religiosa, o fervor religioso gerado a partir da profusão das seitas «dissidentes». Por outras palavras, ao contrário do que os seus apontamentos poderiam fazer crer, não existe qualquer fatalismo na relação entre a liberdade política e o indiferentismo religioso. É apenas uma possibilidade dentre duas (N. T.).

a mudar a que poderiam ter, se tivessem alguma. Pois desde logo perceberiam que a vida e os bens não lhes pertencem mais do que a sua maneira de pensar; e que quem pode roubar-lhes uma dessas coisas, pode com ainda mais facilidade roubar-lhes a outra.

Se dentre as diferentes religiões houvesse uma cujo estabelecimento tivesse sido tentado pela via da escravatura, ela seria odiosa aí, porque como julgamos as coisas pelas ligações e associações que lhes atribuímos, esta religião jamais se apresentaria ao espírito conjuntamente com a ideia da liberdade.

As leis contra aqueles que professassem essa religião não seriam sanguinárias, pois a liberdade não imagina esse tipo de penas; mas seriam tão repressoras que fariam todo o mal que se pode fazer a sangue-frio (*).

Poderia acontecer de mil maneiras que o clero tivesse tão pouco crédito que os outros cidadãos o tivessem em maior proporção. Assim, em lugar de se separar, o clero gostaria mais de suportar os mesmos encargos que os leigos, e a esse respeito constituir com eles um mesmo corpo. Mas como procuraria sempre atrair o respeito do povo, distinguir-se-ia por uma vida mais retirada, uma conduta mais reservada e costumes mais puros.

Esse clero, não podendo proteger a religião, nem ser protegido por ela, veria sair da sua pena obras muito boas, para provar a revelação e a providência do grande Ser.

Poderia acontecer que se iludisse as suas assembleias, e que não se quisesse permitir ao clero que corrigisse sequer os seus abusos; e que, por um delírio da liberdade, se gostasse mais de deixar a sua reforma imperfeita do que aceitar que o clero fosse reformador (**).

As dignidades, por fazerem parte da constituição fundamental, seriam mais fixas do que noutros lugares; mas, por outro lado, os grandes nesse país da liberdade aproximar-se-iam mais do povo; as categorias estariam, portanto, mais separadas e as pessoas mais misturadas.

(*) Referência às leis anticatólicas. Ver Blackstone, *Commentaries on the Laws of England*, IV.iii.2, que fazia um resumo das «leis antipapistas», mas acrescentando, em jeito de crítica a Montesquieu, que em Inglaterra estas leis tinham deixado de ser executadas em todo o seu rigor, e que se deveria ter em conta que esse corpo de leis resultava de um contexto histórico específico que fora definitivamente superado (N. T.).

(**) Referência ao clero anglicano (N. T.).

Aqueles que governam, por terem um poder que se renova, por assim dizer, e se refaz todos os dias, teriam mais consideração por aqueles que lhes são úteis do que por aqueles que os distraem. Assim, seriam vistos poucos cortesãos, poucos lisonjeadores e poucos condescendentes, enfim todos esses tipos de pessoas que fazem os grandes pagar o próprio vazio do seu espírito.

Os homens quase não seriam estimados por talentos ou atributos frívolos, mas por qualidades reais; e desse género só haveria duas: as riquezas e o mérito pessoal (*).

Haveria um luxo sólido, fundado, não no refinamento da vaidade, mas no refinamento das necessidades reais; e nas coisas pouco mais se procuraria do que os prazeres que a natureza nelas colocou.

Gozar-se-ia de um grande supérfluo, e, no entanto, as coisas frívolas seriam proscritas; assim, porque muitos teriam mais bens do que ocasiões de gastar, empregá-los-iam de maneira bizarra; e nessa nação haveria mais espírito do que gosto.

Como estariam sempre ocupados com os seus interesses, não teriam aquela polidez que está fundada na ociosidade; e efectivamente não teriam o tempo para isso.

A época da polidez dos Romanos é a mesma que a do estabelecimento do poder arbitrário. O governo absoluto produz a ociosidade; e a ociosidade faz nascer a polidez.

Quanto mais gente houver numa nação que precise de se relacionar entre si e de não desagradar, mais polidez haverá. Mas é mais a polidez dos costumes do que a das maneiras que nos deve distinguir dos povos bárbaros.

Numa nação em que todos os homens, à sua maneira, participariam na administração do Estado, as mulheres quase não deveriam viver com os homens. Seriam, pois, modestas, isto é, tímidas: essa timidez faria a sua virtude; ao passo que os homens, sem galanteria, se lançariam num deboche que lhes deixaria toda a sua liberdade assim como todo o seu lazer.

Como as leis não seriam feitas mais para um particular do que para outro, cada um se consideraria como um monarca; e os homens, nessa nação, seriam mais confederados do que concidadãos.

(*) Ver *P*, nº 1420, 1433 (N. T.).

Se o clima tivesse dado a muitas pessoas um espírito inquieto e vistas largas, num país onde a constituição desse a todos uma parte no governo e interesses políticos, falar-se-ia muito de política; veríamos pessoas que passariam a sua vida a calcular acontecimentos que, tendo em vista a natureza das coisas e o capricho da fortuna, isto é, dos homens, não estão muito sujeitos ao cálculo (*).

Numa nação livre, é muitas vezes indiferente que os particulares raciocinem bem ou mal; basta que raciocinem. Daí decorre a liberdade que protege dos efeitos desses mesmos raciocínios.

Do mesmo modo, num governo despótico, é igualmente pernicioso que se raciocine bem ou mal; basta que se raciocine para que o princípio do governo seja contrariado.

Muita gente que não se preocuparia em agradar a ninguém abandonar-se-ia ao seu humor. A maioria, que possuiria espirituosidade (**), seria atormentada pela sua própria espirituosidade: no desdém ou no desgosto por todas as coisas, seriam infelizes com tantas razões para não o serem.

Como nenhum cidadão recearia nenhum cidadão, essa nação seria altiva; pois a altivez dos reis é fundada apenas na sua independência.

As nações livres são soberbas, as outras podem mais facilmente ser vaidosas.

Mas esses homens tão altivos, vivendo sobretudo com eles mesmos, muitas vezes se encontrariam no meio de gente desconhecida; seriam tímidos, e neles veríamos, na maior parte do tempo, uma mistura bizarra de acanhamento e de altivez.

O carácter da nação apareceria sobretudo nas suas obras do espírito, em que veríamos pessoas recolhidas, cada uma das quais teria pensado sozinha.

A sociedade ensina-nos a sentir os ridículos; o recolhimento torna-nos mais aptos a sentir os vícios. Os seus escritos satíricos

---

(*) Em *Pensées*, Montesquieu atribuiu este hábito de calcular ao «espírito do comércio». E também refere a Inglaterra em particular, que com os seus negociantes e com os seus filósofos constitui uma nação de «calculadores» (*P*, nº 1228, 1139). Aqui, Montesquieu antecipa algumas das propostas de interpretação do «espírito do capitalismo» avançadas por Max Weber e por Joseph Schumpeter. Ver, por todos, Schumpeter, *Capitalism, Socialism and Democracy* (Nova Iorque: HarperCollins, 2008), cap. XI (N. T.).

(**) «*Esprit*» no original (N. T.).

seriam sangrentos; e veríamos muitos Juvenais entre eles antes de encontrar um Horácio.

Nas monarquias extremamente absolutas, os historiadores traem a verdade porque não têm a liberdade para dizê-la; nos Estados extremamente livres, traem a verdade por causa da sua própria liberdade, que, como produz sempre divisões, cada um torna-se tão escravo dos preconceitos da sua facção como o seria de um déspota.

Os seus poetas teriam as mais das vezes essa rudeza original da invenção do que uma certa delicadeza que o gosto gera: aí, encontrar-se-ia qualquer coisa que se aproximaria mais da força de Miguel Ângelo do que da graça de Rafael (*).

(*) Segundo Caillois, trata-se de uma referência a John Milton (N. T.).

Quarta parte

Livro XX
Das leis na relação que têm com o comércio considerado na sua natureza e nas suas distinções

Docuit quae maximus Atlas (*).
VIRGÍLIO, *Eneida*

INVOCAÇÃO ÀS MUSAS

Virgens do monte Piéria, ouvistes o nome que vos dou? Inspirai-me. Corro um grande caminho; estou abatido com tristeza e aborrecimento (1). *Dai ao meu espírito esse encanto e essa brandura que outrora sentia e que foge para longe de mim. Nunca sois tão divinas como quando levais à sabedoria e à verdade pelo prazer.*

Mas, se não quereis suavizar o rigor dos meus trabalhos, escondei de mim o próprio trabalho; fazei com que eu seja instruído, e não

---

(*) «Que o grande Atlas ensinara» (N. T.).

(1) *Narrate, puellae*
Pierides; prosit mihi vos dixisse puellas.
[«Falai, donzelas pierianas; se me é permitido chamar-vos donzelas»] [Juvenal, *Sátiras* IV, 35-36].

ensine; que reflicta, e que pareça sentir; e quando eu anunciar coisas novas, fazei com que eu acredite que nada sabia, e que tudo me foi dito por vós.

Quando as águas da vossa fonte saem do rochedo que amais, não ascendem ao ar para cair; elas correm pelos prados; elas fazem as vossas delícias porque fazem as delícias dos pastores.

Musas encantadoras, se lançardes sobre mim um só dos vossos olhares, todo o mundo lerá a minha obra; e o que não poderia ser um divertimento será um prazer.

Divinas Musas, sinto que me inspirais, não apenas o que se canta em Tempe com as flautas, ou o que se repete em Delos com a lira; quereis que eu fale à razão; ela é o mais perfeito, o mais nobre e o mais requintado dos nossos sentidos.

Capítulo I
Do comércio

As matérias que se seguem exigiriam um tratamento mais extenso; mas a natureza desta obra não o permite. Queria deslizar por um rio tranquilo; sou arrastado por uma torrente.

O comércio cura os preconceitos destruidores; e é quase uma regra geral que por toda a parte onde há costumes brandos, há comércio; e que por toda a parte onde há comércio, há costumes brandos.

Portanto, não deve espantar que os nossos costumes sejam menos ferozes do que eram outrora. O comércio fez o conhecimento dos costumes de todas as nações chegar a todo o lado: foram comparados entre si, e daí resultaram grandes bens ([*]).

Pode dizer-se que as leis do comércio aperfeiçoam os costumes pela mesma razão que essas mesmas leis arruinam os costumes. O comércio corrompe os costumes puros ([1]): esse era o tema das queixas de Platão. Dá polimento e abranda os costumes bárbaros, como podemos ver todos os dias.

([*]) Comparar com *EL*, XIX.8, n.t. (N. T.).

([1]) César diz dos Gauleses que a proximidade e o comércio de Marselha estragara-os a tal ponto que eles, que outrora os tinham sempre vencido, se tinham tornado inferiores aos Germanos.

Capítulo II
Do espírito do comércio

O efeito natural do comércio é o de levar à paz (*). Duas nações que negoceiam uma com a outra tornam-se reciprocamente dependentes: se uma tem o interesse de comprar, a outra tem o interesse de vender; e todas as uniões estão fundadas em necessidades mútuas.

Mas se o espírito do comércio une as nações, não une do mesmo modo os particulares. Vemos que nos países ([1]) onde só se é afectado pelo espírito do comércio traficam-se todas as acções humanas e todas as virtudes morais: as mais pequenas coisas, as que a humanidade solicita, fazem-se ou dão-se em troca de dinheiro (**).

(*) A tese de que «o efeito natural do comércio é o de levar à paz» foi perfeitamente antecipada por Saint-Pierre, cuja obra constituiu muito provavelmente fonte de inspiração para Montesquieu neste tema. No pensamento de Saint-Pierre o projecto de «paz perpétua», por um lado, tinha em vista facilitar o comércio para que se usufruísse dos seus benefícios económicos e, por outro, era reforçado pelo efeito pacificador das práticas e trocas comerciais. Depois de Montesquieu, a tese do efeito pacificador do comércio tornou-se quase num lugar-comum no discurso político e económico europeu, a tal ponto que Rousseau, precisamente num dos seus comentários à «paz perpétua» de Saint-Pierre, denunciaria a dita tese como uma «espécie de fanatismo político». Por sua vez, Kant retomaria, embora talvez não com o mesmo entusiasmo de Saint-Pierre, o tema da cooperação do comércio na pacificação das relações internacionais.

Rousseau, *Extrait du projet de paix perpétuelle, Œuvres complètes* (Paris: Gallimard, 1959-1969), vol. III, pp. 575-576, 572-573; Saint-Pierre, *Projet pour rendre la paix perpétuelle en Europe* (Utrecht: Antoine Schouten, 1713), vol. I, pp. 284-350; Kant, *A Paz Perpétua* in *A Paz Perpétua e Outros Opúsculos,* trad. portuguesa Artur Morão (Lisboa: Edições 70, 1995), pp. 148-149.

Já no século XX alguém como Joseph Schumpeter podia dizer que «o pacifismo moderno e a moral internacional moderna são (...) produtos do capitalismo». *Capitalism, Socialism and Democracy* (Nova Iorque: Harper Torchbooks, 1962), p. 128 (N. T.).

([1]) A Holanda.

(**) Muitos anos antes da publicação de *EL,* Montesquieu compôs um caderno de apontamentos de viagem, que incluiu a sua passagem pela Holanda. Aí, lamentou que tudo o que lhe tinham dito sobre a «avareza», «patifaria» e «vigarice» dos Holandeses seja confirmado pela sua própria experiência como «a verdade pura». A partir das suas observações, que, como se pode ver no texto de *EL,* viriam a ser de certo modo suavizadas, Montesquieu cedeu à tentação de generalizar. O desejo pelo dinheiro não olha a outros meios senão os da «avareza»

O espírito do comércio produz nos homens um certo sentimento de justiça exacta (*), oposta, por um lado, ao banditismo, e, por outro, às virtudes morais que fazem que se não discuta sempre os interesses próprios com rigidez, e que se possa negligenciá-los em favor dos interesses dos outros.

A privação total do comércio produz pelo contrário o banditismo que Aristóteles coloca entre as várias maneiras de adquirir. O seu espírito não se opõe a certas virtudes morais: por exemplo, a hospitalidade, muito rara nos países do comércio, está admiravelmente presente entre os povos bandidos.

É um sacrilégio para os Germanos, diz Tácito, fechar a nossa casa a qualquer homem que seja, conhecido ou desconhecido. Aquele que praticou (1) a hospitalidade para com um estrangeiro, vai mostrar-lhe uma outra casa onde ela também é praticada e ele é aí recebido com a mesma humanidade. Mas quando os Germanos fundaram reinos, a hospitalidade tornou-se num fardo. Duas leis do código (2) dos Borgonheses mostram-no, em que uma delas inflige uma pena a todo o bárbaro que for mostrar a um estrangeiro a casa de um romano; e a outra determina que quem receber um estrangeiro será indemnizado pelos habitantes, cada um segundo a sua quota-parte.

Capítulo III
Da pobreza dos pobres

Há dois tipos de povos pobres: os que a dureza do governo tornou assim; e esses povos são incapazes de quase nenhuma virtude porque a sua pobreza faz parte da sua servidão; os outros

---

e da «rapina». E mais fundamentalmente: «O coração dos habitantes dos países que vivem do comércio está completamente corrompido» (*Voyage de Gratz a La Haye*, vol. I, pp. 863-864). Mais tarde, ainda escreveria que «um holandês pode morrer aos 80 anos sem jamais ter feito uma boa acção» (*P*, nº 1441) (N. T.).

(*) «Justiça exacta»: concepção de justiça tipicamente comutativa, isto é, assente na estrita reciprocidade nas relações jurídicas e morais, assimilando-as às relações de cariz económico. Justiça desligada da liberalidade e da acção desinteressada (N. T.).

(1) *Et qui modo hospes fuerat, monstrator hospitii* [«Aquele que era até agora o anfitrião, leva o hóspede a outro anfitrião»]. *De moribus Germ.*, [cap. xxi], Ver também César, *Guerra das Gálias*, liv. VI, [cap. xxi].

(2) Título xxxviii.

só são pobres porque desdenharam, ou porque não conheceram, as comodidades da vida; e estes podem fazer grandes coisas porque essa pobreza faz parte da sua liberdade.

Capítulo IV
Do comércio nos vários governos

O comércio está relacionado com a constituição. No governo de um só, o comércio normalmente está fundado no luxo, e embora também esteja fundado nas necessidades reais, o seu objecto principal é proporcionar à nação que o pratica tudo o que pode servir o seu orgulho, as suas delícias e as suas fantasias. No governo de muitos, o comércio está mais frequentemente fundado na economia. Os negociantes, olhando para todas as nações da terra, levam para uma o que tiram da outra. Foi assim que as repúblicas de Tiro, de Cartago, de Atenas, de Marselha, de Florença, de Veneza e da Holanda praticaram o comércio.

Esta espécie de tráfico concerne o governo de muitos pela sua natureza, e o monárquico ocasionalmente. Pois como esse comércio está fundado apenas na prática de ganhar pouco, e até de ganhar menos do que qualquer outra nação, e de ser compensado apenas pelo ganho contínuo, é difícil que possa ser feito por um povo junto do qual o luxo se estabeleceu, que gasta muito e que só vê grandes objectos.

Era com estas ideias em mente que Cícero ([1]) dizia tão bem: «Não me agrada que um mesmo povo seja ao mesmo tempo o dominador e o corrector do universo». Com efeito, seria preciso supor que cada particular nesse Estado, e mesmo o próprio Estado como um todo, tivessem sempre a cabeça cheia de grandes projectos e essa mesma cabeça repleta de pequenos projectos: o que é contraditório.

Não que nesses Estados que subsistem pelo comércio de economia não se levem a cabo também as maiores empresas, e não haja uma ousadia que não se encontra nas monarquias. Eis a razão para isso.

([1]) *Nolo eumdem populum, imperatorem et portitorem esse terrarum* [«Não quero que o mesmo povo seja simultaneamente governante e marinheiro do mundo»]. Cícero, *de. Rep.*, liv. IV.

Um comércio leva a outro; o pequeno ao medíocre, o medíocre ao grande; e aquele que antes tanto desejou ganhar pouco põe-se numa situação em que não tem um desejo menor de ganhar muito.

Além disso, as grandes empresas dos negociantes estão sempre necessariamente misturadas com os assuntos públicos. Mas nas monarquias os assuntos públicos são, na maior parte do tempo, tão suspeitos para os mercadores como lhes parecem seguras nos Estados republicanos. As grandes empresas de comércio não são, pois, para as monarquias, mas para o governo de muitos.

Numa palavra, uma maior certeza quanto à propriedade, que se acredita ter nestes Estados, leva a que tudo seja empreendido; e, porque se acredita que se está seguro de tudo o que se adquiriu, ousa-se arriscá-lo para adquirir ainda mais; só se corre riscos com os meios de adquirir. Ora, os homens esperam muito da sua fortuna (*).

Não quero dizer que todas as monarquias estão totalmente excluídas do comércio de economia; mas pela sua natureza inclinam-se menos para ele. Não quero dizer que as repúblicas que conhecemos estejam inteiramente privadas do comércio de luxo; mas este tem menos relação com a sua constituição (**).

Quanto ao Estado despótico, é inútil falar dele. Regra geral: numa nação que está na servidão, trabalha-se mais para conservar do que para adquirir. Numa nação livre, trabalha-se mais para adquirir do que para conservar (***).

Capítulo V
Dos povos que praticaram o comércio de economia

Marselha, retiro necessário no meio de um mar tempestuoso; Marselha, esse lugar onde os ventos, os bancos de areia, a dis-

(*) À dualidade comércio de economia/comércio de luxo seguem-se as correspondentes dicotomias: bens de necessidade/bens de luxo; pequenos ganhos//grandes lucros; comércio de intermediação/comércio de aprovisionamento directo. Adaptado de Claude Morilhat, *Montesquieu: Politique et Richesses* (Paris: Presses Universitaires de France, 1996), p. 72 (N. T.).

(**) Este parágrafo não consta das primeiras edições (ed. Caillois) (N. T.).

(***) Ver, no entanto, como a promoção irrestrita do luxo numa monarquia tende a colocá-la à beira do abismo despótico. Ver *EL*, VII.7 com *CP*, nº 11, 13-14 (a fábula dos Trogloditas) e *P*, nº 120 (N. T.).

posição da costa, ordenam que se atraque, foi frequentada pelas gentes do mar. A esterilidade do seu território determinou que os seus cidadãos se dedicassem ao comércio de economia. Tinham de ser laboriosos para suprir o que a natureza lhes recusava; tinham de ser justos para viver entre nações bárbaras que deviam proporcionar a sua prosperidade; tinham de ser moderados para que o seu governo fosse sempre tranquilo; por fim, tinham de possuir costumes frugais para que pudessem sempre viver de um comércio que eles mais seguramente conservariam quanto menos vantajoso fosse.

Por toda a parte se viu a violência e a vexação dar origem ao comércio de economia, quando os homens são forçados a refugiar-se nos pântanos, nas ilhas, nos bancos de areia do mar e até em escolhos. Foi assim que Tiro, Veneza e as cidades da Holanda (*) foram fundadas; os fugitivos encontraram aí a sua segurança. Tinham de subsistir; foram buscar a sua subsistência a todo o universo.

Capítulo VI (**)

Alguns efeitos de uma grande navegação

Por vezes sucede que uma nação que pratica o comércio de economia, ao ter necessidade de uma mercadoria de um país que lhe serve de base para obter as mercadorias de um outro contenta-se em ganhar muito pouco, e às vezes nada, com umas mercadorias na esperança ou na certeza de ganhar muito com as outras. Assim, quando a Holanda praticava quase sozinha o comércio do sul para o norte da Europa, os vinhos de França que ela transportava para norte só lhe serviam, de algum modo, como base para fazer o seu comércio no norte.

Sabe-se que muitas vezes, na Holanda, certos géneros de mercadorias que vêm de longe não são vendidos mais caros do que custaram nos lugares de origem. Eis a razão que é dada: um comandante que precise de dar lastro ao seu navio transportará mármore; precisa de madeira para a estiva, comprá-la-á, e desde

(*) Ver *P*, nº 351. Aí se lê que a origem do grande comércio holandês esteve na «necessidade causada pelas vexações dos Espanhóis» (N. T.).

(**) Este capítulo não consta das primeiras edições (ed. Caillois) (N. T.).

que não perca nada, julgará ter-se dado bem. É assim que a Holanda também tem as suas pedreiras e as suas florestas.

Não só um comércio que nada dá a ganhar pode ser útil, como até um comércio desvantajoso pode sê-lo. Ouvi dizer na Holanda que a pesca da baleia, em geral, quase nunca rende mais do que aquilo que custa; mas os que são empregues na construção do barco, os que fornecem os aprestos, os aparelhos, os víveres, são também os que têm o principal interesse nessa pesca. Mesmo que percam com a pesca, ganham com os fornecimentos. Esse comércio é uma espécie de lotaria e cada um é seduzido pela esperança de um talão premiado. Todos gostam de jogar; e as pessoas mais sábias jogam de bom grado quando não vêem as aparências do jogo, os seus desvairamentos, as suas violências, as suas dissipações, a perda do tempo e até da vida.

Capítulo VII
Espírito da Inglaterra sobre o comércio

A Inglaterra tem poucas tarifas reguladas com as outras nações; a sua tarifa muda, por assim dizer, com cada parlamento, pelos direitos particulares que este suprime ou impõe. A Inglaterra quis também conservar a sua independência nessa matéria. Sumamente ciosa do comércio que faz dentro das suas fronteiras, deixa-se prender pouco aos tratados e depende apenas das suas leis.

Outras nações permitiram que os interesses comerciais cedessem aos interesses políticos: a Inglaterra sempre fez os seus interesses políticos ceder aos intereses do seu comércio.

É o povo do mundo que melhor soube tirar partido ao mesmo tempo destas três grandes coisas: a religião, o comércio e a liberdade.

Capítulo VIII
Como por vezes se perturbou o comércio de economia

Em certas monarquias fizeram-se leis muito apropriadas para rebaixar os Estados que praticam o comércio de economia. Foram proibidos de fornecer outras mercadorias além das que são produzidas nos seus países; apenas lhes foi permitido que viessem comerciar com navios construídos nos países donde vinham.

É preciso que o Estado que impõe essas leis possa facilmente praticar ele próprio o comércio. De outro modo, fará a si mesmo um mal pelo menos igual. Mais vale negociar com uma nação que exige pouco, e que as necessidades do comércio tornem de alguma forma dependente; mais vale negociar com uma nação que, pela extensão da sua visão ou dos seus negócios, sabe onde colocar todas as mercadorias supérfluas; mais vale negociar com uma nação que é rica, e pode assumir os encargos de muitos géneros; que os pagará rapidamente; que tem, por assim dizer, necessidade de ser fiel; que é pacífica por princípio, que procura ganhar, e não conquistar: mais vale, dizia, ter negócios com essa nação do que com outras que são sempre rivais e que não ofereceriam todas estas vantagens.

Capítulo IX
Da exclusão relativa ao comércio

A verdadeira máxima é de não excluir qualquer nação do comércio sem ter grandes razões. Os Japoneses só comerceiam com duas nações, a chinesa e a holandesa. Os Chineses ([1]) ganham mil por cento no açúcar e por vezes outro tanto nas mercadorias de retorno. Os Holandeses arrecadam lucros mais ou menos iguais. Toda a nação que se conduza segundo as máximas japonesas será necessariamente enganada. É a concorrência que atribui um preço justo às mercadorias e que estabelece as verdadeiras relações entre elas.

Menos ainda deve um Estado sujeitar-se a só vender as suas mercadorias a uma única nação, com o pretexto de que ela as comprará todas a um certo preço. Os Polacos fizeram um acordo com a cidade de Danzig para vender o seu cereal; muitos reis das Índias fizeram contratos semelhantes com os Holandeses ([2]). Essas convenções são apropriadas apenas a uma nação pobre que de bom grado abandona a esperança de enriquecer, desde que

---

([1]) O Padre du Halde, t. II, p. 170.

([2]) Isso foi estabelecido primeiramente pelos Portugueses. *Voyages* de François Pyrard, cap. XV, parte II.

tenha uma subsistência assegurada; ou a nações cuja servidão consiste em renunciar ao uso das coisas que a natureza lhes deu, ou em fazer com essas coisas um comércio desvantajoso.

Capítulo X
Estabelecimento apropriado ao comércio de economia

Nos Estados que praticam o comércio de economia felizmente foram estabelecidos bancos que, com o seu crédito, formaram novos sinais de valores. Mas seria errado levá-los para os Estados que praticam o comércio de luxo. Pô-los nos países governados por um só homem, seria supor o dinheiro de um lado, e do outro o poder: isto é, de um lado, a faculdade de tudo ter sem qualquer poder; e do outro, o poder com a faculdade de ter absolutamente nada. Num governo destes, nunca houve ninguém senão o príncipe que tivesse tido ou que pudesse ter um tesouro; e por toda a parte onde há um tesouro, desde que seja excessivo, torna-se imediatamente no tesouro do príncipe.

Pela mesma razão, as companhias de negociantes que se associam para praticar um determinado comércio raramente convêm ao governo de um só. A natureza destas companhias é a de dar às riquezas particulares a força das riquezas públicas. Mas, nesses Estados, essa força só pode encontrar-se nas mãos do príncipe. Digo mais: nem sempre convêm aos Estados onde se pratica o comércio de economia; e, se os negócios não forem tão grandes a ponto de estarem além do alcance dos particulares, será ainda melhor não perturbar a liberdade do comércio com privilégios exclusivos.

Capítulo XI
Continuação do mesmo assunto

Nos Estados que praticam o comércio de economia, pode estabelecer-se um porto franco. A economia do Estado que segue sempre a frugalidade dos particulares dá, por assim dizer, a alma ao seu comércio de economia. O que perde em tributos com o estabelecimento de que falamos é compensado pelo que pode tirar da riqueza industriosa da república. Mas no governo monárquico, estabelecimentos como este seriam contrários à razão; não teriam outro efeito senão o de aliviar o luxo do peso dos impostos. Ser-se-ia privado do único bem que esse luxo pode obter, e do único freio que, numa tal constituição, pudesse receber.

Capítulo XII
Da liberdade do comércio

A liberdade do comércio não é uma faculdade atribuída aos negociantes para fazerem o que querem; isso seria pelo contrário a sua servidão (*). O que perturba o comerciante nem por isso perturba o comércio. É nos países da liberdade que o negociante se depara com inúmeras contradições; e nunca é menos obstruído pelas leis do que nos países da servidão.

A Inglaterra proíbe a exportação das suas lãs; quer que o carvão seja transportado para a capital pelo mar; não permite a exportação dos seus cavalos, se não forem castrados; os navios ([1]) das suas colónias que comerceiam na Europa devem atracar em Inglaterra. Ela estorva o negociante, mas em favor do comércio.

Capítulo XIII
O que destrói essa liberdade

Onde há comércio, há alfândegas. O objecto do comércio é a exportação e a importação de mercadorias para benefício do Estado; e o objecto das alfândegas é um certo direito sobre essa mesma exportação e importação, também em benefício do Estado.

(*) François Melon em *Essai politique sur le commerce* (1734) [reimpresso em Eugène Daire (org.), *Économistes-Financiers du XVIIIème siècle* (Osnabrück: Otto Zeller, 1966), cap. XI], adoptou exactamente este ponto de partida na sua reflexão sobre a liberdade do comércio. Mas Montesquieu acrescentou algo que não estava presente em Melon: é que, abstraindo das condições políticas concretas, a limitação da liberdade de comerciar é justificada se servir o próprio comércio. O fim da liberdade do comércio é imanente ao próprio comércio ou à sua dinâmica própria (N. T.).

([1]) *Lei da Navegação* de 1660. Só em tempos de guerra é que os mercadores de Boston e de Filadélfia enviaram os seus navios para transportar as mercadorias directamente para o Mediterrâneo.

É preciso, pois, que o Estado seja neutro entre a sua alfândega e o seu comércio, e que o faça de modo que essas duas coisas não colidam; e gozar-se-á então de liberdade do comércio.

A cobrança dos impostos alfandegários destrói o comércio com as suas injustiças, com as suas vexações, com o excesso do que impõe: mas também o destrói, independentemente de tudo isso, com as dificuldades que origina e as formalidades que exige. Em Inglaterra, onde as alfândegas estão sob a cobrança directa ([*]), há uma facilidade singular de negociar: uma palavra por escrito conclui o maior dos negócios; o mercador não tem de perder um tempo infinito nem ter agentes especiais para acabar com todas as dificuldades que os cobradores levantam ou para a elas se submeter.

Capítulo XIV
Das leis do comércio que acarretam a confiscação das mercadorias

A grande carta dos Ingleses ([**]) proíbe a apreensão e a confiscação, em caso de guerra, das mercadorias dos negociantes estrangeiros, a menos que seja a título de represália. É belo que a nação inglesa tenha feito disso um dos artigos da sua liberdade.

Na guerra que a Espanha travou contra os Ingleses em 1740, fez-se uma ([1]) lei que punia com a morte aqueles que introduzissem nos Estados ([***]) da Espanha mercadorias de Inglaterra; infligia a mesma pena aos que levassem para os Estados ([****]) da Inglaterra mercadorias da Espanha. Uma ordenação destas só consegue, creio eu, encontrar um modelo nas leis do Japão. Colide com os nossos costumes, com o espírito do comércio e com a harmonia que deve haver na proporção das penas; confunde todas as ideias, convertendo num crime do Estado o que é apenas uma violação de polícia.

([*]) «Cobrança directa»: ver *EL*, XIII.19, n.t. (N. T.).

([**]) A famosa *Magna Charta* de 1215 (N. T.).

([1]) Publicada em Cádis no mês de Março de 1740.

([***]) Isto é, colónias ultramarinas (N. T.).

([****]) Isto é, colónias ultramarinas (N. T.).

Capítulo XV
Da prisão por dívidas

Em Atenas, Sólon (1) ordenou que não houvesse mais obrigações corporais por dívidas civis. Copiou (2) essa lei do Egipto; Bocoris criara-a e Sesóstris renovara-a.

Essa lei é muito boa para os assuntos (3) civis ordinários; mas temos razão em não cumpri-la nos assuntos do comércio. Porque como os negociantes são obrigados a confiar grandes somas por períodos frequentemente bastante curtos, a dá-las e a retomá-las, é preciso que o devedor cumpra sempre os seus compromissos no período estipulado; o que supõe a prisão por dívidas.

Nos negócios que derivam de contratos civis ordinários a lei não deve prever a prisão por dívidas porque dá maior importância à liberdade de um cidadão do que à comodidade de outro. Mas nas convenções que decorrem do comércio a lei deve dar mais importância à comodidade pública do que à liberdade de um cidadão; o que não impede as restrições e as limitações que a humanidade e a boa polícia podem exigir.

Capítulo XVI
Uma bela lei

A lei de Genebra que exclui das magistraturas, e até da entrada no Grande Conselho, os filhos daqueles que viveram ou que morreram insolventes, a menos que eles liquidem as dívidas do seu pai, é muito boa. A lei tem este efeito, o de dar confiança aos negociantes; dá confiança aos magistrados; dá confiança à própria cidade. Em Genebra, a fé particular tem ainda a força da fé pública.

---

(1) Plutarco, no tratado *Que não se deve emprestar com usura*, [cap. iv].

(2) Diodoro, liv. I, part. II, cap. lxxix.

(3) Os legisladores gregos que proibiram que se apreendesse as armas e a charrua de um homem como penhor, permitindo que se apreendesse esse mesmo homem, foram dignos de censura. Diodoro, liv. I, part. II, cap. lxxix.

Capítulo XVII (*)
Lei de Rodes

Os habitantes de Rodes foram mais longe. Sexto Empírico ([1]) diz que, em Rodes, um filho não podia escusar-se a pagar as dívidas do seu pai renunciando à sua herança. A lei de Rodes fora dada a uma república fundada sobre o comércio. Ora, creio que a razão do próprio comércio devia ter colocado a seguinte limitação, a de que as dívidas contraídas pelo pai depois de o filho ter começado a praticar o comércio não afectariam os bens adquiridos pelo filho. Um negociante deve sempre conhecer as suas obrigações e em cada instante conduzir-se de acordo com o estado da sua fortuna.

Capítulo XVIII
Dos juízes para o comércio

Xenofonte, no livro dos *Rendimentos*, queria que se atribuísse recompensas àqueles prefeitos do comércio que despachassem mais depressa os processos. Percebia a necessidade da nossa jurisdição consular.

Os assuntos do comércio são muito pouco susceptíveis de formalidades. São acções de todos os dias, que todos os dias são seguidas por outras da mesma natureza. É preciso, portanto, que possam ser resolvidas dia-a-dia. O mesmo não se passa com as acções da vida que influenciam muito o futuro, mas que raramente acontecem. Normalmente só se casa uma vez; não é todos os dias que se fazem doações ou testamentos; só se adquire a maioridade uma vez.

Platão ([2]) diz que numa cidade onde não há comércio marítimo, só se precisa de metade das leis civis; e isso é muito verdadeiro. O comércio introduz no mesmo país diferentes tipos de povos, um grande número de convenções, de espécies de bens e de maneiras de adquirir.

Assim, numa cidade comerciante há menos juízes e mais leis.

(*) Este capítulo não constava das primeiras edições (ed. Caillois) (N. T.).

([1]) *Hipotiposes*, liv. I, cap. xiv.

([2]) *Das leis*, liv. VIII.

Capítulo XIX
Que o príncipe não deve praticar o comércio

Teófilo ([1]), ao ver um navio que levava mercadorias por conta da sua mulher Teodora, mandou-o queimar. «Sou imperador ([*])», disse-lhe ele, «e fazeis de mim um senhor de galeras. Como é que a gente pobre poderá ganhar a sua vida, se também exercermos a sua profissão?» Poderia ter acrescentado: quem poderá reprimir--nos, se criarmos monopólios? Quem nos obrigará a cumprir os nossos compromissos? Os cortesãos quererão praticar este nosso comércio; serão mais ávidos e mais injustos do que nós. O povo confia na nossa justiça; não confia na nossa opulência: os muitos impostos que fazem a sua miséria constituem provas certas da nossa.

Capítulo XX
Continuação do mesmo assunto

Quando os Portugueses e os Castelhanos dominavam as Índias Orientais, o comércio tinha ramos tão ricos que os seus príncipes não deixaram de apropriar-se deles. Isso arruinou os seus estabelecimentos nessas paragens.

O vice-rei de Goa atribuiu privilégios exclusivos a particulares. Não se tem confiança em gente assim; o comércio é descontinuado pela mudança perpétua daqueles a quem foi confiado; ninguém gere esse comércio nem se preocupa com deixá-lo perdido para o seu herdeiro; o lucro fica nas mãos de particulares e não é suficientemente espalhado.

([1]) Zonaras [João Zonara, *Epitome historiarum*: Zonara era um monge grego de São Basílio. Antes de recolher à vida monástica teve uma ampla experiência política, trabalhando na corte imperial. Mas a obra da sua vida, além de um comentário aos cânones apostólicos, consistiu na compilação de uma História do Mundo. Foi publicada em Paris muito tempo mais tarde, em 1687. Morreu provavelmente no ano de 1120 (N. T.)].

([*]) Teófilo foi imperador de Bizâncio entre 829 e 842 (N. T.).

Capítulo XXI
Do comércio da nobreza na monarquia

É contrário ao espírito do comércio que a nobreza o pratique na monarquia. «Tal seria pernicioso para as cidades», dizem ([1]) os imperadores Honório e Teodósio, «e acabaria com a facilidade com que mercadores e plebeus compram e vendem».

É contrário ao espírito da monarquia que a nobreza pratique o comércio. O uso que permitiu que em Inglaterra a nobreza praticasse o comércio é uma das coisas que mais contribuíram para enfraquecer aí o governo monárquico.

Capítulo XXII
Reflexão particular

Algumas pessoas impressionadas com o que se pratica em certos Estados pensam que em França deveria haver leis que incentivassem os nobres a praticar o comércio. Seria o meio de destruir a sua nobreza, sem trazer qualquer utilidade para o comércio. A prática deste país é muito sábia: os negociantes não são nobres, mas podem vir a sê-lo. Têm a esperança de obter a nobreza, sem ter os seus inconvenientes. Não têm meio mais seguro de sair da sua profissão do que praticá-la bem, ou de a praticarem com honra; coisa que está normalmente associada à competência ([*]).

As leis que ordenam que cada um permaneça na sua profissão, e a transmita aos seus filhos, só são e só podem ser úteis nos Estados ([2]) despóticos, onde ninguém pode nem deve dedicar-se à emulação.

Que não se diga que cada um desempenhará melhor a sua profissão quando não puder abandoná-la por outra. Afirmo que

---

([1]) *Leg. nobiliores*, cod. de commerc., e *Leg. ult. de rescind. vendit.*

([*]) Esta intervenção de Montesquieu no debate sobre a «nobreza comerciante» nas monarquias europeias seria extremamente influente. Ver, por exemplo, Henry Fielding, *An Enquiry into the Causes of the Late Increase of Robbers*, de 1751; John Brown, *An Estimate of the Manners and Principles of the Times*, de 1757. Ver também um dos protagonistas deste debate que procurou apresentar a sua defesa da participação da nobreza no comércio acomodando idiossincraticamente a crítica de Montesquieu, o abade Coyer, *De la Noblesse commerçante*, de 1756 (N. T.).

([2]) Efectivamente, nesses Estados é frequente que assim esteja determinado.

cada um desempenhará melhor a sua profissão quando aqueles que nela se destaquem tiverem a esperança de chegar a outra.

A aquisição de nobreza que se pode fazer por dinheiro encoraja bastante os negociantes a colocar-se na posição de a ela chegar. Não estou a examinar se se faz bem em dar assim às riquezas o preço da virtude: existe um certo governo onde tal pode ser muito útil.

Em França, o estado do robe, que se encontra entre a grande nobreza e o povo; que, sem ter o brilho daquela, tem todos os seus privilégios; este estado que deixa os particulares na mediocridade, enquanto o corpo repositório das leis é glorificado; este estado no qual não há meios de obter distinções senão pela competência e pela virtude; profissão honrosa, mas que deixa sempre entrever uma outra mais distinta. Essa nobreza inteiramente guerreira, que pensa que, seja qual for o nível de riquezas que se possua, a fortuna está ainda por fazer, mas que é vergonhoso aumentar os bens se não se começar por dissipá-los; essa parte da nação, que serve sempre com o capital dos seus bens; que quando está arruinada dá o seu lugar a outro que também servirá com o seu capital; que vai à guerra para que ninguém ouse dizer que não foi; que quando não pode esperar por riquezas, espera por honrarias, e quando as não obtém, consola-se porque adquiriu a honra. Todas estas coisas contribuíram necessariamente para a grandeza deste reino. E se, nos últimos dois ou três séculos, o reino aumentou incessantemente o seu poder, tem de se atribuir o facto à bondade das suas leis, não à fortuna, que não tem este género de constância.

Capítulo XXIII
Em que nações é desvantajoso praticar o comércio

As riquezas consistem em terrenos ou em bens mobiliários. Os terrenos de cada país são normalmente possuídos pelos seus habitantes. A maioria dos Estados tem leis que desencorajam os estrangeiros de adquirir as suas terras; só mesmo a presença do senhor pode fazê-las valorizar-se. Este género de riquezas pertence, pois, a cada um dos Estados em particular. Mas os bens mobiliários, como o dinheiro, as notas, as letras de câmbio, as acções de companhias, os navios, todas as mercadorias, pertencem ao mundo inteiro que, neste aspecto, compõem apenas um único Estado de que todas as sociedades são membros. O povo que possua mais destes bens mobiliários do universo é o mais rico. Alguns Estados possuem-nos numa imensa quantidade; adquirem-nos com os seus géneros, com o trabalho dos seus operários, com a sua industriosidade, com as suas descobertas, com o próprio acaso. A avareza das nações disputa os móveis de todo o universo. Pode encontrar-se um Estado tão desafortunado que esteja privado dos bens dos outros países, e até mesmo de quase todos os seus próprios bens: nele os proprietários dos terrenos não serão mais do que colonos de estrangeiros. Esse Estado carecerá de tudo e nada poderá adquirir; bem melhor seria se não tivesse comércio com nenhuma nação do mundo; foi o comércio que, nas circunstâncias em que se encontrava, o levou à pobreza.

Um país que envia sempre menos mercadorias ou géneros do que aqueles que recebe põe-se a si mesmo em equilíbrio empobrecendo-se: receberá sempre menos até que, numa pobreza extrema, não receba mais nada.

Nos países comerciantes, o dinheiro que subitamente desaparecera regressa porque os Estados que o receberam devem-no. Nos Estados de que falamos, o dinheiro nunca regressa porque aqueles que nele pegaram não devem nada.

A Polónia servirá aqui de exemplo. Quase não tem as coisas a que chamamos os bens mobiliários do universo, além do cereal das suas terras. Alguns senhores possuem províncias inteiras; pressionam o trabalhador para ter uma quantidade maior de cereal que possam enviar para o estrangeiro e obter as coisas que o seu luxo exige. Se a Polónia não comerciasse com nenhuma nação os seus povos seriam mais felizes. Os seus grandes, que possuiriam apenas o seu cereal, dá-lo-iam aos seus camponeses para que pudessem viver; como os domínios excessivamente grandes seriam opressivos para eles, partilhá-los-iam com os seus camponeses; como todos obteriam as peles ou as lãs dos seus rebanhos, deixaria de se incorrer numa despesa imensa para fazer roupas; os grandes, que amam sempre o luxo, e que só poderiam encontrá-lo no seu país, encorajariam os pobres ao trabalho. Afirmo que essa nação seria mais florescente, a menos que se tornasse bárbara: algo que as leis poderiam prevenir.

Consideremos agora o Japão. A quantidade excessiva do que pode receber produz a quantidade excessiva do que pode enviar.

As coisas estariam em equilíbrio tal como se as importações e as exportações fossem moderadas; e, de resto, esta espécie de inflação (*) produzirá mil benefícios para o Estado: haverá mais consumo, mais coisas com as quais as artes podem ser exercidas, mais homens empregados, mais meios de adquirir poder. Podem suceder-se casos em que haja necessidade de um socorro súbito que um Estado tão apetrechado pode prestar mais cedo do que outro. É difícil que um país tenha coisas supérfluas; mas é da natureza do comércio tornar úteis as coisas supérfluas, e necessárias as coisas úteis (**). O Estado poderá, portanto, providenciar as coisas necessárias a um número maior de súbditos.

Digamos, então, que não são as nações que de nada têm necessidade que perdem com a prática do comércio; são aquelas que têm necessidade de tudo. Não são os povos que se bastam a eles mesmos, mas são os que nada possuem no seu território que ganham em não traficar com ninguém.

(*) «*Enflure*» no original (N. T.).

(**) «(...) é da natureza do comércio tornar úteis as coisas supérfluas, e necessárias as coisas úteis». Comparar com François Melon, *Essai politique sur le commerce*, cap. VIII (N. T.).

Livro XXI
Das leis na relação que têm com o comércio, considerado nas revoluções que sofreu no mundo

Capítulo I
Algumas considerações gerais

Embora o comércio esteja sujeito a grandes revoluções, pode suceder que certas causas físicas, a qualidade do terreno ou do clima, fixem para sempre a sua natureza.

Nos nossos dias, só praticamos o comércio das Índias com o dinheiro que enviamos para lá. Os Romanos ([1]) levavam todos os anos para as Índias cerca de cinquenta milhões de sestércios. Esse dinheiro, como o nosso hoje, era convertido em mercadorias que eram trazidas para o Ocidente. Todos os povos que negociaram nas Índias sempre levaram metais para lá e trouxeram mercadorias.

É a própria natureza que produz este efeito. Os Indianos possuem as suas artes que estão adaptadas à sua maneira de viver. O nosso luxo não poderia ser o deles, nem as nossas necessidades poderiam ser as necessidades deles. O clima nas Índias não lhes exige nem lhes permite quase nada do que provém de nós.

([1]) Plínio, *Hist. nat.*, liv. VI, cap. xxiii.

Andam praticamente nus; o país fornece-lhes convenientemente o vestuário que possuem; e a sua religião, que exerce um império tão grande sobre eles, dá-lhes repugnância pelas coisas que nos servem de alimento. Portanto, só precisam dos nossos metais, que são sinais dos valores, e em troca dos quais dão mercadorias que a sua frugalidade e a natureza do seu país lhes providencia em grande abundância. Os autores antigos que nos falaram das Índias descrevem-nas (1) tal como as vemos hoje, no que concerne à polícia, às maneiras e aos costumes. As Índias foram, as Índias serão o que elas são actualmente; e, em todos os tempos, os que negociarem nas Índias levarão dinheiro para lá, e não o trarão de volta.

Capítulo II
Dos povos de África

A maior parte dos povos das costas de África são selvagens ou bárbaros. Julgo que tal se deve bastante a haver países quase inabitáveis que separam os pequenos países que podem ser habitados. Não têm indústria; não possuem artes; têm metais preciosos em abundância que recolhem imediatamente das mãos da natureza. Todos os povos policiados estão, pois, em condições de negociar vantajosamente com eles; podem levá-los a estimar muito coisas de valor nenhum, e receber por elas um preço muito elevado.

Capítulo III (*)
Que as necessidades dos povos do Sul são diferentes das necessidades dos povos do Norte

Há na Europa uma espécie de equilíbrio entre as nações do Sul e as do Norte. As primeiras têm todo o tipo de comodidades da vida e poucas necessidades; as segundas têm muitas necessidades e poucas comodidades da vida. A umas, a natureza deu

---

(1) Ver Plínio, liv. VI, cap. xix; e Estrabão, liv. XV.

(*) Nas primeiras edições este capítulo era posterior ao capítulo 4 (ed. Caillois) (N. T.).

muito, e elas pouco lhe exigem; às outras, a natureza deu pouco, e elas exigem-lhe muito. O equilíbrio mantém-se pela preguiça que a natureza deu às nações do Sul, e pela indústria e pela actividade que deu às nações do Norte. Estas últimas são obrigadas a trabalhar muito, sem o que lhes faltaria tudo e tornar-se-iam bárbaras. Foi o que naturalizou a servidão entre os povos do Sul: como podem facilmente passar sem riquezas, podem ainda melhor passar sem liberdade. Mas os povos do Norte precisam da liberdade que lhes obtém mais meios de satisfazerem todas as necessidades que a natureza lhes deu. Os povos do Norte estão, pois, num estado forçado, a menos que sejam livres ou bárbaros; quase todos os povos do Sul estão, de algum modo, num estado violento, a menos que sejam escravos.

Capítulo IV
Principal diferença entre o comércio dos Antigos e o comércio dos nossos dias

De tempos a tempos, o mundo encontra-se em situações que mudam o comércio. Hoje em dia, o comércio da Europa faz-se principalmente do Norte para o Sul. Porque a diferença dos climas faz que os povos tenham uma grande necessidade das mercadorias uns dos outros. Por exemplo, as bebidas do Sul levadas para o Norte formam uma espécie de comércio que os Antigos não tinham. Assim, a capacidade dos navios, que outrora se media por moios de cereal, mede-se actualmente por tonéis de bebida.

O comércio antigo que conhecemos fazia-se de um porto do Mediterrâneo para outro; situava-se quase inteiramente no Sul. Ora, como os povos do mesmo clima possuem mais ou menos as mesmas coisas, não têm tanta necessidade de comerciar entre si como os que têm um clima diferente. Portanto, o comércio na Europa era outrora menos extenso do que actualmente.

Isto não é contraditório com o que disse acerca do nosso comércio das Índias: a diferença excessiva do clima faz com que as necessidades relativas sejam nulas.

Capítulo V
Outras diferenças

O comércio, ora destruído pelos conquistadores, ora incomodado pelos monarcas, percorre a terra, foge donde é oprimido, repousa onde o deixam respirar: reina hoje onde só se viam desertos, mares e rochedos; onde em tempos reinou só restam desertos.

Ao ver hoje a Cólquida (*), que não é mais do que uma vasta floresta, onde o povo, que diminui todos os dias, apenas defende a sua liberdade para vendê-la a retalho aos Turcos e aos Persas, nunca se diria que esta região estivesse, no tempo dos Romanos, cheia de cidades cujo comércio chamava todas as nações do mundo. Em toda a região não se encontra nenhum monumento que o testemunhe; só restam vestígios disso em Plínio ([1]) e Estrabão ([2]).

A história do comércio é a história da comunicação entre os povos. As suas várias destruições, e certos fluxos e refluxos de populações e de devastações, constituem os seus maiores acontecimentos.

Capítulo VI
Do comércio dos Antigos

Os tesouros imensos de ([3]) Semíramis (*), que não podiam ter sido adquiridos num dia, levam-nos a pensar que os Assírios tinham eles próprios pilhado outras nações ricas, tal como as outras nações os pilharam mais tarde.

O efeito do comércio são as riquezas; a consequência das riquezas é o luxo; a do luxo é a perfeição das artes. As artes, levadas ao

---

(*) Uma das várias colónias gregas da Antiguidade situada nas costas do mar Negro, no território da actual República da Geórgia (N. T.).

([1]) Liv. VI, [cap. iv e v].

([2]) Liv. XI.

([3]) Diodoro, liv. II.

(*) Na mitologia, Semíramis foi uma rainha assíria que dominava um vasto território que se esticava da Pérsia à Etiópia. As mesmas fontes lendárias sugerem que foi ela quem mandou construir os famosos jardins suspensos da Babilónia. A sua identidade histórica, no entanto, foi mudando consoante as tradições (N. T.).

ponto em que se encontram no tempo de Semíramis (1), indicam-nos um grande comércio já estabelecido.

Havia um grande comércio de luxo nos impérios da Ásia. A história do luxo seria uma bela parte da história do comércio; o luxo dos Persas era o dos Medos, tal como o dos Medos era o dos Assírios.

Ocorreram grandes mudanças na Ásia. A parte da Pérsia situada no Nordeste, a Hircânia, a Margiana, a Bactriana, etc., estava outrora repleta de cidades florescentes (2) que já não existem; e o Norte (3) desse império, isto é, o istmo que separa o mar Cáspio do Ponto Euxino, estava coberto de cidades e de nações que também já não existem.

Erastótenes (4) e Aristóbulo souberam por Patróclo (5) que as mercadorias das Índias passavam pelo rio Oxo para o mar do Ponto (*). Marco Varrão (6) diz-nos que, no tempo de Pompeu durante a guerra contra Mitridates, soube-se que demorava sete dias para ir da Índia até ao país dos Bactrianos, e ao rio Ícaro, que desagua no Oxo; que por aí as mercadorias da Índia podiam atravessar o mar Cáspio, entrar na foz do Cirus; que desse rio só era necessário completar um trajecto por terra de cinco dias para chegar ao Fásis, que conduzia ao Ponto Euxino. Era sem dúvida através das nações que povoavam esses vários países que os grandes impérios dos Assírios, dos Medos e dos Persas comunicavam com as partes mais remotas do Oriente e do Ocidente.

Esta comunicação já não existe. Todos estes países foram devastados pelos Tártaros (7), e essa nação destruidora ainda os habita para infestá-los. O Oxo já não chega ao mar Cáspio: os Tár-

---

(1) Diodoro, liv. II, [cap. vii, viii, ix].

(2) Ver Plínio, liv. VI, cap. xvi; e Estrabão, liv. XI.

(3) Estrabão, liv. XI.

(4) *Ibid.*

(5) A autoridade de Patróclo é considerável, como atesta um relato de Estrabão, liv. II.

(*) Isto é, para o Mar Negro (N. T.).

(6) Em Plínio, liv. VI, cap. xvii. Ver também Estrabão, liv. XI, sobre o trajecto das mercadorias do Fásis ao Cirus.

(7) Muitas mudanças tiveram de ocorrer nesta região desde o tempo de Ptolomeu, que nos descreve tantos rios que desaguam na parte oriental do mar Cáspio. O mapa do czar apenas situa nesse lado o rio de Astrabat; e o mapa do Sr. Bathalsi não situa absolutamente nada.

taros desviaram-no por razões particulares ([1]). Perde-se nas areias áridas.

O Jaxarto, que outrora formava uma barreira entre as nações policiadas e as nações bárbaras, foi igualmente desviado pelos Tártaros e já não chega ao mar.

Seleucus Nicator concebeu o projecto ([2]) de unir o Ponto Euxino ao mar Cáspio. Este desígnio, que teria facilitado bastante o comércio que se praticava nesses tempos, desvaneceu-se com a sua ([3]) morte. Não se sabe se teria conseguido executá-lo no istmo que separa os dois mares. Esse país é hoje muito pouco conhecido; está despovoado e cheio de florestas. Não faltam águas, porquanto uma infinidade de rios desce para lá vinda do monte Cáucaso; mas esse Cáucaso, que forma o norte do istmo e estende uma espécie de braços ([4]) para o sul, teria sido um grande obstáculo, sobretudo nesses tempos, em que não se possuía a arte de fazer comportas.

Poderia pensar-se que Seleucus queria operar a junção dos dois mares no mesmo local onde mais tarde o czar Pedro I a levou a cabo, isto é, na língua de terra onde o Tanais se aproxima do Volga; mas o norte do mar Cáspio ainda não fora descoberto.

Enquanto havia um comércio de luxo nos impérios da Ásia, os Tírios praticavam por toda a terra um comércio de economia. Bochard usou o primeiro livro do seu *Canaã* para enumerar as colónias que eles enviaram para todos os países próximos do mar; passaram as colunas de Hércules, e criaram estabelecimentos ([5]) nas costas do Oceano.

Nesses tempos, os navegadores eram obrigados a acompanhar a linha costeira, que era, por assim dizer, a sua bússola. As viagens eram longas e penosas. Os trabalhos da navegação de Ulisses foram um tema fértil para o mais belo poema do mundo, depois daquele que é o primeiro de todos.

O fraco conhecimento que a maioria dos povos tinha daqueles que estavam distantes favorecia as nações que praticavam o comércio de economia. Punham nos seus negócios as obscuri-

---

([1]) Ver o relato de Genkinson, em *Recueil des voyages du Nord*, t. IV.

([2]) Cláudio César, em Plínio, liv. VI, [cap. xi].

([3]) Foi morto por Ptolomeu Ceranus.

([4]) Ver Estrabão, liv. XI.

([5]) Fundaram Tartesso e estabeleceram-se em Cádis.

dades que queriam: tinham todas as vantagens que as nações inteligentes detêm sobre os povos ignorantes.

O Egipto, afastado pela religião e pelos costumes de toda a comunicação com os estrangeiros, quase não fazia comércio com o exterior: gozava de um terreno fértil e de uma extrema abundância. Era o Japão daqueles tempos; bastava-se a si mesmo.

Os Egípcios eram tão pouco ciosos do comércio externo que deixaram o do mar Vermelho a todas as pequenas nações que aí tinham algum porto. Permitiram que os Idumeus, os Judeus e os Sírios possuíssem frotas. Para esta navegação Salomão ([1]) empregou tírios que conheciam esses mares.

Josefo ([2]) diz que a sua nação, ocupada exclusivamente com a agricultura, conhecia pouco o mar. Assim, os Judeus só ocasionalmente negociavam no mar Vermelho. Conquistaram aos Idumeus as cidades de Elat e Asiongaber, que lhes deram esse comércio. Perderam essas duas cidades e perderam também esse comércio.

O mesmo não sucedeu com os Fenícios. Não praticavam um comércio de luxo. Não faziam negócios através da conquista. A sua frugalidade, a sua habilidade, a sua indústria, os seus perigos, as suas fadigas, tornaram-nos necessários a todas as nações do mundo.

As nações vizinhas do mar Vermelho só negociavam nesse mar e no de África. O espanto do universo com a descoberta do mar das Índias, feita por Alexandre, prova-o suficientemente. Dissemos ([3]) que continuamos a levar metais preciosos para as Índias, e que não os trazemos ([4]) de volta: as frotas judias que levavam ouro e prata pelo mar Vermelho regressavam de África, e não das Índias.

Digo mais: essa navegação fazia-se na costa oriental africana; e o estado em que estava a marinha nessa altura prova suficientemente que não se ia a lugares muito remotos.

Sei que as frotas de Salomão e de Josafá só regressavam no terceiro ano; mas não vejo que a duração da viagem prove a grandeza da distância.

([1]) Liv. III dos *Reis*, cap. ix, [9:26]; *Paralip.*, liv. II, [cap. viii].

([2]) *Contra Ápion.*

([3]) No capítulo I deste livro.

([4]) A proporção estabelecida na Europa entre o ouro e a prata pode por vezes permitir algum lucro no transporte de ouro para as Índias em troca de prata; mas é coisa pouca.

Plínio e Estrabão dizem-nos que o caminho que um navio das Índias e do mar Vermelho, fabricado com juncos, fazia em vinte dias, um navio grego ou romano fazia em sete (1). Nessa proporção, uma viagem de um ano para as frotas gregas e romanas era feita em mais ou menos três pelas frotas de Salomão.

Dois navios de desigual velocidade não fazem a sua viagem num tempo proporcional à sua velocidade: a lentidão produz muitas vezes uma lentidão maior. Quando se trata de seguir a orla costeira, e quando se está constantemente numa posição diferente; quando é preciso esperar por um bom vento para sair de um golfo, ter um outro vento para seguir em diante, um navio que seja um bom veleiro aproveita todos os momentos favoráveis, ao passo que o outro permanece num lugar difícil e espera vários dias por outra alteração.

Essa lentidão dos navios das Índias, que, num tempo igual, só conseguiam percorrer um terço do caminho que os navios gregos e romanos percorriam, pode ser explicada pelo que hoje vemos na nossa marinha. Os navios das Índias, que eram feitos de juncos, deslocavam menos água do que os navios gregos e romanos, que eram feitos de madeira e unidos com ferro.

Pode comparar-se esses navios das Índias com os de algumas nações dos nossos dias, cujos portos são pouco profundos, tais como os portos de Veneza, e até em geral os da Itália (2), do mar Báltico e da província da Holanda (3). Os seus navios, que devem sair e regressar a esses portos, são construídos com um fundo redondo e largo, ao passo que os navios doutras nações que têm bons portos têm, na parte baixa, uma forma que lhes permite entrar profundamente na água. Essa mecânica faz com que estes últimos navios naveguem mais perto do vento, e que os primeiros quase só naveguem quando têm o vento de popa. Um navio que entre muito na água navega na mesma direcção com quase todos os ventos; isto resulta da resistência que o navio, empurrado pelo vento, encontra na água, o que cria um ponto de apoio, e da forma longa do navio que expõe o seu lado ao vento, enquanto a proa, devido à figura do leme, se vira na direcção que se deseja; deste

(1) Ver Plínio, liv. VI, cap. xxii; e Estrabão, liv. XV.

(2) A Itália quase só tem enseadas; mas a Sicília tem portos muito bons.

(3) Digo da província da Holanda; pois os portos da província de Zeelândia são bastante profundos.

modo pode navegar-se muito próximo do vento, isto é, muito próximo da direcção de onde o vento sopra. Mas quando o navio tem uma figura redonda e larga no fundo, e, por conseguinte, entra pouco profundamente na água, deixa de haver ponto de apoio; o vento empurra o navio que não consegue resistir e dificilmente navegará noutra direcção que não a contrária ao vento. Donde se segue que os navios com uma construção redonda no fundo são mais lentos nas suas viagens: 1º perdem muito tempo à espera do vento, sobretudo quando são obrigados a mudar frequentemente de direcção; 2º velejam mais lentamente, porque, como não têm ponto de apoio, não conseguem levar tantas velas como os outros. Porquanto se, num tempo em que a marinha foi tão aperfeiçoada, num tempo em que as artes se comunicam, num tempo em que através da arte se corrigem os defeitos da natureza e os defeitos da própria arte, pressentem-se essas diferenças, o que deveria isso ter representado para a marinha dos Antigos?

Não posso abandonar este assunto. Os navios das Índias eram pequenos e os dos Gregos e dos Romanos, se exceptuarmos as máquinas que a ostentação fez nascer, eram mais pequenos do que as nossas. Ora, quanto menor for um navio, maior é o perigo com mau tempo. Uma certa tempestade pode afundar um navio que não se deixaria afundar se fosse maior. Quanto mais um corpo excede um outro em grandeza, menor é a sua superfície em termos relativos. Donde se segue que um navio pequeno tem um rácio menor, isto é, uma diferença maior entre a superfície do navio e o peso ou carga que pode transportar do que a de um grande navio. Sabe-se que, segundo uma prática mais ou menos geral, se deve pôr num navio uma carga de peso equivalente ao da metade da água que poderia conter. Suponhamos que um navio poderia conter oitocentas toneladas de água; nesse caso, a sua carga seria de quatrocentas toneladas. A carga de um navio que apenas contivesse quatrocentas toneladas de águia seria de duzentas toneladas. Assim, a grandeza do primeiro navio estaria para o peso que carregaria como 8 está para 4; e a do segundo como 4 está para 2. Suponhamos que a superfície do navio grande estaria para a superfície do pequeno como 8 está para 6. A superfície (1) do segundo estará para o seu peso como 6 está

(1) Isto é, para comparar as grandezas do mesmo género: a acção ou a pressão da água sobre o navio estará para a resistência do mesmo navio como, etc.

para 2, ao passo que a superfície do primeiro estará para o seu peso apenas como 8 está para 4; e como os ventos e as ondas agem somente sobre a superfície, o navio grande resistirá mais pelo seu peso à sua impetuosidade do que o navio pequeno.

Capítulo VII
Do comércio dos Gregos

Os primeiros Gregos eram todos piratas. Os maiores sucessos de Minos, que teve o império do mar, não foram talvez mais do que os seus banditismos: o seu império estava limitado às proximidades da sua ilha. Mas quando os Gregos se tornaram num grande povo, os Atenienses obtiveram o verdadeiro império do mar porque essa nação comerciante e vitoriosa impôs a lei ao monarca ([1]) mais poderoso de então, e abateu as forças marítimas da Síria, da ilha de Chipre e da Fenícia.

Torna-se necessário falar deste império do mar que Atenas teve. «Atenas», diz Xenofonte ([2]), «possui o império do mar; mas, como a Ática se situa em terra, os inimigos devastam-na enquanto faz as suas expedições a lugares distantes. Os homens principais deixam destruir as suas terras e colocam os seus bens em segurança numa ilha qualquer; a populaça, que não possui terras, vive sem qualquer inquietação. Mas se os Atenienses habitassem uma ilha e detivessem além disso o império do mar, teriam o poder de estorvar os outros sem que estes pudessem estorvá-los, enquanto fossem os senhores do mar». Dir-se-ia que Xenofonte queria falar de Inglaterra.

Atenas, cheia de projectos de glória, Atenas, que aumentava a inveja em vez de aumentar a influência; mais atenta a estender o seu império marítimo do que a dele gozar; com um tal governo político, em que o baixo povo distribuía por si as rendas públicas, enquanto os ricos eram oprimidos, não se envolveu no grande comércio que lhe era prometido pelo trabalho das suas minas, pela multidão dos seus escravos, pelo número dos seus marinheiros, pela sua autoridade sobre as cidades gregas, e, mais do que tudo isto, pelas belas instituições de Sólon. O seu negócio

---

([1]) O rei da Pérsia.

([2]) *De republ. Athen,* [cap. ii].

estava quase limitado à Grécia e ao Ponto Euxino, donde retirava a sua subsistência.

Corinto estava admiravelmente bem situada: separava dois mares, abria e fechava o Peloponeso, e abria e fechava a Grécia. Era uma cidade da maior importância, num tempo em que o povo grego era um mundo e as cidades gregas eram nações. Praticava um comércio maior do que o de Atenas. Tinha um porto para receber as mercadorias da Ásia; tinha um outro para receber as mercadorias de Itália; pois como havia grandes dificuldades para contornar o cabo Maleia, onde os ventos (1) contrários se reencontram e causam naufrágios, preferia-se ir a Corinto e era possível até fazer passar por terra os navios de um mar para o outro. Em nenhuma outra cidade se levara tão longe as obras da arte. A religião completou a corrupção do que a opulência deixara dos seus costumes. Erigiu um templo a Vénus onde mais de mil cortesãs foram consagradas. Foi desse seminário que saíram a maior parte das célebres beldades cuja história Ateneu ousou escrever.

Parece que no tempo de Homero a opulência da Grécia residia em Rodes, Corinto e Orcómeno. «Júpiter», diz ele (2), «amava os Rodenses e deu-lhes grandes riquezas». Atribui a Corinto (3) o epíteto de rica.

De igual modo, quando Homero quer falar das cidades que possuíam muito ouro, cita Orcómeno (4), que acrescenta a Tebas do Egipto. Rodes e Corinto conservaram o seu poder, e Orcómeno perdeu-o. A posição de Orcómeno, próxima do Helesponto, da Propôntida e do Ponto Euxino, leva naturalmente a pensar que retirava as suas riquezas de um comércio na orla costeira destes mares, que dera lugar à fábula do velo de ouro. E efectivamente o nome de Mínias é dado a Orcómeno (5) e também aos Argonautas. Mas quando, mais tarde, estes mares se tornaram mais conhecidos, à medida que os Gregos estabeleciam um grande número de colónias, que essas colónias negociavam com os povos bárbaros, que comunicavam com a sua metrópole,

---

(1) Ver Estrabão, liv. VIII.
(2) *Ilíada*, liv. II, [verso 668].
(3) *Ibid.*, [verso 570].
(4) *Ibid.*, liv. I, verso 381. Ver Estrabão, liv. IX, p. 414, edição de 1620.
(5) Estrabão, liv. IX, p. 414.

Orcómeno começa a decair e desaparece na multidão das outras cidades gregas.

Os Gregos, antes de Homero, quase não negociavam senão entre si, a que acrescia um qualquer povo bárbaro; mas estenderam o seu domínio à medida que formavam novos povos. A Grécia era uma grande península cujos cabos pareciam ter feito recuar os mares e os golfos abrirem-se por todos os lados, como se fosse para os receber. Quando se olha para a Grécia, vê-se, num país bastante compacto, um litoral de vasta extensão. As suas inúmeras colónias formavam uma imensa circunferência à sua volta; e nelas a Grécia via, por assim dizer, todo o mundo que não era bárbaro. Quando penetrou na Sicília e em Itália, formou aí nações. Quando navegou rumo aos mares do Ponto, rumo à costa da Ásia Menor, rumo à costa de África, fez o mesmo. As suas cidades adquiriram prosperidade à medida que se encontravam perto de novos povos. E, o que era admirável, ainda era cercada por ilhas incontáveis, situadas como que na primeira linha.

Que grandes causas da prosperidade grega foram os jogos que a Grécia deu, por assim dizer, ao universo; os templos para onde todos os reis enviavam oferendas; as festas onde se reunia gente de todas as partes; os oráculos que despertavam a atenção de toda a curiosidade humana; enfim, o gosto e as artes levados a um ponto tal que pensar que os superámos será sempre não os conhecer (*)!

Capítulo VIII
De Alexandre. A sua conquista

Quatro acontecimentos que ocorreram sob Alexandre provocaram uma grande revolução no comércio: a tomada de Tiro, a conquista do Egipto, a das Índias e a descoberta do mar que se situa no Sul desse país.

O império dos Persas estendia-se até ao Indo (1). Muito tempo antes de Alexandre, Dario (2) enviara navegadores que

(*) Os últimos quatro parágrafos deste capítulo não constavam das primeiras edições (ed. Caillois) (N. T.).

(1) Estrabão, liv. XV.

(2) Heródoto, *in Melpomene*, [iv, 44].

desceram este rio e foram até ao mar Vermelho. Como puderam, então, os Gregos ser os primeiros a fazer o comércio das Índias pelo sul? Como é que os Persas não o fizeram antes? De que lhes serviram os mares que estavam tão próximos deles, os mares que banhavam o seu império? É verdade que Alexandre conquistou a Índia: mas será preciso conquistar um país para fazer negócios com ele? Vou examinar este problema.

A Ariana ([1]), que se estendia para lá do golfo Pérsico até ao Indo, e do mar do Sul até às montanhas da Paropamisade, dependia, de facto, de algum modo do império dos Persas; mas, na sua parte meridional, era árida, queimada, inculta e bárbara. A tradição ([2]) dizia que os exércitos de Semíramis e de Ciro tinham perecido nesses desertos; e Alexandre, que se fez seguir pela sua frota, não deixou de perder uma grande parte do seu exército. Os Persas entregaram toda a costa ao poder dos Ictiófagos ([3]), dos Oritas e de outros povos bárbaros. De resto, os Persas ([4]) não eram navegadores, e mesmo a sua religião afastava deles toda a ideia de comércio marítimo. A navegação que Dario ordenou que se fizesse no Indo e no mar das Índias foi mais uma fantasia de um príncipe que queria mostrar o seu poder do que o projecto regrado de um monarca que quer exercê-lo. Essa viagem não teve consequências, nem para o comércio, nem para a marinha; e se saíram da ignorância foi para nela recaírem.

Mais, antes da expedição de Alexandre, era aceite ([5]) que a parte meridional das Índias era inabitável ([6]); isto advinha de uma tradição que rezava que Semíramis ([7]) regressara apenas com vinte homens e Ciro com sete.

Alexandre entrou pelo norte. O seu desígnio era marchar para o Oriente; mas, ao encontrar a parte meridional repleta de

---

([1]) Estrabão, liv. XV.

([2]) Estrabão, liv. XV.

([3]) Plínio, liv. VI, cap. xxiii; Estrabão, liv. XV.

([4]) Para não sujar os elementos, não navegavam nos rios. Sr. Hyde, *Religion des Perses*. Ainda hoje não têm comércio marítimo, e chamam ateus àqueles que vão para o mar.

([5]) Estrabão, liv. XV.

([6]) Heródoto, *in Melpomene*, [cap. xliv], diz que Dario conquistou as Índias. Isto só pode ser entendido como se tratando da Ariana. Ainda assim, não foi mais do que uma conquista em ideia.

([7]) Estrabão, liv. XV.

grandes nações, de cidades e de rios, tentou conquistá-la e conseguiu-o.

Nessa altura formou o desígnio de unir as Índias ao Ocidente através de um comércio marítimo, tal como os unira através das colónias que estabelecera nas terras.

Mandou construir uma frota no Hidaspe, desceu esse rio, entrou no Indo e navegou até à sua foz. Deixou o seu exército e a sua frota em Patala, foi pessoalmente com alguns navios fazer o reconhecimento do mar, marcou os lugares onde queria que se construíssem portos, ancoradouros, arsenais. De regresso a Patala, separou-se da sua frota, e tomou a rota terrestre para lhe dar socorro e receber socorro dela. A frota seguiu a orla costeira desde a foz do Indo ao longo da costa do país dos Oritas, dos Ictiófagos, da Caramânia e da Pérsia. Mandou furar poços, construir cidades; proibiu os Ictiófagos ([1]) de viver de peixe; queria que as costas desse mar fossem habitadas por nações civilizadas. Nearco e Onesícrito escreveram o diário dessa viagem de navegação, que durou dez meses. Chegaram a Susa; aí encontraram Alexandre festejando com o seu exército.

Este conquistador fundara Alexandria com vista a assegurar o Egipto; era uma chave para abri-lo, no próprio lugar ([2]) onde os reis que o antecederam tinham uma chave para fechá-lo; e Alexandre não sonhava com o comércio, cujo pensamento só poderia nascer com a descoberta do mar das Índias.

Parecia até que depois dessa descoberta Alexandre não teve nenhuma ideia nova para Alexandria. É certo que tinha, em geral, o projecto de estabelecer um comércio entre as Índias e as partes ocidentais do seu império; mas, para o projecto de fazer esse comércio através do Egipto, faltavam-lhe demasiados conhecimentos para poder formá-lo. Vira o Indo, vira o Nilo; mas não

---

([1]) Isto não pode querer abranger todos os Ictiófagos que habitavam uma costa de dez mil estádios. Como poderia Alexandre dar-lhes a subsistência? Como se faria ele obedecer? Aqui só podem estar em questão alguns povos em particular. Nearco, no livro *Rerum Indicarum*, diz que na extremidade dessa costa, do lado da Pérsia, encontrara os povos menos ictiófagos. Sou levado a pensar que a ordem de Alexandre incidia sobre essa região ou uma outra ainda mais próxima da Pérsia.

([2]) Alexandria foi fundada numa praia chamada Racotis. Os antigos reis mantinham aí uma guarnição para proibir a entrada no país dos estrangeiros, e sobretudo dos Gregos, que eram, como se sabe, grandes piratas. Ver Plínio, liv. VI, cap. x; e Estrabão, liv. XVIII.

conhecia os mares da Arábia, que se situam entre os dois. Mal chegou às Índias mandou construir novas frotas, e navegou ([1]) pelo Euleu, pelo Tigre, pelo Eufrates e pelo mar; removeu as cataratas que os Persas tinham colocado nestes rios; descobriu que o golfo Pérsico era um golfo do oceano. Como foi explorar ([2]) este mar do mesmo modo que explorara o mar das Índias; como mandou construir um porto na Babilónia para mil navios e arsenais; como enviou quinhentos talentos para a Fenícia e para a Síria a fim de atrair náuticos que ele queria colocar nas colónias que espalhou pelas orlas costeiras; como, enfim, levou a cabo trabalhos imensos no Eufrates e nos outros rios da Assíria, não se pode duvidar que o seu desígnio consistia em fazer o comércio das Índias através da Babilónia e do golfo Pérsico.

Algumas pessoas, com o pretexto de que Alexandre queria conquistar a Arábia ([3]), disseram que ele formara o desígnio de situar aí a sede do seu império; mas como poderia ele ter escolhido um lugar que não conhecia? ([4]) De resto, é o país do mundo mais incómodo: estaria separado do seu império. Os califas que conquistaram terras distantes abandonaram imediatamente a Arábia para se estabelecerem noutros lugares.

Capítulo IX
Do comércio dos reis gregos após Alexandre

Quando Alexandre conquistou o Egipto, conhecia-se muito pouco do mar Vermelho, e nada dessa parte do oceano que se une a este mar, e que banha de um lado a costa de África, e do outro a costa da Arábia. Mais tarde chegou a crer-se que era impossível contornar a península da Arábia. Aqueles que tinham tentado a partir de cada uma das costas abandonaram a sua empresa. Dizia-se ([5]): «Como seria possível navegar ao sul das costas da Arábia, se quase todo o exército de Cambises, que a atravessou pelo lado norte, pereceu, e se o exército que Ptolo-

---

([1]) Arriano, *de Exped. Alexandri*, liv. VII.

([2]) Arriano, *de. Exped. Alexandri*, liv. VII.

([3]) Estrabão, liv. XVI, *in fine*.

([4]) Ao ver a Babilónia inundada, olhou para a Arábia, que está próxima, como se fosse uma ilha. Aristóbulo, em Estrabão, liv. XVI.

([5]) Ver o livro *Rerum Indicarum*. [De Arriano].

meu, filho de Lagos, enviou em socorro de Seleucus Nicator na Babilónia sofreu males inacreditáveis, e, por causa do calor, só podia marchar à noite?»

Os Persas não tinham qualquer espécie de navegação. Quando conquistaram o Egipto, trouxeram consigo o mesmo espírito que tinham em casa; e a negligência foi tão extraordinária que os reis gregos perceberam não só que as navegações dos Tírios, dos Idumenos e dos Judeus no oceano eram ignoradas, mas também que até as navegações no mar Vermelho o eram. Creio que a destruição da primeira Tiro por Nabucodonosor, e a de muitas pequenas nações e cidades vizinhas do mar Vermelho, levou à perda dos conhecimentos que tinham sido adquiridos.

O Egipto do tempo dos Persas não chegava ao mar Vermelho: incluía ([1]) apenas a faixa de terra longa e estreita que o Nilo cobre com as suas inundações, e que está cercada dos dois lados por cadeias montanhosas. Foi preciso, portanto, descobrir o mar Vermelho uma segunda vez, e o oceano uma segunda vez; e esta descoberta deveu-se à curiosidade dos reis gregos.

Subiram o Nilo; caçavam-se elefantes nos países que se situam entre o Nilo e o mar; descobriram por terra as margens desse mar; e, como esta descoberta foi levada a cabo sob os Gregos, os seus nomes são gregos e os templos são consagrados ([2]) a divindades gregas.

Os Gregos do Egipto puderam praticar um comércio muito extenso; eram senhores dos portos do mar Vermelho. Tiro, rival de toda a nação comerciante, já não existia; os Gregos do Egipto não eram perturbados pelas antigas ([3]) superstições do país; o Egipto tornara-se o centro do universo.

Os reis da Síria deixaram aos reis do Egipto o comércio meridional das Índias, e só prosseguiram o comércio setentrional que se fazia através do Oxo e do mar Cáspio. Nesses tempos julgava-se ([4]) que esse mar era uma parte do oceano setentrional; e Alexandre, algum tempo antes da sua morte, mandara construir ([5]) uma frota para descobrir se o mar comunicava com o

---

([1]) Estrabão, liv. XVI.

([2]) *Ibid.*

([3]) Transmitia-lhes horror aos estrangeiros.

([4]) Plínio, liv. II, cap. lxvii, e liv. VI, cap. ix e xiii; Estrabão, liv. XI, [p. 507]; Arriano, *de l'Expéd. d'Alex.*, liv. III, p. 74, e liv. V, p. 104.

([5]) Arriano, *de l'Expéd. d'Alex.*, liv. VII.

oceano pelo Ponto Euxino ou por algum outro mar oriental em direcção às Índias. Depois dele, Seleucus e Antíoco prestaram uma atenção particular à sua exploração. Estacionaram ([1]) frotas aí. Ao que Seleucus explorou chamou-se mar Selêucida; ao que Antíoco descobriu chamou-se mar Antióquida. Como estavam atentos aos projectos que poderiam levar a cabo ao longo desta costa, negligenciaram os mares do Sul, quer porque os Ptolomeus, com as suas frotas no mar Vermelho, já tivessem obtido o seu império, quer porque tivessem descoberto nos Persas uma aversão invencível pela marinha. A costa do Sul da Pérsia não fornecia marinheiros; só foram vistos alguns por essas bandas nos últimos momentos da vida de Alexandre. Mas os reis do Egipto, senhores da ilha de Chipre, da Fenícia e de um grande número de lugares situados nas costas da Ásia Menor, possuíam todo o tipo de meios para levar a cabo empresas marítimas. Não tinham de restringir o génio dos seus súbditos; tinham apenas de segui-lo.

Temos dificuldades em compreender a obstinação dos Antigos em crer que o mar Cáspio era uma parte do oceano. As expedições de Alexandre, dos reis da Síria, dos Partos e dos Romanos, não conseguiram fazê-los mudar de ideias; isto porque nos retractamos dos nossos erros o mais tarde que podemos. No início, só o Sul do mar Cáspio era conhecido; e supunha-se que era o oceano; à medida que se foi avançando ao longo das suas margens, no lado norte, julgou-se ainda que era o oceano que entrava nas terras. Ao longo da costa, o lado leste só fora explorado até Jaxarte, e o lado ocidental até às extremidades da Albânia. O mar, do lado norte, era lamacento ([2]), e por conseguinte muito pouco apropriado à navegação. Tudo isso fez que jamais se visse outra coisa senão o oceano.

O exército de Alexandre só marchara para leste até ao Hipanis, que é o último dos rios que desaguam no Indo. Assim, o primeiro comércio que os Gregos praticaram nas Índias fez-se numa parte muito pequena do país. Seleucus Nicator penetrou até ao Ganges ([3]); e isto levou à descoberta do mar onde esse rio desagua, isto é, o golfo de Bengala. Hoje em dia, as terras são des-

([1]) Plínio, liv. II, cap. lxvii.
([2]) Ver o mapa do czar.
([3]) Plínio, liv. VI, cap. xvii.

cobertas pelas viagens marítimas; outrora os mares eram descobertos pela conquista das terras.

Estrabão (1), não obstante o testemunho de Apolodoro, parece duvidar de que os reis (2) tivessem ido mais além do que Seleucus e Alexandre. Ainda que fosse verdade que não tivessem ido mais longe para oriente do que Seleucus, foram mais longe rumo ao sul: descobriram (3) Siger e portos no Malabar, que deu lugar à navegação de que vou falar.

Plínio (4) mostra-nos que foram sucessivamente tomadas três rotas para fazer a navegação das Índias. De início, ia-se do cabo do promontório de Siagro à ilha de Patala, situada na foz do Indo: percebe-se que essa era a rota que a frota de Alexandre tomou. Em seguida, um caminho mais curto (5) e mais seguro começou a ser seguido; e ia-se do mesmo promontório até Siger. Esta Siger só pode ser o reino de Siger de que fala Estrabão (6), descoberto pelos reis gregos de Bactriana. Plínio só pode dizer que este caminho era mais curto porque era percorrido em menos tempo; é que Siger tinha de ser mais afastado do que o Indo já que foi descoberta pelos reis de Bactriana. Portanto, esta rota tinha de evitar certas orlas costeiras e tinha de beneficiar de certos ventos. Finalmente, os mercadores tomaram uma terceira rota: iam para Canes ou para Océlis, portos situados no embocadouro do mar Vermelho, donde, por um vento de oeste, se chegava a Muzíris, a primeira etapa das Índias, e daí a outros portos.

Percebe-se que em lugar de ir do embocadouro do mar Vermelho até Siagro, ao longo da costa da Arábia Félix no nordeste, ia-se directamente do oeste para leste, de uma costa à outra, por meio das monções cujas mudanças foram descobertas navegando por estas paragens. Os Antigos só deixaram a orla costeira quando começaram a servir-se das monções (7) e dos ventos alísios, que eram uma espécie de bússola para eles.

---

(1) Liv. XV.

(2) Quando os Macedónios da Bactriana, das Índias e da Ariana se separaram do reino da Síria formaram um grande Estado.

(3) Apolónio Adramitino, em Estrabão, liv. XI.

(4) Liv. VI, cap. xxiii.

(5) Plínio, *ibid.*

(6) Liv. XI, *Sigertidis regnum.*

(7) As monções sopram durante uma parte do ano numa direcção, e durante outra parte do ano noutra; e os ventos alísios sopram na mesma direcção todo o ano.

Plínio ([1]) diz que partiam para as Índias no meio do Verão, e que regressavam pelo final de Dezembro e no início de Janeiro. Isto é inteiramente conforme aos diários dos nossos navegadores. Nessa parte do mar dos Índias situada entre a península de África e a do lado de cá do Ganges, há duas monções: a primeira, durante a qual os ventos vão de oeste para leste, começa no mês de Agosto e de Setembro; a segunda, durante a qual os ventos vão de leste para oeste, começa em Janeiro. Assim, partimos de África para o Malabar na época em que que partiam as frotas de Ptolomeu, e regressamos na mesma época.

A frota de Alexandre demorava sete meses para ir de Patala a Susa. Partia no mês de Julho, isto é, numa época em que hoje em dia nenhum navio ousaria fazer-se ao mar para regressar das Índias. Entre uma e outra monção, há um intervalo de tempo durante o qual os ventos variam, e em que um vento de norte, misturando-se com os ventos comuns, causa sobretudo junto à costa horríveis tempestades. Tal ocorre nos meses de Junho, de Julho e de Agosto. A frota de Alexandre, partindo de Patala no mês de Julho, enfrentou muitas tempestades; e a viagem foi longa, porque a frota navegou debaixo de uma monção contrária.

Plínio diz que se partia para as Índias no final do Verão: assim, o tempo da variação da monção era gasto a fazer o trajecto de Alexandria até ao mar Vermelho.

Vede, peço-vos, como se aperfeiçoou pouco a pouco a navegação. A de Dario demorou dois anos e meio para descer o Indo e chegar ao mar Vermelho ([2]). Quando desceu o Indo, a frota de Alexandre ([3]) chegou a Susa dez meses depois, tendo navegado três meses no Indo e sete no mar das Índias. Seguidamente, o trajecto da costa do Malabar até ao mar Vermelho fez-se em quarenta dias ([4]).

Estrabão ([5]), que explica a ignorância dos países situados entre o Hipanis e o Ganges, diz que entre os navegadores que iam do Egipto às Índias poucos eram os que chegavam ao Ganges. Efectivamente, podemos ver que as frotas não iam até lá; iam,

---

([1]) Liv. VI, cap. xxiii.
([2]) Heródoto, *in Melpomene*, [IV, xliv].
([3]) Plínio, liv. VI, cap. xxiii.
([4]) *Ibid.*
([5]) *Ibid.*

com as monções de oeste para leste, do embocadouro do mar Vermelho à costa do Malabar. Paravam nas escalas que havia e não contornavam a península situada no lado de cá do Ganges pelo cabo de Camorim e a costa de Coromandel. O plano da navegação dos reis do Egipto, e dos Romanos, era regressar no mesmo ano (1).

Assim, o comércio dos Gregos e dos Romanos nas Índias era bem menos extenso do que o nosso; nós que conhecemos países imensos que eles não conheciam; nós que praticamos o nosso comércio com todas as nações indianas, e que até comerciamos por elas e navegamos por elas.

Mas eles praticavam esse comércio com mais facilidade do que nós; e, se hoje só negociássemos na costa do Guzarate e do Malabar, e se, sem ir procurar as ilhas do Sul, nos contentássemos com mercadorias que os insulares nos trouxessem, a rota do Egipto teria de ser preferida à do cabo da Boa Esperança. Estrabão (2) diz que era assim que se negociava com os povos da Taprobana.

Capítulo X (*)
Da navegação à volta de África

Pela história sabemos que antes da descoberta da bússola foram feitas quatro tentativas de navegar à volta de África. Os Fenícios, enviados por Neco (3), e Eudóxio (4), fugindo da cólera de Ptolomeu-Latiro, partiram do mar Vermelho e foram bem sucedidos. Sataspes (5), às ordens de Xerxes, e Hanão, que foi enviado pelos Cartagineses, saíram das colunas de Hércules e fracassaram.

O problema principal para contornar África era o de descobrir e dobrar o Cabo da Boa Esperança. Mas, se a partida fosse do mar Vermelho o cabo seria encontrado metade do caminho mais perto do que partindo do Mediterrâneo. A costa que vai do mar

(1) *Ibid.*
(2) Liv. XV.
(*) Este capítulo só aparece a partir da edição de 1758 (ed. Caillois) (N. T.).
(3) Heródoto, liv. IV, [xlii]. O seu objectivo era a conquista.
(4) Plínio, liv. II, cap. lxvii. Pompónio Mela, liv. III, cap. ix.
(5) Heródoto, *in Melpomene*, [IV, xliii].

Vermelho ao Cabo é mais segura do que [1] a que vai do Cabo às Colunas de Hércules. Para que aqueles que partiam das colunas de Hércules pudessem ter descoberto o Cabo, foi necessária a invenção da bússola que levou a que se deixasse a costa africana e se navegasse no vasto Oceano [2] para ir até à ilha de Santa Helena ou rumo à costa do Brasil. Era, pois, bem possível que se tivesse ido do mar Vermelho para o Mediterrâneo sem que se regressasse do Mediterrâneo para o mar Vermelho.

Assim, sem fazer esse grande circuito, pelo qual nunca se poderia regressar, era mais natural fazer o comércio da África Oriental pelo mar Vermelho, e o da costa ocidental pelas colunas de Hércules.

Os reis gregos do Egipto descobriram primeiro no mar Vermelho a parte da costa africana que se estende até ao fundo do golfo onde está a cidade de Heroum, até Dira, isto é, até ao estreito que actualmente se chama Bab-el-Mandeb. Daí até ao cabo das Especiarias, situado na entrada do mar Vermelho [3], a costa não fora explorada pelos navegadores; e isso é evidente pelo que nos diz Artemidoro [4], que os lugares dessa costa eram conhecidos, mas que as distâncias entre eles eram ignoradas; o que decorria de se ter sucessivamente chegado a esses portos por terra sem ter ido de um para outro.

Para lá desse cabo, onde começa a costa do Oceano, nada se conhecia, como ficamos a saber [5] por Erastóstenes e Artemidoro.

Tais eram os conhecimentos que havia das costas africanas no tempo de Estrabão, isto é, no tempo de Augusto. Mas, depois de Augusto, os Romanos descobriram o promontório *Raptum* e o promontório *Prassum*, de que Estrabão não fala porque ainda não eram conhecidos. Podemos ver que estes dois nomes são romanos.

---

(1) Acrescente-se a isto o que disse no cap. xi deste livro sobre a navegação de Hanão.

(2) No Oceano Atlântico tem-se, nos meses de Outubro, Novembro, Dezembro e Janeiro, um vento de nordeste. Atravessa-se a linha e, para evitar o vento geral de leste, dirige-se a rota para o sul; ou então entra-se na zona tórrida nos pontos onde o vento sopra de oeste para leste.

(3) Este golfo, ao qual damos hoje esse nome, os Antigos denominavam por seio Arábico: chamavam mar Vermelho à parte do Oceano vizinha deste golfo.

(4) Estrabão, liv. XVI.

(5) *Ibid.* Artemidoro limitava a costa conhecida num lugar chamado *Austricornu*; e Erastóstenes, *ad Cinnamomiferam.*

Ptolomeu, o geógrafo, viveu sob Adriano e Antonino Pio; e o autor do Périplo do mar Eritreu, quem quer que ele fosse, viveu um pouco mais tarde. No entanto, o primeiro limita a África ([1]) conhecida ao promontório *Prassum*, situado próximo do décimo quarto grau de latitude sul; e o autor do Périplo ([2]) limita-a ao promontório *Raptum*, situado aproximadamente no décimo grau dessa latitude. Aparentemente, o último toma como limite um lugar onde se ia habitualmente, e Ptolomeu um lugar onde já não se ia.

O que confirma esta minha ideia é que os povos habitantes das imediações do *Prassum* eram antropófagos ([3]). Ptolomeu, que ([4]) nos fala de um grande número de lugares entre o porto das Especiarias e o promontório *Raptum*, deixa o espaço entre o *Raptum* e o *Prassum* totalmente vazio. Os grandes lucros da navegação das Índias devem ter levado à negligência da navegação de África. Enfim, os Romanos nunca navegaram regularmente nessa costa: tinham descoberto esses portos por terra e pelos navios empurrados pelas tempestades. E tal como actualmente se conhece muito bem as costas africanas, e muito mal o seu interior ([5]), os Antigos conheciam muito bem o interior, e muito mal as costas.

Disse que os fenícios enviados por Neco e Eudóxio às ordens de Ptolomeu-Latiro navegaram à volta de África. Certamente que, no tempo de Ptolomeu, o geógrafo, essas duas viagens de navegação foram consideradas fabulosas, porque ele coloca ([6]) a seguir ao *sinus magnus*, que é, creio eu, o golfo do Sião, uma terra desconhecida que se estende da Ásia e de África até chegar ao promontório *Prassum*; de tal modo que o mar das Índias não seria mais do que um lago. Os Antigos, que exploraram a Índia a partir do norte e foram avançando para leste, colocaram na direcção do sul esssa terra desconhecida.

([1]) Liv. I, cap. vii; liv. IV, cap. ix; mapa 4 de África.

([2]) Este périplo é atribuído a Arriano.

([3]) Ptolomeu, liv. IV, cap. ix.

([4]) Liv. IV, cap. vii e viii.

([5]) Veja-se com que exactidão Estrabão e Ptolomeu nos descrevem as diversas partes de África. Esses conhecimentos decorriam das várias guerras que as duas nações mais poderosas do mundo, os Cartagineses e os Romanos, tinham travado com os povos africanos, das alianças que tinham contraído, do comércio que fizeram nessas terras.

([6]) Liv. VII, cap. iii.

Capítulo XI
Cartago e Marselha

Cartago tinha um direito dos povos singular: mandava afogar ([1]) todos os estrangeiros que traficavam na Sardenha e junto às Colunas de Hércules. O seu direito político não era menos extraordinário: proibia os Sardos de cultivar a terra, sob pena de morte. Aumentou o seu poder com as riquezas, e subsequentemente aumentou as riquezas com o seu poder. Senhora da orla costeira africana banhada pelo Mediterrâneo, Cartago também alcançou a costa do Oceano. Hanão, por ordem do senado de Cartago, espalhou trinta mil cartagineses entre as Colunas de Hércules e Cerne ([*]). Ele afirma que este lugar está tão distante das Colunas de Hércules como as Colunas de Hércules estão distantes de Cartago. Esta localização é muito interessante; permite perceber que Hanão punha o limite aos seus estabelecimentos no vigésimo quinto grau de latitude norte, isto é, a dois ou três graus além das ilhas Canárias, na direcção sul.

A partir de Cerne, Hanão fez uma outra viagem de navegação, cujo objectivo era fazer descobertas mais adiante rumo ao sul. Quase não adquiriu qualquer conhecimento do continente. A extensão da orla costeira que ele seguiu foi de vinte e seis dias de navegação, e foi obrigado a regressar por falta de víveres. Parece que os Cartagineses não deram qualquer uso a esta empresa de Hanão. Scilax ([2]) diz que para lá de Cerne o mar não é navegável ([3]) porque é pouco profundo, está coberto de limos e de ervas marinhas; efectivamente, há muito disso por essas paragens ([4]). Os mercadores cartagineses de que fala Scilax podiam encontrar obstáculos que Hanão, que tinha sessenta navios de cinquenta remos cada um, vencera. As dificuldades são relativas;

([1]) Eratóstenes, em Estrabão, liv. XVII, p. 802.

([*]) Localizado na zona norte do território hoje pertencente a Marrocos (N. T.).

([2]) Ver o seu Périplo, no artigo sobre Cartago.

([3]) Ver Heródoto, *in Melpomene*, [IV, xliii], sobre os obstáculos que Sataspes encontrou.

([4]) Ver os mapas e os relatos no primeiro volume das *Voyages qui ont servi à l'établissement de la compagnie des Indes*, parte I, p. 201. De tal modo estas ervas cobrem a superfície do mar que dificilmente se consegue ver a água; e os navios só conseguem atravessá-las com um vento fresco.

e além disso, não se deve confundir uma empresa que tenha a ousadia e a temeridade como objectos com o que é o efeito de uma conduta comum.

O relato de Hanão é um belo pedaço da Antiguidade: o mesmo homem que executou, escreveu; não introduz qualquer ostentação na sua narração. Os grandes capitães escrevem com simplicidade sobre os seus actos porque são mais gloriosos graças ao que fizeram do que ao que disseram.

As coisas são como o estilo. Nunca entra no maravilhoso: tudo que Hanão diz do clima, do terreno, dos costumes, das maneiras dos habitantes, relaciona-se com o que se vê nos nossos dias nessa costa africana; assemelha-se ao diário de um dos nossos navegadores.

Hanão observou ([1]) da sua frota que durante o dia reinava no continente um vasto silêncio; que à noite se ouviam os sons de diversos instrumentos musicais; e que por toda a parte se viam fogueiras, umas maiores, outras mais pequenas. Os nossos relatos confirmam o mesmo: verificou-se que os selvagens se retiram para as florestas durante o dia para evitar o ardor do sol; que à noite fazem grandes fogueiras para afugentar os animais ferozes; e que gostam apaixonadamente da dança e dos instrumentos musicais.

Hanão descreve-nos um vulcão com todos os fenómenos que actualmente o Vesúvio nos permite ver; e a narração que faz das duas mulheres peludas que preferiram deixar-se matar do que acompanhar os Cartagineses, e cujas peles ele levou para Cartago, não é, como se tem dito, inverosímil.

Este relato é tanto mais precioso quanto é um registo púnico; e é por ser registo púnico que foi considerado fabuloso. Porquanto os Romanos conservaram o seu ódio aos Cartagineses, mesmo depois de os terem destruído. Mas só a vitória decidiu se se tinha de dizer *a fé púnica* ou *a fé romana* ([*]).

Os Modernos ([2]) prosseguiram este preconceito. O que sucedeu, dizem eles, às cidades descritas por Hanão, e das quais, mesmo

---

([1]) Plínio diz-nos a mesma coisa quando fala do monte Atlas: *Noctibus micare crebis ignibus, tibiarium cantu tympanorumque sonitu strepere, neminem interdiu cerni* [«À noite, ilumina-se com numerosas fogueiras, ouve-se o som das flautas e das tamborins, durante o dia não se vê vivalma»]

([*]) Em «fé» leia-se *má-fé* (N. T.).

([2]) Sr. Dodwel. Ver a sua *Dissertation sur le Périple d'Hannon.*

na época de Plínio, não restava o menor vestígio? O maravilhoso seria se restasse algum vestígio. Era Corinto ou Atenas que Hanão foi construir nessas costas? Nos locais apropriados ao comércio, deixou famílias cartaginesas; e rapidamente as colocava a salvo dos homens selvagens e dos animais ferozes. As calamidades dos Cartagineses fizeram cessar a navegação de África; estas famílias não podiam senão perecer ou tornarem-se selvagens. Digo mais: se as ruínas destas cidades ainda subsistissem, quem as teria descoberto nos bosques e nos pântanos? Apesar disso, descobrimos em Scilax e em Políbio que os Cartagineses possuíam grandes estabelecimentos nessas costas. Eis os vestígios das cidades de Hanão; não existem outros porque praticamente não há vestígios da própia Cartago.

Os Cartagineses estavam na senda das riquezas; e, se tivessem ido até ao quarto grau de latitude norte, e ao décimo quinto de longitude, teriam descoberto a costa do Ouro e as costas vizinhas. Teriam feito um comércio de uma importância bastante diferente daquele que é praticado hoje, na época em que a América parece ter depreciado as riquezas de todos os outros países; teriam encontrado tesouros que não poderiam ser levados pelos Romanos.

Dizem-se coisas bem surpreendentes das riquezas de Espanha (*). A acreditar em Aristóteles (1), os Fenícios que desembarcaram em Tartesso encontraram aí tanta prata que não cabia nos seus navios e com esse metal fizeram os mais vis utensílios. Os Cartagineses, segundo o relato de Diodoro (2), encontraram tanto ouro e tanta prata nos Pirinéus que os puseram nas âncoras dos seus navios. Não precisamos de nos fiar nestas narrações populares. Eis os factos exactos.

Num fragmento de Políbio citado por Estrabão (3), vemos que as minas de prata situadas na fonte do Bétis (**), onde eram empregues quarenta mil homens, rendiam ao povo romano vinte e cinco mil dracmas por dia; o que equivale a cerca de cinco milhões de libras por ano, a cinquenta francos o marco. Às mon-

(*) Ver *Considérations sur les richesses de l'Espagne*, a monografia de Montesquieu subordinada a este tema (N. T.).

(1) *Des choses merveilleuses* [*De mirabilibus auscultationibus*].

(2) Liv. VI.

(3) Liv. III.

(**) Nome romano do rio Guadalquivir (N. T.).

tanhas onde se situavam as minas chamava-se montanhas de prata [1]; o que permite ver que era a Potosi [*] dessa época. Hoje, as minas de Hanôver não têm um quarto dos operários que eram empregues nas minas de Espanha, e rendem mais: mas como os Romanos quase só tinham minas de cobre, e poucas minas de prata, e como os Gregos conheciam apenas as minas de Ática, muito pouco ricas, devem ter ficado espantados com a abundância das minas de Espanha.

Na guerra pela sucessão de Espanha, um homem chamado marquês de Rodes, de quem se dizia que fora arruinado nas minas de ouro e que enriquecera com os hospitais [2], propôs à corte de França que se abrissem as minas dos Pirinéus. Citou os Tírios, os Cartagineses e os Romanos. Autorizaram-no a procurar; procurou e cavou por todo o lado; citava sempre e nada encontrava.

Os Cartagineses, senhores do comércio do ouro e da prata, quiseram ser também os senhores do chumbo e do estanho. Estes metais eram transportados por terra, dos portos da Gália pelo Oceano até aos portos do Mediterrâneo. Os Cartagineses queriam recebê-los em primeira mão; enviaram Himilcon para criar [3] estabelecimentos nas ilhas Cassitérides, que se pensa serem as ilhas de Silley.

Estas viagens da Bética até Inglaterra levam alguns a pensar que os Cartagineses possuíam a bússola; mas é evidente que eles seguiam a orla costeira. Não preciso de outra prova além do que diz Himilcon, que demorou quatro meses a ir da embocadura do Bétis até chegar a Inglaterra; acresce a isto a famosa [4] história desse piloto cartaginês que, ao ver chegar um navio romano, encalhou o seu próprio navio para não lhes ensinar a rota da Inglaterra [5], permite-nos ver que esses navios estavam muito próximos da costa quando se avistaram.

Os Antigos poderiam ter feito viagens marítimas que nos fariam pensar que possuíam a bússola, embora não a possuíssem.

---

(1) *Mons argentarius.*

(*) Famosa e pródiga mina de prata nos Andes peruanos sob domínio espanhol desde o século XVI (N. T.).

(2) Tivera a direcção de hospitais algures.

(3) Ver Festus Avienus.

(4) Estrabão, liv. II, *in fine.*

(5) Por isso foi recompensado pelo senado de Cartago.

Se um piloto se afastasse da costa e tivesse, durante a sua viagem, um tempo sereno, se à noite pudesse sempre ver uma estrela polar, e, durante o dia, o nascer e o pôr-do-sol, é evidente que conseguiria conduzir-se como hoje se faz com o auxílio da bússola; mas tal seria um caso fortuito, e não uma navegação regrada.

No tratado que terminou a primeira guerra púnica, vê-se que Cartago estava principalmente preocupada em conservar o império do mar, e Roma em manter o império da terra. Hanão ([1]), nas negociações com os Romanos, declarou que não toleraria que eles sequer lavassem as mãos nos mares da Sicília; não lhes foi permitido que navegassem além do belo promonotório; foi-lhes proibido ([2]) traficar na Sicília ([3]), na Sardenha, em África, com a excepção de Cartago: excepção que mostra que não lhes era preparado um comércio vantajoso.

Nos primeiros tempos houve grandes guerras entre Cartago e Marselha ([4]) por causa da pesca. Depois da paz, praticaram em concorrência o comércio de economia. Marselha era a mais ciosa porque, embora igualasse o seu rival em indústria, tornara-se inferior em poder: eis a razão da sua grande fidelidade aos Romanos. A guerra que estes travaram contra os Cartagineses em Espanha foi uma fonte de riquezas para Marselha, que servia de entreposto. A ruína de Cartago e de Corinto aumentou ainda mais a glória de Marselha; e sem as guerras civis, que forçaram a que se fechasse os olhos e se escolhesse um partido, teria sido feliz sob a protecção dos Romanos, que não tinham qualquer inveja do seu comércio.

Capítulo XII ([*])
Ilha de Delos. Mitridates

Quando Corinto foi destruída pelos Romanos, os mercadores retiraram-se para Delos. A religião e a veneração dos povos faziam que essa ilha fosse vista como um lugar de segurança([5]): além

([1]) Tito Lívio, suplemento de Freinshemius, segunda década, liv. VI.
([2]) Políbio, liv. III.
([3]) Na parte sujeita ao domínio dos Cartagineses.
([4]) Justino, liv. XLIII, cap. v.
([*]) Este capítulo não consta das primeiras edições (ed. Caillois) (N. T.).
([5]) Estrabão, liv. X.

disso, estava bem situada para o comércio da Itália e da Ásia, que, depois da aniquilação de África e o enfraquecimento da Grécia, se tornara mais importante.

Como dissemos, os Gregos enviaram desde os primeiros tempos colónias para a Propôntide e para o Ponto Euxino. Conservaram, sob os Persas, as suas leis e a sua liberdade. Alexandre, que partira para combater os bárbaros, não as atacou ([1]). Não parece sequer que os reis do Ponto, que ocuparam muitas delas, tenham ([2]) suprimido o seu governo político.

O poder desses reis aumentou assim que submeteram as colónias. Mitridates ([3]) achou-se em condição de comprar tropas por toda a parte; de reparar ([4]) constantemente as suas perdas; de ter operários, navios, máquinas de guerra; de obter aliados; de corromper os aliados dos Romanos e os próprios Romanos; de ter a seu soldo ([5]) os bárbaros da Ásia e da Europa; de fazer a guerra por muito tempo e por conseguinte de disciplinar as suas tropas. Pôde armá-las e instruí-las na arte militar ([6]) dos Romanos, e formar corpos consideráveis com os seus desertores; finalmente, pôde suportar grandes perdas e sofrer grandes reveses sem perecer; e não teria perecido se, no meio da prosperidade, o rei voluptuoso e bárbaro não tivesse destruído o que, durante a má fortuna, o grande príncipe fizera.

Foi assim que, na época em que os Romanos estavam no auge da sua grandeza, e que parecia que não tinham nada a temer senão eles mesmos, Mitridates desafiou o que a tomada de Cartago, as derrotas de Filipe, de Antíoco e de Perseu tinham decidido. Jamais houve guerra tão funesta; e como as duas partes tinham um grande poder e vantagens mútuas, os povos da Grécia

([1]) Confirmou a liberdade da cidade de Amiso, colónia ateniense, que gozara de um estado popular mesmo sob os reis da Pérsia. Lúculo, que tomou Sinope e Amiso, devolveu-lhes a liberdade e chamou os habitantes que tinham fugido nos seus barcos.

([2]) Veja-se o que Apiano escreveu sobre os Fanagorianos, os Amisianos e os Sinopianos no seu livro *A Guerra contra Mitridates*.

([3]) Ver Apiano sobre os tesouros imensos que Mitridates empregou nas suas guerras, os que ele escondeu, os que perdeu tantas vezes com a traição dos seus, os que foram encontrados após a sua morte.

([4]) Certa vez perdeu 170 000 homens, e novos exércitos reapareceram logo a seguir.

([5]) Ver Apiano, *A Guerra contra Mitridates*.

([6]) *Ibid*.

e da Ásia foram destruídos, ou como amigos de Mitridates, ou como seus inimigos. Delos foi envolvida na desgraça comum. O comércio caiu por inteiro; de facto, tinha de ser destruído, pois os povos tinham-no sido.

Os Romanos, seguindo um sistema sobre o qual falei noutro lugar (1), destruidores, para não parecerem conquistadores, arruinaram Cartago e Corinto; e, com uma tal prática, estariam talvez perdidos se não tivessem conquistado toda a terra. Quando os reis da Pérsia se tornaram senhores das colónias gregas do Ponto Euxino, tiveram o cuidado de não destruir o que devia ser a causa da sua grandeza.

Capítulo XIII
Do génio dos Romanos para a marinha

Os Romanos só cuidavam das tropas terrestres, cujo espírito era o de se manterem sempre firmes, de combater no mesmo lugar e de aí morrer. Não conseguiam estimar a prática das gentes do mar, que se apresentam ao combate fugindo, voltando, evitando sempre o perigo, muitas vezes empregando a astúcia, raramente a força. Nada disso fazia parte do génio dos Gregos (2), e ainda menos do génio dos Romanos.

Portanto, apenas destinavam à marinha aqueles que não eram cidadãos suficientemente consideráveis (3) para ter um lugar nas legiões: os homens do mar eram normalmente libertos.

Hoje não temos nem a mesma estima pelas tropas terrestres, nem o mesmo menosprezo pelas marítimas. Entre as primeiras (4), a arte diminuiu; entre as segundas (5) aumentou. Ora, as coisas são estimadas na proporção do grau de competência que é requerido para fazê-las bem.

---

(1) Nas *Considerações sobre as causas da grandeza dos Romanos...*

(2) Como notou Platão, liv. IV das *Leis*.

(3) Políbio, liv. V.

(4) Ver as *Considerações sobre as causas da grandeza dos Romanos*, etc., [cap. iv].

(5) *Considerações, ibid.*

Capítulo XIV
Do génio dos Romanos para o comércio

Os Romanos nunca se notabilizaram por serem ciosos do comércio. Foi como nação rival, e não como nação comerciante, que atacaram Cartago. Favoreceram as cidades que praticavam o comércio, apesar de não lhes estarem sujeitas. Foi assim que aumentaram, com a cessão de vários países, o poder de Marselha. Receavam tudo dos bárbaros e nada de um povo negociante. De resto, o seu génio, a sua glória, a sua educação militar, a forma do seu governo, afastava-os do comércio.

Na cidade só se ocupavam de guerras, de eleições, de intrigas e de processos; no campo só se ocupavam da agricultura; e nas províncias, um governo duro e tirânico era incompatível com o comércio.

Mas, se a sua constituição se opunha ao comércio, o seu direito dos povos não lhe repugnava menos. «Os povos», diz o jurisconsulto Pompónio ([1]), «para com os quais não temos nem amizade, nem hospitalidade, nem alianças, não são nossos inimigos: no entanto, se uma coisa que nos pertence cair nas mãos deles, tornam-se seus proprietários; os homens livres tornam-se seus escravos; e relativamente a nós estão nos mesmos termos».

O direito civil romano não era menos opressivo. A lei de Constantino, depois de ter declarado bastardos os filhos das pessoas vis que se tivessem casado com alguém de uma condição de relevo, confunde as mulheres que possuem uma loja ([2]) de mercadorias com as escravas, as donas de cabarés, as mulheres do teatro, as filhas de um dono de um lugar de prostituição, ou que foi condenado a combater na arena. Isto provinha das antigas instituições dos Romanos.

Sei bem que as pessoas com a cabeça cheia destas duas ideias, a primeira que o comércio é a coisa do mundo mais útil ao Estado, e a segunda que os Romanos tinham a melhor polícia do mundo, julgaram que estes tinham encorajado e honrado muito o comércio; mas a verdade é que raramente pensavam nele.

([1]) Leg. 5, [§ 2], ss, *de captivis.*

([2]) *Quae mercimoniis publice praefuit* [«Aquelas mulheres que negoceiam mercadorias em público»]. Leg. 1, cod. *de natural. liberis.*

Capítulo XV
Comércio dos Romanos com os bárbaros

Os Romanos tinham convertido a Europa, a Ásia e África num vasto império: a fraqueza dos povos e a tirania do comando uniram todas as partes desse corpo imenso. A política romana foi, então, separar-se de todas as nações que não tinham sido subjugadas: o medo de lhes transmitir a arte de vencer levou à negligência da arte de enriquecer. Fizeram leis para impedir todo o comércio com os bárbaros. «Que ninguém», dizem ([1]) Valente e Graciano, «envie vinho, azeite, ou outros licores para os bárbaros, nem sequer para os provarem». «Que não lhes seja levado ouro ([2])», acrescentam Graciano, Valentiniano e Teodósio, «e garanta-se que mesmo o que eles possuam lhes seja retirado com astúcia». O transporte do ferro foi proibido sob pena de morte ([3]).

Domiciano, príncipe tímido, mandou arrancar as vinhas na Gália, sem dúvida com medo que esse licor atraísse os bárbaros, do mesmo modo que outrora os atraíra para a Itália. Probo e Juliano ([*]), que nunca os recearam, restabeleceram a plantação.

Sei bem que, quando o império começou a fraquejar, os bárbaros obrigaram os Romanos a estabelecer entrepostos comerciais ([4]) e a comerciar com eles. Mas isso mesmo demonstra que o espírito dos Romanos era o de não comerciar.

Capítulo XVI
Do comércio dos Romanos com a Arábia e as Índias

O negócio da Arábia Félix e o das Índias constituíam os dois ramos, e quase os únicos, do comércio externo romano. Os Árabes possuíam grandes riquezas: tiravam-nas dos seus mares e das suas florestas; e, como compravam pouco e vendiam muito,

---

(1) Leg. *ad Barbaricum*, cod. *quae res exportari non debeant.*

(2) Leg. 2, cod. *de commerc. et mercator.*

(3) Leg. 2, *quae res exportari non debeant*; e Procópio, *Guerra dos Persas*, liv. I.

(*) Dois imperadores romanos, respectivamente do terceiro e do quarto séculos depois de Cristo (N. T.).

(4) Ver as *Considerações sobre as causas da grandeza dos Romanos e da sua decadência*, Paris, 1755.

atraíam ([1]) para si o ouro e a prata dos seus vizinhos. Augusto ([2]) conhecia a sua opulência, e resolveu ou tê-los como amigos ou como inimigos. Enviou Élio Galo do Egipto para a Arábia. Este encontrou povos ociosos, tranquilos e pouco aguerridos. Travou batalhas, montou cercos e perdeu apenas sete soldados; mas a perfídia dos seus guias, as marchas, o clima, a fome, a sede, as doenças, as medidas mal tomadas, fizeram-no perder o seu exército.

Teve de se contentar com negociar com os Árabes, como os outros povos tinham feito, isto é, levar-lhes ouro e prata em troca das suas mercadorias. Ainda se comerceia com eles da mesma maneira; a caravana de Alepo e o navio real do Suez enviam para lá somas imensas ([3]).

A natureza destinara os Árabes ao comércio; não os destinara à guerra; mas quando esses povos tranquilos se viram nas fronteiras dos Partos e dos Romanos, tornaram-se auxiliares de uns e de outros. Élio Galo encontrara-os comerciantes; Maomé encontrou-os guerreiros: deu-lhes entusiasmo e ei-los conquistadores.

O comércio dos Romanos nas Índias era considerável. Estrabão ([4]) ficara a saber no Egipto que eram empregues cento e vinte navios. Mais, esse comércio era sustentado apenas pelo dinheiro romano. Todos os anos enviavam para lá cinquenta milhões de sestércios. Plínio ([5]) diz que as mercadorias que traziam de volta eram vendidas em Roma pelo seu cêntuplo. Creio que se fala em termos excessivamente gerais: se esse lucro fosse realizado uma vez, todos quereriam fazê-lo; e, a partir desse momento, ninguém mais o faria.

Pode pôr-se em questão se era vantajoso para os Romanos praticar o comércio da Arábia e das Índias. Tinham de enviar para lá a sua prata, e não tinham, como nós, o recurso da América que compensa o que enviamos. Estou convencido de que uma das razões que fez aumentar entre os Romanos o valor numerário das moedas, isto é, a estabelecer a fusão de metais vulgares nas moedas, foi a escassez da prata causada pelo transporte contínuo

---

([1]) Plínio, liv. VI, cap. xxviii; e Estrabão, livro XVI.

([2]) *Ibid.*

([3]) As caravanas de Alepo e do Suez enviam para lá dois milhões na nossa moeda, e outro tanto passa de modo fraudulento; o navio real do Suez envia também dois milhões.

([4]) Liv. II, p. 181, [edição do ano de 1587].

([5]) Liv. VI, cap. xxiii.

que era feito para as Índias. Pois se as mercadorias desta região eram vendidas em Roma pelo seu cêntuplo, este lucro dos Romanos era realizado a expensas dos próprios Romanos e não enriquecia o império.

Poder-se-ia dizer, por outro lado, que esse comércio proporcionava aos Romanos uma grande navegação, isto é, um grande poder; que as novas mercadorias aumentavam o comércio interior, favoreciam as artes, entretinham a indústria; que o número de cidadãos multiplicava-se na proporção dos novos meios que se possuía para viver; que esse novo comércio produzia o luxo, que demonstrámos ser tão favorável ao governo de um só como é fatal ao de muitos; que esse estabelecimento datou da mesma época que a queda da república; que o luxo em Roma era necessário; e que, de facto, uma cidade que atraísse para si todas as riquezas do universo tinha de as devolver com o seu luxo.

Estrabão diz que o comércio dos Romanos nas Índias era muito mais considerável do que o dos reis do Egipto; e é singular que os Romanos, que conheciam pouco o comércio, tivessem dado mais atenção ao comércio com as Índias do que deram os reis do Egipto, que o tinham, por assim dizer, debaixo dos seus olhos. É preciso explicar isto.

Depois da morte de Alexandre, os reis do Egipto estabeleceram nas Índias um comércio marítimo; e os reis da Síria, que dominavam as províncias mais orientais do império, e por conseguinte as Índias, mantiveram esse comércio de que falámos no capítulo VI, que se fazia por terra e pelos rios, e que fora facilitado com o estabelecimento das colónias macedónias; de modo que a Europa comunicava com as Índias, tanto através do Egipto, como através do reino da Síria. O desmembramento do reino da Síria que se levou a cabo, a partir do qual se formou o reino de Bactriana, não causou qualquer dano a esse comércio. Marino, tírio, citado por Ptolomeu (1), fala das descobertas feitas nas Índias por alguns mercadores macedónios. As que as expedições dos reis não fizeram, fizeram-nas os mercadores. Vemos em Ptolomeu (2) que foram da torre de Pedra (3) até Sere; e a

(1) Liv. I, cap. ii.

(2) Liv. VI, cap. xiii.

(3) Os nossos melhores mapas põem a torre de Pedra no centésimo grau de longitude e à volta do quadragésimo de latitude.

descoberta feita pelos mercadores de uma escala tão recuada, situada na parte oriental e setentrional da China, foi uma espécie de prodígio. Assim, sob os reis da Síria e da Bactriana, as mercadorias do Sul da Índia passavam pelo Indo, o Oxo e mar Cáspio, no ocidente; e as das regiões mais orientais e mais setentrionais eram levadas de Sere, a torre de Pedra e outras escalas, até ao Eufrates. Estes mercadores faziam a sua rota seguindo, mais ou menos, no quadragésimo grau de latitude norte, através dos países que se localizam no poente da China, mais policiados do que são hoje porque os Tártaros ainda não os tinham infestado.

Ora, enquanto o império da Síria estendia tanto o seu comércio por terra, o Egipto não aumentava muito o seu comércio marítimo.

Apareceram os Partos e fundaram o seu império; e, quando o Egipto caiu diante do poder dos Romanos, esse estava na plenitude da sua força e da sua extensão.

Os Romanos e os Partos foram duas potências rivais que combateram, não para saber quem devia reinar, mas existir. Entre os dois impérios formaram-se desertos; entre os dois impérios esteve-se sempre sob as armas; muito longe de haver comércio, não havia sequer comunicação. A ambição, a inveja, a religião, o ódio, os costumes separaram tudo. Daí que o comércio entre o Ocidente e o Oriente, que tivera muitas rotas, tivesse apenas uma; e como Alexandria se tornou na única escala, essa escala cresceu ([*]).

Direi apenas uma palavra sobre o comércio interno. O seu ramo principal era o dos cereais, que eram encomendados para a subsistência do povo de Roma; o que era uma matéria de polícia mais do que um objecto de comércio. Nessa ocasião, os náuticos receberam alguns privilégios ([1]) porque a salvação do império dependia da sua vigilância.

Capítulo XVII
Do comércio depois da destruição dos Romanos no Ocidente

O império romano foi invadido e um dos efeitos da calamidade geral foi a destruição do comércio. No início, os bárbaros consideraram-no somente como um objecto do seu banditismo; e

(*) Este capítulo e os quatro anteriores não constavam das primeiras edições (ed. Caillois) (N. T.).

(1) Suetónio, *in Claudio*, [cap. xviii]. Leg. 7, Cod. Teodósio, *De navicularis*.

quando se estabeleceram não o honraram mais do que a agricultura e as outras profissões do povo vencido.

Rapidamente quase que deixou de haver comércio na Europa; a nobreza, que reinava em toda a parte, não se preocupava com a sua prática.

A lei (1) dos Visigodos permitia que os particulares ocupassem metade do leito dos grandes rios, contanto que a outra ficasse livre para as redes e para os barcos; devia haver muito pouco comércio nos países que conquistaram.

Nesses tempos estabeleceram-se direitos insensatos de aubana (*) e de naufrágio (**): os homens pensavam que, como os estrangeiros não lhes estavam unidos por nenhuma comunicação do direito civil, não lhes deviam, por um lado, qualquer tipo de justiça, e, por outro, qualquer tipo de compaixão.

Nos limites estreitos onde os povos do Norte se encontravam tudo lhes era estranho. Na sua pobreza, tudo era para eles um objecto de riquezas. Antes das suas conquistas estavam estabelecidos junto à costa de um mar confinado e cheio de escolhos e tiraram partido dos próprios escolhos.

Mas os Romanos, que faziam leis para todo o universo, tinham feito umas leis muito humanas sobre os naufrágios (2): reprimiram nesse aspecto o banditismo dos que habitavam no litoral e, o que é ainda mais importante, a rapacidade do seu fisco (3).

Capítulo XVIII
Regulamento particular

A lei (4) dos Visigodos criou, no entanto, uma disposição favorável ao comércio. Determinava que os mercadores que vinham

---

(1) Liv. VIII, título 4, § 9.

(*) «*Droit d'aubaine*» no original. Figura jurídica do direito feudal que fazia reverter para a coroa francesa, ou para o senhor feudal local, a herança de um estrangeiro que falecesse nesse território (N. T.).

(**) O direito de naufrágio constituía outra figura jurídica que permitia que se pilhassem os navios que encalhassem na costa ou que se perdessem no mar (N. T.).

(2) O título inteiro, *de incendio ruina naufragio rate nave expugnata*, e Cod. *de naufragiis*; e Leg. 3, ad. leg. Cornel., *de sicariis*.

(3) Leg. 1, Cod. *de naufragiis*.

(4) Liv. XI, título III, § 2.

de além-mar seriam julgados, nos diferendos que nascessem entre eles, pelas leis e pelos juízes da sua nação. Isto estava fundado no uso estabelecido entre todos os povos misturados de que cada homem vivia sob a sua própria lei; assunto sobre o qual mais tarde falarei bastante.

Capítulo XIX
Do comércio desde o enfraquecimento dos Romanos no Oriente

Os maometanos apareceram, conquistaram e dividiram-se. O Egipto tinha os seus soberanos particulares; continuou a praticar o comércio das Índias. Senhor das mercadorias desta região, atraiu para si as riquezas de todas as outras. Os seus sultões eram os príncipes mais poderosos desses tempos; pode ver-se na história como, com uma força constante e bem dirigida, travaram o ardor, o fogo e a impetuosidade dos cruzados.

Capítulo XX
Como o comércio renasceu na Europa através da barbárie

Quando a filosofia de Aristóteles foi trazida para o Ocidente, agradou muito aos espíritos subtis, que em tempos de ignorância são os belos espíritos. Os escolásticos empolgaram-se com ela, e tiraram desse filósofo (1) muitas explicações sobre o empréstimo a juros, em lugar de recorrerem à sua fonte natural no Evangelho; condenaram-no indistintamente e em todos os casos. Devido a isso, o comércio, que era a profissão das pessoas vis, tornou-se também na profissão das pessoas desonestas. Pois todas as vezes que proibimos uma coisa naturalmente permitida ou necessária, limitamo-nos a converter em gente desonesta aqueles que a fazem.

O comércio passou para uma nação nessa altura coberta de infâmia, e em breve deixou-se de distinguir as usuras mais terríveis dos monopólios, da cobrança de subsídios (*) e de todos os meios desonestos de adquirir dinheiro.

---

(1) Ver Aristóteles, *Política*, liv. I, cap. ix e x.

(*) «*Subsídios*»: impostos extraordinários (N. T.).

Os Judeus ([1]), enriquecidos pelas suas exacções, eram pilhados pelos príncipes com a mesma tirania; coisa que consolava os povos mas não os aliviava.

O que se passou em Inglaterra dará uma ideia do que se fez noutros países. Quando o rei João ([2]) mandou prender os Judeus para ficar com os seus bens, houve poucos a quem não lhe tivessem arrancado pelo menos um olho: era assim que esse rei conduzia a sua câmara de justiça. Um deles, a quem arrancaram sete dentes, um por dia, deu dez mil marcos de prata no oitavo. A Aarão, um judeu de Iorque, Henrique III extorquiu catorze mil marcos de prata e dez mil para a rainha. Nesses tempos, fazia-se violentamente o que hoje se faz na Polónia com algum comedimento. Como os reis não podiam revistar a bolsa dos seus súbditos, por causa dos seus privilégios, submetiam à tortura os Judeus que não eram considerados cidadãos.

Finalmente, introduziu-se um costume que confiscava todos os bens dos Judeus que abraçavam o cristianismo. Conhecemos este costume tão bizarro pela lei ([3]) que o revogou. Para ele deram-se razões bem vãs; foi dito que se queria pô-los à prova e garantir que nada restava da escravatura do demónio. Mas é nítido que essa confiscação era uma espécie de direito ([4]) de amortização, para o príncipe e para os senhores, das taxas que cobravam aos Judeus e das quais ficavam privados quando estes se convertiam ao cristianismo. Nesses tempos, consideravam-se os homens como terras. E, de passagem, notarei o quanto se abusou desta nação de um século para o outro. Confiscaram os seus bens quando eles quiseram ser cristãos e, logo de seguida, mandaram queimá-los quando não quiseram sê-lo.

No entanto, viu-se o comércio sair do seio da vexação e do desespero. Os Judeus, consecutivamente proscritos de todos os países, encontraram o meio de salvar os seus valores. Assim, con-

---

([1]) Ver em *Marca Hispanica*, as constituições de Aragão dos anos de 1228 e 1231; e em Brussel, o acordo do ano de 1206 alcançado entre o rei, a condessa de Champagne e Guy de Dampierre.

([2]) Slowe, em *Survey of London*, liv. III, p. 54.

([3]) Édito dado em Bâville no 4 de Abril de 1392.

([4]) Em França, os Judeus eram servos, não podiam dispor dos seus bens por testamento e os senhores eram os seus sucessores. O Sr. Brussel relata um acordo do ano de 1206 entre o rei e Thibaut, conde de Champagne, segundo o qual se determinava que os Judeus de um não emprestariam nas terras do outro.

seguiram fixar os seus refúgios, porquanto um certo príncipe que quisesse muito desfazer-se deles não estaria na disposição de se desfazer do seu dinheiro.

Inventaram (1) as letras de câmbio; e, por esse meio, o comércio pôde iludir a violência e manter-se por toda a parte, já que o mais rico negociante só possuía bens invisíveis que podiam ser enviados para toda a parte e sem deixar rasto algum.

Os teólogos foram obrigados a restringir os seus princípios; e o comércio, que fora violentamente ligado à má-fé, reentrou, por assim dizer, no seio da probidade.

Assim, devemos às especulações dos escolásticos todas as desgraças (2) que acompanharam a destruição do comércio; e à avareza dos príncipes o estabelecimento de uma coisa que o coloca de alguma forma fora do seu poder.

Desde então, os príncipes tiveram de se governar com mais sabedoria do que eles próprios pensariam. Pois os acontecimentos revelaram que os grandes golpes de autoridade eram tão ineptos que é uma experiência reconhecida que só a bondade do governo traz a prosperidade.

Começou a cura do maquiavelismo, e todos os dias essa cura continua. É necessária mais moderação nos conselhos. O que outrora se chamava golpes de Estado, hoje em dia não seriam, independentemente do horror, senão imprudências.

E é ditoso para os homens estarem numa situação em que, apesar de as suas paixões lhes inspirarem o pensamento de serem maus, têm, no entanto, o interesse de não sê-lo (*).

---

(1) Sabe-se que, sob Filipe Augusto e sob Filipe, *o Longo*, os Judeus expulsos de França refugiaram-se na Lombardia e que aí deram aos negociantes estrangeiros, e aos viajantes, letras [de câmbio] secretas sobre aqueles a quem tinham confiado os seus valores em França que foram pagas.

(2) Ver, no Corpo do Direito, a octogésima terceira constituição de Leão [VI, imperador bizantino] que revoga a lei de Basílio, seu pai. Essa lei de Basílio está em Hermenopoulus, sob o nome de Leão, liv. III, título vii, § 27.

(*) É importante manter a distinção entre «maquiavelismo» e Maquiavel. Ver *EL*, VI.5, n.t. Esta distinção é reforçada neste mesmo capítulo. A conclusão tem um sabor distintamente maquiavélico, isto é, pode ser vista como directamente inspirada na filosofia política de Maquiavel.

A propósito de como o interesse vence nesta circunstância a paixão, retenha-se a afirmação de Uzbek, nas *CP* (nº 106), segundo a qual «o interesse é o maior monarca da Terra» (N. T.).

Capítulo XXI
Descoberta de dois novos mundos; o estado da Europa a esse respeito

A bússola abriu, por assim dizer, o universo. Descobriu-se a Ásia e África, de que só conhecíamos algumas costas, e a América, de que nada conhecíamos.

Os Portugueses, navegando no oceano Atlântico, descobriram o ponto mais meridional de África; viram um vasto mar, que os levou às Índias Orientais. Os seus perigos neste mar, e a descoberta de Moçambique, de Melinde a Calecute, foram cantados por Camões, cujo poema faz-nos sentir qualquer coisa dos encantos da *Odisseia* e da magnificência da *Eneida.*

Até essa altura, os Venezianos tinham praticado o comércio das Índias através do país dos Turcos, e tinham-no prosseguido no meio de afrontas e ultrajes. Com a descoberta do cabo da Boa Esperança, e as que se fizeram algum tempo depois, a Itália deixou de ser o centro do mundo comerciante; passou, por assim dizer, para um canto do universo e onde ainda hoje permanece. Até o próprio comércio do Levante, que depende hoje em dia do comércio que as grandes nações fazem nas duas Índias, só é praticado pela Itália acessoriamente.

Os Portugueses traficavam nas Índias como conquistadores. As leis perturbadoras ([1]) que os Holandeses impõem actualmente aos pequenos príncipes indianos sobre o comércio, os Portugueses tinham-nas estabelecido antes deles.

A fortuna da casa de Áustria era prodigiosa. Carlos V herdou a sucessão de Borgonha, de Castela e de Aragão; chegou ao império; e, para lhe garantir um novo género de grandeza, o universo estendeu-se e viu-se aparecer um mundo novo às suas ordens.

Cristóvão Colombo descobriu a América; e embora a Espanha não enviasse mais forças que um pequeno príncipe europeu não pudesse ter enviado também, submeteu dois grandes impérios e outros grandes Estados.

Enquanto os Espanhóis descobriam e conquistavam no Ocidente, os Portugueses levavam a cabo as suas conquistas e as suas descobertas no Oriente: estas duas nações reencontraram-se;

([1]) Ver a relação de François Pyrard, part. II, cap. xv.

recorreram ao papa Alexandre VI, que fez a célebre linha de demarcação, e julgou um grande processo.

Mas as outras nações da Europa não as deixaram gozar tranquilamente a sua partilha: os Holandeses expulsaram Portugal de quase todas as Índias Orientais e várias nações criaram estabelecimentos na América.

Os Espanhóis consideraram desde o início as terras descobertas como objectos de conquista. Povos mais sofisticados do que eles perceberam que eram objectos de comércio, e foi assim que orientaram as suas atenções. Muitos povos conduziram-se com tanta sabedoria que concederam o império a companhias de negociantes, as quais, governando esses Estados distantes unicamente pelo negócio, criaram uma grande potência acessória, sem embaraçar o Estado principal.

As colónias que aí se formaram estão sob uma espécie de dependência de que só é possível encontrar poucos exemplos nas colónias antigas, pois as dos nossos tempos relevam do próprio Estado, ou de alguma companhia comerciante estabelecida no interior desse Estado.

O objecto destas colónias é o de fazer o comércio em melhores condições do que se faz com os povos vizinhos, com os quais todas as vantagens são recíprocas.

Foi estabelecido que só a metrópole poderia negociar na colónia; e isso com grande razão, porque a finalidade do estabelecimento foi a extensão do comércio, não a fundação de uma cidade nem de um novo império.

Assim, é também uma lei fundamental da Europa que todo o comércio com uma colónia estrangeira seja visto como um puro monopólio punível pelas leis do país; e não se deve julgar isto de acordo com as leis e os exemplos dos povos antigos ([1]), que são muito pouco aplicáveis neste caso.

É também aceite que o comércio estabelecido entre as metrópoles não inclui uma permissão para as colónias, que permanecem sempre num estado de proibição ([*]).

([1]) Exceptuando os Cartagineses, como se viu pelo tratado que terminou a primeira guerra púnica.

([*]) «Estado de proibição», isto é, autorizadas a importar apenas bens provenientes da metrópole (N. T.).

A desvantagem das colónias, que perdem a liberdade do comércio, é visivelmente compensada pela protecção da metrópole (1) que a defende com as suas armas ou a mantém com as suas leis.

Daí segue-se uma terceira lei da Europa, a de que, quando o comércio estrangeiro com a colónia é proibido, só se pode navegar nos seus mares nos casos estabelecidos nos tratados.

As nações, que estão para o universo como os particulares estão para o Estado, governam-se como eles pelo direito natural e pelas leis que fazem para si. Um povo pode ceder o mar a outro, tal como pode ceder-lhe a terra (2). Os Cartagineses exigiram aos Romanos que não navegassem além de certos limites, como os Gregos tinham exigido ao rei da Pérsia que se mantivesse sempre afastado da costa marítima (3) à distância da corrida de um cavalo.

O extremo afastamento das nossas colónias não é um inconveniente para a sua segurança; pois se a metrópole está afastada para defendê-las, as nações rivais da metrópole não estão menos afastadas para conquistá-las.

Além disso, esse afastamento não permite que aqueles que nelas se vão estabelecer possam adoptar a maneira de viver de um clima tão diferente; são obrigados a obter todas as comodidades da vida do país donde são provenientes. Os Cartagineses (4), para tornar os Sardos e os Corsos mais dependentes, proibiram-nos, sob pena de morte, de plantar, de semear ou de fazer algo de semelhante; enviavam-lhes víveres de África. Nós chegámos ao mesmo ponto, sem fazer leis tão duras. As nossas colónias das ilhas Antilhas são admiráveis; têm objectos de comércio que não temos nem podemos ter; carecem daquilo que constitui o objecto do nosso comércio.

O efeito da descoberta da América consistiu na ligação da Ásia e da África à Europa. A América fornece à Europa a matéria do seu comércio com essa vasta parte da Ásia a que se chama

---

(1) *Metrópole* é, na língua dos Antigos, o Estado que fundou a colónia.

(2) Políbio, liv. III.

(3) O rei da Pérsia obrigou-se, por meio de um tratado, a não navegar com vasos de guerra além dos rochedos Ceâneos e das ilhas Quelidónias. Plutarco, *Vida de Címon*.

(4) [Pseudo-]Aristóteles, *De mirabilibus auscultationibus*. Tito Lívio, liv. VII da segunda década.

Índias Orientais. A prata, esse metal tão útil para o comércio, como signo, foi também a base do maior comércio do universo, como mercadoria. Por fim, a navegação de África tornou-se necessária; forneceu homens para o trabalho das minas e das terras da América.

A Europa chegou a um grau tão elevado de poder que nada há na história que se lhe compare, se for considerada a imensidão das despesas, a grandeza dos envolvimentos militares, o número de tropas e a continuidade da sua manutenção, mesmo quando são inutilíssimas e só servem para a ostentação.

O Padre du Halde (1) diz que o comércio interno da China é maior do que o de toda a Europa. Isso seria possível se o nosso comércio externo não aumentasse o interno. A Europa faz o comércio e navegação das outras partes do mundo; tal como a França, a Inglaterra e a Holanda fazem quase toda a navegação e comércio da Europa.

Capítulo XXII
Das riquezas que a Espanha tirou da América

Se a Europa (2) encontrou tantas vantagens no comércio da América, seria natural julgar que a Espanha teria recebido vantagens ainda maiores. Tirou do mundo recentemente descoberto uma quantidade de ouro e de prata tão prodigiosa que não havia comparação possível com o que se passara até então.

Mas (o que nunca ninguém suspeitaria) a miséria fez que falhasse quase em toda a parte. Filipe II, que sucedeu a Carlos V, foi obrigado a declarar a célebre bancarrota que todos conhecem; e é difícil encontrar outro príncipe que mais do que ele tenha sofrido com os murmúrios, com a insolência e com a revolta das suas tropas invariavelmente mal pagas.

Desde essa época a monarquia de Espanha entrou em declínio incessante. É que havia um vício interior e físico na natureza dessas riquezas, que as tornou vãs; e esse vício cresceu todos os dias.

---

(1) Tomo II, p. 170.

(2) Isto apareceu há mais de vinte anos, numa pequena obra manuscrita do autor, e que foi quase inteiramente incorporada aqui. [Montesquieu refere-se à sua obra *Considérations sur les richesses d'Espagne* concluída em 1727].

O ouro e a prata são uma riqueza de ficção ou de signo. Esses signos são muito duráveis e deterioram-se pouco, como convém à sua natureza. Quanto mais se multiplicam, mais perdem o seu preço porque representam menos coisas.

Aquando da conquista do México e do Peru, os Espanhóis abandonaram as riquezas naturais para possuir riquezas de signo que se aviltavam por elas próprias. O ouro e a prata eram muito raros na Europa; e a Espanha, subitamente senhora de uma tão grande quantidade desses metais, alimentou esperanças que nunca tivera. As riquezas que foram encontradas nos países conquistados não eram, porém, proporcionais às riquezas das suas minas. Os índios esconderam uma parte delas; e, além disso, esses povos, que apenas se serviam do ouro e da prata para a magnificência dos templos dos deuses e dos palácios dos reis, não os procuravam com a mesma avareza que nós; enfim, não possuíam o segredo de retirar os metais de todas as minas, mas somente daquelas em que a separação se fazia com o fogo, pois não conheciam a maneira de empregar o mercúrio, nem conheciam talvez o próprio mercúrio.

No entanto, a quantidade de prata na Europa não deixou de duplicar rapidamente; o que se evidenciou quando o preço de tudo o que se comprava aumentou para cerca do dobro.

Os Espanhóis exploraram as minas, esventraram as montanhas, inventaram máquinas para drenar as águas, partir o minério e separá-lo; e, como menosprezavam a vida dos índios, puseram-nos a trabalhar sem descanso. Em breve a quantidade de prata duplicou na Europa, e o lucro diminuía sempre para metade em Espanha, que, todos os anos, tinha apenas a mesma quantidade de um metal que se tornara menos precioso pela metade.

Com o dobro do tempo, a quantidade de prata voltou a duplicar e o lucro voltou a diminuir para metade.

Diminuiu até mais de metade: eis como.

Para retirar o ouro das minas, para lhe dar as preparações requeridas e transporá-lo para a Europa tinha de se fazer alguma despesa. Suponho que correspondia à proporção de 1 para 64: quando a quantidade de prata duplicou pela primeira vez, e por conseguinte tornou-se menos preciosa pela metade, a despesa correspondia à proporção de 2 para 64. Assim, as frotas que levaram para Espanha a mesma quantidade de ouro, levaram uma coisa que realmente valia metade, e custava o dobro.

Se acompanharmos a coisa de duplicação em duplicação, veremos a progressão da causa da impotência das riquezas da Espanha.

Há cerca de duzentos anos que as minas das Índias são trabalhadas. Suponho que a quantidade de prata actualmente disponível no mundo que comerceia esteja para a que havia antes da descoberta como 32 está para 1, isto é, duplicou cinco vezes: em mais duzentos anos a mesma quantidade estará para a que havia antes da descoberta como 64 está para 1, isto é, duplicará outra vez. Ora, actualmente, cinquenta ([1]) quintais de minério de ouro dão quatro, cinco e seis onças de ouro; e quando apenas dá duas, o mineiro só ganha para as despesas. Em duzentos anos, se der apenas quatro, o mineiro continuará a ganhar somente para as despesas. Haverá, portanto, pouco lucro a retirar do ouro. O mesmo raciocínio aplica-se à prata, com a excepção de que o trabalho das minas de prata é um pouco mais vantajoso do que o das minas de ouro.

Se forem encontradas minas tão abundantes que darão mais lucro, quanto mais abundantes forem, mais cedo acabará o lucro.

Os Portugueses encontraram tanto ouro ([2]) no Brasil que era forçoso que o lucro dos Espanhóis diminuísse rápida e consideravelmente, assim como o seu.

Por várias vezes ouvi deplorar a cegueira do Conselho de Francisco I que rejeitou Cristóvão Colombo, quando lhe propôs as Índias. Na verdade, fez-se talvez por imprudência uma coisa muito sábia. A Espanha agiu como o rei insensato que pediu que tudo em que tocasse se convertesse em ouro e que foi obrigado a voltar aos deuses para lhes implorar que acabassem com a sua miséria.

As companhias e os bancos que várias nações estabeleceram completaram o aviltamento do ouro e da prata na sua qualidade

---

([1]) Ver as viagens de Frézier. [Referência a Amédée F. Frézier (1682-1773), viajante francês, autor de um relato das suas viagens na América do Sul, *Relation du voyage de la mer du Sud, du Chili, du Pérou, et du Brésil*, publicada em 1714 (N. T.)].

([2]) Segundo lorde Anson, a Europa recebia do Brasil todos os anos dois milhões de esterlinas em ouro, que era encontrado na areia no sopé das montanhas ou no leito dos rios. Quando escrevi a pequena obra de que falei na primeira nota deste capítulo, as receitas do Brasil estavam longe de ser um objecto tão importante como são hoje.

de signo; pois, através de novas ficções, multiplicaram de tal forma os signos dos géneros que o ouro e a prata passaram a desempenhar essa função apenas em parte e tornaram-se menos preciosos.

Assim, o crédito público substituiu as minas e diminuiu ainda mais o lucro que os Espanhóis tiravam das suas.

É verdade que o comércio que os Holandeses praticavam nas Índias Orientais atribuiu algum preço à mercadoria dos Espanhóis; pois como os Holandeses levavam prata para trocar por mercadorias do Oriente, na Europa aliviavam os Espanhóis de uma parte do seu produto que era excessivamente abundante.

Esse comércio, que parece dizer respeito só indirectamente à Espanha, é vantajoso para ela, assim como para as nações que o praticam.

Por tudo que se acabou de dizer, é possível julgar as ordenações do Conselho de Espanha que proíbem o uso de ouro e de prata nos dourados e noutras superfluidades: seria como se os Estados da Holanda fizessem um decreto semelhante a este proibindo o consumo da canela.

O meu raciocínio não se estende a todas as minas: as da Alemanha e as da Hungria, donde se retira pouco além das despesas, são muito úteis. Situam-se no Estado principal; ocupam neles muitos milhares de homens que aí consomem os géneros superabundantes. Constituem propriamente uma manufactura do país.

As minas da Alemanha e da Hungria tornam proveitoso o cultivo das terras; e o trabalho das minas do México e do Peru destroi-no.

As Índias e a Espanha são duas potências sob um mesmo senhor; mas as Índias são a potência principal, a Espanha não é senão a potência acessória. É em vão que a política quer reduzir o principal ao acessório; as Índias continuam a atrair para si a Espanha.

Dos cerca de cinquenta milhões em mercadorias que vão todos os anos para as Índias, a Espanha fornece apenas dois milhões e meio: as Índias fazem, pois, um comércio de cinquenta milhões, e a Espanha de dois milhões e meio.

Um tributo acidental e que não depende da indústria da nação, do número dos seus habitantes, nem do cultivo das suas terras, é um tipo mau de riqueza. O rei de Espanha, que recebe grandes somas da sua alfândega de Cádis, é neste aspecto apenas um particular muito rico num Estado muito pobre. Tudo passa dos estrangeiros para ele, e os seus súbditos quase não tomam qualquer parte; esse comércio é independente da boa e da má fortuna do seu reino.

Se algumas províncias em Castela lhe rendessem uma soma semelhante à da alfândega de Cádis, o seu poder seria bem maior: as suas riquezas teriam de ser o efeito das riquezas do país; essas províncias animariam todas as outras; e todas em conjunto estariam em condições de sustentar os respectivos encargos. Em lugar de um grande tesouro, haveria um grande povo.

Capítulo XXIII
Problema

Não me cabe pronunciar-me sobre a questão de saber se valeria mais a pena que a Espanha entregasse o comércio livre das Índias aos estrangeiros já que não consegue praticá-lo por si mesma. Direi somente que é conveniente para a Espanha colocar a esse comércio o menor número de obstáculos que a sua política lhe permitir. Quando as mercadorias que as várias nações levam para as Índias são caras, as Índias trocam muita da sua mercadoria, que é o ouro e a prata, por poucas mercadorias estrangeiras; o contrário sucede quando estas têm um preço baixo. Seria talvez útil se essas nações se prejudicassem umas às outras para que as mercadorias que para lá levam fossem sempre vendidas a baixo preço. Aqui estão princípios que é preciso examinar, sem, no entanto, separá-los de outras considerações: a segurança das Índias, a utilidade de uma única alfândega, os perigos de uma grande mudança, os inconvenientes previsíveis e que muitas vezes são menos perigosos do que aqueles que não podemos prever.

Livro XXII
Das leis na relação que têm com o uso da moeda

Capítulo I
Razão do uso da moeda

Os povos que têm poucas mercadorias para o comércio, como os selvagens, e os povos policiados que só têm duas ou três espécies negociam pela troca. Daí que as caravanas dos Mouros que vão até Tombuctu, nos confins de África, trocar sal por ouro, não necessitem de moeda. O Mouro põe o seu sal num monte; o Negro põe o seu ouro em pó noutro monte: se não houver ouro suficiente, o Mouro retira parte do seu sal, ou o Negro acrescenta ouro, até que as partes cheguem a acordo (*).

Mas quando um povo trafica um grande número de mercadorias, tem necessariamente de haver uma moeda, porque um metal fácil de transportar poupa muitas das despesas que se seria obrigado a fazer se se procedesse sempre pela troca.

Como todas as nações têm necessidades recíprocas, acontece frequentemente que uma quer ter um número muito grande de

(*) Adam Smith baseou-se neste passo para acrescentar o sal como instrumento de troca no seu elenco das moedas usadas pelos homens ao longo da história. Ver *A Riqueza das Nações*, trad. Teodora Cardoso (Lisboa: Fundação Calouste Gulbenkian, 1993), vol. I, p. 108 (N. T.).

mercadorias da outra, e esta muito pouco das suas, ao passo que, em relação a uma outra nação, ela está na situação inversa. Mas quando as nações possuem uma moeda, e procedem pela venda e compra, as que ficam com mais mercadorias saldam ou pagam o excedente com dinheiro. E há uma diferença: é que, no caso da compra, o comércio faz-se na proporção das necessidades da nação que procura mais, e, no caso da troca, o comércio faz-se somente de acordo com a extensão das necessidades da nação que procura menos, sem o que esta última ficaria na impossibilidade de saldar as suas contas.

Capítulo II
Da natureza da moeda

A moeda é um signo que representa o valor de todas as mercadorias. Pega-se num metal para que o signo seja durável ([1]), para que seja pouco consumido com o uso, e para que possa ser dividido muitas vezes sem se destruir. Escolhe-se um metal precioso para que o signo possa ser facilmente transportado. Um metal é muito apropriado a ser uma medida comum porque pode facilmente ser reduzido ao mesmo título. Cada Estado imprime nele o seu cunho, de modo a que a forma corresponda ao título e ao peso, e que se conheça um e outro com uma simples inspecção.

Os Atenienses, como não usavam metais, serviam-se de bois ([2]) e os Romanos de ovelhas; mas um boi não é a mesma coisa que um outro boi, como uma moeda de metal pode ser a mesma que uma outra.

Como o dinheiro é o signo dos valores das mercadorias, o papel é um signo do valor do dinheiro; e, quando é bom, representa-o de tal modo que não há diferença quanto ao efeito.

Tal como o dinheiro é um signo de uma coisa, e representa-a, cada coisa é um signo do dinheiro, e representa-o; e o Estado é

([1]) O sal que se usa na Abissínia tem o defeito de ser constantemente consumido.

([2]) Heródoto, *in Clio,* diz-nos que os Lídios descobriram a arte de cunhar moeda; os Gregos aprenderam-na com eles; as moedas de Atenas tinham como cunho os seus antigos bois. Vi uma dessas moedas no gabinete do conde de Pembrocke.

próspero na medida em que, por um lado, o dinheiro represente bem todas as coisas, e, por outro, todas as coisas representem bem o dinheiro, e sejam signos umas das outras; isto é, no seu valor relativo, pode ter-se uma coisa assim que se tem a outra. Isso só acontece num governo moderado, mas nem sempre acontece num governo moderado. Por exemplo, se as leis favorecem um devedor injusto, as coisas que lhe pertencem não representam o dinheiro e não constituem um signo. No que concerne ao governo despótico, seria um prodígio se as coisas representassem o seu signo: a tirania e a desconfiança fazem que todos enterrem o seu dinheiro ([1]). Portanto, as coisas aí não representam o dinheiro.

Por vezes, os legisladores empregaram uma tal arte que não só as coisas representavam o dinheiro pela sua natureza, mas convertiam-se em moeda como a própria prata. César ([2]), ditador, permitiu que os devedores dessem como pagamento aos seus credores terrenos ao preço que valiam antes da guerra civil. Tibério ([3]) ordenou que aqueles que quisessem prata poderiam obtê-la do tesouro público se empenhassem terras com o dobro do valor. Sob César, os terrenos foram a moeda que pagava todas as dívidas; sob Tibério, dez mil sestércios em terras tornaram-se uma moeda comum, tal como cinco mil sestércios em prata.

A grande carta da Inglaterra proíbe a apreensão de terras ou das receitas de um devedor quando os seus bens mobililários ou pessoais bastam para o pagamento, e ele se oferece para dá-los. Daí em diante, todos os bens de um inglês representavam dinheiro.

As leis dos Germanos avaliavam em dinheiro as satisfações pelos danos que tinham sido causados e pelas penas dos crimes. Mas como havia muito pouco dinheiro no país, as leis reavaliaram o dinheiro em géneros ou em gado. Isto encontra-se fixado na lei dos Saxões, com algumas diferenças, de acordo com o conforto e comodidade dos vários povos. No início ([4]), a lei declarava o valor do soldo em gado: o soldo de três tremisses ([*]) correspondia a um

---

([1]) Trata-se de um uso antigo em Argel que cada pai de família tenha um tesouro enterrado. Logier de Tassis, *Histoire du Royaume d'Alger,* [liv. I, cap. viii].

([3]) Ver César, *da Guerra Civil,* liv. III.

([3]) Tácito, *Anais,* liv. VI, [cap. xvii].

([4]) *Lei dos Saxões,* cap. xviii.

([*]) Soldos de ouro do império romano que começaram a ser cunhados no final do século IV. O seu uso sobreviveu à queda do império no Ocidente (N. T.).

boi de doze meses, ou a uma ovelha com o seu cordeiro; o de três tremisses valia por um boi de dezasseis meses. Entre estes povos, a moeda converteu-se em gado, mercadorias ou géneros; e estas coisas converteram-se em moeda.

Não só o dinheiro é um signo das coisas, é também um signo do dinheiro e representa dinheiro, como veremos no capítulo sobre o câmbio (*).

Capítulo III
Das moedas ideais

Há moedas reais e moedas ideais. Os povos policiados, que se servem quase todos de moedas ideais, só o fazem porque converteram as suas moedas reais em ideais. Primeiramente, as suas moedas reais consistem num certo peso e num certo título de algum metal. Mas rapidamente a má-fé ou a necessidade levam a que se retire uma parte do metal de cada moeda, à qual se deixa o mesmo nome: por exemplo, de uma moeda com o peso de uma libra de prata, retira-se a metade da prata e continua a chamar-se libra. A moeda que era uma vigésima parte da libra de prata, continua a chamar-se soldo, embora já não seja a vigésima parte dessa libra. Nesse momento, a libra é uma libra ideal; e o soldo é um soldo ideal; e assim com as outras subdivisões; e tal pode chegar ao ponto que aquilo a que se chamar libra, já não será mais do que uma porção muito pequena da libra; o que a tornará ainda mais ideal. Pode até suceder que se deixe de fazer moedas que valham precisamente uma libra, e que se deixe de fazer moedas que valham um soldo. A partir daí, a libra e soldo serão moedas puramente ideais. Dar-se-á a cada moeda a denominação de tantas libras e de tantos soldos quanto se quiser: a variação poderá ser contínua porque é tão fácil dar outro nome a uma coisa como é difícil mudar a própria coisa.

Para vedar a fonte dos abusos, seria uma lei muito boa em todos os países onde se queira fazer florescer o comércio a que ordenasse que fossem usadas as moedas reais e que não se fizessem operações que pudessem torná-las ideais.

(*) Ver *EL*, XXII.10 (N. T.).

Nada deve estar tão isento de variações como aquilo que é a medida comum de tudo.

Por eles mesmos, os negócios já são muito incertos; e é um grande mal acrescentar uma nova incerteza à que está fundada na natureza da coisa.

Capítulo IV
Da quantidade de ouro e de prata

Quando as nações policiadas são as senhoras do mundo, o ouro e a prata aumentam todos os dias, ou porque as nações extraem-nos no seu território, ou porque vão procurá-lo onde eles existem. Pelo contrário, diminuem quando as nações bárbaras estão em superioridade. Sabe-se quão escassos foram esses metais quando os Godos e os Vândalos, de um lado, e os Sarracenos e os Tártaros, do outro, tudo invadiram.

Capítulo V
Continuação do mesmo assunto

A prata extraída das minas da América, transportada para a Europa, e daí enviada para o Oriente, favoreceu a navegação da Europa: é mais uma mercadoria que a Europa recebe nas trocas com a América e que envia nas trocas com as Índias. Portanto, uma quantidade maior de ouro e de prata é favorável quando se consideram esses metais como mercadorias; não o é quando os consideram como signos, porque a sua abundância colide com a sua qualidade de signo, que está bastante fundada na escassez.

Antes da primeira guerra púnica, o cobre estava para a prata como 960 está para 1 ([1]); actualmente, a proporção é de cerca de 73½ para 1 ([2]). Se a proporção fosse a de outrora, a prata cumpriria ainda melhor a sua função de signo.

([1]) Ver abaixo o capítulo xii.

([3]) Supondo que a prata está a 49 libras por marco, e o cobre a 20 soldos por libra.

Capítulo VI
Por que razão o preço da usura diminuiu para metade aquando da descoberta das Índias

O inca Garcilaso ([1]) diz que em Espanha, depois da conquista das Índias, as rendas ([*]) que estavam em 10 por cento caíram para 5 por cento. Isso teria de acontecer. Uma grande quantidade de prata foi subitamente trazida para a Europa. Em breve, havia menos pessoas a precisar de prata; o preço de todas as coisas aumentou e o da prata diminuiu; a proporção foi, por isso, rompida, todas as dívidas antigas foram extintas. Podemos recordar os tempos do Sistema ([2]), quando todas as coisas tinham um grande valor, excepto a prata. Após a conquista das Índias, os que tinham prata foram obrigados a diminuir o preço ou o aluguer da sua mercadoria, isto é, o juro ([**]).

Desde esse tempo, os empréstimos não puderam regressar à sua taxa antiga porque a quantidade de prata aumentou todos os anos na Europa. Além disso, como os fundos públicos de alguns Estados, alicerçados nas riquezas que o comércio lhes obteve, rendiam um juro muito módico, os contratos dos particulares tinham de se regular por aí. Finalmente, como o câmbio dera aos homens uma facilidade singular de transportar a prata de um país para outro, a prata não podia ser escassa num lugar sem que viesse de todos os lados onde era abundante.

Capítulo VII
Como o preço das coisas é fixado quando as riquezas de signo variam

O dinheiro é o preço das mercadorias ou dos géneros. Mas como será fixado esse preço? Isto é, por que porção de prata cada coisa será representada?

([1]) *Histoire des guerres civiles des Espagnols dans les Indes.*

([*]) «Rendas», isto é, juros (N. T.).

([2]) Era assim que se chamava ao projecto do Sr. Law em França.

([**]) A tese de que o afluxo de prata proveniente das Índias Ocidentais, isto é, da recém-explorada América, conduziu a uma baixa dos juros na Europa é refutada por David Hume em «Dos Juros», *Ensaios Políticos, Morais, Literários,* p. 272: «Aqueles que afirmaram que a abundância de dinheiro era a causa dos juros baixos parecem ter tomado por causa um efeito colateral (...)». Adam Smith alinhou com Hume contra Montesquieu nesta discussão. *Riqueza das Nações,* II.4 (N. T.)

Se compararmos a massa de ouro e de prata que existe no mundo com a soma das mercadorias que existem, é certo que cada género ou cada mercadoria em particular poderá ser comparado a uma certa porção da massa inteira de ouro e de prata. Tal como o total de quantidade está para o total da outra quantidade, também a parte de uma quantidade estará para a parte da outra. Suponhamos que havia apenas um único género ou mercadoria no mundo, ou que havia apenas uma mercadoria que pudesse ser comprada e divisível como o dinheiro: uma parte dessa mercadoria corresponderá a uma parte da massa de dinheiro. A metade do total de uma corresponderá à metade do total da outra; a décima, a centésima, a milésima parte de uma corresponderá à décima, à centésima, à milésima da outra. Mas como o que constitui a propriedade entre os homens não está por inteiro ao mesmo tempo no comércio, e os metais ou as moedas, que são os seus signos, tão-pouco estão no comércio em simultâneo, os preços serão fixados na razão composta do total das coisas com o total dos signos, e na razão composta do total das coisas que estão no comércio com o total dos signos que também o estão; e, como as coisas que não estão no comércio hoje podem aí estar amanhã, e como os signos que aí não estão actualmente podem igualmente regressar, o estabelecimento do preço das coisas depende sempre fundamentalmente da razão do total das coisas com o total dos signos.

Assim, o príncipe ou o magistrado pode tanto determinar o valor das mercadorias como pode estabelecer, com uma ordenação, que a relação de 1 para 10 é igual à de 1 para 20.

Capítulo VIII
Continuação do mesmo assunto

Os negros da costa de África têm um signo de valores sem moeda: é um signo puramente ideal, fundado no grau de estima de cada mercadoria que têm no espírito, na proporção da necessidade que têm dela. Um certo género ou mercadoria vale três macutas; outro vale seis macutas; outro dez macutas; é como se dissessem simplesmente três, seis, dez. O preço é formado através da comparação que fazem de todas as mercadorias entre elas; então, não há moeda particular, mas cada porção de mercadoria é moeda da outra.

Tragamos por um momento para o meio de nós esta maneira de avaliar as coisas e juntemo-la com a nossa: todas as mercadorias e géneros do mundo, ou melhor, todas as mercadorias ou géneros de um Estado em particular, considerado separadamente dos outros, valerão um certo número de macutas; e, dividindo a prata desse Estado em tantas partes quantas macutas houver, uma parte dividida dessa prata será o signo de uma macuta.

Se supusermos que a quantidade de prata de um Estado duplica, será preciso o dobro da prata por cada macuta; mas se, ao duplicar-se a prata, duplicarmos também as macutas, a proporção permanecerá tal como era antes de uma e de outra duplicação.

Se, desde a descoberta das Índias, o ouro e a prata aumentaram na Europa à razão de 1 para 20, o preço dos géneros e mercadorias deveria ter aumentado na razão de 1 para 20. Mas se, por outro lado, o número de mercadorias aumentou na proporção de 1 para 2, então o preço das mercadorias e géneros teria de ter aumentado, por um lado, à razão de 1 para 20 e baixado à razão de 1 para 2, e por conseguinte só teria aumentado à razão de 1 para 10.

A quantidade de mercadorias e géneros cresce com um aumento do comércio; o aumento do comércio com um aumento do dinheiro que chega sucessivamente, e através de novas comunicações com novas terras e novos mares, que nos dão novos géneros e novas mercadorias.

Capítulo IX
Da escassez relativa do ouro e da prata

Além da abundância e da escassez positiva do ouro e da prata, há também uma abundância e uma escassez relativa de um destes metais face ao outro.

A avareza acumula ouro e prata porque, como não quer consumir, gosta dos signos que se não destroem. Gosta ainda mais de acumular ouro do que prata porque está sempre receosa de perder e pode mais facilmente esconder o que tem um volume menor. O ouro desaparece, portanto, quando a prata é comum porque cada um tem algum ouro para esconder; reaparece quando a prata é escassa porque se é obrigado a retirá-lo dos seus esconderijos.

Trata-se, portanto, de uma regra: o ouro é comum quando a prata é escassa, e o ouro é escasso quando a prata é comum. Tal permite perceber a diferença entre a abundância e a escassez relativas e a abundância e a escassez reais, sobre as quais irei falar longamente.

Capítulo X
Do câmbio

É a abundância e a escassez relativas das moedas dos vários países que formam aquilo a que se chama o câmbio.

O câmbio é uma fixação do valor actual e momentâneo das moedas.

A prata, como metal, tem um valor tal como as outras mercadorias; e tem também um valor que provém de ser capaz de se tornar no signo das outras mercadorias; e se fosse uma simples mercadoria, não se pode duvidar de que perderia muito do seu preço.

A prata, como moeda, tem um valor que o príncipe pode fixar em algumas relações aspectos e que não poderia fixar noutras.

O príncipe estabelece uma proporção entre uma quantidade de prata como metal e a mesma quantidade como moeda; 2º fixa a proporção entre os diversos metais empregues na moeda; 3º estabelece o peso e o título de cada moeda. Finalmente, dá a cada moeda o valor ideal de que falei. Chamarei ao valor da moeda, nestas quatro relações, *valor positivo*, porque pode ser fixado por lei.

As moedas de cada Estado têm, além disso, um *valor relativo*, no sentido em que são comparadas com as moedas dos outros países: é esse valor relativo que o câmbio estabelece. Depende muito do valor positivo. É fixada pela estimativa mais geral dos negociantes, e não pode ser fixada pela ordenação do príncipe porque varia incessantemente e depende de mil circunstâncias.

Para fixar o valor relativo, as várias nações regular-se-ão sobretudo por aquela que tiver mais prata. Se esta tiver tanta prata como todas as outras em conjunto, todas terão efectivamente de se medir por ela; o que fará com que se regulem mais ou menos entre elas como se medem com a nação principal.

No estado actual do universo é a Holanda ([1]) que constitui essa nação de que falamos. Examinemos o câmbio em relação a este país.

Na Holanda, existe uma moeda a que se chama florim; o florim vale vinte soldos ou quarenta meios-soldos, ou *gros*. Para simplificar as ideias, imaginemos que não havia florins na Holanda e que só havia *gros*: um homem que tivesse mil florins teria quarenta mil *gros*, e por aí em diante. Ora, o câmbio com a Holanda consiste em saber quantos *gros* valerá cada moeda dos outros países; e como em França normalmente contamos em escudos de três libras, o câmbio ditará quanto um escudo de três libras valerá em *gros*. Se o câmbio estiver a cinquenta e quatro, o escudo de três libras valerá cinquenta e quatro *gros*; se estiver a sessenta, valerá sessenta *gros*; se a prata for escassa em França, o escudo de três libras valerá mais *gros*; se for abundante, valerá menos *gros*.

Esta escassez ou esta abundância, donde resulta a mutação do câmbio, não é a escassez ou a abundância real; é uma escassez ou uma abundância relativa. Por exemplo, quando a França tem mais necessidade de possuir fundos na Holanda do que os Holandeses de possuí-los em França, diz-se que a prata é comum em França e escassa na Holanda; e vice-versa.

Suponhamos que o câmbio com a Holanda está a cinquenta e quatro. Se a França e a Holanda constituíssem uma única cidade, far-se-ia como se faz quando se usa a moeda de um escudo: o francês tiraria da sua bolsa três libras e o holandês tiraria da sua cinquenta e quatro *gros*. Mas, como Paris e Amsterdão estão distantes, é preciso que quem me dá cinquenta e quatro *gros* que possui na Holanda pelo meu escudo de três libras me dê uma letra de câmbio de cinquenta e quatro *gros* sobre a Holanda. Já não se trata de cinquenta e quatro *gros*, mas de uma letra de cinquenta e quatro *gros*. Assim, para julgar ([2]) da escassez ou da abundância da prata é preciso saber se em França há mais letras de cinquenta e quatro *gros* destinadas a França do que escudos destinados à Holanda. Se houver muitas letras oferecidas pelos

---

([1]) Os Holandeses regulam o câmbio de quase toda a Europa através de uma espécie de deliberação entre si, de acordo com o que convém aos seus interesses.

([2]) Há muita prata num lugar quando há mais prata do que papel; há pouca prata quando há mais papel do que prata.

Holandeses e poucos escudos oferecidos pelos Franceses, a prata é escassa em França e comum na Holanda; e é preciso que o câmbio suba e que pelo meu escudo me dêem mais de cinquenta e quatro *gros*; de outro modo, não o darei; e vice-versa.

Vê-se que as várias operações de câmbio formam uma conta de receitas e despesas que tem sempre de ser saldada; e que um Estado que deve não tem as suas dívidas com os outros saldadas através do câmbio, tal como um particular não paga uma dívida mudando de dinheiro.

Suponhamos que apenas existem três Estados no mundo: a França, a Espanha e a Holanda; que vários particulares de Espanha devem em França o valor de cem mil marcos de prata, e que vários particulares de França devem em Espanha cento e dez mil marcos; e que alguma circunstância levou a que todos, em Espanha e em França, quisessem de uma só vez retirar o seu dinheiro: que operações de câmbio haveria? Estas duas nações seriam reciprocamente reembolsadas da soma de cem mil marcos; mas a França deveria sempre dez mil marcos à Espanha e os Espanhóis teriam sempre letras sobre a França no valor de dez mil marcos, e a França não teria nenhumas sobre a Espanha.

Se a situação da Holanda com a França fosse invertida, e se o seu saldo fosse uma dívida à França de dez mil marcos, a França poderia pagar à Espanha de duas maneiras: dando aos seus credores em Espanha letras sobre os seus devedores holandeses no valor de dez mil marcos, ou então enviando dez mil marcos de prata em espécie para Espanha.

Daqui decorre que, quando um Estado tem necessidade de remeter uma soma de dinheiro para outro país, é indiferente, pela natureza da coisa, que se envie dinheiro ou se levem letras de câmbio. A vantagem destas duas maneiras de pagar depende unicamente das circunstâncias actuais; terá de se ver o que, nesse momento, renderá mais *gros* na Holanda, ou o dinheiro em espécie ([1]), ou uma letra sobre a Holanda de soma equivalente.

Quando o mesmo título e o mesmo peso de prata em França rendem o mesmo peso e o mesmo título de prata na Holanda, diz-se que o câmbio está em paridade. No estado actual das moedas ([2]), a paridade é mais ou menos cinquenta e quatro *gros* por

([1]) Deduzidas as despesas de transporte e de seguro.

([2]) Em 1744.

escudo: quando o câmbio estiver acima de cinquenta e quatro *gros* dir-se-á que está alto; quando estiver abaixo, dir-se-á que está baixo.

Para saber se, numa certa situação do câmbio, o Estado ganha ou perde, é preciso considerá-lo como devedor, como credor, como vendedor, como comprador. Quando o câmbio está abaixo da paridade, o Estado perde enquanto devedor, ganha enquanto credor; perde enquanto comprador, ganha enquanto vendedor. Percebe-se claramente que o Estado perde enquanto devedor: por exemplo, quando a França deve à Holanda um certo número de *gros*, quanto menos *gros* o seu escudo valer, mais escudos serão necessários para pagar. Pelo contrário, se a França for credora de um certo número de *gros*, quanto menos *gros* cada escudo valer, mais escudos receberá. O Estado perde também enquanto comprador; pois continua a ser preciso o mesmo número de *gros* para comprar a mesma quantidade de mercadorias; e, quando o câmbio baixa, cada escudo francês rende menos *gros*. Pela mesma razão, o Estado ganha enquanto vendedor: eu vendo a minha mercadoria na Holanda pelo mesmo número de *gros* por que a vendia antes; terei, portanto, mais escudos em França quando adquirir com cinquenta *gros* um escudo do que quando preciso de cinquenta e quatro *gros* para obter esse mesmo escudo. O contrário de tudo isto sucederá no outro Estado. Se a Holanda deve um certo número de escudos, ganhará; e se lhes são devidos, perderá; se a Holanda vender, perderá; se comprar, ganhará.

Contudo, é preciso acrescentar o seguinte. Quando o câmbio está abaixo da paridade, por exemplo, quando está a cinquenta em vez de estar a cinquenta e quatro, deveria acontecer que a França, ao enviar pelo câmbio cinquenta e quatro mil escudos para a Holanda, só compraria mercadorias no valor de cinquenta mil; e, por outro lado, a Holanda, ao enviar o valor de cinquenta mil escudos para França, compraria mercadorias no valor de cinquenta e quatro mil: o que daria uma diferença de oito cinquenta e quatro avos, isto é, mais de um sétimo de perda para a França; de maneira que seria necessário enviar para a Holanda um sétimo a mais em dinheiro ou em mercadorias do que quando o câmbio estava na paridade; e como o mal não pararia de aumentar, porque uma dívida dessas faria que o câmbio diminuísse ainda mais, a França, no final das contas, estaria arruinada. Parece, digo eu, que tal deveria acontecer, e no entanto não acontece por causa do princípio que já estabeleci alhures ([1]), que é o de que os Estados tendem sempre a pôr-se em equilíbrio e a garantir a sua libertação. Assim, os Estados só pedem emprestado na proporção do que podem pagar e só compram na medida em que vendem. E, tomando o exemplo anterior, se o câmbio cai em França de cinquenta e quatro para cinquenta, o holandês, que comprava mercadorias por mil escudos, e que pagava por elas cinquenta e quatro mil *gros*, não pagaria mais do que cinquenta mil, se o francês quisesse dar o seu consentimento. Mas a mercadoria da França aumentará insensivelmente: o lucro será partilhado entre o francês e o holandês. Pois quando um negociante pode ganhar, facilmente partilha o seu lucro; haverá portanto uma comunicação do lucro entre o francês e o holandês. Da mesma maneira, o francês, que comprava mercadorias holandesas por cinquenta e quatro mil *gros*, e que as pagava com mil escudos quando o câmbio estava a cinquenta e quatro, seria obrigado a acrescentar quatro cinquenta e quatro avos em escudos franceses para comprar as mesmas mercadorias. Mas o mercador francês, que sofrerá a perda que tiver, quererá dar menos pelas mercadorias holandesas. Haverá, então, uma comunicação das perdas entre o mercador francês e o mercador holandês; o Estado pôr-se-á insensivelmente em equilíbrio, e o abaixamento do câmbio não terá todos os inconvenientes que se devia recear.

Quando o câmbio está abaixo da paridade, um negociante pode, sem diminuir a sua fortuna, reenviar os seus fundos para os países estrangeiros; porque ao fazê-los regressar recupera o que perde; mas um príncipe que só envia para os países estrangeiros um dinheiro que nunca mais regressará perde sempre.

Quando os negociantes fazem muitos negócios num país, o câmbio aumenta infalivelmente. Tal decorre do facto de se firmarem muitos contratos e de se comprarem muitas mercadorias; e tira-se do país estrangeiro para pagá-los.

Se um príncipe acumular grandes quantidades de prata no seu Estado, a prata poderá ser escassa em termos reais e abundante em termos relativos. Por exemplo, se, ao mesmo tempo, esse Estado tiver de pagar muitas mercadorias do país estrangeiro, o câmbio baixará, embora a prata seja escassa.

([1]) Ver o liv. XX, cap. xxiii.

O câmbio de todos os lugares tende sempre a situar-se numa certa proporção; e isso está na natureza da própria coisa. Se o câmbio da Irlanda com a Inglaterra estiver abaixo da paridade, e se o câmbio da Inglaterra com a Holanda estiver também abaixo da paridade, o câmbio da Irlanda com a Holanda estará ainda mais baixo. Isto é, na razão composta do câmbio da Irlanda com a Inglaterra e do da Inglaterra com a Holanda; pois um holandês, que pode mandar regressar os seus fundos indirectamente da Irlanda através da Inglaterra, não quererá pagar mais caro para mandá-los regressar directamente. Digo que tal deveria ser assim, mas, no entanto, não é exactamente assim. Há sempre circunstâncias que fazem variar as coisas; e a diferença do lucro que há no tirar por um lugar, ou no tirar por outro, constitui a arte ou a habilidade particular dos banqueiros, que aqui não está em discussão.

Quando um Estado aumenta a sua moeda, por exemplo, quando chama seis libras ou dois escudos ao que chamava apenas três libras ou um escudo, essa denominação nova, que nada acrescenta de real ao escudo, não deve obter um único *gros* a mais no câmbio. Só se deveria obter, pelos dois escudos novos, a mesma quantidade de *gros* que se recebia pelo escudo antigo; e, se tal não suceder, não se deve ao efeito da fixação em si mesma, mas ao efeito que produz por ser nova e súbita. O câmbio está ligado aos negócios que foram começados, e só é corrigido depois de um certo tempo.

Quando um Estado, em vez de simplesmente aumentar a sua moeda com uma lei, faz uma nova refundição com o intuito de fazer de uma moeda forte uma moeda mais fraca, acontece que, durante o tempo da operação, coexistem dois tipos de moeda: a forte, que é a velha, e a fraca, que é a nova. E como a forte está depreciada e só é aceite na Casa da Moeda, e, por conseguinte, as letras de câmbio devem ser pagas com a nova moeda, parece que o câmbio deveria regrar-se pela nova moeda. Se, por exemplo, a desvalorização em França fosse de metade e o escudo antigo de três libras obtivesse sessenta *gros* na Holanda, o novo escudo deveria obter apenas trinta *gros*. Por outro lado, parece que o câmbio deveria regrar-se pelo valor da moeda antiga porque o banqueiro que possui prata e que aceita letras é obrigado a ir levar à Casa da Moeda a moeda antiga para trocar por moeda nova, com a qual perde. O câmbio pôr-se-á, então, entre o valor da nova moeda e o da moeda velha. O valor da moeda velha cai, por assim dizer, tanto porque já existe no comércio a moeda nova, como porque o banqueiro não pode ser rigoroso, pois é do seu interesse fazer sair prontamente o dinheiro velho da sua caixa para pô-lo a trabalhar e é até forçado a fazê-lo para efectuar os seus pagamentos. Por outro lado, o valor da moeda nova aumenta, por assim dizer, porque o banqueiro, com moeda nova, encontra-se numa circunstância que lhe permite, como mostraremos, com grande benefício, obter moeda velha. Logo, o câmbio situar-se-á, como disse, entre a moeda nova e a moeda velha. Então, os banqueiros arrecadam lucro ao fazerem sair a moeda velha do Estado porque, com isso, conseguem o mesmo benefício que um câmbio regulado pela moeda velha, isto é, muitos *gros* na Holanda; e também porque conseguem um retorno no câmbio, regulado entre a moeda nova e a moeda velha, isto é, mais baixo; o que garante muitos escudos em França.

Suponho que três libras de moeda velha rendem, ao câmbio actual, quarenta e cinco *gros*, e que transportando esse mesmo escudo para a Holanda obtêm-se sessenta; mas com uma letra de quarenta e cinco *gros* obter-se-á um escudo de três libras em França, o qual, transportado em moeda velha para a Holanda, renderá ainda sessenta *gros*. Toda a moeda velha sairá, pois, do Estado que proceder à refundição e o lucro será dos banqueiros.

Para remediar isto, ser-se-á forçado a fazer uma nova operação. O Estado que faz a refundição enviará ele mesmo uma grande quantidade de moeda velha para a nação que regula o câmbio; e, ao conseguir aí um crédito, fará subir o crédito até ao ponto em que se terá, com pouca diferença, tantos *gros* com o câmbio de um escudo de três libras quantos se teria fazendo sair do país um escudo de três libras em moeda velha. Digo *com pouca diferença* porque, quando o lucro for módico não se será tentado a fazer sair a moeda por causa das despesas de transporte e dos riscos de confiscação.

É bom dar uma ideia bem clara de tudo isto. O senhor Bernard, ou qualquer outro banqueiro que o Estado queira empregar, propõe as suas letras sobre a Holanda, e oferece-as por um, dois, três *gros* a mais do que o câmbio actual; criou uma provisão nos países estrangeiros através da moeda velha que enviou continuamente; portanto, fez aumentar o câmbio até ao ponto que acabámos de referir. Contudo, de tanto oferecer as suas letras, acaba por arrecadar toda a moeda nova e força os outros banqueiros, que têm pagamentos a fazer, a levar a sua moeda velha à Casa da Moeda; e, além disso, como ficou insensensivelmente com toda a prata, compele, por sua vez, os outros banqueiros a oferecerem-lhe letras a um câmbio muito alto: o lucro no final indemniza em grande parte a perda no início.

Percebe-se que, durante toda esta operação, o Estado sofrerá uma crise violenta. A prata tornar-se-á muito rara: 1º porque é preciso depreciar a sua maior parte; 2º porque será necessário transportar uma parte para os países estrangeiros; 3º porque todos a esconderão, e ninguém quererá deixar para o príncipe um lucro que cada um espera obter para si mesmo. É perigoso levá-la a cabo lentamente; é perigoso levá-la a cabo com prontidão. Se o ganho que se supõe é imoderado, os inconvenientes aumentam na mesma medida.

Viu-se acima que, quando o câmbio é mais baixo do que a moeda em espécie, é lucrativo fazer sair o dinheiro. Pela mesma razão, quando o câmbio está mais alto do que a moeda em espécie, é lucrativo fazê-lo regressar.

Mas há um caso em que é lucrativo fazer sair a moeda em espécie, apesar de o câmbio estar na paridade: é quando o dinheiro é enviado para os países estrangeiros com vista a ser remarcado ou refundido. Quando o dinheiro regressa, obtém-se o lucro da moeda, quer seja usado no país, quer se tomem letras sobre o estrangeiro.

Se acontecesse que, num Estado, se fizesse uma companhia que tivesse um número muito considerável de acções e que fizesse, no período de alguns meses, aumentar essas acções vinte ou vinte e cinco vezes acima do valor da primeira compra; e se esse mesmo Estado tivesse estabelecido um banco cujas notas devessem cumprir a função de moeda; e se o valor numerário dessas notas fosse prodigioso para responder ao prodigioso valor numerário das acções (é o sistema do Sr. Law (*)); decorreria da natureza da coisa que essas acções e notas seriam destruídas da mesma maneira que seriam estabelecidas. Não se poderia fazer subir subitamente as acções vinte ou vinte e cinco vezes acima do seu primeiro valor sem dar a muita gente os meios de adquirir

---

(*) «*Sistema do Sr. Law*»: referência ao esquema financeiro de John Law. Ver *EL*, II.4, n.t. (N. T.).

imensas riquezas em papel: cada um procuraria assegurar a sua fortuna; e, como o câmbio oferece o caminho mais fácil para desnaturá-la, ou para transportá-la para onde se queira, enviar-se-ia incessantemente uma parte desses valores para a nação que regula o câmbio. Um projecto contínuo de envio para os países estrangeiros fará baixar o câmbio. Suponhamos que, na época do Sistema, relativamente ao título e ao peso da moeda de prata, a taxa de câmbio era de quarenta *gros* por escudo; quando incontáveis pedaços de papel se convertessem em moeda, não se quereria dar mais que trinta e nova *gros* por escudo; depois não se quereria dar mais trinta e oito, trinta e sete, etc. Isso iria tão longe que não se daria mais que oito *gros*, e finalmente deixaria de haver câmbio.

Era o câmbio que devia, neste caso, regular em França a proporção da prata com o papel. Supondo que, pelo peso e pelo título da prata, o escudo de três libras de prata valia quarenta *gros* e que, com o câmbio feito em papel, o escudo de três libras em papel só valia oito *gros*, a diferença seria de quatro quintos. O escudo de três libras em papel valia, portanto, quatro quintos a menos do que o escudo de três libras em prata.

Capítulo XI
Das operações que os Romanos efectuavam sobre as moedas

Apesar de alguns golpes de autoridade que foram exercidos nos nossos dias em França sobre as moedas em dois ministérios consecutivos, os Romanos exerceram golpes ainda maiores, não no tempo daquela república que não passava de uma anarquia, mas quando, na força da sua instituição, pela sua sabedoria assim como pela sua coragem, depois de ter vencido as cidades de Itália, disputaram o império com os Cartagineses.

E estou muito à vontade para aprofundar um pouco esta matéria, para que não se faça um exemplo daquilo que não o é.

Na primeira guerra púnica ([1]), o asse, que devia ser de doze onças de cobre, passou a pesar apenas duas, e na segunda não pesava mais do que uma. Esta redução corresponde ao que actualmente chamamos aumento das moedas ([*]). Retirar de um

---

([1]) Plínio, *Hist. nat.*, liv. XXXIII, art. 13.

([*]) Hoje em dia diríamos *expansão monetária* (N. T.).

escudo de seis libras a metade da prata para fazer dois, ou fazê-lo valer doze libras, é precisamente a mesma coisa.

Não restou qualquer registo da maneira como os Romanos efectuaram a sua operação na primeira guerra púnica; mas o que eles fizeram na segunda guerra assinala uma sabedoria admirável. A república não estava em condições de saldar as suas dívidas; o asse pesava vinte onças de cobre; e o denário, que valia dez asses, valia vinte onças de cobre. A república cunhou asses com uma onça de cobre ([1]); ganhou metade sobre os seus credores; pagou um denário com estas dez onças de cobre. Esta operação produziu um grande abanão no Estado: deveria ter sido tão pequena quanto possível; continha uma injustiça: deveria ter sido tão pequeno quanto possível. Tinha como objectivo a libertação da república relativamente aos seus cidadãos; não poderia ter o objectivo de libertar os cidadãos deles mesmos. Isto trouxe consigo uma segunda operação; e ordenou-se que o denário, que até então valera apenas dez asses, contivesse dezasseis. Desta dupla operação resultou que, enquanto os credores da república perderam metade ([2]), os credores dos particulares perderam apenas um quinto ([3]); as mercadorias só aumentaram um quinto; a mudança real na moeda foi apenas de um quinto. Podem ser tiradas as outras consequências.

Os Romanos conduziram-se, pois, melhor do que nós, que nas nossas operações incluímos as fortunas públicas e as fortunas particulares. Não é tudo: vamos ver que eles efectuaram-nas em circunstâncias mais favoráveis do que nós.

Capítulo XII
Circunstâncias em que os Romanos efectuaram as suas operações sobre a moeda

Antigamente, havia muito pouco ouro e prata em Itália. Esse país tinha pouquíssimas minas de ouro e de prata. Quando Roma foi tomada pelos Gauleses, havia apenas mil libras de ouro ([1]).

([1]) Plínio, *Hist. nat.*, liv. XXXIII, art. 13.
([2]) Receberam dez onças de cobre por vinte.
([3]) Receberam dezasseis onças de cobre por vinte.
([4]) Plínio, liv. XXXIII, art. 5.

Contudo, os Romanos saquearam várias cidades poderosas e trouxeram as suas riquezas. Durante muito tempo apenas se serviram de moeda de cobre. Só depois da paz de Pirro é que tiveram prata suficiente para cunhar moeda ([1]). Fizeram denários a partir desse metal que valiam dez asses ([2]), ou dez libras de cobre. Nessa altura, a proporção de prata para cobre era de 1 para 960; pois como o denário romano valia dez asses ou dez libras de cobre, valia cento e vinte onças de cobre; e, como o mesmo denário valia um oitavo de onça de prata ([3]), isto dava a proporção que acabámos de referir.

Quando Roma se tornou na senhora da parte de Itália mais próxima da Grécia e da Sicília, aos poucos foi-se vendo entre dois povos ricos: os Gregos e os Cartagineses; a sua prata aumentou; e como a proporção de 1 para 960 entre a prata e o cobre não podia continuar a manter-se, efectuou diversas operações sobre a moeda que desconhecemos. Apenas sabemos que no início da segunda guerra púnica, o denário romano não valia mais do que vinte onças de cobre ([4]), e que, assim, a proporção entre a prata e o cobre não passava de 1 para 160. A redução era bastante considerável porque a república ganhava cinco sextos sobre toda a moeda de cobre. Mas não se fez senão o que a natureza das coisas exigia e restabeleceu-se a proporção entre os metais que serviam de moeda.

A paz que terminou a primeira guerra púnica deixara aos Romanos o domínio da Sicília. Em breve entraram na Sardenha e começaram a conhecer a Espanha: a massa de prata continuou a aumentar em Roma. Foi efectuada uma operação que reduziu o denário de prata de vinte onças para dezasseis ([5]); e produziu o efeito de repor a prata e o cobre numa proporção de 1 para 128, quando fora de 1 para 160.

Examinai os Romanos e nunca os achareis tão superiores como na escolha das circunstâncias em que fizeram os bens e os males.

([1]) Freinshemius, liv. V da segunda década.

([2]) *Ibid., loco citato.* Cunharam também, diz o mesmo autor, meios denários chamados quenários, e quartos denários chamados sestércios.

([3]) Um oitavo, segundo Budé; um sétimo, segundo outros autores.

([4]) Plínio, *Hist. nat.*, liv. XXXIII, art. 13.

([5]) Plínio, *ibid.*

Capítulo XIII
Operações sobre as moedas na época dos imperadores

Nas operações que foram efectuadas sobre as moedas na época da república procedeu-se por via do corte: o Estado confiava ao povo as suas necessidades e não pretendia seduzi-lo. Sob os imperadores, procedia-se por meio das ligas metálicas. Estes príncipes, reduzidos ao desespero pelas suas liberalidades, viram-se obrigados a alterar a moeda; uma via indirecta, que diminuía o mal e parecia não tocar-lhe: retirava-se uma parte do dom e escondia-se a mão; e, sem falar de diminuição dos pagamentos ou das benesses, estas viam-se diminuídas.

Em algumas colecções (1) vêem-se ainda medalhas a que chamamos forradas que só têm uma lâmina de prata a revestir o cobre. Fala-se desta moeda num fragmento do livro LXXVII de Dio (2).

Didio Juliano começou o enfraquecimento. Descobriu-se que mais de metade da moeda (3) de Caracala era constituída por liga metálica; na moeda de Alexandre Severo (4) era dois terços. O enfraquecimento continuou; e, sob Galiano (5), só se via cobre prateado.

Percebe-se que estas operações violentas não poderiam ter lugar nos nossos tempos; um príncipe enganar-se-ia a si mesmo e não enganaria ninguém. O câmbio ensinou o banqueiro a comparar todas as moedas do mundo e a atribuir-lhes o seu justo valor; o título das moedas já não pode ser um segredo. Se um príncipe começa a fazer ligas metálicas inferiores, todos continuarão a fazê-lo por ele; as moedas fortes sairão primeiro e regressarão fracas. Se, como os imperadores romanos, enfraquecer a prata sem enfraquecer o ouro, verá imediatamente desaparecer o ouro e ficará reduzido à sua má prata. O câmbio, como disse no livro anterior (6), fez cessar os grandes golpes de autoridade, ou pelo menos o sucesso dos grandes golpes de autoridade.

---

(1) Ver *la Science des médailles* do P.e Joubert, edição de Paris, 1739, p. 59.

(2) *Extracto das virtudes e dos vícios.*

(3) Ver Savotte, part. II, cap. xii; e o *Journal des savants* de 28 de Julho de 1681, sobre uma descoberta de 50 000 medalhas.

(4) *Idem, ibid.*

(5) *Idem, ibid.*

(6) Cap. xxi.

Capítulo XIV
Como o câmbio embaraça os Estados despóticos

A Moscóvia gostaria de abandonar o seu despotismo, mas não consegue. O estabelecimento do comércio solicita o do câmbio; e as operações do câmbio contradizem todas as suas leis.

Em 1745, a czarina (*) fez uma ordenação para expulsar os Judeus porque tinham enviado para os países estrangeiros o dinheiro daqueles que tinham sido exilados na Sibéria e dos estrangeiros que estavam em serviço. Todos os súbditos do império, como se fossem escravos, não podiam abandoná-lo, nem fazer sair os seus bens, sem permissão. Logo, o câmbio que dá os meios de transportar o dinheiro de um país para o outro é contraditório com as leis da Moscóvia.

O próprio comércio contradiz as suas leis. O povo é composto apenas por escravos presos à terra e por escravos a que chamam eclesiásticos ou gentil-homens, porque são os senhores daqueles escravos. Portanto, não resta praticamente ninguém para o Terceiro Estado, que deve ser formado por trabalhadores e por mercadores.

Capítulo XV
Usos de alguns países da Itália

Em alguns países da Itália foram feitas leis para impedir os súbditos de vender terrenos e transferir o seu dinheiro para os países estrangeiros. Essas leis podiam ser boas quando as riquezas de cada Estado lhe pertenciam de tal modo que havia muita dificuldade em fazê-las passar para um outro Estado. Mas desde que, com o uso do câmbio, as riquezas deixaram de pertencer, de algum modo, a um Estado em particular e há tanta facilidade em transferi-las de um país para outro, é uma má lei a que não permite que se disponha, para os seus negócios, dos seus terrenos, quando se pode dispor do seu dinheiro. Esta lei é má porque beneficia os valores mobiliários em detrimento dos terrenos, porque desencoraja os estrangeiros a vir estabelecer-se no país, e, finalmente, porque pode ser iludida.

(*) Czarina Isabel Petrovna, filha de Pedro, *o Grande* (N. T.).

Capítulo XVI
Do socorro que o Estado pode obter dos banqueiros

Os banqueiros existem para trocar dinheiro, e não para emprestá-lo. Se o príncipe se serve deles apenas para trocar o seu dinheiro, como os seus negócios são sempre de grande dimensão, o mais pequeno lucro que ele lhes dá com as suas remessas converte-se num objecto considerável; e, se lhe são exigidos grandes lucros, ele pode estar seguro de que se trata de uma falha da administração. Quando, pelo contrário, os banqueiros são empregues para fazer adiantamentos de dinheiro, a sua arte consiste em obter grandes lucros com o seu dinheiro sem que possam ser acusados de usura.

Capítulo XVII
Das dívidas públicas

Algumas pessoas acreditaram que seria bom que um Estado devesse a si mesmo: pensaram que tal multiplicaria as riquezas ao aumentar a circulação.

Julgo que se confundiu um papel circulante que representa a moeda, ou um papel circulante que é o signo dos lucros que uma companhia teve ou terá com o comércio, com um papel que representa uma dívida. Os dois primeiros são muito vantajosos para o Estado; o último não pode sê-lo; e tudo o que se pode esperar dele é que seja uma boa garantia para os particulares da dívida da nação, isto é, que lhes garanta o pagamento. Mas eis os inconvenientes que daqui resultam.

1º Se os estrangeiros possuírem muitos papéis que representem uma dívida, retiram todos os anos da nação uma soma considerável em juros;

2º numa nação assim perpetuamente endividada, o câmbio deve ser muito baixo;

3º o imposto cobrado para o pagamento dos juros da dívida prejudica as manufacturas, tornando a mão-de-obra mais cara;

4º retiram-se as verdadeiras receitas do Estado aos que têm actividade ou indústria para as levar para as pessoas ociosas; isto é, dá-se as comodidades do trabalho aos que não trabalham, e as dificuldades do trabalho aos que trabalham.

Eis os inconvenientes; não conheço quaisquer vantagens. Dez pessoas têm mil escudos cada uma em rendas de terrenos ou de indústria; isto perfaz para a nação, a cinco por cento, um capital de duzentos mil escudos. Se essas dez pessoas empregarem a metade das suas rendas, isto é, cinco mil escudos, para pagar os juros de cem mil escudos que pediram emprestado a outros, isto continua a render ao Estado apenas duzentos mil escudos; na linguagem dos algebristas: 200 000 escudos – 100 000 escudos + 100 000 escudos = 200 000 escudos.

O que pode induzir em erro é que um papel que representa a dívida de uma nação é um signo de riqueza; porquanto só um Estado rico pode sustentar um tal papel sem cair na decadência. Para que não decaia, é preciso que o Estado possua grandes riquezas de outras proveniências. Diz-se que não há mal nisso porque existem recursos contra esse mal; e diz-se que o mal é um bem porque os recursos excedem o mal.

Capítulo XVIII
Do pagamento das dívidas públicas

É preciso que haja uma proporção entre o Estado credor e o Estado devedor. O Estado pode ser credor até ao infinito; mas não pode ser devedor senão até um certo grau; e quando se vai além desse grau, o título de credor desvanece-se.

Se este Estado tiver também um crédito que ainda tenha sido atingido, poderá fazer o que se praticou de modo tão feliz num Estado da Europa ([1]): obter uma grande quantidade de moeda em espécie e oferecer a todos os particulares o seu reembolso, a menos que queiram reduzir o juro. Com efeito, tal como quando o Estado pede emprestado, são os particulares que fixam a taxa de juro; quando o Estado quer pagar cabe-lhe fixá-la.

Não basta reduzir o juro; é preciso que o benefício da redução crie um fundo de amortização para todos os anos pagar uma parte dos capitais; uma operação que é tanto mais feliz quanto o seu sucesso aumenta todos os dias.

Quando o crédito do Estado não está completo temos uma nova razão para criar um fundo de amortização; porque esse fundo uma vez estabelecido gera rapidamente a confiança.

([1]) A Inglaterra.

1º Se o Estado é uma república, cujo governo comporta, por sua natureza, que se façam projectos a longo prazo, o capital do fundo de amortização pode ser pouco considerável. Numa monarquia, esse capital tem de ser maior.

2º Os regulamentos devem ser tais que todos os cidadãos do Estado suportem o peso do estabelecimento desse fundo, porque todos eles suportam o peso do estabelecimento da dívida; o credor do Estado, com as somas que contribui, pagará a si mesmo.

3º Há quatro classes de pessoas que pagam as dívidas do Estado: os proprietários fundiários, os que exercem a sua indústria através do comércio, os trabalhadores e artesãos, e, por fim, os aforradores do Estado ou os particulares. Destas quatro classes, a última, num caso de necessidade, pareceria dever ser a menos amparada porque é uma classe inteiramente passiva no Estado, enquanto esse mesmo Estado é sustentado pela força activa das outras três. Mas como não se pode sobrecarregá-la sem destruir a confiança pública de que o Estado em geral, e essas três classes em particular, têm uma soberana necessidade; como a fé (*) pública não pode faltar a um certo número de cidadãos sem parecer faltar a todos; como a classe dos credores é sempre a mais exposta aos projectos dos ministros e está sempre à vista e à mão, é preciso que o Estado lhe atribua uma protecção singular, e que a parte devedora jamais tenha a menor vantagem sobre a que é credora.

Capítulo XIX
Dos empréstimos a juros

O dinheiro é o signo dos valores. É evidente que quem tem necessidade deste signo deve alugá-lo, como sucede com todas as coisas de que se pode ter necessidade. A única diferença reside em que as outras coisas podem ser alugadas ou compradas; ao passo que o dinheiro, que é o preço das coisas, aluga-se mas não se compra (1).

(*) Em «fé» leia-se *crédito* ou *credibilidade* (N. T.).

(1) Não se incluem os casos em que o ouro e a prata são considerados como mercadorias.

É, de facto, uma acção muito boa emprestar a outrem dinheiro sem juros, mas percebe-se que tal só pode ser um conselho religioso, e não uma lei civil.

Para que o comércio possa ser bem praticado, é preciso que o dinheiro tenha um preço, mas que esse preço seja pouco considerável. Se for demasiado elevado, o negociante, que vê que teria mais custos em juros do que poderia ganhar com o seu comércio, nada empreende. Se o dinheiro não tiver preço, ninguém o empresta, e o negociante continua sem nada empreender.

Estou errado quando digo que ninguém empresta dinheiro. Os negócios da sociedade têm sempre de prosseguir; estabelece-se a usura, mas com as desordens que em todos os tempos se verificaram.

A lei de Maomé confunde a usura com o empréstimo a juros. A usura aumenta nos países maometanos na proporção da severidade da proibição: o emprestador indemniza-se do perigo da contravenção.

Nos países do Oriente, a maioria dos homens nada tem de seguro; não há quase relação entre a posse actual de uma soma e a esperança de a reaver depois de tê-la emprestado: a usura aumenta, portanto, na proporção do perigo da insolvência.

Capítulo XX
Das usuras marítimas

A grandeza da usura marítima assenta em duas coisas: o perigo do mar, que leva a que as pessoas só se disponibilizem para emprestar o seu dinheiro se receberem muito mais, e a facilidade que o comércio dá a quem pede emprestado de levar a cabo prontamente grandes negócios e em grande número; ao passo que as usuras em terra, não assentando em qualquer destas duas razões, são ou proscritas pelos legisladores ou, o que é mais sensato, reduzidas a justos limites.

Capítulo XXI
Do empréstimo por contrato e da usura entre os Romanos

Além do empréstimo feito para o comércio, há ainda uma espécie de empréstimo feito por um contrato civil e donde resulta um juro ou uma usura.

Entre os Romanos, como o povo aumentava todos os dias o seu poder, os magistrados procuraram lisonjeá-lo e criar para ele as leis que lhe eram mais agradáveis. Retiraram os capitais; dimuiram os juros; proibiram a sua cobrança; impediram as restrições corporais; por fim, a questão da abolição das dívidas foi trazida à discussão cada vez que um tribuno queria tornar-se popular.

Estas mudanças contínuas, quer através das leis, quer através dos plebiscitos, naturalizaram a usura em Roma; pois como os credores viam no povo o seu devedor, o seu legislador e o seu juiz deixaram de ter confiança nos contratos. Os credores só se sentiam tentados a emprestar ao povo, qual devedor sem crédito, com grandes lucros; tanto mais que, se as leis só chegavam de tempos a tempos, as queixas do povo eram contínuas e intimidavam sempre os credores. Isso fez que todos os meios honestos de emprestar e de pedir emprestado fossem abolidos em Roma, e que uma usura terrível, sempre fulminada ([1]) e sempre renascente, nela se estabelecesse. O mal vinha do facto de as coisas não terem sido bem geridas. As leis extremas no bem fazem nascer o mal extremo. O povo tinha de pagar pelo dinheiro emprestado e pelo perigo das penas da lei.

Capítulo XXII
Continuação do mesmo assunto

Os primeiros Romanos não tinham leis para regular a taxa da usura ([2]). Nas querelas que tiveram lugar entre os plebeus e os patrícios, incluindo na sedição ([3]) do monte Sagrado, de um lado só se alegava a boa-fé, e, do outro, a dureza dos contratos.

Foram, pois, cumpridas as convenções particulares; e creio que as mais comuns eram de doze por cento ao ano. A minha razão é que, na linguagem ([4]) antiga dos Romanos, o juro de seis por cento chamava-se a metade da usura, o juro de três por cento

---

([1]) Tácito, *Anais*, liv. VI, [cap. xvi].

([2]) Usura e juro significavam a mesma coisa para os Romanos.

([3]) Ver Dionísio de Halicarnasso, que a descreveu tão bem.

([4]) *Usurae semisses, trientes, quadrantes.* Sobre isto ver os vários tratados do Digesto e do Código *de usuris*; e sobretudo a lei 17, com a sua nota, no final *de usuris.*

chamava-se o quarto da usura: a usura total era, portanto, o juro de doze por cento.

Mas se se perguntar como é que usuras tão elevadas puderam ser estabelecidas entre um povo que quase não comerciava, direi que esse povo, muitas vezes obrigado a fazer a guerra sem soldo, tinha muito frequentemente a necessidade de pedir emprestado; e porque fazia incessantemente expedições bem sucedidas, tinha muitas vezes a facilidade de pagar. E isso é bem perceptível no relato das querelas que a este respeito se levantaram; ninguém discutia a avareza de quem emprestava; mas dizia-se que aqueles que se queixavam podiam ter pago se tivessem levado uma conduta regrada ([1]).

Faziam-se, portanto, leis que só afectavam a situação actual: ordenava-se, por exemplo, que aqueles que se alistassem para a guerra que tinha de ser travada não seriam perseguidos pelos seus credores; que aqueles que estavam a ferros seriam libertados; que os mais indigentes seriam enviados para as colónias; por vezes, o tesouro público era aberto. O povo era pacificado com o alívio dos males presentes; e, como nada pedia para o futuro, o senado não tinha o cuidado de preveni-lo.

No tempo em que o senado proibia com tanta constância a causa das usuras, o amor pela pobreza, pela frugalidade, pela mediocridade, era extremo entre os Romanos: mas tal era a constituição que os cidadãos principais suportavam todos os encargos do Estado e o baixo povo nada pagava. Como se poderia privar os primeiros do direito de perseguirem os seus devedores, de lhes exigir que saldassem os seus encargos e de subvencionar as necessidades prementes da república?

Tácito ([2]) diz que a lei das Doze Tábuas fixava o juro em um por cento ao ano. É evidente que se enganou e que confundiu a lei das Doze Tábuas com uma outra lei de que vou falar. Se a lei das Doze Tábuas o tivesse determinado, como é que, nas disputas que sucederam desde então entre os credores e os devedores, ninguém tenha recorrido à sua autoridade? Não se encontra qualquer vestígio dessa lei sobre o empréstimo a juros; e, por pouco que se seja versado na história de Roma, ver-se-á que uma tal lei não poderia ter sido obra dos decênviros.

([1]) Ver o discurso de Ápio sobre este assunto em Dionísio de Halicarnasso, [livro V].

([2]) *Anais*, liv. VI, [cap. xvi].

A lei Liciniana (1), feita oitenta e cinco anos após a lei das Doze Tábuas, foi uma dessas leis passageiras de que falámos. Determinava que se retirasse do capital o que fora pago em juros e que o resto fosse saldado em três pagamentos iguais.

No ano romano de 398, os tribunos Duélio e Menénio fizeram passar uma lei que reduzia os juros a um (2) por cento ao ano. É esta lei que Tácito (3) confunde com a lei das Doze Tábuas; e é a primeira que os Romanos fizeram para fixar a taxa de juro. Dez anos depois (4), essa usura foi reduzida para metade (5). Subsequentemente foi totalmente suprimida (6), e a acreditar nalguns autores que Tito Lívio consultou, isso decorreu durante o consulado (7) de C. Márcio Rutílio e de Q. Servílio, no ano romano de 413.

A esta lei aconteceu o mesmo que acontece a todas as leis em que o legislador levou as coisas ao excesso: encontrou-se um meio de iludi-la. Muitas outras tiveram de ser criadas para confirmá-la, corrigi-la, temperá-la. Ora se abandonava as leis para seguir os usos (8), ora se abandonava os usos para seguir as leis; mas, neste caso, o uso devia facilmente prevalecer. Quando um homem pede emprestado, encontra um obstáculo na própria lei que é feita em seu favor: essa lei tem contra ela tanto quem ela socorre como quem ela condena. O pretor Semprónio Aselo, ao permitir (9) que os devedores agissem de acordo com a lei, foi morto pelos credores (10) por ter querido recordar uma rigidez que já não podia ser sustentada.

Deixo a cidade para lançar o olhar sobre as províncias.

---

(1) No ano romano de 388, Tito Lívio, liv. VI, [cap. xxv].

(2) *Unciaria usura.* Tito Lívio, liv. VII, [cap. xvi].

(3) *Anais,* liv. VI, [cap. xvi].

(4) No consulado de L. Manlio Torquato e de C. Pláutio, segundo Tito Lívio, liv. VII, [cap. xxvii]; e é a lei de que fala Tácito, *Anais,* liv. VI, [*ibid.*].

(5) *Semiunciaria usura.*

(6) Como diz Tácito, *Anais,* liv. VI.

(7) A lei sobre este assunto foi feita aquando da perseguição de M. Genúcio, tribuno do povo. Tito Lívio, liv. VII, *in fine.*

(8) *Veteri jam more faenus receptum erat.* [«A cobrança de juro era aceite por se tratar de um uso antigo»]. Apiano, *da Guerra Civil,* liv. I.

(9) *Permisit eos legibus agere.* [«Permitiu-lhes que recorressem às leis»] Apiano, *da Guerra Civil,* liv. I; e o *Epítome* de Tito Lívio, liv. LXIV.

(10) No ano romano de 663.

Disse alhures ([1]) que as províncias romanas foram devastadas por um governo despótico e duro. Isso não é tudo: foram-no também por usuras terríveis.

Cícero diz ([2]) que o povo de Salamina queria pedir dinheiro emprestado a Roma, e que não podia fazê-lo por causa da lei Gabiniana. Tenho de apurar o que estava nessa lei.

Quando os empréstimos a juros foram proibidos em Roma, foram imaginados todos os tipos de meios para iludir a lei ([3]); e, como os aliados ([4]) e os que pertenciam à nação latina não estavam sujeitos às leis civis dos Romanos, fazia-se uso de um latino ou de um aliado que emprestasse o seu nome e aparentasse ser o credor. A lei, portanto, apenas levava a que os credores se submetessem a uma formalidade sem aliviar o povo.

O povo queixou-se desta fraude; e Marco Semprónio, tribuno do povo, pela autoridade do senado, fez aprovar um plebiscito ([5]) que estipulava que em matéria de empréstimos as leis que proibiam os empréstimos usurários entre um cidadão romano e um outro cidadão romano seriam igualmente válidas entre um cidadão e um aliado ou um latino.

Naquele tempo, chamava-se aliados aos povos da Itália propriamente dita, que se estendia até ao Arno e ao Rubicão e não era governada como províncias romanas.

Tácito ([6]) diz que eram sempre cometidas novas fraudes nas leis criadas para travar as usuras. Quando deixou de se poder emprestar e pedir emprestado com o nome de um aliado, era fácil trazer um homem das províncias que emprestasse o seu nome.

Era necessária uma nova lei contra estes abusos; e Gabínio ([7]), ao fazer a lei famosa que tinha por objecto travar a corrupção nos sufrágios, naturalmente que deve ter pensado que o melhor meio para o alcançar seria desencorajando os pedidos de empréstimo. Estas duas coisas estavam naturalmente ligadas; porquanto as usuras aumentavam ([8]) sempre em tempo de eleições

---

([1]) Liv. XI, cap. xix.

([2]) Cartas a Ático, liv. V, carta xxi.

([3]) Tito Lívio, [liv. XXXV, cap. vii].

([4]) *Ibid.*

([5]) No ano romano de 561. Ver Tito Lívio, [liv. XXV, cap. vii].

([6]) *Anais*, liv. VI, [cap. xvi].

([7]) No ano romano de 615.

([8]) Ver as cartas de Cícero a Ático, liv. IV, cartas xv e xvi.

porque havia necessidade de dinheiro para ganhar votos. De facto, vê-se que a lei Gabiniana estendera o senatus-consulto Semproniano às gentes das províncias porque os Salamínios não podiam pedir dinheiro emprestado em Roma por causa desta lei. Bruto, usando nomes emprestados, emprestou-lhes dinheiro ([1]) a quatro por cento ao mês ([2]), e para tal conseguiu dois senatus-consultos, no primeiro dos quais se dizia que esse empréstimo não seria considerado uma fraude cometida contra a lei, e que o governador da Cilícia julgaria em conformidade as convenções estipuladas na nota dos Salamínios ([3]).

Como o empréstimo a juros estava proibido pela lei Gabiniana entre a gente das províncias e os cidadãos romanos, e como estes tinham então todo o dinheiro do universo nas suas mãos, tinham de ser tentados com grandes usuras que fizessem desaparecer, aos olhos da avareza, o perigo de perder a dívida. E como havia em Roma pessoas poderosas que intimidavam os magistrados e silenciavam as leis, eram mais ousadas a emprestar e mais ousadas a exigir grandes usuras. Isso fez que as províncias fossem devastadas uma a uma por todos os que tinham crédito em Roma; e, como cada governador fazia o seu próprio édito quando entrava na sua província ([4]), na qual estabelecia a taxa de usura que lhe aprouvesse, a avareza dava a mão à legislação e a legislação à avareza.

É preciso que os negócios prossigam; e um Estado está perdido se tudo nele estiver inactivo. Houve ocasiões em que as cidades, as corporações, as sociedades das cidades, os particulares tinham de pedir emprestado, e era muito grande a necessidade de pedir emprestado, ainda que fosse apenas para pagar as devastações dos exércitos, as rapinas dos magistrados, as concussões

---

([1]) Cícero a Ático, liv. VI, carta i.

([2]) Pompeu, que emprestara ao rei Ariobarsano seiscentos talentos, fazia-se pagar trinta e três talentos áticos todos os trinta dias. Cícero a Ático, liv. V, carta xxi; liv. VI, carta i.

([3]) *Ut neque Salaminis, neque cui eis dedisset, fraudi esset.* [«Para que nem os Salamínios nem os que emprestaram fossem enganados»]. *Ibid.*

([4]) O édito de Cícero fixava-a em um por cento ao mês, acrescentando a usura à usura no final do ano. Quanto aos cobradores de impostos da república, ele levou-os a darem um prazo aos seus devedores. Se estes não pagassem no período fixado, ele atribuía a usura inscrita no título da dívida. Cícero a Ático, liv. VI, carta i.

dos homens de negócios e os maus usos que se estabeleciam todos os dias; pois nunca se fora tão rico nem tão pobre. O senado, que tinha o poder executor, dava por necessidade, muitas vezes por favor, a permissão de pedir emprestado aos cidadãos romanos e sobre isso fazia senatus-consultos. Mas esses mesmos senatus-consultos eram desacreditados pela lei; esses senatus-consultos ([1]) podiam dar ao povo a oportunidade de exigir novas tabelas; o que, ao aumentar o perigo da perda do capital, aumentava também a usura. Di-lo-ei sempre, é a moderação que governa os homens, e não os excessos.

Paga menos, diz Ulpiano ([2]), quem paga mais tarde. Foi este princípio que conduziu os legisladores depois da destruição da república romana.

([1]) Ver o que diz Luceio, carta xxi a Ático, liv. V. Chegou a haver um senatus-consulto geral para fixar a usura em um por cento ao mês. Ver a mesma carta.

([2]) Leg. 12, *de verbor. signif.*

Livro XXIII
Das leis na relação que têm com o número de habitantes

Capítulo I
Dos homens e dos animais em relação à multiplicação da sua espécie

Ó Vénus! Ó mãe do Amor!

....

Desde o primeiro belo dia que o teu astro traz de volta,
Os zéfiros fazem sentir o seu hálito amoroso;
A terra orna o seu seio com cores brilhantes;
E o ar está perfumado pelo doce espírito das flores.
Ouvem-se os pássaros, afectados pelo teu poder,
Com mil tons lascivos a celebrar a tua presença:
Pela bela bezerra, vêem-se os touros altivos,
Saltar na planície ou atravessar as águas:
Enfim, os habitantes dos bosques e das montanhas,
Dos rios e dos mares, e dos verdes campos,
Ardendo de amor e de desejo ao verem-te,
Começam a povoar pela atracção do prazer:
Tanto gostam de te seguir, e este império encantador
Que dá a beleza a tudo o que respira (1).

(1) Tradução do início de Lucrécio, pelo senhor d'Hesnaut.

As fêmeas dos animais têm mais ou menos uma fecundidade constante. Mas, na espécie humana, a maneira de pensar, o carácter, as paixões, as fantasias, os caprichos, a ideia de conservar a beleza, o incómodo da gravidez, o incómodo de uma família demasiado numerosa, transtornam a propagação de mil maneiras.

Capítulo II
Dos casamentos

A obrigação natural que o pai tem de alimentar os seus filhos estabeleceu o casamento, que declara aquele que deve cumprir essa obrigação. Os povos (1) de que fala Pompónio Mela (2) fixam-no apenas pela semelhança.

Entre os povos bem policiados, o pai é aquele que as leis, pela cerimónia do casamento, declararam dever sê-lo (3), porque encontram nele a pessoa que procuram.

Essa obrigação, entre os animais, é tal que a mãe pode normalmente supri-la. A obrigação é muito mais extensa entre os homens: os seus filhos possuem a razão, mas esta só lhes vem gradualmente. Não basta alimentá-los, é preciso também conduzi-los: mesmo quando já conseguem sustentar-se, não conseguem governar-se.

As uniões ilícitas contribuem pouco para a propagação da espécie. Nelas o pai, que tem a obrigação natural de alimentar e educar os filhos, não está determinado; e a mãe, a quem sobra a obrigação, encontra mil obstáculos na vergonha, nos remorsos, nas limitações do seu sexo, no rigor das leis. Na maior parte do tempo faltam-lhe meios.

As mulheres que se submetem a uma prostituição pública não podem ter a comodidade de educar os seus filhos. As dificuldades dessa educação são até incompatíveis com a sua condição; e elas são tão corrompidas que a lei não pode confiar nelas.

De tudo isto segue-se que a continência pública está naturalmente associada à propagação da espécie.

---

(1) Os Garamentes.

(2) Liv. I, cap. viii.

(3) *Pater est nuptiae demonstrant* [«O pai é aquele que é indicado pelo casamento»].

Capítulo III
Da condição dos filhos

É a razão que dita que, quando há um casamento, os filhos sigam a condição do pai; e que, quando não têm pai, concernem apenas à mãe ([1]).

Capítulo IV
Das famílias

Em quase toda a parte é aceite que a mulher passe para a família do marido. O contrário está estabelecido, sem qualquer inconveniente, na Formosa ([2]), onde o marido vai integrar a da mulher.

Esta lei, que fixa a família numa sucessão de pessoas do mesmo sexo, contribui muito para a propagação da espécie, independentemente dos primeiros motivos. A família é uma espécie de propriedade: um homem que tem filhos do sexo que a não perpetua nunca está contente até que tenha filhos do sexo que a perpetua.

Os nomes, que dão aos homens a ideia de uma coisa que parece não dever perecer, são muito apropriados a inspirar em cada família o desejo de estender a sua duração. Há povos em que os nomes distinguem as famílias; outros povos há que distinguem apenas pessoas, o que não é tão bom.

Capítulo V
Das diferentes ordens de mulheres legítimas

Por vezes as leis e a religião estabeleceram vários tipos de uniões civis; e assim é para os maometanos, entre os quais há diferentes ordens de mulheres cujos filhos são reconhecidos pelo seu nascimento na casa, ou por meio de contratos civis, ou mesmo pela escravidão da mãe e o reconhecimento subsequente do pai.

([1]) É por isso que nas nações que possuem escravos o filho segue quase sempre a condição da mãe.

([2]) O Padre du Halde, t. I, p. 165.

Seria contrário à razão que a lei estigmatizasse nos filhos o que aprovou no pai. Portanto, todos estes filhos devem herdar, a menos que alguma razão particular se lhe oponha, como no Japão, onde só herdam os filhos da mulher dada pelo imperador. No Japão, a política exige que os bens que o imperador dá não sejam demasiado repartidos porque estão submetidos a um serviço, como estavam outrora os nossos feudos.

Há países onde uma mulher legítima goza em casa mais ou menos das mesmas honras que uma mulher solteira tem nos nossos climas. Neles considera-se que os filhos das concubinas pertencem à primeira mulher. É isso que está estabelecido na China. O respeito filial ([1]), a cerimónia de um luto rigoroso, não são devidos à mãe natural, mas a essa mãe que a lei determina.

Com o auxílio de uma tal ficção ([2]), não há filhos bastardos; e nos países onde esta ficção não tem lugar, percebe-se, de facto, que a lei que legitima os filhos das concubinas é uma lei forçada; pois a maior parte da nação seria estigmatizada pela lei. Nesses países também não existem filhos adulterinos. As separações das mulheres, a clausura, os eunucos, as trancas, tornam a coisa tão difícil que a lei julga-a impossível. De resto, a mesma espada exterminaria a mãe e o filho.

Capítulo VI
Dos bastardos nos vários governos

Quase não se conhecem, pois, bastardos nos países onde a poligamia é permitida. São conhecidos naqueles países onde a lei de uma só mulher está estabelecida. O concubinato, nesses países, tinha de ser estigmatizado; tinha de se estigmatizar, portanto, os filhos que dele nasciam.

Nas repúblicas, onde é necessário que os costumes sejam puros, os bastardos devem ser ainda mais odiosos do que nas monarquias.

([1]) O Padre du Halde, t. II, p. 121.

([2]) Distinguem-se as mulheres em grandes e pequenas, isto é, em legítimas ou não; mas não existe uma distinção semelhante entre os filhos. «É a grande doutrina do império», diz-se numa obra chinesa sobre a moral, traduzida pelo mesmo padre, p. 140.

Em Roma, as disposições que foram feitas contra eles eram talvez demasiado duras. Mas como as instituições antigas punham todos os cidadãos na necessidade de se casarem, e como os casamentos eram, além disso, suavizados pela permissão do repúdio, ou de contrair divórcio, só uma muito grande corrupção dos costumes podia levar ao concubinato.

É preciso notar que como a qualidade de cidadão era considerável nas democracias, onde trazia consigo o poder soberano (*), faziam-se muitas vezes leis sobre a condição dos bastardos que tinham menos relação com a coisa em si e com a honestidade do casamento do que com a constituição particular da república. Assim, por vezes o povo aceitou bastardos como cidadãos ([1]) com o intuito de aumentar o seu poder contra os grandes. Assim, em Atenas, o povo subtraiu os bastardos ao número de cidadãos para ter uma porção maior do trigo que rei do Egipto lhe enviara. Enfim, Aristóteles ([2]) ensina-nos que, em muitas cidades, quando não havia cidadãos suficientes, os bastardos herdavam, e quando havia em excesso, não herdavam.

Capítulo VII
Do consentimento dos pais no casamento

O consentimento dos pais está fundado no seu poder, isto é, no seu direito de propriedade; está também fundado no seu amor, na sua razão e na incerteza da dos seus filhos, que a idade mantém num estado de ignorância e as paixões num estado de embriaguez.

Nas pequenas repúblicas, ou nas instituições singulares de que falámos, pode haver leis que conferem aos magistrados uma inspecção dos casamentos dos filhos dos cidadãos, que a natureza conferira já aos pais. Nelas, o amor pelo bem público pode ser tal que iguale ou exceda qualquer outro amor. Era por isso que Platão queria que os magistrados regulassem os casamentos; era por isso que os magistrados lacedemónios os dirigiam.

(*) Ver Aristóteles, *Política*, 1275a5-22 (N. T.).

([1]) Ver Aristóteles, *Política*, liv. VI, cap. iv.

([2]) *Ibid.*, liv. III, cap. iii.

Mas nas instituições normais é aos pais que cabe casar os seus filhos; a sua prudência neste aspecto será sempre superior a qualquer outra prudência. A natureza atribui aos pais um desejo de obter sucessores para os seus filhos que mal sentem para eles mesmos. Nos diversos graus da progenitura vêem-se a avançar insensivelmente para o futuro. Mas que sucederia se a vexação e a avareza fossem ao ponto de usurpar a autoridade dos pais? Escutemos Thomas Gage (1) sobre a conduta dos Espanhóis nas Índias:

«Para aumentar o número de pessoas que pagam o tributo, todos os Índios com quinze anos têm de se casar; e chegou-se até a fixar o tempo do casamento dos Índios em catorze anos para os homens e em treze para as raparigas. Isto baseia-se num cânone que diz que a malícia pode fazer as vezes da idade». Ele viu ser feito um destes recenseamentos: foi, diz, uma coisa vergonhosa. Assim, na acção que deve ser a mais livre do mundo, os Índios ainda são escravos.

Capítulo VIII
Continuação do mesmo assunto

Em Inglaterra, as raparigas abusam muitas vezes da lei para se casar segundo as suas fantasias, sem consultar os seus pais. Não sei se este uso não poderia ser aí mais tolerado do que em outros lugares, pela razão de que como as leis não estabeleceram um celibato monástico, as raparigas não têm outra condição a adoptar além da do casamento, e não podem recusá-lo. Em França, pelo contrário, onde o monaquismo está estabelecido, as raparigas têm sempre o recurso do celibato; e a lei que lhes ordena a aguardar pelo consentimento dos pais poderia ser mais conveniente. Segundo esta ideia, o uso da Itália e de Espanha seria o menos razoável: o monaquismo está estabelecido e podem casar sem o consentimento dos pais.

Capítulo IX
Das raparigas

As raparigas, que só são levadas ao prazer e à liberdade pelo casamento, que têm um espírito que não ousa pensar, um cora-

---

(1) *Relation de Thomas Gage*, p. 171.

ção que não ousa sentir, olhos que não ousam ver, orelhas que não ousam ouvir, que apenas se apresentam para mostrar-se estúpidas; condenadas sem repouso às bagatelas e aos preceitos, inclinam-se bastante para o casamento. São os rapazes que têm de ser encorajados.

Capítulo X
O que impele ao casamento

Por toda a parte em que se encontra um lugar onde duas pessoas podem viver comodamente faz-se um casamento. A natureza a isso inclina assazmente, quando não é freada pela dificuldade da subsistência.

Os povos nascentes multiplicam-se e crescem muito. Para eles seria uma grande incomodidade viver no celibato; ter muitos filhos não o é. O contrário ocorre quando a nação está formada.

Capítulo XI
Da dureza do governo

As pessoas que não têm absolutamente nada, como os mendigos, têm muitos filhos. É porque o seu caso é equivalente ao dos povos nascentes: não custa nada ao pai transmitir a sua arte aos filhos, que são logo quando nascem instrumentos dessa arte. Estas pessoas, num país rico ou supersticioso, multiplicam-se porque não têm os encargos da sociedade. Mas as pessoas que só são pobres porque vivem sob um governo duro, que vêem os seus campos menos como o fundamento da sua subsistência do que como um pretexto para a vexação; essas pessoas, dizia, geram poucos filhos. Não conseguem sequer alimentar-se; como poderiam conceber a partilha do seu alimento? Não conseguem tratar das suas doenças; como poderiam educar criaturas que, na sua infância, atravessam uma doença contínua?

É a facilidade de falar e a incapacidade de examinar que levaram a que se dissesse que quanto mais pobres são os súbditos, mais numerosas são as famílias; que quanto mais se está carregado de impostos, mais se está numa posição de os pagar: dois sofismas que sempre fizeram e sempre farão a perdição das monarquias.

A dureza do governo pode ir até ao ponto de destruir os sentimentos naturais através dos próprios sentimentos naturais. Não eram as mulheres da América ([1]) que abortavam para que os seus filhos não tivessem senhores tão cruéis?

Capítulo XII
Do número de raparigas e de rapazes nos diferentes países

Já disse ([2]) que na Europa nascem um pouco mais de rapazes do que de raparigas. Foi assinalado que no Japão ([3]) nasciam um pouco mais de raparigas do que de rapazes. Com todas as coisas constantes, haveria mais mulheres férteis no Japão do que na Europa, e por conseguinte mais população.

Há relatos ([4]) que dizem que em Bantam há dez raparigas por cada rapaz: uma desproporção destas, que faria que o número das famílias nesse lugar estivesse para o número de famílias noutros climas como um está para cinco e meio, seria excessiva. Com efeito, as famílias poderiam ser maiores; mas há poucas pessoas com suficiente conforto para poder sustentar uma família tão grande.

Capítulo XIII
Dos portos marítimos

Nos portos marítimos, onde os homens se expõem a mil perigos, e vão morrer ou viver em climas distantes, há menos homens do que mulheres; no entanto, vêem-se mais crianças do que noutros lugares. Tal decorre da facilidade da subsistência. Talvez até as partes oleosas sejam mais apropriadas para fornecer essa matéria que serve à geração. Isso seria uma das causas desse número infinito de gente que existe no Japão ([5]) e na China ([6]),

([1]) *Relation de Thomas Gage*, p. 58.

([2]) No liv. XVI, cap. iv.

([3]) Ver Kempfer, que relata um recenseamento em Meaco.

([4]) *Recueil des voyages qui ont servi à l'établissement de la compagnie des Indes*, t. I, p. 347.

([5]) O Japão é composto por ilhas; há muita linha costeira e o mar é abundante em peixe.

([6]) A China está repleta de ribeiros.

onde quase só se vive do peixe ([1]). Se assim fosse, certas regras monásticas que obrigam a que se viva apenas de peixe seriam contrárias ao próprio espírito do legislador.

Capítulo XIV
Dos produtos da terra que requerem mais ou menos homens

Os países de pastagens são pouco povoados porque neles poucas pessoas encontram ocupação; as terras dedicadas ao trigo ocupam mais homens e as vinhateiras infinitamente mais.

Em Inglaterra ([2]), era frequente a queixa de que o aumento das pastagens diminuía os habitantes; e, em França, observa-se que a grande quantidade de vinhedos é uma das grandes causas da multidão de homens.

Os países onde as minas de carvão fornecem as matérias próprias para queimar têm a seguinte vantagem sobre as demais, é que não precisam de florestas e todas as terras podem ser cultivadas.

Nos lugares onde cresce o arroz são necessários grandes trabalhos para controlar as águas; portanto, muita gente pode ser aí ocupada. Mais, é necessária menos terra para prover a subsistência de uma família do que em lugares que produzem outros cereais. Finalmente, a terra, que é empregue noutras paragens para a alimentação dos animais, serve aí imediatamente a subsistência dos homens. O trabalho que noutras paragens é feito pelos animais é feito aí pelos homens. E o cultivo das terras converte-se para os homens numa imensa manufactura.

Capítulo XV
Do número de habitantes em relação às artes

Quando há uma lei agrária e as terras são igualmente partilhadas, o país pode ser muito povoado, mesmo que haja poucas

---

([1]) Ver o Padre du Halde, t. II, p. 139, 142 e seguintes.

([2]) A maioria dos proprietários das terras, diz Burnet, como tinham mais lucro com a venda da lã do que com a do cereal, cercaram as suas propriedades. Os comuns [isto é, o povo], que morriam de fome, sublevaram-se; propôs-se uma lei agrária; o jovem rei escreveu sobre o assunto. Fizeram-se procalmações contra os que tinham cercado as suas terras. *Abrégé de l'histoire de la réform.*, p. 44 e 83.

artes, porque cada cidadão encontra no trabalho da sua terra precisamente aquilo de que necessita para se alimentar e o conjunto de todos os cidadãos consome todos os frutos do país. Era assim em algumas repúblicas antigas.

Mas nos nossos Estados actuais as terras estão desigualmente distribuídas; produzem mais frutos do que aqueles que as cultivam podem consumir; e, se as artes forem negligenciadas, e se só houver ligação à agricultura, o país não pode ser povoado. Como os que cultivam ou mandam cultivar possuem frutos de sobra, nada os sujeita a trabalhar no ano seguinte: os frutos não seriam consumidos por pessoas ociosas, pois as pessoas ociosas não teriam como comprá-los. Logo, é preciso que as artes se estabeleçam para que os frutos sejam consumidos pelos trabalhadores e pelos artesãos. Numa palavra, estes Estados precisam que muita gente cultive para além do que lhes é necessário. Para tal, é preciso dar-lhes o desejo de possuir o supérfluo; mas isso só os artesãos podem dar.

As máquinas cujo objecto é abreviar a arte nem sempre são úteis. Se uma obra tem um preço medíocre que convém igualmente a quem a compra assim como ao trabalhador que a faz, as máquinas que simplicassem a manufactura, isto é, que diminuíssem o número de trabalhadores, seriam perniciosas; e se os moinhos de água não estivessem estabelecidos por toda a parte, não os julgaria tão úteis como se diz, porque fizeram repousar uma infinidade de braços, porque privaram muita gente do uso das águas e fizeram perder a fertilidade a muitas terras.

Capítulo XVI
Das concepções do legislador sobre a propagação da espécie

Os regulamentos sobre o número de cidadãos dependem muito das circunstâncias. Há países onde a natureza faz tudo; portanto, o legislador nada tem a fazer. Para que serve encorajar, por meio das leis, a propagação quando a fecundidade do clima gera uma população suficiente? Por vezes, o clima é mais favorável do que o terreno; o povo multiplica-se e as fomes destroem-no: é a situação em que se encontra a China. Por isso, um pai vende as suas filhas e expõe as crianças. As mesmas causas operam em Tonquim ([1]) os mesmos efeitos; e não é preciso, como os viajantes árabes de cuja opinião Renaudot nos fez o relato, ir procurar a opinião ([2]) da metempsicose como explicação.

As mesmas razões levam a que na ilha Formosa ([3]) a religião não permita que as mulheres dêem à luz antes dos trinta e cinco anos: antes dessa idade, a sacerdotiza pisa-lhes o ventre e provoca o aborto.

Capítulo XVII
Da Grécia e do número dos seus habitantes

Este efeito que depende de causas físicas em certos países do Oriente foi produzido na Grécia pela natureza do governo. Os Gregos eram uma grande nação, composta por cidades cada uma das quais com o seu próprio governo e as suas próprias leis. Não eram mais conquistadoras do que as cidades da Suíça, da Holanda e da Alemanha nos nossos dias. Em cada república, o legislador tivera como propósito interno a felicidade dos cidadãos, e externo um poder que não fosse inferior ao das cidades vizinhas ([4]). Com um pequeno território e uma grande felicidade, era fácil que o número de cidadãos aumentasse e se tornasse num fardo; por isso, não pararam de criar ([5]) colónias; vendiam-se para a guerra como mercenários, como os Suíços fazem actualmente; nada se negligenciou que pudesse impedir a excessiva multiplicação de crianças.

Havia entre os Gregos repúblicas cuja constituição era singular. Os povos submetidos eram obrigados a fornecer a subsistência dos cidadãos: os Lacedemónios eram alimentados pelos hilotas; os Cretenses pelos periecos; os Tessálios pelos Penestas. Só devia haver um certo número de homens livres para que os escravos estivessem em condições de lhes fornecer a subsistência. Hoje em dia dizemos que é preciso limitar o número de tropas

---

([1]) *Voyages* de Dampierre, t. II, p. 41.

([2]) Página 167.

([3]) Ver *Recueil des voyages qui ont servi à l'établissement de la compagnie des Indes*, t. V, part. I, p. 182 e 188.

([4]) Através da valentia, da disciplina e dos exercícios militares.

([5]) Os Gauleses, que estavam na mesma situação, fizeram o mesmo.

regulares; ora, a Lacedemónia era um exército sustentado por camponeses; esse exército tinha, pois, de ser limitado; sem isso, os homens livres, que tinham todas as vantagens da sociedade, multiplicar-se-iam infindavelmente e os trabalhadores teriam sido sobrecarregados.

Os políticos gregos dedicaram-se com atenção particular a regular o número de habitantes. Platão ([1]) fixa-o em cinco mil e quarenta; e quer que a propagação seja freada ou encorajada, segundo a necessidade, através das honras, da vergonha e das admoestações dos velhos; quer até ([2]) que o número de casamentos seja regulado de maneira a que o povo se vá renovando sem que a república seja sobrecarregada.

Se a lei do país, diz Aristóteles ([3]), proíbe a exposição de crianças, então o número daqueles que cada um deve gerar tem de ser limitado. A quem tiver filhos além do número definido pela lei, ele aconselha ([4]) a que a mulher aborte antes que o feto tenha vida.

O meio infame que os Gregos utilizavam para prevenir o número excessivamente grande de crianças é relatado por Aristóteles; e senti o meu pudor horrorizado quando quis relatá-lo.

Diz ainda Aristóteles ([5]) que há lugares onde a lei converte os estrangeiros, ou os bastardos, ou aqueles que nasceram apenas com a mãe cidadã, em cidadãos; mas assim que atingiram uma população suficiente deixaram de fazê-lo. Os selvagens do Canadá queimam os seus prisioneiros; mas quando estes têm cabanas vazias para lhes oferecer, reconhecem-nos como pertencentes à sua nação.

O cavaleiro Petty ([*]) supôs, nos seus cálculos, que um homem em Inglaterra vale o que se obtivesse na sua venda ([**]) em

---

([1]) Nas suas *Leis*, liv. V.

([2]) *República*, liv. V.

([3]) *Polit.*, liv. VII, cap. xvi.

([4]) *Ibid.*

([5]) *Polit.*, liv. III, cap. v.

([*]) Referência a William Petty (1623-1687), um precursor inglês dos economistas e demógrafos do século XVIII, conhecido pelas suas indagações em «Aritmética Política» (N. T.).

([**]) Até ao início do século XIX, Argel era o entreposto comercial da pirataria da costa sul do Mediterrâneo. Fazia o terror da Europa civilizada a perspectiva de se ser capturado em viagem por um navio pirata e ser vendido como escravo na praça de Argel (N. T.).

Argel (1). Isso só pode contar para Inglaterra: há países onde um homem nada vale; há outros onde ele vale menos que nada.

Capítulo XVIII
Do estado dos povos antes dos Romanos

A Itália, a Sicília, a Ásia Menor, a Espanha, a Gália, a Germânia, eram mais ou menos como a Grécia, repletas de pequenos povos e regurgitavam de habitantes: não tinham necessidade de leis para aumentar o seu número.

Capítulo XIX
Despovoamento do universo

Todas estas pequenas repúblicas foram engolidas por uma grande república, e viu-se insensivelmente o universo despovoar-se: basta olhar para o que era a Itália e a Grécia antes e depois das vitórias dos Romanos.

«Perguntar-me-ão», diz Tito Lívio, «onde é que os Volscos conseguiram encontrar soldados suficientes para fazer a guerra, depois de terem sido vencidos tantas vezes. Tinha de haver um povo infinito nessas paragens, que hoje não passariam de um deserto, à excepção de alguns soldados e escravos romanos».

«Os oráculos cessaram», diz Plutarco (2), «porque os lugares onde falavam estão destruídos; na Grécia actual dificilmente se encontrariam três mil homens de guerra».

«Não descreverei», diz Estrabão (3), «o Épiro e os lugares circundantes porque esses países estão inteiramente desertos. Este despovoamento, que começou há muito tempo, continua todos os dias; de modo que os soldados romanos acampam nas casas abandonadas». Estrabão encontra a causa disso em Políbio, que diz que Paulo Emílio, depois da sua vitória, destruiu setenta cidades do Épiro e regressou a casa com cento e cinquenta mil escravos.

(1) Sessenta libras esterlinas.
(2) Obras morais: *Dos oráculos que cessaram* [*Moralia, De defectu oracularum*].
(3) Liv. VII, p. 496.

Capítulo XX
Que os Romanos sentiram a necessidade de fazer leis para a propagação da espécie

Os Romanos, ao destruírem todos os povos, destruíram-se a si mesmos. Sem nunca abandonar a acção, o esforço e a violência, desgastaram-se, como uma arma que está sempre a ser usada.

Não falarei aqui da atenção que prestaram à substituição dos cidadãos ([1]) à medida que os iam perdendo, das associações que criaram, dos direitos de cidade que atribuíram, nem desse viveiro imenso de cidadãos que encontravam nos seus escravos. Falarei do que eles fizeram, não para reparar a perda de cidadãos, mas a dos homens; e, como esse foi o povo do mundo que melhor soube adequar as suas leis aos seus projectos, não é indiferente examinar o que fez a este respeito.

Capítulo XXI
Das leis dos Romanos sobre a propagação da espécie

As leis antigas de Roma procuravam muito determinar os cidadãos ao casamento. Era frequente o senado e o povo fazerem regulamentos sobre isso, como diz Augusto na sua arenga relatada por Dio ([2]).

Dionísio de Halicarnasso ([3]) não consegue acreditar que depois da morte dos trezentos e cinco fabianos exterminados pelos Veios apenas tivesse restado dessa raça uma única criança; porque a lei antiga, que ordenava a cada cidadão que se casasse e educasse todos os seus filhos, estava ainda em pleno vigor ([4]).

Independentemente das leis, os censores vigiavam os casamentos; e, segundo as necessidades da república, engendravam-nos ([5]) por meio da vergonha e das penas.

([1]) Tratei deste assunto nas *Considerações sobre as causas da grandeza dos Romanos*, [cap. xiii], etc.

([2]) Liv. LVI.

([3]) Liv. II.

([4]) No ano romano de 277.

([5]) Ver o que os censores fizeram a este respeito. Tito Lívio, liv. XLV; o *Epítome* de Tito Lívio, liv. LIX; Aulo Gélio, liv. I, cap. vi; Valério Máximo, liv. II, cap. ix.

Os costumes, que começaram a corromper-se, contribuíram muito para a aversão dos cidadãos ao casamento, que só traz dificuldades para os que já não são sensíveis aos prazeres da inocência. É esse o espírito da (1) arenga que Metelo Numídico dirigiu ao povo na sua censura. «Se fosse possível não ter mulher, estaríamos a salvo deste mal; mas como a natureza determinou que dificilmente se pode viver feliz com elas, nem subsistir sem elas, é preciso ter mais atenção à nossa conservação do que a satisfações passageiras».

A corrupção dos costumes destruiu a censura, ela mesma estabelecida para destruir a corrupção dos costumes; mas quando essa corrupção se generalizou, a censura deixou de ter força (2).

As discórdias civis, os triunviratos, as proscrições, enfraqueceram mais Roma do que qualquer guerra que tivesse travado até então: poucos cidadãos restavam (3), e a maioria não era casada. Para remediar este último mal, César e Augusto restabeleceram a censura, e quiseram (4) até ser censores. Fizeram diversos regulamentos: César (5) atribuiu recompensas a quem tivesse muitos filhos; proibiu (6) as mulheres que tivessem menos de quarenta e cinco anos, e que não tivessem maridos, nem filhos, de usar pedras preciosas e de se servir de liteiras: um excelente método de atacar o celibato pela vaidade. As leis de Augusto (7) foram mais pressionantes: impôs (8) novas penas a quem não fosse casado e aumentou as recompensas para quem o fosse e para quem tivesse filhos. Tácito chamou-lhes leis Julianas (9); segundo parece, foram integrados os antigos regulamentos feitos pelo senado, pelo povo e pelos censores.

A lei de Augusto encontrou mil obstáculos; e trinta e quatro anos (10) depois de ter sido feita, os cavaleiros romanos pediram-lhe

(1) Aparece em Aulo Gélio, liv. I, cap. vi.

(2) Ver o que eu disse no liv. V, cap. xix.

(3) Quando César, após a guerra civil, mandou fazer o censo, só foram registados cento e cinquenta mil chefes de família. *Epítome* de Florus sobre Tito Lívio, décima segunda década.

(4) Ver Dio, liv. XLIII, e Xifilino, *in August.*

(5) Dio, liv. XLIII, [cap. xxv]; Suetónio, *Vida de César,* cap. xx; Apiano, liv. II, *da guerra civil.*

(6) Eusébio, na sua *Crónica.*

(7) Dio, liv. LIV, [cap. xvi].

(8) No ano romano de 736.

(9) *Julias rogationes, Anais,* liv. III, [cap. xxv].

(10) No ano romano de 762. Dio, liv. LVI, [cap. i].

a sua revogação. Augusto pôs, de um lado, aqueles que eram casados e, do outro, aqueles que não o eram: estes últimos apareceram em maior número, o que causou espanto nos cidadãos e confundiu-os. Com a gravidade dos antigos censores, Augusto falou-lhes assim ([1]):

«Enquanto as doenças e as guerras nos tiram tantos cidadãos, o que será da urbe se não contrairmos mais casamentos? A cidade não consiste nas casas, nos pórticos, nas praças públicas: são os homens que fazem a cidade. Não vereis, como nas fábulas, homens sair debaixo da terra para tomar conta dos vossos assuntos. Não é para viverem sós que permaneceis no celibato: cada um de vós tem companhia de mesa e de cama, e só procurais a paz nos vossos desregramentos. Citareis aqui o exemplo das virgens Vestais? Então, se vós não guardais as leis do pudor, tereis de ser punidas como elas. Sois igualmente maus cidadãos, quer toda gente imite o vosso exemplo, quer ninguém o siga. O meu único objectivo é a perpetuidade da república. Aumentei as penas daqueles que não obedeceram; e, a respeito das recompensas, elas são tais que não sei se a virtude alguma vez teve outras maiores; há recompensas menores que levam mil pessoas a arriscar a sua vida; e estas não vos encorajariam a tomar uma mulher e a criar filhos?»

Augusto criou a lei que recebeu o nome de Júlia, e a Papia Pappaea, nome dos cônsules ([2]) de uma parte desse ano. A grandeza do mal aparecia na sua própria eleição: Dio ([3]) diz-nos que eles não eram casados e que não tinham filhos.

Esta lei de Augusto foi mais exactamente um código de leis e um corpo sistemático de todos os regulamentos que se podiam fazer sobre esta matéria. As leis Julianas foram integradas ([4]), e foi-lhes dada mais força; têm tantos aspectos, influenciaram tantas coisas, que formam a parte mais bela das leis civis dos Romanos.

Encontramos ([5]) pedaços dispersos dessas leis nos preciosos fragmentos de Ulpiano; nas leis do *Digesto* tiradas dos autores que

---

([1]) Abreviei esta arenga, que é de uma extensão cansativa: é relatada em Dio, liv. LVI.

([2]) *Marcus Papius Mutilus e Q. Poppaeus Sabinus.* Dio, liv. LVI.

([3]) Dio, *ibid.*

([4]) O título xiv dos *Fragmentos* de Ulpiano distingue de um modo bastante claro a lei Juliana da Papiana.

([5]) Jacques Godefroi compilou-os.

escreveram sobre as leis Papianas; nos historiadores e nos outros autores que as citaram; no código Teodosiano que as revogou; nos Padres que as censuraram, sem dúvida com um zelo louvável pelas coisas da outra vida, mas com muito pouco conhecimento dos assuntos desta vida daqui.

Essas leis tinham vários artigos, dos quais trinta e cinco são conhecidos ([1]). Mas, para ir ao assunto tão directamente quanto possível, começarei pelo artigo que Aulo Gélio ([2]) nos diz ser o sétimo, e que diz respeito às honras e às recompensas atribuídas por essa lei.

Os Romanos, a maioria dos quais era proveniente das cidades latinas, que eram colónias lacedemónias ([3]), e que tinham até adoptado dessas cidades ([4]) uma parte das suas leis, tinham, como os Lacedemónios, um respeito pela velhice que lhe atribui todas as honras e todas as precedências. Quando faltavam cidadãos à república, atribuía-se ao casamento e ao número de filhos as prerrogativas que tinham sido dadas à idade ([5]); algumas foram associadas apenas ao casamento, independentemente dos filhos que daí poderiam nascer: a isto chamou-se o direito dos maridos. Outras foram atribuídas a quem tivesse filhos, estando as maiores reservadas a quem tivesse três filhos. É preciso não confundir estas três coisas. Alguns destes privilégios eram sempre usufruídos pelas pessoas casadas: como, por exemplo, um lugar particular no teatro ([6]); alguns só eram usufruídos quando as pessoas que tinham filhos, ou que tinham mais filhos do que eles, não lhos retiravam.

Estes privilégios eram muito extensos. As pessoas casadas que tinham o maior número de filhos eram sempre preferidas ([7]), quer na solicitação das honras, quer no exercício das próprias honras. O cônsul que tivesse mais filhos era o primeiro a pegar

---

([1]) O trigésimo quinto é citado na lei 19, *de ritu nuptiarum.*

([2]) Liv. II, cap. xv.

([3]) Dionísio de Halicarnasso.

([4]) Os deputados de Roma que foram enviados para procurar leis gregas foram a Atenas e a cidades de Itália.

([5]) Aulo Gélio, liv. II, cap. xv.

([6]) Suetónio, *in Augusto,* cap. xliv.

([7]) Tácito, *Anais,* liv. II, [cap. li]. *Ut numerus liberorum in candidatis praepolleret, quod lex jubebat* [«A lei exigia que o número de filhos do candidato fosse a preocupação principal»]

nos feixes (*); podia escolher as províncias ([1]); o senador que tivesse mais filhos via o seu nome ser escrito em primeiro lugar no catálogo dos senadores; era o primeiro a dar a sua opinião no senado ([2]). Era possível chegar às magistraturas antes da idade porque cada filho dispensava um ano ([3]). Em Roma, quem tivesse três filhos ficava isento de todos os encargos pessoais ([4]). As mulheres livres que tivessem três filhos, e as libertas que tivessem quatro, saíam ([5]) da tutela perpétua em que as leis antigas de Roma as retinham ([6]).

Mas se havia recompensas, também havia penas ([7]). Os que não eram casados nada podiam herdar de testamentos de ([8]) estrangeiros; e os que, sendo casados, não tinham filhos só herdavam a metade ([9]). Os Romanos, diz Plutarco ([10]), casavam-se para ser herdeiros e não para ter herdeiros.

Os benefícios que um marido e uma mulher podiam atribuir um ao outro pelo testamento eram limitados pela lei. Podiam dar tudo um ao outro ([11]), se tivessem filhos um do outro; se não os tivessem, podiam receber a décima parte da sucessão devido ao casamento; e se tivessem filhos de um outro casamento, podiam dar um ao outro tantas décimas quantos filhos tivessem.

Se um marido se ausentasse ([12]) de junto da sua mulher por outra causa que não os assuntos da república, não podia ser seu herdeiro.

(*) Entenda-se os *fasces lictoriae*, símbolos célebres da autoridade e da unidade romanas (N. T.).

([1]) Tácito, *Anais*, liv. XV, [cap. xix].

([2]) Ver a lei 6, § 5, *de decurion.*

([3]) Ver a lei 2, *de minorib.*

([4]) Lei 1, § 3, e lei 2, § 1, *de vacat. e excusat. muner.*

([5]) *Fragm.* de Ulpiano, título xxix, § 3.

([6]) Plutarco, *Vida de Numa.*

([7]) Ver os *Fragm.* de Ulpiano, nos títulos xiv, xv, xvi, xvii e xviii, que constituem um dos mais belos pedaços da antiga jurisprudência romana.

([8]) Sozomeno, liv. I, cap. ix. Herdava-se dos parentes.

([9]) Sozomeno, liv. I, cap. ix, e Leg. unic., Cod. Teodosiano: *De inform. Paenis caelib. et orbitat.*

([10]) *Obras morais: Do amor dos pais pelos seus filhos.*

([11]) Ver um detalhe mais alongado disto nos *Fragmentos* de Ulpiano. Títulos xv e xvi.

([12]) *Fragmentos* de Ulpiano, título xvi, § 1.

A lei dava a um marido ou a uma mulher que sobrevivesse dois anos (1) para voltar a casar, e um ano e meio em caso de divórcio. Os pais que não queriam casar os seus filhos, ou não queriam dar dote às suas filhas, eram obrigados a fazê-lo pelos magistrados (2).

Não se podia fazer noivados quando o casamento era diferido em mais de dois anos (3); e como só se podia casar uma filha aos doze anos, só se podia noivar aos dez. A lei não queria que se pudesse gozar inutilmente (4), e com o pretexto dos noivados, dos privilégios das pessoas casadas.

Era proibido aos homens com sessenta anos (5) casar com uma mulher de cinquenta. Como tinham sido dados grandes privilégios às pessoas casadas, a lei não queria que houvesse casamentos inúteis. Pela mesma razão, o senatus-consulto Calvisiano (6) declarava desigual o casamento de uma mulher que tivesse mais de cinquenta anos com um homem que tivesse menos de sessenta; de modo que uma mulher de cinquenta anos não podia casar-se sem incorrer nas penas destas leis. Tibério aumentou (7) o rigor da lei Papiana e proibiu os homens de sessenta anos de se casarem com uma mulher com menos de cinquenta; de modo que um homem de sessenta anos não podia casar-se, em caso algum, sem incorrer na pena; mas Cláudio (8) revogou o que fora feito a este respeito sob Tibério.

Todas estas disposições eram mais conformes ao clima da Itália do que ao do Norte, onde um homem de sessenta anos ainda tem força, e onde as mulheres de cinquenta anos geralmente não são estéreis.

---

(1) *Fragmentos* de Ulpiano, título xiv. Parece que as primeiras leis Julianas davam três anos. Arenga de Augusto, em Dio, liv. LVI; Suetónio, *Vida de Augusto*, cap. xxxiv. Outras leis Julianas concediam apenas um ano; finalmente, a lei Papiana dava dois. *Fragmentos* de Ulpiano, título xiv. Estas leis não eram do agrado do povo; e Augusto temperava-as, ou endurecia-as, conforme a disposição do povo para as suportar.

(2) Era o artigo trigésimo quinto da lei Papiana, leg. 19, *de ritu nuptiarum*.

(3) Ver Dio, liv. LIV, ano romano de 736; Suetónio, *in Octavio*, cap. xxxiv.

(4) Ver Dio, liv. LIV; e no mesmo Dio, a arenga de Augusto, liv. LVI.

(5) *Fragmentos* de Ulpiano, título xvi; e a lei 27, cod. *de nuptiis*.

(6) *Fragmentos* de Ulpiano, título xvi, § 3.

(7) Ver Suetónio, *in Cláudio*, cap. xxiii.

(8) Ver Suetónio, *Vida de Cláudio*, cap. xxiii; e os *Fragmentos* de Ulpiano, título xvi, § 3.

Para que não houvesse limites inúteis nas escolhas que as pessoas podiam fazer, Augusto permitiu a todos os homens livres que não fossem senadores ([1]) que casassem com mulheres libertas ([2]). A lei ([3]) Papiana interditava aos senadores o casamento com as mulheres que tinha sido libertas, ou que tivessem aparecido no teatro; e no tempo de Ulpiano ([4]), aos homens livres era proibido desposar mulheres que tivessem levado uma má vida, que tivessem subido ao teatro, ou que tivessem sido condenadas por um julgamento público. Algum senatus-consulto foi necessário para estabelecer isto. No tempo da república, estes tipos de lei quase não tinham sido feitos porque os censores corrigiam, neste aspecto, as desordens nascentes ou impediam-nas de nascer.

Constantino ([5]), ao fazer uma lei que incluía na proibição da lei Papiana, não apenas os senadores, mas também aqueles que tinham uma categoria considerável no Estado, sem falar daqueles que estavam numa condição inferior, formou o direito desse tempo: só restavam os homens livres, abrangidos pela lei de Constantino, a quem eram proibidos tais casamentos. Justiniano ([6]) revogou também a lei de Constantino e permitiu a todos os outros tipos de pessoas que contraíssem esses casamentos: foi assim que adquirimos uma liberdade tão triste.

É evidente que as penas aplicadas aos que se casavam ao arrepio da proibição da lei eram as mesmas que eram aplicadas aos que não se casavam de todo. Estes casamentos não lhes atribuíam qualquer benefício ([7]) civil: o dote caducava ([8]) após a morte da mulher.

Como Augusto adjudicara ao tesouro ([9]) público as sucessões e os legados daqueles que estas leis declaravam incapazes, as leis pareciam ser mais fiscais do que políticas e civis. A aversão que já se tinha por um encargo que parecia ser opressivo foi aumentada pela aversão de cada um se ver constantemente a si mesmo como

---

([1]) Dio, liv. LIV; *Fragmentos* de Ulpiano, título xiii.

([2]) Arenga de Augusto, em Dio, liv. LVI.

([3]) *Fragmentos* de Ulpiano, cap. xiii; e a lei 44, no final *de ritu nuptiarum*.

([4]) Ver os *Fragmentos* de Ulpiano, títulos xiii e xvi.

([5]) Ver a lei 1, no Cod. *de nat. lib.*

([6]) Novela 117.

([7]) Lei 37, *de oper. libert.*, § 7; *Fragmentos* de Ulpiano, título xvi, § 2.

([8]) Ver abaixo cap. xiii do liv. XXVI.

([9]) Com excepções em certos casos. Ver os *Fragmentos* de Ulpiano, título xviii; e a lei única, no Cod. *de caduc. tollend.*

uma presa da avidez do fisco. Isso fez que, sob Tibério, fossem obrigados a modificar ([1]) essas leis, que Nero diminuísse as recompensas dos ([2]) delatores do fisco, que Trajano ([3]) freasse o seu banditismo, que Severo ([4]) modificasse essas leis, e que os jurisconsultos as considerassem odiosas e, nas suas decisões, abandonassem o seu rigor.

De resto, os imperadores enfraqueceram essas leis ([5]) através de privilégios que atribuíam direitos de maridos, de filhos e de três filhos. Fizeram mais: dispensaram os particulares ([6]) das penas dessas leis. Mas as regras estabelecidas para a utilidade pública pareciam não dever admitir dispensa.

Fora razoável atribuir o direito de filhos às Vestais ([7]), que a religião retinha numa virgindade necessária. Deu-se ([8]) também o privilégio dos maridos aos soldados porque não podiam casar-se. Era costume isentar os imperadores dos impedimentos de certas leis civis. Daí que Augusto estivesse isento do impedimento da lei que limitava a faculdade ([9]) de emancipar e da que condicionava a faculdade ([10]) de legar. Todos estes não passavam de casos particulares; mas subsequentemente as dispensas foram dadas sem medida e a regra passou a ser uma excepção.

As seitas filosóficas já tinham introduzido no império um espírito de afastamento pelos assuntos públicos que não poderia ter atingido este ponto no tempo da república ([11]), em que todos

---

([1]) *Relatum de moderanda Papia Poppaea* [«A proposta para moderar a lei Papia Poppaea»]. Tácito, *Anais*, III, p. 117.

([2]) Reduziu-as para a sua quarta parte. Suetónio, *in Nerone*, cap. x.

([3]) Ver o *Panegírico* de Plínio.

([4]) Severo recuou até aos vinte e cinco anos para os homens, e aos vinte para as raparigas, o tempo das disposições da lei Papiana, como se vê conferindo os *Fragmentos* de Ulpiano, título xvi, com o que Tertuliano diz, *Apologet.*, cap. iv.

([5]) P. Cipião, censor, na sua arenga ao povo sobre os costumes, queixa-se do abuso que já fora introduzido, o de que ao filho adoptivo era atribuído o mesmo privilégio que o filho natural. Aulo Gélio, liv. V, cap. xix.

([6]) Ver a lei 31, *de ritu nupt.*

([7]) Augusto, pela lei Papiana, deu-lhes o mesmo privilégio que as mães. Ver Dio, liv. LVI. Numa deu-lhes o antigo privilégio das mulheres que tinham três filhos, e que era o de não terem curador. Plutarco, na *Vida de Numa*.

([8]) Foi Cláudio quem o atribuiu. Dio, liv. LX.

([9]) Leg. *Apud eum; de manumissionib.*, § 1.

([10]) Dio, liv. LVI.

([11]) Ver nos *Deveres* de Cícero, [liv. I], as suas ideias sobre este espírito de especulação.

se ocupavam das artes da guerra e da paz. Daí proveio uma ideia de perfeição associada a tudo o que conduz a uma vida especulativa; daí proveio o distanciamento relativo aos cuidados e embaraços de uma família. A religião cristã, chegada depois da filosofia, fixou, por assim dizer, ideias que esta se limitara a preparar.

O cristianismo imprimiu o seu carácter na jurisprudência; porquanto o império está sempre relacionado com o sacerdócio. Isto pode ser visto no código Teodosiano, que não é mais do que uma compilação das ordenações dos imperadores cristãos.

Um panegirista ([1]) de Constantino disse a esse imperador: «As vossas leis foram feitas apenas para corrigir os vícios e regrar os costumes; vós removestes o artifício das antigas leis que pareciam não ter outra visão senão colocar armadilhas à simplicidade».

É certo que as mudanças de Constantino foram feitas ou com base em ideias que estavam ligadas ao estabelecimento do cristianismo, ou com base em ideias tiradas da sua perfeição. Deste primeiro propósito advieram as leis que deram uma tal autoridade aos bispos que foram o fundamento da jurisdição eclesiástica; dele vieram as leis que enfraqueceram a autoridade paternal ([2]), retirando ao pai a propriedade dos bens dos seus filhos. Para espalhar uma religião nova é preciso suprimir a extrema dependência dos filhos que estão sempre menos vinculados ao que está estabelecido.

As leis feitas com o propósito da perfeição cristã foram sobretudo aquelas mediante as quais ele suprimiu as penas das leis Papianas ([3]) e delas isentou tanto aqueles que não eram casados, como os que, sendo casados, não tinham filhos.

«Estas leis foram estabelecidas», diz um historiador ([4]) eclesiástico, «como se a multiplicação do género humano pudesse ser um efeito dos nossos cuidados; em vez de perceber que esse número cresce e descresce segundo a ordem da Providência».

Os princípios da religão foram extremamente influentes na propagação do género humano; ora encorajaram-na, como entre

---

([1]) Nazarius, *in panegyrico Constantini, anno* 321.

([2]) Ver a lei 1, 2 e 3, no Cod. Theod., *de bonis maternis, maternique generis,* etc., e a lei única, no mesmo Código, *de bonis quae filiis famil. acquiruntur.*

([3]) Leg. *unic.* Cod. Theod., *de infirm. poen. caelib. et orbit.*

([4]) Sozomeno, [liv. I, cap. ix], p. 27.

os Judeus, os Maometanos, os Gueberes (*), os Chineses; ora colidiram com ela, como sucedeu entre os Romanos que se tornaram cristãos.

Não se parou de pregar a continência por toda a parte, isto é, essa virtude que é mais perfeita porque, pela sua natureza, deve ser praticada por um número muito reduzido de pessoas.

Constantino não eliminara as leis decimarias, que atribuíam uma extensão maior aos dons que marido e mulher podiam dar um ao outro na proporção do número dos seus filhos. Teodósio, *o Moço*, revogou ([1]) estas leis.

Justiniano declarou válidos ([2]) todos os casamentos que as leis Papianas tinham proibido. Essas leis queriam que as pessoas voltassem a casar; Justiniano ([3]) atribuiu benefícios ao que não voltavam a casar-se.

Segundo as leis antigas, a faculdade natural que cada um tem de se casar e de ter filhos não pode ser suprimida. Assim, quando se recebia um legado ([4]) na condição de se não casar, quando um patrono fazia o seu liberto jurar ([5]) que não se casaria, e que não teria filhos, a lei Papiana anulava ([6]) a condição e o juramento. As cláusulas *conservando a viuvez*, estabelecidas entre nós, contradizem, portanto, o direito antigo, e descendem das constituições dos imperadores, baseadas nas ideias da perfeição.

Não existe uma lei que contenha uma revogação expressa dos privilégios e das honras que os Romanos pagãos atribuíram aos casamentos e ao número de filhos; mas onde o celibato tinha a preeminência, o casamento já não podia ser honrado; e, como era possível obrigar os cobradores de impostos a renunciar a tantos lucros pela abolição das penas, percebe-se que foi ainda mais fácil retirar as recompensas.

A mesma razão de espiritualidade que permitira o celibato rapidamente impôs a necessidade do próprio celibato. Deus me livre de falar aqui contra o celibato que a religião adoptou; mas

---

(*) Comunidade zoroastra persa que permaneceu no território após a conquista muçulmana no século VII (N. T.).

([1]) Leg. 2 e 3, Cod. Theod., *de jure lib.*

([2]) Leg. *Sancimus*, Cod. *de nuptiis.*

([3]) Nov. 127, cap. iii, Nov. 118, cap. v.

([4]) Leg. 54, *de condit. et demonst.*

([5]) Leg. 5, § 4, *de jure patronat.*

([6]) Paulo, nas suas *Sentenças*, liv. III, título iv, § 15.

quem poderia calar-se perante o celibato que a libertinagem criou; aquele celibato em que os dois sexos, corrompendo-se um ao outro através dos próprios sentimentos naturais, fogem de uma união que deve torná-los melhores para viver numa outra que os torna cada vez piores?

É uma regra tirada da natureza que, quanto mais diminui o número de casamentos que poderiam ser feitos, mais se corrompem aqueles que foram feitos; quanto menos pessoas casadas houver, menos fidelidade haverá nos casamentos; como quando há mais ladrões, mais roubos há.

Capítulo XXII
Da exposição das crianças

Os primeiros Romanos tiveram uma política bastante boa a respeito da exposição das crianças. Rómulo, diz Dionísio de Halicarnasso ([1]), impôs a todos os cidadãos a necessidade de criar todos os seus filhos varões e as filhas mais velhas. Se as crianças fossem deformadas e monstruosas, ele permitia a sua exposição depois de terem sido mostradas a cinco dos vizinhos mais próximos.

Rómulo não permitia ([2]) que se matasse nenhuma criança que tivesse menos de três anos; era assim que conciliava a lei que dava aos pais o direito de vida e de morte sobre os seus filhos e a que proibia a sua exposição.

Ainda em Dionísio de Halicarnasso ([3]) ficamos a saber que a lei que ordenava os cidadãos a casarem-se e a criar todos os seus filhos estava em vigor no ano romano de 277. Percebe-se que o uso restringira a lei de Rómulo, que permitia a exposição das filhas mais novas.

Só temos conhecimento de que a lei das Doze Tábuas, outorgada no ano romano de 301, estatuía sobre a exposição de crianças devido a um passo de Cícero ([4]), que, falando do tribunato do povo, diz que foi sufocado imediatamente após o seu nascimento

---

([1]) *Antiguidades romanas*, liv. II.
([2]) *Ibid.*
([3]) Liv. IX.
([4]) Liv. III, *De legib.*, [cap. xix].

tal como a criança monstruosa da lei das Doze Tábuas: as crianças que não eram monstruosas eram, portanto, conservadas, e a lei das Doze Tábuas não mudou nada nas instituições anteriores.

«Os Germanos», diz Tácito ([1]), «não expõem as suas crianças; e, entre eles, os bons costumes têm mais força do que têm as boas leis noutros lugares». Havia, pois, entre os Romanos, leis contra este uso e deixaram de ser cumpridas. Não se encontra nenhuma lei ([2]) romana que permita expor as crianças. Foi, sem dúvida, um abuso introduzido nos últimos tempos, quando o luxo retirava o conforto, quando às riquezas partilhadas se chamava pobreza, quando o pai julgava ter perdido o que dava à família e distinguia essa família da sua propriedade.

Capítulo XXIII
Do estado do universo após a destruição dos Romanos

Os regulamentos que os Romanos fizeram para aumentar o número dos seus cidadãos produziram o seu efeito enquanto a sua república, na força da sua instituição, apenas tinha de reparar as perdas que ela provocava com a sua coragem, com a sua audácia, com a sua firmeza, com o seu amor pela glória e até com a sua virtude. Mas cedo as leis mais sábias deixaram de conseguir restabelecer o que uma república moribunda, o que uma anarquia geral, o que um governo militar, o que um império duro, o que um despotismo soberbo, o que uma monarquia fraca, o que uma corte estúpida, idiota e supersticiosa, tinham sucessivamente abatido. Dir-se-ia que tinham conquistado o mundo apenas para enfraquecê-lo e entregá-lo sem defesa aos bárbaros. Uma de cada vez, as nações godas, géticas, sarracenas e tártaras destruíram-nos; em breve os povos bárbaros só tinham os povos bárbaros para destruir. Assim, no tempo das fábulas, depois das inundações e dos dilúvios, saíram da terra homens armados que se exterminaram.

([1]) *De morib. Germ.*, [cap. xix].

([2]) Não existe um título sobre este assunto no *Digesto*: o título do Código nada diz sobre isto, nem tão-pouco as *Novellae*.

Capítulo XXIV
Mudanças que ocorreram na Europa em relação ao número de habitantes

No estado em que estava a Europa, não teríamos acreditado que ela pudesse restabelecer-se; sobretudo quando, com Carlos Magno, não formava mais do que um vasto império. Mas, pela natureza do governo de então, a Europa dividiu-se numa infinidade de pequenas soberanias. E, como um senhor residia na sua aldeia ou na sua cidade; como não era grande, rico, poderoso, que digo eu?, como só o número de habitantes lhe dava segurança, cada um se dedicou com uma atenção singular a fazer florescer o seu pequeno país. O que foi de tal modo bem-sucedido que, não obstante as irregularidades do governo, a escassez dos conhecimentos que depois foram adquiridos com o comércio, o grande número de guerras e de querelas que se levantaram sem cessar, havia mais gente na maioria das regiões da Europa do que há hoje em dia.

Não tenho tempo para tratar esta matéria com profundidade; mas citarei os prodigiosos exércitos dos cruzados, compostos por gente de toda a espécie. O Sr. Pufendorf diz ([1]) que sob Carlos IX havia vinte milhões de homens em França.

Foram as perpétuas reuniões de muitos pequenos Estados que produziram esta diminuição. Outrora cada aldeia da França era uma capital; actualmente só existe uma grande capital. Cada parte do Estado era um centro de poder; actualmente, tudo se remete a um centro; e esse centro é, por assim dizer, o próprio Estado.

Capítulo XXV
Continuação do mesmo assunto

É verdade que a Europa, desde há dois séculos, aumentou a sua navegação: isso trouxe-lhe e fez-lhe perder habitantes. A Holanda envia todos os anos para as Índias um grande número de marinheiros, dos quais só regressam dois terços. O resto morre ou estabelece-se nas Índias. Mais ou menos a mesma coisa deve suceder a todas as outras nações que praticam esse comércio.

([1]) *História do universo*, cap. v, *de la France*.

É preciso não confundir a Europa com um Estado particular que faz sozinho uma grande navegação. Esse Estado aumentaria em população porque todas as nações vizinhas viriam participar nessa navegação; chegariam marinheiros de todas as partes. A Europa, separada do resto do mundo pela religião [1], por vastos mares e por desertos, não se restabelece assim.

Capítulo XXVI
Consequências

De tudo isto é preciso concluir que a Europa está ainda hoje na situação de necessitar de leis que favoreçam a propagação da espécie humana; assim, tal como os políticos gregos nos falam sempre desse grande número de cidadãos que estorvam a república, os políticos dos nossos dias só nos falam dos meios apropriados a aumentá-lo.

Capítulo XXVII
Da lei feita em França para encorajar a propagação da espécie

Luís XIV criou [2] umas certas pensões para aqueles que tivessem dez filhos e outras maiores para quem tivesse doze. Mas não se tratava de recompensar os pródigos. Para dar um certo espírito geral, que levasse à propagação da espécie, teria de se estabelecer, como os Romanos, recompensas gerais ou penas gerais.

Capítulo XXVIII
Como se pode remediar o despovoamento

Quando um Estado se encontra despovoado por acidentes particulares, guerras, pestes, fomes, há recursos. Os homens que restam podem conservar o espírito de trabalho e de indústria; podem procurar reparar os seus infortúnios e tornar-se mais

---

(1) Os países maometanos circundam-na quase completamente.

(2) Édito de 1666, em favor dos casamentos.

industriosos por causa da própria calamidade. O mal quase incurável ocorre quando o despovoamento vem de longe, por um vício interior e um mau governo. Nesse caso, os homens morreram por causa de uma doença imperceptível e habitual: nascidos no torpor e na miséria, na violência ou nos preconceitos do governo, viram-se a ser destruídos, muitas vezes sem perceber as causas da sua destruição. Os países desolados pelo despotismo, ou pelas vantagens excessivas do clero sobre os leigos, são dois grandes exemplos disto.

Para restabelecer um Estado assim despovoado esperar-se-á em vão pelo socorro das crianças que poderiam nascer. Já não há tempo; os homens, no seu deserto, estão sem coragem e sem indústria. Com terras para alimentar um povo, tem-se dificuldade em alimentar uma família. O baixo povo, nesses países, nem sequer participa na sua miséria, isto é, nos baldios de que estão cheios. O clero, o príncipe, as cidades, os grandes e alguns cidadãos principais tornam-se imperceptivelmente proprietários de toda a região. Esta está por cultivar; mas as famílias arruinadas dedicam-na ao pastoreio e o homem de trabalho nada tem.

Nesta situação, ter-se-ia de fazer, por todo o império, o que os Romanos fizeram numa parte do seu: praticar durante a escassez de habitantes o que observavam na abundância; distribuir terras a todas as famílias que nada possuem; garantir-lhes os meios de desbravamento e de cultivo. Esta distribuição deveria fazer-se enquanto houvesse um homem para recebê-la; para que se não perdesse nenhum momento de trabalho.

Capítulo XXIX
Dos hospitais (*)

Um homem não é pobre porque nada possui, mas porque não trabalha. Aquele que não possui qualquer bem e que trabalha é tão abastado como aquele que tem cem escudos de renda sem trabalhar. Quem nada possui, mas tem uma profissão, não é

(*) Palavra que deve ser entendida no significado que tinha no século XVIII, isto é, locais de acolhimento de pessoas com carências económicas graves – mendigos, velhos, vagabundos, pobres, doentes, estropiados, órfãos, viúvas, veteranos de guerra, etc. – e de assistência pública (N. T.).

mais pobre do que aquele que tem dez arpentes de terra própria e que tem de trabalhá-los para subsistir. O trabalhador que transmitiu aos seus filhos a sua arte como herança deixou-lhes um bem que se multiplica na proporção do seu número. O mesmo não sucede com aquele que possui dez arpentes de terreno para viver e que os divide entre os seus filhos.

Nos países comerciantes, onde muita gente apenas possui a sua arte, o Estado é muitas vezes obrigado a prover às necessidades dos velhos, dos doentes e dos órfãos. Um Estado bem policiado vai buscar essa subsistência às próprias artes: dá a uns os trabalhos de que são capazes; ensina os outros a trabalhar, o que desde logo constitui um trabalho.

Algumas esmolas que se dão a um homem nú nas ruas não cumprem as obrigações do Estado, que deve a todos os cidadãos uma subsistência assegurada, a alimentação, um vestuário conveniente e um género de vida que não seja contrário à saúde.

Aurangzeb (*), a quem perguntaram porque é que não construía hospitais, disse (1): «Tornarei o meu império tão rico que não terá necessidade de hospitais». Deveria ter dito: começarei por tornar rico o meu império e construirei hospitais.

As riquezas de um Estado supõem muita indústria. Não é possível que com um número tão grande de ramos de comércio não haja sempre um que sofra e cujos trabalhadores, por conseguinte, não estejam numa necessidade momentânea.

É então que o Estado precisa de prestar um socorro urgente, quer para impedir o sofrimento do povo, quer para evitar que ele se revolte. É neste caso que os hospitais são necessários, ou alguma instituição equivalente que possa prevenir essa miséria.

Mas quando a nação é pobre, a pobreza particular decorre da miséria geral; e é, por assim dizer, a miséria geral. Nem todos os hospitais do mundo conseguiriam curar esta pobreza particular; pelo contrário, o espírito de preguiça que inspiram aumenta a pobreza geral, e, por conseguinte, a particular.

Henrique VIII (2), quando quis reformar a Igreja de Inglaterra, destruiu os monges, eles mesmos uma nação preguiçosa e que entretinha a preguiça dos outros porque, com a sua prática

---

(*) Imperador mongol muçulmano da segunda metade do século XVII (N. T.).

(1) Ver Chardin, *Voyage de Perse*, tomo VIII.

(2) Ver a *Histoire de la reforme d'Angleterre*, do Sr. Burnet.

da hospitalidade, havia uma infinidade de pessoas ociosas, gentil-homens e burgueses, que passavam a sua vida a correr de convento em convento. Eliminou também os hospitais onde o baixo povo encontrava a sua subsistência, tal como os gentil-homens encontravam a sua nos mosteiros. Depois destas mudanças, o espírito de comércio e de indústria estabeleceram-se em Inglaterra (*).

Em Roma, os hospitais fazem que toda a gente viva com desafogo, excepto aqueles que trabalham, excepto aqueles que são industriosos, excepto os que cultivam as artes, excepto os que possuem terras, excepto quem pratica o comércio.

Disse que as nações ricas têm necessidade de hospitais porque nelas a fortuna está sujeita a mil acidentes. Mas percebe-se que socorros passageiros seriam bem preferíveis a estabelecimentos perpétuos. O mal é momentâneo. Logo, são necessários socorros da mesma natureza e que sejam aplicáveis ao acidente particular.

(*) Comparar com *CP*, nº 117.

Sobre o lugar de Henrique VIII nas transformações históricas da sociedade inglesa, ver também *P*, nº 1661. Embora Montesquieu o considerasse um rei com excessivas inclinações tirânicas (ver a título de exemplo *EL*, XII.22), via nele o agente fundamental da transição da Inglaterra de uma monarquia para uma «república [que] se esconde sob a forma da monarquia». O que não quer dizer que esta evolução correspondesse aos desígnios ou intenções de Henrique VIII (N. T.).

Quinta parte

Livro XXIV
Das leis na relação que têm com a religião estabelecida em cada país, considerada nas suas práticas (*) e em si mesma

Capítulo I
Das religiões em geral

Tal como se pode julgar entre as trevas aquelas que são menos espessas, e entre os abismos aqueles que são menos profundos, também se pode procurar entre as religiões falsas aquelas que são mais conformes ao bem da sociedade; as que, embora não tenham o efeito de levar os homens às felicidades da outra vida, podem contribuir mais para a sua felicidade nesta vida.

Portanto, examinarei as várias religiões do mundo apenas em relação ao bem que delas se retira no estado civil; tanto quando falar da religião que tem a sua raiz no céu como daquelas que têm a sua na terra.

(*) «(...) *considerada nas suas práticas*»: nas primeiras edições lia-se *considerada nos seus dogmas* (N. T.).

Como nesta obra não sou teólogo, mas escritor político, poderia haver aqui coisas que só seriam inteiramente verdadeiras numa forma de pensar humana porque não foram consideradas na relação com as verdades mais sublimes.

A respeito da verdadeira religião, a mais pequena equidade basta para perceber que nunca pretendi fazer ceder os seus interesses aos interesses políticos, mas uni-los. Ora, para uni-los, é preciso conhecê-los.

A religião cristã, que ordena aos homens que se amem, quer sem dúvida que cada povo tenha as melhores leis políticas e as melhores leis civis, porque estas são, depois dela, o maior bem que os homens podem dar e receber.

Capítulo II
Paradoxo de Bayle (*)

O senhor Bayle (1) sustentou que demonstrou que mais valia ser ateu do que idólatra; isto é, noutros termos, que é menos perigoso não ter qualquer religião do que ter uma má. «Prefiriria», diz ele, «que se dissesse de mim que eu não existo do que se

---

(*) Pierre Bayle (1647-1706): uma das figuras mais influentes no mundo intelectual europeu do final do século XVII e de todo o século XVIII. Autor francês que desde a sua adolescência fez sempre o caminho das heterodoxias religiosas. Associado à comunidade huguenote francesa, mais por conveniência do que por convicção, Bayle acabou por migrar para Roterdão, onde se fixaria. A sinuosa e labiríntica obra de Bayle actuou como um perigoso dissolvente da autoridade tradicional e religiosa desses tempos. Em *Pensées diverses sur la comète* (1682), no *Commentaire philosophique* (1686) e no *Dictionnaire historique et critique* (1697), Bayle insistiu na impossibilidade de fundar racionalmente qualquer crença religiosa – pelo contrário, a fé tinha motivações e consolidações que pertenciam à ordem do passional e do irracional –, que a razão filosófica era o único guia da conduta humana, que era tarefa urgente da civilização moderna combater a «superstição» – à semelhança de Espinosa, Bayle dificultou bastante a distinção entre a fé religiosa e a superstição e até a idolatria. Avançou também uma teoria da tolerância, radical para a época, pois abrangia heréticos, indiferentes e ateus, bem como todos os fiéis das diferentes religiões. Mas Bayle tornou-se famoso sobretudo por propor que uma sociedade de ateus não seria o desastre que todos anunciavam, que, portanto, a religião não era a base da moral, e que uma sociedade inteiramente constituída por ateus poderia até ser mais virtuosa e honesta do que as sociedades cristãs (N. T.).

(1) Pensées sur la comete, etc. [*Continuation des pensées*, etc. Tomo II].

dissesse que sou um homem mau». Isto não passa de um sofisma, fundado no facto de que não traz qualquer utilidade para o género humano acreditar que um certo homem existe, ao passo que é muito útil acreditar que Deus existe. Da ideia de que ele não existe segue-se a ideia da nossa independência; ou, se não podemos ter essa ideia, a ideia da nossa revolta. Dizer que a religião não é um motivo repressor porque ela nem sempre reprime, é dizer que as leis civis também não são um motivo repressor. Reunir numa grande obra uma longa enumeração de males que a religião produziu é fazer um mau raciocínio contra ela se não se fizer uma enumeração dos bens que gerou. Se quisesse recapitular todos os males que as leis civis, a monarquia, o governo republicano produziram no mundo diria coisas assustadoras. Mesmo que fosse inútil que os súbditos tivessem uma religião, não seria inútil que os príncipes a tivessem e que cobrissem de espuma o único freio que aqueles que não receiam as leis humanas podem ter.

Um príncipe que ama a religião e que a receia é um leão que cede à mão que o acaricia, ou à voz que o aquieta. Aquele que receia a religião e que a odeia é como os animais selvagens que mordem a corrente que os impede de atacar os transeuntes. Aquele que não tem qualquer religião é o animal terrível que só sente a sua liberdade quando dilacera e devora.

Não se trata de saber se mais vale que um certo homem ou que um certo povo não tenham religião ou se abusam da que têm, mas de saber qual é o mal menor: que se abuse por vezes da religião ou que não haja qualquer religião entre os homens.

Para diminuir o horror do ateísmo a idolatria é excessivamente atacada. Não é verdade que, quando os Antigos levantavam altares a algum vício, isso significasse que amavam esse vício; significava, pelo contrário, que o detestavam. Quando os Lacedemónios erigiram uma capela ao Medo, isso não significava que essa nação belicosa lhe pedisse que se apoderasse dos seus corações durante os combates. Havia divindades a quem se pedia que não inspirassem o crime e outras a quem se pedia que o afastassem.

Capítulo III
Que o governo moderado é mais conveniente à religião cristã e o governo despótico à maometana

A religião cristã está distante do puro despotismo. É que como a brandura é tão recomendada no Evangelho, ela opõe-se à cólera despótica com a qual o príncipe faria justiça e exerceria as suas crueldades.

Como esta religião proíbe que se tenha mais de uma mulher, os príncipes estão menos confinados, menos separados dos seus súbditos, e, por conseguinte, são mais humanos; estão mais dispostos a dar leis a eles próprios e mais capazes de perceber que não podem tudo.

Enquanto os príncipes maometanos estão constantemente a matar e a ser mortos, a religião, entre os cristãos, torna os príncipes menos tímidos e, por conseguinte, menos cruéis. O príncipe conta com os seus súbditos e os súbditos com o seu príncipe. Coisa admirável! A religião cristã, que parece não ter outro propósito que não a felicidade na outra vida, faz também a nossa ventura nesta vida.

É a religião cristã que, não obstante a grandeza do império e o vício do clima, impediu o despotismo de se estabelecer na Etiópia e levou os costumes da Europa e as suas leis para o coração de África.

O príncipe-herdeiro da Etiópia usufrui de um principado e dá aos outros súbditos o exemplo do amor e da obediência. Não longe dali pode ver-se o maometismo a mandar prender os filhos do ([1]) rei de Sennar: aquando da sua morte, o Conselho envia-os para serem mortos em benefício daquele que ascende ao trono.

Que, de um lado, se atente nos massacres contínuos de reis e de chefes gregos e romanos, e, do outro, a destruição de povos e de cidades por esses mesmos chefes, Tamerlão e Gengis Cã, que devastaram a Ásia; e veremos o que devemos ao cristianismo, tanto um certo direito político no governo, como um certo direito dos povos na guerra, pelos quais a natureza humana nunca poderá estar suficientemente reconhecida.

([1]) *Relation d'Éthiopie*, pelo senhor Ponce[t], médico, no quarto compêndio das *Lettres édifiantes* [página 290].

É esse direito dos povos que faz que, entre nós, a vitória deixe aos povos vencidos estas grandes coisas: a vida, a liberdade, as leis, os bens e sempre a religião, quando não nos deixamos cegar.

Pode dizer-se que os povos da Europa não estão hoje mais desunidos do que estavam os povos e os exércitos, ou os próprios exércitos, no império romano quando se tornou despótico e militar. De um lado, os exércitos guerreavam-se, e, do outro, era-lhes dada a pilhagem das cidades e a divisão ou a confiscação das terras.

Capítulo IV
Consequências do carácter da religião cristã e do da religião maometana

Sobre o carácter da religião cristã e sobre o da maometana, deve-se, sem outro exame, abraçar um e rejeitar o outro. Pois é-nos bem mais evidente que uma religião deve trazer brandura aos costumes dos homens do que o é que uma religião seja verdadeira.

É um infortúnio para a natureza humana quando a religião é dada pelo conquistador. A religião maometana, que só fala com a espada, actua também sobre os homens com o espírito destruidor que a fundou.

A história de Sabbacon ([1]), um dos reis pastores, é admirável. O deus de Tebas apareceu-lhe em sonhos e ordenou-lhe que mandasse matar todos os padres do Egipto. Ele julgou que os deuses já não estavam agradados com o seu reinado porque ordenaram-lhe coisas tão contrárias à sua vontade usual; e retirou-se para a Etiópia.

Capítulo V
Que a religião católica é mais conveniente para uma monarquia e que a protestante acomoda-se melhor a uma república

Quando uma religião nasce e se forma dentro de um Estado, normalmente segue o plano do governo onde é estabelecida.

([1]) Ver *Diodoro*, liv. I, [cap. xviii].

Porquanto os homens que a adoptam, e os que a fazem adoptar, dificilmente terão outras ideias de polícia além das do Estado em que nasceram.

Quando, há dois séculos, a religião cristã sofreu a divisão infortunada que a separou em católica e em protestante, os povos do Norte abraçaram a protestante e os do Sul mantiveram a católica.

É que os povos do Norte têm e terão sempre um espírito de independência e de liberdade que os povos do Sul não têm, e que uma religião que não tem chefe visível é mais conveniente à independência do clima do que aquela que o tenha.

Nos próprios países onde a religião protestante se estabeleceu, as revoluções foram levadas a cabo segundo o plano do Estado político. Como os grandes príncipes estavam do seu lado, Lutero dificilmente teria conseguido que eles aprovassem uma autoridade eclesiástica que não possuísse uma preeminência exterior; e como Calvino tinha do seu lado povos que viviam em repúblicas, ou burgueses obscuros em monarquias, podia muito bem dispensar as preeminências e as dignidades.

Cada uma destas duas religiões podia julgar-se a mais perfeita: a calvinista considerava-se mais conforme ao que Jesus Cristo dissera e a luterana ao que os apóstolos tinham feito.

Capítulo VI
Outro paradoxo de Bayle

O Sr. Bayle, depois de ter insultado todas as religiões, infama a religião cristã: ousa avançar que verdadeiros cristãos não formariam um Estado que pudesse subsistir. Porque não? Seriam cidadãos infinitamente esclarecidos quanto aos seus deveres e seriam muitíssimo zelosos no seu cumprimento; perceberiam muito bem os direitos da defesa natural; quanto mais julgariam dever à religião, mais pensariam dever à pátria. Os princípios do cristianismo, bem gravados no coração, seriam infinitamente mais fortes do que essa falsa honra das monarquias, essas virtudes humanas das repúblicas e esse medo servil dos Estados despóticos.

É espantoso que se possa imputar a este grande homem não ter compreendido bem o espírito da sua própria religião; que não tenha sabido distinguir as ordens para o estabelecimento do cristianismo do cristianismo em si mesmo, nem os preceitos do Evangelho dos seus conselhos. Quando o legislador, em lugar de dar as leis, dá conselhos, é porque viu que os seus conselhos, se estivessem ordenados como leis, seriam contrários ao espírito das suas leis.

Capítulo VII
Das leis de perfeição na religião

As leis humanas, feitas para falar ao espírito, devem dar preceitos, e não conselhos; a religião, feita para falar ao coração, deve dar muitos conselhos, e poucos preceitos.

Quando, por exemplo, a religião dá regras, não para o bem, mas para o melhor; não para o que é bom, mas para o que é perfeito, convém que se trate de conselhos e não de leis; porquanto a perfeição não considera a universalidade dos homens nem das coisas. Além disso, se forem leis, terá de haver uma infinidade de outras para fazer cumprir as primeiras. O celibato foi um conselho do cristianismo. Quando dele se fez uma lei para uma certa ordem de pessoas, tiveram de ser feitas novas leis ([1]) todos os dias para reconduzir os homens ao seu cumprimento. O legislador cansou-se, cansou a sociedade, para garantir que os homens executavam por preceito o que aqueles que amam a perfeição teriam executado como conselho.

Capítulo VIII
Do acordo das leis da moral com as da religião

Num país onde se tem a infelicidade de ter uma religião que Deus não deu, é sempre necessário que ela esteja de acordo com a moral; porque a religião, mesmo que falsa, é a melhor garantia de que os homens possam ter a probidade dos homens.

Os pontos principais da religião dos de Pegu consistem em não matar, não roubar, evitar a impudicidade, não causar qualquer desprazer ao próximo, fazer-lhe, pelo contrário, todo o bem

([1]) Ver a *Bibliothèque des auteurs ecclés. du sixième siècle*, tomo V, do Sr. Dupin.

que se puder ([1]). Com isto, crêem que se será salvo em qualquer religião que seja adoptada; o que faz que estes povos, apesar de altivos e pobres, sejam brandos e compassivos com os desgraçados.

Capítulo IX
Dos Essénios ([*])

Os Essénios ([2]) juravam cumprir a justiça para com os homens; não fazer mal a ninguém, mesmo para obedecer; odiar os injustos; agir de boa-fé com todos; mandar com modéstia; tomar sempre o partido da verdade; fugir de todo o ganho ilícito.

Capítulo X
Da seita estóica

As diversas seitas de filosofia dos Antigos podiam ser consideradas como espécies de religião. Nunca houve uma cujos princípios fossem mais dignos do homem, e mais apropriados a formar pessoas de bem, do que a dos estóicos; e, se eu pudesse por um momento deixar de pensar que sou cristão, não poderia impedir-me de pôr a destruição da seita de Zenão entre o conjunto de desgraças do género humano.

Exagerava apenas as coisas nas quais existe grandeza: o desprezo dos prazeres e da dor.

Só ela sabia formar cidadãos; só ela formou grandes homens; só ela formou grandes imperadores.

Abstraí-vos por um momento das verdades reveladas; procurai em toda a natureza, e não encontrareis um objecto maior do que os Antoninos; Juliano, até Juliano (um sufrágio assim arrancado não me tornará cúmplice da sua apostasia); não, depois dele, não houve príncipe mais digno de governar os homens.

([1]) *Recueil des voyages qui ont servi à l'établissement de la compagnie des Indes*, tomo III, part. I, p. 63.

([*]) Grupo religioso judaico dos dois últimos séculos antes de Cristo e do primeiro século da nossa era. Ascéticos, viviam no deserto, em conformidade com a Lei dos Profetas (N. T.).

([2]) *Histoire des Juifs*, de Prideaux.

Enquanto os estóicos consideravam as riquezas, as grandezas humanas, a dor, as tristezas, os prazeres, coisas vãs, estavam apenas ocupados em trabalhar para a felicidade dos homens, para exercer os deveres da sociedade. Parecia que consideravam esse espírito sagrado que acreditavam estar neles mesmos como uma espécie de providência favorável que velava pelo género humano.

Nascidos para a sociedade, todos eles acreditavam que o seu destino era o de trabalhar para ela: trabalho tanto menos pesado porquanto as suas recompensas estavam todas nesse mesmo trabalho; e felizes unicamente por causa da sua filosofia, parecia que só a felicidade dos outros poderia aumentar a sua.

Capítulo XI
Da contemplação

Tendo os homens sido feitos para se conservarem, para se alimentarem, para se vestirem e para fazerem todas as acções da sociedade, a religião não deve dar-lhes uma vida excessivamente contemplativa ([1]).

Os maometanos tornam-se especulativos por hábito; rezam cinco vezes por dia, e em cada uma dessas vezes têm de praticar um acto que os faz virar as costas a tudo o que pertence a este mundo. Isso forma-os para a especulação. Acrescentai a isto aquela indiferença por todas as coisas dada pelo dogma de um destino rígido.

Se, além disso, outras causas concorrerem para lhes inspirar desligamento, como quando a dureza do governo ou as leis respeitantes à propriedade das terras geram um espírito de precariedade, tudo está perdido.

Outrora, a religião dos Gueberes tornou o reino da Pérsia florescente; corrigiu os maus efeitos do despotismo. Hoje, a religião maometana destrói esse mesmo império.

([1]) É o inconveniente da doutrina de Foe e de Laockium [Respectivamente, do budismo e da doutrina de Lao Tsé] (N. T.).

Capítulo XII
Das penitências

É bom que as penitências sejam associadas à ideia de trabalho, não à ideia de ociosidade; à ideia do bem, não à ideia do extraordinário; à ideia da frugalidade, não à ideia de avareza.

Capítulo XIII
Dos crimes inexpiáveis

A partir de um passo dos livros dos pontífices, referenciado por Cícero ([1]), parece que havia entre os Romanos crimes inexpiáveis; e é com base nisso que Zósimo apresenta a descrição tão apropriada a envenenar os motivos da conversão de Constantino, e Juliano fundamenta a chacota amarga que faz dessa mesma conversão nos seus *Césares.*

A religião pagã, que só proibia alguns crimes grosseiros, que travava a mão e abandonava o coração, podia ter crimes inexpiáveis; mas uma religião que envolve todas as paixões; que não é mais ciosa dos actos do que dos desejos e dos pensamentos; que não nos prende por algumas correntes, mas por inúmeros fios; que deixa atrás de si a justiça humana e inicia uma outra justiça; que é feita para levar constantemente do arrependimento ao amor e do amor ao arrependimento; que coloca entre o juiz e o criminoso um grande mediador, e um grande juiz entre o justo e o mediador; uma tal religião não deve ter crimes inexpiáveis. Mas, embora dê temores e esperanças a todos, fá-los sentir suficientemente que se não há crime que, pela sua natureza, seja inexpiável, já uma vida inteira pode sê-lo; que seria muito perigoso atormentar sem cessar a misericórdia com novos crimes e com novas expiações; que, inquietos com as antigas dívidas, jamais saldadas com o Senhor, devemos temer contrair dívidas novas, exceder a medida e ir até ao limite em que termina a bondade paternal.

([1]) Liv. II, das *Leis*, cap. xxii.

Capítulo XIV
Como a força da religião se aplica à das leis civis

Como a religião e as leis civis devem tender principalmente a tornar os homens bons cidadãos, percebe-se que quando uma das duas se afastar desse objectivo, a outra deve tender ainda mais para ele. Quanto menos repressora for a religião, mais as leis civis devem reprimir.

Assim, no Japão, como a religião dominante quase não tem dogmas, e não propõe nem paraíso nem inferno, as leis, para suplementá-la, foram feitas com uma severidade e executadas como uma pontualidade extraordinárias.

Quando a religião estabelece o dogma da necessidade das acções humanas, as penas das leis devem ser mais severas e a polícia mais vigilante, para que os homens, os quais sem isso, se abandonariam a si mesmos, sejam determinados por esses motivos; mas é uma coisa bem diferente se a religião estabelece o dogma da liberdade.

Da preguiça da alma nasce o dogma da predestinação maometana; e do dogma dessa predestinação nasce a preguiça da alma. Foi dito: isso está nos decretos de Deus, é preciso, pois, ficar descansado. Num caso destes, deve-se excitar através das leis os homens adormecidos pela religião.

Quando a religião condena coisas que as leis civis devem permitir, há o perigo de que as leis civis não permitam, por seu lado, o que a religião deve condenar; já que uma dessas coisas indica sempre um defeito na harmonia e na justeza das ideias que se espalha à outra.

Daí que os Tártaros ([1]) de Gengis Cã, para os quais era pecado, e até crime capital, pôr uma faca no fogo, apoiar-se num chicote, bater num cavalo com o seu arreio, partir um osso com outro, não acreditavam que fosse pecado violar a boa-fé, rapinar o bem alheio, injuriar um homem ou matá-lo. Numa palavra, as leis que levam a considerar como necessário o que é indiferente têm o seguinte inconveniente: levam a considerar como indiferente o que é necessário.

([1]) Ver o relato do Irmão Jean Duplan Carpin, enviado à Tartária pelo papa Inocente IV, no ano de 1246.

Os habitantes da Formosa ([1]) crêem numa espécie de inferno; mas para punir aqueles que não andaram nus em certas estações, que envergaram vestes de linho e não de seda, que foram procurar ostras, que agiram sem consultar o canto dos pássaros; também não consideram pecado a embriaguez nem os abusos com as mulheres; crêem até que as libertinagens dos seus filhos são agradáveis aos deuses.

Quando a religião justifica uma coisa acidental, perde inutilmente a maior mola que existe entre os homens. Os Indianos acreditam que as águas do Ganges têm uma virtude santificadora ([2]); os que morrem nas suas margens são tidos como isentos dos castigos na outra vida, e devem habitar uma região recheada de delícias; dos lugares mais remotos são enviadas urnas cheias de cinzas dos mortos para serem lançadas no Ganges. Que importa que se viva virtuosamente, ou não? Desde que se seja lançado no Ganges.

A ideia de um lugar de recompensa traz necessariamente consigo a ideia de uma paragem de castigos; e quando se espera por um sem temer a outra, as leis civis perdem a força. Os homens que acreditam em recompensas garantidas na outra vida escaparão ao legislador; terão demasiado desprezo pela morte. Como é que se pode conter pelas leis um homem que acredita estar certo de que o maior castigo que os magistrados lhe podem infligir terminará num instante apenas para começar a sua felicidade?

Capítulo XV
Como as leis civis corrigem por vezes as falsas religiões

O respeito pelas coisas antigas, a simplicidade ou a superstição, por vezes estabeleceram mistérios ou cerimónias que podiam chocar o pudor; e exemplos disso não foram raros no mundo. Aristóteles ([3]) diz que, nesse caso, a lei permite que os pais de família se desloquem ao templo para celebrar esses mistérios

---

([1]) *Recueil des voyages qui ont servi à l'établissement de la compagnie des Indes*, tomo V, part. I, p. 192.

([2]) *Lettres édifiantes*, décimo quinto compêndio.

([3]) *Polit.*, liv. VII, cap. xvii.

pelas suas mulheres e pelos seus filhos. Lei civil admirável que preserva os costumes contra a religião!

Augusto ([1]) proibiu os jovens de um e de outro sexo de assistirem a qualquer cerimónia nocturna se não estivessem acompanhados por um parente mais velho; e quando restabeleceu as festas ([2]) lupercais, não quis que os jovens corressem nus.

Capítulo XVI
Como as leis da religião corrigem os inconvenientes da constituição política

Por outro lado, a religião pode sustentar o Estado político, quando as leis se encontram num estado de impotência.

Assim, quando o Estado é frequentemente agitado por guerras civis, a religião fará muito se garantir que uma parte do Estado permanece sempre em paz. Entre os Gregos, os Eleatas, como sacerdotes de Apolo, gozavam de uma paz eterna. No Japão ([3]), a cidade de Meaco ([*]), que é uma cidade santa, é sempre deixada em paz; a religião mantém esta regra; e esse império, que parece ser o único sobre a terra, que não tem nem quer ter qualquer contacto com estrangeiros, contém sempre no seu seio um comércio que a guerra não arruína.

Nos Estados em que as guerras não são travadas por uma deliberação comum, e onde as leis não fornecem qualquer meio de terminá-las nem de preveni-las, a religião estabelece tempos de paz ou de tréguas para que o povo possa fazer as coisas sem as quais o Estado não conseguiria subsistir, como preparar as sementeiras e trabalhos semelhantes.

Todos os anos, durante quatro meses, cessavam as hostilidades entre as tribos ([4]) árabes: a menor perturbação teria sido uma impiedade. Quando em França cada senhor fazia a guerra ou a paz, a religião estabelecia as tréguas que deviam ocorrer em certas épocas.

([1]) Suetónio, *in Augusto*, cap. xxxi.

([2]) *Ibid.*

([3]) *Recueil des voyages qui ont servi à l'établissement de la compagnie des Indes*, tomo IV, part. I, p. 127.

([*]) A actual Quioto (N. T.).

([4]) Ver Prideaux, *Vie de Mahomet*, p. 64.

Capítulo XVII
Continuação do mesmo assunto

Quando há muitos motivos de ódio num Estado, é preciso que a religião forneça muitos meios de reconciliação. Os Árabes, povo salteador, frequentemente cometiam entre si injúrias e injustiças. Maomé ([1]) criou a seguinte lei: «Se alguém perdoar o sangue do seu irmão ([2]), poderá perseguir o malfeitor por perdas e danos; mas aquele que molestar o homem malvado depois de ter recebido satisfação dele sofrerá no dia do juízo final tormentos dolorosos».

Entre os Germanos, herdavam-se dos parentes mais próximos os ódios e as inimizades; mas estes não eram eternos. O homicídio era expiado oferecendo uma certa quantidade de gado; e toda a família recebia a satisfação: «coisa muito útil», diz Tácito ([3]), «porque as inimizades são mais perigosas num povo livre». De facto, julgo que os ministros da religião, que tinham tanto crédito entre eles, entravam nessas reconciliações.

Entre os Malaios ([4]), onde a reconciliação não está estabelecida, quem matou alguém, como não tem dúvidas de que será assassinado pelos parentes ou pelos amigos do morto, entrega-se ao seu furor, ferindo e matando tudo que lhe aparece pela frente.

Capítulo XVIII
Como as leis da religião produzem o efeito das leis civis

Os primeiros Gregos eram pequenos povos muitas vezes dispersos, piratas no mar, injustos em terra, sem polícia nem leis. As belas acções de Hércules e de Teseu permitem ver a condição em que este povo nascente se encontrava. O que podia a religião fazer, além do que fez, para dar horror ao homicídio? Determinou que um homem, morto pela violência ([5]), ficaria imediata-

([1]) No Alcorão, liv. I, cap. *da Vaca.*

([2]) Renunciando à lei de talião.

([3]) *De moribus German.*, [cap. xxi].

([4]) *Recueil des voyages qui ont servi à l'établissement de la compagnie des Indes,* tomo VII, p. 303. Ver também as *Mémoires du comte de Forbin,* e o que ele diz sobre os Macassares.

([5]) Platão, *Das Leis,* liv. IX.

mente colerizado contra o homicida, que lhe inspiraria perturbação e terror, e quereria que lhe cedesse os lugares que frequentara; não se podia tocar no criminoso, nem conversar com ele, sem ficar manchado ([1]) ou intestável; a cidade devia ser poupada à presença do homicida e tinha de ser expiada ([2]).

Capítulo XIX
Que é menos a verdade ou a falsidade de um dogma que o torna útil ou pernicioso para os homens no Estado civil do que o uso ou o abuso que dele se faz

Os dogmas mais verdadeiros e mais santos podem ter consequências muito más quando não estão ligados aos princípios da sociedade; e, pelo contrário os dogmas mais falsos podem ter consequências admiráveis, quando se garante que eles se relacionam com os mesmos princípios.

A religião de Confúcio nega a imortalidade da alma; e a seita de Zenão não crê nela. Quem o diria? Dos seus maus princípios estas duas seitas tiraram consequências, não justas, mas admiráveis para a sociedade.

A religião dos Tao e dos Fó ([*]) acredita na imortalidade da alma; mas desse dogma tão santo tiraram as consequências mais terríveis ([3]).

Em quase todo o mundo, e em todas as épocas, a opinião da imortalidade da alma, mal compreendida, levou as mulheres, os escravos, os súbditos, os amigos, a matarem-se para ir servir no outro mundo o objecto do seu respeito ou do seu amor. Tal era assim nas Índias Ocidentais; tal era assim entre os Dinamarque-

---

([1]) Ver a tragédia de *Édipo em Colono.*

([2]) Platão, *Das Leis,* liv IX.

([*]) Ver *EL,* XIV.5, n.t. (N. T.).

([3]) Um filósofo chinês argumenta assim contra a doutrina de Fó: «Num livro dessa seita, diz-se que o nosso corpo é o nosso domicílio, e a alma é a hóspede imortal que nele habita. Mas se o corpo dos nossos pais não é mais do que uma habitação, é natural que se o considere com o mesmo desdém que se tem por um monte de lama e de terra. Não será isto querer arrancar do coração a virtude do amor pelos pais? Isto leva até à negligência com o cuidado pelo corpo e a recusar-lhe a compaixão e a afeição tão necessárias para a sua conservação. É por isto que os discípulos de Fó se matam aos milhares». Obra de um filósofo chinês, no compêndio do Padre du Halde, tomo III, p. 52.

ses ([1]); e tal ainda hoje é assim no Japão ([2]), em Macassar ([3]) e em muitas outras paragens da Terra.

Esses costumes emanam directamente do dogma da imortalidade da alma, mais do que do da ressurreição do corpo; donde se tirou a seguinte consequência, que depois da morte um mesmo indivíduo teria as mesmas necessidades, os mesmos sentimentos, as mesmas paixões. Desse ponto de vista, o dogma da imortalidade da alma afecta prodigiosamente os homens porque a ideia de uma simples mudança de morada está mais ao alcance do nosso espírito, e é mais lisonjeiro ao nosso coração, do que a ideia de uma modificação nova.

Não basta que uma religião estabeleça um dogma; é preciso também que ela o oriente. Foi o que a religião cristã fez admiravelmente bem a respeito dos dogmas de que falamos; ela faz-nos esperar por uma condição em que acreditamos, não uma condição que sentimos ou que conhecemos; tudo, incluindo a ressurreição do corpo, nos conduz a ideias espirituais.

Capítulo XX
Continuação do mesmo assunto

Os livros sagrados ([4]) dos antigos Persas diziam: «Se quereis ser santos, instruí os vossos filhos porque todas as boas acções que eles fizerem vos serão imputadas». Aconselhavam o casamento atempado porque os filhos seriam como uma ponte no dia do juízo final, e aqueles que não tivessem filhos não poderiam passar. Estes dogmas eram falsos, mas eram muito úteis.

Capítulo XXI
Da metempsicose

O dogma da imortalidade da alma divide-se em três ramos: o da imortalidade pura, o da simples mudança de morada, o da

---

([1]) Ver Thomas Bartolin, *Antiguidades dinamarquesas.*

([2]) Relação do Japão, em *Recueil des Voyages qui ont servi à l'établissement de la compagnie des Indes.*

([3]) *Mémoires de Forbin.*

([4]) Sr. Hyde, [*De religione veterum Persarum, in Sad-der*].

metempsicose; isto é, o sistema dos cristãos, o sistema dos Citas, o sistema dos Indianos. Acabei de falar dos dois primeiros; e direi do terceiro que, como foi bem e mal orientado, há nas Índias bons e maus efeitos. Como dá aos homens um certo horror pelo derramamento de sangue, nas Índias há poucos homicídios; e, embora lá quase nunca se puna com a morte, toda a gente está tranquila.

Por outro lado, as mulheres deixam-se queimar aquando da morte dos seus maridos: nas Índias só os inocentes sofrem uma morte violenta.

Capítulo XXII
Como é perigoso que a religião inspire o horror por coisas indiferentes

Uma certa honra estabelecida pelos preconceitos da religião nas Índias levou a que as várias castas tenham horror umas das outras. Esta honra baseia-se unicamente na religião; estas distinções familiares não formam as distinções civis. Há indianos que se considerariam desonrados se comessem com o seu rei.

Estes tipos de distinções estão ligados a uma certa aversão pelos outros homens, bem diferente dos sentimentos que devem fazer nascer as diferenças entre as categorias, que entre nós contêm o amor pelos inferiores.

As leis da religião evitarão inspirar outro desprezo que não o do vício e sobretudo evitarão afastar os homens do amor e da piedade pelos homens.

A religião maometana e a religião indiana têm, no seu seio, um número infinito de povos: os Indianos odeiam os maometanos porque eles comem carne de vaca; os maometanos detestam os Indianos porque eles comem carne de porco.

Capítulo XXIII
Das festas

Quando uma religião ordena a suspensão do trabalho, deve ter em consideração as necessidades dos homens, mais do que a grandeza do ser que ela honra.

Em Atenas ([1]), o número excessivo de festas era um grande inconveniente. Entre este povo dominador, diante do qual todas as cidades da Grécia traziam os seus diferendos, não era possível dar conta dos assuntos.

Quando Constantino determinou que se repousaria aos Domingos, alargou esta ordenação a todas as cidades ([2]), mas não aos povos campestres. Percebeu que nas cidades estavam os trabalhos úteis e nos campos os trabalhos necessários.

Pela mesma razão, nos países que são sustentados pelo comércio, o número de festas deve ser relativo a esse mesmo comércio. Os países protestantes e os países católicos estão situados ([3]) de maneira a que haja mais necessidade de trabalho nos primeiros do que nos segundos: a supressão de festas convém, portanto, mais aos países protestantes do que aos países católicos.

Dampierre ([*]) ([4]) nota que os divertimentos dos povos variam muito com o clima. Como os climas quentes produzem uma grande quantidade de frutos delicados, os bárbaros, que rapidamente encontram o necessário, usam mais tempo para se divertirem. Os índios dos países frios não têm tanto lazer; têm de pescar e de caçar constantemente. Entre eles há, pois, menos danças, menos música e menos festins; e uma religião que se estabelecesse no seio desses povos deveria tomar isto em consideração na instituição de festas.

Capítulo XXIV
Das leis de religião locais

Nas diversas religiões há muitas leis locais. E quando Montezuma teimou em dizer que a religião dos Espanhóis era boa para o país deles, e a do México para o seu, não disse um absurdo porque, com efeito, os legisladores não podiam evitar que se tomasse em consideração o que a natureza determinara antes deles.

([1]) Xenofonte, *Da Constituição de Atenas,* [cap. iii, § 8].

([2]) Leg. 3 Cod. *de feriis.* Não restam dúvidas de que esta lei só foi feita para os pagãos.

([3]) Os países católicos estão mais próximos do Sul e os protestantes do Norte.

([*]) Na realidade, Dampier (N. T.).

([4]) *Nouveaux Voyages autour du monde,* tomo II.

A opinião da metempsicose é feita para o clima das Índias. O calor excessivo queima ([1]) o campo inteiro; só se consegue alimentar muito pouco gado; há sempre o perigo de faltar o gado para a lavoura; os bois multiplicam-se ([2]) apenas mediocremente; estão sujeitos a muitas doenças. Uma lei de religião que os conserve é, portanto, muito conveniente para a polícia do país.

Se os prados são queimados, já o arroz e os legumes crescem com sucesso, com as águas que neles podem ser empregues. Uma lei de religião que só autorize esta alimentação é, portanto, muito útil para os homens nestes climas.

Nas Índias, a carne ([3]) dos animais não tem gosto; e o leite e a manteiga que deles retiram constituem uma parte da sua subsistência. A lei que proíbe que se coma e se mate vacas não é, pois, desrazoável nas Índias.

Atenas tinha no seu seio uma multidão incontável de pessoas; o seu território era estéril. Era uma máxima religiosa que aqueles que oferecessem aos deuses certos pequenos presentes honravam-nos ([4]) mais do que aqueles que imolavam bois.

Capítulo XXV
Inconvenientes da transferência de uma religião de um país para outro

Do que foi dito anteriormente segue-se que frequentemente há muitos inconvenientes em transferir uma religião ([5]) de um país para outro.

«O porco», diz ([6]) o Sr. de Boulainvilliers, «deve ser muito raro na Arábia, onde quase não há bosques e quase nada que seja apropriado para a alimentação destes animais; de resto, a salinidade das águas e dos alimentos torna este povo muito susceptível às doenças de pele». A lei local que o proíbe não poderia ser boa

---

([1]) *Voyage*, de Bernier, tomo II, p. 137.

([2]) *Lettres édifiantes*, décimo segundo compêndio, p. 95.

([3]) *Voyage*, de Bernier, tomo II, p. 137.

([4]) Eurípides, em Ateneu Náucratis, liv. II, p. 40.

([5]) Aqui não é visada a religião cristã porque, como se disse no liv. XXIV, cap. i, no final, a religião cristã é o primeiro bem [Esta nota de Montesquieu não aparece na primeira edição da obra (ed. Caillois) (N. T.)].

([6]) *Vie de Mahomet.*

para outros países ([1]), onde o porco é um alimento quase universal e de algum modo necessário.

Farei aqui uma reflexão. Santório ([*]) ([2]) observou que a carne de porco que é comida dá pouco azo à transpiração; e que esse mesmo alimento evita bastante que os outros alimentos façam transpirar. Ele descobriu que a diminuição podia chegar a um terço ([3]); além disso, sabe-se que uma deficiência de transpiração forma ou agrava as doenças de pele. Logo, comer porco deve ser proibido nos climas onde se está sujeito a estas doenças, como o da Palestina, da Arábia, do Egipto e da Líbia.

Capítulo XXVI
Continuação do mesmo assunto

O Sr. Chardin ([4]) diz que não há rios navegáveis na Pérsia, excepto o rio Kura ([**]), situado nas extremidades do império. A antiga lei dos Gueberes, que proibia a navegação fluvial, não causava, portanto, inconvenientes no seu país; mas teria arruinado o comércio num outro país qualquer.

As abluções contínuas constituem um uso muito comum nos climas quentes. Isso faz que a lei maometana e a lei indiana as ordenem. Nas Índias, é um acto muito meritório rezar ([5]) a Deus na água corrente: mas como executar estas coisas noutros climas?

Quando a religião, fundada num clima, colidiu excessivamente com o clima de um outro país, nunca conseguiu estabelecer-se nele; e quando nele foi introduzida, essa religião acabou por ser expulsa. Para falar em termos humanos, parece que foi o clima que prescreveu os limites da religião cristã e da religião maometana.

([1]) Como na China.

([*]) Santorio Santorii, dito Santório (ou Sanctorius) de Pádua (1561-1636), célebre médico italiano (N. T).

([2]) *Médecine Statique*, sec. iii, afor. 22.

([3]) Sec. iii, afor. 23.

([4]) *Voyage de Perse*, tomo II.

([**]) Rio que nasce em território actualmente no interior das fronteiras da Turquia e desagua no mar Cáspio (N. T.).

([5]) *Voyage*, de Bernier, tomo II.

Daqui segue-se que é quase sempre conveniente que uma religião tenha dogmas particulares e um culto geral. Nas leis que dizem respeito às práticas do culto, é preciso que os detalhes sejam poucos; por exemplo, mortificações mas não uma determinada mortificação. O cristianismo está cheio de bom senso: a abstinência é de direito divino; mas uma abstinência particular é de direito de polícia, e pode ser mudada.

Livro XXV
Das leis na relação que têm com o estabelecimento da religião de cada país e a sua polícia externa

Capítulo I
Do sentimento pela religião

O homem pio e o ateu estão sempre a falar de religião; um fala do que ama e o outro fala do que teme.

Capítulo II
Do motivo do apego às várias religiões

As várias religiões do mundo não dão àqueles que as professam iguais motivos de apego a elas. Tal depende muito da maneira como elas se conciliam com a forma de pensar e de sentir dos homens.

Somos extremamente propensos à idolatria, e, no entanto, não somos apegados às religiões idólatras; somos pouco propensos às ideias espirituais, e, no entanto, somos muito apegados a religiões que nos fazem adorar um Ser espiritual. É um sentimento feliz que provém em parte da satisfação que encontramos em nós mesmos por termos sido suficientemente inteligentes para ter escolhido uma religião que tira a divindidade da humilhação em que os outros a colocaram. Consideramos a idolatria a religião dos povos grosseiros; e a religião que tem como objecto um Ser espiritual consideramo-la a dos povos esclarecidos.

Quando podemos juntar também ideias sensíveis que entram no culto à ideia de um Ser espiritual supremo, que forma o dogma, isso dá-nos um grande apego à religião porque os motivos que mencionámos ficam associados à nossa inclinação natural pelas coisas sensíveis. Assim, os católicos, que praticam mais este tipo de culto do que os protestantes, são mais invencivelmente apegados à sua religião do que os protestantes são à deles, e mais zelosos na sua propagação.

Quando ([1]) o povo de Éfeso soube que os Padres do Concílio tinham decidido que se podia chamar à Virgem *Mãe de Deus*, ficou extasiado de alegria; as pessoas beijaram as mãos dos bispos, abraçaram os seus joelhos; tudo ressoava com aclamações.

Quando uma religião intelectual nos dá ainda a ideia de uma escolha feita pela Divindade, e de uma distinção entre aqueles que a professam e os que a não professam, isso dá-nos um grande apego a essa religião. Os maometanos não seriam tão bons muçulmanos se, por um lado, não houvesse povos idólatras que os levassem a pensar que eles eram os vingadores da unidade de Deus, e, por outro, não houvesse cristãos para fazê-los acreditar que eles são o objecto das suas preferências.

Uma religião carregada de muitas ([2]) práticas cria mais apego a si do que uma outra que o esteja menos. Fica-se muito ligado às coisas com as quais se está continuamente ocupado; atente-se na obstinação tenaz dos maometanos ([3]) e dos judeus, e a facilidade que os povos bárbaros e selvagens, os quais, unicamente ocupados com a caça ou com a guerra, pouco se sobrecarregam com práticas religiosas, têm de mudar de religião.

Os homens são extremamente propensos a esperar e a temer; e uma religião que não tenha nem inferno nem paraíso pouco

---

([1]) Carta de São Cirilo.

([2]) Isto não é contraditório

([3]) Tal nota-se por toda a Terra. Ver sobre os Turcos as *Mission du Levant*; o *Recueil des Voyages qui ont servi à l'établissement de la compagnie des Indes*, t. III, part. I, p. 201, sobre os mouros da Batávia; e o Padre Labat, sobre os maometanos negros, etc.

poderia agradar-lhes. Tal demonstra-se com a facilidade com que as religiões estrangeiras se estabeleceram no Japão e o zelo e o amor com que foram recebidas (1).

Para que uma religião crie apego é preciso que tenha uma moral pura. Os homens, que são patifes no detalhe, são em geral muito honestos; amam a moral; e se não estivesse a lidar com um assunto tão grave, diria que tal se torna admiravelmente evidente nos teatros: é garantido que se agrada ao povo com os sentimentos que a moral professa, e é garantido que se o ofende com os sentimentos que ela reprova.

Quando o culto exterior tem uma grande magnificência, tal lisonjeia-nos e dá-nos muito apego à religião. As riquezas dos templos e as do clero afectam-nos muito. Assim, a própria miséria dos povos é um motivo que lhes dá apego a essa religião que serviu de pretexto aos que causaram a sua miséria.

Capítulo III
Dos templos

Quase todos os povos policiados vivem em casas. Daí veio naturalmente a ideia de construir para Deus uma casa onde pudessem adorá-lo e ir procurá-lo nos seus medos ou nas suas esperanças.

Com efeito, nada é mais consolador para os homens do que um lugar onde encontram a divindade mais presente e onde todos em conjunto dão voz à sua fraqueza e à sua miséria.

Mas esta ideia tão natural só acorre aos povos que cultivam as terras; e não se verá construção de templos entre aqueles povos que não possuem casas.

Foi o que fez que Gengis Cã mostrasse um desprezo tão grande pelas mesquitas (2). Este príncipe (3) interrogou os maometanos; aprovou todos os seus dogmas, excepto aquele que torna necessário ir a Meca; não podia compreender que não se pudesse

(1) A religião cristã e as religiões das Índias: estas têm um inferno e um paraíso, ao passo que a religião xintoísta não tem um nem outro.

(2) Ao entrar na mesquita de Bucara, pegou no Alcorão e atirou-o para debaixo das patas dos seus cavalos. *Hist. des Tartares*, part. III, p. 273.

(3) *Ibid.*, p. 342.

adorar a Deus em qualquer parte. Os Tártaros, como não viviam em casas, não conheciam os templos.

Os povos que não têm templos têm pouco apego à sua religião: eis por que os Tártaros foram sempre tão tolerantes ([1]); porque os povos bárbaros que conquistaram o império romano não hesitaram em abraçar o cristianismo; porque os selvagens da América são tão pouco apegados à sua própria religião; e porque, desde que os nossos missionários os mandaram construir igrejas no Paraguai, têm tanto zelo pela nossa.

Como a divindade é o refúgio dos infelizes, e como não há gente mais infeliz do que os criminosos, foi-se naturalmente levado a pensar que os templos eram um asilo para eles; e esta ideia parecia ser ainda mais natural para os Gregos, entre os quais os homicidas, expulsos das suas cidades e da presença dos homens, pareciam não ter outra casa senão os templos, nem outros protectores senão os deuses.

No início, isto só dizia respeito aos homicidas involuntários; mas quando os grandes criminosos foram incluídos, caiu-se numa contradição grosseira: se tinham ofendido os homens, tinham ainda mais ofendido os deuses.

Estes asilos multiplicaram-se na Grécia: os templos, diz Tácito ([2]), estavam repletos de devedores insolventes e de escravos malvados; os magistrados tinham muita dificuldade em exercer a polícia; o povo protegia os crimes dos homens como protegia as cerimónias dos deuses; o senado foi obrigado a encerrar um grande número de templos.

As leis de Moisés eram muito sábias. Os homicidas involuntários eram inocentes, mas tinham de ser afastados do olhar dos pais do morto. Moisés estabeleceu, pois, um asilo ([3]) para eles. Os grandes criminosos não mereciam asilo; não o tiveram ([4]). Os Judeus tinham apenas um tabernáculo portátil e que mudava continuamente de lugar; isto excluía a ideia de asilo. É verdade que iriam ter um templo; mas os criminosos que a ele chegariam de todas as partes poderiam ter perturbado o serviço divino. Se os

---

([1]) Esta disposição de espírito foi transmitida até aos Japoneses, que tiram as suas origens dos Tártaros, como é fácil demonstrar.

([2]) *Anais*, liv. III, [cap. lx].

([3]) *Números*, cap. xxxv, [5:14].

([4]) *Ibid.* [5:16 e seguintes].

homicidas tivessem sido expulsos do país, como eram entre os Gregos, ter-se-ia temido que adorassem deuses estrangeiros. Todas estas considerações levaram ao estabelecimento das cidades de asilo, onde se devia permanecer até à morte do soberano pontífice.

Capítulo IV
Dos ministros da religião

Os primeiros homens, diz Porfírio, sacrificavam apenas ervas. Para um culto tão simples todos os homens podiam ser pontífices no seio das suas famílias.

O desejo natural de agradar à Divindade multiplica as cerimónias: o que fez que os homens, ocupados com a agricultura, se tornassem incapazes de executá-las todas e de cumprir todos os detalhes.

Aos deuses foram consagrados lugares particulares; tinha de haver ministros que deles cuidassem, assim como cada cidadão cuida da sua casa e dos seus assuntos domésticos. É por isso que os povos que não têm sacerdotes são normalmente bárbaros. Assim eram outrora os Pedalianos ([1]), assim são ainda os Wolgusky ([2]).

As pessoas consagradas à Divindade deviam ser honradas, sobretudo nos povos que tinham formado para si uma certa ideia da pureza corporal, necessária para chegar perto dos lugares que eram mais agradáveis aos deuses e que dependia de certas práticas.

Como o culto dos deuses exigia uma atenção constante, a maioria dos povos foi levada a fazer do clero um corpo separado. Assim, entre os Egípcios, os Judeus e os Persas ([3]) certas famílias que se perpetuavam e prestavam o serviço eram consagradas à divindade. Havia inclusivamente religiões em que não se pensava apenas em afastar os eclesiásticos dos assuntos públicos, mas também evitar-lhes o incómodo de ter uma família, o que corresponde à prática do principal ramo da lei cristã.

Não falarei aqui das consequências da lei do celibato: percebe-se que poderia tornar-se nociva, à medida que o corpo do

---

([1]) Lílio Giraldi, p. 726.

([2]) Povos da Sibéria. Ver a *Relação* do Sr. Everard Isbrands-Ides, em *Recueil des voyages du Nord*, tomo VIII.

([3]) Ver o Sr. Hyde.

clero se tornasse excessivamente alargado e, por conseguinte, o corpo dos leigos não fosse o suficiente.

É da natureza do entendimento humano no domínio da religião amarmos tudo o que supõe um esforço, como, em matéria de moral, amarmos especulativamente tudo o que tem o carácter da severidade. O celibato foi mais agradável para os povos a quem parecia ser menos conveniente e para aqueles a quem podia ter consequências mais gravosas. Nos países do Sul da Europa, onde, pela natureza do clima, a lei do celibato é mais difícil de cumprir, ela foi mantida; nos do Norte, onde as paixões são menos vivas, ela foi proscrita. Mais, nos países com poucos habitantes foi admitida; nos que têm muitos foi rejeitada. Percebe-se que todas estas reflexões incidem apenas sobre a excessiva extensão do celibato, e não sobre o celibato em si mesmo.

Capítulo V
Dos limites que as leis devem impor às riquezas do clero

As famílias particulares podem perecer; por isso, os seus bens não têm um destino perpétuo. O clero é uma família que não pode perecer; os seus bens estão, portanto, ligados a ela e daí não podem sair.

As famílias particulares podem crescer; portanto, é preciso que os seus bens possam crescer também. O clero é uma família que não deve crescer; portanto, os seus bens devem ser limitados.

Retivemos as disposições do Levítico acerca dos bens do clero, excepto aquelas que dizem respeito aos limites desses bens. Efectivamente, entre nós, será sempre ignorado o ponto além do qual deixa de ser permitido a uma comunidade religiosa adquirir.

Estas aquisições sem fim parecem tão desrazoáveis aos povos que quem queira falar em seu favor será visto como um imbecil.

As leis civis encontram por vezes obstáculos na reforma de abusos estabelecidos porque estes estão ligados a coisas que elas devem respeitar. Nesse caso, uma disposição indirecta é mais indicativa do bom espírito do legislador do que uma outra que atinja a própria coisa. Em lugar de proibir as aquisições do clero, é preciso procurar que este perca o gosto por elas; manter o direito e retirar o facto.

Em alguns países europeus, a consideração dos direitos dos senhores fez que se estabelecesse em seu favor um direito de indemnização sobre imóveis que as pessoas adquiriram em regime de mão-morta. O interesse do príncipe levou-o a exigir um direito de amortização neste mesmo caso. Em Castela, onde não existe um direito semelhante, o clero invadiu tudo; em Aragão, onde existe um certo direito de amortização, o clero adquiriu menos; em França, onde esse direito e o de indemnização estão estabelecidos, o clero adquiriu ainda menos; e pode dizer-se que a prosperidade deste Estado deve-se, em parte, ao exercício desses dois direitos. Aumentai esses direitos e travai a mão-morta, se possível.

Tornai sagrado e inviolável o antigo e necessário domicílio do clero; que seja fixo e eterno como ele; mas deixai sair das suas mãos os novos domínios.

Autorizai a violação da regra quando esta se converte num abuso; suportai o abuso quando este reentra na regra.

Em Roma é sempre lembrada uma memória que foi enviada por ocasião de algumas contendas com o clero. Continha a seguinte máxima: «O clero deve contribuir para os encargos do Estado, diga o Antigo Testamento o que disser». Conclui-se que o autor da memória compreendia melhor a linguagem do *maltote* (*) do que a da religião.

Capítulo VI
Dos mosteiros

O mais elementar bom senso mostra que estes corpos que se perpetuam sem fim não devem vender as suas terras em regime vitalício, nem contrair empréstimos em perpetuidade, a menos que se queira que se convertam em herdeiros de todos os que não têm parentes e de todos os que não querem tê-los. Esta gente joga contra o povo, mas tem a banca consigo.

(*) *Maltôte* no original: imposto opressivo cobrado no final da Idade Média em França, no reinado de Filipe, *o Belo*. No século XVIII constituía uma designação genérica para a tributação abusiva e iníqua (N. T.).

Capítulo VII
Do luxo da superstição

«São ímpios para os deuses», diz Platão ([1]), «aqueles que negam a sua existência; ou que a concedem, mas sustentam que não interferem nas coisas deste mundo; ou, finalmente, que pensam que os deuses são facilmente apaziguados com sacrifícios: três opiniões igualmente perniciosas». Platão diz aqui tudo o que de mais sensato já foi dito pela luz natural em matéria de religião.

A magnificência do culto exterior está muito relacionada com a constituição do Estado. Nas boas repúblicas não se reprimiu apenas o luxo da vaidade, mas também o da superstição. Fizeram-se para a religião leis de poupança de despesas. Entre estas contam-se várias das leis de Sólon, várias das leis de Platão sobre os funerais, que Cícero adoptou; por fim, algumas leis de Numa ([2]) sobre os sacrifícios.

«Pássaros», diz Cícero, «e pinturas feitas num dia são dons muito divinos».

«Oferecemos coisas comuns», dizia um espartano, «para que tenhamos todos os dias meio de honrar os deuses».

O cuidado que os homens devem ter de prestar culto à divindade é muito diferente da magnificência desse culto. Não lhe ofereçamos os nossos tesouros, se não quisermos mostrar-lhe a estima que temos pelas coisas que a divindade quer que desprezemos.

«O que deverão os deuses pensar dos dons dos ímpios», diz admiravelmente Platão ([3]), «visto que um homem de bem ruborizaria ao receber presentes de um homem desonesto?»

Não é preciso que a religião, com o pretexto dos dons, exija dos povos o que as necessidades do Estado lhes deixaram; e, como diz Platão ([4]), os homens castos e pios devem oferecer dons que se pareçam com eles.

Também não é preciso que a religião encoraje as despesas funerárias. O que há de mais natural do que suprimir a diferença das fortunas nas coisas e nos momentos que igualizam todas as fortunas?

([1]) *Das leis,* liv. X.

([2]) *Rogum vino ne respergito* [«Que ninguém respingue a pira funerária com vinho»]. Lei das Doze Tábuas.

([3]) [*Das Leis,* liv. IV].

([4]) *Ibid.,* liv. III.

Capítulo VIII
Do pontificado

Quando a religião tem muitos ministros, é natural que estes tenham um chefe e que o pontificado seja estabelecido. Numa monarquia, em que não se pode separar demasiado as ordens do Estado e em que não se deve reunir nas mesmas mãos todos os poderes, é bom que o pontificado esteja separado do império. A mesma necessidade não se encontra no governo despótico, cuja natureza é reunir nas mesmas mãos todos os poderes. Mas neste caso poderia suceder que o príncipe considerasse a religião como considera as suas próprias leis e como efeitos da sua vontade. Para prevenir este inconveniente é preciso que haja registos da religião; por exemplo, livros sagrados que a fixem e estabeleçam. O rei da Pérsia é o chefe da religião, mas o Alcorão regula a religião; o imperador da China é o sumo pontífice, mas há livros que estão nas mãos de todos aos quais ele próprio deve conformar-se. Foi em vão que um imperador quis aboli-los; eles triunfaram sobre a tirania.

Capítulo IX
Da tolerância em matéria de religião

Aqui somos políticos e não teólogos; e, mesmo para os teólogos, existe, de facto, uma diferença entre tolerar uma religião e aprová-la.

Quando as leis de um Estado crêem dever admitir várias religiões, é preciso que elas as obriguem também a tolerar-se entre si. É um princípio que toda a religião que é reprimida se torna também ela repressora; pois assim que, por algum acaso, possa sair da opressão, ela ataca a religião que a reprimiu, não como uma religião, mas como uma tirania.

É, pois, útil que as leis exijam destas várias religiões, não só que não perturbem o Estado, mas também que não se perturbem umas às outras. Um cidadão não satisfaz as leis contentando-se em não agitar o corpo do Estado; tem também de não pertubar nenhum outro cidadão.

Capítulo X
Continuação do mesmo assunto

Como quase só as religiões intolerantes têm um grande zelo para se estabelecer noutros lugares, porque uma religião que pode tolerar as outras aspira pouco à sua propagação, seria uma lei civil muito boa, quando o Estado está satisfeito com a religião já estabelecida, não admitir o estabelecimento ([1]) de uma outra.

Eis, portanto, o princípio fundamental das leis políticas em matéria de religião. Quando se é senhor de receber num Estado uma nova religião, ou de não recebê-la, ela não deve ser estabelecida; quando já está estabelecida, deve ser tolerada.

Capítulo XI
Da mudança de religião

Um príncipe que leva a cabo no seu Estado a destruição ou a mudança da religião dominante expõe-se muito. Se o seu governo for despótico, corre mais riscos de ver uma revolução do que por qualquer tirania que seja, que nunca é uma coisa nova neste género de Estados. A revolução resulta de que um Estado não muda de religião, de costumes e de maneiras num instante, nem assim que o príncipe publica a ordenação que estabelece uma religião nova.

Além disso, a religião antiga está ligada à constituição do Estado e a nova não o está: aquela já é conforme ao clima e muitas vezes a nova resiste-lhe. Mais: os cidadãos sentem desdém pelas suas leis; adquirem desprezo pelo governo já estabelecido; uma firme crença numa religião é substituída por desconfianças relativamente às duas; numa palavra, dá-se ao Estado, pelo menos por algum tempo, maus cidadãos e maus fiéis.

Capítulo XII
Das leis penais

É preciso evitar as leis penais em matéria de religião. É verdade que incutem o medo; mas como a religião tem as suas leis

---

([1]) Em todo este capítulo não me refiro à religião cristã porque, como já disse anteriormente, a religião cristã é o primeiro bem. Ver o final do capítulo I do livro anterior e a *Defesa do Espírito das Leis*, segunda parte.

penais que também inspiram o medo, o medo de umas é apagado pelo medo das outras. Entre estes dois medos diferentes, as almas tornam-se atrozes.

A religião contém ameaças tão grandes, contém promessas tão grandes, que quando se apresentam ao nosso espírito, seja o que for que o magistrado possa fazer para nos forçar a abandoná-la parece que nada nos é deixado quando a retiram, e que nada nos é retirado quando nos deixam com ela.

Portanto, não se consegue separar a alma da religião preenchendo-a com esse grande objecto, nem aproximando-a do momento em que este objecto deve ter para ela uma importância maior: é mais seguro atacar uma religião com o favor, com as comodidades da vida, com a esperança da fortuna; não com o que adverte, mas com o que faz que se esqueça; não com o que indigna, mas com o que conduz à tepidez, quando as outras paixões actuam sobre as nossas almas e as que a religião inspira estão silenciosas. Regra geral: no que concerne à mudança da religião, os convites são mais fortes do que as penas.

O carácter do espírito humano revelou-se mesmo na ordem das penas que foram empregues. Recordemos as perseguições no Japão ([1]): a revolta contra os suplícios cruéis é maior do que contra as penas longas, que cansam mais do que assustam, que são mais difíceis de superar porque parecem ser menos difíceis.

Numa palavra, a história ensina-nos inequivocamente que as leis penais nunca têm outro efeito senão a destruição.

Capítulo XIII
Muito humilde representação aos inquisidores de Espanha e de Portugal

Um judeu de dezoito anos, queimado em Lisboa no último auto-de-fé, ocasionou esta pequena obra; e julgo que é a mais inútil de todas as que foram escritas. Quando se trata de demonstrar coisas tão evidentes, é garantido que se não convencerá.

O autor declara que, embora seja judeu, respeita a religião cristã e que a ama o bastante para retirar aos príncipes que não sejam cristãos um pretexto plausível para persegui-la.

([1]) Ver o *Recueil des voyages qui ont servi à l'établissement de la compagnie des Indes*, tomo V, part. I, p. 192.

«Vós queixais-vos», diz ele aos inquisidores, «do facto de o imperador do Japão mandar queimar em lume brando todos os cristãos que vivam nos seus Estados; mas ele responder-vos-á: nós tratamo-vos, vós que não tendes as mesmas crenças que nós, como vós tratais aqueles que não têm as mesmas crenças que vós: só podeis queixar-vos da vossa fraqueza, que vos impede de nos exterminar e que faz com que nós vos exterminemos.

Mas é preciso admitir que vós sois bem mais cruéis do que este imperador. Vós, que nos mandais matar, a nós que não acreditamos no que vós acreditais, porque não acreditamos em tudo o que vós acreditais. Seguimos uma religião que vós mesmos sabeis ter sido outrora querida de Deus. Pensamos que Deus ainda a ama e vós pensais que ele já não a ama; e porque julgais assim, fazeis passar pelo ferro e pelo fogo quem está nesse erro tão perdoável de acreditar que Deus ([1]) ainda ama o que ele amou.

Se sois cruéis para connosco, mais cruéis sois para com os nossos filhos; vós mandai-nos queimar porque eles seguem as inspirações que lhes foram dadas por aqueles que a lei natural e as leis de todos os povos lhes ensinam a respeitar como deuses.

Vós privai-vos da vantagem que vos foi dada sobre os maometanos pela maneira como a sua religião foi estabelecida. Quando eles apregoam o número dos seus fiéis, dizeis que foi a força que os adquiriu e que a sua religião foi propagada pelo ferro: porquê, então, estabeler a vossa pelo fogo?

Quando quereis que cheguemos ao vosso encontro, nós apresentamos como objecção a fonte da qual vos vangloriais de descender. Respondeis que a vossa religião é nova, mas que é divina; a vossa prova está no facto de ter crescido com a perseguição dos pagãos e com o sangue dos mártires; mas actualmente vós assumis o papel de Diocleciano e fazeis-nos assumir o vosso.

Rogamo-vos, não pelo Deus poderoso que servimos, vós e nós, mas pelo Cristo que nos asseverais ter tomado a condição humana para vos propor exemplos que poderíeis seguir; rogamo-vos que ajais para connosco como ele próprio teria agido se ainda estivesse na Terra. Quereis que sejamos cristãos e não quereis sê-lo.

([1]) Esta é a fonte da cegueira dos Judeus, não perceber que a economia do Evangelho situa-se na ordem dos desígnios de Deus e que, por isso, é uma consequência da sua própria imutabilidade.

Mas se não quereis ser cristãos, sede pelo menos homens: tratai-nos como nos trataríeis se, tendo apenas as fracas luzes de justiça que a natureza nos dá, não tivésseis uma religião para vos conduzir, nem uma revelação para vos esclarecer.

Se o Céu vos amou o bastante para vos mostrar a verdade, deu-vos uma grande graça; mas caberá aos filhos que receberam a herança do seu pai odiar aqueles que a não receberam?

Porquanto se possuís essa verdade, não a escondais de nós da maneira como a propondes. O carácter da verdade consiste em triunfar sobre os corações e sobre os espíritos, e não essa impotência que vós admitis quando quereis que ela seja aceite à força de suplícios.

Se sois razoáveis, não deveis matar-nos porque não queremos enganar-vos. Se o vosso Cristo é o filho de Deus, esperamos que ele nos recompense por não termos querido profanar os seus mistérios; e cremos que o Deus que servimos, vós e nós, não nos punirá por termos sofrido a morte por uma religião que ele outrora nos deu, e que acreditamos que ele continua a nos dar.

Viveis num século em que a luz natural está mais viva do que nunca, em que a filosofia esclareceu os espíritos, em que a moral do vosso Evangelho foi mais conhecida, em que os direitos respectivos dos homens uns relativamente aos outros, o império que uma consciência tem sobre outra consciência, foram mais bem estabelecidos. Portanto, se não prescindis dos vossos antigos preconceitos, que, se não tomais cuidado, são as vossas paixões, então tem de se reconhecer que sois incorrigíveis, incapazes de qualquer luz e de qualquer instrução; e que a nação que atribuir autoridade a homens como vós é muito infeliz.

Quereis que vos digamos ingenuamente o nosso pensamento? Vós vede-nos mais como vossos inimigos do que como inimigos da vossa religião; pois se amásseis a vossa religião, não a deixaríeis corromper-se com uma ignorância grosseira.

Temos de vos avisar de uma coisa: é que, se alguém na posteridade jamais ousar dizer que, no século em que vivemos, os povos da Europa eram policiados, vós sereis citados para demonstrar que eram, de facto, bárbaros; e a ideia que se terá de vós será tal que estigmatizará o vosso século e levará o ódio até aos vossos contemporâneos».

Capítulo XIV
Porque é a religião cristã tão odiosa no Japão

Falei do carácter atroz das almas japonesas ([1]). Os magistrados consideravam muito perigosa a firmeza que o cristianismo inspira, quando se trata de renunciar à fé: julgavam ver aumentar a audácia. A lei do Japão punia severamente a menor desobediência. Ordenava a renúncia à religião cristã. Não renunciar a ela era desobedecer. Castigou-se este crime e a continuação da desobediência parecia merecer um outro castigo.

Para os Japoneses, as punições são consideradas uma vingança por um insulto feito ao príncipe. Os cânticos de alegria dos nossos mártires pareciam ser um atentado contra ele. O título de mártir intimidava os magistrados; no seu espírito significava rebelde. Fizeram tudo para impedir que o obtivessem. Foi então que as almas se tornaram ferozes, e assistiu-se a um combate horrível entre os tribunais que condenavam e os acusados que sofriam, entre as leis civis e as da religião.

Capítulo XV
Da propagação da religião

Todos os povos do Oriente, com a excepção dos maometanos, crêem que todas as religiões são em si mesmas indiferentes. É só como uma mudança no governo que receiam o estabelecimento de uma outra religião. No Japão, onde existem várias seitas e onde o Estado tem desde há muito um chefe eclesiástico, nunca há discussões sobre religião ([2]). O mesmo sucede entre os Siameses ([3]). Os Calmucos ([4]) ([*]) vão mais longe: para eles é uma questão de consciência permitir todos os tipos de religiões. Em Calecute é uma máxima de Estado que toda a religião é boa ([5]).

([1]) Liv. VI, [cap. xiii].

([2]) Ver Kempfer.

([3]) *Mémoires*, do conde de Forbin.

([4]) *Histoire des Tartares*, parte V.

([*]) Mongóis ocidentais, nómadas, e que se misturaram com vários povos da Ásia Central (N. T.).

([5]) *Voyage*, de François Pyrard, cap. xxvii.

Mas daí não resulta que uma religião trazida de um país muito distante, com um clima, leis, costumes e maneiras totalmente diferentes, tenha todo o sucesso que a sua santidade deveria prometer-lhe. Isso é sobretudo verdade nos grandes impérios despóticos. No início, toleram-se os estrangeiros e não se presta atenção ao que não parece prejudicar o poder do príncipe. Um europeu pode tornar-se agradável possuindo certos conhecimentos: isso é bom para começar. Mas, assim que se tem algum sucesso, assim que surja alguma contenda, assim que as pessoas que podem ter algum interesse são alertadas; como esse Estado, pela sua natureza, requer sobretudo a tranquilidade, porque a menor perturbação pode derrubá-lo, imediatamente se proscreve a religião nova e aqueles que a anunciam; quando espoletam as contendas entre os que pregam, começa-se a reprovar uma religião em que aqueles que a propõem não estão de acordo entre si (*).

(*) Referência às querelas entre Jesuítas e Dominicanos na China (ed. Caillois) (N. T.).

Livro XXVI
Das leis na relação que devem ter com a ordem das coisas sobre as quais estatuem

Capítulo I
Ideia deste livro

Os homens são governados por diversos tipos de leis: pelo direito natural; pelo direito divino, que é o da religião; pelo direito eclesiástico, também chamado canónico, que é o direito da polícia da religião; pelo direito dos povos, que pode ser considerado o direito civil do universo, no sentido em que cada povo é um seu cidadão; pelo direito político geral, que tem como objecto a sabedoria humana que fundou todas as sociedades; pelo direito político particular, que diz respeito a cada sociedade; pelo direito de conquista, fundado no facto de que um povo quis, pôde e teve de fazer violência a outro; pelo direito civil de cada sociedade, mediante o qual um cidadão pode defender os seus bens e a sua vida contra qualquer outro cidadão; finalmente, pelo direito doméstico, que decorre do facto de uma sociedade estar dividida em várias famílias que têm necessidade de um governo particular.

Existem, pois, diferentes ordens de leis; e a sublimidade da razão humana consiste em conhecer bem com qual destas ordens se relacionam principalmente as coisas sobre as quais se deve estatuir, e em não introduzir confusão nos princípios que devem governar os homens.

Capítulo II
Das leis divinas e das leis humanas

Não se deve estatuir com leis divinas o que deve ser estatuído com leis humanas, nem regular com leis humanas o que deve ser regulado com leis divinas.

Estes dois tipos de leis diferem na sua origem, no seu objecto e na sua natureza.

Toda a gente reconhece prontamente que as leis humanas são de uma natureza diferente das leis da religião e este é um grande princípio; mas mesmo este princípio está submetido a outros que se tem de procurar.

1º A natureza das leis humanas é a de estarem sujeitas a todos os acidentes que acontecem e de variarem à medida que as vontades dos homens mudam. Pelo contrário, a natureza das leis da religião é nunca variarem. As leis humanas estatuem sobre o bem; a religião sobre o melhor. O bem pode ter um outro objecto porque há muitos bens; mas o melhor é apenas um, não pode, pois, mudar. Com efeito, as leis podem ser mudadas porque apenas são consideradas boas; mas as instituições da religião são sempre tidas como as melhores.

2º Existem Estados onde as leis nada são, ou não são mais do que uma vontade caprichosa e transitória do soberano. Se nesses Estados as leis da religião fossem da mesma natureza das leis humanas, as leis da religião também passariam a ser nada. No entanto, é necessário para a sociedade que haja qualquer coisa de fixo; e é essa religião que constitui alguma coisa de fixo.

3º A força principal da religião provém de se crer nela; a força das leis humanas provém de serem temidas. A antiguidade convém à religião porque muitas vezes acreditamos mais nas coisas quanto mais recuadas estiverem; porquanto não temos na cabeça as ideias acessórias tiradas daqueles tempos que pudessem contradizê-las. As leis humanas, pelo contrário, retiram vantagem da sua novidade, que anuncia uma atenção particular e actual do legislador, para garantir o cumprimento (*).

(*) Parágrafo omisso nas primeiras edições da obra (ed. Caillois) (N. T.).

Capítulo III
Das leis civis que são contrárias à lei natural

«Se um escravo», diz Platão (1), «se defende e mata um homem livre, deve ser tratado como um parricida». Eis uma lei civil que pune a defesa natural.

A lei que, sob Henrique VIII, condenava um homem sem que fosse confrontado pelas testemunhas era contrária à defesa natural: com efeito, para que haja condenação as testemunhas têm de saber se o homem contra o qual depõem é aquele que é acusado, e este tem de poder dizer: não é de mim que falais.

A lei aprovada no mesmo reinado, que condenava todas as raparigas que, ao terem um comércio ilícito com alguém, não o declarassem ao rei antes de casar com o homem, violava a defesa do pudor natural: é tão desrazoável exigir de uma rapariga que faça esta declaração como pedir a um homem que não procure defender a sua vida.

A lei de Henrique II, que condena à morte uma rapariga cujo filho tenha morrido caso ela não tenha declarado ao magistrado a sua gravidez, não é menos contrária à defesa natural. Bastaria obrigá-la a informar um dos seus parentes mais próximos que velasse pela conservação da criança.

Que outra confissão poderia ela fazer nesse suplício da defesa natural? A educação aumentou nela a ideia da conservação desse pudor; e, em momentos como este, pouco restou nela a ideia da perda da vida (*).

Falou-se muito de uma lei da Inglaterra (2) que permitia a uma rapariga de sete anos que escolhesse um marido. Esta lei era revoltante de duas maneiras: não tinha qualquer consideração pelo tempo da maturidade que a natureza deu ao espírito, nem ao tempo da maturidade que ela deu ao corpo.

Entre os Romanos, um pai podia obrigar a sua filha a repudiar o seu marido (3), mesmo que ele próprio tivesse consentido no casamento. Mas é contrário à natureza que o divórcio esteja nas mãos de um terceiro.

---

(1) Liv. IX das *Leis*.
(*) Parágrafo omisso nas primeiras edições da obra (ed. Caillois) (N. T.).
(2) O sr. Bayle, na sua *Critique de l'histoire du calvinisme*, fala desta lei, p. 293.
(3) Ver a lei 5 no Cod. *de Repudiis et Judicio de moribus sublato.*

Se o divórcio é conforme à natureza, só o é quando as duas partes, ou pelo menos uma delas, nele consentem; e quando nem uma nem outra parte consentem, o divórcio é monstruoso. Por fim, a faculdade do divórcio só pode ser dada àqueles que suportam as incomodidades do casamento e que sentem que chegou o momento em que é no seu interesse fazê-los cessar.

Capítulo IV
Continuação do mesmo assunto

Gundebaldo, rei da Borgonha, queria que a mulher ou o filho de alguém que tivesse roubado, e não tivessem revelado o crime, fossem reduzidos à escravatura ([1]). Esta lei era contrária à natureza. Como poderia uma mulher ser acusadora do seu marido? Como poderia um filho ser acusador do seu pai? Para vingar uma acção criminosa, ordenou-se uma ainda mais criminosa.

A lei de ([2]) de Recesvinto ([*]) permitia aos filhos da mulher adúltera, ou aos do seu marido, que a acusassem e que torturassem os escravos da casa. Lei iníqua que, para conservar os costumes, derrubava a natureza onde os costumes têm a sua origem.

Nos nossos teatros vemos com prazer um jovem herói mostrar tanto horror por descobrir o crime da sua madrasta como pelo crime em si mesmo; na sua surpresa, acusado, julgado, condenado, proscrito e coberto de infâmia, mal ousa fazer algumas reflexões sobre o sangue abominável do qual Fedra descende. Abandona o que tem de mais querido e o seu objecto mais terno, tudo o que fala ao coração, tudo o que pode indigná-lo, para se ir entregar à vingança dos deuses que ele não mereceu. São os acentos da natureza que causam este prazer; é a mais doce de todas as vozes.

([1]) Lei dos Borgonheses, título xlvii.

([2]) No Código dos Visigodos, liv. III, título iv, §13.

([*]) Rei dos Visigodos na segunda metade do século VII (N. T.).

Capítulo V
Caso em que se pode julgar segundo os princípios do direito civil, modificando os princípios do direito natural

Uma lei de Atenas obrigava ([1]) os filhos a alimentar os seus pais que caíssem na indigência; abria uma excepção para aqueles que nascessem ([2]) de uma cortesã, para aqueles cujo pai expusesse a pudicidade com um tráfico infame, para aqueles a quem ([3]) o pai não tivesse dado uma profissão com que ganhar a vida.

A lei considerava que, no primeiro caso, como o pai era incerto, este tornara precária a sua obrigação natural; que, no segundo, estigmatizara a vida que gerara, e que o maior mal que poderia fazer aos seus filhos, ele já o fizera, ao privá-los do seu carácter; que, no terceiro, tornara insuportável uma vida que os filhos tinham tantas dificuldades de sustentar. A lei encarava o pai e o filho apenas como dois cidadãos, não estatuía senão do ponto de vista político e civil; considerava que, numa boa república, mais do que qualquer outra coisa eram necessários costumes.

Julgo que a lei de Sólon era boa nos dois primeiros casos, seja aquele onde a natureza deixa o filho na ignorância de quem é o seu pai, seja aquele em que a lei parece até ordenar-lhe que o desconheça; mas não se pode aprovar o terceiro caso, em que o pai apenas violara um regulamento civil.

Capítulo VI
Que a ordem das sucessões depende dos princípios do direito político ou civil e não dos princípios do direito natural

A lei Voconiana não permitia instituir uma mulher herdeira, nem sequer a filha única. Nunca houve, diz Santo Agostinho ([4]), uma lei mais injusta. Uma fórmula de Marculfo ([5]) ([*]) designa como ímpio o costume que priva as raparigas da sucessão dos

---

([1]) Sob pena de infâmia; uma outra, sob pena de prisão.
([2]) Plutarco, *Vida de Sólon.*
([3]) Plutarco, *Vida de Sólon*; e Galiano, *in Exhort. ad Art.*, cap. viii.
([4]) *De civitate Dei*, liv. III.
([5]) Liv. II, cap. xii.
([*]) Monge e jurista francês do século VII (N. T.).

seus pais. Justiniano (1) chama bárbaro ao direito de sucessão dos homens em prejuízo das raparigas. Estas ideias decorrem de se considerar o direito que os filhos têm de herdar dos seus pais como uma consequência da lei natural; o que não é.

A lei natural ordena aos pais que alimentem os seus filhos, mas não obriga a fazer deles seus herdeiros. A partilha dos bens, as leis sobre esta partilha, as sucessões após a morte daquele que recebeu esta partiha: tudo isto só pode ter sido regulado pela sociedade e, por conseguinte, por leis políticas ou civis.

É verdade que a ordem política ou civil muitas vezes exige que os filhos sucedam aos pais; mas nem sempre o exige.

As leis dos nossos feudos podiam ter razões para que o primogénito, ou os parentes masculinos mais próximos, recebessem tudo e as filhas nada recebessem; e as leis dos Lombardos (2) podiam ter razões para que as irmãs, os filhos naturais, os outros parentes e, na sua ausência, o fisco concorressem com as filhas.

Em algumas dinastias da China havia a regra de que os irmãos do Imperador suceder-lhe-iam e que os seus filhos não lhe sucederiam. Se se quisesse que o príncipe tivesse uma certa experiência, se se receasse as menoridades, se fosse necessário evitar que os eunucos pusessem crianças sucessivamente no trono, uma tal ordem de sucessão podia muito bem ser estabelecida; e quando alguns (3) escritores trataram estes irmãos como usurpadores, fizeram o seu juízo segundo as ideias retiradas das leis dos seus próprios países.

De acordo com o costume da Numídia (4) (*), Esalces, irmão de Gala, sucedeu no reino, e não Massinissa, seu filho. E ainda hoje (5), entre os Árabes da Berbéria, onde cada aldeia tem um chefe, é escolhido, segundo este antigo costume, o tio, ou um outro parente, para suceder.

Existem monarquias puramente electivas; e, assim que seja claro que a ordem das sucessões deve decorrer de leis políticas ou civis, é a elas que cabe decidir em que casos a razão quer que essa

---

(1) *Novellae*, 21.

(2) Liv. II, título xiv, §§ 6, 7 e 8.

(3) O Padre du Halde, sobre a segunda dinastia.

(4) Tito Lívio, Década 3, liv. XXIX, [cap. xxix].

(*) Antigo reino berbere situado na costa mediterrânica da actual Argélia. Foi mais tarde integrado no Império Romano (N. T.).

(5) Ver as *Voyages* do Sr. Shaw, tomo I, p. 402.

sucessão seja transmitida aos filhos e em que casos tem de ser dada a outros.

Nos países onde a poligamia está estabelecida, o príncipe tem muitos filhos; o seu número é maior nuns países do que noutros. Há ([1]) Estados onde o sustento dos filhos do rei pelo povo seria impossível; aí, pôde determinar-se que os filhos do rei não lhe sucederiam, antes os da sua irmã.

Um número prodigioso de filhos exporia o Estado a terríveis guerras civis. A ordem de sucessão que entrega a coroa aos filhos da irmã, cujo número não é maior do que seria o dos filhos de um príncipe que tivesse apenas uma mulher, previne estes inconvenientes.

Há nações onde razões de Estado ou alguma máxima religiosa exigiram que uma certa família devesse sempre reinar: é o que sucede, nas Índias ([2]), com a inveja de casta, e com o medo de não descender dela. Nas Índias pensou-se que, para ter sempre príncipes do sangue real, era preciso escolher os filhos da irmã mais velha do rei.

Máxima geral: alimentar os filhos é uma obrigação de direito natural; dar-lhes a sucessão é uma obrigação de direito civil ou político. Daí decorrem as diferentes disposições sobre os bastardos nos diferentes países do mundo; seguem as leis civis ou políticas de cada país.

Capítulo VII
Que não é preciso decidir segundo os preceitos da religião quando se trata de preceitos da lei natural

Os Abissínios têm uma quaresma muito rude de cinquenta dias, e que os enfraquece tanto que não conseguem agir durante muito tempo; os Turcos ([3]) não deixam de atacá-los após a sua quaresma. A religião deveria, em favor da defesa natural, pôr limites a estas práticas.

([1]) Como em Lovengo em África. Ver o *Recueil des voyages qui ont servi à l'établissement de la compagnie des Indes,* tomo IV, part. I, p. 114, e Sr. Smith, *Voyage de Guinée,* part. II, p. 150, sobre o reino de Juida.

([2]) Ver as *Lettres édifiantes,* décimo quarto compêndio, e as *Voyages qui ont servi à l'établissement de la compagnie des Indes,* tomo III, part. II, p. 644.

([3]) *Voyages qui ont servi à l'établissement de la compagnie des Indes,* tomo IV, part. I, pp. 35 e 103.

O sabbat foi ordenado aos Judeus; mas foi uma estupidez esta nação não se defender ([1]) quando os seus inimigos escolhiam esse dia para atacá-los.

Quando Cambises cercou Pelúsio ([*]), pôs na primeira linha um grande número de animais que os Egípcios tinham como sagrados ([**]): os soldados da guarnição não ousaram atirar. Quem não percebe que a defesa natural é de uma ordem superior a todos os preceitos?

Capítulo VIII
Que não é preciso regular segundo os princípios do direito que se chama canónico as coisas reguladas pelos princípios do direito civil

Segundo o direito civil dos Romanos ([2]), aquele que tira de um lugar sagrado uma coisa privada só é punido pelo crime de roubo; segundo o direito ([3]) canónico, é punido pelo crime de sacrilégio. O direito canónico presta atenção ao lugar; o direito civil à coisa. Mas prestar atenção apenas ao lugar é não reflectir sobre a natureza e definição do roubo, nem sobre a natureza e definição do sacrilégio.

Tal como o marido pode pedir a separação por causa da infidelidade da sua mulher, a mulher outrora pedia-a por causa da infidelidade do marido ([4]). Este uso, contrário à disposição das leis ([5]) romanas, foi-se introduzido nos tribunais eclesiásticos ([6]), onde só se atendia às máximas do direito canónico; e efectiva-

---

([1]) Como fizeram quando Pompeu cercou o templo. Ver Dio, liv. XXXVII, [cap. xvi].

([*]) Cambises sucedeu a Ciro, seu pai, no trono da Pérsia, na segunda metade do século VI a. C. Cercou Pelúsio, cidade situada no Egipto à entrada da actual península do Sinai. A cidade foi tomada em 525 a. C., altura em que o poder dos faraós foi destruído pelos invasores (N. T.).

([**]) Segundo reza a lenda, os animais usados pelos Persas eram gatos, protegidos pela deusa Bastet, cuja forma assumida era precisamente a de um gato (N. T.).

([2]) Leg. 5, ss. *ad leg. Juliam peculatus.*

([3]) Cap. *quisquis* 17, quaestione 4; Cujas, *Observat.*, liv. XIII, cap. xix, tomo III.

([4]) Beaumanoir, *Ancienne coutume de Beauvoisis*, cap. Xviii, [§ 6].

([5]) Leg. 1, Cod. *ad leg. Jul. de adult.*

([6]) Em França, nos nossos dias, estas coisas não são conhecidas.

mente, considerando o casamento somente segundo ideias puramente espirituais, e na relação com as coisas da outra vida, a violação é a mesma. Mas as leis políticas e civis de quase todos os povos distinguiram com razão estas duas coisas. Exigiram das mulheres um grau de contenção e de continência que não exigiam aos homens, porque a violação do pudor supõe nas mulheres uma renúncia a todas as virtudes; porque a mulher, ao violar as leis do casamento, sai do estado da sua dependência natural; porque a natureza marcou a infidelidade das mulheres com sinais inequívocos; de resto, os filhos adulterinos da mulher pertencem necessariamente ao marido, e são um encargo do marido, ao passo que os filhos adulterinos do marido não pertencem à mulher, nem são um seu encargo.

Capítulo IX
Que as coisas que devem ser reguladas segundo os princípios do direito civil raramente podem sê-lo segundo os princípios das leis da religião

As leis religiosas são mais sublimes; as leis civis são mais extensivas.

As leis de perfeição, tiradas da religião, têm mais como seu objecto a bondade dos homens que as cumprem do que a bondade da sociedade na qual elas são cumpridas. Pelo contrário, as leis civis têm mais como seu objecto a bondade moral dos homens em geral do que a dos indivíduos.

Assim, por mais respeitáveis que sejam as ideias que nasçam imediatamente da religião, não devem servir sempre de princípio às leis civis porque estas têm um outro princípio que é o bem geral da sociedade.

Os Romanos durante a república fizeram regulamentos para conservar os costumes das mulheres: eram instituições políticas. Quando a monarquia foi estabelecida, fizeram leis civis para essa matéria; e fizeram-nas segundo os princípios do governo civil. Quando a religião cristã nasceu, as leis novas que foram feitas tiveram menos relação com a bondade geral dos costumes do que à santidade do casamento; considerou-se menos a união dos dois sexos no estado civil do que num estado espiritual.

No início, segundo a lei ([1]), um marido que levasse a sua mulher para casa depois de ter sido condenada por adultério era punido como cúmplice das suas depravações. Justiniano ([2]), num outro espírito, determinou que o marido poderia, num prazo de dois anos, ir buscá-la ao mosteiro.

Nos primeiros tempos, quando uma mulher que tinha o seu marido na guerra deixava de ouvir falar nele, podia facilmente voltar a casar porque tinha nas suas mãos o poder de contrair divórcio. A lei de Constantino ([3]) quis que a mulher esperasse quatro anos, após os quais podia enviar o pedido de divórcio ao chefe ([*]); e, se o seu marido regressasse, já não podia acusá-la de adultério. Mas Justiniano ([4]) estabeleceu que, por mais tempo que tivesse decorrido desde a partida do marido, a mulher não podia voltar a casar-se, a menos que com o depoimento e o juramento do chefe provasse a morte do seu marido. Justiniano tinha em vista a indissolubilidade do casamento; mas pode dizer-se que teve-a demasiado em vista. Pedia uma prova positiva, quando uma prova negativa era suficiente; exigia uma coisa muito difícil, dar conta do destino de um homem distante e exposto a tantos acidentes; presumia um crime, isto é, a deserção do marido, quando era tão natural presumir a sua morte. Colidia com o bem público ao deixar uma mulher sem casamento; colidia com o interesse particular expondo-a a mil perigos.

A lei de Justiniano ([5]), que incluiu nas causas de divórcio o consentimento do marido e da mulher em entrar no mosteiro, afastou-se por completo dos princípios das leis civis. É natural que as causas de divórcio tirem a sua origem de certos impedimentos que não podiam ser previstos antes do casamento; mas este desejo de guardar castidade podia ter sido previsto porque está em nós mesmos. Esta lei favorece a inconstância num estado que, pela sua natureza, é perpétuo; colide com o princípio fundamental do divórcio que não admite a dissolução de um casamento senão na esperança de um outro; enfim, seguindo as próprias ideias religiosas, esta lei serve apenas para dar vítimas a Deus sem sacrifício.

([1]) Leg. ii, último parágrafo, ss. *ad leg. Jul. de adult.*

([2]) *Novellae* 134, col. 9, cap. x, título 170.

([3]) Leg. 7, Cod. *de Repudiis et Judicio de moribus sublato.*

([*]) Ao chefe militar do marido (N. T.).

([4]) *Authentica. Hodie quantiscumque,* Cod. *de repud.*

([5]) *Authentica. Quod hodie,* Cod. *de repud.*

Capítulo X
Em que caso é preciso cumprir a lei civil que permite, e não a lei da religião que proíbe

Quando uma religião que proíbe a poligamia é introduzida num país onde esta é permitida, não se acredita, para falar apenas politicamente, que a lei do país deva admitir que um homem que tem várias mulheres abrace essa religião, a menos que o magistrado ou o marido indemnizem as mulheres, devolvendo-as, de alguma maneira, ao seu estado civil. Sem isso, a sua condição seria deplorável; elas ter-se-iam limitado a obedecer às leis e se achariam privadas das maiores vantagens da sociedade.

Capítulo XI
Que não é preciso regular os tribunais humanos com máximas dos tribunais que concernem a outra vida

O tribunal da Inquisição, criado por monges cristãos segundo a ideia do tribunal da penitência, é contrário a toda a boa polícia. Por toda a parte se deparou com uma contestação geral; e teria cedido às suas contradições se aqueles que queriam estabelecê-lo não tivessem aproveitado essas mesmas contradições.

Esse tribunal é insuportável em todos os governos. Numa monarquia, só consegue gerar delatores e traidores; nas repúblicas, só consegue formar gente desonesta; no Estado despótico, é destruidor como ele.

Capítulo XII
Continuação do mesmo assunto

É um dos abusos deste tribunal que, dentre duas pessoas que são acusadas do mesmo crime, a que nega é condenada à morte e a que confessa evita o suplício. Isto é tirado das ideias monásticas, onde aquele que nega parece ser um impenitente e um danado, e quem confessa parece estar arrependido e salvo. Mas uma distinção destas não pode integrar os tribunais humanos; a justiça humana, que só vê as acções, tem um pacto apenas com os homens, que é o pacto da inocência; a justiça divina, que vê os pensamentos, tem dois pactos, o da inocência e o do arrependimento.

Capítulo XIII
Em que caso é preciso que as leis da religião, a respeito do casamento, sejam seguidas, e em que caso é preciso seguir as leis civis

Já aconteceu em todos os países e em todas as épocas que a religião tenha interferido nos casamentos. A partir do momento em que certas coisas foram consideradas impuras ou ilícitas, sendo, no entanto, necessárias, teve de se chamar a religião para legitimá-las num caso e reprová-las nos outros.

Por outro lado, como os casamentos são, de todas as acções humanas, a que mais interessa à sociedade, teve, de facto, de ser regrada pelas leis civis.

Tudo o que diz respeito ao carácter do casamento, a sua forma, a maneira de contraí-lo, a fecundidade que proporciona, e tudo o que fez compreender a todos os povos que o casamento era o objecto de uma bênção particular, que, como nem sempre lhe estava associada, dependia de certas graças superiores: tudo isso cabe à religião.

As consequências desta união em relação aos bens, aos benefícios mútuos, a tudo o que é relativo à nova família, à família donde esta saiu, à família que deve nascer: tudo isso concerne as leis civis.

Como um dos grandes objectos do casamento é o de eliminar todas as incertezas das uniões ilegítimas, a religião imprime o seu carácter nele, e as leis civis acrescentam-lhe o seu, de modo a que haja toda a autenticidade possível. Daí que, além das condições que a religião solicita para que o casamento seja válido, as leis civis também possam exigir outras.

O que faz que as leis civis tenham este poder é que se trata de caracteres acrescentados e não contraditórios. A lei da religião quer certas cerimónias e as leis civis querem o consentimento dos pais; deste modo, solicitam qualquer coisa mais, mas não solicitam nada que lhes seja contrário.

Daqui segue-se que é à lei da religião que cabe decidir se o laço será indissolúvel ou não. Pois se as leis da religião tivessem estabelecido que o laço era indissolúvel e as leis civis tivessem determinado que se podia romper, seriam duas coisas contraditórias.

Por vezes, os caracteres imprimidos no casamento pelas leis civis não são de uma necessidade absoluta; tais são aqueles que são estabelecidos pelas leis, que, em lugar de anular o casamento, contentaram-se em punir os que o contraíam.

Entre os Romanos, as leis Papianas declaravam injustos os casamentos que proibiam e submetiam-nos somente a penas ([1]); e o senatus-consulto apresentado com base no discurso do imperador Marco Antonino declarou-os nulos; deixou de haver ([2]) casamento, mulher, dote, marido. A lei civil determina-se segundo as circunstâncias: por vezes, atenta mais na reparação do mal, por vezes na sua prevenção.

Capítulo XIV

Que casos, nos casamentos entre parentes, têm de ser regulados pelas leis da natureza; que casos devem ser regulados pelas leis civis

Em matéria de proibição de casamentos entre parentes é uma coisa muito delicada determinar correctamente o ponto a partir do qual as leis da natureza acabam e onde as leis civis começam. Para isso é preciso estabelecer princípios.

O casamento do filho com a mãe confunde o estado das coisas: o filho deve um respeito sem limites à sua mãe, a mulher deve um respeito sem limites ao seu marido; o casamento de uma mãe com o seu filho deita por terra o estado natural de um e de outro.

Mais, a natureza avançou nas mulheres o tempo em que podem ter filhos; atrasou-o nos homens; e, pela mesma razão, a mulher perde mais cedo esta faculdade e o homem mais tarde. Se o casamento entre a mãe e o filho fosse permitido, sucederia quase sempre que, quando o marido fosse capaz de entrar nos desígnios da natureza, a mulher já não o seria.

O casamento entre o pai e a filha, tal como o precedente, repugna à natureza; mas repugna menos porque não tem estes dois obstáculos. Por isso, os Tártaros, que podem desposar as suas

---

([1]) Ver o que disse anteriormente no cap. xxi do livro [XXIII] *Das leis na relação que têm com o número de habitantes.*

([2]) Ver a lei 16, ss. *De ritu nuptiarum;* e a lei 3, § 1, também no Digesto, *De donationibus inter virum et uxorem.*

filhas [1], nunca casam com as suas mães, como podemos ver nas *Relações* [2].

Foi sempre natural para os pais velar pelo pudor dos seus filhos. Encarregados dos cuidados de criá-los, tiveram de conservar neles o corpo mais perfeito e a alma menos corrompida; tudo o que pode inspirar desejos melhores e tudo o que é mais apropriado a gerar ternura. Os pais que estão sempre ocupados a conservar os costumes dos seus filhos deviam ter um distanciamento natural por tudo o que poderia corrompê-los. O casamento não é uma corrupção, dir-se-á; mas antes do casamento é preciso falar, é preciso fazer-se amar, é preciso seduzir; é esta sedução que deveria ter inspirado horror.

Portanto, foi necessária uma barreira insuperável entre os que deviam dar a educação e aqueles que deviam recebê-la, e evitar todo o tipo de corrupção, mesmo com uma causa legítima. Porque é que os pais privam tão cuidadosamente da companhia e da familiaridade com as suas filhas aqueles que devem desposá-las?

O horror pelo incesto do irmão com a irmã deve ter partido da mesma origem. Basta que os pais e as mães tenham querido conservar os costumes dos seus filhos e a pureza das suas casas para ter inspirado nos seus filhos o horror por tudo o que pudesse levá-los à união dos dois sexos.

A proibição do casamento entre primos direitos tem a mesma origem. Nos primeiros tempos, isto é, nos tempos santos, na época em que o luxo era desconhecido, todos os [3] filhos ficavam em casa e aí se estabeleciam: é que bastava uma casa muito pequena para abrigar uma grande família. Os filhos [4] dos dois irmãos, ou os primos direitos, eram considerados e consideravam-se entre si como irmãos. A distância que havia entre os irmãos e as irmãs a respeito do casamento era, pois, a mesma para os primos direitos [5].

---

[1] Esta lei é bastante antiga entre eles. Átila, diz Priscus, na sua *Embaixada*, parou num determinado lugar para casar com Esca, sua filha: *coisa permitida*, diz ele, *segundo as leis dos Citas*, p. 22.

[2] *Hist. des Tartares*, part. III, p. 256.

[3] Foi assim para os primeiros Romanos.

[4] Com efeito, entre os Romanos, eles tinham o mesmo nome; os primos direitos eram chamados irmãos.

[5] Em Roma, nos primeiros tempos os primos não podiam casar, até que o povo fez uma lei para os autorizar: o povo queria favorecer um homem extre-

Estas causas são tão fortes e tão naturais que actuaram quase por toda a Terra, independentemente de qualquer comunicação. Não foram os Romanos que ensinaram aos habitantes da Formosa ([1]) que o casamento com parentes até ao quarto grau era incestuoso; não foram os Romanos que o disseram aos Árabes ([2]); não foram eles que o ensinaram aos Maldivos ([3]).

Mas se alguns povos não rejeitaram os casamentos entre os pais e os filhos, entre as irmãs e os irmãos, no livro primeiro vimos que os seres inteligentes nem sempre cumprem as suas leis. Quem diria! As ideias religiosas fizeram muitas vezes os homens cair nessas perdições. Se os Assírios, se os Persas casavam com as suas mães, os primeiros faziam-no em virtude de um respeito religioso por Semíramis; e os segundos porque a religião de Zoroastro concedia preferência a esses casamentos ([4]). Se os Egípcios casavam com as suas irmãs foi também por um delírio da religião egípcia, que consagrava esses casamentos em honra de Ísis. Como o espírito da religião é o de nos levar a fazer com esforço coisas grandes e difíceis, não se tem de julgar que uma coisa seja natural porque uma religião falsa a consagrou.

O princípio de que os casamentos entre os pais e os filhos, entre os irmãos e as irmãs, são proibidos para preservar o pudor natural na casa, ajudar-nos-á a descobrir quais são os casamentos proibidos pela lei natural e quais os que só podem ser proibidos pela lei civil.

Como os filhos vivem, ou supõe-se que vivem, na casa do seu pai, e, por conseguinte, o genro vive com a sogra, o sogro com a nora ou com a filha da sua mulher, o casamento entre eles é proibido pela lei da natureza. Neste caso, a imagem tem o mesmo efeito que a realidade porque tem a mesma causa; a lei civil não pode nem deve permitir estes casamentos.

Existem povos no seio dos quais, como disse, os primos direitos são considerados irmãos porque normalmente vivem na mesma

---

mamente popular e que se casara com a sua prima direita. Plutarco, no tratado *Questões Romanas.*

([1]) *Recueil des voyages des Indes,* tomo V, part. I: *Relation de l'état de l'île de Formose.*

([2]) O *Alcorão,* cap. *das mulheres.*

([3]) Ver François Pyrard.

([4]) Eram considerados mais honrosos. Ver Fílon, *de specialibus legibus quae pertinent ad praecepta Decalogi.* Paris, 1640, p. 778.

casa; existem alguns que mal conhecem este uso. Entre esses povos, o casamento entre primos direitos deve ser visto como contrário à natureza; entre os outros, não.

Mas as leis da natureza não podem ser leis locais. Assim, quando estes casamentos são proibidos ou permitidos, são, segundo as circunstâncias, permitidos ou proibidos por uma lei civil.

Que o cunhado e a cunhada vivam na mesma casa não é um uso necessário. O casamento não é, portanto, proibido entre eles para preservar a pudicidade na casa; e a lei que o proíbe ou o permite, não é a lei da natureza, mas uma lei civil, que se regula pelas circunstâncias e depende dos usos de cada país: são casos em que as leis dependem dos costumes e das maneiras.

As leis civis proíbem os casamentos quando, de acordo com os usos adoptados num determinado país, se encontram nas mesmas circunstâncias que aqueles que são proibidos pelas leis da natureza; e estas permitem-nos quando os casamentos não se encontram nesses casos. A proibição das leis da natureza é invariável porque depende de uma coisa invariável; o pai, a mãe e os filhos vivem necessariamente na mesma casa. Mas as proibições das leis civis são acidentais porque dependem de uma circunstância acidental, os primos direitos e os outros vivem acidentalmente na mesma casa.

Isso explica como é que as leis de Moisés, as dos Egípcios ([1]) e de muitos outros povos permitem o casamento entre o cunhado e a cunhada, ao passo que esses mesmos casamentos são proibidos noutras nações.

Nas Índias tem-se uma razão muito natural para autorizar este tipo de casamento. O tio é considerado pai e está obrigado a sustentar e a estabelecer os seus sobrinhos como se fossem os seus próprios filhos: tal decorre do carácter desse povo que é bom e cheio de humanidade. Esta lei ou este uso produziu um outro. Se um marido perdeu a sua mulher, não deixa de casar com a irmã ([2]). E isso é muito natural, pois a nova esposa torna-se mãe dos filhos da sua irmã e não há uma madrasta injusta.

([1]) Ver a lei 8 no Cod. *de incestis et inutilibus nuptiis.*

([2]) *Lettres édifiantes*, décimo quarto compêndio, p. 403.

Capítulo XV

Que não se tem de regular as coisas que dependem dos princípios do direito civil segundo os princípios do direito político

Tal como os homens renunciaram à sua independência natural para viver sob leis políticas, também renunciaram à comunidade natural dos bens para viver sob leis civis.

Estas primeiras leis adquiriram-lhes a liberdade; as segundas, a propriedade (*). Não é preciso decidir segundo as leis da liberdade, que, como dissemos, não é senão o império da cidade, o que só deve ser decidido segundo as leis que concernem a propriedade. É um paralogismo dizer que o bem particular deve ceder ao bem público: tal só ocorre nos casos em que se trata do império da cidade, isto é, da liberdade do cidadão; tal não ocorre nos casos em que é a propriedade dos bens que está em questão porque o bem público consiste sempre em cada um conservar invariavelmente a propriedade que as leis civis lhe dão.

Cícero sustentava que as leis agrárias eram funestas porque a cidade fora estabelecida apenas para que cada um conservasse os seus bens.

Proponhamos, então, como máxima que, quando se trata do bem público, nunca é do bem público privar um particular dos seus bens, ou mesmo que a menor parte lhe seja retirada por uma lei ou por um regulamento político. Neste caso, é preciso cumprir rigorosamente a lei civil que é o paládio da propriedade.

Assim, quando o público necessita do terreno de um particular, nunca se deve agir segundo o rigor da lei política; mas é então que deve triunfar a lei civil, que, com olhos de mãe, olha para cada particular como se fosse a cidade inteira.

Se o magistrado político quer construir um edifício público, uma nova estrada, tem de indemnizar; o público é, neste aspecto, como um particular que lida com o particular. Já é bastante que ele possa forçar um cidadão a vender-lhe a sua herança e que

---

(*) A propriedade não é anterior às leis civis, posição que, neste particular, afasta Montesquieu de Locke (*Dois Tratados do Governo Civil*, II, cap. V) e o aproxima de Pufendorf (*De jure naturae et gentium*, IV.iii-iv) e, enfim, de Hobbes (*Leviatã*, XIII, XVIII). Mas as leis civis falham o seu propósito se não conservarem a propriedade adquirida ou se a tornarem completamente vulnerável à cobiça dos restantes súbditos e do poder político (N. T.).

possa tirar-lhe esse grande privilégio que a lei civil lhe confere de não poder ser forçado a alienar os seus bens.

Depois de os povos que destruíram os Romanos terem abusado das suas próprias conquistas, o espírito de liberdade revocou-lhes o da equidade; os direitos mais bárbaros foram exercidos com moderação; e, se houvesse dúvidas, bastaria ler a obra admirável de Beaumanoir, que escreveu sobre a jurisprudência no século XII.

No seu tempo, as grandes estradas eram reparadas tal como actualmente. Beaumanoir diz que, quando uma grande estrada não podia ser restabelecida, fazia-se uma outra, o mais próximo da antiga quanto fosse possível; mas os proprietários ([1]) eram indemnizados a expensas daqueles que tirassem alguma vantagem da estrada. Nesse tempo a determinação era feita segundo a lei civil; nos nossos dias é feita segundo a lei política.

Capítulo XVI
Que não se tem de decidir segundo as regras do direito civil quando se trata de decidir segundo as do direito político

Chegar-se-á ao fundo de todas as questões se as regras que derivam da propriedade da cidade não forem confundidas com as que nascem da liberdade da cidade.

O domínio de um Estado é alienável ou não? Esta questão deve ser decidida pela lei política, e não pela lei civil. Não deve ser decidida segundo a lei civil porque é tão necessário que haja um domínio para fazer subsistir o Estado como é necessário que haja no Estado leis civis que regulem a disposição dos bens.

Portanto, se o domínio é alienado, o Estado será forçado a fazer um novo fundo para um outro domínio. Mas esta experiência também atenta contra o governo político porque, pela natureza da coisa, o súbdito pagará cada vez mais por cada domínio que seja estabelecido e o soberano arrecadará cada vez menos; numa palavra, o domínio é necessário e a alienação não o é.

A ordem de sucessão funda-se, nas monarquias, no bem do Estado, que requer que esta ordem seja fixada para evitar as des-

---

([1]) O senhor nomeava homens-bons para procederem ao recrutamento de camponeses; os gentil-homens eram forçados pelo conde a contribuir, e o eclesiástico pelo bispo. Beaumanoir, cap. XXV, [§§ 13, 17].

graças que eu disse que devem suceder no despotismo, onde tudo é incerto, porque tudo aí é arbitrário.

A ordem de sucessão não é estabelecida para a família reinante, mas porque é do interesse do Estado que haja uma família reinante. A lei que regula a sucessão dos particulares é uma lei civil, que tem como objecto o interesse dos particulares; a que regula a sucessão nas monarquias é uma lei política, que tem como objecto o bem e a preservação do Estado.

Daí segue-se que, quando a lei política estabeleceu no Estado uma ordem de sucessão, e essa ordem chega ao fim, é absurdo reclamar a sucessão em virtude da lei civil seja de que povo for (*). Uma sociedade particular não faz leis para uma outra sociedade. As leis civis dos Romanos não são mais aplicáveis do que todas as outras leis civis; eles próprios não as empregaram quando julgaram os reis. E as máximas segundo as quais julgaram os reis são tão abomináveis que não devem ser recuperadas.

Daí segue-se ainda que, quando a lei política fez que uma família renunciasse à sucessão, é absurdo querer empregar as restituições extraídas da lei civil. As restituições estão na lei e podem ser boas contra aqueles que vivem na lei; mas não são boas para aqueles que foram estabelecidos para a lei e que vivem para a lei.

É ridículo pretender decidir os direitos dos reinos, das nações e do universo segundo as mesmas máximas a que se recorre para decidir o direito a uma goteira entre particulares, para me servir da expressão de Cícero (1).

Capítulo XVII
Continuação do mesmo assunto

O ostracismo deve ser examinado segundo as regras da lei política, e não segundo as regras da lei civil; e por mais longe que este uso esteja de infamar o governo popular, é, pelo contrário, muito apropriado para demonstrar a sua brandura; e teríamos percebido isso se, apesar de o exílio entre nós ser sempre um castigo, tivéssemos conseguido separar a ideia de ostracismo da de punição.

(*) Referência às pretensões de Luís XIV que desencadearam a guerra da Devolução, em 1667 (ed. Caillois) (N. T.).

(1) Liv. I, *das Leis*.

Aristóteles diz-nos ([1]) que todos concordam que esta prática tem qualquer coisa de humano e de popular. Se, nos tempos e nos lugares onde se exercia este julgamento, não era tido por odioso, caberá a nós, que vemos as coisas a tão grande distância, pensar de modo diferente dos acusadores, dos juízes e do próprio acusado?

E se prestarmos atenção ao facto de esse julgamento do povo cobrir de glória aquele contra quem era proferido; de que quando foi abusado em Atenas contra um homem sem mérito ([2]) deixou nesse momento de ser empregue ([3]), percebe-se, com efeito, a falsa ideia que dele se adquiriu e que era uma lei admirável que prevenia os maus efeitos que a glória de um cidadão podia gerar, cobrindo-o com uma nova glória.

Capítulo XVIII
Que é preciso examinar se as leis que parecem ser contraditórias são da mesma ordem

Em Roma, era permitido ao marido emprestar a sua mulher a outrem. Plutarco di-lo formalmente ([4]). Sabe-se que Catão emprestou a sua mulher a Hortênsio ([5]), e Catão não era homem que violasse as leis do seu país.

Por outro lado, um marido que tolerasse os depravações da sua mulher, se não a levasse a julgamento, ou se a aceitasse de volta ([6]) após a condenação, era punido. Estas leis parecem ser contraditórias, mas não se contradizem. A lei que permitia a um romano emprestar a sua mulher é patentemente uma constituição lacedemónia, estabelecida para dar à república crianças de uma boa espécie, para me atrever a usar este termo; a outra tinha como objecto preservar os costumes. A primeira era uma lei política, a segunda uma lei civil.

([1]) *Política*, liv. III, cap. iii.

([2]) Hipérbolo, ver Plutarco, *Vida de Aristides*.

([3]) Era contrário ao espírito do legislador.

([4]) Plutarco, na sua *Comparação de Licurgo e Numa*.

([5]) Plutarco, *Vida de Catão*. Isso ocorreu no nosso tempo, diz Estrabão, liv. XI.

([6]) Leg. 11, *ad leg. Jul. de adult.*

Capítulo XIX
Que não se tem de decidir segundo as leis civis as coisas que devem sê-lo segundo as leis domésticas

A lei dos Visigodos queria que os escravos (1) fossem obrigados a amarrar o homem e a mulher que fossem surpreendidos no adultério e os levassem ao marido e ao juiz: lei terrível, que punha nas mãos dessas pessoas vis o cuidado da vingança pública, doméstica e particular!

Esta lei só seria boa nos haréns do Oriente, onde o escravo encarregado da clausura prevarica assim que as mulheres prevaricam. O escravo prende os criminosos, menos para os levar a julgamento do que para ser ele próprio julgado, e para garantir que se dissipa a suspeita da sua negligência na procura das circunstâncias da acção.

Mas nos países onde as mulheres não são guardadas é insensato que a lei civil as submeta, a elas que governam a casa, à inquisição dos seus escravos.

Essa inquisição poderia ser, quando muito em certos casos, uma lei particular doméstica e nunca uma lei civil.

Capítulo XX
Que não se tem de decidir segundo os princípios das leis civis as coisas que pertencem ao direito dos povos

A liberdade consiste principalmente em não poder ser forçado a fazer uma coisa que a lei não ordena (*); e está-se nessa condição apenas porque se é governado por leis civis. Somos, pois, livres porque vivemos sob leis civis.

Daí segue-se que os príncipes, que não vivem entre eles sob leis civis, não são livres; são governados pela força; podem constantemente forçar ou ser forçados. Daí segue-se que os tratados que fizeram pela força são tão obrigatórios como aqueles que teriam feito de bom grado. Quando nós, que vivemos sob leis civis, somos forçados a fazer algum contrato que a lei não exige, podemos, com o favor da lei, reagir contra a violência; mas um príncipe, que está sempre naquela condição em que força ou é

---

(1) Lei dos Visigodos, liv. III, título iv, § 6.

(*) Ver *EL*, XI.3, n.t. (N. T.).

forçado, não pode queixar-se de um tratado que lhe foi imposto pela violência. É como se ele se queixasse do seu estado natural; é como se quisesse ser príncipe em relação aos outros príncipes e que os outros príncipes fossem cidadãos em relação a ele; isto é, contrariar a natureza das coisas.

Capítulo XXI
Que não se tem de decidir segundo as leis políticas as coisas que pertencem ao direito dos povos

As leis políticas requerem que cada homem esteja sujeito aos tribunais criminais e civis do país onde está e à animadversão do soberano.

O direito dos povos determinou que os príncipes enviassem embaixadores uns aos outros; e a razão, tirada da natureza da coisa, não permitiu que esses embaixadores dependessem do soberano para o qual são enviados, nem dos seus tribunais. Eles são a palavra do príncipe que os envia e essa palavra deve ser livre. Nenhum obstáculo deve impedi-los de agir. Podem muitas vezes desagradar porque falam por um homem independente. Poder-se-ia imputar crimes a eles, se pudessem ser punidos por crimes; poder-se-ia supor que tivessem dívidas, se pudessem ser presos por dívidas. Um príncipe que tenha uma altivez natural falaria pela boca de um homem que teria tudo a temer. Portanto, no que diz respeito aos embaixadores, é preciso seguir as razões tiradas do direito dos povos, e não as que derivam do direito político. Se eles abusam do seu ser representativo, faz-se com que parem enviando-os para sua casa: pode-se até acusá-los diante do seu senhor, que, por esse meio, se torna no seu juiz ou no seu cúmplice.

Capítulo XXII
Destino infeliz do inca Atahualpa

Os princípios que acabámos de estabelecer foram cruelmente violados pelos Espanhóis. O inca ([1]) Atahualpa ([*]) só podia ser

([1]) Ver o inca Garcilaso de la Vega, p. 108.

([*]) Atahualpa: último rei do império inca no Peru. Julgado e executado por ordens de Pizarro, em 1533. Foi enforcado depois de escolher ser baptizado como cristão para evitar ser queimado vivo na fogueira (N. T.).

julgado pelo direito dos povos: os Espanhóis julgaram-no por leis políticas e civis. Acusaram-no de ter provocado a morte de alguns dos seus súbditos, de ter tido várias mulheres, etc. E o cúmulo da estupidez foi que não o condenaram por leis políticas e civis do seu país, mas por leis políticas e civis do país deles.

Capítulo XXIII

Que, quando por alguma circunstância a lei política destrói o Estado, tem de se decidir segundo a lei política que o preserva, o que por vezes se torna um direito dos povos

Quando a lei política, que estabeleceu num Estado uma certa ordem de sucessão, se torna destruidora do corpo político para o qual foi feita, não se deve duvidar de que uma outra lei política pode mudar essa ordem; e, muito longe de esta mesma lei se opor à primeira, estará, no fundo, em inteira conformidade com ela, já que ambas dependerão do seguinte princípio: A SALVAÇÃO DO POVO É A LEI SUPREMA.

Disse que um grande Estado ([1]) que se tornasse acessório de outro se enfraqueceria e enfraqueceria até o Estado principal. Sabe-se que o Estado tem interesse em ter o seu chefe dentro das suas fronteiras, que as receitas públicas sejam bem administradas, que a sua moeda não saia para enriquecer um outro país. É importante que quem deve governar não esteja imbuído de máximas estrangeiras; estas são menos convenientes do que as que já estão estabelecidas; de resto, os homens apegam-se prodigiosamente às suas leis e aos seus costumes; fazem a felicidade de cada nação. É raro serem mudados sem grandes convulsões e um grande derramamento de sangue, como mostram as histórias de todos os países.

Daí segue-se que, se um grande Estado tiver como herdeiro o possuidor de um grande Estado, o primeiro pode, de facto, excluí-lo porque é útil para ambos os Estados que a ordem de sucessão seja alterada. É por isso que a lei da Rússia, feita no início do reinado de Isabel, exclui muito prudentemente qualquer herdeiro que possua uma outra monarquia; é por isso que a

([1]) Ver acima liv. V, cap. xiv; liv. VIII, cap. xvi-xx; liv. IX, cap. iv-vii e liv. X, cap. ix e x.

lei de Portugal rejeita todo o estrangeiro que seja chamado à coroa por direito de sangue.

Mas se uma nação pode excluir, com mais razão ainda tem o direito de requerer a renúncia ao trono. Se teme que um certo casamento tenha consequências que possam levar à perda da sua independência, ou à sua divisão, poderá muito bem requerer a renúncia dos contratantes, e da sua descendência, a todos os direitos que teriam sobre ela; e aquele que renuncia, assim como aqueles contra quem se renuncia, não se poderão queixar atendendo a que o Estado poderia ter feito uma lei para excluí-los.

Capítulo XXIV
Que os regulamentos de polícia são de uma ordem distinta da das outras leis civis

Há criminosos que o magistrado pune; há outros que ele corrige. Os primeiros são submetidos ao poder da lei; os outros à sua autoridade. Aqueles são retirados da sociedade; estes são obrigados a viver segundo as regras da sociedade.

No exercício da polícia é mais o magistrado que pune do que a lei; nos julgamentos dos crimes é mais a lei que pune do que o magistrado. As matérias de polícia são coisas de cada instante e são normalmente coisas de pouca monta: portanto, poucas formalidades são necessárias. As acções da polícia são rápidas e esta exerce-se sobre coisas que ocorrem todos os dias: as grandes punições não são, pois, apropriadas. Ela ocupa-se perpetuamente com detalhes: os grandes exemplos não são, pois, feitos para ela. Tem mais regulamentos do que leis. As pessoas que relevam dela estão sempre sob o olhar do magistrado; portanto, se caem em excessos a culpa é do magistrado. Por isso, é preciso não confundir as grandes violações da lei com a violação da mera polícia: estas coisas pertencem a ordens diferentes.

Daí segue-se que não se está em conformidade com a natureza das coisas naquela república de Itália ([1]) onde o porte de armas de fogo é punido como um crime capital, e onde não é mais fatal fazer um mau uso delas do que possuí-las.

([1]) Veneza.

Segue-se ainda que a acção tão elogiada daquele imperador que mandou empalar um padeiro que fora surpreendido numa fraude é uma acção de um sultão, que só sabe ser justo ultrapassando a própria justiça.

Capítulo XXV

Que não se tem de seguir as disposições gerais do direito civil quando se trata de coisas que devem estar sujeitas a regras particulares retiradas da sua própria natureza

Será uma boa lei a que determina que todas as obrigações civis contraídas no decurso de uma viagem entre marinheiros num navio sejam nulas? François Pyrard diz-nos ([1]) que, no seu tempo, esta lei não era cumprida pelos Portugueses, mas que o era pelos Franceses. Pessoas que estão juntas apenas por pouco tempo, que não têm quaisquer necessidades, porque o príncipe as providencia, que só podem ter um propósito, que é o da sua viagem, que não se encontram na sociedade, mas são cidadãos do navio, não devem contrair obrigações que só foram introduzidas para suportar os encargos da sociedade civil.

É neste mesmo espírito que a lei dos Rodenses, feita para um tempo em que se viajava sempre junto à costa, queria que aqueles que, durante uma tempestade, permanecessem no barco, ficassem com o navio e com a carga, e que aqueles que o tivessem abandonado ficassem com nada.

([1]) Capítulo xiv, parte 12.

Sexta parte

Livro XXVII (*)

Capítulo Único
Da origem e das revoluções das leis dos Romanos sobre as sucessões

Esta matéria diz respeito a estabelecimentos de uma antiguidade muito recuada, e, para compreendê-la em profundidade, que me seja permitido procurar nas primeiras leis dos Romanos aquilo que até hoje, penso eu, ninguém nelas encontrou.

Sabe-se que Rómulo repartiu as terras do seu pequeno Estado com os seus cidadãos ([1]); parece-me que é daí que decorrem as leis de Roma sobre as sucessões.

A lei da repartição das terras exigia que os bens de uma família não passassem para uma outra; daí seguia-se que só havia

---

(*) Na hipótese de Barckausen, Montesquieu teria inicialmente planeado concluir a sua obra com este livro. Como, segundo a mesma hipótese, o livro XXVI actual não faria parte dos livros então projectados, isso significa que *EL* teria originariamente apenas vinte e seis livros. Ver Barckhausen, pp. 223-227 (N. T.).

([1]) Dionísio de Halicarnasso, liv. II, cap. iii; Plutarco na sua *Comparação de Numa e de Licurgo.*

duas ordens de herdeiros estabelecidas pela lei ([1]): os filhos e todos os descendentes que viviam sob o poder do pai, que se chamavam herdeiros próprios; e, na sua ausência, os parentes mais próximos do lado masculino, que se chamavam agnatos.

Seguia-se ainda que os parentes do lado da mulher, que se chamavam cognatos, não deviam herdar; teriam transferido os bens para uma outra família; e tal foi assim estabelecido.

Seguia-se ainda daí que os filhos não deviam herdar da sua mãe, nem a mãe dos seus filhos; tal teria levado os bens de uma família para outra. Assim, vemos ambos serem excluídos pela lei das Doze Tábuas ([2]); esta chamava apenas à sucessão os agnatos, e o filho e mãe não agnatos um do outro.

Mas era indiferente que o herdeiro próprio, ou, na sua ausência, o agnato mais próximo, fosse homem ou mulher, porque como os parentes do lado materno não herdavam, mesmo que uma mulher herdeira casasse, os bens voltavam sempre para a família donde tinham saído. É por isso que não se distingue na lei das Doze Tábuas se a pessoa que herdava era homem ou mulher ([3]).

Isso levou a que, apesar de os netos por parte do filho sucederem ao avô, os netos por parte da filha não lhe sucedessem. Pois para que os bens não passassem para uma outra família, os agnatos eram preferidos. Assim, a filha sucedia ao pai, e os seus filhos não ([4]).

Assim, entre os primeiros Romanos, as mulheres herdavam quando isso estava de acordo com a lei da repartição das terras; e não herdavam quando isso podia contrariá-la.

Tais foram as leis das sucessões entre os primeiros Romanos; e como elas estavam na dependência natural da constituição, e como decorriam da repartição das terras, percebe-se com clareza que não tiveram uma origem estrangeira, e não estiveram incluí-

---

([1]) *Ast si intestatus moritur, cui suus hoeres nec extabit, agnatus proximus familiam habeto* [«Se alguém morrer intestado e não houver herdeiros de família, o agnato mais próximo deve ficar com o património»]. Fragmento da lei das Doze Tábuas, em Ulpiano, último título.

([2]) Ver os fragmentos de Ulpiano, § 8, título xxvi; *Institutos,* título. Iii: *In proemio ad Sen. cons. Tertullianum.*

([3]) Paulo [o Jurista], liv. IV; *Sententiarum,* título viii, § 3.

([4]) *Institutos,* liv. III, título. I, § 15.

das no conjunto das leis que foram trazidas pelos deputados enviados às cidades gregas.

Dionísio de Halicarnasso ([1]) diz-nos que quando Sérvio Túlio notou que as leis de Rómulo e de Numa sobre a repartição das terras tinham sido abolidas, restabeleceu-as, e fez outras novas para dar um peso novo às antigas. Por isso, não se pode duvidar de que as leis sobre as quais temos vindo a falar, feitas em consequência desta repartição, foram obra destes três legisladores de Roma.

Como a ordem de sucessão foi estabelecida em consequência de uma lei política, um cidadão não devia perturbá-la com uma vontade particular; isto é, nos primeiros tempos de Roma, ele não devia ser autorizado a fazer um testamento. Todavia, teria sido duro ser-se privado nos seus últimos momentos do comércio das benfeitorias.

Encontramos um meio de conciliar as leis a este respeito com a vontade dos particulares. Permitia-se que alguém dispusesse dos seus bens numa assembleia do povo; e cada testamento era, de algum modo, um acto do poder legislativo.

A lei das Doze Tábuas permitia a quem fazia o seu testamento que escolhesse para seu herdeiro o cidadão que quisesse. A razão que fez que as leis romanas restringissem tão fortemente o número daqueles que podia suceder *ab intestat* foi a lei da repartição das terras; e a razão por que elas estenderam tanto a faculdade de testar foi que, como o pai podia vender os seus filhos ([2]), podia, com mais razão ainda, privá-los dos seus bens. Portanto, tratava-se de efeitos diferentes porque decorriam de princípios diversos; e este é o espírito das leis romanas a este respeito.

As antigas leis de Atenas não permitiam que o cidadão fizesse um testamento. Sólon permitiu-o ([3]), menos àqueles que tinham filhos; e os legisladores de Roma, imbuídos da ideia do poder paterno, permitiam que se testasse mesmo em prejuízo dos filhos. Há que admitir que as antigas leis de Atenas eram mais consequentes do que as leis de Roma. A permissão indefinida de testar, conferida entre os Romanos, arruinou pouco a pouco a dispo-

---

([1]) Liv. IV, p. 276.

([2]) Dionísio de Halicarnasso prova, com uma lei de Numa, que a lei que permitia ao pai vender o seu filho três vezes era uma lei de Rómulo, não dos decênviros. Liv. II.

([3]) Ver Plutarco, *Vida de Sólon*.

sição política acerca da repartição das terras; introduziu, mais do que qualquer outra coisa, a diferença funesta entre as riquezas e a pobreza; várias partilhas foram reunidas numa mesma cabeça; alguns cidadãos tiveram demais, uma infinidade de outros ficou com nada. Assim, o povo, continuamente privado da sua partilha, exigia sem cessar uma nova distribuição das terras. Exigia-a no tempo em que a frugalidade, a parcimónia e a pobreza formavam o carácter distintivo dos Romanos, assim como nos tempos em que o seu luxo foi levado até ao excesso.

Como os testamentos eram propriamente uma lei feita na assembleia do povo, os que estavam no exército viam-se privados da faculdade de testar. O povo deu aos soldados o poder de fazer ([1]), perante alguns dos seus companheiros, as disposições que teriam feito perante ele ([2]).

As grandes assembleias do povo só se realizavam duas vezes por ano; de resto, o povo aumentara e os assuntos também. Julgavam que era conveniente permitir que todos os cidadãos fizessem o seu testamento perante alguns cidadãos romanos púberes ([3]) que representassem o corpo do povo: pegava-se em cinco cidadãos ([4]), diante dos quais o herdeiro comprava a sua família ao testador, isto é, a sua herança ([5]); um outro cidadão levava uma balança para pesar o preço, já que os Romanos ainda não tinham dinheiro ([6]).

Aparentemente, esses cinco cidadãos representavam as cinco classes do povo, e não se contava a sexta, composta por gente que nada possuía.

Não é preciso dizer, com Justiniano, que essas vendas eram imaginárias; tornaram-se imaginárias, mas no início não o eram. A maioria das leis que mais tarde regularam os testamentos teve a

---

([1]) Este testamento, chamado *in procinctu*, era diferente daquele a que se chamava *militar*, que só foi estabelecido pelas constituições dos imperadores, lei i, ff. *de militari testamento*: foi uma das suas formas de agradar aos soldados.

([2]) Este testamento não era escrito, e estava despido de formalidades, *sine libra et tabulis*, como diz Cícero, liv. I do *Orador*.

([3]) *Institutos*, liv. II, título x, § 1; Aulo Gélio, liv. XV, cap. xxvii. Chamava-se a este tipo de testamento *per oes et libram*.

([4]) Ulpiano, título x, § 2.

([5]) Teófilo, *Institutos*, liv. II, título x.

([6]) Só passaram a ter dinheiro a partir da época da guerra de Pirro. Tito Lívio, falando do cerco de Veios, diz: *nondum argentum signatum erat* [«ainda não havia prata cunhada»], liv. IV.

sua origem na realidade dessas vendas; encontramos a prova disso mesmo nos fragmentos de Ulpiano (1). O surdo, o mudo, o pródigo, não podiam fazer testamentos: o surdo porque não conseguia ouvir as palavras do comprador da família; o mudo porque não conseguia pronunciar os termos da nomeação; o pródigo porque como toda a gestão dos negócios lhe estava interditada, não podia vender a sua família. Omitirei os outros exemplos.

Como os testamentos eram feitos na assembleia do povo, eram mais actos de direito político do que de direito civil, de direito público, mais do que de direito privado; consequentemente, o pai não podia permitir que o seu filho, que estava debaixo do seu poder, fizesse um testamento.

Na maioria dos povos, os testamentos não estão submetidos a formalidades maiores do que os contratos normais porque tanto uns como outros são apenas expressões da vontade de quem contrata, ambos pertencem igualmente ao direito privado. Mas entre os Romanos, para quem os testamentos derivavam do direito público, as formalidades eram maiores do que nos outros actos; e isso perdurou até aos nossos dias nas regiões da França que se regem pelo direito romano.

Sendo os testamentos, como já disse, uma lei do povo, deviam ser feitos com a força de um comando, e usando as palavras a que chamavam *directas* e *imperativas*. Daí formava-se uma regra de que se não podia dar nem transmitir a herança senão por meio de palavras de comando (2): donde se segue que era bem possível, em certos casos, fazer uma substituição (3) e ordenar que a herança passasse para um outro herdeiro; mas que nunca se podia fazer um fideicomisso (4), isto é, encarregar alguém, na forma de pedido, de entregar a herança a outrem, ou uma parte da herança.

Quando o pai não instituía nem deserdava o seu filho, o testamento era anulado; mas era válido, ainda que não deserdasse nem instituísse a sua filha. Consigo ver a razão para isto. Quando não instituía nem deserdava o seu filho, prejudicava o seu neto, o qual teria herdado do seu pai *ab intestat*; mas ao não instituir nem

(1) Título xx, § 13.

(2) *Titius, sois mon héritier* [«Tito, sê o meu herdeiro»].

(3) A comum, a pupilar, a exemplar.

(4) Por razões particulares, Augusto começou a autorizar os fideicomissos. *Institutos*, liv. II, título xxiii, § 1.

deserdar a sua filha, não prejudicava os filhos da sua filha, que não teriam herdado da sua mãe (1) *ab intestat* porque eles não eram herdeiros próprios nem agnatos.

Como as leis dos primeiros Romanos sobre as sucessões apenas pensaram em acompanhar o espírito da repartição das terras, não restringiram suficientemente as riquezas das mulheres, e deixaram assim a porta aberta ao luxo, que é sempre inseparável dessas riquezas. Entre a segunda e a terceira guerra Púnica começou-se a sentir o mal; fez-se a lei Voconiana (2). E como considerações muito grandes levaram à sua criação, de que nos restam apenas poucos registos, e como até hoje ninguém falou dela senão de uma maneira muito confusa, vou clarificá-la.

Cícero preservou para nós um fragmento que proíbe a instituição de uma mulher como herdeira, quer seja casada, quer não seja (3).

O *Epítome* de Tito Lívio, onde falou desta lei, não acrescenta mais nada (4). Parece, segundo Cícero (5) e segundo Santo Agostinho (6), que a filha, e mesmo a filha única, era abrangida por essa proibição.

Catão, *o Velho*, contribuiu com todo o seu poder para fazer aprovar essa lei (7). Aulo Gélio cita um fragmento do discurso que fez nessa ocasião (8). Ao impedir as mulheres de herdar, quis prevenir as causas do luxo, tal como, quando tomou a defesa da lei Opiana, quis acabar com o próprio luxo.

---

(1) *Ad liberos matris intestata haereditas,* lege XII tab. *non pertinebat, quia femina suos haeredes non habent* [«Segundo a lei das Doze Tábuas, a herança de uma pessoa intestada não pertence aos filhos da mãe, porque a mulher não pode ter herdeiros»]. Ulpiano, fragmento, título xxvi, § 7.

(2) Quinto Vocónio, tribuno do povo, propôs a lei, [no ano 585 de Roma, 169 anos antes de Cristo]. Ver Cícero, *Segundo discurso contra Verres.* No *Epítome* de Tito Lívio, liv. XLI, tem de se ler Vocónio em lugar de Volúmnio.

(3) *Sanxit... ne quis haredem virginem neve mulierem faceret* [«Confirmava... que ninguém podia fazer de uma rapariga nem de uma mulher um herdeiro»]. Cícero, *Segundo discurso contra Verres,* [cap. cvii].

(4) *Legem tulit, ne quis haredem mulierem institueret* [«Apoiou uma lei que determinava que ninguém podia fazer de uma mulher o seu herdeiro»], liv. XLI.

(5) *Segundo discurso contra Verres.*

(6) Liv. III da *Cidade de Deus.*

(7) *Epítome* de Tito Lívio, liv. XLI.

(8) Liv. XVII, cap. vi.

Nos *Institutos* de Justiniano ([1]) e de Teófilo ([2]), fala-se de um capítulo da lei Voconiana que restringia a faculdade de legar. Ao ler esses autores, não há ninguém que não pense que esse capítulo foi feito para evitar que a sucessão fosse exaurida pelos legados a tal ponto que o herdeiro se recusasse a aceitá-la. Mas esse não era o espírito da lei Voconiana. Acabámos de ver que tinha como objectivo impedir as mulheres de receber qualquer sucessão. O capítulo dessa lei que colocava limites à faculdade de legar partilhava desse objectivo; pois, se se pudesse legar tanto quanto se quisesse, as mulheres teriam podido receber como legado o que não podiam obter como sucessão.

A lei Voconiana foi feita para prevenir as riquezas excessivas das mulheres. Foi preciso, portanto, privá-las das sucessões consideráveis, e não daquelas que não podiam sustentar o luxo. A lei fixava uma certa soma que devia ser dada às mulheres que se viam privadas da sucessão. Cícero ([3]), que nos informa deste facto, não nos diz que soma era essa; mas Dio ([4]) diz que era de cem mil sestércios.

A lei Voconiana foi feita para regular as riquezas, e não para regular a pobreza: assim, Cícero diz-nos ([5]) que ela só estatuía sobre aqueles que estavam inscritos no censo.

Tal gerava um pretexto para iludir a lei. Sabe-se que os Romanos eram extremamente formalistas; e dissemos anteriormente que o espírito da República era o de seguir a letra da lei. Havia pais que não se inscreviam no censo para poderem deixar a sua herança à sua filha; e os pretores julgavam que não se tinha violado a lei Voconiana porque não fora violada a sua letra.

Um tal de Anio Aselo instituíra a sua filha única como herdeira. Podia fazê-lo, diz Cícero: a lei Voconiana não o impedia

---

([1]) *Institutos*, liv. II, título xxii.

([2]) *Ibid.*

([3]) *Nemo censuit plus Fadiae dandum, quam posset ad eam lege Voconia pervenire* [«Ninguém o aconselhou a dar a Fádia mais do que ela podia obter segundo a lei Voconiana»]. De finibus bon. et mal., liv. II [cap. lv].

([4]) *Cum lege Voconia mulieribus prohiberetur ne qua majorem centum millibus nummûm haereditatem posset adire* [«Porque segundo a lei Voconiana, proibia-se que as mulheres herdassem mais de cem mil sestércios»], liv. LVI.

([5]) *Qui census esset* [«Que estava inscrito no censo»]. Segundo Discurso contra Verres.

porque ele não estava inscrito no censo (1). Quando era pretor, Verres privara a filha da sucessão; Cícero sustenta que Verres fora corrompido porque, sem isso, não teria invertido uma ordem que os outros pretores tinham cumprido.

Quem eram, portanto, estes cidadãos que não estavam no censo que abrangia todos os cidadãos? Mas, segundo a instituição de Sérvio Túlio, relatada por Dionísio de Halicarnasso (2), todo o cidadão que não se inscrevesse no censo seria feito escravo. O próprio Cícero diz que um tal homem perdia a liberdade (3); Zonare diz a mesma coisa. Então, teria de haver alguma diferença entre não estar no censo segundo o espírito da lei Voconiana e não estar no censo segundo o espírito das instituições de Sérvio Túlio.

Aqueles que não se inscreviam nas primeiras cinco classes, onde se era colocado segundo a proporção dos bens próprios (4), não estavam no censo segundo o espírito da lei Voconiana; os que não estavam inscritos nas seis classes, ou que não tinham sido colocados pelos censores entre aqueles a que se chamava *aerarii*, não estavam no censo segundo as instituições de Sérvio Túlio. Tal era a força da natureza que os pais, para iludir a lei Voconiana, consentiam em sofrer a vergonha de serem confundidos na sexta classe com os proletários e com os que eram taxados à cabeça, ou talvez até de serem remetidos para as tábuas dos Ceritas (5).

Dissemos que a jurisprudência dos Romanos não admitia os fideicomissos. A esperança de iludir a lei Voconiana introduziu-os. Instituía-se um herdeiro por lei capaz de receber, e pedia-se-lhe que entregasse a sucessão a uma pessoa que a lei excluíra. Esta nova maneira de dispor teve efeitos muito diferentes. Uns devolveram a herança; e a acção de Sexto Peduceu (6) foi notável. Deram-lhe uma grande sucessão; não havia mais ninguém no mundo que soubesse que lhe fora pedido que a devolvesse: foi procurar a viúva do testador, e deu-lhe todos os bens do seu marido.

---

(1) *Census non erat* [«Que não estava inscrito no censo»]. *Ibid.*

(2) Liv. IV.

(3) *In oratione pro Cacinna.*

(4) As cinco primeiras classes eram tão consideráveis que, por vezes, os autores só referem estas cinco.

(5) *In Caeritum tabulas referri; aerarius fieri.*

(6) Cícero, *de finib. bon. et mal.*, liv. II [cap. lviii].

Outros guardaram a sucessão para si; e o exemplo de P. Sextílio Rufo também ficou célebre porque Cícero o empregou nas suas disputas contra os epicuristas (1). «Na minha juventude», diz ele, «Sextílio pediu-me que o acompanhasse a casa dos seus amigos, para saber deles se deveria devolver a herança de Quinto Fádio Galo a Fádia, sua filha. Tinha juntado vários jovens com personagens muito graves; e nenhum deles era da opinião que se deveria dar a Fádia mais do que aquilo que deveria ter pela lei Voconiana. Sextílio recebeu assim uma grande sucessão da qual não teria retido um único sestércio se tivesse preferido o que era justo e honesto ao que era útil. «Posso acreditar», acrescenta ele, «que vós teríeis devolvido a herança; posso acreditar até que Epicuro a teria devolvido; mas não teríeis sido fiéis aos vossos princípios». Farei aqui algumas reflexões.

É um infortúnio da condição humana que os legisladores sejam obrigados a fazer leis que combatem os próprios sentimentos naturais. Tal foi a lei Voconiana. É que os legisladores estatuem mais sobre a sociedade do que sobre o cidadão, e mais sobre o cidadão do que sobre o homem. A lei sacrificava o cidadão e o homem, e só pensava na República. Um homem pedia a um seu amigo que devolvesse a sua sucessão à sua filha; a lei desprezava os sentimentos da natureza no testador; desprezava a piedade filial na filha; não tinha qualquer consideração por quem estava encarregado de devolver a herança, que se encontrava em terríveis circunstâncias. Se a devolvesse era um mau cidadão; se a guardasse era um homem desonesto. Somente as pessoas naturalmente boas é que pensavam em iludir a lei; somente as pessoas honestas é que podiam ser escolhidas para iludi-la; pois é sempre um triunfo a conquista sobre a avareza e as volúpias, e só as pessoas honestas obtêm esse tipo de triunfos. Talvez até houvesse rigor em considerá-las nesse aspecto como más cidadãs. Não é impossível que o legislador tivesse conseguido grande parte do seu objectivo, quando a sua lei era tal que forçava apenas as pessoas honestas a iludi-la.

No tempo em que se fez a lei Voconiana, os costumes ainda conservavam alguma da sua antiga pureza. Por vezes a consciência pública interessava-se em favor da lei, e fizeram as pessoas

(1) Cícero, *de finib. bon. et mal.*, liv. II [cap. lviii].

jurar que ela seria cumprida ([1]): de maneira que a probidade fazia guerra, por assim dizer, à probidade. Mas, nos últimos tempos, os costumes corromperam-se a tal ponto que os fideicomissos tinham de ter menos força para iludir a lei Voconiana do que essa lei tinha de tê-la para ser cumprida.

As guerras civis causaram a morte de um número infinito de cidadãos. Roma, sob Augusto, encontrava-se quase deserta; era preciso repovoá-la. Fizeram-se as leis Papianas, em que nada se omitia que pudesse encorajar os cidadãos a casar-se e a ter filhos ([2]). Um dos principais meios foi o de aumentar, para os que se prestavam aos propósitos da lei, as esperanças de herdar, e de diminuí-las para os que lhes resistiam; e, como a lei Voconiana tornara as mulheres incapazes de herdar, a lei Papiana, em certos casos, terminou essa proibição.

As mulheres ([3]), sobretudo as que tinham filhos, tornaram-se capazes de receber em virtude do testamento dos seus maridos; se tinham filhos, podiam receber em virtude do testamento de estrangeiros: tudo isso contra a disposição da lei Voconiana; e é notável que não se tenha abandonado inteiramente o espírito dessa lei. Por exemplo, a lei Papiana ([4]) permitia a um homem que tivesse um filho ([5]) receber toda a herança com um testamento de um estrangeiro; só concedia o mesmo privilégio à mulher se tivesse três filhos ([6]).

É preciso notar que a lei Papiana tornou as mulheres com três filhos capazes de herdar mas apenas mediante um testamento de estrangeiros; e que a respeito da sucessão dos parentes,

---

([1]) Sextílio dizia que jurara cumpri-la. Cícero, *de finib. bon. et mal.*, liv. II [cap. lv].

([2]) Ver o que disse sobre isto no liv. XXIII, cap. xxi.

([3]) Sobre isto ver os *Fragmentos* de Ulpiano, título xv, § 16.

([4]) Encontramos a mesma diferença em várias disposições da lei Papiana. Ver os *Fragmentos* de Ulpiano, §§ 4 e 5, último título; e o mesmo, no mesmo título, § 6.

([5]) *Quod tibi filiolus, vel filia, nascitur, ex me...*
Jura parentis habes; propter me scriberis haeres.

[«Tiveste um pequeno filho, ou filha, através de mim.../Tens os direitos parentais, poderás ser designado como herdeiro por minha causa»]

Juvenal, sátira IX, [ix.83, 87].

([6]) Ver a lei 9, *Codex Theodosianus, de bonis proscriptorum*; e Dio, liv. LV. Ver os *Fragmentos* de Ulpiano, último título, § 6; e título xxix, § 3.

deixava plenamente em vigor as leis antigas e a lei Voconiana ([1]). Mas isso não perdurou.

Roma, destroçada pelas riquezas de todas as nações, mudara de costumes; já não se tratava de travar o luxo das mulheres. Aulo Gélio, que viveu sob Adriano ([2]), diz-nos que no seu tempo a lei Voconiana estava quase extinta; foi encoberta pela opulência da cidade. Assim, encontramos nas *Sentenças* de Paulo ([3]), que viveu sob Níger, e nos *Fragmentos* de Ulpiano ([4]), que era do tempo de Alexandre Severo, que as irmãs do lado do pai podiam herdar, e que a proibição da lei Voconiana aplicava-se apenas aos parentes de um grau mais afastado.

As leis antigas de Roma tinham começado a parecer duras. Os pretores só tinham em conta razões de equidade, de moderação e de decoro.

Vimos que, segundo as leis antigas de Roma, as mães não tinham parte na herança dos seus filhos. A lei Voconiana constituiu uma nova razão para as excluir. Mas o imperador Cláudio deu à mãe a sucessão dos seus filhos, como uma consolação pela sua perda; o senatus-consulto Tertuliano, feito sob Adriano ([5]), atribuiu a sucessão às mães quando tinham três filhos, se tivessem nascido livres; ou quatro filhos, se fossem libertas. É evidente que este senatus-consulto não era mais do que uma extensão da lei Papiana, a qual, no mesmo caso, atribuíra às mulheres as sucessões que lhes eram deferidas pelos estrangeiros. Por fim, Justiniano ([6]) concedeu-lhes a sucessão, independentemente do número dos seus filhos.

As mesmas causas que fizeram restringir a lei que impedia as mulheres de herdar, levaram a que aos poucos caísse a lei que impedira a sucessão dos parentes do lado feminino. Estas leis eram muito conformes ao espírito de uma boa república, onde se deve garantir que esse sexo não possa prevalecer por causa do luxo, nem das suas riquezas, nem da esperança das suas riquezas. Pelo contrário, o luxo de uma monarquia torna o casamento um

---

([1]) *Fragmentos* de Ulpiano, título xvi, § 1; Sozom., liv. I, cap. xix.

([2]) Liv. XX, cap. i.

([3]) Liv. IV, título viii, § 3.

([4]) Título xxvi, § 6.

([5]) Isto é, o imperador Pio, que assumiu o nome de Adriano por adopção.

([6]) Leg. 2, Cod. *de jure liberorum*; *Inst.*, liv. III, título iii, § 4, *de senatus-consult. Tertul.*

encargo custoso; é preciso ser-se convidado a casar pelas riquezas que as mulheres podem dar e pela esperança das heranças que elas possam proporcionar. Assim, quando a monarquia foi estabelecida em Roma, todo o sistema das sucessões foi mudado. Os pretores convocavam os parentes pelo lado feminino na ausência de parentes pelo lado masculino; ao passo que segundo as leis antigas, os parentes pelo lado feminino nunca eram convocados. O senatus-consulto Orfitiano convocava os filhos à sucessão da sua mãe; e os imperadores Valentiniano ([1]), Teodósio e Arcádio convocavam os netos pela filha à sucessão do avô. Por fim, o imperador Justiniano ([2]) suprimiu o menor vestígio do direito antigo das sucessões: estabeleceu três ordens de herdeiros, os descendentes, os ascendentes, os colaterais, sem qualquer distinção entre os homens e as mulheres, entre os parentes do lado feminino e os parentes do lado masculino, e revogou todas as restantes. Acreditava que seguia a própria natureza ao afastar-se daquilo a que chamava os embaraços da jurisprudência antiga.

([1]) Leg. 9, Cod. *de suis et legitimis liberis.*

([2]) Leg. 12, Cod. *ibid.*, e as Novelas 118 e 127.

Livro XXVIII (*)
Da origem e das revoluções das leis civis entre os Franceses

In nova fert animus mutatas dicere formas
Corpora (**)...

OVÍDIO, *Metamorfoses,* [I.1-2]

Capítulo I
Do diferente carácter das leis dos povos germânicos

Quando os Francos saíram do seu país, fizeram os sábios da sua nação redigir (1) as leis sálicas. Quando a tribo dos Francos Ripuários se juntou, sob Clóvis (2), à dos Francos Sálios, conservou os seus usos; e Teodorico (3), rei da Austrásia, pô-los por

(*) Numa carta de Montesquieu a Cerati pode ler-se: «[Este livro XXVIII] proporcionará três horas de leitura; mas asseguro-vos que me exigiu tanto trabalho que todos os meus cabelos embranqueceram» (N. T.).

(**) «Leva-me o ânimo a falar de corpos transformados em novas formas...» (N. T.)

(1) Ver o prólogo da lei Sálica. O Sr. de Leibniz diz, no seu tratado sobre *A Origem dos Francos,* que essa lei foi feita antes do reinado de Clóvis; mas ela não poderia ter sido feita antes de os Francos saírem da Germânia: nessa altura eles não compreendiam a língua latina.

(2) Ver Gregório de Tours.

(3) Ver o prólogo da lei dos Bávaros e o da lei sálica.

escrito. Também coligiu ([1]) os usos dos Bávaros e dos Alemães que dependiam do seu reino. Pois como a Germânia estava enfraquecida pela saída de tantos povos, os Francos, depois de conquistarem o que estava na sua frente, deram um passo atrás e levaram o seu domínio até às florestas dos seus pais. Aparentemente, o código ([2]) dos Turíngios foi outorgado pelo mesmo Teodorico, porque os Turíngios também eram seus súbditos. Como os Frisões foram subjugados por Carlos Martel e Pepino, a sua ([3]) lei não é anterior a estes príncipes. Carlos Magno, que foi o primeiro a domar os Saxões, deu-lhes a lei que temos. Basta ler esses dois últimos códigos para perceber que saíram das mãos de conquistadores. Os Visigodos, os Borgonheses e os Lombardos, ao fundarem os seus reinos, puseram as suas leis por escrito, não para garantir que os povos vencidos seguissem os seus usos, mas para eles próprios os seguirem.

Há uma simplicidade admirável nas leis sálicas e ripuárias, nas dos Alemães, dos Bávaros, dos Turíngios e dos Frisões. Encontramos nelas uma rudeza original e um espírito que não foram enfraquecidos por um outro espírito. Mudaram pouco, porque esses povos, se excluirmos os Francos, permaneceram na Germânia. Mesmo os Francos fundaram aí uma grande parte do seu império. Assim, as suas leis foram todas germânicas. Não foi assim com as leis dos Visigodos, dos Lombardos e dos Borgonheses; estas perderam muito do seu carácter porque esses povos, que se fixaram nas suas novas paragens, perderam muito do seu.

O reino dos Borgonheses não subsistiu tempo suficiente para que as leis do povo conquistador pudessem sofrer grandes mudanças. Gondebaldo e Sigismundo, que coligiram os seus usos, foram quase os últimos dos seus reis. As leis dos Lombardos sofreram mais acréscimos do que alterações. As de Rotário foram seguidas pelas de Grimoaldo, de Luitprando, de Rachis, de Astulfo; mas não assumiram uma nova forma. Não foi assim com as leis dos Visigodos ([4]); os seus reis refizeram-nas e encarregaram o clero de as refazer.

([1]) *Ibid.*

([2]) *Lex Angliorum Werinorum, hoc est, Thuringorum.*

([3]) Não sabiam escrever.

([4]) Eurico outorgou-as, Leuvigildo corrigiu-as. Veja-se a crónica de Isidoro. Chaindassuindo e Recessuindo reformaram-nas. Egiga mandou fazer o código que temos e encarregou os bispos de o elaborarem. No entanto, conservaram as

Os reis da primeira raça suprimiram ([1]) efectivamente das leis sálicas e ripuárias o que não podia em absoluto estar de acordo com o cristianismo; mas mantiveram toda a sua base. É algo que não se pode dizer das leis dos Visigodos.

As leis dos Borgonheses, e sobretudo as dos Visigodos, aprovavam as penas corporais. As leis sálicas e ripuárias não as aceitaram ([2]); conservaram melhor o seu carácter.

Os Borgonheses e os Visigodos, cujas províncias estavam muito vulneráveis, procuraram conciliar-se com os antigos habitantes e dar-lhes as leis civis mais imparciais ([3]); mas os reis francos, seguros do seu poder, não tiveram ([4]) estes cuidados.

Os Saxões, que viviam sob o império dos Francos, tinham um humor indomável, estavam obstinados a se revoltarem. Encontramos nas suas ([5]) leis a dureza do conquistador que não vemos nos outros códigos das leis dos Bárbaros.

Nelas vemos o espírito das leis dos Germanos nas penas pecuniárias, e o do conquistador nas penas aflitivas ([*]).

Os crimes que eles cometem no seu país são punidos corporalmente; e só se segue o espírito das leis germânicas na punição dos crimes que cometem fora do seu território.

Nelas se declara que, pelos seus crimes, nunca terão paz, e é-lhes recusado o asilo, incluindo nas igrejas.

Os bispos tinham uma autoridade imensa na corte dos reis visigodos; os assuntos mais importantes eram decididos nos concílios. Devemos ao código dos Visigodos todas as máximas, todos os princípios e todas as concepções da Inquisição dos nossos dias; e os monges limitaram-se a copiar, contra os judeus, leis feitas outrora pelos bispos.

De resto, as leis de Gondebaldo para os Borgonheses parecem bastante judiciosas; as de Rotário e de outros príncipes lom-

---

leis de Chaindassuindo e de Recessuindo, como consta no décimo sexto concílio de Toledo.

(1) Ver o prólogo da lei dos Bávaros.

(2) Só se encontram algumas no decreto de Childeberto.

(3) Ver o prólogo do Código dos Borgonheses, e o próprio Código, sobretudo o título xii, § 5, e o título xxxviii. Ver também Gregório de Tours, liv. II, cap. xxxiii; e o código dos Visigodos.

(4) Ver abaixo o cap. iii.

(5) Ver o cap. ii, §§ 8 e 9; e o cap. iv, §§ 2 e 7.

(*) «*Penas aflitivas*»: ver *EL*, X.8 (N. T.).

bardos são-no mais ainda. Mas as leis dos Visigodos, as de Recessuindo, Charindassuindo e de Egiga são pueris, tortas, idiotas; não atingem o seu objectivo; plenas de retórica e vazias de sentido, frívolas na base e gigantescas no estilo.

Capítulo II
Que as leis dos bárbaros eram todas pessoais

É um carácter particular destas leis dos bárbaros o não estarem ligadas a um certo território: o Franco era julgado pela lei dos Francos, o Alemão pela lei dos Alemães, o Borgonhês pela lei dos Borgonheses, o Romano pela lei romana; e, muito longe de naqueles tempos se sonhar em tornar uniformes as leis dos povos conquistadores, nem sequer pensavam em se converterem em legisladores dos povos vencidos.

Encontro a origem disso nos costumes dos povos Germanos. Estas nações estavam divididas por pântanos, por lagos e por florestas; vê-se até em César (1) que elas gostavam de se separar. O pavor que tinham dos Romanos levou a que se reunissem; cada homem, nestas nações misturadas, devia ser julgado pelos usos e pelos costumes da sua própria nação. Todos estes povos, considerados individualmente, eram livres e independentes; e quando se misturaram, ainda mantiveram a independência. A pátria era comum, e a república particular; o território era o mesmo, e as nações diferentes. Portanto, havia um espírito das leis pessoais entre estes povos antes de abandonarem as suas casas, e levaram-no com eles nas suas conquistas.

Encontramos este uso estabelecido nas fórmulas (2) de Marculfo, nos códigos das leis dos bárbaros, sobretudo na lei dos ripuários (3), nos (4) decretos dos reis da primeira raça, donde derivavam as capitulares que se fizeram sobre esse assunto durante a segunda (5). Os filhos (6) seguiam a lei do seu pai, as mulhe-

(1) *De bello gallico*, liv. VI.

(2) Liv. I, form. viii.

(3) Cap. xxxi.

(4) No de Clotário, do ano de 560, na edição das *Capitulares* de Baluze, tomo I, art. 4; *ibid.*, *in fine.*

(5) Capitulares aditadas à lei dos Lombardos, liv. I, título xxv, cap. lxxi; liv. II, título xli, cap. viii; e título lvi, cap. i e ii.

(6) *Ibid.*, liv. II, título v.

res [1] a do seu marido, as viúvas [2] regressavam à sua lei, os libertos [3] tinham a do seu patrono. Não é tudo. Cada um podia escolher a lei que quisesse: a constituição de Lotário I [4] exigia que essa escolha fosse tornada pública.

Capítulo III
Diferença capital entre as leis sálicas e as leis dos Visigodos e dos Borgonheses

Disse [5] que a lei dos Borgonheses e a dos Visigodos eram imparciais; mas a lei sálica não o era. Estabelecia entre os Francos e os Romanos as distinções mais penosas. Quando [6] alguém matava um franco, um bárbaro, ou um homem que vivesse sob a lei sálica, tinha de pagar aos seus parentes uma compensação de duzentos soldos; quando alguém matava um proprietário romano [7], tinha de pagar apenas uma compensação de cem; e somente uma compensação de quarenta e cinco quando tinha matado um tributário romano. A compensação pelo assassínio de um franco, vassalo [8] do rei, era de seiscentos soldos; e a compensação pelo assassínio de um romano conviva [9] do rei [10] não passava dos trezentos. A lei sálica marcava, pois, uma diferença cruel entre o senhor franco e o senhor romano, e entre o franco e o romano que pertenciam a uma condição medíocre.

Não é tudo. Se um grupo se reunisse [11] para assaltar um franco na sua casa e o matasse, a lei sálica ordenava uma compensação de seiscentos soldos; mas se assaltasse um romano ou

---

(1) *Ibid.*, liv. II, título vii, cap. i.

(2) *Ibid.*, cap. ii.

(3) *Ibid.*, liv. II, título xxxv, cap. ii.

(4) Na lei dos Lombardos, liv. II, título xxxvii.

(5) No capítulo I deste livro.

(6) Lei sálica, título xliv, § 1.

(7) *Qui res in pago ubi remanet proprias habet* [«Quem tem propriedade na região onde vive»]. Lei Sálica, título xliv, § 1 5; ver também § 7.

(8) *Qui in truste dominica est* [«Quem está sob a protecção do rei»]. *Ibid.*, título xliv, § 4.

(9) *Si Romanus homo conviva regis fuerit* [«Um romano que era um conviva do rei»]. *Ibid.*, § 6.

(10) Os romanos principais estavam ligados à corte, como se vê pela vida de vários bispos que nela foram educados. Praticamente só os romanos sabiam escrever.

(11) Lei Sálica, título xlv.

um liberto (1), pagava apenas metade da compensação. Segundo a mesma lei (2), se um romano aprisionasse um franco, devia trinta soldos como compensação; mas se um franco aprisionasse um romano, não devia mais do que uma compensação de quinze. Um franco desapossado por um romano recebia sessenta e dois soldos e meio de compensação; e um romano desapossado por um franco recebia apenas uma compensação de trinta. Tudo isto devia ser opressivo para os Romanos.

Contudo, um autor célebre (3) criou um sistema do *Estabelecimento dos Francos nas Gálias* com base no pressuposto de que eles eram os melhores amigos dos Romanos. Seriam os Francos, então, os melhores amigos dos Romanos, eles que lhes fizeram, eles que deles sofreram (4), males horrendos? Seriam os Francos amigos dos Romanos, eles que, depois de os terem subjugado com as suas armas, os oprimiram a sangue-frio com as suas leis? Eram amigos dos Romanos como os Tártaros que conquistaram a China eram amigos dos Chineses.

Se alguns bispos católicos quiseram servir-se dos Francos para destruir os reis arianos, seguir-se-á daqui que tenham desejado viver sob povos bárbaros? E poder-se-á concluir que os Francos tiveram cuidados particulares para com os Romanos? Eu tiraria daqui consequências bem diferentes: quanto mais seguros os Francos estiveram em relação aos Romanos, menos os pouparam.

Mas o abade Dubos foi beber a más fontes para um historiador, aos poetas e aos oradores. Não se pode fundar sistemas sobre obras de ostentação (*).

---

(1) *Lidus*, cuja condição era melhor do que do servo. Lei dos Alemães, cap. xcv.

(2) Título xxxv, §§ 3 e 4.

(3) O abade Dubos.

(4) Como testemunha a expedição de Arbogasto, em Gregório de Tours, *História*, liv. II.

(*) Este é um dos contributos mais notórios de Montesquieu para o debate do século XVIII acerca da origem e natureza da monarquia francesa. As duas grandes teses (a de Boulainvilliers e a de Dubos) foram afirmadas na primeira metade desse século. Montesquieu não aceitava inteiramente a interpretação radicalmente nobiliárquica de Henri de Boulainvilliers, que sustentava que os Francos, conquistadores da Gália Romana, tinham imposto o seu domínio no país convertendo em seus servos os Galo-Romanos. Esta interpretação histórica servia, por sua vez, de argumento crítico contra a configuração que a monarquia francesa assumira a partir da segunda metade do século XIV, e sobretudo com Richelieu e

Capítulo IV
Como o direito romano se perdeu no país dominado pelos Francos e se conservou no país dominado pelos Godos e pelos Borgonheses

As coisas de que falei lançaram luz sobre outras que até agora têm estado imersas na obscuridade.

Luís XIV, e, claro, como crítica da monarquia absoluta. O absolutismo era visto como uma resposta decadente, e, sem qualquer ironia, «despótica», ao governo aristocrático da nobreza herdeira dos conquistadores germânicos. A sua admiração pelas repúblicas aristocráticas da Antiguidade era, em tudo, coerente com o elogio da nobreza feudal. Além disso, a tese de Boulainvilliers visava igualmente sonegar qualquer participação activa do Terceiro Estado – os descendentes dos derrotados – no regime francês. De resto, a liberdade era essencialmente germânica, isto é, aristocrática, estando, por isso, exclusivamente reservada aos seus nobres representantes. Daí a sua defesa dos Estados Gerais e dos *parlements*. Por seu lado, Dubos criticou as teses de Boulainvilliers e propôs uma interpretação inteiramente diferente do processo histórico de desagregação do Império Romano nas Gálias, recusando a separação em castas, e até em raças, da sociedade francesa e que era afirmada por Boulainvilliers. Para Dubos, a conquista franca, a consequente redução dos povos conquistados à servidão e o regime «aristocrático» que daí teria resultado não passavam de mitos politicamente muito convenientes ao ressurgimento da nobreza francesa. Na realidade, os Francos e outros povos Germânicos eram já formal ou informalmente aliados do Império. Fora a implosão da estrutura política e militar do Império que deixara um vazio necessariamente ocupado pelos Francos, em particular pelos seus reis. Assim, as segregações políticas, e os privilégios e obrigações a elas associados, baseadas numa genealogia histórica estavam destituídos de fundamento. Por outro lado, Dubos lê esta longa trama histórica e constrói a sua narrativa para alicerçar uma espécie de aliança entre os reis e o Terceiro Estado com o propósito de esmagar a nobreza, inimiga natural e eterna do poder monárquico e da liberdade do povo. Com esta leitura da história de França, que sedimentava a legitimidade e a antiguidade do absolutismo monárquico antinobiliárquico (haveria absolutismo régio desde Clóvis), Dubos tecia a parceria entre absolutismo e povo, convertendo Luís XIV e Richelieu em autênticos protectores do Terceiro Estado, refugiados atrás de instituições «municipais» cuja origem era romana. O par inseparável era o absolutismo, de um lado, e as liberdades comunais, do outro. No século XIX, o grande historiador François Guizot veria neste aspecto da história de França motivo de reprovação e causa dos impasses políticos franceses. Aqui, Montesquieu demarca-se claramente das teses de Dubos, vendo o papel político da nobreza como o de conciliador entre o «poder do Príncipe» e a «fraqueza do povo».

Montesquieu em parte coincidia com Boulainvilliers na aceitação da origem germânica da liberdade em França (e na Inglaterra; ver *EL*, XI.6, 8). Mas nunca chegaria a fazer as suas leituras históricas coincidentes com o radicalismo de Boulainvilliers, cujo ponto de vista relativamente à questão da servidão dos Roma-

O país a que actualmente se chama França foi governado, durante a primeira raça, pela lei romana ou pelo código Teodosiano, e pelas diversas leis dos bárbaros (1) que aí habitavam.

No país sob o domínio dos Francos, a lei sálica foi estabelecida pelos Francos, e o código (2) Teodosiano pelos Romanos. No país sob o domínio dos Visigodos, uma compilação do código Teodosiano, feita por ordem de Alarico (3), regulava os diferendos dos Romanos; os costumes da nação, que Eurico (4) mandou redigir por escrito, decidiam os dos Visigodos. Mas porque é que as leis sálicas adquiriram uma autoridade quase geral nos países dos Francos? E porque é que aí o direito romano se foi perdendo aos poucos, enquanto no domínio dos Visigodos o direito romano se estendia e gozava de uma autoridade geral?

Disse que o direito romano perdeu o seu uso entre os Francos por causa das grandes vantagens que havia em ser franco (5), bárbaro, ou homem que vivesse sob a lei sálica; todos foram levados a abandonar o direito romano para viver sob a lei sálica. Apenas foi mantido pelos eclesiásticos (6) porque estes não tinham interesse em mudar. As diferenças nas condições e nas posições consistiam apenas na grandeza das compensações, como mostrarei noutro lugar. Ora, leis (7) particulares atribuíram-lhes

---

nos e dos Gauleses, e às suas consequências, era irreconciliável com as concepções de Montesquieu, que, por sua vez, não via na conquista um acto de espoliação total. A conquista franca acabou por ser, no seu entender, um gradual acto de absorção e de agregação dos vencidos à «nacionalidade» dos vencedores. Pelo contrário, a posição de Montesquieu neste debate pode ser descrita como um meio-termo entre as teses de Dubos e de Boulainvilliers. O compromisso não valeria a Montesquieu muitos admiradores durante a fase mais ardente da Revolução Francesa no final do século XVIII (N. T.).

(1) Os Francos, os Visigodos e os Borgonheses.

(2) Foi concluído no ano de 438.

(3) No vigésimo ano do reinado deste príncipe, e publicada dois anos depois por Aniano, como aparece

(4) No ano de 504 da era de Espanha. *Crónica* de Isidoro. [«*Ano 504 da era de Espanha*», isto é, ano 466 d. C. (N. T.)].

(5) *Francum, aut barbarum, aut hominem qui salica lege vivit* [«Franco ou bárbaro, ou um homem que viva sob a lei Sálica»]. Lei Sálica, título xlv, § 1.

(6) *Segundo a lei romana sob a qual a Igreja vive*, diz-se na lei dos ripuários, título lviii, § 1. Ver também as autoridades sem nome sobre o assunto, citadas pelo Sr. Ducange [Charles du Cange], para a expressão *Lex romana*.

(7) Ver os capitulares anexados à lei sálica em Lindembroch, no final dessa lei, e os diversos códigos das leis bárbaras, sobre os privilégios dos eclesiásticos a

compensações tão favoráveis como aquelas que se atribuíam aos Francos: mantiveram, pois, o direito romano. Admitiram-no sem prejuízos; e, de resto, convinha-lhes porque era obra dos imperadores cristãos.

Por outro lado, no património dos Visigodos, como a lei visigótica ([1]) não dava qualquer vantagem civil aos Visigodos relativamente aos Romanos, os Romanos não tinham qualquer razão para deixar de viver sob a sua lei para ir viver sob uma outra. Mantiveram, portanto, as suas leis e não adoptaram as dos Visigodos.

Isto confirma-se à medida que se for avançando. A lei de Gondebaldo era bastante imparcial e não era mais favorável aos Borgonheses do que aos Romanos. A julgar pelo prólogo dessa lei, parecia que fora feita para os Borgonheses, e que fora feita também para regular as contendas que pudessem nascer entre os Romanos e os Borgonheses; e, neste último caso, o tribunal era composto por números iguais de cada um dos povos. Tal era necessário por razões particulares, extraídas do arranjo ([2]) político desses tempos. O direito romano subsistia na Borgonha para regrar os diferendos que os Romanos pudessem ter entre si. Estes não tinham razões para abandonar a sua lei, como tinham no país dos Francos; tanto mais que a lei Sálica não estava estabelecida na Borgonha, como é aparente na famosa carta que Agobardo escreveu a Luís, *o Piedoso.*

Agobardo ([3]) pedia a esse príncipe que estabelecesse a lei Sálica na Borgonha: logo, não estava ainda estabelecida. Assim, o direito romano subsistiu, e subsiste ainda em tantas províncias que outrora dependiam desse reino.

O direito romano e a lei goda mantiveram-se também no país em que os Godos se foram estabelecer. Aí, a lei Sálica nunca foi adoptada. Quando Pepino e Carlos Martel escorraçaram os Sarracenos, as cidades e as províncias que se submeteram a estes prín-

---

esse respeito. Ver também a carta de Carlos Magno a Pepino, seu filho, rei de Itália, do ano de 807, na edição de Baluze, tomo I, p. 462, onde se diz que um eclesiástico devia receber uma compensação tripla; e a *Recueil des capitulaires,* liv. V, art. 302, tomo I, edição de Baluze.

([1]) Ver essa lei.

([2]) Falarei sobre isto noutro lugar, liv. XXX, cap. vi, vii, viii e ix.

([3]) Agobardo, *Opera.*

cipes (1) pediram que as suas leis fossem preservadas, o que lhes foi concedido. Algo que, apesar do uso desses tempos em que todas as leis eram pessoais, depressa fez que se considerasse o direito romano como uma lei real e territorial nesses países.

Tal prova-se com o édito de Carlos, *o Calvo*, outorgado em Pistes no ano de 864, que (2) distingue os países nos quais se julgava segundo o direito romano daqueles onde não se julgava desse modo.

O édito de Pistes prova duas coisas: uma, que havia regiões onde se julgava segundo a lei romana, e que havia outras onde não se julgava segundo essa lei; a outra, que essas regiões onde se julgava segundo a lei romana (3) eram precisamente aquelas onde essa lei é seguida ainda hoje, como se pode ver neste mesmo édito. Assim, a distinção entre as regiões da França consuetudinária e os da França regida pelo direito escrito fora já estabelecida no tempo do édito de Pistes.

Disse que, no início da monarquia, todas as leis eram pessoais; assim, quando o édito de Pistes distinguia as regiões do direito romano daquelas não o eram, isso significa que, nas regiões que não estavam subordinadas ao direito romano, havia tanta gente que escolhera viver sob qualquer uma das leis dos povos bárbaros que não havia quase ninguém nessas províncias que escolhesse viver sob a lei romana; e que, nas regiões subordinadas à lei romana, havia pouca gente que tivesse escolhido viver sob as leis dos povos bárbaros.

---

(1) Ver Gervais de Tilburi, na compilação de Duchesne, tomo III, p. 366: *Facta pactione cum Francis, quod illic Gothic patriis legibus, moribus paternis vivant. Et sic Narbonensis provincia Pippino subjicitur* [«Foi feito um tratado com os Francos para que pudessem viver de acordo com os costumes ancestrais, isto é, segundo as leis da sua pátria gótica. E assim a província de Narbonne foi subjugada por Pepino»]. E uma crónica do ano de 759, relatada por Catelo, *Histoire du Languedoc*. E o autor incerto da vida de *Luís, o Pio*, sobre o pedido feito pelos povos da Septimânia, na assembleia *in Carisiaco*, na compilação de Duchesne, tomo II, p. 316.

(2) *In illa terra in qua judicia secundum legem romanam terminantur, secundum ipsam legem judicetur; et in illa terra in qua*, etc., [«Nessa terra onde os julgamentos são determinados segundo a lei romana, cada processo será julgado segundo essa lei; naquelas terras em que, etc.»] art. 16. Ver também o art. 20.

(3) Ver os arts. 12 e 16 do édito de Pistes, *in Cavilono*, in *Narbona*, etc.

Sei bem que digo aqui coisas novas; mas se elas são verdadeiras, então são muito antigas. Afinal, o que importa que seja eu, os Valois, ou os Bignons (*), que as tenham dito?

Capítulo V
Continuação do mesmo assunto

A lei de Gondebaldo perdurou durante muito tempo entre os Borgonheses, juntamente com a lei romana; ainda estava em uso no tempo de Luís, *o Pio*; a carta de Agobardo não deixa qualquer dúvida a esse respeito. No mesmo sentido, embora o édito de Pistes chame à região que fora ocupada pelos Visigodos a região da lei romana, a lei dos Visigodos continuou a subsistir aí; o que se prova pelo sínodo de Troyes, reunido sob Luís, *o Gago*, no ano de 878, isto é, catorze anos depois do édito de Pistes.

Subsequentemente, as leis godas e borgonhesas desapareceram no seu próprio país pelas causas (1) gerais que por toda a parte conduziram ao desaparecimento das leis pessoais dos povos bárbaros.

Capítulo VI
Como o direito romano foi preservado no país dominado pelos Lombardos

Tudo se dobra aos meus princípios. A lei dos Lombardos era imparcial e os Romanos não tiveram qualquer interesse em abandonar a sua para a adoptá-la. O motivo que levou os Romanos sob os Francos a escolher a lei Sálica não estava presente em Itália; o direito romano manteve-se aí a par da lei dos Lombardos.

Chegou mesmo a acontecer esta ceder o lugar ao direito romano; deixou de ser a lei da nação dominante; e, apesar de ter continuado a ser a lei da nobreza principal, a maioria das cidades erigiu-se em repúblicas, e essa nobreza caiu ou foi (2) extermi-

(*) *Valois, Bignons*: referência a dois historiógrafos da corte real francesa do século XVII, Adrien de Valois e Jérôme Bignon (N. T.).

(1) Ver abaixo, caps. IX, X e XI.

(2) Ver o que diz Maquiavel da destruição da antiga nobreza de Florença.

nada. Os cidadãos das novas repúblicas não foram levados a adoptar uma lei que estabelecia o uso do combate judicial, e cujas instituições estavam muito ligadas aos usos e costumes da cavalaria. Como o clero, que naquela época era tão poderoso em Itália, vivia quase inteiramente sob a lei romana, o número daqueles que seguiam a lei dos Lombardos tinha de continuar a diminuir.

De resto, a lei dos Lombardos não tinha esta majestade do direito romano, que recordava a Itália da ideia do seu domínio sobre toda a Terra; e também não tinha a sua extensão. A lei dos Lombardos e a lei romana já só podiam servir para complementar os estatutos das cidades que tinham sido erigidas em repúblicas; ora, qual delas podia complementá-los melhor, a lei dos Lombardos, que apenas estatuía sobre alguns casos, ou a lei romana, que os abrangia a todos?

Capítulo VII

Como o direito romano se perdeu em Espanha

As coisas correram doutra maneira em Espanha. A lei dos Visigodos triunfou e o direito romano perdeu-se. Chaindassuindo ([1]) e Recessuindo ([2]) proscreveram as leis romanas, e nem sequer permitiram que fossem citadas nos tribunais. Recessuindo foi também o autor da lei ([3]) que abolia a proibição dos casamentos entre os Godos e os Romanos. É evidente que estas duas leis tinham o mesmo espírito: este rei queria remover as principais causas de separação que havia entre os Godos e os Romanos. Ora, pensava-se que nada os separava mais do que a proibição de contrair casamentos entre eles e a permissão de viverem sob leis diferentes.

Mas, embora os reis dos Visigodos o tivessem proscrito, o direito romano continuou a subsistir nos domínios que possuíam na Gália Meridional. Estes países, afastados do centro da monar-

---

([1]) Começou o seu reinado em 642.

([2]) *Não queremos continuar a ser atormentados pelas leis estrangeiras, nem pelas leis romanas.* Lei dos Visigodos, liv. II, título I, §§ 9 e 10.

([3]) *Ut tam Gotho Romanam quam Romano Gotham matrimonio liceat sociari* [«Será permitido o casamento entre um godo e uma romana e tal como entre um romano e uma goda»]. Lei dos Visigodos, liv. III, título I, cap. i

quia, viviam numa grande independência ([1]). Vemos pela história de Vamba, que subiu ao trono em 672, que os nativos do país tinham levado a melhor ([2]). Por isso, a lei romana tinha aí mais autoridade e a lei goda menos autoridade. As leis espanholas não convinham nem às suas maneiras, nem à sua situação actual. Talvez até o povo tenha insistido na lei romana porque associava a ela a ideia da sua liberdade. E mais: as leis de Chaindassuindo e de Recessuindo continham disposições terríveis contra os Judeus; mas esses Judeus eram poderosos na Gália Meridional. O autor da história do rei Vamba chama a essas províncias o *prostíbulo* dos Judeus. Os Sarracenos vieram para essas províncias porque foram chamados a elas: ora quem os teria chamado senão os Judeus ou os Romanos? Os Godos foram os primeiros a ser oprimidos porque eram a nação dominante. Vemos em Procópio ([3]) que, nas suas calamidades, eles se retiraram da Gália Narbonense para a Espanha. Sem dúvida que com este infortúnio eles se refugiaram nas regiões de Espanha que ainda se defendiam, e o número daqueles que, na Gália Meridional, viviam sob a lei dos Visigodos ficou bastante diminuído.

Capítulo VIII
Uma falsa capitular

Esse infeliz compilador Benoît Levita não ia transformar a lei visigótica que proibia o uso do direito romano numa capitular ([4]) que mais tarde se atribuiu a Carlos Magno? Fez dessa lei particular uma lei geral, como se tivesse querido exterminar o direito romano em todo o universo.

([1]) Ver em Cassiodoro as deferências que Teodorico, rei dos Ostrogodos e o príncipe mais reputado do seu tempo, tinha para com elas; liv. IV, cartas 19 e 26.

([2]) A revolta destas províncias foi generalizada, como se torna visível no julgamento que se seguiu aos acontecimentos. Paulus e os seus adeptos eram romanos; tinham até o favor dos bispos. Vamba não ousou mandar matar os sediciosos que vencera. O autor da história chama à Gália Narbonense a ama da perfídia.

([3]) *Gothi qui cladi superfuerant, ex Gallia cum uxoribus liberisque egressi, in Hispaniam ad Teudim jam palam tyrannum se receperunt* [«Os godos que sobreviveram à matança abandonaram a Gália com as suas mulheres e filhos, foram recebidos na Espanha por Teudis, que já era um patente tirano»]. *De bello Gothorum,* liv. I, cap. xiii.

([4]) *Capitulares,* edição de Baluze, liv. VI, cap. cccxliii, p. 981, tomo I.

Capítulo IX
Como os códigos dos direitos dos bárbaros e as capitulares se perderam

Aos poucos, as leis sálicas, ripuárias, borgonhesas e visigóticas caíram em desuso entre os Franceses. Eis como.

Como os feudos se tornaram hereditários, e os subfeudos (*) cresceram, introduziram-se muitos usos relativamente aos quais essas leis já não eram aplicáveis. É verdade que se reteve o seu espírito, que era o de regular a maioria dos assuntos por meio de multas. Mas, como os valores tinham indubitavelmente mudado, as multas mudaram também; e vêem-se muitas ([1]) cartas em que os senhores fixavam as multas que deviam ser pagas nos seus pequenos tribunais. Assim, seguia-se o espírito da lei sem se seguir a própria lei.

De resto, como a França se encontrava dividida numa infinidade de pequenos senhorios, que reconheciam mais uma dependência feudal do que uma dependência política, era muito difícil que uma única lei pudesse ser autorizada. Com efeito, não teriam conseguido fazer que fosse cumprida. O uso de enviar oficiais ([2]) extraordinários para as províncias que vigiassem a administração da justiça e os assuntos políticos estava praticamente extinto. Pela leitura das cartas, parece até que, quando se estabeleciam novos feudos, os reis privavam-se do direito de os enviar. Assim, quando quase tudo se convertera em feudos, estes oficiais não puderam mais ser empregues; deixou de haver uma lei comum porque ninguém podia fazer cumprir a lei comum.

As leis sálicas, borgonhesas e visigóticas foram, por isso, extremamente negligenciadas no final da segunda raça; e, no início da terceira ([3]), já quase não se ouvia falar delas.

Sob as duas primeiras raças, a nação reunia-se com frequência, isto é, os senhores e os bispos; ainda não se punha a questão das comunas. Procurava-se nessas assembleias regular o clero,

---

(*) Feudo dependente de outro feudatário (N. T.).

([1]) O Sr. de la Thaumassière recolheu várias delas. Veja-se, por exemplo, os caps. lxi, lxvi e outros.

([2]) *Missi dominici.*

([3]) «Que os bispos», disse Carlos, *o Calvo,* na capitular do ano de 844, art. 8º, «sob o pretexto de que têm a autoridade de fazer cânones, não se oponham a esta constituição, nem a negligenciem». Parece que ele previa já a sua queda.

que era um corpo que se formava, por assim dizer, sob os conquistadores e que estabelecia as suas próprias prerrogativas. As leis feitas nessas assembleias são aquilo a que chamamos capitulares. Aconteceram quatro coisas: estabeleceram-se as leis dos feudos, e uma grande parte dos bens da Igreja foi governada pelas leis dos feudos; os eclesiásticos separaram-se mais, e negligenciaram (1) as leis de reforma quando não foram os únicos reformadores; os cânones dos concílios e as decretais dos papas; e o clero adoptou essas leis, como se viessem de uma fonte mais pura. A partir da criação dos grandes feudos, os rei deixaram de enviar, como disse, oficiais para as províncias para fazer cumprir as leis deles emanadas: assim, sob a terceira raça, deixou de se ouvir falar de capitulares.

Capítulo X
Continuação do mesmo assunto

Foram aditadas várias capitulares à lei dos Lombardos, às leis sálicas, à lei dos Bávaros. Procurou-se a razão de tal facto; é preciso ir buscá-la à própria coisa. As capitulares eram de várias espécies. Umas estavam relacionadas com o governo político, outras com o governo económico, a maior parte com o governo eclesiástico, algumas com o governo civil. As desta última espécie foram aditadas à lei civil, isto é, às leis pessoais de cada nação: é por isso que está dito nas capitulares que nada nelas foi estipulado (2) contra a lei romana. Com efeito, as que diziam respeito ao governo económico, eclesiástico ou político, não estavam relacionadas com esta lei; e as que diziam respeito ao governo civil só estavam relacionadas com as leis dos povos bárbaros, que eram explicadas, corrigidas, aumentadas e diminuídas. Mas, ao acres-

---

(1) Na compilação dos cânones introduziram um número infinito de decretais dos papas; na antiga colecção havia muito poucas. Dionísio, *o Pequeno*, colocou muitas decretais na sua colecção; mas a de Isidoro Mercator estava cheia de decretais verdadeiras e falsas. A antiga colecção esteve em uso em França até Carlos Magno. Este príncipe recebeu das mãos do papa Adriano I a colecção de Dionísio, *o Pequeno*, e fez com que fosse adoptada. A colecção de Isidoro Mercator apareceu em França por volta do reinado de Carlos Magno. Entrou nas mentes; a seguir veio aquilo a que se chama o *Corpo do direito canónico*.

(2) Ver o édito de Pistes, art. 20.

centarem-se estas capitulares às leis pessoais, foi, creio eu, o próprio corpo das capitulares que acabou por ser negligenciado. Em tempos de ignorância, muitas vezes o resumo de uma obra faz cair a própria obra.

Capítulo XI
Outras causas da queda dos códigos das leis dos bárbaros, do direito romano e das capitulares

Quando as nações germânicas conquistaram o império romano, depararam-se com o uso da escrita; e, imitando os Romanos, redigiram os seus usos ([1]) por escrito. Os reinados infelizes que se seguiram ao de Carlos Magno, as invasões dos Normandos, as guerras intestinas, afogaram as nações vitoriosas nas trevas das quais tinham saído; deixou de se saber ler ou escrever. Tal fez esquecer as leis bárbaras escritas, o direito romano e as capitulares em França e na Alemanha. O uso da escrita preservou-se melhor em Itália, onde reinavam os papas e os imperadores gregos, e onde havia cidades florescentes e quase o único comércio que se praticava nessa época. A vizinhança com a Itália levou a que o direito romano se preservasse melhor nas regiões da Gália outrora submetidas aos Godos e aos Borgonheses, tanto mais que aí esse direito era uma lei territorial e uma espécie de privilégio. Aparentemente, é à ignorância da escrita que se deve a queda das leis visigóticas em Espanha. E, com a queda de tantas leis, por toda a parte se formaram costumes.

As leis pessoais declinaram. As composições e aquilo a que se chama *freda* ([2]) foram mais reguladas pelo costume do que pelo texto dessas leis. Assim, tal como com o estabelecimento da monarquia se passara dos usos dos germânicos para leis escritas, também alguns séculos mais tarde se retornou das leis escritas para os usos não escritos.

([1]) Isso é vincado expressamente em alguns prólogos destes códigos. Nas leis dos Saxões e dos Frisões, vêem-se até disposições diferentes para os diversos distritos. A esses usos acrescentaram algumas disposições particulares que as circunstâncias exigiam; tais foram as duras leis contra os Saxões.

([2]) Falarei sobre isto mais adiante [XXX.14].

Capítulo XII
Dos costumes locais; revolução das leis dos povos bárbaros e do direito romano

Em vários registos se pode ver que havia já costumes locais durante a primeira e a segunda raças. Neles são mencionados o *costume do lugar* ([1]), o *uso antigo* ([2]), o *costume* ([3]), as *leis* ([4]) e os *costumes*. Houve autores que acreditaram que o que se designava por costumes eram as leis dos povos bárbaros, e que aquilo a que se chamava lei era o direito romano. Demonstrarei que tal não é possível. O rei Pepino ([5]) ordenou que em toda a parte onde não houvesse lei se seguisse o costume; mas que o costume não teria prioridade sobre a lei. Ora, dizer que o direito romano gozava de prioridade sobre os códigos das leis dos bárbaros é contrariar todos os registos antigos, e sobretudo esses códigos das leis dos bárbaros que declaram perpetuamente o contrário.

Bem longe de as leis dos povos bárbaros serem os costumes, foram essas mesmas leis que, enquanto leis pessoais, os introduziram. A lei Sálica, por exemplo, era uma lei pessoal; mas nos lugares habitados geralmente ou quase geralmente por Francos sálios a lei Sálica, apesar de ser pessoal, tornou-se em relação a esses Francos sálios uma lei territorial; e só era pessoal para os Francos que viviam alhures. Ora, se num lugar onde a lei Sálica era territorial acontecesse que vários borgonheses, alemães ou até romanos, tivessem muitas vezes assuntos para resolver, estes teriam sido decididos pelas leis desses povos; e um grande número de julgamentos, conformes a algumas dessas leis, deveria ter introduzido novos usos no país. E isso explica bem a constituição de Pepino. Era natural que esses usos pudessem afectar os francos locais nos casos que não eram decididos pela lei Sálica; mas não era natural que pudessem prevalecer sobre a lei Sálica.

Assim, havia em cada lugar uma lei dominante, e os usos aceites serviam como suplemento à lei dominante, quando a não contrariavam.

([1]) Prefácio das *Fórmulas* de Marculfo.
([2]) Lei dos Lombardos, liv. II, título lviii, § 3.
([3]) *Ibid.*, liv. II, título xli, § 6.
([4]) Vida de São Léger.
([5]) Lei dos Lombardos, liv. II, título xli, § 6.

Podia até acontecer que esses usos servissem de suplemento a uma lei que não era territorial; e, para prosseguir com o mesmo exemplo, se num lugar onde a lei Sálica era territorial um borgonhês era julgado pela lei dos Borgonheses, e se o caso não se encontrasse no texto dessa lei, não pode haver dúvidas de que era julgado segundo o costume do lugar.

No tempo do rei Pepino, os costumes que se tinham formado tinham menos força do que as leis; mas rapidamente os costumes destruíram as leis; e como os novos regulamentos são sempre remédios que indicam um mal presente, é crível que no tempo de Pepino se começava já a preferir os costumes às leis.

O que eu disse explica como o direito romano começou desde os primeiros tempos a converter-se numa lei territorial, como se vê no édito de Pistes; e como a lei gótica não deixava de estar ainda em uso, como transparece do sínodo de Troyes ([1]), de que falei. A lei romana tornara-se na lei pessoal geral, e a lei gótica na lei pessoal particular; e por conseguinte a lei romana era a lei territorial. Mas como é que a ignorância levou em toda a parte à queda das leis pessoais dos povos bárbaros, enquanto o direito romano subsistia, como lei territorial, nas províncias visigóticas e borgonhesas? Respondo que também a lei romana teve mais ou menos a mesma sorte das outras leis pessoais: de outro modo ainda teríamos o código Teodosiano nas províncias onde a lei romana era territorial, em lugar das leis de Justiniano que aí temos. Nessas províncias quase só restou o nome de países de direito romano ou de direito escrito; quase só restou esse amor que os povos têm pela sua lei, sobretudo quando a consideram um privilégio; e algumas disposições do direito romano ainda retidas na memória dos homens. Mas tal foi suficiente para produzir o seguinte efeito: quando a compilação de Justiniano apareceu, foi adoptada nas províncias do domínio dos Godos e dos Borgonheses como lei escrita; ao passo que, no antigo domínio dos Francos, ela foi adoptada apenas como razão escrita.

([1]) Ver mais adiante o cap. v.

Capítulo XIII
Diferença da lei Sálica, ou dos Francos Sálios, e da lei dos Francos Ripuários e dos outros povos bárbaros

A lei Sálica não admitia o uso de provas negativas, isto é, segundo a lei Sálica, quem fizesse uma queixa ou uma acusação tinha de prová-la, e não bastava ao acusado negá-la: o que é conforme às leis de quase todas as nações do mundo.

A lei dos Francos Ripuários tinha um espírito inteiramente diferente ([1]); contentava-se com provas negativas; e aquele contra quem se fizesse uma queixa ou uma acusação podia, na maioria dos casos, justificar-se, jurando, juntamente com um determinado número de testemunhas, que não fizera o que lhe imputavam. O número ([2]) de testemunhas que deviam jurar aumentava de acordo com a importância da coisa; por vezes ([3]), chegava às setenta e duas. As leis dos Alemães, dos Bávaros, dos Turíngios, as dos Frisões, dos Saxões, dos Lombardos e dos Borgonheses foram feitas segundo o mesmo plano que as dos Ripuários.

Disse que a lei Sálica não admitia as provas negativas. No entanto, havia um ([4]) caso em que as provas negativas eram admitidas; mas, nesse caso, não eram admitidas por si só e sem o concurso de provas positivas. O queixoso fazia ([5]) ouvir as suas testemunhas para confirmar a sua queixa; o acusado fazia ouvir as suas para se justificar; e o juiz procurava a verdade nuns testemunhos e noutros ([6]). Esta prática era bem diferente da das leis ripuárias e das outras leis bárbaras, em que um acusado se justificava jurando que não era culpado, e tendo os seus parentes a jurar que ele dissera a verdade. Estas leis só podiam convir a um povo simples e com uma certa candura natural. Foi até necessário que os legisladores prevenissem os seus abusos, como vamos ver daqui a pouco.

([1]) Isto relaciona-se com que Tácito disse [(*De mor. Germ.*, cap. 28)], que os povos germânicos tinham usos comuns e usos particulares.

([2]) Lei dos Ripuários, títulos vi, vii, viii e outros.

([3]) *Ibid.*, títulos xi, xii e xvii.

([4]) É o caso em que um antrustião, isto é, um vassalo do rei, em quem se presume uma maior franqueza, era acusado. Ver o título lxxvi do *Pactus legis salicae.*

([5]) Ver o mesmo título lxxvi.

([6]) Como se pratica ainda hoje em Inglaterra.

Capítulo XIV
Outra diferença

A lei Sálica não permitia a prova pelo combate singular (*); a lei dos Ripuários (1), e quase (2) todas as leis dos povos bárbaros, aceitavam-na. Parece-me que a lei do combate era uma consequência natural da, e o remédio para, a lei que estabelecia as provas negativas. Quando se apresentava uma queixa, e quando se via que esta iria ser injustamente iludida com um juramento, o que restava a um guerreiro (3) que se visse na iminência de ser enganado senão pedir compensação pelo dano cometido contra si, e pelo próprio perjúrio? A lei Sálica, que não admitia o uso das provas negativas, não tinha necessidade da prova pelo combate, e não a aceitava; mas a lei dos Ripuários (4) e a dos outros povos (5) bárbaros que admitiam o uso das provas negativas foram forçadas a estabelecer a prova pelo combate.

Peço que se leiam as duas famosas (6) disposições de Gondebaldo, rei da Borgonha, sobre esta matéria; constatar-se-á que são tiradas da natureza da coisa. Era preciso, segundo a linguagem das leis dos bárbaros, retirar o juramento das mãos de um homem que queria dele abusar.

Entre os Lombardos, a lei de Rotário admitia casos em que aquele que se defendera com um juramento já não poderia ser

---

(*) Isto é, pelo confronto judicial ou duelo judicial. Prática judicial deste período mediante a qual as duas partes se confrontavam num combate, sendo o vencedor do combate pronunciado como a parte legalmente vitoriosa da contenda (N. T.).

(1) Título xxxii; título lvii, § 2; título lix, § 4.

(2) Ver a nota seguinte.

(3) Este espírito aparece efectivamente na lei dos Ripuários, título lix, § 4, e título lxvii, § 5; e a capitular de Luís, *o Pio*, aditada à lei dos Ripuários, do ano de 803, art. 22º.

(4) Ver essa lei.

(5) A lei dos Frisões, dos Lombardos, dos Bávaros, dos Saxões, dos Turíngios e dos Borgonheses.

(6) Na lei dos Borgonheses, título viii, §§ 1 e 2, sobre os assuntos criminais, e o título xlv, que também diz respeito aos assuntos civis. Ver também a lei dos Turíngios, título i, § 31; título vii, § 6; e título viii; e a lei dos Alemães, título lxxxix; a lei dos Bávaros, título viii, cap, ii, § 6, e cap. iii, § 1; e título ix, cap. iv, § 4; a lei dos Frisões, título ii, § 3; e título xiv, § 4; a lei dos Lombardos, liv. I, título xxxii, § 3, e título xxxv, § 1; e liv. II, título xxxv, § 2.

submetido às fadigas de um combate. Este uso alargou-se ([1]). Veremos a seguir os males que daqui resultaram e como foi necessário regressar à prática antiga.

Capítulo XV
Reflexão

Não digo que, nas mudanças que foram feitas no código das leis dos Bárbaros, nas disposições que lhes foram aditadas, e no corpo das capitulares, não se pudesse encontrar algum texto, em que, de facto, a prova do combate não seja uma consequência da prova negativa. Circunstâncias particulares levaram a que, no decurso de vários séculos, se estabelecessem certas leis particulares. Falo do espírito geral das leis dos Germanos, da sua natureza e da sua origem; falo dos antigos usos destes povos, indicados ou estabelecidos por estas leis. Aqui, é apenas isso que está em questão.

Capítulo XVI
Da prova pela água a ferver estabelecida pela lei Sálica

A lei Sálica ([2]) admitia o uso da prova pela água a ferver; e como essa prova era bastante cruel, a lei ([3]) era temperada de modo a suavizar o seu rigor. Permitia a quem tivesse sido intimado para vir fazer prova pela água a ferver resgatar a sua mão, se a outra parte assim consentisse. O acusador, mediante uma certa soma que a lei fixava, podia contentar-se com o juramento de algumas testemunhas, que declaravam que o acusado não cometera o crime; e este era um caso particular da lei Sálica, em que não era aceite a prova negativa.

Esta prova era uma coisa convencional que a lei tolerava, mas não ordenava. A lei atribuía uma certa compensação ao acusador que quisesse permitir que o acusado se defendesse por meio de uma prova negativa: o acusador era livre de confiar no juramento do acusado, como era livre de perdoar o dano ou a injúria.

([1]) Ver mais adiante o cap. xviii, *in fine*.

([2]) E também algumas outras leis dos Bárbaros.

([3]) Título lvi.

A lei ([1]) proporcionava uma dose de temperança, para que antes do julgamento as partes, uma no receio de uma provação terrível, a outra tendo em vista uma pequena compensação imediata, pudessem terminar os seus diferendos e extinguir os seus ódios. Sente-se claramente que uma vez consumada esta prova negativa, não teria de haver outra, e que assim a prática do combate não podia ser uma consequência desta disposição particular da lei sálica.

Capítulo XVII
Maneira de pensar dos nossos pais

É espantoso ver que os nossos pais fizessem a honra, a fortuna e a vida depender assim de coisas que pertenciam menos ao âmbito da razão do que do acaso; que empregassem incessantemente provas que nada provavam e que não estavam ligadas nem à inocência nem ao crime.

Os Germanos, que nunca tinham sido subjugados, gozavam de uma independência extrema ([2]). As famílias guerreavam-se por causa de assassínios, roubos e injúrias ([3]). Este costume modificou-se quando as guerras foram submetidas a regras; eram travadas por ordem e sob o olhar do magistrado ([4]); o que era preferível a uma licença generalizada para provocar danos uns aos outros.

Tal como os Turcos actualmente, nas suas guerras civis, consideram a primeira vitória como um julgamento de Deus que decide; também os povos germânicos, nos seus assuntos particulares, tomavam o resultado do combate por uma determinação da Providência, sempre atenta a punir o criminoso ou o usurpador.

Tácito diz que, entre os Germanos, quando uma nação queria entrar em guerra com outra, procurava fazer algum prisioneiro que pudesse combater com um dos seus; e que o sucesso da

---

([1]) *Ibid.*, título lvi.

([2]) Isso está patente naquilo que Tácito diz: *Omnibus idem habitus* [«Todos com as mesmas características»]. [*De mor. Germ.*, cap. 4].

([3]) Veleio Patérculo, liv. II, cap. cxviii, diz que os Germanos decidiam todos os assuntos por meio do combate.

([4]) Ver os códigos das leis dos Bárbaros; e, para os tempos mais modernos, Beaumanoir sobre o *Coutume de Beauvoisis.*

guerra seria julgado de acordo com o resultado desse combate. Os povos que acreditavam que o combate singular regularia os assuntos públicos podiam muito bem pensar que poderia também regular os diferendos dos particulares.

Gondebaldo ([1]), rei da Borgonha, foi de todos os reis aquele que mais autorizou o uso do combate. Este príncipe dá razões da sua lei na própria lei: «É para que os nossos súbditos deixem de fazer juramentos a propósito de factos obscuros, e não cometam perjúrio a propósito de factos seguros». Assim, enquanto os eclesiásticos ([2]) declaravam ímpia a lei que permitia o combate, a lei dos Borgonheses considerava sacrílega a lei que estabelecia o juramento.

A prova pelo combate singular tinha alguma razão fundada na experiência. Numa nação unicamente guerreira, a cobardia presume outros vícios; prova que se resistiu à educação que se recebeu, e que se não foi sensível à honra, nem se foi conduzido pelos princípios que governaram os outros homens; permite ver que não se receia o seu desprezo, e que se não faz caso da sua estima: por mais baixo que seja o nascimento de alguém, normalmente não lhe falta a destreza que se deve aliar à força, nem a força que deve acompanhar a coragem; porque quem faz caso da honra, terá passado toda a sua vida exercitando coisas sem as quais não pode obtê-la. De resto, numa nação guerreira, em que a força, a coragem e a proeza são honradas, os crimes verdadeiramente odiosos são aqueles que nascem da perfídia, da subtileza e da astúcia, o que vale por dizer da cobardia.

Quanto à prova pelo fogo, depois de o acusado ter colocado a mão sobre um ferro quente, ou na água a ferver, envolvia-se a mão num saco que era então selado. Se, três dias mais tarde, não aparecessem marcas de queimadura, era declarado inocente. Quem não vê que, no seio de um povo versado no manejo das armas, a pele rude e calosa não receberia a impressão do ferro quente ou da água a ferver o suficiente para que aparecesse três dias depois? E se marca da queimadura aparecesse, seria uma marca de que quem passava pela prova era um efeminado. Os nossos camponeses, com as suas mãos calosas, manejam o ferro quente como querem. E quanto às mulheres, as mãos daque-

---

([1]) Lei dos Borgonheses, cap. xlv.

([2]) Ver as *Obras* de Agobardo.

las que trabalhavam podiam resistir ao ferro quente. As damas não tinham falta de campeões que as defendessem ([1]); e numa nação em que não havia luxo também quase não havia uma condição média.

Segundo a lei dos Turíngios ([2]), uma mulher acusada de adultério só era condenada à prova da água a ferver se nenhum campeão se apresentasse por ela; e a lei ([3]) dos Ripuários só admitiam essa provação quando não se encontravam testemunhas que justificassem o acusado. Mas uma mulher que nenhum dos seus parentes quisesse defender, ou um homem que não pudesse alegar qualquer testemunho da sua probidade, estariam só por isso já condenados.

Digo portanto que, nas circunstâncias dos tempos em que a prova pelo combate e a prova pelo ferro quente e pela água a ferver estiveram em uso, havia um tal acordo das leis com os costumes ([*]), que essas leis produziram menos injustiças do que foram injustas; que os efeitos foram mais inocentes do que as causas; que contrariaram mais a equidade do que violaram os direitos; que foram mais desrazoáveis do que tirânicas.

Capítulo XVIII
Como a prova pelo combate se difundiu

Poder-se-ia concluir da carta de Agobardo a Luís, *o Pio*, que a prova pelo combate não estava em uso entre os Francos, porque depois de ter denunciado a esse príncipe os abusos da lei de Gondebaldo ([4]), pede-lhe que os casos sejam julgados na Borgonha pela lei dos Francos. Mas como se sabe por outras vias que, nesse tempo, o combate judicial estava em uso na França, fica-se perante um impasse. Isso explica-se por aquilo que eu disse: a lei dos Francos sálios não admitia essa prova, e a dos Francos ripuários ([5]) aceitava-a.

([1]) Ver Beaumanoir, *Coutume de Beauvoisis*, cap. lxi. Ver também a lei dos Anglos, cap. xiv, onde a prova pela água a ferver é apenas subsidiária.

([2]) Título xiv.

([3]) Cap. xxxi, § 5.

([*]) *Moeurs* no original. Ver *EL*, prefácio, n.t. (N. T.).

([4]) *Si placeret domino nostro ut eos transferret ad legem Francorum* [«Se aprouver ao nosso senhor que seja transferido para a lei dos Francos»].

([5]) Ver essa lei, título lix, § 4; e título lxvii, § 5.

Mas, apesar dos clamores dos eclesiásticos, o uso do combate judicial espalhava-se todos os dias pela França; e já de seguida vou demonstrar que, em grande medida, foram eles mesmos que deram azo a isso.

É a lei dos Lombardos que nos fornece essa prova. «Há muito tempo foi introduzido um costume (*) detestável (lê-se no preâmbulo da constituição de Otão II): é que se a carta de alguma herança fosse atacada como falsa, quem a apresentou jurava sobre os Evangelhos que ela era verdadeira; e, sem qualquer julgamento preliminar, tornava-se proprietário da herança; assim, os perjuros tinham a certeza de adquirir» (1). Quando o imperador Otão I se fez coroar em Roma (2), no momento em que o papa João XII reunia um Concílio, todos os senhores (3) de Itália bradaram para que o imperador fizesse uma lei que corrigisse este indigno abuso. O papa e o imperador julgaram que o assunto tinha de ser remetido para o Concílio, que devia reunir-se pouco tempo depois em Ravena (4). Aí, os senhores fizeram as mesmas exigências e redobraram os seus brados; mas, com o pretexto da ausência de algumas pessoas, este assunto foi uma vez mais adiado. Quando Otão II e Conrado (5), rei da Borgonha, chegaram a Itália, tiveram em Verona (6) um colóquio (7) com os senhores de Itália; se, devido às suas instâncias reiteradas, o imperador com o consentimento de todos fez uma lei que determinava que, quando houvesse alguma contenda a propósito de heranças, e uma das partes quisesse servir-se de uma carta que a outra parte sustentasse ser falsa, o assunto seria decidido pelo combate; que a mesma regra seria aplicada quando se tratasse de

(*) *Coutume* no original

(1) Lei dos Lombardos, liv. II, título lv, cap. xxxiv.

(2) No ano de 962.

(3) *Ab Italiae proceribus est proclamatum, ut imperator sanctus, mutata lege, facinus indignum destrueret* [«É proclamado pelos príncipes de Itália que o sacro imperador ao mudar essa lei destruiria um crime indigno»]. Lei dos Lombardos, liv. II, título lv, cap. xxxiv.

(4) Reuniu-se no ano de 967, na presença do papa João XIII, e do imperador Otão I.

(5) Tio de Otão II, filho de Rudolfo, e rei da Borgonha Transjurana.

(6) No ano de 988.

(7) *Cum in hoc ab omnibus imperiales aures pulsarentur* [«Assim, de todos os lados martelaram os ouvidos do imperador sobre este assunto»]. Lei dos Lombardos, liv. II, título lv, cap. xxxiv.

matérias de feudos; que as igrejas estariam sujeitas à mesma lei, e que elas combateriam por intermédio dos seus campeões. Podemos ver que a nobreza pedia a prova pelo combate por causa dos inconvenientes da prova introduzida nas igrejas; que, apesar dos brados de protesto desta nobreza, apesar do brado do próprio abuso, e apesar da autoridade de Otão, que chegou a Itália para falar e agir como senhor, o clero manteve-se firme em dois concílios; que, como o acordo entre a nobreza e dos príncipes forçou os eclesiásticos a ceder, o uso do combate judicial tinha de ser considerado um privilégio da nobreza, uma muralha contra a injustiça e uma garantia da sua propriedade; e que, desde esse momento, essa prática devia ser alargada. E isso fez-se num tempo em que os imperadores eram grandes e os papas pequenos, num tempo em que os Otãos vieram restabelecer em Itália a dignidade do império.

Farei uma reflexão que confirmará o que acabei de dizer, que o estabelecimento das provas negativas trouxe consigo a jurisprudência do combate. O abuso de que se queixavam diante dos Otãos era o de que um homem a quem se objectava que a sua carta era falsa, defendia-se por meio de uma prova negativa, declarando sobre os Evangelhos que não era. O que se fez para corrigir o abuso de uma lei que fora truncada? Restabeleceu-se o uso do combate.

Apressei-me a falar da constituição de Otão II com o intuito de dar uma ideia clara das contendas que houve nesses tempos entre o clero e os leigos. Antes disso houve uma constituição (1) de Lotário I que, sobre as mesmas queixas e as mesmas contendas, querendo assegurar a propriedade dos bens, ordenava que o notário juraria que a sua carta não era falsa; e que, se tivesse morrido, seriam trazidas a juramento as testemunhas que a tivessem assinado. Mas o mal ainda permanecia; tinha de se recorrer ao remédio de que falei.

Descubro que, antes desse tempo, nas assembleias gerais convocadas por Carlos Magno, a nação fez-lhe ver (2) que naquele estado de coisas era muito difícil que o acusador ou o acusado não se perjurassem, e que mais valia restabelecer o combate judicial; coisa que ele fez.

---

(1) Na lei dos Lombardos, liv. II, título lv, § 33. No exemplar de que se serviu o Sr. Muratori, é atribuída ao imperador Guy.

(2) Lei dos Lombardos, liv. II, título lv, § 23.

O uso do combate judicial estendeu-se aos Borgonheses, e, entre eles, limitou-se o uso do juramento. Teodorico, rei de Itália, aboliu o combate singular entre os Ostrogodos ([1]): as leis de Chaindassuindo e de Recessuindo parecem ter tido a intenção de eliminar até a sua ideia. Mas estas leis foram tão pouco adoptadas na Narbonesa ([2]) que o combate era aí visto como uma prerrogativa dos Godos.

Os Lombardos, que conquistaram a Itália após a destruição dos Ostrogodos pelos Gregos, trouxeram para esse país o uso do combate. Mas as suas primeiras leis restringiram-no ([3]). Carlos Magno ([4]), Luís, *o Pio*, os Otões, fizeram várias constituições gerais, que se encontram inseridas nas leis dos Lombardos, e aditadas às leis sálicas, que alargaram o duelo desde logo às questões criminais e de seguida às civis. Não se sabia o que fazer. A prova negativa pelo juramento tinha inconvenientes; a prova negativa pelo combate também os tinha: mudava-se consoante se ficava mais impressionado com uns inconvenientes ou com outros.

Por um lado, para os eclesiásticos era agradável ver que em todos os assuntos seculares se recorria às igrejas ([5]) e aos altares; e, por outro, uma nobreza orgulhosa gostava de manter os seus direitos pela espada.

Não digo que foi o clero que introduziu o uso de que a nobreza se queixava. Esse costume decorria do espírito das leis dos bárbaros e do estabelecimento das provas negativas. Mas

---

([1]) Ver Cassiodoro, liv. III, cartas 23 e 24.

([2]) *In palatio quoque Bera comes Barcinonensis, cum impeteretur a quodam vocato Sunila, et infidelitatis argueretur, cum eodem secundum legem propriam, utpote quia uterque Gothus erat, equestri praelio congressus est et victus* [«Nesse palácio, Bera, conde da Barcinoninia, foi procurado por um certo homem chamado Sunila e foi acusado por ele de ser infiel; ele combateu-o a cavalo de acordo com a lei de ambos, pois eram ambos godos; e venceu»]. O autor incerto da *Vida* de Luís, *o Pio*.

([3]) Ver, na lei dos Lombardos, o liv. I, título iv e título ix, § 23; e liv. II, título xxxv, §§ 4 e 5; e título lv, §§ 1, 2 e 3; os regulamentos de Rotário; e em § 15, o de Luitprando.

([4]) *Ibid.*, liv. II, título lv, § 23.

([5]) Nessa altura, o juramento judicial era feito nas igrejas; e, durante a primeira raça, no palácio dos reis havia uma capela expressamente para os assuntos que aí eram julgados. Ver as fórmulas de Marculfo, liv. I, cap. xxxviii; as leis dos ripuários, título lix, § 4; título lxv; § 5; a história de Gregório de Tours; a capitular do ano de 803, aditada à lei Sálica.

como uma prática que podia trazer a impunidade a tantos criminosos fez pensar que era necessário utilizar a sacralidade das igrejas para aturdir os culpados e fazer empalidecer os perjuros, os eclesiásticos apoiaram este uso e a prática à qual estava associado; pois em tudo o resto opunham-se às provas negativas. Vemos em Beaumanoir (1) que essas provas nunca foram admitidas nos tribunais eclesiásticos; o que muito contribuiu sem dúvida para o seu declínio e para enfraquecer a disposição dos códigos das leis dos Bárbaros a este respeito.

Isto também permitirá perceber melhor a ligação entre o uso das provas negativas e o uso do combate judicial de que tanto falei. Os tribunais laicos admiravam tanto um como o outro, e os tribunais clericais rejeitavam ambos.

Na escolha da prova pelo combate a nação seguia o seu génio guerreiro; pois ao mesmo tempo que se estabelecia o combate como julgamento de Deus, aboliam-se as provas pela cruz, pela água fria e pela água a ferver, que também tinham sido consideradas como julgamentos de Deus.

Carlos Magno ordenou que, caso surgisse qualquer diferendo entre os seus filhos, este fosse terminado pelo julgamento da cruz (*). Luís, *o Pio* (2), limitou esse julgamento às questões eclesiásticas. O seu filho Lotário aboliu-o em todos os casos; aboliu (3) igualmente a prova pela água fria.

Não digo que, num tempo em que havia tão poucos usos universalmente aceites, essas provas não tenham sido reproduzidas em algumas igrejas, tanto mais que uma carta (4) de Filipe Augusto as menciona; mas digo que eram pouco usadas. Beaumanoir (5), que vivia no tempo de São Luís e um pouco mais

---

(1) Cap. xxxix, p. 212. [Os clérigos declaram que *a negativa não deve constituir prova*, pois não pode ser provada.]

(*) Há alguma dificuldade em determinar com exactidão em que consistia o «julgamento da cruz». Presume-se que a prática consistisse em colocar quem estava a ser submetido a julgamento numa posição cruciforme – de braços levantados e encostado a uma cruz –, e que assim deveria permanecer durante um limite mínimo de tempo, ou em competição com outros litigantes (N. T.).

(2) Encontramos as suas constituições inseridas na lei dos Lombardos e no seguimento das leis sálicas.

(3) Na sua constituição inserida na lei dos Lombardos, liv. II, título lv, § 31.

(4) Do ano de 1200.

(5) *Coutume de Beauvoisis*, cap. xxxix.

tarde, ao fazer a enumeração dos diferentes géneros de provas fala da do combate, mas ignora completamente as outras.

Capítulo XIX
Uma nova razão para o esquecimento das leis sálicas, das leis romanas e das capitulares

Já falei das razões que levaram a que as leis sálicas, as leis romanas e as capitulares perdessem a sua autoridade; acrescentarei que a grande extensão da prova pelo combate foi a sua principal causa.

As leis sálicas, que não admitiam este uso, tornaram-se de certo modo inúteis e entraram em declínio; as leis romanas, que também não as admitiam, pereceram da mesma maneira. Pensava-se apenas em formar a lei do combate judicial e em fazer uma boa jurisprudência a partir dela. As disposições das capitulares não se tornaram menos inúteis. Assim, muitas leis perderam a sua autoridade, sem que se possa citar o momento em que elas a perderam; foram esquecidas, sem que se encontrem outras que tenham tomado o seu lugar.

Uma tal nação não tinha necessidade de leis escritas, e as suas leis escritas podiam muito facilmente cair no esquecimento.

Se houvesse alguma discussão entre duas partes, ordenava-se o combate. Para isso, não era necessária muita competência.

Todas as acções civis e criminais reduzem-se a factos. Era em torno desses factos que se combatia; e não era apenas o fundo do caso que se julgava pelo combate, mas também os incidentes e os interlocutores, como refere Beaumanoir (1), que dá vários exemplos.

Vejo que no começo da terceira raça a jurisprudência estava inteiramente nos procedimentos; tudo era governado pelo ponto de honra. Se não se obedecesse ao juiz, este perseguiria a ofensa. Em Burges (2), se o preboste chamasse alguém que não viesse, dizia: «Mandei que te fossem buscar; desdenhaste de vir; dá-me uma satisfação por esse desprezo»; e combatiam. Luís, *o Gordo*, reformou (3) este costume.

---

(1) Cap. lxi, p. 309 e 310.

(2) Carta de Luís, *o Gordo*, do ano de 1145, no *Recueil des Ordonnances*.

(3) *Ibid.*

O combate judicial era usado em Orleães em todas as petições por dívidas ([1]). Luís, *o Jovem*, declarava que este costume só tinha lugar quando a petição excedia os quatro soldos. Esta ordenação era uma lei local; pois desde os tempos de São Luís ([2]), bastava que o valor fosse superior a doze denários. Beaumanoir ([3]) ouvira um senhor da lei dizer que outrora em França havia o mau costume de se poder alugar por um certo tempo um campeão para combater. Era preciso que o uso do combate judicial tivesse na altura uma extensão prodigiosa.

Capítulo XX
Origem do ponto de honra

Encontramos enigmas nos códigos das leis dos Bárbaros. A lei ([4]) dos Frisões confere apenas meio soldo de compensação a quem levou bastonadas; e não há pequeno ferimento que a lei não compense com uma soma superior. Segundo a lei Sálica, se um homem livre desse três bastonadas a outro homem livre, pagava três soldos; se tivesse feito correr sangue, era punido como se tivesse ferido com o ferro e pagava quinze soldos: a pena media-se pela grandeza dos ferimentos. A lei dos Lombardos ([5]) estabelecia diferentes compensações por um, por dois, por três ou por quatro golpes. Actualmente, um golpe vale por cem mil.

A constituição de Carlos Magno, inserida na lei dos Lombardos ([6]), determina que aqueles a quem permite o duelo combatam com o bastão. Talvez tenha sido um modo de contornar o clero; como o uso dos combates se alargava, talvez se quisesse torná-los menos sanguinários. A capitular ([7]) de Luís, *o Pio*, confere a possibilidade de escolher combater com o bastão ou com armas. Mais tarde, só os servos combatiam com o bastão ([8]).

([1]) Carta de Luís, *o Jovem*, do ano de 1168, no *Recueil des Ordonnances*.
([2]) Ver Beaum., cap. lxiii, p. 325.
([3]) Ver o *Coutume de Beauvoisis*, cap. xxviii, p. 203.
([4]) *Additio sapientium Wilemari*, título v.
([5]) Liv. I, título vi, § 3.
([6]) Liv. II, título lv, § 23.
([7]) Aditada à lei sálica no ano de 819.
([8]) Ver Beaumanoir, cap. lxiv, p. 328.

Desde já vejo nascer e formarem-se os artigos particulares do nosso ponto de honra. O acusador começava por declarar diante do juiz que fulano cometera uma tal acção; e este respondia que aquele mentira ([1]); nesse momento, o juiz ordenava o duelo. Estabeleceu-se a máxima de que, quando se era desmentido, era necessário bater-se em duelo.

Quando um homem ([2]) declarava que combateria, já não podia voltar atrás; e se o fizesse, era condenado a uma pena. Daqui seguiu-se a regra de que, quando um homem se comprometia com a sua palavra, a honra já não lhe permita retractá-la.

Os gentil-homens ([3]) batiam-se entre si a cavalo e com as suas armas; e os vilões ([4]) batiam-se a pé e com o bastão. Daqui seguiu-se que o bastão era o instrumento dos ultrajes ([5]), porque um homem que fosse golpeado por um bastão tinha sido tratado como um vilão.

Apenas os vilões combatiam com o rosto descoberto ([6]); assim, só os vilões podiam receber golpes na cara. Uma bofetada tornou-se numa injúria que deve ser lavada com sangue porque um homem que fosse esbofeteado tinha sido tratado como um vilão.

Os povos germânicos não eram menos sensíveis do que nós ao ponto de honra; eram até mais. Por isso, os parentes mais afastados tinham um papel muito importante nas injúrias; e todos os seus códigos baseiam-se nisso. A lei dos Lombardos ([7]) determina que aquele que acompanhado pelos seus vá bater num homem que esteja desprevenido, com o intuito de o cobrir de vergonha e de ridículo, pague a metade da compensação que seria devida se o homem tivesse morrido; e que se, pelo mesmo motivo, o amarrar, tem de pagar três quartos da mesma compensação ([8]).

([1]) *Ibid.*, p. 329.

([2]) *Ibid.*, cap. iii, p. 25, e [lxiv], p. 329.

([3]) Sobre as armas dos combatentes, ver Beaum., cap. lxi, p. 308, e cap. lxiv, p. 328.

([4]) Ver Beaumanoir, cap. lxiv, p. 328. Ver também as cartas de Saint-Aubin d'Anjou, relatadas por Galland, p. 263.

([5]) Entre os Romanos as bastonadas não eram infamantes. Leg. *Ictus fustium. De iis qui notantur infamia.*

([6]) Apenas tinham o escudo e o bastão. Beaumanoir, cap. lxiv, p. 328.

([7]) Liv. I, título vi, § 1.

([8]) *Ibid.*, § 2.

Digamos, então, que os nossos pais eram extremamente sensíveis às afrontas; mas que as afrontas de um tipo particular, como ser golpeado por um determinado instrumento numa determinada parte do corpo, e efectuados de uma determinada maneira, ainda lhes eram desconhecidas. Tudo isso estava incluído na afronta de ser batido; e, nesse caso, a grandeza dos excessos fazia a grandeza dos ultrajes.

Capítulo XXI
Nova reflexão sobre o ponto de honra entre os Germânicos

«Entre os Germanos», diz Tácito, «era uma grande infâmia abandonar o escudo em combate; e vários, depois dessa desgraça, se mataram». Também a antiga lei ([1]) Sálica atribui quinze soldos de compensação àquele de quem se dissesse injuriosamente que abandonara o seu escudo.

Carlos Magno ([2]), corrigindo a lei Sálica, estabeleceu para esse caso apenas três soldos de compensação. Não se pode suspeitar de que este príncipe quisesse enfraquecer a disciplina militar. É evidente que esta mudança se deveu à mudança das armas; e é a essa mudança das armas que se deve a origem de muitos dos usos.

Capítulo XXII
Dos costumes ([*]) *relativos aos combates*

A nossa ligação com as mulheres baseia-se na felicidade associada ao prazer dos sentidos, no encanto de amar e ser amado, e também no desejo de lhes agradar, porque elas são juízes muito esclarecidos de uma parte das coisas que constituem o mérito pessoal. Este desejo geral de agradar produz o galanteio, que não é o amor, mas a delicada, mas a ligeira, mas a perpétua ilusão do amor.

Segundo as circunstâncias diferentes de cada nação e de cada século, o amor inclina-se mais para uma destas três coisas do que

---

([1]) No *Pactus legis salicae,* [cap. vi].
([2]) Temos a lei antiga, e a que foi corrigida por este príncipe.
([*]) *Moeurs* no original (N. T.).

para as outras duas. Ora, digo que, no tempo dos nossos combates, foi o espírito de galanteio que teve de adquirir força.

Encontro na lei dos Lombardos ([1]) que, se um dos campeões tivesse consigo ervas apropriadas aos encantamentos, o juiz mandava-o tirá-las e fazia-o jurar que não tinha mais nenhuma. Essa lei só podia basear-se na opinião comum; é o medo, do qual se diz ter inventado tantas coisas, que fez imaginar estes tipos de ilusões. Como nos combates particulares os campeões estavam completamente armados, e com armas pesadas, ofensivas e defensivas, as que tinham uma certa qualidade e uma certa força dava vantagens infinitas, a opinião de que alguns combatentes tinham armas encantadas deve ter dado a volta à cabeça de muita gente.

Daí nasceu o sistema maravilhoso da cavalaria. Todos os espíritos se abriram a essas ideias. Nos romances viam-se paladinos, necromantes, fadas, cavalos alados ou inteligentes, homens invisíveis ou invulneráveis, mágicos que se interessavam pelo nascimento ou educação de grandes personagens, palácios encantados e desencantados; no nosso mundo, via-se um mundo novo; e o curso normal da natureza era deixado apenas aos homens vulgares.

Os paladinos, sempre armados numa parte do mundo repleta de castelos, de fortalezas e de bandidos, encontravam a honra na punição da injustiça e na defesa da fraqueza. Daí também proveio, nos nossos romances, um galanteio baseado na ideia de amor, a que se uniu a ideia de força e de protecção.

Assim nasceu o galanteio, quando se imaginaram homens extraordinários, que, ao verem a virtude unida à beleza e à fraqueza, foram levados a arriscar-se por ela nos perigos e a lhe agradar nas acções comuns da vida.

Os nossos romances de cavalaria inflamaram este desejo de agradar, e deram a uma parte da Europa esse espírito de galanteio, do qual se pode dizer que foi pouco conhecido dos Antigos.

O luxo prodigioso da imensa cidade de Roma inflamou a ideia dos prazeres dos sentidos. Uma certa ideia de tranquilidade nos campos da Grécia fez que se descrevessem os sentimentos do amor ([2]). A ideia dos paladinos, protectores da virtude e da beleza das mulheres, conduziu à ideia do galanteio.

([1]) Liv. II, título lv, § 11.

([2]) Podemos ver os romances gregos da Idade Média.

Este espírito perpetuou-se através do uso dos torneios, que, reunindo os direitos da valentia e do amor, deram uma vez mais ao galanteio uma grande importância.

Capítulo XXIII
Da jurisprudência do combate judicial

Talvez haja curiosidade de ver este uso monstruoso do combate judicial reduzido a princípios e de encontrar o corpo de uma jurisprudência tão singular. Os homens, no fundo razoáveis, submetem a regras até os seus próprios preconceitos. Nada era mais contrário ao bom senso do que o combate judicial; mas uma vez firmado este ponto, a sua execução era feita com uma certa prudência.

Para compreender bem a jurisprudência desses tempos, é preciso ler com atenção os regulamentos de São Luís, que fez mudanças tão grandes na ordem judicial. Défontaines era contemporâneo desse príncipe; Beaumanoir escreveu a seguir a ele ([1]); os outros viveram depois deste. Portanto, é preciso procurar a prática antiga nas correcções que a ela foram feitas.

Capítulo XXIV
Regras estabelecidas no combate judicial

Quando ([2]) havia vários acusadores, era preciso que chegassem a acordo para que o caso fosse prosseguido por um só entre eles; e se não pudesse chegar a um acordo, aquele perante o qual se fizesse a queixa nomeava um dentre eles que prosseguisse a querela.

Quando ([3]) um gentil-homem citava um vilão, devia apresentar-se a pé, e com o escudo e o bastão; e se viesse a cavalo, e com as armas de um gentil-homem, eram-lhe retirados o seu cavalo e as suas armas; ficava apenas em camisa e era obrigado a combater nesse estado contra o vilão.

([1]) No ano de 1283.

([2]) Beaum., cap. vi, p. 40 e 41.

([3]) *Ibid.*, cap. lxiv, p. 328.

Antes do combate, a justiça [1] mandava publicar três proclamações. Numa, os parentes das partes eram ordenados a se retirarem; noutra, avisava-se o povo a fazer silêncio; na terceira, proibia-se prestar socorro a uma das partes, sob penas pesadas, incluindo a morte, se, com esse socorro, um dos combatentes fosse vencido.

Os funcionários da justiça guardavam [2] o cercado; e no caso em que uma das partes falasse de paz, prestavam muita atenção ao estado em que cada uma delas se encontrava nesse momento, para que fossem devolvidas [3] à mesma situação, se a paz se não concretizasse.

Quando os penhores eram recebidos por um crime ou por um falso julgamento, a paz não podia fazer-se sem o consentimento do senhor; e quando uma das partes tinha sido vencida, já não podia voltar a haver paz sem a aprovação do conde [4]; o que estava relacionado com as nossas cartas de perdão.

Mas se o crime fosse capital, e o senhor, corrompido pelos presentes, consentisse na paz, pagaria uma multa de sessenta libras, e o direito [5] que tinha de mandar punir o malfeitor seria devolvido ao conde.

Havia muita gente que não tinha condições de oferecer combate, nem de aceitá-lo. Com conhecimento de causa, era permitido que se escolhesse um campeão; e para que este tivesse um interesse maior na defesa da sua parte, cortavam-lhe a mão se fosse vencido [6].

Quando no século passado se fizeram as leis capitais contra os duelos, talvez tivesse bastado retirar a um guerreiro a sua qualidade de guerreiro pela perda da mão, pois não há normalmente nada mais triste para os homens do que sobreviver à perda do seu carácter.

---

(1) *Ibid.*, p. 330.

(2) *Ibid.*

(3) *Ibid.*

(4) Os grandes vassalos tinham direitos particulares.

(5) Beaumanoir, cap. lxiv, p. 330, diz: *perderia a sua justiça*. Estas palavras, nos autores desse tempo, não têm um significado generalizado, mas restrito ao processo em questão. Défontaines, cap. xxi, art. 29.

(6) Este uso, que se encontra nas capitulares, perdurou até aos tempos de Beaumanoir. Ver o cap. lxi, p. 315.

Quando, num crime capital ([1]), o combate era travado por campeões, colocavam-se as partes num lugar de onde não pudessem ver a batalha; cada uma das partes estava presa pela corda que serviria para o seu suplício, no caso de o seu campeão ser vencido.

Aquele que sucumbia no combate nem sempre perdia a coisa contestada. Se, por exemplo ([2]), o combate fosse em torno de um interlocutório, só se perdia o interlocutório.

Capítulo XXV
Limites que se punham ao uso do combate judicial

Quando tinham sido recebidos penhores de batalha num processo civil de pouca importância, o senhor obrigava as partes a retirá-los.

Se um facto fosse notório ([3]): por exemplo, se um homem tivesse sido assassinado em pleno mercado, não se ordenava nem a prova por testemunhas nem a prova pelo combate; o juiz pronunciava-se com base na publicidade do facto.

Quando, no tribunal do senhor, se julgava frequentemente da mesma maneira, e por isso o uso era conhecido ([4]), o senhor recusava o combate às duas partes, para que os costumes não fossem mudados pelos diferentes resultados dos combates.

Só se podia solicitar o combate para ([5]) si mesmo, ou para alguém da sua linhagem, ou para o seu senhor lígio ([*]).

Quando um acusado era absolvido ([6]), um outro parente não podia pedir o combate; de outro modo, os processos nunca chegariam ao fim.

Se aquele cuja morte os seus parentes quisessem vingar reaparecesse, já não se punha a questão do combate; o mesmo sucedia ([7]) se por uma ausência notória o facto se revelasse impossível.

([1]) Beaum., cap. lxiv, p. 330.
([2]) Beaum., cap. lxi, p. 309.
([3]) Beaum., cap. lxi, p. 308, *Ibid.*, cap. Xliii, p. 239.
([4]) *Ibid.*, cap. lxi, p. 314. Ver também Défontaines, cap. xxii, art. 24.
([5]) Beaum., cap. lxiii, p. 322.
([*]) «Senhor lígio»: senhor a quem se jurava fidelidade incondicional (N. T.).
([6]) *Ibid.*
([7]) *Ibid.*

Se um homem que tivesse sido morto ([1]), antes de morrer exonerasse aquele que era acusado e nomeasse um outro, não se procedia ao combate; mas se não nomeasse ninguém, considerava-se a sua declaração como um perdão da sua morte: prosseguia-se com o processo; e entre gentil-homens podia-se inclusivamente fazer a guerra.

Quando havia uma guerra, e um dos parentes dava ou recebia os penhores de batalha, o direito da guerra cessava; pensava-se que as partes queriam seguir o curso normal da justiça; e a parte que tivesse prosseguido a guerra seria condenada a indemnizar os danos.

Assim, a prática do combate judicial tinha essa vantagem, a de que podia converter uma querela geral numa querela particular, devolver a força aos tribunais e recuperar para o estado civil aqueles que tinham sido sempre governados apenas pelo direito dos povos.

Como há uma infinidade de coisas sábias que são levadas a cabo de uma maneira muito tola, também há tolices que são conduzidas de uma maneira muito sábia.

Quando ([2]) um homem citado por um crime mostrava visivelmente que fora o próprio acusador quem o cometera, não havia mais penhores de batalha; pois nenhum culpado preferiria uma punição certa a um combate duvidoso.

Não havia ([3]) combate nos assuntos que fossem decididos por árbitros ou por tribunais eclesiásticos; também não havia combates quando se tratava dos dotes das mulheres.

Mulher não pode combater, diz Beaumanoir. Se uma mulher citasse alguém sem nomear o seu campeão, não receberia os penhores de batalha. Era também necessário que uma mulher fosse autorizada pelo seu barão ([4]), quer dizer o seu marido, a citar; mas podia ser citada sem essa autoridade.

Se o citante ([5]) ou o citado tivessem menos de quinze anos, não havia combate. Podiam, no entanto, ordenar o combate nos assuntos dos pupilos, quando o tutor ou quem tivesse o bailio queria correr os riscos desse procedimento.

([1]) *Ibid.*, p. 323.

([2]) Beaum., cap. lxiii, p. 324.

([3]) *Ibid.*, p. 325.

([4]) *Ibid.*

([5]) *Ibid.*, p. 323. Ver também o que disse no livro XVIII, [cap. xxvi].

Parece-me que são estes os casos em que se permitia ao servo combater. Combatia contra um outro servo; combatia contra uma pessoa livre e mesmo contra um gentil-homem, se fosse citado; mas se citasse o gentil-homem ([1]), este podia recusar o combate; e até o senhor do servo estava no direito de retirá-lo do tribunal. O servo podia, com uma carta do senhor ([2]), ou por uso, combater contra todas as pessoas livres: e a Igreja ([3]) reclamava esse mesmo direito para os seus servos como uma marca de respeito por si mesma ([4]).

Capítulo XXVI
Do combate judicial entre uma das partes e uma das testemunhas

Beaumanoir ([5]) diz que um homem que visse que uma testemunha ia depor contra ele podia evitar a segunda testemunha, dizendo ([6]) aos juízes que a sua parte apresentara uma testemunha falsa e caluniosa; e se a testemunha quisesse sustentar a querela, ele daria os penhores de batalha. Já não se tratava de prosseguir o inquérito, pois caso a testemunha fosse vencida, decidia-se que a parte tinha apresentado uma testemunha falsa e perdia o seu processo.

A segunda testemunha não podia ser autorizada a jurar; pois se apresentasse o seu testemunho, o caso ficaria encerrado com o depoimento das duas testemunhas. Mas, ao se suspender a segunda testemunha, o depoimento da primeira tornava-se inútil.

Ao se rejeitar assim a segunda testemunha, a contraparte não podia chamar a depor as restantes e perdia o seu processo; mas no caso em que não havia penhores de batalha ([7]) podiam apresentar outras testemunhas.

([1]) Beaum., cap. lxiii, p. 322.

([2]) Défont., cap. xxii, art. 7.

([3]) *Habeant bellandi et testificandi licentiam* [«Têm a licença de entrar em combate e de apresentar provas»]. Carta de Luís, *o Gordo,* do ano de 1118.

([4]) *Ibid.*

([5]) Beaum., cap. lxi, p. 315.

([6]) «Devem perguntar-lhes, antes que façam algum juramento, por quem querem testemunhar; pois então é o momento de levantar a acusação de falso testemunho». Beaum., cap. xxxix, p. 218.

([7]) Beaum., cap. lxi, p. 316.

Beaumanoir diz [1] que a testemunha podia dizer à sua parte antes de depor: «Não desejo combater pela vossa querela, nem pleitear em meu nome; e se quereis defender-me, eu direi a minha verdade de bom grado». A parte via-se obrigada a combater pela testemunha; e se fosse vencida não perdia o corpo [2], mas a testemunha era rejeitada.

Creio que isto era uma modificação do costume antigo; e o que me leva a pensar assim é que esse uso de citar as testemunhas encontra-se estabelecido na lei dos Bávaros [3], e na dos Borgonheses [4], sem qualquer restrição.

Já falei da constituição de Gondebaldo, contra a qual Agobardo [5] e Santo Avito [6] tanto clamaram. «Quando o acusado», diz esse príncipe, «apresenta testemunhas para jurar que não cometeu o crime, o acusador poderá desafiar para o combate uma das testemunhas; pois é justo que aquele que se ofereceu para jurar, e que declarou que sabia a verdade, não levante dificuldades quanto a combater para a sustentar». Esse rei não deixava às testemunhas qualquer subterfúgio para evitar o combate.

Capítulo XXVII

Do combate judicial entre uma parte e um dos pares do senhor. Recurso contra falso julgamento

Como a natureza da decisão pelo combate era pôr fim ao processo para sempre, e como não era compatível [7] com um novo julgamento e novas acusações, o recurso de apelação, tal como foi estabelecido pelas leis romanas e pelas leis canónicas, isto é, o recurso a um tribunal superior para fazer que o julgamento de um outro tribunal seja reformado, era desconhecido

---

(1) Beaum., cap. vi, p. 40.

(2) Mas se o combate fosse travado por campeões, a mão do campeão vencido seria cortada.

(3) Título xvi, § 2.

(4) Título xlv.

(5) Carta a Luís, *o Pio.*

(6) *Vida de Santo Avito.*

(7) «Pois na corte onde se vai com o intuito de recorrer para os penhores manter, se for feita batalha, a querela chega ao fim e deixa de haver causa de mais recursos». Beaum., cap. ii, p. 22.

em França. Uma nação guerreira, unicamente governada pelo ponto de honra, não conhecia essa forma de proceder; e, seguindo sempre o mesmo espírito, usava contra os juízes as vias (1) que teria podido empregar contra as partes.

O recurso nessa nação era um desafio para um combate com armas, que só terminaria com sangue; e não aquele convite para uma querela de pena, que só foi conhecido mais tarde.

Assim, São Luís diz nos seus *Estabelecimentos*(2) que o recurso contém felonia e iniquidade. Assim, Beaumanoir diz-nos que se um homem (3) quisesse queixar-se de algum atentado cometido contra ele pelo seu senhor, deveria anunciar-lhe que iria abandonar o seu feudo; depois disso citava-o perante o seu senhor suserano e oferecia os penhores de batalha. Igualmente, o senhor renunciava à homenagem se citasse o seu homem diante do conde.

Citar o seu senhor por falso julgamento era dizer que o seu julgamento fora pronunciado falsamente e com maldade; ora, avançar tais palavras contra o seu senhor era cometer uma espécie de crime de felonia.

Assim, em lugar de citar por falso julgamento o senhor que estabelecia e regulava o tribunal, eram citados os pares que formavam o próprio tribunal; com isso evitava-se o crime de felonia; só se insultavam os próprios pares, a quem sempre se podia dar satisfações pelo insulto.

Era muito arriscado (4) denunciar a falsidade do julgamento dos pares. Se se aguardasse que o julgamento fosse feito e pronunciado, estava-se obrigado a entrar em combate (5) com todos os pares, quando estes se oferecessem para validar o julgamento. Se se recorresse antes de todos os juízes darem a sua opinião, seria preciso combater todos aqueles que concordavam com a mesma opinião (6). Para evitar este perigo, suplicava-se ao senhor que ordenasse cada par a dizer a sua opinião em voz alta; e, quando o primeiro se tivesse pronunciado, e o segundo estivesse prestes a fazer o mesmo, dizia-se-lhe que ele era falso, mau e caluniador; e então era apenas contra ele que se teria de combater.

---

(1) Beaum., cap. lxi, p. 312, e cap. lxvii, p. 338.

(2) Liv. II, cap. xv.

(3) Beaum., cap. lxi, p. 310 e 311; e cap. lxvii, p. 337.

(4) *Ibid.*, cap. lxi, p. 313.

(5) *Ibid.*, p. 314.

(6) Que concordassem com o mesmo julgamento.

Défontaines ([1]) queria que antes de haver a acusação de falsidade ([2]), se deixasse três juízes pronunciar-se; e não diz que era preciso combater todos os três, e menos ainda que havia casos em que era preciso combater todos aqueles que tivessem declarado a sua opinião. Estas diferenças advêm do facto de, nesses tempos, praticamente não haver usos que fossem exactamente os mesmos. Beaumanoir relata o que se passava no condado de Clermont; Défontaines relata o que se praticava em Vermandois.

Quando um ([3]) dos pares ou homem de feudo tivesse declarado que sustentaria o julgamento, o juiz mandava dar os penhores de batalha, e além disso tomava garantias de que o citante sustentaria o seu recurso de apelação. Mas o par que fosse citado não dava garantias porque era homem do seu senhor e devia defender o recurso ou pagar ao senhor uma multa de sessenta libras.

Se aquele ([4]) que recorresse não provasse que o julgamento fora mau, pagava ao senhor uma multa de sessenta libras, a mesma multa ([5]) para o par que ele citara, e o mesmo montante para cada um dos que tinham abertamente consentido no julgamento.

Quando um homem violentamente suspeito de um crime que merecia a morte fosse detido e condenado, não podia recorrer ([6]) por falso julgamento; pois acabaria sempre por recorrer, ou para prolongar a vida, ou para fazer a paz.

Se alguém ([7]) dissesse que o julgamento era falso e mau, e não se oferecesse para prová-lo, o que quer dizer combater, era condenado a dez soldos de multa se fosse gentil-homem, e a cinco soldos se fosse servo, pelas palavras vis que dissera.

Os juízes ([8]) ou pares que tivessem sido vencidos não deviam perder nem a vida nem os membros; mas quem os citara

---

([1]) Cap. xxii, art. 1, 10 e 11. Diz somente que se pagava uma multa a cada um.

([2]) Recorrer de um falso julgamento.

([3]) Beaum., cap. lxi, p. 314.

([4]) Beaum., *ibid;* Défont., cap. xxii, art. 9.

([5]) Défont., *ibid.*

([6]) Beaum., cap. lxi, p. 316; e Défont, cap. Xxii, art. 21.

([7]) Beaum., cap. lxi, p. 314.

([8]) Défont., cap. xxii, art. 7.

era punido com a morte, quando o caso envolvia um dano capital ([1]).

Esta maneira de citar os homens de feudo por falso julgamento tinha por objectivo evitar citar o próprio senhor. Mas ([2]) se o senhor não tivesse pares, ou não os tivesse em número suficiente, podia, a expensas suas, pedir emprestados ([3]) pares do seu senhor suserano; mas esses pares não eram obrigados a julgar se não o quisessem; podiam declarar que tinham vindo apenas para dar o seu conselho; e, nesse caso ([4]) particular, como o senhor julgava e pronunciava ele mesmo o julgamento, se alguém recorresse contra ele por falso julgamento era a ele que cabia sustentar o recurso.

Se o senhor ([5]) fosse tão pobre que tivesse condições de pedir emprestados os pares do seu senhor suserano, ou se se esquecesse de lhos pedir, ou se o senhor suserano recusasse dar-lhos, como o senhor não podia julgar sozinho, e como ninguém era obrigado a pleitear perante um tribunal onde não se podia fazer julgamentos, o caso era levado ao tribunal superior do senhor suserano.

Creio que esta foi uma das grandes causas da separação entre a justiça e o feudo, a partir da qual se formou a regra dos jurisconsultos franceses: *Uma coisa é o feudo, outra coisa é a justiça.* Pois como havia uma infinidade de homens de feudo que não tinham homens abaixo deles, não tinham condições de ter o seu tribunal; todos os casos eram levados ao tribunal superior do seu senhor suserano; perderam o direito de justiça porque não tinham nem o poder nem a vontade de o reclamar.

Todos os juízes ([6]) que tinham tomado parte no julgamento deviam estar presentes quando este fosse pronunciado, para que pudessem imediatamente dizer *Oïl* a quem, querendo declarar o julgamento falso, lhes perguntasse se confirmavam a sentença;

([1]) Ver Défont., cap. xxi, art. 11, 12 e seguintes, que distingue os casos em que o acusador de falsidade perdia a vida, a coisa contestada ou apenas o interlocutório.

([2]) Beaum., cap. lxii, p. 322; Défont., cap. xxii, art. 3.

([3]) O conde não era obrigado a emprestá-los. Beaum., cap. lxvii, pp. 336 e 337.

([4]) Ninguém pode pronunciar julgamentos no seu tribunal, diz Beaum., cap. lxvii, pp. 336 e 337.

([5]) *Ibid.*, cap. lxii, p. 322.

([6]) Défont., cap. xxi, art. 27 e 28.

porquanto, diz Défontaines, «é uma questão de cortesia e de lealdade, e aí não há fuga nem conserto». Creio que é desta maneira de pensar que proveio o uso que ainda hoje se pratica em Inglaterra, o de todos os jurados terem de ter a mesma opinião numa condenação à morte.

Era preciso então que se declarasse a favor da opinião da maioria; e, se houvesse divisão, a sentença era pronunciada, em caso de crime, a favor do acusado; em caso de dívidas, a favor do devedor; em caso de heranças, a favor do defensor.

Um par, diz Défontaines ([1]), não podia dizer que não julgaria se houvesse apenas quatro ([2]), ou se não estivessem todos, ou se não estivessem os mais sábios; é como se dissesse, durante a refrega, que não socorreria o seu senhor porque só tinha junto de si uma parte dos seus homens. Mas era ao senhor que cabia honrar a sua corte e a pegar nos seus homens mais valentes e mais sábios. Menciono isto para dar uma impressão do dever dos vassalos, combater e julgar; e esse dever era mesmo tal que julgar era combater.

Um senhor ([3]) que pleiteasse no seu tribunal contra um seu vassalo, e fosse condenado, podia citar um dos seus homens por falso julgamento. Mas, por causa do respeito que este último devia ao seu senhor pela fidelidade prometida, e por causa da benevolência que o senhor devia ao seu vassalo pela fidelidade cumprida, era feita uma distinção: ou o senhor dizia em geral que o julgamento ([4]) fora falso e mau; ou imputava ao seu homem prevaricações ([5]) pessoais. No primeiro caso, ofendia o seu próprio tribunal, e, de algum modo, a si mesmo, e não podia ter penhores de batalha; no segundo caso, havia penhores de batalha porque ele atacava a honra do seu vassalo; e aquele dos dois que fosse vencido perdia a vida e os seus bens para manter a paz pública.

Esta distinção, necessária nestes casos particulares, foi estendida. Beaumanoir diz que, quando aquele que citava por falso

---

([1]) Cap. xxi, art. 37.

([2]) Era preciso que houvesse pelo menos este número. Défont., cap. xxi, art. 36.

([3]) Ver Beaum., cap. lxvii, p. 337.

([4]) «Este julgamento é falso e mau». *Ibid.*

([5]) «Fizestes um julgamento falso e mau como homem mau que sois, ou por dinheiro, ou promessas feitas». Beaum., *ibid.*

julgamento, atacava um dos homens com imputações pessoais, havia lugar à batalha; mas, se atacasse apenas o julgamento, o par que fora citado podia escolher [1] entre fazer com que o caso fosse julgado pela batalha ou pelo direito. Mas como o espírito que reinava no tempo de Beaumanoir era o de restringir o uso do combate judicial, e como essa liberdade dada ao par citado de defender o julgamento pelo combate, ou não, é igualmente contrária às ideias de honra estabelecidas nesses tempos e ao compromisso que se tinha para com o seu senhor de defender o seu tribunal, creio que esta distinção de Beaumanoir fosse uma jurisprudência nova entre os Franceses.

Não digo que todos os recursos por falso julgamento fossem decididos pela batalha; este recurso era como todos os outros. Basta recordar as excepções de que falei no capítulo xxv. Aqui, cabia ao tribunal suserano averiguar se era necessário retirar os penhores de batalha.

Não era possível declarar como falsos os julgamentos pronunciados no tribunal superior do rei; pois como o rei não tinha ninguém que lhe fosse igual, não havia ninguém que pudesse recorrer; e como o rei não tinha superior, não havia ninguém que pudesse recorrer contra o seu tribunal.

Esta lei fundamental, necessária como lei política, diminuiu ainda mais, enquanto lei civil, os abusos da prática judicial desses tempos. Quando um senhor receava [2] que alguém pudesse declarar como falso o julgamento do seu tribunal, ou visse que alguém se preparava para o fazer, se fosse pelo bem da justiça que isso não acontecesse, podia pedir homens ao tribunal do rei, cujo julgamento não podia ser declarado falso; e o rei Filipe, diz Défontaines [3], enviou todo o seu conselho para julgar um caso no tribunal do abade de Corbie.

Mas, se o senhor não pudesse ter juízes do rei, podia incorporar o seu tribunal no do rei, se estivesse directamente ligado a ele; e, se houvesse senhores intermédios, dirigia-se ao seu senhor suserano, indo de senhor em senhor até ao rei.

Assim, ainda que nesses tempos não houvesse a prática, nem mesmo a ideia, dos recursos dos nossos dias, era possível recorrer

---

(1) Beaum., cap. lxvii, p. 337 e 338.

(2) Défont., cap. xxii, art. 14.

(3) Défont., *ibid.*

ao rei, que era sempre a fonte de onde todos os rios partiam e o mar para onde regressavam.

Capítulo XXVIII
Do recurso por ausência de direito

Recorria-se por ausência de direito quando, no tribunal de um senhor, se deferia, se evitava ou se recusava fazer justiça às partes.

Durante a segunda raça, ainda que o conde tivesse vários oficiais abaixo de si, a pessoa desses oficiais estava subordinada, mas a sua jurisdição não o estava. Estes oficiais, nos seus pleitos, sessões ou audiências, julgavam em última instância como o próprio conde. Toda a diferença estava na partilha da jurisdição. Por exemplo, o conde (1) podia condenar à morte, julgar da liberdade e da restituição dos bens, e o centurião não o podia.

Pela mesma razão havia causas maiores (2) que estavam reservadas ao rei; eram aquelas que interessavam directamente à ordem política. Eram essas as discussões que se travavam entre os bispos, os abades, os condes e outros grandes, e que os reis julgavam juntamente com os seus outros grandes vassalos (3).

O que alguns autores disseram, que chamavam conde ao enviado do rei, ou *missus dominicus*, não tem fundamento. O conde e o *missus* tinham uma jurisdição igual e independente uma da outra (4); toda a diferença (5) residia no facto de o *missus* realizar as suas audiências em quatro meses do ano, o conde nos outros oito.

Se alguém (6), condenado numa sessão (7), pedisse para ser novamente julgado, e voltasse a perder, pagaria uma multa de quinze soldos, ou recebia quinze golpes de mão dos juízes que tinham decidido o caso.

---

(1) Capitular III, do ano de 812, art. 3; edição de Baluze, p. 497, e de Carlos, *o Calvo*, aditada à lei dos Lombardos, liv. II, art. 3.

(2) Capitular III, do ano de 812, art. 2; edição de Baluze, p. 497.

(3) *Cum fidelibus.* Capitular de Luís, *o Pio*, edição de Baluze, p. 667.

(4) Ver a capitular de Carlos, *o Calvo*, aditada à lei dos Lombardos, liv. II, artigo 3.

(5) Capitular III, do ano de 812, art. 8.

(6) Capitular aditada à lei dos Lombardos, liv. II, título lix.

(7) *Placitum.*

Quando os condes ou os enviados do rei não se sentiam com força suficiente para reduzir os grandes à razão, garantiam que estes davam caução ([1]) de que se apresentariam perante o tribunal do rei: isto para julgar o caso, e não para julgá-lo novamente. Encontro na capitular de Metz ([2]) estabelecido o recurso por falso julgamento no tribunal do rei, e todos os outros tipos de recursos proscritos e punidos.

Se não se anuísse ([3]) no julgamento dos escabinos ([4]), e não houvesse reclamação, era-se posto na prisão até que se anuísse; e se houvesse reclamação, era-se conduzido perante o rei, sob escolta de uma guarda segura e o caso era discutido no seu tribunal.

Dificilmente poderia ocorrer um recurso por ausência de direito. Pois, nesse tempo, estava longe de ser costume fazer queixa dos condes e de outras pessoas que tinham o direito de realizar sessões por não serem exactos nos seus tribunais, e, pelo contrário, as pessoas queixavam-se ([5]) de que o eram em excesso; e tudo está cheio de ordenações que proíbem os condes e outros oficiais de justiça de realizar mais do que três sessões por ano. Era menos preciso corrigir a sua negligência do que limitar a sua actividade.

Mas quando inúmeros pequenos senhorios se formaram, e diferentes graus de vassalagem foram estabelecidos, a negligência de certos vassalos na manutenção do seu tribunal deu origem a estes tipos de recursos ([6]); tanto mais que rendiam ao senhor suserano multas consideráveis.

À medida que o uso do combate judicial se foi estendendo cada vez mais, havia lugares, casos, tempos, em que era difícil reunir os pares e em que, por conseguinte, a prática da justiça era negligenciada. Introduziu-se o recurso por ausência de direito; e estes tipos de recursos foram muitas vezes pontos notáveis da

---

([1]) Isso aparece nas fórmulas, nas cartas e nas capitulares.

([2]) Do ano de 757, edição de Baluze, p. 180, art. 9 e 10; e o sínodo *apud Vernas*, do ano de 755, art. 29, edição de Baluze, p. 175. Estas duas capitulares foram feitas no reinado de Pepino.

([3]) Capitul. XI de Carlos Magno, do ano de 805, edição de Baluze, p. 423; e a lei de Lotário, na lei dos Lombardos, liv. II, título iii, art. 23.

([4]) Oficiais abaixo do conde: *scabini*.

([5]) Ver a lei dos Lombardos, liv. II, título lii, art. 22.

([6]) *Placitum*.

nossa história, porque a maioria das guerras desses tempos tinha como motivo a violação do direito político, tal como as nossas guerras de hoje em dia têm normalmente como causa, ou como pretexto, a violação do direito dos povos.

Beaumanoir ([1]) diz que, em caso de ausência de direito, jamais havia batalha. Vejamos as razões. Não se podia desafiar para o combate o próprio senhor por causa do respeito devido à sua pessoa; não se podia desafiar os pares do senhor porque a coisa era evidente e apenas se tinha de contar os dias dos adiamentos ou dos outros prazos; não havia julgamento e só um julgamento podia ser acusado de ser falso. Enfim, o delito dos pares ofendia tanto o senhor como ofendia a parte, e era contra a ordem que houvesse um combate entre o senhor e os seus pares.

Mas ([2]) como perante o tribunal suserano se provava a ausência por meio de testemunhas, podia-se desafiar as testemunhas para o combate; e assim não se ofendia nem o senhor, nem o seu tribunal.

1º No caso em que a ausência provinha da parte dos homens ou pares do senhor que tinham diferido a prestação da justiça, ou evitado fazer o julgamento depois de os prazos terem passado, eram os pares do senhor que eram citados por ausência de direito perante o suserano; e, se eles sucumbissem, pagavam uma multa ao seu senhor ([3]). Este não podia dar nenhuma ajuda aos seus homens; pelo contrário, confiscava os seus feudos até que cada um deles pagasse uma multa de sessenta libras;

2º Quando a ausência provinha da parte do senhor, o que acontecia quando não havia homens suficientes no seu tribunal para fazer o julgamento, ou quando não tinha reunido os seus homens, ou não tinha posto alguém em seu lugar para os reunir, alegava-se a ausência perante o senhor suserano; mas, por causa do respeito devido ao senhor, citava-se a outra parte ([4]), e não o senhor.

O senhor reclamava o seu tribunal perante o tribunal suserano; e se ganhasse a ausência, o caso era-lhe reenviado e era-lhe paga uma multa de sessenta libras ([5]); mas, se a ausência fosse

---

([1]) Cap. lxi, p. 315.

([2]) *Ibid.*

([3]) Défont., cap. xxi, art. 24.

([4]) Défont., cap. xxi, art. 32.

([5]) Beaum., cap. lxi, p. 312.

provada, a pena (1) contra ele consistia em perder o julgamento da coisa contestada; o fundo da questão era julgado no tribunal suserano; com efeito, só se tinha alegado a ausência para chegar a este resultado;

3º Se se pleiteasse (2) no tribunal do seu senhor contra ele, o que só acontecia em questões que diziam respeito ao feudo; depois de ter deixado passar todos os prazos, intimava-se o próprio senhor (3) diante de homens-bons, e era convocado pelo soberano, cuja permissão era necessária. Os pares não o citavam porque os pares não podiam citar o seu senhor; mas podiam fazer uma citação (4) em nome do seu senhor.

Por vezes (5), o recurso por ausência de direito era seguido por um recurso por falso julgamento, quando o senhor, não obstante a ausência de direito, tinha realizado o julgamento.

O vassalo (6) que recorresse sem razão contra o seu senhor por ausência de direito era condenado a pagar-lhe uma multa determinada segundo a vontade do último.

Os Ganteses (7) tinham recorrido por ausência de direito contra o conde da Flandres perante o rei, alegando que ele fora adiando o julgamento no seu tribunal. Descobriu-se que os adiamentos tinham sido inferiores ao que era o costume do país. Os Ganteses foram-lhe reenviados; ele apreendeu os seus bens até ao montante de sessenta mil libras. Regressaram ao tribunal superior do rei para que esta multa fosse moderada; foi decidido que o conde podia aplicar essa multa, e mais até, se quisesse. Beaumanoir assistiu a esses julgamentos;

4º Nos casos que o senhor podia ter contra o vassalo em razão do corpo ou da honra deste último, ou dos bens que não eram do

---

(1) Défont., cap. xxi, art. 29.

(2) No reinado de Luís VIII, o *sire* de Nesle pleiteou contra Joana, condessa da Flandres; ele exigiu que ela o levasse a julgamento no prazo de quarenta dias, e de seguida citou-a por ausência de direito no tribunal superior do rei. Ela respondeu que o levaria a ser julgado pelos seus pares na Flandres. O tribunal do rei decidiu que ele não seria enviado para outro tribunal e que a condessa seria citada.

(3) Défont., cap. xxi, art. 34.

(4) *Ibid.*, art. 9.

(5) Beaum., cap. lxi, p. 311.

(6) Beaumanoir, p. 312. Mas quem não fosse homem, nem paladino do senhor, pagava-lhe apenas uma multa de 60 libras. *Ibid.*

(7) *Ibid.*, p. 318.

feudo, não se tratava de recurso por ausência de direito, porque não se julgava no tribunal do senhor, mas no tribunal de quem ele estava dependente; pois os homens, dizia Défontaine ([1]), não tinham o direito de fazer julgamentos acerca do corpo do seu senhor.

Esforcei-me por dar uma ideia clara destas coisas que, nos autores desses tempos, são tão confusas e tão obscuras, que, na verdade, tirá-las do caos onde estão é descobri-las.

Capítulo XXIX
Época do reinado de São Luís

São Luís aboliu o combate judicial nos tribunais dos seus domínios, como consta da ordenação que fez sobre esse assunto ([2]) e dos *Estabelecimentos* ([3]).

Mas não o suprimiu nos tribunais dos seus barões ([4]), excepto nos casos de recurso por falso julgamento.

Não se podia acusar de falsidade ([5]) o tribunal do seu senhor sem reclamar o combate judicial contra os juízes que tinham pronunciado o julgamento. Mas São Luís introduziu ([6]) o uso de acusar de falsidade sem combater: mudança que foi uma espécie de revolução.

Declarou ([7]) que não se podia acusar de falsidade os julgamentos pronunciados nos senhorios dos seus domínios, porque isso era um crime de felonia. Efectivamente, se era uma espécie de crime de felonia contra o senhor, com mais razão o era contra o rei. Mas ele quis que se pudesse pedir compensação ([8]) pelos julgamentos pronunciados nos seus tribunais; não porque os julgamentos tivessem sido pronunciados com falsidade ou com maldade, mas porque tinham causado algum prejuízo ([9]). Pelo contrário,

---

([1]) Cap. xxi, art. 35.

([2]) Em 1260.

([3]) Liv. I, cap. ii e vii; liv. II, cap. X e xi.

([4]) Como consta sobretudo dos *Estabelecimentos*, e em Beaum., cap. lxi, p. 309.

([5]) Isto é, recorrer por falso julgamento.

([6]) *Estabelecimentos*, liv. I, cap. vi, e liv. II, cap. xv.

([7]) *Ibid.*, liv. II, cap. xv.

([8]) *Estabelecimentos*, liv. I, cap. lxxviii; e liv. II, cap. xv.

([9]) *Ibid.*, liv. I, cap. lxxviii.

quis que se fosse forçado a acusar de falsidade (1) os julgamentos dos tribunais dos barões, se alguém quisesse queixar-se.

Segundo os *Estabelecimentos*, não se podia acusar de falsidade os tribunais dos domínios do rei, como acabou de ser dito. Era preciso pedir a compensação perante o mesmo tribunal; e no caso de o bailio não querer atribuir a compensação requerida, o rei permitia que se recorresse ao seu tribunal (2), ou melhor, que, interpretando os próprios *Estabelecimentos*, lhe fosse apresentada (3) uma petição ou uma súplica.

Quanto aos tribunais dos senhores, São Luís, ao permitir que fossem acusados de falsidade, queria que o caso fosse levado (4) ao tribunal do rei, ou do senhor suserano, não (5) para que aí fosse decidido pelo combate, mas por meio de testemunhas, segundo uma forma de proceder cujas regras ele estabelecera (6).

Assim, quer se pudesse acusar de falsidade, como nos tribunais dos senhores, quer não, como nos tribunais dos seus domínios, São Luís determinou que se pudesse recorrer sem correr o risco de um combate.

Défontaines (7) relata-nos os dois primeiros exemplos que viu em que se procedia assim sem combate judicial: um, num caso julgado no tribunal de Saint-Quentin, que pertencia ao domínio do rei; e o outro no tribunal de Ponthieu, onde o conde, que estava presente, se opôs à jurisprudência antiga; mas estes dois casos foram julgados de acordo com o direito.

Talvez se pergunte porque é que São Luís ordenou para os tribunais dos seus barões uma maneira de proceder diferente daquela que estabeleceu para os tribunais dos seus domínios. Eis a razão. São Luís, ao estatuir para os tribunais dos seus domínios, não se deixou limitar nos seus propósitos; mas teve de lidar cautelosamente com os senhores que gozavam dessa antiga prerrogativa segundo a qual os casos nunca seriam removidos dos seus

---

(1) *Ibid.*, liv. II, cap. xv.

(2) *Ibid.*, liv. I, cap. lxxviii.

(3) *Ibid.*, liv. II, cap. xv.

(4) Mas se não houvesse acusação de falsidade, e se quisesse recorrer, não se era admitido. *Estabelecimentos*, liv. II, cap. xv. *O* sire *recorrerá ao seu tribunal para fazer o direito.*

(5) *Estabelecimentos*, liv. I, cap. vi e lxvii, e liv. II, cap. xv; e Beaum., cap. xi, p. 58.

(6) *Estabelecimentos*, liv. I, cap. i, ii e iii.

(7) Cap. xxii, art. 16 e 17.

tribunais, a menos que alguém se expusesse ao perigo de uma acusação de falsidade. São Luís manteve esse uso de acusação de falsidade; mas quis que se pudesse acusar de falsidade sem combater: isto é, para que a mudança fosse menos sentida, suprimiu a coisa e deixou que os termos subsistissem.

Isto não foi universalmente aceite nos tribunais dos senhores. Beaumanoir ([1]) diz que, no seu tempo, havia duas maneiras de julgar: uma conforme ao *Estabelecimento do rei*, e a outra conforme à prática antiga; diz também que os senhores tinham o direito de seguir uma ou outra destas práticas; mas que quando uma delas era escolhida para lidar com um caso já não era possível regressar à outra. Acrescenta ([2]) que o conde de Clermont seguia a prática nova, ao passo que os seus vassalos persistiam na antiga; mas que ele poderia, quando assim quisesse, restabelecer a antiga, pois de outro modo teria menos autoridade que os seus vassalos.

É preciso saber que a França estava então ([3]) dividida na região dos domínios do rei e naquilo a que se chamava região dos barões, ou baronias; e, para me servir dos termos dos *Estabelecimentos* de São Luís, na região de *obediência-ao-rei*, e na região de *fora da obediência-ao-rei*. Quando os reis faziam ordenações para as regiões dos seus domínios, só empregavam a sua autoridade; mas quando faziam ordenações que abrangiam também as regiões dos seus barões, estas eram feitas ([4]) em concertação com eles, ou seladas ou subscritas por eles; sem isso, os barões adoptavam-nas, ou não as adoptavam, segundo o que lhes parecia convir ou não ao bem dos seus senhorios. Os subvassalos estavam nos mesmos termos dos grandes vassalos. Ora, os *Estabelecimentos* não foram dados com o consentimento dos senhores, apesar de estatuírem sobre coisas que eram para eles de grande importância; mas só foram adoptados por aqueles que consideravam que lhes era vantajoso fazê-lo. Roberto, filho de São Luís, admitiu-os no seu

---

([1]) Cap. lxi, p. 309.

([2]) *Ibid.*

([3]) Ver Beaumanoir, Défontaines e os *Estabelecimentos*, liv. II, cap. x, xi, xv e outros.

([4]) Ver as Ordenações do começo da terceira raça, na compilação de Laurière, sobretudo a de Filipe Augusto sobre a jurisdição eclesiástica, e a de Luís VIII sobre os Judeus; e as cartas referidas pelo Sr. Brussel, em particular a de São Luís sobre o arrendamento e o resgate das terras, e a maioridade feudal das raparigas, tomo II, liv. III, p. 35; e *ibid.*, a ordenação de Filipe Augusto, p. 7.

condado de Clermont; e os seus vassalos não consideravam que lhes conviesse que fossem praticados nas suas terras.

Capítulo XXX
Observação sobre os recursos

Apercebemo-nos de que os recursos, que eram provocações para um combate, deviam ser feitos no próprio local. «Se abandonasse o tribunal sem recorrer», diz Beaumanoir, «ele perdia o recurso e o julgamento é tido como bom». Isto persistiu, mesmo depois de o uso (1) do combate judicial ter sido restringido.

Capítulo XXXI
Continuação do mesmo assunto

O vilão não podia acusar o tribunal do seu senhor de falsidade: sabemos isto por Défontaines (2); e é confirmado pelos *Estabelecimentos* (3). «Assim», diz ainda Défontaines (4), «entre o teu senhor e o teu vilão não há outro juiz além de Deus».

Foi o uso do combate judicial que excluiu os vilões da possibilidade de acusarem de falsidade o tribunal do seu senhor; e isso é tão verdadeiro que os vilões que, por carta ou por uso (5), tinham direito de combater, tinham também direito de acusar o tribunal do seu senhor de falsidade, mesmo que os homens que tinham julgado fossem cavaleiros (6); e Défontaines (7) fornece expedientes para evitar que esse escândalo do vilão que, ao

(1) Ver os *Estabelecimentos* de São Luís, liv. II, cap. xv; a *Ordenação* de Carlos VII, de 1453.

(2) Cap. xxi, art. 21 e 22.

(3) Liv. I, cap. cxxxvi.

(4) Cap. ii, art. 8.

(5) Défont., cap. xxii, art. 7. Este artigo e o 21º do cap. xxii do mesmo autor foram até agora muito mal explicados. Défontaines não coloca em oposição o julgamento do senhor com o do cavaleiro porque era o mesmo julgamento; mas opõe o vilão comum a quem tinha o privilégio de combater.

(6) Os cavaleiros podiam sempre ser incluídos no grupo dos juízes. Défont., cap. xxi, art. 48.

(7) Cap. xxii, art. 14.

acusar o julgamento de falsidade, combatesse contra um cavaleiro pudesse acontecer.

À medida que prática dos combates judiciais começou a ser abolida, e o uso dos novos recursos começou a ser introduzido, pensava-se que era desrazoável que as pessoas livres tivessem um remédio contra a injustiça do tribunal dos seus senhores e que os vilões não o tivessem; e o *parlement* passou a aceitar os seus recursos tal como os das pessoas livres.

Capítulo XXXII
Continuação do mesmo assunto

Quando se acusava de falsidade o tribunal do seu senhor, este comparecia pessoalmente no tribunal do senhor suserano para defender o julgamento do seu tribunal. Do mesmo modo ([1]), no caso de um recurso por ausência de direito, a parte citada perante o senhor suserano levava o seu senhor com ela para que, se a ausência não fosse provada, o senhor pudesse reaver o seu tribunal.

De seguida, como o que tinham sido apenas dois casos particulares se tornou geral para todos os casos, devido à introdução de todos os tipos de recursos, pareceu extraordinário que o senhor fosse obrigado a passar a vida noutros tribunais que não os seus, e por causa de outros assuntos que não os seus. Filipe de Valois ([2]) ordenou que só os bailios fossem citados. E quando o uso dos recursos se tornou ainda mais frequente, as partes passaram a ter de defender o recurso; o que antes coube ao juiz fazer, cabia agora à parte ([3]).

Disse que ([4]), no recurso por ausência de direito, o senhor só perdia o direito de levar o assunto a julgamento no seu tribunal. Mas se o próprio senhor fosse atacado como ([5]) parte, o que se tornou muito frequente ([6]), pagava ao rei, ou ao senhor suserano

([1]) Défont., cap. xxi, art. 33.

([2]) Em 1332.

([3]) Ver qual era o estado das coisas no tempo de Boutillier, que viveu no ano de 1402. *Somme rurale*, liv. I, p. 19 e 20.

([4]) Acima, cap. xxx.

([5]) Beaum., cap. lxi, p. 312 e 318.

([6]) *Ibid.*

a quem se recorrera, uma multa de sessenta libras. Daqui proveio aquele uso, quando os recursos foram universalmente aceites, de o senhor ter de pagar uma multa se a sentença do seu juiz fosse comutada: uso esse que persistiu por muito tempo, que foi confirmado pela ordenação de Roussillon e que o seu absurdo fez desaparecer.

Capítulo XXXIII
Continuação do mesmo assunto

Na prática do combate judicial, o acusador de falsidade que citasse um dos juízes podia perder ([1]), pelo combate, o seu processo, mas não podia ganhá-lo. Com efeito, a parte que tivesse um julgamento a seu favor não devia ser privada dele por causa de outrem. Seria então preciso que o acusador de falsidade e que vencera, combatesse também contra a parte, não para saber se o julgamento fora bom ou mau, visto que esse julgamento já não estava em questão, por ter sido aniquilado no combate, mas para decidir se a solicitação era legítima ou não; e era por este novo ponto que se combatia. É daí que deve ter vindo a nossa maneira de pronunciar as decisões: *O Tribunal anula o recurso; o Tribunal anula o recurso e a coisa de que se recorreu.*

Com efeito, quando aquele que recorrera de um falso julgamento era vencido, o recurso era invalidado; quando vencia, o julgamento era invalidado, a par do próprio recurso. Era necessário proceder a um novo julgamento.

Isto é tão verdadeiro que, quando o caso era julgado por inquéritos, esta maneira de pronunciar não tinha lugar. O Sr. de la Roche-Flavin ([2]) diz-nos que a câmara dos inquéritos não podia usar esta forma nos primeiros tempos da sua criação.

Capítulo XXXIV
Como o processo se tornou secreto

Os duelos tinham introduzido uma forma de processo público; o ataque e a defesa eram igualmente conhecidos. «As testemu-

---

([1]) Défont., cap. xxi, art. 14.

([2]) *Des parlements de France*, liv. I, cap. xvi.

nhas», diz ([1]) Beaumanoir, «devem dar o seu testemunho perante todos».

O comentador de Boutillier diz ter ficado a saber com praticantes antigos, e com alguns velhos processos escritos à mão, que antigamente em França os processos criminais eram feitos publicamente e de uma forma que em pouco divergia dos julgamentos públicos dos Romanos. Isso decorria da ignorância da escrita, comum nesses tempos. O uso da escrita trava as ideias e pode estabelecer o secretismo; mas, quando esse uso não existe, só a publicidade do processo pode fixar essas mesmas ideias.

E como então podia haver incerteza acerca do que fora julgado ([2]) por homens, ou pleiteado perante homens, podia-se refrescar a sua memória todas as vezes que havia uma sessão do tribunal através daquilo a que se chamava o processo *por memória* ([3]); e, nesta situação, não era permitido citar as testemunhas para o combate; de outro modo, os casos jamais chegariam ao fim.

Seguidamente, foi introduzida uma forma de processo secreto. Tudo era público; tudo se tornou oculto: os interrogatórios, as informações, a leitura do depoimento das testemunhas, a confrontação, as conclusões da parte pública; e é este o uso nos nossos dias. A primeira forma de proceder convinha ao governo de então, como a nova forma de proceder era apropriada ao governo que depois foi estabelecido.

O comentador de Boutillier fixa na ordenação de 1539 a data dessa mudança. Creio que a mudança se fez aos poucos, e que passou de senhorio para senhorio, à medida que os senhores renunciavam à prática antiga de julgar, e que se ia aperfeiçoando a que foi extraída dos *Estabelecimentos* de São Luís. Com efeito, Beaumanoir ([4]) diz que se ouviam publicamente as testemunhas nos casos em que podiam dar penhores de batalha; nos outros casos, as testemunhas eram ouvidas em segredo e os seus depoimentos eram redigidos por escrito. Os processos tornaram-se, portanto, secretos quando já não havia penhores de batalha.

([1]) Cap. lxi, p. 315.

([2]) Como diz Beaum., cap. xxxix, p. 209.

([3]) Provava-se com testemunhas o que já tinha ocorrido, o que já fora dito, ou ordenado pela justiça.

([4]) Cap. xxxix, p. 218.

Capítulo XXXV
Das custas

Antigamente, em França ninguém era condenado a pagar custas em tribunais laicos ([1]). A parte que sucumbia era suficientemente punida com as condenações de multa ao senhor e seus pares. A maneira de proceder pelo combate judicial fazia que, nos crimes, a parte que sucumbia e que perdia a vida e os bens, era punida tanto quanto podia sê-lo; e nos outros casos do combate judicial, havia multas que por vezes eram fixas, outras vezes dependiam da vontade do senhor, o que levava a que muito se receasse as vicissitudes dos processos. O mesmo se passava com os casos que apenas se decidiam pelo combate. Como era o senhor quem ficava com os principais proveitos, também era ele quem pagava as principais custas, quer para reunir os seus pares, quer para os pôr em estado de proceder ao julgamento. De resto, como os casos eram concluídos no próprio lugar, e quase sempre no mesmo instante, e sem esse número infinito de documentos escritos que se viram mais tarde, não era necessário atribuir custas às partes.

É o uso dos recursos que deve naturalmente introduzir o de se atribuírem custas. Por isso, Défontaines ([2]) diz que, quando se recorria segundo a lei escrita, isto é, quando se seguiam as novas leis de São Luís, eram atribuídas custas; mas que no uso comum, que não permitia o recurso sem uma acusação de falsidade, não eram atribuídas quaisquer custas; apenas se obtinha uma multa e a posse durante um ano e um dia da coisa contestada, se o caso fosse levado ao senhor.

Mas quando as novas oportunidades de recorrer aumentaram o número de recursos ([3]); quando, pelo uso frequente desses recursos de um tribunal a outro, as partes eram constantemente transportadas para fora do lugar onde viviam; quando a arte nova dos procedimentos multiplicava e eternizava os processos; quando a ciência de iludir os pedidos mais justos se refinava; quando um

---

([1]) Défont., no seu *Conseil*, cap. xxii, art. 3 e 8; e Beaum., cap. xxxiii; *Estabelecimentos*, liv. I, cap. xc.

([2]) Cap. xxii, art. 8.

([3]) «Actualmente, que há uma tão grande inclinação para recorrer», diz Boutillier, *Somme rurale*, liv. I, título iii, [Edição de Paris, 1621], p. 16.

pleiteador sabia fugir, unicamente para se fazer seguir; quando a queixa era ruinosa e a defesa tranquila; quando as razões se perdiam em volumes de palavras e documentos; quando tudo estava cheio de funcionários subordinados de justiça que não deviam prestar justiça; quando a má-fé encontrava conselhos onde não encontrava apoios; era bem preciso travar os pleiteadores com o receio das custas. Deviam pagá-las pela decisão, e pelos meios que tinham sido empregados para lhe escapar. Carlos, *o Belo*, fez a este propósito uma ordenação geral ([1]).

Capítulo XXXVI
Da parte pública

Como, segundo as leis sálicas e ripuárias, e segundo as outras leis dos povos bárbaros, as penas dos crimes eram pecuniárias, não havia então, como há actualmente entre nós, uma parte pública encarregue da perseguição dos crimes. Com efeito, tudo se reduzia a indemnizações por danos; toda a perseguição era, de algum modo, cível, e cada particular podia fazê-la. Por outro lado, o direito romano tinha formas populares para a perseguição dos crimes, que não podiam ser compatíveis com o ministério de uma parte pública.

O uso dos combates judiciais não repugnava menos a esta ideia; pois quem quereria ser a parte pública e fazer-se campeão de todos contra todos?

Numa recolha de fórmulas que o Sr. Muratori inseriu nas leis dos Lombardos, verifico que durante a segunda raça havia um *advogado* da parte pública ([2]). Mas se lermos a recolha inteira destas fórmulas, vemos que havia uma diferença total entre estes oficiais e o que hoje em dia chamamos a parte pública, os nossos procuradores gerais, os nossos procuradores do rei ou dos senhores. Os primeiros eram mais agentes do público para a manutenção política e doméstica do que para a manutenção civil. Com efeito, não vemos nessas fórmulas que estivessem encarregados da perseguição dos crimes e dos casos que respeitavam aos menores, às igrejas ou à condição das pessoas.

([1]) Em 1324.

([2]) *Advocatus de parte publica.*

Disse que o estabelecimento de uma parte pública repugnava ao uso do combate judicial. No entanto, encontro numa dessas fórmulas um advogado da parte pública que tem a liberdade de combater. O Sr. Muratori colocou-a no seguimento da constituição de Henrique I ([1]) para a qual foi feita. Nesta constituição diz-se que «se alguém matar o seu pai, o seu irmão, o seu sobrinho, ou qualquer outro dos seus parentes, perderá a sua herança, que passará para os outros parentes, e a sua própria herança pertencerá ao fisco». Ora, é para a perseguição dessa herança devolvida ao fisco que o advogado da parte pública, que sustentava os seus direitos, tinha a liberdade de combater. Este caso entrava na regra geral.

Vemos nessas fórmulas o advogado da parte pública agir contra quem apanhasse um ladrão ([2]) e não o levasse até junto do conde; contra quem ([3]) levasse a cabo uma sublevação ou reunisse uma assembleia contra o conde; contra quem ([4]) salvasse a vida a um homem que fosse entregue pelo conde para ser morto; contra o advogado das igrejas ([5]), que tivesse sido ordenado pelo conde a lhe apresentar um ladrão, e que não tivesse obedecido; contra quem ([6]) tivesse revelado um segredo do rei a estrangeiros; contra quem ([7]) que, à mão armada, perseguisse o enviado do imperador; contra quem ([8]) desprezasse as cartas do imperador e fosse perseguido pelo advogado do imperador, ou pelo próprio imperador; contra quem ([9]) não quisesse receber a moeda do príncipe; enfim, este advogado reivindicava as coisas que a lei adjudicava ao fisco ([10]).

Mas na perseguição dos crimes não vemos qualquer advogado da parte pública; mesmo quando os duelos são pratica-

---

([1]) Ver esta constituição e esta fórmula no segundo volume dos *Historiadores da Itália*, p. 175.

([2]) *Compilação* de Muratori, p. 104, sobre a lei 88 de Carlos Magno, liv. I, título xxvi, § 78.

([3]) Outra fórmula, *ibid.*, p. 87.

([4]) *Ibid.*, p. 104.

([5]) *Ibid.*, p. 95.

([6]) *Ibid.*, p. 88.

([7]) *Ibid.*, p. 98.

([8]) *Ibid.*, p. 132.

([9]) *Ibid.*

([10]) *Ibid.*, p. 137.

dos [1]; mesmo quando se trata de fogo posto [2]; mesmo quando o juiz é morto [3] no seu tribunal; mesmo quando se trata da condição das pessoas [4], da liberdade e da servidão [5].

Estas fórmulas são feitas, não só para as leis dos Lombardos, mas para as capitulares aditadas. Daí que não tenhamos de duvidar que, nesta matéria, elas nos dão a prática da segunda raça.

É evidente que estes advogados da parte pública acabariam por desaparecer com a segunda raça, tal como os enviados do rei nas províncias; pela razão de que já não havia lei geral, nem fisco geral; e pela razão de que já não havia um conde nas províncias para ouvir os pleitos; e por conseguinte já não havia este tipo de oficiais, cuja principal função era a de manter a autoridade do conde.

O uso dos combates, que se tornou mais frequente durante a terceira raça, não permitia que se estabelecesse uma parte pública. Assim, Boutillier, na sua *Somme rurale*, ao falar dos oficiais de justiça, menciona apenas os homens bailios, os homens com feudos e os sargentos. Vejam-se os *Estabelecimentos* [6] e Beaumanoir [7] sobre a maneira como se faziam as perseguições nesses tempos.

Nas leis [8] de Jaime II, rei de Maiorca, encontro uma criação do posto de procurador do rei [9] com as mesmas funções que têm os nossos procuradores hoje em dia. É patente que os procuradores do rei só apareceram depois de a forma judicial ter mudado entre nós.

---

(1) *Ibid.*, p. 147.
(2) *Ibid.*
(3) *Ibid.*, p. 168.
(4) *Ibid.*, p. 134.
(5) *Ibid.*, p. 107.
(6) Liv. I, cap. i; e liv. II, cap. xi e xiii.
(7) Cap. i e cap. lxi.
(8) Ver essas leis nas *Vidas dos Santos* do mês de Junho, tomo III, p. 26.
(9) *Qui continue nostram sacram curiam sequi teneatur, instituatur qui facta et causas in ipsa curia promoveat atque prosequatur.* [«Este deve estar sempre presente no nosso sagrado tribunal; é instituído para promover e perseguir as acções e as causas que chegarem ao nosso tribunal»]

Capítulo XXXVII
Como os estabelecimentos de São Luís caíram no esquecimento

Foi o destino dos *Estabelecimentos* de nascerem, envelhecerem e morrerem em muito pouco tempo.

Farei algumas reflexões sobre isto. O código que temos sob o nome de *Estabelecimentos de São Luís* nunca foi feito para servir de lei a todo o reino, não obstante tal ser dito no prefácio deste código. Este compêndio é um código geral que estatui sobre todos as matérias civis, as disposições dos bens por testamento ou entre pessoas vivas, os dotes e os benefícios das mulheres, os lucros e as prerrogativas dos feudos, as matérias da polícia, etc. Ora, num tempo em que cada cidade, burgo ou aldeia, tinha o seu costume, dar um corpo geral de leis civis era querer derrubar num instante todas as leis particulares, sob as quais cada um vivia em todas as partes do reino. Fazer um costume geral de todos os costumes particulares seria uma coisa inconsiderada, mesmo naquele tempo em que os príncipes por toda a parte se deparavam com a obediência. Pois se é verdade que não se tem de mudar quando os inconvenientes igualam os benefícios, ainda menos se tem de mudar quando os benefícios são pequenos e os inconvenientes imensos. Ora, se prestarmos atenção ao estado do reino nessa altura, em que cada um se inebriava com a ideia da sua própria soberania e poder, vemos certamente que mudar por toda a parte as leis e os usos aceites era uma coisa que não podia entrar no espírito daqueles que governavam.

O que acabei de dizer prova também que o código dos *Estabelecimentos* não foi confirmado no *parlament* pelos barões e pela gente da lei do reino, como aparece num manuscrito dos paços do concelho da cidade de Amiens, citado pelo Sr. Ducange (1). Nos outros manuscritos vemos que este código foi dado por São Luís no ano de 1270, antes de partir para Tunes. Este facto não é mais verdadeiro do que o outro, porquanto São Luís partiu em 1269, como notou o Sr. Ducange; donde conclui que o código teria sido publicado na sua ausência. Mas eu digo que isso é impossível. Porque é que São Luís faria algo durante a sua ausência que seria uma semente de problemas e que poderia provocar,

(1) Prefácio aos *Estabelecimentos.*

não mudanças, mas revoluções? Uma tal empresa, mais do que qualquer outra, teria necessidade de ser acompanhada de perto, e não foi obra de uma regência fraca, nem sequer de uma regência composta por senhores que tinham interesse no fracasso da coisa. Estes eram Mateus, abade de Saint-Denis, Simão de Clermont, conde de Nesle; e, em caso de morte, Filipe, bispo de Évreux, e João, conde de Ponthieu. Vimos anteriormente ([1]) que o conde de Ponthieu se opôs no seu senhorio à execução de uma nova ordem judicial.

Em terceiro lugar, digo que é muito provável que o código que temos seja uma coisa diferente dos *Estabelecimentos* de São Luís sobre a ordem judicial. Este código cita os *Estabelecimentos*: é portanto uma obra sobre os *Estabelecimentos*, e não os *Estabelecimentos*. Além disso, Beaumanoir, que fala frequentemente dos *Estabelecimentos* de São Luís, cita apenas os *Estabelecimentos* particulares deste príncipe, e não essa compilação dos *Estabelecimentos*. Défontaines ([2]), que escreveu no reinado deste príncipe, fala-nos das primeiras duas vezes em que os seus *Estabelecimentos* sobre a ordem judicial foram executados, como de uma coisa recuada. Os *Estabelecimentos* de São Luís eram, por isso, anteriores à compilação de que falo, que, em rigor e se aceitarmos os prólogos erróneos colocados no início dessa obra por alguns ignorantes, só apareceu no derradeiro ano da vida de São Luís, ou mesmo depois da morte deste príncipe.

Capítulo XXXVIII
Continuação do mesmo assunto

O que é então essa compilação que temos com o nome de *Estabelecimentos* de São Luís? O que é esse código obscuro, confuso e ambíguo, em que constantemente se mistura a jurisprudência francesa com a lei romana; em que se fala como um legislador e em que se vê um jurisconsulto; em que se encontra um corpo inteiro de jurisprudência que cobre todos os casos, todos os pontos do direito civil? Temos de recuar até esses tempos.

São Luís, ao ver os abusos da jurisprudência do seu tempo, procurou fazer que os povos dela desgostassem; fez vários regula-

---

([1]) Cap. xxix.

([2]) Ver acima o cap. xxix.

mentos para os tribunais dos seus domínios, e para os dos seus barões; e teve um tal sucesso que Beaumanoir ([1]), que escreveu pouquíssimo tempo depois da morte deste príncipe, nos diz que a maneira de julgar estabelecida por São Luís era praticada num grande número de tribunais dos senhores.

Assim, este príncipe cumpriu o seu objectivo, embora os seus regulamentos para os tribunais dos senhores não fossem feitos para serem uma lei geral do reino, mas como exemplo que cada um poderia seguir, e que cada um tivesse até o interesse de seguir. Cortou o mal fazendo que o melhor fosse sentido. Quando se viu nos seus tribunais, quando se viu nos tribunais dos senhores, uma maneira de proceder mais natural, mais razoável, mais conforme à moral, à religião, à tranquilidade pública, à segurança da pessoa e dos bens, ela foi adoptada e a outra abandonada.

Convidar, quando não é preciso forçar; conduzir, quando não é preciso comandar, é a suprema habilidade. A razão tem um império natural; tem até um império tirânico: resiste-se-lhe, mas essa resistência é o seu triunfo; um pouco mais de tempo e é-se forçado a regressar a ela.

São Luís, para levar a que desgostassem da jurisprudência francesa, mandou traduzir os livros de direito romano para que se tornassem conhecidos dos homens da lei desses tempos. Défontaines, que é o primeiro ([2]) a escrever sobre a nossa prática, fez um grande uso dessas leis romanas; a sua obra é de algum modo um resultado da antiga jurisprudência francesa, das leis ou *Estabelecimentos* de São Luís, e da lei romana. Beaumanoir fez pouco uso da lei romana; mas conciliou a antiga jurisprudência francesa com os regulamentos de São Luís.

Foi de acordo com o espírito destas duas obras, e sobretudo da de Défontaines, que algum bailio, creio eu, escreveu a obra de jurisprudência a que chamamos os *Estabelecimentos.* No título dessa obra, diz-se que foi feita segundo os usos de Paris e de Orleães e dos tribunais do baronato. É nítido que esta obra foi feita para Paris, Orleães e Anjou, tal como as obras de Beaumanoir e de Défontaines foram feitas para os condados de Clermont

---

([1]) Cap. lxi, p. 309.

([2]) Ele próprio diz no seu prólogo: *Nus n'enprit onques devant moi cette chose dont j'aie exemplaire* [«Ninguém antes de mim abordou este assunto»]

e de Vermandois; e como aparece em Beaumanoir que muitas das leis de São Luís tinham penetrado nos tribunais do baronato, o compilador teve alguma razão em dizer que a sua obra ([1]) também abrangia os tribunais do baronato.

É evidente que quem escreveu esta obra compilou os costumes do país com as leis e os *Estabelecimentos* de São Luís. Esta obra é muito preciosa porque contém os antigos costumes de Anjou e os *Estabelecimentos* de São Luís, tal como eram então praticados, e por fim a parte da antiga jurisprudência francesa que ainda era praticada.

A diferença desta obra relativamente às de Défontaines e de Beaumanoir é que nela fala-se em termos de comando, como os legisladores; e podia ser assim porque era uma compilação de costumes escritos e de leis.

Havia um vício interno nessa compilação: formava um código anfíbio, em que se misturara a jurisprudência francesa com a lei romana; juntavam-se coisas que nunca tinham estado relacionadas e que muitas vezes eram contraditórias.

Estou bem a par de que os tribunais franceses de homens ou de pares, os julgamentos sem recurso de apelação a um outro tribunal, a maneira de pronunciar a sentença com estas palavras: *eu condeno* ([2]) ou *eu absolvo*, estavam em conformidade com os julgamentos populares dos Romanos. Mas fazia-se pouco uso dessa jurisprudência antiga; serviam-se mais da jurisprudência que foi introduzida mais tarde pelos imperadores, que foi empregue por toda a parte nesta compilação, para regrar, limitar, corrigir, alargar a jurisprudência francesa.

Capítulo XXXIX
Continuação do mesmo assunto

As formas judiciais introduzidas por São Luís deixaram de ser usadas. Este príncipe tivera menos em vista a coisa em si, isto é, a

---

([1]) Não há nada tão vago quanto o título e o prólogo. Primeiro, são os usos de Paris e de Orleães, e dos tribunais do baronato; de seguida, são os usos de todos os tribunais leigos do reino, e do prebostado da França; posteriormente, são os usos de todo o reino e de Anjou e dos tribunais do baronato.

([2]) *Estabelecimentos*, liv. II, cap. xv.

melhor maneira de julgar, do que a melhor maneira de substituir a prática antiga de julgar. O primeiro objectivo era provocar o desgosto da antiga jurisprudência, e o segundo formar uma nova. Mas assim que apareceram os inconvenientes da nova jurisprudência rapidamente se viu uma outra suceder-lhe.

Assim, as leis de São Luís mudaram menos a jurisprudência francesa do que deram meios para a mudar: abriram novos tribunais, ou antes vias para a eles aceder; e quando se pôde facilmente aceder a quem tinha uma autoridade geral, os julgamentos, que anteriormente apenas afectavam os usos de um senhorio particular, formaram uma jurisprudência universal. Pela força dos *Estabelecimentos*, chegou-se a um ponto em que se tinha acórdãos gerais que faltavam inteiramente no reino; quando o edifício foi construído, deixaram cair os andaimes.

Assim, as leis que São Luís fez tiveram efeitos que nunca se esperaria de uma obra-prima da legislação. Por vezes, muitos séculos têm de passar para preparar as mudanças; os acontecimentos amadurecem, e então temos as revoluções.

O *parlement* julga em última instância quase todas as contendas do reino. Antigamente, só julgava as contendas ([1]) que havia entre os duques, condes, barões, bispos, abades, ou entre o rei e os seus vassalos ([2]), mais na sua relação com a ordem política do que com a ordem civil. De seguida, foi forçado a tornar-se sedentário e a estar permanentemente reunido; por fim, vários foram criados para que pudessem bastar a todas as contendas.

Mal o *parlement* se converteu num corpo fixo e começou-se a compilar os seus acórdãos. Jean de Monluc, no reinado de Filipe, *o Belo*, fez a colecção que hoje em dia se chama os registos *Olim* ([3]).

Capítulo XL

Como se adoptaram as formas judiciais dos decretais

Mas porque é que, quando se abandonaram as formas judiciais estabelecidas, se adoptaram as do direito canónico em vez

---

([1]) Ver Dutillet, sobre o tribunal dos pares. Ver também la Roche-Flavin, liv. I, cap. iii; Budée, e Paul-Émile.

([2]) As outras contendas eram decididas pelos tribunais comuns.

([3]) Ver a excelente obra do Sr. Presidente Hénault, para o ano de 1313.

das do direito romano? Porque se tinha sempre diante dos olhos os tribunais clericais, que seguiam as formas do direito canónico, e não se conhecia qualquer tribunal que seguisse as formas do direito romano. Além disso, os limites da jurisdição eclesiástica e da jurisdição secular eram, nesses tempos, muito pouco conhecidas: havia pessoas ([1]) que pleiteavam indiferentemente em ambos os tribunais ([2]); havia matérias sobre as quais também se pleiteava indiferentemente. Parece ([3]) que a jurisdição leiga guardou para si, privativamente em relação à eclesiástica, apenas o julgamento das matérias feudais e os crimes cometidos por leigos nos casos que não colidissem com a religião. Pois ([4]) se, em virtude de convenções e de contratos, fosse necessário recorrer à justiça leiga, as partes podiam voluntariamente proceder perante os tribunais clericais, que, não tendo o direito de obrigar a justiça leiga a mandar executar a sentença, forçavam a obediência por via da excomunhão ([5]). Nestas circunstâncias, quando nos tribunais leigos se quis mudar de prática, adoptou-se a dos tribunais clericais porque já eram conhecidas; e não se adoptou a do direito romano porque não era conhecida. Porquanto, em matéria de prática, só se conhece o que se pratica.

Capítulo XLI
Fluxo e refluxo da jurisdição eclesiástica e da jurisdição leiga

Com o poder civil nas mãos de uma infinidade de senhores fora fácil à jurisdição eclesiástica conferir a si mesma uma extensão cada vez maior. Mas, como a jurisdição eclesiástica enfraquecia a jurisdição dos senhores, e assim contribuía para dar força à jurisdição régia, aos poucos a jurisdição régia restringia a

([1]) Beaum., cap. xi, p. 58.

([2]) As viúvas, os cruzados, os que detinham os bens das igrejas, por causa destes bens. *Ibid.*

([3]) Ver todo o capítulo xi de Beaumanoir.

([4]) Os tribunais clericais, com o pretexto do juramento, chegaram a tomar conta até de alguns destes casos, como se pode ver na famosa concordata entre Filipe Augusto, os clérigos e os barões, que se encontra nas Ordenações de Laurière.

([5]) Beaum., cap. xi, p. 60.

jurisdição eclesiástica, e esta recuava perante a primeira. O *parlement*, que adoptara na sua forma de proceder tudo o que havia de bom e de útil na forma de proceder dos tribunais dos clérigos, em breve via apenas os seus abusos; e como a jurisdição régia se fortalecia todos os dias, estava cada vez mais em condições de corrigir esses mesmos abusos. Com efeito, estes eram intoleráveis; e sem os enumerar, remeterei para Beaumanoir ([1]), para Boutillier, para as ordenações dos nossos reis. Falarei apenas daqueles que mais directamente interessavam à fortuna pública. Conhecemos esses abusos pelos acórdãos que os reformaram. Uma espessa ignorância introduzira-os; uma espécie de claridade apareceu, e eles desapareceram. Pelo seu silêncio, pode-se julgar que o próprio clero esteve na dianteira da correcção; o que dada a natureza do espírito humano merece louvores. Todo o homem que morria sem dar uma parte dos seus bens à Igreja, aquilo a que se chamava morrer *inconfesso*, era privado da comunhão e da sepultura. Se morresse sem fazer testamento, era preciso que os parentes conseguissem do bispo que nomeasse, juntamente com eles, árbitros que fixassem o que o defunto teria dado se tivesse feito um testamento. Os recém-casados não podiam dormir juntos na primeira noite de núpcias, nem sequer nas duas seguintes, sem ter comprado a devida permissão; essas eram certamente as três noites que tinham de ser escolhidas, porque para as outras noites não se daria muito dinheiro. No glossário ([2]) do direito francês de Ragueau encontramos o acórdão que ele pronunciou contra o bispo de Amiens ([3]).

Regresso ao início do meu capítulo. Quando num século, ou num governo, se vêem os diversos corpos do Estado a procurar aumentar a sua autoridade, e adquirirem uns sobre outros certas vantagens, estaríamos muitas vezes enganados se considerássemos as suas empresas como uma marca segura da sua corrupção. Por um infortúnio ligado à condição humana, os grandes homens moderados são raros; e como é sempre mais fácil seguir a sua própria força do que travá-la, talvez na classe das pessoas superio-

---

([1]) Ver Boutillier, *Somme rurale*, título ix, *Quais as pessoas que não podem fazer petições num tribunal leigo*; e Beaum., cap. xi, p. 56; e os regulamentos de Filipe Augusto sobre este tema; e a resolução de Filipe Augusto estabelecida entre e os clérigos, o rei e os barões.

([2]) Na palavra *Executores testamentários*.

([3]) De 19 de Março de 1409.

res seja mais fácil encontrar gente extremamente virtuosa do que homens extremamente sábios.

A alma delicia-se tanto em dominar as outras almas; mesmo aqueles que amam o bem amam-se tanto a si mesmos que não há ninguém que seja tão infeliz que desconfie das suas boas intenções: e, na verdade, as nossas acções dependem de tantas coisas que é mil vezes mais fácil fazer o bem do que fazê-lo bem.

Capítulo XLII
Renascimento do direito romano e o que daí resultou. Mudanças nos tribunais

Quando o *Digesto* de Justiniano foi redescoberto por volta do ano de 1137, o direito romano parecia sofrer um segundo renascimento. Foram estabelecidas escolas em Itália onde era ensinado. Já tinham o Código Justiniano e as *Novellae*. Já disse que este direito granjeou um tal favor que fez eclipsar a lei dos Lombardos.

Os doutores italianos levaram o direito de Justiniano para França, onde só era conhecido ([1]) o Código Teodosiano, porque só depois do estabelecimento dos bárbaros nas Gálias é que as leis de Justiniano foram feitas ([2]). Esse direito deparou-se com algumas oposições; mas manteve-se apesar das excomunhões dos papas, que protegeram os seus cânones ([3]). São Luís procurou acreditá-lo por meio das traduções que mandou fazer das obras de Justiniano, que ainda possuímos em manuscritos nas nossas bibliotecas; e já referi que nos *Estabelecimentos* estas traduções foram muito utilizadas. Filipe, *o Belo* ([4]), ordenou que fossem ensinadas as leis de Justiniano, apenas como razão escrita, nas regiões de França que se governavam pelos costumes; e foram adoptadas como lei nas regiões onde o direito romano era a lei.

([1]) Em Itália seguiu-se o Código de Justiniano. É por isso que o papa João VIII, na sua constituição, promulgada após o sínodo de Troyes, fala desse código, não porque fosse conhecido em França, mas porque ele mesmo o conhecia; e a sua constituição era geral.

([2]) O código desse imperador foi publicado por volta do ano de 530.

([3]) *Decretais*, liv. V, título *De privilegiis*, capite *super specula*.

([4]) Por uma carta do ano de 1312, em favor da Universidade de Orleães, relatada por Dutillet.

Disse anteriormente que a maneira de proceder pelo combate judicial exigia da parte daqueles que julgavam pouquíssima competência; os assuntos eram decididos em cada lugar e seguindo alguns costumes simples que eram recebidos em conformidade com a tradição. No tempo de Beaumanoir (1) havia duas maneiras diferentes de administrar a justiça. Nalguns lugares, julgavam os pares (2); noutros, eram os bailios quem julgava. Quando se seguia a primeira forma, os pares julgavam segundo o uso da sua jurisdição (3); na segunda forma, eram os homens-bons ou os anciãos que indicavam o mesmo uso ao bailio. Nada disto exigia letras, capacidade, estudo. Mas quando o código obscuro dos *Estabelecimentos* e outras obras de jurisprudência apareceram; quando o direito romano foi traduzido; quando começou a ser ensinado nas escolas; quando uma certa arte do processo e uma certa arte da jurisprudência começaram a formar-se; quando se viram nascer patrícios e jurisconsultos, os pares e os homens-bons deixaram de estar em condições de julgar; os pares começaram a retirar-se dos tribunais do senhor; os senhores sentiam-se pouco inclinados a convocá-los. Tanto mais que os julgamentos, em vez de serem uma acção estrepitosa, agradável à nobreza, interessante para os homens da guerra, não eram mais do que uma prática que não conheciam, nem queriam conhecer. A prática de ter os pares a julgar tornou-se menos usada (4); a de ter os bailios a julgar foi-se alargando. Os bailios não julgavam (5): faziam a

---

(1) *Coutume de Beauvoisis*, cap. i, do *Office des Baillis*.

(2) Na comuna, os burgueses eram julgados por outros burgueses, como os homens de feudo se julgavam uns aos outros.

(3) Assim, todas as petições começavam com as seguintes palavras: «Senhor juiz, é o uso na vossa jurisdição, etc.» como aparece na fórmula relatada em Boutillier, *Somme rurale*, liv. I, título xxi.

(4) A mudança foi imperceptível. Ainda se encontravam os pares assim empregues no tempo de Boutillier, que estava vivo em 1402, data do seu testamento, que relata esta fórmula no liv. I, título xxi: «Senhor juiz, na minha justiça alta, média e baixa, que tenho em tal lugar [há] tribunal, pleitos, bailios, homens feudais e sargentos». Mas nessa altura os pares já só julgavam matérias feudais. *Ibid.*, liv. I, título i, p. 16.

(5) Como aparece na fórmula das cartas que o senhor lhes dava, relatada por Boutillier, *Somme rurale*, liv. I, título xiv. O que também se prova em Beaumanoir, *Coutume des Beauvoisis*, cap. i, *des Baillis*. Faziam apenas o processo. «O bailio presta juramento na presença dos homens que anotarão as palavras daqueles que pleiteiam, e deve perguntar às partes se querem que lhes seja prestado o direito segundo as razões que apresentaram; e se estas dizem, *Sim, senhor*, o bailio deve

instrução e pronunciavam o julgamento dos homens-bons; mas como os homens-bons já não estavam em condições de julgar, eram os próprios bailios a julgar.

Isso acontecia tanto mais facilmente quanto mais se tinha diante dos olhos a prática dos juízes da Igreja. O direito canónico e o novo direito civil actuaram concertadamente para abolir os pares.

Assim se perdeu o uso, constantemente observado na monarquia, segundo o qual um juiz nunca julgava sozinho, como se pode ver nas leis sálicas, nas capitulares, e nos primeiros autores da prática no tempo da terceira raça ([1]). O abuso contrário, que só ocorreu nas justiças locais, foi moderado e de certo modo corrigido com a introdução em vários lugares de um tenente do juiz, que este consultava, e que representava os antigos homens-bons; com a obrigação de que o juiz tinha de escolher dois graduados nos casos que podiam merecer uma pena aflitiva ([*]); e finalmente foi anulado pela extrema facilidade dos recursos.

Capítulo XLIII
Continuação do mesmo assunto

Assim, não foi uma lei que proibiu os senhores de manterem os seus próprios tribunais; não foi uma lei que aboliu as funções que os pares tinham neles; não houve uma lei que ordenasse a criação dos bailios; não foi de uma lei que estes obtiveram o direito de julgar. Tudo isto foi acontecendo aos poucos, e em virtude da força da coisa. O conhecimento do direito romano, os acórdãos dos tribunais, os corpos de costumes recentemente escritos exigiam um estudo de que os nobres e o povo iletrado eram incapazes.

A única ordenação que temos sobre esta matéria ([2]) é a que obrigava os senhores a escolher os seus bailios dentre a ordem

---

forçar os homens a proceder ao julgamento». Ver também os *Estabelecimentos de São Luís*, liv. I, cap. cv, e liv. II, cap. xv: «Se o juiz não deve proceder ao julgamento».

([1]) Beaumanoir, cap. lxvii, p. 336, e cap. lxi, p. 315 e 316; os *Estabelecimentos*, liv. II, cap. xv.

([*]) «*Penas aflitivas*»: ver *EL*, X.8 (N. T.).

([2]) Do ano de 1287.

dos leigos. Foi erradamente vista como a lei da sua criação; mas ela diz apenas o que diz. Além disso, a ordenação fixa o que prescreve pelas razões que apresenta para tal: «É para que os bailios possam ser punidos pelas suas prevaricações (1) que é necessário que sejam escolhidos dentre a ordem dos leigos». São conhecidos os privilégios de que os eclesiásticos gozavam nesses tempos.

Não temos de supor que os direitos de que os senhores gozavam outrora, e de que já não gozam actualmente, lhes tenham sido retirados ao modo de usurpações: muitos desses direitos foram perdidos por negligência; e outros foram abandonados porque, como diversas mudanças foram sendo introduzidas nos tribunais ao longo de vários séculos, não podiam subsistir com essas mudanças.

Capítulo XLIV
Da prova por testemunho

Os juízes, que não tinham outras regras além dos usos, normalmente inquiriam recorrendo a testemunhas em cada questão que se apresentava.

À medida que o combate judicial se tornou cada vez menos usado, os inquéritos eram feitos por escrito. Mas uma prova oral posta por escrito permanece apenas uma prova oral; isto fez apenas que se aumentassem as despesas do processo. Foram feitos regulamentos que tornaram a maioria destes inquéritos (2) inútil; foram estabelecidos registos públicos, em que a maioria destes factos se encontrava provada: a nobreza, a idade, a legitimidade, o casamento. A escrita é um testemunho que dificilmente é corrompido. Os costumes foram redigidos por escrito. Tudo isso era bastante razoável: é mais fácil ir procurar nos registos de baptismo se Pedro é filho de Paulo do que tentar provar esse facto mediante um longo inquérito. Quando numa certa região há um enorme número de usos, é mais fácil pô-los a

(1) *Ut, si ibi delinquant, superiores sui possint animadvertere in eosdem.* [«Para que, se nesse lugar cometessem um crime, os superiores pudessem puni-los»].

(2) Ver como a idade e o parentesco eram provados: *Estabelecimentos*, liv. I, cap. lxxi e lxxii.

todos por escrito num código do que obrigar os particulares a demonstrar cada um desses usos. Finalmente, fez-se a famosa ordenação que proibia a aceitação da prova por meio de testemunhas de uma dívida acima das cem libras, a menos que houvesse um começo de prova por escrito.

Capítulo XLV
Dos costumes da França

A França era regida, como disse, por costumes não escritos; e os usos particulares de cada senhorio compunham o direito civil. Cada senhorio tinha o seu direito civil, como refere Beaumanoir ([1]); e um direito tão particular, que este autor, que deve ser considerado a luz desse tempo, e uma grande luz, diz que não acredita que em todo o reino houvesse dois senhorios que fossem governados em todas as coisas pela mesma lei.

Esta diversidade prodigiosa tinha uma primeira origem, e tinha uma segunda. Quanto à primeira, podemos recordar o que disse anteriormente no capítulo sobre os costumes locais ([2]); e, quanto à segunda, encontramo-la nos vários acontecimentos dos combates judiciais; já que seria de esperar que casos continuamente fortuitos introduzissem naturalmente novos usos.

Esses costumes eram conservados na memória dos velhos; mas aos poucos formaram-se leis ou costumes escritos.

1º No início da terceira raça ([3]), os reis outorgaram cartas particulares, e outorgaram até cartas gerais, da maneira que expliquei anteriormente. Tais são os Estabelecimentos de Filipe Augusto e os que São Luís fez. Do mesmo modo, os grandes vassalos, em concertação com os senhores que dependiam deles, outorgaram nas sessões periódicas dos tribunais dos seus ducados ou condados certas cartas ou Estabelecimentos, segundo as circunstâncias; tais foram a sessão do tribunal de Godofredo, conde da Bretanha, sobre a partilha dos nobres, os costumes da Normandia, outorgados pelo duque Raul, os costumes de Champagne, dados pelo rei Thibaut; as leis de Simão, conde de Mon-

([1]) Prólogo sobre o *Costume de Beauvoisis.*

([2]) Cap. xii.

([3]) Ver a *Compilação das Ordenações,* de Laurière.

fort, e outros. Isso levou à produção de algumas leis escritas, e até mais gerais do que as que existiam.

2º No início da terceira raça quase todo o povo comum era constituído por servos. Várias razões obrigaram os reis e os senhores a libertá-los.

Quando libertaram os seus servos, os senhores deram-lhes bens; foi necessário dar-lhes leis civis para regrar a disposição desses bens. Quando libertaram os seus servos, os senhores privaram-se dos seus bens; foi necessário, então, regular os direitos que os senhores reservaram para si como equivalentes aos seus bens. Uma e outra coisa foram reguladas pelas cartas de emancipação; estas cartas formaram uma parte dos nossos costumes, e esta parta foi redigida por escrito.

3º No reinado de São Luís e nos seguintes, homens da prática hábeis, como Défontaines, Beaumanoir, e outros, redigiram por escrito os costumes dos seus bailios. O seu objecto era estabelecer mais uma prática judicial do que os usos do seu tempo quanto à disposição dos bens. Mas aí encontra-se tudo; e embora esses autores particulares não tivessem outra autoridade que não a da verdade e da publicidade das coisas que diziam, não se pode duvidar dos muitos serviços que prestaram ao renascimento do nosso direito francês. Assim era, nesses tempos, o nosso direito consuetudinário escrito.

A seguir veio a grande época. Carlos VII e os seus sucessores mandaram redigir por escrito, em todo o reino, os vários costumes locais e prescreveram formalidades que deviam ser observadas na sua redacção. Ora, como cada redacção se fez por províncias, e como em cada senhorio vieram depositar na assembleia geral da província os usos escritos ou não escritos de cada lugar, procurou-se tornar os costumes mais gerais, tanto quanto isso fosse possível sem lesar os interesses dos particulares, que foram protegidos ([1]). Assim, os nossos costumes assumiram três características: eram escritos, eram mais gerais e tinham o selo da autoridade régia.

Quando vários destes costumes foram reescritos, fizeram-se várias mudanças, tanto na remoção de tudo o que não era compatível com a jurisprudência actual, como no acréscimo de várias coisas extraídas dessa jurisprudência.

([1]) Tal foi feito desse modo aquando da redacção dos costumes do Berry e de Paris. Ver La Thaumassière, cap. iii.

Embora o direito consuetudinário seja visto entre nós como contendo uma espécie de oposição ao direito romano, de modo que estes dois direitos dividem os territórios, é no entanto verdade que várias disposições do direito romano entraram nos nossos costumes, sobretudo quando se fizeram novas redacções, em tempos que não distam assim tanto dos nossos, em que esse direito era o objecto dos conhecimentos de todos os que estavam destinados aos cargos civis; nos tempos em que as pessoas não se glorificavam de ignorar o que se devia saber, e de saber o que se devia ignorar, em que o engenho do espírito servia mais para aprender a profissão do que para exercê-la, e em que a diversão contínua não era sequer o atributo das mulheres.

Teria sido necessário que me alongasse ainda mais no final deste livro, e, entrando nos mais ínfimos detalhes, tivesse acompanhado todas as mudanças imperceptíveis que desde a abertura dos recursos de apelação formaram o grande corpo da nossa jurisprudência francesa. Mas teria colocado uma grande obra dentro de uma outra grande obra. Sou como aquele antiquário que partiu do seu país, chegou ao Egipto, espreitou as Pirâmides e regressou ([1]).

([1]) No *Spectateur anglois* [*The Spectator*, um periódico de Joseph Addison e Richard Steele, publicado de 1711 a 1712 e muito influente na Inglaterra da primeira metade do século XVIII (N. T.)].

Livro XXIX(*)
Da maneira de compor as leis

Capítulo I
Do espírito do legislador

Digo-o, e parece-me que escrevi esta obra apenas para demonstrá-lo: o espírito de moderação deve ser o do legislador; o bem político, como o bem moral, encontra-se sempre entre dois limites (**). Eis um exemplo.

(*) Segundo algumas opiniões bem informadas, o livro XXIX é o momento conclusivo da obra. Ver, por exemplo, Robert Derathé, «Introduction de *l'Esprit des Lois*» (Paris: Garnier Frères, 1973), pp. xxxvii-xxxviii. O facto de ainda se seguirem mais dois livros seria explicado pela necessidade de intervenção no aceso debate sobre a origem (e reforma) da monarquia francesa, que levou Montesquieu a acrescentar as suas considerações sobre as leis feudais depois de a primeira impressão ter sido finalizada. Ver a sua carta ao monsenhor Ceruti (28 de Março de 1748), na qual Montesquieu reconheceu que, se não conseguisse finalizar atempadamente esses dois livros, *Do Espírito das Leis* seria publicado sem eles (N. T.).

(**) Comparar com Aristóteles, *Política*, 1287b3-5, 1295a35-40.

Condorcet comentaria este passo do seguinte modo: «O espírito de um legislador deve ser a justiça, o cumprimento do direito natural em tudo o que é propriamente *lei*». Condorcet, *Observations sur le vingt-neuvième livre de l'Esprit des Lois* em *Oeuvres de Montesquieu* (Paris: Dalibon, 1827), vol. VIII, p. 391. Provavelmente, não existe maneira mais simples e directa de elucidar a diferença de abordagem às coisas políticas que separa Montesquieu da geração revolucionária que Condorcet, em larga medida, aqui representa (N. T.).

As formalidades da justiça são necessárias à liberdade. Mas o seu número poderia ser tão grande que contrariaria a finalidade das mesmas leis que as estabelecessem: os processos seriam intermináveis, a propriedade dos bens permaneceria incerta, dar-se-ia a uma das partes o bem da outra sem ponderação, ou arruinar-se-iam ambas as partes com tanta ponderação.

Os cidadãos perderiam a sua liberdade e a sua segurança, os acusadores já não teriam os meios de convencer, nem os acusados os meios de se justificar.

Capítulo II
Continuação do mesmo assunto

Cecílio, segundo Aulo Gélio ([1]), discursando sobre a lei das Doze Tábuas, que permitia ao credor cortar em bocados o devedor insolvente, justifica-a com sua própria atrocidade, que ([2]) impedia que se pedisse emprestado acima das possibilidades. As leis mais cruéis serão, então, as melhores? O bem será o excesso e todas as relações entre as coisas serão destruídas?

Capítulo III
Que as leis que parecem afastar-se dos propósitos do legislador muitas vezes são-lhes conformes

A lei de Sólon que declarava infames todos aqueles que, numa sedição, não tomassem qualquer partido pareceu ser bastante extraordinária. Mas é preciso prestar atenção às circunstâncias em que então a Grécia se encontrava. Estava dividida em Estados muito pequenos: era de recear que, numa república atormentada por dissensões civis, as pessoas mais prudentes procurassem abrigar-se; e que com isso as coisas fossem levadas ao extremo.

Nas sedições que ocorriam nesses Estados pequenos, o grosso da cidade entrava na querela, ou iniciava-a. Nas nossas grandes

---

([1]) Liv. XX, cap. i.

([2]) Cecílio diz que nunca viu nem leu que essa pena tivesse sido infligida: aparentemente a pena nunca foi estabelecida. A opinião de alguns juriconsultos, de que a lei das Doze Tábuas apenas mencionava a divisão do preço pago pelo devedor, é muito plausível.

monarquias, os partidos são compostos por poucas pessoas e o povo gostaria de viver na inacção. Neste caso, é natural incorporar os sediciosos no grosso dos cidadãos, e não o grosso dos cidadãos nos sediciosos; no outro, o pequeno grupo de pessoas sábias e tranquilas tem de se misturar com os sediciosos. É assim que a fermentação de um licor pode ser travada por uma única gota de um licor diferente.

Capítulo IV
Das leis que colidem com os propósitos do legislador

Há leis que o legislador compreende tão mal que são até contrárias ao objectivo que foi proposto. Aqueles que estabeleceram entre os Franceses que, quando morre um dos dois pretendentes a um benefício, este permanece com o que sobrevive, procuraram sem dúvida diminuir os litígios. Mas daqui resultou um efeito contrário: vemos os eclesiásticos, quais mastins, a atacarem-se mutuamente e bater-se até à morte.

Capítulo V
Continuação do mesmo assunto

A lei de que vou falar encontra-se nesse juramento que nos foi conservado por Ésquines ([1]) ([*]): «Juro que jamais destruirei uma cidade dos Anfictiões, e que jamais desviarei as suas águas correntes; se algum povo ousar fazer qualquer coisa de semelhante, declarar-lhe-ei guerra e destruirei as suas cidades». O último artigo desta lei, que parecia confirmar o primeiro, na realidade é-lhe contrário. Anfictião ([**]) quer que as cidades gregas não sejam destruídas e a sua lei abre a porta à destruição dessas cidades. Para que se estabelecesse um bom direito dos povos entre os Gregos, seria necessário acostumá-los a pensar que destruir uma cidade grega era uma coisa atroz; portanto, não deviam

---

([1]) *De falsa legatione.*

([*]) Ésquines: grande orador ateniense contemporâneo de Demóstenes, e seu rival (N. T.).

([**]) Anfictião: rei mítico de Atenas e fundador da Liga Anfictiónica (N. T.).

sequer destruir os destruidores. A lei de Anfictião era justa, mas não era prudente. Tal fica demonstrado com o próprio abuso que dela se fez. Filipe não atribuiu a si mesmo o poder de destruir as cidades, com o pretexto de que haviam violado as leis dos Gregos? Anfictião podia ter infligido outras penas. Por exemplo, ordenar que um certo número de magistrados da cidade destruidora, ou de chefes do exército violador, seriam punidos com a morte; que o povo destruidor deixaria, por um certo tempo, de gozar dos privilégios dos Gregos; que pagariam uma multa até ao restabelecimento da cidade. A lei deveria sobretudo incidir sobre a indemnização do dano.

Capítulo VI
Que as leis que parecem ser as mesmas nem sempre têm o mesmo efeito

César ([1]) proibiu que se guardasse em casa mais de sessenta sestércios. Esta lei foi considerada em Roma como muito apropriada para conciliar os devedores com os credores; porque ao obrigar os ricos a emprestar aos pobres, colocava os últimos em condições de satisfazer os ricos. Uma mesma lei, feita em França, no tempo do Sistema ([*]), foi muito funesta: é que as circunstâncias em que foi feita foram terríveis. Depois de se ter suprimido todos os meios de cada um investir o seu dinheiro, suprimiu-se também a possibilidade de o guardar em casa; o que era equivalente a expropriá-lo pela violência. César fez a sua lei para que o dinheiro circulasse entre o povo; o ministro da França fez a sua para que o dinheiro fosse todo colocado na mesma mão. O primeiro deu terras ou hipotecas sobre particulares pelo dinheiro; o segundo propôs dar pelo dinheiro notas que não tinham qualquer valor, e que não o podiam ter pela sua natureza porque a sua lei obrigava a aceitá-las.

([1]) Dio, liv. XLI.
([*]) Referência ao esquema financeiro de John Law. Ver *EL*, II.4, n.t. (N. T.).

Capítulo VII
Continuação do mesmo assunto.
Necessidade de compor bem as leis

A lei do ostracismo foi estabelecida em Atenas, em Argos e em Siracusa ([1]). Em Siracusa provocou mil males porque foi feita sem prudência. Os cidadãos principais baniram-se uns aos outros, pegando numa folha de figueira ([2]); de modo que aqueles que tinham algum mérito abandonavam os assuntos públicos. Em Atenas, onde o legislador sentia a extensão e os limites que devia dar à sua lei, o ostracismo era uma coisa admirável: só se submetia ao ostracismo uma única pessoa de cada vez; tinha de haver um número tão grande de sufrágios que dificilmente se exilava alguém cuja ausência não fosse necessária ([*]).

Só se podia banir de cinco em cinco anos. Com efeito, a partir do momento em que o ostracismo foi praticado apenas contra uma grande personalidade que inspirava medo nos seus concidadãos deve ter deixado de ser um assunto quotidiano.

Capítulo VIII
Que as leis que parecem ser as mesmas
nem sempre tiveram o mesmo motivo

Em França adoptaram-se a maior parte das leis dos Romanos sobre as substituições; mas em França as substituições têm um motivo completamente diferente do dos Romanos. Para estes a herança estava ligada a determinados ([3]) sacrifícios que deviam ser feitos pelo herdeiro, e que eram regulados pelo direito dos pontifíces. Isso fez que considerassem uma desonra morrer sem herdeiro, que adoptassem os seus escravos como herdeiros e que inventassem as substituições. A substituição vulgar, que foi a pri-

---

([1]) Aristóteles, *Política*, liv. V, cap. viii.

([2]) Plutarco, *Vida de Dionísio,* [cap. i]. [É provável que esta nota de rodapé resulte de um lapso de Montesquieu, já que Plutarco não escreveu uma biografia de Dionísio, mas de Díon (N. T.)]

([*]) Este elogio qualificado de Montesquieu ao ostracismo ateniense chocou a sensibilidade de um Condorcet. Ver Condorcet, p. 396 (N. T.).

([3]) Quando a herança era demasiado pesada, iludia-se o direito dos pontífices mediante certas vendas. É daí que vem a expressão *sine sacris haereditas.*

meira a ser inventada, e que só era aplicada nos casos em que o herdeiro instituído não aceitasse a herança, era uma grande prova disto mesmo: não tinha como propósito perpetuar a herança numa família do mesmo nome, mas sim encontrar alguém que aceitasse a herança.

Capítulo IX
Que as leis gregas e romanas, sem terem o mesmo motivo, puniam o homicídio de si mesmo

Um homem, diz Platão ([1]), que matou aquele que lhe está estreitamente ligado, isto é, ele mesmo, não por ordem do magistrado, nem para evitar a ignomínia, mas por fraqueza, será punido ([*]). A lei romana punia esta acção quando era cometida, não por fraqueza de alma, nem por aborrecimento com a vida, nem por incapacidade de sofrer a dor, mas por desespero resultante de algum crime. A lei romana absolvia no caso em que a lei grega condenava, e condenava no caso em que a outra absolvia.

A lei de Platão foi constituída em conformidade com as instituições lacedemónias, nas quais as ordens do magistrado eram totalmente absolutas, nas quais a ignomínia era o maior dos infortúnios, e a fraqueza o maior dos crimes. A lei romana abandonava todas estas belas ideias; não era mais do que uma lei fiscal.

Nos tempos da República, não havia leis em Roma que punissem aqueles que se matavam. Este acto, para os historiadores, é sempre tido em boa conta e nunca vemos um castigo contra os que o cometeram.

Nos tempos dos primeiros imperadores as grandes famílias de Roma foram incessantemente exterminadas pelos julgamentos. Foi introduzido o costume de evitar a condenação com uma

---

([1]) Liv. IX das *Leis*.

([*]) Condorcet (p. 397), depois de negar que na Grécia o suicídio fosse efectivamente punido, repreendeu Montesquieu por Platão não ter concluído que o suicida «será punido». Na verdade, nas *Leis* de Platão o Estrangeiro Ateniense pergunta que «castigo» deve ser dado ao suicida cujo caso não se insira numa das cinco atenuantes por ele explicitadas. Respondendo à sua própria pergunta, começa por dizer que os rituais de purificação relevantes são reserva do conhecimento de Deus. Mas acaba por dizer que não devem partilhar a sua sepultura com mais ninguém, devem ser enterrados, com infâmia, em lugar distante e sem identificação na lápide tumular. Ver *Leis*, 873c-d (N. T.).

morte voluntária. Havia aí uma grande vantagem. Obtinha-se ([1]) a honra da sepultura e os testamentos eram executados; isto provinha do facto de em Roma não haver qualquer lei civil contra quem se matava. Mas quando os imperadores se tornaram tão avarentos como tinham sido cruéis, deixaram de conceder àqueles de quem eles se queriam desfazer os meios de conservar os seus bens, e declararam que seria um crime ceifar a vida em virtude de remorsos por um outro crime.

O que digo acerca do motivo dos imperadores é tão verdadeiro que consentiram que os bens ([2]) de quem se matara não fossem confiscados, sempre que o crime em virtude do qual se suicidara não estivesse sujeito à confiscação.

Capítulo X
Que as leis que parecem contrárias derivam por vezes do mesmo espírito

Hoje vai-se a casa de um homem para o intimar a comparecer a julgamento; entre os ([3]) Romanos isso era impossível.

A intimação a julgamento era uma acção violenta ([4]), uma espécie de restrição corporal ([5]); não se podia ir a casa de um homem para o intimar, tal como hoje não se pode restringir corporalmente na sua casa um homem que apenas tenha sido condenado por dívidas civis.

As leis romanas ([6]) e as nossas admitem igualmente o seguinte princípio, o de que a casa de um cidadão é o seu santuário, e que nela não deve sofrer qualquer violência.

([1]) *Eorum qui de se statuebant, humabantur corpora, manebant testamenta, pretium festinandi.* Tácito, [*Anais*, liv. VI, cap. XXIX]. [«Enterravam-se os corpos e respeitavam-se os testamentos dos que tomavam essa decisão [de cometer suicídio]; era essa a recompensa por se apressarem»].

([2]) Rescrito do imperador Pio, na lei 3, §§ 1 e 2, ss. *De bonis eorum qui ante sententiam mortem sibi consciverunt.*

([3]) Leg. 18, ss. *De in jus vocando.*

([4]) Ver a lei das Doze Tábuas.

([5]) *Rapit in jus* [«Apressá-lo para o tribunal»], Horácio, [*lib.* I], *Sátiras*, IX. É por isso que não se podia intimar a julgamento aqueles a quem se devia um certo respeito.

([6]) Ver a lei 18, ss. *De in jus vocando.*

Capítulo XI
De que maneira duas leis diferentes podem ser comparadas

Em França, a pena contra os falsos testemunhos é capital; em Inglaterra, não o é. Para julgar qual das duas leis é a melhor, é preciso acrescentar: em França, praticam-se os interrogatórios (*) contra os criminosos; em Inglaterra, não; e é precisar ainda dizer: em França, o acusado não apresenta as suas testemunhas e é muito raro que seja aceite aquilo a que se chama os factos justificativos; em Inglaterra, são aceites testemunhas de uma parte e de outra. As três leis francesas formam um sistema muito ligado e consistente; as três leis inglesas formam um sistema que não o é menos. A lei de Inglaterra, que desconhece a aplicação do interrogatório (**) aos criminosos, tem uma reduzida esperança de extrair do acusado a confissão do seu crime; por isso, convoca de todos os lados testemunhas externas, e não ousa desencorajá-las com o receio de uma pena capital. A lei francesa, que tem mais um recurso adicional, não teme tanto intimidar as testemunhas; pelo contrário, a razão exige que ela as intimide. Só ouve as testemunhas de uma (1) parte, as que são apresentadas pela parte pública; e o destino do acusado depende exclusivamente do seu testemunho. Mas, em Inglaterra, aceitam-se as testemunhas de ambas as partes e o caso é, por assim dizer, discutido entre elas. Portanto, o falso testemunho pode ser menos perigoso em Inglaterra; o acusado tem um recurso contra o falso testemunho, ao passo que a lei francesa não concede nenhum. Assim, para julgar quais destas leis são mais conformes à razão, não é preciso compará-las uma por uma; é preciso tomá-las todas em conjunto e compará-las todas em conjunto.

(*) «*Question*» no original. Ver *EL*, VI.17, n.t. (N. T.).

(**) «*Question*» no original. Ver *EL*, VI.17, n.t. (N. T.).

(1) Segundo a jurisprudência francesa antiga, eram ouvidas as testemunhas de ambas as partes. Assim, vemos nos *Estabelecimentos de São Luís*, liv. I, cap. vii, que a pena contra os falsos testemunhos, em matérias de justiça, era pecuniária.

Capítulo XII
Que as leis que parecem as mesmas são por vezes realmente diferentes

As leis gregas e romanas puniam tanto o [1] receptor do roubo como o ladrão; a lei francesa faz o mesmo. Aquelas leis eram razoáveis; esta não o é. Como entre os Gregos e os Romanos o ladrão era condenado a uma pena pecuniária, tinha de se punir o receptor com a mesma pena; pois todos os homens que contribuem seja de que modo for para causar um dano devem repará-lo. Mas como entre nós a pena do roubo é capital, não é possível punir o receptor tal como o ladrão, sem levar as coisas ao exagero. Quem recebe o roubo pode em mil ocasiões recebê-lo inocentemente; quem rouba é sempre culpado: um impede a prova de um crime já cometido, o outro comete esse crime. Tudo é passivo num, ao passo que no outro há uma acção: o ladrão tem de superar mais obstáculos e a sua alma tem de se enrijecer durante mais tempo contra as leis.

Os jurisconsultos foram mais longe: consideraram o receptor mais odioso do que o ladrão [2]; pois sem eles, dizem os jurisconsultos, o roubo não poderia ficar escondido por muito tempo. Uma vez mais, isto poderia ser bom enquanto a pena fosse pecuniária; tratava-se de um dano e normalmente o receptor estava mais em condições de o indemnizar; mas quando a pena se tornou capital, teria sido necessário regular esta questão segundo outros princípios.

Capítulo XIII
Que não se deve separar as leis do objecto para o qual foram feitas. Das leis romanas sobre o roubo

Quando o ladrão era surpreendido com a coisa roubada antes de a levar para o lugar onde decidira escondê-la, os Romanos chamavam a isto um roubo manifesto; quando o ladrão só era descoberto depois, era um roubo não manifesto.

---

(1) Lei I, ss. *De receptatoribus.*

(2) *Ibid.*

A lei das Doze Tábuas ordenava que o ladrão manifesto fosse vergastado, e reduzido à servidão, se fosse púbere; ou apenas vergastado se fosse impúbere. Mas limitava-se a condenar o ladrão não manifesto ao pagamento do dobro da coisa roubada.

Quando a lei Pórcia aboliu o uso de vergastar os cidadãos e de os reduzir à servidão, o ladrão manifesto era condenado ao quádruplo ([1]); e continuava-se a punir o ladrão não manifesto com o dobro.

Parecia bizarro que estas leis fizessem uma tal distinção quanto à qualidade destes dois crimes, e quanto à pena que infligiam; com efeito, que o ladrão fosse surpreendido antes ou depois de ter levado o produto do roubo para o lugar do seu destino era uma circunstância que em nada mudava a natureza do crime. Não posso duvidar de que toda a teoria das leis romanas sobre o roubo tenha sido retirada das instituições lacedemónias. Licurgo, com o propósito de dar aos seus cidadãos destreza, astúcia e actividade quis que as crianças fossem exercitadas no furto, e que fossem duramente chicoteadas aquelas que se deixassem surpreender. Isso estabeleceu entre os Gregos, e mais tarde entre os Romanos, uma grande diferença entre o roubo manifesto e o roubo não manifesto ([2]).

Entre os Romanos, o escravo que roubasse era lançado da rocha Tarpeia. Aqui não se tratava das instituições lacedemónias; as leis de Licurgo sobre o roubo não tinham sido feitas para os escravos; neste ponto, desviar-se delas era segui-las.

Em Roma, quando um impúbere era surpreendido no roubo, o pretor vergastava-o à sua vontade, como se fazia na Lacedemónia. Tudo isto vinha de mais longe. Os Lacedemónios tinham retirado estes usos dos Cretenses; e Platão ([3]), que quer provar que as instituições dos Cretenses eram feitas para a guerra, cita a seguinte: «A faculdade de suportar a dor nos combates particulares e nos furtos que têm de ser escondidos».

Como as leis civis dependem das leis políticas, porque é sempre para uma sociedade que elas são feitas, seria bom que, quando se quer transportar uma lei civil de uma nação para outra, se examinasse de antemão se ambas têm as mesmas instituições e o mesmo direito político.

([1]) Ver o que diz Favorinus sobre Aulo Gélio, liv. XX, cap. i.

([2]) Conferir o que diz Plutarco, *Vida de Licurgo*, com as leis do Digesto, no título *De furtis*; e os *Institutos*, liv. IV, título i, §§ 1, 2 e 3.

([3]) *Das Leis*, liv. I.

Assim, quando as leis sobre o roubo transitaram dos Cretenses para os Lacedemónios, como transitaram juntamente com o governo e com a própria constituição, estas leis eram tão sensatas para um destes povos como tinham sido para o outro. Mas quando da Lacedemónia foram levadas para Roma, como aí já não encontraram a mesma constituição, foram sempre estrangeiras e não tiveram qualquer ligação com as outras leis civis dos Romanos.

Capítulo XIV
Que não se deve separar as leis das circunstâncias em que foram feitas

Uma lei de Atenas queria que, quando a cidade estava cercada, fossem mortas todas as pessoas inúteis (1). Era uma lei política abominável, consequência de um abominável direito dos povos. Entre os Gregos, os habitantes de uma cidade capturada perdiam a liberdade civil e eram vendidos como escravos; a tomada de uma cidade acarretava a sua completa destruição; e esta é a origem não só dessas defesas obstinadas e dessas acções desnaturadas, mas também destas leis atrozes que por vezes eram feitas.

As leis (2) romanas queriam que os médicos pudessem ser punidos por negligência ou por imperícia. Nestes casos, condenavam à deportação o médico de uma condição um pouco elevada, e à morte o médico que fosse de uma condição mais baixa. Com as nossas leis, é diferente. As leis de Roma não foram feitas nas mesmas circunstâncias que as nossas; em Roma, envolvia-se na medicina quem queria; mas, entre nós, os médicos são obrigados a estudar e a adquirir certos graus; considera-se, portanto, que conhecem a sua arte.

Capítulo XV
Que por vezes é bom que uma lei se corrija a si mesma

A lei das Doze Tábuas permitia matar um ladrão que roubasse de noite (3), assim como o ladrão que roubasse de dia que, ao ser

---

(1) *Inutilis aetas occidatur* [«Que a idade inútil pereça»], Syrianus, in *Hermog.*

(2) A lei Cornélia, *De sicariis*; *Instit.*, liv. IV, título iii, *De lege Aquiliâ*, § 7.

(3) Ver a lei 4, ss. *Ad leg. Aquil.*

perseguido, se defendesse; mas queria que quem matasse o ladrão gritasse e chamasse os cidadãos ([1]); e é uma coisa que as leis que permitem que se faça justiça pelas próprias mãos devem sempre exigir. É o grito da inocência, que, no momento da acção, chama testemunhas, chama juízes. É preciso que o povo tome conhecimento da acção, e que tome conhecimento do momento em que ela foi levada a cabo; num tempo em que tudo fala: o ar, o rosto, as paixões, o silêncio, e onde cada palavra condena ou justifica. Uma lei que pode tornar-se tão contrária à segurança e à liberdade dos cidadãos deve ser executada na presença dos cidadãos.

Capítulo XVI
Coisas a observar na composição das leis

Aqueles que têm um génio suficientemente abrangente para poder dar leis à sua nação ou a uma outra devem ter determinados cuidados na maneira de as fazer.

O seu estilo deve ser conciso. As leis das Doze Tábuas são um modelo de precisão: as crianças aprendiam a decorá-las ([2]). As *Novellae* de Justiniano são tão difusas que tiveram de ser abreviadas ([3]).

O estilo das leis deve ser simples; a expressão directa é sempre mais bem entendida do que a expressão reflectida. Não há majestade nas leis do Baixo Império; estas fazem os príncipes falar como retores. Quando o estilo das leis é empolado, elas são vistas como uma obra de ostentação.

É essencial que as palavras das leis despertem em todos os homens as mesmas ideias. O cardeal de Richelieu admitia que se podia acusar um ministro diante do rei ([4]); mas queria que se fosse punido se as coisas que fossem provadas não fossem consideráveis, o que acabava por impedir toda a gente de dizer alguma verdade que fosse contra ele, porque uma coisa considerável é inteiramente relativa, e o que é considerável para um não o é para outro.

([1]) *Ibid.* Ver o decreto de Tassillon, aditado à lei dos Bávaros, *De copularibus legibus*, art. 4.

([2]) *Ut carmen necessarium* [«Como canções obrigatórias»]. Cícero, *De Legibus*, liv. II, [cap. xxiii].

([3]) Foi obra de Irnério.

([4]) *Testamento Político.*

A lei de Honório punia com a morte quem comprasse um liberto como se fosse um servo, ou quem quisesse causar-lhe inquietação (1). Não devia servir-se de uma expressão tão vaga: a inquietação que se causa a um homem depende inteiramente do grau da sua sensibilidade.

Quando a lei deve fixar alguma quantia, é necessário que, tanto quanto seja possível, se evite fazê-lo em termos de um preço em dinheiro. Mil causas mudam o valor da moeda; e com a mesma denominação não se tem mais a mesma coisa. É conhecida a história do impertinente (2) de Roma que esbofeteava todos aqueles que encontrava e lhes dava os vinte e cinco soldos da lei das Doze Tábuas.

Numa lei, quando se fixaram bem as ideias das coisas, não se deve regressar às expressões vagas. Na ordenação criminal de Luís XIV (3), depois de se fazer a enumeração exacta dos casos régios, são acrescentadas as seguintes palavras: «E aqueles que os juízes reais julgaram em todos os tempos»; o que leva a que se reentre no arbitrário de que se acabara de sair.

Carlos VII (4) diz que ficou a saber que as partes apresentam recursos três, quatro e seis meses após o julgamento, contra o costume do reino nas regiões consuetudinárias. Ordena que se recorra imediatamente, a menos que haja fraude ou dolo do procurador (5), ou que haja grande e evidente causa para autorizar quem recorre a prosseguir com o seu recurso. O fim desta lei destrói o seu início; e ela destrói-o tão bem que posteriormente prosseguiam-se recursos durante trinta anos (6).

A lei dos Lombardos não quer que uma mulher que tomou o hábito de religiosa, mesmo que não seja consagrada, possa casar-se (7); «pois», diz a lei, «se um esposo que se comprometeu com uma mulher apenas com um anel, não pode desposar uma outra sem crime, com ainda mais razão a esposa de Deus ou da santa

---

(1) *Aut qualibet manumissione donatum inquietare voluerit* [«Ou quem quisesse inquietar alguém que tivesse sido alforriado»]. Apêndice do código Teodosiano, no tomo I das obras do Padre Sirmond, p. 737.

(2) Aulo Gélio, liv. XX, cap. i.

(3) Os motivos para isto encontram-se no auto desta ordenação.

(4) Na sua ordenação de Montel-lès-Tours, do ano de 1453.

(5) Podia punir-se o procurador, sem que fosse necessário perturbar a ordem pública.

(6) A ordenação de 1667 regulamentou esta situação.

(7) Liv. II, título xxxvii.

Virgem...» Digo que nas leis é preciso raciocinar da realidade para a realidade, e não da realidade para a figura, ou da figura para a realidade.

Uma lei (1) de Constantino quer que seja suficiente o testemunho do bispo sem ouvir outras testemunhas. Esse príncipe seguiu um caminho bem curto; julgava os casos pelas pessoas, e as pessoas pelos cargos.

As leis não devem ser subtis; são feitas para pessoas de entendimento medíocre; não são uma arte da lógica, mas a razão simples de um pai de família.

Numa lei, quando as excepções, limitações, modificações não são necessárias, vale muito mais não incluí-las. Pormenores destes atiram-nos para novos pormenores.

Não se deve fazer mudanças numa lei sem uma razão suficiente. Justiniano ordenava que um marido podia ser repudiado, sem que a mulher perdesse o dote, se durante dois anos não tivesse consumado o casamento (2). Mudou a sua lei, e deu três anos ao pobre infeliz (3). Mas, num caso semelhante, dois anos valem três, e três não valem mais do que dois.

Quando se vai ao ponto de dar as razões de uma lei, é preciso que essas razões sejam dignas dela. Uma lei romana decide que um cego não pode pleitear porque não vê os ornamentos da magistratura (4). Só propositadamente se pode ter dado uma razão tão má, quando tantas boas razões se apresentavam.

O jurisconsulto Paulo declara que a criança nasce perfeita ao sétimo mês, e que a razão dos números de Pitágoras parece prová-lo (5). É singular que estas coisas sejam julgadas segundo a razão dos números de Pitágoras.

Alguns jurisconsultos franceses disseram que, quando o rei adquiria uma região, as igrejas ficavam sujeitas ao direito real (*)

---

(1) No apêndice do Padre Sirmond ao código Teodosiano, tomo I.

(2) L. I, código *De repudiis.*

(3) Ver o autêntico *sed hodie*, no código *De repudiis.*

(4) L. I, ss. *De postulando.*

(5) Nas suas *Sentenças*, liv. IV, título ix.

(*) «*Droit de regale*» no original. Consistia no conjunto dos direitos dos reis de França sobre as dioceses quando estas não tinham temporariamente bispos titulares. Estes direitos podiam incidir ou sobre os rendimentos da dita diocese, que assim revertiam para a coroa, ou sobre as terras que tinham sido doadas a essa mesma diocese, que assim ficavam à disposição da coroa (N. T.).

porque a coroa do rei é redonda (*). Não vou discutir aqui os direitos do rei, nem se, neste caso, a razão da lei civil ou eclesiástica deve ceder à razão da lei política; mas direi que direitos tão respeitáveis devem ser defendidos com máximas graves. Quem alguma vez viu fundar, sobre a figura de um signo de uma dignidade, os direitos reais dessa dignidade?

Davila ([1]) diz que Carlos IX foi declarado maior no *parlement* de Rouen com catorze anos acabados de fazer porque as leis determinam que se conte o tempo, momento a momento, quando se trata da restituição e administração dos bens do pupilo. Ao passo que considera o ano começado como um ano completo quando se trata de adquirir honras. Não pretendo censurar uma disposição que até agora parece não ter tido inconveniente; direi apenas que a razão alegada pelo chanceler do *Hôpital* não era a verdadeira; o governo dos povos está longe de ser apenas uma honra.

Em matéria de presunção, a da lei vale mais do que a do homem. A lei francesa considera fraudulentos todos os actos praticados por um mercador nos dez dias que precederam a sua bancarrota: é a presunção da lei ([2]). A lei romana infligia penas ao marido que mantinha a sua mulher depois de haver adultério, a menos que ele estivesse condicionado pelo receio do resultado de um processo, ou pela negligência da sua própria vergonha; e essa é a presunção do homem. O juiz tinha de presumir os motivos da conduta do marido, e de determiná-la por meio de uma maneira de pensar muito obscura. Quando o juiz presume, os julgamentos tornam-se arbitrários; quando a lei presume, fornece ao juiz uma regra fixa.

A lei de Platão ([3]), como disse, queria que fossem punidos aqueles que se matassem, não para evitar a ignomínia, mas por fraqueza. Essa lei era viciosa porque no único caso em que não se podia extrair do criminoso a confissão do motivo que o levara a agir, queria que fosse o juiz a determinar esses motivos.

Como as leis inúteis enfraquecem as leis necessárias, as que podem ser iludidas enfraquecem a legislação. Uma lei deve pro-

---

(*) A ideia era a de que a coroa redonda tinha o significado simbólico de afirmação de que o rei estava acima de qualquer pessoa e de qualquer instituição (N. T.).

([1]) *Della guerra civile di Francia*, p. 96.

([2]) Data de 18 de Novembro de 1702.

([3]) Liv. IX das *Leis*.

duzir o seu efeito e não se deve permitir que seja derrogada por uma convenção particular.

A lei Falcídia ordenava, entre os Romanos, que o herdeiro tivesse sempre a quarta parte da herança; uma outra lei ([1]) permitia que o testador proibisse o herdeiro de reter essa quarta parte. Isto é brincar às leis. A lei Falcídia tornou-se inútil; pois se o testador quisesse favorecer o seu herdeiro, este não precisava da lei Falcídia; e se não quisesse favorecê-lo, proibia-o de se socorrer da lei Falcídia.

É preciso ter cuidado para que as leis sejam concebidas de maneira a não colidirem com a natureza das coisas. Na proscrição do príncipe de Orange, Filipe II prometeu dar a quem o matasse, ou aos seus herdeiros, vinte e cinco mil escudos e o título de nobreza; e isso com a palavra de rei e como servidor de Deus. A nobreza prometida por uma tal acção! uma tal acção ordenada na qualidade de servidor de Deus! Tudo isto subverte igualmente as ideias da honra, as da moral e as da religião.

Raramente é necessário proibir uma coisa que não é má, sob o pretexto de alguma perfeição imaginária.

Tem de haver uma certa candura nas leis. Feitas para punir a maldade dos homens, devem possuir elas mesmas a maior inocência. Pode ver-se na lei ([2]) dos Visigodos esse requisito ridículo segundo o qual os judeus eram obrigados a comer todas as coisas preparadas com porco, desde que não comessem o próprio porco. Era uma grande crueldade: eram submetidos a uma lei contrária à sua; deixavam de guardar da lei deles apenas o que podia ser um sinal para os reconhecer.

Capítulo XVII
Uma má maneira de criar leis

Os imperadores romanos manifestavam, como os nossos príncipes, as suas vontades por decretos e éditos; mas, algo que os nossos príncipes não fazem, permitiam que os juízes ou os particulares, nos seus diferendos, os interrogassem por carta; e as suas respostas eram chamadas rescritos. Percebe-se que é um mau tipo

---

([1]) A autêntica: *Sed cum testator.*

([2]) Liv. XII, título ii, § 16.

de legislação. Os que exigem leis assim são maus guias para o legislador; os factos são sempre mal expostos. Trajano, diz Júlio Capitolino ([1]), recusava muitas vezes dar estes tipos de rescritos, de modo a que se não estendesse a todos os casos uma decisão, e muitas vezes um favor particular. Macrino resolvera abolir todos estes rescritos ([2]); não suportava que as respostas de Cómodo, de Caracala, e de todos esses outros príncipes plenos de imperícia, fossem consideradas leis. Justiniano pensava de modo diferente, e encheu a sua compilação com elas.

Queria que aqueles que lêem as leis romanas distinguissem bem estes géneros de hipóteses dos senatus-consultos, dos plebiscitos, das constituições gerais dos imperadores e de todas as leis fundadas na natureza das coisas, na fragilidade das mulheres, na fraqueza dos menores e na utilidade pública.

Capítulo XVIII
Das ideias de uniformidade ([*])

Há certas ideias de uniformidade que por vezes se apoderam dos grandes espíritos (porquanto tocaram Carlos Magno), mas que aturdem infalivelmente os pequenos. Estes encontram nelas um género de perfeição que reconhecem porque é impossível não descobri-lo: os mesmos pesos na polícia, as mesmas medidas no comércio, as mesmas leis no Estado, a mesma religião em todas as suas partes. Mas isto é sempre e sem excepção apropriado? O mal de mudar é sempre menor do que o mal de suportar? E a grandeza do génio não consistirá mais em saber em que caso a uniformidade é necessária, e em que caso são necessárias as diferenças? ([**]) Na China, os Chineses são governados pelo cerimo-

---

([1]) Ver Júlio Capitolino, *in Macrino,* [cap. xiii].

([2]) *Ibid.*

([*]) Ver Benjamin Constant, *Principes de Politique* (ed. 1810), XV.3, que procurou dar mais «profundidade» a este importante assunto do que aquela que Montesquieu lhe dispensara. O título do seu capítulo é exactamente igual ao de Montesquieu (N. T.).

([**]) Pasmado com o horror de Montesquieu à uniformidade, Condorcet declarou, com a simplicidade que caracterizaria o ímpeto uniformizador e geométrico exibido pela Revolução Francesa, que «uma boa lei deve ser boa para todos os homens, tal como uma proposição verdadeira é verdadeira para todos. As leis que parecem dever ser diferentes segundo os diferentes países, ou estatuem

nial chinês e os Tártaros pelo cerimonial tártaro. É, não obstante, o povo do mundo que mais tem a tranquilidade como objecto. Quando os cidadãos cumprem as leis, o que importa se cumprem a mesma?

Capítulo XIX
Dos legisladores

Aristóteles queria satisfazer ora a sua inveja de Platão, ora a sua paixão por Alexandre. Platão estava indignado com a tirania do povo de Atenas. Maquiavel estava cheio do seu ídolo, o duque de Valentinois (*). Tomás Morus, que falava mais do que lera do que daquilo que pensara, queria governar todos os Estados com a simplicidade de uma cidade grega (1). Harrington (**) via apenas a república de Inglaterra, enquanto uma multidão de escritores encontrava a desordem em toda a parte em que não via uma coroa. As leis encontram sempre as paixões e os preconceitos do legislador. Por vezes, atravessam-nos e tingem-nos; por vezes estacionam neles e neles são incorporadas (***).

---

sobre objectos que não é preciso regular com leis (...), ou estão fundadas em preconceitos, em hábitos que é preciso desenraizar; e um dos melhores meios de os destruir é deixar de sustentá-los através de leis». Condorcet, *op. cit.*, p. 409.

(*) Isto é, César Bórgia. Ver Jean Bodin, que sugere o mesmo em *Les six livres de la République*, prefácio, vol. I, p. 12. Comparar com Maquiavel, *Il Principe*, cap. VII. Ver também *EL*, VI.5, n. t. (N. T.).

(1) Na sua *Utopia*.

(**) «*Arrington*» no original. Referência a James Harrington, ver XI.6, n.t. (N. T.).

(***) «As leis encontram sempre as paixões e os preconceitos do legislador»: conclusão já quase presente em *CP*, nº 129. Impõe-se uma consideração adicional. Se os legisladores autênticos são os filósofos (ver *P*, nº 319, 1452; também *DEL*, pp. 1132-3), então a filosofia também é atravessada pelas paixões e pelos preconceitos? Ver Pascal, ed. Sellier, nº 178: «As três concupiscências criaram três seitas, e os filósofos não fizeram outra coisa senão seguir uma das três concupiscências». Nesta perspectiva, a filosofia política não é percepção ou intelecção «imaculada», e combina as rivalidades e interesses subjectivos da pessoa do filósofo político ou legislador. Ver também Nietzsche, *Para Além do Bem e do Mal*, I.7, acerca dos gracejos de Epicuro dirigidos contra Platão e os seus discípulos (N. T.).

Livro XXX
Teoria das leis feudais dos Francos na relação que têm com o estabelecimento da monarquia

Capítulo I
Das leis feudais

Julgaria haver uma imperfeição na minha obra se passasse em silêncio por cima de um acontecimento que teve lugar uma vez no mundo, e que talvez nunca mais volte a ocorrer (*); se não falasse dessas leis que se viu aparecerem num certo momento em toda a Europa, sem que estivessem ligadas às leis que eram até então conhecidas; dessas leis que fizeram bens e males infinitos; que deixaram direitos quando cederam o domínio; que, ao darem a várias pessoas diversas espécies de senhorio sobre a mesma coisa ou sobre as mesmas pessoas, diminuíram o peso de todo o senhorio; que puseram diversos limites a impérios demasiado extensos; que produziram a regra com uma inclinação para a anarquia e a anarquia com uma tendência para a ordem e para a harmonia.

Tal exigiria uma obra à parte; mas, dada a natureza da presente obra, encontrar-se-á aqui estas leis como eu as encarei, e não como as tratei.

(*) Isto é, o nascimento da monarquia gótica francesa e que correspondeu à origem da monarquia sob a qual Montesquieu viveu (N. T.).

É um belo espectáculo o das leis feudais. Um carvalho antigo ergue-se ([1]); de longe o olho vê as suas folhagens; aproxima-se e vê o tronco; mas não se apercebe das raízes. É preciso escavar a terra para as encontrar.

Capítulo II
Das fontes das leis feudais

Os povos que conquistaram o império romano eram provenientes da Germânia. Embora poucos autores antigos tenham descrito os seus costumes, temos dois de grandíssimo peso. César, quando travou a guerra com os Germanos, descreveu os costumes dos Germanos ([2]); e foi com base nesses costumes que regulou algumas das suas empresas ([3]). Algumas páginas de César sobre esta matéria valem por volumes.

Tácito fez uma obra expressa sobre os costumes dos Germanos. Essa obra é curta; mas é a obra de Tácito, o qual abreviava tudo porque via tudo.

Estes dois autores estão em tal acordo com os códigos das leis dos povos bárbaros que temos, que ao ler César e Tácito encontramos esses códigos por toda a parte, e ao ler esses códigos encontramos César e Tácito por toda a parte.

Pois se, na procura das leis feudais, me vejo num labirinto obscuro, cheio de caminhos e de desvios, creio que tenho na mão a ponta do fio e que posso caminhar.

Capítulo III
Origem da vassalagem

César ([4]) diz que «os Germanos não estavam ligados à agricultura; a maioria alimentava-se de leite, queijo e carne; ninguém

---

([1]) *Quantum vertice ad auras*
AEthereas, tantum radice ad Tártara tendit.
[«Se afronta o etéreo vento/Por outro lado chega a raiz ao Tártaro»
Virgílio, *Eneida*, IV, 445-446]

([2]) Liv. IV.

([3]) Por exemplo, a sua retirada da Alemanha, *ibid.*

([4]) Liv. VI da *Guerra das Gálias*, [cap. xxi]. Tácito acrescenta: *Nulli domus, aut ager, aut aliqua cura; prout ad quem venere aluntur* [«Não têm casa, nem terra, nem emprego, porquanto são sustentados por quem quer que apareça»]. *De morib. Germ.*, [cap. xxxi].

possuía terras nem fronteiras próprias; os príncipes e os magistrados de cada nação davam aos particulares a porção de terra que eles queriam, no lugar que queriam, e no ano seguinte obrigavam-nos a passar para outro lugar». Tácito diz ([1]) que «cada príncipe tinha um bando de pessoas que ficava ligado a ele e o seguia». Este autor que, na sua língua, dá-lhe um nome que está relacionado com a sua condição, chama-lhes ([2]) *companheiros*. Havia entre eles uma emulação ([3]) singular para obter alguma distinção junto do príncipe, e uma mesma emulação entre os príncipes quanto ao número e bravura dos seus companheiros. Tácito acrescenta: «É a dignidade, é o poder de estar sempre rodeado de uma multidão de jovens que foram escolhidos; é um ornamento em tempos de paz, é um baluarte em tempos de guerra. Tornam-se célebres nas suas nações e junto dos povos vizinhos, se ultrapassam os outros no número e coragem dos seus companheiros. Recebem presentes. As embaixadas chegam de toda a parte. É frequente a reputação decidir a guerra. Em combate, é vergonhoso para o príncipe ser inferior em coragem; é vergonhoso para o bando não igualar a virtude do príncipe; é uma infâmia eterna sobreviver-lhe. O compromisso mais sagrado é o de defendê-lo. Se uma cidade está em paz, os príncipes vão com aqueles que fazem a guerra; é aí que eles conservam um grande número de amigos. Estes recebem deles o cavalo de combate e o terrível dardo. Os banquetes pouco delicados, mas abundantes, são uma espécie de soldo para eles. O príncipe sustenta as suas liberalidades apenas com guerras e com rapinas. Teríeis mais dificuldades em persuadi-los a trabalhar a terra e esperar que o ano passasse do que a desafiar o inimigo e ficar ferido; não adquirirão com suor o que podem obter com sangue».

Assim, entre os Germanos, havia vassalos, mas não havia feudos. Não havia feudos porque os príncipes não tinham terras para dar; ou, melhor, os feudos eram os cavalos de batalha, as armas, os banquetes. Havia vassalos porque havia homens fiéis que estavam vinculados pela sua palavra, que se tinham comprometido para a guerra e que faziam quase o mesmo serviço que mais tarde seria feito para os feudos.

([1]) *De morib. Germ.*, [cap. xiii].

([2]) *Comites.*

([3]) *De morib. Germ.*, [cap. xiii e xiv].

Capítulo IV
Continuação do mesmo assunto

César (1) diz que «quando um dos príncipes declarava à assembleia que tinha formado o projecto de alguma expedição, e pedia que o seguissem, aqueles que aprovavam o chefe e a empresa levantavam-se e ofereciam o seu socorro. Eram louvados pela multidão. Mas se não cumprissem os seus compromissos, perdiam a confiança pública e seriam vistos como desertores e traidores».

O que César diz aqui, e o que dissemos no capítulo anterior, apoiados em Tácito, é a semente da história da primeira raça.

Não causa surpresa que, para cada expedição, os reis tivessem sempre que refazer os seus exércitos, persuadir novas tropas, aliciar gente nova; que tivessem de se espalhar muito para adquirir muito; que adquirissem incessantemente através da divisão das terras e dos despojos, e que doavam incessantemente essas terras e esses despojos; que o seu domínio crescesse constantemente, e que diminuísse sem parar; que um pai que doasse um reino a um dos seus filhos lhe acrescentasse sempre um tesouro (2); que o tesouro do rei era considerado necessário para a monarquia; e que um rei (3) não pudesse, nem sequer para o dote da sua filha, partilhá-lo com estrangeiros sem o consentimento dos outros reis. O andamento da monarquia era pautado por mecanismos que tinham de ser constantemente reactivados.

Capítulo V
Da conquista dos Francos

Não é verdade que os Francos, ao entrarem na Gália, tenham ocupado todas as terras do país para as converterem em feudos. Alguns pensaram assim porque viram no final da segunda raça quase todas as terras serem convertidas em feudos, em subfeudos

(1) *De bello Gallico*, liv. VI, [cap. xxii].

(2) Ver a Vida de Dagoberto.

(3) Ver Gregório de Tours, liv. VI, sobre o casamento da filha de Chilperico. Childeberto enviou-lhe embaixadores para lhe dizer que não podia doar as cidades do reino do seu pai à sua filha, nem os seus tesouros, nem os servos, nem os cavalos, nem os cavaleiros, nem as parelhas de bois, etc.

ou em dependências de um ou de outro; mas isso teve causas particulares que serão explicadas mais adiante.

A consequência que quiseram tirar, a de que os bárbaros fizeram um regulamento geral para estabelecer por toda a parte a servidão da gleba, não é menos falsa do que o princípio. Se, num tempo em que os feudos eram revogáveis, todas as terras do reino tivessem sido feudos, ou dependências de feudos, e todos os homens do reino tivessem sido vassalos ou servos deles dependentes; como aquele que possui os bens tem também sempre o poder, o rei, que teria constantemente disposto dos feudos, isto é, da única propriedade, teria detido um poder tão arbitário como o do sultão na Turquia. O que deita por terra toda a história.

Capítulo VI
Dos Godos, dos Borgonheses e dos Francos

As Gálias foram invadidas pelas nações germânicas. Os Visigodos ocuparam a Narbonesa e quase todo o Sul; os Borgonheses estabeleceram-se na parte virada para o oriente; e os Francos conquistaram quase tudo o resto.

Não pode haver dúvidas de que, durante as suas conquistas, estes bárbaros preservaram os costumes, as inclinações e os usos que tinham no seu país porque uma nação não muda num instante de maneira de pensar e de agir. Estes povos, na Germânia, cultivavam pouco as terras. Segundo Tácito e César, parecia que se aplicavam muito à vida pastoral. Por isso, quase todas as disposições dos códigos das leis dos bárbaros rodam em torno dos rebanhos. Roricon, que escrevia história entre os Francos, era pastor.

Capítulo VII
Diferentes maneiras de dividir as terras

Como os Godos e os Borgonheses, sob vários pretextos, tinham penetrado no interior do império, os Romanos para travar as suas devastações foram obrigados a providenciar a sua subsistência. No início, deram-lhes cereal (1); seguidamente, preferiram dar-lhes

(1) Ver Zósimo, liv. V, sobre a distribuição de cereal exigida por Alarico.

terras. Os imperadores, ou, sob em nome, os magistrados romanos ([1]), fizeram convenções com eles quanto à divisão do país, como se pode ver nas crónicas e nos códigos dos Visigodos ([2]) e dos Borgonheses ([3]).

Os Francos não seguiram o mesmo plano. Nas leis sálicas e ripuárias não encontramos qualquer vestígio de uma tal divisão de terras. Conquistaram, ficaram com o que queriam e apenas fizeram regulamentos entre eles.

Distingamos, pois, o procedimento, por um lado, dos Borgonheses e dos Visigodos na Gália, o desses mesmos Visigodos em Espanha, e dos soldados auxilares ([4]) às ordens de Augústulo e de Odoacro na Itália ([*]), do procedimento, por outro lado, dos Francos nas Gálias e dos Vândalos em África ([5]). Os primeiros estabeleceram convenções com os antigos habitantes, e, por conseguinte, dividiram com eles as terras; os segundos não fizeram nada disso.

Capítulo VIII
Continuação do mesmo assunto

O que dá a ideia de uma grande usurpação das terras dos Romanos por parte dos bárbaros é que, através das leis dos Visigodos e dos Borgonheses, percebemos que esses dois povos possuíam dois terços das terras: mas esses dois terços só foram tomados em certas regiões designadas.

([1]) *Burgundiones partem Galliae occupaverunt, terrasque cum Gallicis senatoribus diviserunt* [«Os Borgonheses ocuparam parte da Gália e dividiram as terras com os senadores gauleses»]. Crónica de Mário, sobre o ano de 456.

([2]) Liv. X, título i, §§ 8, 9 e 16.

([3]) Cap. Liv, §§ 1 e 2; e essa divisão persistia no tempo de Luís, *o Pio*, como aparece no sua capitular do ano de 829, que foi inserida na lei dos Borgonheses, título lxxix, § 1.

([4]) Ver Procópio, *Guerra dos Godos.*

([*]) Odoacro, morto em 493, foi proclamado rei dos povos germânicos na península Itálica e impôs-lhe um governo militar depois de ter derrubado Rómulo Augústulo em 476. Apesar de a sua carreira ter começado no exército romano, do qual se tornou general, foi Odoacro quem pôs um fim definitivo ao império romano do Ocidente, eliminando de uma vez por todos o título de imperador do Ocidente (N. T.).

([5]) Ver Procópio, *Guerra dos Vândalos.*

Gondebaldo diz (1), na lei dos Borgonheses, que o seu povo, no seu estabelecimento, recebeu os dois terços das terras; e é dito, no segundo suplemento a essa lei (2), que não se dará mais do que a metade aos que vierem mais tarde para o país. Portanto, nem todas as terras tinham sido divididas entre os Romanos e os Borgonheses.

Nos textos desses dois regulamentos encontram-se as mesmas expressões; portanto, explicam-se um ao outro. E, tal como não se pode interpretar o segundo como uma divisão universal das terras, também não se pode atribuir esse significado ao primeiro.

Os Francos agiram com a mesma moderação que os Borgonheses; não despojaram os Romanos em toda a extensão das suas conquistas. Que teriam eles feito com tantas terras? Ficaram com o que lhes convinha e deixaram o resto.

Capítulo IX
Justa aplicação da lei dos Borgonheses e da dos Visigodos à divisão das terras

É preciso considerar que estas divisões não foram feitas num espírito tirânico, mas segundo a ideia de suprir as necessidades mútuas dos dois povos que deviam habitar o mesmo país.

A lei dos Borgonheses quer que cada borgonhês seja recebido na qualidade de hóspede na casa de um romano. Tal é conforme aos costumes dos Germanos, que, segundo o relato de Tácito (3), eram o povo da Terra que mais amava o exercício da hospitalidade.

A lei quer que o borgonhês tenha os dois terços das terras e um terço dos servos. Ela acompanhava o génio dos dois povos e conformava-se à maneira com que eles obtinham a sua subsistência. O borgonhês, que apascentava rebanhos, tinha necessidade

(1) *Licet eo tempore quo populus noster mancipiorum tertiam et duas terrarum partes accepit*, etc. [«Nesse tempo, foi concedido que o nosso povo receberia um terço dos escravos e dois terços das terras, etc.»]. Lei dos Borgonheses, título liv, § 1.

(2) *Ut non amplius a Burgundionibus, qui infra venerunt, requiratur, quam ad praesens necessitas fuerit, medietas terrae* [«Que nada mais seja pedido pelos Borgonheses que vierem a seguir além do actual requisito de metade da terra»] (art. 11).

(3) *De morib. German.*, [cap. xxi].

de muita terra e de poucos servos; e o grande trabalho do cultivo da terra exigia que o romano tivesse menos terra e um número maior de servos. Os bosques eram divididos pela metade porque as necessidades a este respeito eram as mesmas.

No código dos Borgonheses ([1]) vemos que cada bárbaro foi colocado na mesma posição do romano. A divisão não foi, pois, geral; mas o número de romanos que deu uma parte foi igual ao dos borgonheses que a receberam. O romano foi lesado o menos possível. O borgonhês, guerreiro, caçador e pastor não desdenhou apossar-se de terras incultas; o romano guardou as terras mais apropriadas para o cultivo; os rebanhos do borgonhês fertilizaram os campos do romano.

Capítulo X
Das servidões

Na lei dos Borgonheses é dito ([2]) que quando esses povos se estabeleceram nas Gálias, receberam os dois terços das terras e um terço dos servos. A servidão da gleba estava, portanto, estabelecida nessa parte da Gália antes da chegada dos Borgonheses ([3]).

A lei dos Borgonheses, ao estatuir sobre as duas nações, distingue ([4]) formalmente em cada uma delas os nobres, os homens livres e os servos. Logo, a servidão não era uma coisa particular dos Romanos, nem a liberdade e a nobreza coisas particulares dos bárbaros.

Essa mesma lei diz que ([5]) se um liberto borgonhês não tivesse dado uma certa soma ao seu senhor, nem recebido uma terça parte de um romano, seria sempre considerado como pertencente à família do seu senhor. O proprietário romano era, pois, livre, já que não pertencia à família de outrem; era livre, já que a sua terça parte era um sinal de liberdade.

([1]) E no código dos Visigodos.

([2]) Título liv.

([3]) Isso é confirmado por todo o título do código *De agricolis et censitis et colonis.*

([4]) *Si dentem optimati Burgundioni vel Romano nobili excusserit* [«Se alguém partir os dentes de um grande borgonhês ou de um nobre romano»], título xxvi, § 1; e *Si mediocribus personis ingenuis, tam Burgundionibus quam Romanis* [«Se for uma pessoa livre comum, tanto borgonhesa como romana»]. *Ibid.,* § 2.

([5]) Título lvii.

Basta abrir as leis sálicas e ripuárias para ver que os Romanos já não estavam numa condição de servidão entre os Francos do que entre os outros conquistadores da Gália.

Ao sistema do sr. conde de Boulainvilliers escapou este ponto capital: não demonstrou que os Francos tivessem feito um regulamento geral que pusesse os Romanos numa espécie de servidão.

Como a sua obra é escrita sem qualquer arte, e como fala nela com aquela simplicidade, aquela franqueza e aquela ingenuidade da antiga nobreza da qual era proveniente (*), toda a gente é capaz de julgar as belas coisas que aí são ditas, assim como os erros em que cai. Por isso, não a examinarei. Direi somente que ele tinha mais espírito do que luzes, mais luzes do que saber; mas esse saber não era menosprezável porque, da nossa história e das nossas leis, ele conhecia muito bem as grandes coisas.

O sr. conde de Boulainvilliers e o Sr. abade Dubos (**) fizeram ambos um sistema, em que um deles parece ser uma conjuração contra o Terceiro Estado e o outro uma conjuração contra a nobreza. Quando o Sol deu a sua carruagem a Faeton para que este a conduzisse, disse-lhe: «Se subis demasiado alto, queimareis a morada celeste; se desceis demasiado baixo, reduzireis a Terra a cinzas. Não ides demasiado pela direita, ou caireis na constelação da Serpente; não ides demasiado pela esquerda, ou ireis parar à constelação do Altar: mantei-vos entre as duas (1).» (***)

(*) É provável que Montesquieu tivesse conhecido pessoalmente Boulainvilliers. Ver Shackleton, pp. 12-13 (N. T.).

(**) Ver *EL*, XXVIII.3, n.t. (N. T.).

(1) *Nec preme, nec summum molire per athera currum.*
Altius egressus, caelestia tecta cremabis;
Inferius, terras: medio tutissimus ibis.
Neu te dexterior tortum declinet ad Anguem,
Neve sinisterior pressam rota ducat ad Aram,
Inter utrumque tene. ...
Ovídio, *Metamorfoses*, liv. II, [v. 134, ss]

(***) No texto Montesquieu não traduziu o primeiro verso citado na nota de rodapé 1: *Nec preme, nec summum molire per athera currum* [«Não leves a carruagem para baixo, nem a conduzas pelo céu mais alto»]. E também não traduziu a parte final do terceiro verso: *medio tutissimus ibis* [«o meio é mais seguro»]. Stuart D. Warner sugere que a eliminação da parte que constitui o centro deste passo citado de Ovídio, e que refere a superioridade do meio foi um modo particularmente subtil de Montesquieu convidar o seu leitor a adoptar a posição do «meio» – que é mais ou menos a dele – no debate entre Dubos e Boulainvilliers. Ver Warner, «Montesquieu's Prelude: an Interpretation of Book I of *The Spirit of Laws*»

Capítulo XI
Continuação do mesmo assunto

O que deu a ideia de um regulamento geral feito no tempo da conquista é que se viu em França um número prodigioso de servidões por volta do início da terceira raça; e, como não se aperceberam da progressão contínua dessas servidões, imaginaram num tempo obscuro uma lei geral que nunca existiu.

No início da primeira raça havia um número infinito de homens livres, quer entre os Francos, quer entre os Romanos; mas o número de servos aumentou de tal modo que no, início da terceira raça, todos os trabalhadores e quase todos os habitantes das cidades se encontravam numa condição de servidão ([1]); e ao passo que no início da primeira raça havia nas cidades mais ou menos a mesma administração que havia entre os Romanos, os corpos da burguesia, um senado, tribunais de adjudicação, por volta do início da terceira raça mal se encontra um senhor e os seus servos.

Quando os Francos, os Borgonheses e os Godos fizeram as suas invasões, apossaram-se do ouro, da prata, dos móveis, do vestuário, dos homens, das mulheres, dos rapazes que o exército podia levar; tudo foi posto em comum e o exército dividiu-o ([2]). O corpo inteiro da história demonstra que depois do primeiro estabelecimento, isto é, depois das primeiras devastações, chegaram a um entendimento com os habitantes e deixaram-lhes todos os seus direitos políticos e civis. Era o direito dos povos daqueles tempos; na guerra levava-se tudo, na paz concedia-se tudo. Se tal não tivesse sido assim, como poderíamos encontrar nas leis sálicas e borgonhesas tantas disposições contraditórias à servidão geral dos homens?

Mas o que a conquista não fez, foi feito pelo mesmo direito dos povos ([3]) que persistiu após a conquista. A resistência, a revolta, a tomada das cidades, trouxeram com elas a servidão dos

---

em Svetozar Minkov (ed.), *Enlightening Revolutions. Essays in Honor of Ralph Lerner* (Lanham: Lexington Books, 2006), p. 164 (N. T.).

([1]) Enquanto a Gália esteve sob o domínio dos Romanos, formaram corpos particulares. Eram normalmente libertos ou descendentes de libertos.

([2]) Ver Gregório de Tours, liv. II, cap. xxvii; Aimoin [de Fleury-sur-Loire], liv. I, cap. xii.

([3]) Ver as *Vidas dos Santos* citadas abaixo na nota 1.

habitantes. E como, além das guerras que as diferentes nações conquistadoras travaram entre si, entre os Francos em particular as várias divisões da monarquia fizeram nascer constantemente guerras civis entre irmãos ou sobrinhos, em que esse direito dos povos foi sempre praticado, as servidões tornaram-se mais gerais em França do que nos outros países. E é essa, creio eu, uma das causas da diferença que existe entre as nossas leis francesas e as de Itália e da Espanha quanto aos direitos dos senhores.

A conquista foi um assunto de um momento só; e o direito dos povos que nela foi exercido produziu algumas servidões. Durante muitos séculos, o uso do mesmo direito dos povos levou a que as servidões se alargassem prodigiosamente.

Teodorico ([1]), acreditando que os povos do Auvergne não lhe eram fiéis, diz aos Francos da sua divisão: «Segui-me, eu vos conduzirei a um país onde tereis ouro, prata, cativos, vestuário, rebanhos em abundância; e transferireis todos os homens para o vosso país».

Depois da paz ([2]) que se firmou entre Gontrando e Chilperico, quando aqueles que tinham cercado Burges receberam a ordem de regressar, levaram tanto saque que quase não deixaram no país nem homens nem rebanhos.

Quando Teodorico, rei de Itália, cujo espírito e política eram os de se distinguir sempre dos outros reis bárbaros, enviou o seu exército para a Gália, escreveu ao general ([3]): «Quero que as leis romanas sejam cumpridas e que entregueis os escravos fugitivos aos seus senhores: o defensor da liberdade não deve favorecer o abandono da servidão. Que os outros reis se deliciem com a pilhagem e com a ruína das cidades que tomaram. Nós queremos vencer de maneira que os nossos súbditos se queixem de terem adquirido demasiado tarde a sujeição». É evidente que ele queria tornar os reis dos Francos e dos Borgonheses odiosos e que fazia alusão ao direito dos povos deles.

Este direito perdurou na segunda raça. Depois de o exército de Pepino ter estado na Aquitânia, regressou a França carregado de um número infinito de despojos e de servos, dizem os *Anais de Metz* ([4]).

([1]) Gregório de Tours, liv. III, [cap. xi].

([2]) *Ibid.*, liv. VI, cap. xxxi.

([3]) Carta 43, liv. III em Cassiodoro.

([4]) No ano de 763. *Innumerabilibus spoliis et captivis totus ille exercitus ditatus, in Franciam reversus est* [«Havia inúmeros despojos e cativos, todo o exército regressou a França abastado»].

Poderia citar inúmeras autoridades ([1]). E como, nestas desgraças, as entranhas da caridade se comoveram; como muitos santos bispos, vendo os cativos amarrados dois a dois, empregaram a prata das igrejas e venderam até os vasos sagrados para resgatar os que puderam; como foram monges santos que se entregaram a esta tarefa, é na vida dos santos que encontramos os maiores esclarecimentos sobre esta matéria ([2]). Embora se possa admoestar os autores dessas vidas de por vezes terem sido um pouco crédulos em excesso quanto a coisas que Deus certamente fez se elas estavam na ordem dos seus desígnios, não se deixa de tirar daí grandes luzes sobre os costumes e usos desses tempos.

Quando olhamos para os registos da nossa história e das nossas leis, parece que tudo é mar e que até as margens faltam ao mar ([3]). Todos esses escritos frios, secos, insípidos e duros, têm de ser lidos, têm de ser devorados, como a fábula conta que Saturno devorava as pedras.

Uma infinidade de terras que os homens livres faziam render ([4]) tornaram-se passíveis de mão-morta. Quando um país se encontra privado dos homens livres que nele viviam, os que tinham muitos servos apossaram-se ou fizeram ceder para si grandes territórios e aí construiram cidades, como se vê em várias cartas. Por outro lado, os homens livres que cultivavam as artes ([*]) tornaram-se servos que deviam exercê-las; as servidões devolveram às artes e à lavoura o que lhes tinha sido retirado.

Era uma coisa comum que os proprietários das terras as doassem às igrejas submetendo-se eles mesmos ao censo ([**]), acreditando que participavam com a sua servidão na santidade das igrejas.

([1]) *Anais* de Fulde, ano de 739; Paul Diacre, *De gestis Langobardorum*, liv. III, cap. xxx e liv. IV, cap. i; e as *Vidas dos santos*, citadas na nota seguinte.

([2]) Ver as vidas de Santo Epifânio, de Santo Eptadius, de São Cesário, de São Fidole, de São Pórcio, de São Trevério, de Santo Eusíquio e de São Léger; os milagres de São Juliano.

([3]) *Deerant quoque littora ponto.*
[«Faltava a costa ao mar»]
Ovídio, *Metamorfoses*, liv. I, [v. 293]

([4]) Nem mesmo os colonos eram todos servos: ver as leis 18 e 23 no código *de agricolis et censitis et colonis*, e a 20ª do mesmo título.

([*]) Isto é, os artesãos (N. T.).

([**]) «Censo»: renda paga ao senhor proprietário da terra trabalhada (ed. Caillois) (N. T.).

Capítulo XII
Que as terras divididas pelos bárbaros não pagavam tributos

Povos simples, pobres, livres, guerreiros, pastores, que viviam sem indústria, e que estavam ligados às suas terras somente por cabanas de junco ([1]) seguiam os seus chefes para obter saques e não para pagar ou cobrar tributos. A arte do maltote ([*]) é sempre inventada mais tarde, quando os homens começam a desfrutar da felicidade das outras artes.

O tributo ([2]) passageiro de uma bilha de vinho por cada jeira de terra, que foi uma das vexações de Chilperico e de Fredegunda([**]), só atingia os Romanos. Com efeito, não foram os Francos quem rasgou os papéis dessas taxas, mas os eclesiásticos, que, nesse tempo, eram todos romanos ([3]). Esse tributo afligia principalmente os habitantes das cidades ([4]): ou as cidades eram quase todas habitadas por romanos.

Gregório de Tours ([5]) diz que, após a morte de Chilperico, um certo juiz foi obrigado a refugiar-se numa igreja por, durante o reinado desse príncipe, ter sujeitado aos tributos alguns francos que no tempo de Childerico eram homens livres: *Multos de Francis, qui, tempore Childeberti regis, ingenui fuerant, publico tributo subegit.* Os Francos que não eram servos, não pagavam, portanto, tributos.

Não há gramático que não empalideça ao ver como este passo foi interpretado pelo Sr. abade Dubos ([6]). Ele nota que, naqueles tempos, os libertos eram também chamados livres ([***]). Assim, ele interpreta a palavra latina *ingennui* com as seguintes palavras: *livre de tributos*; expressão que pode ser usada em língua francesa,

---

([1]) Ver Gregório de Tours, liv. II.

([*]) Ver *EL*, XXV.5, n.t. (N. T.).

([2]) *Ibid.*, liv. V.

([**]) Rainha consorte de Chilperico (N. T.).

([3]) Isso aparece em toda a *História* de Gregório de Tours. O mesmo Gregório pergunta a um certo Valfiliacus como é que conseguiu entrar no clero, ele que era lombardo de origem. Gregório de Tours, liv. VIII, cap. xxxvi.

([4]) *Quae conditio universis urbibus per Galliam constitutis summopere est adhibita* [«Este tributo foi introduzido em todas as cidades da Gália»]. Vida de Santo Arídio.

([5]) Liv. VII.

([6]) *Établissement de la monarchie françoise*, tomo III, cap. xiv, p. 515.

([***]) «*Ingénus*» no original (N. T.).

como quando se diz *livre de cuidados, livre de castigos*; mas em língua latina, *ingennui a tributis, libertini a tributis, manumissi tributorum*, seriam expressões monstruosas.

Parténio, diz Gregório de Tours ([1]), pensava que seria morto pelos Francos por lhes ter imposto tributos. O Sr. abade Dubos ([2]), pressionado por este passo, supõe friamente o que está em questão: diz ele que se tratava de um encargo adicional.

Na lei dos Visigodos ([3]), vemos que, quando um bárbaro ocupava o terreno de um romano, o juiz obrigava-o a vendê-lo para que esse fundo continuasse a ser tributário: portanto, os bárbaros não pagavam tributos sobre as terras ([4]).

O Sr. abade Dubos ([5]), que necessitava que os Visigodos pagassem tributos ([6]), abandona o sentido literal e espiritual da lei, e imagina, unicamente porque imagina, que houve entre o estabelecimento dos Godos e esta lei um aumento dos tributos que apenas atingia os Romanos. Mas só ao padre Hardouin ([*]) é permitido exercer um tamanho poder arbitrário sobre os factos.

([1]) Liv. III, cap. xxxvi.

([2]) Tomo III, p. 514.

([3]) *Judices atque praepositi tertias Romanorum, ab illis qui occupatas tenent, auferant, et Romanis sua exactione sine aliqua dilatione restituant, ut nihil fisco debeat deperire* [«Os juízes e os subordinados de um conde devem retirar os terços romanos daqueles que os detêm por usurpação, e devem restaurar sem demoras as exacções devidas pelos Romanos para que o erário não seja de modo algum prejudicado»]. Liv. X, título i, cap. xiv.

([4]) Os Vândalos não pagavam tributos em África. Procópio, *Guerra dos Vândalos*, liv. I e II; *Historia miscella*, liv. XVI, p. 106. Notar que os conquistadores de África eram uma combinação de Vândalos, de Alanos e de Francos. *Historia miscella*, liv. XIV, p. 94.

([5]) *Établissement des Francs dans les Gaules. De la monarchie française*, tomo III, cap. xiv, p. 510.

([6]) Apoia-se numa outra lei dos Visigodos, liv. X, título i, art. 11, que não prova absolutamente nada. A lei diz apenas que quem recebeu uma terra de um senhor, na condição de que fosse paga uma renda, devia pagá-la.

([*]) Hardouin (1646-1729): teólogo e literato jesuíta. Estava convencido de que muitas das grandes obras da literatura greco-latina eram redutíveis a uma pura mensagem (alegórica) cristã e que, além disso, tinham sido compostas por misteriosos monges no século XIII. Insistia ainda na tese de que a língua originária do Novo Testamento fora sempre o latim. Apresentou também uma história da Igreja anterior ao Concílio de Trento profundamente revisionista – negando a autenticidade histórica dos Concílios, por exemplo. A sua obra desagradou às autoridades censórias (N. T.).

O Sr. abade Dubos vai procurar (1) no código de Justiniano (2) leis para provar que os benefícios militares entre os Romanos estavam sujeitos aos tributos. Donde conclui que o mesmo se passava com os feudos ou com os benefícios entre os Francos. Mas a opinião de que os nossos feudos tiram a sua origem desse estabelecimento dos Romanos está hoje em dia proscrita. Só teve crédito no tempo em que se conhecia a história romana e muito pouco a nossa, e em que os nossos registos antigos estavam enterrados debaixo de poeira.

O Sr. abade Dubos erra quando cita Cassiodoro, e ao empregar o que se passou em Itália e na parte da Gália que estava submetida a Teodorico, para nos informar dos usos dos Francos; são coisas que é preciso não confundir. Um destes dias mostrarei numa obra à parte (*) que o plano da monarquia dos Ostrogodos era inteiramente diferente do plano de todas as monarquias que foram fundadas naqueles tempos pelos outros povos bárbaros; e que, muito longe de se poder dizer que uma coisa estava em uso entre os Francos por estar em uso entre os Ostrogodos, pelo contrário, há boas razões para pensar que uma coisa que era praticada pelos Ostrogodos não era praticada pelos Francos.

O que mais custa àqueles cujo espírito flutua numa vasta erudição é procurar as suas provas nos lugares que não são estranhos ao assunto e encontrar, para falar à maneira dos astrónomos, a posição do sol.

O Sr. abade Dubos, assim como abusa da história e das leis dos povos bárbaros, também abusa das capitulares. Quando insiste que os Francos pagavam tributos, aplica a homens livres o que só pode ser compreendido relativamente a servos (3); quando quer falar da milícia dos Francos, aplica a servos o que só pode dizer respeito a homens livres (4).

---

(1) Tomo III, p. 511.

(2) Leg. 3, título lxxiv, liv. XI.

(*) Montesquieu não chegou a escrever a dita obra (N. T.).

(3) *Établissement de la monarchie françoise*, tomo III, cap. xiv, p. 513, onde ele cita o artigo 28 do édito de Pistes. Ver mais adiante o cap. xviii.

(4) *Ibid.*, tomo III, cap. iv, p. 298.

Capítulo XIII
Quais eram os encargos dos Romanos e dos Gauleses na monarquia dos Francos

Poderia examinar se os Romanos e os Gauleses vencidos continuaram a pagar os encargos aos quais estavam sujeitos sob os imperadores. Mas, para andar mais depressa, contentar-me-ei em dizer que, se os pagavam inicialmente, rapidamente foram deles isentados, e que esses tributos foram convertidos num serviço militar; e admito que tenho dificuldades em conceber como é que os Francos inicialmente teriam sido tão amigos do maltote e de súbito mostraram-se tão distantes dele.

Uma capitular (1) de Luís, *o Pio*, explica-nos muito bem o estado em que se encontravam os homens livres na monarquia dos Francos. Alguns bandos (2) de Godos ou de Iberos, fugindo da opressão dos Mouros, foram recebidos nas terras de Luís. A convenção que foi feita com eles indica que iriam para o exército com o seu conde, tal como os outros homens livres; que, durante a marcha (3), montariam guarda e fariam as patrulhas às ordens desse mesmo conde, e que dariam aos enviados do rei (4), e aos embaixadores que partissem da sua corte ou fossem até ele, cavalos e carruagens para as viaturas; que, além disso, não poderiam ser forçados a pagar outro censo e que seriam tratados como os outros homens livres.

Não se pode dizer que se tratava de novos usos introduzidos nos inícios da segunda raça; devem ter sido introduzidos no meio, ou no final, da primeira raça. Uma capitular do (5) ano de 864 diz

(1) Do ano de 815, cap. i. O que é conforme à capitular de Carlos, *o Calvo*, do ano de 844, art. 1 e 2.

(2) *Pro Hispanis in partibus Aquitaniae, Septimaniae et Provinciae consistentibus* [«Em favor dos que estavam em Espanha, em partes da Aquitânia, da Septimânia e da Provença»]. *Ibid.*

(3) *Excubias et explorationes quas wactas dicunt* [«Mantêm a vigilância, fazem o reconhecimento, que se chama *wacta*»]. *Ibid.*

(4) Não eram obrigados a dá-los ao conde. *Ibid.*, art. 5

(5) *Ut pagenses Franci, qui caballos habent, cum suis comitibus in hostem pergant* [«Que os aldeões francos que possuam um cavalo vão com o seu conde juntamente com a sua hoste»] . Os condes são proibidos de privá-los dos seus cavalos; *ut hostem facere, et debitos paraveredos secundum antiquam consuetudinem exsolvere possint* [«pois não seriam capazes de se juntar à hoste ou de fornecer o cavalo requisitado segundo os costumes antigos»]. Édito de Pistes, em Baluze, p. 186.

expressamente que era um costume antigo que os homens livres fizessem o serviço militar e além disso pagassem os cavalos e as viaturas de que falámos; encargos que lhes eram particulares e dos quais estavam isentos aqueles que possuíam os feudos, como demonstrarei seguidamente.

Ainda não é tudo; havia um regulamento ([1]) que mal permitia que se submetessem estes homens livres a tributos. Aquele que tivesse quatro mansões ([2]) estava sempre obrigado a marchar para a guerra; aquele que apenas tivesse três era emparelhado com um homem livre que apenas tivesse uma; este pagava o custo de um quarto e ficava em casa. Do mesmo modo, eram emparelhados dois homens livres que tivessem cada um deles duas mansões; o que dos dois fosse para a marcha era pago na metade por aquele que ficasse.

Há mais: temos uma infinidade de cartas onde são dados os privilégios dos feudos a terras ou distritos possuídos por homens livres, e dos quais falarei ([3]) longamente de seguida. Estas terras estavam isentas de todos os encargos que os condes e outros oficiais do rei exigiam delas; e, como todos estes encargos são enumerados pormenorizadamente, e como não se trata aqui de tributos, é evidente que estes não eram cobrados.

Era fácil que o maltote romano caísse por si mesmo na monarquia dos Francos; era uma arte muito complicada e que não entrava nem nas ideias nem no plano desses povos simples. Se os Tártaros inundassem hoje a Europa, teria de se ter muita experiência dos assuntos para levá-los a perceber o que é um financeiro ([*]) entre nós.

O autor incerto da *Vida de Luís, o Pio* ([4]), ao falar dos condes e de outros oficiais da casa dos Francos que Carlos Magno estabeleceu na Aquitânia, diz que ele lhes atribuiu a guarda da fron-

---

([1]) Capitular de Carlos Magno, do ano de 812, cap. i, Édito de Pistes, do ano de 864, art. 27.

([2]) *Quatuor mansos.* Parece-me que aquilo a que se chamava *mansus* era uma certa porção de terra associada a um censo onde havia escravos; repare-se na capitular do ano de 853, *apud Sylvacum,* título xiv, contra aqueles que expulsassem os escravos da sua *mansus.*

([3]) Ver abaixo o cap. xx deste livro.

([*]) Isto é, aquele que cuida das finanças do rei e que cobra os seus impostos (N. T.).

([4]) Em Duchesne, tomo II, p. 287.

teira, o poder militar e a intendência dos domínios que pertenciam à coroa. Tal mostra o estado das rendas do príncipe durante a segunda raça. O príncipe guardara domínios para si que fazia render com os seus escravos. Mas as indições (*), a capitação (**) e outros impostos cobrados no tempo dos imperadores sobre a pessoa ou sobre os bens dos homens livres tinham sido convertidos numa obrigação de guardar a fronteira ou de ir para a guerra.

Na mesma história ([1]), vemos que quando Luís, *o Pio*, foi encontrar-se com o seu pai na Alemanha, este príncipe perguntou-lhe como é que ele que era rei podia ser tão pobre. Ao que Luís respondeu que só era rei de nome e que os senhores detinham quase todos os seus domínios; que Carlos Magno, receando que este jovem príncipe perdesse a sua afeição retomasse por si mesmo o que ele irreflectidamente doara, enviou comissários para restabelecer as coisas.

Os bispos, ao escreverem a Luís ([2]), irmão de Carlos, *o Calvo*, disseram-lhe: «Cuidai das vossas terras para que não sejais obrigado a viajar incessantemente pelas casas e a fatigar os seus servos com as viaturas». Disseram também: «Fazei que tenhais com que viver e com que receber as embaixadas». É evidente que nessa altura as rendas dos reis consistiam nos seus domínios ([3]).

Capítulo XIV
Do que se chamava censo

Quandos os bárbaros abandonaram os seus países, quiseram redigir por escrito os seus usos; mas como havia a dificuldade de escrever palavras germânicas com letras romanas, essas leis foram apresentadas em latim.

Na confusão da conquista e dos seus progressos, a maioria das coisas mudou de natureza; para as expressar foi preciso servirem-se das antigas palavras latinas que tinham relações maiores com os novos usos. Assim, o que podia despertar a ideia do antigo

(*) Convocatórias para as corveias (N. T.).

(**) Imposto pessoal fixo (N. T.).

([1]) *Ibid.*, p. 89.

([2]) Ver a capitular do ano de 858, art. 14.

([3]) Cobravam ainda alguns direitos sobre os rios, quando havia uma ponte ou uma passagem.

censo dos Romanos (1) é nomeado *census, tributum*; e quando as coisas não tinham qualquer relação com essas palavras, exprimiram-nas, como puderam, as palavras germânicas com letras romanas. Foi assim que se formou a palavra *fredum*, de que falarei longamente nos capítulos seguintes.

Como as palavras *census* e *tributum* foram assim empregues de uma maneira arbitrária, isso lançou alguma obscuridade no significado que essas palavras tinham durante a primeira e a segunda raças. E quando autores modernos, que tinham sistemas particulares (2), encontraram essa palavra nos escritos daquele tempo, julgaram que aquilo a que se chamava *census* era exactamente o censo dos Romanos; e tiraram daí esta consequência, a de que os nossos reis das duas primeiras raças se tinham colocado no lugar dos imperadores romanos, e nada mudaram na sua administração (3). E como determinados direitos cobrados durante a segunda raça foram, em virtude de alguns acasos e com certas modificações, convertidos noutros direitos, daí concluíram que esses direitos eram o censo dos Romanos (4); e como viram que com os regulamentos modernos o domínio da coroa era absolutamente inalienável, disseram que esses direitos, que representavam o censo dos Romanos e que não constituem uma parte desse domínio, eram puras usurpações. Deixo de parte as outras consequências.

Transportar para os séculos recuados todas as ideias do século em que se vive é a mais fecunda de todas as fontes do erro. A essas pessoas que querem tornar modernos todos os séculos antigos, direi o que os sacerdotes do Egipto disseram a Sólon: «Ó Atenienses, não passais de crianças!»

---

(1) O *census* era uma palavra tão genérica que foi usada para exprimir as portagens dos rios, quando havia uma ponte ou uma barca de passagem. Ver a capitular III do ano de 803, ed. de Baluze, p. 395, art. 1, e o Vº do ano de 819, p. 616. Também se usava esse nome para designar as viaturas fornecidas pelos homens livres ao rei ou aos seus enviados, como aparece na Capitular de Carlos, *o Calvo*, do ano de 865, art. 8.

(2) O Sr. abade Dubos e aqueles que o seguiram.

(3) Ver a fragilidade das razões do Sr. Abade Dubos, *Établissement de la monarchie françoise*, tomo III, liv. VI, cap. xiv; sobretudo a indução que faz a partir de um passo de Gregório de Tours sobre um desentendimento da sua igreja com o rei Charibert.

(4) Por exemplo, com as alforrias.

Capítulo XV
Que aquilo a que se chamava censo só era cobrado aos servos, e não aos homens livres

O rei, os eclesiásticos e os senhores cobravam tributos regulares a todos os servos dos seus domínios. No que toca ao rei, demonstro-o com a capitular *de Villis*; no que toca aos eclesiásticos, com os códigos das leis dos bárbaros ([1]); no que toca aos senhores, com os regulamentos que Carlos Magno fez sobre este assunto ([2]).

Estes tributos eram chamados *censo*: eram direitos económicos, e não fiscais; eram rendas unicamente privadas, e não encargos públicos.

Digo que aquilo a que se chamava *censo* era um tributo cobrado aos servos. Demonstro-o com uma fórmula de Marculfo, que contém uma permissão do rei para que alguém se constitua clérigo desde que seja um homem livre ([3]) e não esteja inscrito no registo do censo. Demonstro-o também com uma comissão que Carlos Magno atribuiu a um conde ([4]) que ele enviara para as regiões da Saxónia; continha a emancipação dos Saxões por eles terem abraçado o cristianismo; e trata-se propriamente de uma carta que os estabelece como homens livres ([5]). Este príncipe restabelece-os na sua primeira liberdade civil ([6]) e isenta-os do pagamento do censo. Era, pois, a mesma coisa ser servo e pagar o censo, ser livre e não pagá-lo.

Através de uma espécie de carta-patente do ([7]) mesmo príncipe em favor dos Espanhóis que tinham sido recebidos na monarquia, era proibido aos condes exigir deles qualquer censo e de lhes tirar as suas terras. Sabe-se que os estrangeiros que chegavam a França eram tratados como servos; e Carlos Magno,

---

([1]) Lei dos Alemães, cap. xxii; e a lei dos Bávaros, título I, cap. xiv, onde encontramos os regulamentos que os eclesiásticos fizeram para o seu estado.

([2]) Liv. V das Capitulares, cap. ccciii.

([3]) *Si ille de capite suo bene ingenuus sit, et in puletico publico censitus non est* [«Se esta pessoa for efectivamente livre e não estiver registada no censo público»]. Liv. I, form. xix.

([4]) Do ano de 789, edição das Capitulares de Baluze, tomo I, p. 250.

([5]) *Eu ut ista ingenuitatis pagina firma stabilisque consistat* [«Este documento jurado e autenticado estabelece o seu estatuto pessoal de homens livres»]. Ibid.

([6]) *Pristinaeque libertatis donatos, et omni nobis debito censu solutos* [«Dando-lhes todas as suas anteriores liberdades, e todos são isentados do censo»]. Ibid.

([7]) *Praeceptum pro Hispanis*, do ano 812, edição de Baluze, tomo I, p. 500.

querendo que fossem considerados homens livres, porque queria que tivessem a propriedade das suas terras, proibiu que se exigisse deles o censo.

Uma capitular ([1]) de Carlos, *o Calvo*, atribuída em favor desses mesmos Espanhóis, determina que estes sejam tratados como eram tratados os outros Francos e proibia que se exigisse deles o censo. Portanto, os homens livres não o pagavam.

O artigo 30 do édito de Pistes ([2]) reforma o abuso mediante o qual muitos colonos do rei ou da Igreja vendiam as terras dependentes das suas mansões a eclesiásticos ou a pessoas da sua condição, reservando para si apenas uma pequena cabana, o que fazia que se deixasse de poder receber o censo; e ordena o restabelecimento das coisas à sua primeira condição. O censo era, portanto, um tributo de escravos.

Resulta também daí que não havia censo geral na monarquia; e isso é evidente num grande número de textos. Pois o que significaria esta capitular ([3]): «Queremos que se exija o censo real em todos os lugares onde outrora era legitimamente exigido ([4])»? O que quereria dizer a capitular ([5]) em que Carlos Magno ordena aos seus enviados nas províncias que façam um levantamento exacto de todos os censos que antigamente pertenciam ao domínio do rei ([6]); e aquela ([7]) em que ele dispõe dos censos pagos por aqueles a quem o seu pagamento era exigido ([8])? Que significado se deve dar a uma outra ([9]) onde se lê: «Se alguém ([10]) adquiriu uma terra tributária sobre a qual acostumámo-nos a

([1]) Do ano 844, edição de Baluze, tomo II, art. 1 e 2, p. 27.

([2]) Promulgado por Carlos, *o Calvo*, em 864 (N. T.).

([3]) Capitular III, do ano de 805, art. 20 e 22, inserida no compêndio de Anzegise, liv. III, art. 15. Esta é conforme à de Carlos, *o Calvo*, do ano de 854, *apud Attiniacum*, art. 6.

([4]) *Undecumque legitime exigebatur. Ibid.*

([5]) Do ano de 812, art. 10 e 11, edição de Baluze, tomo I, p. 498.

([6]) *Undecumque antiquitus ad partem regis venire solebant* [«Outrora, costumavam vir de qualquer lado para o partido do rei»]. Capitular do ano de 812, art. 10 e 11.

([7]) Do ano de 813, art. 6, edição de Baluze, tomo I, p. 508.

([8]) *De illis unde censa exigunt.* Capitular do ano 813, art. 6.

([9]) Liv. IV das *Capitulares*, art. 37 e inserida na lei dos Lombardos.

([10]) *Si quis terram tributariam, unde census ad partem nostram exire solebat, susceperit* [«Se alguma terra tributária for adquirida sobre a qual era costume exigir o censo como nossa parte»]. Liv. IV das *Capitulares*, art. 37.

cobrar o censo»? Ou finalmente àqueloutra (1) em que Carlos, *o Calvo* (2), fala das terras censitárias cujo censo pertencera desde a mais remota antiguidade ao rei?

Note-se que existem alguns textos que, à partida, parecem ser contraditórios com o que eu disse e que, no entanto, confirmam--no. Vimos anteriormente que os homens livres na monarquia eram obrigados a fornecer apenas certas viaturas. A capitular que acabo de citar chama-lhe *censo* e opõe a isso o censo que era pago pelos servos (3).

Além disso, o édito de Pistes (4) fala desses Francos que deviam pagar o censo real por capitação e por cada cabana, e que se tinham vendido durante a fome (5). O rei quer que sejam resgatados. É (6) que aqueles que eram emancipados pelas cartas do rei não adquiriam normalmente uma liberdade plena e inteira; mas pagavam *censum in capite*, e é deste tipo de censo que se fala aqui.

Portanto, é preciso que nos desfaçamos da ideia de um censo geral e universal, derivado da polícia dos Romanos e a partir do qual se supõe que os direitos dos senhores decorreram igualmente de usurpações. Aquilo a que se chamava *censo* na monarquia francesa, independentemente do abuso a que esta palavra esteve sujeita, era um direito particular cobrado aos servos pelos senhores.

Rogo ao leitor que me perdoe pelo entediamento mortal que tantas citações devem ter provocado. Teria sido mais breve se não tivesse sempre diante de mim o livro do *Établissement da le monarchie françoise dans les Gaules*, do Sr. Abade Dubos. Nada retarda mais o progresso dos conhecimentos do que uma má obra de um autor célebre, porquanto antes de instruir é preciso começar por dissipar os enganos.

---

(1) Do ano de 805, art. 8.

(2) *Unde census ad partem regis exivit antiquitus*. Capitular do ano de 805, art. 8.

(3) *Censibus vel paraveredis quos Franci homines ad regiam protestatem exsolvere debent* [«O censo ou o cavalo requisitado que deve ser pago pelos servos francos ao poder real»]

(4) Do ano de 864, art. 34, edição de Baluze, p. 192.

(5) *De illis Francis hominibus qui censum regium de suo capite et de suis recellis debeant* [«Desses francos que pagam o censo real como um servo paga o imposto pessoal por capitação e pelos seus pequenos terrenos»]. Ibid.

(6) O artigo 28 do mesmo édito explica bem tudo isto. Faz inclusivamente uma distinção entre o liberto romano e o liberto franco; e percebe-se que o censo não era geral. Tem de ser lido.

Capítulo XVI
Dos leudes *ou vassalos*

Falei daqueles voluntários que, entre os Germanos, seguiam os príncipes nas suas conquistas. O mesmo uso foi preservado após a conquista. Tácito designa-os com o nome de companheiros ([1]); a lei Sálica, com o de homens que estão sob a boa-fé do rei ([2]); as fórmulas de Marculfo ([3]) com o de antrustiões do rei ([4]); os nossos primeiros historiadores com o de *leudes*, de fiéis ([5]); e os que vieram depois com o de vassalos e senhores ([6]).

Nas leis sálicas e ripurárias encontramos um número infinito de disposições para os Francos e algumas apenas somente para os antrustiões. As disposições sobre estes antrustiões são diferentes das que foram feitas para os outros Francos; por toda a parte os bens dos Francos são regulamentados e nada se diz dos bens dos antrustiões. O que decorre do facto de os bens destes serem mais regulados pela lei política do que pela lei civil, e de serem a parte que cabe a um exército, e não o património de uma família.

Os bens reservados para os *leudes* foram chamados bens fiscais ([7]), benefícios, honras, feudos, nos diferentes autores e nas diferentes épocas.

Não se pode duvidar que no início os feudos fossem revogáveis ([8]). Em Gregório de Tours ([9]), percebe-se que tudo o que Sunegisilo e Galomano tiveram do fisco ([*]) lhes foi retirado e só lhes foi deixado o que tinham como propriedade. Quando Gontran pôs no trono o seu sobrinho Childeberto, teve com ele uma

---

([1]) *Comites. De mor. Germ.*, cap. xiii.

([2]) *Qui sunt in truste regis,* título xliv, art. 4.

([3]) Liv. I, form. xviii.

([4]) Da palavra *trew,* que significa *fiel* entre os Alemães e Ingleses, *true, verdadeiro.*

([5]) *Leudes, fiéis.*

([6]) *Vassali, seniores.*

([7]) *Fiscalia.* Ver a fórmula xiv de Marculfo, liv. I. Na vida de São Mauro diz-se que *dedi fiscum unum* [«ele deu um fisco»]; e nos *Anais de Metz* sobre o ano de 747, *dedit illi comitatus et fiscos plurimos* [«ele deu-lhe uma comitiva e muitos fiscos»]. Os bens destinados à manutenção da família real eram chamados *regalia.*

([8]) Ver o liv. I, título i, *dos feudos*; e Cujas sobre este livro.

([9]) Liv. IX, cap. xxxviii.

([*]) Património pessoal do príncipe, donde eram retiradas as doações aos seus vassalos (N. T.).

conferência secreta e indicou-lhe os nomes daqueles ([1]) a quem devia doar feudos e daqueles a quem devia retirá-los. Numa fórmula de Marculfo ([2]), o rei dá em troca, não só benefícios que o seu fisco detinha, mas também benefícios que um outro detivera. A lei dos Lombardos opõe os benefícios à propriedade ([3]). Os historiadores, as fórmulas, os códigos dos vários povos bárbaros, todos os registos que nos restam, são unânimes. Finalmente, aqueles que escreveram o *Livro dos feudos* ([4]) dizem-nos que no início os senhores puderam retirá-los à sua vontade, seguidamente asseguravam-nos durante um ano ([5]), e depois deram-nos a título vitalício.

Capítulo XVII
Do serviço militar dos homens livres

Havia dois tipos de pessoas que estavam vinculadas ao serviço militar: os *leudes* vassalos ou subvassalos, que a isso estavam obrigados em consequência do seu feudo; e os homens livres, francos, romanos e gauleses, que serviam às ordens do conde e eram conduzidos por ele e pelos seus oficiais.

Chamava-se homens livres a quem, por um lado, não tinha benefícios ou feudos, ou a quem, por outro, não estava submetido à servidão da gleba; as terras que eles possuíam eram aquilo a que se chamava terras alodiais.

Os condes reuniam os homens livres e conduziam-nos para a guerra ([6]). Tinham às suas ordens oficiais a quem chamavam

---

([1]) *Quos honoraret muneribus, quos ab honore repelleret* [«Aqueles que ele devia honrar com dons e aqueles que deviam ser destituídos das honrarias»]. *Ibid.*, liv. VII.

([2]) *Vel reliquis quibuscumque beneficiis, quodcumque ille, vel fiscus noster, in ipsis locis tenuisse noscitur* [«Que tal pessoa seja reconhecida a deter este cargo como benefício recebido de outrem, ou como parte do nosso fisco»]. Liv. I, form. xxx.

([3]) Liv. III, título viii, § 3.

([4]) *Feudorum*, liv. I, título i.

([5]) Era uma espécie de precário [isto é, um bem recebido cuja doação era reversível] que o senhor renovava ou não renovava no ano seguinte, como Cujas assinalou.

([6]) Ver a capitular de Carlos Magno, do ano de 812, art. 3 e 4, edição de Baluze, tomo I, p. 491, e o édito de Pistes, do ano de 864, art. 26, tomo II, p. 186.

vigários ([1]); e como todos os homens livres estavam divididos em centenas, que constituíam aquilo a que se chamava um burgo, os condes tinham também às suas ordens oficiais a quem chamavam centenários, que conduziam os homens livres do burgo, ou as suas centenas, para a guerra ([2]).

Esta divisão por centenas é posterior ao estabelecimento dos Francos nas Gálias. Foi feita por Clotário e por Childeberto, com o intuito de obrigar cada distrito a responder pelos roubos que neles fossem perpetrados: percebe-se isso nos decretos desses príncipes ([3]). Uma política semelhante é ainda hoje observada em Inglaterra.

Tal como os condes conduziam os homens livres para a guerra, também os *leudes* conduziam os seus vassalos ou subvassalos; e os bispos, abades ou os seus protectores ([4]) conduziam os seus ([5]).

Os bispos ficavam bastante embaraçados: não concordavam quanto aos seus afazeres ([6]). Pediram a Carlos Magno que deixasse de obrigá-los a ir à guerra; e quando o conseguiram, queixaram-se de que tal fá-los-ia perder a consideração pública; e esse príncipe foi obrigado a justificar as suas intenções a este respeito. Seja como for, nos tempos em que deixaram de ir à guerra, não consigo perceber como é que os seus vassalos teriam sido conduzidos pelos condes; percebe-se, pelo contrário, que os reis ou os bispos escolhiam um dos fiéis para conduzi-los ([7]).

Numa capitular de Luís, *o Pio* ([8]), o rei distingue três tipos de vassalos: os do rei, os dos bispos, os dos condes. Os vassalos de um

---

([1]) *Et habebat unusquisque comes vicarios et centenarios secum* [«E cada conde tem com ele vigários e centenários»]. Liv. II das *Capitulares*, art. 28.

([2]) Chamavam-lhes *compagenses*.

([3]) Promulgados por volta do ano de 595, art. 1. Ver as *Capitulares*, edição de Baluze, p. 20. Estes regulamentos foram sem dúvida feitos em concertação.

([4]) *Advocati*.

([5]) Capitular de Carlos Magno, do ano de 812, art. 1 e 5, edição de Baluze, tomo I, p. 490.

([6]) Ver a capitular do ano de 803, promulgado em Worms, edição de Baluze, p. 408 e 410.

([7]) Capitular de Worms, do ano de 803, edição de Baluze, p. 409; e o concílio do ano de 845, sob Carlos, o Calvo, *in Verno palatio*, edição de Baluze, tomo II, p. 17, art. 8.

([8]) *Capitulare quintum anni 819*, art. 27, edição de Baluze, p. 618.

leude (1) ou de um senhor só eram conduzidos para a guerra pelo conde quando algum emprego na casa do rei impedia esses *leudes* de serem eles próprios a conduzi-los.

Mas quem é que conduzia os *leudes* para a guerra? Não há dúvidas de que era o rei, que estava sempre à cabeça dos seus fiéis. É por isso que, nas capitulares, vê-se sempre uma oposição entre os vassalos do rei e os dos bispos (2). Os nossos reis, corajosos, altivos e magnânimos, não estavam no exército para se porem à cabeça desta milícia eclesiástica; não eram essas pessoas que eles escolhiam para com elas vencer ou morrer.

Mas esses *leudes* conduziam igualmente os seus vassalos e subvassalos; e tal torna-se, de facto, aparente nessa capitular (3) em que Carlos Magno ordena que todo o homem livre que tiver quatro mansões, quer como sua propriedade, quer como benefício recebido de alguém, avance contra o inimigo, ou siga o seu senhor. É evidente que Carlos Magno quer dizer que aquele que tenha apenas uma terra sua deve entrar na milícia do conde, e que aquele que tenha um benefício do senhor parta com ele.

No entanto, o Sr. abade Dubos (4) pretende que, quando as capitulares mencionam os homens que dependiam de um senhor particular, apenas os servos estão em causa. E baseia-se na lei dos Visigodos e na prática desse povo. Mais valeria basear-se nas próprias Capitulares. Aquela que acabo de citar diz formalmente o contrário. O tratado entre Carlos, *o Calvo*, e os seus irmãos fala

---

(1) *De vassis dominicis qui adhuc intra casam serviunt, et tamen beneficia habere noscuntur, statutum est ut quicumque ex eis cum domino imperatore domi remanserint, vassallos suos casatos secum non retineant; sed cum comite, cujus pagenses sunt, ir permittant* [«No que concerne aos vassalos que servem a casa do seu senhor e que têm reconhecidos certos benefícios, estatui-se que aqueles que permanecerem na casa imperial não manterão consigo os seus vassalos; em vez disso, estes serão autorizados a ir para a guerra com o conde do seu condado»]. Capitular XI, do ano de 812, art. 7, edição de Baluze, tomo I, p. 494.

(2) Capitular I do ano de 812, art. 5. *De hominibus nostris, et episcoporum et abbatum qui vel beneficia, vel talia propria habent*, etc. [«Quanto aos nossos homens e aos dos bispos e abades, que ou têm benefícios ou uma propriedade fundiária própria, etc.»]. Edição de Baluze, tomo I, p. 490.

(3) Do ano de 812, cap. i, edição de Baluze, p. 490. *Ut omnis homo liber qui quatuor mansos vestitos de proprio suo, sive de alicujus beneficio habet, ipse se praeparet, et ipse in hostem pergat, sive cum seniore suo* [«Todo o homem livre que possua quatro *mansos* ou que os tenha como benefício de outrem, deve preparar-se a si mesmo ou ir com o seu anfitrião, ou com o seu senhor»].

(4) Tomo III, liv. VI, cap. iv, p. 299. *Établissement de la monarchie françoise.*

inclusivamente de homens livres que podem escolher entre um senhor ou o rei; e esta disposição está em conformidade com muitas outras.

Pode, portanto, dizer-se que havia três tipos de milícias: a dos *leudes* ou fiéis do rei, que tinham na sua dependência outros fiéis; a dos bispos ou de outros eclesiásticos e dos seus vassalos; e, finalmente, a do conde que conduzia os homens livres.

Não digo que os vassalos não pudessem estar sujeitos ao conde, pois aqueles que têm um comando particular dependem de quem tem um comando mais geral.

Percebe-se até que o conde e os enviados do rei podiam fazê-los pagar a *ban*, isto é, uma multa, quando não tivessem cumprido os compromissos do seu feudo.

Do mesmo modo, se os vassalos do rei cometessem rapinas (1), estavam sujeitos à correcção do conde, se não preferissem sujeitar-se à do rei.

Capítulo XVIII
Do duplo serviço

Era um princípio fundamental da monarquia que quem estivesse sob o poder militar de alguém estivesse também sob a sua jurisdição civil; assim, a capitular (2) de Luís, *o Pio*, do ano de 815, fazia que o poder militar do conde e a sua jurisdição civil sobre os homens livres caminhassem juntos; assim, os pleitos (3) (*) do conde, que conduzia para a guerra os homens livres, eram chamados os pleitos dos homens livres (4); donde resultou, sem dúvida, esta máxima, a de que só nos pleitos do conde, e não nos dos seus oficiais, se podia julgar as questões sobre a liberdade. Assim, o conde não conduzia para a guerra os vassalos dos bispos

---

(1) Capitular do ano de 882, art. ii, *apud Vernis palatium*, edição de Baluze, tomo II, p. 17.

(2) Art. 1 e 2; e o concílio *in Verno palatio*, do ano de 845, art. 8, edição de Baluze, tomo II, p. 17.

(3) Pleitos ou inquéritos judiciais.

(*) «*Placites*» no original (N. T.).

(4) *Capitulares*, liv. iv da coleção de Anzegise, art. 57; e a capitular v de Luís, o Pio, do ano de 819, art. 14, edição de Baluze, tomo I, p. 615.

ou dos abades ([1]) porque eles não estavam sob a sua jurisdição civil; assim, o glossário ([2]) das leis inglesas diz-nos ([3]) que aqueles a quem os Saxões chamavam *coples* eram denominados pelos Normandos *condes*, *companheiros*, porque partilhavam com o rei as multas judiciárias; assim vemos, em todos os tempos, que a obrigação de todo o vassalo relativamente ([4]) ao seu senhor era a de portar armas e julgar os seus pares no seu tribunal ([5]).

Uma das razões que associavam deste modo este direito de justiça ao direito de conduzir para a guerra era que quem conduzia para a guerra fazia ao mesmo tempo pagar os direitos do fisco, que consistiam nalguns serviços de veículos devidos pelos homens livres e em geral em certos proveitos judiciários de que falarei de seguida.

Os senhores tinham o direito de fazer justiça no seu feudo segundo o mesmo princípio que fazia que os condes tivessem o direito de fazer justiça no seu condado; e, efectivamente, os condados, nas variações que sucederam nas várias épocas, acompanharam sempre as variações que sucederam nos feudos; tanto uns como os outros eram governados segundo o mesmo plano e segundo as mesmas ideias. Numa palavra, os condes nos seus condados eram *leudes*; os *leudes* nos seus senhorios eram condes.

Não estava correcta a ideia de que os condes eram como os oficiais de justiça, e os duques como oficiais militares. Tanto uns como os outros eram igualmente oficiais militares e civis ([6]): toda a diferença residia no facto de o duque ter como seus subordinados vários condes, embora houvesse condes que não estavam subordinados a qualquer duque, como ficamos a saber por Fredegar ([7]) ([*]).

([1]) Ver acima, nota 8 e a nota 11 [de *EL*, XXX.17].

([2]) Que se encontra no compêndio de Guillaume Lambard, *De priscis Anglorum legibus*.

([3]) Na palavra *satrapia*.

([4]) Os inquéritos de Jerusalém, cap. ccxxi e ccxxii explicam bem isto.

([5]) Os advogados da Igreja (*advocati*) estavam igualmente à cabeça dos seus pleitos e da sua milícia.

([6]) Ver a fórmula viii de Marculfo, liv. I, que continha as cartas concedidas a um duque, patrício ou conde, que lhes conferiam a jurisdição civil e a administração fiscal.

([7]) *Crónica*, cap. lxxviii, sobre o ano de 636.

([*]) Fredegar: o mais importante e, em grande medida, o único cronista da Gália Franca desde finais do século VI até meados do século VII (N. T.).

Talvez se acredite que o governo dos Francos era nessa época bastante duro porque os mesmos oficiais tinham ao mesmo tempo sobre os súbditos o poder militar e o poder civil, e até o poder fiscal: coisa que eu disse, nos livres anteriores, ser uma das marcas distintivas do despotismo.

Mas não se deve pensar que os condes julgavam sozinhos e faziam justiça como os paxás a fazem na Turquia ([1]). Para julgar os casos, reuniam uma espécie de assembleias ou de sessões judiciais para as quais os notáveis eram convocados ([2]).

Para que se possa compreender bem o que concerne aos julgamentos nas fórmulas, nas leis dos bárbaros e nas capitulares, direi que as funções de conde, de *gravion* e de centenário eram as mesmas ([3]); que os juízes, os *rathimburges* ([*]) e os escabinos eram, com diferentes nomes, as mesmas pessoas. Tratava-se de adjuntos do conde e normalmente em número de sete; e como ele não precisava de menos de doze pessoas para julgar ([4]), preenchia o número com notáveis.

Mas quem quer que tivesse a jurisdição, o rei, o conde, o *gravion*, o centenário, os senhores, os eclesiásticos, nunca julgaram sozinhos. E este uso, que tinha a sua origem nas florestas da Germânia, manteve-se mesmo quando os feudos adquiriram uma nova forma.

Quanto ao poder fiscal, era tal que o conde pouco podia abusar dele. Os direitos do príncipe a respeito dos homens livres eram tão simples que apenas consistiam, como já disse, em certas viaturas exigidas em certas ocasiões públicas ([5]); e quanto aos direitos judiciários, havia leis que preveniam as malversações ([6]).

([1]) Ver Gregório de Tours, liv. V, *ad annum 580.*

([2]) *Mallum.*

([3]) Acrescentarei aqui o que disse no livro XXVIII, cap. xxviii; e no liv. XXXI, cap. viii.

([*]) Oficiais do rei subordinados aos condes (ed. Caillois) (N. T.).

([4]) Ver sobre todo este assunto as capitulares de Luís, o Pio, em adenda à lei Sálica, art. 2; e a fórmula dos julgamentos, dada por du Cange, na entrada *boni homines.*

([5]) E em alguns direitos sobre os rios, de que já falei.

([6]) Ver a lei dos Ripuários, título. lxxxix; e a lei dos Lombardos, liv. II, título lii, § 9.

Capítulo XIX
Das composições nos povos bárbaros

Como é impossível desbravar um pouco mais o nosso direito político sem conhecer perfeitamente as leis e os costumes dos povos germânicos, deter-me-ei por um momento para efectuar o estudo desses costumes e dessas leis.

Em Tácito parece que os Germanos conheciam apenas dois crimes capitais: enforcavam os traidores e afogavam os poltrões; para eles, estes eram os únicos crimes públicos. Quando um homem causava um dano a outrem, os parentes da pessoa ofendida ou lesada entravam na querela ([1]); e o ódio era apaziguado com uma satisfação. Esta satisfação dizia respeito a quem tivesse sido ofendido, se este a pudesse receber; e aos parentes, se a injúria ou o dano lhes fosse comum, ou se, com a morte daquele que tivesse sido ofendido ou lesado, a satisfação recaísse sobre eles.

A julgar pela maneira como Tácito fala, estas satisfações eram feitas através de uma convenção recíproca entre as partes; por isso, nos códigos dos povos bárbaros, essas satisfações são chamadas *composições*.

Pelo que posso encontrar, só a lei dos Frisões deixou o povo na situação em que cada família inimiga estava, por assim dizer, no estado de natureza ([2]); e em que, sem a restrição de qualquer lei política ou civil, podia exercer a sua vingança, conforme a sua fantasia, até ter sido satisfeita. Esta mesma lei foi temperada: determinou-se que aquele cuja vida fosse exigida gozaria de paz na sua casa, que a teria enquanto fosse e viesse da igreja e para o lugar onde os julgamentos eram proferidos ([3]).

Os compiladores das leis sálicas citam um antigo uso dos Francos pelo qual quem tivesse exumado um cadáver para despojá-lo era banido da sociedade dos homens até que os parentes

---

([1]) *Suscipere tam inimicitias, seu patris, seu propinqui, quam amicitias, necesse est: nec implacabiles durant; luitur enim etiam homicidium certo armentorum ac pecorum numero, recipitque satisfactionem universa domus* [«É necessário que tomem a seu cargo as rixas, assim como as amizades, do seu pai e dos seus parentes. Contudo, estes feudos não prosseguem implacavelmente já que mesmo um homicídio é expiado com um certo número de cabeças de gado e de ovelhas; e toda a família recebe isso com satisfação»]. Tácito, *de morib. Germ.*, [cap. xxi].

([2]) Ver essa lei, título ii, sobre os homicídios; e a adenda de Wulemar sobre os roubos.

([3]) *Addito sapientum*, título i, § 1.

consentissem no seu regresso ([1]); e, como antes desse tempo, todos, incluindo a sua mulher, estavam proibidos de lhe dar pão ou de recebê-lo em casa, um tal homem estava em relação aos outros, e os outros estavam em relação a si, no estado de natureza até que esse estado fosse terminado pela composição.

Com essas excepções, vê-se que os sages das várias nações bárbaras pensaram em fazer por eles mesmos o que era demasiado moroso e demasiado perigoso esperar da convenção recíproca das partes. Tiveram a preocupação de atribuir um preço justo à composição que devia ser aceite por quem tivesse causado algum dano ou alguma injúria. Todas essas leis bárbaras tinham a esse respeito uma precisão admirável. Distinguia-se com primor os casos, pesavam-se as circunstâncias ([2]); a lei coloca-se do lado daquele que é ofendido e exige por ele a satisfação que num momento de sangue-frio ele próprio teria pedido.

Foi com o estabelecimento destas leis que os povos germânicos saíram desse estado de natureza em que parece que ainda estavam no tempo de Tácito.

Rotário declarou, na lei dos Lombardos, que aumentara as composições do costume antigo para os ferimentos, de modo a que o ferido ficasse satisfeito e assim pudessem cessar as inimizades ([3]). Com efeito, entre os Lombardos, um povo pobre que enriqueceu com a conquista da Itália, as antigas composições tornaram-se frívolas e as reconciliações deixaram de se fazer. Não duvido de que esta consideração tenha obrigado os outros chefes das nações conquistadoras a fazer os diversos códigos de leis que temos nos nossos dias.

A principal composição era a de que o homicida devia pagar aos parentes do morto. A diferença das condições introduzia uma diferença nas composições. Assim, na lei dos Anglos, a composição era de seiscentos soldos pela morte de um nobre ([*]) ([4]), duzentos para a morte de um homem livre, de trinta para a de um

---

([1]) Lei Sálica, título lviii, § 1; título xvii, § 3.

([2]) Ver sobretudo os títulos iii-vii da lei Sálica que dizem respeito aos roubos de animais.

([3]) Liv. I, título vii, § 15.

([*]) *Adalingue* [*atheling*] no original, designação para príncipe-herdeiro ou nobre anglo ou anglo-saxão (N. T.).

([4]) Ver a lei dos Anglos, título i, §§ 1, 2, 4; *ibid.*, título v, § 6; a lei dos Bávaros, título i, cap. viii e ix, e a lei dos Frisões, título xv.

servo. A grandeza da composição estabelecida sobre a cabeça de um homem constituía, pois, uma das suas grandes prerrogativas; porquanto, além da distinção que fazia da sua pessoa, estabelecia para ele uma maior segurança no meio das nações violentas.

A lei dos Bávaros permite-nos perceber bem isto ([1]): dá o nome das famílias bávaras que recebiam uma composição dupla porque eram as primeiras famílias depois dos Agilolfingos ([2]). Os Agilolfingos eram a raça ducal, e o duque era escolhido dentre eles; tinham uma composição quádrupla. A composição para o duque excedia num terço a que era estabelecida para os Agilolfingos. «Porque ele é duque», diz a lei, «presta-se-lhe uma honra maior do que aos seus parentes».

Todas estas composições eram fixas num preço em prata. Mas como estes povos, sobretudo enquanto permaneceram na Germânia, pouca prata tinham, era possível dar gado, cereal, móveis, armas, cães, aves de caça, terras, etc. ([3]). Muitas vezes era a lei a fixar o valor dessas coisas ([4]); o que explica como, com tão pouca prata, havia entre eles tantas penas pecuniárias.

Portanto, estas leis procuraram marcar com precisão a diferença entre os danos, as injúrias, os crimes, para que cada um conhecesse exactamente até que ponto fora lesado ou ofendido; para que cada um soubesse exactamente a indemnização que devia receber e sobretudo para que soubesse que não devia receber mais do que ela.

Deste ponto de vista, é concebível que quem se vingasse depois de receber a satisfação cometia um grande crime. Esse crime não continha menos uma ofensa pública que uma ofensa particular: era um desprezo da própria lei. Foi este crime que os legisladores ([5]) não deixaram de punir.

([1]) Título ii, cap. xx.

([2]) Hozidra, Ozza, Sagana, Habilingua, Anniena. *Ibid.*

([3]) Daí que a lei d'Ina estimasse a vida numa certa soma de prata ou numa certa porção de terra. *Leges Inaes regis*, título *de Villico régio. De priscis Anglorum Legibus.* Cambridge, 1644.

([4]) Ver a lei dos Saxões, que chega a fazer essa fixação para vários povos, cap. xviii. Ver também a lei dos Ripuários, título xxxvi, § 11; a lei dos Bávaros, título i, §§ 10 e 11. *Si aurum non habet, donet aliam pecuniam, mancipia, terram,* etc. [«Se não tiver ouro, então com os seus rebanhos, escravos, terra, etc.»]

([5]) Ver a lei dos Lombardos, liv. I, título xxv, § 21; *ibid.*, liv. I, título ix, §§ 8 e 34; *ibid.*, § 38; e a capitular de Carlos Magno, do ano de 802, cap. xxxii, que continha uma instrução para os que eram por ele enviados para as províncias.

Havia um outro crime que era considerado particularmente perigoso, quando estes povos perderam no governo civil alguma coisa do seu espírito de independência ([1]), e quando os reis se dedicaram a introduzir uma polícia melhor no Estado; esse crime era o de não querer prestar ou não querer receber a satisfação. Vemos nos vários códigos das leis dos bárbaros que os legisladores ([2]) a isso obrigavam. Com efeito, quem se recusasse a receber a satisfação, queria conservar o seu direito de vingança; quem recusasse prestá-la, deixava ao ofendido o seu direito de vingança. E isto é o que os sages tinham reformado nas instituições dos Germanos, que convidava à composição, mas a ela não obrigavam.

Acabei de falar de um texto da lei Sálica em que o legislador deixava à liberdade do ofendido receber ou não receber a satisfação. Era esta lei que interditava ao comércio dos homens aquele que tivesse despojado um cadáver ([3]), até que os parentes, aceitando a satisfação, tivessem solicitado que ele pudesse viver entre os homens. O respeito pelas coisas santas garantiu que aqueles que redigiram as leis sálicas não tocassem no uso antigo.

Teria sido injusto atribuir uma composição aos parentes de um ladrão morto no acto do roubo, ou aos parentes de uma mulher que tivesse sido reenviada para casa após uma separação pelo crime de adultério. A lei dos Bávaros não dava composição em casos como estes ([4]) e punia os parentes que prosseguissem a vingança.

Não é raro encontrar nos códigos das leis dos bárbaros composições para actos involuntários. A lei dos Lombardos é quase sempre sensata; determinava que ([5]), nesse caso, se efectuasse a

---

([1]) Ver em Gregório de Tours, liv. VII, cap. xlvii, o detalhe de um processo em que uma parte perde a metade da composição que lhe havia sido adjudicada, por ter feito justiça pelas suas próprias mãos, em vez de receber a satisfação, independentemente de alguns excessos que tivesse sofrido depois.

([2]) Ver a lei dos Saxões, cap. iii, § 4; a lei dos Lombardos, liv. I, título xxxvii, §§ 1 e 2; e a lei dos Alemães, título xlv, §§ 1 e 2. Esta última lei permitia que se fizesse justiça pelas próprias mãos no local e logo no primeiro movimento. Ver também as capitulares de Carlos Magno, do ano de 779, cap. xxii; do ano de 802, cap. xxxii; e a do mesmo, do ano de 805, cap. v.

([3]) Os compiladores das leis dos Ripuários parecem ter modificado isto. Ver o título lxxxv dessas leis.

([4]) Ver o decreto de Tassillon, *de popularibus legibus*, art. 3, 4, 10, 16, 19; a lei dos Anglos, título vii, § 4.

([5]) Liv. I, título ix, § 4.

composição de acordo com a sua generosidade e que os parentes deixassem de poder prosseguir a vingança.

Clotário II fez um decreto muito sábio; proibia que quem tivesse sido roubado recebesse a sua composição em segredo ([1]) e sem a ordenação do juiz. Vamos ver já de seguida o motivo desta lei.

Capítulo XX
Do que desde então se chamou a justiça dos senhores

Além da composição que se devia pagar aos parentes pelos homicídios, pelos danos e pelas injúrias, tinha ainda de se pagar um determinado direito que os códigos das leis dos bárbaros chamavam *fredum* ([2]). Falarei muito disto; e para dar uma ideia direi que é a recompensa pela protecção atribuída contra o direito de vingança. Ainda hoje, em língua sueca, *fred* quer dizer paz.

Nas nações violentas, fazer justiça não era outra coisa senão atribuir a quem tivesse cometido uma ofensa protecção contra a vingança daquele que a tivesse sofrido, e obrigar este último a receber a satisfação que lhe era devida. De modo que, entre os Germanos, diferentemente de todos os outros povos, a justiça era feita para proteger o criminoso contra quem tivesse sido por ele ofendido.

Os códigos das leis dos bárbaros dão-nos os casos em que esses *freda* deviam ser exigidos. Nos casos em que os parentes não podiam cumprir a vingança, eles não davam *fredum*; com efeito, onde não havia vingança, não podia haver direito de protecção contra a vingança. Por isso, na lei dos Lombardos ([3]), se alguém matava acidentalmente um homem livre, pagava o valor do homem morto, sem o *fredum*; porque, ao matá-lo involuntariamente, não cabia no caso em que os pais tinham um direito de vingança. Assim, na lei dos Ripuários ([4]), quando um homem era

---

([1]) *Pactus pro tenore pacis inter Childebertum et Clotarium, anno 593;* e *decretio Clotarii II regis, circa annum 595,* cap. xi.

([2]) Quando a lei não o fixava, correspondia normalmente a um terço do que se dava pela composição, como aparece na lei dos Ripuários, cap. lxxxix, que é explicado pela terceira capitular do ano de 813, edição de Baluze, tomo I, p. 512.

([3]) Liv. I, título ix, § 17, edição de Lindembrock.

([4]) Título lxx.

morto com um bocado de madeira ou por uma coisa feita pela mão do homem, a coisa ou a madeira eram consideradas culpadas e os parentes apreendiam-nas para seu uso, sem poder exigir o *fredum*.

Do mesmo modo, quando um animal matava um homem, a mesma (1) lei estabelecia uma composição sem o *fredum* porque os parentes do morto não tinham sido ofendidos.

Finalmente, segundo a lei Sálica (2), uma criança que tivesse cometido alguma falta antes da idade de doze anos pagava a composição sem o *fredum*; como ainda não podia portar armas, não cabia no caso em que a parte lesada ou os seus parentes pudessem pedir a vingança.

Era o culpado quem pagava o *fredum* pela paz e segurança que perdera em virtude dos excessos que cometera, e que ele podia recuperar com a protecção; mas uma criança não perdia essa segurança; não era um homem e não podia ser posto fora da sociedade dos homens.

Este *fredum* era um direito local para quem julgava (3) no território. No entanto, a lei dos Ripuários (4) proibia-o de ser ele próprio a exigi-lo; a lei determinava que a parte que tivesse vencido o recebesse e o levasse ao fisco para que a paz, diz a lei, fosse eterna entre os Ripuários.

A dimensão do *fredum* era proporcional à dimensão da protecção (5). Daí que o *fredum* para a protecção do rei fosse maior do que o que era atribuído para a protecção do conde e dos outros juízes.

Aqui já vejo nascer a justiça dos senhores. Os feudos abrangiam grandes territórios, como se torna aparente numa infinidade de registos. Já demonstrei que os reis não cobravam nada

---

(1) Título xlvi. Ver também a lei dos Lombardos, liv. I, cap. xxi, § 3, edição de Lindembrock: *Si caballus cum pede*, etc.

(2) Tìtulo xxviii, § 6.

(3) Como aparece no decreto de Clotário II, do ano de 595. *Fredus tamen judicis, in cujus pago est, reservetur* [«O *fredus* está reservado para o juiz desse *pagus*»].

(4) Título lxxxix.

(5) *Capitulare incerti anni*, cap. lvii, em Baluze, tomo I, p. 515. E é preciso notar que aquilo a que se chama *fredum* ou *faida* nos registos da primeira raça chama-se *bannum* nos registos da segunda, como se torna aparente com a capitular *de partibus Saxoniae*, do ano de 789.

sobre as terras que estavam na parte dos Francos; ainda menos podiam eles reservar para si direitos sobre os feudos. Aqueles que os conseguiram tiveram a este respeito o usufruto mais extenso; deles tiraram todos os frutos e todos os emolumentos; e como um dos mais consideráveis ([1]) eram os proveitos judiciários (*freda*) que eram recebidos segundo os usos dos Francos, sucedia que quem possuísse o feudo possuía também a justiça, cujo exercício consistia apenas nas composições para os parentes e proveitos para o senhor. A justiça não era outra coisa senão o direito de fazer cumprir o pagamento das composições da lei e o de exigir as multas da lei.

Vemos que os feudos tinham este direito nas fórmulas que inscrevem a confirmação ou a converzão vitalícia de um feudo em favor de um *leude* ou fiel ([2]), ou os privilégios dos feudos em favor das igrejas ([3]). Tal aparece também numa infinidade de cartas ([4]) que proíbem os juízes ou os oficiais do rei de entrar no território para aí exercer um qualquer acto de justiça e exigir qualquer emolumento de justiça. A partir do momento em que os juízes régios deixavam de poder exigir fosse o que fosse num distrito, deixavam de entrar nesse distrito; e aqueles para quem ficava esse distrito cumpriam nele as funções que aqueles teriam cumprido.

Os juízes régios estão proibidos de obrigar as partes a dar cauções para comparecer diante deles: portanto, cabia a quem recebia o território exigi-las. É dito que os enviados do rei deixariam de poder pedir alojamento; com efeito, deixaram de ter qualquer função.

Nos feudos antigos e nos feudos novos, a justiça era, pois, um direito inerente ao próprio feudo, um direito lucrativo que dele fazia parte. É por isso que, em todos os tempos, foi considerada desse modo; donde nasceu o princípio de que as justiças são patrimoniais em França.

Alguns acreditaram que as justiças tiveram a sua origem nas alforrias que os reis e os senhores deram aos seus servos. Mas as

---

([1]) Ver a capitular de Carlos Magno, *de Villis*, em que ele coloca esses *freda* no conjunto das grandes rendas do que se chamava *villae*, ou domínios do rei.

([2]) Ver as fórmulas iii, iv e xvii, liv. I, de Marculfo.

([3]) *Ibid.*, form. ii, iii e iv.

([4]) Ver os compêndios dessas cartas, sobretudo o que está no final do quinto volume das *Histoires de France*, dos Padres Beneditinos.

nações germanas, e as que delas descenderam, não são as únicas que emanciparam escravos; mas são as únicas que estabeleceram as justiças patrimoniais. De resto, as fórmulas de Marculfo (1) permitem-nos ver homens livres dependentes dessas justiças nos primeiros tempos. Os servos eram, pois, justiçáveis porque se encontravam no território; e não foram a origem dos feudos porque estavam englobados nos feudos.

Outros adoptaram um caminho mais curto: os senhores usurparam as justiças, disseram eles, e isso diz tudo. Mas foram os povos que vieram da Germânia os únicos sobre a Terra que usurparam os direitos dos príncipes? A História ensina-nos que outros povos levaram a cabo empresas contra os seus soberanos, mas não vemos nascer delas aquilo a que se chamou justiças dos senhores. Portanto, é no fundo dos usos e dos costumes dos Germanos que se tem de procurar a sua origem.

Peço que se veja a maneira como Loyseau (2) supõe que os senhores procederam para formar e usurpar as suas várias justiças. Teriam de ter sido as pessoas mais requintadas do mundo, e teriam de ter roubado, não como os guerreiros pilham, mas como os juízes de aldeia e os procuradores se roubam uns aos outros. Teria de se dizer que esses guerreiros, em todas as províncias particulares do reino, e em tantos reinos, tinham criado um sistema geral de política. Loyseau põe-nos a raciocinar como ele próprio raciocinava no seu gabinete.

Di-lo-ei uma vez mais: se a justiça não era uma dependência do feudo, por que é que por toda a parte (1) se vê que o serviço do feudo consistia em servir o rei, ou o senhor, nos seus tribunais e nas suas guerras?

---

(1) Ver as fórmulas iii, iv e xiv do liv. I; e a carta de Carlos Magno, do ano de 771, em Martenne, tomo I, *Anedoct. Colect.* 11. *Praecipientes jubemus ut ullus judex publicus... homines ipsius ecclesiae et monasterii ipsius Morbacensis, tam ingennuos quam et servos, et qui super eorum terras manere,* etc. [«Determinamos em particular que nenhum juiz público... [aborde] os homens da igreja e do mosteiro de Morback, quer sejam homens livres, quer sejam servos, e aqueles que permanecem nas suas terras, etc.»].

(2) *Traité des justices de village.*

(3) Ver o Sr. du Cange, na entrada *hominium.*

Capítulo XXI
Da justiça territorial das igrejas

As igrejas adquiriram bens muito consideráveis. Vemos que os reis lhes deram grandes fiscos, isto é, grandes feudos; e encontramos as justiças (*) estabelecidas primeiramente nos domínios dessas igrejas. Qual seria a origem de um privilégio tão extraordinário? Residia na natureza da coisa dada; os bens dos eclesiásticos tinham este privilégio porque não lhe foi retirado. Dava-se um fisco à Igreja e deixava-se-lhe as prerrogativas que teria tido se tivesse sido dado a um *leude*; assim, era submetido ao serviço que o Estado teria obtido dele se tivesse sido atribuído a um leigo, como já vimos.

As igrejas tinham, portanto, o direito de fazer pagar as composições no seu território e de exigir o *fredum*; e como esses direitos implicavam necessariamente o direito de impedir os oficiais régios de entrar no território para exigir esses *freda* e aí exercer todos os actos de justiça, o direito que os eclesiásticos tinham de fazer justiça no seu território era chamado *imunidade*, no estilo das fórmulas (1), das cartas e das capitulares.

(*) «Justiças»: justices no original. Termo arcaico que refere as «justiças senhoriais», isto é, simultaneamente o direito formal de julgar e o exercício desse direito, o que quer dizer que designa tribunais senhoriais com uma jurisdição própria. Tinham a seu cargo mais do que os processos criminais – que incluíam os que envolviam a chamada alta justiça, ou seja, os crimes mais graves como o furto ou o homicídio. Eram também lugares de resolução de litígios e de deliberação de assuntos comuns a várias partes adstritos ao senhorio. Estava prevista a possibilidade de recurso a instâncias superiores – o que queria dizer a outros tribunais senhoriais segundo a hierarquia feudal – tanto para os nobres como para os vassalos, mas era muito mais frequente o exercício dessa possibilidade pelos primeiros do que pelos últimos. Presidiam a estes tribunais o senhor ou um seu tenente. Sendo «patrimoniais», as «justiças» podiam ser vendidas ou, como era usual, transmitidas hereditariamente. No entanto, historicamente não se pode dizer que a concessão de um feudo implicasse necessariamente ou em simultaneidade o direito de justiça. É esse o sentido da máxima jurídica muito antiga o feudo e a justiça nada têm em comum – a que normalmente se associada uma outra máxima do direito senhorial o feudo e a justiça são patrimoniais. Sobre estas duas máximas, ver Paul Lucas-Championnière, Exposé complet des institutions seigneuriales et le príncipe de toutes les solutions de droit qui se rattachent aux lois abolitives de la féodalité (Paris: C. Hingray, 1846), caps. III-IV (N. T.).

(1) Ver as fórmulas iii e iv de Marculfo, liv. I

A lei dos Ripuários (1) proíbe os libertos das igrejas (2) de se reunirem em assembleia onde a justiça seja feita (3), excepto na igreja onde foram emancipados. As igrejas tinham, pois, justiças, mesmo sobre os homens livres, e realizavam as suas audiências desde os primeiros tempos da monarquia.

Na *Vida dos Santos* (4), descubro que Clóvis doou a uma personalidade santa o poder sobre um território de seis léguas de campo e que quis que esta estivesse livre de toda e qualquer jurisdição. Creio, com efeito, que se trata de uma falsidade, mas de uma falsidade muito antiga; a base da vida e dos enganos está relacionada com os costumes e com as leis da época; e são esses costumes e essas leis que aqui se procuram (5).

Clotário II ordena aos bispos ou aos grandes (6) que possuem terras em regiões distantes que escolham nesse mesmo lugar quem deve fazer justiça ou receber os seus emolumentos.

O mesmo príncipe (7) regula a competência entre os juízes das igrejas e os seus oficiais. A capitular de Carlos Magno do ano de 802 prescreve aos bispos e aos abades as qualidades que os seus oficiais de justiça devem ter. Uma outra capitular (8) do mesmo príncipe proíbe os oficiais régios de exercer qualquer jurisdição sobre aqueles que cultivam as terras eclesiásticas (9), a menos que tenham adquirido essa condição de modo fraudulento e para se subtraírem aos encargos públicos. Os bispos, reunidos em Reims, declararam que os vassalos das igrejas estavam incluídos na sua

---

(1) *Ne aliubi nisi ad ecclesiam, ubi relaxati sunt, mallum teneant* [«Só na igreja onde foram libertados podem eles procurar justiça»], título lviii, § 1. Ver também o § 19, edição de Lindembrock.

(2) *Tabulariis.*

(3) *Mallum.*

(4) *Vita sancti Germeri, episcopi Tolosani, apud Bollandianos, 16 mai.*

(5) Ver também a *Vida de São Melânio* e a de *São Deícolo.*

(6) No concílio de Paris, no ano de 615. *Episcopi vel potentes, qui in aliis possident regionibus, judices vel missos discussores de aliis provinciis non instituant, ni si de loco, qui justitiam percipiant et aliis reddant* [«Os bispos ou os poderosos que possuem terras noutras regiões não devem nomear para juízes ou para comissários pessoas que não pertencem a esse lugar para fazer justiça aí»]: art. 19. Ver também o artigo 12.

(7) No concílio de Paris, no ano de 615, art. 5.

(8) Na lei dos Lombardos, liv. II, título xliv, cap. ii, edição de Lindembrock.

(9) *Servi aldiones, libellarii antiqui, vel alii noviter facti* [«Os servos, os semi-livres, os emancipados ou sujeitos a contratos antigos, ou os que recentemente...»]. *Ibid.*

imunidade (1). A capitular de Carlos Magno do ano de 806 (2) determina que as igrejas detenham a justiça criminal e civil sobre todos aqueles que vivam no seu território. Finalmente, a capitular de Carlos, *o Calvo*, distingue as jurisdições do rei (3), as dos senhores e as das igrejas; e não direi mais nada acerca disto.

Capítulo XXII
Que as justiças foram estabelecidas antes do final da segunda raça

Afirmou-se que foi na desordem da segunda raça que os vassalos se apropriaram da justiça nos seus fiscos. Preferiu-se fazer uma proposição geral a examiná-la: foi mais fácil dizer que os vassalos a não possuíam do que descobrir como a possuíram. Mas as justiças não deveram a sua origem às usurpações; derivam do primeiro estabelecimento, e não da sua corrupção.

«Quem mata um homem livre», diz-se na lei dos Bávaros (4), «pagará a composição aos seus parentes se ele os tiver; e se não tiver parentes, pagará ao duque, ou a quem se tinha recomendado durante a sua vida». Sabe-se o que significava recomendar-se por um benefício (*).

«Aquele cujo escravo foi raptado», diz a lei dos Alemães (5), «dirigir-se-á ao príncipe ao qual o raptor está sujeito a fim de poder obter a composição».

---

(1) Carta do ano de 858, art. 7, nas Capitulares, p. 108. *Sicut illae res et facultates in quibus vivunt clerici, ita et illae sub consecratione immunitatis sunt de quibus debent militare vassalli* [«As propriedades fundiárias e patrimónios onde vivem os clérigos, estes e as suas pessoas estão incluídas numa imunidade consagrada diferente daquela que os vassalos militares devem»].

(2) Foi aditada à lei dos Bávaros, art. 7; ver também o artigo 3 da edição de Lindembrock, p. 444. *Imprimis omnium jubendum est ut habeant ecclesiae earum justitias, et in vita illorum qui habitant in ipsis ecclesiis et post, tam in pecuniis quam et in substantiis earum* [«Em primeiro lugar, determina-se que as igrejas detêm a justiça sobre aqueles que vivem nelas ou junto delas e que estão abrangidas pelo seu poder, no que diz respeito à vida, assim como ao dinheiro e à propriedade»]

(3) Do ano de 857, *in synodo apud Carisiacum*, art. 4, edição de Baluze, p. 96.

(4) Título iii, cap. xiii, edição de Lindembrock.

(*) «*Recomendar-se por um benefício*»: acto jurídico através do qual um proprietário cedia o seu domínio a um senhor para o receber imediatamente, a título de benefício, mediante certas condições (ed. Caillois) (N. T.).

(5) Título lxxxv.

«Se um centenário», diz-se no decreto de Childeberto ([1]), «encontra um ladrão numa outra centena que não a sua, ou nos limites dos nossos fiéis, e o não expulsar, ele representará o ladrão, ou expurgar-se-á com um juramento ([*]). Portanto, havia uma diferença entre o território dos centenários e o dos fiéis.

Este decreto de Childeberto explica a constituição de Clotário ([2]) do mesmo ano, que, aplicada ao mesmo caso e incidindo sobre o mesmo facto, difere apenas nos termos; a constituição chama *in truste* o que o decreto chama *in terminis fidelium nostrorum.* Os Srs. Bignon e Du Cange ([3]), que julgaram que *in truste* significava domínio de um outro rei, não acertaram.

Numa constituição ([4]) de Pepino, rei de Itália, feita tanto para os Francos como para os Lombardos, esse príncipe, depois de ter imposto penas aos condes e outros oficiais régios que prevaricavam no exercício da justiça, ou que a protelassem, ordena que ([5]) se se der o caso de um franco ou um lombardo que têm

---

([1]) Do ano de 595, art. 11 e 12, edição das Capitulares de Baluze, p. 19. *Pari conditione convenit ut si una centena in alia centena vestigium secuta fuerit et invenerit, vel in quibuscumque fidelium nostrorum terminis vestigium miserit, et ipsum in aliam centenam minime expellere potuerit, aut convictus reddat latronem,* etc [«Que haja condições idênticas se um centenário seguiu e encontrou vestígios na centena de outrem, ou se tal suceder dentro das fronteiras dos nossos fiéis, e ele não fizer qualquer esforço para o expulsar da outra centena, quer se considere que agiu em associação com o ladrão, etc.»]

([*]) «*Representará o ladrão, ou expurgar-se-á com um juramento*»: isto é, trará o ladrão a comparecer perante uma instância judicial e deverá justificar-se perante essa instância jurando a sua inocência (ed. Caillois) (N. T.).

([2]) *Si vestigius comprobatur latronis, tamen praesentia nihil longe mulctando; aut si persequens latronem suum comprehenderit, integram sibi compositionem accipiat. Quod si in truste invenitur, medietatem compositionis trustis adquirat, et capitale exigat a latrone* [«Se os vestígios de um ladrão são comprovados, e quer ele esteja presente ou distante, deve ser punido. E se alguém perseguir este ladrão e o apanhar, deve receber para si toda a composição. Contudo, se o ladrão for encontrado por um *trustus,* deve receber metade da composição e infligir ao ladrão a pena de morte»], art. 2 e 3.

([3]) Ver o glossário de Du Cange, na entrada *trustis.*

([4]) Inserida na lei dos Lombardos, liv. II, título lii, § 14. É a capitular do ano de 793, em Baluze, p. 544, art. 10.

([5]) *Et si forsitan Francus aut Longobardus habens beneficium justitiam facere noluerit, ille judex in cujus ministerio fuerit, contradicat illi beneficium suum, ínterim, dum ipse aut missus ejus justitiam faciat* [«Se por acaso um franco ou um lombardo que têm um benefício não quiser fazer justiça, um juiz na posse do seu ministério pode, entretanto, contradizer esse benefício; assim, ele ou o seu enviado podem

um feudo não quererem fazer justiça, o juiz do seu distrito suspenderá o exercício do seu feudo; e que, nesse intervalo, ele ou o seu enviado exercerão a justiça.

Uma capitular de Carlos Magno (1) demonstra que os reis não cobravam os *freda* em todos os lugares (2). Uma outra do mesmo príncipe permite-nos ver as regras feudais e o tribunal feudal já estabelecidos. Uma outra de Luís, *o Pio*, determina que, quando aquele que tem um feudo não exerce a justiça (3), ou impeça que esta seja feita, que se viva sem restrições na sua casa até que a justiça seja administrada. Citarei ainda duas capitulares de Carlos, *o Calvo*, uma do ano de 861 (4), na qual era possível ver jurisdições particulares estabelecidas, juízes e oficiais seus subordinados; a outra (5), do ano de 864, em que estabelece a distinção entre os seus próprios senhorios e os dos particulares.

Não temos concessões originárias de feudos porque estes foram estabelecidos com a divisão que se sabe ter sido feita entre os vencedores. Portanto, não é possível demonstrar com os contratos originários que as justiças, no início, tenham estado associadas aos feudos. Mas, se nas fórmulas das confirmações, ou das transmissões em perpetuidade desses feudos, se encontrar, como se disse, que a justiça foi aí estabelecida, então o direito de justiça

---

fazer justiça»]. Ver também a mesma lei dos Lombardos, liv. II, título lii, § 2, que é relativa à capitular de Carlos Magno do ano de 779, art. 21.

(1) A terceira do ano de 812, art. 10.

(2) A segunda capitular do ano de 813, art. 14 e 20, p. 509.

(3) *Capitulare quintum anni 819*, art. 23, edição de Baluze, p. 617. *Ut ubicumque missi, aut episcopum, aut abbatem, aut alium quemlibet honore praeditum invenerint, qui justitiam facere noluit vel prohibuit, de ipsius rebus vivant quandiu in eo loco justitias facere debent* [«Se alguém que seja um enviado, ou um bispo, abade, ou quem quer que tenha recebido honras e propriedades, e que proíbe ou não quer exercer a justiça, então aqueles que a procuram devem ser sustentados pelo seu património até que ele administre a justiça»].

(4) *Edictum in Carisiaco*, em Baluze, tomo II, p. 152. *Unusquisque advocatus pro omnibus de sua advocatione... in convenientia ut cum ministerialibus de sua advocatione quos invenerit contra hunc bannum nostrum fecisse... castiget* [«qualquer advogado que, no desempenho do seu trabalho... se for provado que fez algo contrário à nossa proibição na assembleia ou com ministros da sua advocacia... deve ser castigado»]

(5) *Edictum Pistense*, art. 18, edição de Baluze, tomo II, p. 181. *Si in fiscum nostrum, vel in quamcumque immunitatem, aut alicujus potentis potestatem vel proprietatem confugerit*, etc [«Se ele se evadir do nosso fisco ou de alguma outra imunidade, ou do poder de alguma autoridade ou proprietário, etc.»].

teria de pertencer à natureza do feudo e ser uma das suas principais prerrogativas.

Temos um número maior de registos que estabelecem a justiça patrimonial das igrejas no seu território do que temos para demonstrar a dos benefícios ou feudos dos *leudes* ou fiéis, por duas razões.

A primeira é a de que a maioria dos registos que nos restam foi conservada ou recolhida pelos monges para o uso dos seus mosteiros. A segunda é a de que, como o património das igrejas foi formado por concessões particulares, e era uma espécie de derrogação da ordem estabelecida, tinha de haver cartas para isso; ao passo que, como as concessões feitas aos *leudes* tinham consequências na ordem política, não havia a necessidade de ter, e ainda menos de conservar, uma carta particular. Muitas vezes os próprios reis contentavam-se com a simples transmissão pelo ceptro, como consta da vida de São Mauro.

Mas a terceira fórmula ([1]) de Marculfo é bastante demonstrativa de que o privilégio de imunidade, e por conseguinte o da justiça, era comum aos eclesiásticos e aos seculares, porque a fórmula aplica-se a uns e a outros. O mesmo vale para a constituição de Clotário II ([2]).

Capítulo XXIII
Ideia geral do livro sobre o estabelecimento da monarquia francesa nas Gálias, do Sr. abade Dubos

É bom que antes de terminar este livro eu examine um pouco a obra do Sr. abade Dubos porque as minhas ideias são perpetuamente contrárias às dele; e que, se ele encontrou a verdade, eu não a encontrei.

Essa obra seduziu muita gente porque é escrita com muita arte; porque aí se supõe eternamente o que está em questão; porque quanto mais a obra carece de provas, mais multiplica as pro-

---

([1]) Liv. I. *Maximum regni nostri augere credimus monimentum, si beneficia opportuna locis ecclesiarum, aut cui volueris dicere, benevola deliberatione concedimus* [«Acreditamos que o nosso reino aumentará o número dos seus grandes monumentos, por isso concederemos benefícios adequados aos estabelecimentos eclesiásticos, ou o que se queira mencionar aqui, com um propósito benevolente»]

([2]) Citei-a no capítulo anterior: *Episcopi vel potentes*, etc.

babilidades; porque uma infinidade de conjecturas são apresentadas como princípios e delas se tiram como consequências outras tantas conjecturas. O leitor esquece que duvidou para começar a acreditar. E como uma erudição sem fim é colocada, não no sistema, mas ao lado do sistema, o espírito é distraído por coisas acessórias e deixa de se ocupar do principal. De resto, tantas pesquisas não permitem imaginar que nada foi descoberto; a duração da viagem leva a crer que finalmente se tenha chegado ao fim.

Mas quando examinamos bem encontramos um colosso imenso que tem pés de barro; e é porque os pés são de barro que o colosso é imenso. Se o sistema do Sr. abade Dubos tivesse bons fundamentos, ele não teria sido obrigado a escrever três volumes mortais para demonstrá-lo; teria encontrado tudo no seu assunto e, sem ir procurar em todas as partes o que estava muito distante, a própria razão se teria encarregado de colocar essa verdade na cadeia das outras verdades. A história e as nossas leis lhe teriam dito: «Não tenhais tanto trabalho; não testemunharemos por vós».

Capítulo XXIV
Continuação do mesmo assunto. Reflexão sobre a base do sistema

O Senhor abade Dubos quer suprimir toda a espécie de ideia de que os Francos tenham entrado nas Gálias como conquistadores. Segundo ele, os nossos reis, chamados pelos povos, limitaram-se a comparecer e a suceder nos direitos dos imperadores romanos.

Esta pretensão não pode ser aplicada ao tempo em que Clóvis, ao entrar nas Gálias, saqueou e tomou as cidades; tão-pouco pode ser aplicada ao tempo em que ele desafiou Siágrio, oficial romano, e conquistou o país que este detinha. Portanto, não pode ser relativa ao tempo em que Clóvis, quando se tornou senhor de uma grande parte das Gálias através da violência, teria sido chamado pela escolha e pelo amor dos povos ao domínio do resto do país. E não é suficiente que Clóvis tenha sido aceite, é preciso que tenha sido chamado; é preciso que o Sr. abade Dubos demonstre que os povos preferiam viver sob o domínio de Clóvis a viver sob o domínio dos Romanos, ou segundo as suas próprias leis. Ora, os Romanos dessa parte das Gálias que ainda não fora invadida pelos bárbaros eram, segundo o Sr. abade Dubos, de dois tipos: uns eram da confederação armórica, e tinham expulsado os oficiais do imperador para se defenderem contra os bárbaros e se governarem segundo as suas próprias leis; os outros obedeciam aos oficiais romanos. Ora, o Sr. abade Dubos demonstra que os Romanos, que ainda estavam sujeitos ao império, tenham chamado Clóvis? De modo algum. Demonstra ele que a república dos Armóricos tenha chamado Clóvis e feito até algum tratado com ele? Uma vez mais, de modo algum. Muito longe de nos poder dizer qual foi o destino dessa república, não conseguiria sequer mostrar a sua existência; e embora a acompanhe desde o tempo de Honório até à conquista de Clóvis, embora relate com uma arte admirável todos os acontecimentos desses tempos, ela permanece invisível nos autores citados. Pois há realmente uma diferença entre demonstrar, com um passo de Zósimo ([1]), que, sob o império de Honório, a região armórica e as outras províncias das Gálias se revoltaram e formaram uma espécie de república ([2]); e mostrar que, não obstante as várias pacificações das Gálias, os Armóricos formaram sempre uma república particular que perdurou até à conquista de Clóvis. No entanto, para estabelecer o seu sistema, ele necessitaria de provas bastante fortes e bastante precisas. Pois quando se vê um conquistador a entrar num Estado, e a submeter uma grande parte do mesmo pela força e pela violência, e quando se vê algum tempo depois o Estado inteiro submetido, sem que a História diga como isso sucedeu, tem-se motivos muito justos para crer que o assunto acabou tal como começou.

Uma vez falhado este ponto, é fácil de ver que todo o sistema do Sr. abade Dubos se desmorona de cima a baixo; e todas as vezes que ele tirar alguma consequência do princípio de que as Gálias não foram conquistadas pelos Francos, mas que os Francos foram chamados pelos Romanos, poder-se-á sempre negá-la.

O Sr. abade Dubos demonstra o seu princípio com as dignidades romanas de que Clóvis foi investido; pretende que Clóvis sucedeu a Childerico, seu pai, no cargo de senhor da milícia. Mas estes dois cargos são puramente da sua criação. A carta de São Remi a Clóvis, na qual ele se baseia ([3]), não é senão uma felici-

---

([1]) *Histoire*, liv. VI.

([2]) *Totusque tractus armoricus, aliaeque Galliarum provinciae* [«Toda a região armórica e as outras províncias da Gália»]. *Histoire*, de Zósimo, liv. VI.

([3]) Tomo II, liv. III, cap. xviii, p. 270.

tação pela sua chegada à coroa. Quando o objecto de um escrito é conhecido, porquê atribuir-lhe um outro que não o é?

No final do seu reinado, Clóvis foi nomeado cônsul pelo imperador Anastásio; mas que direito lhe podia dar uma autoridade pura e simplesmente anual? É provável, diz o Sr. abade Dubos, que, no mesmo diploma, o imperador Anastásio tenha nomeado Clóvis procônsul. E eu diria que é provável que o não tenha feito. No que toca a um facto que em nada se baseia, a autoridade daquele que o nega é igual à autoridade daquele que o alega. Tenho até uma razão para o fazer. Gregório de Tours, que fala do consulado, nada diz sobre o proconsulado. Este proconsulado teria tido apenas a duração de cerca de seis meses. Clóvis morreu um ano e meio depois de ter sido nomeado cônsul; não é possível converter o proconsulado num cargo hereditário. Finalmente, quando o consulado e, se se quiser, o proconsulado, lhe foram atribuídos, ele seria já o senhor da monarquia e todos os seus direitos estariam estabelecidos.

A segunda prova que o Sr. abade Dubos alega é a cessão feita pelo imperador Justiniano aos filhos e netos de Clóvis de todos os direitos do império sobre as Gálias. Teria muita coisas a dizer sobre esse cessão. Podemos julgar a sua importância para os reis dos Francos pelo modo como executaram as suas condições. Além disso, os reis dos Francos eram senhores das Gálias; eram soberanos pacíficos: Justiniano não possuía um único pedaço de terra aí. O império do Ocidente há muito que fora destruído e o imperador do Oriente não tinha direito sobre as Gálias senão como representante do imperador do Ocidente; eram direitos sobre direitos. A monarquia dos Francos estava já fundada; o regulamento do seu estabelecimento estava feito; os direitos recíprocos das pessoas e das várias nações que viviam na monarquia estavam convencionados; as leis de todas as nações estavam dadas e até redigidas por escrito. O que acrescentava esta cessão estrangeira a um estabelecimento já formado?

Que pretende dizer o Sr. abade Dubos com as declamações de todos esses bispos, que, no meio da desordem, da confusão, do colapso total do Estado, das devastações da conquista, procuram adular o vencedor? O que supõe a lisonja além da fraqueza de quem está obrigado a lisonjear? O que demonstra a retórica e a poesia além do próprio exercício dessas artes? Quem não se espantaria ao ver Gregório de Tours dizer, depois de ter falado dos assassinatos de Clóvis, que, no entanto, Deus prosternava todos os dias os seus inimigos porque ele caminhava pelos seus caminhos? Quem pode duvidar de que o clero estava bastante contente com a conversão de Clóvis e que daí não tirou grandes vantagens? Mas ao mesmo tempo quem pode duvidar de que os povos não tinham experimentado todas as desgraças da conquista e que o governo romano não cedera ao governo germânico? Os Francos não quiseram, nem sequer puderam, mudar tudo; e são realmente poucos os conquistadores que tiveram essa mania. Mas, para que todas as consequências do Sr. abade Dubos fossem verdadeiras, teria sido preciso não só que os Francos nada tivessem mudado junto dos Romanos, mas também que se tivessem mudado a eles mesmos.

Ao seguir o método do Sr. abade Dubos, seria levado, de facto, a demonstrar da mesma maneira que os Gregos não conquistaram a Pérsia. Primeiramente, falaria dos tratados que algumas das suas cidades fizeram com os Persas; falaria dos Gregos que estiveram a soldo dos Persas, como os Francos estiveram a soldo dos Romanos. Porquanto se Alexandre entrou no país dos Persas, cercou, tomou e destruiu a cidade de Tiro, tal se tratou de um episódio particular, como o de Siágrio. Mas vede como o pontífice dos Judeus vem ao seu encontro; escutai o oráculo de Júpiter Amon; relembrai-vos de como ele fora previsto em Górdio, vede como todas as cidades acorrem, por assim dizer, ao seu encontro; como os sátrapas e os grandes chegam em multidões. Ele está vestido à maneira dos Persas; é a toga consular de Clóvis. Dario não lhe oferece metade do seu reino? Não é Dario assassinado como um tirano? A mãe e a mulher de Dario não choraram a morte de Alexandre? Quinto Cúrcio, Arriano, Plutarco eram contemporâneos de Alexandre? A impressão (1) não nos deu luzes de que estes autores careciam? Eis a história de *Établissement de la monarchie française dans les Gaules.*

Capítulo XXV
Da nobreza francesa

O Senhor abade Dubos sustenta que, nos primeiros tempos da nossa monarquia, havia uma só ordem de cidadãos entre os

---

(1) Ver o *Discurso preliminar* do Sr. abade Dubos.

Francos. Essa pretensão injuriosa para o sangue das nossas primeiras famílias não o seria menos para as três grandes casas que sucessivamente reinaram sobre nós. Se assim tivesse sido, a origem da sua grandeza não iria perder-se no esquecimento, na noite e no tempo. A história iluminaria os séculos em que elas teriam sido famílias comuns; e para que Chilperico, Pepino e Hugo Capeto fossem gentil-homens, seria preciso procurar a sua origem nos Romanos ou nos Saxões, isto é, nas nações subjugadas.

O Sr. abade Dubos baseia ([1]) a sua opinião na lei Sálica. Diz ele que, com essa lei, torna-se evidente que não havia duas ordens de cidadãos entre os Francos. Ela atribuía duzentos soldos de composição pela morte de qualquer franco que fosse ([2]); mas distinguia, entre os Romanos, o conviva do rei, por cuja morte a lei atribuía trezentos soldos de composição, do romano possidente a quem a lei atribuía cem, e do romano tributário a quem atribuía apenas quarenta e cinco. E como a diferença das composições constituía a distinção principal, conclui que, entre os Francos, havia apenas uma ordem de cidadãos e que havia três ordens entre os Romanos.

É surpreedente que o seu próprio erro não o tenha feito descobrir o seu erro. Com efeito, teria sido realmente extraordinário se os nobres romanos que viviam sob o domínio dos Francos tivessem uma composição maior e tivessem sido personagens mais importantes do que os mais ilustres dos Francos e os seus maiores capitães. Quão provável seria que o povo vencedor tivesse tão pouco respeito por si mesmo e que tivesse tanto respeito pelo povo vencido? Além disso, o Sr. abade Dubos cita as leis das outras nações bárbaras que demonstram que havia entre eles diversas ordens de cidadãos. Seria, de facto, extraordinário que precisamente essa regra geral estivesse ausente dos Francos. Isto deveria tê-lo feito pensar que compreendera mal, ou que aplicara mal os textos da lei Sálica: o que efectivamente aconteceu.

Ao abrirmos essa lei deparamo-nos com o facto de a composição pela morte de um antrustião ([3]), isto é, de um fiel ou vassalo do rei, ser de seiscentos soldos e que a composição pela morte de

---

([1]) Ver *Établissement de la monarchie française*, tomo III, liv. VI, cap. iv, p. 304.

([2]) Cita o título xliv dessa lei e a lei dos Ripuários, título vii e xxxvi.

([3]) *Qui in truste dominica est* [«Que é um *trustus* do senhor»], título xliv, § 4; e isso relaciona-se com a fórmula xiii de Marculfo, de *regis antrustione*. Ver também o título lxvi da lei Sálica, §§ 3 e 4; e o título lxxiv; e a lei dos Ripuários, título xi; e a capitular de Carlos, *o Calvo, apud Carisiacum*, do ano de 877, cap. xx.

um romano, conviva do rei, ser apenas de trezentos (1). Aí, percebemos (2) que a composição pela morte de um simples franco era de duzentos soldos (3) e que a composição pela morte de um romano (4) de condição comum era apenas de cem. Também se pagava pela morte de um romano tributário (5), uma espécie de servo ou de liberto, uma composição de quarenta e cinco soldos; mas disto não falarei, nem da composição pela morte do servo franco ou do liberto franco. O que aqui está em questão não é esta terceira ordem de pessoas.

O que faz o Sr. abade Dubos? Deixa passar em silêncio a primeira ordem de pessoas dos Francos, isto é, o artigo que concerne os antrustiões; e seguidamente, comparando o franco comum, pela morte do qual se pagava duzentos soldos de composição, com aquelas a que chama as três ordens dos Romanos, e pela morte dos quais se pagava composições diferentes, constata que havia uma só ordem de cidadãos entre os Francos e que havia três entre os Romanos.

Como, segundo ele, havia uma só ordem de pessoas entre os Francos, teria sido bom que tivesse havido também apenas uma entre os Borgonheses porque o seu reino constituía uma das principais partes da nossa monarquia. Mas nos seus códigos há três tipos de composições (6): uma para o nobre borgonhês ou romano, a outra para o borgonhês ou romano de uma condição medíocre, a terceira para aqueles que sejam de uma condição inferior nas duas nações. O Sr. abade Dubos não citou esta lei.

É singular perceber como ele escapa aos passos que o pressionam de todas as direcções (7). Falam-lhe dos grandes, dos senho-

---

(1) Lei Sálica, título xliv, § 6.

(2) *Ibid.*, § 4.

(3) *Ibid.*, § 1.

(4) *Ibid.*, § 15.

(5) *Ibid.*, § 7.

(6) *Si quis, quolibet casu, dentem optimati Burgundioni vel Romano nobili excusserit, sólidos viginti quinque cogatur exsolvere; de mediocribus personis ingenuis, tam Burgundionibus quam Romanis, si dens excussus fuerit, decem solidis componatur; de inferioribus personis, quinque solidos* [«Se alguém, mesmo que por acaso, partir os dentes de um grande borgonhês ou de um nobre romano, será forçado a pagar 25 soldos; se for uma pessoa livre comum, borgonhesa ou romana, se houver um dente partido, a composição será de 10 soldos; se for uma pessoa inferior, será de 5 soldos»]; art. 1, 2 e 3 do título xxvi da lei dos Borgonheses.

(7) *Établissement de la monarchie française*, tomo III, liv. VI, cap. iv e v.

res, dos nobres? São, diz ele, simples distinções e não distinções de ordem; são coisas de cortesia e não prerrogativas da lei. Ou então, diz ele, as pessoas de que falam pertenciam ao conselho do rei; podiam até ser romanas; mas sempre houve apenas uma única ordem de cidadãos entre os Francos. Por outro lado, se é mencionado algum franco de categoria inferior ([1]), então é de servos que se trata; e é desta maneira que interpreta o decreto de Childeberto. É necessário que me detenha neste decreto. O Sr. abade Dubos tornou-o famoso porque serviu-se dele para demonstrar duas coisas: a primeira ([2]), que todas as composições que se encontram nas leis dos bárbaros não eram senão interesses civis acrescidos às penas corporais, o que inverte de cima a baixo todos os registos antigos; a segunda, que todos os homens livres eram julgados directa e imediatamente pelo rei ([3]), o que é desdito por uma infinidade de passos e de autoridades que nos permitem conhecer a ordem judiciária desses tempos ([4]).

Nesse decreto, feito numa assembleia da nação ([5]), diz-se que se o juiz encontrar um ladrão famoso, mandará atá-lo para ser enviado à presença do rei, se for um franco (*Francus*); mas se for uma pessoa mais fraca (*debilior persona*), será enforcado no próprio local. Segundo o Sr. abade Dubos, *Francus* é um homem livre, *debilior persona* é um servo. Ignorarei por um instante o que pode significar aqui a palavra *Francus*; e começarei por examinar o que se pode entender por estas palavras: *uma pessoa mais fraca.* Digo que, em qualquer língua, todo o comparativo supõe necessariamente três termos, o maior, o menor e o mais pequeno. Se aqui apenas se tratasse de homens livres e de servos, teria sido dito *um servo*, e não *um homem de um poder menor.* Por isso, *debilior persona* não significa de todo um servo, mas uma pessoa que tem abaixo dela um servo. Suposto isto, *Francus* não significará um

---

([1]) *Ibid.*, cap. v, pp. 319 e 320.

([2]) *Ibid.*, liv. VI, cap. iv, p. 307 e 308.

([3]) *Ibid.*, tomo III, cap. iv, p. 309; e no cap. seguinte, p. 319 e 320.

([4]) Ver o liv. XXVIII dessa obra, cap. xxviii, e o liv. XXXI, cap. viii.

([5]) *Itaque Colonia convenit et ita bannivimus, ut unusquisque judex criminosum latronem ut audierit, ad casam suam ambulet, et ipsum ligare faciat: ita ut, si Francus fuerit, ad nostram praesentiam dirigatur; et, si debilior persona fuerit, in loco pendatur* [«Assim foi acordado em Colónia, e assim determinamos que um juiz que ouça um ladrão criminoso vá à sua casa e faça um acordo com ele, se for um franco, seja trazido à nossa presença, e, se for uma pessoa inferior, seja enforcado nesse lugar»]. Capitular da edição de Baluze, tomo I, p. 19.

homem livre, mas um homem poderoso. E *Francus* é tomado aqui nessa acepção porque, entre os Francos, havia sempre aqueles que tinham um poder maior no Estado e que eram mais difíceis de corrigir pelo juiz ou pelo conde. Esta explicação está de acordo com muitas capitulares ([1]), que indicam os casos em que os criminosos podiam ser reenviados à presença do rei e aqueles em que não podiam.

Na *Vida de Luís, o Pio,* escrita por Tegan ([2]), descobrimos que os bispos foram os principais autores da humilhação desse imperador, sobretudo os que tinham sido servos e os que tinham nascido entre os bárbaros. Tegan apostrofa assim Hebon, que esse príncipe tirara da servidão e nomeara arcebispo de Reims: «Que recompensa recebeu o imperador por tantas benfeitorias ([3])! Ele fez de ti de um homem livre, e não nobre; não podia fazer de ti um nobre depois de te ter dado a liberdade».

Este discurso, que demonstra tão formalmente a existência de duas ordens de cidadãos, não embaraça o Sr. abade Dubos. Ele responde assim ([4]): «Este passo não quer dizer que Luís, *o Pio,* não pudesse fazer entrar Hebon na ordem dos nobres. Hebon, como arcebispo de Reims, teria pertencido à primeira ordem, superior à da nobreza». Deixo ao leitor a decisão de se este passo tem, ou não, esse sentido; deixo-o julgar se aqui está em questão a prioridade do clero sobre a nobreza. «Este passo demonstra apenas», continua ([5]) o Sr. abade Dubos, «que os cidadãos nascidos livres eram qualificados como homens nobres: no uso do mundo, durante muito tempo homem nobre e homem nascido livre significaram a mesma coisa». O quê?! Como nos nossos tempos modernos alguns burgueses adoptaram a qualidade de nobres, um passo da *Vida de Luís, o Pio,* aplicar-se-ia a esse tipo de gente! «Talvez também», acrescenta ainda ([6]), «Hebon não tivesse sido escravo na nação dos Francos, mas na nação saxã, ou numa outra nação germânica, onde os cidadãos estavam divididos em

([1]) Ver o liv. XXVIII dessa obra, cap. xxviii; e o liv. XXXI, cap. viii.

([2]) Cap. xliii e xliv.

([3]) *O qualem remunerationem reddidisti ei! Fecit te liberum, non nobilem, quod impossibile est post libertatem* [«Que bela paga lhe devolveste! Ele fez de ti um homem livre, não um nobre, pois isso era impossível depois da libertação»]. Ibid.

([4]) *Établissement de la monarchie française,* tomo III, liv. VI, cap. iv, p. 316.

([5]) *Ibid.*

([6]) Dubos. *Ibid.*

várias ordens». Logo, por causa do *talvez* do Sr. abade Dubos, não houve nobres na nação dos Francos. Mas nunca se aplicou tão mal o *talvez*. Acabámos de ver que Tegan ([1]) distingue os bispos que se tinham oposto a Luís, *o Pio*, entre os quais uns tinham sido servos e os outros pertenciam a uma nação bárbara. Hebon contava-se entre os primeiros, e não entre os segundos. De resto, não sei como se pode dizer que um servo como Hebon teria sido saxão ou germano: um servo não tem família, nem, por conseguinte, nação. Luís, *o Pio*, emancipou Hebon; e como os servos emancipados adoptavam a lei do seu senhor, Hebon tornou-se franco, e não saxão ou germano.

Acabei de atacar, é preciso que me defenda. Dir-me-ão que o corpo dos antrustiões constituía, de facto, no Estado uma ordem distinta da dos homens livres, mas que, como os feudos foram inicialmente alienáveis, e posteriormente vitalícios, isto não podia formar uma nobreza de origem porque as prerrogativas não estavam associadas a um feudo hereditário. Foi esta objecção que, sem dúvida, levou o Sr. de Valois a pensar que havia uma única ordem de cidadãos entre os Francos: sentimento que o Sr. abade Dubos adoptou dele e que apenas arruinou com as suas más demonstrações. Seja como for, não seria o Sr. abade Dubos que poderia fazer esta objecção. Porquanto, ao atribuir três ordens de nobreza romana, e a qualidade de conviva do rei à primeira, não teria podido dizer que esse título indicava mais uma nobreza de origem do que a de antrustião. Mas é preciso dar uma resposta directa. Os antrustiões ou fiéis não eram tais porque tivessem um feudo; mas era-lhes dado um feudo porque eram antrustiões ou fiéis. Recorde-se o que eu disse nos primeiros capítulos deste livro: não possuíam, pois, como possuíram mais tarde, o mesmo feudo; mas se não possuíam esse feudo, possuíam um outro, e porque os feudos eram dados à nascença, e porque muitas vezes eram dados nas assembleias da nação, e finalmente porque, como era do interesse dos nobres possuírem-nos, também era do interesse do rei dar-lhos. Estas famílias eram distin-

---

([1]) *Omnes episcopi molesti fuerunt Ludovico, et maxime ii quos e servili conditione honoratos habebat, cum bis qui ex barbaris nationibus ad hoc fastigium perducti sunt* [«Todos os bispos estavam zangados com Luís, e sobretudo aqueles que eram de origem servil que ele honrara, estes e os das nações bárbaras levaram-no a esta perdição»]. *De gestis Ludovici Pii*, cap. xliii e xliv.

guidas pela sua dignidade de fiéis e pela prerrogativa de poder recomendar-se por um feudo. Mostrarei no livro seguinte (1) como, pelas circunstâncias dos tempos, houve homens livres que foram admitidos a gozar dessa grande prerrogativa, e por conseguinte a entrar na ordem da nobreza. Tal não era assim no tempo de Gontrão e de Childeberto, seu sobrinho; e tal era assim no tempo de Carlos Magno. Mas embora, desde o tempo desse príncipe, os homens livres não fossem incapazes de possuir feudos, parece, por um passo de Tegan citado anteriormente, que os servos emancipados eram absolutamente excluídos da sua posse. O Sr. abade Dubos (2), que vai até à Turquia para nos dar uma ideia do que era a antiga nobreza francesa, poderá dizer-nos se alguém já se queixou na Turquia de que aí se eleva às honras e às dignidades gente de baixo nascimento, como se queixavam nos reinados de Luís, *o Pio*, e de Carlos, *o Calvo*? Ninguém se queixava no tempo de Carlos Magno porque esse príncipe sempre distinguiu as antigas famílias das novas; algo que Luís, *o Pio*, e Carlos, *o Calvo*, não fizeram.

O público não deve esquecer de que se deve ao Sr. abade Dubos várias excelentes composições. É por essas belas obras que o público deve julgá-lo, e não por esta. Nesta, o Sr. abade Dubos caiu em grandes falhas porque teve mais diante dos olhos o Sr. conde de Boullainvilliers do que o seu assunto. De todas as minhas críticas retirarei apenas esta reflexão: se esse grande homem errou, o que não deverei eu recear?

(1) Cap. xxiii.

(2) *Histoire de l'Établissement de la monarchie française*, tomo III, liv. VI, cap. iv, p. 302.

Livro XXXI

Teoria das leis feudais dos Francos, na relação que têm com as revoluções da sua monarquia

Capítulo I
Mudanças nos ofícios e nos feudos

No início os condes eram enviados para os seus distritos apenas durante um ano; pouco tempo depois compravam a continuação dos seus ofícios. Encontramos um exemplo disso logo no reinado dos netos de Clóvis. Um tal de Peónio ([1]) era conde na cidade de Auxerre; enviou o seu filho Múmolus levar prata a Gontrão para continuar ao seu serviço; o filho deu a prata por si mesmo e obteve o lugar para o pai. Os reis tinham já começado a corromper as suas próprias mercês.

Embora os feudos fossem, segundo a lei do reino, alienáveis, no entanto não eram doados nem eram sonegados de uma maneira caprichosa e arbitrária; e normalmente este era um dos pontos principais que eram tratados nas assembleias da nação. Pode pensar-se efectivamente que a corrupção resvalou a partir deste ponto, como tinha resvalado a partir do outro; e que a posse dos feudos continuava em troca de prata, como continuava a posse dos condados.

([1]) Gregório de Tours, liv. IV, cap. xlii.

Mostrarei, no seguimento deste livro (1), que independentemente dos dons que os príncipes fizeram por um tempo limitado, houve outros que foram feitos para sempre. Por vezes, acontecia que a corte quisesse revogar os dons que atribuíra. Isso provocava um descontentamento geral na nação e rapidamente se viu nascer essa revolução famosa na história da França cuja primeira época incluiu o espectáculo espantoso do suplício de Brunehault.

A princípio pareceria extraordinário que esta rainha, filha, irmã, mãe de tantos reis, famosa ainda hoje por obras dignas de um edil ou de um procônsul romano, que nasceu com um génio admirável para os assuntos públicos, dotada de qualidades que foram durante tanto tempo respeitadas, se tenha visto (2) subitamente sujeita a suplícios tão longos, tão vergonhosos, tão cruéis, por um rei (3) cuja autoridade estava tão mal consolidada na sua nação, a menos que ela tenha caído, por alguma causa particular, na desgraça dessa nação. Clotário atribuiu-lhe (4) a morte de dez reis; mas dois deles foram mortos por ele próprio; a morte de alguns outros foi o crime do acaso ou da maldade de uma outra rainha; e uma nação que deixara morrer Fredegunda na sua cama, que se tinha até oposto (5) à punição dos seus crimes horríveis, devia estar bastante serena com os crimes de Brunehault.

Foi posta num camelo e desfilada diante de todo o exército: uma marca certa de que caíra em desgraça nesse exército. Fredegário diz que Protário, favorito de Brunehault, aceitava bens dos senhores e enchia o fisco com eles, que humilhava a nobreza e que ninguém podia estar seguro de manter o posto que ele tinha (6). O exército conjurou contra ele; foi apunhalado na sua tenda. E Brunehault, quer por causa das vinganças (7) que come-

(1) Cap. vii.

(2) *Crónica* de Fredegário, cap. xlii.

(3) Clotário II, filho de Chilperico e pai de Dagoberto.

(4) *Crónica* de Fredegário, cap. xlii.

(5) Ver Gregório de Tours, liv. VIII, cap. xxxi.

(6) *Saeva illi fuit contra personas iniquitas, fisco nimium tribuens, de rebus personarum ingeniose fiscum vellens implere... ut nullus reperiretur qui gradum quem arripuerat potuisset adsumere* [«Ele era mau e iníquo com algumas pessoas, a extrair tanto para o erário e a extorquir as posses das pessoas para enchê-lo... assim, ninguém seria capaz de adquirir a dignidade que ele arrebatara nem tirar-lha»]. *Crónica* de Fredegário, cap. xxvii, sobre o ano de 605.

(7) *Crónica* de Fredegário, cap. xxviii, sobre o ano de 607.

teu em resultado da sua morte, quer porque seguiu o mesmo plano, tornou-se todos os dias mais odiosa para a nação ([1]).

Clotário, que ambicionava reinar sozinho e cheio da mais pavorosa vingança, como estava seguro que morreria se os filhos de Brunehault triunfassem, entrou numa conjuração contra si próprio; e, ou porque era inábil, ou porque foi forçado pelas circunstâncias, converteu-se no acusador de Brunehault e mandou fazer desta rainha um exemplo terrível.

Varnachar fora a alma da conjuração contra Brunehault; foi nomeado prefeito ([*]) da Borgonha; exigiu de Clotário nunca mais ser removido enquanto fosse vivo ([2]). Deste modo, o prefeito deixou de poder estar na situação em que tinham estado os senhores franceses; e essa autoridade começou a tornar-se independente da autoridade régia.

Foi a funesta regência de Brunehault que, mais do que outra coisa, assustou a nação. Enquanto as leis subsistiram no seu vigor, ninguém podia queixar-se de que lhe tinham tirado um feudo, porque a lei não o doava para sempre; mas quando a avareza, as más práticas, a corrupção, levaram à doação de feudos, queixavam-se de ser privados, por meio de malfeitorias, de coisas que muitas vezes tinham sido adquiridas desse mesmo modo. Talvez se o bem público fosse o motivo da revogação dos dons nada se dissesse; mas mostrava-se a ordem, sem esconder a corrupção; reclamava-se o direito do fisco, para prodigar os bens do fisco caprichosamente; os dons deixaram de ser a recompensa ou a esperança por serviços prestados. Brunehault, com um espírito corrompido, quis corrigir os abusos da corrupção antiga. Os seus caprichos não eram os de um espírito fraco. Os *leudes* e os grandes oficiais julgaram-se perdidos; foram eles que a levaram à perdição.

Estamos longe de possuir todos os actos que foram lavrados nesses tempos; e os cronistas, que da história do seu tempo

---

([1]) *Ibid.*, cap. xvi, sobre o ano de 613. *Burgundiae farones, tam episcopi quam caeteri leudes, timentes Brunichildem, et odium in eam habentes, consilium inientes*, etc. [«Os oficiais borgonheses, os bispos assim como os *leudes*, temiam e odiavam Brunhilda, ao se reunirem...»].

([*]) «*Maire*» no original. Sobre a função do *maire* ver abaixo, *EL*, XXXI.5 (N. T.).

([2]) *Ibid.*, cap. xlii, sobre o ano de 613. *Sacramento a Clotario accepto ne unquam vitae suae temporibus degradaretur* [«Quando Clotário jurou que nunca o destituiria enquanto fosse vivo»].

sabiam mais ou menos o que os aldeões sabem hoje da história do nosso tempo, são muito estéreis. No entanto, temos uma constituição de Clotário, promulgada no concílio de Paris ([1]) para a reforma dos abusos, que permite ver que esse príncipe pôs fim aos pleitos que tinham dado lugar à revolução ([2]). Por um lado, confirmou todos os dons que tinham sido atribuídos ou confirmados pelos reis que o antecederam ([3]); e, por outro, ordenou que tudo o que fora retirado aos seus *leudes* ou fiéis lhes fosse devolvido ([4]).

Essa não foi a única concessão que o rei fez nesse concílio. Quis que aquilo que fora feito contra os privilégios dos eclesiásticos fosse corrigido ([5]): moderou a influência da corte nas eleições dos bispos ([6]). O rei reformou igualmente os assuntos fiscais: determinou que todos os novos censos fossem eliminados ([7]); que não fosse levantado qualquer direito de passagem que tivesse sido estabelecido depois da morte de Gontrão, Sigeberto e Chilperico ([8]); isto é, suprimiu tudo o que fora feito durante as regências de Fredegunda e de Brunehault. Proibiu que os seus reba-

---

([1]) Algum tempo após o suplício de Brunehault, no ano de 615. Ver a edição das *Capitulares* de Baluze, p. 21.

([2]) *Quae contra rationis ordinem acta vel ordinata sunt, ne in antea, quod avertat divinitas, contingant, disposuerimus, Christo praesule, per hujus edicti tenorem generaliter emendare* [«Antes que Deus disperse pela violência as coisas que foram feitas ou dispostas contrariando uma ordem razoável, ordenamos, queira Cristo, que com este édito se emende este estado de coisas de um modo geral»]. *In proemio, ibid.*, art. 16.

([3]) *Ibid.*, art. 16.

([4]) *Ibid.*, art. 17.

([5]) *Et quod per tempora ex hoc praetermissum est, vel dehinc, perpetualiter observetur* [«E isto que foi durante algum tempo negligenciado, será doravante constantemente averiguado»].

([6]) *Ita ut, episcopo decedente, in loco qui a metropolinato ordinari debet cum provincialibus, a clero et populo eligatur; et si persona condigna fuerit, per ordinationem principis ordinetur; vel certe si de palatio eligatur, per meritum personae et doctrinae ordinetur* [«Quando um bispo se retira, aquele que é escolhido para o seu lugar deve ser nomeado pelo Metropolitano, juntamente com os habitantes da província; deve ser escolhido pelo clero e pelo povo; e se for uma pessoa condigna será ordenado pelo príncipe; ou, se for, de facto, escolhido do palácio, será ordenado em virtude do seu mérito e doutrina pessoal»]. *Ibid.*, art. 1.

([7]) *Ut ubicumque census novus impie additus est, emendetur* [«Em todo o lugar onde o novo censo foi acrescido de um modo ímpio, será emendado»], art. 8.

([8]) *Ibid.*, art. 9.

nhos fossem levados para as florestas de particulares ([1]): e vamos ver já de seguida que a reforma foi ainda mais geral e estendeu-se aos assuntos civis.

Capítulo II
Como o governo civil foi reformado

Até então a nação foi vista a mostrar sinais de impaciência e de ligeireza quanto à escolha, ou quanto à conduta dos seus senhores; foi vista a regular as diferenças entre os seus senhores e a impor-lhes a necessidade da paz. Mas aquilo que ainda não se vira, a nação fê-lo nessa altura: olhou para a sua situação actual, examinou as suas leis com sangue-frio, colmatou as suas insuficiências, travou a violência, regulou o poder.

As regências masculinas, ousadas e insolentes de Fredegunda e de Brunehault, espantaram menos a nação do que a alertaram. Fredegunda proibira as suas maldades com as suas próprias maldades; justificara o veneno e os assassinatos com o veneno e com os assassinatos; conduzira-se de tal maneira que os seus atentados eram ainda mais particulares do que públicos. Fredegunda fez mais males, Brunehault levou a que ainda mais males fossem temidos. Nessa crise, a nação não se contentou com pôr o governo feudal em ordem; quis também assegurar o seu governo civil. Pois este estava ainda mais corrompido do que o outro; e esta corrupção era tanto mais perigosa quanto mais antiga, e estava mais ligada, de algum modo, ao abuso dos costumes do que ao abuso das leis.

A história de Gregório de Tours e os outros registos mostram-nos, por um lado, uma nação feroz e bárbara; e, por outro, reis que não o eram menos. Estes príncipes eram assassinos, injustos e cruéis porque toda a nação o era. Se o cristianismo parecia por vezes abrandá-los, tal deveu-se apenas aos terrores que o cristianismo causava nos culpados. As igrejas defenderam-se contra eles através dos milagres e dos prodígios dos seus santos. Os reis não eram sacrílegos porque receavam os castigos que os sacrílegos sofriam; mas, em contrapartida, cometiam, por cólera ou a sangue-frio, todos os tipos de crimes e de injustiças, porque esses

---

([1]) *Ibid.*, art. 21.

crimes e essas injustiças não lhes mostravam a mão da divindade tão presente. Os Francos, como disse, suportaram reis assassinos porque eles próprios eram assassinos; não se impressionaram com as injustiças e rapinas dos seus reis porque eram rapaces e injustos como eles. Havia certamente leis estabelecidas; mas os reis tornaram-nas inúteis com umas certas cartas chamadas *Precepções* ([1]) que invalidavam essas mesmas leis. Era um pouco como os rescritos dos imperadores romanos, quer porque os reis tivessem adoptado este uso, quer porque o tivessem tirado das profundezas da sua própria natureza. Em Gregório de Tours vemos que assassinavam a sangue-frio, e mandavam matar os acusados antes de terem sido sequer ouvidos; faziam precepções para celebrar casamentos ilícitos ([2]); faziam-nas para transferir as heranças; faziam-nas para suprimir o direito dos parentes; faziam-nas para desposar as religiosas. Na verdade, não faziam leis por sua iniciativa, mas suspendiam a prática daquelas que eram feitas.

O édito de Clotário corrigiu todos os agravos. Já ninguém podia ser condenado sem ser ouvido ([3]); os parentes teriam sempre de herdar segundo a ordem estabelecida pela lei ([4]); todas as precepções para casar raparigas, viúvas ou religiosas, foram anuladas, e puniu-se severamente aqueles que as obtiveram e delas fizeram uso ([5]). Talvez soubéssemos mais exactamente o que Clotário estatuiu sobre estas precepções, se o artigo 13º desse decreto, e os dois seguintes, não tivessem sido perdidos com o tempo. Temos apenas as primeiras palavras desse artigo 13º que ordena que as precepções sejam cumpridas; o que não pode querer dizer aquelas que tinham acabado de ser abolidas pela mesma lei. Temos uma outra constituição do mesmo príncipe ([6]), que é relativa ao seu édito, e que também corrige, ponto por ponto, todos os abusos das precepções.

([1]) Eram ordens que o rei enviava aos juízes para fazerem ou tolerarem certas coisas contrárias à lei.

([2]) Ver Gregório de Tours, liv. IV, p. 227. A história e as cartas estão repletas disso; e a extensão desses abusos aparece sobretudo no édito de Clotário II, do ano de 615, promulgado para reformá-los. Ver as *Capitulares*, edição de Baluze, tomo I, p. 22.

([3]) Art. 22.

([4]) *Ibid.*, art. 6.

([5]) *Ibid.*, art. 18.

([6]) Na edição das *Capitulares* de Baluze, tomo I, p. 7.

É verdade que o Sr. Baluze, ao encontrar esta constituição sem uma data, e sem o nome do lugar onde fora promulgada, atribuiu-a a Clotário I. Ela é de Clotário II. Darei três razões para isso:

1º Aí diz-se que o rei preservará as imunidades artibuídas às igrejas pelo seu pai e pelo seu avô (1). Que imunidades teria Childerico, avô de Clotário I, podido atribuir às igrejas, ele que não era cristão e que viveu antes de a monarquia ter sido fundada? Mas se o decreto for atribuído a Clotário II, concluir-se-á que o seu avô era o próprio Clotário I, que fez doações imensas às igrejas para expiar a morte do seu filho Cram, que mandara queimar juntamente com a sua mulher e os seus filhos.

2º Os abusos que esta constituição corrige perduraram após a morte de Clotário I e foram mesmo levados ao seu ponto máximo durante a fraqueza do reinado de Gontrão, a crueldade do de Chilperico e as detestáveis regências de Fredegunda e de Brunehault. Ora, como poderia a nação ter sofrido agravos tão solenemente proscritos, sem nunca ter contestado o regresso persistente desses agravos? Como poderia ela não fazer então aquilo que fez quando pressionou Chilperico II (2), que retomara as antigas violências, a ordenar que, nos julgamentos, fosse seguida a lei e os costumes, como se fazia antigamente (3)?

3º Finalmente, esta constituição, feita para corrigir os agravos, não pode ser de Clotário I, porque durante o seu reinado não houve pleitos a este respeito e porque a sua autoridade estava muito consolidada, sobretudo no período em que esta constituição é situada; ao passo que se acomoda muito bem aos acontecimentos que tiveram lugar durante o reinado de Clotário II, que causaram uma revolução no estado político do reino. A História tem de ser clarificada pelas leis e as leis pela História.

---

(1) No livro anterior falei, no cap. xxi, dessas imunidades que eram concessões de direitos de justiça e que continham proibições de os juízes régios exercerem qualquer função no território, e eram equivalentes à criação ou concessão de um feudo.

(2) Começou a reinar por volta do ano de 670.

(3) Ver a *Vida de São Ludgero.*

Capítulo III
Autoridade dos prefeitos do palácio

Afirmei que Clotário II se comprometera a não remover Varnachar do lugar de prefeito enquanto fosse vivo. A revolução teve um outro efeito. Antes desse tempo, o prefeito era o prefeito do rei, e tornava-se no prefeito do reino; o rei escolhia-o, a nação passou a escolhê-lo. Protário, antes da revolução, fora nomeado prefeito por Teodorico ([1]), e Landerico por Fredegunda ([2]); mas desde então a nação teve o poder de elegê-los ([3]).

Assim, é preciso não confundir, como fizeram alguns autores, estes prefeitos do palácio com os que tiveram essa dignidade antes da morte de Brunehault, os prefeitos do rei com os prefeitos do reino. Pela lei dos Borgonheses, percebe-se que para eles o cargo de prefeito não era um dos primeiros do Estado ([4]); e também não era um dos mais eminentes com os primeiros reis francos ([5]).

Clotário sossegou aqueles que possuíam cargos e feudos; e, após a morte de Varnachar, quando esse príncipe perguntou aos senhores reunidos em Troyes quem é que eles queriam pôr no seu lugar, todos exclamaram que não elegeriam ninguém ([6]); e, pedindo-lhe o seu favor, puseram-se nas suas mãos.

Dagoberto reuniu, como o seu pai, toda a monarquia: a nação contava com ele e não lhe deu um prefeito. Este príncipe sentiu-se

---

([1]) *Instigante Brunichilde, Theodorico jubente,* etc. Fredegário, cap. xxvii, sobre o ano de 605.

([2]) *Gesta regum Francorum,* cap. xxxvi.

([3]) Ver Fredegário, *Crónica,* cap. liv, sobre o ano de 626; e o seu continuador anónimo, cap. ci, sobre o ano de 695; e cap. cv, sobre o ano de 715. Aimoin, liv. IV, cap. xv. Eginhard, *Vida de Carlos Magno,* cap. xlviii. *Gesta regum Francorum,* cap. xlv.

([4]) Ver a lei dos Borgonheses, *in praefat.*, e o segundo suplemento a essa lei, título xiii.

([5]) Ver Gregório de Tours, liv. IX, cap. xxxvi.

([6]) *Eo anno, Clotarius cum proceribus et leudibus Burgundiae Trecassinis conjungitur, cum eorum esset sollicitus, si vellent jam, Varnachar discesso, alium in ejus honoris gradum sublimare; sed omnes unanimiter denegantes se nequaquam velle Majorem domus eligere, regis gratiam obnixe petentes, cum rege transegere* [«Neste ano, Clotário reuniu os príncipes e senhores – *leudes* – borgonheses em Troyes e perguntou-lhes se eles queriam, agora que Varnachar morrera, elevar alguém às mesmas honras; mas todos unanimemente negaram que quisessem eleger um senhor do palácio, e procuraram vigorosamente a graça do rei para tratarem de todos os assuntos com ele»]. Crónica de Fredegário, cap. liv, sobre o ano de 626.

em liberdade; e como fora, de resto, tranquilizado pelas suas vitórias, retomou o plano de Brunehault. Mas isso resultou tão mal que os *leudes* da Austrásia se deixaram bater pelos Eslavos ([1]) e regressaram a casa, e as regiões fronteiriças da Austrásia foram entregues às investidas dos bárbaros.

Dagoberto decidiu propor aos Austrasianos que cedessem a Austrásia ao seu filho Sigeberto, com um tesouro, e que pusessem o governo do reino e do palácio nas mãos de Cuniberto, o bispo de Colónia, e do duque Adalgiso. Fredegário não entra no detalhe das convenções que foram então realizadas; mas o rei confirmou-as todas com as suas cartas, e a Austrásia foi imediatamente posta fora de perigo ([2]).

Dagoberto, ao sentir a morte aproximar-se, recomendou a sua mulher Nentechilde e o seu filho Clóvis a Aega. Os *leudes* da Neustria e da Borgonha escolheram este jovem príncipe para seu rei ([3]). Aega e Nentechilde governaram o palácio ([4]); devolveram todos os bens que Dagoberto tomara ([5]) e as queixas terminaram na Neustria e na Borgonha, como tinham terminado na Austrásia.

Depois da morte de Aega, a rainha Nentechilde garantiu que os senhores da Borgonha lhe prometessem que iriam eleger Floacato para seu prefeito ([6]). Este enviou aos bispos e aos principais senhores do reino da Borgonha cartas em que lhes prometia conservar para sempre, isto é, durante a sua vida, as suas honras e as suas dignidades ([7]). Confirmou a sua palavra com um juramento. É a

---

([1]) *Istam victoriam quam Vinidi contra Francos meruerunt, non tantum Sclavinorum fortitudo obtinuit, quantum dementatio Austrasiorum, dum se cernebant cum Dagoberto odium incurrisse, et assidue expoliarentur* [«A vitória dos Eslavos contra os Francos foi bem merecida, mas foi obtida não tanto pela ousadia dos Eslavos como pelas acções insensatas dos Austrasianos, que tinham incorrido no ódio de Dagoberto e eram constantemente roubados por ele»]. Crónica de Fredegário, cap. lxviii, sobre o ano de 630.

([2]) *Deinceps Austrasii eorum studio limitem et regnum Francorum contra Vinidos utiliter defensasse noscuntur* [«Daí em diante passou a saber-se que os Austrasianos eram úteis na defesa das fronteiras do reino dos Francos contra os Eslavos»]. Crónica de Fredegário, cap. lxxv, sobre o ano de 632.

([3]) Crónica de Fredegário, cap. lxxix, sobre o ano de 638.

([4]) *Ibid.*

([5]) *Ibid.*, cap. lxxx, sobre o ano de 639.

([6]) *Ibid.*, cap. lxxxix, sobre o ano de 641.

([7]) *Ibid. Floachatus cunctis ducibus a regno Burgundiae, seu et pontificibus, per epistolam etiam et sacramentis firmavit unicuique gradum honoris et dignitatem, seu et*

partir daqui que o autor do *Livro dos Prefeitos da Casa Real* situa o início da administração do reino por prefeitos do palácio ([1]).

Fredegário, que era borgonhês, entrou em maiores detalhes naquilo que dizia respeito aos prefeitos da Borgonha no tempo da revolução de que falamos do que quanto aos prefeitos da Austrásia e da Neustria; mas as convenções que foram realizadas na Borgonha foram, pelas mesmas razões, realizadas na Neustria e na Austrásia.

A nação acreditava que era mais seguro pôr o poder nas mãos de um prefeito que ela elegia e a quem podia impor condições do que nas mãos de um rei cujo poder era hereditário.

Capítulo IV
Qual era o génio da nação a respeito dos prefeitos

Um governo em que uma nação que tinha um rei elegia alguém que devia exercer o poder régio parece, de facto, extraordinário, mas independentemente das circunstâncias em que se encontrava, creio que os Francos, neste aspecto, tiraram as suas ideias de um lugar muito distante.

Eles eram descendentes dos Germanos, de quem Tácito disse que, na escolha do seu rei, se deixavam determinar pela sua nobreza ([2]), e na escolha do seu chefe pela sua virtude. Eis os reis da primeira raça e os prefeitos do palácio; os primeiros eram hereditários e os segundos eram electivos.

Não se pode duvidar de que estes príncipes, os quais, na assembleia da nação, se levantavam e se propunham para chefes de alguma empresa a todos aqueles que quisessem segui-los, na sua maior parte reuniam na sua pessoa a autoridade do rei e o

---

amicitiam, perpetuo conservare [«Floacato jurou pelos sacramentos numa carta a todos os senhores do reino Borgonhês e também aos padres proteger em perpetuidade os seus graus de honra e de dignidade e também amizade»].

([1]) *Deinceps a temporibus Clodovei, qui fuit filius Dagoberti inclyti regis, pater vero Theodorici, regnum Francorum decidens per majores domus caepit ordinari* [«Em resumo, desde o tempo de Clóvis, que era o filho do ilustre rei Dagoberto e o verdadeiro pai de Teodorico, o reino dos Francos começou a nomear prefeitos da casa»]. *De major. Domus regiae.*

([2]) *Reges ex nobilitate, duces ex virtute sumunt* [«Escolhiam os seus reis atendendo à sua nobreza e os seus chefes (militares) atendendo à sua virtude»]. *De morib. Germ.*, [cap. vii].

poder do prefeito. A sua nobreza conferira-lhes a realeza; e a sua virtude, ao garantir que fossem seguidos por muitos voluntários que os adoptavam como chefes, deu-lhes o poder da prefeitura. Era pela sua dignidade régia que os nossos primeiros reis estavam à cabeça dos tribunais e das assembleias, e faziam as leis com o consentimento dessas assembleias; era pela sua dignidade como duque ou como chefe que faziam as suas expedições e comandavam os seus exércitos.

Para conhecer o génio dos primeiros Francos a este respeito basta olhar para a conduta que Arbogasto ([1]), franco de nação, a quem Valentiniano entregara o comando do exército. Encerrou o imperador no palácio; não permitiu a absolutamente ninguém que lhe falasse de nenhum assunto civil e militar. Arbogasto fez nessa altura o que os Pepinos fizeram depois.

Capítulo V
Como os prefeitos obtiveram o comando dos exércitos

Enquanto os reis comandaram os exércitos, a nação não pensou em escolher um chefe para si. Clóvis e os seus quatro filhos estavam à cabeça dos Francos e levaram-nos de vitória em vitória. Thibault, filho de Teodoberto, príncipe jovem, fraco e doente, foi o primeiro dos reis que permaneceram no seu palácio ([2]). Recusou fazer uma expedição em Itália contra Narses e teve o desgosto de ver os Francos escolher dois chefes para os liderar ([3]). Dos quatro filhos de Clotário I, Gontrão foi aquele que mais negligenciou o comando dos exércitos ([4]); outros reis seguiram este exemplo: e para devolver sem perigo o comando a outras mãos entregaram-no a vários chefes ou duques ([5]).

([1]) Ver *Sulpicius Alexander*, em Gregório de Tours, liv. II.

([2]) No ano de 552.

([3]) *Leutheris vero et Butilinus, tametsi id regi ipsorum minime placebat belli cum eis societatem inierunt* [«Embora não fosse de modo algum agradável para o seu rei, Lotário e Buccelin fizeram com eles uma aliança para a guerra»]. Agathias, Gregório de Tours, liv. IV, cap. ix.

([4]) Gontrão nem sequer fez a expedição contra Gondovaldo, que se dizia filho de Clotário e exigia a sua parte do reino.

([5]) Por vezes em número de vinte. Ver Gregório de Tours, liv. V, cap. xxvii; liv. VIII, cap. xviii e xxx; liv. X, cap. iii. Dagoberto, que não tinha um prefeito na

Inúmeros inconvenientes surgiram daqui: deixou de haver disciplina, deixou de se saber obedecer; os exércitos passaram a só ser funestos no seu próprio país; estavam carregados de despojos antes de chegar junto dos inimigos. Em Gregório de Tours encontramos um retrato expressivo de todos estes males ([1]). «Como poderemos obter a vitória», dizia Gontrão ([2]), «nós que não conservamos o que os nossos pais adquiriram? A nossa nação já não é a mesma...». Coisa singular! Estava em decadência desde os tempos dos netos de Clóvis.

Era, pois, natural que se acabasse por eleger um único duque; um duque que tivesse autoridade sobre a multidão infinita de senhores e de *leudes* que já não reconheciam os seus compromissos; um duque que restabelecesse a disciplina militar e que levasse contra o inimigo uma nação que já só sabia fazer a guerra contra ela própria. Entregou-se o poder aos prefeitos do palácio.

A primeira função dos prefeitos do palácio foi o governo económico das casas reais. Juntamente com outros oficiais, detinham o governo político dos feudos; e, por fim, acabaram por dispor dele sozinhos ([3]). Também detinham a administração dos assuntos da guerra e o comando dos exércitos; e estas duas funções encontravam-se necessariamente ligadas com as outras duas. Nesses tempos, era mais difícil reunir os exércitos do que comandá-los. E quem mais do que aquele que dispunha das graças podia ter essa autoridade? Nesta nação independente e guerreira era mais preciso convidar do que forçar; era preciso doar ou fazer esperar os feudos que ficassem vagos com a morte do possuidor, recompensar incessantemente, garantir que as preferências fossem receadas. Aquele que tinha a superintendência do palácio devia, portanto, ser o general do exército.

Borgonha, teve a mesma política e enviou contra os Gascões dez duques e vários condes que não estavam às ordens de duques. *Crónica* de Fredegário, cap. lxxviii, sobre o ano de 636.

([1]) Gregório de Tours, liv. VIII, cap. xxx; e liv. X, cap. iii; liv. VIII, cap. xxx.

([2]) *Ibid.*

([3]) Ver o segundo suplemento à lei dos Borgonheses, título xiii, e Gregório de Tours, liv. IX, cap. xxxvi.

Capítulo VI
Segunda época do declínio dos reis da primeira raça

Depois do suplício de Brunehault, os prefeitos tinham sido administradores do rei sob os reis; e, apesar de terem a condução da guerra, os reis, não obstante, estavam à cabeça dos exércitos, e o prefeito e a nação combatente estavam às suas ordens. Mas a vitória do duque Pepino sobre Teodorico e o seu prefeito ([1]) acabou por degradar os reis ([2]); a vitória ([3]) de Carlos Martel sobre Chilperico e sobre o seu prefeito Rainfroy confirmou essa degradação. A Austrásia trinfou duas vezes sobre a Neustria e sobre a Borgonha; e a prefeitura da Austrásia, estando como que ligada à família dos Pepinos, elevou-se acima de todas as outras casas. Os vencedores temeram que algum homem reputado se apoderasse da pessoa dos reis para incitar distúrbios. Mantiveram os reis numa casa régia como se numa espécie de prisão ([4]). Uma vez por ano eram mostrados ao povo. Nessa ocasião faziam as ordenações, mas eram as do prefeito ([5]); respondiam aos embaixadores, mas eram as respostas do prefeito. Os historiadores dizem-nos que foi nesse tempo que os reis estavam sujeitos ao governo dos prefeitos ([6]).

O delírio da nação pela família de Pepino foi tão longe que ela elegeu para prefeito um dos seus netos quando ainda era uma criança ([7]); estabeleceu-o como prefeito acima de um tal Dagoberto e pôs um fantasma em cima de outro fantasma.

([1]) Ver os *Anais* de Metz sobre o ano de 687 e 688.

([2]) *Iliis quidem nomina regum imponens, ipse totius regni habens privilegium,* etc [«A esse foi imposto o nome de rei, mas o outro terá os privilégios de todo o reino»]. *Ibid.*, sobre o ano de 695.

([3]) *Ibid.*, sobre o ano de 719.

([4]) *Sedemque illi regalem sub sua ditione concessit* [«Concedeu o seu trono e a realeza que estava sob o seu poder»]. *Anais* de Metz, sobre o ano de 719.

([5]) *Ex Chronico Centulensi*, liv. II. *Ut responsa quae erat edoctus, vel potius jussus, ex sua velut potestate redderet* [«Assim, ele respondeu aquilo que lhe fora instruído, ou antes mandado, como se tivesse sido determinado em virtude do seu próprio poder»].

([6]) *Anais* de Metz, sobre o ano de 691. *Anno principatus Pippini super Theodericum...* [«No ano do principado de Pepino sobre Teodorico...»]. *Anais* de Fulde ou de Laurisham. *Pippinus dux Francorum obtinuit regnum Francorum per annos 27, cum regibus sibi subjectis* [«Durante vinte e sete anos, Pepino, líder dos Francos, deteve o reino dos Francos tendo reis como seus súbditos»].

([7]) *Posthaec Theudoaldus, filius ejus* (Grimoaldi) *parvulus, in loco ipsius, cum praedicto rege Dagoberto, majordomus palatii effectus est* [«O seu (de Grimoaldo) jovem

Capítulo VII
Dos grandes ofícios e dos feudos sob os prefeitos do palácio

Os prefeitos do palácio não cuidaram de restabelecer a revogabilidade dos cargos e dos ofícios; reinaram apenas pela protecção que atribuíam à nobreza neste aspecto. Por isso, os grandes ofícios continuaram a ser atribuídos vitaliciamente e este uso foi sendo cada vez mais confirmado.

Mas tenho reflexões particulares a fazer sobre os feudos. Não duvido de que, desde esse tempo, a maioria dos feudos se tornou hereditária.

No tratado de Andely ([1]), Gontrão e o seu sobrinho Childeberto comprometeram-se a manter as liberalidades feitas aos *leudes* e às igrejas pelos reis que os antecederam; e era permitido às rainhas, às filhas, às viúvas dos reis, dispor por testamento, e para sempre, das coisas que obtiveram do fisco ([2]).

Marculfo escreveu as suas fórmulas no tempo dos prefeitos ([3]). Em muitas delas temos os reis a fazer doações a uma pessoa e aos seus herdeiros ([4]); e como as fórmulas são as imagens das acções comuns da vida, elas demonstram que, no final da primeira raça, uma parte dos feudos já passava para os herdeiros. Nessa altura, ainda estavam longe de ter a ideia de um domínio inalienável; trata-se de uma coisa muito moderna e que era então desconhecida na teoria e na prática.

Em breve veremos as provas de facto sobre este assunto; e se me refiro a um tempo em que já não havia benefícios para o

---

filho Teudoaldo foi nomeado prefeito do Palácio em seu lugar por ordem do rei Dagoberto»]. O continuador anónimo de Fredegário, sobre o ano de 714, cap. civ.

([1]) Relatado por Gregório de Tours, liv. IX. Ver também o édito de Clotário II, do ano de 615, art. 16.

([2]) *Ut si quid de agris fiscalibus vel speciebus atque presidio, pro arbitrii sui voluntate facere, aut cuiquam conferre voluerint, fixa stabilitate perpetuo conservetur* [«Se por sua livre vontade quiserem converter algo em propriedade alheia, ou desejarem atribuí-la a outrem, sejam terras, rendas, dinheiros, será guardado e conservado em perpetuidade»].

([3]) Ver a xxiv e a xxxiv do liv. I.

([4]) Ver a fórmula xiv do liv. I, que se aplica igualmente aos bens fiscais dados directamente para sempre, ou dados inicialmente como benefício, e a seguir para sempre: *Sicut ab illo, aut a fisco nostro, fuit possessa* [«Assim era primeiramente possuído por ele ou pelo nosso fisco»].

exército, nem quaisquer fundos para a sua manutenção, ter-se-á certamente de admitir que os antigos benefícios tinham sido alienados. Esse é o tempo de Carlos Martel, que fundou novos feudos, e que é preciso distinguir efectivamente dos primeiros.

Quando os reis começaram a doar em perpetuidade, fosse pela corrupção que se introduziu no governo, fosse pela própria constituição que levava a que os reis fossem obrigados a recompensar incessantemente, era natural que começassem a doar em perpetuidade os feudos, e não os condados. Ser privado de algumas terras era coisa de pouca monta; renunciar aos grandes ofícios era perder o próprio poder.

Capítulo VIII
Como os alódios foram convertidos em feudos

A maneira de converter um alódio em feudo encontra-se numa fórmula de Marculfo (1). Doava-se uma terra ao rei; ele devolvia-a ao doador em usufruto ou em benefício, e este designava os herdeiros ao rei.

Para descobrir as razões que havia para desnaturar deste modo um alódio, é preciso procurar, como nos abismos, as antigas prerrogativas dessa nobreza que está coberta de pó, de sangue e de suor há onze séculos.

Os que tinham feudos tinham grandes vantagens. A composição para os danos que lhes eram causados era mais forte do que a dos homens livres. Segundo as fórmulas de Marculfo, parece que era um privilégio do vassalo do rei que quem o matasse pagaria seiscentos soldos de composição. Este privilégio era estabelecido pela lei Sálica (2) e pela dos Ripuários (3); e enquanto essas duas leis ordenavam seiscentos soldos pela morte do vassalo do rei, apenas atribuíam duzentos pela morte de um homem livre, franco, bárbaro, ou que vivesse sob a lei Sálica (4); e apenas cem para a morte de um romano.

(1) Liv. I, fórmula xiii.
(2) Título xliv. Ver também os títulos xlvi, §§ 3 e 4; e o título lxxiv.
(3) Título xi.
(4) Ver a lei dos Ripuários, título vii; e a lei Sálica, título xliv, art. 1 e 4.

Este não era o único privilégio que os vassalos do rei tinham. É preciso saber que quando um (1) homem era citado em julgamento, e não se apresentasse, ou não obedecesse às ordens dos juízes, era chamado a comparecer diante do rei; e se persistisse na sua contumácia, era posto fora da protecção do rei (2) e ninguém podia recebê-lo em sua casa, nem sequer dar-lhe pão; ora, se fosse de uma condição comum, os seus bens eram confiscados (3); mas se fosse vassalo do rei, não o eram (4). O primeiro, pela sua contumácia, era considerado condenado pelo crime, mas não o segundo. Aquele, nos menores crimes, era submetido à prova da água a ferver (5); este só era condenado em caso de homicídio (6). Finalmente, um vassalo do rei não podia ser forçado a depor sob juramento contra outro vassalo (7). Estes privilégios foram sempre aumentando; e a capitular de Carlomano (*) concedia aos vassalos do rei a honra de poderem ser obrigados a prestar juramentos, mas somente pela boca dos seus próprios vassalos (8). Além disso, quando aquele que tinha as honras não se apresentasse no exército, a sua pena era a de se abster de carne e de vinho pelo mesmo período em que estivera ausente do serviço militar; mas o homem livre que não tivesse acompanhado o conde (9) pagava uma composição de sessenta soldos (10) e era reduzido à servidão até que a tivesse pago.

Portanto, é fácil pensar que os francos que não eram vassalos do rei, e ainda mais os romanos, procurassem tornar-se vassalos; e que, para não serem privados dos seus domínios, imaginaram o uso de dar ao rei os seus alódios, recebê-lo dele na forma de feudo e de designar-lhe os seus herdeiros. Este uso perdurou; e teve sobretudo lugar nas desordens da segunda raça, em que toda a gente necessitava de um protector e queria juntar-se a outros

---

(1) Lei Sálica, título lix e lxxvi.

(2) *Extra sermonem regis.* Lei Sálica, título lix e lxxvi.

(3) *Ibid.*, título lix, § 1.

(4) *Ibid.*, título lxxvi, § 1.

(5) *Ibid.*, título lvi e lix.

(6) *Iibd.*, título lxxvi, § 1.

(7) *Ibid.*, título lxxvi, § 2.

(*) Primogénito de Carlos Martel e prefeito do palácio nos anos 40 do século VIII (N. T.).

(8) *Apud Vernis palatium*, do ano de 883, art. 4 e 11.

(9) *Capitular* de Carlos Magno, que é a segunda do ano de 812, art. 1 e 3.

(10) *Heribannum.*

senhores [1], e entrar, por assim dizer, na monarquia feudal porque já não havia uma monarquia política.

Isto continuou durante a terceira raça, como se pode ver nas várias cartas [2]; quer porque se doavam os alódios e eles eram retomados no mesmo acto; quer porque era declarado alódio e reconhecido como feudo. A estes feudos chamavam *feudos de retoma* [*].

Isso não significa que aqueles que tinham feudos os governassem como bons pais de família; e embora os homens livres procurassem com afinco ter feudos, lidavam com esse género de bens como hoje se administram os usufrutos. Foi o que levou Carlos Magno, o mais vigilante e mais atento príncipe que tivemos, a fazer muitos regulamentos para impedir que degradassem os feudos em favor das suas propriedades [3]. Isso apenas demonstra que no seu tempo a maioria dos benefícios eram ainda vitalícios e que, por conseguinte, cuidava-se mais dos alódios do que dos benefícios; mas isso não impedia que se gostasse ainda mais de ser vassalo do rei do que ser homem livre. Podia haver razões para dispor de uma determinada porção particular de um feudo; mas ninguém queria perder a sua própria dignidade.

Também estou bem ciente de que Carlos Magno se queixou, numa capitular, de que, em alguns lugares, havia gente que doava os seus feudos na forma de propriedade e a seguir readquiria-os na forma de propriedade [4]. Mas não digo que preferissem uma propriedade a um usufruto; digo apenas que, quando se podia converter um alódio num feudo transmissível aos herdeiros, o que é o caso da fórmula de que falei, havia grandes vantagens em fazê-lo.

---

(1) *Non infirmis reliquit haeredibus* [«Deixou-o aos herdeiros que não eram fracos»], diz Lambert de Ardres, em Du Cange, na entrada *alodis.*

(3) Ver as cartas citadas por Du Cange na entrada *alodis*; e as que Galland relata, *Traité du franc-aleu*, p. 14 e seguintes.

(*) «*Fiefs de reprise*» no original (N. T.).

(3) *Capitular II* do ano de 802, art. 10; e a *Capitular VII* do ano de 803, art. 3; e a *Capitular I, incerti anni*, art. 49; e a *Capitular* do ano de 806, art. 7.

(4) A quinta do ano de 806, art. 8.

Capítulo IX
Como os bens eclesiásticos foram convertidos em feudos

Os bens fiscais não deveriam ter outro destino senão o de servirem às doações que os reis podiam fazer para convidar os Francos a novas empresas, que, por outro lado, aumentavam os bens fiscais; e isso era, como disse, o espírito da nação; mas as doações tomaram um outro rumo. Temos um discurso de Chilperico, neto de Clóvis, em que ele se queixava de os seus bens terem sido quase todos doados às igrejas (1). «O nosso fisco empobreceu», dizia ele; «as nossas riquezas foram transferidas para as igrejas (2). Agora são só os bispos que reinam; a grandeza é deles e já não é nossa».

Isso levou os prefeitos, que não ousavam atacar os senhores, a despojar as igrejas: e uma das razões que Pepino alegou para entrar na Neustria foi a de que fora convidado pelos eclesiásticos para travar as iniciativas dos reis, isto é, dos prefeitos, que privavam a Igreja de todos os seus bens (3).

Os prefeitos da Austrásia, isto é, a casa dos Pepinos, trataram a Igreja com mais moderação do que foi o caso na Neustria e na Borgonha; e tal fica bem claro pelas nossas crónicas, onde os monges nunca se cansam de admirar a devoção e a liberalidade dos Pepinos (4). Eles próprios ocuparam os primeiros lugares da Igreja. «Um corvo não arranca os olhos a outro corvo», como dizia Chilperico aos bispos (5).

Pepino subjugou a Neustria e a Borgonha; mas como, para destruir os prefeitos e os reis, adoptou o pretexto da opressão das igrejas, já não podia despojá-las sem contradizer o seu título e sem mostrar que gozava com a nação. Mas a conquista dos dois

---

(1) Em Gregório de Tours, liv. VI, cap. xlvi.

(2) Isso levou-o a anular os testamentos feitos em favor das igrejas e até as doações feitas por um pai. Gontrão restabeleceu-os e inclusivamente fez novas doações. Gregório de Tours, liv. VII, cap. vii.

(3) Ver os *Anais* de Metz sobre o ano de 687. *Excitor imprimis querelis sacerdotum et servorum Dei, qui me saepius adierunt ut pro sublatis injuste patrominiis,* etc. [«Fui incitado, em primeiro lugar, pelos padres e pelos servos de Deus que muitas vezes me abordavam por causa dos sofrimentos injustos provocados aos patrimónios da Igreja»].

(4) Ver os *Anais* de Metz.

(5) Em Gregório de Tours.

grandes reinos, e a destruição do partido adversário, forneceram-lhe meios suficientes para contentar os seus capitães.

Pepino tornou-se no senhor da monarquia ao proteger o clero. Carlos Martel, seu filho, só pôde manter-se oprimindo-o. Este príncipe, vendo que uma parte dos bens régios e dos bens fiscais fora doada vitaliciamente ou em propriedade à nobreza, e que o clero, ao receber das mãos dos ricos e dos pobres, adquirira uma grande parte dos alódios, despojou as igrejas. E como os feudos da primeira partilha já não existiam, criou feudos por uma segunda vez ([1]). Tomou para si e para os seus capitães os bens das igrejas e as próprias igrejas; e acabou com um abuso que, ao contrário dos males comuns, era tanto mais fácil de curar quanto era extremo.

Capítulo X
Riquezas do clero

O clero recebeu tanto ao longo das três raças que seguramente tiveram de lhe doar várias vezes todos os bens do reino. Mas se os reis, a nobreza e o povo encontraram o meio de lhe doar todos os seus bens, não deixaram de encontrar um meio de lhos retirar. A piedade levou à fundação das igrejas na primeira raça; mas o espírito militar fê-los doar aos guerreiros, que os dividiram pelos seus filhos. Quantas terras não saíram das rendas do clero! Os reis da segunda raça abriram as suas mãos e foram, uma mais vezes, imensamente liberais. Os Normandos chegaram, pilharam e devastaram, perseguiram sobretudo os padres e os monges, procuravam as abadias, olhavam para onde pudessem encontrar algum lugar religioso, pois atribuíam aos eclesiásticos a destruição dos seus ídolos e todas as violências de Carlos Magno, que os obrigara repetidamente a refugiar-se no Norte. Eram ódios que quarenta ou cinquenta anos não tinham conseguido fazer esquecer. Nesse estado de coisas, quantos bens perdeu o clero! Quase não sobraram eclesiásticos para pedi-los de volta. Portanto, restava à piedade da terceira raça estabelecer funda-

---

([1]) *Karolus, plurima juri ecclesiastico detrabens praedia fisco sociavit ac deinde militibus dispertivit* [«Carlos, ao tirar a jurisdição aos eclesiásticos, apropriou este imobiliário para o fisco, e depois distribuiu-o pelos seus soldados»]. *Ex Chronico Centulensi*, liv. II.

ções suficientes e doar terras suficientes. As opiniões que foram publicadas e acreditadas naqueles tempos teriam privado os leigos de todos os seus bens, se tivessem sido pessoas muito honestas. Mas se os eclesiásticos tinham ambição, os laicos também a tinham: se o moribundo doava, o herdeiro queria recuperar. Só se vêem querelas entre os senhores e os bispos, entre os gentil-homens e os abades; e uma pressão vigorosa teve de ser exercida sobre os eclesiásticos, visto que foram obrigados a colocar-se sob a protecção de certos senhores, que num momento defendiam-nos e no seguinte oprimiam-nos.

Uma polícia melhor, que se estabeleceu no decurso da terceira raça, já permitiu aos eclesiásticos aumentar os seus bens. Os calvinistas apareceram e cunharam moeda com tudo o que encontraram de ouro e de prata nas igrejas. Como é que o clero podia assegurar a sua fortuna? Nem tinha a certeza da sua existência. Tratou das matérias controversas e os seus arquivos foram queimados. O que lhe serviu pedir de volta a uma nobreza sempre arruinada aquilo que ela já não tinha, ou o que ela hipotecara de mil maneiras? O clero adquiriu sempre, devolveu sempre e continua a adquirir.

Capítulo XI
Estado da Europa no tempo de Carlos Martel

Carlos Martel, que levou a cabo a pilhagem do clero, encontrava-se nas circunstâncias mais felizes: era temido e amado pelos guerreiros e trabalhava para eles; tinha o pretexto das suas guerras contra os Sarracenos ([1]); por mais odiado que fosse pelo clero, não necessitava dele; o papa, para quem ele era necessário, estendia-lhe os braços. É conhecida a célebre embaixada ([2]) que

---

([1]) Ver os *Anais* de Metz.

([2]) *Epistolam quoque, decreto romanorum principum, sibi praedictus praesul Gregorius miserat, quod sese populus Romanus, relicta imperatoris dominatione, ad suam defensionem et invictam clementiam convertere voluisset* [«Gregório enviou-lhe uma carta e incluiu um decreto do príncipe dos Romanos, determinando que o povo romano desejava virar-se para a sua protecção e ímpar clemência e deixar o domínio do imperador»]. *Anais* de Metz, sobre o ano de 741... *Eo pacto patrato, ut a partibus imperatoris recederet* [«Propôs um pacto para abandonar o lado do imperador»]. Fredegário.

Gregório III lhe enviou. Estes dois poderes foram muito unidos porque não podiam passar um sem o outro: o papa necessitava dos Francos para apoiá-lo contra os Lombardos e contra os Gregos; Carlos Martel necessitava do papa para humilhar os Gregos, embaraçar os Lombardos, tornar-se mais respeitável no seu país e acreditar os títulos que possuía, bem como aqueles que ele ou seus filhos pudessem adquirir ([1]). Não podia, pois, falhar na sua empresa.

Santo Euquério, bispo de Orleães, teve uma visão que espantou os príncipes. Neste assunto tenho de relatar a carta ([2]) que os bispos reunidos em Reims escreveram a Luís, *o Germânico*, que entrara nas terras de Carlos, *o Calvo*, porque nos mostra de um modo muito apropriado qual era, nesse tempo, o estado de coisas e a situação dos espíritos. Os bispos dizem ([3]) que «quando Santo Euquério foi levado para o céu, viu Carlos Martel atormentado no inferno inferior por ordem dos santos que devem assistir juntamente com Jesus Cristo ao Juízo final; que fora condenado a esse castigo antes do tempo por ter despojado as igrejas dos seus bens e de, por esse meio, se ter tornado culpado dos pecados de todos os que por ele foram dotados; que o rei Pepino reuniu um concílio sobre este assunto; que mandou devolver às igrejas tudo o que conseguiu obter como bens eclesiásticos; que, como só pôde reaver uma parte desses bens por causa dos seus desentendimentos com Vaifre, duque da Aquitânia, mandou fazer, em favor das igrejas, cartas precárias ([*]) sobre os restantes bens ([4]) e determinou que os leigos pagariam uma dízima dos bens que tinham obtido das igrejas e doze denários por cada casa; que Carlos

---

([1]) Podemos ver, nos autores dessa época, a impressão que a autoridade de tantos papas causou no espírito dos Franceses. Apesar de o rei Pepino já ter sido coroado pelo arcebispo de Mogúncia [Mainz], ele considerava a unção que recebera do papa Estêvão uma coisa que o confirmava em todos os seus direitos.

([2]) *Anno 858, apud Carisiacum*, edição de Baluze, tomo II, p. 101.

([3]) *Ibid.*, tomo II, art. 7, p. 109.

([*]) «Cartas precárias»: documentos formalizadores de um acto jurídico particular mediante o qual se reconhecia a precariedade do título de posse de um determinado bem (N. T).

([4]) *Praecaria, quod precibus utendum conceditur* [«Tutela precária, cujo usufruto foi concedido pela prece»], diz Cujas, nas suas notas sobre o livro I dos feudos. Num diploma do rei Pepino, datado do terceiro ano do seu reinado, descubro que este príncipe não foi o primeiro a restabelecer estas cartas precárias; ele cita uma carta publicada pelo prefeito Ebroin e continuada desde então. Ver o diploma desse rei, no tomo V das *Histoires de France* dos Beneditinos, art. 6.

Magno não doou os bens da Igreja; que, pelo contrário, promulgou uma capitular através da qual ele e os seus sucessores se comprometiam a nunca doá-los; que tudo o que eles avançam fica assente por escrito e que muitos dentre eles até tinham ouvido isto ser contado por Luís, *o Pio*, pai dos dois reis».

O regulamento do rei Pepino de que falam os bispos foi feito no concílio reunido em Leptines ([1]). Segundo esse regulamento, a Igreja gozava da vantagem de que aqueles que tinham recebido alguns dos seus bens passavam a possuí-los de uma maneira precária; e que, além disso, recebia desses bens a dízima e doze denários por cada casa que lhe tivesse pertencido. Mas tratava-se de um remédio paliativo e o mal continuava.

Até isso encontrou oposição, e Pepino foi obrigado a fazer uma outra capitular ([2]), em que convocava aqueles que gozavam de benefícios a pagarem essa dízima e esse foro, e inclusivamente a sustentarem as casas do episcopado ou do mosteiro, sob pena de perderem os bens doados. Carlos Magno renovou os regulamentos de Pepino ([3]).

O que os bispos dizem na mesma carta, que Carlos Magno prometeu, por ele e pelos seus sucessores, de não mais partilhar os bens das igrejas pelos guerreiros, está em conformidade com a capitular deste príncipe, promulgada em Aix-la-Chapelle, no ano de 803, feita para sossegar os terrores dos eclesiásticos a este respeito; mas as doações que já tinham sido feitas permaneceram ([4]). Os bispos acrescentam, e com razão, que Luís, *o Pio*, seguiu a conduta de Carlos Magno e não doou os bens da Igreja aos soldados.

No entanto, os antigos abusos foram tão longe que sob os filhos de Luís, *o Pio*, os leigos designavam padres, nas suas igrejas, ou expulsavam-nos, sem o consentimento dos bispos ([5]). As igre-

---

([1]) No ano de 743. Ver o liv. V das *Capitulares*, art. 3, edição de Baluze, p. 825.

([2]) A de Metz do ano de 756, art. 4.

([3]) Ver a sua capitular do ano de 803, promulgada em Worms, edição de Baluze, p. 411, em que ele determina o contrato precário; e a de Francoforte, do ano de 794, p. 267, art. 24, sobre as reparações das casas; e a do ano de 800, p. 330.

([4]) Como se torna evidente pela nota anterior e pela capitular de Pepino, rei de Itália, em que ele diz que o rei doará na forma de feudo os mosteiros aos que se recomendaram aos feudos. É aditada à lei dos Lombardos, liv. III, título i, § 30, e às leis sálicas, no compêndio das leis de Pepino, em Échard, p. 195, título xxvi, art. 4.

([5]) Ver a constituição de Lotário I, na lei dos Lombardos, liv. III, lei I, § 43.

jas foram divididas pelos herdeiros ([1]); e quando eram mantidas de uma maneira indecente, os bispos não tinham outro recurso senão retirar-lhes as relíquias ([2]).

A capitular de Compiègne ([3]) determina que o enviado do rei poderá visitar todos os mosteiros com o bispo, com o assentimento e na presença daqueles que os mantinham ([4]); e esta regra geral demonstra que o abuso era generalizado.

Não é que faltassem leis para a restituição dos bens das igrejas. Quando o papa admoestou os bispos pela sua negligência relativa ao restabelecimento dos mosteiros, eles escreveram ([5]) a Carlos, *o Calvo*, que essa admoestação não os atingira porque não eram culpados, e avisaram-no do que fora prometido, decidido e estatuído em tantas assembleias da nação. Efectivamente, citam nove delas.

As disputas continuaram. Os Normandos chegaram e puseram toda a gente de acordo.

Capítulo XII
Estabelecimento dos dízimos

Os regulamentos feitos sob o rei Pepino tinham dado à Igreja mais a esperança de um alívio do que um alívio efectivo; e, tal como Carlos Martel encontrou todo o património público nas mãos dos eclesiásticos, Carlos Magno encontrou os bens dos eclesiásticos nas mãos dos guerreiros. Não era possível fazer que estes restituíssem o que lhe fora doado; e as circunstâncias da época tornavam a coisa ainda mais impraticável do que o era pela sua natureza. Por outro lado, o cristianismo não devia perecer por falta de ministros, de templos e de instruções ([6]).

([1]) *Ibid.*, § 44.

([2]) *Ibid.*

([3]) Promulgada no vigésimo oitavo ano do reinado de Carlos, *o Calvo*, no ano de 868, edição de Baluze, p. 203.

([4]) *Cum consilio e consensu ipsius qui locum retinet* [«Com o conselho e consentimento daquele que sustenta o lugar»].

([5]) *Concilium apud Bonoilum*, décimo sexto ano do Carlos, o Calvo, no ano de 856, edição de Baluze, p. 78.

([6]) Nas guerras civis que se eclodiram no tempo de Carlos Martel, os bens da Igreja de Reims foram doados aos leigos. Deixaram o clero *subsistir como pudesse*, diz-se na vida de São Rémi. Surius, tomo I, p. 279.

Isso levou a que Carlos Magno estabelecesse os dízimos, um novo tipo de bem que, como fora dado unicamente à Igreja, trouxe ao clero a vantagem de tornar mais fácil reconhecer as usurpações posteriores ([1]).

Quis-se atribuir a este estabelecimento datas bem mais recuadas; mas as autoridades que são citadas parecem-me testemunhar contra aqueles que as alegam. A constituição ([2]) de Clotário diz somente que não serão cobrados certos dízimos ([3]) sobre os bens da Igreja. Muito longe, portanto, de a Igreja cobrar dízimos nesses tempos, toda a sua pretensão consistia em conseguir ficar isenta deles. O segundo concílio de Macon ([4]), realizado no ano de 585, que ordena que sejam pagos os dízimos, diz, na verdade, que estes foram pagos nos tempos antigos; mas diz também que, no seu tempo, tinham deixado de ser pagos.

Quem duvida de que antes de Carlos Magno não se tenha aberto a Bíblia e pregado as doações e as ofertas do Levítico? Mas eu afirmo que antes deste príncipe os dízimos podiam ser pregados, mas não estavam estabelecidos.

Digo que os regulamentos feitos sob o rei Pepino tinham submetido ao pagamento de dízimos e à reparação das igrejas aqueles que possuíam os bens eclesiásticos na forma de feudos. Era um grande passo obrigar através de uma lei, cuja justiça não podia ser contestada, os principais da nação a dar o exemplo.

Carlos Magno fez mais: e, pela capitular *de Villis* ([5]), percebe-se que ele obrigou as suas próprias terras ao pagamento dos dízimos. Foi também um grande exemplo.

([1]) Lei dos Lombardos, liv. III, §§ 1 e 2.

([2]) É aquela de que tanto falei no capítulo iv acima, que se encontra na edição das *Capitulares* de Baluze, tomo I, art. 11, p. 9.

([3]) *Agraria et pascuaria, vel decimas porcorum, Ecclesiae concedimus; ita ut actor aut decimator in rebus Ecclesiae nullus accedat* [«Concedemos à Igreja os dízimos sobre as terras agrícolas, sobre os pastos e sobre os porcos; nenhum cobrador de impostos nem nenhum cobrador de dízimos pode arrecadar as terras das Igreja»]. A capitular de Carlos Magno, do ano de 800, edição de Baluze, p. 336, explica muito bem o que era este tipo de dízimo do qual Clotário isentou a Igreja: era a décima parte dos porcos que eram postos nas florestas do rei para engordar; e Carlos Magno quer que os seus juízes o paguem como os outros, a fim de dar o exemplo. Percebe-se que era um direito senhorial ou económico.

([4]) *Canone V, ex tomo I. Conciliorum antiquorum Galliae, opera Jacobi Sirmondi.*

([5]) Art. 6, edição de Baluze, p. 332. Foi promulgada no ano de 800.

Mas o baixo povo é pouco capaz de abandonar os seus interesses com exemplos. O sínodo de Francoforte ([1]) apresenta-lhe um motivo mais premente para pagar os dízimos. Foi feita uma capitular em que se dizia que, durante a última fome, foram encontradas espigas de trigo vazias ([2]); que tinham sido devoradas por demónios e cujas vozes de repreensão se tinham feito ouvir por não terem pago o dízimo. E, por conseguinte, ordenou-se a todos os que tinham os bens eclesiásticos que pagassem o dízimo; e, por conseguinte, também se ordenou esse pagamento a todos.

No início, o projecto de Carlos Magno não foi bem sucedido. O encargo parecia ser esmagador ([3]). Para os judeus, o pagamento dos dízimos entrara no plano da fundação da sua república; mas aqui o pagamento dos dízimos era um encargo independente dos encargos relativos ao estabelecimento da monarquia. Podemos ver, nas disposições aditadas à lei dos Lombardos ([4]), a dificuldade que houve de garantir a recepção dos dízimos pelas leis civis; pelos diferentes cânones dos concílios, podemos julgar a dificuldade que houve em garantir a sua recepção pelas leis eclesiásticas.

Por fim, o povo consentiu em pagar os dízimos, na condição de que pudesse resgatá-los. A constituição de Luís, *o Pio* ([5]) e a do imperador Lotário ([6]) seu filho, não o permitiram.

As leis de Carlos Magno sobre o estabelecimento dos dízimos eram a obra da necessidade; só a religião participou nisto, e a superstição não tomou parte alguma.

([1]) Reunido sob Carlos Magno, no ano de 794.

([2]) *Experimento enim didicimus in anno quo illa valida fames irrepsit, ebullire vacuas annonas a daemonibus devoratas, et vocês exprobationis auditas*, etc. [«Recebemos a informação de que no ano em que se espalhou uma fome grave, houve uma grande quantidade de colheitas inúteis que foi devorada por demónios e ouviram-se vozes de repreensão»], edição de Baluze, p. 267, art. 23.

([3]) Ver entre outras a capitular de Luís, *o Pio*, do ano de 829, edição de Baluze, p. 663, contra os que, com o intuito de não pagar o dízimo, não cultivavam as suas terras; e o art. 5. *Nonis quidem et decimis, unde et genitor noster et nos frequenter in diversis placitis admonitionem fecimus* [«Os nonos e os décimos acerca dos quais o nosso pai e nós próprios fizemos frequentes advertências em várias decisões»].

([4]) Entre outras, a de Lotário, liv. III, título iii, cap. vi.

([5]) Do ano de 829, art. 7, em Baluze, tomo I, p. 663.

([6]) Lei dos Lombardos, liv. III, título iii, § 8.

A famosa divisão ([1]) que Carlos Magno fez dos dízimos em quatro partes, para a construção de igrejas, para os pobres, para o bispo, para os clérigos, demonstra bem que ele queria dar à Igreja esse estatuto fixo e permanente que ela perdera.

O seu testamento ([2]) mostra que ele quis concluir a reparação dos males que Carlos Martel, seu avô, fizera. Dividiu os seus bens mobiliários em três partes iguais: quis que duas dessas partes fossem divididas em vinte e uma, para os vinte e um arcebispados do seu império; cada parte devia ser subdividida entre o arcebispado e os bispos que dela dependiam. Dividiu a terceira parte que restava em quatro partes. Uma deu aos seus filhos e aos seus netos, uma outra foi acrescentada aos dois terços já doados, as outras duas foram empregues em obras pias. Parecia que ele considerava a dívida imensa que acabara de fazer às igrejas menos como um acto religioso do que como um arranjo político.

Capítulo XIII
Das eleições dos bispos e abades

Como as igrejas tinham empobrecido, os reis entregaram as eleições aos bispos e a outros benefícios eclesiásticos ([3]). Os príncipes estavam menos envolvidos na nomeação dos ministros e os competidores reclamavam menos a sua autoridade. Assim, a Igreja recebeu uma espécie de compensação pelos bens que lhe tinham tirado.

E se Luís, *o Pio* ([4]), deixou ao povo romano o direito de eleger os papas, tal foi um efeito do espírito geral do seu tempo: a respeito da sé de Roma actuava-se como se actuava a respeito das outras.

([1]) *Ibid.*, § 4.

([2]) É uma espécie de codicilo relatado por Eginardo e que é diferente do próprio testamento que se encontra em Goldaste e Baluze.

([3]) Ver a capitular de Carlos Magno, do ano de 803, art. 2, edição de Baluze, p. 379; e a edição de Luís, *o Pio*, do ano de 834, em Goldaste, *Constituições imperais*, tomo I.

([4]) Isto é dito no famoso cânone *Ego Ludovicus* que é visivelmente suposto. Aparece na edição de Baluze, p. 591, sobre o ano de 817.

Capítulo XIV
Dos feudos de Carlos Martel

Não direi se Carlos Martel, ao doar os bens da Igreja na forma de feudos, os doou vitaliciamente ou em perpetuidade. Tudo o que sei é que no tempo de Carlos Magno ([1]) e de Lotário I ([2]) havia estes tipos de bens que eram transmitidos aos herdeiros e eram partilhados entre eles.

Além disso, parece-me que uma parte ([3]) foi doada como alódio e a outra parte como feudo.

Disse que os proprietários dos alódios estavam sujeitos ao serviço tal como os que possuíam feudos. Em parte, tal foi sem dúvida a razão que levou Carlos Martel a doar bens quer como alódios, quer como feudos.

Capítulo XV
Continuação do mesmo assunto

É preciso notar que, como os feudos tinham sido convertidos em bens da Igreja, e como os bens da Igreja tinham sido convertidos em feudos, os feudos e os bens da Igreja adquiriram reciprocamente alguma coisa da natureza de um e de outro. Assim, os bens da Igreja receberam os privilégios dos feudos e os feudos receberam os privilégios dos bens da Igreja. Foi o caso dos direitos ([4]) honoríficos, nas igrejas, que se viu nascer naqueles tempos. E como estes direitos estiveram sempre associados à alta

---

([1]) Como aparece na sua capitular do ano de 801, art. 17, em Baluze, tomo I, p. 360.

([2]) Ver a sua constituição inserida no código dos Lombardos, liv. III, título i, § 44.

([3]) Ver a constituição citada anteriormente e a capitular de Carlos, *o Calvo*, do ano de 846, cap. xx, *in villa Sparnaco*, edição de Baluze, tomo II, p. 31; e a do ano de 853, cap. iii e v, no sínodo de Soissons, edição de Baluze, tomo II, p. 54; e a do ano de 854, *apud Attiniacum*, cap. X, edição de Baluze, tomo II, p. 70. Ver também a capitular primeira de Carlos Magno, *incerti anni*, art. 49 e 56, edição de Baluze, tomo I, p. 519.

([4]) Ver as *Capitulares*, liv. V, art. 44; e a edição de Pistes do ano de 866, art. 8 e 9, onde se vê os direitos honoríficos dos senhores estabelecidos tal como estão actualmente.

justiça (*), em detrimento do que hoje chamamos o feudo, conclui-se que as justiças patrimoniais foram estabelecidas ao mesmo tempo que estes direitos.

Capítulo XVI
Confusão da realeza e da prefeitura. Segunda raça

A ordem das matérias levou-me a perturbar a ordem do tempo; de modo que falei de Carlos Magno antes de ter falado dessa época famosa da transferência da coroa para os Carolíngios, operada sob o rei Pepino: coisa que, ao contrário dos acontecimentos comuns, é talvez mais comentada hoje do que o foi no próprio período em que foi levada a cabo.

Os reis não tinham autoridade, mas tinham um nome; o título de rei era hereditário e o de prefeito era electivo. Embora os prefeitos nos tempos mais tardios tivessem posto no trono os Merovíngios que eles queriam, não tinham pegado num rei de uma outra família; e a lei antiga que dava a coroa a uma determinada família não fora apagada do coração dos Francos. A pessoa do rei era quase desconhecida na monarquia; mas a realeza não o era. Pepino, filho de Carlos Martel, acreditava que era apropriado confundir esses dois títulos; uma confusão que deixaria sempre alguma incerteza sobre se a realeza era hereditária ou não. E isso bastava para quem juntava à realeza um grande poder. Nessa altura, a autoridade do prefeito estava adstrita à autoridade régia. Na mistura destas duas autoridades fez-se uma espécie de conciliação. O prefeito fora electivo e o rei hereditário. A coroa no princípio da segunda raça era electiva porque o povo escolhia; era hereditária porque o povo escolhia sempre dentre da mesma família (1).

(*) «Alta justiça»: direito que assistia o senhor de julgar todos os processos civis e criminais, inclusivamente com recurso à pena capital (ed. Caillois) (N. T.).

(1) Ver o testamento de Carlos Magno; e a divisão que Luís, *o Pio* fez para os seus filhos na assembleia dos Estados, reunida em Quierzy, relatada por Goldaste: *Quem populus eligere velit, ut patri suo succedat in regni haereditate* [«Aquele que o povo quis escolher, que sucedeu ao seu pai na herança régia»].

O Padre Le Cointe, apesar do testemunho de todos os registos ([1]), nega ([2]) que o papa tivesse autorizado essa grande mudança. Uma das suas razões é que assim o papa Zacarias teria cometido uma injustiça. É admirável ver um historiador julgar o que os homens fizeram segundo aquilo que deveriam ter feito! Com esta maneira de raciocinar deixaria de haver História.

Seja como for, o que é certo é que, desde o momento da vitória do duque Pepino, a sua família reinou e a dos Merovíngios nunca mais voltou a reinar. Quando o seu neto Pepino foi coroado rei, foi apenas uma cerimónia a mais e um fantasma a menos: com ela, não adquiriu nada além dos ornamentos reais; nada mudou na nação.

Disse isto para fixar o momento da revolução para que ninguém se engane a ver uma revolução no que não era senão uma consequência da revolução.

Quando Hugo Capeto foi coroado rei no início da terceira raça, houve uma mudança maior, porque o Estado passou da anarquia para um qualquer tipo de governo; mas quando Pepino assumiu a coroa, passou-se de um governo para um outro do mesmo tipo.

Quando Pepino foi coroado rei, limitou-se a mudar de nome; mas quando Hugo Capeto foi coroado rei, a coisa mudou porque um grande feudo, unido à coroa, acabou com a anarquia.

Quando Pepino foi coroado, o título de rei foi unido ao maior ofício; quando Hugo Capeto foi coroado, o título de rei foi unido ao maior feudo.

Capítulo XVII
Coisa particular na eleição dos reis da segunda raça

Vemos na fórmula da consagração de Pepino ([3]) que Carlos e Carlomano também foram ungidos e abençoados, e que os senho-

---

([1]) O anónimo, sobre o ano de 752; e *Crónica Cetulcense*, sobre o ano de 754.

([2]) *Fabella quae post Pippini mortem excogitata est, aquitati ac sanctitati Zachariae papae plurimum adversatur...* [«A história foi inventada após a morte de Pepino e é muito contrária à equidade e santidade do Papa Zacarias...»]. *Annales ecclesiastici Francorum*, tomo II, p. 319.

([3]) Tomo V dos *Historiens de France*, dos padres beneditinos, p. 9.

res franceses comprometeram-se, sob pena de interdição e de excomunhão, a jamais eleger alguém de uma outra raça ([1]).

Aparentemente, segundo os testamentos de Carlos Magno e de Luís, *o Pio*, os Francos escolheram dentre os filhos do rei; o que é muito bem relatado na cláusula acima citada. E quando o império passou para uma outra casa que não a de Carlos Magno, a faculdade de eleger, que era restrita e condicional, tornou-se pura e simples; e afastaram-se da antiga constituição.

Pepino, ao sentir-se próximo do seu fim, convocou os senhores eclesiásticos e leigos a Saint-Denis ([2]); e dividiu o seu reino pelos seus dois filhos Carlos e Carlomano. Não temos as actas dessa assembleia; mas descobrimos o que nela se passou no autor da antiga compilação histórica publicada por Canisius ([3]) e no autor dos *Anais* de Metz, como foi assinalado ([4]) pelo Sr. Baluze. E vejo aí duas coisas de algum modo contraditórias: que Pepino fez a divisão com o consentimento dos grandes; e, de seguida, que a fez por direito paterno. Isto demonstra o que eu disse, que o direito do povo, durante essa raça, era o de eleger dentre a família; era, propriamente falando, mais um direito de excluir do que um direito de eleger.

Esta espécie de direito de eleição encontra-se confirmada pelos registos da segunda raça. É o caso da capitular da divisão do império que Carlos Magno fez pelos seus três filhos, em que, depois de ter levado a cabo a sua divisão, diz ([5]) que «se um dos três irmãos tiver um filho, e o povo quiser elegê-lo para suceder ao reino do seu pai, os seus tios assim o consentirão».

Esta mesma disposição encontra-se na divisão que Luís, *o Pio*, fez pelos seus três filhos ([6]), Pepino, Luís e Carlos, no ano de 837, na assembleia de Aix-la-Chapelle; e também numa outra divisão do mesmo imperador ([7]) feita vinte anos antes por Lotário, Pepino

---

([1]) *Ut nunquam de alterius lumbis regem in aevo praesumant eligere, sed ex ipsorum* [«Nunca presumiram eleger um rei de uma outra linhagem que não desta»]. Ibid., p. 10.

([2]) No ano de 768.

([3]) Tomo II, *Lectionis antiquae*.

([4]) Edição das *Capitulares*, tomo I, p. 188.

([5]) Na capitular I do ano de 806, edição de Baluze, p. 439, art. 5.

([6]) Em Goldaste, *Constituições imperiais*, tomo II, p. 19.

([7]) Edição de Baluze, p. 574, art. 14. *Si vero aliquis illorum decedens, legitimos filios reliquerit, non inter eos potestas ipsa dividatur; sed potius populus, pariter conveniens, unum ex eis, quem Dominus voluerit, eligat; et hunc senior frater in loco fratris et filii*

e Luís. Podemos ver ainda o juramento que Luís, *o Gago* (*), prestou em Compiègne quando aí foi coroado. «Eu, Luís ([1]), constituído rei pela misericórdia de Deus e pela eleição do povo, prometo...». O que eu digo é confirmado pelas actas do concílio de Valence ([2]), reunido no ano de 890, para a eleição de Luís, filho de Boson, para o reino de Arles. Luís foi eleito; e como razões principais da sua eleição foram dadas as seguintes: que ele pertencia à família imperial ([3]), que Carlos, *o Gordo* (**), lhe dera a dignidade de rei e que o imperador Arnulfo (***) o investira com o ceptro e com o ministério dos seus embaixadores. O reino de Arles, tal como os outros, desmembrados ou dependentes do império de Carlos Magno, era electivo e hereditário.

Capítulo XVIII
Carlos Magno

Carlos Magno imaginava que conseguiria manter o poder da nobreza dentro dos seus limites e impedir a opressão do clero e dos homens livres. Temperou de tal modo as ordens do Estado que elas se contrabalançavam e ele permanecia senhor. Tudo foi unido pela força do seu génio. Liderou constantemente a nobreza de expedição em expedição; não lhe deu tempo para formar desígnios e ocupou-a por inteiro a seguir os seus. O império manteve-se pela grandeza do chefe: o príncipe era grande, o homem era maior ainda. Os reis que eram seus filhos foram os seus primeiros súbditos, foram os instrumentos do seu poder e os modelos da obediência. Fez regulamentos admiráveis; e mais

---

suscipiat [«Se um deles morrer e deixar filhos legítimos, não deve dividir o seu poder por eles; em vez disso, o povo deve reunir-se e escolher quem o Senhor quiser; o irmão mais velho deve apoiá-lo na sua posição como um irmão e como um filho»].

(*) Luís II, rei de França entre 877 e 879 (N. T.).

([1]) Capitular do ano de 877, edição de Baluze, p. 272.

([2]) Em Dumont, *Corps diplomatique*, tomo I, art. 36.

([3]) Pela via feminina.

(**) Carlos III, imperador entre 881 e 888. Foi coroado rei da França (Francia) Oriental em 882 e da França (Francia) Ocidental em 884. Foi deposto do trono da França Oriental em 887 (N. T.).

(***) Arnulfo subiu ao trono da Germânia após a deposição de Carlos, *o Gordo*. Seria também imperador do Ocidente até ao ano de 899 (N. T.).

ainda, garantiu que fossem executados. O seu génio espalhou-se por todas as partes do império. Nas leis deste príncipe vê-se um espírito de previdência que abrange tudo, e uma certa força que arrasta tudo. Os pretextos (1) para iludir os deveres são eliminados; as negligências corrigidas, os abusos reformados ou prevenidos. Sabia punir; sabia ainda melhor perdoar. Vasto nos seus desígnios, simples na execução, ninguém possuiu em grau mais elevado a arte de fazer as maiores coisas com facilidade e as difíceis com prontidão. Percorria incessantemente o seu vasto império, dando a sua mão onde quer que estivesse. Por toda a parte renasciam os negócios e por toda a parte ele os concluía. Jamais houve um príncipe que melhor soubesse defrontar os perigos; jamais houve um príncipe que melhor soubesse evitá-los. Recreava-se com todos os perigos, e particularmente com aqueles que quase sempre os grandes conquistadores correm: quero dizer as conspirações. Este príncipe prodigioso era extremamente moderado; o seu carácter era brando, as suas maneiras simples; gostava de viver com a gente da sua corte. Foi talvez demasiado sensível ao prazer das mulheres; mas um príncipe que sempre governou por si mesmo, e que passou a sua vida nos seus trabalhos, pode merecer mais escusas. Regrou admiravelmente as suas despesas; fez render os seus domínios com sabedoria, com atenção, com economia; um pai de família poderia aprender (2) com as suas leis a governar a sua casa. Nas suas *Capitulares* vemos a fonte pura e sagrada donde tirou as suas riquezas. Não direi mais do que uma palavra: ordenou que se vendessem os ovos das capoeiras dos seus domínios e as ervas inúteis dos seus jardins (3); e distribuiu pelos seus povos todas as riquezas dos Lombardos e os imensos tesouros dos Hunos que tinham despojado o universo.

---

(1) Ver a sua capitular III do ano de 811, p. 486, art. 1, 2, 3, 4, 5, 6, 7 e 8; e a capitular I do ano de 812, p. 490, art. 1; e a capitular do mesmo ano, p. 494, art. 9 e 11; e outras.

(2) Ver a capitular *de Villis*, do ano de 800; a sua capitular II do ano de 813, art. 6 e 19; e o liv. V das *Capitulares*, art. 303.

(3) Capitular *de Villis*, art. 39. Ver toda esta capitular que é uma obra-prima de prudência, de boa administração e de economia.

Capítulo XIX
Continuação do mesmo assunto

Carlos Magno e os seus primeiros sucessores receavam que aqueles que fossem colocados em lugares distantes fossem levados à revolta; acreditavam que encontrariam mais docilidade entre os eclesiásticos. Daí que tenham erigido na Alemanha um grande número de bispos (1) e lhes tenham atribuído grandes feudos. Pela leitura de algumas cartas, parece que as cláusulas que continham as prerrogativas desses feudos não eram diferentes das que eram normalmente introduzidas neste tipo de concessões (2), apesar de hoje vermos os principais eclesiásticos da Alemanha revestidos de poder soberano. Seja como for, eram peças que eles usavam nas investidas contra os Saxões. O que não podiam esperar da indolência ou das negligências de um *leude*, acreditavam que deviam esperar do zelo e da atenção activa de um bispo; de resto, um vassalo destes, bem longe de usar os povos conquistados contra eles, pelo contrário necessitaria do seu apoio para se proteger contra estes povos.

Capítulo XX
Luís, o Pio

Quando Augusto estava no Egipto, mandou abrir o túmulo de Alexandre. Perguntaram-lhe se queria abrir os túmulos dos Ptolomeus; respondeu que queria ver o rei, e não os mortos. Assim, na história da segunda raça, procura-se Pepino e Carlos Magno; quer-se ver os reis, e não os mortos.

Um príncipe, joguete das suas paixões e vítima das suas próprias virtudes; um príncipe que nunca soube medir a sua força nem a sua fraqueza; que nunca soube conciliar nem o medo, nem o amor; que, com poucos vícios no coração, tinha todo o tipo de defeitos no espírito, tomou em mãos as rédeas do império que Carlos Magno segurara.

---

(1) Ver entre outras a instituição do arcebispado de Bremen, na capitular de 789, edição de Baluze, p. 245.

(2) Por exemplo, a proibição dos juízes régios de entrarem no território para exigir as *freda* e outros direitos. Falei muito disto no livro anterior [caps. xx, xxi e xxii].

No tempo em que o universo está em lágrimas pela morte do seu pai; nesse instante de espanto, em que todos chamam por Carlos e já não o encontram; no tempo em que se apressa para ocupar o seu lugar, envia à sua frente pessoas da sua confiança para deterem aqueles que tinham contribuído para a desordem da conduta das suas irmãs. Isso causou sangrentas tragédias ([1]); foram imprudências bastante precipitadas. Começou a vingar os crimes domésticos antes de ter chegado ao palácio, e a revoltar os espíritos antes de ser o senhor ([*]).

Mandou arrancar os olhos de Bernardo, rei de Itália, seu sobrinho, que viera implorar pela sua clemência, e que morreu alguns dias depois. Isso multiplicou os seus inimigos. O medo que tinha deles determinou-o a espoliar os seus irmãos; o que aumentou ainda mais o número dos seus inimigos. Foi bastante censurado por causa destas duas últimas decisões ([2]). Não deixaram de lhe dizer que ele violara o seu juramento e as promessas solenes que fizera ao seu pai no dia da sua coroação ([3]).

Após a morte da imperatriz Hermengarda, de quem teve três filhos, casou com Judith; tiveram um filho; e em breve, misturando as complacências de um marido velho com todas as fraquezas de um rei velho, provocou uma tal desordem na sua família que levou à queda da monarquia.

Estava sempre a mudar as partilhas que fizera junto dos seus filhos. No entanto, estas partilhas tinham sido confirmadas uma após outra com os seus juramentos, com os dos seus filhos e com os dos senhores. Era querer tentar a fidelidade dos seus súbditos; era procurar instalar confusão, escrúpulos e equívocos na sua obediência; era confundir os diferentes direitos dos príncipes sobretudo num tempo em que, como as fortalezas eram raras, o primeiro baluarte da autoridade era a boa-fé prometida e a boa-fé recebida.

([1]) O Autor incerto da *Vida de Luís, o Pio,* no compêndio de Duchesne, tomo II, p. 295.

([*]) Este parágrafo e o seguinte não constam das primeiras edições da obra (ed. Caillois) (N. T.).

([2]) Ver a acta da sua degradação, no compêndio de Duchesne, tomo II, p. 333.

([3]) Ordenou-lhe que tivesse pelas suas irmãs, pelos seus irmãos e pelos seus sobrinhos uma clemência ilimitada, *indeficientem misericordiam.* Thegan, no compêndio de Duchesne, tomo II, p. 276.

Para manterem as suas partilhas, os filhos do imperador convocaram o clero e deram-lhe direitos inauditos até então. Esses direitos eram especiosos; trazia-se o clero para que fosse a garantia de uma coisa que queriam que este autorizasse. Agobardo ([1]) explicou a Luís, *o Pio*, que enviara Lotário a Roma para ser declarado imperador; que fizera partilhas junto dos seus filhos depois de ter consultado o céu durante três dias de jejum e de preces. O que podia fazer um príncipe supersticioso, em particular quando era atacado pela própria superstição? Percebe-se que a autoridade sofreu dois reveses com a prisão do príncipe e com a sua penitência pública. Queriam degradar o rei e degradaram a realeza.

À partida é difícil compreender como é que um príncipe que tinha várias boas qualidades, que não carecia de luzes, que amava naturalmente o bem, e, para dizer tudo numa palavra, que era o filho de Carlos Magno, pôde ter inimigos tão numerosos ([2]), tão violentos, tão irrenconciliáveis, tão ardentes na ofensa, tão insolentes na sua humilhação, tão determinados a arruiná-lo; e na segunda vez tê-lo-iam arruinado irreversivelmente se os seus filhos, no fundo mais honestos do que eles, tivessem podido seguir um plano e acordado em alguma coisa ([*]).

Capítulo XXI
Continuação do mesmo assunto

A força que Carlos Magno colocara na nação subsistiu o bastante com Luís, *o Pio*, para que o Estado conseguisse manter-se na sua grandeza e ser respeitado pelos estrangeiros. O príncipe tinha o espírito fraco; mas a nação era guerreira. A autoridade perdia-se no interior, sem que o poder parecesse diminuir no exterior.

Carlos Martel, Pepino e Carlos Magno governaram a monarquia um a seguir ao outro. O primeiro satisfez a avareza dos

([1]) Ver as suas cartas.

([2]) Ver a acta da sua degradação no compêndio de Duchesne, tomo II, p. 331. Ver também a sua *Vida* escrita por Tegan, *Tanto enim ódio laborabat, ut taederet eos vita ipsius* [«Foi oprimido por tanto ódio que a sua própria vida o afligiu»], diz o Autor incerto, em Duchesne, tomo II, p. 307.

([*]) Parágrafo omisso nas primeiras edições (ed. Caillois) (N. T.).

guerreiros; os outros dois, a do clero; Luís, *o Pio*, desagradou a uns e a outros.

Na constituição francesa, o rei, a nobreza e o clero tinham nas suas mãos todo o poder do Estado. Carlos Martel, Pepino e Carlos Magno por vezes juntaram os seus interesses a uma das duas partes para conter a outra, e quase sempre com ambas; mas Luís, *o Pio*, separou-se de um e de outro destes corpos. Indispôs os bispos com regulamentos que lhes pareceram rígidos, porque foi mais longe do que os próprios queriam ir. Há muito boas leis feitas a despropósito. Naquele tempo, os bispos, acostumados a ir para a guerra contra os Sarracenos e contra os Saxões, estavam bem distantes do espírito monástico ([1]). Por outro lado, como perdera toda a confiança na sua nobreza, promoveu gente vinda do nada ([2]). Privou a nobreza dos seus empregos ([3]), expulsou-a do palácio, chamou estrangeiros a si. Separou-se desses dois corpos e foi por eles abandonado.

Capítulo XXII
Continuação do mesmo assunto

Mas o que sobretudo enfraqueceu a monarquia foi o facto de este príncipe ter dissipado os seus domínios ([4]). Foi aqui que Nitardo, um dos mais judiciosos historiadores que tivemos – Nitardo, neto de Carlos Magno, que estava ligado ao partido de Luís, *o Pio*, e cuja história escreveu por ordem de Carlos, o Calvo – deve ser escutado.

([1]) «Nessa altura, os bispos e os clérigos começaram a deixar de usar os cintos e os talabartes de ouro, as facas adornadas com pedras preciosas que neles estavam penduradas, as vestimentas de gosto sofisticado, as esporas cuja riqueza pesava nos seus calcanhares. Mas o inimigo do género humano não suportou tal devoção e fez os eclesiásticos de todas as ordens revoltarem-se contra ela, e fez guerra a si mesma». O Autor incerto da *Vida de Luís, o Pio*, no compêndio de Duchesne, tomo II, p. 298.

([2]) Tegan diz que aquilo que se fazia muito raramente sob Carlos Magno, fez-se comummente com Luís.

([3]) Querendo conter a nobreza, tomou como seu camareiro um tal Bernardo, o qual a levou ao desespero.

([4]) *Villas regias, quae erant sui et avi et tritavi, fidelibus suis tradidit eas in possessiones sempiternas: fecit enim hoc diu tempore* [«Entregou aos seu fiéis, como posses perpétuas, os domínios que tinham sido seus, do seu avô e dos seus antepassados mais remotos: fez isto durante muito tempo»]. Tegan, *De Gestis Ludovici Pii.*

Diz ele que «um tal Adelardo tivera durante uns tempos um tal império sobre o espírito do imperador que este príncipe seguia a sua vontade em todas as coisas; que por instigação desse favorito, doara bens fiscais ([1]) a todos aqueles que os quisessem; e assim destruiu a república ([2])». Assim, Luís fez por todo o império o que eu disse ([3]) que ele fizera na Aquitânia: coisa que Carlos Magno reparou, e que nunca mais ninguém reparou.

Foi um Estado que atingira o esgotamento aquele que Carlos Martel encontrou quando chegou à prefeitura; e as circunstâncias eram tais que já não seria suficiente um golpe de autoridade para restabelecer o Estado.

O fisco estava tão empobrecido que, sob Carlos, *o Calvo*, as honras não eram conferidas a ninguém ([4]), não se atribuía a segurança a ninguém, a não ser a troco de dinheiro. Quando podiam ter destruído os Normandos ([5]), deixaram-nos escapar a troco de dinheiro; e o primeiro conselho que Hincmar ([*]) deu a Luís, *o Gago*, foi o de pedir numa assembleia os meios de sustento das despesas da sua casa.

Capítulo XXIII
Continuação do mesmo assunto

O clero tinha razão para se arrepender da protecção que concedera aos filhos de Luís, *o Pio*. Este príncipe, como disse, nunca dera precepções ([**]) aos leigos relativas a bens da Igreja ([6]); mas em breve Lotário em Itália, e Pepino na Aquitânia, abandonaram o plano de Carlos Magno e retomaram o de Carlos Martel.

([1]) *Hinc libertates, hinc publica in propriis usibus distribuere suasit* [«Persuadiu-o a distribuir liberdades por aqui, rendas públicas por ali, entre os seus»]. Nitardo, liv. IV, *in fine*.

([2]) *Rempublicam penitus annulavit.* Ibid.

([3]) Ver o liv. XXX, cap. xiii.

([4]) Hincmar, primeira carta a Luís, *o Gago*.

([5]) Ver o fragmento da Crónica do mosteiro de São Sérgio de Angers, em Duchesne, tomo II, p. 401.

([*]) Hincmar (806-882): arcebispo de Rheims, muito próximo de Carlos, *o Calvo*. Foi teólogo e cronista (N. T.).

([**]) Ver *EL*, XXXI.2 (N. T.).

([6]) Ver o que dizem os bispos no sínodo do ano de 845, *apud Teudonis villam*, art. 4.

Os eclesiásticos tinham recorrido ao imperador contra os seus filhos; mas eles próprios tinham enfraquecido a autoridade que agora reclamavam. Na Aquitânia, houve alguma condescendência; em Itália, não obedeceram.

As guerras civis, que tinham perturbado a vida de Luís, *o Pio*, foram o germe das que se seguiram à sua morte. Os três irmãos, Lotário, Luís e Carlos, procuraram, cada um ao seu modo, atrair os grandes para o seu partido e torná-los em suas criaturas. Àqueles que os quiseram seguir deram-lhes precepções relativas aos bens da Igreja; e, para ganhar a nobreza, entregaram-lhes o clero.

Nas *Capitulares* ([1]), vemos que esses príncipes foram obrigados a ceder à impertinência dos pedidos, e que muitas vezes lhes era tirado o que eles não queriam dar; aí vemos que o clero se julgava mais oprimido pela nobreza do que pelos reis. Também parece que Carlos, *o Calvo* ([2]), foi quem mais atacou o património do clero, quer por ter sido o mais provocado pelo clero, em virtude de o seu pai ter sido degradado por sua causa, quer por ter sido o mais tímido. Seja como for, nas *Capitulares* ([3]) assistimos a querelas contínuas entre o clero que pedia os seus bens de volta e a nobreza que recusava, que evitava, que adiava a sua devolução, com os reis entre os dois.

([1]) Ver o sínodo do ano de 845, *apud Teudonis villam*, art. 3 e 4, que descreve bem o estado das coisas; assim como o do mesmo ano, reunido no palácio de Vernes, art. 12; e o sínodo de Beauvais, também do mesmo ano, art. 3, 4 e 6; e a capitular *in villa Sparnaco*, do ano de 846, art. 20; e a carta que os bispos reunidos em Reims escreveram, no ano de 858, a Luís, *o Germânico*, art. 8.

([2]) Ver a capitular *in villa Sparnaco*, do ano de 846. A nobreza irritara o rei contra os bispos, ao ponto de ele os escorraçar da assembleia: alguns cânones dos sínodos foram escolhidos e declarados como os únicos que seriam cumpridos; atribui-se-lhes o que era impossível recusar-lhes. Ver os arts. 20, 21 e 22. Ver também a carta que os bispos reunidos escreveram no ano de 858 a Luís, *o Germânico*, art. 8; e o édito de Pistes, de 864, art. 5.

([3]) Ver a mesma capitular do ano de 846, *in villa Sparnaco*. Ver também a capitular da assembleia reunida *apud Marsnam*, do ano de 847, art. 4, na qual o clero recuou e pediu que lhe fosse devolvida a posse de tudo de que tinham gozado durante o reinado de Luís, *o Pio*. Ver também a capitular do ano de 851, *apud Marsnam*, arts. 6 e 7, que manteve a nobreza e o clero nas suas posses; e a de *apud Bonoilum*, do ano de 856, que é uma reivindicação dos bispos ao rei relativa ao facto de que, depois de tantas leis feitas, os males ainda não tinham sido reparados; e, finalmente, a carta que os bispos reunidos em Reims escreveram no ano de 858 a Luís, *o Germânico*, art. 8.

É um espectáculo digno de piedade, o de ver o estado de coisas nesses tempos. Enquanto Luís, *o Pio*, atribuía às igrejas doações imensas dos seus domínios, os seus filhos distribuíam os bens do clero pelos leigos. Muitas vezes a mesma mão que fundava as novas abadias despojava as antigas. O clero não gozava de uma condição fixa. Era espoliado; readquiria os seus bens; mas a coroa perdia sempre.

Para o fim do reinado de Carlos, *o Calvo*, e depois deste reinado, esteve cada vez menos em causa a questão das contendas entre o clero e os leigos em torno da restituição dos bens da Igreja. Com efeito, os bispos ainda arrojaram alguns suspiros nas suas reivindicações, que encontramos na capitular do ano de 856, e na carta ([1]) que escreveram a Luís, *o Germânico*, no ano de 858; mas propunham coisas, e reclamavam promessas tantas vezes esquivadas, que percebe-se que não tinham qualquer esperança de obtê-las.

A única questão que permaneceu foi a de reparar em geral os danos causados à Igreja e ao Estado ([2]). Os reis comprometeram-se a não retirar aos *leudes* os seus homens livres, e a deixar de doar os bens eclesiásticos através de precepções ([3]); de modo que o clero e a nobreza pareceram estar unidos nos seus interesses.

As estranhas depredações dos Normandos, como disse, contribuíram muito para pôr fim a essas querelas. Os reis, todos os dias menos acreditados, tanto pelas causas que mencionei como pelas que direi, julgaram que não tinham outro partido a tomar senão o de se porem nas mãos dos eclesiásticos. Mas o clero enfraquecera os reis, e os reis tinham enfraquecido o clero.

Em vão Carlos, *o Calvo* e os seus sucessores chamaram o clero ([4]) para apoiar o Estado e impedi-lo de cair; em vão ser-

---

([1]) Art. 8.

([2]) Ver a capitular do ano de 851, art. 6 e 7.

([3]) Carlos, *o Calvo*, no sínodo de Soissons, diz que prometera aos bispos não mais doar precepções dos bens da Igreja. Capitular do ano de 853, art. 11, edição de Baluze, tomo II, p. 56.

([4]) Ver em Nitardo, liv. IV, como, após a fuga de Lotário, os reis Luís e Carlos consultaram os bispos para saber se poderiam tomar e dividir o reino que tinham abandonado. Com efeito, como os bispos formavam entre si um corpo mais unido do que os *leudes*, convinha a esses príncipes assegurar os seus direitos com uma resolução dos bispos, que poderiam comprometer todos os outros senhores a segui-los. [Esta nota só aparece a partir da edição de 1757 (N. T.)].

viram-se do respeito que os povos tinham por esse corpo (1) para manter o respeito que se devia ter por eles; em vão procuraram dar autoridade às suas leis através da autoridade dos cânones (2); em vão uniram as penas eclesiásticas às penas civis (3); em vão deram a cada bispo a qualidade de enviado às províncias (4) para contrabalançar a autoridade do conde. Foi impossível ao clero reparar o mal que fizera; e uma estranha desgraça, de que falarei em breve, fez cair a coroa por terra.

Capítulo XXIV
Que os homens livres foram incapacitados de possuir feudos

Afirmei que os homens livres iam para guerra às ordens do seu conde, e os vassalos às ordens do seu senhor. Isso fazia que as ordens do Estado se equilibrassem umas às outras; e embora os *leudes* tivessem vassalos, podiam ser contidos pelo conde, que estava à cabeça de todos os homens livres da monarquia.

No início (5), esses homens livres não podiam recomendar-se para um feudo, mas subsequentemente puderam; e descubro que essa mudança foi feita no tempo que decorreu desde o reinado de Gontrão até ao de Carlos Magno. Demonstro-o com a com-

---

(1) Ver a capitular de Carlos, *o Calvo, apud Saponarias,* do ano de 859, art. 3. «Venillon, que eu nomeei arcebispo de Sens, consagrou-me; e eu não devia ser expulso do reino por ninguém, *saltem sine audientia et judicio episcoporum, quorum ministerio in regem sum consecratus, et qui throni Dei sunt dicti, in quibus Deus sedet, et per quos sua decernit judicia; quorum paternis correctionibus et castigatoriis judiciis me subdere fui paratus, et in praesenti sum subditus* [«e seguramente não sem ter sido escutado numa audiência com os bispos através de cujo ministério fui consagrado rei. Pois eles são chamados os tronos de Deus em que Deus se senta, e a Sua justiça é discernida por eles; estive e estou preparado para me sujeitar às suas correcções paternais e aos seus castigos judiciais»].

(2) Ver a capitular de Carlos, *o Calvo, de Carisiaco,* do ano de 857, edição de Baluze, tomo II, p. 88, art. 1, 2, 3, 4 e 7.

(3) Ver o sínodo de Pistes, do ano de 862, art. 4; e a capitular de Carlomano e de Luís II, *apud Vernis palatium,* do ano de 883; art. 4 e 5.

(4) Capitular do ano de 876, sob Carlos, *o Calvo, in synodo Pontigonensi,* edição de Baluze, art. 12.

(5) Ver o que eu disse no livro XXX, último capítulo, *in fine.*

paração que se pode fazer entre o tratado de Andely (1), acordado entre Gontrão, Childeberto e a rainha Brunehault, e a partilha feita por Carlos Magno junto dos seus filhos, e uma partilha semelhante feita por Luís, *o Pio* (2). Estes três actos contêm disposições mais ou menos semelhantes relativas aos vassalos; e como aí são regulados os mesmos pontos e mais ou menos nas mesmas circunstâncias, o espírito e a letra destes três tratados são, a este respeito, mais ou menos os mesmos.

Mas no que diz respeito aos homens livres encontra-se aí uma diferença capital. O tratado de Andely não diz que eles podiam recomendar-se para um feudo; ao passo que nas partilhas de Carlos Magno e de Luís, *o Pio*, encontramos cláusulas expressas para que eles pudessem recomendar-se: o que mostra que, depois do tratado de Andely, foi introduzido um novo uso mediante o qual os homens livres foram capacitados com essa grande prerrogativa.

Tal deve ter sucedido quando Carlos Martel distribuiu os bens da Igreja aos seus soldados, em parte como feudos, em parte como alódios, produzindo uma espécie de revolução nas leis feudais. É provável que os nobres, que já possuíam feudos, tenham visto mais vantagens em receber as novas doações como alódios, e que os homens livres se considerassem bastante felizes por recebê-las como feudos.

Capítulo XXV
Causa principal do enfraquecimento da segunda raça. Mudança nos alódios

Na partilha de que falei no capítulo anterior (3), Carlos Magno estabeleceu a regra segundo a qual, após a sua morte, os homens de cada rei receberiam benefícios no reino do seu rei, e não no reino de outro (4); ao passo que conservariam os seus alódios em qualquer reino que fosse. Mas acrescenta que todos os

---

(1) Do ano de 587; em Gregório de Tours, liv. IX.

(2) Ver o capítulo seguinte, onde falo mais extensamente destas partilhas, e as notas em que elas são citadas.

(3) Do ano de 806, entre Carlos, Pepino e Luís II. É relatada por Goldaste, e por Baluze, tomo I, p. 439.

(4) Art. 9, página 443. O que é conforme ao tratado de Andely, em Gregório de Tours, liv. IX.

homens livres poderiam, após a morte do seu senhor, recomendar-se para um feudo nos três reinos que quisessem, tal como aqueles que nunca tivessem tido um senhor ([1]). Encontramos as mesmas disposições na partilha que Luís, *o Pio*, fez junto dos seus filhos no ano de 817 ([2]).

Mas embora os homens livres se recomendassem para um feudo, a milícia do conde não era enfraquecida com isso. Um homem livre tinha sempre de contribuir para o seu alódio, e preparar gente que fizesse o seu serviço, à razão de um homem por cada quatro mansões; ou então tinha de preparar um homem que fizesse o serviço no feudo por ele; e como alguns abusos tivessem sido por essa via introduzidos, foram corrigidos, como mostram as constituições ([3]) de Carlos Magno e a de Pepino, rei de Itália ([4]), que se explicam uma à outra.

O que os historiadores disseram, que a batalha de Fontenay foi a causa da ruína da monarquia, é muito verdadeiro; mas que me seja permitido dar uma vista de olhos pelas funestas consequências desse dia.

Algum tempo depois dessa batalha, os três irmãos, Lotário, Luís e Carlos, fizeram um tratado em que encontro cláusulas que devem ter mudado todo o Estado político dos Francos ([5]).

Na proclamação ([6]) que Carlos fez ao povo acerca da parte do tratado que lhe dizia respeito, ele diz

---

([1]) Art. 10. E isto não é mencionado no tratado de Andely.

([2]) Em Baluze, tomo I, p. 174. *Licentiam habeat unusquisque liber homo qui seniorem non habuerit, cuicumque ex his tribus fratribus voluerit, se commendandi* [«Um homem livre que não tiver senhor pode recomendar-se a qualquer um destes três irmãos»], art. 9. Ver também a partilha que o mesmo imperador fez no ano de 837, art. 6, edição de Baluze.

([3]) Do ano de 811, edição de Baluze, tomo I, p. 486, art. 7 e 8; e a do ano de 812, *ibid.*, p. 490, art. 1. *Ut omnis liber homo qui quatuor mansos vestitos de proprio suo, sive de alcujus beneficio habet, ipse se praeparet, et ipse in hostem pergat, sive cum seniore suo*, etc. [«Que todos os homens livres que possuam quatro mansões, ou as possuam como um benefício de outrem, devem preparar-se e ir ao encontro do inimigo, ou com o seu senhor», etc.]. Ver a capitular do ano de 807, edição de Baluze, tomo I, p. 458.

([4]) Do ano de 793, inserida na lei dos Lombardos, liv. III, título ix, cap. ix.

([5]) No ano de 847, relatado por Aubert Le Mire, e Baluze, tomo II, p. 42. *Conventus apud Marsnam.*

([6]) *Adnunciatio.*

1º que todos os homens livres podiam escolher para seu senhor quem quisessem, o rei ou os outros senhores ([1]). Antes deste tratado, o homem livre podia recomendar-se para um feudo, mas o seu alódio permanecia sempre sob o poder imediato do rei, isto é, debaixo da jurisdição do conde; e dependia do senhor ao qual se recomendara apenas em razão do feudo que obtivera. A partir deste tratado, todos os homens livres podiam submeter o seu alódio ao rei ou a um outro senhor à sua escolha. Não estão em causa os que se recomendavam para um feudo, mas os que convertiam o seu alódio em feudo e saíam, por assim dizer, da jurisdição civil para entrar no poder do rei ou do senhor que quisessem escolher.

Assim, aqueles que anteriormente estavam directamente sob o poder do rei, na qualidade de homens livres às ordens do conde, converteram-se insensivelmente em vassalos uns dos outros, porque cada homem livre podia escolher para seu senhor quem quisesse, ou o rei ou outros senhores.

2º Se um homem convertesse a terra que possuía em perpetuidade num feudo, esses novos feudos já não poderiam ser vitalícios. Por isso vemos aparecer pouco depois uma lei geral que dá os feudos aos filhos do possuidor; é da autoria de Carlos, *o Calvo*, um dos três príncipes que fizeram o contrato ([2]).

O que disse acerca da liberdade que todos os homens da monarquia tinham, depois do tratado dos três irmãos, de escolher para seus senhores quem eles quisessem, ou o rei ou outros senhores, é confirmado pelos actos aprovados desde esse tempo.

No tempo de Carlos Magno, quando um vassalo recebia de um senhor uma coisa, mesmo que não valesse mais do que um soldo, nunca mais podia abandoná-lo ([3]). Mas, sob Carlos, *o Calvo*,

---

([1]) *Ut unusquisque liber homo in nostro regno seniorem quem voluerit, in nobis et in nostris fidelibus, accipiat* [«Que todos os homens livres no nosso reino podem aceitar como seu senhor quem quiserem, ou nós próprios ou um dos nossos fiéis»]. Art. 2 da proclamação de Carlos.

([2]) Capitular do ano de 877, título liii, art. 9 e 10, *apud Carisiacum. Similiter et de nostris vassallis faciendum est*, etc. [«Para ser feito de modo semelhante pelos nossos vassalos», etc.]. Esta capitular é relativa a uma outra do mesmo ano e do mesmo lugar, art. 3.

([3]) Capitular de Aix-la-Chapelle, do ano de 813, art. 16. *Quod nullus seniorem suum dimittat, postquam ab eo acceperit valente solidum unum* [«Que ninguém deve renunciar ao seu senhor depois de ter aceite dele o valor de um soldo»]. E a capitular de Pepino, do ano de 783, art. 5.

os vassalos puderam seguir impunemente os seus interesses ou o seu capricho; e este príncipe exprime-se tão fortemente a este respeito que parece mais convidá-los a gozar dessa liberdade do que a restringi-la ([1]). No tempo de Carlos Magno, os benefícios eram mais pessoais do que reais; seguidamente, tornaram-se mais reais do que pessoais.

Capítulo XXVI
Mudança nos feudos

Os feudos não sofreram mudanças menores do que os alódios. Vemos pela capitular de Compiègne, feita sob o rei Pepino ([2]), que aqueles a quem o rei doava um benefício, doavam eles próprios uma parte desse benefício a diversos vassalos; mas essas partes não eram distintas do todo. O rei retirava-as quando retirava o todo; e, aquando da morte do *leude*, o vassalo perdia também o seu subfeudo; um novo beneficiário viria, que também estabelecia novos subfeudos. Por isso, o subfeudo não dependia do feudo; era a pessoa que dependia. Por um lado, o subvassalo voltava para o rei porque não estava ligado para sempre ao vassalo; e o subfeudo voltava igualmente para o rei porque era o próprio feudo, e não uma dependência do feudo.

Assim era a subvassalagem, quando os feudos eram revogáveis; assim foi também enquanto os feudos foram vitalícios. Isso mudou quando os feudos passaram para os herdeiros, e quando os subfeudos também passaram para eles. O que relevava do rei imediatamente, já não relevava senão mediatamente; e o poder régio, por assim dizer, recuara um grau, por vezes dois, e muitas vezes mais ainda.

([1]) Ver a capitular *de Carisiaco*, do ano de 856, art. 10 e 13, edição de Baluze, tomo II, página 83, na qual o rei e os senhores eclesiásticos e leigos concordaram quanto a isto: *Et si aliquis de vobis talis est cui suus senioratus non placet, et illi simulat ut ad alium seniorem melius quam ad illum acaptare possit, veniat ad illum, et ipse tranquille et pacifico animo donet illi commeatum... et quod Deus illi cupierit, et ad alium seniorem acaptare potuerit, pacifice habeat* [«Se alguns de vós tiverem um senhor que não vos agradar, e vos parecer que iriam melhor com um outro senhor se vos fosse permitido rogar-lhe isso, podereis vir até ele, e ele poderá autorizar a vossa partida com um ânimo tranquilo e pacífico... e se Deus vos favorecer, podereis rogar isto ao outros senhor e ter paz»].

([2]) Do ano de 757, art. 6, edição de Baluze, p. 181.

Nos livros *dos Feudos* (1) vemos que, embora os vassalos do rei pudessem doar terras como feudos, isto é, como subfeudos do rei, no entanto esses subvassalos ou pequenos vavassalos não podiam de igual modo doar como feudo; de maneira que o que tinham dado podiam sempre retomá-lo. De resto, uma tal concessão não passava para os filhos como os feudos, porque não se considerava que tivesse sido feita segundo a lei dos feudos.

Se se comparar o estado em que estava a subvassalagem no tempo em que os dois senadores de Milão escreveram os Livros com aquele em que ela estava no tempo do rei Pepino, descobrir-se-á que os subfeudos conservaram durante mais tempo a sua natureza primitiva do que os feudos (2).

Mas quando os senadores escreveram, tinham sido introduzidas excepções tão gerais a esta regra que quase a anularam por completo. Pois se aquele que tivesse recebido um feudo do pequeno vavassalo, o tivesse seguido até Roma numa expedição, adquiria todos os direitos de vassalo; do mesmo modo, se tivesse doado dinheiro ao pequeno vavassalo para obter o feudo, este não podia retirar-lho, nem impedi-lo de o transmitir ao seu filho até lhe ter devolvido o dinheiro (3). Finalmente, esta regra deixou de ser cumprida no senado de Milão (4).

Capítulo XXVII
Outra mudança ocorrida nos feudos

No tempo de Carlos Magno (5) era-se obrigado, sob grandes penas, a responder à convocação para qualquer guerra que fosse; não se aceitavam escusas; e o conde que tivesse isentado alguém era ele próprio punido. Mas o tratado dos três irmãos introduz aqui uma restrição (6), que, por assim dizer, tirava a nobreza da mão do rei (7); já só se era obrigado a acompanhar o rei para a

(1) Liv. I, cap. i.

(2) Pelo menos em Itália e na Alemanha.

(3) Liv. I *dos Feudos*, cap. i.

(4) *Ibid.*

(5) Capitular do ano de 802, art. 7, edição de Baluze, p. 365.

(6) *Apud Marsnam*, no ano de 847, edição de Baluze, p. 42.

(7) *Volumus ut cujuscumque nostrum homo, in cujuscumque regno sit, cum seniore suo in hostem, vel aliis suis utilitatibus, pergat; nisi talis regno invasio quam Lamtuveri*

guerra quando essa guerra era defensiva. Nas outras guerras era-se livre de acompanhar o senhor ou de tratar dos assuntos próprios. Este tratado é relativo a um outro, feito cinco anos antes pelos dois irmãos, Carlos, *o Calvo*, e Luís, rei da Germânia, mediante o qual estes dois irmãos dispensaram os seus vassalos de os acompanharem na guerra, nos casos em que um fizesse uma investida contra o outro; coisa que os dois príncipes juraram e que fizeram os dois exércitos jurar ([1]).

A morte de cem mil franceses na batalha de Fontenay fez pensar a nobreza que ainda restou ([2]) que seria finalmente exterminada pelas querelas particulares dos seus reis acerca das suas partilhas; e que a ambição e a inveja dos reis levaria ao derramamento de todo o sangue que ainda estava por derramar. Fez-se essa lei, a de que a nobreza não seria constrangida a seguir os seus príncipes para a guerra senão quando se tratasse de defender o Estado contra uma invasão estrangeira. Esteve em vigor durante vários séculos ([3]).

Capítulo XXVIII
Mudanças ocorridas nos grandes ofícios e nos feudos

Parecia que tudo incorria num vício particular e se corrompia ao mesmo tempo. Afirmei que nos primeiros tempos vários feudos foram alienados em perpetuidade; mas eram casos particulares e os feudos em geral conservaram sempre a sua própria natureza; e se a coroa perdera feudos, substituira os que perdera por outros. Disse também que a coroa nunca alienara os grandes ofícios em perpetuidade ([4]). Mas Carlos, *o Calvo*, fez um regula-

---

dicunt, quod absit, acciderit, ut omnis populus, illius regni ad eam repellendam communiter pergat [«Queremos que cada um dos nossos homens, seja em que reino estiver, possa ir com o seu senhor ao encontro do inimigo, ou ir tratar da sua própria vida, a menos que haja aquele tipo de invasão do reino a que se chama *lamtuveri*; nesse caso, ele é necessário e todo o povo tem de repeli-la em conjunto»]. Art. 5, *ibid.*, p. 44.

([1]) *Apud Argentoratum*, em Baluze, *Capitulárias*, tomo II, p. 39.

([2]) Efectivamente, foi a nobreza que fez esse tratado. Ver Nitardo, liv. IV.

([3]) Ver a lei de Guy, rei dos Romanos, entre as que foram aditadas à lei Sálica e à dos Lombardos, título vi, § 2, em Échard.

([4]) Houve autores que disseram que o condado de Toulouse fora doado por Carlos Martel, e passou de herdeiro em herdeiro até ao último Raymond; mas

mento geral, que afectava igualmente os grandes ofícios e os feudos. Determinou, nas suas *Capitulares*, que os condados seriam doados aos filhos do conde; e quis que este regulamento fosse também aplicado aos feudos ([1]).

Veremos já de seguida que este regulamento sofreu uma extensão maior, de modo que os grandes ofícios e os feudos passaram para parentes mais afastados. Daí seguiu-se que a maioria dos senhores que relevavam imediatamente da coroa passou a relevar apenas mediatamente dela. Esses condes, que outrora administravam a justiça nos pleitos do rei; esses condes, que conduziam os homens livres para a guerra, encontravam-se entre o rei e os seus homens livres; e o poder recuou em mais um grau.

Mais, segundo as capitulares, parece que os condes tinham benefícios associados ao seu condado e vassalos seus subordinados ([2]). Quando os condados se tornaram hereditários, estes vassalos do conde deixaram de ser vassalos imediatos do rei; os benefícios associados aos condados deixaram de ser benefícios do rei; os condes tornaram-se mais poderosos porque os vassalos que já tinham colocaram-nos em condições para obter outros.

Para perceber bem o enfraquecimento que daí resultou no final da segunda raça, basta ver o que aconteceu no início da terceira, quando a multiplicação dos subfeudos levou os grandes vassalos ao desespero.

Era um costume do reino que, quando os primogénitos tinham feito partilhas junto dos seus irmãos mais novos, estes prestavam homenagem ao mais velho ([3]); de maneira que o senhor dominante já não as possuía senão como subfeudos. Filipe Augusto, o duque de Borgonha, os condes de Nevers, de Bolonha, de Saint-Paul, de Dampierre, e outros senhores, declararam que doravante, quer o feudo fosse dividido na herança, quer fosse de outro modo, o todo manter-se-ia sempre na depen-

---

ainda que assim tenha sido, tal foi o efeito de algumas circunstâncias que levaram a escolher os condes de Toulouse dentre os filhos do último possuidor.

([1]) Ver a sua capitular do ano de 877, título liii, art. 9 e 10, *apud Carisiacum*. Esta capitular é relativa a uma outra do mesmo ano e do mesmo lugar, art. 3.

([2]) A capitular III do ano de 812, art. 7; e a do ano de 815, art. 6, sobre os Espanhóis; o compêndio das *Capitulares*, liv. V, art. 288; e a capitular do ano de 869, art. 2; e a do ano de 877, art. 13, edição de Baluze.

([3]) Como aparece em Otão de Frissingue, *Des Gestes de Frédéric*, liv. II, cap. xxix.

dência do mesmo senhor, sem qualquer senhor intermédio ([1]). Esta ordenação não foi cumprida de modo geral, pois, como disse noutro lugar, nesses tempos era impossível fazer ordenações gerais; mas muitos dos nossos costumes foram regulados por ela.

Capítulo XXIX
Da natureza dos feudos desde o reinado de Carlos, o Calvo

Disse que Carlos, *o Calvo*, quis que, quando o detentor de um grande ofício ou de um feudo ao morrer deixasse um filho, o ofício ou o feudo lhe fossem doados. Seria difícil seguir o progresso dos abusos que daqui resultaram e da extensão que se deu a esta lei em cada região. Nos Livros *dos Feudos* ([2]) descubro que no início do reinado do imperador Conrado II os feudos, nas regiões sob o seu domínio, não passavam para os netos; passavam apenas para o filho do último detentor que o senhor tivesse escolhido ([3]): assim, os feudos foram doados por uma espécie de eleição que o senhor realizava entre os seus filhos.

No capítulo XVII deste livro, expliquei como, durante a segunda raça, a coroa era em certos aspectos electiva e em certos aspectos hereditária. Era hereditária porque os reis eram sempre escolhidos dentre essa raça; também era hereditária porque os filhos eram os sucessores; era electiva porque o povo escolhia dentre os filhos. Como as coisas estão sempre encadeadas, e como uma lei política está sempre relacionada com uma outra lei política, foi seguido o mesmo espírito na sucessão dos feudos que se seguiu na sucessão da coroa ([4]). Assim, os feudos passaram para os filhos, por direito sucessório e por direito de eleição; e todos os feudos se tornaram, tal como a coroa, electivos e hereditários.

Este direito de eleição na pessoa do senhor não existia no tempo dos autores dos Livros *dos Feudos* ([5]), isto é, no reinado do imperador Frederico I.

([1]) Ver a ordenação de Filipe Augusto, do ano de 1200, no novo compêndio.

([2]) Liv. I, título i.

([3]) *Sic progressum est, ut ad filios deveniret in quem dominus hoc vellet beneficium confirmare* [«Assim acabou por suceder que passava para o filho que o senhor quisesse confirmar no benefício»].

([4]) Pelo menos, em Itália e na Alemanha.

([5]) Gerardus Niger e Aubertus de Orto.

Capítulo XXX
Continuação do mesmo assunto

Nos Livos *dos Feudos* diz-se que, quando o imperador Conrado partiu para Roma, os fiéis que estavam ao seu serviço pediram-lhe que fizesse uma lei para que os feudos que passavam para os filhos passassem igualmente para os netos; e que aquele cujo irmão morresse sem herdeiros legítimos pudesse herdar o feudo que pertencera ao seu pai comum. Tal foi concedido.

Acrescenta-se que, e é preciso recordar que aqueles que falam viviam no tempo do imperador Frederico I, «os antigos jurisconsultos sempre mantiveram que a sucessão dos feudos em linha colateral não ia além dos irmãos do mesmo pai; embora nos tempos modernos tivesse sido levada até ao sétimo grau, porquanto, segundo o direito novo, a sucessão fora levada em linha directa até ao infinito» ([1]). Foi assim que a lei de Conrado a pouco e pouco foi sofrendo extensões.

Quando todas estas coisas são supostas, a simples leitura da história de França mostra que a perpetuidade dos feudos foi estabelecida mais cedo em França do que na Alemanha. Quando o imperador Conrado II começou a reinar em 1024, as coisas encontravam-se ainda na Alemanha como já eram em França no reinado de Carlos, *o Calvo*, que morreu em 877. Mas em França, a partir do reinado de Carlos, *o Calvo*, fizeram-se mudanças de tal ordem que Carlos, *o Simples*, não estava em condições de disputar a uma casa estrangeira os seus direitos incontestáveis ao império; e que, enfim, no tempo de Hugo Capeto, a casa reinante, despojada de todos os seus domínios, não conseguia sequer sustentar a coroa.

A fraqueza de espírito de Carlos, *o Calvo*, introduziu em França uma fraqueza igual no Estado. Mas como Luís, *o Germânico*, seu irmão, e alguns dos que lhe sucederam, tiveram qualidades maiores, a força do seu Estado sustentou-se durante mais tempo.

Que digo eu? Talvez o humor fleumático e, se me atrevo a dizê-lo, a imutabilidade do espírito da nação alemã, tenha resistido por mais tempo do que a nação francesa a esta disposição das coisas, que fazia que os feudos, como que por uma tendência natural, se perpetuassem nas famílias.

([1]) Liv. I *dos Feudos*, título i.

Acrescento que o reino da Alemanha não foi devastado e, por assim dizer, aniquilado, como foi o da França, por um género particular de guerra que os Normandos e os Sarracenos lhe fizeram. Havia menos riquezas na Alemanha, menos cidades para saquear, menos costas para percorrer, mais pântanos a atravessar, mais florestas a penetrar. Os príncipes que não viram a cada instante o Estado prestes a cair tiveram menos necessidade dos seus vassalos, isto é, dependeram menos deles. E é provável que, se os imperadores da Alemanha não tivessem sido obrigados a ir coroar-se a Roma, e a fazer expedições contínuas em Itália, os feudos teriam conservado ainda por mais tempo a sua natureza primeva.

Capítulo XXXI
Como o império saiu da casa de Carlos Magno

O império que, em prejuízo do ramo de Carlos, *o Calvo*, já fora dado aos bastardos do ramo de Luís, *o Germânico* ([1]), também passou para uma casa estrangeira, com a eleição de Conrado, duque da Francónia, no ano de 912. O ramo que reinava em França, e que mal podia disputar aldeias, tinha ainda menos condições de disputar o Império. Temos um acordo aprovado por Carlos, *o Simples*, e o imperador Henrique I, que sucedera a Conrado. Chama-se o pacto de Bona ([2]). Os dois príncipes encontraram-se num navio que fora colocado no meio do Reno e juraram uma amizade eterna. Foi empregue um *mezzo termine* bastante bom. Carlos adoptou o título de rei da França Ocidental e Henrique o de rei da França Oriental. Carlos fez um pacto com o rei da Germânia, e não com o imperador.

Capítulo XXXII
Como a coroa de França passou para a casa de Hugo Capeto

A hereditariedade dos feudos e o estabelecimento geral dos subfeudos extinguiram o governo político e formaram o governo

---

([1]) Arnoul e o seu filho Luís IV.

([2]) Do ano de 926, relatado por Aubert Le Mire, *Cod. donationum piarum*, cap. XXVII.

feudal. Em lugar dessa multidão incontável de vassalos que os reis tinham tido, agora não tinham mais do que um punhado deles dos quais os outros dependiam. Os reis quase deixaram de ter autoridade directa: um poder que devia passar por tantos outros poderes, e por poderes tão grandes, detinha-se ou perdia-se antes de chegar ao seu termo. Vassalos assim tão grandes deixaram de obedecer; e até se serviram dos seus subvassalos para deixar de obedecer. Os reis, privados dos seus domínios, reduzidos às cidades de Reims e de Laon, ficaram à sua mercê. A árvore estendeu demasiado longe os seus ramos e a cabeça secou. O reino viu-se sem domínio, como sucede hoje com o Império. Deram a coroa a um dos vassalos mais poderosos.

Os Normandos depredaram o reino; vieram numa espécie de jangadas ou em pequenas construções, entravam pela embocadura dos rios, subiam-nos e devastavam o país ao longo das duas margens. As cidades de Orleães e de Paris travaram estes bandidos ([1]); e não puderam avançar no Sena nem no Loire. Hugo Capeto, que possuía duas destas cidades, tinha nas suas mãos as duas chaves dos desafortunados restos do reino; concederam-lhe uma coroa que só ele tinha condições de defender. Foi assim que mais tarde o Império foi dado à casa que manteve imóveis as fronteiras dos Turcos.

O Império saíra da casa de Carlos Magno no tempo em que a hereditariedade dos feudos foi estabelecida como um acto de condescendência. Esteve mesmo em uso até mais tarde na Alemanha do que entre os Franceses ([2]). Isso fez que o Império, considerado como um feudo, fosse electivo. Pelo contrário, quando a coroa de França saíu da casa de Carlos Magno, os feudos eram realmente hereditários neste reino: a coroa, tal como um grande feudo, foi-no também.

De resto, cometeu-se um grande erro ao atribuir ao momento exacto desta revolução todas as mudanças que tinham sucedido, ou que aconteceram depois. Tudo se reduziu a dois acontecimentos: a família reinante mudou e a coroa foi unida a um grande feudo.

([1]) Ver a capitular de Carlos, *o Calvo*, do ano de 877, *apud Carisiacum*, sobre a importância de Paris, de Saint-Denis e dos castelos do Loire nesse tempo.

([2]) Ver acima o capítulo xxx.

Capítulo XXXIII
Algumas consequências da perpetuidade dos feudos

Segue-se da perpetuidade dos feudos que o direito do mais velho ou de primogenitura se estabeleceu entre os Franceses. Não era conhecido na primeira raça ([1]): a coroa era partilhada entre os irmãos, os alódios eram divididos do mesmo modo; e os feudos, revogáveis ou vitalícios, não sendo um objecto de sucessão, não podiam ser um objecto de partilha.

Na segunda raça, o título de imperador que Luís, *o Pio*, possuía, e com o qual honrou Lotário, seu filho primogénito, fê-lo imaginar dar a este príncipe uma espécie de primazia sobre os seus irmãos mais novos. Todos os anos dois reis deviam ir ao encontro do imperador, levar-lhe presentes ([2]) e dele receber presentes maiores; deviam conferenciar com ele acerca dos assuntos comuns. Foi isto que deu a Lotário as pretensões que lhe granjearam tão pouco sucesso. Quando Agobardo escreveu a este príncipe ([3]), alegou a disposição do próprio imperador que associara Lotário ao império, depois de ter consultado Deus, com três dias de jejum e de celebração dos santos sacrifícios, de orações e de esmolas; depois de a nação lhe ter prestado um juramento que não podia violar; depois de ter enviado Lotário a Roma. Ele ponderou tudo isto, e não o direito de primogenitura. Ele diz, de facto, que o imperador designara uma partilha entre os irmãos mais novos, e que o mais velho fora preferido; mas quando dizia que o mais velho fora preferido, dizia ao mesmo tempo que podia ter preferido os irmãos mais novos.

Mas quando os feudos se tornaram hereditários, o direito de primogenitura foi estabelecido na sucessão dos feudos e, pela mesma razão, na sucessão da coroa, que era o grande feudo. A lei antiga, que criou as partilhas, deixou de vigorar. Como os feudos suportavam um serviço, era preciso que o possuidor estivesse em condições de prestá-lo. Um direito de primogenitura foi estabelecido; e a razão da lei feudal forçou a da lei política ou civil.

([1]) Ver a lei Sálica e a lei dos Ripuários, no título dos alódios.

([2]) Ver a capitular do ano de 817, que contém a primeira partilha que Luís, o Pio, fez junto dos seus filhos.

([3]) Ver as suas duas cartas sobre este assunto, uma das quais intitula-se *De divisione imperii*.

Como os feudos passavam para os filhos do possuidor, os senhores perdiam a liberdade de dispor deles; e para que fossem compensados por isto, estabeleceram um direito que se chamava o direito de resgate, de que os nossos costumes falam, que inicialmente se pagava em linha directa e que, com o uso, passou a ser pago apenas em linha colateral.

Pouco depois os feudos puderam ser transferidos para os estrangeiros, tal como um bem patrimonial. Isso deu origem ao direito dos laudémios e vendas (*) estabelecido por quase todo o reino. Estes direitos eram inicialmente arbitrários; mas quando a prática de atribuir estas permissões se generalizou, foram fixados em cada região.

O direito de resgate devia ser pago sempre que mudasse o herdeiro, e no princípio era até pago em linha directa (1). O costume mais geral fixou-o em um ano de renda. Tal era oneroso e incómodo para o vassalo e endividava, por assim dizer, o feudo. Era frequente acontecer no acto de homenagem que o senhor não exigisse mais pelo resgate do que uma determinada soma em dinheiro (2), a qual, devido às mudanças que as moedas sofriam, perdeu toda a importância. É por isso que o direito de resgate se encontra hoje em dia quase reduzido a nada, ao passo que o de laudémio e vendas sobreviveu em toda a sua extensão. Como este direito não diz respeito ao vassalo nem aos seus herdeiros, sendo, sim, um caso fortuito que não podia ser previsto nem antecipado, esse tipo de estipulações não foi feito e continuou-se a pagar uma certa porção do preço.

Quando os feudos eram vitalícios, não se podia dar uma parte do próprio feudo para o ter como subfeudo para sempre; teria sido absurdo que um simples usufrutuário dispusesse da propriedade da coisa. Mas, quando se tornaram perpétuos, tal passou a

---

(*) Direitos devidos ao senhor por quem comprava um bem dentro das fronteiras do seu feudo, que estava sujeito ao censo (ed. Caillois).

Normalmente, a parte a ceder ao senhor, quando este não exercia o seu direito de preferência, era inferior a 8 por cento do valor de transacção do bem em causa (N. T.).

(1) Ver a ordenação de Filipe Augusto, do ano de 1209, sobre os feudos.

(2) Encontramos nas cartas muitas destas convenções, como na capitular de Vendôme e na da abadia de Saint-Cyprien no Poitou, da quais o Sr. Galland, p. 55, deu alguns excertos.

ser permitido (1), com certas restrições que os costumes colocavam (2): a isto chamava-se *dispor do feudo* (*).

Assim que a perpetuidade dos feudos levou ao estabelecimento do direito de resgate, as raparigas puderam herdar um feudo se não houvesse rapazes. Pois quando o senhor dava o feudo à sua filha, multiplicava os casos do seu direito de resgate, porque o marido devia pagá-lo assim como a mulher (3). Esta disposição não podia ser aplicada à coroa; pois como ela não relevava de ninguém, não podia haver direito de resgate sobre ela.

A filha de Guilherme V, conde de Toulouse, não herdou o condado. Mais tarde, Leonor herdou a Aquitânia, e Matilde a Normandia; e o direito de sucessão das filhas nesse tempo parecia estar tão bem estabelecido que Luís, *o Jovem*, depois da dissolução do seu casamento com Leonor, não colocou qualquer dificuldade ao devolver-lhe a Guiena. Como estes dois últimos exemplos tiveram lugar muito pouco tempo depois do primeiro, a lei geral que chamava as mulheres à sucessão dos feudos teve de ser introduzida mais tarde no condado de Toulouse do que nas outras províncias do reino (4).

A constituição dos vários reinos da Europa seguiu o estado actual em que estavam os feudos no tempo em que esses reinos foram fundados. As mulheres não sucediam à coroa de França, nem ao Império, porque, aquando do estabelecimento dessas duas monarquias, as mulheres não podiam herdar os feudos; mas estavam na linha de sucessão dos reinos cujo estabelecimento se seguiu ao da perpetuidade dos feudos, tais como os que foram fundados pelas conquistas dos Normandos, os que foram fundados pelas conquistas feitas aos Mouros; e ainda outros que, para lá das fronteiras da Alemanha, e em tempos já bastante modernos,

---

(1) Mas não se podia abreviar o feudo, isto é, extinguir uma das suas partes.

(2) Os costumes fixaram a porção de que se podia dispor.

(*) «*Se jouer de son fief*» no original. No fundo, tratava-se da concretização da possibilidade (permitida juridicamente) de desmembrar o próprio feudo e de alienar uma das suas partes, cumprindo os compromissos que porventura existissem para com o suserano e que se traduziam no pagamento de uma parte da receita obtida com essa alienação (N. T.).

(3) É por isso que o senhor obrigava a viúva a casar outra vez.

(4) A maioria das grandes casas tinha as suas próprias leis sucessórias. Ver o que o Sr. de la Thaumassière nos diz sobre as casas do Berry.

tiveram, de algum modo, um segundo nascimento com o estabelecimento do cristianismo.

Quando os feudos eram revogáveis, eram dados a pessoas que estavam em condições de servi-los, o que excluía os menores. Mas quando se tornaram perpétuos, os senhores apossavam-se do feudo até se atingir a maioridade, fosse para aumentar os seus proveitos, fosse para educar o pupilo no exercício das armas ([1]). É o que os nossos costumes chamam a *guarda-nobre*, a qual se funda noutros princípios que não os da tutela, sendo inteiramente distinta desta.

Quando os feudos eram vitalícios, as pessoas recomendavam-se a um feudo; e a transmissão real, que era feita pelo ceptro, confirmava o feudo, como a homenagem faz nos nossos dias. Não vemos que os condes, ou mesmo os enviados do rei, recebessem as homenagens nas províncias; e essa função não consta das comissões desses oficiais, que nos foram conservadas nas capitulares. De facto, por vezes mandavam todos os súbditos prestar o juramento de fidelidade ([2]); mas este juramento estava tão longe de ser uma homenagem com a mesma natureza daquelas que foram depois estabelecidas que, nestas últimas, o juramento de fidelidade era um acto acrescentado à homenagem, que tanto podia seguir-se como anteceder a homenagem, que não tinha lugar em todas as homenagens, que era menos solene que a homenagem e era inteiramente distinto dela ([3]).

Em certas ocasiões, os condes e os enviados do rei mandavam ainda dar aos vassalos cuja fidelidade fosse suspeita uma garantia

([1]) Na capitular do ano de 877, *apud Carisiacum*, art. 3, edição de Baluze, tomo II, p. 269, vemos o momento em que os reis mandaram administrar os feudos com o intuito de protegê-los para os menores: exemplo que foi seguido pelos senhores e que deu origem ao que chamamos a guarda-nobre.

([2]) A fórmula disto encontra-se na capitular II do ano de 802. Ver também a do ano de 854, art. 13 e outros.

([3]) O Sr. du Cange, na entrada *Hominium*, p. 1163, e na entrada *Fidelitas*, p. 474, cita as cartas das antigas homenagens, onde estas diferenças se encontram, e um grande número de autoridades que podem ser consultadas. Na homenagem, o vassalo punha a sua mão na do senhor e jurava. O juramento de fidelidade era feito jurando sobre os evangelhos. A homenagem era feita de joelhos; o juramento de fidelidade era feito de pé. Só o senhor podia receber a homenagem; mas os seus oficiais podiam aceitar o juramento de fidelidade. Ver Littleton, sec. xci e xcii. *Fé e homenagem* significa fidelidade e homenagem.

que se chamava *firmitas* (1); mas esta garantia não podia ser uma homenagem visto que os reis davam-na uns aos outros (2).

Mesmo que o abade Suger fale de uma cátedra de Dagobert, onde, segundo os relatos da antiguidade, os reis de França tinham o costume de receber as homenagens dos senhores (3), é evidente que aqui está a empregar as ideias e a linguagem do seu tempo.

Quando os feudos passavam para os herdeiros, o reconhecimento do vassalo, que nos primeiros tempos era uma coisa apenas ocasional, tornou-se um acto regulado: foi feito da maneira mais espantosa, foi repleto de mais formalidades, porque devia transportar a memória dos deveres recíprocos do senhor e do vassalo por todas as épocas.

Poderia acreditar que as homenagens começaram a estabelecer-se no tempo do rei Pepino, que é o tempo em que eu disse que muitos benefícios foram doados em perpetuidade; mas acreditaria com precaução, e só na suposição de que os autores dos antigos anais dos Francos não foram uns ignorantes, que, ao descreverem as cerimónias do acto de fidelidade que Tassilo, duque da Baviera, fez a Pepino (4), falaram segundo os usos que viam ser praticados no seu tempo (5).

Capítulo XXXIV
Continuação do mesmo assunto

Quando os feudos eram revogáveis ou vitalícios, quase nem constavam sequer das leis políticas; é por isso que, nas leis civis desses tempos, há tão poucas menções às leis dos feudos. Mas quando se tornaram hereditários, puderam ser doados, vendidos, legados, passaram a constar das leis políticas e das leis civis. O feudo, considerado como uma obrigação de serviço militar,

---

(1) Capitular de Carlos, *o Calvo*, do ano de 860, *post reditum a Confluentibus*, art. 3, edição de Baluze, p. 145.

(2) *Ibid.*, art. 1.

(3) Suger, *Lib. de administratione sua.*

(4) *Anno 757*, cap. xvii.

(5) *Tassillo venit in vassatico se commendans, per manus sacramenta juravit multa et innumerabilia, reliquiis sanctorum manus imponens, et fidelitatem promisit Pippino* [«Tassilo veio para se recomendar como vassalo pela sua própria mão; prestou incontáveis juramentos, pondo a sua mão em cima das relíquias dos santos e prometeu fidelidade a Pepino»]. Parece que houve aí uma homenagem e um juramento de fidelidade. Ver acima a nota 3.

estava ligado ao direito político; considerado como um género de bem comercializável, estava ligado ao direito civil. Tal deu origem às leis civis sobre os feudos.

Como os feudos se tornaram hereditários, as leis respeitantes à ordem das sucessões tiveram de ser relativas à perpetuidade dos feudos. Assim se estabeleceu, apesar da disposição do direito romano e da lei Sálica ([1]), esta regra do direito francês: *Propres ne remontent point* ([2]) ([*]). O feudo tinha de ser servido; mas um avô ou um tio-avô teriam constituído maus vassalos para dar ao senhor. Por isso, desde o início que esta regra só foi aplicada aos feudos, como ficamos a saber por Boutillier ([3]).

Quando os feudos se tornaram hereditários, os senhores que deviam velar pelo serviço do feudo exigiram que as filhas que deviam herdar o feudo ([4]), e, creio eu, por vezes os filhos varões, não pudessem casar sem o seu consentimento; de modo que os contratos de casamento tornaram-se para os nobres numa disposição feudal e numa disposição civil. Num acto semelhante, feito sob o olhar do senhor, faziam disposições para a sucessão futura com o fito de que o feudo pudesse ser servido pelos herdeiros. Por isso, só os nobres tiveram no início a liberdade de dispor das sucessões futuras por contrato de casamento, como assinalaram Boyer ([5]) e Aufrerius ([6]).

É inútil dizer que a reversão por linhagem, fundada no antigo direito dos parentes, que é um mistério da nossa antiga jurisprudência francesa, que não tenho tempo de desenvolver, só pôde ser aplicada aos feudos quando estes se tornaram perpétuos.

Italiam, Italiam ([7])... Termino o tratado dos feudos onde a maior parte dos autores o começou.

([1]) No título dos alódios.

([2]) Liv. IV, *De feudis*, título lix.

([*]) «*Propres*» correspondem a imóveis que pertenciam a alguém por via sucessória. O princípio estabelece que os antepassados não podiam herdar esses imóveis (ed. Caillois) (N. T.).

([3]) *Somme rurale*, liv. I, título lxxvi, p. 447.

([4]) Cumprindo uma ordenação de São Luís, do ano de 1246, que pretendia confirmar os costumes de Anjou e do Maine, aqueles que tivessem o bailio de uma filha herdeira de um feudo dariam uma garantia ao senhor de que ela não se casaria sem o seu consentimento.

([5]) Decisão 155, nº 8; e 204, nº 38.

([6]) *In Capel. Thol.*, decisão 453.

([7]) *Eneida*, liv. III, vers. 523

Índice

SEGUNDA PARTE

QUARTA PARTE